시공 불교사전

곽철환은 동국대학교 인도철학과를 졸업했다.
지은 책에 《불교의 모든 것》, 《이것이 불교의 핵심이다》, 《한 권으로 읽는 불교 고전》, 《인생과 싸우지 않는 지혜》, 《초기불교 이야기》가 있고, 옮긴 책에 《금강경》이 있다.

시공 불교사전

초판 1쇄 발행일 2003년 7월 30일
초판 9쇄 발행일 2022년 4월 25일

편저자 곽철환

발행인 윤호권
사업총괄 정유한

편집 최안나 **마케팅** 윤아림
발행처 ㈜시공사 **주소** 서울시 성동구 상원1길 22, 6-8층(우편번호 04779)
대표전화 02-3486-6877 **팩스(주문)** 02-585-1755
홈페이지 www.sigongsa.com / www.sigongjunior.com

ISBN 978-89-527-3312-2 03220

시공 불교사전

곽철환 편저

시공사

머리글

불교 용어의 모호함과 혼란을 조금이나마 해소해 보려는 바람으로 혼자 불교 사전을 편찬하기 시작하여 숱한 개념과 글월의 그늘에서 속앓이하다가 강산이 한 번 변하고 나서야 마쳤다.

불교의 바른 이해를 위해 애써 수많은 용어를 알 필요는 없다. 기본 용어만 제대로 알면 나머지는 대부분 하찮은 관념에 지나지 않거나 학습에 도움이 안 되는 것들이다.

따라서 표제어 수의 많고 적음에 개의치 않고 그 풀이의 충실에 역점을 두었고, 중요하지 않다고 여겨지는 용어와 일반인들이 거의 접하지 않는 불전(佛典)에 전거(典據)를 둔 용어와 전거 없이 떠도는 용어는 모두 버렸다. 그러나 전거는 없어도 불가(佛家)에서 일상적으로 쓰이는 건 거두어들였다.

풀이는 누구나 선뜻 이해할 수 있도록 될 수 있는 한 불교 용어를 쓰지 않고 일상 언어로 쉽고 간단 명료하게 서술하려 하였고, 이해를 돕기 위해 그림·사진·도표를 실었다.

표제어 하나하나의 풀이에 심혈을 쏟았으나 행여 한 생각 그르쳐 잘못한 게 여기저기 있을 것 같은 염려가 나의 가슴을 깎는다.

이 사전의 편찬을 지원하고 오랫동안 기다려 준 시공사 전재국 사장님과 진행을 도맡아 맘고생한 상현숙에게 고마움을 표한다.

2003년 초여름, 곽철환

일러두기

1. ⓢ는 산스크리트, ⓟ는 팔리 어를 가리킨다.
2. 음사(音寫)는 산스크리트 또는 팔리 어를 한자로 옮길 때, 번역하지 않고 소리나는 대로 적은 것을 말한다.
   예) 반야(般若, ⓢprajñā ⓟpaññā), 보살(菩薩, ⓢbodhi-sattva ⓟbodhi-satta), 다라니(陀羅尼, ⓢdhāraṇī), 가사(袈裟, ⓢkaṣāya ⓟkāsāya), 열반(涅槃, ⓢnirvāṇa ⓟnibbāna).
3. 음사(音寫)도 두음법칙을 적용한다.
4. 음사(音寫) 뒤에 붙어 명칭의 분류를 나타내는 말은 음사에 포함되지 않는다.
   예) 기사굴산(耆闍崛山) ⓟgijja-kūṭa의 음사, 이련선하(尼連禪河) ⓢnairañjanā ⓟnerañjarā의 음사, 가니가수(迦尼迦樹) ⓢkarṇikāra의 음사, 마갈타국(摩竭陀國) ⓢⓟmagadha의 음사, 사위성(舍衛城) ⓢśrāvastī ⓟsāvatthī의 음사, 아육왕(阿育王) ⓢaśoka ⓟasoka의 음사, 다가라향(多伽羅香) ⓢtagara의 음사, 식차론(式叉論) ⓢśikṣā의 음사, 가섭유부(迦葉遺部) ⓢkāśyapīya의 음사, 비뉴천(毘紐天) ⓢviṣṇu의 음사 등에서 산(山), 하(河), 수(樹), 국(國), 성(城), 왕(王), 향(香), 론(論), 부(部), 천(天) 등은 음사에 포함되지 않는다.
5. 음역(音譯)은 음사와 번역의 합성을 나타낸다.
   예) 사바세계(娑婆世界) ⓢsahā-loka-dhātu의 음역에서, 사바(娑婆)는 sahā의 음사, 세계(世界)는 loka-dhātu의 번역. 보시바라밀(布施波羅蜜) ⓢdāna-pāramitā의 음역에서, 보시(布施)는 dāna의 번역, 바라밀(波羅蜜)은 pāramitā의 음사.
6. 波와 婆, 遍, 陀는 '바' '변' '다'로 굳어진 것 외에는 모두 '파' '편' '타'로 읽는다.
   굳어진 예) 바라밀(波羅蜜), 바라문(婆羅門), 변계소집성(遍計所執性), 다라니(陀羅尼).
7. ⇒는 보라, 참조, 음사의 번역, 풀이 중의 용어, 바른 발음, 굳어진 발음을 나타낸다.
8. 한자는 다르고, 같은 내용이고 같은 발음인 경우는 한 곳에 묶는다.
   예) 말향(抹香·末香).
9. 경명(經名) 앞의 불설(佛說)은 삭제한다.
10. 한반도의 승려는 경허 성우(鏡虛惺牛, 1849-1912)까지 다루고, 그 이후는 제외하였다.
11. 산스크리트와 팔리 어의 한글 표기는 다음의 표와 같다.

산스크리트 및 팔리 어 한글 표기

(1) 기본 원칙

① 한글 현용 자모 24자만 사용한다.

② 1986년 1월 7일에 문교부에서 고시한 '개정 외래어 표기법'에 의거하여 된소리는 쓰지 않는다.

③ 장음 표기는 생략한다.

④ 동일 겹자음일 경우, 앞자음은 받침으로 사용한다.

⑤ 받침은 'ㄱ·ㄴ·ㄹ·ㅁ·ㅂ·ㅅ·ㅇ'만 사용한다.

(2) 한글 표기 일람표

모음

a, ā	i, ī	u, ū	ṛ, ṝ	ḷ, ḹ
아	이	우	리	ㄹ리
e	ai	o	au	
에	아이	오	아우	

자음

k	kh	g	gh	ṅ
ㅋ	ㅋ	ㄱ	ㄱ	ㅇ
c	ch	j	jh	ñ①
ㅊ	ㅊ	ㅈ	ㅈ	ㄴ
ṭ	ṭh	ḍ	ḍh	ṇ
ㅌ	ㅌ	ㄷ	ㄷ	ㄴ
p	ph	b	bh	m
ㅍ	ㅍ	ㅂ	ㅂ	ㅁ
y②	v	r	l	
	ㅂ	ㄹ	ㄹㄹ	
ś③	ṣ④	s		
		ㅅ		
h	ḥ⑤	ṃ		
ㅎ	ㅎ	ㅁ, ㅇ		

① ña인 경우는 '냐' 로 표기한다.

예) prajñā(프라즈냐).

② y는 '이(반모음)' 로 표기한다.

예) kāya(카야), yoga(요가), kāyika(카이카), satya(사탸), nyāya(냐야), sāṃkhya (상캬).

③ 어말의 ś는 '시', 자음 앞의 ś는 '슈', 모음 앞의 ś는 뒤따르는 모음에 따라 '샤' '셰' '쇼' '슈' '시' 로 표기한다.

예) diś(디시), śramaṇa(슈라마나), śabda(샤브다), viśeṣa(비셰샤), aśoka(아쇼카), śubha(슈바), śiva(시바).

④ ṣ는 ś와 같다.

예) ṣaṣ(샤시), viṣṇu(비슈누), niṣevaṇa(니셰바나), ṣoḍaśa(쇼다샤), iṣu(이슈), iṣīkā (이시카).

⑤ ḥ는 ḥ 앞의 모음을 ḥ 뒤에 첨가하여 표기한다.

예) devaḥ(데바하), matiḥ(마티히).

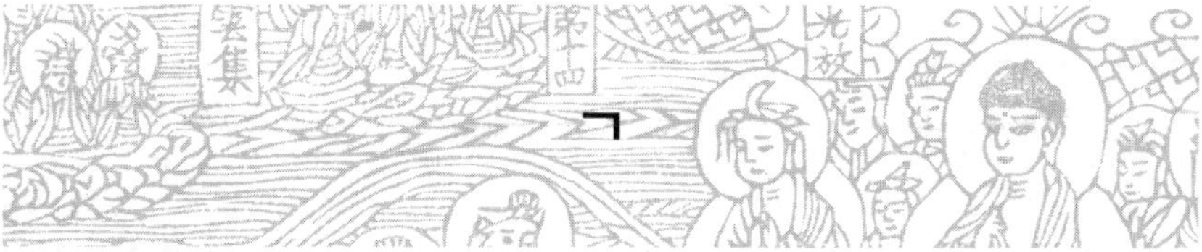

ㄱ

가(假) ①ⓢprajñapti 일시적. 임시로 설정함. 일시적으로 개념을 설정함. ②ⓢupacāra 실제로는 없지만 방편으로 설정함. ③모든 현상은 여러 인연의 일시적인 화합에 지나지 않으므로 거기에 불변하는 실체가 없다는 뜻.

가(家) ①모임. 단체. 종파. 세계. ②세간(世間). ③의식 세계.

가가(家家) 집에서 집에 이른다는 뜻으로, 인간계에서 천상의 경지에 이르고 천상의 경지에서 인간계에 이르는 것을 의미함. 욕계의 수혹(修惑)을 조금 끊은 일래향(一來向)의 성자. 이 성자는 그 번뇌를 완전히 끊지 못했기 때문에 한번 천상의 경지에 이르렀다가 다시 인간계에 이른다고 함.

가가(迦迦) ⓢkāka의 음사. 조(鳥)라고 번역. 새.

가간(家慳) 오간(五慳)의 하나. 집을 독차지하고 다른 이는 출입하지 못하게 함.

가고(珂鼓) ①ⓢbherī 북. ②ⓢśaṅkha 소라 껍데기로 만든 악기.

가관(假觀) 삼관(三觀)의 하나. 모든 현상은 여러 인연의 일시적인 화합으로 존재한다고 주시함.

가교(家教) 수시로 적당한 장소에서 간략하게 행하는 설법.

가구경행(街衢經行) 고려 때, 승려들이 개경(開京) 거리를 돌면서 인왕경(仁王經)을 독송하여 나라의 안녕과 백성의 복을 빌던 행사.

가나가모니불(迦那伽牟尼佛) 구나함불(拘那含佛)과 같음.

가나구사국(迦那鳩闍國) ⓢkanyakubja의 음사. 곡녀성(曲女城)이라 번역. 갠지스 강의 상류, 지금의 칸푸르(Kanpur) 북쪽에 인접해 있던 고대 국가.

가나위사국(伽那慰闍國) 가나구사국(迦那鳩闍國)과 같음.

가나제바(迦那提婆) ⇒ 제바(提婆)

가낙가발리타사(迦諾迦跋釐墮闍) ⓢkanaka-bharadvāja의 음사. 십육나한(十六羅漢)의 하나. 600명의 아라한과 함께 동승신주(東勝身洲)에 거주하면서 정법(正法)과 중생을 수호한다는 성자.

가낙가벌차(迦諾迦伐蹉) ⓢkanakavatsa의 음사. 십육나한(十六羅漢)의 하나. 500명의 아라한과 함께 가습미라국(迦濕彌羅國)에 거주하면서 정법(正法)과 중생을 수호한다는 성자.

가니가수(迦尼迦樹) ⓢkarṇikāra의 음사. 인도에서 자라는 교목으로, 잎은 부채 모양이며 향기 나는 금색의 꽃이 핌.

가니색가왕(迦膩色迦王·迦尼色迦王) ⓢkaniṣka의 음사. 건타라국(乾陀羅國)의 제3대 왕.

재위 2세기 중엽. 지금의 아프가니스탄 북동부와 파미르(Pamir) 고원 남부와 펀자브(Punjab) 지역을 점령하여 영토를 확장하고 불교를 크게 부흥시킴. 그의 주선으로 가습미라(迦濕彌羅)에 500여 명의 비구들이 모여 경(經)·율(律)·논(論)을 정리하는 제4차 결집(結集)을 행함.

가다연니자(迦多衍尼子) 기원전 3-기원전 2세기. 가다연니(迦多衍尼)는 ⓢkātyāyanī의 음사, 자(子)는 ⓢputra의 번역. 서북 인도에서 불교를 전파한 설일체유부(說一切有部)의 논사. 저서 : 아비달마발지론(阿毘達磨發智論).

가단니(珂但尼) ⓢkhādanīya의 음사. 작식(嚼食)·부정식(不正食)이라 번역. 비구들이 간식으로 씹어 먹는 음식. 뿌리·가지·잎·꽃·열매 따위.

가담파(迦曇婆) ⓢkadamba의 음사. 인도 전역에서 자라는 교목으로, 6월경에 공 모양의 꽃이 핌.

가득상사과류(可得相似過類) 십사과류(十四過類)의 하나. 인명(因明)에서, 상대편이 제시한 바른 인(因)에 대해, 그 인(因)보다도 오히려 다른 인(因)이 있을 수 있다고 하여 종(宗)의 술어와 다른 성질에 속하는 인(因)으로 반박하는 과실.

가라(迦羅) ⓢkāla의 음사. 실시(實時)라고 번역. 정해진 시각. 이에 반해, 막연한 어느 때는 삼마야(三摩耶)라고 함.

가라가(迦羅迦) ⓢkālaka의 음사. 인도에서 자라는 관목으로, 노란 꽃이 피고 주황색의 과일은 독이 있음.

가라구타가전연(迦羅鳩馱迦旃延) ⓟpakudha-kaccāyana의 음사. 파부타가전나(婆浮陀伽旃那)와 같음.

가라라(加羅羅·迦羅邏·柯羅邏·歌羅邏) 갈랄람(羯剌藍)과 같음.

가라륵(呵羅勒) 하리륵(訶梨勒)과 같음.

가라밀(迦羅蜜) ⓢkalyāṇa-mitra의 음사. 선우(善友)라고 번역. 좋은 벗. 부처의 가르침을 바르게 전하는 자. 수행에 도움이 되는 자. 자신과 마음을 같이하여 청정한 수행을 하는 자.

가라분(歌羅分) 가라(歌羅)는 ⓢkalā의 음사. 지극히 적은 분량의 단위를 말함.

가라비라(迦囉毘囉) ⓢkaravīra의 음사. 인도에서 자라는 관목으로, 잎은 가늘고 길며 향기 나는 붉은색의 꽃이 핌. 잎에서 채취한 즙은 눈병의 치료제로 쓰임.

가라빈가(迦羅頻伽) 가릉빈가(迦陵頻伽)와 같음.

가라사(迦羅奢·迦羅舍) ⓢkalaśa의 음사. 병(甁)·현병(賢甁)·보병(寶甁)이라 번역. 밀교에서 부처·보살·명왕 등에게 공양할 때, 약·향수·물 등을 담는 병.

가라사

가라월(迦羅越) ⓢkulavat의 음사. 신분이 높은 집안의 사람. 귀족. 부호. 장자(長者). 거사(居士).

가라진두(迦羅鎭頭) 가라가(迦羅迦)나무와

진두가(鎭頭迦)나무. 두 나무의 과일은 서로 비슷하지만 전자는 독이 있고 후자는 독이 없으므로 파계(破戒)와 지계(持戒), 유해(有害)와 무해(無害)를 비유함.

가란타(迦蘭陀) ⓢkalandaka의 음사. ①호조(好鳥)라고 번역. 까치와 비슷한 새. ②산서(山鼠)라고 번역. 산에 사는 쥐. ③중인도 마가다국(magadha國)의 왕사성(王舍城) 북쪽에 있는 죽원(竹園)을 붓다에게 기증한 사람.

가란타죽원(迦蘭陀竹園) 마가다국(magadha國)의 왕사성(王舍城) 북쪽에 있는 동산. 붓다가 깨달음을 이루고 왕사성을 찾았을 때, 가란타가 이 동산을 붓다에게 기증하였고, 빔비사라(bimbisāra) 왕은 그곳에 죽림정사(竹林精舍)를 지어 붓다에게 바침.

가랄저가(迦剌底迦) 가율저가(歌栗底迦)와 같음.

가랄파론(柯剌波論) ⓢkalpa의 음사. 바라문교에서 가르치는 의식법(儀式法), 또는 그에 대한 문헌.

가람(伽藍) ⓢⓟsaṃgha-ārāma의 음사인 승가람(僧伽藍)의 준말. 중원(衆園)이라 번역. saṃgha는 무리·모임, ārāma는 동산·정원을 뜻함. 수행승들이 머물면서 불도(佛道)를 닦는 곳, 또는 그곳의 건물. 불상과 보살상 등을 모셔 놓고 승려들이 거주하면서 부처의 가르침에 따라 수행하고 그 가르침을 설하는 집.

가람고(伽藍考) 1책. 조선의 신경준(申景濬) 지음. 한반도의 사찰에 대한 자료집으로, 520여 개의 사찰을 도별로 나누어 그 소재지·현판·금석문 등을 기록한 책.

가람신(伽藍神) 절을 수호한다는 금강역사(金剛力士)·사천왕(四天王) 등을 말함.

가로나(迦盧拏) ⓢkaruṇā의 음사. 비(悲)라고 번역. 중생을 불쌍히 여겨 괴로움을 덜어 주려는 마음.

가루라(迦樓羅) ⓢgaruḍa의 음사. 금시조(金翅鳥)·묘시조(妙翅鳥)라고 번역. 팔부중(八部衆)의 하나. 조류(鳥類)의 왕으로 용을 잡아먹고 산다는 거대한 상상의 새.

가류라(迦留羅) 가루라(迦樓羅)와 같음.

가류타이(迦留陀夷) ⓢⓟkāḷudāyī의 음사. 육군비구(六群比丘)의 하나. 붓다 당시에 악행을 일삼은 비구.

가릉가국(迦陵伽國) ⓢkaliṅga의 음사. 남인도, 지금의 하이데라바드(Hyderabad) 북동쪽에 인접해 있던 고대 국가.

가릉가왕(迦陵伽王) 가리왕(歌利王)과 같음.

가릉빈가(迦陵頻伽) ⓢkalaviṅka의 음사. 묘음조(妙音鳥)·애란(哀鸞)이라 번역. 머리와 팔은 사람의 모습이고 몸은 새의 모습을 한 상상의 새로서, 극락 정토에 있으며 소리가 매우 아름답다고 함. 극락조(極樂鳥)라고도 함.

가리가(迦理迦) ⓢkālika의 음사. 십육나한(十六羅漢)의 하나. 1,000명의 아라한과 함께 승가다주(僧伽荼洲)에 거주하면서 정법(正法)과 중생을 수호한다는 성자.

가리득지(呵梨得枳) 하리륵(訶梨勒)과 같음.

가리륵(呵梨勒) 하리륵(訶梨勒)과 같음.

가리사반(迦利沙槃) 가리사파나(迦利沙波拏)와 같음.

가리사파나(迦利沙波拏) ⓢkārṣāpaṇa의 음사. 고대 인도의 화폐 단위.

가리왕(歌利王) ⓢkāli ⓢkaliṅga의 음사. 투쟁(鬪爭)·악생(惡生)이라 번역. 붓다가 전생에 인욕을 수행하고 있을 때, 붓다의 인욕을 시험하기 위해 그의 팔다리를 잘랐다는 왕.

가리저가(迦哩底迦) 가율저가(歌栗底迦)와 같음.

가리타(呵梨陀) ⓢharidrā의 음사. 황강(黃薑)이라 번역. 인도 전역에서 자라는 풀. 잎·꽃·뿌리는 생강과 비슷하며 뿌리는 말려서 잘게 부수어 조미료로 쓰거나 약용함.

가린제(迦隣提) ⓢkācilindika의 음사. 물새의 일종. 또는 그 새의 깃털로 만든 보드라운 옷.

가립(假立) ①임시로 설정함. 잠정적으로 정함. ②어떤 대상에 명칭을 부여함.

가마(迦摩) ⓢkāma의 음사. 애욕(愛欲).

가말라(迦末羅) ⓢkāmalā의 음사. 황달병의 일종.

가명(假名) ①임시로 붙인 이름. ②모든 현상은 여러 인연의 일시적인 화합에 지나지 않으므로 거기에 불변하는 실체가 없고 이름뿐이라는 뜻. ③본디 이름이 없는 현상에 일시적으로 이름을 붙임. ④모든 현상에는 본디 차별이 없지만 경계를 지어 임시로 각각 이름을 붙여 차별하는 모든 차별 현상을 말함.

가명공(假名空) 임시로 붙인 이름뿐인 모든 현상은 인연에 따라 일시적으로 모였다가 흩어지므로 거기에 불변하는 실체가 없다는 뜻.

가명보살(假名菩薩) 이름만 보살일 뿐, 보살의 수행 단계 가운데 첫 단계인 십신(十信)에 있기 때문에 아직 원만한 보살의 단계에 들지 못한 자.

가명세간(假名世間) 세간은 변하면서 흘러가는 현상을 뜻함. 모든 중생들의 세계. 중생은 오온(五蘊)의 일시적인 화합에 지나지 않으므로 거기에 불변하는 실체가 없고 임시로 붙인 이름뿐이므로 이와 같이 말함.

가명유(假名有) 불변하는 실체가 없고 일시적으로 붙인 이름뿐인 현상.

가명자(假名字) 가명(假名)과 같음.

가명종(假名宗) 사종(四宗)의 하나. 모든 현상은 여러 인연의 일시적인 화합에 지나지 않으므로 거기에 불변하는 실체가 없고 이름뿐이라는 성실론(成實論)의 가르침을 말함.

가미니(伽彌尼) ⓟgāmaṇī의 음사. 촌장(村長).

가방(街坊) 거리에 나가 탁발하는 소임, 또는 그 일을 맡은 승려.

가법(假法) 불변하는 실체 없이 여러 인연의 일시적인 화합에 지나지 않는 현상.

가부좌(跏趺坐) 결가부좌(結跏趺坐) 또는 반가부좌(半跏趺坐)의 준말.

가비(加備) 부처나 보살이 자비심으로 중생에게 힘을 갖추게 함.

가비라(迦毘羅) ⓢkapila의 음사. 황색(黃色)이라 번역. ①상캬 학파의 창시자. ②동쪽을 지키는 신(神) 이름. ③세속의 복을 담당하는 신(神) 이름. ④가비라파소도(迦毘羅婆蘇都)의 준말.

가비라위(迦毘羅衛) 가비라파소도(迦毘羅婆蘇都)와 같음.

가비라파소도(迦毘羅婆蘇都) ⓢkapila-vastu의 음사. 고대 인도의 석가족(釋迦族)이 세운 국가, 또는 그 도읍지 둘레에 둘린 성곽(城郭). 기원전 6세기에 코살라국에게 멸망됨. 위치는 지금 네팔의 타라이(Tarai) 지방.

가비마라(迦毘摩羅) ⓢkapimala의 음사. 인도의 부법장(付法藏) 제12조. 화씨성(華氏城) 출신의 승려. 처음에는 3,000여 명의 제자를 거느린 외도(外道)였으나 마명(馬鳴)과의 토론에서 패하여 그의 제자가 됨. 용수(龍樹)에게 불법(佛法)을 전함.

가비타(迦毘陀) ⓢkapittha의 음사. 인도의 건조 지역에서 자라는 낙엽 관목으로, 난형(卵形)의 작은 잎에서 독특한 향기가 남. 꽃은 분홍색이며 둥근 열매는 식용함.

가빈사라(迦頻闍羅) ⓢkapiñjala의 음사. 꿩.

가사(袈裟) ⓢkaṣāya ⓟkāsāya의 음사. 갈색이라는 뜻. 부정색(不正色)·괴색(壞色)·탁색(濁色)이라 번역. 인도의 승단에서 제정한 법의(法衣)로서, 청·황·적·백·흑의 다섯 가지 정색(正色)이 아닌 색깔로 물들인 옷이므로 이와 같이 일컬음. 가사에는 삼의(三衣), 곧 승가리(僧伽梨)·울다라승(鬱多羅僧)·안타회(安陀會)가 있음. 직사각형의 베 조각들을 세로로 나란히 꿰맨 것을 1조(條)로 하여, 5조를 가로로 나란히 꿰맨 것을 안타회, 7조를 가로로 나란히 꿰맨 것을 울다라승, 9조 내지 25조를 가로로 나란히 꿰맨 것을 승가리라고 함. 우리 나라에서 흔히 가사라고 하면 이 승가리를 가리키며, 이는 예불·독경·설법·의식 때 장삼 위에 왼쪽 어깨에서 오른쪽 겨드랑이 밑으로 걸쳐 입음.

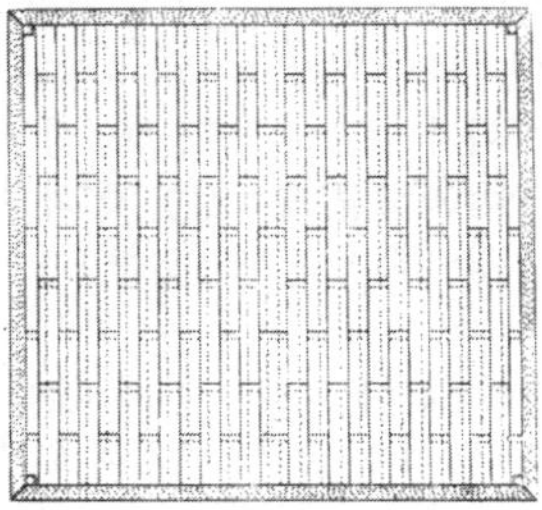

가사

가사국(迦私國·伽奢國) 가시국(迦尸國)과 같음.

가사대(袈裟袋) 수행자가 삼의(三衣) 등을 넣어 목에 걸고 다니는 자루.

가사시리사(伽闍尸利沙) ⓢgayāśīrṣa ⓟgayāsīsa의 음사. 상두(象頭)라고 번역. 붓다가 깨달음을 이룬 붓다가야(buddhagayā)의 서북쪽에 인접한 산 이름. 가야산(伽耶山)과 같음.

가사초(迦奢草) 가사(迦奢)는 ⓢkaśa의 음사, 세추(細秋)라고 번역. 억새의 일종으로, 앉거나 눕기 위한 자리를 만드는 데 사용함.

가산사(佳山寺) 충북 옥천군 안내면 답양리에 있는 절. 법주사(法住寺)의 말사. 720년(신라 성덕왕 19)에 창건하고, 1590년경에 영규(靈圭)가 중축하고, 1592년 임진왜란 때 모두 불탑. 1624년에 다시 짓고, 1960년에 보수함. 문화재 : 목불(木佛).

가설(假說·假設) 임시로 개념을 설정함. 실제로는 없지만 방편으로 설정함.

가섭(迦葉) Ⓢkāśyapa Ⓟkassapa의 음사. 음광(飮光)이라 번역. 십대제자(十大弟子)의 하나. 마가다국(magadha國) 출신으로, 엄격하게 수행하여 두타제일(頭陀第一)이라 일컬음. 바라문의 여자와 결혼했으나 가정 생활을 싫어하여 아내와 함께 출가하여 붓다의 제자가 됨. 붓다가 입멸한 직후, 왕사성(王舍城) 밖의 칠엽굴(七葉窟)에서 행한 제1차 결집(結集) 때, 의장이 되어 그 모임을 주도함.

가섭마등(迦葉摩騰) Ⓢkāśyapa-mātaṅga의 음사. 생몰년 미상. 중인도 출신의 승려로, 후한(後漢) 영평(永平) 10년(67)에 축법란(竺法蘭)과 함께 낙양(洛陽)에 옴. 명제(明帝)가 낙양에 백마사(白馬寺)를 지어 그들을 머물게 함. 축법란과 함께 사십이장경(四十二章經)을 번역함.

가섭불(迦葉佛) Ⓢkāśyapa-buddha의 음사. 과거칠불(過去七佛)의 하나. 현겁(賢劫) 중에 출현하여 이구류수(尼拘類樹) 아래에서 성불하였다고 함.

가섭비부(迦葉毘部) 가섭유부(迦葉遺部)와 같음.

가섭사(迦葉寺) 충북 음성군 음성읍 용산리 가섭산 서쪽 기슭에 있는 절. 법주사(法住寺)의 말사. 1365년에 고려의 나옹(懶翁)이 창건하고, 1592년 임진왜란 때 모두 불탐. 1624년에 벽암(碧巖)이 다시 짓고, 1938년에 불타고 원근(元根)이 다시 지음.

가섭유부(迦葉遺部·迦葉惟部) Ⓢkāśyapīya의 음사. 음광(飮光)이라 번역. 붓다가 입멸한 후 300년 말에 설일체유부(說一切有部)에서 갈라져 나온 파(派).

가섭유사(迦葉遺師) 가섭유부(迦葉遺部)의 논사.

가소론(可笑論) Ⓢitihāsa 서사시(敍事詩). itihāsa는 iti-ha-āsa(참으로 이와 같이 있었다)의 합성어인데, iti-hāsa(이와 같이 웃다)로 오인한 번역.

가쇄(枷鎖) 죄인의 목에 씌우는 형틀과 발에 채우는 쇠사슬로, 번뇌의 속박을 비유함.

가습미라국(迦濕彌羅國) Ⓢkaśmīra의 음사. 펀자브(Punjab) 동북부에 있던 고대 국가.

가시(假時) Ⓢsamaya 막연한 어느 때를 말함. 이에 반해, 정해진 시각은 실시(實時)라고 함.

가시국(迦尸國·伽尸國) Ⓢkāśi Ⓟkāsi의 음사. 갠지스 강 중류, 지금의 바라나시(Varanasi) 지역에 있던 고대 국가로, 도읍지는 바라나시(vārāṇasī). 기원전 6세기에 마가다국(magadha國)에게 멸망함.

가시초(加尸草) 가사초(迦奢草)와 같음.

가아(假我) ①오온(五蘊)의 일시적인 화합에 지나지 않으므로 불변하는 실체가 없는 자아(自我). ②번뇌와 아무런 생각이 없는 멍한 상태를 끝없이 되풀이하는 주체.

가애(罣礙) Ⓢāvaraṇa 막힘. 걸림. 구애됨. 거리낌. 방해됨.

가야가섭(伽耶迦葉) Ⓟgayā-kassapa의 음사. 삼가섭(三迦葉)의 하나. 마갈타국(摩竭陀國)의 가야산(伽耶山)에서 불을 섬기던 사화외도(事火外道)였으나 붓다의 성도(成道) 직후,

큰형 우루빈라가섭(優樓頻螺迦葉)이 붓다의 가르침을 듣고 500명의 제자와 함께 그에게 귀의하고, 또 작은형 나제가섭(那提迦葉)도 300명의 제자와 함께 그에게 귀의하자, 자신도 200명의 제자와 함께 붓다에게 귀의함.

가야산(伽耶山) 붓다가 깨달음을 이룬 붓다가야(buddhagayā)의 서북쪽에 인접한 산.

가야성(伽耶城) 붓다가 깨달음을 이룬 붓다가야(buddhagayā)의 북쪽 약 10km 지점에 있던 도시.

가우(加祐) 부처나 보살이 자비심으로 중생을 도와줌.

가위력(加威力) 부처나 보살이 자비심으로 중생에게 베푸는 불가사의한 힘.

가유(假有) 여러 인연의 일시적인 화합에 지나지 않는 존재. 일시적으로 있는 현상.

가유라(迦維羅) 가비라파소도(迦毘羅婆蘇都)와 같음.

가유라월(迦維羅越) 가비라파소도(迦毘羅婆蘇都)와 같음.

가유라위(迦維羅衛) 가비라파소도(迦毘羅婆蘇都)와 같음.

가율저가(歌栗底迦) ⓢkārttika의 음사. 인도력(印度曆)의 8월. 음력 8월 16일부터 9월 15일까지에 해당함.

가음(家音) 집으로 보내는 편지. 집에서 온 소식.

가이가섭(伽夷迦葉) 가야가섭(伽耶迦葉)과 같음.

가이국(迦夷國) 가시국(迦尸國)과 같음.

가이라(迦夷羅) 가비라파소도(迦毘羅婆蘇都)와 같음.

가전린제(迦旃隣提) ⓢkācilindika의 음사. 물새의 일종. 또는 그 새의 깃털로 만든 보드라운 옷.

가전린타(迦旃鄰陀) 가전린제(迦旃隣提)와 같음.

가전연(迦旃延) ⓢkātyāyana의 음사. 십대제자(十大弟子)의 하나. 인도의 서쪽에 있던 아반티국(avanti國)의 크샤트리야 출신으로, 왕의 명령에 따라 붓다를 그 나라로 초청하기 위해 찾아갔다가 출가함. 깨달음을 얻은 후 귀국하여 붓다의 가르침을 전파함. 교리에 밝아 논의제일(論議第一)이라 일컬음.

가제(假諦) 삼제(三諦)의 하나. 모든 현상은 여러 인연의 일시적인 화합으로 존재한다는 진리.

가주자제자부(可住子弟子部) 독자부(犢子部)와 같음.

가지(加持) ⓢadhiṣṭhāna ①부처가 자비심으로 중생을 보호함. ②부처가 자비와 지혜를 중생에게 베풀고 중생이 그것을 받아 지녀 부처와 중생이 서로 합치함. 부처의 가호를 받아 중생이 부처와 하나가 됨. ③부처의 가피력으로 병이나 재난을 면하기 위해 행하는 의식.

가지력(加持力) 중생을 보호하는 부처의 불가사의한 힘.

가지산문(迦智山門) ⇒ 구산선문(九山禪門)

가지세계(加持世界) 부처와 중생이 서로 감응하는 이 세계.

가지신(加持身) 수행자가 삼밀(三密)을 닦아 부처와 수행자의 몸과 말과 뜻이 서로 합일될 때 나타나는 부처 그 자체, 곧 그 수행자에게 드러나는 청정한 깨달음의 성품.

가징가라국(迦徵伽羅國) ⓢkajaṅgala의 음사. 갠지스 강 하류, 바갈푸르(Bhagalpur) 동쪽 지역에 있던 고대 국가.

가차린저가(加遮隣底迦) ⓢkācilindika의 음사. 물새의 일종. 또는 그 새의 깃털로 만든 보드라운 옷.

가차말니(迦遮末尼) ⓢkāca-maṇi의 음사. 수정(水晶)의 일종.

가책건도(呵責犍度·訶責犍度) 건도(犍度)는 ⓢskandha의 음사로, 장(章)·편(篇)을 뜻함. 잘못을 저지른 수행자를 질책하는 법에 대해 설한 장(章).

가치나의(迦絺那衣) 가치나(迦絺那)는 ⓢⓟkaṭhina의 음사. 공덕(功德)·견고(堅固)라고 번역. 안거(安居)를 마친 수행자가 공양받은 베 조각으로 하루 만에 만들어 5개월 동안 입는 간편한 옷.

가치나의건도(迦絺那衣犍度) 건도(犍度)는 ⓢskandha의 음사로, 장(章)·편(篇)을 뜻함. 가치나의(迦絺那衣)에 대해 설한 장(章).

가타(伽陀·伽他) ①ⓢⓟgāthā의 음사. 게(偈)라고도 음사. 십이부경(十二部經)의 하나. 경전의 서술 형식이 운문체로 된 것. ②아가타(阿伽陀)의 준말.

가타부단나(迦吒富單那) ⓢkaṭa-pūtana의 음사. 극취귀(極臭鬼)라 번역. 악한 귀신 이름.

가태보등록(嘉泰普燈錄) 30권. 남송(南宋)의 뇌암 정수(雷庵正受)가 가태 2년(1202)에 엮음. 21권까지는 남악 회양(南嶽懷讓) 문하 17세, 청원 행사(青原行思) 문하 16세까지의 열전(列傳)이고, 22권 이하는 경덕전등록(景德傳燈錄)·광등록(廣燈錄)·속등록(續燈錄)에 없는 제왕(帝王)·제후(諸侯)·선비·비구니들의 법어(法語)·게송(偈頌) 등을 모은 저술.

가패(歌唄) 부처의 공덕을 칭송하는 노래. 찬가(讚歌).

가패다라(迦捭多羅) 가비타(迦毘陀)와 같음.

가풍(家風) ①한 선승(禪僧)의 독자적인 가르침이나 지도 방법. ②한 종(宗)에 전통적으로 내려오는 독특한 가르침이나 지도 방법.

가피(加被) 부처나 보살이 자비심으로 중생에게 힘을 줌.

가피력(加被力) 부처나 보살이 자비심으로 중생에게 베푸는 힘.

가필시국(迦畢試國) ⓢkāpiśī의 음사. 아프가니스탄의 카불(Kabul) 지역에 있던 고대 국가.

가하나(伽訶那) ⓢghana의 음사. 건남(鍵南)과 같음.

가행(加行) ⓢprayoga 수행. 더욱 힘써 수행함. 목적을 위한 수단으로 행하는 수행이나 행위. 어떠한 수행 단계에 이르기 위한 예비 수행.

가행과(加行果) 사과(四果)의 하나. 힘써 수행한 결과. 깨달음은 힘써 수행한 결과이므로 가행과.

가행도(加行道) 사도(四道)의 하나. 번뇌를 끊기 위해 수행하는 단계.

가행득(加行得) 수행에 의해 후천적으로 갖추게 된 능력. 이에 반해, 선천적으로 갖추고 있는 능력은 생득(生得) 또는 성득(性得)이라 함.

가행선(加行善) 수행에 의해 후천적으로 갖추게 된 착한 마음.

가행위(加行位) 오위(五位)의 하나. 번뇌가 없는 지혜를 얻기 위해 모든 대상과 그것을 인식하는 주관은 모두 허구라고 주시하는 수행 단계. 자량위(資糧位)에서 선근과 공덕을 닦고 통달위(通達位)로 나아가기 위해 더욱 힘써 수행하므로 가행이라 함.

가호(加護) 부처나 보살이 자비심으로 중생을 보호함.

가화합(假和合) 여러 인연의 일시적인 모임.

가훈(家訓) ①수시로 적당한 장소에서 간략하게 행하는 설법. ②스승이 제자들에게 자신의 선풍(禪風)을 드러냄.

각(覺) ①ⓢbodhi 깨달음. 깨달음의 지혜. 온갖 번뇌와 분별이 끊어진 마음 상태. ②ⓢbuddha 깨달은 자. ③ⓢvitarka 개괄적으로 사유하는 마음 작용. 심(尋)과 같음. ④ⓢvedanā 괴로움이나 즐거움 등을 느끼는 감수 작용. 수(受)와 같음. ⑤ⓢbuddhi 상캬 학파에서 설하는 이십오제(二十五諦)의 하나로, 물질의 근원인 자성(自性, prakṛti)이 순수 정신인 신아(神我, puruṣa)의 영향을 받아 평형 상태가 깨어져 전개를 시작할 때, 최초로 생기는 사유 기능을 말함.

각(閣) 불교가 한반도에 토착화되는 과정에서 그에 수용된 산신(山神)·칠성(七星) 등을 모신 사찰의 건물.

각각위인실단(各各爲人悉檀) 사실단(四悉檀)의 하나. 중생의 능력이나 소질에 따라 각각 그들에게 맞는 가르침을 설하여 청정한 행위를 하도록 함.

각관(覺觀) ⓢvitarka-vicāra 각(覺)은 개괄적으로 사유하는 마음 작용, 관(觀)은 세밀하게 고찰하는 마음 작용.

각덕(覺德) 생몰년 미상. 신라의 승려. 540년(진흥왕 1)에 양(梁)에 가서 불교를 배우고, 549년에 한반도에 처음으로 불사리(佛舍利)를 가지고 귀국함.

각립(角立) 두각(頭角)을 나타내고 있는 자.

각배재(各拜齋) 시왕각배재(十王各拜齋)의 준말.

각분(覺分) 각지(覺支)와 같음.

각색(脚色) 수행승의 행각(行脚)을 기록한 이력서.

각성(覺性) 1575-1660. 조선의 승려. 충북 보은 출신. 호는 벽암(碧巖). 14세에 출가하여 부휴 선수(浮休善修, 1543-1615)에게 사사(師事)함. 1592년 임진왜란 때 해전(海戰)에 참여하고, 지리산에 들어가 충휘(冲徽)·태능

(太能)·응상(應祥) 등과 함께 수행함. 판선교도총섭(判禪敎都摠攝)이 되어 봉은사(奉恩寺)에 잠시 머물고, 1624년(인조 2)에 왕이 남한산성을 쌓게 했을 때 팔도도총섭(八道都摠攝)이 되어 승려들을 동원하여 3년 만에 완성함. 임진왜란 때 불탄 지리산 화엄사(華嚴寺)를 복구하고, 1636년 병자호란 때 왕이 남한산성으로 피난했다는 소식을 듣고 3,000명의 승병을 모아 항마군(降魔軍)이라 이름하고 북상하는 도중에 왕이 항복했다는 소식을 듣고 진군을 중지함. 그 후 여러 사찰을 편력하다가 화엄사에서 입적함.

각안(覺岸) 1820-1896. 조선 후기의 승려. 전남 완도 구계(九階) 출신. 법호(法號)는 범해(梵海), 자(字)는 환여(幻如), 자호(自號)는 두륜산인구계(頭輪山人九階). 14세에 두륜산 대둔사(大芚寺)에 출가하여 16세에 시오(始悟)를 은사로 하여 삭발하고 의순(意恂)에게 구족계(具足戒)를 받음. 시오의 법을 이어받고 대둔사에서 화엄경과 범망경을 수차례 강의하고, 전국의 사찰을 순례한 뒤 다시 대둔사로 돌아와 학인들을 지도하다가 입적함. 저서 : 동사열전(東師列傳)·범해선사유고(梵海禪師遺稿).

각엄존자(覺儼尊者) ⇒ 복구(復丘)

각연사(覺淵寺) 충북 괴산군 장연면 보개산 동쪽 기슭에 있는 절. 법주사(法住寺)의 말사. 신라 법흥왕(514-540) 때 유일(有一)이 창건하고, 고려 초에 통일(通一)이 중축함. 1648년과 1927년에 보수함. 문화재 : 석조비로자나불좌상(石造毘盧遮那佛坐像)·통일대사탑비(通一大師塔碑)·비로전(毘盧殿).

각오(覺悟) 깨달음. 온갖 번뇌와 분별이 끊어진 마음 상태.

각왕(覺王) 부처를 일컬음.

각운(覺雲) 생몰년 미상. 고려 말의 승려. 전북 남원 출신. 호는 구곡(龜谷). 환암 혼수(幻庵混修, 1320-1392)의 제자. 남원 승련사(勝蓮寺)에 머물면서 경덕전등록(景德傳燈錄)에 심취함. 공민왕이 그를 존경하여 달마절로도강도(達摩折蘆渡江圖)와 보현육아백상도(普賢六牙白象圖)를 그려 하사함. 1372년에 왕에게 청하여 경덕전등록을 다시 간행함.

각의(覺意) ①깨달음. ②깨달음에 이르려는 마음.

각의삼매(覺意三昧) 어떠한 데에도 구애받지 않고, 마음이 향하는 대로 주시하여 깨닫는 삼매.

각자(覺者) ⓢⓟbuddha ①궁극적인 진리를 깨달은 사람. 우주의 본성이나 참모습을 깨달은 사람. 청정한 성품을 깨달은 주체. ②석가모니.

각적(卻敵) 망루(望樓).

각지(覺支) ⓢbodhy-aṅga ⓟbojjhaṅgā 깨달음에 이르게 하는 수행의 갈래.

각진(覺眞) 복구(復丘)의 시호.

각타(角馱) 소의 뿔에 얹은 짐이라는 뜻으로, 미혹이나 집착이 마음을 속박하여 자유롭지 못하게 하는 것을 비유함.

각패(角貝) 소라 껍데기로 만든 악기.

각품(覺品) 각지(覺支)와 같음.

각현(覺賢) ⇒ 불타발타라(佛馱跋陀羅)

각화사(覺華寺) 경북 봉화군 춘양면 각화산 남쪽 기슭에 있는 절. 고운사(孤雲寺)의 말사. 686년에 신라의 원효(元曉)가 창건하고, 고려 예종(1105-1122) 때 계응(戒膺)이 중축함. 1606년(선조 39)에 이 절 부근에 태백산사고(太白山史庫)가 설치됨으로써 그 사고(史庫)의 수호 사찰이 됨. 1910년에 모두 불타고, 1926년에 달현(達玄)이 다시 지음.

간(慳) ⓢmātsarya 인색함. 남에게 베풀지 않음.

간결(慳結) 구결(九結)의 하나. 결(結)은 번뇌를 뜻함. 인색하여 남에게 베풀지 않는 번뇌.

간경(看經) 불경을 읽음. 불경을 소리내지 않고 읽음.

간경도감(刊經都監) 조선 때, 불전(佛典)의 번역과 간행을 담당한 기관으로, 1461년(세조 7) 6월에 왕명으로 설치되고 1471년(성종 2) 12월에 폐지됨.

간린결(慳悋結) 간결(慳結)과 같음.

간별(簡別) ①분별. 구별. ②정해진 범위나 한계. 제한.

간색의(間色衣) 청·황·적·백·흑의 다섯 가지 정색(正色)이 아닌 간색으로 물들인 옷, 곧 가사(袈裟).

간시궐(乾屎橛) 마른 똥막대기.

간율대(肝栗大) ⓢhṛd ⓢhṛdaya의 음사. 심(心)·육단심(肉團心)·견실심(堅實心)이라 번역. ①심장. 본질. 핵심. ②본디 청정한 마음.

간율타(干栗馱) 간율대(肝栗大)와 같음.

간정(刊定) 범문(梵文)으로 된 불전(佛典)을 한문으로 번역하는 역장(譯場)에서, 쓸데없이 긴 글귀를 간결하게 줄이는 역할, 또는 그 일을 맡은 사람. 예를 들어 무명(無明)이 없음을 무무명(無無明)이라 하였으면 두 무(無)를 삭제하여 명(明)이라 하는 따위.

간탐(慳貪) 인색하고 욕심이 많음. 제 것은 아끼고 남의 것은 탐냄.

간택(揀擇) ①조사. 관찰. 연구. ②분별. 차별하여 사유하고 판단함.

간화결의론(看話決疑論) 1권. 고려의 지눌(知訥) 지음. 하나의 큰 의심을 깨뜨려 곧바로 부처의 경지에 이르는 간화선(看話禪)의 뛰어남을 밝힌 저술.

간화선(看話禪) 좌선하여 하나의 화두(話頭)의 의심을 깨뜨리기 위해 거기에 모든 정신을 집중하는 수행. 임제종(臨濟宗) 양기파(楊岐派)의 대혜 종고(大慧宗杲, 1089-1163)가 큰 의심 아래에서만 깨달음이 있다고 하여 화두와 정면으로 대결할 것을 역설한 이후, 선(禪)의 핵심을 이루는 정신 집중의 수행은 화두의 타파로 압축되어 중국 선종의 주류를 이루게 됨.

갈(喝) ⇒ 할(喝)

갈나구사국(葛那鳩闍國) 가나구사국(迦那鳩闍國)과 같음.

갈나급국(葛那及國) 가나구사국(迦那鳩闍國)과 같음.

갈나복(羯拏僕) ⓢkaṇa-bhuj의 음사. 식미재(食米齋)라고 번역. 바이셰시카 학파의 창시자인 카나다(kaṇāda)의 별명.

갈니가수(羯尼迦樹) ⓢkarṇikāra의 음사. 인도에서 자라는 교목으로, 잎은 부채 모양이며 향기 나는 금색의 꽃이 핌.

갈등(葛藤) 뒤얽혀 있는 칡덩굴과 등나무 덩굴. ①얽매여 있어 자유롭지 못함. ②말이나 문자가 뒤얽혀 있어 난해함. ③마음을 뒤엉키게 하는 말이나 문자, 또는 거기에 집착하여 속박됨. ④번뇌를 비유하여 이르는 말.

갈라(羯囉) ⓢkāra의 음사. 의식(儀式). 예법(禮法). 동작.

갈라람(羯羅藍·羯邏藍) 갈랄람(羯剌藍)과 같음.

갈라미라(羯囉微囉) ⓢkaravīra의 음사. 인도에서 자라는 관목으로, 잎은 가늘고 길며 향기 나는 붉은색의 꽃이 핌. 잎에서 채취한 즙은 눈병의 치료제로 쓰임.

갈라보살(竭羅菩薩) 제화갈라(提和竭羅), 곧 연등불(然燈佛)의 화신.

갈랄라(羯剌羅) 갈랄람(羯剌藍)과 같음.

갈랄람(羯剌藍) ⓢkalala의 음사. 응활(凝滑)·화합(和合)이라 번역. 태내오위(胎內五位)의 하나. 수태(受胎)부터 7일간.

갈랍파(羯臘婆) ⓢkarabha의 음사. 수의 단위로, 10^{31}.

갈리왕(羯利王) 가리왕(歌利王)과 같음.

갈마(羯磨) ①ⓢkarma ⓟkamma의 음사. 업(業)·소작(所作)·변사(辨事)라고 번역. 수계(受戒)·참회(懺悔)·징벌(懲罰)·의결(議決) 등을 하는 의식이나 행위. 제시된 안건(案件)에 대한 가부(可否)를 묻는 행위. ②갈마금강(羯磨金剛)의 준말.

갈마금강(羯磨金剛) 손잡이의 두 끝 부분이 세 갈래로 갈라진 삼고저(三鈷杵)를 십자 모양으로 조합한 밀교의 법구(法具)로, 번뇌를 타파하는 부처의 지혜를 상징함.

갈마금강

갈마만다라(羯磨曼荼羅) ⓢkarma-maṇḍala의 음사. 사종만다라(四種曼荼羅)의 하나. 우주의 운동, 부처와 보살의 활동을 상징적으로 묘사한 그림.

갈마부(羯磨部) 금강계만다라(金剛界曼荼羅)에서, 중생을 제도하는 부처의 활동을 나타낸 부분.

갈마사(羯磨師) 갈마아사리(羯磨阿闍梨)와 같음.

갈마아사리(羯磨阿闍梨) 갈마(羯磨)는 ⓢkarma의 음사로, 의식을 뜻함. 아사리(阿闍梨)는 ⓢācārya의 음사로, 제자를 가르치고 지도할 수 있는 덕이 높은 승려를 일컬음. 구족계(具足戒)를 받을 때, 의식을 주관하는 승려.

갈마타나(羯磨陀那) ⓢkarma-dāna의 음사. 수사(授事)라고 번역. 사원의 잡무를 지도하고 단속하는 승려.

갈마회(羯磨會) 금강계만다라(金剛界曼荼羅)의 중앙에 있는 사각형의 그림을 활동하는 힘의 출발점으로 볼 때는 갈마회라 하고, 그 힘의 종착점으로 볼 때는 성신회(成身會)라 함.

갈수라(渴樹羅) ⓢkharjūra의 음사. 인도 북부에서 자라는 나무로, 모양은 종려나무와 비슷함. 과일은 맛이 좋고 수액(樹液)을 발효시켜 술을 만듦.

갈애(渴愛) ⓢtṛṣṇā ⓟtaṇhā 목이 말라 애타게 물을 찾듯이, 몹시 탐내어 집착함. 탐내어 그칠 줄 모르는 애욕.

갈야국사국(羯若鞠闍國) 가나구사국(迦那鳩闍國)과 같음.

갈주올기라국(羯朱嗢祇羅國) ⓢkajaṅgala의 음사. 갠지스 강 하류, 바갈푸르(Bhagalpur) 동쪽 지역에 있던 고대 국가.

갈참(喝參) 자신이 왔음을 알리는 것.

갈치나(羯恥那) ⓢkaṭhina의 음사. 도구인(屠狗人)·살구인(殺狗人)이라 번역. 천한 직업에 종사하는 사람.

갈타포단나(羯咤布單那) 갈타포달나(羯吒布單那)와 같음.

갈타포달나(羯咤布怛那) ⓢkaṭa-pūtana의 음사. 극취귀(極臭鬼)라 번역. 악한 귀신 이름.

갈파사가(羯播死迦) ⓢkarpāsaka의 음사. 백첩(白疊)이라 번역. 면(綿)으로 만든 옷.

감(龕) 불상이나 보살상을 안치하기 위해 만든 작은 공간.

감겁(減劫) 세계가 존속하는 지극히 긴 기간인 주겁(住劫)에서, 인간 수명 8만 세에서 100년에 한 살씩 줄어 10세에 이르는 것을 감겁(減劫), 다시 10세에서 100년에 한 살씩 늘어 8만 세에 이르는 것을 증겁(增劫)이라 함. 이 증감(增減)이 20회 반복되면 주겁이 끝난다고 함.

감능(堪能) ①일을 잘 감당할 만한 능력이 있음. ②ⓢkarmaṇyatā 유식설에서, 아뢰야식(阿賴耶識)이 청정하게 변화함으로써 몸과 마음이 경쾌하고 평온하게 된 상태.

감달법아라한(堪達法阿羅漢) 소질이 뛰어나 곧바로 동요하지 않는 단계에 도달하는 자.

감로(甘露) ⓢamṛta ⓟamata ①불사(不死)의 효험이 있다는, 신(神)들이 마시는 물. 도리천(忉利天)에 있다는 감미로운 물. ②부처의 가르침을 비유함. ③열반(涅槃)을 비유함. ④불사(不死). ⑤정갈하고 감미로운 물.

감로계(甘露界) 열반(涅槃)의 경지를 말함.

감로다(甘露茶) 지극한 정성으로 달여서 불전(佛前)에 올리는 차.

감로반왕(甘露飯王) ⓢamṛtodana 싯다르타의 아버지인 정반왕(淨飯王)의 셋째 동생. 싯다르타의 숙부.

감로암(甘露庵) 전남 순천시 조계산 서쪽 기슭에 있는 절. 송광사(松廣寺)에 딸린 암자. 고려의 충지(冲止, 1226-1292)가 창건하고, 1877년에 중축함. 한국 전쟁 때 모두 불타고, 1971년에 다시 지음.

감로왕(甘露王) 아미타불(阿彌陀佛)을 달리 부르는 이름.

감로탱화(甘露幀畵) 영가(靈駕)를 모셔 두는 영단(靈壇)에 걸어 둔 탱화로, 주로 아미타불이 아귀나 지옥의 중생을 극락으로 인도하는 정경이 묘사되어 있음. 아미타불이 그 중생에게 감로를 베푼다는 뜻에서 감로탱화라고 함.

감변(勘辨) 수행자의 역량이나 근기(根機)를 점검하는 문답.

감보차국(甘菩遮國) ⓢⓟkamboja의 음사. 인더스 강 중류 지역에 있던 인도의 고대 국가.

감사(監寺) 육지사(六知事)의 하나. 선원(禪院)의 사무를 감독하는 직책, 또는 그 일을 맡은 승려.

감수(監收) 사찰에 소속된 토지의 수입 및 조세에 관한 사무를 담당하는 직책, 또는 그 일을 맡은 승려.

감실(龕室) 불상이나 보살상을 안치하기 위해 만든 작은 공간.

감원(監院) 선원(禪院)의 사무를 감독하는 직책, 또는 그 일을 맡은 승려.

감응(感應) 중생의 신심이 부처에게 통함. 중생의 신심과 그에 대한 부처의 반응. 가르침을 받아들이는 중생의 소질이나 능력과 그에 대한 부처의 반응. 중생의 신심과 부처의 자비심이 서로 합치함.

감응묘(感應妙) 적문십묘(迹門十妙)의 하나. 가르침을 받아들이는 중생의 소질이나 능력과 그에 대한 부처의 반응이 서로 오묘함.

감인계(堪忍界) ⓢsahā-loka-dhātu 중생이 갖가지 고통을 참고 견뎌야 하는 이 세상. 사바세계(娑婆世界)와 같음.

감임(堪任) ①감당함. ②ⓢkarmaṇyatā 경쾌하고 평온한 마음 상태. 유연한 마음 상태.

감자왕(甘蔗王) ⓢikṣuvāku 석가족(釋迦族)의 시조(始祖).

감자종(甘蔗種) 감자왕의 종족, 곧 석가족을 일컬음.

갑사(甲寺) 충남 계룡산 북서쪽 기슭에 있는 절. 마곡사(麻谷寺)의 말사. 679년에 의상(義湘)이 창건하여 화엄도량(華嚴道場)으로 삼음. 1592년 임진왜란과 1597년 정유재란 때 모두 불타고, 1604년에 다시 지음. 1653년과 1798년에 중축하고, 이후 여러 차례 보수함. 문화재 : 철당간(鐵幢竿) 및 지주(支柱)·부도(浮屠)·동종(銅鐘)·선조이년간월인석보판본(宣祖二年刊月印釋譜板本)·석조약사여래입상(石造藥師如來立像)·대웅전(大雄殿)·대적광전(大寂光殿)·강당(講堂)·영규대사비(靈圭大師碑) 등.

갑장사(甲長寺) 경북 상주시 지천동 갑장산 서쪽 기슭에 있는 절. 직지사(直指寺)의 말사. 1373년에 고려의 나옹(懶翁)이 창건하고, 1797년에 보수함.

강가섭(江迦葉) 강(江)은 ⓟnadī의 번역. 나제가섭(那提迦葉)과 같음.

강량야사(畺良耶舍) ⓢkālayaśas의 음사. 시칭(時稱)이라 번역. 생몰년 미상. 서역(西域) 출신. 424년에 강소성(江蘇省) 건강(建康)에 와서 종산(鐘山) 도림정사(道林精舍)에 머물면서 관무량수경(觀無量壽經)·관약왕약상이보살경(觀藥王藥上二菩薩經)을 번역함. 호북성(湖北省) 강릉(江陵)에서 60세에 입적함.

강백(講伯) 경론(經論)을 가르치는 강사(講師)에 대한 존칭.

강사(講師) 경론(經論)을 가르치는 승려.

강서종(江西宗) 강서(江西) 지방에서 선풍(禪風)을 선양한 마조 도일(馬祖道一, 709-788)의 문하를 일컬음.

강원(講院) 사찰에 설치되어 있는, 불전(佛典)을 공부하는 교육 기관. 사미과(沙彌科)·사집과(四集科)·사교과(四教科)·대교과(大教科)의 네 과정으로 편성되어 있는데, 사미과에서는 초발심자경문(初發心自警文)·사미율의(沙彌律儀)·치문경훈(緇門警訓)·선림보훈(禪林寶訓) 등을 배우고, 사집과에서는 도서(都序)·서장(書狀)·절요(節要)·선요(禪要)를, 사교과에서는 금강경·능엄경·원각경·기신론을, 대교과에서는 화엄경·선문염송·전등록·선가귀감 등을 배움.

강주(講主) 강원(講院)의 교육 전반을 관장하는 직책, 또는 그 일을 맡은 승려.

강천사(剛泉寺) 전북 순창군 팔덕면 강천산 남동쪽 기슭에 있는 절. 선운사(禪雲寺)의 말사. 887년에 신라의 도선(道詵)이 창건하고, 1316년과 1482년에 중축함. 1592년 임진왜란 때 모두 불타고, 1604년에 태능(太能)이 다시 지음. 한국 전쟁 때 대부분 불타고, 1959년에 일부분 복구하고, 1977년에 중축함.

강하사(江河沙) 강(江)은 ⓢgaṅgā의 음사로 갠지스 강을 가리킴. 갠지스 강의 모래, 곧 헤아릴 수 없이 많은 수량을 비유하는 말.

강호(江湖) 강서(江西) 지방과 호남(湖南) 지방. 강서(江西)에서는 마조 도일(馬祖道一, 709-788)이, 호남(湖南)에서는 석두 희천(石頭希遷, 700-790)이 선법(禪法)을 선양함.

개(蓋) ①ⓢāvaraṇa 청정한 마음을 덮는 번뇌. ②ⓢchattra 햇볕이나 비를 가리는 큰 우산 모양의 물건. 나무 껍질·나뭇잎·대나무·비단 등으로 만듦.

개각(開覺) 깨달음. 자신이 본래 갖추고 있는 부처의 성품이 드러나 깨달음.

개경(開經) ①경을 읽기 위해 폄. ②본경(本經)을 설하기 전에 서설(序說)로서 설한 경(經). 예를 들면, 법화경(法華經)을 본경, 무량의경(無量義經)을 개경, 법화경의 결론에 해당하는 관보현경(觀普賢經)을 결경(結經)이라 함.

개경게(開經偈) 경을 읽기 전에 읊는 게송.

개계(開啓) ①의식을 개최할 때, 그 의식의 취지와 소원 등을 불전(佛前)에 아뢰는 의례. ②범패(梵唄)의 곡목 가운데 하나로, 재(齋)를 올릴 때 그 장소의 부정(不淨)을 없애는 게송.

개권현실(開權顯實) 권(權)은 방편을 뜻함. 방편임을 밝히고 진실을 드러냄. 지의(智顗)가 법화현의(法華玄義)에서 법화경 28품 가운데 앞 14품의 요지로서 제시한 말. 세존이 성문·연각·보살의 삼승(三乘)에 대한 여러 가지 가르침을 설하였지만, 그것은 모두 일승(一乘)으로 이끌기 위한 방편에 지나지 않는다는 뜻. 세존이 법화경을 설하기 이전에는 방편을 진실인 듯이 설하고 방편을 방편이라고 밝히지 않았으나, 법화경에서 삼승은 일시적인 방편이고 일승이 진실한 가르침이라는 것을 드러냈다는 뜻.

개근현원(開近顯遠) 법화경 28품 가운데 뒤 14품의 요지로서 제시된 말로, 석가모니불은 본불(本佛)의 자취임을 밝히고 아득히 먼 과거에 성불한 본불을 드러냈다는 뜻. 석가모니불은 보리수 아래에서 처음으로 성불한 것이 아니라 아득히 먼 과거에 이미 성불한 본불의 자취이며 그 본불을 드러냈다는 뜻.

개금(改金) 불상에 금칠을 함.

개당(開堂) 처음으로 강의하거나 설법함.

개당식(開堂式) ①새로 한 절의 주지(住持)에 임명된 승려가 그 절에서 처음으로 설법하는 행사. ②고려 때, 경전을 간행하여 왕의 생일을 축하하던 행사.

개도(開導) 깨달음으로 인도함.

개도의(開導依) 등무간연의(等無間緣依)와 같음. 연속되는 마음〔心〕과 마음 작용〔心所〕에서, 앞에 일어난 마음은 길을 열어 뒤에 일어나는 마음과 마음 작용을 인도하는 의지처라는 뜻.

개도자(開道者) 깨닫게 하는 자, 곧 부처를 일컬음.

개목사(開目寺) 경북 안동시 서후면 천등산 남동쪽 기슭에 있는 절. 고운사(孤雲寺)의 말사. 신라의 의상(義湘, 625-702)이 창건하여 천등사(天燈寺)라 하고, 조선 초에 맹사성(孟思誠, 1360-1438)이 안동 부사로 와서 보수하고 개목사라 함. 1457년에 원통전(圓通殿)을 건립함. 문화재 : 원통전.

개백(開白) 의식을 개최할 때, 그 의식의 취지와 소원 등을 불전(佛前)에 아뢰는 의례.

개부화왕여래(開敷華王如來) 태장계만다라(胎藏界曼荼羅)에서 대일여래(大日如來) 곁에 있는 부처로, 수행을 나타냄.

개사(開士·闓士) ⓢbodhi-sattva 보살을 말함.

개산(開山) 한 사찰을 처음 세운 승려.

개산조(開山祖) 하나의 파(派)를 처음 형성한 승려.

개삼현일(開三顯一) 지의(智顗)가 법화현의(法華玄義)에서 법화경 28품 가운데 앞 14품의 요지로서 제시한 말로, 성문·연각·보살의 삼승(三乘)은 일시적인 방편이라 밝히고 일승(一乘)을 드러냈다는 뜻.

개성(芥城) 개자겁(芥子劫)과 같음.

개시(開示) ①가르침을 설함. 가르쳐서 인도함. 말로 드러냄. ②미혹을 깨뜨리고 자신이 본래 갖추고 있는 청정한 성품을 드러냄.

개실(開室) 선사(禪師)가 수행자에게 방에 들어와 질문하는 것을 허락함.

개심사(開心寺) ①충남 서산시 운산면 상왕산 남쪽 자락에 있는 절. 수덕사(修德寺)의 말사. 654년에 혜감(慧鑑)이 창건하여 개원사(開元寺)라 하고, 1350년에 중축하고 개심사라 함. 1484년에 대웅전을 다시 짓고, 이후 여러 차례 중축·보수함. 조선의 경허(鏡虛, 1849-1912)가 한때 이곳에 머물면서 선풍(禪風)을 일으킴. 문화재 : 대웅전. ②함남 신흥 천불산 남쪽 기슭에 있는 절. 648년에 신라의 원효(元曉)가 창건하고, 888년에 도선(道詵)이 중축함. 1161년에 모두 불타고 이듬해 다시 짓고, 1881년에 모두 불타고 이듬해 다시 지음.

개안(開眼) 진리를 깨달음.

개암사(開巖寺) 전북 부안군 상서면에 있는 절. 선운사(禪雲寺)의 말사. 634년에 백제의 묘련(妙蓮)이 창건하고, 고려의 충지(冲止, 1226-1292)가 중축하고 능가경(楞伽經)을 강의함. 1414년과 1658년에 중축하고, 1783년에 보수함. 문화재 : 대웅전.

개연(開演) 가르침을 설함.

개오(開悟) ①진리를 깨달음. ②이해함.

개운사(開運寺) 서울시 성북구 안암동에 있는 절. 조계사(曹溪寺)의 말사. 1396년에 조선의 무학(無學)이 안암산 자락에 창건하여 영도사(永導寺)라 하고, 1779년에 인파(仁波)가 지금의 자리에 옮기고 개운사라 함. 그 후 여러 차례 증축함.

개원록(開元錄) 개원석교록(開元釋敎錄)의 준말.

개원석교록(開元釋敎錄) 20권. 당(唐)의 지승(智昇) 엮음. 후한(後漢) 명제(明帝) 영평(永平) 10년(67)부터 당(唐) 현종(玄宗) 개원(開元) 18년(730)까지 번역된 불전(佛典), 고승들의 문집, 번역되었으나 번역본이 남아 있지 않은 불전, 위경(僞經) 등을 정리하여 수록한 목록.

개자(芥子) ⓢsarṣapa 겨자 씨. 매우 작은 것을 비유함.

개자겁(芥子劫) 겁(劫)의 무한한 시간을 비유한 말. 곧, 가로·세로·높이가 각각 1유순(由旬, 약 8km)인 성 안에 가득한 겨자 씨를 100년에 한 알씩 집어내어 겨자 씨가 다 없어진다 해도 1겁이 끝나지 않는다고 함.

개적현본(開迹顯本) 법화경 28품 가운데 뒤 14품의 요지로서 제시된 말로, 석가모니불은 본불(本佛)의 자취임을 밝히고 아득히 먼 과거에 성불한 본불을 드러냈다는 뜻. 석가모니불은 보리수 아래에서 처음으로 성불한 것이 아니라 아득히 먼 과거에 이미 성불한 본불의 자취이며 그 본불을 드러냈다는 뜻.

개정(開靜) ①잠을 깨움. ②좌선을 중지함.

개제(開題) 경론(經論)의 제목을 풀이하여 그 요점을 밝힘.

개조(開祖) 한 종(宗)이나 한 파(派)를 처음 세운 승려.

개차(開遮) 개(開)는 어떤 행위를 허락함, 차(遮)는 어떤 행위를 금지함.

개천사(開天寺) 전남 화순군 춘양면 개천산 동쪽 기슭에 있는 절. 송광사(松廣寺)의 말사. 신라의 도의(道義)가 창건하고, 1597년 정유재란 때 불타고 다시 짓고, 한국 전쟁 때 또 불타고 1963년에 다시 지음.

개청(開淸) 854-930. 신라 말·고려 초의 승려. 경주 출신. 출가하여 화엄사에서 화엄학을 배우고, 함양 엄천사(嚴川寺)에서 구족계(具足戒)를 받음. 강릉 굴산사(崛山寺)에 가서 범일(梵日, 810-889)에게 사사(師事)하여 그의 법을 이어받음. 강릉 보현사 지장선원(地藏禪院)에 머물다가 입적함. 시호는 낭원(朗圓).

개태사(開泰寺) 충남 논산시 연산면 천호리에 있는 절. 936년에 태조가 후백제를 정벌한 기념으로 창건하고, 태조가 승하한 후 영전(影殿)을 설치하고 기일마다 제사 지냄. 조선 세조 이후에 폐사되고, 1930년에 다시 지음. 문화재 : 석불입상(石佛立像).

개폐회(開廢會) 지의(智顗)가 법화경의 본적이문(本迹二門)에 대한 취지를 세 가지로 나눈 것. 적문(迹門)에서 법화경 이전의 가르침은 방편임을 밝히고 본문(本門)에서 석가모니불은 본불(本佛)의 자취임을 밝히는 개(開), 방편을 버리고 적문의 부처에 대한 집착을 버리는 폐(廢), 성문·연각·보살의 삼승(三乘)을 회통하여 일승(一乘)으로 돌아가고 적문을 회통하여 본문으로 돌아가는 회(會)를 말함.

개해(開解) 분명하게 이해함.

개현(開顯) 법화경 28품 가운데 앞 14품의 적문(迹門)에서 성문·연각·보살의 삼승(三乘)에 대한 여러 가지 가르침은 일시적인 방편이라 밝히고 일승(一乘)이 진실한 가르침이라는 것을 드러냄. 또 뒤 14품의 본문(本門)에서 석가모니불은 본불(本佛)의 자취임을 밝히고 아득히 먼 과거에 성불한 본불을 드러냄.

개화(開化) 가르침을 베풀어 인도함. 중생에게 가르침을 베풀어 깨달음을 구하는 마음을 일으키게 함.

개황삼보록(開皇三寶錄) 수(隋)의 비장방(費長房)이 개황(開皇) 17년(597)에 엮은 역대삼보기(歷代三寶記)를 말함.

개회(開會) 방편을 제거하고 진실한 가르침에 들게 함.

객간객(客看客) ⇒ 사빈주(四賓主)

객관주(客看主) ⇒ 사빈주(四賓主)

객번뇌(客煩惱) 객진번뇌(客塵煩惱)와 같음.

객승(客僧) 절에 손님으로 와서 잠시 머무는 승려.

객위(客位) 절에 손님으로 온 승려나 새로 온 주지(住持)가 잠시 휴식하는 방.

객유진(客遊塵) 객진(客塵)과 같음.

객작아(客作兒) 신분이 낮고 천한 사람.

객진(客塵) 객진번뇌(客塵煩惱)와 같음.

객진번뇌(客塵煩惱) 번뇌는 본래부터 마음에 있는 것이 아니라 외부에서 들어와 청정한 마음을 더럽힌다는 뜻.

갱두(羹頭) 절에서 국을 마련하는 소임, 또는 그 일을 맡은 승려.

거(擧) ①화두(話頭)를 인용할 때, 구체적인 예를 들어 보인다는 뜻으로 그 인용문의 첫머리에 쓰는 말. ②들뜨고 흔들리는 마음 상태. ③바이셰시카 철학에서, 위쪽으로 향하는 운동.

거각(擧覺) 공안(公案)이나 게송(偈頌) 등을 제시하여 깨닫게 함.

거래(去來) 과거와 미래.

거래금(去來今) 과거와 미래와 현재.

거래실유론(去來實有論) 십육이론(十六異論)의 하나. 과거와 미래도 현재와 같이 영원히 소멸하지 않고 존재한다는 견해.

거로슬타서(佉盧虱吒書) ⓢkharoṣṭhī의 음사. 고대 인도에서 사용된 문자.

거루국(居樓國) 구루국(拘樓國)과 같음.

거사(居士) ①고대 인도에서 상·공업에 종사하던 부호. ②출가하지 않고 재가(在家)에서 부처의 가르침에 따르는 남자 신도. 출가하지 않고 법명(法名)을 받은 재가(在家)의 남자.

거사(擧似) 거시(擧示)와 같음.

거사국(佉沙國) ⓢkhāsa의 음사. 타클라마칸(Taklamakan) 사막의 서쪽, 지금의 객십(喀什) 지역에 있던 고대 국가.

거사니(佉闍尼·呿闍尼) 거타니(佉陀尼)와 같음.

거살라국(居薩羅國) 교살라국(憍薩羅國)과 같음.

거승수(苣勝水) 참기름.

거시(擧示) 공안(公案)이나 게송(偈頌) 등을 제시함.

거애(擧哀) 선종에서, 장례식 때 관 앞에서 '애(哀) 애(哀) 애(哀)'라고 세 번 하여 슬픔을 나타내는 일.

거일삼명(擧一三明) 네모꼴에서 한 모퉁이만 들어 보이면 나머지 셋을 안다는 뜻. 곧, 한 부분만 보아도 전체를 미루어 헤아릴 수 있는 총명함을 나타내는 말.

거조암(居祖庵) 경북 영천시 팔공산 동쪽 기슭에 있는 절. 은해사(銀海寺)에 딸린 암자. 8세기에 창건하고, 1190년에 고려의 지눌(知訥)이 정혜결사문(定慧結社文)을 선포하고 정혜결사 운동을 전개함. 1375년(고려 우왕 1)에 영산전(靈山殿)을 지음. 문화재 : 영산전.

거지쟁률(居止諍律) 멱죄상(覓罪相)과 같음.

거체(擧體) 전부. 전체.

거타니(佉陀尼) ⓢkhādanīya의 음사. 작식(嚼食)·부정식(不正食)이라 번역. 비구들이 간식으로 씹어 먹는 음식. 뿌리·가지·잎·꽃·열매 따위.

거타라(佉陀羅) 걸지라(朅地羅)와 같음.

거향(擧向) 공안(公案)이나 게송(偈頌) 등을 제시함.

거화인(擧話人) 화두(話頭)를 제기하여 서로 문답할 수 있는 자.

건남(鍵南) ⓢghana의 음사. 견육(堅肉)·응후(凝厚)라고 번역. 태내오위(胎內五位)의 하나. 수태(受胎) 후 22일부터 7일간.

건다(蹇荼) ⓢkhaṇḍa의 음사. 사탕.

건달(乾闥) 건달바(乾闥婆)의 준말.

건달바(乾闥婆) ⓢgandharva의 음사. 식향(食香)·심향(尋香)·향음(香陰)이라 번역. ①팔부중(八部衆)의 하나. 제석(帝釋)을 섬기며 음악을 연주하는 신(神)으로 향기만 먹고 산다 함. ②건달박(健達縛)과 같음.

건달바성(乾闥婆城) 건달바가 건립했다는 환상의 성곽. 공(空)·허구·허망·일시적 존재 등을 비유함.

건달박(健達縛) ⓢgandharva의 음사. 식향(食香)·심향(尋香)·향음(香陰)이라 번역. 사람이 죽어서 다음 생을 받을 때까지의 49일 동안, 곧 중유(中有)를 말함. 이 동안에는 향기만 찾아다니며 먹는다고 함.

건답화(乾沓和) 건달바(乾闥婆)와 같음.

건당(建幢) 불법(佛法)의 깃발을 세운다는

뜻. 비구계를 받은 후, 오랜 기간 수행하여 남을 가르칠 수 있는 경지에 이른 승려가 스승의 법맥(法脈)을 이어받고 법호(法號)를 받는 일.

건대(乾大) 건타(乾陀)와 같음.

건덕(犍德) 건척(犍陟)과 같음.

건도(犍度·揵度) Ⓢskandha Ⓟkhandha의 음사. 온(蘊)·취(聚)·장(章)·편(篇)이라 번역. 교단의 규율·예의·의식 등에 대한 규정을 종류별로 모은 장(章). 예를 들면, 수계에 대한 규정을 모은 수계건도(受戒犍度), 안거에 대한 규정을 모은 안거건도(安居犍度), 옷에 대한 규정을 모은 의건도(衣犍度) 따위.

건명(乾命) 축원문에서, 남자 또는 그의 생년(生年)을 이르는 말.

건봉사(乾鳳寺) 강원 고성군 냉천리에 있는 절. 신흥사(神興寺)의 말사. 520년(신라 법흥왕 7)에 창건하여 원각사(圓覺寺)라 하고, 758년에 발징(發徵)이 중축하고 한반도에서 처음으로 만일염불회(萬日念佛會)를 개최함. 신라 말에 도선(道詵)이 보수하고 서봉사(西鳳寺)라 하고, 1358년에 나옹(懶翁)이 중축하고 건봉사라 함. 1464년에 세조가 행차하여 어실각(御室閣)을 짓게 함으로써 이후 역대 왕의 원당(願堂)이 됨. 1878년에 산불로 모두 타고, 이듬해 다시 짓고, 1889년에 중축함. 일제 강점기 때 삼십일본산(三十一本山)의 하나로 지정됨. 한국 전쟁 때 불이문(不二門)만 남고 모두 불탐.

건성(乾城) 건달바성(乾闥婆城)의 준말.

건시궐(乾屎橛) 마른 똥막대기.

건자(鍵瓷·揵茲·鍵鎡) 발우(鉢盂) 안에 넣는 작은 발우.

건절나(建折那) Ⓢkañcaṭa의 음사. 인도에서 자라는 나무. 잎은 나비의 날개와 같고 붉은 색이나 흰색의 꽃이 피며, 열매는 콩과 같고 종자는 평평하고 작음.

건주(乾晝) Ⓢnighaṇṭu의 음사. 바라문교에서 가르치는 어휘론(語彙論), 또는 그에 대한 문헌.

건중정국속등록(建中靖國續燈錄) 30권. 송(宋)의 불국 유백(佛國惟白)이 건중 정국 원년(1101)에 엮음. 석가모니불에서 서천이십팔조(西天二十八祖)와 동토육조(東土六祖)를 거쳐 청원 행사(靑原行思) 문하 15세, 남악 회양(南嶽懷讓) 문하 14세까지의 계보와 행적, 공안(公案), 게송 등을 정리한 저술.

건지보라(建志補羅) Ⓢkāñcipura의 음사. Ⓢpura는 성(城)를 뜻함. 남인도에 있던 달라비도국(達羅毘荼國)의 도읍지.

건지성(建志城) 건지보라(建志補羅)와 같음.

건척(犍陟·揵陟·乾陟) Ⓢkaṇṭhaka Ⓟkanthaka의 음사. 싯다르타가 출가할 때 탄 말의 이름.

건추(犍槌) 건치(犍稚)와 같음.

건치(犍稚) Ⓢghaṇṭā의 음사. 때나 모임을 알리기 위해 쳐서 소리를 내는 기구를 통틀어 일컬음.

건칠상(乾漆像) 나무로 골격을 만들고 종이나 천으로 형상을 만든 후 옻칠을 한 불상이나 보살상.

건타(乾陀) ⓢgandha의 음사. 인도에서 자라는 교목. 적황색의 나무 껍질은 승단(僧團)에서 옷을 염색하는 데 사용함.

건타(蹇陀) 건도(犍度)와 같음.

건타가(騫陀伽) 건도(犍度)와 같음.

건타가주(犍陀訶晝) ⓢgandha-hastin의 음사. 향상보살(香象菩薩)을 말함. 아축불(阿閦佛)이 있는 곳에서 항상 반야바라밀(般若波羅蜜)을 수행하며, 모든 행위가 원만하고 걸림이 없어 중생을 열반에 이르게 한다는 보살. 금강계만다라(金剛界曼荼羅)에는 연꽃에 앉아 왼손은 허리에 두고 오른손에는 연꽃을 든 형상을 하고 있음.

건타가진(犍陀呵盡) 건타가주(犍陀訶晝)와 같음.

건타라(乾陀羅) 건달바(乾闥婆)와 같음.

건타라국(乾陀羅國·犍陀羅國·健馱羅國) ⓢⓟgandhāra의 음사. 펀자브(Punjab) 북쪽, 카불(Kabul) 동쪽에 있던 고대 국가로, 도읍지는 탁샤실라(takṣaśila).

건타색(乾陀色) 건타나무 껍질의 빛깔, 곧 적황색.

건특(騫特) 건척(犍陟)과 같음.

건혜지(乾慧地) 십지(十地)의 하나. 지혜는 있지만 아직 선정(禪定)의 물이 스며들어 있지 않은 단계.

걸가(揭伽) ⓢkhaḍga의 음사. ①무소, 또는 그 뿔. ②칼.

걸가비사나(揭伽毘沙拏) ⓢkhaḍga-viṣāṇa의 음사. 무소의 뿔.

걸달락가(揭達洛迦) 걸지락가(揭地洛迦)와 같음.

걸망(-網) 수행승이 휴대품을 넣어 등에 지고 다니는 큰 주머니.

걸사(乞士) 걸식하는 남자 수행승, 곧 비구(比丘)를 말함.

걸지라(揭地羅) ⓢkhadira의 음사. 인도에서 자라는 나무로, 모양은 아카시아와 비슷함. 주로 호마(護摩) 때 땔감으로 사용하고 나무 껍질은 약용함.

걸지락가(揭地洛迦) ①걸지라(揭地羅)와 같음. ②ⓢkhadiraka의 음사. 담목(擔木)이라 번역. 수미산을 둘러싸고 있는 금(金)으로 된 산. ⇒ 수미산(須彌山)

검마지국(劒摩耆國) 감보차국(甘菩遮國)과 같음.

검병사국(劍洴沙國) 감보차국(甘菩遮國)과 같음.

검부국(劒浮國) 감보차국(甘菩遮國)과 같음.

검섭(撿攝) 계율을 받아 지님.

검식(撿式) 계율을 종류별로 나누어 열거한 글.

겁(劫) ⓢkalpa의 음사. 대시(大時)·장시(長時)·분별시분(分別時分)이라 번역. 인도에서의 가장 긴 시간 단위. 지극히 긴 시간. 무한히 긴 시간. 이 무한한 시간을 개자겁(芥子

劫)·반석겁(盤石劫)으로 비유하는데, 곧 가로·세로·높이가 각각 1유순(由旬, 약 8km)인 성 안에 가득한 겨자 씨를 100년에 한 알씩 집어내어 겨자 씨가 다 없어진다 해도 1겁이 끝나지 않는다 하고, 또 가로·세로·높이가 각각 1유순인 큰 반석을 솜털로 짠 베로 100년에 한 번씩 쓸어 반석이 다 닳아 없어진다 해도 1겁이 끝나지 않는다고 함.

겁말(劫末) 세계가 파괴되어 가는 지극히 긴 기간인 괴겁(壞劫)의 끝.

겁비라(劫比羅) ⓢkapila의 음사. ①황색. 갈색. ②상캬 학파의 창시자. ③겁비라벌솔도(劫比羅伐窣堵)의 준말.

겁비라벌솔도(劫比羅伐窣堵) 가비라파소도(迦毘羅婆蘇都)와 같음.

겁비타(劫比他) 가비타(迦毘陀)와 같음.

겁석(劫石) 반석겁(盤石劫)과 같음.

겁소(劫燒) 겁화(劫火)와 같음.

겁수(劫水) 세계가 파괴되어 가는 괴겁(壞劫) 때 발생한다는 큰 홍수.

겁수(劫樹) 겁파수(劫波樹)의 준말.

겁예탁(劫穢濁) 겁탁(劫濁)과 같음.

겁재(劫災) 세계가 파괴되어 가는 괴겁(壞劫) 때 일어난다는 홍수·화재·폭풍 등의 재난.

겁진(劫盡) 주겁(住劫), 곧 세계의 존속 기간이 다함.

겁진화(劫盡火) 겁화(劫火)와 같음.

겁초(劫初) 세계가 성립되는 지극히 긴 기간인 성겁(成劫)의 시초.

겁탁(劫濁) 오탁(五濁)의 하나. 말세에 일어나는 재앙과 재난.

겁파(劫簸) 겁(劫)과 같음.

겁파수(劫波樹) 겁파(劫波)는 ⓢkalpa의 음사로, 시간을 뜻함. 도리천(忉利天)에 있다는 나무 이름으로, 때때로 원하는 물건을 만들어 낸다고 함.

겁파육의(劫波育衣) 겁패(劫貝)나무의 솜털로 만든 옷.

겁패(劫貝) ⓢkarpāsa의 음사. 씨가 솜털로 덮여 있는 나무 이름, 또는 그 솜털로 만든 옷이나 깔개.

겁풍(劫風) 세계가 파괴되어 가는 괴겁(壞劫) 때 일어난다는 폭풍.

겁필라벌솔도(劫畢羅伐窣都) 가비라파소도(迦毘羅婆蘇都)와 같음.

겁화(劫火) 세계가 파괴되어 가는 괴겁(壞劫) 때 일어난다는 큰 화재.

게(偈) ①ⓢⓟgāthā의 음사. 송(頌)이라 번역. 경전의 서술 형식이 운문체로 된 것. ⇒ 가타(伽陀) ②ⓢśloka 산스크리트 시(詩)의 한 형식. 8음절을 1구(句)로 하여 4구, 곧 32음절로 써 한 시구(詩句)를 형성함. ③운문체로 된 선사(禪師)들의 법문.

게경(偈經) 운문체로 된 경전.

게로다(揭路茶) 가루라(迦樓羅)와 같음.

게송(偈頌) ⓢⓟgāthā의 음사인 게(偈)와 그 번역인 송(頌)의 합성어. ⇒ 게(偈)

게저(揭底) ⓢgati의 음사. 수의 단위로, 10^{37}.

게찬(偈讚) 남의 덕을 찬탄한 시구(詩句).

격력삼제(隔歷三諦) 모든 현상에는 불변하는 실체가 없다는 공제(空諦), 모든 현상은 여러 인연의 일시적인 화합으로 존재한다는 가제(假諦), 공(空)이나 가(假)의 어느 한쪽에 치우치지 않는 중제(中諦)를 각각 별개의 진리로 보는 견해. 이에 반해, 그 세 가지 진리는 서로 걸림 없이 원만하게 하나로 융합되어 있다는 것은 원융삼제(圓融三諦)라고 함.

격외선(格外禪) 말이나 문자에 따르는 격식을 떠나 마음에서 마음으로 전하는 선법(禪法).

격의(格義) 불교를 그와 비슷한 중국의 사상에 적용시켜 이해하고 설명하는 해석법.

견(見) ⓢdṛṣṭi ⓢdarśana ①주시함. 응시함. 관조함. ②견해. 주장. 생각. ③그릇된 견해. 잘못된 생각. ④대상을 인식하는 주관. 인식 주관의 작용.

견가라(甄迦羅) ⓢkaṅkara의 음사. 수의 단위로, 10^{15}.

견건도(見犍度) 건도(犍度)는 ⓢskandha의 음사로, 장(章)·편(篇)을 뜻함. 여러 가지 그릇된 견해에 대해 설한 장(章).

견결(見結) 구결(九結)의 하나. 결(結)은 번뇌를 뜻함. 그릇된 견해의 번뇌.

견단(見斷) 견소단(見所斷)과 같음.

견도(見道) ⓢdarśana-mārga 사제(四諦)를 명료하게 주시하여 견혹(見惑)을 끊는 단계. 이 이상의 단계에 이른 사람을 성자라고 함. 초기 불교에서는 예류향(預流向), 유식설에서는 통달위(通達位), 보살의 수행 단계에서는 십지(十地) 가운데 초지(初地)에 해당함.

견도(見到) 견지(見至)와 같음.

견도단(見道斷) 견소단(見所斷)과 같음.

견도량수원(見道場樹願) 사십팔원(四十八願)의 하나. 아미타불이 법장비구(法藏比丘)였을 때 세운 서원으로, 정토의 중생은 모두 도량수를 볼 수 있도록 하겠다는 맹세.

견도소단(見道所斷) 견소단(見所斷)과 같음.

견득(見得) 견지(見至)와 같음.

견련(牽連) 서로 얽히어 관련된다는 뜻으로, 인연(因緣)·연기(緣起)와 같음.

견론(見論) 그릇된 견해에 의한 말. 이치를 명료하게 알지 못하고 하는 말. 어떠한 견해에 구속되어 하는 말.

견뢰지신(堅牢地神) 대지를 주관하는 신(神)으로, 대지를 견고하게 유지시킨다고 하여 이와 같이 말함.

견류(見流) 사류(四流)의 하나. 유(流)는 번뇌를 뜻함. 그릇된 견해.

견명(見明) 일연(一然)의 본명.

견문생(見聞生) 삼생(三生)의 하나. 전생(前生)에 부처를 만나 가르침을 듣고 성불할 바탕을 닦는 단계.

견문위(見聞位) 견문생(見聞生)과 같음.

견번뇌(見煩惱) 유신견(有身見)·변집견(邊執見)·사견(邪見) 등과 같이, 이치를 명료하게 알지 못함으로써 일어나는 지적 번뇌를 말함. 이에 반해, 탐(貪)·진(瞋)·치(癡) 등과 같이, 대상에 집착함으로써 일어나는 심리적 번뇌는 애번뇌(愛煩惱)라고 함.

견분(見分) ①사분(四分)의 하나. 대상을 인식하는 주관. ②인식 주관의 작용.

견불(見佛) 자신이 본래 갖추고 있는 부처의 성품을 꿰뚫어 보아 깨달음.

견사혹(見思惑) 삼혹(三惑)의 하나. 이치를 알지 못함으로써 일어나는 견혹(見惑)과 대상에 집착함으로써 일어나는 사혹(思惑).

견상(見相) 무명(無明)에 의해 마음이 움직임으로써 일어나는 인식 주관.

견상증성식(遣相證性識) 오중유식(五重唯識)의 하나. 현상의 다양한 모습에 따라 구체적으로 활동하는 마음을 버리고 마음의 본성을 주시하여 유식(唯識)의 이치를 깨달음.

견성(見性) 자신이 본래 갖추고 있는 부처의 성품을 꿰뚫어 보아 깨달음. 미혹을 깨뜨리고 자신의 청정한 본성을 간파하여 깨달음.

견성공안(見成公案) ⇒ 현성공안(現成公案·見成公案)

견소단(見所斷) 삼단(三斷)의 하나. 견도(見道)에서 끊는 것, 곧 견혹(見惑)을 끊는다는 뜻.

견수(見受) 수(受)는 ⓢupādāna의 구역(舊譯)으로, 번뇌를 뜻함. 견취(見取) ②와 같음.

견숙가(甄叔迦) ⓢkiṃśuka의 음사. ①인도 전역에 분포하는 나무로, 잎의 뒷면은 회백색이고 붉은 꽃이 핌. ②붉은 빛이 나는 보석 이름.

견실심(堅實心) 본디 지니고 있는 청정한 마음.

견실심합장(堅實心合掌) 십이합장(十二合掌)의 하나. 두 손을 펴고 위로 세워서 틈이 없이 서로 합친 손 모양.

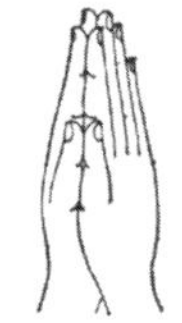
견실심합장

견심(見心) 구심륜(九心輪)의 하나. 대상을 인식하는 마음 작용.

견애번뇌(見愛煩惱) 이치를 명료하게 알지 못함으로써 일어나는 지적 번뇌인 견번뇌(見煩惱)와 대상에 집착함으로써 일어나는 심리적 번뇌인 애번뇌(愛煩惱).

견액(見軛) 사액(四軛)의 하나. 액(軛)은 괴로움을 겪게 하는 번뇌를 말함. 욕계·색계·무색계의 괴로움을 겪게 하는 유신견(有身見)·변집견(邊執見)·사견(邪見)·견취견(見取見)·계금취견(戒禁取見) 등의 그릇된 견해.

견원만상(肩圓滿相) 삼십이상(三十二相)의 하나. 어깨가 원만함.

견일처주지(見一處住地) 오주지(五住地)의 하나. 욕계·색계·무색계의 견혹(見惑). 이것은 견도(見道)에 들어갈 때 일시에 끊으므로 견일처(見一處)라고 함.

견제(見諦) ①진리를 명확하게 터득함. ②견

해. ③견도(見道)와 같음.

견제단(見諦斷) 견소단(見所斷)과 같음.

견제도(見諦道) 견도(見道)와 같음.

견제불토원(見諸佛土願) 사십팔원(四十八願)의 하나. 아미타불이 법장비구(法藏比丘)였을 때 세운 서원으로, 정토의 보살들은 여러 불국토를 볼 수 있도록 하겠다는 맹세.

견제소단(見諦所斷) 견소단(見所斷)과 같음.

견지(見地) 십지(十地)의 하나. 욕계·색계·무색계의 견혹(見惑)을 끊어 다시 범부의 상태로 후퇴하지 않는 경지.

견지(見至) 뛰어난 지혜로써 부처의 가르침에 따라 수행하여 수도(修道)의 단계에 이른 성자.

견차(肩次) 어깨를 겨누어 다음이라는 뜻으로, 자기보다 아랫사람을 말함.

견처(見處) ①그릇된 견해를 일으키는 곳. 사제(四諦) 가운데 미혹의 결과인 고제(苦諦)와 그 원인인 집제(集諦)가 여기에 해당함. ②견해.

견취(見取) ①견취견(見取見)의 준말. ②사취(四取)의 하나. 유신견(有身見)·변집견(邊執見)·사견(邪見)·견취견(見取見)을 말함.

견취견(見取見) 그릇된 견해를 바른 것으로 간주하여 거기에 집착하는 견해.

견탁(見濁) 오탁(五濁)의 하나. 그릇된 견해가 건잡을 수 없이 퍼짐.

견파가(甄波迦) ⓢkiṃpāka의 음사. 인도의 습지에서 자라는 덩굴풀. 빨간 열매는 아름답지만 독이 있음.

견폭류(見暴流) 사폭류(四暴流)의 하나. 폭류는 모든 선(善)을 떠내려 보낸다는 뜻으로, 번뇌를 말함. 욕계·색계·무색계에서 일으키는 유신견(有身見)·변집견(邊執見)·사견(邪見)·견취견(見取見)·계금취견(戒禁取見) 등의 그릇된 견해.

견하(肩下) 견차(肩次)와 같음.

견허존실식(遣虛存實識) 오중유식(五重唯識)의 하나. 마음 밖의 대상은 허망하므로 버리고 오직 마음만이 실재한다고 주시함.

견현관(見現觀) 삼현관(三現觀)의 하나. 청정한 지혜로써 사제(四諦)의 이치를 주시함.

견혹(見惑) ①견도(見道)에서 끊는 번뇌라는 뜻. 사제(四諦)를 명료하게 주시하지 못함으로써 일어나는 번뇌. 이 번뇌에는 유신견(有身見)·변집견(邊執見)·사견(邪見)·견취견(見取見)·계금취견(戒禁取見)·탐(貪)·진(瞋)·치(癡)·만(慢)·의(疑)가 있음. ⇒ 팔십팔사(八十八使) ②유식설에서, 후천적으로 습득한 그릇된 지식에 의해 일어나는 번뇌, 곧 분별기(分別起)를 말함.

결(結) ①ⓢbandhana ⓢsaṃyojana 번뇌를 뜻함. 번뇌는 중생을 결박하여 해탈하지 못하게 하므로 이와 같이 말함. ②ⓢnigamana 인명(因明)의 오지작법(五支作法)에서, 주장 명제인 종(宗)이 결론으로 확정된 것을 나타냄. 예를 들면, 다음과 같음. '말은 무상하다〔宗〕', '지어낸 것이기 때문이다〔因〕', '예를 들면, 병(甁)과 같다〔喩〕', '병과 같이, 말도 지어낸 것이다〔合〕', '그러므로 말은 무상하다〔結〕'.

결가(結跏) 결가부좌(結跏趺坐)의 준말.

결가부좌(結跏趺坐) 앉는 자세의 한 가지. 오른발을 왼쪽 허벅다리 위에 얹고, 왼발을 오른쪽 허벅다리 위에 얹는 앉음새, 또는 왼발을 오른쪽 허벅다리 위에 얹고, 오른발을 왼쪽 허벅다리 위에 얹는 앉음새.

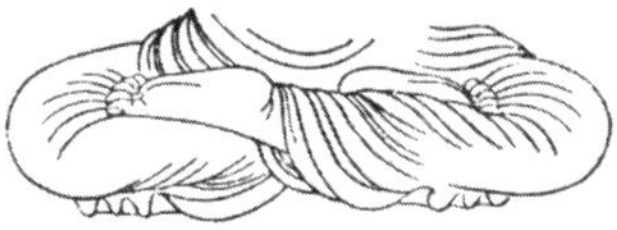

결가부좌

결경(結經) 본경(本經)의 결론에 해당하는 경(經). 예를 들면, 법화경(法華經)을 본경, 법화경의 서설(序說)에 해당하는 무량의경(無量義經)을 개경(開經), 관보현경(觀普賢經)을 결경이라 함.

결계(結界) 승단의 질서를 유지하기 위해 의식을 행하는 장소, 삼의(三衣)를 착용하지 않아도 되는 장소, 음식물을 보관하거나 끓이는 장소 등의 제한 구역을 정함, 또는 그 제한된 구역.

결계(結戒) ①계율을 제정함. ②계율을 조목조목 정리한 글.

결발선인(結髮仙人) 머리털을 끌어올려 틀어서 감아 맨 수행자.

결사(結使) 번뇌를 뜻함. 번뇌는 중생을 결박하여 미혹에서 벗어나지 못하게 하므로 결(結), 중생의 마음을 마구 부려 산란하게 하므로 사(使)라고 함.

결사(結社) 뜻을 같이 하는 승려들이 함께 수행하면서 교단을 개혁하려는 운동.

결사건도(結使犍度) 결사(結使)는 번뇌를 뜻함. 건도(犍度)는 ⓢskandha의 음사로, 장(章)·편(篇)을 뜻함. 번뇌에 대해 설한 장(章).

결생(結生) 중생이 죽어 다음의 어떤 생이 결정되는 것.

결송법(結頌法) 게송을 짓는 규칙.

결연관정(結緣灌頂) 부처와 인연을 맺게 하기 위해 정수리에 물을 붓는 의식.

결연중(結緣衆) 사중(四衆)의 하나. 부처의 설법을 듣고 바로 깨닫지는 못해도 미래에 깨달을 수 있는 인연을 맺은 자.

결원(結願) 소원을 비는 의식을 끝맺음.

결응(決凝) 964-1053. 고려의 승려. 강릉 출신. 12세에 용흥사(龍興寺)에 출가하고, 28세에 승과에 합격함. 정종(1034-1046) 때 왕사(王師)가 되고, 문종(1046-1083) 때 국사(國師)가 됨. 고향에 화엄안국사(華嚴安國寺)를 세우고 대장경 일부를 인쇄하여 안치함. 1041년부터 영주 부석사(浮石寺)에 머물면서 대장경을 인쇄하고, 절을 크게 증축·보수하고 입적함. 시호는 원융(圓融).

결인(結印) 수행자가 부처의 깨달음을 나타내기 위해 손으로 어떠한 모양을 형성함.

결정기론(決定記論) 사기론(四記論)의 하나. 질문의 내용을 바로 긍정하는 방법.

결정업(決定業) 과보를 받을 시기가 현생·내

생 등으로 정해져 있는 선악의 행위.

결제(結制) 안거(安居)를 시작함.

결제방(結制榜) 사찰에서 결제 때, 각자 맡아서 해야 할 직책을 써서 벽에 붙이는 글.

결집(結集) ⓢⓟsaṃgīti 붓다의 입멸 후 제자들이 그의 가르침을 함께 외워 기억하는 형식으로 모아서 정리한 것. 제1차 결집은 붓다의 입멸 직후, 왕사성(王舍城) 부근의 비파라산(毘婆羅山)에 있는 칠엽굴(七葉窟)에서 가섭(迦葉)이 선출한 500여 명의 비구들에 의해 이루어지는데, 교법에 대해서는 아난(阿難)이, 계율에 대해서는 우바리(優波離)가 소리 내어 외우면 비구들이 합송(合誦)하는 형식으로 진행됨. 제2차 결집은 붓다가 입멸한 후 100년경에 바이샬리(vaiśālī)에 거주하는 비구들이 계율에 대해 열 가지 새로운 주장을 하므로 이것을 판정하기 위해 700여 명의 비구들이 바이샬리의 파리가(婆利迦) 동산에 모임으로써 이루어짐. 그들은 붓다가 설한 계율을 기억으로 확인한 후, 계율에 대한 새로운 주장을 비법(非法)이라 판정함. 제3차 결집은 기원전 3세기에 아쇼카(aśoka) 왕의 주선으로 화씨성(華氏城)의 아육승가람(阿育僧伽藍)에 1,000여 명의 비구들이 모여 경(經)·율(律)·논(論)의 삼장(三藏)을 정리함. 제4차 결집은 2세기경에 건타라국(乾陀羅國)의 카니슈카(kaniṣka) 왕의 주선으로 가습미라(迦濕彌羅)에 500여 명의 비구들이 모여 경(經)·율(律)·논(論)을 정리함.

결택(決擇) ①ⓢnirvedha 결단하고 가려서 사유한다는 뜻. 번뇌가 없는 지혜로써 모든 의심을 끊고 사제(四諦)를 사유하는 성자의 경지를 말함. ②논쟁에서 어느 것이 바른 말인가를 확정함. ③가장 뛰어난 것을 선택함.

결하(結夏) 하안거(夏安居)를 시작함.

겸대(兼帶) 상겸대래(相兼帶來)의 준말. ⇒ 정편오위(正偏五位)

겸익(謙益) 생몰년 미상. 백제의 승려. 바닷길로 인도에 가서 중인도 상가나대율사(常伽那大律寺)에서 5년 동안 범어(梵語)와 율부(律部)를 배우고, 526년(성왕 4)에 범본(梵本) 아비담장(阿毘曇藏)과 오부율문(五部律文)을 가지고 인도의 승려 배달다(倍達多)와 함께 귀국함. 그는 흥륜사(興輪寺)에서 28명의 백제 승려와 함께 그 범본을 번역하여 율부(律部) 72권으로 완성함.

겸중도(兼中到) ⇒ 정편오위(正偏五位)

겸추(鉗鎚) 대장장이가 쇠붙이를 단련하는 집게와 망치. 선승(禪僧)의 엄격한 지도력을 비유함.

경(經) ⓢsūtra ⓟsutta 수트라(sūtra)는 실〔絲〕·선(線), 경(經)은 날실을 뜻함. ①간단한 산문(散文)으로 나열된 문학 형식. 가르침을 간략하게 서술한 산문을 모은 것. ②부처의 가르침을 기록한 문헌. ③경전의 서술 형식이 산문체로 된 것. ⇒ 수다라(修多羅) ④대장경(大藏經)·일체경(一切經)이라 할 때는 경(經)·율(律)·논(論)과 어록(語錄) 등을 통틀어 일컬음.

경(境) ⓢviṣaya ①대상. 인식 대상. ②경지.

경(更) ⓢsparśa 촉(觸) ①과 같음.

경계(境界) ①ⓢviṣaya 대상. 인식 대상. ②ⓢviṣaya 경지. ③상태. ④범위. 영역. ⑤일. 사건.

경계반야(境界般若) 반야(般若)는 ⓢprajñā의 음사, 혜(慧)·지혜(智慧)라 번역. 있는 그대로 파악하는 지혜의 대상이 되는 모든 현상.

경계상(境界相) 삼세(三細)의 하나. 무명(無明)에 의해 마음이 움직임으로써 일어나는 인식 주관의 작용으로 나타나는 대상.

경공양(經供養) 경전을 베끼거나 입수했을 때, 그것을 불전(佛前)에 바치는 의례.

경구반(經久般) 욕계에서 색계에 이르는 도중에 오랜 시간이 지나 완전한 열반을 이루는 불환과(不還果)의 성자. ⇒ 중반(中般)

경구죄(輕垢罪) 청정한 생활를 더럽히는 가벼운 죄.

경국사(慶國寺) 서울시 북한산 남동쪽 기슭에 있는 절. 조계사(曹溪寺)의 말사. 1325년에 고려의 정자(淨慈)가 창건하여 청암사(靑巖寺)라 하고, 1331년에 중축하고, 1546년에 왕실의 도움으로 보수·중축하고 경국사라 함. 1693년과 1793년에 보수하고, 1842년과 1868년에 중축함. 문화재 : 목각탱(木刻幀).

경권(經卷) ①ⓢpustaka 책. 서적. ②경문(經文)을 적은 책. 경전(經典). 불경(佛經).

경덕전등록(景德傳燈錄) 30권. 송(宋)의 도원(道原)이 경덕 원년(1004)에 엮음. 과거칠불(過去七佛)에서 서천이십팔조(西天二十八祖)와 동토육조(東土六祖)를 거쳐 법안 문익(法眼文益, 885-958)의 제자에 이르기까지, 불법(佛法)을 계속 이어 온 1,701명의 행적, 스승과 제자의 인연, 깨달음에 대한 문답, 어록을 집대성한 저술.

경락(更樂) ⓢsparśa ⓟphassa 육근(六根)과 육경(六境)과 육식(六識)의 화합으로 일어나는 마음 작용. 촉(觸)과 같음.

경락식(更樂食) 사식(四食)의 하나. 생존을 유지시키는 하나의 요소로, 즐거움을 느끼는 감각 작용.

경량부(經量部) ⓢsautrāntika 붓다가 입멸한 후 400년 초에 설일체유부(說一切有部)에서 갈라져 나온 파(派). 설일체유부가 논서(論書)를 중심으로 자신들의 견해를 전개하는 반면, 이 파(派)는 경(經)을 인식의 근원으로 하므로 경량부(經量部)라고 함.

경례(敬禮) 경건한 마음으로 예배함.

경론(經論) 부처의 가르침을 기록한 경(經)과 그 가르침을 주석·연구·정리·요약한 논(論).

경묘(境妙) 적문십묘(迹門十妙)의 하나. 지혜의 대상이 오묘함.

경문(經文) 부처가 설한 가르침을 기록한 경전의 문장.

경보(經寶) 고려 때, 불교를 진흥하기 위한 비용을 마련하기 위해 사찰에서 설치한 기관.

경보(慶甫) 869-948. 신라 말·고려 초의 승려. 전남 영암 출신. 어려서 부인산사(夫仁山寺)에 출가하고, 백계산(白鷄山) 도승(道乘)의 제자가 되어 18세에 구족계(具足戒)를 받음. 성주산(聖住山)의 무염(無染)과 사굴산(闍崛山)의 범일(梵日)에게 배움. 892년에 당(唐)에 가서 동산 양개(洞山良价)의 문하인 소산 광인(疎山匡仁)의 선법(禪法)을 전해 받고 921년(태조 4)에 귀국함. 후백제 견훤의 청에 따라 전주 남복선원(南福禪院)에 머물다가 백계산 옥룡사(玉龍寺)에 머무름. 고려의 태조·혜종·정종이 그를 스승으로 모심. 시호는 동진(洞眞).

경부(經部) 경량부(經量部)의 준말.

경상(境相) 무명(無明)에 의해 마음이 움직임으로써 일어나는 인식 주관의 작용으로 나타나는 대상.

경소(慶昭) 963-1017. 송(宋)의 승려. 절강성(浙江省) 전당(錢塘) 출신. 어려서 개화원(開化院)에 출가하고, 13세에 회계(會稽) 개원사(開元寺)에서 구족계(具足戒)를 받음. 21세부터 전당(錢塘) 봉선사(奉先寺) 원청(源淸)에게 17년 동안 천태학(天台學)을 배움. 스승이 입적한 후 전당 범천사(梵天寺)에서 천태학을 전파함.

경쇠(磬-) 사찰에서 예불할 때 흔들어 소리를 내는 작은 종.

경식구민(境識俱泯) 대상과 인식 작용이 함께 소멸되어 분별이 일어나지 않는 상태.

경안(輕安) 경쾌하고 평온한 마음 상태.

경안각지(輕安覺支) 칠각지(七覺支)의 하나. 수행하는 과정에서 수행자에게 평온한 기쁨이 생기고, 나아가 수행자의 몸과 마음이 경쾌해짐.

경안등각지(輕安等覺支) 경안각지(輕安覺支)와 같음.

경애법(敬愛法) 밀교에서, 존경하고 사랑하는 마음이 일어나게 하는 의식.

경약(更藥) 약(藥)은 음식을 뜻함. 사약(四藥)의 하나. 병든 수행자에게 아침부터 초저녁에 한하여 먹도록 허락한 음식으로, 여러 가지 과일즙이나 미음 따위.

경유(慶猷) 871-921. 신라 말·고려 초의 승려. 15세에 출가하고, 18세에 통도사에서 구족계(具足戒)를 받음. 당(唐)에 가서 동산 양개(洞山良价)의 제자인 운거 도응(雲居道膺, ?-902)의 선법(禪法)을 전해 받고 908년에 귀국함. 고려 태조 때 왕사(王師)가 되고, 개성 송악산 일월사(日月寺)에서 입적함. 시호는 법경(法鏡).

경유식(境唯識) 오종유식(五種唯識)의 하나. 대상은 오직 마음의 작용에 지나지 않음.

경장(經藏) ①부처의 가르침을 기록한 경(經)을 통틀어 일컬음. ②절에 있는, 대장경을 보관해 두는 곳집.

경전(經典) 부처의 가르침, 또는 그것을 기록한 문헌.

경절문(徑截門) 점진적으로 일정한 수행 단계를 거치지 않고, 간화선(看話禪)으로 곧바로 부처의 경지에 이르는 수행법.

경제(慶諸) 807-888. 당(唐)의 승려. 강서성(江西省) 길주(吉州) 출신. 13세에 출가하고, 23세에 구족계(具足戒)를 받음. 도오 원지(道吾圓智)에게 사사(師事)하여 그의 법을 이어받은 후 호남성(湖南省) 석상산(石霜山)에서 20여 년 동안 수행함.

경종(經宗) 한 경전의 요지.

경지(鏡智) 대원경지(大圓鏡智)의 준말.

경집(經集) ⇒ 숫타니파타(sutta-nipāta)

경찬법회(慶讚法會) 사찰의 건물을 낙성하거나 중수했을 때, 또는 불상·탑 등을 조성했을 때 이를 축하하는 의식.

경책(警策) 정신을 차리도록 꾸짖음.

경천사(敬天寺) 경기 개풍군 광덕면 중연리에 있던 절. 창건 연대는 알 수 없고, 고려의 왕들이 자주 행차하고, 1348년에 십층석탑을 건립함.

경체(經體) 한 경전에 일관하고 있는 근본 뜻.

경탑(經塔) ①종이에 경전의 문장을 탑 모양으로 베껴 쓴 것. ②경전을 넣고 쌓은 탑.

경한(景閑) 1299-1374. 고려의 승려. 전북 고부 출신. 호는 백운(白雲). 어려서 출가하여 여러 사찰을 편력하면서 수행하다가 원(元)에 가서 석옥 청공(石屋淸珙, 1272-1352)에게 임제종의 선법(禪法)을 전해 받고 귀국함. 청공은 입적하면서 전법게(傳法偈)를 지어 그에게 전할 것을 제자 법안(法眼)에게 부탁하니, 법안은 고려에 와서 그것을 전함. 해주 신광사(神光寺), 개풍 오관산 흥성사(興聖寺), 김포 고산사(孤山寺) 등에 머물다가 여주 혜목산(우두산) 취암사(鷲巖寺)에서 입적함. 경한은 태고 보우(太古普愚, 1301-1382)와 마찬가지로 청공의 선법을 전해 받았으나 보우가 간화선(看話禪)의 체계를 수립한 반면, 그는 무심선(無心禪)을 제창함. 저서 : 백운화상초록불조직지심체요절(白雲和尙抄錄佛祖直指心體要節)·백운화상어록(白雲和尙語錄).

경행(經行) ①산책. 이리저리 한가로이 거닒. ②좌선하다가 졸음을 쫓거나 굳어진 몸을 풀기 위해 천천히 거니는 수행. ③법회 때, 걸으면서 불경을 독송하는 의식.

경허(鏡虛) 성우(惺牛)의 법호.

경헌(敬軒) 1544-1633. 조선의 승려. 전남 장흥 출신. 당호는 제월당(霽月堂). 15세에 장흥 천관사(天冠寺)에 출가하여 경(經)·율(律)·논(論)을 섭렵하고, 묘향산에 들어가 휴정(休靜, 1520-1604)의 문하에서 수행함. 1592년 임진왜란 때 휴정과 함께 승군(僧軍)을 모집하여 평양성을 탈환한 공로로 왕이 좌영장(左營將)에 명하였으나 사양하고, 또 선교양종판사(禪敎兩宗判事)에 명하였으나 사양하고, 묘향산·금강산·오대산·치악산 등에서 수행함. 저서 : 제월당대사집(霽月堂大師集).

경흥(憬興) 생몰년 미상. 신라의 승려. 충남 공주 출신. 18세에 출가하여 삼장(三藏)에 통달함. 신문왕(681-692)이 즉위하여 국로(國老)에 책봉하고 경주 삼랑사(三郞寺)에 머물게 함. 저서 : 무량수경연의술문찬(無量壽經連義述文贊)·삼미륵경소(三彌勒經疏)·금광명최승왕경약찬(金光明最勝王經略贊).

계(界) Ⓢdhātu ①요소. 구성 요소. ②부류. 무리. 집단. 동아리. 계층. 세계. ③경지. ④고유한 본성.

계(戒) Ⓢśīla Ⓟsīla 불교에 귀의한 자가 선(善)을 쌓기 위해 지켜야 할 규범.

계(繫) Ⓢgrantha 중생의 마음을 결박하는 번뇌.

계(計) ①분별. 사유. 판단. 주장. ②그릇된 견해.

계경(契經) Ⓢsūtra Ⓟsutta ①경(經)은 부처

의 가르침을 기록한 문헌, 계(契)는 부처의 가르침은 진리와 일치한다는 뜻. ②경전의 서술 형식이 산문체로 된 것. ⇒ 수다라(修多羅)

계경(戒經) 계본(戒本)과 같음.

계계(界繫) 욕계·색계·무색계의 삼계에 얽매임.

계고략(稽古略) 석씨계고략(釋氏稽古略)의 준말.

계금취(戒禁取) 계금취견(戒禁取見)의 준말.

계금취견(戒禁取見) 그릇된 계율이나 금지 조항을 바른 것으로 간주하여 거기에 집착하는 견해.

계금취신계(戒禁取身繫) 계도신박(戒盜身縛)과 같음.

계급승완(戒急乘緩) 계승사구(戒乘四句)의 하나. 계율을 지키는 데는 적극적이고, 가르침을 배우고 익히는 데는 소극적인 기질.

계내(界內) 어떠한 부류·범주·영역·구역·세계·경지·상태의 안.

계념(係念) 늘 생각함. 잊지 않음.

계념(繫念) 한곳에 생각을 집중함.

계념정생원(係念定生願) 사십팔원(四十八願)의 하나. 아미타불이 법장비구(法藏比丘)였을 때 세운 서원으로, 모든 중생들이 정토를 잊지 않고 거기에 태어나려고 하면, 그 목적을 이루도록 하겠다는 맹세.

계니가왕(罽膩伽王) 가니색가왕(迦膩色迦王)과 같음.

계단(戒壇) 수계식(授戒式)을 행하는 곳으로, 흙이나 돌을 쌓아 위를 평평하게 한 단(壇).

계도(戒刀) 옷·머리카락·손톱 등을 자르기 위해 수행자들이 지니고 다니는 작은 칼.

계도(計都) ⓢketu의 음사. ①깃발. 휘장. ②혜성(彗星).

계도견(戒盜見) 계금취견(戒禁取見)과 같음.

계도신박(戒盜身縛) 사박(四縛)의 하나. 그릇된 계율을 지님으로써 죄를 범하여 괴로운 생존에서 벗어나지 못함.

계두마사(鷄頭摩寺) 계림정사(鷄林精舍)와 같음.

계랍(戒臘) 출가하여 구족계(具足戒)를 받은 후, 하안거(夏安居)가 끝나는 날인 음력 7월 15일을 기준으로 해서 세는 승려의 나이.

계려궐(繫驢橛) 당나귀를 매어 두는 말뚝이라는 뜻. ①전혀 도움이 안 됨. 쓸데없음. 무의미함. ②언어·문자에 얽매여 깨달음의 경지로 나아가지 못함.

계리사반(罽利沙槃) ⓢkāṣāpaṇa의 음사. 고대 인도의 화폐 단위.

계림정사(鷄林精舍) 기원전 3세기에 아쇼카(aśoka) 왕이 도읍지인 화씨성(華氏城)의 동남쪽에 지은 사원으로, 불교 수행의 중심지였으나 기원전 180년경에 슝가(śuṅga) 왕조를 세운 불사밀다라왕(弗沙蜜多羅王)에 의해 파괴됨.

계맥(戒脈) 계(戒)를 전수하여 대대로 내려온 계통.

계명(戒名) 출가하여 절에서 행자(行者)로서 일정 기간 동안 수행한 뒤, 계를 받을 때 스승이 지어 주는 이름.

계명(鷄鳴) 한밤중에서 아침까지의 동안.

계명자상(計名字相) 육추(六麤)의 하나. 실재하지 않는 대상에 이름을 부여하고, 그 이름에 집착하여 여러 가지 번뇌를 일으킴.

계문(界門) 분류. 분야. 부분.

계바라밀(戒波羅蜜) 지계바라밀(持戒波羅蜜)과 같음.

계박(繫縛) 중생의 마음을 결박하는 번뇌.

계법(戒法) 계율의 규범·규율.

계본(戒本) ⓢprātimokṣa 비구·비구니가 지켜야 할 계율을 모아 종류별로 나누어 열거한 조문(條文).

계분(界分) 어떠한 기준으로 분류한 범주·영역·경지·상태.

계분별관(界分別觀) 오정심관(五停心觀)의 하나. 나에 불변하는 실체가 있다는 그릇된 견해를 버리기 위해 오온(五蘊)·십팔계(十八界) 등을 주시하는 수행법.

계빈국(罽賓國) 펀자브(Punjab) 북쪽, 카불(Kabul) 동쪽에 있던 고대 국가.

계사(戒師) 수계식 때, 계를 주는 승려.

계사(鷄寺) 계림정사(鷄林精舍)와 같음.

계상(戒相) 계(戒)를 지키거나 범한 상태, 또는 계를 범한 경우 그에 대한 죄의 가벼움과 무거움 등의 차별.

계상론(計常論) 십육이론(十六異論)의 하나. 모든 현상은 영원히 변하지 않는 존재라는 견해.

계수(戒受) 수(受)는 ⓢupādāna의 구역(舊譯)으로, 번뇌를 뜻함. 계금취(戒禁取)와 같음.

계수(稽首) 이마가 바닥에 닿을 정도로 머리를 숙여 공경의 뜻을 표하는 예법.

계승구급(戒乘俱急) 계승사구(戒乘四句)의 하나. 계율을 지키는 데도 적극적이고, 가르침을 배우고 익히는 데도 적극적인 기질.

계승구완(戒乘俱緩) 계승사구(戒乘四句)의 하나. 계율을 지키는 데도 소극적이고, 가르침을 배우고 익히는 데도 소극적인 기질.

계승사구(戒乘四句) 승(乘)은 가르침을 뜻함. 계율을 지키고 가르침을 배우고 익히는 기질에 따라 네 가지로 분류한 것. (1)계완승급(戒緩乘急). 계율을 지키는 데는 소극적이고, 가르침을 배우고 익히는 데는 적극적임. (2)계급승완(戒急乘緩). 계율을 지키는 데는 적극적이고, 가르침을 배우고 익히는 데는 소극적임. (3)계승구급(戒乘俱急). 계율을 지키는 데도 적극적이고, 가르침을 배우고 익히는 데도 적극적임. (4)계승구완(戒乘俱緩). 계율을 지키는 데도 소극적이고, 가르침을 배우고 익히는 데도 소극적임.

계신(戒身) 오분법신(五分法身)의 하나. 부처

와 아라한이 갖추고 있는 공덕으로, 행동과 말이 청정함.

계아론(計我論) 십육이론(十六異論)의 하나. 변하지 않고 소멸하지 않는 자아(自我)가 있다는 견해.

계아실유종(計我實有宗) 계아론(計我論)과 같음.

계오(契悟) 깨달음. 자신이 본래 갖추고 있는 청정한 성품을 그대로 체득하여 깨달음.

계온(戒蘊) 계율의 여러 가지 종류.

계완승급(戒緩乘急) 계승사구(戒乘四句)의 하나. 계율을 지키는 데는 소극적이고, 가르침을 배우고 익히는 데는 적극적인 기질.

계외(界外) 어떠한 부류·범주·영역·구역·세계·경지·상태의 바깥.

계원사(鷄園寺) 계림정사(鷄林精舍)와 같음.

계윤부(鷄胤部) ⓢkurkuṭika ⓟkukkuṭika 붓다가 입멸한 후 200년경에 대중부(大衆部)에서 갈라져 나온 파(派). 경(經)과 율(律)은 방편에 지나지 않으므로 오직 논(論)에 의거하여 수행할 것을 주장함.

계율(戒律) 불교에 귀의한 자가 지켜야 할 규범이나 규율. 원래 계(戒)는 선(善)을 쌓기 위해 제정한 것으로, 자율적이고 이를 범했을 경우에도 처벌 조항이 없는 반면, 율(律)은 악(惡)을 방지하기 위해 제정한 것으로, 타율적이고 이를 범했을 경우에는 처벌 조항이 있는 규율이지만 보통 혼용함.

계응(戒膺) 생몰년 미상. 고려의 승려. 의천(義天, 1055-1101)의 제자로, 화엄학을 널리 전파하다가 만년에는 경북 봉화 각화산에 들어가 각화사(覺華寺)를 중축하고 학인들을 지도함. 시호는 무애지국사(無㝵智國師).

계의(戒儀) 계(戒)를 줄 때 행하는 의식.

계인(契印) 부처나 보살의 깨달음 또는 서원을 나타낸 여러 가지 손 모양.

계인(戒印) 계율을 사람이 신뢰하는 도장에 비유한 말.

계일왕(戒日王) ⓢśīlāditya 갠지스 강의 상류, 지금의 칸푸르(Kanpur) 북쪽에 인접해 있던 갈야국사국(羯若鞠闍國)을 7세기에 통치한 왕. 불교를 보호하고 문학을 장려하여 자신이 직접 불교 희곡 나가난다(nāgānda)를 지음. 현장(玄奘, 602-664)이 그곳을 찾았을 때 예의를 다하여 맞이함.

계작정사(鷄雀精舍) 계림정사(鷄林精舍)와 같음.

계장(戒場) 수계식(授戒式)을 행하는 장소.

계정혜(戒定慧) 깨달음에 이르려는 자가 반드시 닦아야 할 세 가지 수행으로, 계율을 지켜 실천하는 계(戒), 마음을 집중·통일시켜 산란하지 않게 하는 정(定), 미혹을 끊고 진리를 주시하는 혜(慧).

계족(戒足) 계(戒)는 깨달음으로 나아가는 중요한 수단이므로 계를 발에 비유한 말.

계족산(鷄足山) 붓다가 깨달음을 이룬 붓다가야(buddhagayā)의 동북쪽에 인접한 산으로, 가섭(迦葉)이 이곳에서 수행하다가 입적함.

계주유(髻珠喩) 법화칠유(法華七喩)의 하나. 법화경 안락행품(安樂行品)의 비유. 전륜성왕이 전쟁에서 공을 세운 군사들에게 갖가지 상을 주는데, 자신의 상투 속에 간직한 빛나는 구슬만은 좀처럼 주지 않다가 아주 뛰어난 공을 세운 자에게 그것을 준다는 내용. 여기서 전륜성왕은 부처를 상징하고, 갖가지 상은 여러 가르침과 방편을, 뛰어난 공을 세운 자는 위대한 수행자를, 빛나는 구슬은 법화경의 가르침을 상징함.

계차(契此) 포대화상(布袋和尙)의 본이름.

계차별관(界差別觀) 계분별관(界分別觀)과 같음.

계착(計著) 분별하고 집착함.

계척(戒尺) 수계식(授戒式) 때, 진행을 통제하기 위해 쳐서 소리를 내는 두 개의 나무 토막.

계철(繫綴) 결박함. 속박함.

계첩(戒牒) 계(戒)를 받았다는 증명서.

계체(戒體) 계(戒)를 받음으로써 몸에 배게 되는, 허물이나 악을 방지하려는 의지력.

계초심학인문(誡初心學人文) 1권. 고려의 지눌(知訥) 지음. 승려가 되어 사찰에서 지켜야 할 예법과 수행에 대해 서술한 책.

계취(戒取) 계금취견(戒禁取見)의 준말.

계취견(戒取見) 계금취견(戒禁取見)의 준말.

계침(桂琛) 867-928. 당(唐)·오대(五代)의 승려. 절강성(浙江省) 상산(常山) 출신. 20여 세에 상산(常山) 만세사(萬歲寺)에 출가하고, 현사 사비(玄沙師備, 835-908)에게 사사(師事)하여 그의 법을 이어받음. 복건성(福建省) 지장원(地藏院)과 나한원(羅漢院)에서 선풍(禪風)을 크게 일으킴.

계탁분별(計度分別) 삼분별(三分別)의 하나. 대상을 구별하여 사유하고 판단함.

계품(戒品) ①계율의 여러 가지 종류. ②계율에 대해 설한 장(章).

계학(戒學) 삼학(三學)의 하나. 계율을 지켜 실천하는 수행.

계행(戒行) 계율을 지켜 실천함.

계향(戒香) 오분법신(五分法身) 가운데 계신(戒身)을 향에 비유한 말.

계현(戒賢) ⓢśīlabhadra 529-645. 동인도 출신. 마가다국(magadha國)의 나란타사(那爛陀寺)에 출가하여 호법(護法, 530-561)의 가르침을 받고, 그의 뒤를 이어 나란타사를 총괄함. 630년에 현장(玄奘, 602-664)이 그곳에 이르러 계현에게 유가사지론(瑜伽師地論)과 여러 논서를 배움.

계현관(戒現觀) 육현관(六現觀)의 하나. 대상을 있는 그대로 명료하게 파악하는 데 갖추어야 하는 청정한 계율.

계화상(戒和尙) 수계식 때, 계를 주는 승려.

고(苦) ⓢduḥkha ⓟdukkha 마음이나 몸이 괴로워 편하지 않음. 뜻대로 되지 않아 마음이 어지럽고 불안함. 어지러운 생각에 부대끼고 시달려서 마음이 균형을 이루지 못한 상태. 미혹으로 일어나는 마음 작용.

고계(苦界) 중생들이 살고 있는 괴로운 세계. 괴로움으로 가득 찬 중생들의 세계.

고고(苦苦) 삼고(三苦)의 하나. 격심한 추위나 더위, 통증·갈증 등과 같이 몸으로 느끼는 감각적인 괴로움.

고과(苦果) 괴로움의 과보. 그릇된 행위의 과보로 받는 괴로움.

고구리가부(高拘梨柯部) ⓢkurkuṭika의 음사. 계윤부(鷄胤部)와 같음.

고근(苦根) 근(根)은 작용·기능을 뜻함. 괴로움을 느끼는 감수 작용.

고기송(孤起頌) ⓢⓟgāthā 경전의 서술 형식이 운문체로 된 가타(伽陀)를 말함. 같은 운문체이지만 기야(祇夜)는 산문체로 된 내용을 다시 운문체로 설한 것이므로 중송(重頌)이라 하고, 가타는 바로 운문체로 설한 것이므로 고기송이라 함.

고달사(高達寺) 경기 여주군 북내면 혜목산(우두산) 남쪽 자락에 있던 절. 764년(신라 경덕왕 23)에 창건하고, 고려 초에 중축함. 현욱(玄昱)·심희(審希)가 머물고, 921년에 당(唐)에서 귀국한 원종 찬유(元宗璨幽, 869-958)가 머물면서 선풍(禪風)을 일으킴. 문화재 : 부도(浮屠)·원종대사혜진탑비귀부(元宗大師慧眞塔碑龜趺) 및 이수(螭首)·원종대사혜진탑(元宗大師慧眞塔)·석불좌(石佛座) 등.

고도(苦道) 삼도(三道)의 하나. 그릇된 행위와 말과 생각을 일으킨 과보로 받는 괴로움.

고독(苦毒) 몸이나 마음이 괴롭고 아픔. 고통.

고두(庫頭) 사찰의 금전과 곡물 등을 관리하는 직책, 또는 그 일을 맡은 승려.

고두례(叩頭禮) 삼배(三拜)·백팔배(百八拜) 등을 할 때, 마지막 절을 하고 일어서기 전에 어깨를 조금 들고 합장한 후 다시 이마와 두 손바닥을 바닥에 댄 다음 그 손바닥을 뒤집어서 위로 올리는 예법.

고란사(皐蘭寺) 충남 부여군 부소산 기슭 백마강변에 있는 절. 마곡사(麻谷寺)의 말사. 백제 말에 창건하고, 백제 멸망과 함께 폐사되고, 1028년에 다시 지음. 1629년과 1797년에 보수하고, 1900년과 1931년에 중축하고, 1960년에 보수함.

고려국신조대장경교정별록(高麗國新雕大藏經校正別錄) 30권. 고려 고종 때의 승려 수기(守其)가 고려대장경을 다시 새길 때에 거란본(契丹本)·송본(宋本) 등의 대장경을 대조하여 잘못된 부분을 가려내어 교정한 것을 적은 책.

고려대장경(高麗大藏經) 1236년(고려 고종 23)에 착수하여 1251년(고종 38)에 완성한 것으로 총 1,501종 6,708권임. 이 대장경은 경판(經板)의 총수가 81,258개이므로 팔만대장경, 초조대장경(初雕大藏經)에 이어 두 번째로 새긴 것이므로 재조대장경(再雕大藏經)이라 함. 강화도 대장경판당(大藏經板堂)에 보관하다가 1318년(충숙왕 5) 이후에 강화도 선원사(禪源寺)로 옮기고, 1398년(태조 7)에 가야산 해인사로 옮김.

고려장(高麗藏) 고려대장경(高麗大藏經)의 준말.

고류인(苦類忍) 고류지인(苦類智忍)의 준말.

고류지(苦類智) 팔지(八智)의 하나. 색계·무

색계의 고제(苦諦)를 체득한 지혜.

고류지인(苦類智忍) 팔인(八忍)의 하나. 색계·무색계의 고제(苦諦)를 명료하게 주시하여 그것에 대한 미혹을 끊고 확실하게 인정하는 지혜.

고륜(苦輪) 그침이 없는 괴로움을 쉴 새 없이 구르는 수레바퀴에 비유한 말.

고멸도성제(苦滅道聖諦) 괴로움의 소멸에 이르는 길이라는 성스러운 진리. 도제(道諦)와 같음.

고멸성제(苦滅聖諦) 괴로움의 소멸이라는 성스러운 진리. 멸제(滅諦)와 같음.

고목당(枯木堂) 고목중(枯木衆)이 좌선하는 집.

고목용음(枯木龍吟) 바람이 불면 고목에서 용이 읊조리는 듯한 소리가 들리 듯, 죽음 속에서도 생명을 본다는 뜻. 곧, 지극한 도(道)는 눈앞에 무수히 펼쳐져 있지만 그것을 찾아내기는 어렵다는 뜻.

고목중(枯木衆) 마치 고목의 그루터기처럼, 늘 좌선하는 수행승을 일컬음.

고법인(苦法忍) 고법지인(苦法智忍)의 준말.

고법지(苦法智) 팔지(八智)의 하나. 욕계의 고제(苦諦)를 체득한 지혜.

고법지인(苦法智忍) 팔인(八忍)의 하나. 욕계의 고제(苦諦)를 명료하게 주시하여 그것에 대한 미혹을 끊고 확실하게 인정하는 지혜.

고봉(高峰) 법장(法藏)의 호.

고봉원묘(高峰原妙) ⇒ 원묘(原妙)

고봉화상선요(高峰和尙禪要) 1권. 원(元)의 고봉 원묘(高峰原妙) 지음. 선(禪)의 요점을 밝힌 저술로, 천만 가지 의심도 결국은 하나의 큰 의심에 지나지 않으므로 큰 의심을 붙들고 참선할 것을 강조함.

고불(古佛) ①지혜가 뛰어나고 덕이 높은 승려에 대한 존칭. ②석가모니불 이전에 출현하였다는 과거불(過去佛). ③불전(佛殿)에 모셔 둔 오래된 불상.

고사업(故思業) 고작업(故作業)과 같음.

고성제(苦聖諦) 고제(苦諦)와 같음.

고세야(高世耶) ⓢkauśeya의 음사. 명주. 비단.

고속통행(苦速通行) 사통행(四通行)의 하나. 집중과 통찰은 균형을 이루지 못하여 수행에 어려움은 있지만 소질이나 근성이 뛰어나 빠르게 열반으로 나아감.

고수(苦受) 외부의 자극으로 느끼는 괴로움.

고습성제(苦習聖諦) 습(習)은 ⓢⓟsamudaya의 번역으로 집기(集起)·기인(起因)·원인을 뜻함. 괴로움의 원인이라는 성스러운 진리. 집제(集諦)와 같음.

고습제(苦習諦) 고습성제(苦習聖諦)의 준말.

고습진도(苦習盡道) 습(習)은 ⓢⓟsamudaya의 번역으로 집기(集起)·기인(起因)·원인을 뜻함. 고집멸도(苦集滅道)와 같음.

고승(高僧) 지혜가 뛰어나고 덕이 높은 승려.

고승법현전(高僧法顯傳) 법현전(法顯傳)의 본이름.

고승전(高僧傳) 14권. 양(梁)의 혜교(慧皎) 지음. 양고승전(梁高僧傳)이라고도 함. 후한(後漢) 영평(永平) 10년(67)부터 양(梁) 천감(天監) 18년(519)까지의 고승 257명의 전기를 수록한 책. 그들의 전기 속에 승려 243명의 행적이 간략히 언급되어 있음.

고십현(古十玄) 화엄종의 제3조 법장(法藏, 643-712)은 화엄오교장(華嚴五教章)에서는 제2조 지엄(智儼, 602-668)의 십현문(十玄門)을 그대로 계승하고 있으나 화엄경탐현기(華嚴經探玄記)에서는 그것을 약간 수정하여 서술하고 있는데, 탐현기 이전의 십현문을 고십현(古十玄), 탐현기 이후의 그것을 신십현(新十玄)이라 함.

고온(苦蘊) ①괴로움의 집합체. ②중생을 말함. 오온(五蘊)에 탐욕과 집착이 있으므로 중생은 괴로움의 더미라는 뜻.

고운사(孤雲寺) 경북 의성군 단촌면에 있는 절. 대한불교조계종 제16교구 본사. 681년에 신라의 의상(義湘)이 창건하여 고운사(高雲寺)라 하고, 최치원(崔致遠, 857-?)이 승려 여지(如智)·여사(如事)와 함께 가운루(駕雲樓)와 우화루(羽化樓)를 짓고 그의 호를 따서 고운사(孤雲寺)라고 함. 고려 초에 운주(雲住)와 천우(天祐)가 중축함. 1018년과 1695년에 중축하고, 1835년에 일부분 불타고, 1992년에 대웅전을 다시 지음. 문화재 : 석조석가여래좌상(石造釋迦如來坐像).

고음(苦陰) 고온(苦蘊)과 같음.

고이(故二) 비구의 출가하기 전의 아내. 옛 일이므로 고(故), 배우자이므로 이(二)라고 함.

고인명(古因明) 미륵(彌勒)·무착(無著)·세친(世親) 등이 사용한 종(宗)·인(因)·유(喩)·합(合)·결(結)의 다섯 부분으로 되어 있는 오지작법(五支作法)을 특징으로 하는 논리학을 말함. 이에 반해, 진나(陳那)가 완성한 종(宗)·인(因)·유(喩)의 세 부분으로 되어 있는 삼지작법(三支作法)을 특징으로 하는 논리학은 신인명(新因明)이라 함.

고작업(故作業) 고의로 저지른 행위와 말.

고절갈마(苦切羯磨) 갈마(羯磨)는 ⓢkarma의 음사로, 벌칙을 가하는 행위, 처분(處分)을 뜻함. 말다툼이나 그릇된 짓을 저지른 비구를 질책하는 행위.

고제(苦諦) ⓢduḥkha-satya ⓟdukkha-sacca 사제(四諦)의 하나. 괴로움이라는 진리. 태어나고 늙고 병들고 죽는 괴로움과 사랑하는 사람과 헤어져야 하는 괴로움, 미워하는 사람과 만나거나 살아야 하는 괴로움, 구하여도 얻지 못하는 괴로움, 오온(五蘊)에 탐욕과 집착이 있으므로 괴로움.

고제(苦際) 괴로움의 끝. 괴로움의 소멸.

고조해탈(孤調解脫) 중생을 구제하지 않고 자신만 몸과 마음을 조절하여 번뇌의 속박에서 벗어남.

고족(高足) 뛰어난 제자.

고좌(高座) 설법하는 승려가 앉는 높은 좌석.

고지(苦智) 십지(十智)의 하나. 욕계·색계·무색계의 고제(苦諦)를 체득한 지혜.

고지통행(苦遲通行) 사통행(四通行)의 하나. 집중과 통찰이 균형을 이루지 못하여 수행에 어려움이 있고 소질이나 근성도 뛰어나지 못하여 느리게 열반으로 나아감.

고진제(苦盡諦) 괴로움의 소멸이라는 진리. 멸제(滅諦)와 같음.

고집멸도(苦集滅道) 괴로움이라는 고제(苦諦), 괴로움의 원인이라는 집제(集諦), 괴로움의 소멸이라는 멸제(滅諦), 괴로움의 소멸에 이르는 길이라는 도제(道諦)를 말함. ⇒ 사제(四諦)

고집성제(苦集聖諦) 괴로움의 원인이라는 성스러운 진리. 집제(集諦)와 같음.

고창(敲唱) 고(敲)는 가볍게 톡톡 두드린다는 뜻으로, 수행자가 스승에게 가르침을 청하는 것, 창(唱)은 스승이 수행자의 질문에 답하는 것.

고창국(高昌國) 타클라마칸(Taklamakan) 사막의 북동쪽, 지금의 토로번(吐魯番, Turpan) 동쪽에 인접해 있던 고대 국가.

고출요제(苦出要諦) 괴로움에서 벗어나는 중요한 진리. 도제(道諦)와 같음.

고칙(古則) 깨달음을 구하기 위해 참선하는 수행자에게 본보기가 되는 고인(古人), 곧 부처나 조사의 파격적인 문답 또는 언행(言行). 큰 의심을 일으키게 하는 부처나 조사의 역설적인 말이나 문답.

고타마(gotama) ⓟgotama ⓢgautama 인도의 크샤트리야 계급에 속하는 여러 성(姓) 가운데 하나. 석가모니의 성(姓).

고풍(古風) 옛날의 선풍(禪風)이나 종풍(宗風).

고해(苦海) 괴로움이 많은 속세를 바다에 비유한 말.

고행(苦行) 어떠한 경지에 이르거나 소원을 성취하기 위해 육신을 극도로 괴롭히는 수행.

고행림(苦行林) 고행하는 수행자들이 머무는 숲. 또는 붓다가 깨달음을 이루기 전에 6년 동안 고행한 우루벨라 마을의 숲.

고황지병(膏肓之病) 고치기 어려운 병. 불치병. 고(膏)는 심장의 아래 부분, 황(肓)은 횡경막의 윗부분을 뜻하는 말로, 이곳에 병이 생기면 고치기 어렵다고 함.

곡녀성(曲女城) ⇒ 가나구사국(迦那鳩闍國)

곡록(曲彔) 나무로 등받이를 둥글게 굽히고, 다리를 교차시킨 의자.

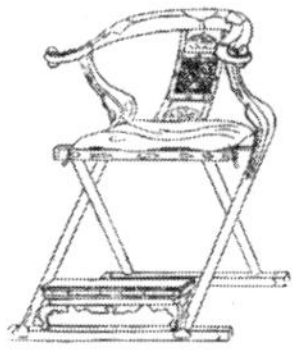
곡록

곡목(曲木) 곡록(曲彔)과 같음.

곡반왕(斛飯王) ⓢdroṇodana 싯다르타의 아버지인 정반왕(淨飯王)의 둘째 동생. 싯다르타의 숙부.

곡업(曲業) 삼업(三業)의 하나. 아첨에서 일어나는 행위와 말과 생각.

곡차(穀茶) 절에서 술을 이르는 말.

곤명(坤命) 축원문에서, 여자 또는 그의 생년(生年)을 이르는 말.

골상(骨相) 구상(九相)의 하나. 탐욕과 육신에 대한 집착을 버리기 위해 시체의 살은 이미 썩어 없어지고 뼈만 앙상하게 남은 모습을 주시하는 수행법.

골쇄상(骨鎖相) 골상(骨相)과 같음.

공(空) ⓢśūnya ①고유한 실체가 없음. 항상 독자적으로 존속하는 실체가 없음. 고정된 경계나 틀이 없음. ②차별과 분별로써 인식된 대상은 관념일 뿐 실재하지 않는다는 뜻. 가치나 감정이 부여된 인식 대상은 인식 주관이 조작한 허구일 뿐 존재하지 않는다는 뜻. 분별에 의해 인식 주관에 드러난 대상은 허구라는 뜻. ③잇달아 일어나는 분별과 망상이 끊어진 상태. 번뇌와 분별이 소멸된 상태. 분별과 차별을 일으키는 마음 작용이 소멸된 상태. ④ⓢākāśa 허공.

공(功) 공훈오위(功勳五位)의 하나. 수행에만 전념하여 불성을 깨닫는 단계.

공가중(空假中) 모든 현상에는 불변하는 실체가 없다는 공(空), 모든 현상은 여러 인연의 일시적인 화합으로 존재한다는 가(假), 공(空)이나 가(假)의 어느 한쪽에 치우치지 않는 중(中)을 말함.

공거천(空居天) 공중에 있는 욕계(欲界)의 야마천(夜摩天)·도솔천(兜率天)·낙변화천(樂變化天)·타화자재천(他化自在天)과 색계(色界)의 여러 천(天)을 말함. 이에 반해, 수미산에 있는 사왕천(四王天)과 도리천(忉利天)은 지거천(地居天)이라 함.

공겁(空劫) 사겁(四劫)의 하나. 세계가 파괴되어 아무 것도 없는 상태로 지속되는 지극히 긴 기간. 인간 수명 8만 세에서 100년에 한 살씩 줄어 10세에 이르고 다시 10세에서 100년에 한 살씩 늘어 8만 세에 이르는 긴 시간을 중겁(中劫)이라 하는데, 공겁은 20중겁에 해당함.

공견(空見) ①공(空)에 집착하는 그릇된 견해. ②모든 존재와 가치를 부정하는 견해. ③인과(因果)를 부정하는 견해.

공견(共見) 현재의 한 사건에서 현재의 다른 사건을 추리함. 예를 들면, 해인사에서 소나무의 꽃을 보고, 통도사에도 그 꽃이 피었을 것이라는 생각.

공견론(空見論) 십육이론(十六異論)의 하나. 인과(因果)를 부정하는 견해.

공경수(恭敬修) 존중수(尊重修)와 같음.

공계(空界) 육계(六界)의 하나. 공간. 허공.

공고(貢高) ⓟmada 교만. 거만. 오만.

공공(空空) 십팔공(十八空)의 하나. 공(空)에 대한 분별이나 집착이 끊어진 상태.

공공(共功) 공훈오위(功勳五位)의 하나. 불성을 깨달았으나 그것을 의식하는 단계.

공공(功功) 공훈오위(功勳五位)의 하나. 불성을 깨닫고 그 깨달음도 놓아 버려 어떠한 것에도 집착하지 않는 자유 자재한 경지.

공관(空觀) 삼관(三觀)의 하나. 모든 현상에는 불변하는 실체가 없다고 주시함.

공교(共敎) 성문(聲聞)·연각(緣覺)·보살(菩薩)에 공통되는 가르침. 이에 반해, 보살만을 위한 가르침은 불공교(不共敎)라고 함. 화엄종에서는 반야경을 공교, 화엄경을 불공교라고 함.

공교(空教) 법상종의 교판(教判)에서, 모든 현상의 본성에는 본래부터 불변하는 실체가 없다는 반야경의 가르침. ⇒ 삼교팔종(三教八宗)

공교(工巧) 미술·공예·문예·노래 등에 대한 기술.

공교명(工巧明) 오명(五明)의 하나. 명(明)은 학문을 뜻함. 공예·기술에 대한 학문.

공교처심(工巧處心) 미술·공예·문예 등에 대해 일으키는 마음.

공교천(工巧天) ⇒ 비수갈마(毘首羯磨)

공구(供具) 부처나 보살에게 바치는 음식물·향·꽃 등의 물건, 또는 그 물건을 바칠 때 사용하는 기구.

공구여의원(供具如意願) 사십팔원(四十八願)의 하나. 아미타불이 법장비구(法藏比丘)였을 때 세운 서원으로, 정토에 있는 보살들은 모든 부처에게 바칠 공양물을 마음대로 얻을 수 있도록 하겠다는 맹세.

공기(工器) 절에서 그릇을 씻는 소임, 또는 그 일을 맡은 승려.

공념처(共念處) ⇒ 공염처(共念處)

공능(功能) ①기능. 작용. 능력. 잠재력. ②지각하고 인식하는 작용·기능. ③효과.

공대(空大) 육대(六大)의 하나. 공간. 허공.

공덕(功德) ①복. 복덕. ②좋은 과보를 받을 선행(善行). ③뛰어난 능력. ④특질. 특성.

공덕보(功德寶) 신라 때, 명복을 빌기 위한 비용을 마련하기 위해 사찰에서 설치한 기관.

공덕사(功德使) 당대(唐代)에 좌우의 양가(兩街)에 둔, 승려를 관리하던 관리.

공덕의(功德衣) 가치나의(迦絺那衣)을 말함. 이 옷은 안거(安居)를 마친 공덕이 있는 수행자가 입으므로 이와 같이 일컬음.

공덕천(功德天) 길상천(吉祥天)과 같음.

공륜(空輪) 엄지손가락을 일컬음.

공림사(空林寺) 충북 괴산군 청천면 사담리 낙영산 남서쪽 자락에 있는 절. 법주사(法住寺)의 말사. 신라 경문왕(861-875) 때 자정(慈淨)이 창건하고, 기화(己和, 1376-1433)가 폐사된 이 절을 다시 지음. 1592년 임진왜란 때 대부분 불타고, 인조(1623-1649) 때 다시 지음. 한국 전쟁 때 일주문만 남고 모두 불타고, 1966년에 다시 지음.

공명조(共命鳥) ⓢjīva-jīvaka 인도의 북동 지역에 서식하는 꿩의 일종. jīva-jīvaka는 그 새의 소리에 의한 이름.

공무력대연(空無力待緣) 연기인문육의(緣起因門六義)의 하나. 인(因)에는 고유한 실체가 없으므로 공(空)이며, 인에 힘이 없어 연(緣)을 기다려 함께 일어남.

공무변처(空無邊處) 사무색처(四無色處)의 하나. 허공은 무한하다고 체득한 무색계 제1천의 경지.

공무변처정(空無邊處定) 사무색정(四無色定)의 하나. 허공은 무한하다고 주시하는 선정(禪定).

공무변처지(空無邊處地) 구지(九地)의 하나. 공무변처(空無邊處)와 같음.

공무변처천(空無邊處天) 공무변처(空無邊處)와 같음.

공무변처해탈(空無邊處解脫) 팔해탈(八解脫)의 하나. 형상에 대한 생각을 완전히 버리고 허공은 무한하다고 주시하는 선정으로 들어감.

공문(空門) ①공(空)을 설한 가르침. ②사문(四門)의 하나. 인연으로 일어나는 현상이나 부처의 성품 등은 공(空)이라고 주시하여 깨달음에 이르는 수행법.

공문자(空門子) 공(空)을 주시하여 깨달음에 이르는 자라는 뜻으로, 출가하여 수행하는 자를 일컬음.

공물(供物) 부처나 보살에게 바치는 음식물·향·꽃 등의 물건.

공법(共法) 여럿이 공통으로 갖추고 있는 능력이나 성질.

공부(工夫·功夫) ①노력. 수고. ②배우거나 닦음. 힘써 수행함. 생각을 집중함. ③여가. 겨를. 짬. 틈.

공부정과(共不定過) 인명(因明)에서, 삼십삼과(三十三過) 가운데 인십사과(因十四過)의 하나. 인(因)이 종(宗)의 술어와 같은 성질에도 관계하고 다른 성질에도 관계하는 오류. 예를 들면, '말은 무상하다'라는 종(宗)에 대하여 '인식의 대상이기 때문이다〔因〕'라고 하는 경우, 인식의 대상은 상·무상에 관계하므로 인(因)이 성립되지 않음.

공분수삼매(共分修三昧) 삼삼매(三三昧)의 하나. 선정을 닦은 다음 지혜를 닦는 삼매.

공비량(共比量) 자신과 타인이 함께 인정하는 이유·근거로써 성립된 추리.

공사(工師) ⓢkarmāra 대장장이. 금속을 세공(細工)하는 일에 종사하는 사람.

공사(供司) 절에서 밥을 짓는 소임, 또는 그 일을 맡은 승려.

공삼마지(空三摩地) 공삼매(空三昧)와 같음.

공삼매(空三昧) 삼삼매(三三昧)의 하나. 모든 현상은 인연 따라 모이고 흩어지므로 거기에 불변하는 실체가 없다고 관조하는 삼매.

공상(空相) ①ⓢśūnyatā-lakṣaṇa 공(空)의 상태·성질·특징. ②ⓢākāśa-lakṣaṇa 허공의 상태·성질·특징.

공상(共相) ①다른 것과 공통되는 일반적인 성질. ②개념화된 인식 대상. ③공견(共見)과 같음.

공생(空生) 붓다의 십대제자(十大弟子) 가운데 공(空)의 이치에 밝았던 수보리(須菩提, ⓢsubhūti)를 가리킴.

공성(空性) ⓢśūnyatā 공(空)의 상태.

공시당(供侍堂) 손님을 모시기 위해 마련한 집.

공심합장(空心合掌) 허심합장(虛心合掌)과 같음.

공십지(共十地) 십지(十地)와 같음. 성문·연

각·보살의 삼승이 공통으로 닦는 수행 단계라는 뜻.

공안(公案) 깨달음을 구하기 위해 참선하는 수행자에게 해결해야 할 과제로 제기되는 부처나 조사의 파격적인 문답 또는 언행(言行). 큰 의심을 일으키게 하는 부처나 조사의 역설적인 말이나 문답. 공안은 원래 공부(公府)의 안독(案牘), 곧 백성이 따라야 할 국가의 공문서(公文書)라는 뜻으로, 부처나 조사의 문답 또는 언행은 참선하는 수행자에게 가장 중요한 본보기이므로 이와 같이 말함. 공안은 당대(唐代)의 선문답(禪問答)에서 형성되기 시작하여 송대(宋代)에 이르러 성행하였고, 그 수는 약 1,700에 이름. 화두(話頭)와 같음.

공양(供養) ⓢpūjanā ①불(佛)·법(法)·승(僧)의 삼보(三寶)에 음식·옷·꽃·향 등을 바침. ②공경함. 찬탄함. 칭송함. 예배함. ③봉사함. ④절에서 음식을 먹는 일.

공양구(供養具) 부처나 보살에게 바치는 음식물·향·꽃 등의 물건, 또는 그 물건을 바칠 때 사용하는 기구.

공양미(供養米) 부처나 보살에게 바치는 쌀.

공양제불원(供養諸佛願) 사십팔원(四十八願)의 하나. 아미타불이 법장비구(法藏比丘)였을 때 세운 서원으로, 정토에 있는 보살들이 모든 부처에게 공양하도록 하겠다는 맹세.

공양주(供養主) 절에서 밥을 짓는 소임, 또는 그 일을 맡은 승려.

공양회(供養會) 금강계만다라(金剛界曼荼羅)의 한 부분으로, 여러 보살이 연꽃을 오불(五佛)에게 공양하고 합장하는 모습이 묘사되어 있음.

공업(共業) 공동으로 지은 선악의 행위. 공동으로 고락의 과보를 받는 원인이 되는 선악의 행위.

공업명(工業明) 공교명(工巧明)과 같음.

공염불(空念佛) 신심(信心) 없이 입 끝으로만 외는 염불.

공염처(共念處) 상잡염주(相雜念住)와 같음.

공용(功用) ①몸과 입과 마음으로 짓는 행위와 말과 생각. ②인식 주관의 작용. 분별하고 차별하는 의식 작용. 분별과 망상을 일으키는 마음 작용. ③효과.

공유력대연(空有力待緣) 연기인문육의(緣起因門六義)의 하나. 인(因)은 과(果)와 함께하므로 공(空)이며, 인에 힘이 있어도 연(緣)을 기다려 함께 일어남.

공유력부대연(空有力不待緣) 연기인문육의(緣起因門六義)의 하나. 인(因)은 찰나에 멸하므로 공(空)이며, 인에 힘이 있어 연(緣)을 기다리지 않고 일어남.

공유무애종(空有無礙宗) 징관(澄觀)의 교판(敎判)에서, 모든 현상은 공(空)이나 유(有)의 어느 한쪽에 치우치지 않고 서로 걸림 없이 어우러져 있다는 가르침.

공작명왕(孔雀明王) 모든 재난과 질병을 물리치고 악마를 굴복시킨다는 존(尊).

공작명왕도량(孔雀明王道場) 고려 때, 공작명왕을 본존으로 모시고 전쟁으로 인한 재난이나 천재지변이 없기를 빌던 의식.

공작왕조(孔雀王朝) 기원전 320년경에 찬드

라굽타(candragupta)가 마가다국(magadha國) 난다(nanda) 왕조를 무너뜨리고 세운 마우리야(maurya) 왕조를 말함. 제2대는 빈두사라(bindusāra) 왕, 제3대는 아쇼카(aśoka) 왕. 아쇼카 왕이 죽은 후, 서서히 분열되어 기원전 180년경에 멸망함.

공적(空寂) 불변하는 고유한 실체가 없는 상태.

공적심(空寂心) 집착이 없어 텅 빈 마음 상태. 모든 분별이 끊어진 마음 상태. 부처의 성품.

공정(空定) ①모든 현상은 인연 따라 모이고 흩어지므로 거기에 불변하는 실체가 없다고 주시하는 선정(禪定). ②분별과 망상이 끊어진 선정(禪定). 분별과 차별을 일으키는 마음 작용이 소멸된 선정(禪定).

공제(空諦) 삼제(三諦)의 하나. 모든 현상에는 불변하는 실체가 없다는 진리.

공종(空宗) 모든 존재의 본성에는 본래부터 불변하는 실체가 없다는 가르침·학파·종파.

공지(空智) ①모든 현상에는 불변하는 실체가 없음을 명료하게 아는 지혜. ②분별하지 않고 집착하지 않는 지혜. 분별하지 않고 대상을 있는 그대로 직관하는 지혜. ③대비심(大悲心)을 일으키는 부처의 지혜.

공지(共地) 십지(十地)와 같음. 성문·연각·보살의 삼승이 공통으로 닦는 수행 단계라는 뜻.

공처(空處) ①도시나 마을에서 멀리 떨어진 삼림이나 동굴. ②형상의 속박에서 완전히 벗어난 순수한 선정(禪定)의 세계인 무색계를 말함. ③공무변처(空無邊處)의 준말.

공처정(空處定) 공무변처정(空無邊處定)의 준말.

공취(空聚) 고유한 실체가 없는 것을 사람이 없는 취락에 비유한 말.

공한처(空閑處) ⓢaraṇya 한적한 삼림. 마을에서 떨어져 수행자들이 머물기에 적합한 곳.

공해탈문(空解脫門) 삼해탈문(三解脫門)의 하나. 해탈에 이르기 위한 수행의 하나로, 모든 현상은 인연 따라 모이고 흩어지므로 거기에 불변하는 실체가 없다고 관조하는 선정(禪定).

공화(空華·空花) 눈의 장애로 말미암아 생기는 허공의 꽃. 없는 것을 있는 것으로, 관념을 실재하는 객관 대상으로, 고유한 실체가 없는 것을 실체가 있는 것으로 보는 착각·환상·편견 등을 비유함.

공훈오위(功勳五位) 동산 양개(洞山良价)가 수행의 단계를 다섯 가지로 나눈 것. (1)향(向). 자신이 본디 불성을 갖추고 있다는 것을 확신하고 발심함. (2)봉(奉). 불성을 깨닫기 위해 오로지 수행에만 전념함. (3)공(功). 불성을 깨달음. (4)공공(共功). 깨달음을 의식함. (5)공공(功功). 깨달음도 놓아 버려 어떠한 것에도 집착하지 않는 자유 자재한 경지.

과(果) ⓢphala ①원인으로 말미암아 생긴 결과. ②과보. ③경지. 깨달음의 경지. 부처의 경지.

과거(過去) ①1찰나를 현재로 하여 그 앞. ②지나간 때. ③현겁(賢劫)을 현재로 하여 그 앞의 장엄겁(莊嚴劫)을 말함.

과거세(過去世) 이 세상에 태어나기 이전의

세상.

과거칠불(過去七佛) 석가모니불과 그 이전에 출현하였다는 여섯 부처. (1)비파시불(毘婆尸佛). ⓢvipaśyin-buddha의 음사. 장엄겁(莊嚴劫) 중에 출현하여 파파라수(波波羅樹) 아래에서 성불하였다고 함. (2)시기불(尸棄佛). ⓢśikhin-buddha의 음사. 장엄겁 중에 출현하여 분타리수(分陀利樹) 아래에서 성불하였다고 함. (3)비사부불(毘舍浮佛). ⓢviśvabhū-buddha의 음사. 장엄겁 중에 출현하여 사라수(娑羅樹) 아래에서 성불하였다고 함. (4)구루손불(拘樓孫佛). ⓢkrakucchanda-buddha의 음사. 현겁(賢劫) 중에 출현하여 시리사수(尸利沙樹) 아래에서 성불하였다고 함. (5)구나함불(拘那含佛). ⓢkanakamuni-buddha의 음사. 현겁 중에 출현하여 오잠파라수(烏暫婆羅樹) 아래에서 성불하였다고 함. (6)가섭불(迦葉佛). ⓢkāśyapa-buddha의 음사. 현겁 중에 출현하여 이구류수(尼拘類樹) 아래에서 성불하였다고 함. (7)석가모니불(釋迦牟尼佛). ⓢśākyamuni-buddha의 음사. 기원전 7세기경에 인도 북부 카필라(kapila) 성에서 태어나 35세에 보리수(菩提樹) 아래에서 성불함.

과거현재인과경(過去現在因果經) 4권. 유송(劉宋)의 구나발타라(求那跋陀羅) 번역. 붓다가 스스로 자신의 전생과 현생의 전기(傳記)를 설한 경으로, 현생은 출가하여 깨달음을 이루고 나서 사리불(舍利弗)·목건련(目犍連)·가섭(迦葉)을 교화하는 데서 끝맺음.

과과(果果) 열반을 뜻함. 수행의 결과로 갖춘 지혜로써 열반에 이르므로 이와 같이 말함.

과구(窠臼) 상투적인 격식. 틀에 박힌 절차나 행동.

과극법신(果極法身) 궁극적인 진리 그 자체, 또는 그 진리를 있는 그대로 드러낸 우주 그 자체를 뜻함.

과능변(果能變) 아뢰야식(阿賴耶識)에 저장되어 있는 종자(種子)의 변화와 성숙으로 일어난 팔식(八識)의 인식 작용.

과도견(果盜見) 그릇된 행위로 얻은 결과를 바른 것으로 간주하는 견해.

과두(果頭) 수행의 결과로 체득한 부처의 경지.

과만(過慢) 자신과 동등한 자에 대해서는 우월감을 가지고, 자신보다 뛰어난 자에 대해서는 자신과 동등하다고 생각함.

과문(科文) 경론(經論)을 내용에 따라 나눈 단락.

과박(果縛) 괴로운 과보에 속박됨.

과법(果法) 수행한 결과로 얻은 진리.

과보(果報) 선악의 행위에 따라 받는 고락의 갚음.

과분(果分) 수행의 결과로 이른 깨달음의 경지. 깨달음 그 자체. 이에 반해, 깨달음의 원인이 되는 수행의 단계·범위·방법, 또는 그 단계에 있는 수행자는 인분(因分)이라 함.

과수(果遂) 완수함. 목적을 달성함.

과실천(果實天) 광과천(廣果天)과 같음.

과악(過惡) ①허물. ②재앙. 재난. ③병고(病苦).

과위(果位) 수행으로 이른 부처의 경지. 이에 반해, 그 경지에 이르기 위해 수행하고 있는 과정·단계는 인위(因位)라고 함.

과유식(果唯識) 오종유식(五種唯識)의 하나. 모든 현상은 오직 마음의 작용에 지나지 않는다는 이치를 사유하고 관찰한 과보로 지혜를 얻음.

과절(科節) 경론(經論)을 내용에 따라 나눈 단락.

과절(跨節) ⇒ 당분(當分)

과지(果地) 과위(果位)와 같음.

과하(過夏) 하안거(夏安居)를 마침.

과해(果海) 부처의 경지를 바다에 비유한 말.

과환제(過患諦) 칠제(七諦)의 하나. 번뇌에 물든 마음은 괴로움이라는 진리.

곽시쌍부(槨示雙趺) 세존이 쿠시나가라(kuśinagara)의 사라쌍수(娑羅雙樹) 아래에서 입멸하자 입관(入棺)하였는데, 가섭(迦葉)이 다른 지방에서 세존의 입멸 소식을 듣고 그곳에 이르러 슬피 우니 세존이 두 발을 관(棺) 밖으로 내보임으로써 세존의 마음을 가섭에게 전했다는 고사(古事).

관(觀) ①Ⓢvipaśyanā Ⓟvipassanā 몸과 마음은 무상·고·무아라고 통찰함. 지혜로써 대상을 있는 그대로 자세히 주시함. 마음을 한곳에 집중하여 산란을 멈추고 평온하게 된 상태에서 대상을 있는 그대로 응시함. 통찰하는 수행. 어떤 현상이나 진리를 마음 속으로 떠올려 그것을 자세히 주시함. ②Ⓢvicāra 세밀하게 고찰하는 마음 작용. 사(伺)와 같음.

관경(貫經) 계경(契經) ②와 같음.

관경(觀經) 관무량수경(觀無量壽經)의 준말.

관념(觀念) 어떤 현상이나 진리를 마음 속으로 떠올려 그것을 자세히 주시함. 부처나 정토의 모습을 마음 속으로 살피고 생각함.

관념염불(觀念念佛) 부처의 공덕이나 모습을 마음 속으로 살피고 생각함.

관대도리(觀待道理) 사종도리(四種道理)의 하나. 모든 현상의 이치를 상대적으로 사유함.

관려자(關捩子·關棙子) 가장 중요한 점. 핵심.

관련훈수(觀練熏修) 깨달음의 경지에 이르는 네 단계의 선정(禪定). 대상을 명료하게 관조하여 탐욕을 떠나는 관선(觀禪), 청정한 지혜로써 번뇌를 점점 정화시키는 연선(練禪), 모든 선정(禪定)을 스며들게 하고 성숙시켜 걸림 없는 경지에 이르는 훈선(熏禪), 모든 경지를 자유 자재로 드나드는 수선(修禪).

관룡사(觀龍寺) 경남 창녕군 창녕읍 관룡산 남서쪽 기슭에 있는 절. 통도사(通度寺)의 말사. 583년에 신라의 증법(證法)이 창건하고, 748년에 중축함. 1592년 임진왜란 때 대부분 불타고, 1617년에 다시 지음. 1704년에 큰 홍수로 대부분 떠내려가고, 1712년에 다시 짓고, 1749년에 보수함. 문화재 : 약사전·대웅전·용선대석조석가여래좌상(龍船臺石造釋迦如來坐像)·석조여래좌상(石造如來坐像) 등.

관륵(觀勒) 생몰년 미상. 백제의 승려. 중론(中論)·십이문론(十二門論)·백론(百論)에 정통하고, 602년(무왕 3)에 천문(天文)·지리(地理)에 관한 책과 역서(曆書) 등을 일본에 전함. 일본 최초의 승정(僧正)이 되어 승려들을 단속함.

관무량수경(觀無量壽經) 1권. 유송(劉宋)의 강량야사(畺良耶舍) 번역. 세존이 위제희(韋提希)에게 극락 정토에 태어나기 위한 여러 가지 수행법을 설함.

관무량수불경(觀無量壽佛經) 관무량수경(觀無量壽經)과 같음.

관문(觀門) ①마음의 본성이나 진리를 자세히 주시하는 수행. ②육묘문(六妙門)의 하나. 지혜로써 대상을 있는 그대로 자세히 주시하는 수행법.

관미륵보살상생도솔천경(觀彌勒菩薩上生兜率天經) 미륵상생경(彌勒上生經)의 본이름.

관법(觀法) 마음으로 진리를 주시하는 수행. 지혜로써 대상을 있는 그대로 자세히 주시하는 수행. 마음의 본성을 자세히 살피는 수행. 어떤 현상이나 진리를 마음 속으로 떠올려 그것을 자세히 살피는 수행. 한 생각만 주시하여 한결같이 그것을 잊지 않는 수행.

관보현경(觀普賢經) 관보현보살행법경(觀普賢菩薩行法經)의 준말.

관보현보살행법경(觀普賢菩薩行法經) 1권. 유송(劉宋)의 담마밀다(曇摩蜜多) 번역. 보현보살을 주시하는 수행법과 육근(六根)을 청정하게 하는 법을 설한 경.

관불(灌佛) 불상의 정수리에 향수를 뿌리거나 물을 붓는 의례.

관불사의경(觀不思議境) 십승관법(十乘觀法)의 하나. 한 생각 속에 온갖 현상이 갖추어져 있고, 그 현상은 공(空)·가(假)·중(中)이 서로 걸림 없이 원만하게 하나로 융합되어 있는 오묘한 대상이라고 주시함.

관불회(灌佛會) 석가모니불이 탄생한 음력 4월 8일에, 꽃으로 꾸민 조그만 단(壇)에 불상을 모시고 그 불상의 정수리에 물을 붓는 행사.

관상(觀想) 어떤 현상이나 진리를 마음 속으로 떠올려 그것을 자세히 주시함. 부처나 정토의 모습을 마음 속으로 살피고 생각함.

관상염불(觀想念佛) 부처의 공덕이나 모습을 마음 속으로 살피고 생각함.

관선(觀禪) 대상을 명료하게 관조하여 탐욕을 떠나는 선정(禪定). ⇒ 관련훈수(觀練熏修)

관세음보살(觀世音菩薩) 관세음(觀世音)은 ⓢavalokiteśvara의 번역, 보살(菩薩)은 ⓢbodhi-sattva의 음사인 보리살타(菩提薩埵)의 준말. 세간의 중생이 갖가지 괴로움을 받을 때, 그의 이름을 부르면 그 음성을 듣고 대비와 지혜로써 자유 자재로 중생을 괴로움에서 벗어나게 해 준다는 보살.

관세음상관(觀世音想觀) 십육관(十六觀)의 하나. 아미타불을 보좌하는 관세음보살을 생각하는 수행법.

관속(官屬) 보좌하는 자. 시중드는 자. 따르는 자. 종속되어 있는 자.

관신족(觀神足) 사유신족(思惟神足)과 같음.

관심(觀心) 마음의 본성이나 진리를 자세히 주시함. 본래 청정한 자신의 성품을 깨닫기 위한 자각적인 수행법.

관심론(觀心論) ①1권. 수(隋)의 지의(智顗) 지음. 관심(觀心)을 중심으로 하는 사종삼매(四種三昧)의 수행을 권한 저술. ②1권. 당(唐)의 신수(神秀) 지음. 마음은 일체의 근본이며, 일체는 오직 마음의 발현이므로 마음을 깨달으면 일체를 갖추게 되며, 관심(觀心)으로 청정한 자신의 본래 성품을 자각하면 무명(無明)이 제거되어 해탈에 이른다고 설함.

관심문(觀心門) 마음의 본성이나 진리를 자세히 주시하는 실천적 방면. 이에 반해, 부처가 설한 가르침을 분석하고 정리하여 체계를 세우는 이론적 방면은 교상문(教相門)이라 함.

관심석(觀心釋) 천태사석(天台四釋)의 하나. 하나의 글귀를 자신의 마음으로 간주하고 그 마음을 관조하는 것처럼 해석하는 방법.

관욕(灌浴) 천도재(薦度齋) 때 영혼을 목욕시키는 의례로, 영혼이 목욕하고 옷을 갈아입는 과정을 두 손 모양으로 표현함.

관음(觀音) 관세음보살(觀世音菩薩)의 준말.

관음경(觀音經) 1권. 법화경(法華經)의 관세음보살보문품(觀世音菩薩普門品)을 독립된 경으로 엮은 것으로, 관세음보살에 의지하면 그 보살은 여러 가지 모습으로 나타나 대자대비와 불가사의한 힘으로 모든 중생의 고통과 재난과 두려움을 없애 준다고 설함.

관음보살(觀音菩薩) 관세음보살(觀世音菩薩)의 준말.

관음사(觀音寺) ①제주 한라산 동북쪽 자락에 있는 절. 대한불교조계종 제23교구 본사. 창건자와 창건 연대는 알 수 없고, 조선 숙종(1674-1720) 때 폐사됨. 1912년에 비구니 봉려관(蓬廬觀)이 다시 짓고, 1948년 제주 4·3 사건 때 모두 불타고, 1968년에 다시 지음. ②서울시 관악산 북쪽 기슭에 있는 절. 조계사(曹溪寺)의 말사. 895년에 신라의 도선(道詵)이 창건하고, 1863년과 1929년과 1932년에 중축함. ③경기 개풍군 영북면 천마산 북쪽 기슭에 있는 절. 970년에 고려의 법인(法印)이 창건하고, 1383년과 1393년에 중축함. 1395년과 1400년에 왕이 수륙재(水陸齋)를 지냄. 1477년 산사태로 무너진 후 다시 짓고, 1646년과 1797년에 보수하고, 1935년에 중축함.

관음시식(觀音施食) 관세음보살의 자비에 의지하여 죽은 이의 명복을 빌기 위해 죽은 이에게 제사 음식을 대접하고 법문을 일러 주고 염불하는 의식.

관음예문례(觀音禮文禮) 관세음보살을 대상으로 하여 그 보살의 덕을 칭송한 후 참회하고 발원(發願)하는 의식.

관음원(觀音院) 태장계만다라(胎藏界曼荼羅)의 중대팔엽원(中臺八葉院) 왼쪽에 있는 그림으로, 관자재보살을 중심으로 하여 여러 보살이 그려져 있는데, 이는 대비(大悲)를 나타냄.

관음전(觀音殿) 관세음보살을 본존(本尊)으로 모신 사찰의 건물.

관음참법(觀音懺法) 관세음보살의 자비에 의지하여 참회하는 의식으로, 주로 법화경의 관세음보살보문품(觀世音菩薩普門品)을 독송하면서 참회하고 발원(發願)함.

관자재보살(觀自在菩薩) 관세음보살(觀世音菩薩)과 같음.

관정(灌頂) ①Ⓢabhiṣeka 일정한 자격을 인정하여 정수리에 물을 붓는 의식. ②561-632. 수(隋)의 승려. 절강성(浙江省) 임해(臨海) 장안(章安) 출신. 장안대사(章安大師)라고도 함. 7세에 출가하여 20세에 구족계(具足戒)를 받은 후 천태 지의(天台智顗, 538-597)에게 13년 동안 수학함. 스승이 강설한 법화현의(法華玄義)·법화문구(法華文句)·마하지관(摩訶止觀)·금광명경현의(金光明經玄義)·금광명경문구(金光明經文句)·관음현의(觀音玄義)·관음의소(觀音義疏) 등을 기록함. 저서 : 대반열반경현의(大般涅槃經玄義)·관심론소(觀心論疏)·천태지자대사별전(天台智者大師別傳)·국청백록(國淸百錄).

관정도량(灌頂道場) 고려 때, 관정경을 독송하면서 재난이 소멸되기를 빌던 의식.

관정장구(灌頂章句) 관정 때 외우는 글귀.

관정주(灌頂住) 십주(十住)의 하나. 공(空)을 주시함으로써 생멸을 떠난 지혜를 얻는 단계.

관조(觀照) 지혜로써 대상을 있는 그대로 응시함.

관조궤(觀照軌) 삼궤(三軌)의 하나. 본성을 응시하는 지혜의 작용.

관조반야(觀照般若) 반야(般若)는 Ⓢprajñā의 음사, 혜(慧)·지혜(智慧)라 번역. 모든 현상의 있는 그대로의 참모습을 관조하여 명료하게 아는 지혜.

관지(觀智) 묘관찰지(妙觀察智)의 준말.

관찰(觀察) 지혜로써 대상을 있는 그대로 자세히 살펴봄.

관찰문(觀察門) 오념문(五念門)의 하나. 극락정토에 태어나기 위해 지극한 마음으로 아미타불과 정토의 모습을 떠올려 자세히 살펴보는 수행.

관찰법인(觀察法忍) 모든 현상은 불생불멸(不生不滅)이라는 진리를 확실하게 인정하고 거기에 안주하여 마음을 움직이지 않음.

관찰의선(觀察義禪) 사종선(四種禪)의 하나. 모든 현상에는 불변하는 실체가 없다는 이치를 알고, 그 이치에 따라 대상를 자세히 주시하는 수행.

관찰정행(觀察正行) 오종정행(五種正行)의 하나. 극락 정토에 태어나기 위해 지극한 마음으로 정토의 모습을 떠올려 자세히 살펴보고 그 모습을 잊지 않음.

관촉사(灌燭寺) 충남 논산시 관촉동에 있는 절. 마곡사(麻谷寺)의 말사. 968년에 고려의 혜명(慧明)이 창건하고, 1386년에 중축하고, 1581년과 1674년과 1735년에 보수함. 문화재 : 석조미륵보살입상(石造彌勒菩薩立像)·석등(石燈).

관행(觀行) 지혜로써 대상을 있는 그대로 자세히 주시하는 수행. 통찰하는 수행. 마음의 본성을 자세히 살피는 수행. 어떤 현상이나 진리를 마음 속으로 떠올려 그것을 자세히 주시하는 수행.

관행즉(觀行卽) 육즉(六卽)의 하나. 마음을 자세히 살피고 주시하는 단계.

관혜(觀惠) 생몰년 미상. 신라 말의 승려. 지리산 화엄사(華嚴寺)를 중심으로 화엄학(華嚴學)의 남악파(南岳派)를 형성하여 소백산 부석사(浮石寺) 희랑(希朗) 문하의 북악파(北岳派)와 대립함.

광(誑) ⓢśāṭhya 자신의 이익과 명예를 위해 남을 속이는 마음 작용.

광경(廣經) ⓢvaipulya 경전의 서술 내용에서, 방대한 진리를 설한 부분.

광과천(廣果天) 색계 제4선천(第四禪天)의 제3천. ⇒ 색계십칠천(色界十七天)

광덕사(廣德寺) 충남 천안시 광덕면 태화산(광덕산) 남동쪽 기슭에 있는 절. 마곡사(麻谷寺)의 말사. 832년(신라 흥덕왕 7)에 진산(珍山)이 창건하고, 1344년에 다시 지음. 1592년 임진왜란 때 불타고, 1598년에 다시 짓고, 1655년에 증축함. 1981년에 대부분 다시 지음.

광등록(廣燈錄) 천성광등록(天聖廣燈錄)의 준말.

광록(廣錄) 선승(禪僧)의 언행을 여러 형식으로 상세하게 적은 글, 또는 그 책.

광률(廣律) 비구·비구니가 지켜야 할 계율, 교단 내의 규율·예의·의식, 그리고 부수 사항 등, 광범위하게 설한 율장(律藏).

광명무량원(光明無量願) 사십팔원(四十八願)의 하나. 아미타불이 법장비구(法藏比丘)였을 때 세운 서원으로, 자신은 한없는 광명으로 모든 불국토를 비추겠다는 맹세.

광명사(廣明寺) 경기 개성시에 있던 절. 922년에 태조가 창건하고, 혜소(慧炤)·탄연(坦然)·지인(之印)·지겸(志謙)·일연(一然)·혜근(惠勤)·보우(普愚) 등이 머물고, 담선법회(談禪法會)를 여러 차례 개최함.

광명산(光明山) ⇒ 보달락가(補怛洛迦)

광명진언(光明眞言) 불공견삭비로자나불대관정광진언경(不空羂索毘盧遮那佛大灌頂光眞言經)에서 설하는 진언으로, 이것을 항상 독송하면 온갖 죄가 소멸된다고 함.

광목천(廣目天) 사왕천(四王天)의 하나. 광목천왕과 그 권속들이 사는 곳으로, 수미산 중턱의 서쪽에 있다고 함.

광목천왕(廣目天王) 사천왕(四天王)의 하나. 수미산 중턱의 서쪽에 있는 광목천의 왕으로, 눈을 부릅뜨고 그 위엄으로 불법(佛法)을 보호한다고 함.

광배(光背) 불상이나 보살상 뒤의 둥근 빛.

광상종(誑相宗) 사종(四宗)의 하나. 모든 현상은 본래 허깨비와 같이 실체가 없어 허망하고 진실되지 못하다는 반야경(般若經)·삼론(三論) 등의 가르침을 말함.

광세음(光世音) 관세음보살(觀世音菩薩)과 같음.

광야신(曠野神) ⓢāṭavaka 모든 재난을 물리치고 국토를 수호한다는 신(神).

광엄성(廣嚴城) ⇒ 비사리(毘舍離)

광열(廣悅) 생몰년 미상. 조선 후기의 승려. 전남 해남 출신. 두륜산 대둔사(大芚寺)에 출가하고, 지안(志安)과 체정(體淨)의 문하에서 수행하여 체정의 법을 이어받음. 그의 강석

(講席)에 학인들이 운집함.

광음천(光音天) 극광정천(極光淨天)이라고도 함. 색계 제2선천(第二禪天)의 제3천. ⇒ 색계 십칠천(色界十七天)

광자(廣慈) 윤다(允多)의 시호.

광조사(廣照寺) 황해도 해주시 수미산(수양산) 동쪽 자락에 있던 절. 932년(고려 태조 15)에 왕명으로 창건하고, 이엄(利嚴, 870-936)이 머물면서 선풍(禪風)을 일으킴으로써 수미산문(須彌山門)이 형성됨. 문화재 : 진철대사보월승공탑비(眞澈大師寶月乘空塔碑).

광종(廣宗) 무염(無染)의 호.

광찬경(光讚經) 10권. 서진(西晋)의 축법호(竺法護) 번역. 마하반야바라밀경(摩訶般若波羅蜜經)의 다른 번역.

광학보(廣學寶) 고려 때, 승려들의 장학을 위한 비용을 마련하기 위해 사찰에서 설치한 기관.

광협자재무애문(廣狹自在無礙門) 십현연기(十玄緣起)의 하나. 모든 현상에 넓고 좁음이 있으나 서로 걸림이 없고 자유로움.

광혜(狂慧) 선정(禪定)이 없는 불완전한 지혜.

광홍명집(廣弘明集) 30권. 당(唐)의 도선(道宣) 엮음. 불교의 전래부터 당초(唐初)에 이르는 동안 도교의 불교 비난에 대해 반박한 글과 불교의 우수성을 밝히고 옹호한 글, 296편을 모은 책.

괘락(掛絡) 오조의(五條衣)를 축소시킨 것으로, 목에 걸어 가슴에 드리움.

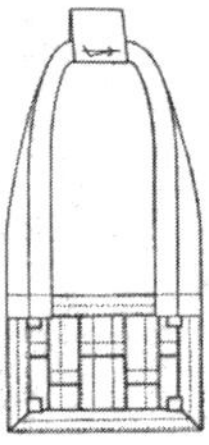
괘락

괘불(掛佛) 법당(法堂) 밖이나 야외에서 의식을 행할 때, 그곳에 불화(佛畵)를 내거는 일, 또는 그 불화.

괘불대(掛佛-) 법당(法堂) 밖이나 야외에서 의식을 행할 때, 그곳에 불화(佛畵)를 걸어 두는 긴 막대기.

괘불대

괘석(掛錫) 휴대하고 다니던 지팡이를 벽에 걸어 둔다는 뜻. 곧, 수행승이 돌아다니는 것을 그만두고 한곳에 머무는 것을 말함.

괘자(掛子) 괘(掛)는 괘락(掛絡)의 준말. 자(子)는 어조사.

괘진(掛眞) 죽은 고승의 진영(眞影)을 걸어 둠.

괘탑(掛搭) 휴대하고 다니던 승복을 옷걸이에 걸어 둔다는 뜻. 곧, 수행승이 돌아다니는 것을 그만두고 선원(禪院)에서 좌선하는 것을 말함.

괴(愧) ⓢapatrāpya ①자신의 죄나 허물에 대하여 남을 의식하여 부끄러워하는 마음 작용. ②남으로 하여금 죄를 짓지 않게 하려는 마음 작용.

괴겁(壞劫) 사겁(四劫)의 하나. 세계가 파괴되어 가는 지극히 긴 기간. 인간 수명 8만 세에서 100년에 한 살씩 줄어 10세에 이르고 다시 10세에서 100년에 한 살씩 늘어 8만 세에 이르는 긴 시간을 중겁(中劫)이라 하는데, 괴겁은 20중겁에 해당함.

괴고(壞苦) 삼고(三苦)의 하나. 애착하는 대상이 파괴되어 없어짐으로써 받는 괴로움. 즐거운 일이나 희망이 깨어짐으로써 받는 괴로움.

괴상(壞相) ①육상(六相)의 하나. 여러 역할이 모여 전체를 이루면서도 유지되고 있는 각각의 역할. ②구상(九相)의 하나. 탐욕과 육신에 대한 집착을 버리기 위해 시체가 뭉그러지는 모습을 주시하는 수행법.

괴색(壞色) ⓢkaṣāya 청·황·적·백·흑의 다섯 가지 정색(正色)을 파괴한 색깔, 곧 정색이 아닌 색깔이라는 뜻으로, 흔히 갈색을 일컬음. 가사(袈裟)를 말함. 가사는 괴색이라는 뜻.

괴의(壞義) 자신은 주장을 내세우지 않고 단지 상대편의 주장을 깨뜨릴 목적으로 부당하게 상대편의 주장을 비난함.

괴호색(壞好色) 괴색(壞色)과 같음.

괴회(魁膾) ①죄인을 다스리고 형을 집행하던 관리. ②칼로 고기를 써는 자.

굉지정각(宏智正覺) ⇒ 정각(正覺)

교(教) ①ⓢⓟāgama ⓢśāstra 가르침. 가르쳐 깨우침. 언어로 표현된 가르침. ②경전. 경전의 문자·글귀. ③ⓢdeśanā 스스로 체득한 깨달음에 대한 언표(言表).

교(憍) ⓢmada 자신이나 자신의 행위에 도취되어 일으키는 거만한 마음 작용.

교가(教家) 특정한 경론(經論)에 의거하여 그 가르침을 이론적으로 분석하고 정리하여 체계를 세우는 종파.

교계륜(教誡輪) 삼륜(三輪)의 하나. 부처가 중생에게 교법을 설하고 훈계하여 수행하게 함. 윤(輪)은 전륜성왕이 윤보(輪寶)를 굴려 모든 장애를 부수듯 중생의 번뇌를 부순다는 뜻.

교계시도(教誡示導) 삼종시도(三種示導)의 하나. 보살이 자비심으로 중생에게 교법을 설하고 훈계하여 고통에서 구제함.

교관(教觀) 교관이문(教觀二門)의 준말.

교관이문(教觀二門) 부처가 설한 가르침을 분석하고 정리하여 체계를 세우는 이론적 방면인 교문(教門)과 마음의 본성이나 진리를 자세히 주시하는 실천적 방면인 관문(觀門).

교담미(憍曇彌) 구담미(瞿曇彌)와 같음.

교답마(喬答摩) 구담(瞿曇)과 같음.

교답미(喬答彌) 구담미(瞿曇彌)와 같음.

교도(教導) 가르쳐 인도함.

교령(教令) ①정해진 규칙. ②가르침. ③명령.

교령륜(教令輪) 부처의 가르침이 번뇌를 부수고 악마를 굴복시키는 것을 전륜성왕(轉輪

聖王)의 윤보(輪寶)에 비유한 말.

교리(教理) ①가르침이 뜻하는 이치·도리. 경론(經論)에서 설하는 이론. ②한 종파에서 세우는 가르침.

교리행과(教理行果) 깨달음에 이르는 네 과정. 교(教)는 언어로 표현된 가르침, 이(理)는 가르침이 뜻하는 이치·도리, 행(行)은 도리에 따라 닦는 수행, 과(果)는 수행의 결과로 얻은 깨달음.

교만(憍慢) 자신이나 자신의 행위에 도취되어 일으키는 거만함을 교(憍), 자신과 남을 비교하여 일으키는 거만함을 만(慢)이라 함.

교망(教網) 경론(經論)의 문자·어구에 얽매이는 것을 그물에 비유한 말.

교명(巧明) 공예·기술에 대한 학문.

교문(教門) ①부처의 가르침은 괴로움을 벗어나 열반에 이르는 문(門)이라는 뜻. 부처의 가르침. ②부처가 설한 가르침을 분석하고 정리하여 체계를 세우는 이론적 방면.

교방편(巧方便) 교묘한 수단과 방법. 중생을 구제하기 위해 그 소질에 따라 임시로 행하는 교묘한 수단과 방법. 중생을 깨달음으로 인도하기 위해 교묘한 방법으로 설한 가르침.

교법(教法) 부처의 가르침. 언어로 표현된 부처의 가르침.

교사야(憍奢耶·憍賒耶) ⓢkauśeya의 음사. 비단. 명주.

교살라국(憍薩羅國) ⓢⓟkosala의 음사. 지금의 네팔 남서쪽에 인접해 있던 인도의 고대 국가로, 도읍지는 사위성(舍衛城). 기원전 6세기에 마가다국(magadha國)에게 멸망함.

교상(教相) ①부처가 설한 가르침에 대한 분류·구별. ②밀교에서, 교리를 체계적으로 연구하는 이론적 방면. 이에 반해, 의식·수행법 등과 같은 실천적 방면은 사상(事相)이라 함.

교상문(教相門) 부처가 설한 가르침을 분석하고 정리하여 체계를 세우는 이론적 방면. 이에 반해, 마음의 본성이나 진리를 자세히 주시하는 실천적 방면은 관심문(觀心門)이라 함.

교상미(憍賞彌) 구섬미(拘睒彌)와 같음.

교상판석(教相判釋) 자신, 또는 자신이 소속된 종파의 입장에서, 방대한 경전의 가르침을 설한 형식·순서, 내용의 우열 등에 따라 분류하여 체계를 세운 것. 천태종 지의(智顗)의 오시팔교(五時八教), 법상종 규기(窺基)의 삼교팔종(三教八宗), 화엄종 법장(法藏)의 오교십종(五教十宗) 등이 있음.

교수사(教授師) 교수아사리(教授阿闍梨)와 같음.

교수아사리(教授阿闍梨) 아사리(阿闍梨)는 ⓢācārya의 음사로, 제자를 가르치고 지도할 수 있는 덕이 높은 승려를 일컬음. 구족계(具足戒)를 받는 이에게 규율이나 몸가짐을 가르치는 승려.

교시가(憍尸迦) ⓢkauśika의 음사. 제석(帝釋)의 별명.

교시야(憍施耶) ⓢkauśeya의 음사. 비단. 명주.

교안지관(巧安止觀) 십승관법(十乘觀法)의 하나. 산란한 마음을 가라앉히고 지혜로써 모든 현상의 모습을 있는 그대로 주시함.

교외별전(教外別傳) 스스로 체득한 깨달음은 언어나 문자에 의한 가르침으로 전달할 수 없으므로 따로 마음에서 마음으로 그 깨달음을 전한다는 뜻. 몸소 체득한 깨달음 그 자체와 그것에 대한 언표(言表)는 전혀 별개이므로 언어나 문자에 의한 가르침을 떠나 마음에서 마음으로 그 깨달음을 전할 수밖에 없다는 뜻.

교웅(教雄) ①1076-1142. 고려의 승려. 평양 출신. 9세에 장경사(長慶寺) 석찬(釋贊)에게 출가하고, 석찬이 입적한 후 쌍봉사(雙峰寺) 익종(翼宗) 문하에서 수학함. 익종과 함께 개풍 국청사(國淸寺)의 의천(義天)에게 가서 천태(天台)의 종지(宗旨)를 배우고, 1101년에 천태종 대선(大選)에서 상상품(上上品)에 합격하여 대덕(大德)이 됨. 국청사에서 천태의 종풍(宗風)을 강설하다가 홍주 백암사(白嵒寺)에 가서 7여 년 동안 화엄학·유식학 등을 연구함. 예종 때 삼중대사(三重大師)와 선사(禪師)가 되고, 인종 때에는 대선사(大禪師)가 됨. 국청사에서 입적함. 시호는 묘응(妙應). ②1079-1153. 고려의 승려. 경북 경산 출신. 12세에 개풍 귀법사(歸法寺)에 출가하여 계명(戒明)의 제자가 되고, 승통(僧統) 이기(理琦)의 문하에서 화엄학을 배움. 승과(僧科)에 합격한 후 태백산에 들어가 계응(戒膺)과 함께 학문에 전념함. 그 당시 화엄의 종장(宗匠)이라 불림.

교유식(教唯識) 오종유식(五種唯識)의 하나. 모든 현상은 오직 마음의 작용에 지나지 않는다는 가르침.

교의(教義) 가르침. 가르침의 뜻. 언어로 표현된 가르침과 그것의 의미.

교의(教意) 교종(教宗)에서 설한 가르침의 취지. 이에 반해, 조사(祖師)들이 전한 선(禪)의 참뜻은 조의(祖意)라고 함.

교장(教藏) 고려의 의천(義天, 1055-1101)이 간행한 신편제종교장총록(新編諸宗教藏總錄)에 의거하여, 1098년경부터 10여 년간 경기 개풍 흥왕사(興王寺)의 교장도감(教藏都監)에서 간행한 삼장(三藏)의 연구서·주석서로, 총 4,822권임.

교장도감(教藏都監) 고려 때, 신편제종교장총록(新編諸宗教藏總錄)과 교장(教藏)을 간행한 기관으로, 의천(義天)의 요청으로 선종이 1086년에 경기 개풍 흥왕사(興王寺)에 설치함.

교적(教迹) 부처가 설한 가르침의 자취. 부처가 남긴 가르침.

교조(教祖) 교주(教主)와 같음.

교종(教宗) 경론(經論)의 문자·어구를 이론적으로 풀이하고 정리하여 체계를 세우는 여러 종파를 통틀어 일컬음.

교종선(教宗選) 고려·조선 때, 교종(教宗)의 승려를 대상으로 실시한 승과(僧科). 여기에 합격하면 대선(大選)이라는 법계(法階)가 주어지고, 이어서 대덕(大德) — 대사(大師) — 중대사(重大師) — 삼중대사(三重大師) — 수좌(首座) — 승통(僧統)으로 승진하였음.

교종판사(教宗判事) 조선 때, 교종(教宗)의 최고 지위.

교주(教主) 불교를 처음 일으킨 석가모니(釋迦牟尼)를 일컬음. 그러나 밀교에서는 대일경(大日經)의 대일여래(大日如來)를, 화엄종에서는 화엄경(華嚴經)의 비로자나불(毘盧遮那佛)을 교주로 함.

교증(教證) 경론(經論)에 나타나 있는 증거.

교진여(憍陳如) 아야교진여(阿若憍陳如)와 같음.

교체(教體) 부처가 설한 가르침의 근본 뜻.

교칙(教勅) 부처의 가르침·훈계.

교판(教判) 교상판석(教相判釋)의 준말.

교학(教學) 경론(經論)이나 한 종파에서 설하는 가르침을 분석하고 정리하여 체계를 세우는 이론적 방면.

교행(教行) 부처의 가르침과 그에 따라 닦는 수행.

교행증(教行證) 교(教)는 부처의 가르침, 행(行)은 그 가르침에 따라 닦는 수행, 증(證)은 수행으로 얻은 깨달음.

교향(膠香) 사라수(娑羅樹)의 진(津)으로 만든 향료로, 종기·피부병의 치료제로 씀.

교화(教化) 가르쳐 인도함. 가르쳐 마음을 변화시킴. 가르침을 베풂.

교훈시현(教訓示現) 삼시현(三示現)의 하나. 부처가 중생에게 교법을 설하고 훈계하여 수행하게 함.

구(垢) ⓢmala 마음을 더럽히는 번뇌. 오염된 마음 작용.

구(句) ⓢpada 문장(文章).

구거(九居) 구유정거(九有情居)의 준말.

구견(驅遣) 무거운 죄를 저지른 수행승을 일시적 또는 영원히 승단에서 추방함.

구결(九結) 중생을 결박하여 해탈하지 못하게 하는 아홉 가지 번뇌. (1)애결(愛結). 탐애(貪愛)의 번뇌. (2)에결(恚結). 성내는 번뇌. (3)만결(慢結). 잘난 체하며 남을 업신여기는 번뇌. (4)무명결(無明結). 현상을 바로 알지 못하는 번뇌. (5)견결(見結). 그릇된 견해의 번뇌. (6)취결(取結). 그릇된 견해와 계율을 올바른 것으로 간주하여 거기에 집착하는 번뇌. (7)의결(疑結). 부처의 가르침을 의심하는 번뇌. (8)질결(嫉結). 질투하는 번뇌. (9)간결(慳結). 인색하여 남에게 베풀지 않는 번뇌.

구경(究竟) 최상. 그 위에 더 없음. 궁극에 도달함. 최고의 경지.

구경각(究竟覺) 번뇌를 완전히 소멸시켜 마침내 마음의 근원을 깨달음.

구경멸(究竟滅) 영원히 소멸하여 재생하지 않음.

구경원(究竟願) 반드시 성취하는 서원.

구경위(究竟位) 오위(五位)의 하나. 최상의 깨달음에 도달한 부처의 경지.

구경일승보성론(究竟一乘寶性論) 4권. 북위(北魏)의 늑나마제(勒那摩提) 번역. 모든 중생의 마음 속에는 본래부터 여래(如來)의 성품이 갈무리되어 있다는 여래장(如來藏)에 대해 체계적으로 서술한 저술.

구경즉(究竟卽) 육즉(六卽)의 하나. 궁극의 깨달음에 도달함.

구경현관(究竟現觀) 육현관(六現觀)의 하나.

모든 번뇌를 끊어 더 닦을 것이 없는 경지의 청정한 지혜.

구계(具戒) 구족계(具足戒)의 준말.

구계(狗戒) 천상(天上)에 태어나기 위해서는 개 흉내를 내고 똥을 먹어야 한다는 외도(外道)의 그릇된 계율.

구계지(具戒地) 삼취정계(三聚淨戒)를 받아 지키는 수행 단계로, 십지(十地) 가운데 이구지(離垢地)에 해당함.

구곡각운(龜谷覺雲) ⇒ 각운(覺雲)

구공(九孔) 사람의 몸에 있는 아홉 개의 구멍. 곧, 두 눈과 두 귀, 두 콧구멍과 입, 음부(陰部)와 항문.

구과(九果) 안립과(安立果)·가행과(加行果)·화합과(和合果)·수습과(修習果)의 사과(四果)와 증상과(增上果)·사용과(士用果)·등류과(等流果)·이숙과(異熟果)·이계과(離繫果)의 오과(五果).

구구라(究究羅) ⓢkukkuṭa의 음사. 닭.

구구라제부(拘拘羅帝部) ⓢkurkuṭika의 음사. 계윤부(鷄胤部)와 같음.

구구인(九句因) 인명(因明)에서, 주장 명제인 종(宗)을 내세우게 된 이유로서 제시한 인(因)이 타당한가 타당하지 않는가를 동품(同品)·이품(異品)의 관계에 따라 판별한 아홉 가지 기준. 동품(同品)은 종(宗)의 술어와 같은 성질, 이품(異品)은 종(宗)의 술어와 다른 성질, 유(有)는 전체에 관계함, 비유(非有)는 전혀 관계하지 않음, 유비유(有非有)는 일부분에 관계함을 뜻함. (1)동품유이품유(同品有異品有). 인(因)이 종(宗)의 술어와 같은 성질 전체에도 관계하고 다른 성질 전체에도 관계함. 예를 들면, '말은 무상하다'라는 종(宗)에 대하여 '인식의 대상이기 때문이다〔因〕'라고 하는 경우, 인식의 대상은 상·무상 전체에 관계하므로 인(因)이 성립되지 않음. (2)동품유이품비유(同品有異品非有). 인(因)이 종(宗)의 술어와 같은 성질 전체에 관계하고 다른 성질에는 전혀 관계하지 않음. 예를 들면, '말은 무상하다'라는 종(宗)에 대하여 '지어낸 것이기 때문이다〔因〕'라고 하는 경우로 인(因)이 성립됨. (3)동품유이품유비유(同品有異品有非有). 인(因)이 종(宗)의 술어와 같은 성질 전체에 관계하고 다른 성질에도 일부분에 관계함. 예를 들면, '그는 남자이다'라는 종(宗)에 대하여 '애를 낳지 못하기 때문이다〔因〕'라고 하는 경우, 인(因)은 남자 전체에 관계하고 여자 가운데 석녀(石女)에도 관계하므로 인(因)이 성립되지 않음. (4)동품비유이품유(同品非有異品有). 인(因)이 종(宗)의 술어와 같은 성질에는 전혀 관계하지 않고 다른 성질 전체에 관계함. 예를 들면, '말은 상주한다'라는 종(宗)에 대하여 '지어낸 것이기 때문이다〔因〕'라고 하는 경우에 인(因)이 성립되지 않음. (5)동품비유이품비유(同品非有異品非有). 인(因)이 종(宗)의 술어와 같은 성질에도 전혀 관계하지 않고 다른 성질에도 전혀 관계하지 않음. 예를 들면, '말은 영원히 소멸하지 않는다'라는 종(宗)에 대하여 '청각의 대상이기 때문이다〔因〕'라고 하는 경우, 청각의 대상이라는 이유는 소멸·불멸과는 전혀 관계가 없으므로 인(因)이 성립되지 않음. (6)동품비유이품유비유(同品非有異品有非有). 인(因)이 종(宗)의 술어와 같은 성질에는 전혀 관계하지 않고 다른 성질 일부분에 관계함. (7)동품유비유이품유(同品有非有異品有). 인(因)이 종(宗)의 술어와 같은 성질 일부분에 관계하고 다른 성질에는 전체에 관계함. 예를 들면, '그는 여자이다'라는 종(宗)에 대하여 '애를 낳지 못하기 때문이다

〔因〕'라고 하는 경우, 인(因)은 석녀(石女)에만 관계하고 남자에는 전체에 관계하므로 인(因)이 성립되지 않음. (8)동품유비유이품비유(同品有非有異品非有). 인(因)이 종(宗)의 술어와 같은 성질 일부분에 관계하고 다른 성질에는 전혀 관계하지 않음. (9)동품유비유이품유비유(同品有非有異品有非有). 인(因)이 종(宗)의 술어와 같은 성질 일부분에도 관계하고 다른 성질 일부분에도 관계함. 예를 들면, '그는 남자이다'라는 종(宗)에 대하여 '마라톤 선수이기 때문이다〔因〕'라고 하는 경우, 인(因)은 남자 일부분에도 관계하고 또 여자 일부분에도 관계하므로 인(因)이 성립되지 않음.

구균라(俱均羅) ⓢkokila의 음사. 인도에 사는 검은색의 두견새로, 모습은 흉하나 소리가 아름다움.

구나(求那) ⓢguṇa의 음사. 덕(德)이라 번역. 성질. 특질. 특성. 속성.

구나라타(拘那羅陀) ⓢkulanātha의 음사. 친의(親依)라고 번역. 진제(眞諦)의 별명.

구나말저(瞿那末底) ⓢguṇamati의 음사. 세친(世親)의 유식삼십송(唯識三十頌)에 대한 주석서를 지은 덕혜(德慧)의 범명(梵名).

구나발마(求那跋摩) ⓢguṇavarman의 음사. 공덕개(功德鎧)라고 번역. 367-431. 북인도 계빈국(罽賓國) 출신. 20세에 출가하여 경(經)·율(律)·논(論)에 정통함. 스리랑카를 경유하여 자바 섬에 이르러 불교를 전파하고, 424년에 광동성(廣東省) 광주(廣州)에 옴. 431년에 강소성(江蘇省) 건강(建康) 기원사(祇洹寺)에서 보살선계경(菩薩善戒經)·사분비구니갈마법(四分比丘尼羯磨法)·우바새오계상경(優婆塞五戒相經) 등 10종 18권을 번역하고 그 해에 입적함.

구나발타라(求那跋陀羅) ⓢguṇabhadra의 음사. 공덕현(功德賢)이라 번역. 394-468. 중인도 출신의 승려. 스리랑카를 경유하여 435년에 광동성(廣東省) 광주(廣州)에 옴. 건강(建康) 기원사(祇洹寺), 동안사(東安寺), 형주(荊州) 신사(辛寺) 등에 머물면서 잡아함경(雜阿含經)·대법고경(大法鼓經)·승만경(勝鬘經)·능가아발다라보경(楞伽阿跋多羅寶經)·과거현재인과경(過去現在因果經) 등 52종 134권을 번역함.

구나함모니불(拘那含牟尼佛·俱那含牟尼佛) 구나함불(拘那含佛)과 같음.

구나함불(拘那含佛) ⓢkanakamuni-buddha의 음사. 과거칠불(過去七佛)의 하나. 현겁(賢劫) 중에 출현하여 오잠파라수(烏暫婆羅樹) 아래에서 성불하였다고 함.

구담(瞿曇) ⓢgautama ⓟgotama의 음사. 인도의 크샤트리야 계급에 속하는 여러 성(姓) 가운데 하나. 석가모니의 성(姓).

구담미(瞿曇彌) ⓢgautamī ⓟgotamī의 음사. 인도의 크샤트리야 계급에 속하는 여러 성(姓) 가운데 구담(瞿曇)의 성(姓)을 가진 여성. 불경에서는 주로 싯다르타를 양육한 그의 이모 마하파사파제(摩訶波闍波提)를 가리킴.

구담반야류지(瞿曇般若流支) ⇒ 반야류지(般若流支)

구도자(求道者) 깨달음을 구하는 자. 깨달음을 구하려는 마음을 일으킨 자.

구두삼매(口頭三昧) 구두선(口頭禪)과 같음.

구두선(口頭禪) 몸소 수행은 하지 않고, 선(禪)에 대해 장황하게 말만 늘어놓음.

구람니(拘籃尼) 구섬미(拘睒彌)와 같음.

구력논사(口力論師) 허공을 호흡하는 입 속의 공간에 비유하여 구(口)라고 함. 허공의 힘으로 만물이 생겨난다고 주장한 고대 인도의 한 학파.

구련(拘憐) 교진여(憍陳如)와 같음.

구로사(俱盧舍·拘盧舍) ⓢkrośa의 음사. 고대 인도의 거리의 단위. 소의 울음소리나 북소리를 들을 수 있는 최대 거리로, 실제 거리는 명확하지 않지만 보통 약 1km로 간주함.

구로주(俱盧洲) 사주(四洲)의 하나. 구로(俱盧)는 ⓢkuru의 음사로, 종족 이름. 수미산 북쪽에 있다는 대륙으로, 사주(四洲) 가운데 가장 살기 좋은 곳이라 함.

구룡사(龜龍寺) 강원 원주시 치악산 북쪽 기슭에 있는 절. 월정사(月精寺)의 말사. 668년에 신라의 의상(義湘)이 창건하고, 신라 말과 조선 초에 보수·증축함. 문화재 : 대웅전.

구루국(拘樓國) ⓢⓟkuru의 음사. 야무나(Yamuna) 강 상류, 지금의 델리(Delhi) 지역에 있던 인도의 고대 국가로, 도읍지는 인드라프라스타(indraprastha).

구루사(拘樓舍) 구로사(俱盧舍)와 같음.

구루손불(拘樓孫佛) ⓢkrakucchanda-buddha의 음사. 과거칠불(過去七佛)의 하나. 현겁(賢劫) 중에 출현하여 시리사수(尸利沙樹) 아래에서 성불하였다고 함.

구루진불(拘樓秦佛) 구루손불(拘樓孫佛)과 같음.

구류국(句留國·拘留國) 구루국(拘樓國)과 같음.

구류손불(拘留孫佛·俱留孫佛) 구루손불(拘樓孫佛)과 같음.

구륜(口輪) 부처가 중생을 제도하기 위해 가르침을 설하는 것. 윤(輪)은 전륜성왕이 윤보(輪寶)를 굴려 모든 장애를 부수듯 중생의 번뇌를 부순다는 뜻.

구리(俱梨·拘利) 구지(俱胝) ②와 같음.

구리족(拘利族) 구리(拘利)는 ⓢkoliya의 음사. 석가족(釋迦族)과 인접해 있던 종족으로, 싯다르타의 어머니 마야(māyā)는 이 종족 출신임.

구린(拘隣) 교진여(憍陳如)와 같음.

구립진중(久立珍重) 설법을 마친 후 대중들에게 감사함을 표현하는 말. 구립은 오랫동안 서 있어서 수고하였다는 뜻, 진중은 몸조심하라는 뜻으로 헤어질 때의 인사말.

구마라다(鳩摩羅多·鳩摩邏多) 구마라타(鳩摩羅馱)와 같음.

구마라라다(拘摩羅邏多) 구마라타(鳩摩羅馱)와 같음.

구마라지바(鳩摩羅耆婆) 구마라집(鳩摩羅什)과 같음.

구마라집(鳩摩羅什) ⓢkumārajīva의 음사. 동수(童壽)라고 번역. 344-413. 인도 출신의 승려 구마라염(鳩摩羅炎)과 구자국왕(龜玆國王)의 누이동생 지바(jīva)를 어머니로 하여 구자국(龜玆國)에서 태어남. 7세 때 어머니와 함께 출가하고, 9세 때 어머니와 함께 계빈국(罽賓國)에 가서 반두달다(槃頭達多)에게 초기 경전을 배우고, 구자국으로 돌아오던 도중에 소륵국(疏勒國)에서 아비달마(阿毘達磨)의 여러 논서와 초기 경전을 배움. 사차국(莎車國)의 왕자 수리야소마(須利耶蘇摩)에게 중론(中論)·백론(百論)·십이문론(十二門論)을 배움. 20세에 구자국의 왕궁(王宮)에서 구족계(具足戒)를 받고, 사원에서 여러 대승경론(大乘經論)을 연구함. 그 후 그의 학문적 명성이 널리 알려져 중국에까지 미치게 됨. 382년, 전진왕(前秦王) 부견(苻堅)이 장군 여광(呂光)에게 구자국을 정벌토록 하고 구마라집을 데려오게 하니, 여광은 구자국왕을 죽이고 그곳을 정복한 후, 구마라집을 데리고 전진(前秦)으로 돌아오던 중 양주(涼州)에서 부견(苻堅)이 요장(姚萇)에게 피살되고 전진이 멸망하였다는 소식을 듣고, 여광은 양주를 평정하고 그곳에 후량(後涼)을 건국함. 구마라집도 그곳에서 16-17년 동안 머무름. 요장(姚萇)의 뒤를 이어 후진(後秦)의 왕이 된 요흥(姚興)은 401년 5월에 군사를 후량에 파견하여 구마라집을 데려오게 함. 그 해 12월 20일에 요흥은 장안(長安)에서 구마라집을 맞이함. 요흥은 구마라집을 국사(國師)로 예우하고 서명각(西明閣)과 소요원(逍遙園)에서 경전을 번역하게 함. 그는 12년 동안 대품반야경(大品般若經)·법화경(法華經)·금강경(金剛經)·유마경(維摩經)·아미타경(阿彌陀經)·미륵하생성불경(彌勒下生成佛經)·좌선삼매경(坐禪三昧經)·대지도론(大智度論)·성실론(成實論)·중론(中論)·십이문론(十二門論)·백론(百論)·십송률(十誦律) 등 35종 294권을 번역함.

구마라집법사대의(鳩摩羅什法師大義) 3권. 동진(東晋)의 혜원(慧遠) 질문, 구마라집(鳩摩羅什) 답. 대승의 요점에 대해 혜원이 묻고, 구마라집이 답한 서신들을 모아 엮은 책.

구마라타(鳩摩羅馱·鳩摩羅陀) ⓢkumāralāta의 음사. 인도의 부법장(付法藏) 제18조. 3세기, 북인도 덕차시라(德叉尸羅, takṣaśila) 출신의 승려로, 경량부(經量部)의 논사(論師).

구마이(瞿摩夷) ⓢgomaya의 음사. 쇠똥. 우분(牛糞).

구매야(瞿昧耶) 구마이(瞿摩夷)와 같음.

구모두(拘牟頭·鳩牟頭) ⓢkumuda의 음사. 흰색이나 붉은색의 꽃이 피는 수련(睡蓮).

구모타(究牟陀) 구모두(拘牟頭)와 같음.

구무간도(九無間道) 삼계(三界)를 구지(九地)로 나누고, 각 지(地)의 수혹(修惑)을 거칠고 미세함에 따라 구품(九品)으로 나누는데, 그 구품의 수혹을 간격이나 걸림 없이 끊는 단계.

구무실(口無失) 대승에서 설하는 십팔불공법(十八不共法)의 하나. 부처는 입에서 비롯되는 말에 허물이 없음.

구무애도(九無礙道) 구무간도(九無間道)와 같음.

구무학(九無學) 더 배울 것이 없는 무학의 경지에 이른 아라한(阿羅漢)을 아홉 가지로 나눈 것. 구사론에 의하면 다음과 같음. (1)퇴법아라한(退法阿羅漢). 나쁜 인연을 만나면 아라한의 경지에서 퇴보하기 쉬운 자. (2)사법아라한(思法阿羅漢). 아라한의 경지에서 퇴보할 것을 두려워하여 자살하려고 생각하는 자. (3)호법아라한(護法阿羅漢). 아라한의 경지에서 퇴보하지 않도록 그 경지를 온전하게 잘 지키는 자. (4)안주법아라한(安住法阿羅漢). 아라한의 경지에서 안주하여 그 경지에서 퇴보하지는 않지만 어떠한 향상도 없는 자. (5)감달법아라한(堪達法阿羅漢). 소질이 뛰어나 곧바로 동요하지 않는 단계에 도달하는 자. (6)부동법아라한(不動法阿羅漢). 수행에 의해 아라한의 경지에서 결코 동요하지 않는 자. (7)불퇴법아라한(不退法阿羅漢). 본디부터 아라한의 경지에서 퇴보하지 않는 소질을 갖추고 있는 자. (8)독각(獨覺). 스승 없이 혼자 깨달은 자. (9)불(佛). 스스로 깨닫고 남도 깨닫게 하며 깨달음의 활동이 지극히 원만한 자.

구문라(拘文羅) 구물두(拘物頭)와 같음.

구물두(拘物頭·俱勿頭) ⓢkumuda의 음사. 흰색이나 붉은색의 꽃이 피는 수련(睡蓮).

구물타(拘物陀) 구물두(拘物頭)와 같음.

구밀(口密) 삼밀(三密)의 하나. ①부처의 말은 불가사의하므로 밀(密)이라 함. ②수행자가 부처와 합일되기 위해 입으로 진언(眞言)을 외우는 일.

구박(具縛) 번뇌에 속박되어 있음.

구반다(鳩槃茶) ⓢkumbhāṇḍa의 음사. 염미귀(厭眉鬼)·동과귀(冬瓜鬼)라고 번역. 수미산 중턱의 남쪽을 지키는 증장천왕(增長天王)의 권속으로, 사람의 정기를 먹는다는 귀신. 말 머리에 사람 몸의 형상을 하고 있음.

구발다라(拘鉢多羅) ⓢkupātra의 음사. 발우(鉢盂) 안에 넣는 작은 발우.

구벌(口罰) 입으로 지은 악한 말에 대한 벌.

구법고승전(求法高僧傳) 대당서역구법고승전(大唐西域求法高僧傳)의 준말.

구부(九部) 구부경(九部經)의 준말.

구부경(九部經) 경전의 서술 형식 또는 내용을 아홉 가지로 분류한 것. 여러 가지 설이 있는데, 법화경의 분류는 다음과 같음. (1)수다라(修多羅). ⓢsūtra ⓟsutta의 음사. 경(經)·계경(契經)이라 번역. 산문체로 설한 것. (2)가타(伽陀). ⓢⓟgāthā의 음사. 게(偈)라고도 음사. 게송(偈頌)·풍송(諷頌)·고기송(孤起頌)이라고도 함. 운문체로 설한 것. (3)본사(本事). ⓢitivṛttaka 불제자의 과거 인연을 설한 부분. 법화경의 약왕보살본사품(藥王菩薩本事品)이 여기에 해당함. (4)본생(本生). ⓢⓟjātaka 붓다의 전생 이야기. (5)미증유(未曾有). ⓢadbhuta 부처의 불가사의한 신통력을 설한 부분. (6)인연(因緣). ⓢnidāna 부처를 만나 설법을 듣게 된 인연을 설한 부분. 서품(序品)이 여기에 해당함. (7)비유(譬喩). ⓢavadāna 비유로써 가르침을 설한 부분. (8)기야(祇夜). ⓢgeya ⓟgeyya의 음사. 응송(應頌)·중송(重頌)이라 번역. 산문체로 된 내용을 다시 운문체로 설한 것. (9)우파제사(優婆提舍). ⓢupadeśa의 음사. 논의(論議)라고 번역. 교리에 대해 문답한 부분. ⇒ 십이부경(十二部經)

구부득고(求不得苦) 팔고(八苦)의 하나. 구하여도 얻지 못하는 괴로움.

구부법(九部法) 구부경(九部經)과 같음.

구분(俱分) 바이셰시카 학파에서 설하는 십구의(十句義)의 하나. 하나의 사물에 다른 사물과의 공통점과 차이점의 두 면을 있게 하는 원리.

구분교(九分敎) 구부경(九部經)과 같음.

구분해탈(俱分解脫) 구해탈(俱解脫)과 같음.

구불견과(俱不遣過) 인명(因明)에서, 삼십삼과(三十三過) 가운데 유십과(喩十過)의 하나. 이유(異喩)의 구체적인 예(例)가 종(宗)의 술어와 다른 성질도 아니고 또 인(因)과 다른 성질도 아닌 오류. 예를 들면, '말은 상주한다〔宗〕', '형체가 없기 때문이다〔因〕', '무상한 모든 것은 형체가 있다. 예를 들면, 허공과 같다〔異喩〕'라고 하는 경우, 허공은 종(宗)의 술어와도 상반되지 않고 인(因)과도 상반되지 않음.

구불극성과(俱不極成過) 인명(因明)에서, 삼십삼과(三十三過) 가운데 종구과(宗九過)의 하나. 종(宗)의 주어와 술어를 모두 상대편이 인정하지 않는 오류. 예를 들면, 바이셰시카 학도가 불교도에게 '아트만은 실체이다'라고 주장하는 경우. 불교에서는 아트만과 실체를 인정하지 않음.

구불성과(俱不成過) 인명(因明)에서, 삼십삼과(三十三過) 가운데 유십과(喩十過)의 하나. 동유(同喩)의 구체적인 예(例)가 종(宗)의 술어와 같은 성질도 아니고 또 인(因)과 같은 성질도 아닌 오류. 예를 들면, '말은 상주한다〔宗〕', '형체가 없기 때문이다〔因〕', '형체가 없는 모든 것은 상주한다. 예를 들면, 병(甁)과 같다〔同喩〕'라고 하는 경우, 병은 무상하고 형체가 없지 않으므로 종(宗)의 술어와 인(因)의 구체적인 예(例)가 되지 못함.

구비라천왕(拘毘羅天王) 구비라(拘毘羅)는 ⓢkubera의 음사로, 인도 신화에 나오는 재물의 신(神). 비사문천왕(毘沙門天王)의 별명.

구비타라(拘鞞陀羅) ⓢkovidāra의 음사. 사철 꽃이 피는 흑단(黑檀)의 일종.

구빈(驅擯) 무거운 죄를 저지른 수행승을 일시적 또는 영원히 승단에서 추방함.

구사(俱舍) ⓢkośa의 음사. 장(藏)·고(庫)라고 번역. ①그릇. 창고. ②견실. 견고.

구사라(拘舍羅) ⓢkauśalya의 음사. 선교(善巧)라 번역. 교묘한 수단과 방법. 중생을 구제하기 위해 그 소질에 따라 임시로 행하는 교묘한 수단과 방법. 중생을 깨달음으로 인도하기 위해 교묘한 방법으로 설한 가르침.

구사라원(瞿師羅園) 발사국(拔沙國)의 도읍지인 구섬미(拘睒彌)에 있던 동산으로, 구사라(瞿師羅, ghoṣila)가 붓다에게 바침.

구사론(俱舍論) 아비달마구사론(阿毘達磨俱舍論)의 준말.

구사묘행(口四妙行) 십선(十善) 가운데 입으로 짓는 네 가지 청정한 말. (1)불망어(不妄語). 거짓말이나 헛된 말을 하지 않음. (2)불악구(不惡口). 남을 괴롭히는 나쁜 말을 하지 않음. (3)불양설(不兩舌). 이간질을 하지 않음. (4)불기어(不綺語). 진실이 없는, 교묘하게 꾸미는 말을 하지 않음.

구사미(拘舍彌·俱舍彌) 구섬미(拘睒彌)와 같음.

구사박론(俱舍雹論) 아비달마순정리론(阿毘達磨順正理論)의 별명.

구사석론(俱舍釋論) 아비달마구사석론(阿毘達磨俱舍釋論)의 준말.

구산문(九山門) 구산선문(九山禪門)과 같음.

구산선문(九山禪門) 신라 말과 고려 초에 형성된 선종(禪宗)의 아홉 파(派). (1)가지산문(迦智山門). 도의(道義, 생몰년 미상)는 784년에 당(唐)에 가서 마조(馬祖)의 제자인 서당

지장(西堂智藏)의 선법(禪法)을 전해 받고 821년에 귀국하여 설악산 진전사(陳田寺)에 머물면서 그의 선법을 염거(廉居, ?-844)에게 전하고, 염거는 다시 체징(體澄, 804-880)에게 전함. 체징이 837년에 당(唐)에 갔다가 840년에 귀국하여 장흥 가지산에 보림사(寶林寺)를 창건하고 선풍(禪風)을 일으킴으로써 형성된 파(派). (2)실상산문(實相山門). 홍척(洪陟, 생몰년 미상)이 당(唐)에 가서 서당 지장(西堂智藏)의 선법을 전해 받고 826년에 귀국하여 지리산에 실상사(實相寺)를 창건하고 선풍(禪風)을 일으킴으로써 형성된 파(派). 구산선문의 시초이며, 수철(秀澈, 816-893)이 홍척의 선법을 이어받음. (3)동리산문(桐裏山門). 혜철(惠哲, 785-861)이 814년에 당(唐)에 가서 서당 지장(西堂智藏)의 선법을

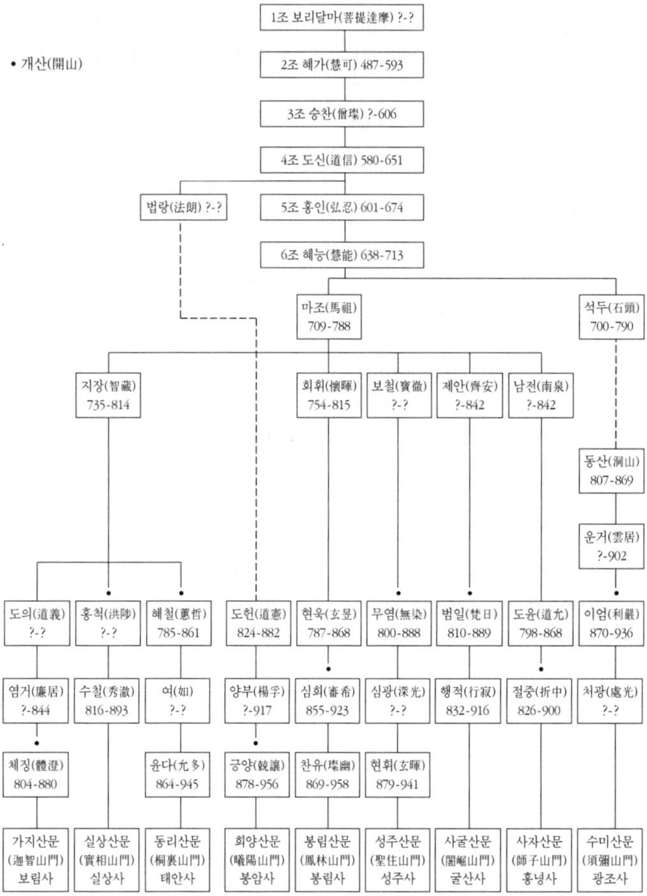

구산선문 계보도

전해 받고 839년에 귀국하여 곡성 동리산에 태안사(泰安寺)를 창건하고 선풍(禪風)을 일으킴으로써 형성된 파(派). 이 산문에 여(如, 생몰년 미상)와 윤다(允多, 864-945), 도선(道詵, 821-898)과 경보(慶甫, 868-945)가 있음. (4)희양산문(曦陽山門). 도헌(道憲, 824-882)의 법맥은 중국 선종 제4조 도신(道信) → 법랑(法朗) → 신행(愼行) → 준범(遵範) → 혜은(慧隱) → 도헌(道憲)으로, 도신에서 갈라져 나온 계통이며, 도헌에서 양부(楊孚, ?-917) → 긍양(兢讓, 878-956)으로 이어짐. 긍양이 899년에 당(唐)에 가서 석두 희천(石頭希遷) 문하의 선법을 전해 받고 924년에 귀국하여 희양산 봉암사(鳳巖寺)에서 선풍(禪風)을 일으킴으로써 형성된 파(派). (5)봉림산문(鳳林山門). 현욱(玄昱, 787-868)은 당(唐)에 가서 마조(馬祖)의 제자인 장경 회휘(章敬懷暉)의 선법을 전해 받고 837년에 귀국하여 심희(審希, 855-923)에게 그의 선법을 전함. 심희가 창원 봉림산에 봉림사를 창건하고 선풍(禪風)을 일으킴으로써 형성된 파(派). 그의 제자 찬유(璨幽, 869-958)는 892년에 당(唐)에 가서 석두 희천(石頭希遷) 문하인 투자 대동(投子大同)의 선법을 전해 받고 921년에 귀국함. (6)성주산문(聖住山門). 무염(無染, 800-888)이 821년에 당(唐)에 가서 마조(馬祖)의 제자인 마곡 보철(麻谷寶徹)의 선법을 전해 받고 845년에 귀국하여 보령 성주산 성주사에서 선풍(禪風)을 일으킴으로써 형성된 파(派). 현휘(玄暉, 879-941)는 무염의 제자 심광(深光, 생몰년 미상)에게 출가하고, 906년에 당(唐)에 가서 석두 희천(石頭希遷) 문하인 구봉 도건(九峰道虔)의 선법을 전해 받고 924년에 귀국함. (7)사굴산문(闍崛山門). 범일(梵日, 810-889)이 831년에 당(唐)에 가서 마조(馬祖)의 제자인 염관 제안(鹽官齊安)의 선법을 전해 받고 847년에 귀국하여 강릉 사굴산에 굴산사(崛山寺)를 창건하고 선풍(禪風)을 일으킴으로써 형성된 파(派). 그의 제자 행적(行寂, 832-916)은 870년에 당(唐)에 가서 석두 희천(石頭希遷) 문하인 석상 경제(石霜慶諸)의 선법을 전해 받고 885년에 귀국함. (8)사자산문(師子山門). 도윤(道允, 798-868)은 825년에 당(唐)에 가서 마조(馬祖)의 제자인 남전 보원(南泉普願)의 선법을 전해 받고 847년에 귀국하여 전남 쌍봉사(雙峰寺)에서 선풍(禪風)을 일으키고, 그의 법을 절중(折中, 826-900)에게 전함. 절중이 영월 사자산 흥녕사(興寧寺)에서 선풍(禪風)을 크게 일으킴으로써 형성된 파(派). (9)수미산문(須彌山門). 이엄(利嚴, 870-936)이 896년에 당(唐)에 가서 동산 양개(洞山良价)의 제자인 운거 도응(雲居道膺)의 선법을 전해 받고 911년에 귀국하여 해주 수미산 광조사(廣照寺)에서 선풍(禪風)을 일으킴으로써 형성된 파(派).

구산팔해(九山八海) 수미산(須彌山)과 그 주위를 둘러싸고 있는 여덟 개의 산, 그리고 그 산과 산 사이에 있는 여덟 개의 바다. ⇒ 수미산(須彌山)

구살단나국(瞿薩旦那國) ⓢkustana의 음사. 타클라마칸(Taklamakan) 사막의 남서쪽, 지금의 화전(和田) 지역에 있던 고대 국가.

구살라국(拘薩羅國) 교살라국(憍薩羅國)과 같음.

구상(九相·九想) 탐욕과 육신에 대한 집착을 버리기 위해 변해 가는 시체의 모습을 주시하는 아홉 가지 수행법. 경론(經論)에 따라 명칭과 순서에 약간의 차이가 있는데, 대지도론(大智度論) 21에 의하면 다음과 같음. (1)창상(脹相). 시체가 띵띵하게 부푸는 모습을 주시함. (2)괴상(壞相). 시체가 뭉그러지는 모습을 주시함. (3)혈도상(血塗相). 시체의 피고름이 땅에 스며드는 모습을 주시함. (4)농란상(膿

爛相). 시체가 썩어 문드러져 고름이 나오는 모습을 주시함. (5)청상(靑相). 시체의 피가 썩어 피부가 퍼렇게 되는 모습을 주시함. (6)담상(噉相). 벌레가 시체를 갉아먹는 모습을 주시함. (7)산상(散相). 시체가 썩어 근육과 뼈와 머리와 발이 흩어지는 모습을 주시함. (8)골상(骨相). 시체의 살은 이미 썩어 없어지고 뼈만 앙상하게 남은 모습을 주시함. (9)소상(燒相). 시체가 불에 태워져 연기와 재로 되는 모습을 주시함.

구생(俱生) ①함께 일어남. ②구생기(俱生起)의 준말.

구생기(俱生起) 태어남과 동시에 일어난다는 뜻. 선천적으로 지니고 있는 성질 또는 번뇌. 후천적인 분별에 의한 번뇌가 아니라 선천적으로 타고난 번뇌. 이에 반해, 후천적으로 습득한 그릇된 지식에 의해 일어나는 번뇌는 분별기(分別起)라고 함.

구생신(俱生神) 사람과 함께 태어나서 항상 그 사람의 양쪽 어깨 위에 있으면서 선악의 행위를 기록하였다가 그 사람이 죽은 뒤에 염마왕(閻魔王)에게 보고한다는 두 신(神). 왼쪽 어깨에 있는 동명(同名)이라는 남신(男神)은 착한 행위를 기록하고, 오른쪽 어깨에 있는 동생(同生)이라는 여신(女神)은 악한 행위를 기록한다고 함.

구생아집(俱生我執) 선천적으로 다고난 자아에 대한 집착. 이에 반해, 후천적으로 습득한 그릇된 지식에 의해 일어나는 자아에 대한 집착은 분별아집(分別我執)이라 함.

구생혹(俱生惑) 태어날 때부터 지니고 있는 여러 번뇌.

구서초(俱舒草) 구서(俱舒)는 ⓢkuśa의 음사. 인도의 습지에서 자라는 풀. 이 풀을 엮어 좌선할 때 까는 자리로 사용함. 길상초(吉祥草)와 같음.

구섬니(拘睒尼) 구섬미(拘睒彌)와 같음.

구섬미(拘睒彌·俱睒彌) ⓢkauśāmbī ⓟkosambī의 음사. 갠지스(Ganges) 강과 야무나(Yamuna) 강이 합류하는 알라하바드(Allahabad) 지역에 있던 발사국(拔沙國)의 도읍지. 흔히 이 도시를 나라 이름으로 일컫기도 함.

구섬미건도(拘睒彌犍度) 구섬미(拘睒彌)는 고대 인도의 나라 이름. 건도(犍度)는 ⓢskandha의 음사로, 장(章)·편(篇)을 뜻함. 구섬미국에서 발생한 수행자들 사이의 다툼에 대해 설한 장(章).

구세(九世) 과거·현재·미래의 각각에 삼세(三世)가 있다고 분류하여 이와 같이 말함.

구소락가(俱蘇洛迦) ⓢkusūlaka의 음사. 천의(篅衣)라고 번역. 인도 승단에서 비구니에게 입도록 규정한 통치마.

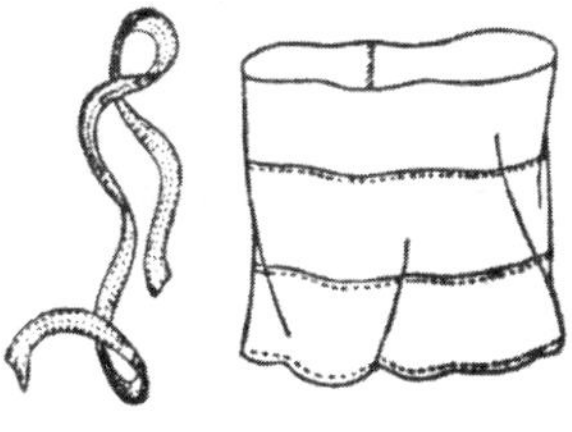

구소락가

구손파(俱遜婆) ⓢkusumbha의 음사. 꽃 이름. 붉은 꽃에서 즙을 짜서 염료로 사용함.

구수(具壽) ⓢāyuṣmat 수행과 지혜가 뛰어난 수행자를 높여 일컫는 말.

구수라(拘修羅) 구소락가(俱蘇洛迦)와 같음.

구시가(俱尸迦) ⓢkauśika의 음사. 제석(帝釋)의 별명.

구시나(拘尸那·俱尸那·鳩尸那) 구시나가라(拘尸那伽羅)와 같음.

구시나가라(拘尸那伽羅) ⓢkuśinagara ⓟkusinārā의 음사. 고대 중인도에 있던 말라국(malla國)의 도읍지로, 붓다가 입멸한 곳.

구시나게라(拘尸那揭羅) 구시나가라(拘尸那伽羅)와 같음.

구시라(拘翅羅·俱翅羅) ⓢkokila의 음사. 인도에 사는 검은색의 두견새로, 모습은 흉하나 소리가 아름다움.

구시성(拘尸城) 구시(拘尸)는 ⓢkuśi의 음사, 성(城)은 ⓢnagara의 번역. 구시나가라(拘尸那伽羅)와 같음.

구식(九識) 유식설(唯識說)에서 분류한 팔식(八識)에 아마라식(阿摩羅識)을 더한 것.

구신(句身) ①ⓢpada-kāya 신(身)은 모임·종류의 뜻으로, 어미에 붙어 복수를 나타냄. 두 개의 문장(文章). 세 개 이상의 문장은 다구신(多句身)이라 함. ②글귀.

구심(拘深) 구섬미(拘睒彌)와 같음.

구심륜(九心輪) 대상에 대해 차례로 일어나는 마음 작용을 아홉 가지로 나눈 것. (1)유분심(有分心). 유분(有分)은 존재하는 그대로의 부분이라는 뜻으로, 존재하는 그대로 내버려두어 지각이나 인식이 일어나지 않은 마음 상태. (2)능인발심(能引發心). 대상에 대해 적극적으로 분별하려는 마음 작용. (3)견심(見心). 대상을 인식하는 마음 작용. (4)등심구심(等尋求心). 대상에서 가치를 찾는 마음 작용. (5)등관철심(等貫徹心). 대상의 가치를 아는 마음 작용. (6)안립심(安立心). 대상의 가치를 언어로 표현하는 마음 작용. (7)세용심(勢用心). 대상에 대해 어떤 행위를 일으키는 마음 작용. (8)반연심(返緣心). 대상에 대해 어떤 행위를 일으키고 나서 그 행위를 평가하는 마음 작용. (9)유분심(有分心). 최초의 상태로 되돌아간 마음. (1)과 (9)는 중복이므로 팔심(八心)이지만 순환을 나타내기 위해 구심(九心)으로 함.

구십육술(九十六術) 구십육종외도(九十六種外道)와 같음.

구십육종외도(九十六種外道) 붓다 당시에 인도에 있던, 불교 이외의 가르침의 전체 수효.

구십팔사(九十八使) 사(使)는 번뇌를 뜻함. 구십팔수면(九十八隨眠)과 같음.

구십팔수면(九十八隨眠) 수면(隨眠)은 번뇌를 뜻함. 견도(見道)에서 끊는 88번뇌와 수도(修道)에서 끊는 10번뇌를 통틀어 일컬음. 견도에서 끊는 견혹(見惑)에 유신견(有身見)·변집견(邊執見)·사견(邪見)·견취견(見取見)·계금취견(戒禁取見)·탐(貪)·진(瞋)·치(癡)·만(慢)·의(疑)가 있는데, 이를 삼계(三界) 각각에 사제를 적용시키면 욕계의 고제에서 끊는 번뇌에 유신견(有身見)·변집견(邊執見)·사견(邪見)·견취견(見取見)·계금취견(戒禁取見)·탐(貪)·진(瞋)·치(癡)·만(慢)·의(疑)의 10번뇌, 집제에서 끊는 번뇌에는 위의 10번뇌 가운데 유신견과 변집견과 계금취견을 제외한 7번뇌, 멸제도 집제와 마찬가지로 7번뇌, 도제에서 끊는 번뇌에는 유신견과 변집견을 제외한 8번뇌이므로 합계 32번뇌. 또 색계에서는 욕계의 사제 각각에 진(瞋)이 제외되므로 고제에 9번뇌, 집제에 6번뇌, 멸제에 6번뇌, 도제에 7번뇌, 합계 28번뇌. 무색계도 색계와 마찬가지로 28번뇌. 따라서 삼계의 견혹은 88번뇌. 그리고 수도에서 끊는 수혹(修惑)은 욕계에 탐(貪)·진(瞋)·치(癡)·만(慢), 색계와 무색계에서는 각각 탐(貪)·치(癡)·만(慢)이므로 10번뇌.

구암사(龜巖寺) 전북 순창군 복흥면 백암산 남동쪽 기슭에 있는 절. 선운사(禪雲寺)의 말사. 623년(백제 무왕 24)에 숭제(崇濟)가 창건하고, 조선 태조와 태종 때 중축함. 조선 후기에 백파 긍선(白坡亘璇, 1767-1852)이 중축하고 법회를 개최하여 선풍(禪風)을 일으키고, 한국 전쟁 때 모두 불탐. 1957년에 다시 짓고, 1959년에 또 불타고, 1973년에 다시 지음.

구야니(瞿耶尼) 구타니(瞿陀尼)와 같음.

구업(口業) 삼업(三業)의 하나. 입으로 짓는 말.

구역(舊譯) 중국에서 번역한 불전(佛典) 가운데 당(唐)의 현장(玄奘, 602-664) 이전, 곧 구마라집(鳩摩羅什)·진제(眞諦) 등의 번역을 구역이라 하고, 현장과 그 이후의 번역을 신역이라 함.

구연과(俱緣果) ⓢbīja-pūraka 공작명왕(孔雀明王)과 준제관음(准提觀音)이 지니고 있는, 모과와 비슷한 과일.

구오사미(驅烏沙彌) 절의 음식물에 날아드는 까마귀를 쫓는 사미라는 뜻. 7세에서 13세까지의 사미를 일컬음.

구원(鳩垣) 구반다(鳩槃茶)와 같음.

구원겁(久遠劫) 겁(劫) ⓢkalpa의 음사로, 무한히 긴 시간을 뜻함. 아득히 먼 과거. 한없이 멀고 오랜 과거.

구원실성(久遠實成) 세존은 보리수 아래에서 깨달음을 성취하였지만 그것은 중생을 구제하기 위한 일시적인 방편이고, 사실은 아득히 먼 과거에 성불하였다는 뜻.

구유(九有) ①구지(九地)와 같음. ②구주(九州), 곧 중국 전체 영토를 일컬음. 옛날, 우(禹) 임금이 중국을 아홉으로 나누어 다스렸다는 데서 유래함.

구유근(俱有根) 구유소의(俱有所依)와 같음.

구유법(俱有法) 지·수·화·풍, 또는 마음〔心〕·마음 작용〔心所〕과 같이, 동시에 있으면서 서로 밀접한 관계를 갖는 것.

구유소의(俱有所依) 마음〔心〕·마음 작용〔心所〕과 동시에 있으면서, 그것의 의지처가 되고 그것에 도움을 주어 작용을 일으키게 하는 것. 구사론에서는 오근(五根), 유식설에서는 오근·제6식·제7식·제8식이 여기에 해당함.

구유식(舊唯識) 인도의 진제(眞諦, 499-569)가 546년에 양(梁)에 와서 무착(無著)의 섭대승론(攝大乘論)을 번역함으로써 전해진 유식학(唯識學)으로, 제8 아뢰야식(阿賴耶識)을 청정과 오염이 뒤섞인 진망화합식(眞妄和合識)으로 간주하여 아뢰야식 외에 제9식으로 청정한 아마라식(阿摩羅識)을 상정하고, 또 마음에 비친 사물의 모습은 허구라는 무상유식(無相唯識)의 입장임. 이에 반해, 당(唐)의 현장(玄奘, 602-664)이 인도 유학을 마치고 645년에 귀국하여 성유식론(成唯識論)을 번역함으로써 전해진 호법(護法, 530-561) 계통의 유식학은 신유식(新唯識)이라 함.

구유의(俱有依) 구유소의(俱有所依)의 준말.

구유인(俱有因) 육인(六因)의 하나. 두 개 이상의 현상이 동시에 일어나, 서로 원인이 되고 결과가 되는 관계일 때의 그 원인.

구유정거(九有情居) 유정, 곧 중생의 아홉 가지 생존 상태. 욕계의 인간계·천상계, 색계의 범중천(梵衆天)·극광정천(極光淨天)·변정천(遍淨天)·무상천(無想天), 무색계의 공무변처(空無邊處)·식무변처(識無邊處)·무소유처(無所有處)·비상비비상처(非想非非想處).

구율타(拘律陀) ⓢkolita의 음사. 목건련(目犍連)을 달리 일컫는 말. 목건련은 그의 어머니 이름, 구율타는 아버지 이름.

구의(句義) ⓢpadārtha ①원리. 범주. ②사물. 대상. ③명칭.

구이(瞿夷·裘夷) ⓢgopī의 음사. 싯다르타의 아내, 곧 야쇼다라(yaśodharā)의 별명.

구이나갈(俱夷那竭) 구시나가라(拘尸那伽羅)와 같음.

구인사(救仁寺) 충북 단양군 소백산 북쪽 기슭에 있는 절. 대한불교천태종의 총본산. 1945년에 상월(上月)이 창건하고, 1966년부터 크게 증축함.

구자(狗子) 개. 자(子)는 접미사.

구자국(龜玆國) ⓢkucīna의 음사. 타클라마칸(Taklamakan) 사막의 북쪽, 지금의 고차(庫車) 지역에 있던 고대 국가.

구적(求寂) ⇒ 사미(沙彌)

구제승(救濟乘) 승(乘)은 중생을 깨달음으로 인도하는 부처의 가르침을 뜻함. 일시적인 수단으로 설한 가르침을 버리고, 깨달음에 이르게 하는 오직 하나의 원만하고 완전한 가르침.

구조가사(九條袈裟) 구조의(九條衣)와 같음.

구조의(九條衣) 직사각형의 베 조각들을 세로로 나란히 꿰맨 것을 1조(條)로 하여, 9조를 가로로 나란히 꿰맨 옷. 곧, 승가리(僧伽梨).

구족(具足) 잘 갖추고 있음. 필요한 것을 모두 갖추고 있음. 부족함이나 흠이 없음. 온전함.

구족계(具足戒) 비구와 비구니가 받아 지켜야 할 온전한 계율. 비구는 250계, 비구니는 348계.

구족덕본원(具足德本願) 사십팔원(四十八願)의 하나. 아미타불이 법장비구(法藏比丘)였을 때 세운 서원으로, 다른 국토의 보살들이 보살행을 닦아 깨달음의 근원을 원만하게 갖추도록 하겠다는 맹세.

구종대선(九種大禪) 보살만이 닦는 아홉 가지 뛰어난 선정(禪定). (1)자성선(自性禪). 마음의 참모습을 주시하는 선정. (2)일체선(一切禪). 스스로 부처의 가르침대로 수행하고, 또 그 가르침으로 남을 교화하여 모든 공덕을 얻는 선정. (3)난선(難禪). 닦기 어려운 선정이라는 뜻으로, 자신이 얻은 공덕을 중생에게 돌리고 깨달음을 이루는 선정. (4)일체문선(一切門禪). 개괄적으로 사유하고 또 세밀하게 고찰하는 마음 작용과 기쁨과 즐거움과 평온이 있는 선정. 모든 선정은 여기에 들어오고 또 여기에서 갈라져 나간다는 뜻으로 문

(門)이라고 함. (5)선인선(善人禪). 뛰어난 중생이 닦는 선정이라는 뜻으로, 남에게 즐거움을 주려는 자(慈), 남의 괴로움을 덜어 주려는 비(悲), 남이 괴로움을 떠나 즐거움을 얻으면 기뻐하려는 희(喜), 남을 평등하게 대하려는 사(捨)의 사무량심(四無量心)으로 닦는 선정. (6)일체행선(一切行禪). 대승의 모든 수행법을 수용하는 선정. (7)제번뇌선(除煩惱禪). 중생의 여러 가지 번뇌를 없애 주는 선정. (8)차세타세락선(此世他世樂禪). 중생에게 현재와 미래의 모든 즐거움을 얻게 하는 선정. (9)청정정선(淸淨淨禪). 모든 번뇌를 끊고 청정한 깨달음을 얻는 선정.

구종불환(九種不還) 불환과(不還果)의 성자를 완전한 열반에 이르는 과정에 따라 아홉 가지로 나눈 것. (1)속반(速般). 욕계에서 색계에 이르는 도중에 곧바로 완전한 열반을 이루는 성자. (2)비속반(非速般). 욕계에서 색계에 이르는 도중에 얼마간의 시간이 지나 완전한 열반을 이루는 성자. (3)경구반(經久般). 욕계에서 색계에 이르는 도중에 오랜 시간이 지나 완전한 열반을 이루는 성자. (4)생반(生般). 색계에서 곧바로 완전한 열반을 이루는 성자. (5)유행반(有行般). 색계에서 오랫동안 수행하여 완전한 열반을 이루는 성자. (6)무행반(無行般). 색계에서 수행하지 않아도 오랜 시간이 지나면 저절로 완전한 열반을 이루는 성자. (7)전초(全超). 색계의 맨 밑에 있는 범중천(梵衆天)에서 중간에 있는 모든 천(天)을 뛰어넘어 색계의 맨 위에 있는 색구경천(色究竟天)이나 무색계의 맨 위에 있는 유정천(有頂天)에 이르러 완전한 열반을 이루는 성자. (8)반초(半超). 범중천에서 몇 개의 천(天)을 뛰어넘어 색구경천이나 유정천에 이르러 완전한 열반을 이루는 성자. (9)변몰(遍歿). 범중천에서 모든 천(天)을 두루 거쳐 색구경천이나 유정천에 이르러 완전한 열반을 이루는 성자.

구종아라한(九種阿羅漢) 구무학(九無學)과 같음.

구주(久住) ①영원히 존속함. ②오랫동안 수행한 자. ③목숨이 길. 긴 수명.

구지(九地) 중생의 마음과 생존 상태를 욕계·색계·무색계의 삼계(三界)로 나누고, 다시 욕계를 1지(地)로 하고 색계·무색계를 각각 4지(地)로 나눈 것. (1)욕계오취지(欲界五趣地). 지옥(地獄)·아귀(餓鬼)·축생(畜生)·인(人)·천(天)의 미혹한 생존. (2)이생희락지(離生喜樂地). 욕계를 떠남으로써 생기는 기쁨과 즐거움을 느끼는 색계 초선천(初禪天)의 경지. (3)정생희락지(定生喜樂地). 선정(禪定)으로 생기는 기쁨과 즐거움을 느끼는 색계 제2선천(第二禪天)의 경지. (4)이희묘락지(離喜妙樂地). 제2선천의 기쁨을 떠남으로써 묘한 즐거움을 느끼는 색계 제3선천(第三禪天)의 경지. (5)사념청정지(捨念淸淨地). 마음이 평온하여 생각이 청정한 색계 제4선천(第四禪天)의 경지. (6)공무변처지(空無邊處地). 허공은 무한하다고 체득하는 무색계 제1천의 경지. (7)식무변처지(識無邊處地). 마음의 작용은 무한하다고 체득하는 무색계 제2천의 경지. (8)무소유처지(無所有處地). 존재하는 것은 없다고 체득하는 무색계 제3천의 경지. (9)비상비비상처지(非想非非想處地). 생각이 있는 것도 아니고 생각이 없는 것도 아닌 무색계 제4천의 경지. 욕계·색계의 거친 생각은 없지만 미세한 생각이 없지 않은 무색계 제4천의 경지.

구지(俱胝) ⓢkoṭi의 음사. ①칠구지불모(七俱胝佛母)의 준말. ②수의 단위로, 10^7.

구지관정(具支灌頂) 사업관정(事業灌頂)과 같음.

구지근(具知根) 삼무루근(三無漏根)의 하나. 구지(具知)는 이미 사제를 알았다는 것을 확인하고 그 앎을 갖추고 있다는 뜻, 근(根)은 강한 힘이 있는 작용이라는 뜻. 깨달음에 이를 수 있는 강한 힘이 있는 작용으로서, 의(意)·낙(樂)·희(喜)·사(捨)·신(信)·근(勤)·염(念)·정(定)·혜(慧)가 무학도(無學道)에 있을 때를 말함.

구지라(拘枳羅) 구시라(拘翅羅)와 같음.

구차정(九次定) 구차제정(九次第定)과 같음.

구차제사유정정(九次第思惟正定) 구차제정(九次第定)과 같음.

구차제정(九次第定) 초선(初禪)에서 차례대로 제2선(第二禪)·제3선(第三禪)·제4선(第四禪)으로 들어가고, 계속해서 차례대로 공무변처정(空無邊處定)·식무변처정(識無邊處定)·무소유처정(無所有處定)·비상비비상처정(非想非非想處定)으로 나아가 멸진정(滅盡定)에 드는 수행법.

구참(久參) 오랫동안 참선한 수행승.

구창문(九瘡門) 사람의 몸에 있는 아홉 개의 구멍. 곧, 두 눈과 두 귀, 두 콧구멍과 입, 음부(陰部)와 항문.

구출(驅出) 무거운 죄를 저지른 수행승을 일시적 또는 영원히 승단에서 추방함.

구치(俱致) 구지(俱胝)와 같음.

구치라(俱絺羅) ⓢkauṣṭhila의 음사. 붓다의 제자로, 말솜씨가 뛰어나 문답제일(問答第一)이라 일컬음.

구칭삼매(口稱三昧) ①마음을 한곳에 집중시키고 부처의 이름을 외는 일. ②부처의 이름을 외워 마음을 집중·통일시킴.

구칭염불(口稱念佛) 입으로 부처의 이름을 부르면서 그의 모습이나 공덕을 생각함.

구타니(瞿陀尼) ⓢgodānīya의 음사. 우화(牛貨)라고 번역. 수미산 서쪽에 있다는 서우화주(西牛貨洲)를 말함. 여기에서는 소를 화폐로 사용한다고 하여 우화(牛貨)라고 함.

구탈보살(救脫菩薩) 병으로 고통받는 중생을 구제한다는 보살.

구파라지옥(漚波羅地獄) 구파라(漚波羅)는 ⓢutpala의 음사. 올발라지옥(嗢鉢羅地獄)과 같음.

구폐람천왕(俱吠濫天王) 구비라천왕(拘毘羅天王)과 같음.

구품(九品) 아홉 가지 등급. 상·중·하로 분류한 각각을 다시 상·중·하로 분류한 것으로, 상상품(上上品)·상중품(上中品)·상하품(上下品)·중상품(中上品)·중중품(中中品)·중하품(中下品)·하상품(下上品)·하중품(下中品)·하하품(下下品)을 말함.

구품왕생(九品往生) 극락 정토에 태어나는 자들의 아홉 가지 차별. (1)상품상생(上品上生). 진실한 마음과 깊이 믿는 마음과 자신의 공덕을 돌려 정토에 태어나려는 마음을 갖추고, 자비심으로 살생하지 않고 대승 경전을 독송하고 육념(六念)을 수행한 공덕으로 정토에 태어나는 자. (2)상품중생(上品中生). 대승의 이치를 잘 알고 최고의 진리를 듣고 의심하지 않으며, 인과(因果)를 깊이 믿고 대승을 비방하지 않은 공덕으로 정토에 태어나는

자. (3)상품하생(上品下生). 인과(因果)를 믿고 대승을 비방하지 않으며, 위없는 깨달음을 구하는 마음을 일으킨 공덕으로 정토에 태어나는 자. (4)중품상생(中品上生). 오계(五戒)와 팔계재(八戒齋)를 지키고 오역죄(五逆罪)를 짓지 않은 청정한 행위로 정토에 태어나는 자. (5)중품중생(中品中生). 팔계재(八戒齋)와 사미계(沙彌戒)와 구족계(具足戒)를 지킨 공덕으로 정토에 태어나는 자. (6)중품하생(中品下生). 부모에게 효도하고 자비를 베푼 공덕으로, 임종 때 아미타불의 사십팔원(四十八願)을 듣고 정토에 태어나는 자. (7)하품상생(下品上生). 여러 가지 악한 짓을 하고도 뉘우치지 않았으나 임종 때 합장하고 아미타불을 부른 공덕으로 정토에 태어나는 자. (8)하품중생(下品中生). 오계와 팔계와 구족계를 범하고 승려의 물건을 훔쳤으나 임종 때 아미타불의 위덕(威德)을 들은 인연으로 정토에 태어나는 자. (9)하품하생(下品下生). 오역죄와 십악(十惡)을 저질렀으나 임종 때 지극한 마음으로 아미타불을 열 번 부른 공덕으로 정토에 태어나는 자.

구품일분전부정과(俱品一分轉不定過) 인명(因明)에서, 삼십삼과(三十三過) 가운데 인십사과(因十四過)의 하나. 인(因)이 종(宗)의 술어와 같은 성질 일부분에도 관계하고 다른 성질 일부분에도 관계하는 오류. 예를 들면, '그는 남자이다'라는 종(宗)에 대하여 '마라톤 선수이기 때문이다〔因〕'라고 하는 경우, 인(因)은 남자 일부분에도 관계하고 또 여자 일부분에도 관계하므로 인(因)이 성립되지 않음.

구품정토(九品淨土) 행위의 우열에 따라 극락 정토에 태어나는 이들에 아홉 가지 차별이 있으므로 정토에도 아홉 가지 차별이 있음을 말함.

구품혹(九品惑) 삼계(三界)를 구지(九地)로 나누고, 각 지(地)의 수혹(修惑)을 거칠고 미세함에 따라 상상품(上上品)·상중품(上中品)·상하품(上下品)·중상품(中上品)·중중품(中中品)·중하품(中下品)·하상품(下上品)·하중품(下中品)·하하품(下下品)의 구품으로 나눈 것. 따라서 삼계의 수혹은 81품이 됨.

구학(久學) 오랫동안 배우고 닦은 수행승.

구항(溝港) 예류(預流)의 구역(舊譯).

구해탈(俱解脫) 지혜로써 무지를 소멸시키고, 선정(禪定)으로 탐욕을 소멸시켜 모든 번뇌의 속박에서 벗어남, 또는 그러한 경지에 이른 아라한(阿羅漢).

구해탈도(九解脫道) 삼계(三界)를 구지(九地)로 나누고, 각 지(地)의 수혹(修惑)을 거칠고 미세함에 따라 구품(九品)으로 나누는데, 그 구품의 수혹에서 벗어나 해탈하는 단계.

구호일체중생리중생상회향(救護一切衆生離衆生相廻向) 십회향(十廻向)의 하나. 공덕을 중생에게 돌려 모든 중생을 차별하지 않고 구제하고 보호함.

구화(漚和) ⓢupāya의 음사. 방편(方便)이라 번역. 교묘한 수단과 방법. 중생을 구제하기 위해 그 소질에 따라 임시로 행하는 편의적인 수단과 방법. 상황에 따른 일시적인 수단과 방법.

구화구사라(漚和拘舍羅·漚和俱舍羅) ⓢupāya-kauśalya의 음사. 방편선교(方便善巧)라 번역. 교묘한 수단과 방법. 중생을 구제하기 위해 그 소질에 따라 임시로 행하는 교묘한 수단과 방법. 중생을 깨달음으로 인도하기 위해 교묘한 방법으로 설한 가르침.

구회만다라(九會曼荼羅) 아홉 개의 사각형으로 나누어져 있는 금강계만다라(金剛界曼荼羅)를 말함.

국굴라(局崛羅) ⓢguggula 인도에서 자라는 낙엽 교목. 잎은 난형(卵形)으로 광택이 있고 꽃대에 여러 개의 꽃이 모여서 핌. 나무 껍질에서 채취한 즙과, 그 껍질을 분말로 하여 향료로 사용함.

국사(國師) 신라·고려·조선 때, 백성의 정신적 지도자로 임명된 승려의 가장 높은 지위.

국신사(國神寺) 김제 모악산 귀신사(歸信寺)의 창건 때 이름.

국역일체경(國譯一切經) 중요한 불전(佛典)을 일본어로 번역한 것으로, 인도에서 찬술된 경(經)·율(律)·논(論)의 한역(漢譯)을 번역한 인도찬술부(印度撰述部) 155권과 중국·한국·일본에서 찬술된 소석(疏釋)·사전(史傳)·어록(語錄)을 중심으로 한 화한찬술부(和漢撰述部) 100권으로 구성되어 있음.

국청백록(國淸百錄) 4권. 수(隋)의 관정(灌頂) 엮음. 천태 지의(天台智顗)가 입적한 후 천태 교단의 행사와 규범, 그와 관계있는 조칙(詔勅)·편지, 비문 등 104종을 모은 책.

국청사(國淸寺) 경기 개풍군 중서면 여릉리에 있던 절. 1097년(고려 숙종 2)에 창건하고, 의천(義天, 1055-1101)이 주지에 취임하여 천태학을 강의함으로써 이 절을 중심으로 천태종(天台宗)이 형성됨. 의천의 뒤를 이어 교웅(敎雄, 1076-1142)과 그의 제자 덕소(德素, 1119-1174)가 머물면서 천태종을 크게 발전시킴. 몽고의 침략으로 불타고, 충선왕(1308-1313) 때 다시 지음.

국토(國土) ⓢkṣetra 땅. 장소. 영역.

국토세간(國土世間) 기세간(器世間)과 같음.

국토엄식원(國土嚴飾願) 사십팔원(四十八願)의 하나. 아미타불이 법장비구(法藏比丘)였을 때 세운 서원으로, 정토를 보배로써 장엄하게 장식하겠다는 맹세.

국토청정원(國土淸淨願) 사십팔원(四十八願)의 하나. 아미타불이 법장비구(法藏比丘)였을 때 세운 서원으로, 정토는 맑은 거울과 같이 한없이 청정하여 다른 불국토가 비치도록 하겠다는 맹세.

국토해(國土海) 언어로 표현할 수 없는, 오직 부처 자신의 깨달음의 영역. 이에 반해, 부처가 언어로 표현하여 중생을 교화하는 방편의 영역은 세계해(世界海)라고 함.

국통(國統) 신라 때, 왕이 임명한 승려의 가장 높은 지위.

군(裙) ⓢnivāsana 수행승이 허리에 둘러 입는 치마 같은 옷.

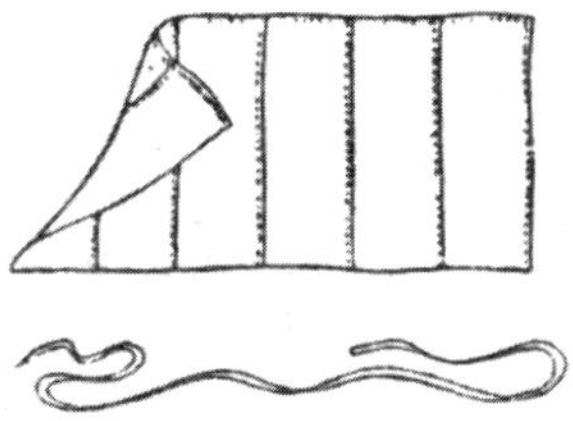

군

군다(軍茶) ⓢkuṇḍa의 음사. 호마(護摩) 때 사용하는 화로(火爐).

군다(捃多) ⓢkunta의 음사. 곤충. 개미.

군다리명왕(軍荼利明王) 모든 악마를 굴복시키기 위해 분노한 모습을 하고 있는 존(尊).

군다리법(軍荼利法) 악마를 굴복시키고 재난을 없애기 위해 군다리명왕(軍荼利明王)에게 예배하는 의식.

군림(軍林) 군사가 흩어지면 군대가 없고 나무가 죽으면 숲이 없듯이, 불변하는 실체가 없는 것을 비유함. 곧, 공(空)의 비유.

군맹(群萌) 중생을 무리 지어 나는 풀에 비유한 말.

군생(群生) 살아 있는 많은 존재, 곧 중생을 뜻함.

군습교(捃拾敎) 이삭을 줍는 데 지나지 않는 가르침이라는 뜻으로, 천태종에서 열반경을 낮추어 이르는 말.

군신오위(君臣五位) 동산 양개(洞山良价)의 정편오위(正偏五位)를 그의 제자 조산 본적(曹山本寂)이 임금과 신하에 비유한 것. 정중래(正中來)를 군(君)에, 편중지(偏中至)를 신(臣), 편중정(偏中正)을 신향군(臣向君), 정중편(正中偏)을 군시신(君視臣), 겸중도(兼中到)를 군신도합(君臣道合)에 비유.

군자(裙子) 자(子)는 어조사. 군(裙)과 같음.

군지(君遲·君持·軍持) ⓢkuṇḍikā의 음사. 물병.

군치가(捃稚迦) 군지(君遲)와 같음.

굴곡교(屈曲敎) 중생의 능력이나 소질에 따라 방편으로 설한 가르침.

굴굴타아람마(屈屈吒阿濫摩) ⓢkukkuṭārāma의 음사. 계림(鷄林)·계원(鷄園)이라 번역. 기원전 3세기에 아쇼카(aśoka) 왕이 도읍지인 화씨성(華氏城)의 동남쪽에 지은 사원으로, 불교 수행의 중심지였으나 기원전 180년경에 슝가(śuṅga) 왕조를 세운 불사밀다라왕(弗沙蜜多羅王)에 의해 파괴됨.

굴내결집(窟內結集) 붓다의 입멸 직후, 왕사성(王舍城) 부근의 비파라산(毘婆羅山)에 있는 칠엽굴(七葉窟)에서 가섭(迦葉)의 주도 아래 이루어진 제1차 결집(結集)을 말함. 여기에 참가하지 못한 비구들은 따로 한곳에 모여 파사파(婆師婆, ⓢbāṣpa)의 주도 아래 결집을 행하였는데, 이를 굴외결집(窟外結集)이라 함.

굴방(屈棒) 이유 없이 몽둥이로 얻어맞음.

굴산사(崛山寺) 강원 강릉시 구정면 학산리 사굴산에 있던 절. 847년에 신라의 범일(梵日)이 창건하여 선풍(禪風)을 일으킴으로써 사굴산문(闍崛山門)이 형성됨. 문화재 : 부도(浮屠)·당간지주(幢竿支柱).

굴외결집(窟外結集) ⇒ 굴내결집(窟內結集)

굴지국(屈支國) 구자국(龜茲國)과 같음.

굴타가경(掘陀迦經) ⓟkhuddaka-nikāya의 음역. 팔리(pāli) 어로 된 5니카야(nikāya) 가운데 쿳다카 니카야(khuddaka-nikāya), 곧 소부(小部)를 말함. ⇒ 아함경(阿含經)

굴현포(屈眴布) 무명베.

궁비라(宮毘羅) 금비라(金毘羅)와 같음.

궁생사온(窮生死蘊) 끝없이 되풀이하는 미혹

한 생존의 근원이 되는 미세한 의식.

궁자유(窮子喩) 법화칠유(法華七喩)의 하나. 법화경 신해품(信解品)의 비유. 원래 부호의 아들이었으나 어릴 때부터 방랑하여 자신의 신분도 모르고 가난하게 살아 온 아들을 그 부호가 찾아내어, 부호가 죽을 때 그가 자신의 아들임을 밝히고 재산을 물려준다는 내용. 여기서 부호는 부처를 상징하고, 가난한 아들은 성문(聲聞)을, 재산은 보살을 상징함.

권(權) 중생을 구제하기 위한 편의적인 수단과 방법, 곧 방편. 일시적인 가르침.

권공(勸供) 부처·보살·신중(神衆) 등에게 재물을 바치고 소원을 비는 의식.

권관(權關) 임시로 설치한 관문이라는 뜻. 부처가 방편으로 설한 모든 가르침을 비유함.

권교(權敎) 깨달음에 이르게 하기 위해 중생의 소질에 따라 일시적인 방편으로 설한 가르침.

권교대승(權敎大乘) 권대승(權大乘)과 같음.

권교방편(權巧方便) 권방편(權方便)과 같음.

권념요록(勸念要錄) 1권. 조선의 보우(普雨) 지음. 극락 왕생을 위해 염불을 권한 다음, 극락 왕생에 대한 설화 11편을 소개하고, 염불하는 방법을 간략히 서술한 책.

권대승(權大乘) 일시적인 방편으로 설한 대승의 가르침.

권방편(權方便) 중생을 구제하기 위해 그 소질에 따라 일시적으로 행하는 수단과 방법. 중생을 깨달음으로 인도하기 위해 일시적인 수단으로 설한 가르침.

권서(卷舒) 선승(禪僧)이 학인(學人)을 지도할 때의 자유 자재함을 나타내는 말로, 권(卷)은 적극적으로 바싹 다그치는 것, 서(舒)는 느긋하게 내버려 두는 것.

권선문(勸善文) 시주(施主)하기를 권하는 글.

권속(眷屬) ⓢparivāra 뜻을 같이 하는 자. 보좌하는 자. 시중드는 자. 따르는 자. 종속되어 있는 자.

권속묘(眷屬妙) 적문십묘(迹門十妙)의 하나. 부처를 따르는 권속들의 능력이 오묘함.

권속반야(眷屬般若) 반야(般若)는 ⓢprajñā의 음사, 혜(慧)·지혜(智慧)라 번역. 모든 현상의 있는 그대로의 모습을 직관하고 관조하는 지혜에 이르게 하는 온갖 수행.

권속장수원(眷屬長壽願) 사십팔원(四十八願)의 하나. 아미타불이 법장비구(法藏比丘)였을 때 세운 서원으로, 정토의 권속들은 무한한 장수를 누리도록 하겠다는 맹세.

권수정혜결사문(勸修定慧結社文) 1권. 고려의 지눌(知訥) 지음. 선정과 지혜를 함께 닦을 것을 결의한 저술. 먼저 선정과 지혜를 함께 닦아야 하는 이유를 설명하고, 수행자들이 갖기 쉬운 의문을 제시하고 그에 답한 다음, 정혜결사를 하게 된 경위를 밝힘.

권실(權實) 일시적인 방편과 영원히 변하지 않는 진실.

권실불이문(權實不二門) 십불이문(十不二門)의 하나. 부처가 설하는 방편의 가르침과 진실한 가르침은 모두 한 생각 속에 갖추어져 있으므로 서로 다르지 않음.

권실이교(權實二教) 깨달음에 이르게 하기 위해 중생의 소질에 따라 일시적인 방편으로 설한 가르침인 권교(權教)와 깨달음을 그대로 설한 진실한 가르침인 실교(實教).

권실이지(權實二智) 중생의 차별상을 알고 그 소질에 따라 일시적인 방편으로 교화하는 지혜인 권지(權智)와 차별을 떠나, 있는 그대로의 모습을 직관하는 진실한 지혜인 실지(實智).

권응(權應) 권(權)은 방편, 응(應)은 방편의 대상.

권자(權者) 부처나 보살이 중생을 구제하기 위해 일시적으로 변화한 모습.

권지(權智) 중생의 차별상을 알고 그 소질에 따라 일시적인 방편으로 교화하는 지혜.

권현(權現) 권화(權化)와 같음.

권형(權衡) 저울.

권화(勸化) 권유하여 부처의 가르침으로 인도함.

권화(權化) 부처나 보살이 중생을 구제하기 위해 일시적으로 여러 가지 모습으로 변화하여 나타나는 것.

권회(圈繢) 올가미. 덫. 함정. 술책.

궐소락가(厥蘇洛迦) 구소락가(俱蘇洛迦)와 같음.

궐수라(厥修羅) 구소락가(俱蘇洛迦)와 같음.

궤범사(軌範師) ⇒ 아사리(阿闍梨)

귀(鬼) ⓢpreta ①악한 일을 저지르고 탐욕을 일삼은 죄로 아귀도(餓鬼道)에 태어난 아귀(餓鬼), 사람을 괴롭히거나 해친다는 야차(夜叉), 신속하게 땅이나 공중으로 다니면서 사람을 잡아먹는다는 나찰(羅刹), 죄인에게 고통을 준다는 지옥의 옥졸(獄卒) 등을 일컬음. ②죽은 사람의 혼령.

귀경(歸敬) 몸과 마음을 바쳐 공경함. 지극한 마음으로 공경함.

귀경게(歸敬偈) 귀경서(歸敬序)와 같음.

귀경서(歸敬序) 경(經)·율(律)·논(論) 등의 첫머리에 부처나 보살에게 경건한 마음으로 귀의(歸依)한다는 뜻을 나타낸 글귀.

귀계유(鬼界有) 유(有)는 존재·생존을 뜻함. 늘 굶주림과 목마름으로 괴로움을 겪는 아귀(餓鬼)들의 생존.

귀도(鬼道) ①아귀도(餓鬼道)의 준말. ②귀신의 세계.

귀명(歸命) ⓢnamas 몸과 마음을 바쳐 부처의 가르침을 믿고 따름.

귀명례(歸命禮) 몸과 마음을 바쳐 예배함. 지극한 마음으로 예배함.

귀명합장(歸命合掌) 십이합장(十二合掌)의 하나. 두 손을 위로 세우고 오른손 다섯 손가락과 왼손 다섯 손가락을 서로 교차시킨 손 모양.

귀명합장

귀모(龜毛) 거북의 털이라는 뜻으로, 실재하지 않는 것을 비유함.

귀법사(歸法寺) 경기 개풍군 영남면에 있던 절. 963년(고려 광종 14)에 창건하고, 균여(均如)가 초대 주지로 머무름. 여러 왕들이 행차하여 법회를 거행하고, 낙진(樂眞)·교웅(敎雄)·종린(宗璘) 등이 머무름.

귀본(歸本) 근본으로 돌아간다는 뜻으로, 승려의 죽음을 이르는 말.

귀신사(歸信寺) 전북 김제시 모악산 서북쪽 기슭에 있는 절. 금산사(金山寺)의 말사. 676년에 신라의 의상(義湘)이 창건하여 국신사(國神寺)라 하고, 고려의 징엄(澄嚴)이 중축함. 1592년 임진왜란 때 대부분 불타고, 1873년에 춘봉(春峰)이 다시 짓고 귀신사라 함. 문화재 : 대적광전(大寂光殿)·삼층석탑·부도(浮屠)·석수(石獸).

귀원(歸元) 근원으로 돌아간다는 뜻으로, 승려의 죽음을 이르는 말.

귀의(歸依) ⓢśaraṇa ⓟsaraṇa 몸과 마음을 바쳐 믿고 의지함. 지극한 마음으로 믿고 따름.

귀의법(歸依法) 삼귀의(三歸依)의 하나. 몸과 마음을 바쳐 부처의 가르침을 믿고 그에 의지함.

귀의불(歸依佛) 삼귀의(三歸依)의 하나. 몸과 마음을 바쳐 부처를 믿고 그에 의지함.

귀의승(歸依僧) 삼귀의(三歸依)의 하나. 몸과 마음을 바쳐 승단(僧團)을 믿고 그에 의지함.

귀자모신(鬼子母神) ⓢhārītī 출산과 어린아이를 주관한다는 여신(女神).

귀장(歸杖) 의지함.

귀적(歸寂) 모든 속박에서 벗어난 평온한 상태로 돌아간다는 뜻으로, 승려의 죽음을 이르는 말.

귀정사(歸政寺) 전북 남원시 산동면 만행산 남쪽 자락에 있는 절. 금산사(金山寺)의 말사. 515년(백제 무녕왕 15)에 현오(玄悟)가 창건하고, 1002년에 중축함. 고려의 요세(了世)가 한때 머물면서 천태학(天台學)을 강의함. 1468년에 중축하고, 1592년 임진왜란 때 모두 불타고, 1664년에 설제(雪霽)가 다시 지음. 한국 전쟁 후 공비 토벌을 이유로 불태우고, 1968년에 다시 지음.

귀주사(歸州寺) 함남 함흥시 경흥동 설봉산 북쪽 기슭에 있는 절. 고려 문종(1046-1083) 때 붕현(鵬顯)이 창건하여 정수사(淨水寺)라 하고, 1401년에 귀주사라고 함. 1716년에 중축하고, 1878년에 불타고, 1880년에 다시 지음. 일제 강점기 때 삼십일본산(三十一本山)의 하나로 지정됨.

귀진(歸眞) ①모든 번뇌를 남김없이 소멸한 열반의 상태에 이름. 진리의 세계에 이름. ②석가나 승려의 죽음.

귀취(鬼趣) ①아귀도(餓鬼道)와 같음. ②귀신의 세계.

규기(窺基) ⇒ 기(基)

규봉종밀(圭峰宗密) ⇒ 종밀(宗密)

규음보살(闚音菩薩) 관음보살(觀音菩薩)과 같음.

규환지옥(叫喚地獄) 팔열지옥(八熱地獄)의 하나. 살생하고 도둑질하고 음란한 짓을 하고 술을 마신 죄인이 죽어서 가게 된다는 지옥으로, 끓는 가마솥이나 불 속에서 고통을 받는다고 함.

균여(均如) 923-973. 고려의 승려. 황해도 황주 출신. 15세에 출가하여 개풍 오관산 영통사(靈通寺) 의순(義順)에게 화엄학을 배워 독자적인 화엄학을 전개함. 당시 화엄종은 지리산 화엄사(華嚴寺) 관혜(觀惠) 문하의 남악파(南岳派)와 소백산 부석사(浮石寺) 희랑(希朗) 문하의 북악파(北岳派)로 분열되어 대립하고 있었는데, 그는 두 파의 모순·대립을 지양하여 북악파를 중심으로 통합함. 963년(광종 14) 개풍에 귀법사(歸法寺)가 완성되자 왕은 그를 이 절의 주지로 머물게 함. 귀법사에서 입적함. 그의 화엄학은 본질과 현상을 원만하게 통합시키려는 성상융회(性相融會)로 요약할 수 있음. 저서 : 일승법계도원통기(一乘法界圖圓通記)·십구장원통기(十句章圓通記)·석화엄지귀장원통초(釋華嚴旨歸章圓通鈔)·석화엄삼보장원통기(釋華嚴三寶章圓通記)·석화엄교분기원통초(釋華嚴教分記圓通鈔) 등.

극광정천(極光淨天) 광음천(光音天)이라고도 함. 색계 제2선천(第二禪天)의 제3천. ⇒ 색계십칠천(色界十七天)

극근(克勤) 1063-1135. 송(宋)의 승려. 임제종(臨濟宗) 양기파(楊岐派). 사천성(四川省) 팽주(彭州) 출신. 어려서 출가하여 여러 지역을 편력하다가 오조 법연(五祖法演, ?-1104)에게 사사(師事)하여 그의 법을 이어받음. 호북성(湖北省) 오조산(五祖山), 사천성 성도(成都) 소각사(昭覺寺), 호남성(湖南省) 협산사(夾山寺)·도림사(道林寺) 등에 머무름. 송(宋)의 휘종(徽宗)이 불과선사(佛果禪師)라는 호를 내리고, 남송(南宋)의 고종(高宗)이 원오선사(圜悟禪師)라는 호를 내림. 시호(諡號)는 진각선사(眞覺禪師). 저서 : 벽암록(碧巖錄). 어록 : 원오불과선사어록(圜悟佛果禪師語錄).

극난승지(極難勝地) 난승지(難勝地)와 같음.

극락(極樂) ⓢsukhāvatī 아미타불이 살고 있다는 청정한 국토로, 서쪽으로 10만억 불국토를 지나 있는데, 괴로움이 없고 지극한 즐거움만 있다고 함.

극락암(極樂庵) 경남 양산시 영축산(취서산) 남쪽 기슭에 있는 절. 통도사(通度寺)에 딸린 암자. 1332년(고려 충숙왕 복위 1)에 창건하고, 1758년에 중축함. 1953년부터 경봉(鏡峰)이 조실(祖室)로 머물면서 수행승들이 운집하고, 1968년에 보수·증축함.

극락왕생(極樂往生) 죽어서 극락에 가서 태어남.

극락전(極樂殿) 아미타불을 본존으로 하고, 좌우에 관세음보살과 대세지보살 또는 관세음보살과 지장보살을 모신 사찰의 건물. 후불탱화로는 극락의 법회를 묘사한 극락회상도(極樂會上圖)나 극락구품탱화(極樂九品幀畵)를 걸어 둠.

극락정토(極樂淨土) 극락(極樂)과 같음.

극락조(極樂鳥) ⓢkalaviṅka 극락 정토에 있다는 가릉빈가(迦陵頻伽)를 말함. 머리와 팔은 사람의 모습이고 몸은 새의 모습을 한 상상의 새로서, 소리가 매우 아름답다고 함. 유물의 기와나 부도·석탑에 이 새의 조각이 많이 나타나는데, 쌍봉사의 철감선사 부도와 봉암사의 지증대사 적조탑, 그리고 연곡사의 동부도·서부도·북부도 등에서 볼 수 있음.

극락회상도(極樂會上圖) 극락에서의 법회(法會)를 상징적으로 묘사한 그림.

극략색(極略色) 더 나눌 수 없는 지극히 작은 대상의 상태. 이를 구사론에서는 시각의 대상으로 간주하지만, 유식설에서는 의식의 대상으로 간주함.

극미(極微) ⓢparamāṇu 더 이상 나눌 수 없는, 시각 대상의 최소 단위. 7극미를 미진(微塵)이라 하고, 7미진을 금진(金塵), 7금진을 수진(水塵), 7수진을 토모진(兎毛塵), 7토모진을 양모진(羊毛塵), 7양모진을 우모진(牛毛塵), 7우모진을 극유진(隙遊塵)이라 함. 금진(金塵)·수진(水塵)은 금이나 물 속의 틈을 통과할 정도로 미세하다는 뜻, 토모진(兎毛塵)·양모진(羊毛塵)·우모진(牛毛塵)은 토끼와 양과 소의 털끝 정도의 크기라는 뜻, 극유진(隙遊塵)은 틈새로 들어오는 햇빛에 떠다니는 먼지 정도의 크기라는 뜻.

극성(極成) ①ⓢprasiddha 일반에 널리 알려지거나 인정되어 있는 사실. 일반적으로 널리 승인되어 있어 다른 의견이 있을 수 없는 사실. ②완성됨.

극열지옥(極熱地獄) 대초열지옥(大焦熱地獄)과 같음.

극유진(隙遊塵) ⓢvatāyanacchidra-rajas 틈새로 들어오는 햇빛에 떠다니는 먼지 정도의 미세한 대상. ⇒ 극미(極微)

극칠반생(極七返生) 극칠반유(極七返有)와 같음.

극칠반유(極七返有) 예류과(預流果)의 성자는 인계(人界)와 천계(天界)를 일곱 번 왕래하는 가운데 반드시 아라한과(阿羅漢果)에 이른다는 뜻.

극형색(極逈色) 허공·밝음·어두움·빛깔 등을 분해하여 가장 작게 된 상태.

극희지(極喜地) 환희지(歡喜地)와 같음.

근(根) ⓢindriya ①신체의 기관·기능. 능력. 작용. 어떤 작용을 일으키는 강한 힘. 강한 힘이 있는 작용. ②소질. 근성. ③근본. 기본.

근(勤) ①ⓢvīrya 착한 마음 작용. ②ⓢvyāyāma 힘써 수행함.

근건도(根犍度) 건도(犍度)는 ⓢskandha의 음사로, 장(章)·편(篇)을 뜻함. 오근(五根)·육근(六根) 등에 대해 설한 장(章).

근경식(根境識) 감각 기관과 의식 기능을 근(根), 그 기관과 기능의 대상을 경(境), 그 기관과 기능으로 대상을 식별하는 마음 작용을 식(識)이라 함.

근고(勤苦) 고통을 견디며 몹시 애씀. 고난.

근구(勤舊) 선원(禪院)에서 직책을 맡다가 물러난 승려.

근근(勤根) 근(根)은 능력·소질을 뜻함. 힘써 수행하는 능력. 정진근(精進根)과 같음.

근기(根機) 부처의 가르침을 받아들일 수 있는 중생의 소질이나 근성.

근대(根大) 칠대(七大)의 하나. 감각하거나 의식하는 기관·기능.

근두(筋斗) 곤두박질.

근변온(根邊蘊) 일미온(一味蘊)을 근원으로 하여, 그에 부수적으로 일어나는 오온(五蘊).

근본무명(根本無明) 있는 그대로의 참모습을 깨닫지 못하여 홀연히 차별을 일으키는 원초적 번뇌.

근본무분별지(根本無分別智) 근본지(根本智)와 같음.

근본번뇌(根本煩惱) 모든 번뇌의 근본이 되는 탐(貪)·진(瞋)·치(癡)·만(慢)·의(疑)·악견(惡見)을 말함.

근본불각(根本不覺) 근본무명(根本無明)과 같음.

근본불교(根本佛敎) 붓다가 살아 있을 때부터 그의 직제자가 살아 있을 때까지의 초기 불교를 말함. 또는 원시불교(原始佛敎)와 같은 뜻으로도 사용함.

근본살바다부(根本薩婆多部) 살바다부(薩婆多部)는 ⓢsarvāsti-vāda의 음역. 설일체유부(說一切有部)와 같음. 근본(根本)은 독자부(犢子部)·화지부(化地部)·음광부(飮光部)·경량부(經量部) 등의 본류라는 뜻.

근본설일체유부(根本說一切有部) 설일체유부(說一切有部)와 같음. 근본(根本)은 독자부(犢子部)·화지부(化地部)·음광부(飮光部)·경량부(經量部) 등의 본류라는 뜻.

근본식(根本識) 아뢰야식(阿賴耶識)의 별명. 아뢰야식은 다른 여러 식(識)을 일으키는 근본이므로 이와 같이 말함.

근본의(根本依) 모든 식(識)의 근원적인 의지처인 아뢰야식(阿賴耶識)을 말함.

근본정(根本定) 사선(四禪)과 사무색정(四無色定)의 여덟 선정(禪定) 각각에 근본정(根本定)과 근분정(近分定)이 있는데, 각 근본정은 그 아래 단계의 수혹(修惑)을 끊은 선정이고, 근분정은 근본정에 들기 위해 닦는 예비 선정을 말함. 근분(近分)은 근본정에 가까운 영역이라는 뜻.

근본정려(根本靜慮) 근본정(根本定)과 같음.

근본지(根本智) 무분별지(無分別智)라고도 함. 모든 분별이 끊어진 지혜. 분별하지 않는 깨달음의 지혜. 번뇌와 망상을 일으키지 않는 지혜. 모든 분별이 끊어져 집착하지 않는 지혜. 주관과 객관의 대립을 떠나, 있는 그대로 직관하는 지혜. 판단이나 추리에 의하지 않고 대상을 있는 그대로 파악하는 지혜.

근본혹(根本惑) 혹(惑)은 번뇌를 뜻함. 근본번뇌(根本煩惱)와 같음.

근본회(根本會) 금강계만다라(金剛界曼荼羅)의 중앙에 있는 성신회(成身會)는 그 만다라에서 가장 중요하므로 이와 같이 말함.

근분정(近分定) 근분(近分)은 근본정(根本定)에 가까운 영역이라는 뜻. 사선(四禪)과 사무색정(四無色定)의 여덟 선정(禪定) 각각에 근본정(根本定)과 근분정(近分定)이 있는데, 근분정은 근본정에 들기 위해 닦는 예비 선정이고, 각 근본정은 그 아래 단계의 수혹(修惑)을 끊은 선정을 말함.

근사남(近事男) ⓢⓟupāsaka 근사(近事)는 삼보(三寶)를 가까이하여 섬긴다는 뜻. 출가하지 않고 재가(在家)에서 부처의 가르침에 따르는 남자 신도, 곧 우바새(優婆塞).

근사녀(近事女) ⓢⓟupāsikā 출가하지 않고 재가(在家)에서 부처의 가르침에 따르는 여자 신도, 곧 우바이(優婆夷).

근사율의(近事律儀) 출가하지 않고 재가(在家)에서 부처의 가르침에 따르는 신도가 지켜야 할 계율, 곧 오계(五戒).

근상하지력(根上下智力) 십력(十力)의 하나. 중생의 능력이나 소질의 우열을 아는 부처의 능력.

근원계(近圓戒) 비구와 비구니가 받아 지켜야 할 구족계(具足戒)을 말함. 원(圓)은 열반을 뜻함. 구족계는 열반에 가까이 가는 계율이라는 뜻.

근율의(根律儀) 육근(六根)을 삼가고 통제함.

근주(近住) 삼보(三寶) 가까이에 머문다는 뜻. 재가(在家)의 신도가 육재일(六齋日), 곧 음력 매월 8·14·15·23·29·30일에 하루 낮 하룻밤 동안 팔재계(八齋戒)를 지키는 일. ⇒ 포살(布薩)

근주계(近住戒) 재가(在家)의 신도가 육재일(六齋日)에 하루 낮 하룻밤 동안 지키는 계율, 곧 팔재계(八齋戒)를 말함.

근주율의(近住律儀) 근주계(近住戒)와 같음.

근주재계(近住齋戒) 근주계(近住戒)와 같음.

근진(根塵) 근경(根境)과 같음.

근진식(根塵識) 근경식(根境識)과 같음.

근책(勤策) ⓢśrāmaṇera ⓟsāmaṇera 비구가 되기 위해 힘써 자신을 채찍질한다는 뜻. 출가하여 십계(十戒)를 받고, 구족계(具足戒)를 받기 전의 남자 승려, 곧 사미(沙彌).

근책녀(勤策女) ⓢśrāmaṇerī ⓟsāmaṇerī 비구니가 되기 위해 힘써 자신을 채찍질하는 여자라는 뜻. 출가하여 십계(十戒)를 받고, 구족계(具足戒)를 받기 전의 여자 승려, 곧 사미니(沙彌尼).

근책녀율의(勤策女律儀) 사미니계(沙彌尼戒)와 같음.

근책율의(勤策律儀) 사미계(沙彌戒)와 같음.

근행(勤行) 힘써 수행함.

금강(金剛) ⓢvajra ①가장 견고함. 가장 단단함. 가장 뛰어남. ②견고하므로 번뇌나 장애를 부수어 소멸시키는 것을 비유함. ③금강저(金剛杵)의 준말. ④금강역사(金剛力士)의 준말. ⑤다이아몬드.

금강경(金剛經) 금강반야바라밀경(金剛般若波羅密經)의 준말.

금강경도량(金剛經道場) 고려 때, 금강경을 독송하면서 비 오기를 빌거나 재난이 없기를 빌던 의식.

금강경삼가해(金剛經三家解) 5권. 야보(冶父)의 금강경주(金剛經註)와 종경(宗鏡)의 금강경제강(金剛經提綱), 그리고 그 두 주석의 어려운 부분을 해설한 기화(己和)의 설의(說誼)를 한글로 토를 달고 번역한 책. 조선 성종 때 간행.

금강경오가해(金剛經五家解) 구마라집(鳩摩

羅什)이 번역한 금강경의 주석서로서, 당(唐) 규봉 종밀(圭峰宗密)의 금강반야경소론찬요(金剛般若經疏論纂要), 당(唐) 육조 혜능(六祖慧能)의 금강반야바라밀다경해의(金剛般若波羅蜜多經解義), 양(梁) 부대사(傅大士)의 금강경송(金剛經頌), 송(宋) 야보 도천(冶父道川)의 금강경주(金剛經註), 송(宋) 종경(宗鏡)의 금강경제강(金剛經提綱)을 하나로 묶은 책.

금강경오가해설의(金剛經五家解說誼) 2권. 조선의 기화(己和) 지음. 금강경오가해(金剛經五家解)를 교정하고, 그 가운데 주로 야보(冶父)의 금강경주(金剛經註)와 종경(宗鏡)의 금강경제강(金剛經提綱)을 해설한 책.

금강계(金剛界) ⓢvajra-dhātu 금강정경(金剛頂經)에 의거하여 대일여래(大日如來)의 지혜를 드러낸 부문으로, 그 지혜가 견고하여 모든 번뇌를 깨뜨리므로 금강(金剛)이라 함.

금강계단(金剛戒壇) 부처의 사리(舍利)를 모시고 수계의식(授戒儀式)을 행하는 곳.

금강계만다라(金剛界曼荼羅) 금강정경(金剛頂經)에 의거하여 대일여래(大日如來)의 지혜를 상징적으로 묘사한 그림.

금강권

금강권(金剛拳) 사종권(四種拳)의 하나. 네 손가락으로 엄지손가락을 감싸 쥔 주먹 모양.

금강능단반야바라밀경(金剛能斷般若波羅密經) 1권. 수(隋)의 급다(笈多) 번역. 금강반야바라밀경(金剛般若波羅密經)의 다른 번역.

금강령(金剛鈴) 밀교에서 의식을 행할 때, 손에 쥐고 흔들어 소리내는 작은 종 모양의 기구.

금강멸정(金剛滅定) 온갖 분별과 번뇌를 깨뜨려 소멸시켜 버리는 선정(禪定).

금강밀적(金剛密迹) 손에 금강저(金剛杵)를 지니고 부처를 보호한다는 신(神). 항상 부처 곁에서 그의 비밀스러운 행적을 들으려고 하므로 밀적(密迹)이라 함.

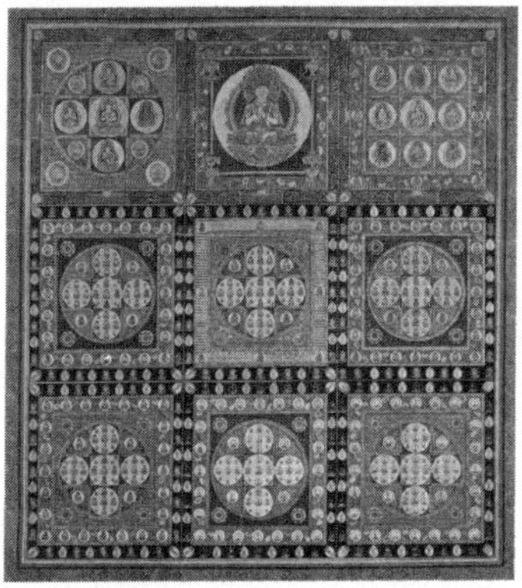
금강계만다라

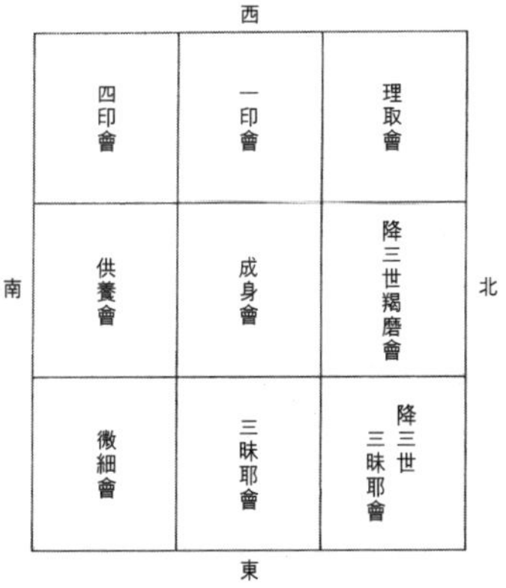

금강계만다라 구조도

금강반야경(金剛般若經) 금강반야바라밀경(金剛般若波羅密經)의 준말.

금강반야바라밀경(金剛般若波羅密經) 관념에 집착 없이 마음을 일으키고 실천하는 지혜의 완성을 설한 경. 여섯 가지 번역이 있음. (1)금강반야바라밀경(金剛般若波羅密經). 1권. 요진(姚秦)의 구마라집(鳩摩羅什) 번역. (2)금강반야바라밀경(金剛般若波羅密經). 1권. 북위(北魏)의 보리류지(菩提流支) 번역. (3)금강반야바라밀경(金剛般若波羅密經). 1권. 진(陳)의 진제(眞諦) 번역. (4)금강능단반야바라밀경(金剛能斷般若波羅密經). 1권. 수(隋)의 급다(笈多) 번역. (5)당(唐)의 현장(玄奘)이 번역한 대반야바라밀다경(大般若波羅蜜多經) 600권 중 제577권의 능단금강분(能斷金剛分). (6)능단금강반야바라밀다경(能斷金剛般若波羅蜜多經). 1권. 당(唐)의 의정(義淨) 번역.

금강반야바라밀경오가해설의(金剛般若波羅密經五家解說誼) 금강경오가해설의(金剛經五家解說誼)의 본이름.

금강부(金剛部) 금강계만다라(金剛界曼茶羅)와 태장계만다라(胎藏界曼茶羅)에서, 여러 부처의 지혜를 나타낸 부분.

금강산(金剛山) 수미산(須彌山)의 사주(四洲)를 둘러싸고 있는 철위산(鐵圍山)을 말함.

금강살타(金剛薩埵) ⓢvajra-sattva의 음사. 대일여래(大日如來)의 권속 가운데 우두머리로, 보리심(菩提心) 또는 그 여래의 지혜를 상징하는 보살. 손에 금강저(金剛杵)를 지니고 있음.

금강삼마제(金剛三摩提) 금강삼매(金剛三昧)와 같음.

금강삼매(金剛三昧) ①온갖 분별과 번뇌를 깨뜨려 버리는 삼매. ②모든 현상을 꿰뚫어 환히 아는 삼매.

금강삼매경론(金剛三昧經論) 3권. 신라의 원효(元曉) 지음. 금강삼매경의 주석서로, 그 경의 주제를 원인과 결과는 인식 대상과 인식 주관을 떠나지 않고, 인식 대상과 인식 주관은 둘이 아니라고 주시하는 일미관행(一味觀行)으로 파악함.

금강수(金剛手) ①ⓢvajra-pāṇi 손에 금강저(金剛杵)를 지니고 있는 불교의 수호신. ②금강살타(金剛薩埵)와 같음.

금강수(金剛水) 관정(灌頂) 때, 삼매야계(三昧耶戒)를 받는 수행자가 깨달음을 이루겠다는 서약의 뜻으로 마시는 향수(香水).

금강수원(金剛手院) 태장계만다라(胎藏界曼茶羅)의 중대팔엽원(中臺八葉院) 오른쪽에 있는 그림으로, 금강저(金剛杵)를 들고 있는 금강수(金剛手) 곧 금강살타(金剛薩埵)를 중심으로 하여 여러 보살이 그려져 있는데, 이는 번뇌를 부수는 대일여래(大日如來)의 지혜를 나타냄.

금강승(金剛乘) ⓢvajra-yāna 소승(小乘)·대승(大乘)이라 하듯이, 밀교(密教)에서 대일여래(大日如來)의 가르침은 금강과 같이 견고하다고 하여 이와 같이 말함.

금강신(金剛身) ①불변하는 진리 그 자체. ②모든 분별과 번뇌를 깨뜨려 버린 주체. ③마음이 견고하여 어떠한 것에도 흔들리지 않는 주체. ④부처의 육신.

금강신(金剛神) 손에 금강저(金剛杵)를 지니고 있는 불교의 수호신을 통틀어 일컬음.

금강심(金剛心) 금강과 같이 견고하여 어떠한 것에도 흔들리지 않는 마음.

금강야차명왕(金剛夜叉明王) 악한 짓을 저지른 중생을 마구 집어삼킨다는 존(尊).

금강역사(金剛力士) 손에 금강저(金剛杵)를 지니고 있는 불교의 수호신.

금강염구(金剛焰口) 금강야차명왕(金剛夜叉明王)과 같음.

금강위산(金剛圍山) 수미산(須彌山)의 사주(四洲)를 둘러싸고 있는 철위산(鐵圍山)을 말함.

금강유삼매(金剛喩三昧) 금강유정(金剛喩定)과 같음.

금강유정(金剛喩定) 금강에 비유되는 선정(禪定)이라는 뜻. 온갖 분별과 번뇌를 깨뜨려 버리는 선정.

금강자(金剛子) 악차(惡叉)의 열매로 만든 염주.

금강장(金剛場) ⓢvajra-maṇḍala 붓다가 깨달음을 이룬 곳, 곧 우루벨라(uruvelā) 마을의 네란자라(nerañjarā) 강변에 있는 붓다가야(buddhagayā)의 보리수(菩提樹) 아래를 말함.

금강장(金剛藏) 등각(等覺)의 경지에 이른 보살의 수행과 깨달음에 대해 설한 부처의 가르침.

금강저(金剛杵) 밀교의 의식에 쓰이는 기구로, 번뇌를 타파하는 부처의 지혜를 상징함. 금·은·구리·철·나무 등으로 만드는데, 손잡이의 두 끝 부분이 갈라지지 않은 것을 독고저(獨鈷杵), 세 갈래로 갈라진 것을 삼고저(三鈷杵), 다섯 갈래로 갈라진 것을 오고저(五鈷杵)라고 함.

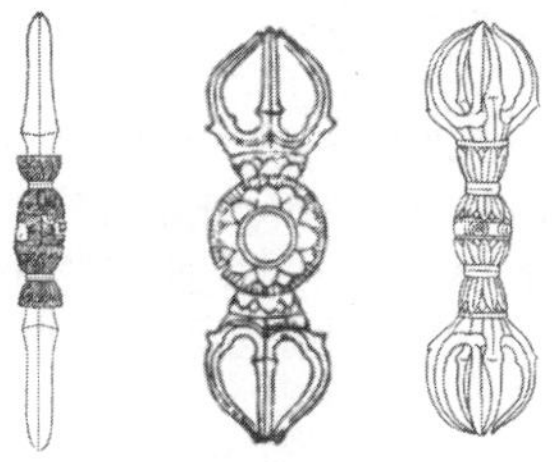

금강저

금강정(金剛定) 금강유정(金剛喩定)과 같음.

금강정경(金剛頂經) 본이름은 금강정일체여래진실섭대승현증대교왕경(金剛頂一切如來眞實攝大乘現證大敎王經). 3권. 당(唐)의 불공(不空) 번역. 금강정부(金剛頂部)에 속하는 경전에는 18가지가 있는데, 그 첫번째 경전의 4품 가운데 1품을 번역한 것. 수행자가 신체로는 인계(印契)를 맺고, 입으로는 진언(眞言)을 외우고, 마음으로는 부처를 깊이 주시하여, 부처의 삼밀(三密)과 수행자의 삼밀이 수행자의 체험 속에서 서로 합일됨으로써 현재의 이 육신이 그대로 부처가 되는 즉신성불(卽身成佛)을 설하고, 만다라(曼荼羅)를 제작하는 방법, 관정(灌頂)하는 방법, 공양법(供養法) 등에 대해 설함. 이 경(經)의 세계를 상징적으로 묘사한 것이 금강계만다라(金剛界曼荼羅)임.

금강정유가중약출염송경(金剛頂瑜伽中略出念誦經) 4권. 당(唐)의 금강지(金剛智) 번역. 금강정경(金剛頂經) 가운데 유가(瑜伽) 수행의 핵심 내용을 골라 번역한 것.

금강정일체여래진실섭대승현증대교왕경(金剛頂一切如來眞實攝大乘現證大教王經) 금강정경(金剛頂經)의 본이름.

금강정찰(金剛淨刹) 금강과 같이 가장 뛰어나고 청정한 곳이라는 뜻, 곧 사찰을 말함.

금강좌(金剛座) 붓다가 깨달음을 이룬 때의 자리, 곧 우루벨라(uruvelā) 마을의 네란자라(nerañjarā) 강변에 있는 붓다가야(buddhagayā)의 보리수(菩提樹) 아래를 말함.

금강지(金剛智) ①모든 번뇌를 깨뜨리는 부처의 지혜. ②번뇌에 오염된 아뢰야식(阿賴耶識)을 질적으로 변혁하여 얻은 대원경지(大圓鏡智)를 말함. ③ⓢvajrabodhi 669-741. 남인도 말라구타국(秣羅矩吒國) 출신. 10세에 중인도 나란타사(那爛陀寺)에 출가하여 20세에 구족계(具足戒)를 받고 여러 경론(經論)을 배움. 31세에 남인도에 가서 용지(龍智, nāgabodhi)에게 7년 동안 밀교(密教)를 배움. 719년에 광동성(廣東省) 광주(廣州)에 이르고, 이듬해 낙양(洛陽)에 와서 대자은사(大慈恩寺)·천복사(薦福寺)에 머물면서 밀교(密教)를 전파함. 723년부터 자성사(資聖寺)에서 금강정유가중약출염송경(金剛頂瑜伽中略出念誦經) 등 8종 11권을 번역함. 낙양 광복사(廣福寺)에서 입적함.

금강찰(金剛刹) 금강과 같이 가장 뛰어난 곳이라는 뜻, 곧 사찰을 말함.

금강철위산(金剛鐵圍山) 수미산(須彌山)의 사주(四洲)를 둘러싸고 있는 철위산(鐵圍山)을 말함.

금강침론(金剛針論) 1권. 한역(漢譯)에는 지은이가 법칭(法稱)으로 되어 있으나 범본(梵本)에는 아쉬바고샤(aśvaghoṣa, 馬鳴)로 되어 있음. 송(宋)의 법천(法天) 번역. 사성(四姓) 제도를 반박하고 인간의 평등을 주장한 저술.

금계(禁戒) 계율.

금고(金鼓) 금속으로 만든 징 모양의 악기로, 대중을 모을 때 채로 쳐서 소리를 냄.

금광명경(金光明經) 4권. 북량(北涼)의 담무참(曇無讖) 번역. 참회하는 법, 업장(業障)의 소멸, 사천왕(四天王)에 의한 국가의 보호, 불법(佛法)을 보호하는 국왕의 공덕, 이 경을 설하고 독송하는 이의 공덕에 대해 설한 경.

금광명경도량(金光明經道場) 신라·고려 때, 금광명경을 독송하면서 외적으로부터 나라를 지키려거나 비 오기를 빌던 의식.

금광명최승왕경(金光明最勝王經) 10권. 당(唐)의 의정(義淨) 번역. 금광명경(金光明經)의 다른 번역.

금구(金口) 부처의 입을 높여 이르는 말, 또는 그 입에서 나온 가르침.

금당(金堂) 불상을 모신 사찰의 중심 건물로, 이 명칭은 부처의 몸이 금빛이라는 데서 유래함.

금란가사(金襴袈裟) 금빛이 나는 실로 짠 베로 만든 가사.

금륜(金輪) 수미산 둘레에 있는 구산팔해(九山八海)와 사주(四洲) 밑에는 그것들을 떠받치고 있는 거대한 세 원통형의 층(層)이 있는데, 위층을 금륜(金輪), 중간층을 수륜(水輪), 아래층을 풍륜(風輪)이라 함.

금보사국(金菩闍國) 감보차국(甘菩遮國)과 같음.

금비라(金毘羅) ⓢkumbhīra의 음사. 불법(佛法)을 수호한다는 야차(夜叉)의 우두머리.

금사(金師) 금을 제련(製鍊)하는 사람.

금산사(金山寺) 전북 김제시 모악산 서쪽 기슭에 있는 절. 대한불교조계종 제17교구 본사. 600년(백제 법왕 2)에 창건하고, 766년에 신라의 진표(眞表)가 중축함. 1079년에 혜덕(慧德)이 보수·중축하고, 1597년 정유재란 때 모두 불탐. 1601년에 수문(守文)이 다시 짓기 시작하여 1635년에 완성한 후 여러 차례 보수함. 1986년에 대적광전(大寂光殿)이 불타고 다시 지음. 문화재 : 미륵전(彌勒殿)·노주(露柱)·석련대(石蓮臺)·혜덕왕사진응탑비(慧德王師眞應塔碑)·오층석탑·석종(石鐘)·육각다층석탑(六角多層石塔)·당간지주(幢竿支柱)·대장전(大藏殿)·석등(石燈).

금색상(金色相) 삼십이상(三十二相)의 하나. 몸이 금빛임.

금생(今生) 이 세상에서의 일생.

금시조(金翅鳥) ⓢgaruḍa 조류(鳥類)의 왕으로 용을 잡아먹고 산다는 거대한 상상의 새. ⇒ 가루라(迦樓羅)

금어(金魚) 단청(丹靑)이나 불화(佛畵)를 그리는 일에 종사하는 승려.

금언(金言) 부처의 가르침을 높여 이르는 말.

금오(金烏) 태양을 달리 이르는 말.

금윤보(金輪寶) 전륜성왕(轉輪聖王)이 지니고 있는 금으로 된 보물로, 이것을 굴려 모든 장애를 물리친다고 함.

금윤왕(金輪王) 금으로 된 윤보(輪寶)를 지니고 있는 전륜성왕(轉輪聖王). 이 윤보를 굴려 모든 장애를 물리치고, 수미산(須彌山)의 사방에 있는 네 대륙을 다스린다고 함.

금은사(金銀師) 금이나 은을 제련(製鍊)하는 사람.

금주(禁呪) 부처나 보살 등의 서원(誓願)이나 덕(德)을 나타내는 신성한 주문, 또는 재난이나 질병 등을 면하기 위해 외우는 비밀스러운 주문으로, 범어를 번역하지 않고 음사하여 읽음.

금주장(禁呪藏) 주문(呪文)을 설한 경전을 통틀어 일컬음.

금지국(金地國) ⓢsuvarṇa-bhūmi ①기수급고독원(祇樹給孤獨園) 남쪽에 인접해 있던 고대 국가. ②지금의 미얀마 남부에 있던 고대 국가.

금진(金塵) ⓢloha-rajas 금 속의 틈을 통과할 정도로 아주 미세한 대상. ⇒ 극미(極微)

금찰(金刹) ①탑 꼭대기에 세워 산개(傘蓋)·방울·구슬 등을 매달아 두는, 금빛 나는 버팀대. ②사찰을 높여 일컫는 말.

금칠십론(金七十論) 3권. 진(陳)의 진제(眞諦) 번역. 자재흑(自在黑, īśvara-kṛṣṇa)이 지은 70송(頌)으로 된 상캬카리카(sāṃkhya-kārikā)에 대한 주석서로, 상캬(sāṃkhya) 학파의 교리를 체계적으로 밝힌 저술.

금탁(金鐸) 작은 종에 쇠 추(錘)를 매단 기구로, 전각(殿閣)의 처마 끝이나 탑의 지붕돌에 매달아 바람에 흔들려 맑은 소리가 나게 함.

급고독(給孤獨) ⓢanāthapiṇḍada ⓟanāthapiṇḍika 사위성(舍衛城)의 기타(祇陀) 태자에게 황금을 주고 구입한 동산에 기원정사(祇園精舍)를 지어 붓다에게 바친 수달(須達, sudatta)의 별명. 외로운 이에게 항상 옷과 음식을 베풀었으므로 붙여진 별명.

급다(笈多) 달마급다(達摩笈多)의 준말.

급수륜(汲水輪) 급정륜(汲井輪)과 같음.

급시의(急施衣) 출가 수행자가 특별히 기부받은 옷.

급암종신(及庵宗信) ⇒ 종신(宗信)

급정륜(汲井輪) 두레우물의 돌고 도는 도르래. 괴로운 생존을 끝없이 되풀이하는 것을 비유함.

긍가(殑伽) ⓢⓟgaṅgā의 음사. 지금의 갠지스 강으로, 네팔 서북쪽의 강고트리(Gangotri)에서 발원하여 바라나시(Varanasi)·파트나(Patna)를 거쳐 벵갈(Bengal) 만(灣)으로 흘러 들어감.

긍갈라(矜羯羅) ①ⓢkiṃkara의 음사. 노예(奴隷)·수순(隨順)이라 번역. 부동명왕(不動明王)을 그 왼쪽에서 보좌하는 동자(童子). ②ⓢkaṅkara의 음사. 수의 단위로, 10^{15}.

긍선(亘璇) 1767-1852. 조선 후기의 승려. 전북 고창 출신. 법호는 백파(白坡). 18세에 선운사(禪雲寺)에 출가하고, 24세에 상언(尙彦, 1707-1791)에게 구족계(具足戒)를 받음. 26세에 백양사 운문암(雲門庵)에서 처음으로 경론(經論)을 강의하기 시작하여 20여 년 동안 후학들을 지도하다가 1812년에 강의를 그만두고 참선에 몰두함. 순창 구암사(龜巖寺)에 머물면서 법회를 개최하여 선풍(禪風)을 일으키고, 지리산 화엄사 옆에 작은 암자를 짓고 머물다가 입적함. 저서 : 선문수경(禪文手鏡)·수선결사문과석(修禪結社文科釋)·선요기(禪要記)·작법귀감(作法龜鑑) 등.

긍양(兢讓) 878-956. 신라 말·고려 초의 승려. 공주 출신. 공주 남혈원(南穴院)에 출가하고, 20세에 계룡산 보현정사(普賢精舍)에서 구족계(具足戒)를 받고, 서혈원(西穴院)의 양부(楊孚, ?-917)를 스승으로 모심. 900년에 당(唐)에 가서 석두 희천(石頭希遷) 문하의 선법(禪法)을 전해 받고 924년에 귀국하여 합천 초계 백엄사(伯嚴寺)에 머무름. 935년에 희양산에 가서 봉암사(鳳巖寺)를 다시 짓고 선풍(禪風)을 크게 일으킴. 시호는 정진(靜眞).

기(記) ①ⓢvyākaroti 결정함. ②ⓢvyākaraṇa 부처가 제자에게 미래에 성불할 것이라고 예언함. ③경(經)·논(論)·소(疏)의 낱말이나 문장의 뜻을 알기 쉽게 풀이한 글, 또는 그 책.

기(機) ①어떤 일이 일어날 조짐이나 가능성. ②마음의 작용이나 상태. 부처의 가르침을 받아들일 수 있는 중생의 소질이나 능력. ③동작.

기(基) 632-682. 당(唐)의 승려. 장안(長安) 출신. 성(姓)은 위지(尉遲), 자(字)는 홍도(洪道). 흔히 자은대사(慈恩大師)·규기(窺基)라고도 함. 17세에 홍복사(弘福寺)에 출가하여 현장(玄奘, 602-664)에게 사사(師事)하고, 25세부터 자은사(慈恩寺)에서 현장과 함께 역경(譯經)에 종사함. 진제(眞諦, 499-569) 계통의 유식학(唯識學)을 비판하고 현장 계통의 법상종(法相宗)의 교학을 확립함. 자은사 역경원(譯經院)에서 입적함. 저서 : 성유식론술기(成唯識論述記)·성유식론장중추요(成唯識論掌中樞要)·유가사지론약찬(瑜伽師地論略纂)·대승법원의림장(大乘法苑義林章)·설무구칭경소(說無垢稱經疏)·법화현찬(法華玄贊) 등.

기감(機感) 부처의 가르침을 받아들이는 중생의 소질이나 능력.

기관(機關) ①계략. 조작. 장치. ②제자를 지도하는 스승의 수단·방법.

기관목인(機關木人) 기관(機關)은 조작·장치, 목인(木人)은 꼭두각시를 뜻함. 중생은 오온(五蘊)의 일시적인 화합에 지나지 않으므로 이와 같이 말함.

기구(耆舊) 기년(耆年)과 같음.

기권(機權) 일시적인 방편으로서의 교묘한 계략.

기근(機根) 부처의 가르침을 받아들일 수 있는 중생의 소질이나 근성.

기년(耆年) 수행 기간이 길고, 덕이 높고, 나이가 지긋한 승려를 높여 일컫는 말.

기두(祇頭) 기타(祇陀)와 같음.

기론(記論) 음성학·문법학에 대한 바라문교의 문헌.

기류(機類) ①중생의 다양한 소질이나 능력. ②중생.

기륜(機輪) 스승이 제자를 지도하는 방법이 자유 분방함을 바퀴에 비유한 말.

기림사(祇林寺) 경북 경주시 양북면 함월산 남동쪽 기슭에 있는 절. 불국사(佛國寺)의 말사. 643년에 신라의 광유(光有)가 창건하고, 원효(元曉)가 증축함. 1652년에 다시 짓고, 1718년에 증축하고, 1862년에 일부분 불타고 이듬해 복구함. 이후 여러 차례 보수·증축함. 일제 강점기 때 삼십일본산(三十一本山)의 하나로 지정됨. 문화재 : 건칠보살좌상(乾漆菩薩坐像)·대적광전(大寂光殿)·소조비로자나삼존불상(塑造毘盧遮那三尊佛像).

기바(耆婆) ⓢⓟjīvaka의 음사. 활(活)·명(命)이라 번역. 고대 인도의 이름난 의사. 아버지는 알 수 없고, 어머니는 왕사성(王舍城)의 창녀 살라바티(sālavati). 그녀는 아들을 낳아 쓰레기 더미에 버렸는데, 그 곁을 지나던 빔비사라(bimbisāra) 왕의 아들 아바야(abhaya)가 데려다 양육함. 펀자브(Punjab) 북쪽 지역에 있던 건타라국(乾陀羅國)의 탁샤실라(takṣaśila)에 가서 7년 동안 의술을 배움.

기바기바(耆婆耆婆) ⓢjīva-jīvaka의 음사. 공명조(共命鳥)·명명조(命命鳥)라 번역. 인도의 북동 지역에 서식하는 꿩의 일종. jīva-jīvaka는 그 새의 소리에 의한 이름.

기변(機變) 그때그때의 상황에 적합한 수단·방법.

기변(機辯) 상대의 소질이나 능력에 따라 알맞게 구사하는 말솜씨.

기별(記別) ①허락함. ②ⓢvyākaraṇa 부처가 제자에게 미래에 성불할 것이라고 예언함.

기봉(機鋒) 선승(禪僧)의 예리한 말이나 동작.

기사굴산(耆闍崛山) ⓟgijja-kūṭa의 음사. 영

취(靈鷲)·취두(鷲頭)·취봉(鷲峰)이라 번역. 고대 인도에 있던 마가다국(magadha國)의 도읍지인 왕사성(王舍城)에서 동쪽 약 3km 지점에 있는 산.

기설시도(記說示導) 삼종시도(三種示導)의 하나. 보살이 고통받고 있는 중생을 항상 잊지 않고 가르침을 설하여 구제함.

기세간(器世間) 세간은 변하면서 흘러가는 현상을 뜻함. 생물들이 거주하는 자연 환경, 곧 산하 대지.

기세경(起世經) 10권. 수(隋)의 사나굴다(闍那崛多) 번역. 세계의 성립과 파괴의 과정을 설한 경.

기세계(器世界) 기세간(器世間)과 같음.

기수급고독원(祇樹給孤獨園) ⓢjetavana anāthapiṇḍadasyārāma의 음역. jeta는 기타(祇陀)·서다(誓多)라고 음사, 승(勝)이라 번역, 사위성(舍衛城)의 성주(城主) 파사닉왕(波斯匿王)의 태자 이름. vana은 반나(槃那)라고 음사, 수(樹)·임(林)·원(園)이라 번역. anāthapiṇḍada는 아난빈저(阿難邠低)·아나빈저(阿那邠低)라고 음사, 급고독(給孤獨)이라 번역, 수달(須達, sudatta)의 별명. ārāma는 아람(阿藍)이라 음사, 원(園)이라 번역. 사위성 남쪽에 인접해 있는 동산으로, 수달이 기타 태자에게 황금을 주고 매입하여 이곳에 기원정사(祇園精舍)를 지어 붓다에게 바침.

기숙(耆宿) 수행 기간이 길고, 덕이 높고, 나이가 지긋한 승려를 높여 일컫는 말.

기신도량(忌辰道場) 신라·고려·조선 때, 왕이 선왕(先王)이나 선왕후(先王后)의 기일(忌日)에 사찰에서 그의 명복을 빌던 의식.

기신론(起信論) 대승기신론(大乘起信論)의 준말.

기신론별기(起信論別記) 대승기신론별기(大乘起信論別記)의 준말.

기실(記室) 선원(禪院)의 문서를 관리하는 직책, 또는 그 일을 맡은 승려.

기심륜(記心輪) 삼륜(三輪)의 하나. 부처가 중생들의 마음을 알고 그에 따라 교화함. 기(記)는 구별하여 안다는 뜻, 윤(輪)은 전륜성왕이 윤보(輪寶)를 굴려 모든 장애를 부수듯 중생의 번뇌를 부순다는 뜻.

기악(伎樂) 음악. 춤곡.

기야(祇夜) ⓢgeya ⓟgeyya의 음사. 응송(應頌)·중송(重頌)이라 번역. 십이부경(十二部經)의 하나. 경전의 서술 형식에서, 산문체로 된 내용을 다시 운문체로 설한 것.

기어(綺語) 진실이 없는, 교묘하게 꾸민 말.

기업상(起業相) 육추(六麤)의 하나. 실재하지 않고 이름뿐인 대상에 집착하여 여러 가지 그릇된 행위를 일으킴.

기연(機緣) ①중생의 소질이나 능력이 부처의 가르침을 받을 만한 조건이 되는 것. ②가르침을 주고받게 된 스승과 제자의 인연. ③어떤 일이 일어나게 되는 계기·동기.

기예천(伎藝天) 대자재천(大自在天)의 이마에서 나왔다는 여신(女神)으로, 예능을 담당한다고 함.

기오사(機悟士) 깨달음에 이를 소질이나 근성을 갖춘 자.

기요(機要) 매우 중요하고 긴요함.

기원아난빈저아람(祇園阿難邠低阿藍) 기수급고독원(祇樹給孤獨園)과 같음.

기원정사(祇園精舍·祇洹精舍) 수달(須達, sudatta)이 파사닉왕(波斯匿王)의 태자 기타(祇陀)에게 황금을 주고 구입한 기수급고독원(祇樹給孤獨園)에 지어 붓다에게 바친 정사. ⇒ 기수급고독원(祇樹給孤獨園)

기응(機應) 부처의 가르침을 받아들이는 중생의 소질이나 능력과 그에 대한 부처의 반응.

기의(機宜) 상대의 마음 상태에 따라 적절하게 행동함.

기자비심(起慈悲心) 십승관법(十乘觀法)의 하나. 관불사의경(觀不思議境)을 체득하지 못한 수행자가 다시 보리심(菩提心)을 일으키고, 자비심으로 사홍서원(四弘誓願)을 세움.

기지(祇支) 승기지(僧祇支)의 준말.

기타(祇陀) ⓢⓟjeta의 음사. 사위성(舍衛城) 파사닉왕(波斯匿王)의 태자. 사위성 남쪽에 인접해 있는 그의 동산을 수달(須達, sudatta)이 황금을 주고 구입하여 그곳에 기원정사(祇園精舍)를 지어 붓다에게 바침. 동생 유리왕(琉璃王)에게 살해됨.

기타림(祇陀林) 기타수림급고독원(祇陀樹林給孤獨園)의 준말.

기타반나(祇陀槃那) 기수급고독원(祇樹給孤獨園)과 같음.

기타수림급고독원(祇陀樹林給孤獨園) 기수급고독원(祇樹給孤獨園)과 같음.

기타정사(耆陀精舍) 기원정사(祇園精舍)와 같음.

기허(騎虛) 영규(靈圭)의 호.

기화(己和) 1376-1433. 조선 초기의 승려. 충주 출신. 호는 득통(得通), 실호(室號)는 함허당(涵虛堂). 21세에 관악산 의상암(義湘庵)에 출가하고, 양주 회암사(檜巖寺)에 가서 무학자초(無學自超, 1327-1405)의 가르침을 받음. 1406년에 문경 공덕산 대승사(大乘寺)에 가서 반야경(般若經)을 세 차례 강의하고, 1410년에 개성 천마산 관음굴(觀音窟)에 머무름. 1414년에 황해도 평산 연봉사(烟峰寺)에 작은 거실을 마련하여 함허당(涵虛堂)이라 이름하고 금강경오가해설의(金剛經五家解說誼)를 강의함. 1420년에 세종의 청에 따라 개성 대자암(大慈庵)에 4년 동안 머문 후 여러 산을 편력함. 희양산 봉암사(鳳巖寺)에서 입적함. 저서 : 금강반야바라밀경오가해설의(金剛般若波羅密經五家解說誼)·금강반야바라밀경윤관(金剛般若波羅密經綸貫)·대방광원각수다라요의경설의(大方廣圓覺修多羅了義經說誼)·선종영가집과주설의(禪宗永嘉集科註說誼)·현정론(顯正論)·함허당득통화상어록(涵虛堂得通和尙語錄).

긴나라(緊那羅) ⓢkiṃnara의 음사. 의인(疑人)·인비인(人非人)이라 번역. 팔부중(八部衆)의 하나. 노래하고 춤추는 신(神)으로 형상은 사람인지 아닌지 애매하다고 함.

긴날락(緊捺洛) 긴나라(緊那羅)와 같음.

긴파(緊波) ⓢkiṃpāka의 음사. 인도의 습지에서 자라는 덩굴풀. 빨간 열매는 아름답지만 독이 있음.

길반다(吉槃茶) 구반다(鳩槃茶)와 같음.

길상(吉祥) ⓢśrī 좋음. 좋은 일이 있을 조짐. 경사스러움. 축하할 만함. 순조로움.

길상과(吉祥果) 하리제모(訶梨帝母)가 손에 지니고 있는 과일 이름. 이 과일로 악마를 물리친다고 함.

길상병(吉祥甁) 좋은 일만 있게 해 준다는 병. 밀교에서는 지신(地神)이 지니고 있는 물건이라 하고, 의식 때 이 병에 약·향수·물 등을 담아 단상(壇上)에 둠.

길상수(吉祥睡) 오른쪽 겨드랑이를 바닥에 대고 옆으로 누운 자세.

길상수(吉祥樹) 보리수(菩提樹)를 말함.

길상천(吉祥天) ⓢśrī-mahādevī 다문천왕(多聞天王)의 비(妃)로서, 복덕을 베푼다는 여신(女神).

길상초(吉祥草) ⓢkuśa 인도의 습지에서 자라는 풀. 이 풀을 엮어 좌선할 때 까는 자리로 사용함.

길수관정(吉水灌頂) 고대 인도에서 왕의 즉위식 때, 여러 강과 하천의 물을 물병에 모아 왕의 정수리에 붓던 의식.

길자(吉蔗) ⓢkṛtya ⓟkicca의 음사. 시체를 일으켜 원한이 있는 사람을 해치게 한다는 귀신.

길장(吉藏) 549-623. 수(隋)의 승려. 강소성(江蘇省) 금릉(金陵) 출신. 성(姓)은 안(安). 어려서 흥황사(興皇寺)에 출가하여 법랑(法朗)에게 백론(百論)을 배운 후 삼론학(三論學)에 정통함. 회계(會稽) 가상사(嘉祥寺), 양주(揚州) 혜일도량(慧日道場), 장안(長安) 일엄사(日嚴寺), 연흥사(延興寺) 등에 머무름. 저서 : 삼론현의(三論玄義)·중관론소(中觀論疏)·십이문론소(十二門論疏)·백론소(百論疏)·법화론소(法華論疏)·법화의소(法華義疏)·유마경의소(維摩經義疏)·금광명경소(金光明經疏)·무량수경의소(無量壽經義疏)·승만보굴(勝鬘寶窟) 등.

길차(吉遮) 길자(吉蔗)와 같음.

김룡사(金龍寺) 경북 문경시 산북면 운달산 남동쪽 기슭에 있는 절. 직지사(直指寺)의 말사. 588년에 신라의 운달(雲達)이 창건하여 운봉사(雲峰寺)라 하고, 1624년에 혜총(慧聰)이 다시 지음. 1649년에 의윤(義允)이 보수·증축하고, 18세기 이후에 김룡사로 이름을 바꿈. 일제 강점기 때 삼십일본산(三十一本山)의 하나로 지정됨.

김시습(金時習) ⇒ 설잠(雪岑)

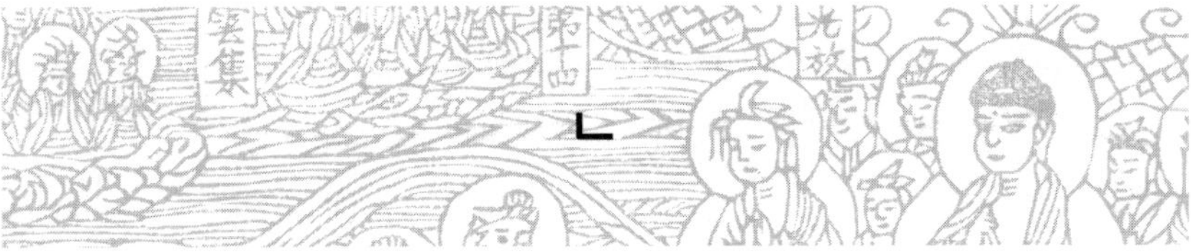

나가(那伽) ⓢnāga의 음사. ①용(龍). ②코끼리. ③불래(不來)라 번역. 아라한이나 부처를 말함.

나가(娜伽) ⓢnaga의 음사. 산(山).

나가서나(那伽犀那) ⓢnāgasena의 음사. 십육나한(十六羅漢)의 하나. 1,200명의 아라한과 함께 반도파산(半度波山)에 거주하면서 정법(正法)과 중생을 수호한다는 성자.

나가알랄수나(那伽閼剌樹那) ⓢnāgārjuna의 음사. 용수(龍樹)·용맹(勇猛)·용승(龍勝)이라 번역. ⇒ 용수(龍樹)

나개(那箇) ①그. 저. 그것. 저것. ②어느 것. 어떤 것.

나걸차(羅乞叉) ⓢrakṣā의 음사. 보호. 수호.

나계(螺髻) 머리털을 소라 껍데기처럼 빙빙 감아올린 모양.

나길니(拏吉尼) ⓢḍākinī의 음사. 어떤 사람의 죽음을 미리 알고 그의 심장을 먹는다는 귀신.

나라(那羅) ①ⓢⓟnara의 음사. 인간. ②ⓢnaṭa의 음사. 춤을 추거나 연극을 하려고 얼굴에 색칠하는 일.

나라구파(那羅鳩婆) ⓢnalakūbara의 음사. 비사문천왕(毘沙門天王)의 아들.

나라마납(那羅摩納) ⓢnara-māṇava의 음사. 소년. 청년.

나라연(那羅延) ⓢⓟnārāyaṇa의 음사. ①생본(生本)이라 번역. 비슈누(viṣṇu)의 별명. ②역사(力士)·대력(大力)이라 번역. 몸이 강건하고 힘이 센 신(神).

나라연신원(那羅延身願) 사십팔원(四十八願)의 하나. 아미타불이 법장비구(法藏比丘)였을 때 세운 서원으로, 정토의 보살들은 나라연과 같은 뛰어난 신체를 갖추도록 하겠다는 맹세.

나락(那落) 나락가(那落迦)와 같음.

나락가(那落迦) ⓢnaraka의 음사. 지옥.

나란타사(那爛陀寺) 나란타(那爛陀)는 ⓢnālandā의 음사. 왕사성(王舍城) 북쪽에 인접해 있던 사원. 쿠마라굽타(kumāragupta) 1세(414-455)가 창건한 이후, 역대 왕들이 증축하여 인도 불교의 중심지가 됨.

나마(那摩) ⓢnāma의 음사. ①나무(南無)와 같음. ②명(名)이라 번역. 명칭.

나모(南摸·南謨·那謨) 나무(南無)와 같음.

나무(南無) ⓢnamas의 음사. 귀명(歸命)·경례(敬禮)라 번역. 몸과 마음을 바쳐 믿고 의지함. 경건한 마음으로 예배함.

나반존자(那畔尊者) 남인도의 천태산에서 홀

로 수행하였다는 성자로, 과거·현재·미래의 모든 일을 꿰뚫어 알고, 중생에게 복을 주고 그의 소원을 성취시켜 준다고 함. 사찰의 독성각(獨聖閣)에 봉안함.

나발(螺髮) 머리털을 소라 껍데기처럼 빙빙 감아올린 모양.

나비춤 의식을 행할 때, 불법(佛法)을 상징하는 뜻으로 추는 춤. 특수한 의상을 입은 두 명 또는 네 명의 승려가 느린 동작으로 추는데, 반주는 범패·요령·태징·목탁·북 등으로 함.

나사(囉闍) ⓢrājan의 음사. 왕.

나서(囉逝) ⓢrājñī의 음사. 왕비.

나선비구경(那先比丘經) 2권본과 3권본이 있음. 번역자 미상. 기원전 2세기 후반에 서북 인도를 지배하고 있던 그리스 국왕 밀린다(milinda)와 인도의 비구 나가세나(nāgasena, 那先)가 불교에 대해 문답하는 형식으로 되어 있는 저술. 영혼, 개체의 구조, 윤회의 주체와 과보, 내세, 불교의 인식론과 심리학, 그리고 열반에 이르기 위한 수행론 등 다방면의 문제를 논의함.

나암잡저(懶庵雜著) 1권. 조선의 보우(普雨) 지음. 시소사법어(示小師法語)·화엄경후발(華嚴經後跋)·일정(一正) 등을 비롯하여 서(序)·기(記)·발문(跋文) 등이 수록되어 있는데, 시소사법어(示小師法語)는 마음에 대해 소사(小師)가 묻고 보우가 오언(五言)의 게송으로 답한 글이고, 일정(一正)에서는 일(一)은 천리(天理)이고, 정(正)은 인간의 청정한 마음이라 정의하고, 천인합일(天人合一)이 대도(大道)라고 하여 유교의 핵심을 드러낸 다음, 불교와 유교의 융합을 강조함.

나야(那耶) ⓢnaya의 음사. 이치. 도리. 원리. 견해.

나야(囉惹) ⓢrājan의 음사. 왕.

나열(羅閱) 나열기(羅閱祇)와 같음.

나열기(羅閱祇) ⓢrājagṛha의 음사. ⇒ 왕사성(王舍城)

나옹혜근(懶翁惠勤) ⇒ 혜근(惠勤)

나운(羅云·羅雲) 나후라(羅睺羅)와 같음.

나유다(那庾多·那由多) ⓢnayuta ⓢniyuta의 음사. 지극히 큰 수를 나타낼 때 쓰는 말이지만, 어느 정도의 수인지는 명확하지 않음. 구사론에서는 10^{11}이라 함.

나유타(那由他) 나유다(那庾多)와 같음.

나이가(羅爾迦) ⓢrājikā의 음사. 겨자씨.

나제가섭(那提迦葉) ⓟnadī-kassapa의 음사. 삼가섭(三迦葉)의 하나. 마갈타국(摩竭陀國)의 네란자라(nerañjarā) 강변에서 불을 섬기던 사화외도(事火外道)였으나 붓다의 성도(成道) 직후, 형 우루빈라가섭(優樓頻螺迦葉)이 붓다의 가르침을 듣고 500명의 제자와 함께 그에게 귀의하자, 자신도 300명의 제자와 함께 붓다에게 귀의함.

나지(那胝) ⓢnaṭī의 음사. 무희(舞姬). 여우(女優).

나집(羅什) 구마라집(鳩摩羅什)의 준말.

나차(羅叉) 낙차(洛叉)와 같음.

나찰(羅刹) ⓢrākṣasa의 음사. 가외(可畏)·속질귀(速疾鬼)라고 번역. 신속하게 땅이나 공중으로 다니면서 사람을 잡아먹는다는 무서운 악귀(惡鬼).

나찰국(羅刹國) 사람을 잡아먹는 귀신들이 사는 곳으로, 큰 바다 가운데 있다고 함.

나찰귀국(羅刹鬼國) 나찰국(羅刹國)과 같음.

나찰녀(羅刹女) 용모가 매우 아름다우며, 큰 바다 가운데 있는 섬에 살면서 사람을 잡아먹는다는 귀녀(鬼女).

나찰사(羅刹斯) ⓢrākṣasī의 음사. 나찰녀(羅刹女).

나찰사(羅刹娑·邏刹娑) 나찰(羅刹)과 같음.

나찰천(羅刹天) 나찰과 나찰녀를 다스리는 신(神).

나타(那吒) 나타구발라(那吒鳩鉢囉)의 준말.

나타구발라(那吒鳩鉢囉) ⓢnaḍakūbara의 음사. 비사문천왕(毘沙門天王)의 아들.

나파(羅婆) 납박(臘縛)과 같음.

나파마리(挪婆摩利) ⓢnavamālikā의 음사. 재스민의 일종인 덩굴식물로, 꽃에서 향료를 채취함.

나한(羅漢) 아라한(阿羅漢)의 준말.

나한계침(羅漢桂琛) ⇒ 계침(桂琛)

나한과(羅漢果) 아라한의 경지.

나한재(羅漢齋) 아라한(阿羅漢)을 신앙의 대상으로 하여 복을 구하고 재난이나 질병이 없기를 기원하는 의식.

나한전(羅漢殿) 석가모니불을 중심으로 하여 좌우에 그의 제자 가운데 아라한(阿羅漢)의 경지에 이른 성자들을 모신 사찰의 건물.

나함(那含) 아나함(阿那含)의 준말.

나형외도(裸形外道) 아무 것도 걸치지 않고 알몸으로 고행하는 자이나 교도를 일컬음.

나호라(囉怙羅) ⓢrāhula의 음사. 십육나한(十六羅漢)의 하나. 1,100명의 아라한과 함께 필리양구주(畢利颺瞿洲)에 거주하면서 정법(正法)과 중생을 수호한다는 성자.

나호라(羅怙羅) 나후라(羅睺羅)와 같음.

나후라(羅睺羅) ①ⓢrāhula의 음사. 부장(覆障)·장월(障月)·집일(執日)이라 번역. 십대제자(十大弟子)의 하나. 붓다의 아들. 붓다가 깨달음을 성취한 후 고향에 왔을 때 출가함. 지켜야 할 것은 스스로 잘 지켜 밀행제일(密行第一)이라 일컬음. ②나후라발다라(羅睺羅跋多羅)의 준말.

나후라다(羅睺羅多) 나후라발다라(羅睺羅跋多羅)와 같음.

나후라발다라(羅睺羅跋多羅) ⓢrāhulabhadra의 음사. 인도의 부법장(付法藏) 제15조. 나란타사(那爛陀寺)에 출가하여 구족계(具足戒)를 받음. 제바(提婆)의 제자. 승가난제(僧伽難提)에게 불법(佛法)을 전함.

낙(酪) ⓢⓟdadhi 우유를 발효시킨 음료.

낙가사(洛伽寺) 강원 강릉시 강동면 정동진리에 있는 절. 월정사(月精寺)의 말사. 신라의 자장(慈藏)이 창건하여 등명사(燈明寺)라 하고, 신라 말에 불타고, 고려 초에 다시 지음. 조선 중기에 폐사되고, 1956년에 경덕(景德)이 다시 짓고 낙가사라 함.

낙거라(諾距羅) ⓢnakula의 음사. 십육나한(十六羅漢)의 하나. 800명의 아라한과 함께 남섬부주(南贍部洲)에 거주하면서 정법(正法)과 중생을 수호한다는 성자.

낙걸삽미(落乞澁弭) ⓢlakṣmī의 음사. 힌두교의 여신(女神)으로, 비슈누(viṣṇu)의 비(妃).

낙근(樂根) 근(根)은 작용·기능을 뜻함. 즐거움을 느끼는 감수 작용.

낙낭(絡囊) 수행자가 휴대품을 넣어 목에 걸고 다니는 자루.

낙바라밀(樂波羅蜜) 바라밀(波羅蜜)은 ⓢpāramitā의 음사, 도피안(到彼岸)·도(度)·도무극(度無極)이라 번역. 괴로움이 없고 평온한 열반을 성취함. 안락의 완성.

낙방(樂邦) 극락 정토(極樂淨土)를 말함.

낙변화천(樂變化天) 육욕천(六欲天) 가운데 제5천으로, 이곳에 있는 신(神)들은 바라는 대상을 스스로 만들어 놓고 즐긴다고 함.

낙산사(洛山寺) 강원 양양군 낙산에 있는 절. 신흥사(神興寺)의 말사. 676년에 신라의 의상(義湘)이 창건하고, 858년에 범일(梵日)이 중축함. 고려 말에 몽고의 침략으로 대부분 불타고, 1466년(세조 12)부터 왕명으로 학열(學悅)이 다시 짓고, 1592년 임진왜란 때 모두 불탐. 1631년에 종밀(宗密)이 다시 짓고, 한국전쟁 때 모두 불타고, 1953년부터 다시 지음. 문화재 : 동종(銅鐘)·칠층석탑·홍예문(虹霓門) 등.

낙설(樂說) ⇒ 요설(樂說)

낙속통행(樂速通行) 사통행(四通行)의 하나. 집중과 통찰이 균형을 이루어 수행에 어려움이 없고 소질이나 근성도 뛰어나 빠르게 열반으로 나아감.

낙수(樂修) 삼수(三修)의 하나. 열반은 괴로움이 없는 평온한 상태라고 주시하는 수행.

낙수(樂受) 외부의 자극으로 느끼는 즐거움.

낙식(樂食) 생존을 유지시키는 즐거움. 경락식(更樂食)과 같음.

낙양가람기(洛陽伽藍記) 5권. 동위(東魏)의 양현지(楊衒之) 지음. 북위(北魏) 때에 낙양과 그 주변에 있던 여러 사찰이 조성된 유래, 그 사찰의 규모, 사찰의 행사, 서역(西域)과의 교류 등을 기록한 책.

낙욕(樂欲) ⇒ 요욕(樂欲)

낙자(絡子) 낙(絡)은 괘락(掛絡)의 준말. 자(子)는 어조사. 오조의(五條衣)를 축소시킨 것으로, 목에 걸어 가슴에 드리움.

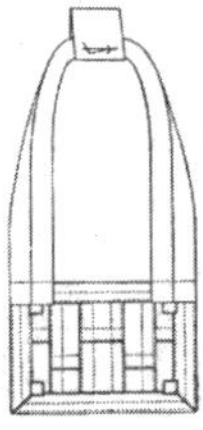
낙자

낙정(樂定) ⇒ 요정(樂定)

낙지통행(樂遲通行) 사통행(四通行)의 하나. 집중과 통찰은 균형을 이루어 수행에 어려움은 없지만 소질이나 근성이 뛰어나지 못하여 느리게 열반으로 나아감.

낙진(樂眞) 1045-1114. 고려의 승려. 경기 이천 출신. 개풍 오관산 영통사(靈通寺)의 난원(爛圓, 999-1066)에게 출가하여 12세에 구족계(具足戒)를 받고, 19세에 승과(僧科)에 합격함. 난원이 입적한 후에는 의천(義天, 1055-1101)에게 사사(師事)함. 1085년에 의천이 송(宋)에 가자 왕명으로 뒤따라가서 그와 함께 편력하고 이듬해 귀국함. 숙종 때 승통(僧統)이 되고, 1114년(예종 9)에 왕사(王師)가 됨. 개풍 귀법사(歸法寺)에서 입적함. 시호는 원경(元景).

낙차(洛叉) ⓢlakṣa의 음사. 수의 단위로, 10^5.

낙혜(樂慧) ⇒ 요혜(樂慧)

낙흘삽미(落吃澁弭) 낙걸삽미(落乞澁弭)와 같음.

난난(難難) 상대편의 말을 일부러 곡해하여 비난함.

난단환(難檀桓) ⓢnandana-vana의 음사. 환희원(歡喜苑)이라 번역. 제석(帝釋)의 도읍지인 선견성(善見城) 밖의 북쪽에 있다는 정원.

난문(難問) 비난함. 책망함. 반론함.

난법(煖法) 난위(煖位)와 같음.

난사(難思) 난사의(難思議)와 같음.

난사광불(難思光佛) 불가사의한 광명을 발하는 부처, 곧 아미타불.

난사의(難思議) 말로 나타낼 수도 없고 마음으로 헤아릴 수도 없음. 생각이 미치지 못함. 생각할 수도 없는 놀라운 일.

난생(卵生) 사생(四生)의 하나. 알에서 깨어나는 것.

난선(難禪) 구종대선(九種大禪)의 하나. 닦기 어려운 선정이라는 뜻으로, 자신이 얻은 공덕을 중생에게 돌리고 깨달음을 이루는 선정(禪定).

난순(欄楯) 울타리.

난승지(難勝地) 십지(十地)의 하나. 끊기 어려운 미세한 번뇌를 소멸시키는 단계.

난야(蘭若) ①아란야(阿蘭若)의 준말. ②사찰.

난원(爛圓) 999-1066. 고려의 승려. 개풍 오관산 영통사(靈通寺)에 머물고, 1058년(문종 12)에 왕사(王師)가 됨. 의천(義天, 1055-1101)에게 화엄학을 가르침. 시호는 경덕국사(景德國師).

난위(煖位) 사선근위(四善根位)의 하나. ①견도(見道)를 불에 비유하여, 따뜻하므로 그 경지에 가까운 단계라는 뜻. 범부의 지혜로써 사제(四諦)를 분석적으로 관찰하는 단계. ②객관 대상은 허구라고 주시하는 단계.

난타(難陀) ⓢⓟnanda의 음사. 환희(歡喜)·가락(嘉樂)이라 번역. ①정반왕(淨飯王)과 마하파사파제(摩訶波闍波提) 사이에서 태어난, 붓다의 이복 동생. 붓다가 깨달음을 성취한 후 고향에 왔을 때 출가함. ②육군비구(六群比丘)의 하나. 붓다 당시에 악행을 일삼은 비구. ③십대논사(十大論師)의 하나. 6세기경. 세친(世親)의 유식삼십송(唯識三十頌)에 대한 주석서를 지음.

난타용왕(難陀龍王) 난타(難陀)는 ⓢnanda의 음사, 환희(歡喜)라고 번역. 팔대용왕(八大龍王)의 하나. 팔대용왕 가운데 우두머리.

난향초(蘭香梢) ⓢarjakamañarī 피라미드 모양으로 자라는 관목. 나무 끝의 꽃대에 여러 개의 꽃이 붙어서 피는데, 꽃봉오리가 필 때 일곱 장의 꽃잎으로 갈라짐.

날락가(捺落迦) ⓢnaraka의 음사. 지옥.

날마(捺麻) ⓢnāma의 음사. 이름.

날사(剌闍) ⓢrajas의 음사. 삼덕(三德)의 하나. 상캬 학파에서 설하는, 물질의 근원인 자성(自性, ⓢprakṛti)이 갖추고 있는 우(憂)의 성질.

남도파(南道派) 세친(世親)의 십지경론(十地經論)에 의거하여 성립된 지론종(地論宗) 가운데 늑나마제(勒那摩提)의 견해를 수용하여 하남성(河南省) 상주(相州)의 남부에서 활동한 혜광(慧光, 468-537) 계통을 일컬음. 당대(唐代) 초에 섭론종(攝論宗)과 화엄종에 흡수됨.

남돈북점(南頓北漸) 혜능(慧能, 638-713) 문하의 남종선(南宗禪)은 단박에 깨치는 돈오(頓悟), 신수(神秀, ?-706) 문하의 북종선(北宗禪)은 점점 깨쳐 나가는 점오(漸悟)라는 뜻.

남모(南摸·南謨) ⇒ 나모(南摸·南謨)

남모나(藍牟那) 염모나(鹽牟那)와 같음.

남무(南無) ⇒ 나무(南無)

남본열반경(南本涅槃經) 대반열반경(大般涅槃經) ②와 같음.

남비니(藍毘尼) ⓢlumbinī의 음사. 고대 인도 북부의 카필라(kapila) 성 부근에 있던 동산으로, 싯다르타가 태어난 곳.

남산종(南山宗) ①당(唐)의 도선(道宣, 596-667)이 종남산(終南山)에서 사분율(四分律)을 중심으로 하여 세운 종파로, 유식(唯識)의 입장에서 사분율을 해석함. ②고려와 조선 초에 있던, 계율을 중요시한 종파. 조선 태종 때 11종의 종파를 7종으로 축소할 때 총지종(摠持宗)과 합쳐져서 총남종(摠南宗)으로 되고, 다시 세종 6년(1424)에 7종을 선교양종(禪教兩宗)으로 통폐합하는 과정에서 총남종은 선종에 흡수되어 그 이름을 상실함.

남삼북칠(南三北七) 지의(智顗)가 정리한, 수대(隋代) 이전에 행해진 강남의 세 교판(教判)과 강북의 일곱 교판(教判). 〔1〕강남의 세 교판. (1)급법사(岌法師)가 분류한 유상교(有相教)·무상교(無相教)·상주교(常住教). (2)종애(宗愛)와 승민(僧旻)이 분류한 유상교(有相教)·무상교(無相教)·동귀교(同歸教)·상주교(常住教). (3)승유(僧柔)와 혜차(慧次)와 혜관(慧觀)이 분류한 유상교(有相教)·무상교(無相教)·동귀교(同歸教)·포폄억양교(褒貶抑揚教)·상주교(常住教). 〔2〕강북의 일곱 교판. (1)인천교(人天教)·유상교(有相教)·무상교(無相教)·동귀교(同歸教)·상주교(常住教). (2)보리류지(菩提流支)가 분류한 반자교(半字教)·만자교(滿字教). (3)혜광(慧光)이 분류한 인연종(因緣宗)·가명종(假名宗)·광상종(誑相宗)·상종(常宗). (4)자궤(自軌)가 분류한 인연종(因緣宗)·가명종(假名宗)·광상종(誑相宗)·진실종(眞實宗)·법계종(法界宗). (5)안름(安廩)이 분류한 인연종(因緣宗)·가명종(假名宗)·광상종(誑相宗)·진종(眞宗)·상종(常宗)·원종(圓宗). (6)유상대승종(有相

大乘宗)·무상대승종(無相大乘宗). (7)일음교(一音教).

남섬부주(南贍部洲) 사주(四洲)의 하나. 섬부(贍部)는 ⓢjambu의 음사. 잠부(jambu) 나무가 많다고 하여 이와 같이 일컬음. 수미산 남쪽에 있다는 대륙으로, 우리 인간들이 사는 곳이라 함. 여러 부처가 나타나는 곳은 사주(四洲) 가운데 이곳뿐이라 함. 염부제(閻浮提)와 같음.

남악혜사(南嶽慧思) ⇒ 혜사(慧思)

남악회양(南嶽懷讓) ⇒ 회양(懷讓)

남염부제(南閻浮提) 수미산 남쪽에 있다는 대륙. ⇒ 염부제(閻浮提)

남장사(南長寺) 경북 상주시 남장동 노음산 동쪽 기슭에 있는 절. 직지사(直指寺)의 말사. 832년에 신라의 진감(眞鑑)이 창건하여 장백사(長栢寺)라 하고, 1186년에 각원(覺圓)이 중축하고 남장사라 함. 임진왜란 때 불타고, 1635년에 정수(正修)가 다시 지은 후 여러 차례 중축·보수함. 문화재 : 보광전목각탱(普光殿木刻幀)·관음선원목각탱(觀音禪院木刻幀)·철불좌상(鐵佛坐像).

남전대장경(南傳大藏經) 1881년에 리스 데이비스(Rhys Davids)가 런던에 Pāli Text Society를 설립하여 팔리 어 성전을 로마자로 간행〔P.T.S. 本〕하였는데, 이 간행본을 저본으로 하여 일본에서 1935년부터 일본어로 번역하기 시작하여 1941년에 65권 70책으로 완간한 것으로, 각 권에는 해제·주해·색인 등이 있음.

남전보원(南泉普願) ⇒ 보원(普願)

남종(南宗) 광동성(廣東省) 소주(韶州) 조계산(曹溪山)에 머물은 혜능(慧能, 638-713) 문하를 말함. 이에 반해, 호북성(湖北省) 당양(當陽) 옥천산(玉泉山)에 머물은 신수(神秀, ?-706) 문하는 북종(北宗)이라 함.

남종선(南宗禪) 광동성(廣東省) 소주(韶州) 조계산(曹溪山)에 머물은 혜능(慧能, 638-713) 문하의 선법(禪法)을 말함. 금강경에 의거하여, 생각을 일으키지 않는 무념(無念)을 궁극의 진리로 하고, 형상을 떠난 무상(無相)을 본질로 하며, 생각과 생각에 머물지 않는 무주(無住)를 근본으로 하여 청정한 자신의 성품을 깨닫는 견성성불(見性成佛)을 목표로 함. 또 삼신불(三身佛), 곧 법신불(法身佛)·화신불(化身佛)·보신불(報身佛)은 모두 자신의 본성 속에 갖추어져 있으나 중생이 미혹하여 밖에서 찾고 있으므로 자신 속에 있는 삼신불에 귀의(歸依)하는 무상계(無相戒)를 내세워 형식적인 일체의 형상과 의례를 배척하고 오로지 자기 스스로에게 서약하고 귀의하는 것을 수행의 기본으로 함. 흔히 남종선은 단박에 깨치는 돈오(頓悟), 북종선은 점점 깨쳐 나가는 점오(漸悟)라고 함.

남주(南洲) 남섬부주(南贍部洲)의 준말.

남파국(濫波國·覽波國) ⓢlampāka의 음사. 아프가니스탄의 동부 지역에 있던 고대 국가.

남해기귀내법전(南海寄歸內法傳) 4권. 당(唐)의 의정(義淨) 지음. 의정이 25년 동안 인도와 남해 여러 지역을 순례하면서 직접 보고 들은 그곳의 불교 교단, 계율, 승려의 생활, 의식, 예법 등을 상세히 기록한 저술. 의정이 광동성(廣東省) 광주(廣州)로 돌아오는 도중에 수마트라 섬의 남동부 팔렘방(Palembang) 지역에 머무는 동안에 저술하여 691년에 귀국하는 대진(大津)에게 부탁하여 장안(長安)으로 보냄.

남호(南湖) 영기(永奇)의 호.

납(衲) 납의(衲衣)의 준말.

납가사(衲袈裟) 남이 버린 헌 베 조각을 기워서 만든 옷.

납계(納戒) 계(戒)를 받음.

납박(臘縛) ⓢlava의 음사. 시간의 단위. 1주야(晝夜)는 30모호율다(牟呼栗多), 1모호율다는 30납박(臘縛)이므로 1납박은 1분 36초가 됨.

납벌니(臘伐尼) 남비니(藍毘尼)와 같음.

납승(衲僧) 납자(衲子)와 같음.

납의(衲衣) 남이 버린 헌 옷이나 베 조각들을 기워서 만든 옷.

납의하사(衲衣下事) 수행승이 마땅히 해야 할 일.

납자(衲子) 남이 버린 헌 옷이나 베 조각들을 기워서 만든 옷을 입은 수행승. 흔히 선승(禪僧)이 자신을 가리킬 때 사용함.

납차(臘次) 법랍(法臘)에 의한 순서.

납파(臘婆) 납박(臘縛)과 같음.

낭구타(娘矩吒) ⓢnyaṅkuṭā의 음사. 침구충(針口蟲)이라 번역. 주둥이가 뾰족한 벌레.

낭당(郎當) 볼품없음. 낡아서 아무 쓸모없음. 늙어 빠져서 보기 흉함. 치부를 드러냄.

낭암(朗巖) 시연(示演)의 법호.

낭원(朗圓) 개청(開淸)의 시호.

낭혜(朗慧) 무염(無染)의 시호.

내겁(內劫) 중겁(中劫)과 같음.

내고(內苦) 외부의 대상과는 관계없이 자신에서 비롯되는 괴로움.

내공(內空) 십팔공(十八空)의 하나. 육내입처(六內入處), 곧 안(眼)·이(耳)·비(鼻)·설(舌)·신(身)·의(意)의 분별 작용이 끊어진 상태.

내관(內觀) 자신의 마음을 응시함. 자신의 마음을 있는 그대로 자세히 주시함.

내교(內教) 불교를 말함. 이에 반해, 불교 이외의 가르침은 외교(外教)라고 함.

내도(內道) 불교를 말함. 이에 반해, 불교 이외의 가르침은 외도(外道)라고 함.

내도량(內道場) 궁궐 안에 있는 사찰.

내명(內明) 오명(五明)의 하나. 명(明)은 학문을 뜻함. 자기 종교의 취지를 밝히는 학문. 예를 들면, 바라문교에서는 베다학, 불교에서는 불교학.

내무색상관외색다승처(內無色想觀外色多勝處) 팔승처(八勝處)의 하나. 마음 속에 빛깔이나 모양에 대한 생각은 없지만 다시 바깥 대상의 빛깔이나 모양의 대부분을 주시하여 그것을 타파함으로써 탐욕을 소멸시킴.

내무색상관외색백승처(內無色想觀外色白勝

處) 팔승처(八勝處)의 하나. 마음 속에 빛깔이나 모양에 대한 생각은 없지만 바깥 대상의 흰색을 주시하여 그것을 타파함으로써 탐욕을 소멸시킴.

내무색상관외색소승처(內無色想觀外色少勝處) 팔승처(八勝處)의 하나. 마음 속에 빛깔이나 모양에 대한 생각은 없지만 다시 바깥 대상의 빛깔이나 모양의 일부분을 주시하여 그것을 타파함으로써 탐욕을 소멸시킴.

내무색상관외색적승처(內無色想觀外色赤勝處) 팔승처(八勝處)의 하나. 마음 속에 빛깔이나 모양에 대한 생각은 없지만 바깥 대상의 붉은색을 주시하여 그것을 타파함으로써 탐욕을 소멸시킴.

내무색상관외색청승처(內無色想觀外色青勝處) 팔승처(八勝處)의 하나. 마음 속에 빛깔이나 모양에 대한 생각은 없지만 바깥 대상의 푸른색을 주시하여 그것을 타파함으로써 탐욕을 소멸시킴.

내무색상관외색해탈(內無色想觀外色解脫) 팔해탈(八解脫)의 하나. 마음 속에 빛깔이나 모양에 대한 생각은 없지만 그 상태를 유지하기 위해 부정관(不淨觀)을 계속 닦음.

내무색상관외색황승처(內無色想觀外色黃勝處) 팔승처(八勝處)의 하나. 마음 속에 빛깔이나 모양에 대한 생각은 없지만 바깥 대상의 노란색을 주시하여 그것을 타파함으로써 탐욕을 소멸시킴.

내문전(內門轉) 마음이 자신의 내면을 응시하는 작용. 이에 반해, 마음이 바깥 대상을 인식하는 작용은 외문전(外門轉)이라 함.

내박권(內縛拳) 사종권(四種拳)의 하나. 두 손바닥을 가볍게 붙이고 열 손가락을 서로 교차하여 열 손가락 끝을 손바닥 안으로 넣은 모양.

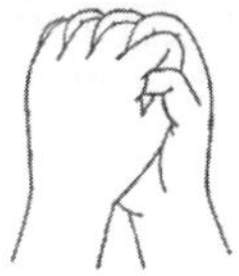

내박권

내범(內凡) ①성자의 경지인 견도(見道)에 이르기 위해 닦는 네 가지 수행 단계인 사선근(四善根)를 말함. 이에 반해, 사선근의 앞 단계인 삼현(三賢)은 외범(外凡)이라 함. ②보살의 수행 단계인 십주(十住)·십행(十行)·십회향(十廻向)을 말함. 이에 반해, 십신(十信)의 단계는 외범(外凡)이라 함.

내불당(內佛堂) 조선 세종 때, 궁궐 안에 세운 사찰.

내사(內寺) 궁궐 안에 있는 사찰.

내생(來生) 죽은 뒤에 다시 태어나서의 일생.

내세(來世) 죽은 뒤에 다시 태어날 세상. 다음 세상.

내소사(來蘇寺) 전북 부안군 변산반도 남단에 있는 절. 선운사(禪雲寺)의 말사. 633년에 백제의 혜구(惠丘)가 창건하여 소래사(蘇來寺)라 하고, 1633년에 다시 지음. 15세기 말 이후에 내소사로 이름을 바꾸고, 1902년에 보수·증축함. 문화재 : 고려 동종(銅鐘)·대웅보전(大雄寶殿).

내신신관(內身身觀) 자신의 육신은 더럽다고 주시하는 수행법.

내심비밀연화장(內心祕密蓮華藏) 태장계만다라(胎藏界曼荼羅)의 중앙에 있는 중대팔엽원(中臺八葉院)을 말함.

내영인접원(來迎引接願) 사십팔원(四十八願)의 하나. 아미타불이 법장비구(法藏比丘)였을 때 세운 서원으로, 중생이 임종 때 지극한 마음으로 정토에 태어나려고 하면, 그를 맞이하여 정토로 인도하겠다는 맹세.

내외공(內外空) 십팔공(十八空)의 하나. 육내입처(六內入處), 곧 안(眼)·이(耳)·비(鼻)·설(舌)·신(身)·의(意)의 분별 작용도 끊어지고, 육외입처(六外入處), 곧 색(色)·성(聲)·향(香)·미(味)·촉(觸)·법(法)에 대한 분별도 끊어진 상태.

내외불이문(內外不二門) 십불이문(十不二門)의 하나. 한 생각 속에 우주의 모든 것이 갖추어져 있으므로 주관과 객관은 근본적으로 둘이 아님.

내외신신관(內外身身觀) 자신의 육신도 남의 육신도 더럽다고 주시하는 수행법.

내원(柰苑) 내(柰)는 ⓢāmra의 번역, 암라(菴羅)라고 음사. 암라수(菴羅樹) 동산, 곧 망고(Mango) 나무 동산을 말함.

내원사(內院寺) ①경남 양산시 하북면 천성산 북서쪽 기슭에 있는 절. 통도사(通度寺)의 말사. 신라의 원효(元曉)가 창건하고, 1646년에 다시 지음. 한국 전쟁 때 모두 불타고, 1955년부터 비구니 수옥(守玉)이 다시 지음. 이후 여러 차례 증축·보수함. ②경남 산청 삼장면 지리산 남동쪽 기슭에 있는 절. 해인사의 말사. 신라의 무염(無染, 800-888)이 창건하여 덕산사(德山寺)라 하고, 조선 중기에 화재로 폐사되고, 1959년에 다시 짓고 내원사라 함. 문화재 : 석조비로자나불좌상(石造毘盧遮那佛坐像)·삼층석탑.

내원해인(耐怨害忍) 남에게 증오나 피해를 받아도 참고 견딤.

내유색상관외색다승처(內有色想觀外色多勝處) 팔승처(八勝處)의 하나. 마음 속에 있는 빛깔이나 모양에 대한 생각을 버리기 위해 바깥 대상의 빛깔이나 모양의 대부분을 주시하여 그것을 타파함으로써 탐욕을 소멸시킴.

내유색상관외색소승처(內有色想觀外色少勝處) 팔승처(八勝處)의 하나. 마음 속에 있는 빛깔이나 모양에 대한 생각을 버리기 위해 바깥 대상의 빛깔이나 모양의 일부분을 주시하여 그것을 타파함으로써 탐욕을 소멸시킴.

내유색상관외색해탈(內有色想觀外色解脫) 팔해탈(八解脫)의 하나. 마음 속에 있는 빛깔이나 모양에 대한 생각을 버리기 위해 바깥 대상의 빛깔이나 모양에 대하여 부정관(不淨觀)을 닦음.

내의(內衣) 삼의(三衣)의 하나. 직사각형의 베 조각들을 세로로 나란히 꿰맨 것을 1조(條)로 하여, 5조를 가로로 나란히 꿰맨 것. 작업하거나 잘 때 입음.

내인(內因) 어떤 결과를 일으키는 내적 원인이나 직접 원인.

내장사(內藏寺) 전북 정읍시 내장산 동쪽 기슭에 있는 절. 선운사(禪雲寺)의 말사. 636년에 백제의 영은(靈隱)이 창건하여 영은사(靈隱寺)라 하고, 1098년에 행안(幸安)이 다시 지음. 1539년에 불타고, 1557년에 희묵(希默)이 다시 짓고 내장사라 함. 1597년 정유재란 때 모두 불타고, 1639년에 다시 짓고, 이후 여러 차례 증축·보수함. 한국 전쟁 때 모두 불타고, 1957년부터 다시 지음.

내재(內齋) 중국에서, 황제의 생신 때 고승을

초대하여 내전(內殿)에서 음식을 베풀던 행사.

내전(內典) 불전(佛典)을 말함. 이에 반해, 불전 이외의 책은 외전(外典)이라 함.

내증(內證) 자신의 마음을 깨달음. 직접 체득한 내면의 깨달음.

내호마(內護摩) 호마(護摩)는 ⓢhoma의 음사, 분소(焚燒)·화제(火祭)라는 뜻. 자신을 제단(祭壇)이라 상정하고 부처의 지혜로써 번뇌를 태우는 내면적인 수행법. 이에 반해, 제단에 마련한 화로에 불을 피우고 진언(眞言)을 외우면서 그 불 속에 물건을 던져 공양하고 소원을 비는 형식적인 의식은 외호마(外護摩)라고 함.

냉금금지(冷噤噤地) 추위로 부들부들 떨면서 말도 하지 못함.

냉난자지(冷暖自知) 물의 차가움과 따뜻함은 마셔 보는 자만이 안다는 뜻. 곧, 깨달음은 자신이 직접 체득하는 길 외에 다른 방법이 없는 것을 비유함.

냉좌(冷坐) 묵묵히 좌선함.

냐야학파(nyāya學派) 육파철학(六派哲學)의 하나. ⓢnyāya를 정리(正理)라고 번역하고, 이야야(尼夜耶)라고 음사함. 논리학을 체계적으로 정립한 학파로, 가우타마(gautama, 1-2세기)가 창시함. 인간에게 일어나는 괴로움의 원인은 그릇된 인식에 있으므로 그릇된 인식을 제거하고 계율을 지키고 요가 수행을 하면 해탈에 이른다고 함. 올바른 인식에 이르는 추론의 방법으로 오지작법(五支作法)을 내세우고 있는데, 그 논식의 예(例)는 다음과 같음. '말은 무상하다〔宗〕', '지어낸 것이기 때문이다〔因〕', '예를 들면, 병(甁)과 같다〔喩〕', '병과 같이, 말도 지어낸 것이다〔合〕', '그러므로 말은 무상하다〔結〕'. 이 논식에서 종(宗)은 주장 명제·판단, 인(因)은 이유, 유(喩)는 구체적인 예(例), 합(合)은 유(喩)를 기반으로 하여 종(宗)과 인(因)을 결합한 것, 결(結)은 종(宗)을 되풀이한 결론임.

네란자라강(nerañjarā江) 갠지스 강의 지류(支流)로, 벵갈 지방에서 발원하여 북쪽으로 흘러 붓다가야(buddhagayā)를 거쳐 화씨성(華氏城) 부근에서 본류와 합류함.

노(老) ⓢjarā 변해 감. 변해 가는 모습. 형상의 변화.

노가나타(路迦那他) ⓢloka-nātha의 음사. 세간을 보호하는 자, 곧 부처를 일컬음.

노가비(路迦憊) ⓢloka-vid의 음사. 세간해(世間解)라고 번역. 세간을 모두 잘 안다는 뜻, 곧 부처를 일컬음.

노가야타(路伽耶陀) ⓢlokāyata의 음사. 순세외도(順世外道)라고 번역. 지(地)·수(水)·화(火)·풍(風)의 4원소와 그 원소의 활동 공간인 허공만을 인정하는 유물론적인 입장의 외도. 인간도 4원소로 이루어져 있어 죽으면 이들 원소는 각각 흩어지므로 영혼은 있을 수 없다고 주장하고, 선악이나 인과도 없고, 과거와 미래도 없다고 함. 따라서 현재의 감각과 쾌락만을 인생의 목표로 함. 육사외도(六師外道) 가운데 아이타시사흔파라(阿夷陀翅舍欣婆羅, ajita-kesakambala)가 이러한 입장임.

노가위다라부(盧迦尉多羅部) ⓢlokottara의 음사. 설출세부(說出世部)와 같음.

노가유다(盧迦臾多) ⓢlokāyata의 음사. ⇒ 순세외도(順世外道)

노가타도(路迦馱覩) ⓢloka-dhātu의 음사. 중생이 사는 이 현상계, 곧 세계.

노고(老苦) 사고(四苦)의 하나. 늙어 가는 괴로움.

노날라(嚕捺羅) 노달라(魯達羅)와 같음.

노납(老衲) 납(衲)은 납의(衲衣)의 준말로, 남이 버린 헌 옷이나 베 조각들을 기워서 만든 옷을 말함. 나이 많은 수행승을 일컬음.

노달라(魯達羅) ⓢrudra의 음사. 포악(暴惡)이라 번역. 시바(śiva)의 전신(前身).

노독노(老禿奴) 까까머리를 한 늙은 놈이라는 뜻으로, 승려를 욕하는 말.

노두(爐頭) 사찰에서 화로의 불을 담당하는 직책, 또는 그 일을 맡은 승려.

노사(老師) ①스승의 스승을 일컫는 말. ②나이가 많고 지혜와 덕을 갖춘 승려. ③나이 많은 승려를 높여 일컫는 말.

노사(老死) ⓢjarā-maraṇa 늙고 죽는다는 의식.

노사나불(盧舍那佛) ①비로사나불(毘盧舍那佛)의 준말. ②중생을 위해 서원을 세우고 거듭 수행한 결과, 깨달음을 성취하여 그 깨달음의 경지를 되새기면서 스스로 즐기는 연화장세계(蓮華藏世界)의 보신불(報身佛).

노숙(老宿) 수행 기간이 길고, 덕이 높고, 나이가 지긋한 승려를 높여 일컫는 말.

노스님(老--) ①스승의 스승을 일컫는 말. ②나이 많은 스님을 높여 일컫는 말.

노자(老子) 옛날의 수행승을 높여 일컫는 말.

노자나불(盧遮那佛) 비로자나불(毘盧遮那佛)의 준말.

노장(老長) ①나이가 많고 지혜와 덕을 갖춘 승려. ②나이 많은 승려를 높여 일컫는 말.

노전(爐殿) 불전(佛殿)을 관리하는 직책, 또는 그 일을 하는 승려.

노주(露柱) 벽면에 붙어 있지 않고, 전체가 노출되어 있는 둥근 기둥.

노지라(嚕地羅) ⓢrudhira의 음사. 피. 혈액.

노차나(盧遮那) ⓢrocanā의 음사. 우황.

노천(盧天) 노(盧)는 ⓢrūpa의 음사, 색(色)이라 번역. 색계(色界)에 있는 여러 천(天).

노파선(老婆禪) 노파의 염려하는 마음처럼, 선(禪)에 대해 지나치게 장황한 설명을 늘어놓음.

노파심절(老婆心切) 노파의 염려하는 마음처럼 지극히 친절하다는 뜻.

노한(老漢) ①자신을 낮추어 이르는 말. 늙은이. ②나이 많은 선승(禪僧)을 높여 일컫는 말.

노호(老胡) 나이 많은 서역인(西域人), 특히 석가나 달마를 가리킴.

녹갈(鹿渴) 목마른 사슴이 물로 착각하여 갈

구하는 것, 곧 아지랑이를 말함.

녹계(鹿戒) 천상(天上)에 태어나기 위해서는 사슴 흉내를 내고 풀을 뜯어먹어야 한다는 외도(外道)의 그릇된 계율.

녹수낭(漉水囊) ⓢ pariśrāvaṇa 물을 마실 때, 물속에 있는 작은 벌레나 티끌을 거르는 주머니.

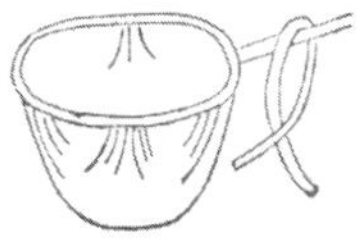
녹수낭

녹수대(漉水袋) 녹수낭(漉水囊)과 같음.

녹애(鹿愛) 녹갈(鹿渴)과 같음.

녹야원(鹿野苑) ⓢmṛgadāva ⓟmigadāya 붓다가 처음으로 설법한 곳. 갠지스 강 중류, 지금의 바라나시(Varanasi)에서 북동쪽 약 7km 지점에 있는 동산. 붓다가 깨달음을 이룬 우루벨라(uruvelā) 마을의 붓다가야(buddhagayā)에서 녹야원까지는 직선 거리로 약 200km됨.

녹원(鹿苑) ①녹야원(鹿野苑)의 준말. ②녹원시(鹿苑時)의 준말.

녹원시(鹿苑時) 천태종의 교판(教判)에서, 화엄시(華嚴時) 후 12년간 녹야원(鹿野苑)에서 아함경을 설한 시기. ⇒ 오시팔교(五時八教)

녹원전법상(鹿苑轉法相) 팔상(八相)의 하나. 석가모니가 녹야원(鹿野苑)에서 최초로 설법하는 모습.

녹피의(鹿皮衣) 고대 인도의 수행자들이 입은, 사슴 가죽으로 만든 옷.

논(論) ①ⓢśāstra 학문. 학술서. ②ⓢabhidharma 부처의 가르침이나 그가 제정한 계율을 주석·연구·정리·요약한 문헌. ③ⓢvyākhyā 설명. 해설. 주석. ④ⓢvāda 논의. 논쟁. 토론. 문답.

논가(論家) 논서(論書)를 지어 경전의 내용을 풀이한 사람들.

논고(論鼓) 토론장에 있는 큰북으로, 토론을 원하는 자는 이 북을 쳐서 사람들을 모음.

논다소작법(論多所作法) 칠인명(七因明)의 하나. 논리학으로 행하는 논쟁에 갖추어야 할 조건의 하나로, 논쟁을 잘 할 수 있는 여러 가지 자격.

논문(論文) 논서(論書)의 문장.

논사(論師) 교리에 밝은 사람. 삼장(三藏) 가운데 논장(論藏)에 정통한 사람. 논서(論書)를 지어 경전의 내용을 풀이한 사람.

논소의(論所依) 칠인명(七因明)의 하나. 논리학으로 행하는 논쟁에 갖추어야 할 조건의 하나로, 논쟁의 기반이 되는 근거.

논의(論議) ①ⓢupadeśa 경전의 서술 형식에서, 교리에 대해 문답한 부분. ⇒ 우파제사(優婆提舍) ②가르침의 뜻을 분명히 하기 위한 문답. ③각각 자기의 주장을 내세우고 다툼. 논쟁. ③말. 언급.

논장(論藏) 부처의 가르침과 그가 제정한 계율을 주석·연구·정리·요약한 문헌을 통틀어 일컬음.

논장엄(論莊嚴) 칠인명(七因明)의 하나. 논리학으로 행하는 논쟁에 갖추어야 할 조건의 하나로, 논쟁이 질서 정연하고 원만함.

논주(論主) 논서(論書)를 지은 사람.

논처소(論處所) 칠인명(七因明)의 하나. 논리학으로 행하는 논쟁에 갖추어야 할 조건의 하나로, 논쟁하기에 적합한 장소.

논체성(論體性) 칠인명(七因明)의 하나. 논리학으로 행하는 논쟁에 갖추어야 할 조건의 하나로, 논쟁의 본체인 언어.

논출리(論出離) 칠인명(七因明)의 하나. 논리학으로 행하는 논쟁에 갖추어야 할 조건의 하나로, 논쟁하기 전에 그 득실(得失)과 상대편과 자신을 잘 관찰하여 논쟁을 할 것인가 안 할 것인가를 결정함.

논타부(論墮負) 칠인명(七因明)의 하나. 논리학으로 행하는 논쟁에 갖추어야 할 조건의 하나로, 논쟁에서의 패배.

농란상(膿爛相) 구상(九相)의 하나. 탐욕과 육신에 대한 집착을 버리기 위해 시체가 썩어 문드러져 고름이 나오는 모습을 주시하는 수행법.

농상(膿相) 농란상(膿爛相)과 같음.

뇌(惱) ①산란함. 어지러움. 답답함. ②ⓢpradāśa 남의 충고를 듣지 않아 미혹함. ③ⓢpradāśa 과거에 저지른 허물을 뉘우치고 한탄하는 마음 작용. ④ⓢpradāśa 남을 몹시 욕하고 헐뜯는 마음 작용.

뇌야(賴耶) 아뢰야식(阿賴耶識)의 준말.

뇌야식(賴耶識) 아뢰야식(阿賴耶識)의 준말.

뇌야연기(賴耶緣起) 아뢰야식연기(阿賴耶識緣起)의 준말.

누(漏) ⓢāsrava ⓟāsava 유출함, 흘러나옴, 새어 나옴을 뜻함. 곧, 마음에서 더러움이 새어 나온다는 의미로, 번뇌를 말함.

누결인연법(漏結因緣法) 번뇌에 기인하여 있는 상태라는 뜻으로, 외도(外道)를 비난하는 말.

누계(漏戒) 계(戒)를 지키지 않고 범함.

누두(漏逗) 볼품없음. 낡아서 아무 쓸모없음. 늙어 빠져서 보기 흉함. 치부를 드러냄.

누영진무외(漏永盡無畏) 사무외(四無畏)의 하나. 부처는 모든 번뇌를 끊었으므로 가르침을 설할 때 누구에게도 두려움이 없다는 뜻.

누이선라(樓夷亘羅) ⓢlokeśvara-rāja의 음사. 세자재왕(世自在王)이라 번역. 아득한 옛날, 법장(法藏)이라는 비구가 수행하던 때의 부처 이름. 법장은 성불하여 아미타불이 됨.

누진(漏盡) 번뇌를 모두 끊음. 번뇌가 다 없어짐.

누진명(漏盡明) 누진지증명(漏盡智證明)과 같음.

누진무소외(漏盡無所畏) 누영진무외(漏永盡無畏)와 같음.

누진비구(漏盡比丘) 번뇌를 모두 끊은 비구, 곧 아라한(阿羅漢)을 말함.

누진의해(漏盡意解) 번뇌를 모두 끊고 마음이 해탈함.

누진지력(漏盡智力) 십력(十力)의 하나. 번뇌를 모두 소멸시키는 부처의 능력.

누진지작증명(漏盡智作證明) 누진지증명(漏盡智證明)과 같음.

누진지증명(漏盡智證明) 삼명(三明)의 하나. 번뇌를 모두 끊어, 내세에 미혹한 생존을 받지 않음을 아는 지혜.

누진지증통(漏盡智證通) 누진통(漏盡通)과 같음.

누진통(漏盡通) 육신통(六神通)의 하나. 번뇌를 모두 끊어, 내세에 미혹한 생존을 받지 않음을 아는 능력.

누질(漏質) 번뇌에 물들어 있는 신체.

늑나마제(勒那摩提) ⓢratnamati의 음사. 보의(寶意)라 번역. 생몰년 미상. 중인도 출신의 승려로, 508년에 북위(北魏)의 낙양(洛陽)에 와서 십지경론(十地經論)·묘법연화경론우파제사(妙法蓮華經論優波提舍)·구경일승보성론(究竟一乘寶性論) 등, 총 6종 24권을 번역함.

능가경(楞伽經) 능가산에서 대혜(大慧)와 세존이 질문하고 응답하는 형식을 취하고 있는데, 일관된 사상의 전개가 아니라 대승의 여러 가르침의 요지를 두루 모은 듯하여 경 전체의 흐름이 불연속적임. 먼저 식(識)·삼자성(三自性)·이무아(二無我)에 대해 설하고, 여래장(如來藏)과 아뢰야식(阿賴耶識)을 동일시하여 청정한 여래장이 과거의 행위에 의해 물들어 가는 측면이 아뢰야식이라고 함. 또 수행을 우부소행선(愚夫所行禪)·관찰의선(觀察義禪)·반연진여선(攀緣眞如禪)·여래선(如來禪)으로 나누어 설하고, 세존은 깨달음을 성취하여 반열반(般涅槃)에 들 때까지 그 중간에 한 자(字)도 설하지 않았다는 일자불설(一字不說)을 선언하여 문자에 집착하지 말고 유심(唯心)을 체득할 것을 강조함. 세 가지 번역이 있음. (1)능가아발다라보경(楞伽阿跋多羅寶經). 4권. 유송(劉宋)의 구나발타라(求那跋陀羅) 번역. (2)입능가경(入楞伽經). 10권. 북위(北魏)의 보리류지(菩提流支) 번역. (3)대승입능가경(大乘入楞伽經). 7권. 당(唐)의 실차난타(實叉難陀) 번역.

능가사(楞伽寺) 전남 고흥군 점암면 팔영산 북서쪽 기슭에 있는 절. 송광사(松廣寺)의 말사. 420년에 창건하여 보현사(普賢寺)라 하고, 1592년 임진왜란 때 모두 불타고, 1644년에 벽천(碧川)이 다시 짓고 능가사라 함. 1768년과 1863년에 보수함. 문화재 : 범종(梵鐘)·사적비(事蹟碑)·대웅전.

능가사자기(楞伽師資記) 1권. 당(唐)의 정각(淨覺) 엮음. 능가아발다라보경(楞伽阿跋多羅寶經)의 전통을 이어받은 선사(禪師)들의 전기와 그들의 선법(禪法)을 서술한 책으로, 다음과 같은 계통으로 구성되어 있음. 구나발타라(求那跋陀羅) — 보리달마(菩提達摩) — 혜가(慧可) — 승찬(僧璨) — 도신(道信) — 홍인(弘忍) — 신수(神秀) — 보적(普寂)·경현(敬賢)·의복(義福)·혜복(惠福).

능가아발다라보경(楞伽阿跋多羅寶經) 4권. 유송(劉宋)의 구나발타라(求那跋陀羅) 번역. ⇒능가경(楞伽經)

능가종(楞伽宗) 보리달마(菩提達摩)가 2조 혜가(慧可, 487-593)에게 전한 선법(禪法)으로, 4권 능가경(楞伽經)을 근본 경전으로 하여 모든 현상은 오직 마음의 작용임을 체득하려는 일파.

능견(能見) ⓢdraṣṭṛ 보는 주체.

능견상(能見相) 삼세(三細)의 하나. 무명(無

明)에 의해 마음이 움직임으로써 일어나는 인식 주관.

능귀(能歸) 귀의하는 자. 이에 반해, 귀의하는 대상은 소귀(所歸)라고 함.

능단금강반야바라밀다경(能斷金剛般若波羅蜜多經) 1권. 당(唐)의 의정(義淨) 번역. 금강반야바라밀경(金剛般若波羅密經)의 다른 번역.

능대치(能對治) 번뇌와 악을 다스림.

능득보살인다라니(能得菩薩忍陀羅尼) 다라니(陀羅尼)는 ⓢdhāraṇī의 음사, 총지(總持)·능지(能持)라고 번역. 모든 현상의 본성에 통달한 보살의 지혜.

능량(能量) ⓢpramāṇa 대상을 인식하는 주관.

능립(能立) ①인명(因明)의 삼지작법(三支作法)에 완전히 일치하는 논법. 자신의 주장이나 판단〔宗〕을 정당한 이유〔因〕와 구체적인 예〔喩〕를 들어 상대편이 인정하도록 하는 논법. ②삼지작법(三支作法) 가운데 인(因)과 유(喩)를 말함. 이에 반해, 인(因)과 유(喩)에 의해 성립되는 종(宗)은 소립(所立)이라 함. ③인명(因明)의 논법을 성립시키는 여러 가지 기반.

능립법불성과(能立法不成過) 인명(因明)에서, 삼십삼과(三十三過) 가운데 유십과(喩十過)의 하나. 동유(同喩)의 구체적인 예(例)가 인(因)과 같은 성질이 아닌 오류. 예를 들면, '말은 상주한다〔宗〕', '형체가 없기 때문이다〔因〕', '형체가 없는 모든 것은 상주한다. 예를 들면, 극미(極微)와 같다〔同喩〕'라고 하는 경우, 극미는 형체가 없지 않으므로 인(因)의 구체적인 예(例)가 되지 못함.

능립불견과(能立不遣過) 인명(因明)에서, 삼십삼과(三十三過) 가운데 유십과(喩十過)의 하나. 이유(異喩)의 구체적인 예(例)가 인(因)과 다른 성질이 아닌 오류. 예를 들면, '말은 상주한다〔宗〕', '형체가 없기 때문이다〔因〕', '형체가 없는 모든 것은 상주한다, 예를 들면, 허공과 같다〔同喩〕', '무상한 모든 것은 형체가 있다, 예를 들면, 업(業)과 같다〔異喩〕'라고 하는 경우, 업은 형체가 없으므로 인(因)과 상반되지 않음.

능변(能變) 아뢰야식(阿賴耶識)에 저장되어 있는 종자(種子)의 변화와 성숙으로 일어난 팔식(八識)의 인식 작용.

능변계(能遍計) 대상을 두루 분별하는 주관.

능변무기(能變無記) 선도 악도 아닌 마음과 마음 작용.

능별(能別) 인명(因明)에서, 주장 명제인 종(宗)의 술어를 말함. 예를 들면, '말은 무상하다'에서 '무상'. 이에 반해, 종(宗)의 주어, 곧 '말'은 소별(所別)이라 함.

능별불극성과(能別不極成過) 인명(因明)에서, 삼십삼과(三十三過) 가운데 종구과(宗九過)의 하나. 종(宗)의 술어를 상대편이 인정하지 않는 오류. 예를 들면, 불교도가 상캬 학도에게 '말은 소멸해 버린다'고 주장하는 경우. 상캬 학파에서는 모든 사물은 프라크리티(ⓢprakṛti)에서 나온 것으로 변화는 하지만 소멸하지는 않는다고 주장함.

능복도(能伏道) 잠재하고 있는 번뇌는 끊을 수 없지만 마음으로 일으킨 번뇌는 굴복시킬 수 있는 수행.

능분별(能分別) 분별하는 주관.

능성립(能成立) 능립(能立)과 같음.

능소(能所) ①어떤 행위의 주체와 그 행위의 목표가 되는 객체. ②인식 주관과 객관.

능안인(能安忍) 십승관법(十乘觀法)의 하나. 자신에게 맞든 맞지 않든 마음의 동요를 일으키지 않음.

능엄경(楞嚴經) 본이름은 대불정여래밀인수증료의제보살만행수릉엄경(大佛頂如來密因修證了義諸菩薩萬行首楞嚴經). 10권. 당(唐)의 반자밀제(般刺蜜帝) 번역. 마음은 어디에 있는가에 대한 세존과 아난(阿難)의 문답으로 시작하여 깨달음의 본성과 그 깨달음으로 나아가는 과정을 설하고 여래장(如來藏)이 무엇인가를 밝힘. 깨달음으로 들어가는 가장 쉬운 방법은 관음신앙이라 하고 능엄다라니(楞嚴陀羅尼)를 설한 다음, 보살의 수행 단계, 중생이 수행하는 과정에 일어나는 여러 가지 번뇌에 대해 그 원인과 종류를 밝힘.

능엄두(楞嚴頭) 능엄회 때, 능엄주(楞嚴呪)를 선창하는 승려.

능엄주(楞嚴呪) 능엄경에 있는, 대불정여래(大佛頂如來)의 깨달음의 공덕을 설한 427구(句)의 주문(呪文).

능엄회(楞嚴會) 선원(禪院)에서 안거(安居)가 무사하기를 기원하며 능엄주(楞嚴呪)를 읊는 법회.

능연(能緣) ⓢālamba 대상을 인식하는 주관.

능의(能依) ⓢāśrita 의지하는 주체.

능인(能仁) 석가모니를 말함.

능인발심(能引發心) 구심륜(九心輪)의 하나. 대상에 대해 적극적으로 분별하려는 마음 작용.

능작인(能作因) 육인(六因)의 하나. 어떤 것이 생겨나는 데 도움이 되는 원인, 또는 방해되지 않는 원인.

능장(能藏) 아뢰야식(阿賴耶識), 곧 장식(藏識)의 장(藏)에 세 가지 뜻이 있는데, 그 가운데 하나. 과거의 인식·행위·경험·학습 등에 의해 형성된 인상(印象)·잠재력, 곧 종자(種子)를 잘 저장함.

능전(能詮) 이치나 의미를 나타낸 글귀·문장.

능조(能造) 지(地)·수(水)·화(火)·풍(風)의 사대(四大)를 말함. 이에 반해, 사대(四大)로 이루어진 대상은 소조(所造)라고 함.

능지(能持) ①계(戒)를 받아 지킴. ②⇒ 다라니(陀羅尼)

능취(能取) ①ⓢgrāhaka 대상을 인식하는 주관. ②ⓢupādāṭṛ 집착하는 주관.

능치(能治) 번뇌와 악을 다스림.

능파(能破) 상대편의 주장을 반박하는 논법.

능행(能行) 행위의 주체. 이에 반해, 행위의 목표가 되는 객체는 소행(所行)이라 함.

능훈(能熏) 아뢰야식(阿賴耶識)에 활동한 결과를 이식하는 안식(眼識)·이식(耳識)·비식(鼻識)·설식(舌識)·신식(身識)·의식(意識)·

말나식(末那識)의 칠전식(七轉識)을 말함.

능훈사의(能熏四義) 아뢰야식(阿賴耶識)에 활동한 결과를 이식하는 칠전식(七轉識)이 갖추고 있는 네 가지 성질. (1)유생멸(有生滅). 생겨나고 소멸함. (2)유승용(有勝用). 활동한 결과를 이식하는 뛰어난 작용을 함. (3)유증감(有增減). 청정과 오염의 증감이 있음. (4)능소화합(能所和合). 칠전식과 아뢰야식은 어떤 경우에도 서로 마찰 없이 화합함.

늦깎이 나이가 들어서 승려가 된 사람.

니카야(nikāya) 부(部). 모임. 종류.

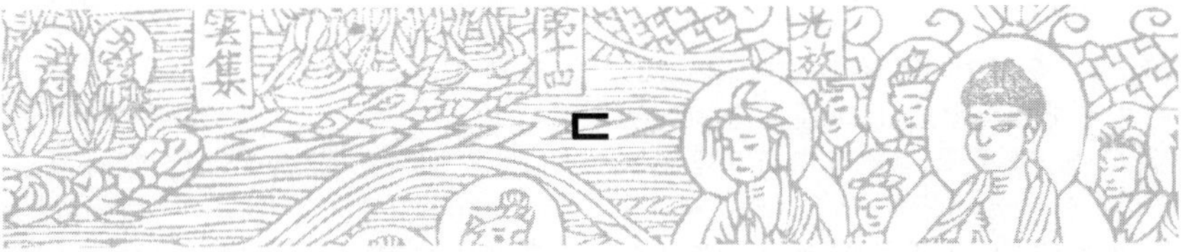

ㄷ

다가(茶加) ⓢḍāka의 음사. 귀신의 일종.

다가녀(茶加女) 다길니(茶吉尼)와 같음.

다가라향(多伽羅香) ⓢtagara의 음사. 다가라 나무에서 채취한 향. 이 나무는 인도 전역에 분포하는 향기 나는 관목으로, 잎은 타원형에 끝이 뾰족하고 흰 꽃이 핌.

다가루향(多伽樓香) 다가라향(多伽羅香)과 같음.

다각(茶角) 절에서 마실 차를 마련하는 소임, 또는 그 일을 맡은 승려.

다게(茶偈) 사찰에서 불전(佛前)에 차나 물을 공양할 때 독송하는 게송.

다게라향(多揭羅香) 다가라향(多伽羅香)과 같음.

다고(茶鼓) 차를 마시면서 서로 문답하여 상대방의 수행 상태를 점검하는 의식을 행할 때 울리는 북.

다구신(多句身) 신(身)은 모임·종류의 뜻으로, 어미에 붙어 복수를 나타냄. 세 개 이상의 문장(文章). 두 개의 문장은 구신(句身)이라 함.

다길니(茶吉尼) ⓢḍākinī의 음사. 어떤 사람의 죽음을 미리 알고 그의 심장을 먹는다는 귀신.

다다파화(多跢婆和) 다다(多跢)는 어린애가 걸음마를 배우는 모양, 파화(婆和)는 어린애가 말을 배우는 소리. 지극히 초보적인 것을 비유함.

다두(茶頭) 절에서 마실 차를 마련하는 소임, 또는 그 일을 맡은 승려.

다라(多羅) ①ⓢtāla의 음사. ⇒ 다라수(多羅樹) ②ⓢsūtra의 음사인 수다라(修多羅)의 준말. 경(經). ③ⓢtārā의 음사. 밀교의 보살 이름.

다라니(陀羅尼) ⓢdhāraṇī의 음사. 총지(總持)·능지(能持)라고 번역. ①가르침을 마음에 간직하여 잊지 않는 능력·지혜. ②부처나 보살 등의 서원(誓願)이나 덕(德), 또는 가르침이나 지혜를 나타내는 신비로운 주문으로, 범어를 번역하지 않고 음사(音寫)하여 읽음. 이 주문에는 불가사의한 힘이 있어서 이것을 외우면 한량없는 가르침을 들어도 잊지 아니하고 모든 장애를 벗어나는 공덕을 얻는다고 함. 보통 비교적 긴 주문을 다라니, 짧은 주문을 진언(眞言)이라 하지만 엄밀하게 구별하지는 않음.

다라니장(陀羅尼藏) 다라니(陀羅尼)를 설한 경전을 통틀어 일컫는 말.

다라니주(陀羅尼呪) 다라니(陀羅尼)의 구절. 주문(呪文).

다라수(多羅樹) ⓢtāla의 음사. 인도의 해안 주변에서 자라는 종려과의 교목으로, 높이 약

20m에 이름. 수액(樹液)은 사탕의 원료로 쓰이며 열매는 식용함. 길고 넓은 잎으로 부채·모자·우산 등을 만들고, 특히 고대 인도인들은 이 잎에 경문(經文)을 침으로 새기거나 대나무로 만든 붓으로 씀. 또 이 나무의 높이를 길이의 단위로 쓰기도 함.

다례(茶禮) 차를 마시면서 서로 문답하여 상대방의 수행 상태를 점검하는 의식.

다린니(陀隣尼) 다라니(陀羅尼)와 같음.

다마(多摩) ⓢtamas의 음사. 삼덕(三德)의 하나. 상캬 학파에서 설하는, 물질의 근원인 자성(自性, prakṛti)이 갖추고 있는 암(闇)의 성질.

다마라발향(多摩羅跋香) ⓢtamāla-pattra의 음사. 다마라발나무의 잎과 나무 껍질에서 채취한 향. 이 나무는 인도 동부에서 자라는 관목으로, 잎은 긴 타원형이며 열은 노란색의 꽃이 핌.

다마라향(多摩羅香) 다마라발향(多摩羅跋香)과 같음.

다마리제국(多摩梨帝國) 탐마률저국(耽摩栗底國)과 같음.

다말(茶末) 차나무의 어린순을 말려 가루로 만든 차.

다멱비니(多覓毘尼) 다인멱죄상(多人覓罪相)과 같음.

다명신(多名身) 신(身)은 모임·종류의 뜻으로, 어미에 붙어 복수를 나타냄. 세 개 이상의 명칭. 두 개의 명칭은 명신(名身)이라 함. 예를 들면, 색성향(色聲香)은 다명신, 색성(色聲)은 명신임.

다문부(多聞部) ⓢbahuśrutīya ⓟbahussutaka 붓다가 입멸한 후 200년경에 대중부(大衆部)에서 갈라져 나온 파(派). 부처의 가르침을 세간(世間)과 출세간(出世間)으로 나누고, 무상(無常)·고(苦)·공(空)·무아(無我)·열반적정(涅槃寂靜)만이 출세간의 가르침이라고 주장함.

다문신(多文身) 신(身)은 모임·종류의 뜻으로, 어미에 붙어 복수를 나타냄. 세 글자 이상을 말함. 두 글자는 문신(文身)이라 함.

다문천(多聞天) 사왕천(四王天)의 하나. 다문천왕과 그 권속들이 사는 곳으로, 수미산 중턱의 북쪽에 있다고 함.

다문천왕(多聞天王) 사천왕(四天王)의 하나. 수미산 중턱의 북쪽에 있는 다문천의 왕으로, 항상 도량을 지키면서 설법을 듣고 중생에게 재물을 베풀어 준다고 함.

다비(茶毘) ⓟjhāpeti의 음사. 소연(燒然)·분소(焚燒)라고 번역. 시체를 불살라 장사 지내는 일.

다솔사(多率寺) 경남 사천시 곤명면 봉명산 동남쪽 기슭에 있는 절. 쌍계사(雙磎寺)의 말사. 511년에 창건하여 영악사(靈嶽寺)라 하고, 신라 말에 도선(道詵)이 중축하고 다솔사라 함. 이후 여러 차례 보수하고, 1592년 임진왜란 때 모두 불타고, 숙종 때 다시 지음. 1914년에 불타고, 이듬해부터 다시 지음. 문화재 : 대양루(大陽樓).

다아라(多誐羅) ⓢtagara의 음사. 인도 전역에 분포하는 향기나는 관목으로, 잎은 타원형에 끝이 뾰족하고 흰 꽃이 핌.

다인멱죄상(多人覓罪相) 칠멸쟁(七滅諍)의 하나. 죄에 대한 논쟁이 지속될 경우, 덕이 높은 수행자를 초빙하여 다수결로 시비를 가림.

다인어(多人語) 승단 내의 논쟁을 다수의 찬성으로 결정하는 일. 다수결.

다자탑(多子塔) 중인도 비사리(毘舍離)의 서북쪽에 인접해 있던 탑.

다재석(多財釋) 유재석(有財釋)과 같음.

다재아귀(多財餓鬼) 사람들이 먹다 남은 찌꺼기만 먹는다는 아귀.

다타가다(多他伽多) 다타아가도(多陀阿伽度)와 같음.

다타아가도(多陀阿伽度) ⓢⓟtathāgata의 음사. 여래(如來)라 번역. 진리에서 온 자. 진리에 이른 자. 진리에 머무는 자. 곧, 부처를 일컬음.

단(檀) ⓢⓟdāna의 음사. 보시(布施)라고 번역. 남에게 재물이나 가르침 등을 베풂.

단견(斷見) 세간(世間)과 자아(自我)는 사후(死後)에 없어진다는 견해.

단견론(斷見論) 십육이론(十六異論)의 하나. 과보(果報)는 죽으면 소멸한다는 견해.

단결(斷結) 결(結)은 중생을 결박하는 번뇌를 뜻함. 번뇌를 끊음.

단경(壇經) 육조단경(六祖壇經)의 준말.

단계(斷戒) 탐(貪)·진(瞋)·치(癡) 등의 번뇌를 끊음으로써 저절로 허물이나 악한 행위를 저지르지 않음.

단공(但空) 여러 인연의 일시적인 화합으로 존재하는 현상을 주시하지 못하고 오직 공(空)에만 치우침.

단과료(旦過寮) 행각승(行脚僧)이 잠시 머무는 선원(禪院)에 있는 숙소. 저녁에 와서 묵고 다음날 아침이 지나면 간다는 뜻에서 이와 같이 말함.

단나(檀那) ⓢⓟdāna의 음사. 보시(布施)라고 번역. 남에게 재물이나 가르침 등을 베풂.

단나바라밀(檀那波羅蜜) 단나(檀那)는 ⓢdāna의 음사, 보시(布施)라고 번역. 보시바라밀(布施波羅蜜)과 같음.

단나인(檀拏印) 단나(檀拏)는 ⓢdaṇḍa의 음사로, 봉(棒)·장(杖)이라 번역. ①염마왕(閻魔王)이 지니고 있는, 위쪽 끝에 사람의 머리 형상을 붙인 지팡이. ②두 손바닥을 가볍게 붙이고 집게손가락과 새끼손가락을 손바닥 안에 넣고 나머지는 위로 세운 손 모양으로, 염마왕이 지니고 있는 지팡이를 상징함.

단다인(但荼印) 단나인(檀拏印)과 같음.

단단(斷斷) 사정근(四正勤)의 하나. 이미 생긴 악을 끊으려고 노력함.

단대치(斷對治) 지혜로써 번뇌를 끊음.

단덕(斷德) 삼덕(三德)의 하나. 모든 번뇌를 소멸한 부처의 공덕.

단도(斷道) 모든 번뇌를 끊는 수행.

단두법(斷頭法) 바라이(波羅夷)를 저지른 비

구를 승단에서 추방하는 형벌.

단말마(斷末摩) 말마(末摩)는 ⓢmarman의 음사, 사혈(死穴)·사절(死節)이라 번역. 몸 중에서 조금이라도 다치거나 해치면 목숨이 위험한 급소(急所)를 말함. 따라서 단말마(斷末摩)는 그 급소를 끊는다는 뜻으로, 목숨이 끊어질 때의 고통을 나타내는 말.

단망상당(旦望上堂) 음력 초하루를 단(旦), 보름을 망(望)이라 함. 선사(禪師)가 매월 초하루와 보름에 법당에 올라가 설법하는 일.

단목(檀木) 호마(護摩) 때 태우는, 통나무를 잘라서 쪼갠 나무 도막.

단바라밀(檀波羅蜜) 단(檀)은 ⓢdāna의 음사, 보시(布施)라고 번역. 보시바라밀(布施波羅蜜)과 같음.

단반(摶飯) 주먹밥.

단백법(單白法) 어떤 사항을 대중에게 한 번 알리는 것만으로 그 사항이 결정되는 의식. 사소한 사항, 관례로 되어 있는 사항, 엄격한 규정이기 때문에 이의를 제기할 수 없는 사항 등에 이 방법을 행함.

단사(檀捨) 단(檀)은 ⓢdāna의 음사, 보시(布施)라고 번역. 남에게 재물이나 가르침 등을 베풀어 줌.

단사(斷事) 재판(裁判).

단선근(斷善根) ①그릇된 견해를 일으켜 청정한 행위를 할 근성이 끊어짐. ②청정한 행위를 할 근성이 없음.

단선천제(斷善闡提) 청정한 행위를 할 근성이 없어 성불할 수 없는 중생.

단속사(斷俗寺) 경남 산청군 운리에 있던 절. 신라 경덕왕(742-765) 때 창건하고, 신라의 신행(神行, 70-779)과 고려의 탄연(坦然, 1070-1159)이 머물다가 입적함. 조선 선조 이후에 폐사됨. 문화재 : 동삼층석탑(東三層石塔)·서삼층석탑(西三層石塔).

단식(揣食·摶食·段食) 사식(四食)의 하나. 신체를 유지시키는 음식물.

단월(檀越) ⓢⓟdāna-pati의 음사. 남에게 재물을 베푸는 사람. 절이나 승려에게 재물을 바치는 사람. 시주(施主).

단율의(斷律儀) 악한 행위와 번뇌를 끊는 정려율의(靜慮律儀)와 도생율의(道生律儀)를 말함.

단장(單帳) 승려가 죽었을 때, 그의 소유물을 기록하는 장부.

단제(單提) 단타(單墮)와 같음.

단중(但中) 중(中)을 공(空)·가(假)와 별개의 진리로 보는 견해.

단치리(單致利) ⓢtandrī의 음사. 권태.

단타(單墮) ⓢśuddha-prāyaścittika 사소한 거짓말이나 욕설 등을 한 가벼운 죄. 이 죄를 저지른 비구·비구니는 비구들에게 참회하면 죄가 소멸되지만 참회하지 않으면 죽어서 지옥에 떨어진다고 함.

단타(檀陀) ⓢdaṇḍa의 음사. 봉(棒)·장(杖)이라 번역. 몽둥이. 지팡이.

단하자순(丹霞子淳) ⇒ 자순(子淳)

단행(檀行) 단(檀)은 ⓢdāna의 음사, 보시(布施)라고 번역. 남에게 재물이나 가르침 등을 베푸는 일.

단향(檀香) 전단향(栴檀香)의 준말.

단혹(斷惑) 미혹을 끊음. 번뇌를 끊음.

닫집 불전(佛殿)의 불상 위에 장식으로 만들어 단 집의 모형.

닫집

달라미도국(達羅弭荼國) 달라비도국(達羅毘荼國)과 같음.

달라비도국(達羅毘荼國) ⓢdrāviḍa의 음사. 남인도, 지금의 마이소르(Mysore)와 마드라스(Madras) 지역에 있던 고대 국가. 도읍지는 건지보라(建志補羅, kāñcipura).

달리슬치안다(達利瑟致案多) ⓢdṛṣṭānta의 음사. 유(喩)라고 번역. ⇒ 유(喩) ②

달마(達磨·達摩) ①ⓢdharma ⓟdhamma의 음사. 법(法)이라 번역. ②보리달마(菩提達磨)의 준말.

달마급다(達摩笈多) ⓢdharmagupta의 음사. 법밀(法密)·법장(法藏)이라 번역. ?-619. 남인도의 크샤트리아 출신으로, 23세에 출가하여 경론(經論)을 배우고, 서역(西域)의 여러 지역을 거쳐 590년에 장안(長安)에 옴. 칙명으로 대흥선사(大興善寺)에 머물면서 사나굴다(闍那崛多, 523-600)와 함께 역경(譯經)에 종사함. 606년에 수(隋)의 양제(煬帝)가 낙양에 번경관(翻經館)을 설치하고 그에게 번역하게 하니, 약사여래본원경(藥師如來本願經)·기세인본경(起世因本經)·금강능단반야바라밀경(金剛能斷般若波羅密經)·보리자량론(菩提資糧論)·금강반야론(金剛般若論) 등을 번역함.

달마다라(達摩多羅) ⓢdharmatrāta의 음사. ①5세기경, 설일체유부(說一切有部)의 승려로, 불대선(佛大先)과 함께 계빈국(罽賓國)에서 선법(禪法)을 전파함. ②⇒ 법구(法救)

달마다라선경(達摩多羅禪經) 2권. 동진(東晋)의 불타발타라(佛陀跋陀羅) 번역. 17분(分)으로 구성되어 있는데, 앞의 8분은 수식관(數息觀), 다음 4분은 부정관(不淨觀), 뒤의 5분은 계관(界觀)·사무량관(四無量觀)·오온관(五蘊觀)·육입관(六入觀)·십이인연관(十二因緣觀)을 설명함.

달마류지(達摩流支) ⇒ 보리류지(菩提流志)

달마타도(達磨馱都) ⓢdharma-dhātu의 음사. 법계(法界)라고 번역.

달마파라(達摩波羅) ⓢdharmapāla의 음사. 세친(世親)의 유식삼십송(唯識三十頌)에 대한 주석서를 지은 호법(護法)의 범명(梵名).

달바(闥婆) 건달바(乾闥婆)의 준말.

달발나(怛鉢那) ⓢtarpaṇa의 음사. 곡식 가루로 만든 음식물.

달살아갈(怛薩阿竭) ⓢⓟtathāgata의 음사. 여래(如來)라 번역. 진리에서 온 자. 진리에 이른 자. 진리에 머무는 자. 곧, 부처를 일컬음.

달수(達須) ⓢdasyu의 음사. 신분이 낮고 천한 사람.

달차시라(怛叉始羅) 덕차시라(德叉尸羅)와 같음.

달찰나(怛刹那) ⓢtat-kṣaṇa의 음사. 시간의 단위. 1주야(晝夜)는 30모호율다(牟呼栗多), 1모호율다는 30납박(臘縛), 1납박은 60달찰나(怛刹那)이므로 1달찰나는 1.6초가 됨.

달친(達嚫) ⓢdakṣiṇā의 음사. 시송(施頌)·재시(財施)라고 번역. ①음식물을 받은 승려가 그에 보답하는 뜻으로 시주(施主)에게 설법함. ②남에게 재물을 베풂, 또는 그 재물.

달친나(達櫬拏·達榇拏) 달친(達嚫)과 같음.

달타게다(怛他揭多·怛他揭多) 달살아갈(怛薩阿竭)과 같음.

담(曇) ⓢdharma ⓟdhamma의 음사. 법(法)이라 번역.

담란(曇鸞) 476-542. 북위(北魏)의 승려. 산서성(山西省) 안문(雁門) 출신. 정토종(淨土宗)의 개조(開祖). 13여 세에 오대산에 출가하고, 중론(中論)·십이문론(十二門論)·백론(百論)·대지도론(大智度論)을 연구함. 낙양(洛陽)에서 보리류지(菩提流支)로부터 받은 관무량수경(觀無量壽經)을 읽고 크게 감동하여 정토삼부경(淨土三部經)과 무량수경우파제사(無量壽經優波提舍) 등을 연구하면서 칭명염불(稱名念佛)을 함. 병주(并州) 대암사(大巖寺)와 서하(西河) 현중사(玄中寺)에서 정토왕생을 위한 가르침과 수행을 널리 전파함. 저서 : 무량수경우파제사원생게주(無量壽經優波提舍願生偈註)·찬아미타불게(讚阿彌陀佛偈)·약론안락정토의(略論安樂淨土義) 등.

담마(曇摩) ⓢdharma ⓟdhamma의 음사. 법(法)이라 번역.

담마다라(曇摩多羅) 달마다라(達摩多羅) ①과 같음.

담마위다리가부(曇摩尉多利迦部) ⓢdharmottarīya의 음사. 법상부(法上部)와 같음.

담마파다(dhammapada) 법구경(法句經)의 팔리 어 원전의 명칭.

담목산(擔木山) ⇒ 걸지락가(朅地洛迦)

담무(曇無) ⓢdharma ⓟdhamma의 음사. 법(法)이라 번역.

담무갈(曇無竭) ⓢdharmodgata의 음사. 법기(法起)라고 번역. ⇒ 법기보살(法起菩薩)

담무굴다가부(曇無屈多迦部) ⓢdharmaguptaka의 음사. 법장부(法藏部)와 같음.

담무덕부(曇無德部) 법장부(法藏部)와 같음.

담무덕사(曇無德師) 법장부(法藏部)의 논사.

담무참(曇無讖) ⓢdharma-rakṣa의 음사. 법풍(法豊)이라 번역. 385-433. 중인도 바라문 출신의 승려. 6세에 아버지를 여의고 어머니의 권유로 달마야사(達摩耶舍)의 제자가 되어 소승을 배우고 후에는 대승에 전념함. 계빈(罽賓)·구자(龜玆)·돈황(敦煌)을 거쳐 412

년에 감숙성(甘肅省) 고장(姑臧)에 들어가 북량(北涼)의 왕 저거몽손(沮渠蒙遜)의 우대를 받으며 대반열반경(大般涅槃經) 전분(前分) 10권을 비롯하여, 대집경(大集經)·대방등무상경(大方等無想經)·금광명경(金光明經)·비화경(悲華經)·보살지지경(菩薩地持經)·우바새계경(優婆塞戒經) 등을 번역함. 또 대반열반경의 나머지 부분을 구하기 위해 고국에 가서 몇 년 머물다가 우전국(于闐國)에서 일부분을 구하여 고장(姑臧)에 돌아와 번역하고, 또 사신을 우전국에 보내어 나머지 부분을 가져오게 하여 421년에 대반열반경 36권〔현재 40권〕이 성립됨. 북위(北魏)의 척발도(拓跋燾)가 담무참의 명성을 듣고 그를 데려가려 하자, 저거몽손이 담무참과 북위와의 관계를 의심하여 서역(西域)에 가서 대반열반경의 후분(後分)을 구하게 하고, 담무참이 서역으로 가는 도중에 저거몽손이 보낸 자객에게 살해됨.

담복(薝蔔) ⓢcampaka의 음사. 인도 북부에서 자라는 교목. 잎은 윤택이 있고, 짙은 노란색의 꽃이 피는데 그 향기가 진함.

담상(噉相) 구상(九相)의 하나. 탐욕과 육신에 대한 집착을 버리기 위해 벌레가 시체를 갉아먹는 모습을 주시하는 수행법.

담선법회(談禪法會) 고려 때, 선(禪)을 공부하고 수행하거나 나라와 백성의 안녕을 기원하던 모임.

담성(曇晟) 782-841. 당(唐)의 승려. 강서성(江西省) 건창(建昌) 출신. 20세에 구족계(具足戒)를 받고, 백장 회해(懷海, 749-814)에게 10여 년 동안 사사(師事)함. 그 후 약산 유엄(藥山惟儼, 745-828)에게 사사(師事)하여 그의 법을 이어받고, 호남성(湖南省) 운암산(雲巖山)에 머물면서 선풍(禪風)을 크게 일으킴.

담소(談笑) ⓢitihāsa 서사시(敍事詩). itihāsa는 iti-ha-āsa(참으로 이와 같이 있었다)의 합성어인데, iti-hāsa(이와 같이 웃다)로 오인한 번역.

담시(曇始) 생몰년 미상. 동진(東晋)의 승려. 396년(광개토왕 6)경에 경(經)과 율(律)을 수십 종 가지고 고구려에 와서 10여 년 동안 불교를 전파하고 귀국함.

담연(湛然) 711-782. 당(唐)의 승려. 강소성(江蘇省) 형계(荊溪) 출신. 20세에 현랑(玄朗, 673-754)에게 천태학을 배우고, 38세에 출가하여 삭발한 후 저술에 몰두하면서 천태종을 부흥시킴. 저서 : 법화현의석첨(法華玄義釋籤)·법화문구기(法華文句記)·지관보행전홍결(止觀輔行傳弘決).

담요(曇曜) 생몰년 미상. 북위(北魏)의 승려. 어려서 출가하여 감숙성(甘肅省) 양주(涼州)에서 불교를 배우고, 태무제(太武帝)의 폐불(廢佛) 때(446) 환속을 거부하고 산속에 은거함. 문성제(文成帝)가 즉위(453)하여 그를 사문통(沙門統)에 임명하고 불교의 부흥을 주도하게 함. 460년에 운강 석굴(雲岡石窟)을 조성하기 시작하여 다섯 개의 굴을 파서 각각에 석가입상(釋迦立像)을 안치함. 476년경에는 불교 교단의 제도를 개혁하여 경제적 기반을 확립함. 또 운강 석굴의 통락사(通樂寺)에 머물면서 서역(西域)의 승려 길가야(吉迦夜)와 함께 부법장인연전(付法藏因緣傳)·잡보장경(雜寶藏經) 등을 번역함.

담진(曇眞) 생몰년 미상. 고려의 승려. 자(字)는 자정(子正). 어려서 출가하여 난원(爛圓)의 제자가 되고, 1068년에 승과(僧科)에 합격함. 1085년에 의천(義天)과 함께 송(宋)에 가서 이듬해 귀국하고, 의천이 홍왕사(興王寺)의 교장도감(敎藏都監)에서 교장(敎藏)을 간행할 때 교정을 맡아봄. 1107년(예종 2)에 왕사(王師)가 되고, 1114년에 국사(國師)가 됨.

담징(曇徵) 579-631. 고구려의 승려. 610년(영양왕 21)에 일본에 가서 채색과 공예를 가르치고, 종이·먹 등의 제작 방법을 전함. 법륭사(法隆寺)에 머물면서 오경(五經)과 불법(佛法)을 강의하고, 금당(金堂)의 벽화를 그림. 그 벽화는 1949년 1월에 불탐.

담판한(擔板漢) 판자를 어깨에 메어 한쪽을 보지 못하는 자, 곧 전체를 보지 못하고 편견을 가진 사람을 말함.

답마(答摩) 다마(多摩)와 같음.

답비라(沓毘羅) ⓢdrāviḍa의 음사. 인도의 원주민인 드라비다 인(人).

당(幢) ⓢdhvaja 깃발. 휘장.

당간(幢竿) 설법이나 법회중임을 표시하기 위해 사찰 앞에 세우는 깃대.

당간지주(幢竿支柱) 당간을 지탱하기 위해 세운, 두 개의 돌이나 쇠로 된 버팀대.

당간지주

당기중(當機衆) 사중(四衆)의 하나. 부처의 설법을 듣고 바로 깨닫는 자.

당두(堂頭) 선원(禪院)의 운영을 주관하는 수행승, 또는 그가 거처하는 방.

당래(當來) ①내세(來世). ②미래.

당목(撞木) 범종(梵鐘)을 치는 나무 막대.

당번(幢幡) 깃발.

당분(當分) 천태학에서, 장교(藏敎)·통교(通敎)·별교(別敎)를 각각의 단계에서 해석하는 것. 이에 반해, 각각의 단계에서 벗어나 그 세 가르침의 의의를 원교(圓敎)의 단계에서 해석하는 것은 과절(跨節)이라 함.

당사(堂司) 승당(僧堂)에서 좌선하는 수행승의 규율과 질서를 다스리는 유나(維那)를 말함. 또는 그가 거처하는 방.

당상(堂上) 당두(堂頭)와 같음.

당연(唐捐) 헛됨. 공허함. 허망함.

당좌(撞座) 범종(梵鐘)을 칠 때 당목(撞木)이 닿는 곳. ⇒ 범종(梵鐘)

당체(當體) 바로 그 자체·본체.

당체전시(當體全是) 두 현상이 있는 그 자체로 완전히 하나임을 뜻하는 말.

당하(當下) 즉시. 곧. 바로.

대(大) ①ⓢbhūta 요소. 구성 요소. 특성. ②ⓢmahat 상캬 학파에서 설하는 이십오제(二十五諦)의 하나로, 물질의 근원인 자성(自性, prakṛti)이 순수 정신인 신아(神我, puruṣa)의 영향을 받아 평형 상태가 깨어져 전개를 시작할 때, 최초로 생기는 사유 기능을 말함.

대가섭(大迦葉) 가섭(迦葉)과 같음.

대각(大覺) 위대한 깨달음, 또는 그 깨달음에 이른 부처.

대갈랍파(大羯臘婆) ⓢmahā-karabha의 음역. 수의 단위로, 10^{32}.

대감(大鑑) 탄연(坦然)의 시호.

대건도(大犍度) 건도(犍度)는 ⓢskandha의 음사로, 장(章)·편(篇)을 뜻함. 지·수·화·풍의 사대(四大)에 대해 설한 장(章).

대겁(大劫) 세계가 성립되는 지극히 긴 기간을 성겁(成劫), 머무르는 기간을 주겁(住劫), 파괴되어 가는 기간을 괴겁(壞劫), 파괴되어 아무 것도 없는 상태로 지속되는 기간을 공겁(空劫)이라 하고, 이 네 겁(劫)을 1대겁이라 함. 네 겁은 각각 20중겁(中劫)이므로 1대겁은 80중겁이 됨. 중겁은 인간 수명 8만 세에서 100년에 한 살씩 줄어 10세에 이르고 다시 10세에서 100년에 한 살씩 늘어 8만 세에 이르는 시간을 말함.

대게저(大揭底) ⓢmahā-gati의 음역. 수의 단위로, 10^{38}.

대계(大戒) 비구와 비구니가 받아 지켜야 할 구족계(具足戒)를 말함.

대곡사(大谷寺) 경북 의성군 다인면 비봉산 동쪽 기슭에 있는 절. 고운사(孤雲寺)의 말사. 1368년에 창건하고, 1592년 임진왜란 때 불탐. 1605년에 탄우(坦祐)가 다시 짓고, 1687년에 태전(太顚)이 중축함. 문화재 : 대웅전·범종각(梵鐘閣).

대공(大空) 십팔공(十八空)의 하나. 시방세계(十方世界)에 대한 분별이 끊어진 상태.

대교경(大敎經) ⓢupadeśa 경전의 서술 형식에서, 교리에 대해 문답한 부분.

대국통(大國統) 신라 때, 왕이 임명한 승려의 가장 높은 지위.

대규지옥(大叫地獄) 대규환지옥(大叫喚地獄)의 준말.

대규환지옥(大叫喚地獄) 팔열지옥(八熱地獄)의 하나. 오계(五戒)를 깨뜨린 자, 곧 살생하고 도둑질하고 음란한 짓을 하고 술을 마시고 거짓말한 죄인이 죽어서 가게 된다는 지옥으로, 뜨거운 칼로 혀가 잘리는 고통을 받는다고 함.

대긍갈라(大矜羯羅) ⓢmahā-kaṅkara의 음역. 수의 단위로, 10^{16}.

대기(大機) ①부처의 가르침을 깨달을 수 있는 뛰어난 능력이나 소질, 또는 그것을 갖춘 사람. ②뛰어난 임기응변의 책략. 그때그때의 상황에 따르는 뛰어난 수단·방법.

대기(對機) 가르침을 받는 자, 또는 그의 능력이나 소질.

대기대용(大機大用) 뛰어난 임기응변의 기량을 완벽하게 활용함.

대기설법(對機說法) 병에 따라 약을 주듯, 가르침을 받는 자의 능력이나 소질에 따라 그에 알맞은 가르침을 설함.

대나유다(大那庾多) ⓢmahā-nayuta ⓢmahā-niyuta의 음역. 수의 단위로, 10^{12}.

대누탄경(大樓炭經) 6권. 서진(西晋)의 법립(法立)·법거(法炬) 번역. 세계의 성립과 파괴의 과정을 설한 경.

대당내전록(大唐內典錄) 10권. 당(唐)의 도선(道宣) 엮음. 기존의 대장경 목록과 장안(長安) 서명사(西明寺)의 대장경을 참조하여 엮은 대장경 목록으로, 제1권에서 제5권까지는 역대삼보기(歷代三寶記)를 거의 그대로 계승하고, 제6권에서 제7권까지는 수(隋)의 언종(彦琮) 등이 엮은 중경목록(衆經目錄)을 거의 그대로 답습함. 제8권은 서명사에 소장되어 있던 대장경 목록이고, 제9권과 제10권에는 중국에서 찬술된 주석서·위경(僞經) 등이 수록되어 있음.

대당서역구법고승전(大唐西域求法高僧傳) 2권. 당(唐)의 의정(義淨) 지음. 640년경부터 690년경 사이에 당(唐)에서 인도로 가서 불교를 배우거나 순례한 승려 60명의 행적을 기록한 책으로, 신라의 승려 8명이 포함되어 있음. 의정이 인도의 유학을 마치고 광동성(廣東省) 광주(廣州)로 돌아오는 도중에 수마트라 섬의 남동부 팔렘방(Palembang) 지역에 머무는 동안에 저술하여 691년에 귀국하는 대진(大津)에게 부탁하여 장안(長安)으로 보냄.

대당서역기(大唐西域記) 12권. 당(唐)의 현장(玄奘) 지음, 변기(辯機) 편찬. 현장이 627년에 장안(長安)을 출발하여 인도(印度)와 서역(西域) 지역을 순례하고 645년 장안에 도착하기까지, 그 동안에 직접 보거나 전해 들은 138개국의 불교 정세와 유적, 지리·기후·풍속·전설·언어·문화·종교 등을 기록한 여행기.

대덕(大德) ①ⓢbhadanta 붓다·보살·장로·고승 등을 일컫는 말. ②ⓢbhadanta 자신보다 나이가 많은 수행승에 대한 호칭. ③수(隋)·당(唐) 때, 역경(譯經)에 종사한 승려들에 대한 호칭. ④고려·조선 때, 승과(僧科)에 합격하여 승진한 승려의 법계(法階). ⇒ 승과(僧科)

대도(大道) ①수행. ②위대한 깨달음. 부처의 깨달음. 부처가 깨달은 진리.

대도(大都) 사찰의 부업을 관리하는 소임, 또는 그 일을 맡은 승려.

대도무문(大道無門) 부처의 깨달음에 이르는 데는 정해진 형식이 없어서 언제, 어떠한 곳, 어떠한 방법으로도 거기에 이를 수 있다는 뜻.

대도사(大導師) 부처를 일컬음.

대도수(帶刀睡) 오른쪽 옆구리를 바닥에 대고 자는 것. 일반적으로 칼을 왼쪽 옆구리에 차므로 칼을 찬 그대로 왼쪽 옆구리를 바닥에 대고 잘 수 없으므로 오른쪽 옆구리를 바닥에 대고 잔다는 뜻.

대도와(帶刀臥) 대도수(帶刀睡)와 같음.

대도유나(大都維那) 신라 때, 국통(國統)을 보좌하며 승단의 기강을 담당한 승려의 지위.

대둔사(大芚寺) 두륜산 대흥사(大興寺)의 일제 강점기 이전의 이름.

대락금강(大樂金剛) 금강살타(金剛薩埵)와 같음.

대락금강불공진실삼마야경(大樂金剛不空眞

實三麽耶經) 1권. 당(唐)의 불공(不空) 번역. 대일여래(大日如來)가 금강살타(金剛薩埵)에게 반야(般若)의 근본 뜻을 밝히고, 반야를 성취하기 위한 방법으로 진언(眞言) 수행을 권하고 그 수행의 공덕을 설함.

대락금강불공진실삼매야경반야바라밀다이취석(大樂金剛不空眞實三昧耶經般若波羅蜜多理趣釋) 2권. 당(唐)의 불공(不空) 번역. 대락금강불공진실삼마야경(大樂金剛不空眞實三麽耶經)을 17품(品)으로 나누어 풀이한 저술.

대례왕공재(大禮王供齋) 시왕각배재(十王各拜齋)와 같음.

대륜금강(大輪金剛) 대륜명왕(大輪明王)과 같음.

대륜명왕(大輪明王) 죄를 저지른 과보로 받는 장애를 소멸시킨다는 존(尊)으로, 손에 바퀴를 들고 있음.

대만다라(大曼荼羅) ⓢmahā-maṇḍala의 음역. 사종만다라(四種曼荼羅)의 하나. 우주의 진리나 그 보편적인 모습을 부처와 보살로 묘사한 그림.

대명(大名) ⇒ 마하남(摩訶男)

대명고승전(大明高僧傳) 8권. 명(明)의 여성(如惺) 지음. 남송(南宋)에서 명(明)까지의 고승 119명의 전기를 수록한 책. 그들의 전기 속에 승려 60명의 행적이 간략히 언급되어 있음.

대명도경(大明度經) 6권. 오(吳)의 지겸(支謙) 번역. 소품반야경(小品般若經)의 다른 번역.

대명법수(大明法數) 대명삼장법수(大明三藏法數)의 준말.

대명삼장법수(大明三藏法數) 50권. 명(明)의 일여(一如) 등 엮음. 대장경에 있는 법수(法數)를 모아 숫자의 순서대로 배열하고 각 항목을 간략히 해설한 책. 일심(一心)에서 시작하여 마지막 팔만사천법문(八萬四千法門)에 이르는, 1,500항목이 수록되어 있음.

대명주(大明呪) ①위대한 지혜의 주문(呪文). ②육자대명왕진언(六字大明王眞言)과 같음.

대모달라(大姥達羅) ⓢmahā-mudrā의 음역. 수의 단위로, 10^{42}.

대반니원경(大般泥洹經) 6권. 동진(東晋)의 법현(法顯) 번역. 담무참(曇無讖)이 번역한 대반열반경(大般涅槃經) 제1권에서 제10권의 제5 일체대중소문품(一切大衆所問品)까지에 해당하는 다른 번역으로, 주요 내용은 담무참의 번역과 거의 같음.

대반야경(大般若經) 600권. 당(唐)의 현장(玄奘) 번역. 반야부 경전의 약 4분의 3을 차지하는 방대한 경으로, 전체가 16회로 이루어져 있는데 제1회와 제11회 이하는 현장이 처음 번역한 것이고, 나머지는 이미 번역된 것을 현장이 다시 번역한 것임. 제1회는 제1권에서 제400권까지이며, 공(空)을 자각하고 많은 중생을 제도하려는 사람을 보살이라 하고, 보살은 육바라밀(六波羅蜜)을 실천해야 한다고 설함. 특히, 공(空)에 입각한 집착 없는 지혜의 완성, 곧 반야바라밀(般若波羅蜜)을 강조함. 제2회는 제401권부터 제478권까지이며, 제2회의 다른 번역으로는 방광반야경(放光般若經)·광찬경(光讚經)·마하반야바라밀경(摩訶般若波羅蜜經)이 있고, 제3회는 제479권부터 제537권까지이며, 제2회와 제3회의 내용은 제1회와 거의 같음. 제4회는 제538권부터 제555권까지이고, 제5회는 제556권부터 제565권까지이며, 보살은 오직 반야바라밀을 닦아야 한다고 강조하고 그 바라밀을 체득하는 방법과 그 바라밀의 무한한 공덕을 설함. 제4회와 제5회의 다른 번역으로는 도행반야경(道行般若經)·대명도경(大明度經)·마하반야초경(摩訶般若鈔經)·소품반야경(小品般若經)이 있음. 제6회는 제566권부터 제573권까지이며, 반야바라밀을 중심으로 하여 보살의 수행과 공덕을 설함. 제6회의 다른 번역으로는 승천왕반야바라밀경(勝天王般若波羅蜜經)이 있음. 제7회는 만수실리분(曼殊室利分)으로 제574권부터 제575권까지이며, 차별하지 않고 집착하지 않는 반야바라밀과 우주의 근원에 마음을 집중하는 일행삼매(一行三昧)를 설함. 제7회의 다른 번역으로는 문수사리소설마하반야바라밀경(文殊師利所說摩訶般若波羅蜜經)·문수사리소설반야바라밀경(文殊師利所說般若波羅蜜經)이 있음. 제8회는 나가실리분(那伽室利分)으로 제576권이며, 걸식을 소재로 하여 집착 없는 반야를 드러냄. 제8회의 다른 번역으로는 유수보살무상청정분위경(濡首菩薩無上淸淨分衛經)이 있음. 제9회는 능단금강분(能斷金剛分)으로 제577권이며, 집착 없이 마음을 일으키고 실천하는 지혜의 완성을 설함. 제9회의 다른 번역으로는 금강반야바라밀경(金剛般若波羅密經)·금강능단반야바라밀경(金剛能斷般若波羅密經)·능단금강반야바라밀다경(能斷金剛般若波羅蜜多經)이 있음. 제10회는 반야이취분(般若理趣分)으로 제578권이며, 반야바라밀을 수행하는 방법으로 14가지 진언(眞言)을 제시하고, 그 진언을 외우면 있는 그대로의 참모습을 직관하는 지혜를 얻어 깨달음에 이르게 된다고 설함. 제10회의 다른 번역으로는 실상반야바라밀경(實相般若波羅蜜經)·금강정유가이취반야경(金剛頂瑜伽理趣般若經)이 있음. 제11회부터 제16회까지에는 차례로 육바라밀(六波羅蜜)을 자세히 설명하고 있는데, 공(空)에 입각해서 집착 없이 육바라밀을 실천하면 하나하나의 바라밀이 모두 깨달음으로 귀착된다고 설함.

대반야바라밀다경(大般若波羅蜜多經) 대반야경(大般若經)의 본이름.

대반열반(大般涅槃) 반열반(般涅槃)은 ⓢparinirvāṇa ⓟparinibbāna의 음사로, 멸(滅)·멸도(滅度)라고 번역. 석가의 위대한 죽음.

대반열반경(大般涅槃經) ①40권. 북량(北涼)의 담무참(曇無讖) 번역. 북본열반경(北本涅槃經)이라 일컬음. 부처가 쿠시나가라(kuśinagara)의 사라쌍수(娑羅雙樹)에서 열반에 들 때에 대중에게 행한 설법으로, 열반의 특성과 법신(法身)의 상주(常住), 일체중생실유불성(一切衆生悉有佛性), 일천제(一闡提)의 성불 등에 대해 설함. ②36권. 송(宋)의 혜엄(慧嚴) 번역. 남본열반경(南本涅槃經)이라 일컬음. 법현(法顯)이 번역한 대반니원경(大般泥洹經)을 참조하여 북본열반경의 번역에서 모호하고 잘못된 부분을 고치고 재편집한 것으로, 내용은 북본열반경과 같음. ③3권. 동진(東晋)의 법현(法顯) 번역. 붓다가 80세 되던 해, 왕사성을 출발하여 입멸한 장소인 쿠시나가라에 이르기까지의 과정과 그곳에서의 마지막 설법, 입멸 후의 화장, 유골의 분배 등을 자세히 기록한 경.

대발라유다(大鉢羅庾多) ⓢmahā-prayuta의 음역. 수의 단위로, 10^{14}.

대발라참(大跋邏攙) ⓢmahā-balākṣa의 음역. 수의 단위로, 10^{50}.

대발람(大跋藍) ⓢmahā-bala의 음역. 수의 단위로, 10^{44}.

대방광불화엄경(大方廣佛華嚴經) 화엄경(華嚴經)의 본이름.

대방광불화엄경소(大方廣佛華嚴經疏) 화엄경소(華嚴經疏)의 본이름.

대방광불화엄경수소연의초(大方廣佛華嚴經隨疏演義鈔) 화엄경수소연의초(華嚴經隨疏演義鈔)의 본이름.

대방광불화엄경수현분제통지방궤(大方廣佛華嚴經搜玄分齊通智方軌) 화엄경수현기(華嚴經搜玄記)의 본이름.

대방광십륜경(大方廣十輪經) 8권. 번역자 미상. 지장십륜경(地藏十輪經)의 다른 번역.

대방광원각수다라요의경(大方廣圓覺修多羅了義經) 원각경(圓覺經)의 본이름.

대방등대집경(大方等大集經) 대집경(大集經)의 본이름.

대번뇌지법(大煩惱地法) 온갖 오염된 마음과 함께 일어나는 마음 작용. 무명(無明)·방일(放逸)·불신(不信) 등이 여기에 해당함. ⇒ 칠십오법(七十五法)

대범(大梵) 대범천(大梵天)과 같음.

대범왕(大梵王) 대범천(大梵天) ②와 같음.

대범천(大梵天) ⓢmahā-brahman ①색계 초선천(初禪天)의 제3천. ⇒ 색계십칠천(色界十七天) ②색계 초선천의 왕으로, 이름은 시기(尸棄, śikhin)라 하고 도리천의 왕인 제석(帝釋)과 함께 불법(佛法)을 수호한다고 함.

대범천왕(大梵天王) 대범천(大梵天) ②와 같음.

대법(對法) ⓢabhidharma 논(論)이라고도 함. dharma는 법, abhi는 -에 대하여라는 뜻. 곧, 부처의 가르침에 대한 주석·연구·정리·요약.

대법장(對法藏) 경·율·논의 삼장(三藏) 가운데 부처의 가르침을 주석·연구·정리·요약한 논장(論藏)을 말함.

대법종(對法宗) 경·율·논의 삼장(三藏) 가운데 논장(論藏)의 근본 취지.

대변재천녀(大辯才天女) 변재천(辯才天)과 같음.

대보적경(大寶積經) 120권. 당(唐)의 보리류지(菩提流志) 번역·편집. 대승의 경들을 한데 모은 경으로, 총 49회로 이루어져 있는데 각 회마다 별도의 경이어서 정토(淨土)·반야(般若)·밀교(密敎) 등 내용이 다양함. 27회는 보리류지의 번역이고, 나머지는 축법호(竺法護)·현장(玄奘)·의정(義淨)·구마라집(鳩摩羅什) 등의 번역임.

대불선지법(大不善地法) 온갖 악한 마음과 함께 일어나는 마음 작용. 무참(無慚)·무괴(無愧)가 여기에 해당함. ⇒ 칠십오법(七十五法)

대불정다라니(大佛頂陀羅尼) 능엄주(楞嚴呪)와 같음.

대불정여래밀인수증료의제보살만행수능엄경(大佛頂如來密因修證了義諸菩薩萬行首楞嚴經) 능엄경(楞嚴經)의 본이름.

대비(大悲) 중생을 불쌍히 여겨 괴로움을 덜

어 주려는 부처나 보살의 마음. 부처나 보살이 중생의 괴로움을 자신의 것으로 여기는 그지없이 넓고 큰 마음.

대비관음(大悲觀音) ①천수천안관음(千手千眼觀音)을 말함. ②관세음보살을 통틀어 일컬음.

대비구(大比丘) 수행이 뛰어난 비구. 수행 기간이 길고 덕이 높은 수행승.

대비로자나성불신변가지경(大毘盧遮那成佛神變加持經) 대일경(大日經)의 본이름.

대비만다라(大悲曼荼羅) 태장계만다라(胎藏界曼荼羅)와 같음.

대비바사론(大毘婆沙論) 아비달마대비바사론(阿毘達磨大毘婆沙論)의 준말.

대비보다(大毘步多) ⓢmahā-vibhūta의 음역. 수의 단위로, 10^{48}.

대비보살(大悲菩薩) 중생을 불쌍히 여겨 괴로움을 덜어 주려는 여러 보살 가운데 특히 관세음보살을 일컬음.

대비심(大悲心) 중생을 불쌍히 여겨 괴로움을 덜어 주려는 부처나 보살의 마음. 부처나 보살이 중생의 괴로움을 자신의 것으로 여기는 그지없이 넓고 큰 마음.

대비심다라니(大悲心陀羅尼) 천수경(千手經)에 나오는 신묘장구대다라니(神妙章句大陀羅尼)를 말함.

대비자(大悲者) 중생을 불쌍히 여겨 괴로움을 덜어 주려는 여러 부처와 보살, 특히 관세음보살을 일컬음.

대비주(大悲主) 대비심이 무한하다고 하는 관세음보살을 말함.

대비주(大悲呪) 대비심다라니(大悲心陀羅尼)와 같음.

대비천수안(大悲千手眼) 천수천안관음(千手千眼觀音)을 일컬음. 천 개의 손과 천 개의 눈을 가진 관음으로 대비심이 무한하다고 함.

대비천제(大悲闡提) 모든 중생을 다 제도한 뒤에 성불하겠다는 큰 자비심으로 중생의 제도에만 전념하므로 자신은 성불할 기약이 없는 보살.

대비태장생(大悲胎藏生) 태장계(胎藏界)와 같음.

대비태장생만다라(大悲胎藏生曼荼羅) 태장계만다라(胎藏界曼荼羅)와 같음.

대비파하(大毘婆訶) ⓢmahā-vivāha의 음역. 수의 단위로, 10^{22}.

대빈발라(大頻跋羅) ⓢmahā-bimbara의 음역. 수의 단위로, 10^{18}.

대사(大師) ①붓다에 대한 존칭. ②덕이 높은 승려에 대한 존칭. ③고려·조선 때, 승과(僧科)에 합격하여 승진한 승려의 지위. ⇒ 승과(僧科)

대사(大士) 위대한 사람. 덕행이 뛰어난 사람. 보살.

대산야(大珊若) ⓢmahā-saṃjñā의 음역. 수의 단위로, 10^{46}.

대삼마발탐(大三磨鉢耽) ⓢmahā-samāpta의

음역. 수의 단위로, 10^{36}.

대삼재(大三災) 괴겁(壞劫)의 끝에 일어난다는 화재(火災)·수재(水災)·풍재(風災)의 세 가지 재난.

대색(大色) 정색(正色)과 정색을 혼합한 색. 정색은 다른 빛깔과 섞이지 않은 본디의 순수한 빛깔, 곧 백·적·청·황·흑.

대서성(大書省) 신라 때, 왕의 자문에 응하는 승려의 지위.

대선(大仙) 위대한 선인(仙人), 곧 석가모니를 일컬음.

대선(大選) 고려·조선 때, 승과(僧科)에 합격한 승려에게 준 지위. ⇒ 승과(僧科)

대선계(大仙戒) 석가모니가 설한 계율.

대선불(大禪佛) 오랜 기간 참선만 닦은 뛰어난 선승(禪僧)에 대한 존칭.

대선사(大船師) 위대한 뱃사공, 곧 중생을 번뇌의 세계에서 열반의 세계로 건네주는 석가모니를 일컬음.

대선사(大禪師) ①오랜 기간 참선만 닦은 뛰어난 수행승에 대한 존칭. ②고려·조선 때, 승과(僧科)에 합격하여 승진한 승려의 지위. ⇒ 승과(僧科)

대선적력(大善寂力) 뛰어난 지혜의 힘.

대선지법(大善地法) 온갖 착한 마음과 함께 일어나는 마음 작용. 신(信)·불방일(不放逸)·경안(輕安)·사(捨)·참(慚) 등이 여기에 해당함. ⇒ 칠십오법(七十五法)

대설산(大雪山) 인도 북부에 솟아 있는 히말라야 산맥을 말함.

대설상(大舌相) 삼십이상(三十二相)의 하나. 혀가 큼.

대세지보살(大勢至菩薩) 아미타불을 오른쪽에서 보좌하는 보살로, 지혜의 광명으로 중생을 구제한다고 함.

대세지상관(大勢至想觀) 십육관(十六觀)의 하나. 아미타불을 보좌하는 대세지보살을 생각하는 수행법.

대소자지옥(大燒炙地獄) 대초열지옥(大焦熱地獄)과 같음.

대송승사략(大宋僧史略) 3권. 송(宋)의 찬녕(贊寧) 지음. 불교의 전래, 역경(譯經), 의례, 불교 교단의 제도와 승직(僧職) 등을 서술한 책.

대수석(帶數釋) 육합석(六合釋)의 하나. 산스크리트의 합성어(合成語)에서, 앞 단어가 수량이나 순서를 나타내는 것. 예, tri-dhātu(三界), pañca-indriya(五根).

대승(大乘) ⓢmahā-yāna 승(乘)은 중생을 깨달음으로 인도하는 부처의 가르침이나 수행법을 뜻함. ①기원 전후에 일어난 불교 개혁파들이 스스로를 일컬은 말. 이에 반해, 그들은 전통의 보수파들을 낮추어 소승(小乘)이라 함. ②자신도 깨달음을 구하고 남도 깨달음으로 인도하는 수행자, 또는 그를 위한 가르침. 깨달음을 구하면서 중생을 교화하는 보살을 위한 부처의 가르침. 자신의 구제에 앞서 남을 먼저 구제하는 보살의 수행법. ③부처의 가르침에 대한 존칭. 위대한 가르침.

대승계(大乘戒) 대승의 보살이 받아 지켜야 할 삼취정계(三聚淨戒)·십중금계(十重禁戒) 등의 계율.

대승기신론(大乘起信論) 마명(馬鳴) 지음. 다섯 부분으로 구성되어 있는데, 제1 인연분(因緣分)에서는 이 논을 짓게 된 이유를 말하고, 제2 입의분(立義分)에서는 일심(一心), 진여문(眞如門)과 생멸문(生滅門)의 이문(二門), 체(體)·상(相)·용(用)의 삼대(三大)를 제시하고, 제3 해석분(解釋分)에서는 일심을 진여문과 생멸문으로 나누고, 진여문에서는 마음의 청정한 면을 묘사하고 생멸문에서는 아뢰야식(阿賴耶識)의 각(覺)과 불각(不覺), 훈습(熏習) 등을 서술하여 마음의 염정(染淨)을 밝힌 다음, 그릇된 집착을 소멸시키는 방법과 발심(發心)에 대하여 논함. 제4 수행신심분(修行信心分)에서는 사신(四信)·오행(五行)·타력염불(他力念佛)을 설하고, 제5 권수이익분(勸修利益分)에서는 이 논을 믿고 수행하기를 권함. 두 가지 번역이 있음. (1)1권. 양(梁)의 진제(眞諦) 번역. (2)2권. 당(唐)의 실차난타(實叉難陀) 번역.

대승기신론별기(大乘起信論別記) 2권. 신라의 원효(元曉) 지음. 대승기신론(大乘起信論)의 요점을 밝히고, 그 논의 입의분(立義分)과 해석분(解釋分)을 풀이한 저술.

대승기신론소(大乘起信論疏) 2권. 신라의 원효(元曉) 지음. 대승기신론의 주석서로, 그 논의 요점을 진여문(眞如門)과 생멸문(生滅門)이 일심(一心)에서 융합하여 체(體)·상(相)·용(用)이 서로 걸림 없이 약동하는 경지에 이르는 것이라 하고, 이 경지를 대승의 근본 바탕이라 설함.

대승대의장(大乘大義章) 구마라집법사대의(鳩摩羅什法師大義)와 같음.

대승대집지장십륜경(大乘大集地藏十輪經) 지장십륜경(地藏十輪經)의 본이름.

대승무량수장엄경(大乘無量壽莊嚴經) 3권. 송(宋)의 법현(法賢) 번역. 무량수경(無量壽經)의 다른 번역.

대승무생방편문(大乘無生方便門) 1권. 당(唐)의 신수(神秀) 지음. 기신론·법화경·유마경·사익경·화엄경에 의거하여 북종선(北宗禪)의 요점을 체계화한 저술.

대승백법명문론(大乘百法明門論) 1권. 천친(天親) 지음. 당(唐)의 현장(玄奘) 번역. 유가사지론(瑜伽師地論)의 본지분(本地分)에 나오는 제법(諸法)을 오위백법(五位百法)으로 요약하고, 그 이름을 열거한 책.

대승법상교(大乘法相敎) 오교(五敎)의 하나. 현상과 본성을 설한 가르침.

대승법원의림장(大乘法苑義林章) 7권. 당(唐)의 기(基) 지음. 유식학(唯識學)의 중요한 사항을 29장(章)으로 나누어 해설한 저술.

대승비분타리경(大乘悲分陀利經) 8권. 번역자 미상. 비화경(悲華經)의 다른 번역.

대승사(大乘寺) 경북 문경시 산북면 사불산(공덕산) 남서쪽 기슭에 있는 절. 직지사(直指寺)의 말사. 587년(신라 진평왕 9)에 창건하고, 1592년 임진왜란 때 모두 불타고, 1701년에 다시 지음. 이후 여러 차례 증축하고, 1862년에 대부분 불타고, 의운(意雲)이 다시 지음. 1899년에 염불만일회(念佛萬日會)를 개최함. 1956년에 대부분 불타고, 1966년에 다시 지음.

대승선(大乘禪) 모든 현상에는 불변하는 실

체가 없다는 이치를 알고 닦는 수행.

대승시교(大乘始教) 화엄종의 교판(教判)에서, 모든 존재에는 불변하는 실체가 없다고 설하는 반야경과 모든 존재의 현상과 본성을 설한 해심밀경의 가르침을 말함. ⇒ 오교십종(五教十宗)

대승아비달마집론(大乘阿毘達磨集論) 7권. 무착(無著) 지음, 당(唐)의 현장(玄奘) 번역. 유식(唯識)의 관점에서 모든 현상의 고유한 특징이나 성질을 체계적으로 분류하여 설명한 저술.

대승오온론(大乘五蘊論) 1권. 세친(世親) 지음, 당(唐)의 현장(玄奘) 번역. 대승의 입장에서 오온(五蘊)·십이처(十二處)·십팔계(十八界)를 해설한 저술.

대승유식론(大乘唯識論) 1권. 천친(天親) 지음, 진(陳)의 진제(眞諦) 번역. 유식이십론(唯識二十論)의 다른 번역.

대승의장(大乘義章) 20권. 수(隋)의 혜원(慧遠) 지음. 불교의 중요한 용어들을 모아 교법취(教法聚)·의취(義法聚)·염법취(染法聚)·정법취(淨法聚)·잡법취(雜法聚)로 나누어 분류하고, 각 취(聚)의 용어들을 법수(法數)의 순서로 배열하여 대승의 입장에서 명료하게 해설한 책. 현존본(現存本)에는 잡법취(雜法聚)가 빠져 있음.

대승입능가경(大乘入楞伽經) 7권. 당(唐)의 실차난타(實叉難陀) 번역. ⇒ 능가경(楞伽經)

대승장엄경론(大乘莊嚴經論) 13권. 무착(無著) 지음, 당(唐)의 파라파밀다라(波羅頗蜜多羅) 번역. 보살이 수행해야 할 가르침을 체계적으로 서술하여 대승 경전의 요점을 드러낸 저술. 모두 24품으로 구성되어 있는데, 그 품명(品名)이 유가사지론(瑜伽師地論)의 보살지(菩薩地)의 품명과 일치하지만 취지는 다름.

대승종교(大乘終教) 화엄종의 교판(教判)에서, 대립이나 차별을 떠난 본성과, 그 본성이 그릇된 인연을 만나 일으키는 차별 현상을 설하는 능가경·기신론의 가르침을 말함. ⇒ 오교십종(五教十宗)

대승집보살학론(大乘集菩薩學論) 25권. 법칭(法稱) 지음, 송(宋)의 법호(法護)·일칭(日稱) 등 번역. 육바라밀(六波羅蜜)을 중심으로 하여 보살이 성취해야 할 가르침을 해설한 저술로, 특히 지계바라밀(持戒波羅蜜)을 상세히 설명함. 인용한 102종의 경전 가운데 현존하지 않는 것이 많아 귀중한 자료를 제공함.

대승파상교(大乘破相教) 오교(五教)의 하나. 모든 현상에는 불변하는 실체가 없다고 설한 가르침.

대승현론(大乘玄論) 5권. 수(隋)의 길장(吉藏) 지음. 삼론종(三論宗)의 입장에서 대승의 요점을 논술한 저술로, 이제의(二諦義)·팔불의(八不義)·불성의(佛性義)·일승의(一乘義)·열반의(涅槃義)·이지의(二智義)·교적의(教迹義)·논적의(論迹義)로 구성되어 있음.

대시해탈(待時解脫) 좋은 인연을 기다려 그 때가 되면 선정(禪定)에 들어 번뇌의 속박에서 벗어남.

대아유다(大阿庾多) ⓢmahā-ayuta의 음역. 수의 단위로, 10^{10}.

대아추파(大阿芻婆) ⓢmahā-akṣobhya의 음역. 수의 단위로, 10^{20}.

대안반수의경(大安般守意經) 2권. 후한(後漢)의 안세고(安世高) 번역. 안반(安般)은 ⓢāna-apāna의 음사인 안나반나(安那般那)의 준말. āna는 들숨, apāna는 날숨을 뜻함. 들숨과 날숨을 헤아리거나 거기에 집중하는 수행법에 대해 설한 경.

대안사(大安寺) 동리산 태안사(泰安寺)의 창건 때 이름.

대애(對礙) ①두 개의 물질이 서로 방해하여 동시에 같은 공간을 점유할 수 없는 것. ②마음이 대상에 구속되어 자유롭지 못함.

대애도(大愛道) ⇒ 마하파사파제(摩訶波闍波提)

대역룡(大域龍) ⇒ 진나(陳那)

대연가(對緣假) 사가(四假)의 하나. 가(假)는 임시로 설정함을 뜻함. 중생이 집착하는 것에 따라 가르침을 설하여 그 집착을 끊게 함.

대열지옥(大熱地獄) 대초열지옥(大焦熱地獄)과 같음.

대염벌라사(大拈伐羅闍) ⓢmahā-nimbaraja의 음역. 수의 단위로, 10^{40}.

대오(大悟) 모든 미혹을 부수고 우주의 진리를 크게 깨달음.

대올층가(大嗢蹭伽) ⓢmahā-utsaṅga의 음역. 수의 단위로, 10^{24}.

대용(大用) 뛰어난 역량. 제자를 지도하는 역량이 뛰어남.

대웅(大雄) ⓢmahāvīra 석가모니에 대한 존칭.

대웅보전(大雄寶殿) 석가모니불을 중심으로 좌우에 아미타불과 약사여래를 모시고, 다시 각각의 좌우에 보좌하는 보살을 모신 사찰의 중심 건물.

대웅전(大雄殿) 석가모니불을 모신 사찰의 중심 건물. 보통 석가모니불을 중심으로 좌우에 문수보살과 보현보살을 모심. 후불탱화로는 석가모니가 영취산에서 제자들에게 설법하는 정경을 묘사한 영산회상도(靈山會上圖)를 걸어 둠.

대원경지(大圓鏡智) 사지(四智)의 하나. 번뇌에 오염된 아뢰야식(阿賴耶識)을 질적으로 변혁하여 얻은 청정한 지혜. 이 지혜는 마치 모든 것을 있는 그대로 비추어 내는 크고 맑은 거울처럼, 아뢰야식에서 오염이 완전히 제거된 상태이므로 이와 같이 말함.

대원사(大源寺) 경남 산청군 삼장면 지리산 동쪽 기슭에 있는 절. 해인사(海印寺)의 말사. 신라 경덕왕(742-765) 때 연기(緣起)가 창건하여 평원사(平原寺)라 함. 이후 폐사되고, 1685년에 운권(雲捲)이 다시 지어 대원암(大源庵)이라 하고, 1890년에 구봉(九峰)이 보수·증축하고 대원사라 함. 1913년에 불타고, 1917년에 다시 짓고, 1948년 여순 사건 때 또 불타고, 1955년부터 비구니 법일(法一)이 다시 지음. 문화재 : 구층석탑.

대원사(大原寺) 전남 보성군 문덕면 죽산리 천봉산 북쪽 기슭에 있는 절. 송광사(松廣寺)의 말사. 503년(백제 무녕왕 3)에 창건하여 죽원사(竹原寺)라 하고, 1260년에 자진(慈眞)이 중축하고 대원사라 함. 이후 여러 차례 중축·보수하고, 1948년 여순 사건 때 대부분 불탐. 문화재 : 자진국사부도(慈眞國師浮屠)·

극락전.

대원사(大院寺) 전북 완주군 구이면 모악산 동쪽 기슭에 있는 절. 금산사(金山寺)의 말사. 고구려의 승려로서 650년(의자왕 10)에 백제의 완산주(전주) 고대산 경복사(景福寺)로 이주한 보덕(普德)의 제자 일승(一乘)·심정(心正)·대원(大原) 등이 창건하고, 고려·조선 때 여러 차례 증축함. 문화재 : 용각부도(龍刻浮屠).

대원조지(大圓照智) 대원경지(大圓鏡智)와 같음.

대월지(大月支·大月氏) 월지(月支)와 같음.

대위덕명왕(大威德明王) 악마를 굴복시키기 위해 분노한 모습을 하고 있는 존(尊).

대음광(大飮光) ⇒ 마하가섭(摩訶迦葉)

대의(大衣) ⓢsaṃghāṭī 삼의(三衣)의 하나. 직사각형의 베 조각들을 세로로 나란히 꿰맨 것을 1조(條)로 하여, 9조 내지 25조를 가로로 나란히 꿰맨 것. 설법할 때, 걸식하러 갈 때, 왕궁에 갈 때 입음.

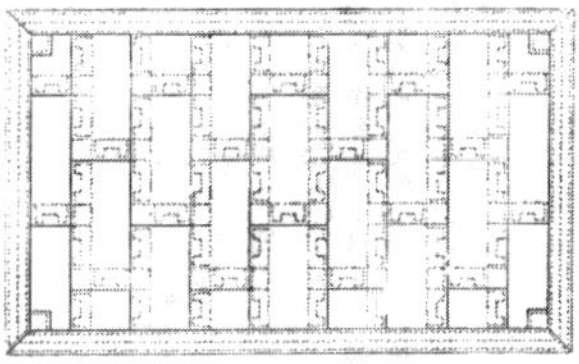

대의

대인달라(大印達羅) ⓢmahā-indra의 음역. 수의 단위로, 10^{34}.

대인상(大人相) 삼십이상(三十二相)과 같음.

대일경(大日經) 본이름은 대비로자나성불신변가지경(大毘盧遮那成佛神變加持經). 7권. 당(唐)의 선무외(善無畏)·일행(一行) 번역. 구체적인 선행(善行)의 양적 축적이 성불의 필수 조건이며, 대일여래(大日如來)의 지혜는 보리심(菩提心)을 원인으로 하고 대비(大悲)를 근본으로 하며 방편(方便)을 구경으로 한다고 설하고, 만다라(曼荼羅)를 제작하는 방법, 아자관(阿字觀), 인계(印契)를 맺는 방법, 호마(護摩) 등에 대해 설함. 이 경(經)의 세계를 상징적으로 묘사한 것이 태장계만다라(胎藏界曼荼羅)임.

대일삼부경(大日三部經) 밀교의 세 가지 근본 경전. 대일경(大日經)·금강정경(金剛頂經)·소실지경(蘇悉地經).

대일여래(大日如來) ⓢmahāvairocana-tathāgata vairocana는 변조(遍照)라고도 번역하고, 비로자나(毘盧遮那)라고 음사함. 우주의 참모습과 진리와 활동을 의인화한 밀교(密敎)의 부처. 모든 부처와 보살은 대일여래의 화신이며, 우주 그 자체가 그의 법문이라고 함. 금강계만다라(金剛界曼荼羅)에서는 지권인(智拳印)을 맺고 있고, 태장계만다라(胎藏界曼荼羅)에서는 법계정인(法界定印)을 맺고 있음.

대일여래

대자(大姊) 비구니에 대한 존칭.

대자대비(大慈大悲) 중생을 불쌍히 여겨 즐거움을 주고 괴로움을 덜어 주려는 부처나 보살의 마음. 자(慈, ⓢmaitrī)는 남에게 즐거움을 준다는 뜻, 비(悲, ⓢkaruṇā)는 남의 괴로움을 덜어 준다는 뜻.

대자비(大慈悲) 대자대비(大慈大悲)와 같음.

대자암(大慈庵) 경기 고양시에 있던 절. 1418년에 태종의 넷째 아들 성녕대군이 죽자 그의 명복을 빌고 묘소를 보호하기 위해 창건함. 이후 왕실의 제사를 지내고 법회를 여러 차례 엶. 1592년 임진왜란 때 불탐.

대자재천(大自在天) ①ⓢmaheśvara 색계의 맨 위에 있는 색구경천(色究竟天)에 사는 신(神). 눈은 세 개, 팔은 여덟 개로 흰 소를 타고 다닌다고 함. 마혜수라(摩醯首羅)와 같음. ②힌두교의 신(神)으로, 우주의 창조·유지·파괴의 과정에서 파괴를 담당한다는 시바(śiva)를 말함.

대장(大藏) 대장경(大藏經)의 준말.

대장경(大藏經) 경(經)·율(律)·논(論)의 삼장(三藏)과 승려들의 저술과 어록(語錄) 등을 모은 총서.

대장경목록(大藏經目錄) 3권. 고려 고종 때의 승려 수기(守其)가 지은 재조대장경(再雕大藏經), 곧 고려대장경의 목록집.

대장경정대불사(大藏經頂戴佛事) 법보(法寶)의 공덕을 기리기 위해 대장경을 머리에 이고 독경하면서 사찰 안을 도는 의식.

대장도감(大藏都監) 고려 때 재조대장경(再雕大藏經)을 판각하는 업무를 담당하기 위해 고종 23년(1236)에 설치한 기관으로, 본사(本司)는 강화에, 분사(分司)는 남해에 둠.

대장법수(大藏法數) 70권. 명(明)의 적조(寂照) 엮음. 대장경에 있는 법수(法數)를 모아 숫자의 순서대로 배열하고 하나하나 해설한 책. 일심(一心)에서 시작하여 마지막 팔만사천법문(八萬四千法門)에 이르는, 4,685항목이 수록되어 있음.

대장성교법보표목(大藏聖教法寶標目) 10권. 송(宋)의 왕고(王古) 엮음, 원(元)의 관주팔(管主八) 속집(續集). 대장경을 해제한 책. 총 1,399종이 수록되어 있는데, 제1권에서 제6권 전반까지는 대승경률론(大乘經律論), 제6권 후반부터 제8권 전반까지는 소승경률론(小乘經律論), 제8권 후반부터 제9권 전반까지는 성현집(聖賢集)·전기(傳記) 등, 제9권 후반에는 정원역경(貞元譯經), 제10권에는 송조신역경(宋朝新譯經)으로 구성되어 있음.

대장엄론경(大莊嚴論經) 15권. 마명(馬鳴) 지음, 요진(姚秦)의 구마라집(鳩摩羅什) 번역. 구도자(求道者)에게 교훈이 될 만한 90개의 우화(寓話)·비유(譬喩)·인연(因緣)·본생담(本生譚) 등을 설한 것.

대장전(大藏殿) 대장경을 보관하는 사찰의 건물로, 보통 비로자나불(毘盧遮那佛)이나 석가모니불(釋迦牟尼佛)을 모심.

대적광전(大寂光殿) 비로자나불(毘盧遮那佛)을 모신 사찰의 건물. 비로자나불의 정토인 연화장세계(蓮華藏世界)는 깊은 선정(禪定)과 지혜의 빛으로 충만하므로 이와 같이 일컬음. 보통 비로자나불을 중심으로 노사나불(盧舍那佛)과 석가모니불을 모심.

대전삼배(大展三拜) 접은 좌구(坐具)를 완전히 펴고 세 번 절하는 것. 이에 반해, 좌구를 접은 그대로 앞에 두고 좌구에 머리가 닿도록 세 번 절하는 것은 촉례삼배(觸禮三拜)라고 함.

대정신수대장경(大正新脩大藏經) 다카쿠스 준지로(高楠順次郎)의 주관으로 대정(大正) 11년(1922)에 기획하여 소화(昭和) 7년(1932) 2월에 완성됨. 고려대장경을 저본으로 하고 여러 간행본과 사본 등을 대조하여 많은 차이점을 각 페이지 하단에 자세히 주기(註記)하고, 여기에 팔리 어와 산스크리트를 일부 병기(倂記)함. 여러 텍스트를 아함부(阿含部)부터 역사적 순서로 배열하여 총 100권으로 되어 있는데, 1권에서 55권까지는 인도·중국 찬술부이고, 56권에서 84권까지는 일본 찬술부, 85권은 돈황 사본, 86권에서 97권까지는 도상부(圖像部), 나머지 3권은 목록임.

대조사(大鳥寺) 충남 부여군 임천면 성흥산 남쪽 기슭에 있는 절. 마곡사(麻谷寺)의 말사. 6세기 초에 창건하고, 고려 원종(1259-1274) 때 진전(陳田)이 중축하고, 이후 여러 차례 보수함. 문화재 : 석조미륵보살입상(石造彌勒菩薩立像).

대종(大種) 대상의 특성을 형성하는 네 가지 성질, 곧 지(地)·수(水)·화(火)·풍(風)의 사대(四大)를 말함.

대종사(大宗師) 오랜 수행으로 성품이 청정하여 수행자의 모범이 되는 뛰어난 승려.

대좌(臺座) 불상·보살상 등을 모셔 두는 자리.

대준제보살(大准提菩薩) 준제관음(准提觀音)과 같음.

대중(大衆) 모든 승려. 많은 수행승. 승려의 집단.

대중공사(大衆公事) 사찰에서, 사찰 운영이나 승려의 그릇된 행위에 대한 문책, 공지 사항 등이 있을 때, 사찰에 있는 모든 승려들이 모여 서로 의견을 주고받는 일.

대중공양(大衆供養) 신도가 승려들에게 음식을 차려 대접하는 일. 신도가 절에 시주한 음식을 승려들이 함께 먹는 일.

대중부(大衆部) ⓢmahā-sāṃghika 붓다가 입멸한 후 100년경에 계율의 문제로 교단 내에 보수파와 진보파가 서로 대립하다가 마침내 분열되었는데, 진보파를 대중부라 하고 보수파를 상좌부(上座部)라고 함. 대중부는 다시 일설부(一說部)·설출세부(說出世部)·계윤부(鷄胤部)·다문부(多聞部)·설가부(說假部)·제다산부(制多山部)·서산주부(西山住部)·북산주부(北山住部)의 8부로 분열되어 모두 9부가 됨.

대지도론(大智度論) 100권. 용수(龍樹) 지음, 요진(姚秦)의 구마라집(鳩摩羅什) 번역. 대품반야경(大品般若經)의 주석서로, 그 경의 제1 서품(序品)은 상세하게 해설하여 제1권에서 제34권까지이고, 제2 보응품(報應品) 이하는 간략하게 해설함.

대지법(大地法) 팔식(八識) 가운데 어느 식(識)이 일어나도 반드시 그와 함께 일어나는 마음 작용. 수(受)·상(想)·사(思)·욕(欲)·혜(慧) 등이 여기에 해당함. ⇒ 칠십오법(七十五法)

대지치파(大地致婆) ⓢmahā-tiṭibha의 음역. 수의 단위로, 10^{28}.

대직신상(大直身相) 삼십이상(三十二相)의 하나. 신체가 크고 곧음.

대질경(帶質境) 삼류경(三類境)의 하나. 고유한 본질은 있으나 그릇되게 인식된 대상. 예를 들면, 새끼줄을 뱀으로 잘못 인식했을 때의 뱀.

대집경(大集經) 60권. 북량(北凉)의 담무참(曇無讖) 등 번역, 수(隋)의 승취(僧就) 엮음. 부처가 시방의 여러 보살들을 모아 놓고 대승의 보살이 닦아야 할 수행, 공(空), 수행을 방해하는 악마를 굴복시키는 법, 다라니(陀羅尼)의 공덕 등을 설한 경.

대처승(帶妻僧) 아내를 두고 있는 승려.

대천(大天) ⓢmahā-deva 기원전 5세기, 중인도 마투라국(摩偸羅國) 출신의 승려. 대중부(大衆部)를 창설함으로써 불교 교단이 상좌부(上座部)와 대중부(大衆部)로 분열됨.

대천(大千) 삼천대천세계(三千大天世界)의 준말.

대천세계(大千世界) 삼천대천세계(三千大天世界)와 같음.

대청인다라보(大靑因陀羅寶) 제석(帝釋)이 지니고 있는 푸른 빛을 띤 투명한 보석. 사파이어(sapphire).

대초열지옥(大焦熱地獄) 팔열지옥(八熱地獄)의 하나. 오계(五戒)를 깨뜨리고 그릇된 견해를 일으키고 비구니를 범한 죄인이 죽어서 가게 된다는 지옥으로, 뜨거운 쇠로 된 방에서 살가죽이 타는 고통을 받는다고 함.

대치(對治) ⓢpratipakṣa 수행으로 번뇌와 악을 끊음. 수행으로 차별하고 분별하는 마음 작용을 소멸시킴.

대치수(對治修) 사수(四修)의 하나. 아직 생기지 않은 청정하지 못한 일이 생기지 않도록 수행함.

대치실단(對治悉檀) 사실단(四悉檀)의 하나. 중생의 번뇌를 소멸시키는 가르침을 설하여 악을 끊게 함.

대치조개(對治助開) 십승관법(十乘觀法)의 하나. 오정심관(五停心觀)과 육바라밀(六波羅蜜)을 닦아 깨달음에 도움이 되도록 함.

대친(大嚫) ⓢdakṣiṇā의 음사. 시송(施頌)·재시(財施)라고 번역. ①음식물을 받은 승려가 그에 보답하는 뜻으로 설법함. ②남에게 재물을 베풂, 또는 그 재물.

대통(大通) 816-883. 신라의 승려. 자(字)는 태융(太融). 출가하여 30세에 구족계(具足戒)를 받고, 무염(無染, 800-888)에게 배움. 856년에 당(唐)에 가서 앙산 혜적(仰山慧寂, 807-883)의 가르침을 받고, 866년에 귀국하여 제천 월광사(月光寺)에 머무름. 시호는 원랑(圓朗).

대통선사(大通禪師) 신수(神秀)의 시호(諡號).

대파갈나(大婆喝那) ⓢmahā-vāhana의 음역. 수의 단위로, 10^{26}.

대품반야경(大品般若經) 구마라집(鳩摩羅什) 번역의 마하반야바라밀경(摩訶般若波羅蜜經) 27권과 같음. 구마라집(鳩摩羅什) 번역의 소품반야경(小品般若經) 10권과 구별한 이름.

대현(大賢) ⇒ 태현(太賢)

대혜도(大醯都) ⓢmahā-hetu의 음역. 수의 단위로. 10^{30}.

대혜도경종요(大慧度經宗要) 1권. 신라의 원효(元曉) 지음. 구마라집(鳩摩羅什)이 번역한 마하반야바라밀경(摩訶般若波羅蜜經)의 요점을 서술한 책.

대혜보각선사서(大慧普覺禪師書) 2권. 남송(南宋)의 대혜 종고(大慧宗杲)가 그에게 선법(禪法)에 대해 질문한 여러 사람들에게 답으로 보낸 편지들을 제자 혜연(慧然)이 모아 엮은 책. 묵조선(默照禪)을 비판하고 조주(趙州)의 '무(無)' 자 화두(話頭)와 정면으로 대결할 것을 역설함.

대혜서(大慧書) 대혜보각선사서(大慧普覺禪師書)의 준말.

대혜종고(大慧宗杲) ⇒ 종고(宗杲)

대호(大號) ⇒ 마하남(摩訶男)

대호규지옥(大號叫地獄) 대규환지옥(大叫喚地獄)과 같음.

대홍련나락가(大紅蓮那落迦) 나락가(那落迦)는 ⓢnaraka의 음사로, 지옥을 뜻함. 마하발특마지옥(摩訶鉢特摩地獄)과 같음.

대흑천(大黑天) ⓢmahā-kāla ①불법(佛法)과 그에 귀의하는 사람들을 보호한다는 신(神). ②음식과 식량을 보호한다는 신(神).

대흥사(大興寺) 전남 해남군 두륜산 서쪽 기슭에 있는 절. 대한불교조계종 제22교구 본사. 신라 말에 창건하고, 1604년에 휴정(休靜, 1520-1604)의 유언에 따라 그의 유품을 보관하면서부터 대규모의 도량으로 변모함. 1665년에 증축·보수하고, 1789년(정조 13)에 표충사(表忠祠)가 건립되자 왕이 편액을 하사함. 1811년에 불타고, 이듬해부터 극락전·용화당(龍華堂)·지장전·천불전(千佛殿) 등을 다시 짓고, 천 개의 불상을 조성하여 1818년에 천불전에 봉안함. 1899년에 대웅보전(大雄寶殿)이 불타고, 1901년에 다시 지음. 문화재 : 탑산사동종(塔山寺銅鐘)·응진전전삼층석탑(應眞殿前三層石塔)·천불전(千佛殿)·천불상(千佛像)·서산대사부도(西山大師浮屠)·용화당(龍華堂)·서산대사유물(西山大師遺物) 등.

덕(德) ①공덕. 복덕. ②좋은 과보를 받을 선행(善行). ③ⓢguṇa 성질. 특질. 특성. 속성. ④ⓢguṇa 바이셰시카 학파에서 설하는 육구의(六句義)의 하나. 사물의 본질을 이루고 있는 실체의 성질.

덕병(德甁) 바라는 모든 것이 나온다는 병. 흔히 보리심(菩提心)·계율(戒律)을 비유함.

덕본(德本) 공덕의 근원이 되는 청정한 행위. 깨달음의 결과를 가져오는 청정한 행위.

덕산선감(德山宣鑑) ⇒ 선감(宣鑑)

덕소(德韶) 891-972. 당(唐)·송(宋)의 승려. 절강성(浙江省) 처주(處州) 출신. 17세에 출가하여 18세에 구족계(具足戒)를 받고 여러 지역을 편력하다가 법안 문익(法眼文益, 885-958)에게 사사(師事)하여 그의 법을 이어받음. 천태산(天台山)에 머물면서 지의(智顗, 538-597)의 유적(遺跡)을 복원하고, 선(禪)과 천태학(天台學)의 융합을 시도함. 948년에 오월왕(吳越王) 전홍숙(錢弘俶)이 그를 국사(國師)에 임명함.

덕소(德素) 1119-1174. 고려의 승려. 9세에 개풍 국청사(國淸寺)의 교웅(敎雄, 1076-1142)에게 출가함. 여러 지역을 편력하면서 천태종을 널리 전파함. 의종 때 선사(禪師)가 되고, 곧이어 대선사(大禪師)에 임명되고, 명종 때 왕사(王師)가 됨. 시호는 원각국사(圓覺國師).

덕차가용왕(德叉迦龍王) 덕차가(德叉迦)는 ⓢtakṣaka의 음사, 다설(多舌)·시독(視毒)이라 번역. 팔대용왕(八大龍王)의 하나. 혀가 여러 개이며, 한번 분노하여 사람이나 축생을 응시하면 그들은 목숨을 잃는다고 함.

덕차시라(德叉尸羅) ⓢtakṣaśila ⓟtakkasilā의 음사. 세석(細石)·삭석(削石)·석실(石室)이라 번역. 펀자브(Punjab) 북쪽, 카불(Kabul) 동쪽에 있던 건타라국(乾陀羅國)의 도읍지.

덕차이라(德差伊羅) 덕차시라(德叉尸羅)와 같음.

덕혜(德慧) ⓢguṇamati 5세기 말-6세기 초. 십대논사(十大論師)의 하나. 남인도 출신의 승려. 나란타사(那爛陀寺)에 머물고, 서인도 벌랍비국(伐臘毘國)의 아절라가람(阿折羅伽藍)에서 세친(世親)의 유식삼십송(唯識三十頌)에 대한 주석서와 여러 논서를 지음. 저서 : 수상론(隨相論).

데바나가리(deva-nāgarī) 산스크리트(sanskrit)를 표기한 문자로, 11세기경 인도에서 형성되어 현재 범본(梵本) 출판에 사용되고 있음.

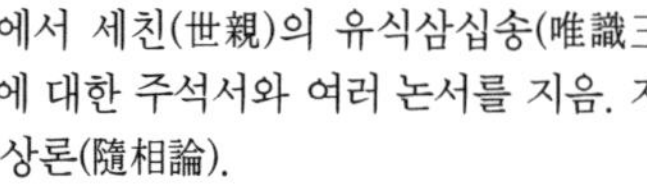

데바나가리

도(道) ①ⓢmārga 깨달음에 이르는 수행, 또는 그 방법. ②ⓢbodhi 깨달음. ③가르침. ④ⓢgati 나아가 이른 상태·세계. ⑤ⓢmārga 경지. 단계. ⑥법칙. ⑦과정. ⑧궁극적인 진리. ⑨이치. 근원.

도(度) ①미혹한 중생을 깨달음의 피안에 이르게 함. ②ⓢpāramitā ⇒ 바라밀(波羅蜜)

도가륜(陶家輪) 도자기를 만드는 데 사용하는, 나무로 만든 회전 원반.

도감사(都監寺) 도사(都寺)와 같음.

도갑사(道岬寺) 전남 영암군 월출산 남서쪽 기슭에 있는 절. 대흥사(大興寺)의 말사. 신라 말에 도선(道詵)이 창건하고, 1473년에 수미(守眉)와 신미(信眉)가 중축함. 한국 전쟁 때 일부분 불타고, 이후 복구함. 문화재 : 해탈문(解脫門)·석조여래좌상(石造如來坐像).

도거(掉擧) ⓢauddhatya 들뜨고 혼란스러운 마음 상태.

도거국(覩佉國) 도화라국(覩貨邏國)과 같음.

도거라국(兜佉羅國) 도화라국(覩貨邏國)과 같음.

도거륵국(兜佉勒國) 도화라국(覩貨邏國)과 같음.

도공계(道共戒) 번뇌에 물들지 않은 청정한 지혜로 수행함으로써 저절로 허물이나 악을 방지함.

도균(道均) ⇒ 도윤(道允)

도기(掉起) 도거(掉擧)와 같음.

도대사(都大師) 조선 때, 교종(教宗)의 최고 지위.

도대선사(都大禪師) 조선 때, 선종(禪宗)의 최고 지위.

도덕(道德) 바른 가르침을 얻음. 바른 가르침을 배우고 익힘. 이치대로 행함.

도덕제(道德諦) 도제(道諦)와 같음.

도도(刀塗) 삼도(三塗)의 하나. 악한 일을 저지른 중생이 그 과보로 받는다고 하는 아귀의 생존.

도두(到頭) ①결말이 남. 끝장이 남. ②요컨대. 결국. 필경.

도라(兜羅·堵羅) ⓢtūla의 음사. 버드나무과의 꽃에 붙어 있는 가늘고 보드라운 솜털.

도락차(度洛叉) ⓢatilakṣa의 음사. 수의 단위로, 10^6.

도량(道場) ①ⓢbodhi-maṇḍa 붓다가 깨달음을 이룬 곳, 곧 우루벨라(uruvelā) 마을의 네란자라(nerañjarā) 강변에 있는 붓다가야(buddhagayā)의 보리수(菩提樹) 아래를 말함. ②불도(佛道)를 닦는 일정한 구역. 수행하는 곳. ③사찰. ④부처나 보살에게 예배·공양하거나 수계·참회 등을 행하는 의식. 나라나 개인의 안녕과 번영을 기원하거나 장수·명복 등을 비는 의식, 또는 그것을 행하는 곳.

도량석(道場釋) 사찰에서, 아침 예불을 하기 전에 천지 만물을 깨우고 도량을 청정하게 한다는 뜻으로 목탁을 치면서 주위를 도는 의식. 주로 천수경을 소리 내어 외거나 아미타불이나 관세음보살 등을 부름.

도량수(道場樹) 보리수(菩提樹)를 말함.

도로(道路) 깨달음에 이르는 수행 방법.

도로슬가(都嚧瑟迦) 도루파(兜樓婆)와 같음.

도루파(兜樓婆) ⓢturuṣka의 음사. 소합향(蘇合香)이라 번역. 식물에서 채취한 향기 나는 여러 가지 즙을 혼합하여 끓인 향즙(香汁).

도류인(道類忍) 도류지인(道類智忍)의 준말.

도류지(道類智) 팔지(八智)의 하나. 색계·무색계의 도제(道諦)를 체득한 지혜.

도류지인(道類智忍) 팔인(八忍)의 하나. 색계·무색계의 도제(道諦)를 명료하게 주시하여 그것에 대한 미혹을 끊고 확실하게 인정하는 지혜.

도륜(道倫) 둔륜(遁倫)과 같음.

도리(道理) ⓢyukti 모든 현상에 통하는 법칙. 모든 것에 두루 통하는 진리. 진리와 결합된 이론이나 증명. 타당한 이치.

도리과(倒離過) 인명(因明)에서, 삼십삼과(三十三過) 가운데 유십과(喩十過)의 하나. 이유(異喩)의 유체(喩體)를 이작법(離作法)에 따라 '상주하는 모든 것은 지어낸 것이 아니다〔先宗後因〕'라고 해야 할 것을 순서를 뒤바꾸어 '지어내지 않은 모든 것은 상주한다〔先因後宗〕'라고 하는 오류.

도리사(桃李寺) 경북 구미시 해평면 냉산 남서쪽 기슭에 있는 절. 직지사(直指寺)의 말사. 신라의 아도(阿道)가 창건하고, 1677년에 모두 불타고, 1729년에 대인(大仁)이 다시 지음. 이후 여러 차례 증축·보수함. 문화재 : 석탑.

도리천(忉利天) 육욕천(六欲天)의 하나. 도리(忉利)는 ⓢtrāyastriṃśa의 음사로 33이라는 뜻, 천(天)은 신(神)들이 사는 곳이라는 뜻. 33신(神)들이 사는 곳. 수미산 정상에 있으며, 중앙에 왕인 제석(帝釋)이 있고 사방의 봉우리에 각각 8신(神)이 있어 33신.

도림사(道林寺) 전남 곡성군 곡성읍 동악산 남쪽 기슭에 있는 절. 화엄사(華嚴寺)의 말사. 660년에 신라의 원효(元曉)가 창건하고, 876년에 도선(道詵)이 다시 짓고, 조선 후기에 중축·보수함.

도무극(度無極) ⓢpāramitā ⇒ 바라밀(波羅蜜)

도문종(道門宗) 고려 말과 조선 초에 있던 종파. 조선 태종 때 11종의 종파를 7종으로 축소할 때 화엄종(華嚴宗)에 흡수되어 그 이름을 상실함.

도반(道伴) 함께 수행하는 벗. 불법(佛法)을 닦으면서 사귄 벗.

도법어(道法御) 조어장부(調御丈夫)와 같음.

도법인(道法忍) 도법지인(道法智忍)의 준말.

도법지(道法智) 팔지(八智)의 하나. 욕계의 도제(道諦)를 체득한 지혜.

도법지인(道法智忍) 팔인(八忍)의 하나. 욕계의 도제(道諦)를 명료하게 주시하여 그것에 대한 미혹을 끊고 확실하게 인정하는 지혜.

도병(刀兵) ⓢśastra 칼. 무기. 전쟁.

도사(道士) ①바라문(婆羅門). 젊은 바라문. ②깨달음에 이르기 위해 수행하는 사람. ③깨달은 사람.

도사(導師) ①부처와 보살을 일컬음. ②행사를 주도하는 승려.

도사(都寺) 육지사(六知事)의 하나. 선원(禪院)의 사무를 통괄하는 직책, 또는 그 일을 맡은 승려.

도사다천(覩史多天) 도솔천(兜率天)과 같음.

도생(度生) 미혹한 세계에 있는 중생을 깨달음의 피안에 이르게 함. 중생을 구제함.

도생(道生) ?-434. 동진(東晋)의 승려. 하북성(河北省) 거록(鉅鹿) 출신. 어려서 출가하여 20세에 구족계(具足戒)를 받고, 400년경에 여산(廬山)에 가서 7년 동안 경론(經論)을 연구하고, 혜원(慧遠, 334-416)의 제자 혜예(慧叡)·혜엄(慧嚴)·혜관(慧觀)과 함께 장안(長安)에 가서 구마라집(鳩摩羅什, 344-413) 문하에 들어감. 409년에 장안을 떠나 건강(建康) 청원사(靑園寺)에 머물면서 저술 활동을 하고, 대반열반경(大般涅槃經)이 전래되기 이전에 그 경에서 설하고 있는 일천제(一闡提)의 성불(成佛)을 주장함. 호구산(虎丘山)에 머물다가 430년에 여산(廬山)으로 다시 들어감.

도생(導生) 생몰년 미상. 고려의 승려. 이름은 정(竀). 문종의 여섯째 아들로, 개풍 현화사(玄化寺)의 소현(韶顯, 1038-1096)에게 출가하고, 속리산 법주사(法住寺)의 주지로 머물면서 승통(僧統)이 됨. 김제 금산사(金山寺)를 중축함.

도생율의(道生律儀) 번뇌에 물들지 않은 청정한 마음을 일으킴으로써 저절로 허물이나 악을 방지함.

도서(都序) 선원제전집도서(禪源諸詮集都序)의 준말.

도선(道宣) 596-667. 당(唐)의 승려. 16세에 장안(長安) 일엄사(日嚴寺)의 혜군(慧頵)에게 출가하고, 20세에 지수(智首)에게 구족계(具足戒)를 받고 율학(律學)을 배움. 후에 종남산(終南山)에 들어가 사분율(四分律)을 중심으로 하여 남산종(南山宗)을 일으킴. 현장(玄奘)이 645년에 귀국하여 홍복사(弘福寺)에서 역경(譯經)할 때 필수(筆受)와 윤문(潤文)을 맡음. 658년에 서명사(西明寺)가 완성되자 칙명으로 그 절의 상좌(上座)가 됨. 시호는 징조(澄照). 저서 : 사분율산번보궐행사초(四分律刪繁補闕行事鈔)·사분율산보수기갈마(四分律刪補隨機羯磨)·사분율비구함주계본(四分律比丘含注戒本)·속고승전(續高僧傳)·광홍명집(廣弘明集)·대당내전록(大唐內典錄)·석가방지(釋迦方志)·석문귀경의(釋門歸敬儀)·석가씨보(釋迦氏譜) 등.

도선(道詵) 827-898. 신라의 승려. 전남 영암 출신. 15세에 출가하여 월유산 화엄사에서 화엄경을 배우고, 846년에 곡성 동리산 혜철(惠哲, 785-861)을 찾아가 그의 제자가 됨. 풍수지리설과 도참설에 정통함. 광양 백계산 옥룡사(玉龍寺)에 35년 동안 머무름. 시호는 요공(了空)·선각(先覺).

도선사(道詵寺) 서울시 북한산 남동쪽 중턱에 있는 절. 조계사(曹溪寺)의 말사. 862년에 신라의 도선(詵)이 창건하고, 1863년에 중축·보수함. 1903년에 혜명(慧明)이 대웅전을 다시 짓고, 1977년에 중축함.

도성암(道成庵) 경북 달성군 유가면 비슬산 서쪽 기슭에 있는 절. 유가사(瑜伽寺)에 딸린 암자. 신라 때 도성(道成)이 창건하고, 982년에 성범(成梵)이 중축하고 만일미타도량(萬日彌陀道場)을 개설함. 1975년에 선원(禪院)을 지음.

도성제(道聖諦) 도제(道諦)와 같음.

도세(度世) ①미혹한 세계에서 깨달음의 피안에 이름. ②미혹한 세계에 있는 중생을 깨달음의 피안에 이르게 함.

도세(道世) ?-683. 당(唐)의 승려. 장안(長安) 출신. 12세에 청룡사(靑龍寺)에 출가하고, 율학(律學)에 정통함. 현장(玄奘)의 역장(譯場)에 참여하고, 후에 서명사(西明寺)에 머무름. 저서 : 법원주림(法苑珠林)·사분율토요(四分律討要)·제경요집(諸經要集) 등.

도솔래의상(兜率來儀相) 팔상(八相)의 하나. 석가모니가 이 세상에 태어나기 위해 도솔천(兜率天)에서 내려오는 모습.

도솔천(兜率天) 도솔(兜率)은 ⓢtuṣita의 음사. 묘족(妙足)·지족(知足)이라 번역. 육욕천(六欲天) 가운데 제4천으로, 이곳에는 내원(內院)과 외원(外院)이 있다고 함. 내원에는 미륵보살이 수행중이고 외원에는 신(神)들이 흡족해 하면서 살고 있는데, 그 보살은 먼 미래에 이 세계에 다시 태어나 화림원(華林園)의 용화수(龍華樹) 아래에서 성불하여 미륵불이 된다고 함.

도솔타천(兜率陀天) 도솔천(兜率天)과 같음.

도수(道樹) 보리수(菩提樹)를 말함.

도술천(兜術天) 도솔천(兜率天)과 같음.

도승(度僧) 속세의 굴레에서 벗어나 승려가 됨. 출가하여 불문(佛門)에 들어감.

도승록(都僧錄) 고려·조선 때 있던 승록사(僧錄司)의 직위.

도승통(都僧統) 고려·조선 때, 승록사(僧錄司)의 양가(兩街)를 총괄하여 관장한 지위.

도신(道信) 580-651. 선종(禪宗) 제4조. 수(隋)·당(唐)의 승려. 14세부터 승찬(僧璨, ?-606)에게 10여 년 동안 사사(師事)하여 그의 법을 이어받음. 여산(廬山) 대림사(大林寺)에서 10년 동안 머물고, 호북성(湖北省) 쌍봉산(雙峰山)에서 30여 년 동안 머무름. 그의 선법(禪法)은 좌선하여 오로지 자신이 본래 갖추고 있는 청정한 본성을 주시하는 일행삼매(一行三昧)와 하나를 응시하면서 마음을 가다듬어 움직이지 않는 수일불이(守一不移)로 요약될 수 있음.

도심(道心) 깨달음을 구하려는 마음. 깨달음의 경지에 이르려는 마음. 부처가 되려는 마음.

도아(屠兒) 소나 돼지 따위를 잡는 일에 종사하는 사람. 백정.

도안(道安) ①314-385. 진(晋)의 승려. 하북성(河北省) 출신. 12세에 출가하여 불도징(佛圖澄, 232-348)의 제자가 됨. 오호(五胡)의 전란을 피하여 여러 곳으로 다니면서 주로 반야경(般若經)을 연구하여 그에 대한 여러 주석서를 지음. 또 불전(佛典)에 많은 서문을 썼는데, 널리 알려진 오실본(五失本)과 삼불이(三不易)는 출삼장기집(出三藏記集) 제8권에 수록되어 있는 마하발라야바라밀경초서(摩訶鉢羅若波羅蜜經抄序)에 제시되어 있음. 승려들은 석가(釋迦)의 제자이므로 모두 성(姓)을 석(釋)으로 해야 한다고 주장하고 스스로를 석도안(釋道安)이라 함. 만년에 불법(佛法)의 전파를 위해 호북성(湖北省) 양양(襄陽)에 머물었는데, 379년에 전진왕(前秦王) 부견(苻堅)이 그곳을 함락한 후 도안을 데리고 장안(長安)으로 귀환함. ②1638-1715. 조선의 승려. 평양 출신. 호는 월저(月渚). 9세에 출가하고, 금강산에 들어가 의심(義諶, 1592-1665)에게 20여 년 동안 사사(師事)하여 그의 법을 이어받음. 화엄경에 정통하고, 그 경을 언해(諺解)함. 묘향산 진불암(眞佛庵)에서 입적함. 저서 : 월저당대사집(月渚堂大師集).

도오(道悟) 748-807. 당(唐)의 승려. 절강성(浙江省) 무주(婺州) 출신. 14세에 출가하여 25세에 구족계(具足戒)를 받음. 경산 법흠(徑山法欽, 714-792)에게 5년 동안 사사(師事)하고 절강성 대매산(大梅山)에 들어감. 782년경부터 석두 희천(石頭希遷, 700-790)에게 사사(師事)하여 그의 법을 이어받음. 호북성(湖北省) 형주(荊州) 천황사(天皇寺)에 머물면서 선풍(禪風)을 일으킴.

도유나(都維那) ⓢkarma-dāna ①사찰의 여러 가지 일을 지도하고 단속하는 직책, 또는 그 일을 맡은 승려. ②선원(禪院)의 규율과 질서를 다스리는 직책, 또는 그 일을 맡은 승려.

도유나랑(都維那娘) 신라 때, 비구니의 규율과 질서를 담당한 승려의 지위.

도윤(道允) 798-868. 신라의 승려. 도균(道均)이라고도 함. 서울 출신. 사자산문(師子山門)의 개산조(開山祖). 18세에 김제 귀신사(鬼神寺·歸信寺)에 출가하여 화엄경을 배우고, 825년에 당(唐)에 가서 마조(馬祖)의 제자인 남전 보원(南泉普願, 748-834)의 선법(禪法)을 전해 받고, 847년에 귀국함. 전남 화순 쌍봉사(雙峰寺)에 잠시 머물다가 금강산에 들어가 학인(學人)들을 지도하고, 855년경에 다시 쌍봉사로 돌아가 선풍(禪風)을 크게 일으킴. 쌍봉화상(雙峰和尙)이라고도 함. 절중(折

中, 826-900)이 그의 법을 이어받음. 시호는 철감(澈鑑·哲鑑).

도융(道融) 생몰년 미상. 요진(姚秦)의 승려. 하남성(河南省) 위휘(衛輝) 출신. 12세에 출가하고 요흥(姚興)의 칙명으로 소요원(逍遙園)에서 구마라집(鳩摩羅什)의 역경(譯經)을 도움. 구마라집이 번역한 중론(中論)·법화경(法華經) 등을 강의하고, 후에 강소성(江蘇省) 팽성(彭城)에 가서 강의하다가 74세에 입적함.

도응(道膺) ?-902. 당(唐)의 승려. 하북성(河北省) 옥전(玉田) 출신. 25세에 하북성 범양(范陽) 연수사(延壽寺)에서 구족계(具足戒)를 받고, 여러 지역을 편력하다가 동산 양개(洞山良价, 807-869)에게 사사(師事)하여 그의 법을 이어받음. 강서성(江西省) 건창(建昌) 운거산(雲居山)에 30년 동안 머물면서 선풍(禪風)을 크게 일으킴.

도의(道意) ⓢbodhi-citta 깨달음을 구하려는 마음. 깨달음의 경지에 이르려는 마음. 깨달음의 지혜를 갖추려는 마음. 부처가 되려는 마음.

도의(道義) 생몰년 미상. 신라의 승려. 법호는 명적(明寂)·원적(元寂). 가지산문(迦智山門)의 개산조(開山祖). 784년(선덕왕 5)에 당(唐)에 가서 마조(馬祖)의 제자인 서당 지장(西堂智藏, 735-814)의 선법(禪法)을 전해 받고 821년(헌덕왕 13)에 귀국하여 한반도에 처음으로 남종선(南宗禪)을 전함. 설악산 진전사(陳田寺)에 머물면서 그의 선법을 염거(廉居, ?-844)에게 전하고 입적함.

도인(道人) ①바라문(婆羅門). 출가하여 수행하는 바라문. ②사문(沙門)과 바라문(婆羅門). ③깨달음에 이르기 위해 수행하는 사람. ④깨달은 사람.

도일(道一) 709-788. 당(唐)의 승려. 사천성(四川省) 한주(漢州) 출신. 성(姓)이 마(馬)이므로 마조 도일(馬祖道一)이라 함. 고향의 나한사(羅漢寺)에 출가하고 장송산(長松山)에서 수행함. 남악(南嶽) 반야사(般若寺)의 회양(懷讓, 677-744)에게 사사(師事)하여 그의 법을 이어받음. 769년부터 강서성(江西省) 홍주(洪州) 개원사(開元寺)에 머물면서 선풍(禪風)을 크게 일으킴. 강서성 석문산(石門山) 보봉사(寶峰寺)에서 입적함.

도자(刀子) 옷·머리카락·손톱 등을 자르기 위해 수행자들이 지니고 다니는 작은 칼.

도작(道綽) 562-645. 수(隋)·당(唐)의 승려. 산서성(山西省) 태원(太原) 출신. 14세에 출가하여 경론(經論)을 배우고 대반열반경(大般涅槃經)에 정통함. 산서성 서하(西河) 현중사(玄中寺)에 가서 담란(曇鸞, 476-542)의 비문을 보고 감동하여 48세에 정토종에 귀의한 후 매일 아미타불(阿彌陀佛)을 7만 번 부르고, 관무량수경(觀無量壽經)을 약 200번 강의함. 저서 : 안락집(安樂集).

도장(道藏) 생몰년 미상. 백제의 승려. 천무(天武, 673-686) 때 일본에 가서 일본 최초로 성실론소(成實論疏)를 저술하고, 90세쯤에 그곳에서 입적함.

도제(道諦) ⓢmārga-satya ⓟmagga-sacca 사제(四諦)의 하나. 괴로움의 소멸에 이르는 길이라는 진리. 팔정도(八正道)는 갈애(渴愛)를 소멸시키는 수행법이라는 진리.

도종성(道種性) 육종성(六種性)의 하나. 십회향(十廻向)의 경지에 이를 수 있는 소질.

도종지(道種智) ①모든 현상의 차별을 아는 지혜. ②삼지(三智)의 하나. 깨달음에 이르게 하는 모든 수행을 두루 아는 보살의 지혜.

도종혜(道種慧) 도종지(道種智)와 같음.

도증(道證) 생몰년 미상. 신라의 승려. 당(唐)에 가서 원측(圓測, 613-696)에게 유식학(唯識學)을 배우고, 692년(효소왕 1)에 귀국하여 왕에게 천문도(天文圖)를 바침.

도지(道智) 십지(十智)의 하나. 욕계·색계·무색계의 도제(道諦)를 체득한 지혜.

도첩제(度牒制) 고려·조선 때, 승려의 수를 제한하기 위해 승려가 되려는 자에게 정전(丁錢)을 받고 출가를 허락하는 증명서를 발급해 주던 제도.

도총섭(都摠攝) 조선 때, 가장 높은 승려의 직책.

도탈(度脫) 모든 번뇌의 속박에서 벗어남. 모든 미혹의 굴레에서 벗어남. 속세의 모든 굴레에서 벗어남.

도품(道品) 깨달음에 이르게 하는 수행의 갈래.

도품조적(道品調適) 수도품(修道品)과 같음.

도피안(到彼岸) ⓢpāramitā ⇒ 바라밀(波羅蜜)

도피안사(到彼岸寺) 강원 철원군 동송읍 관우리에 있는 절. 865년(신라 경문왕 5)에 창건하고, 1898년에 모두 불타고 다시 지음. 한국전쟁 때 모두 불타고, 1959년에 다시 지음. 문화재 : 철조비로자나불좌상(鐵造毘盧遮那佛坐像)·삼층석탑.

도합과(倒合過) 인명(因明)에서, 삼십삼과(三十三過) 가운데 유십과(喩十過)의 하나. 동유(同喩)의 유체(喩體)를 합작법(合作法)에 따라 '지어낸 모든 것은 무상하다〔先因後宗〕'라고 해야 할 것을 순서를 뒤바꾸어 '무상한 모든 것은 지어낸 것이다〔先宗後因〕'라고 하는 오류.

도해(道楷) 1043-1118. 송(宋)의 승려. 산동성(山東省) 기주(沂州) 출신. 32세에 구족계(具足戒)를 받고, 안휘성(安徽省) 투자산(投子山) 의청(義靑, 1032-1083)에게 사사(師事)하여 그의 법을 이어받음. 산동성 부용산(芙蓉山)에서 조동종(曹洞宗)을 전파함.

도행반야경(道行般若經) 10권. 후한(後漢)의 지루가참(支婁迦讖) 번역. 소품반야경(小品般若經)의 다른 번역.

도향(塗香) 향기 나는 나무를 분말로 하여 그것을 물에 타서 몸에 바르는 향.

도헌(道憲) 824-882. 신라의 승려. 경주 출신. 자(字)는 지선(智詵). 희양산문(曦陽山門)의 개산조(開山祖). 어려서 영주 부석사(浮石寺)에 출가하여 범체(梵體)에게 화엄학을 배우고, 17세에 경의(瓊儀)에게 구족계(具足戒)를 받고, 혜은(慧隱)의 선법(禪法)을 이어받음. 계람산 수석사(水石寺), 현계산 안락사(安樂寺), 희양산 봉암사(鳳巖寺)에 머물고 안락사에서 입적함. 양부(楊孚, ?-917)가 그의 선법을 이어받음. 시호는 지증(智證).

도현(倒懸) ⇒ 우란분재(盂蘭盆齋)

도화라국(覩貨邏國·覩火羅國) ⓢtukhāra의 음사. 아프가니스탄 북부에 있는 힌두쿠시

(Hindu Kush) 산맥의 북쪽 자락에 있던 고대 국가.

도회개(掉悔蓋) 오개(五蓋)의 하나. 들뜨거나 한탄하는 번뇌.

도회소(都會所) 조선 때, 선종(禪宗)과 교종(敎宗)에 소속된 전답과 승려를 관리한 총본사(總本寺).

독각(獨覺) ①ⓢpratyeka-buddha ⓟpacceka-buddha 홀로 깨달은 자라는 뜻. 스승 없이 홀로 수행하여 깨달은 자. 가르침에 의하지 않고 독자적으로 깨달은 자. 홀로 연기(緣起)의 이치를 주시하여 깨달은 자. 홀로 자신의 깨달음만을 구하는 수행자. 연각(緣覺)·벽지불(辟支佛)이라고도 함. ②독각승(獨覺乘)의 준말.

독각승(獨覺乘) 승(乘)은 중생을 깨달음으로 인도하는 부처의 가르침이나 수행법을 뜻함. 독각의 경지에 이르게 하는 부처의 가르침. 독각에 이르는 수행법.

독거사(禿居士) 겉으로만 삭발한 승려의 모습일 뿐 계율을 어기고 부처의 가르침을 따르지 않는 자, 또는 생계를 위해 출가하여 삭발한 자를 비웃는 말.

독경(讀經) 경전의 글귀를 소리내어 읽거나 읊조림.

독고저(獨鈷杵·獨股杵) 손잡이의 두 끝 부분이 갈라지지 않은 금강저(金剛杵).

독고저

독노(禿奴) 까까머리를 한 놈. 어리석고 무능한 승려를 욕되게 이르는 말.

독두무명(獨頭無明) 탐(貪)·진(瞋)·치(癡) 등의 근본 번뇌와 함께 일어나지 않고 혼자 일어나는 무명.

독두의식(獨頭意識) 안식(眼識)·이식(耳識)·비식(鼻識)·설식(舌識)·신식(身識)을 동반하지 않고 홀로 일어나는 의식(意識).

독성각(獨聖閣) 남인도의 천태산에서 홀로 수행한 성자였다고 하는 나반존자(那畔尊者)를 모신 사찰의 건물. 이 존자는 과거·현재·미래의 모든 일을 꿰뚫어 알고 있고, 자신과 남을 이롭게 하는 능력을 갖추고 있기 때문에 중생에게 복을 주고 소원을 성취시켜 준다고 함.

독송(讀誦) 경전의 글귀를 소리내어 읽거나 읊조림.

독송정행(讀誦正行) 오종정행(五種正行)의 하나. 극락 정토에 태어나기 위해 지극한 마음으로 관무량수경과 아미타경과 무량수경을 소리내어 읽음.

독승각(獨勝覺) 독각(獨覺)과 같음.

독영경(獨影境) 삼류경(三類境)의 하나. 주관이 단독으로 착각하여 객관적으로 존재하지 않지만 존재하는 것처럼 보이는 대상, 곧 환상.

독자(禿子) 까까머리를 한 놈. 어리석고 무능한 승려를 욕되게 이르는 말.

독자부(犢子部) ⓢvātsī-putrīya 붓다가 입멸한 후 300년경에 설일체유부(說一切有部)에서 갈라져 나온 파(派)로, 가주자(可住子)를 파조(派祖)로 함. 독자부에서 다시 법상부(法上部)·현주부(賢胄部)·정량부(正量部)·밀림산부(密林山部)의 4부가 갈라져 나옴.

독행무명(獨行無明) 탐(貪)·진(瞋)·치(癡) 등의 근본 번뇌와 함께 일어나지 않고 혼자 일어나는 무명.

돈각(頓覺) 단박에 깨침.

돈교(頓敎) 얕고 깊은 일정한 수행 단계를 거치지 않고 단박 깨달음에 이르게 하는 가르침. 차례를 거치지 않고 처음부터 깨달음의 경지를 설한 가르침. 처음부터 깊은 내용을 설한 가르침.

돈기(頓機) 단박에 깨칠 수 있는 기질.

돈설(頓說) 일정한 차례를 거치지 않고 단박 깨달음에 이르게 하는 가르침.

돈수(頓修) 미혹과 망념을 소멸시키고 단박 깨달아 더 닦을 것이 없는 상태.

돈수(頓首) 이마가 바닥에 닿을 정도로 머리를 숙여 공경의 뜻을 표하는 예법.

돈오(頓悟) ①단박에 깨침. 미혹과 망념을 평정하여 단박 깨침. 수행의 단계를 거치지 않고 홀연히 깨침. 일정한 차례를 거치지 않고 단번에 깨침. ②자신의 마음이 곧 부처라고 자각함.

돈오기(頓悟機) 단박에 깨칠 수 있는 기질.

돈점(頓漸) 일정한 수행 단계를 거치지 않고 단박 깨달음에 이르게 하는 돈교(頓敎)와 얕고 깊은 순서에 따라 점진적으로 수행하여 깨달음에 이르게 하는 점교(漸敎).

돈종(頓宗) 단박 깨달음에 이르게 하는 가르침.

돈현관(頓現觀) 일시에 사제(四諦)를 명료하게 파악함.

돌길라(突吉羅) ⓢduṣkṛta ⓟdukkaṭa의 음사. 악작(惡作)·악설(惡說)이라 번역. 행위와 말로 저지른 가벼운 죄. 좁은 뜻으로는 악작만을 뜻하고, 넓은 뜻으로는 악작과 악설을 뜻함. 고의로 이 죄를 저질렀을 때는 한 명의 비구 앞에서 참회하고, 고의가 아닐 때는 마음 속으로 참회하면 죄가 소멸됨.

돌길라죄(突吉羅罪) 돌길라(突吉羅)와 같음.

돌색걸리다(突色訖里多) 돌길라(突吉羅)와 같음.

돌축가(突縮迦) ⓢturuṣka의 음사. 소합향(蘇合香)이라 번역. 식물에서 채취한 향기 나는 여러 가지 즙을 혼합하여 끓인 향즙(香汁).

동(同) ①동의함. 승인함. ②ⓢsāmānya 바이셰시카 학파에서 설하는 육구의(六句義)의 하나. 사물에 서로 공통점을 있게 하는 원리.

동거토(同居土) 범성동거토(凡聖同居土)의 준말.

동경의(同境依) 오식(五識)과 대상을 같이하며 그것의 의지처가 되는 안근(眼根)·이근(耳根)·비근(鼻根)·설근(舌根)·신근(身根)의 오근(五根)을 말함.

동교(同敎) 동교일승(同敎一乘)의 준말.

동교일승(同敎一乘) 삼승(三乘)에 대한 가르침과 동등한 일승(一乘)의 가르침이라는 뜻. 화엄종에서, 법화경의 가르침을 말함.

동귀교(同歸敎) 오시교(五時敎)의 하나. 삼승(三乘)을 통달하여 일승(一乘)으로 돌아가게 하는 가르침, 곧 법화경의 가르침을 말함.

동라(銅鑼) 징. 놋쇠로 대야처럼 만든 타악기로, 끈을 달아 손에 들고 채로 쳐서 소리를 냄.

동류(同類) 인명(因明)에서, 주장 명제인 종(宗)의 술어와 같은 부류에 속하는 예(例).

동류인(同類因) 육인(六因)하나. 결과와 성질이 같은 원인. 인과 관계에서 결과도 좋고 원인도 좋고, 결과도 나쁘고 원인도 나쁜 것과 같이 성질이 같을 때의 그 원인.

동리산문(桐裏山門) ⇒ 구산선문(九山禪門)

동발(銅鈸) 놋쇠로 냄비 뚜껑처럼 만든 타악기로, 가운데 있는 구멍에 끈을 꿰어 한 손에 하나씩 쥐고 마주 쳐서 소리를 냄.

동방(東方) 승려들이 평상시에 입는 웃옷.

동방

동법(同法) 동법유(同法喩)의 준말.

동법상사과류(同法相似過類) 십사과류(十四過類)의 하나. 인명(因明)에서, 상대편이 제시한 바른 이유(異喩)를 동법(同法) 곧 동유(同喩)로 바꾸어 반박하는 과실. 예를 들면, '말은 무상하다〔宗〕', '지어낸 것이기 때문이다〔因〕', '지어낸 모든 것은 무상하다. 예를 들면, 병(甁)과 같다〔同喩〕', '상주하는 모든 것은 지어낸 것이 아니다. 예를 들면, 허공과 같다〔異喩〕'라고 하는 바른 논법에 대해, '말은 상주한다', '보이지 않기 때문이다', '보이지 않는 모든 것은 상주한다. 예를 들면, 허공과 같다'고 하는 경우.

동법유(同法喩) 인명(因明)에서, 주장 명제인 종(宗)의 술어와 그 종(宗)을 내세우게 된 이유로서 제시한 인(因)과 같은 성질에 속하는 예(例).

동분(同分) ⓢsabhāga ①근(根)·경(境)·식(識)이 서로 관계하여 각자의 고유한 역할을 하는 작용. 예를 들면, 눈은 빛깔을 대상으로 받아들이고, 빛깔은 눈과 시각 작용의 대상이 되고, 시각 작용은 눈으로 빛깔을 감각하는 것을 말함. ②중동분(衆同分)의 준말.

동비제하주(東毘提訶洲) 비제하(毘提訶)는 ⓢvideha의 음사. 승신(勝身)이라 번역. 수미산 동쪽에 있다는 동승신주(東勝身洲)를 말함. 이곳에 있는 인간들은 신장이 뛰어나다고 하여 승신(勝身)이라 함.

동사(同事) 서로 협력하고 고락을 같이함.

동사(東司) 절에서 화장실을 일컫는 말.

동사열전(東師列傳) 6권. 조선 후기의 각안(覺岸) 지음. 한반도에 불교가 전래한 고구려 소수림왕 2년(372)부터 조선 고종 31년(1894)까지의 고승 197명과 불교인 2명의 행적을 기록한 책.

동산법문(東山法門) 선종(禪宗) 제4조 도신(道信, 580-651)과 제5조 홍인(弘忍, 601-674)의 선법(禪法)을 말함. 도신과 홍인은 쌍봉산(雙峰山)에 머물렀으나 도신이 입적한 후, 홍인은 그 산의 동쪽에 있는 풍무산(馮茂山)으로 옮겨 그의 선법을 선양하였기 때문에 동산법문이라 일컬음. 도신의 선법은 좌선하여 오로지 자신이 본래 갖추고 있는 청정한 본성을 주시하는 일행삼매(一行三昧)와 하나를 응시하면서 마음을 가다듬어 움직이지 않는 수일불이(守一不移)로 요약될 수 있고, 홍인의 선법은 자신이 본래 갖추고 있는 청정한 불성(佛性)을 확인하여 잘 지키는 수심(守心)에 있음.

동산양개(洞山良价) ⇒ 양개(良价)

동산오위(洞山五位) 정편오위(正偏五位)와 같음.

동산지법(東山之法) 동산법문(東山法門)과 같음.

동상(同相) ①육상(六相)의 하나. 여러 모습이 서로 어울려 이루어진 전체의 모습. ②열반과 번뇌는 모두 진여(眞如)에서 비롯된 상태라는 뜻.

동서(東序) 선원(禪院)의 불전(佛殿)에서 의식을 행할 때, 불단(佛壇)을 향하여 오른쪽에 서열하는 도사(都寺)·감사(監寺)·부사(副寺)·유나(維那)·전좌(典座)·직세(直歲)의 육지사(六知事)를 말함.

동수(童壽) ⇒ 구마라집(鳩摩羅什)

동승신주(東勝身洲) 사주(四洲)의 하나. 수미산 동쪽에 있다는 대륙으로, 이곳에 있는 인간들은 신장이 뛰어나다고 하여 승신(勝身)이라 함.

동시구족상응문(同時具足相應門) 십현연기(十玄緣起)의 하나. 낱낱의 현상은 동시에 모든 것을 충분히 갖추고 서로 원만히 조화를 이루고 있음.

동시즉(同時卽) 서로 다른 두 현상 간의 시간적인 관계에서, 빛이 들어오자마자 어둠이 가듯이 시간의 간격이 없는 관계를 말함.

동안거(冬安居) 음력 10월 15일부터 이듬해 1월 15일까지 3개월 동안 승려들이 외출을 금하고 참선을 중심으로 수행에만 전념하는 제도.

동유(同喩) 인명(因明)에서, 주장 명제인 종(宗)의 술어와 그 종(宗)을 내세우게 된 이유로서 제시한 인(因)과 같은 성질에 속하는 예(例). 예를 들면 다음과 같음. '말은 무상하다〔宗〕', '지어낸 것이기 때문이다〔因〕', '지어낸 모든 것은 무상하다. 예를 들면, 병(甁)과 같다〔同喩〕', '상주하는 모든 것은 지어낸 것이 아니다. 예를 들면, 허공과 같다〔異喩〕'.

동윤보(銅輪寶) 전륜성왕(轉輪聖王)이 지니고 있는 구리로 된 보물로, 이것을 굴려 모든 장애를 물리친다고 함.

동윤왕(銅輪王) 구리로 된 윤보(輪寶)를 지니고 있는 전륜성왕(轉輪聖王). 이 윤보를 굴려 모든 장애를 물리치고, 수미산(須彌山)의 사방에 있는 네 대륙 가운데 두 대륙을 다스린다고 함.

동의석(同依釋) 지업석(持業釋)과 같음.

동전삼배(同展三拜) 여러 승려가 일제히 좌구(坐具)를 펴고 세 번 절하는 것.

동진(銅塵) 구리 속의 틈을 통과할 정도로 아주 미세한 대상. 금진(金塵)과 같음.

동진주(童眞住) 십주(十住)의 하나. 깨달음을 구하는 마음을 깨뜨리지 않는 것이 마치 동자의 천진함과 같은 단계.

동체방편(同體方便) 천태교학에서, 법화경에서 설하는 방편. 이에 반해, 법화경 이외에서 설하는 방편은 체외방편(體外方便)이라 함.

동탑종(東塔宗) 당대(唐代)에 회소(懷素, 624-697)가 장안(長安) 숭복사(崇福寺) 동탑(東塔)에서 사분율(四分律)을 중심으로 해서 세운 종파로, 설일체유부(說一切有部)의 입장에서 사분율을 해석함.

동토(東土) 인도의 동쪽에 있는 땅, 곧 중국을 일컬음.

동토육조(東土六祖) 중국 선종의 초조 보리달마(菩提達摩), 2조 혜가(慧可), 3조 승찬(僧璨), 4조 도신(道信), 5조 홍인(弘忍), 6조 혜능(慧能)을 일컬음.

동품(同品) ⓢsapakṣa 인명(因明)에서, 주장 명제인 종(宗)의 술어와 같은 성질에 속하는 부류.

동품비유이품비유(同品非有異品非有) ⇒ 구구인(九句因)

동품비유이품유(同品非有異品有) ⇒ 구구인(九句因)

동품비유이품유비유(同品非有異品有非有) ⇒ 구구인(九句因)

동품유비유이품비유(同品有非有異品非有) ⇒ 구구인(九句因)

동품유비유이품유(同品有非有異品有) ⇒ 구구인(九句因)

동품유비유이품유비유(同品有非有異品有非有) ⇒ 구구인(九句因)

동품유이품비유(同品有異品非有) ⇒ 구구인(九句因)

동품유이품유(同品有異品有) ⇒ 구구인(九句因)

동품유이품유비유(同品有異品有非有) ⇒ 구구인(九句因)

동품일분전이품변전부정과(同品一分轉異品遍轉不定過) 인명(因明)에서, 삼십삼과(三十三過) 가운데 인십사과(因十四過)의 하나. 인(因)이 종(宗)의 술어와 같은 성질 일부분에 관계하고 다른 성질에는 전체에 관계하는 오류. 예를 들면, '그는 여자이다'라는 종(宗)에 대하여 '애를 낳지 못하기 때문이다〔因〕'라고 하는 경우, 인(因)은 석녀(石女)에만 관계하고 남자에는 전체에 관계하므로 인(因)이 성립되지 않음.

동품정유성(同品定有性) 인삼상(因三相)의 하나. 인명(因明)의 삼지작법(三支作法)에서, 주장 명제인 종(宗)을 내세우게 된 이유로서 제시된 인(因)이 갖추어야 할 조건. 예를 들면, '말은 무상하다〔宗〕', '지어낸 것이기 때문이다〔因〕', '지어낸 모든 것은 무상하다. 예를 들면, 병(甁)과 같다〔喩〕'에서, 모든 인(因)은 종(宗)의 술어와 같은 성질에 포함되어야 함.

동학사(東鶴寺) 충남 공주시 계룡산 북동쪽

기슭에 있는 절. 마곡사(麻谷寺)의 말사. 724년에 신라의 회의(懷義)가 창건하여 상원사(上願寺)라 하고, 936년에 유차달(柳車達)이 신라의 시조와 충신 박제상(朴堤上)의 제사를 지내기 위해 중축하고 동학사라 함. 이후 고려·조선의 여러 왕과 충신들의 제사를 여러 차례 지냄. 1728년에 모두 불타고, 1814년에 다시 짓고, 1864년에 보수·중축함. 한국전쟁 때 모두 불타고, 1960년 이후에 다시 지음.

동화사(桐華寺) 대구시 팔공산 남쪽 기슭에 있는 절. 대한불교조계종 제9교구 본사. 493년에 신라의 극달(極達)이 창건하여 유가사(瑜伽寺)라 하고, 832년에 심지(心地)가 중축하고 동화사라 함. 이후 여러 차례 중축·보수하고, 1732년(영조 8)에 크게 중축함. 문화재 : 마애불좌상(磨崖佛坐像)·당간지주(幢竿支柱)·대웅전·극락전.

두거(豆佉) Ⓢduḥkha의 음사. 고(苦).

두광(頭光) 부처나 보살의 머리 둘레에서 비치는 둥근 빛.

두교(逗敎) 가르침을 내림. 가르침을 줌.

두다(杜多) 두타(頭陀)와 같음.

두면례족(頭面禮足) 두 무릎을 꿇고 두 팔꿈치를 땅에 댄 다음 손을 펴서 상대편의 발을 받아 그 발에 자신의 머리를 대는 인도의 예법.

두면례족

두병(斗柄) 북두칠성을 국자 모양으로 보았을 때, 그 자루 부분이 되는 자리에 있는 세 개의 별.

두선화(杜禪和) 두(杜)는 두찬(杜撰)의 준말로 엉터리, 선화(禪和)는 선승(禪僧)을 예사롭게 부르는 말. 곧, 엉터리 선승.

두수(抖擻) ⓈⓅdhuta 털어 버린다는 뜻. ⇒ 두타(頭陀)

두수(頭首) 선원(禪院)의 승려들을 지도하거나 문서·대장경 등을 관리하는 직책, 또는 그 일을 맡은 승려.

두순(杜順) 557-640. 수(隋)·당(唐)의 승려. 화엄종 제1조. 장안(長安) 출신. 성(姓)은 두(杜). 법순(法順)이라고도 함. 18세에 인성사(因聖寺)에 출가하여 승진(僧珍)의 가르침을 받고, 종남산(終南山)에서 수행하면서 화엄학을 전파함. 당(唐) 태종(太宗)이 제심존자(帝心尊者)라는 호를 내림.

두연(頭燃·頭然) 머리털이 불에 탐, 곧 매우 급한 사태를 비유하는 말.

두장(斗帳) 불상이나 시신을 가리기 위해 그 앞에 드리우는 장막.

두정례족(頭頂禮足) 두면례족(頭面禮足)과 같음.

두찬(杜撰) 엉터리. 구양수(歐陽修)와 같은 시대의 사람인 두묵(杜默)은 남의 시(詩)를 읊는 데는 뛰어났으나 직접 지은 시(詩)는 격률(格律)에 맞지 않은 엉터리였다는 데서 유래하는 말.

두타(頭陀) ⓈⓅdhuta의 음사. 두수(抖擻)라

고 번역. 의식주에 대한 탐욕을 버리고 수행함, 또는 그러한 사람.

두타대(頭陀袋) 수행자가 삼의(三衣) 등을 넣어 목에 걸고 다니는 자루.

두타십팔물(頭陀十八物) 수행하는 대승의 비구가 늘 휴대해야 할 열여덟 가지 물건. 치아를 닦는 버들가지〔楊枝〕, 콩이나 팥을 갈아 만든 가루비누〔澡豆〕, 삼의(三衣), 물병〔甁〕, 식기〔鉢〕, 앉거나 누울 때 까는 직사각형의 베〔坐具〕, 꼭지에 쇠고리가 달린 지팡이〔錫杖〕, 향로(香爐), 물을 거르는 주머니〔漉水囊〕, 수건, 머리카락이나 베를 자르기 위한 작은 칼〔刀子〕, 부싯돌〔火燧〕, 코털을 뽑는 작은 집개〔鑷子〕, 앉거나 누울 때 사용하는 노끈으로 만든 직사각형의 자리〔繩牀〕, 경(經), 계율을 모아 종류별로 나누어 열거한 조문(條文)〔율(律)〕, 불상, 보살상.

두탕(荳湯) 불린 콩을 간 다음 물을 더하여 끓인 것을 걸러 낸 젖 같은 액체. 두유(豆乳).

둔근(鈍根) 둔한 능력이나 소질.

둔륜(遁倫) 생몰년 미상. 신라 때 경주 흥륜사(興輪寺)의 승려로, 주로 당(唐)에서 활동함. 저서 : 유가론기(瑜伽論記).

득(得) ⓢprāpti ①획득. 성취. 완성. ②갖추고 있는 성질을 계속 보존하여 두는 힘.

득대세보살(得大勢菩薩) 대세지보살(大勢至菩薩)과 같음.

득도(得度) ①미혹한 세계에서 깨달음의 피안에 도달함. ②출가하여 승려가 됨. 출가하여 불문(佛門)에 들어감.

득도(得道) 깨달음. 깨달음을 이룸. 깨달음에 도달함.

득변재지원(得辯才智願) 사십팔원(四十八願)의 하나. 아미타불이 법장비구(法藏比丘)였을 때 세운 서원으로, 정토의 보살들은 경전을 읽고서 자유 자재로 이해하고 말하는 지혜를 갖추도록 하겠다는 맹세.

득불퇴전원(得不退轉願) 사십팔원(四十八願)의 하나. 아미타불이 법장비구(法藏比丘)였을 때 세운 서원으로, 다른 국토의 보살들이 자신의 이름을 들으면 다시 범부의 상태로 후퇴하지 않는 경지에 이르게 하겠다는 맹세.

득삼법인원(得三法忍願) 사십팔원(四十八願)의 하나. 아미타불이 법장비구(法藏比丘)였을 때 세운 서원으로, 다른 국토의 보살들이 부처의 음성을 듣거나 스스로 사유하여 진리를 확실하게 알고, 또 불생불멸(不生不滅)의 진리를 확실하게 알아 그 진리에 안주하도록 하겠다는 맹세.

득수(得修) 사수(四修)의 하나. 아직 생기지 않은 청정한 일이 생기도록 수행함.

득차시라(得叉尸羅) 덕차시라(德叉尸羅)와 같음.

득탈(得脫) 모든 번뇌의 속박에서 벗어나 해탈을 얻음. 모든 미혹의 굴레에서 벗어남. 속세의 모든 굴레에서 벗어남.

득통(得通) 기화(己和)의 호.

등각(等覺) ①바르고 원만한 부처의 깨달음. ②부처의 깨달음과 거의 같은 깨달음이라는 뜻. 보살의 수행 과정 가운데 십지(十地) 다음의 단계. 바르고 원만한 부처의 깨달음인 묘각(妙覺)의 앞 단계.

등각대사(等覺大士) 대사(大士)는 보살을 말함. 등각의 경지에 이른 보살.

등각성(等覺性) 육종성(六種性)의 하나. 부처의 깨달음에 이르기 이전의 경지에 이를 수 있는 소질.

등견(等見) 정견(正見) ①과 같음.

등관철심(等貫徹心) 구심륜(九心輪)의 하나. 대상의 가치를 아는 마음 작용.

등광여래(燈光如來) 정광여래(定光如來)와 같음.

등기(等起) ⓢsamutthāna 함께 일어남.

등기선(等起善) 선심(善心)으로 일으키는 행위와 말.

등념(等念) 정념(正念)과 같음.

등롱(燈籠) 등(燈)을 넣어, 밖에 걸거나 들고 다니는 기구.

등류(等流) ⓢniḥṣyanda ⓢniṣyanda 같은 유출. 원인에서 결과가 유출될 때, 그 원인과 결과가 서로 같은 것.

등류과(等流果) 오과(五果)의 하나. 좋은 원인에서 좋은 결과, 나쁜 원인에서 나쁜 결과처럼, 원인과 성질이 같은 결과.

등류습기(等流習氣) 원인과 같은 결과를 초래하는 잠재력.

등류신(等流身) 부처가 아귀·축생·인간 등과 같은 모습으로 나타나는 것.

등류심(等流心) 같은 상태로 지속되는 마음.

등리(等利) 동사(同事)와 같음.

등명(燈明) ⓢⓟdīpa 등불.

등명(等命) 정명(正命)과 같음.

등무간연(等無間緣) 사연(四緣)의 하나. ①육식(六識)에 의해 식별된 전후 두 현상이 동등하게 끊임없이 생멸하는 관계에서 전 현상을 말함. ②생각과 생각이 끊임없이 일어나게 하는 인식 주관의 지향 작용. 한 생각이 일어났다가 사라지면서 다음 생각으로 연결시켜 주는 인식 주관의 지향 작용.

등무간연의(等無間緣依) 삼소의(三所依)의 하나. 간격 없이 찰나찰나에 연속되는 마음과 마음 작용에서, 뒤의 마음·마음 작용을 일으키게 한 앞의 마음.

등방편(等方便) 정정진(正精進)과 같음.

등신불(等身佛) 사람의 키만한 크기의 불상.

등심구심(等尋求心) 구심륜(九心輪)의 하나. 대상에서 가치를 찾는 마음 작용.

등어(等語) 정어(正語)와 같음.

등업(等業) 정업(正業)과 같음.

등인(等引) ⓢsamāhita 마음이 들뜨거나 침울하지 않고 한결같이 평온하게 된 상태.

등일체불회향(等一切佛廻向) 십회향(十廻向)의 하나. 모든 부처가 한 것과 같이 공덕을 중생에게 돌려줌.

등정(等定) 정정(正定) ①과 같음.

등정각(等正覺) ⓢsamyak-saṃbodhi ⓢsamyak-saṃbuddha 바르고 원만한 깨달음, 또는 그 깨달음을 성취한 사람.

등지(等持) ⓢⓟsamādhi 삼매(三昧)라고 음사. 마음을 한곳에 집중하여 산란하지 않는 상태. 마음이 들뜨거나 침울하지 않고 한결같이 평온을 유지하는 상태.

등지(等至) ⓢsamāpatti 마음이 들뜨거나 침울하지 않는 평온에 이른 상태.

등지(等智) 세속의 일을 아는 지혜.

등치(等治) 정사유(正思惟)와 같음.

등활지옥(等活地獄) 팔열지옥(八熱地獄)의 하나. 살생한 죄인이 죽어서 가게 된다는 지옥으로, 뜨거운 불길로 고통을 받다가 숨이 끊어지려면 찬 바람이 불어와 깨어나서 다시 고통을 받는다고 함.

디가니카야(dīgha-nikāya) ⇒ 아함경(阿含經)

디파밤사(dīpavaṃsa) 도사(島史)라는 뜻. 불교를 중심으로 하여 4세기 초에서 5세기 초에 걸쳐 작성된 스리랑카의 역사책으로, 전체 22장(章)의 게송으로 되어 있음.

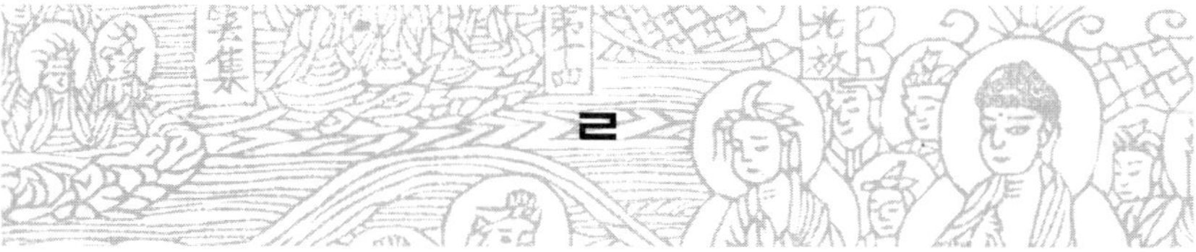

ㄹ

라자그리하(rājagṛha) 왕사성(王舍城)과 같음.

라훌라(rāhula) ⇒ 나후라(羅睺羅)

룸비니(lumbinī) 고대 인도 북부의 카필라(kapila) 성 부근에 있던 동산으로, 싯다르타가 태어난 곳.

리그베다(ṛg-veda) 사베다(四veda)의 하나. ṛg는 찬가(讚歌)를 뜻함. 인도 최고(最古)의 문헌으로, 신들에 대한 찬가 1,028개가 10권으로 나뉘어 있는데, 제식(祭式)을 주관하는 호트리(hotṛ)가 신들이 제사 지내는 곳에 왕림하도록 높은 소리로 읊는 운문(韻文)임. 이 신들은 주로 우주의 질서를 보호하는 바루나(varuṇa), 태양신 수랴(sūrya), 폭풍신 루드라(rudra), 천둥신 인드라(indra), 새벽신 우샤스(uṣas), 바람신 바유(vāyu), 화신(火神) 아그니(agni), 주신(酒神) 소마(soma), 지신(地神) 프리티비(pṛthivī), 그리고 신비한 현상이나 관념를 신격화한 바츠(vāc, 언어), 슈랏다(śraddhā, 신앙), 아디티(aditi, 무한) 등임.

릿차비족(licchavi族) 발지국(跋祇國)의 바이샬리(vaiśālī)에 살던 크샤트리야(kṣatriya) 계급의 종족. 붓다의 입멸 후, 유골의 일부분을 가지고 가서 사리탑을 세움.

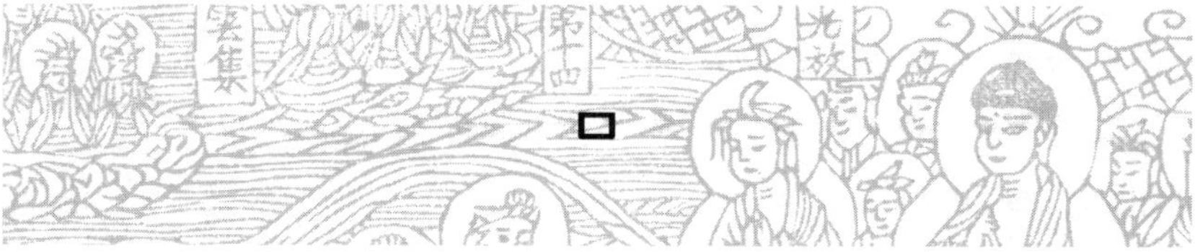

ㅁ

마(魔) ⓢmāra의 음사인 마라(魔羅)의 준말. 살자(殺者)·탈명(奪命)·장애(障礙)라고 번역. ①사람의 목숨을 빼앗고 수행을 방해하는 귀신. 욕계를 지배하는 타화자재천(他化自在天)의 우두머리를 마왕(魔王)이라 함. ②수행을 방해하고 중생을 괴롭히는 온갖 번뇌.

마가(磨伽) 마거(磨祛)와 같음.

마가(摩呵) 마하(摩訶)와 같음.

마가다국(magadha國) 마갈타국(摩竭陀國)과 같음.

마가라(摩伽羅·麼迦羅) 마갈(摩竭)과 같음.

마가저서(摩訶底書) ⓢmagadha-lipi 마가다(magadha) 어(語)의 문자.

마가타국(摩伽陀國) 마갈타국(摩竭陀國)과 같음.

마갈(摩竭) ⓢmakara의 음사. 경어(鯨魚)·수수(水獸)라고 번역. 머리와 앞다리는 염소와 비슷하고 몸과 꼬리는 물고기 모양을 한, 상상의 거대한 바다 괴물.

마갈국(摩竭國) 마갈타국(摩竭陀國)과 같음.

마갈제국(摩竭提國) 마갈타국(摩竭陀國)과 같음.

마갈타국(摩竭陀國) ⓢⓟmagadha의 음사. 중인도의 동부, 지금의 비하르(Bihar)의 남쪽 지역에 있던 고대 국가로, 도읍지는 왕사성(王舍城). 기원전 6세기에 빔비사라(bimbisāra) 왕은 앙가국(aṅga國)을 점령하여 영토를 확장하고, 그의 아들 아자타샤트루(ajātaśatru)는 부왕을 죽이고 왕위에 올라 코살라국(kosala國)과 카시국(kāśi國)과 브리지국(vṛji國)을 정복함. 아자타샤트루 왕의 아들 우다야바드라(udaya-bhadra)도 부왕을 죽이고 왕위에 오름. 그 후 서서히 쇠퇴하여 난다(nanda) 왕조가 일어남. 기원전 320년경에 찬드라굽타(candragupta)가 난다 왕조를 무너뜨리고 마우리야(maurya) 왕조를 세움. 제2대 빈두사라(bindusāra) 왕에 이어 즉위한 아쇼카(aśoka) 왕은 인도를 통일함.

마거(磨祛·麼佉·摩祛) ⓢmāgha의 음사. 인도력(印度曆)의 11월. 음력 11월 16일부터 12월 15일까지에 해당함.

마게타국(摩揭陀國) 마갈타국(摩竭陀國)과 같음.

마곡사(麻谷寺) 충남 공주시 사곡면 무성산 서쪽 자락에 있는 절. 대한불교조계종 제6교구 본사. 신라 말에 체징(體澄, 804-880)이 창건하고, 고려 말에 다시 지음. 1592년 임진왜란 때 모두 불타고, 효종(1649-1659) 때 각순(覺淳)이 다시 지음. 1782년에 불타고, 1788년에 다시 짓고, 이후 여러 차례 중축·보수함. 문화재 : 오층석탑·영산전(靈山殿)·대웅보전(大雄寶殿)·대광보전(大光寶殿)·동종(銅鐘) 등.

마군(魔軍) ①악마의 군사·무리. 수행을 방

해하는 온갖 번뇌나 그릇된 일을 비유하여 이르는 말. ②훼방을 일삼는 무리.

마기(摩祇) ⓢmaghī의 음사. 약(藥) 이름.

마나사용왕(摩那斯龍王) 마나사(摩那斯)는 ⓢmanasvin의 음사, 대신(大身)·자심(慈心)·고의(高意)라고 번역. 팔대용왕(八大龍王)의 하나. 몸을 휘감아 바닷물을 가로막고, 때 맞추어 구름을 모아 비를 내린다는 용왕.

마나소파제용왕(摩那蘇婆帝龍王) 마나사용왕(摩那斯龍王)과 같음.

마나타(摩那埵) ⓢmānāpya ⓟmānatta의 음사. 열중의(悅衆意)·의희(意喜)라고 번역. 승잔(僧殘)을 저지른 비구가 그것을 즉시 승단에 고백하고 6일 밤낮 동안 참회하는 일.

마나파(摩那婆) 마납(摩納) ①과 같음.

마남(摩男) 마하남(摩訶男)의 준말.

마납(摩納) ①ⓢⓟmāṇava의 음사. 유동(儒童)이라 번역. 소년. 청년. ②ⓢmānava의 음사. 인간.

마납박가(摩納薄迦) 마납(摩納) ①과 같음.

마납파(摩納婆) 마납(摩納) ①과 같음.

마노(碼瑙) ⓢaśma-garbha 짙은 녹색 빛이 나는 보석.

마노사(摩奴沙) ⓢmanuṣya의 음사. 인간.

마누마(摩㝹摩) ⓢmanomaya의 음사. 의생신(意生身)이라 번역. 초지(初地) 이상의 보살이 중생을 제도하기 위해 뜻대로 변화한 신체.

마누사(摩㝹奢·摩㝹沙) 마노사(摩奴沙)와 같음.

마니(摩尼) ⓢⓟmaṇi의 음사. 주(珠)·보주(寶珠)라고 번역. 보배 구슬을 통틀어 일컬음.

마니가사(摩尼袈裟) 베 조각들을 꿰매지 않은, 하나의 베로 된 가사.

마니보주(摩尼寶珠) 마니(摩尼)와 같음.

마니주(摩尼珠) 마니(摩尼)와 같음.

마다라가(摩多羅迦) 마달리가(摩呾理迦)와 같음.

마단(魔檀) 단(檀)은 ⓢdāna의 음사. 보시(布施)라고 번역. 마음에 번뇌를 지니고 행하는 보시. 세속적인 과보를 바라고 행하는 그릇된 보시.

마달리가(摩呾理迦·摩怛履迦) ⓢmātṛkā의 음사. 모(母)·본모(本母)·지모(智母)·행모(行母)라고 번역. 십이부경(十二部經) 가운데 우파제사(優婆提舍)와 삼장(三藏) 가운데 논장(論藏)을 일컬음. 이들을 모(母)라고 하는 것은 지혜와 수행의 모체라는 뜻.

마도(魔道) ①악마와 같은 나쁜 행위. ②악마들의 세계.

마돌라국(摩突羅國) 마투라국(摩偷羅國)과 같음.

마두(摩頭) 말도가(末度迦)와 같음.

마두(磨頭) 절에서 곡식을 찧거나 빻는 일을

담당하는 소임, 또는 그 일을 맡은 승려.

마두관음(馬頭觀音) 말의 머리를 머리 위에 얹고 있는 관음으로, 부처의 가르침을 듣고도 수행하지 않는 중생을 교화하기 위한 방편으로 눈을 부릅뜬 분노의 모습을 하고 있음.

마두나찰(馬頭羅刹) 몸은 사람의 몸이고, 머리는 말의 머리인 지옥의 옥졸(獄卒).

마두라국(摩頭羅國) 마투라국(摩偸羅國)과 같음.

마득륵가(摩得勒伽) 마달리가(摩呾理迦)와 같음.

마등가(摩登伽·摩鄧伽) ⓢmātaṅga의 음사. 고대 인도의 사성(四姓) 가운데 가장 낮은 계급인 수타라(首陀羅) 밑에 위치하는 최하위 천민.

마등기(摩登祇) ⓢmātaṅgī의 음사. 마등가(摩登伽)의 여성.

마등녀(摩鄧女) 마등기(摩登祇)와 같음.

마라(摩羅) ⓢmalla의 음사. 힘이 센 사람.

마라(魔羅) 마(魔)와 같음.

마라(懡㦬) 수치. 치욕.

마라가타(摩羅伽陀) ⓢmārakata의 음사. 녹색보(綠色寶)라고 번역. 에메랄드.

마라국(摩羅國) 말라국(末羅國)과 같음.

마라난타(摩羅難陀) 생몰년 미상. 인도의 승려. 동진(東晋)을 거쳐 384년(침류왕 1)에 백제에 와서 처음으로 불교를 전함. 이듬해 왕은 경기 광주 남한산에 처음으로 절을 짓고 10인을 출가시켜 승려가 되게 함.

마라도(魔羅道) 마도(魔道)와 같음.

마라야산(摩羅耶山·魔羅耶山) ⓢmalaya의 음사. 남인도의 서해안에 뻗어 있는 산맥 이름으로, 전단(栴檀)의 산지로 유명함. 지금의 서(西)고츠 산맥.

마로가(摩魯迦) ⓢmallikā의 음사. 재스민의 일종인 덩굴식물로, 꽃에서 향료를 채취함.

마루가(摩婁迦) 마로가(摩魯迦)와 같음.

마리가(摩利迦) 말리(末利)와 같음.

마리지천(摩利支天·摩里支天) 마리지(摩利支)는 ⓢmarīci의 음사. 위광(威光)·양염(陽燄)이라 번역. 항상 자신의 모습을 숨기고, 재난을 없애 주고 복을 준다는 신(神).

마리지천도량(摩利支天道場) 고려 때, 전쟁으로 인한 재난을 막기 위해 마리지천보살다라니경(摩利支天菩薩陀羅尼經)을 독송하던 의식.

마마가라(磨磨迦羅) ⓢmama-kāra의 음사. 아소(我所)라고 번역. 내 것이라고 집착함.

마마계(麼麼鷄) 마막지(摩莫枳)와 같음.

마마제(摩摩帝) 사찰을 관리하는 직책, 또는 그 일을 맡은 승려. 사주(寺主).

마막계(摩莫鷄·摩莫稽) 마막지(摩莫枳)와 같음.

마막지(摩莫枳) ⓢmāmakī의 음사. 금강모(金剛母)라고 번역. 밀교에서, 지혜를 상징하는 보살.

마망(魔網) 중생이 악마에 속박당하는 것을 그물에 비유한 말.

마명(馬鳴) ⓢaśvaghoṣa 1-2세기, 중인도 사위성(舍衛城) 출신의 승려. 처음에는 외도(外道)에 입문하였으나 부나사(富那奢)를 만나 불교에 귀의하여 그의 제자가 됨. 건타라국(乾陀羅國)의 가니색가왕(迦膩色迦王)이 군사를 이끌고 중인도를 점령하였을 때, 배상금 대신에 마명을 데리고 귀환함. 마명은 그곳에서 왕의 보호 아래 불교를 전파함. 저서 : 불소행찬(佛所行讚).

마범(魔梵) 마왕(魔王)과 범천(梵天).

마사(麼沙) ⓢmatsya의 음사. 물고기.

마사(摩沙) ⓢmāṣa의 음사. 콩.

마사(馬師) ⇒ 아설시(阿說示)

마사가(摩娑迦) ⓢmāṣaka의 음사. 고대 인도의 화폐 단위.

마사경(魔事境) 십경(十境)의 하나. 악마가 지관을 방해하면 이를 주시하여 물리침.

마세(麼洗) ⓢmāsa의 음사. 월(月)이라 번역. 인도력(印度曆)의 1월은 음력 1월16일부터 2월 15일까지에 해당하고, 12월은 음력 12월 16일부터 이듬해 1월 15일까지에 해당함.

마쇄(磨灑) ⓢmāṣa의 음사. 고대 인도의 화폐 단위.

마승(馬勝) ⇒ 아설시(阿說示)

마신타(摩哂陀) ⓟmahinda의 음사. 아쇼카(aśoka) 왕이 왕자였을 때, 서인도의 웃제니(ujjenī)에 지방관으로 부임해서 그 지방 호족의 딸 데비(devī)와의 사이에서 낳은 아들. 20세에 누이 동생 승가밀다(僧伽蜜多)와 함께 출가함. 여러 비구들과 함께 스리랑카에 불교를 전하자, 대바남피야 팃사(devānaṃ piya-tissa) 왕은 마신타를 위해 마하비하라(mahāvihāra, 大寺)를 건립함. 60세에 스리랑카에서 입적함.

마애불(磨崖佛) 암벽에 새긴 불상.

마야(摩耶) ⓢmāyā의 음사. 싯다르타의 어머니. 카필라(kapila) 성과 인접해 있던 천비성(天臂城)의 성주(城主)인 선각왕(善覺王)의 딸.

마왕(魔王) 욕계의 정상에 있는 타화자재천(他化自在天)의 우두머리인 파순(波旬)을 말함.

마외(魔外) 악마와 외도(外道).

마우리야왕조(maurya王朝) ⓢmaurya는 공작(孔雀)을 뜻함. 기원전 320년경에 찬드라굽타(candragupta)가 마가다국(magadha國) 난다(nanda) 왕조를 무너뜨리고 세운 왕조. 제2대는 빈두사라(bindusāra) 왕, 제3대는 아쇼카(aśoka) 왕. 아쇼카 왕이 죽은 후, 서서히 분열되어 기원전 180년경에 멸망함.

마유라(摩由邏) ⓢmayūra의 음사. 공작(孔雀).

마음장(馬陰藏) 부처의 음경은 말의 음경과 같이 감추어져 있다는 뜻. 음장상(陰藏相)과

같음.

마이산(馬耳山) ⇒ 알습박갈나(頞濕縛羯拏)

마장(魔障) ①악마의 방해. ②마(魔)는 ⓢmāra의 음사, 장(障)은 그 번역. 수행에 장애가 되는 것.

마전제(摩田提) 말전지(末田地)와 같음.

마조도일(馬祖道一) ⇒ 도일(道一)

마주(磨主) 절에서 곡식을 찧거나 빻는 일을 담당하는 소임, 또는 그 일을 맡은 승려.

마지(摩旨) 불전(佛前)에 올리는 밥.

마질리가(摩窒里迦) 마달리가(摩呾理迦)와 같음.

마천(魔天) 욕계의 정상에 있는 타화자재천(他化自在天)을 말함. 이곳에는 욕계의 우두머리인 마왕(魔王)이 산다고 하여 이와 같이 일컬음.

마타나(摩陀那) ⓢmadana의 음사. 먹으면 취하는 달걀 모양의 열매.

마타라논사(摩陀羅論師) 마타라(摩陀羅)는 ⓢmāṭhara의 음사로, 사람 이름. 시바(śiva)가 중생을 창조하였다고 주장한 고대 인도의 한 학파.

마투라국(摩偸羅國) ⓢⓟmathurā의 음사. 인도의 야무나(Yamuna) 강 중류 지역, 델리(Delhi) 남쪽에 인접해 있던 고대 국가.

마파순(魔波旬) 붓다와 그의 제자들의 수행을 방해한 마왕(魔王)인 파순(波旬). 욕계의 정상에 있는 타화자재천(他化自在天)의 우두머리라고 함.

마하(摩訶) ⓢmahā의 음사. 대(大)라고 번역. ①크다. 많다. 위대하다. 뛰어나다. 묘하다. ②사람의 이름 앞에 붙여 존칭을 나타냄.

마하가라(摩訶迦羅) ⓢmahā-kāla의 음사. 대흑천(大黑天)이라 번역. ①불법(佛法)과 그에 귀의하는 사람들을 보호한다는 신(神). ②음식과 식량을 보호한다는 신(神).

마하가루나(摩訶迦樓那) ⓢmahā-karuṇā의 음사. 대비(大悲).

마하가섭(摩訶迦葉) ⓢmahākāśyapa의 음사. 대음광(大飮光)이라 번역. 가섭(迦葉)과 같음.

마하가전연(摩訶迦旃延) 가전연(迦旃延)과 같음.

마하구치라(摩訶俱絺羅) ⓢmahākauṣṭhila의 음사. 구치라(俱絺羅)와 같음.

마하나가(摩訶那伽) ⓢmahā-nāga의 음사. 대룡(大龍)·대상(大象)이라 번역. 아라한(阿羅漢)이나 부처에 대한 존칭.

마하나마(摩訶那摩) 마하남(摩訶男)과 같음.

마하낙건나(摩訶諾健那) ⓢmahā-nagna의 음사. 뛰어나게 힘이 센 사람. 역사(力士).

마하남(摩訶男) ⓢⓟmahānāma의 음사. 대명(大名)·대호(大號)라고 번역. ①오비구(五比丘)의 하나. 우루벨라(uruvelā)에서 싯다르타와 함께 고행했으나 그가 네란자라(nerañjarā) 강에서 목욕하고 또 우유죽을 얻어 마시는 것을 보고 타락했다고 하여, 그곳을 떠나 녹야원(鹿野苑)에서 고행하고 있었는데, 깨달음을 성취한 붓다가 그곳을 찾아가 설한 사제(四諦)의 가르침을 듣고 최초의 제자가 됨. ②붓다의 사촌 동생. 아나율(阿那律)의 형. 재가 신도.

마하납(摩訶納) 마하남(摩訶男)과 같음.

마하라(摩訶羅) ⓢmahallaka의 음사. 노(老)·구(舊)·무지(無知)라고 번역. 늙은이나 어리석은 이를 일컫는 말.

마하라타국(摩訶羅佗國) 마하륵타국(摩訶勒咤國)과 같음.

마하랄타국(摩訶剌佗國) 마하륵타국(摩訶勒咤國)과 같음.

마하로(摩訶盧) 마하라(摩訶羅)와 같음.

마하로슬나(摩訶盧瑟拏) ⓢmahā-roṣana의 음사. 대분노(大忿怒)라고 번역. 크게 분노한 모습.

마하륵타국(摩訶勒咤國) ⓢmahā-raṭṭha의 음사. 남인도, 지금의 하이데라바드(Hydera bad) 지역에 있던 고대 국가.

마하마남(摩訶摩男) 마하남(摩訶男)과 같음.

마하마야(摩訶摩耶) ⓢmahāmāyā의 음사. 싯다르타의 어머니. 카필라(kapila) 성과 인접해 있던 천비성(天臂城)의 성주(城主)인 선각왕(善覺王)의 딸.

마하목건련(摩訶目犍連) 목건련(目犍連)과 같음.

마하반야바라밀(摩訶般若波羅蜜) ⓢmahā-prajñā-pāramitā의 음사. 분별과 집착이 끊어진 뛰어난 지혜를 성취함. 분별과 집착을 떠난 뛰어난 지혜의 완성.

마하반야바라밀경(摩訶般若波羅蜜經) 27권. 요진(姚秦)의 구마라집(鳩摩羅什) 번역. 공(空)에 입각한 집착 없는 지혜의 완성, 곧 반야바라밀이 가장 뛰어난 수행이라 하고, 그 바라밀을 체득하는 방법과 그 바라밀의 무한한 공덕을 설함.

마하반야바라밀대명주경(摩訶般若波羅蜜大明呪經) 1권. 요진(姚秦)의 구마라집(鳩摩羅什) 번역. 반야바라밀다심경(般若波羅蜜多心經)의 다른 번역.

마하반야석론(摩訶般若釋論) 대지도론(大智度論)과 같음.

마하반야초경(摩訶般若鈔經) 5권. 전진(前秦)의 담마비(曇摩蜱)·축불념(竺佛念) 번역. 소품반야경(小品般若經)의 다른 번역.

마하발담마지옥(摩訶鉢曇摩地獄) 마하발특마지옥(摩訶鉢特摩地獄)과 같음.

마하발특마지옥(摩訶鉢特摩地獄) 팔한지옥(八寒地獄)의 하나. 마하발특마(摩訶鉢特摩)는 ⓢmahā-padma의 음사, 대홍연화(大紅蓮華)라고 번역. 심한 추위로 몸이 몹시 얼어서 터져 큰 붉은 연꽃같이 된다는 지옥.

마하밤사(mahāvaṃsa) 대사(大史)라는 뜻. 불교를 중심으로 하여 5세기 중엽에 작성된 스리랑카의 역사책으로, 전체 37장(章)의 게송으로 되어 있음.

마하살(摩訶薩) ⓢmahā-sattva의 음사. 위대

한 존재·중생·사람이라는 뜻. 보살에 대한 존칭.

마하살타(摩訶薩埵) 마하살(摩訶薩)과 같음.

마하승기부(摩訶僧祇部) ⓢmahā-sāṃghika의 음사. 대중부(大衆部)와 같음.

마하승기사(摩訶僧祇師) 대중부(大衆部)의 논사.

마하승기율(摩訶僧祇律) 40권. 동진(東晋)의 불타발타라(佛陀跋陀羅)·법현(法顯) 번역. 마하승기부(摩訶僧祇部), 곧 대중부(大衆部)의 율장(律藏). 1권에서 35권까지는 비구계이고, 후반의 5권은 비구니계인데, 비구계로는 사바라이법(四波羅夷法)·십삼승잔법(十三僧殘法)·이부정법(二不定法)·삼십이살기바야제법(三十尼薩耆波夜提法)·단제구십이사법(單提九十二事法)·사제사니법(四提舍尼法)·육십육중학법(六十六衆學法) 등이고, 비구니계로는 팔바라이법(八波羅夷法)·십구승잔법(十九僧殘法)·삼십사(三十事)·백사십일바야제법(百四十一波夜提法)·팔제사니법(八提舍尼法)·육십사중학법(六十四衆學法) 등으로 구성되어 있음.

마하승나승녈(摩訶僧那僧涅) ⓢmahāsaṃnāha-saṃnaddha의 음사. saṃnāha는 갑옷, saṃnaddha는 입었다는 뜻. 갑옷은 서원(誓願)을 비유함.

마하실리(摩訶室利) ⓢmahāśrī의 음사. 길상천(吉祥天)이라 번역. 다문천왕(多聞天王)의 비(妃)로서, 복덕을 베푼다는 여신(女神).

마하연(摩訶衍) ⓢmahā-yāna의 음사. 대승(大乘)이라 번역. ⇒ 대승(大乘)

마하연경(摩訶衍經) 대승을 설한 경전.

마하연나(摩訶衍那) 마하연(摩訶衍)과 같음.

마하연암(摩訶衍庵) 강원 회양군 금강산 비로봉 남서쪽 기슭에 있는 절. 표훈사(表訓寺)에 딸린 암자. 676년에 신라의 의상(義湘)이 창건하고, 1831년에 월송(月松)이 다시 짓고, 1932년에 보수함.

마하연장(摩訶衍藏) 대승 경전을 말함.

마하유왈라(摩訶惟曰羅) ⓢmahā-vaipulya의 음사. 대승 또는 대승 경전을 일컬음.

마하제바(摩訶提婆) ⓢmahā-deva의 음사. 대천(大天)이라 번역. ①기원전 5세기, 중인도 마투라국(摩偸羅國) 출신의 승려. 대중부(大衆部)를 창설함으로써 불교 교단이 상좌부(上座部)와 대중부(大衆部)로 분열됨. ②아쇼카(aśoka) 왕의 아들인 마힌다(mahinda)의 스승. 남인도, 지금의 하이데라바드(Hyde rabad) 지역에 있던 마혜사만타라국(摩醯娑慢陀羅國)에 불교를 전함. ③제다산부(制多山部)를 창설하였다는 승려.

마하제바부(摩訶提婆部) 제다산부(制多山部)와 같음.

마하지관(摩訶止觀) 20권. 수(隋)의 지의(智顗)가 594년에 호북성(湖北省) 당양(當陽) 옥천사(玉泉寺)에서 행한 강설을 관정(灌頂)이 기록함. 산란한 마음을 가라앉히고 지혜로써 있는 그대로의 참모습을 주시하는 지관(止觀)의 수행을 상세하게 설명한 저술. 10장(章)으로 나뉘어 있는데, 제1 대의장(大意章)은 전체의 내용을 간략하게 서술한 부분이고, 제2 석명장(釋名章)에서는 지관(止觀)을 풀이하고, 제3 체상장(體相章)에서는 지관의 본질과 상태를 밝히고, 제4 섭법장(攝法章)에서는 지관에 모든 현상이 포섭됨을 설하고, 제5 편원장(偏圓章)에서는 편교(偏教)와 원교(圓教)의 차이를 설명하고, 제6 방편장(方便章)에서는 이십오방편(二十五方便)을 상세하게 설명하고, 제7 정관장(正觀章)에서는 십승관법(十乘觀法)을 제시하고 또 일념삼천(一念三千)의 법문을 설하고 있음. 그러나 이 책은 제7장에서 끝맺고, 제8 과보장(果報章)과 제9 기교장(起教章)과 제10 지귀장(旨歸章)은 항목만 열거되어 있음.

마하질제살타(摩訶質帝薩埵) ⓢmahā-citta-sattva의 음사. 위대한 마음을 지니고 있는 존재·중생·사람이라는 뜻. 보살에 대한 존칭.

마하파두마지옥(摩訶波頭摩地獄) 마하발특마지옥(摩訶鉢特摩地獄)과 같음.

마하파사파제(摩訶波闍波提) ⓢmahāprajāpatī의 음사. 대애도(大愛道)라고 번역. 싯다르타의 어머니 마야(māyā)의 여동생. 마야가 싯다르타를 낳은 지 7일 만에 세상을 떠나자 그를 양육함. 정반왕(淨飯王)과 결혼하여 난타(難陀)를 낳았고, 왕이 세상을 떠나자 싯다르타의 아내 야쇼다라와 함께 출가하여 비구니가 됨.

마혜(摩醯) ⓢmahā의 음사. 대(大)라고 번역. 마하(摩訶)와 같음.

마혜사만타라국(摩醯娑慢陀羅國) ⓟmahīsamaṇḍala의 음사. 남인도, 지금의 하이데라바드(Hyderabad) 지역에 있던 고대 국가.

마혜수라(摩醯首羅) ⓢmaheśvara의 음사. 대자재(大自在)라고 번역. 색계의 맨 위에 있는 색구경천(色究竟天)에 사는 신(神)의 이름. 눈은 세 개, 팔은 여덟 개이고, 흰 소를 타고 다닌다고 함.

마호다가(摩呼茶迦) ⓢmodaka의 음사. 곡식 가루를 반죽하여 만든 과자.

마후구로(摩睺姤路) 모호율다(牟呼栗多)와 같음.

마후라가(摩睺羅伽) ⓢmahoraga의 음사. 대망신(大蟒神)·대복행(大腹行)이라 번역. 팔부중(八部衆)의 하나. 몸은 사람과 같고 머리는 뱀과 같은 형상을 한 음악의 신(神). 또는 땅으로 기어 다닌다는 거대한 용(龍).

마후륵(摩睺勒) 마후라가(摩睺羅伽)와 같음.

마힌다(mahinda) 마신타(摩哂陀)와 같음.

막갈락가(莫喝洛迦) ⓢmahallaka의 음사. 노(老)·구(舊)·무지(無知)라고 번역. 늙은이나 어리석은 이를 일컫는 말.

막하(莫訶) 마하(摩訶)와 같음.

막하가라(莫訶哥羅) 마하가라(摩訶迦羅)와 같음.

막하라(莫訶羅) 막갈락가(莫喝洛迦)와 같음.

막혜이습벌라(莫醯伊濕伐羅) 마혜수라(摩醯首羅)와 같음.

막호락가(莫呼洛伽) 마후라가(摩睺羅伽)와 같음.

만(卍) ⇒ 만자(卍字)

만(慢) ⓢmāna 남을 업신여기고 자신을 높이는 마음 작용.

만견(慢見) 잘난 체하며 남을 업신여기는 견해.

만결(慢結) 구결(九結)의 하나. 결(結)은 번뇌를 뜻함. 잘난 체하며 남을 업신여기는 번뇌.

만과(滿果) 중생이 받은 과보 가운데 부수적인 부분. 이에 반해, 주된 부분은 인과(引果)라고 함. 예를 들면, 인간 가운데 빈부·귀천·미추·남녀 등의 차별의 과보는 만과, 인간으로 태어난 과보는 인과.

만과만(慢過慢) 자신보다 뛰어난 자에 대해 오히려 우월감을 가짐.

만교(滿教) 만자교(滿字教)의 준말.

만나라(曼拏羅) 만다라(曼荼羅)와 같음.

만다(滿茶) ⓢmaṇḍa의 음사. 장소. 곳. 자리.

만다가(漫荼迦) ⓢmaṇḍaka의 음사. 밀가루와 사탕으로 만든, 둥글고 얇은 과자.

만다라(曼荼羅·漫荼羅) ⓢmaṇḍala의 음사.

만다라 ①

maṇḍa는 본질·정수를 뜻하며, la는 소유를 나타내는 접미사. 원(圓)·윤(輪)·단(壇)·장(場)·회(會)·중(衆)이라 번역. ①우주의 진리, 깨달음의 경지, 부처나 보살의 서원·가르침·세계를 상징적으로 묘사한 그림. ②깨달음을 닦는 장소, 곧 도량(道場). ③한곳에 여러 부처나 보살을 모신 단(壇).

만법(萬法) 모든 현상. 인식된 모든 현상. 의식에 형성된 모든 현상.

만법유식(萬法唯識) 모든 현상은 오직 마음의 작용이라는 뜻.

만법일여(萬法一如) 모든 현상에는 불변하는 실체가 없기 때문에 평등하다는 뜻.

만법제관(萬法齊觀) 모든 현상의 본성은 차별이 없다고 주시함.

만산(滿散) 법회의 기한이 끝나 대중이 해산함.

만선동귀집(萬善同歸集) 3권. 송(宋)의 영명연수(永明延壽) 지음. 모든 선(善)은 궁극적인 진리로 돌아간다고 설하고, 선(禪)과 염불을 함께 닦을 것을 권장하여 염불선(念佛禪)의 터전을 확립한 저술. 114개의 문답으로 구성되어 있음.

만송행수(萬松行秀) ⇒ 행수(行秀)

만수(滿宿) ⇒ 불나발(弗那跋)

만수사(曼殊沙) ⓢmañjūṣaka의 음사. 천상(天上)의 꽃.

만수실리(曼殊室利) ⓢmañjuśrī의 음사. 문수사리보살(文殊師利菩薩)과 같음.

만수안(曼殊顔) 만수사(曼殊沙)와 같음.

만승회(萬僧會) 고려 때, 왕이 많은 승려들을 초청하여 음식을 베풀던 모임.

만어사(萬魚寺) 경남 밀양시 삼랑진읍 만어산 남서쪽 기슭에 있는 절. 통도사(通度寺)의 말사. 1180년(고려 명종 10)에 창건하고, 1879년에 다시 지음. 문화재 : 삼층석탑.

만업(滿業) 인간 가운데 빈부·귀천·미추·남녀 등의 차별을 초래하는 업. 이에 반해, 인간·축생 등으로 태어나는 과보를 이끌어 내는 강력한 업은 인업(引業)이라 함.

만원인(滿願印) 여원인(與願印)과 같음.

만원자(滿願子) ⇒ 부루나미다라니자(富樓那彌多羅尼子)

만일회(萬日會) 신라·조선 때, 정토 왕생을 기원하며 1만 일 동안 염불하는 모임. 758년에 발징(發徵)이 고성 건봉사(乾鳳寺)에서 처음으로 개최하고, 조선 후기에는 주로 건봉사와 망월사(望月寺)에서 개최함.

만자(卍字·萬字) ⓢśrī-vatsa 길상(吉祥)·만덕(萬德)·원만(圓滿) 등을 상징하는 부호로, 불상의 가슴이나 손발에 이것을 새김. 흔히 불교(佛教)·불심(佛心)이나 사찰을 나타내는 징표로 사용함.

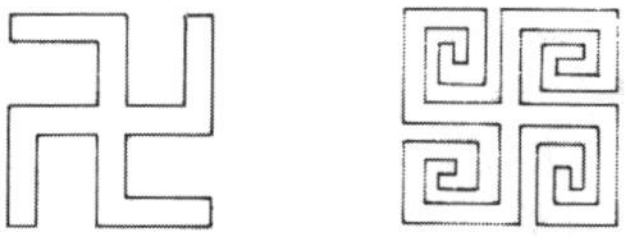

만자

만자교(滿字教) 대승을 비유함. 만자(滿字)는 뜻을 지니고 구실을 하는 단어로서 완전함을 뜻함. 이에 반해, 반자교(半字教)는 소승을 비유하는데, 반자(半字)는 뜻을 지니지 못하는 자모(字母)로서 불완전함을 뜻함.

만자자(滿慈子) ⇒ 부루나미다라니자(富樓那彌多羅尼子)

만조실리(曼祖悉哩) ⓢmañjuśrī의 음사. 문수사리보살(文殊師利菩薩)과 같음.

만주(曼珠) 문수(文殊)와 같음.

만참(晩參) 수행승이 저녁에 스승을 찾아뵙고 가르침을 청함. 야간에 닦는 수행.

만타라(曼陀羅) ⓢmāndāra의 음사. 아름답고 향기가 좋다는 천상(天上)의 꽃.

만항(萬恒) 1249-1319. 고려의 승려. 14세에 천영(天英, 1215-1286)에게 출가하고, 금강산과 지리산 등에서 수행함. 충렬왕의 명으로 개성 삼장사(三藏寺)에 머물고, 낭월사(朗月寺)·운흥사(雲興寺)·선원사(禪源寺) 등에 머무름. 조계산 수선사(修禪社)에서 입적함. 시호는 혜감국사(慧鑑國師).

만행(萬行) ①여러 곳으로 두루 돌아다니면서 닦는 온갖 수행. ②모든 행위. 모든 활동. 온갖 작용.

말가려구사리자(末伽黎拘舍離子) 말가리구사리(末伽梨瞿舍利)와 같음.

말가리구사리(末伽梨瞿舍利) ⓟmakkhali-gosāla의 음사. 육사외도(六師外道)의 하나. 그의 교도들을 불교도들은 그릇된 생활 방법을 취하는 사명외도(邪命外道)라고 함. 그는 인간이 번뇌에 오염되거나 청정해지는 과정과, 인간의 고락과 선악에는 아무런 원인이나 조건이 작용하지 않고, 오직 자연의 정해진 이치에 따른 것이라고 함.

말가시라(末伽始羅) ⓢmṛgaśira의 음사. 인도력(印度曆)의 9월. 음력 9월 16일부터 10월 15일까지에 해당함.

말겁말견(末劫末見) 자아(自我)와 세계 등의 미래에 대한 견해.

말나식(末那識) 말나(末那)는 ⓢmanas의 음사로, 의(意)라고 번역. 식(識)은 ⓢvijñāna의 번역. 아뢰야식(阿賴耶識)을 끊임없이 자아(自我)라고 오인하여 집착하고, 아뢰야식과 육식(六識) 사이에서 매개 역할을 하여 끊임없이 육식이 일어나게 하는 마음 작용으로, 항상 아치(我痴)·아견(我見)·아만(我慢)·아애(我愛)의 네 번뇌와 함께 일어남. 아뢰야식에 저장된 종자(種子)를 이끌어 내어 인식이 이루어지도록 하고, 생각과 생각이 끊임없이 일어나게 하는 마음 작용.

말노시야삽박라(末奴是若颯縛羅) ⓢmanojña-svara의 음사. 유쾌한 음성.

말니(末尼) 마니(摩尼)와 같음.

말달나(末達那) ⓢmadana의 음사. 먹으면 취하는 달걀 모양의 열매.

말도(末途) ⓢmada의 음사. 술.

말도가(末度迦) ⓢmadhuka의 음사. 인도에서 자생하는 교목. 꽃은 식용하고 또 술을 빚는 재료로 쓰임. 대추와 비슷한 열매는 맛이 좋고, 씨에서 기름을 짜서 식용유로 사용함.

말라구타국(秣羅矩吒國) ⓢmalakūṭa의 음사. 인도의 최남단, 지금의 마두라이(Madurai) 지역에 있던 고대 국가.

말라국(末羅國) ⓢⓟmalla의 음사. 역사(力士)라고 번역. 지금의 네팔 남쪽에 인접해 있던 인도의 고대 국가로, 도읍지는 쿠시나가라(kuśinagara).

말뢰국(末牢國) 말라국(末羅國)과 같음.

말률자(末栗者) ⓢmarīca의 음사. 후추나무, 또는 그 열매.

말리(末利) ⓢmallikā의 음사. ①고대 인도 코살라국(kosala國) 사위성(舍衛城)의 파사닉왕(波斯匿王)의 비(妃), 승만부인(勝鬘夫人)의 어머니. ②재스민의 일종인 덩굴식물로, 꽃에서 향료를 채취함.

말리지제바(末利支提婆) 제바(提婆)는 ⓢdeva의 음사, 천(天)이라 번역. 마리지천(摩利支天)과 같음.

말마(末摩) ⓢmarman의 음사. 사혈(死穴)·사절(死節)이라 번역. 몸 중에서 조금이라도 다치거나 해치면 목숨이 위험한 급소(急所)를 말함.

말법(末法) 삼시(三時)의 하나. 불법(佛法)이 쇠퇴하여 오직 가르침만 있고 수행자도 깨달음을 이루는 자도 없는 시기. 그 기간에 대해서는 여러 설이 있는데 흔히 1만 년이라 함.

말사(末寺) 일정한 교구(敎區)의 본사(本寺)에 소속된 작은 절.

말세(末世) 불법(佛法)이 쇠퇴하여 수행자도 깨달음을 이루는 자도 없는 시기.

말저(末底) ⓢmati의 음사. 혜(慧)라고 번역. ①모든 현상의 이치와 선악 등을 명료하게 판단하고 추리하는 마음 작용. ②분별하지 않고 대상을 있는 그대로 직관하는 마음 작용.

말전저가(末田底迦) 말전지(末田地)와 같음.

말전지(末田地) ⓢmadhyantika ⓟmajjhantika의 음사. 수중(水中)·일중(日中)이라 번역. 아난(阿難)의 제자로, 아난이 입적한 후 가습미라국(迦濕彌羅國)에 가서 불교를 전파함.

말제제사(末睇提舍) ⓢmadhyadeśa의 음사. 중국(中國)이라 번역. 고대 인도 문화의 중심지였던 갠지스 강의 상·중류 지방, 곧 중인도를 일컬음.

말차(末蹉) ⓢmatsya의 음사. 물고기.

말타(末陀) ①ⓢmada의 음사. 술. ②ⓢmadhya의 음사. 수의 단위로, 10^8

말토라국(末土羅國·秣菟羅國) 마투라국(摩偸羅國)과 같음.

말향(抹香·末香) 향기 나는 나무를 부순 가루 향으로, 주로 도량이나 탑 등에 뿌리는 데 사용함.

맛지마니카야(majjhima-nikāya) ⇒ 아함경(阿含經)

망계길상론(妄計吉祥論) 십육이론(十六異論)의 하나. 해와 달과 별에 제사 지내는 것이 가장 좋은 일이라는 그릇된 견해.

망계자성(妄計自性) 변계소집성(遍計所執性)과 같음.

망계청정론(妄計淸淨論) 십육이론(十六異論)의 하나. 오욕(五欲)을 수용하는 것이 청정한 열반이라는 그릇된 견해.

망계최승론(妄計最勝論) 십육이론(十六異論)의 하나. 바라문(婆羅門)은 범왕(梵王)의 자식으로서 가장 뛰어나다는 그릇된 견해.

망로(莽鹵) 함부로 함. 되는 대로 마구 함. 경솔함.

망망계(忙莽計) ⓢmāmakī의 음사. 금강모(金剛母)라고 번역. 밀교에서, 지혜를 상징하는 보살.

망분별성(妄分別性) 변계소집성(遍計所執性)과 같음.

망상분별성(妄想分別性) 변계소집성(遍計所執性)과 같음.

망상자성(妄想自性) 변계소집성(遍計所執性)과 같음.

망어계(妄語戒) 거짓말하지 말라는 계율.

망연(忘緣) 모든 분별과 망상이 끊어진 상태. 의식의 지향 작용이 소멸된 상태.

망월사(望月寺) 경기 의정부시 도봉산 정상 북동쪽 아래에 있는 절. 봉선사(奉先寺)의 말사. 639년에 신라의 해호(海浩)가 창건하고, 1066년에 고려의 혜거(慧炬)가 다시 짓고, 여러 차례 불타고, 1691년에 동계(東溪)가 다시 지음. 이후 여러 차례 중축하고 보수함.

망해사(望海寺) ①전북 김제시 진봉면 진봉산에 있는 절. 금산사(金山寺)의 말사. 642년에 창건하고, 조선 때 폐사되고, 1624년에 진묵(震默)이 다시 지음. 1915년에 중축하고, 1933년에 보수·중축함. ②울산시 울주군 청량면 영축산에 있는 절. 신라 헌강왕(875-886) 때 창건하고, 이후 폐사되고, 1962년에 영암(影庵)이 다시 지음. 문화재 : 석조부도(石造浮屠).

매괴(玫瑰) ⓢkarketana 석영(石英)의 일종.

매달리야(梅怛利夜) ⓢmaitreya의 음사. 자씨(慈氏)라고 번역. 미륵(彌勒)과 같음.

멱쟁(覓諍) 사쟁(四諍)의 하나. 수행승이 저지른 죄를 추궁하는 논쟁.

멱죄상(覓罪相) 칠멸쟁(七滅諍)의 하나. 죄인이 진술을 횡설수설하는 경우, 죄를 자백할 때까지 그를 격리시켜 논쟁의 여지를 없게 함.

면(眠) ⓢmiddha 어둡고 자유롭지 못한 마음 상태.

면벽(面壁) 벽을 마주하고 좌선함.

면분(面盆) 세수하는 그릇. 세면기.

면전지쟁률(面前止諍律) 현전비니(現前毘尼)와 같음.

멸(滅) ①사라져 없어짐. 흩어짐. 여러 인연이 모여 생겼다가 그 인연이 흩어져 없어짐. ②불어서 불을 끄듯, 탐욕〔貪〕과 노여움〔瞋〕과 어리석음〔癡〕이 소멸된 열반의 상태. 괴로움의 원인인 갈애(渴愛)가 남김없이 소멸된 열반의 경지. 모든 번뇌의 불꽃이 꺼진 상태. 모든 번뇌를 남김없이 소멸하여 평온하게 된 상태. ③계율(戒律), 곧 ⓢvinaya의 번역. 계율은 모든 악을 소멸시키므로 이와 같이 번역함. ④죽음.

멸도(滅度) ①모든 번뇌를 남김없이 소멸한 열반, 또는 그 경지. ②죽음.

멸려차(蔑戾車) ⓢmleccha의 음사. 야만인.

멸류인(滅類忍) 멸류지인(滅類智忍)의 준말.

멸류지(滅類智) 팔지(八智)의 하나. 색계·무색계의 멸제(滅諦)에 대한 이치를 체득한 지혜.

멸류지인(滅類智忍) 팔인(八忍)의 하나. 색계·무색계의 멸제(滅諦)를 명료하게 주시하여 그것에 대한 미혹을 끊고 확실하게 인정하는 지혜.

멸리(滅理) 열반(涅槃)과 같음.

멸멸(滅滅) 현상을 소멸시키는 원리.

멸법(滅法) ①무위법(無爲法)과 같음. ②열반(涅槃)과 같음.

멸법인(滅法忍) 멸법지인(滅法智忍)의 준말.

멸법지(滅法智) 팔지(八智)의 하나. 욕계의 멸제(滅諦)를 체득한 지혜.

멸법지인(滅法智忍) 팔인(八忍)의 하나. 욕계의 멸제(滅諦)를 명료하게 주시하여 그것에 대한 미혹을 끊고 확실하게 인정하는 지혜.

멸빈(滅擯) 무거운 죄를 저지른 수행승을 영원히 승단에서 추방함.

멸상(滅相) 사상(四相)의 하나. 여러 인연이 모여 생겼다가 그 인연이 흩어져 소멸하는 모습.

멸성제(滅聖諦) 멸제(滅諦)와 같음.

멸수상정(滅受想定) 멸진정(滅盡定)과 같음.

멸수상정해탈(滅受想定解脫) 팔해탈(八解脫)의 하나. 모든 마음 작용이 소멸된 선정으로 들어감.

멸쟁(滅諍) 승단에서 발생하는 여러 가지 분쟁이나 논쟁을 해결하기 위해 제정한 규정.

멸쟁건도(滅諍犍度) 건도(犍度)는 ⓢskandha의 음사로, 장(章)·편(篇)을 뜻함. 승단에서 발생한 여러 가지 분쟁을 해결하기 위한 규정에 대해 설한 장(章).

멸정(滅定) 멸진정(滅盡定)의 준말.

멸제(滅諦) ⓢnirodha-satya ⓟnirodha-sacca 사제(四諦)의 하나. 괴로움의 소멸이라는 진리. 갈애(渴愛)를 남김없이 소멸하면 괴로움이 소멸되어 열반에 이른다는 진리.

멸지(滅智) 십지(十智)의 하나. 욕계·색계·무색계의 멸제(滅諦)를 체득한 지혜.

멸진(滅盡) ①모든 번뇌가 소멸됨. ②여러 인연이 모여 생겼다가 그 인연이 흩어져 소멸함.

멸진삼매(滅盡三昧) 모든 마음 작용이 소멸된 상태.

멸진정(滅盡定) ①모든 마음 작용이 소멸된 선정(禪定). ②무소유처(無所有處)의 경지에 이른 성자가 모든 마음 작용을 소멸시켜 비상비비상처(非想非非想處)의 경지에 이르기 위해 닦는 선정(禪定).

명(明) ①ⓢvidyā ⓟvijjā 지식. 학문. ②ⓢvidyā 어리석음을 깨뜨리고 진리를 깨달은 지혜. 깨달음. 깨달음의 지혜. 환히 꿰뚫어 아는 지혜. ③명주(明呪)의 준말. ④베다(veda). veda는 지식을 뜻함.

명(名) ⓢnāma ①오온(五蘊) 가운데 수(受)·상(想)·행(行)·식(識)의 작용으로 대상에 붙여진 이름. ②명칭. 단어. 낱말.

명(命) ①ⓢjīva 생명. 목숨. 수명. ②ⓢjīva 영혼. ③ⓢājīva 생활.

명가(名假) 삼가(三假)의 하나. 모든 현상은 오직 이름뿐이므로 일시적임.

명가(冥加) 눈에 보이지 않는 부처의 가호. 지혜를 얻게 하는 부처의 가호.

명경대(明鏡臺) 저승길의 입구에 있다는 거울로, 생전에 행한 선악의 일을 그대로 보여준다고 함.

명계(冥界) 명도(冥途)와 같음.

명권(冥權) 부처나 보살이 은연중에 베푸는 수단·방법.

명근(命根) 근(根)은 작용·능력을 뜻함. 개체를 유지시키는 생명력. 생명을 지속시키는 힘. 수명.

명기(冥機) 현생에서 몸과 입을 움직이지 않아도 전생에 지은 착한 행위의 혜택을 받을 수 있는 중생의 기질. 이에 반해, 현생에서 가능한 한 착한 일을 행하는 중생의 기질은 현기(顯機)라고 함.

명도(明度) 명(明)은 ⓢprajñā의 번역, 도(度)는 ⓢpāramitā의 번역. 지혜바라밀(智慧波羅蜜)과 같음.

명도(冥途·冥道) ①사람이 죽어서 간다는 세계. 저승. ②지옥·아귀·축생의 세계.

명도사문(命道沙門) 사사문(四沙門)의 하나. 부처의 가르침대로 생활하는 출가 수행자.

명득정(明得定) 지혜의 빛을 얻는 선정(禪定)이라는 뜻. 유식설에서, 사선근위(四善根位)의 난위(煖位)에서 객관 대상은 허구라고 주시하는 선정.

명랑(明朗) 생몰년 미상. 신라의 승려. 신인종(神印宗)의 종조(宗祖). 어머니는 자장(慈藏)의 누이동생. 632년에 당(唐)에 가서 밀교(密敎)를 배우고, 635년에 귀국한 후 자신의 집을 수리하여 금광사(金光寺)라 하고 이곳을 중심으로 밀교 신앙 운동을 전개함. 668년에 나당연합군이 고구려를 멸망시킨 후 다시 당(唐)이 신라를 침공하자, 그는 낭산(狼山) 남쪽 신유림(神遊林)에 임시로 사천왕사(四天王寺)를 짓고, 풀로 오방신상(五方神像)을 만들어 밀교(密敎)에 밝은 승려 12인과 더불어 문두루도량(文豆婁道場)을 개설하여 당의 군대를 물리쳤다고 함.

명론(明論) 베다(veda). veda는 지식을 뜻하므로 이와 같이 말함.

명리(冥利) 부처나 보살이 은연중에 중생에게 베푸는 이익.

명명조(命命鳥) ⓢjīva-jīvaka 인도의 북동 지역에 서식하는 꿩의 일종. jīva-jīvaka는 그 새의 소리에 의한 이름.

명법(冥法) 현혹시키는 가르침. 어리석고 이치에 어두운 가르침.

명복(冥福) 죽은 뒤 저승에서 받는 복.

명본(明本) 1263-1323. 원(元)의 승려. 절강성(浙江省) 항주(杭州) 출신. 호는 중봉(中峰). 임제종 양기파(楊岐派). 24세에 고봉 원묘(高峰原妙, 1238-1295)에게 출가하고, 27세에 원묘의 법을 이어받음. 환주암(幻住庵)·사자원(師子院) 등에 머물고, 인종(仁宗)으로부터 금란가사(金襴袈裟)를 하사 받음. 시호는 지각선사(智覺禪師)·보응국사(普應國師). 어록 : 중봉화상광록(中峰和尙廣錄).

명부(冥府) 명도(冥途)와 같음.

명부(冥符) 은연중에 서로 합치함. 모르는 사이에 이치와 서로 일치함.

명부전(冥府殿) 지장보살을 중심으로 하여 시왕(十王)을 모신 사찰의 건물.

명비(明妃) ①명(明)은 명주(明呪)의 준말, 곧 부처나 보살 등의 서원(誓願)이나 덕(德), 또는 가르침이나 지혜를 나타내는 신비로운 주문을 말함. 복덕을 증가시키는 뛰어난 명주(明呪). ②지혜의 광명으로 번뇌에 사로잡혀 있는 중생을 자비심으로 포용하여 구제한다는 여성의 존(尊).

명상(名像) ⓢⓟnāma-rūpa 명색(名色)과 같음.

명색(名色) ⓢⓟnāma-rūpa 명(名)은 수(受)·상(想)·행(行)·식(識)의 작용, 색(色)은 몸에 대한 집착. 곧, 오온(五蘊)에 대한 집착.

명수(名手) ⇒ 파니니(波尼儞)

명신(名身) ⓢnāma-kāya 신(身)은 모임·종류의 뜻으로, 어미에 붙어 복수를 나타냄. 두 개의 명칭. 세 개 이상의 명칭은 다명신(多名身)이라 함. 예를 들면, 색성(色聲)은 명신, 색성향(色聲香)은 다명신임.

명언(名言) ①표시함. ②언어로 표현함. ③일시적으로 붙인 이름.

명언습기(名言習氣) 명언종자(名言種子)와 같음.

명언종자(名言種子) 언어 작용에 의해 아뢰야식(阿賴耶識)에 저장된 잠재력으로, 모든 마음 작용을 일으키는 직접적인 원인.

명왕(明王) ⓢvidyā-rāja ①명(明)은 명주(明呪)의 준말, 곧 부처나 보살 등의 서원(誓願)이나 덕(德), 또는 가르침이나 지혜를 나타내는 신비로운 주문을 말함. 가장 뛰어난 명주(明呪). ②지혜의 광명으로 번뇌에 사로잡혀 있는 중생을 굴복시켜 구제한다는 존(尊). 교화하기 어려운 중생에게 두려움을 주어 굴복시키기 위해 대부분 분노한 모습을 하고 있음.

명운(冥運) 보이지 않는 운명.

명월마니(明月摩尼) 명월주(明月珠)와 같음.

명월주(明月珠) ⓢmaṇi-ratna 아름다운 보배 구슬.

명응(冥應) 볼 수도 들을 수도 없지만 부처나 보살이 감응하여 중생에게 가호를 내림.

명익(冥益) 부처나 보살이 은연중에 중생에게 베푸는 이익.

명일(冥一) 융합되어 있어 구별이나 차별이 없음.

명자(命者) ⓢjīva 목숨. 생명체.

명자(名字) 이름. 명칭. 문자.

명자나한(名字羅漢) 이름만 나한일 뿐, 아직 그 경지에 이르지 못한 자.

명자보살(名字菩薩) 이름만 보살일 뿐, 보살의 수행 단계 가운데 첫 단계인 십신(十信)에 있기 때문에 아직 원만한 보살의 단계에 들지 못한 자.

명자비구(名字比丘) 이름만 비구일 뿐, 계(戒)를 받지 않은 자.

명자사미(名字沙彌) 20세 이상의 사미를 일컬음. 아직 사미이지만 비구가 될 만한 나이이므로 이름만의 사미라는 뜻.

명자즉(名字卽) 육즉(六卽)의 하나. 깨달음에 대한 부처의 가르침을 듣고 그것을 개념으로 이해하는 단계.

명장(鳴杖) 소리를 내는 지팡이라는 뜻. 석장(錫杖)과 같음.

명정(明靜) 마음을 한곳에 집중하여 산란을 멈추고 평온하게 된 상태에서, 바른 지혜를 일으켜 대상을 있는 그대로 명료하게 주시함.

명제(冥諦) 상캬 학파에서 설하는, 물질의 근원인 자성(自性, ⓢprakṛti)을 말함.

명조(冥助) 은연중에 받는 부처나 보살의 도

움.

명조(明照) 1593-1661. 조선의 승려. 충남 홍성 출신. 호는 허백당(虛白堂). 13세에 묘향산에 출가하고, 응상(應祥, 1572-1645)에게 사사(師事)하여 그의 법을 이어받음. 1627년(인조 5) 정묘호란 때 팔도의승병대장(八道義僧兵大將)이 되어 4,000여 명의 의승병을 거느리고 평남 안주(安州)에 진(陣)을 쳐서 수비하고, 1636년(인조 14) 병자호란 때에는 군량을 보급함. 금강산·지리산 등을 편력하고, 구월산 패엽사(貝葉寺), 묘향산 보현사(普賢寺)에 머무름. 저서 : 허백집(虛白集).

명주(明呪) 부처나 보살 등의 가르침이나 지혜, 또는 서원(誓願)이나 덕(德)을 나타내는 신비로운 주문으로, 범어를 번역하지 않고 음사(音寫)하여 읽음.

명주(明珠) ⓢmaṇi-ratna 아름다운 보배 구슬.

명주장(明呪藏) 주문(呪文)을 설한 경전을 통틀어 일컬음.

명중(冥衆) 범천(梵天)·제석(帝釋)·사천왕(四天王) 등과 같이 눈에 보이지 않는 무리.

명증정(明增定) 지혜의 빛이 증가하는 선정(禪定)이라는 뜻. 유식설에서, 사선근위(四善根位)의 정위(頂位)에서 객관 대상은 허구라고 가장 뛰어나게 주시하는 선정.

명지(明地) 발광지(發光地)와 같음.

명천(名天) 국왕을 뜻함.

명초(冥初) ①우주가 발생한 시초. ②명제(冥諦)와 같음.

명탁(命濁) 오탁(五濁)의 하나. 인간의 수명이 단축됨.

명토(冥土) 명도(冥途)와 같음.

명통(冥通) 모든 현상을 떠나 어디에도 걸림 없이 자유 자재함.

명행(命行) ⓢjīvita-saṃskāra 목숨을 유지시키는 힘.

명행성(明行成) 명행족(明行足)과 같음.

명행족(明行足) ⓢvidyā-caraṇa-saṃpanna 십호(十號)의 하나. 지혜와 수행을 완성하였다는 뜻, 곧 부처를 일컬음.

명호(名號) 부처나 보살의 이름.

모경(母經) ⇒ 마달리가(摩呾理迦)

모니(牟尼) ⓢⓟmuni의 음사. 성자(聖者). 현인(賢人). 침묵하는 자.

모달라(慕達羅) ⓢmudrā의 음사. 인계(印契)·인상(印相)이라 번역. 부처나 보살의 깨달음 또는 서원을 나타낸 여러 가지 손 모양.

모달라(姥達羅) ⓢmudrā의 음사. 수의 단위로, 10^{41}.

모도범부(毛道凡夫) ⓢbāla-pṛthag-jana 어리석은 범부. 모도(毛道)는 bāla-pṛthag를 vāla(毛)-patha(道)로 잘못 번역한 말.

모사라(牟娑羅) 모살라(牟薩羅)와 같음.

모살라(牟薩羅) ⓢmusāra의 음사. ①차거(車渠)라 번역. 백산호(白珊瑚) 또는 대합(大蛤).

②마노(碼瑙)라 번역. 짙은 녹색 빛이 나는 보석.

모상향상(毛上向相) 삼십이상(三十二相)의 하나. 털이 위로 향해 있음.

모연문(募緣文) 승려가 시주(施主)에게 돈이나 물건을 절에 기부하여 좋은 인연을 맺도록 권하는 글.

모전석탑(模塼石塔) 돌을 벽돌 모양으로 다듬어 쌓은 탑.

모타라(母陀羅) ⓢmudrā의 음사. 인계(印契)·인상(印相)이라 번역. 부처나 보살의 깨달음 또는 서원을 나타낸 여러 가지 손 모양.

모파락게랍파(牟婆落揭拉婆) ⓢmusāra-galva의 음사. 백산호(白珊瑚) 또는 대합(大蛤).

모호락가(牟呼洛伽) 마후라가(摩睺羅伽)와 같음.

모호율다(牟呼栗多) ⓢmuhūrta의 음사. 시간의 단위. 1주야(晝夜)는 30모호율다이므로 1모호율다는 48분이 됨.

모휴다(牟休多) 모호율다(牟呼栗多)와 같음.

목갈람(目竭嵐) ⓢmudgara의 음사. 망치. 몽둥이.

목거포절나(木佉褒折娜) ⓢmukha-proñchana의 음사. 수건.

목건련(目犍連) ⓢmaudgalyāyana의 음사. 십대제자(十大弟子)의 하나. 마가다국(magadha國)의 바라문 출신으로, 신통력이 뛰어나 신통제일(神通第一)이라 일컬음. 원래 산자야(sañjaya)의 수제자였으나 사리불(舍利弗)과 함께 붓다의 제자가 됨. 붓다보다 나이가 많았고, 탁발하는 도중에 바라문 교도들이 던진 돌과 기왓장에 맞아 입적함.

목건련자제수(目犍連子帝須) ⓟmoggaliputta-tissa의 음역. 기원전 4-기원전 3세기. 인도의 바라문 출신으로, 16세에 출가하여 찬다밧지(caṇḍavajji)에게 불교를 배워 삼장(三藏)에 능통함. 66세 때 아쇼카(aśoka) 왕의 아들 마힌다(mahinda)를 출가시켜 수계(授戒)함. 3년 후 교단을 마힌다에게 맡기고 갠지스강 상류에 있는 아호강가파바타(ahogaṅga-pabhata) 산에 은둔하였으나, 아쇼카 왕의 부탁으로 7년 만에 교단에 돌아옴. 화씨성(華氏城)의 아육승가람(阿育僧伽藍)에 1,000여 명의 비구들을 모아 제3차 결집(結集)을 주도하여 삼장(三藏)을 정리함. 법랍 80세에 입적함.

목란색(木蘭色) 검은빛을 띤 누른빛. 검붉은 빛. 황갈색.

목란자(木欒子) 목환자(木槵子)와 같음.

목련(目連) 목건련(目犍連)의 준말.

목밀(木櫁) ⓢdeva-dāru 향기 나는 나무로, 향이나 불상의 재료로 쓰임.

목발(木鉢) 나무로 만든 발우(鉢盂).

목어(木魚) 나무를 물고기 모양으로 빚고 배 부분을 파낸 기구로, 이것을 걸어 두고 아침·저녁 예불 때 배 안쪽의 두 벽을 나무 막대기로 두드려 소리를

목어

냄.

목우도(牧牛圖) ⇒ 십우도(十牛圖)

목우자수심결(牧牛子修心訣) 1권. 고려의 지눌(知訥) 지음. 돈오점수설(頓悟漸修說)을 밝힌 저술. 돈오(頓悟)는 자신과 부처가 조금도 다를 바 없다고 단박 깨닫는 자각이라 하고, 점수(漸修)는 오랫동안 익혀 온 습관은 한순간에 없애기 어려우므로 점차로 닦는 수행이라 전제한 다음, 깨닫는 방법으로는 자신이 바로 부처이므로 밖에서 찾지 말라고 강조하고, 점수하는 방법으로는 선정과 지혜를 고루 닦는 정혜쌍수(定慧雙修)를 권함.

목탁(木鐸) 목어(木魚)에서 변형된 것으로, 둥근 모양에 손잡이가 있고 속은 비어 있음. 앞쪽은 가늘게 트여 있고 양옆에는 구멍이 두 개 있는데, 이것은 물고기 입과 두 눈을 나타냄. 사찰에서 아침·저녁 예불이나 의식 때 일정한 법도에 따라 치고, 또 의사 전달의 신호로도 목탁을 침.

목환자(木槵子) 낙엽 교목으로, 초여름에 노란색의 작은 꽃이 핌. 검은 씨는 둥글고 견고하여 염주의 재료로 쓰임.

몰률다(沒栗多) ⓢvrata의 음사. 금(禁)·금계(禁戒)라고 번역. 일정한 기간 동안만 지키는 계(戒).

묘(妙) ①최상. 최고. ②뛰어남. 우수함. ③오묘함. 심오함.

묘각(妙覺) 바르고 원만한 부처의 깨달음. 모든 번뇌를 끊고 지혜를 원만히 갖춘 부처의 경지.

묘각성(妙覺性) 육종성(六種性)의 하나. 바르고 원만한 깨달음에 이른 부처의 경지에 이를 수 있는 소질.

묘고산(妙高山) 수미산(須彌山)과 같음.

묘관찰지(妙觀察智) 사지(四智)의 하나. 번뇌에 오염된 제육식(第六識)을 질적으로 변혁하여 얻은 청정한 지혜. 이 지혜는 모든 현상을 잘 관찰하여 자유 자재로 가르침을 설하고 중생의 의심을 끊어 주므로 이와 같이 말함.

묘길상보살(妙吉祥菩薩) 문수사리보살(文殊師利菩薩)과 같음.

묘당상삼매(妙幢相三昧) 군사를 지휘하는 장수가 눈부신 깃발로 자신의 위대함을 나타내듯이, 모든 삼매 가운데 가장 존엄한 삼매.

묘덕보살(妙德菩薩) 문수사리보살(文殊師利菩薩)과 같음.

묘법당(妙法堂) 선법당(善法堂)과 같음.

묘법연화경(妙法蓮華經) 법화경(法華經)의 본이름.

묘법연화경문구(妙法蓮華經文句) 법화문구(法華文句)의 본이름.

묘법연화경현의(妙法蓮華經玄義) 법화현의(法華玄義)의 본이름.

묘법연화경현찬(妙法蓮華經玄贊) 20권. 당(唐)의 기(基) 지음. 묘법연화경을 법상종(法相宗)의 입장에서 풀이한 저술.

묘시조(妙翅鳥) ⓢgaruḍa 조류(鳥類)의 왕으로 용을 잡아먹고 산다는 거대한 상상의 새. ⇒ 가루라(迦樓羅)

묘유(妙有) 불변하는 실체가 없기 때문에 성립하는 현상. 공(空)을 근원으로 하여 존재하는 현상.

묘음락천(妙音樂天) 묘음천(妙音天)과 같음.

묘음조(妙音鳥) ⇒ 가릉빈가(迦陵頻伽)

묘음천(妙音天) ⓢsarasvatī 변재·음악·복덕·재물·수명 등을 주재한다는 여신(女神). 변재천(辯才天)과 같음.

묘적암(妙寂庵) 경북 문경시 산북면 사불산(공덕산) 서쪽 자락에 있는 절. 대승사(大乘寺)에 딸린 암자. 창건 연대는 알 수 없고, 고려 말에 나옹 혜근(懶翁惠勤, 1320-1376)이 출가하여 수행하고, 1668년에 성일(性日)이 다시 짓고, 1900년에 보수함.

묘촉탐(妙觸貪) 대상의 보드라운 촉감에 대한 탐욕.

무(無) ①존재하지 않음. 실재하지 않음. 허구. ②고정된 경계나 틀이 없음. ③모든 분별이 끊어진 상태. 번뇌와 분별이 소멸된 상태. 분별과 차별을 일으키는 마음 작용이 소멸된 상태. 깨달음의 상태.

무가애(無罣礙) 막힘이나 걸림이 없음. 거침없음. 거리낌없음. 구애받지 않고 자유 자재함.

무각무관삼매(無覺無觀三昧) 삼삼매(三三昧)의 하나. 개괄적으로 사유하는 마음 작용〔覺〕도 세밀하게 고찰하는 마음 작용〔觀〕도 소멸된 삼매.

무각무관정(無覺無觀定) 무각무관삼매(無覺無觀三昧)와 같음.

무각소관정(無覺少觀定) 무각유관삼매(無覺有觀三昧)와 같음.

무각유관삼매(無覺有觀三昧) 삼삼매(三三昧)의 하나. 개괄적으로 사유하는 마음 작용〔覺〕은 소멸되고 세밀하게 고찰하는 마음 작용〔觀〕은 있는 삼매.

무간(無間) ①곧. 즉시. 끊임없이. ②무간업(無間業)의 준말. ③무간지옥(無間地獄)의 준말.

무간도(無間道) 사도(四道)의 하나. 간격이나 걸림 없이 지혜로써 번뇌를 끊는 단계.

무간수(無間修) 사수(四修)의 하나. 쉼 없이 찰나찰나마다 수행함.

무간업(無間業) 무간지옥에 떨어질 지극히 악한 행위. 곧, 오역죄(五逆罪)를 말함. (1)아버지를 죽임. (2)어머니를 죽임. (3)아라한을 죽임. (4)승가의 화합을 깨뜨림. (5)부처의 몸에 피를 나게 함.

무간정(無間定) 간격 없이 견도(見道)에 들어가는 선정(禪定)이라는 뜻. 유식설에서, 사선근위(四善根位)의 세제일법위(世第一法位)에서 객관 대상뿐만 아니라 인식 주관도 허구라고 확실하게 인정하는 선정.

무간지옥(無間地獄) 아비지옥(阿鼻地獄)이라고도 함. 고통이 끊임없으므로 무간(無間)이라 함. 아버지를 죽인 자, 어머니를 죽인 자, 아라한을 죽인 자, 승가의 화합을 깨뜨린 자, 부처의 몸에 피를 나게 한 자 등, 지극히 무거운 죄를 지은 자가 죽어서 가게 된다는 지옥. 살가죽을 벗겨 불 속에 집어넣거나 쇠매〔鐵鷹〕가 눈을 파먹는 따위의 고통을 끊임없이 받는다고 함.

무견정상(無見頂相) 부처의 정수리는 상투처럼 볼록 솟아 있는데, 중생은 이것을 볼 수 없다고 하여 이와 같이 말함.

무공용(無功用) 인식 주관의 작용이 끊어진 상태. 차별하고 분별하는 의식 작용이 끊어진 상태. 분별과 망상이 일어나지 않는 마음 상태. 의식의 지향 작용이 소멸된 상태.

무괴(無愧) 죄를 저지르고도 남에 대하여 부끄러움이 없는 마음 작용. 죄를 두려워하지 않는 마음 작용.

무교색(無教色) 무교(無教)는 드러내어 남에게 알려 줄 수 없다는 뜻. 무표색(無表色)과 같음.

무구식(無垢識) ⇒ 아마라식(阿摩羅識)

무구의(無垢衣) 청정한 옷, 곧 가사(袈裟)를 말함.

무구지(無垢地) 이구지(離垢地)와 같음.

무구칭(無垢稱) ⇒ 유마힐(維摩詰)

무기(無記) ⓢavyākṛta ①시간과 공간을 초월한 무의미한 질문에 붓다가 대답하지 않고 침묵한 것. ②선도 악도 아닌 것, 또는 그러한 마음 상태. ③아무런 생각이 없는 멍한 상태. ④기억이 없음.

무기업(無記業) 선(善)도 아니고 악(惡)도 아닌 행위와 말과 생각. 선악의 과보를 받지 않을 행위와 말과 생각.

무념(無念) 마음 작용을 소멸하여 생각을 일으키지 않음. 모든 분별이 끊어져 번뇌와 망상을 일으키지 않음. 부처의 성품을 깨달아 그것을 유지하는 상태.

무능(無能) 바이셰시카 학파에서 설하는 십구의(十句義)의 하나. 실(實)·덕(德)·업(業)이 각자의 고유한 결과 이외의 것을 일으키지 않게 하는 원리. 실(實)은 사물의 본질을 이루고 있는 지(地)·수(水)·화(火)·풍(風)·공(空) 등의 실체, 덕(德)은 실체의 성질, 업(業)은 실체의 운동을 뜻함.

무능승도량(無能勝道場) 고려 때, 외적으로부터 나라를 지키기 위해 무능승대명왕다라니경(無能勝大明王陀羅尼經)을 독송하던 의식.

무능승명왕(無能勝明王) 주문(呪文)으로 악마를 굴복시킨다는 존(尊).

무대(無對) 대(對)는 방해·장애를 뜻함. 물질과 같이 공간을 점유하지 않기 때문에 서로 방해하지 않는 것, 곧 의식이나 의식 내용.

무대광불(無對光佛) 비교할 수 없을 만큼 뛰어난 광명을 발하는 부처, 곧 아미타불.

무동존(無動尊) 부동존(不動尊)과 같음.

무득(無得) 번뇌가 소멸되어 분별하지 않고 집착하지 않음.

무득정관(無得正觀) 분별과 집착을 떠나, 있는 그대로 파악하는 지혜.

무등등(無等等) ⓢasamasama 부처를 말함. 부처의 덕은 중생과 비교할 수 없을 만큼 뛰어나므로 무등(無等), 부처와 부처는 동등하므로 등(等)이라 함.

무량각(無量覺) 무량수불과 같음.

무량공처천(無量空處天) 공무변처천(空無邊處天)과 같음.

무량광(無量光) ①부처의 몸에서 발하는 한량없는 광명. ②무량광불(無量光佛)의 준말.

무량광명토(無量光明土) 한량없는 광명이 가득한 국토, 곧 극락 정토.

무량광불(無量光佛) ⓢamitābha 한량없는 광명을 발하는 부처, 곧 아미타불.

무량광전(無量光殿) 극락전(極樂殿)과 같음.

무량광천(無量光天) 색계 제2선천(第二禪天)의 제2천. ⇒ 색계십칠천(色界十七天)

무량불(無量佛) 한량없이 많은 부처.

무량사(無量寺) 충남 부여군 외산면 만수산 북동쪽 기슭에 있는 절. 마곡사(麻谷寺)의 말사. 신라의 범일(梵日, 810-889)이 창건하고, 고려 때 크게 중축함. 조선 때 불타고, 17세기 초에 큰 규모로 다시 지음. 김시습(金時習)이 이곳에 머물다가 입적함. 문화재 : 오층석탑·석등(石燈)·극락전·김시습부도(金時習浮屠)·당간지주(幢竿支柱).

무량수(無量壽) 무량수불(無量壽佛)의 준말.

무량수경(無量壽經) 2권. 위(魏)의 강승개(康僧鎧) 번역. 법장비구(法藏比丘)가 세운 사십팔원(四十八願)을 설하여 극락 정토의 건립과 아미타불이 출현하게 된 인연을 밝힌 후 극락 정토의 정경과 그곳에 있는 보살들의 뛰어난 공덕을 설한 다음, 극락에 태어나기 위해서는 보살행을 닦고 아미타불에 귀의해야 한다고 설함.

무량수국(無量壽國) 무량수불의 정토, 곧 극락 정토.

무량수불(無量壽佛) ⓢamitāyus 수명이 한량없는 부처, 곧 아미타불.

무량수여래(無量壽如來) 무량수불(無量壽佛)과 같음.

무량수전(無量壽殿) 극락전(極樂殿)과 같음.

무량식처천(無量識處天) 식무변처천(識無邊處天)과 같음.

무량의경(無量義經) 1권. 제(齊)의 담마가타야사(曇摩伽陀耶舍) 번역. 모든 현상의 있는 그대로의 참모습에 대해 설한 경.

무량정천(無量淨天) 색계 제3선천(第三禪天)의 제2천. ⇒ 색계십칠천(色界十七天)

무량존(無量尊) 무량수불의 별명.

무루(無漏) 누(漏)는 마음에서 더러움이 새어 나온다는 뜻으로, 번뇌를 말함. 번뇌의 더러움에 물들지 않은 마음 상태, 또는 그러한 세계. 번뇌와 망상이 소멸된 상태. 분별을 일으키지 않는 마음 상태.

무루계(無漏界) 번뇌의 더러움에 물들지 않은 청정한 존재·상태·세계.

무루과(無漏果) 번뇌에 물들지 않은 청정한 지혜로써 수행하여 이르게 된 깨달음의 과보. 사제(四諦) 가운데 멸제(滅諦)가 여기에 해당함.

무루근(無漏根) 근(根)은 강한 힘이 있는 작용이라는 뜻. 번뇌를 떠나 깨달음에 이를 수 있는 강한 힘이 있는 작용.

무루단(無漏斷) 청정한 지혜로써 사제(四諦)를 명료하게 주시하여 번뇌를 끊음.

무루도(無漏道) 번뇌에 물들지 않은 청정한 지혜로써 사제(四諦)를 명료하게 주시하여 깨달음으로 나아가는 수행.

무루로(無漏路) 번뇌를 떠난 깨달음의 세계.

무루법(無漏法) 번뇌의 더러움에 물들지 않은 마음 상태, 또는 그러한 세계. 번뇌와 망상이 소멸된 상태. 분별을 일으키지 않는 마음 상태. 사제(四諦) 가운데 깨달음의 결과인 멸제(滅諦)와 그 원인인 도제(道諦)에 해당하는 모든 현상.

무루선(無漏善) ①사제(四諦)의 이치를 체득하는 견도(見道) 이상의 성자가 행하는 청정한 일. ②열반의 경지에 이르는 데 도움이 되는 청정한 일.

무루신(無漏身) 번뇌의 더러움에 물들지 않아 청정한 부처 그 자체.

무루업(無漏業) 깨달음에 이르게 한 청정한 수행.

무루율의(無漏律儀) 번뇌의 더러움에 물들지 않음으로써 저절로 허물이나 악을 방지함.

무루인(無漏因) 깨달음에 이르게 된 원인. 사제(四諦) 가운데 도제(道諦)가 여기에 해당함.

무루종자(無漏種子) 깨달음에 이를 수 있는 원인으로 아뢰야식(阿賴耶識)에 잠재하고 있는 원동력.

무루지(無漏智) 사제(四諦)의 이치를 체득하는 견도(見道) 이상의 성자가 갖추고 있는 지혜. 번뇌의 더러움에 물들지 않은 청정한 지혜. 깨달음에 이르기 위해 일으키는 청정한 지혜.

무루최후신(無漏最後身) 무루후신(無漏後身)과 같음.

무루혜(無漏慧) 무루지(無漏智)와 같음.

무루후신(無漏後身) 더 배울 것이 없는 무학(無學)의 경지에 이른 성자의 신체. 이미 번뇌를 떠났으므로 무루(無漏)라 하고, 다시는 미혹의 생사를 되풀이하지 않는 최후의 신체라는 뜻으로 후신(後身)이라 함.

무멸(無滅) 모든 현상은 변화하는 여러 요소들이 인연에 따라 일시적으로 모였다가 흩어지고 나타났다가 사라지는 데 불과할 뿐 소멸하는 것이 없다는 뜻.

무명(無明) ⓢavidyā ⓟavijjā 사제(四諦)에 대한 무지로서, 모든 괴로움을 일으키는 근본 번뇌. 모든 현상의 본성을 깨닫지 못하는 근본 번뇌. 본디 청정한 마음의 본성을 가리고 있는 원초적 번뇌. 있는 그대로의 평등한 참모습을 직관하지 못하고 차별을 일으키는 번뇌.

무명견(無明見) 현상을 바로 알지 못하여 일어나는 견해.

무명결(無明結) 구결(九結)의 하나. 결(結)은 번뇌를 뜻함. 현상을 바로 알지 못하는 번뇌.

무명루(無明漏) ①진리를 알지 못함으로써 일어난 번뇌. ②삼루(三漏)의 하나. 욕계·색계·무색계의 무명.

무명류(無明流) 유(流)는 번뇌를 뜻함. ①사류(四流)의 하나. 사제(四諦)에 대한 무지. ② 무명루(無明漏) ②와 같음.

무명수(無明樹) 무명을 보리수(菩提樹)의 상대어로 표현한 말.

무명액(無明軛) 사액(四軛)의 하나. 액(軛)은 괴로움을 겪게 하는 번뇌를 말함. 욕계·색계·무색계의 괴로움을 겪게 하는 치(癡)의 번뇌.

무명업상(無明業相) 삼세(三細)의 하나. 무명(無明)에 의해 최초로 마음이 움직이지만 아직 주관과 객관의 구별이 없는 상태.

무명유루(無明有漏) 무명루(無明漏)와 같음.

무명장(無明藏) 모든 번뇌를 저장하고 있는 무명을 창고에 비유한 말.

무명주(無明酒) 마음을 흐리게 하는 무명을 술에 비유한 말.

무명주지(無明住地) 오주지(五住地)의 하나. 욕계·색계·무색계의 무명.

무명폭류(無明暴流) 사폭류(四暴流)의 하나. 폭류는 모든 선(善)을 떠내려 보낸다는 뜻으로 번뇌를 말함. 욕계·색계·무색계에서 일으키는 치(癡)의 번뇌.

무명혹(無明惑) 삼혹(三惑)의 하나. 모든 번뇌의 근본으로서, 차별을 떠난 본성을 알지 못하여 일어나는 지극히 미세한 번뇌.

무몰식(無沒識) ⇒ 아뢰야식(阿賴耶識)

무문관(無門關) 1권. 남송(南宋)의 무문 혜개(無門慧開)가 1228년에 48개의 고칙(古則)을 선별하여 각각에 해설과 게송을 붙인 것을 미연 종소(彌衍宗紹)가 엮은 책.

무문자설(無問自說) Ⓢudāna 경전의 서술 형식에서, 질문자 없이 부처 스스로 설한 법문. 아미타경이 여기에 해당함. ⇒ 우타나(優陀那)

무문혜개(無門慧開) ⇒ 혜개(慧開)

무박무착해탈회향(無縛無著解脫迴向) 십회향(十迴向)의 하나. 모든 대상에 집착하지 않고 해탈한 마음으로 자신이 닦은 청정한 일을 중생에게 돌려줌.

무방석(無方釋) 삼론사석(三論四釋)의 하나. 글자의 뜻에 따르지 않고 일정하지 않게 해석하는 방법. 예를 들면, 중(中)은 색(色)이고 중(中)은 심(心)이라는 해석.

무번천(無煩天) 색계 제4선천(第四禪天)의 제4천. ⇒ 색계십칠천(色界十七天)

무법공(無法空) 십팔공(十八空)의 하나. 과거와 미래의 현상에 대한 분별이 끊어진 상태.

무법애(無法愛) 십승관법(十乘觀法)의 하나. 이미 체득한 낮은 단계의 진리에 애착하지 않고 참다운 깨달음으로 나아감.

무법유법공(無法有法空) 십팔공(十八空)의 하나. 과거와 미래와 현재의 모든 현상에 대한 분별이 끊어진 상태.

무변광불(無邊光佛) 한없이 넓게 광명을 비추는 부처, 곧 아미타불.

무봉탑(無縫塔) 하나의 돌을 달걀 모양으로

조각한 탑.

무부무기(無覆無記) 선도 악도 아니고 수행에도 방해가 되지 않는 것, 또는 그러한 마음 상태.

무부정심(無不定心) 대승에서 설하는 십팔불공법(十八不共法)의 하나. 부처는 중생의 산란한 마음을 없애 줌.

무부지이사심(無不知已捨心) 대승에서 설하는 십팔불공법(十八不共法)의 하나. 부처는 중생을 모른 체 내버려 두지 않고 구제함.

무분별(無分別) ⓢnirvikalpa ①대상을 직접 지각하는 안식(眼識)·이식(耳識)·비식(鼻識)·설식(舌識)·신식(身識)의 작용. ②모든 분별이 끊어진 마음 상태. 번뇌와 망상을 일으키지 않음. 모든 분별이 끊어져 집착하지 않음. 주관과 객관의 대립을 떠나, 있는 그대로 직관함. 판단이나 추리에 의하지 않고 대상을 있는 그대로 파악함.

무분별법(無分別法) 모든 분별이 끊어진 상태에서 주관에 명료하게 드러나는 현상. 분별하지 않고, 있는 그대로 파악된 현상.

무분별지(無分別智) ⓢnirvikalpa-jñāna 모든 분별이 끊어진 지혜. 분별하지 않는 깨달음의 지혜. 번뇌와 망상을 일으키지 않는 지혜. 모든 분별이 끊어져 집착하지 않는 지혜. 주관과 객관의 대립을 떠나, 있는 그대로 직관하는 지혜. 판단이나 추리에 의하지 않고 대상을 있는 그대로 파악하는 지혜.

무분별후득지(無分別後得智) 무분별지(無分別智)에 이른 후에 얻는 지혜라는 뜻. 모든 분별이 끊어진 경지에 이른 후에 다시 차별 현상을 있는 그대로 확연히 아는 지혜. 모든 번뇌와 망상이 끊어진 깨달음에 이른 후에 다시 온갖 차별을 명명백백하게 아는 지혜.

무분별후지(無分別後智) 무분별후득지(無分別後得智)와 같음.

무비법(無比法) ⇒ 아비달마(阿毘達磨)

무사(無事) ①장애가 없음. 걱정이 없음. ②무위법(無爲法)과 같음. ③인위적으로 조작하지 않음. 인간은 본래 부처의 성품을 갖추고 있으므로 애써 부처를 구할 필요가 없다는 뜻.

무사계리(無事界裡) 구할 부처도 없고, 닦을 수행도 없는 절대의 경지.

무사시귀인(無事是貴人) 애써 부처를 구하지 않고, 자신의 본래 모습을 그대로 드러내는 사람이 귀한 사람이라는 뜻.

무사인(無事人) 구할 것도, 이룰 것도, 집착할 것도 없는 깨달은 자.

무사회(無事會) 인간은 본래 부처의 성품을 갖추고 있으므로 애써 부처를 구할 필요가 없다고 이해함.

무삼악취원(無三惡趣願) 사십팔원(四十八願)의 하나. 아미타불이 법장비구(法藏比丘)였을 때 세운 서원으로, 정토에 지옥·아귀·축생의 생존이 없도록 하겠다는 맹세.

무상(無常) ⓢanitya ⓟanicca 변화함. 생성하고 소멸함.

무상(無相) ①ⓢanimitta 고유한 형체나 모양이 없음. 불변하는 실체나 형상이 없음. 고유한 실체가 없는 공(空)의 상태. ②ⓢanimitta

대립적인 차별이나 분별이 없음. 대상에 가치나 감정을 부여하지 않음. 형상을 떠남. 집착이나 속박에서 벗어남. ③ⓢalakṣaṇa 특징이 없음. ④684-762. 신라 출신의 승려. 성(姓)은 김(金). 728년에 당(唐)에 가서 처적(處寂, 665-732)에게 사사(師事)하여 그의 법을 이어받음. 사천성(四川省) 정중사(淨衆寺)에 머물면서 전파한 무상의 선법(禪法)을 정중종(淨衆宗)이라 함. 정중사에서 입적함.

무상(無想) ①ⓢasmṃjñin 의식이 없음. ②āsaṃjñika 모든 마음 작용이 소멸된 상태. ③무상천(無想天)의 준말.

무상(無上) 그 위에 더 없음. 위없음. 가장 뛰어남. 가장 높음. 최상. 최고.

무상각(無上覺) 그 위에 더 없는 바르고 원만한 부처의 깨달음.

무상계(無想界) 무상천(無想天)과 같음.

무상계(無相戒) 형식적인 일체의 형상과 의례를 배척하고 오로지 자신의 본성 속에 갖추어져 있는 삼신불(三身佛)에 귀의(歸依)하는 수행의 규범.

무상공교(無相空教) 무상교(無相教)와 같음.

무상과(無想果) 무상정(無想定)을 닦은 결과로 이른 무상천(無想天)의 경지.

무상교(無相教) 오시교(五時教)의 하나. 차별 현상을 부정하는 반야경의 가르침.

무상대승종(無相大乘宗) ①모든 현상은 불변하는 실체도 없고 대립적인 차별도 없다고 설하는 삼론종(三論宗)을 일컬음. ②일정한 단계를 거치지 않고 곧바로 모든 중생이 곧 열반의 모습이라고 설하는 능가경·사익경 등의 가르침.

무상도(無上道) ①가장 뛰어난 가르침. 최고의 가르침. ②위없는 바르고 원만한 부처의 깨달음. 부처가 체득한 최상의 깨달음.

무상도심(無上道心) 위없는 바르고 원만한 깨달음을 구하려는 마음. 부처가 체득한 최상의 깨달음에 이르려는 마음.

무상등정각(無上等正覺) 무상정등각(無上正等覺)과 같음.

무상륜(無常輪) 끝없이 변화하는 현상을 쉴 새 없이 구르는 수레바퀴에 비유한 말.

무상멸정(無想滅定) 무상정(無想定)과 같음.

무상방편지(無相方便地) 형상의 속박에서 벗어난 단계로, 십지(十地) 가운데 원행지(遠行地)에 해당함.

무상보리(無上菩提) 위없는 바르고 원만한 부처의 깨달음. 부처가 체득한 위없는 깨달음의 지혜.

무상보리심(無上菩提心) 최상의 깨달음을 구하려는 마음. 그 위에 더 없는 부처의 깨달음에 이르려는 마음. 부처가 체득한 위없는 깨달음의 지혜를 갖추려는 마음.

무상복전의(無相福田衣) 가사(袈裟)를 일컬음. 세속의 차별을 떠나고 청정한 복덕을 가져오는 옷이라는 뜻.

무상불(無相佛) 삼십이상(三十二相)을 갖추고 있지는 않지만 부처와 같은 뛰어난 능력이 있는 자를 일컬음.

무상사(無上士) ⓢⓟanuttara 십호(十號)의 하나. 그 위에 더 없는, 최상의 사람. 곧, 부처를 일컬음.

무상사(無想事) 무상과(無想果)와 같음.

무상삼마지(無相三摩地) 무상삼매(無相三昧)와 같음.

무상삼매(無相三昧) 삼삼매(三三昧)의 하나. 대립적인 차별을 떠난 삼매.

무상상(無上上) ①그 위에 더 없음. 위없음. 가장 뛰어남. 가장 높음. 최상. ②부처를 일컫는 말.

무상상승(無上上乘) 무상승(無上乘)과 같음.

무상수(無常修) 삼수(三修)의 하나. 모든 현상은 변한다고 주시하는 수행.

무상승(無上乘) 승(乘)은 중생을 깨달음으로 인도하는 부처의 가르침을 뜻함. 자신도 깨달음을 구하고 남도 깨달음으로 인도하는 대승(大乘)을 말함.

무상식론(無相識論) 객관 대상의 모습은 마음에 내재(內在)해 있는 것이 아니라 마음과 관계없이 독립하여 존재한다는 견해. 이에 반해, 객관 대상의 모습은 마음에 내재(內在)해 있다는 견해는 유상식론(有相識論)이라 함.

무상심(無上心) ①최상의 마음. ②최상의 깨달음을 구하려는 마음. 그 위에 더 없는 부처의 깨달음에 이르려는 마음.

무상심지계(無相心地戒) 무상계(無相戒)와 같음.

무상원(無常院) 죽음에 다다른 수행자를 수용하는 곳.

무상유식(無相唯識) 마음에 비친 객관의 모습은 허구라는 관점. 주관에 형성된 대상의 모습에는 고유한 본성이 없다는 관점. 마음에 내재(內在)하는 사물의 모습은 허구라는 관점. 미륵(彌勒)·무착(無著)·세친(世親)·안혜(安慧)·진제(眞諦) 계통의 유식학이 이러한 관점임. ⇒ 유상유식(有相唯識)

무상유정천(無想有情天) 무상천(無想天)과 같음.

무상정(無想定) ①모든 마음 작용이 소멸된 선정(禪定). ②모든 마음 작용을 소멸시켜 무상천(無想天)의 경지에 이르기 위해 닦는 선정(禪定).

무상정각(無上正覺) 무상정등각(無上正等覺)과 같음.

무상정등각(無上正等覺) ⓢanuttarā-samyak-saṃbodhi 부처의 깨달음의 경지를 나타내는 말. anuttarā는 무상(無上), samyak은 정(正)·정등(正等), saṃbodhi는 각(覺)·등각(等覺)·정각(正覺)·변지(遍知)·변도(遍道)·진도(眞道)라고 번역. 곧, 위없는 바르고 원만한 깨달음이라는 뜻. ⇒ 아뇩다라삼먁삼보리(阿耨多羅三藐三菩提)

무상정등정각(無上正等正覺) 무상정등각(無上正等覺)과 같음.

무상정변도(無上正遍道) 무상정등각(無上正等覺)과 같음.

무상정변지(無上正遍知) 무상정등각(無上正等覺)과 같음.

무상정진도(無上正眞道) 무상정등각(無上正等覺)과 같음.

무상정진도의(無上正眞道意) 위없는 바르고 원만한 깨달음을 구하려는 마음.

무상존(無上尊) 가장 존귀한 사람. 부처에 대한 존칭.

무상종(無相宗) 차별 현상이나 고유한 실체를 부정하는 가르침.

무상처(無想處) 무상천(無想天)과 같음.

무상천(無想天) 모든 마음 작용을 소멸시킨 경지. 설일체유부(說一切有部)·경량부(經量部)에서는 색계 제4선천(第四禪天)의 광과천(廣果天)에 포함시키지만, 상좌부(上座部)에서는 광과천 위에 있다고 함. ⇒ 색계십칠천(色界十七天)

무상해탈문(無相解脫門) 삼해탈문(三解脫門)의 하나. 해탈에 이르기 위한 수행의 하나로, 대립적인 차별을 떠난 선정(禪定).

무색계(無色界) 삼계(三界)의 하나. 형상의 속박에서 완전히 벗어난 순수한 선정(禪定)의 세계로, 여기에 네 가지 경지가 있음. (1)공무변처(空無邊處). 허공은 무한하다고 체득한 경지. (2)식무변처(識無邊處). 마음의 작용은 무한하다고 체득한 경지. (3)무소유처(無所有處). 존재하는 것은 없다고 체득한 경지. (4)비상비비상처(非想非非想處). 생각이 있는 것도 아니고 생각이 없는 것도 아닌 경지. 욕계·색계의 거친 생각은 없지만 미세한 생각이 없지 않은 경지.

무색반(無色般) 욕계에서 무색계에 이르러 완전한 열반을 이루는 불환과(不還果)의 성자.

무색애(無色愛) 무색계의 애욕.

무색유(無色有) 삼유(三有)의 하나. 형상의 속박에서 완전히 벗어난 무색계의 생존.

무색천(無色天) 무색계의 공무변처천(空無邊處天)·식무변처천(識無邊處天)·무소유처천(無所有處天)·비상비비상처천(非想非非想處天)을 말함.

무색탐(無色貪) 무색계의 탐욕.

무생(無生) ①모든 현상은 변화하는 여러 요소들이 인연에 따라 일시적으로 모였다가 흩어지고 나타났다가 사라지는 데 불과할 뿐 생기는 것이 없다는 뜻. ②번뇌나 미혹이 일어나지 않는 열반의 경지. 분별하는 인식 주관의 작용이 끊어진 상태.

무생로(無生路) ①생멸을 떠난 궁극적인 이치. ②번뇌나 미혹이 일어나지 않는 경지.

무생무멸(無生無滅) 모든 현상은 변화하는 여러 요소들이 인연에 따라 일시적으로 모였다가 흩어지고 나타났다가 사라지는 데 불과할 뿐 생기는 것도 없고 소멸하는 것도 없다는 뜻.

무생법인(無生法忍) 불생불멸(不生不滅)의 진리를 확실하게 인정하고 거기에 안주하여 마음을 움직이지 않음.

무생상사과류(無生相似過類) 십사과류(十四過類)의 하나. 인명(因明)에서, 예를 들면, '말은 무상하다〔宗〕', '지어낸 것이기 때문이다〔因〕'라고 하는 논법에 대해, 종(宗)의 주어를 발생시키기 전에는 인(因)도 없고 '말은 무상하다'라는 종(宗)도 없기 때문에 '말은 상주한다'고 반박하는 과실.

무생인(無生忍) 무생법인(無生法忍)의 준말.

무생지(無生智) ①십지(十智)의 하나. 자신은 이미 사제(四諦)를 체득했기 때문에 다시 체득할 필요가 없다고 아는 지혜. 곧, 자신은 이미 고(苦)를 알았기 때문에 다시 알 필요가 없고, 집(集)을 끊었기 때문에 다시 끊을 필요가 없고, 멸(滅)을 체득했기 때문에 다시 체득할 필요가 없고, 도(道)를 닦았기 때문에 다시 닦을 필요가 없다고 아는 지혜. ②모든 현상은 변화하는 여러 요소들이 인연에 따라 일시적으로 모였다가 흩어지고 나타났다가 사라지는 데 불과할 뿐 생기는 것이 없음을 아는 지혜.

무생참회(無生懺悔) 죄는 마음의 작용일 뿐 실재하는 대상으로 생기는 것이 아니라고 주시하면서 죄를 뉘우치는 참회.

무설(無說) 바이셰시카 학파에서 설하는 십구의(十句義)의 하나. 비존재(非存在)·무(無)의 원리.

무설상사과류(無說相似過類) 십사과류(十四過類)의 하나. 인명(因明)에서, 인(因)을 말하기 전에는 종(宗)도 성립하지 않는다고 반박하는 과실. 예를 들면, '말은 무상하다〔宗〕', '지어낸 것이기 때문이다〔因〕'라고 하는 논법의 경우, 인(因)을 제시하지 않아도 '말'에는 '무상'의 속성이 갖추어져 있는데도 이것을 알지 못하는 과실.

무성(無性) ①ⓢniḥsvabhāva 변하지 않는 본질이나 실체가 없음. ②ⓢasad-bhūta 실재하지 않음. 허구. ③오성(五性)의 하나. 선천적으로 청정한 성품으로 될 가능성이 전혀 없는 자.

무성유정(無性有情) 무성(無性) ③과 같음.

무성천제(無性闡提) 성(性)은 성불의 원인을 뜻함. 결코 성불할 수 없는 중생.

무소구행(無所求行) 사행(四行)의 하나. 밖에서 구하고 대상에 집착하는 것을 그치고, 공(空)을 깨달아 탐욕과 집착을 버림.

무소득(無所得) ①번뇌가 소멸되어 분별하지 않고 집착하지 않음. ②인식되지 않음.

무소연식지(無所緣識智) 사지(四智)의 하나. 실재하지 않는 것을 객관 대상으로 인식하는 경우가 있음을 아는 지혜.

무소외(無所畏) 무외(無畏)와 같음.

무소유처(無所有處) 사무색처(四無色處)의 하나. 존재하는 것은 없다고 체득한 무색계 제3천의 경지.

무소유처정(無所有處定) 사무색정(四無色定)의 하나. 존재하는 것은 없다고 주시하는 선정(禪定).

무소유처지(無所有處地) 구지(九地)의 하나. 무소유처(無所有處)와 같음.

무소유처천(無所有處天) 무소유처(無所有處)와 같음.

무소유처해탈(無所有處解脫) 팔해탈(八解脫)의 하나. 마음의 작용은 무한하다고 주시하는 식무변처해탈(識無邊處解脫)을 버리고, 존재하는 것은 없다고 주시하는 선정으로 들어감.

무수(無羞) 자신의 죄나 허물에 대해 스스로 부끄러움이 없음.

무시(無始) ⓢanādi 아무리 거슬러 올라가도 그 처음이 없음. 시작을 알 수 없는 아주 먼 과거.

무시(茂時) 육시(六時)의 하나. 고대 인도에서 1년을 기후에 따라 여섯 기간으로 나눈 가운데 음력 7월 16일부터 9월 15일까지의 동안. 장마철이 지나고 나무가 무성한 때.

무시공(無始空) 십팔공(十八空)의 하나. 시작을 알 수 없는 아주 먼 과거부터 존재하는 현상에 대한 분별이 끊어진 상태.

무시무명(無始無明) 시작을 알 수 없을 만큼 한없이 먼 과거부터 이어져 온 번뇌.

무심(無心) 모든 마음 작용이 소멸된 상태. 모든 분별이 끊어져 집착하지 않는 마음 상태. 모든 번뇌와 망상이 소멸된 상태.

무심무사삼마지(無尋無伺三摩地) 삼마지(三摩地)는 ⓢⓟsamādhi의 음사로 삼매(三昧)와 같음. 개괄적으로 사유하는 마음 작용〔尋〕도 세밀하게 고찰하는 마음 작용〔伺〕도 소멸된 삼매.

무심유사삼마지(無尋唯伺三摩地) 삼마지(三摩地)는 ⓢⓟsamādhi의 음사로 삼매(三昧)와 같음. 개괄적으로 사유하는 마음 작용〔尋〕은 소멸되고 오직 세밀하게 고찰하는 마음 작용〔伺〕만 있는 삼매.

무심정(無心定) 모든 마음 작용을 완전히 소멸한 선정(禪定).

무아(無我) ⓢanātman ⓢnirātman ⓟanattan ①불변하는 실체가 없음. 고유한 실체가 없음. 독자적으로 존속하는 실체가 없음. 고정된 경계나 틀이 없음. ②모든 분별이 끊어진 상태. 번뇌와 분별이 소멸된 상태. 분별과 차별을 일으키는 마음 작용이 소멸된 상태. ③에고의 소멸. '나'·'내 것'이라는 생각의 소멸. '내가 있다'는 관념의 소멸.

무아무외(無我無畏) 인간은 오온(五蘊)의 일시적인 화합에 지나지 않으므로 거기에 불변하는 실체가 없다고 주시하여 자아의 속박에서 벗어나 마음에 두려움이 없고 평온함.

무아수(無我修) 삼수(三修)의 하나. 모든 현상에는 불변하는 실체가 없다고 주시하는 수행.

무앙수(無央數) ⓢasaṃkhya 헤아릴 수 없이 많은 수.

무애(無礙) ①공간의 일부를 차지하지 않는 것. 장애되지 않는 것. ②막힘이나 걸림이 없음. 거침없음. 거리낌없음. 구애받지 않고 자유 자재함.

무애광불(無礙光佛) 어떠한 것에도 걸림 없는 광명을 발하는 부처, 곧 아미타불.

무애도(無礙道) 무간도(無間道)와 같음.

무애변(無礙辯) 무애해(無礙解)와 같음.

무애지(無礙智) 막힘없이 두루 아는 부처의 지혜.

무애해(無礙解) ⓢpratisaṃvid 막힘없이 명료하게 이해하고 표현하는 능력.

무에각(無恚覺) 삼각(三覺)의 하나. 각(覺)은 ⓢvitarka의 번역으로, 개괄적으로 추구하는 마음 작용을 뜻함. 성내지 않으려는 마음 작용.

무에심(無恚尋) 심(尋)은 ⓢvitarka의 번역으로, 구역(舊譯)에서는 각(覺)이라 번역함. 무에각(無恚覺)과 같음.

무에한행(無恚恨行) 십행(十行)의 하나. 인욕을 닦아 성내지 않고 참는 행위.

무여수(無餘修) 사수(四修)의 하나. 복덕과 지혜를 남김없이 모두 성취하기 위해 수행함.

무여열반(無餘涅槃) ①번뇌와 괴로움이 완전히 소멸된 상태. 온갖 번뇌와 분별이 끊어진 상태. 모든 분별이 완전히 끊어진 적멸(寂滅)의 경지. ②번뇌와 육신이 모두 소멸된 죽음의 상태.

무여의열반(無餘依涅槃) 무여열반(無餘涅槃)과 같음.

무연(無緣) 모든 분별과 망상이 끊어진 상태. 의식의 지향 작용이 소멸된 상태.

무연삼매(無緣三昧) 여러 인연이 끊어진 삼매. 분별이 끊어진 삼매. 번뇌가 소멸된 삼매.

무열뇌지(無熱惱池) ⇒ 아뇩달지(阿耨達池)

무열지(無熱池) → 아뇩달지(阿耨達池)

무열천(無熱天) 색계 제4선천(第四禪天)의 제5천. ⇒ 색계십칠천(色界十七天)

무염(無染) 800-888. 신라의 승려. 성주산문(聖住山門)의 개산조(開山祖). 14세에 설악산 오색석사(五色石寺)의 법성(法性)에게 출가하고, 영주 부석사(浮石寺)의 석징(釋澄)에게 화엄경을 배움. 821년에 당(唐)에 가서 마조(馬祖)의 제자인 마곡 보철(麻谷寶徹)의 선법(禪法)을 전해 받고, 845년(문성왕 7)에 귀국하여 왕자 흔(昕)의 청으로 보령 성주산 성주사(聖住寺)에 머물면서 선풍(禪風)을 일으킴. 헌강왕이 광종(廣宗)이라는 호를 내림. 시호는 낭혜(朗慧).

무염공양(無染供養) 모든 집착을 떠나 부처에게 재물을 바침.

무외(無畏) ①ⓢvaiśāradya 자신감을 가지고 가르침을 설하므로 누구에게도 두려움이 없음. 진리에 대한 확신으로 어떠한 장애도 두려움이 없음. ②ⓢāśvāsa 번뇌의 속박에서 벗어나 두려움도 불안도 없는 평온한 마음 상태. ③⇒ 정오(丁午)

무외시(無畏施) 남을 여러 가지 두려움에서 벗어나게 해 줌.

무우수(無憂樹) ⓢaśoka 인도 중부에서 자라는 관목으로, 잎이 무성하고 꽃대에 여러 개의 붉은 꽃이 서로 어긋나게 붙어서 핌.

무운천(無雲天) 색계 제4선천(第四禪天)의 제1천. ⇒ 색계십칠천(色界十七天)

무원삼마지(無願三摩地) 무원삼매(無願三昧)와 같음.

무원삼매(無願三昧) 삼삼매(三三昧)의 하나. 원하고 구하는 생각을 버린 삼매.

무원해탈문(無願解脫門) 삼해탈문(三解脫門)의 하나. 해탈에 이르기 위한 수행의 하나로, 원하고 구하는 생각을 버린 선정(禪定).

무위(無爲) ⓢasaṃskṛta 온갖 분별이 끊어진 마음 상태. 분별하지 않고 대상을 있는 그대로 파악하는 마음 상태. 분별과 망상이 일어나지 않는 마음 상태. 의식의 지향 작용이 소멸된 상태. 탐욕〔貪〕과 노여움〔瞋〕과 어리석음〔癡〕의 삼독(三毒)이 소멸된 열반의 상태.

무위갑사(無爲岬寺) 강진 무위사(無爲寺)의 창건 때 이름.

무위공(無爲空) 십팔공(十八空)의 하나. 온갖 분별과 번뇌가 끊어진 열반의 상태. 분별과 망상이 소멸된 열반의 상태.

무위과(無爲果) 번뇌를 소멸시킨 결과 그 속박에서 벗어난 열반의 상태.

무위법(無爲法) 온갖 분별이 끊어진 상태에서 주관에 명료하게 드러나는 현상. 분별이 끊어진 뒤에 명명백백하게 주관에 드러나는 현상. 분별과 망상이 일어나지 않는 주관에 드러나는, 대상의 있는 그대로의 참모습. 의식의 지향 작용이 소멸된 상태에서 직관으로 파악된 현상. 분별하지 않고, 대상을 있는 그대로 파악하는 마음 상태. 탐욕〔貪〕과 노여움〔瞋〕과 어리석음〔癡〕의 삼독(三毒)이 소멸된 열반의 상태.

무위사(無爲舍) 열반을 평온한 집에 비유한 말.

무위사(無爲寺) 전남 강진군 성전면 월출산 남서쪽 자락에 있는 절. 대흥사(大興寺)의 말사. 신라 때 창건하여 무위갑사(無爲岬寺)라 하고, 형미(逈微, 864-917)가 905년에 당(唐)에서 귀국하여 머물면서 선풍(禪風)을 일으킴. 조선 초부터 무위사라 하고, 1430년(세종 12)에 극락보전(極樂寶殿)을 건립하고, 1739년에 크게 중축함. 이후 점차 퇴락하고, 1974년부터 보수·복구함. 문화재 : 극락보전(極樂寶殿)·선각대사변광탑비(先覺大師遍光塔碑).

무위생사(無爲生死) 삼계(三界)의 괴로움을 벗어난 성자가 성불할 때까지 받는 생사.

무위진인(無位眞人) 모든 차별과 우열을 떠나 어떠한 것에도 걸림이 없는 주체적인 자유인을 말함.

무위해탈(無爲解脫) 번뇌를 소멸시켜 그 속박에서 벗어난 열반의 상태.

무유애(無有愛) Ⓟvibhava-taṇhā 무유(無有)는 비존재, 곧 허무를 뜻함. 허무에 얽매이거나 집착함.

무유호추원(無有好醜願) 사십팔원(四十八願)의 하나. 아미타불이 법장비구(法藏比丘)였을 때 세운 서원으로, 정토에는 잘나고 못난 차별이 없도록 하겠다는 맹세.

무의자(無衣子) 혜심(慧諶)의 자호(自號).

무이상(無異想) 대승에서 설하는 십팔불공법(十八不共法)의 하나. 부처는 모든 중생에 대해 평등한 마음을 가짐.

무이상사과류(無異相似過類) 십사과류(十四過類)의 하나. 인명(因明)에서, '말은 무상하다〔宗〕', '지어낸 것이기 때문이다〔因〕', '지어낸 모든 것은 무상하다. 예를 들면, 병(甁)과 같다〔同喩〕'라고 하는 바른 논법에 대해, 병과 같이 말도 무상하다면 병에 있는 모든 성질이 말에도 있는 것으로 되어 결국 모든 것의 성질이 같게 된다고 반박하는 과실.

무인견론(無因見論) 십육이론(十六異論)의 하나. 모든 현상은 원인 없이 일어난다는 견해.

무인논사(無因論師) 만물은 원인 없이 생겨난다고 주장한 고대 인도의 한 학파.

무인상사과류(無因相似過類) 십사과류(十四過類)의 하나. 인명(因明)에서, 인(因)이 종(宗)보다 앞에 있으면 인(因)은 무엇의 인(因)인지 알지 못하고, 인(因)이 종(宗)의 뒤에 있으면 이미 종(宗)이 성립되어 인(因)이 필요 없고, 종(宗)과 인(因)이 동시에 있으면 서로 성립시키지 못하므로 인(因)은 무의미하다고 반박하는 과실.

무자(無字) 한 학인(學人)이 조주(趙州)에게 "개도 불성(佛性)이 있습니까?" 하고 물으니 "무(無)."라고 한 화두(話頭)로, 모든 중생은 다 불성이 있다고 했는데 개에게는 '무(無)'라고 한 의심. 임제종(臨濟宗) 양기파(楊岐派)의 대혜 종고(大慧宗杲, 1089-1163)는 천만 가지 의심도 결국은 하나의 의심에 지나지 않으며, 화두의 의심이 깨뜨려지면 천만 가지 의심이 일시에 사라진다고 하여 화두와 정면으로 대결할 것을 역설했는데, 특히 많은 화두 가운데 조주의 '무(無)' 자를 강력히 제창함.

무자성(無自性) ⓢniḥsvabhāva 모든 현상은 여러 인연의 일시적인 화합에 지나지 않으므로 거기에 불변하는 실체가 없다는 뜻. 현상을 구성하는 요소에 불변하는 실체가 없다는 뜻.

무작계(無作戒) 말이나 행위로 드러나지는 않지만 계(戒)를 받음으로써 몸에 배이게 되는, 허물이나 악을 방지하려는 의지력.

무작삼매(無作三昧) 무원삼매(無願三昧)와 같음.

무작색(無作色) 무표색(無表色)과 같음.

무작해탈문(無作解脫門) 무원해탈문(無願解脫門)과 같음.

무잔죄(無殘罪) 비구·비구니의 자격을 남기지 않는 죄라는 뜻. 승단에서 추방되는 바라이죄(波羅夷罪)를 말함.

무재아귀(無財餓鬼) 어떠한 것도 목으로 넘기지 못한다는 아귀.

무쟁(無諍) 쟁(諍)은 번뇌를 뜻함. 번뇌가 없는 상태.

무쟁념왕(無諍念王) 아미타불이 출가하기 전의 이름.

무정(無定) ①ⓢasad-bhūta 실재하지 않음. 허구. ②결정되어 있지 않음.

무정(無情) 감정이 없는 초목·산하·대지 등을 말함.

무정설법(無情說法) 인간만이 설법하는 것이 아니라 산천초목도 설법한다는 뜻.

무정성(無定性) ⓢniḥsvabhāva 변하지 않는 본질이나 실체가 없음.

무정해설(無情解說) 무정설법(無情說法)과 같음.

무제불선원(無諸不善願) 사십팔원(四十八願)의 하나. 아미타불이 법장비구(法藏比丘)였을 때 세운 서원으로, 정토에 악인이 없도록 하겠다는 맹세.

무종성(無種性) 무성(無性) ③과 같음.

무주(無住) ①의지할 데가 없음. 기반이 없음.

②고정적인 상태가 없음. 불변하는 실체가 없음. ③집착하지 않음. 얽매이지 않음. ④계속 존재하지 않음.

무주처열반(無住處涅槃) 번뇌를 끊고 청정한 지혜를 얻어, 생사(生死)에도 열반에도 집착하지 않고 중생에게 자비를 베푸는 상태.

무준사범(無準師範) ⇒ 사범(師範)

무진(無瞋) ⓢadveṣa 화내지 않는 마음 상태.

무진공덕장회향(無盡功德藏廻向) 십회향(十廻向)의 하나. 끝없는 공덕을 중생에게 돌려 중생이 그 공덕을 얻도록 함.

무진연기(無盡緣起) 법계연기(法界緣起)와 같음.

무진의보살(無盡意菩薩) 한량없는 중생을 구제하려는 서원을 세운 보살.

무진행(無盡行) 십행(十行)의 하나. 끊임없이 가르침을 구하고 중생을 제도하는 행위.

무진혜보살(無盡慧菩薩) 무진의보살(無盡意菩薩)과 같음.

무질애(無質礙) 형체가 없음. 장애가 되지 않음.

무집수(無執受) 감각 기능이 없는 물질.

무차대회(無遮大會) 승속(僧俗)을 가리지 않고 누구나 참여하여 공양하고 베풀고, 설법을 듣고 서로 질문하여 배우는 모임.

무차선회(無遮禪會) 승속(僧俗)을 가리지 않고 누구나 참여하여 선(禪)에 대한 법문을 듣고 그에 대해 서로 질문하여 배우는 모임.

무차회(無遮會) 무차대회(無遮大會)와 같음.

무착(無著) ⓢasaṅga 4-5세기, 북인도 건타라국(乾陀羅國) 출신의 승려. 세친(世親)의 형. 설일체유부(說一切有部)에 출가하여 빈두로(賓頭盧, piṇḍola)에게 소승의 공관(空觀)을 배우고, 인도 유식파(唯識派)의 개조(開祖)인 미륵(彌勒, maitreya)의 가르침을 받아 유식학(唯識學)에 정통함. 말년에는 나란타사(那爛陀寺)에서 12년 동안 머무름. 저서 : 대승아비달마집론(大乘阿毘達磨集論)·섭대승론(攝大乘論)·현양성교론(顯揚聖敎論).

무착행(無著行) 십행(十行)의 하나. 모든 것에 집착하지 않는 행위.

무참(無慚) 자신의 죄나 허물에 대해 스스로 부끄러움이 없는 마음.

무참외도(無慚外道) ①아무 것도 걸치지 않고 알몸으로 고행하는 자이나 교도를 일컬음. ②중생의 생존은 모두 자재천(自在天)의 뜻에 따라 이루어지므로 자신의 죄나 허물에 대해 부끄러워할 필요가 없다는 파부타가전나(婆浮陀伽旃那)와 그 제자들을 일컬음.

무처유처천(無處有處天) 무소유처천(無所有處天)와 같음.

무치(無癡) ⓢamoha 어리석지 않은 마음 상태.

무칭광불(無稱光佛) 말로 표현할 수 없는 뛰어난 광명을 발하는 부처, 곧 아미타불.

무탐(無貪) ⓢalobha 탐내지 않는 마음 상태.

무택지옥(無擇地獄) 오역죄(五逆罪)를 저지른 자는 누구라도 가리지 않고 죽어서 가게 된다는 지옥. 무간지옥(無間地獄)과 같음.

무표(無表) ①무표색(無表色)의 준말. ②무표업(無表業)의 준말.

무표색(無表色) ⓢavijñapti-rūpa 겉으로 드러나지도 않고, 감각되지도 않는 작용이나 힘. 내면에 새겨져 있는 잠재력.

무표업(無表業) 모양도 없고 감각되지도 않는 작용이나 힘. 겉으로 드러나지는 않지만 몸에 배어 있는 습관. 말이나 행위에 의해 미래에 받을 과보의 원인으로 내면에 새겨져 있는 잠재력. 고락의 과보를 초래하는 힘.

무학(無學) ⓢaśaikṣa 모든 번뇌를 끊어 더 닦을 것이 없는 아라한(阿羅漢), 또는 그 경지.

무학과(無學果) 무학도(無學道)와 같음.

무학도(無學道) 모든 번뇌를 끊어 더 닦을 것이 없는 아라한(阿羅漢)의 경지.

무학위(無學位) 무학도(無學道)와 같음.

무학인(無學人) 모든 번뇌를 끊어 더 닦을 것이 없는 아라한(阿羅漢).

무학자초(無學自超) ⇒ 자초(自超)

무합과(無合過) 인명(因明)에서, 삼십삼과(三十三過) 가운데 유십과(喩十過)의 하나. 동유(同喩)에 유체(喩體)를 첨가하지 않은 오류. 예를 들면, '말은 무상하다〔宗〕', '지어낸 것이기 때문이다〔因〕', '지어낸 모든 것은 무상하다〔喩體〕. 예를 들면, 병(甁)과 같다〔喩依〕'라는 논법이 합작법(合作法)인데, 여기에 유체를 첨가하지 않음으로써 종(宗)과 인(因)이 결합되지 않은 경우.

무해각(無害覺) 삼각(三覺)의 하나. 각(覺)은 ⓢvitarka의 번역으로, 개괄적으로 추구하는 마음 작용을 뜻함. 남을 해치지 않으려는 마음 작용.

무해심(無害尋) 심(尋)은 ⓢvitarka의 번역으로, 구역(舊譯)에서는 각(覺)이라 번역함. 무해각(無害覺)과 같음.

무행반(無行般) 색계에서 수행하지 않아도 오랜 시간이 지나면 저절로 완전한 열반을 이루는 불환과(不還果)의 성자.

무행반열반(無行般涅槃) 무행반(無行般)과 같음.

묵빈(默擯) 죄를 지은 수행승에 대한 벌칙으로, 그 수행승과 일체 말하지 않게 한 규정.

묵조선(默照禪) 천동산(天童山)에 머무른 조동종(曹洞宗)의 굉지 정각(宏智正覺, 1091-1157) 문하의 선법(禪法)을 말함. 모든 생각을 끊고 묵묵히 좌선하는 가운데 자신에게 본래 갖추어져 있는 청정한 성품을 포착하는 수행.

묵호자(墨胡子) 신라에 불교를 전래한 승려들에 대한 통칭.

문(門) ①구별. 차별. 분류. ②분야. 방면. 영역. 세계. ③방법. ④이치. 요지. ⑤깨달음에 이르게 하는 가르침. ⑥모임. 단체. 집단. 세계.

문(文) ①ⓢvyañjana 글자. 음절. ②ⓢsūtra

산문체로 된 경전의 서술 형식.

문니(文尼) ⓢⓟmuni의 음사. 성자(聖者). 현인(賢人). 침묵하는 자.

문도(門徒) ①같은 스승의 가르침을 받은 제자들. ②한 종파의 승려들.

문두루도량(文豆婁道場) 문두루(文豆婁)는 ⓢmantra의 음사. 진언(眞言)·신주(神呪)·신인(神印)이라 번역. 신라·고려 때, 동·서·남·북 그리고 중앙에 신상(神像)을 세우고 주문을 외워 외적을 물리치려 한 의식.

문려(門侶) 문도(門徒)와 같음.

문명득인원(聞名得忍願) 사십팔원(四十八願)의 하나. 아미타불이 법장비구(法藏比丘)였을 때 세운 서원으로, 모든 불국토의 중생들이 자신의 이름을 들으면 진리에 안주할 수 있도록 하겠다는 맹세.

문문(門門) ①여러 가지 가르침. ②여러 가지 능력·소질.

문사수혜(聞思修慧) 가르침을 듣고 얻은 문혜(聞慧)와 이치를 사유하여 얻은 사혜(思慧)와 수행으로 얻은 수혜(修慧)의 세 가지 지혜를 말함.

문사초(文闍草) 문야초(文若草)와 같음.

문수(文殊) 문수사리보살(文殊師利菩薩)의 준말.

문수보살(文殊菩薩) 문수사리보살(文殊師利菩薩)의 준말.

문수사리법왕자보살마하살(文殊師利法王子菩薩摩訶薩) 문수사리보살(文殊師利菩薩)을 높여 일컫는 말.

문수사리보살(文殊師利菩薩) 문수사리(文殊師利)는 ⓢmañjuśrī의 음사, 묘길상(妙吉祥)·묘덕(妙德)·유수(濡首)라 번역. 석가모니불을 왼쪽에서 보좌하는 보살로, 부처의 지혜를 상징함.

문수사리소설마하반야바라밀경(文殊師利所說摩訶般若波羅蜜經) 2권. 양(梁)의 만타라선(曼陀羅仙) 번역. 차별하지 않고 집착하지 않는 반야바라밀과 우주의 근원에 마음을 집중하는 일행삼매(一行三昧)를 설한 경.

문수사리소설반야바라밀경(文殊師利所說般若波羅蜜經) 1권. 양(梁)의 승가파라(僧伽婆羅) 번역. 문수사리소설마하반야바라밀경(文殊師利所說摩訶般若波羅蜜經)의 다른 번역.

문수설반야경(文殊說般若經) 문수사리소설마하반야바라밀경(文殊師利所說摩訶般若波羅蜜經)의 준말.

문수원(文殊院) 태장계만다라(胎藏界曼荼羅)의 한 부분으로, 문수보살을 중심으로 하여 여러 보살이 그려져 있는데, 이는 문수보살의 지혜를 나타냄.

문신(問訊) ①방문함. ②질문함. 문의함. ③합장하고 머리 숙여 안부를 물음. 공경하는 마음으로 인사함.

문신(文身) ⓢvyañjana-kāya 신(身)은 모임·종류의 뜻으로, 어미에 붙어 복수를 나타냄. 두 글자. 세 글자 이상은 다문신(多文身)이라 함.

문야초(文若草) 문야(文若)는 ⓢmuñja의 음

사. 벼와 비슷한 풀로, 앉거나 눕기 위한 자리를 만드는 데 사용함.

문언(文偃) 864-949. 당(唐)·오대(五代)의 승려. 절강성(浙江省) 가흥(嘉興) 출신. 어려서 공왕사(空王寺)의 지징(志澄)에게 출가하여 구족계(具足戒)를 받고 사분율(四分律)을 배움. 설봉 의존(雪峰義存, 822-908)에게 사사(師事)하여 그의 법을 이어받음. 광동성(廣東省) 운문산(雲門山)에 광태선원(光泰禪院)을 창건하고 이곳에서 선풍(禪風)을 크게 일으킴. 시호(諡號)는 대자운광진홍명선사(大慈雲匡眞弘明禪師). 어록 : 운문광진선사광록(雲門匡眞禪師廣錄).

문익(文益) 885-958. 당(唐)·오대(五代)의 승려. 절강성(浙江省) 여항(餘杭) 출신. 7세에 출가하고, 절강성 월주(越州) 개원사(開元寺)에서 구족계(具足戒)를 받음. 복건성(福建省) 지장원(地藏院)의 나한 계침(羅漢桂琛, 867-928)에게 사사(師事)하여 그의 법을 이어받음. 강서성(江西省) 임천(臨川) 숭수원(崇壽院)과 강소성(江蘇省) 금릉(金陵) 보은원(報恩院)·청량원(淸涼院)에서 선풍(禪風)을 크게 일으킴. 시호(諡號)는 대법안선사(大法眼禪師). 저서 : 종문십규론(宗門十規論). 어록 : 문익선사어록(文益禪師語錄).

문자반야(文字般若) 반야(般若)는 ⓢprajñā의 음사, 혜(慧)·지혜(智慧)라 번역. 모든 현상의 있는 그대로의 모습을 직관하고 관조하는 지혜를 드러낸 진실한 가르침.

문자법사(文字法師) 불전(佛典)의 연구에만 몰두할 뿐 수행하지 않는 자. 불교에 대한 말솜씨만 능란할 뿐 지혜와 덕을 갖추지 못한 자. 불교에 대한 앎만 일삼고 수행하지 않는 자.

문정(門庭) 선문(禪門), 또는 그 가르침의 요지.

문정시설(門庭施設) 선문(禪門)에서 제자를 지도하는 수단·방법.

문중(門中) 한 스승 아래 대대로 형성된 승려들의 계통.

문지다라니(聞持陀羅尼) 다라니(陀羅尼)는 ⓢdhāraṇī의 음사, 총지(總持)·능지(能持)라고 번역. 가르침을 듣고 마음에 간직하여 잊지 않는 능력·지혜.

문타라(文陀羅) 만타라(曼陀羅)와 같음.

문파(門派) ①부처의 여러 가르침 가운데 제각기 내세우는 요지·해석·의식·수행 방법 등의 차이에서 나누어진 갈래, 또는 그 갈래의 사람들. ②선종(禪宗)에서 나누어진 갈래.

문풍(門風) 한 종문(宗門)에 전통적으로 내려오는 독특한 가르침이나 지도 방법.

문하(門下) ①한 종파에 속하는 사람. ②제자.

문혜(聞慧) 삼혜(三慧)의 하나. 가르침을 듣고 얻은 지혜.

물(物) ①ⓟpāṇa 생명. 생물. ②ⓢjagat 중생. ③ⓢbhāva ⓢvastu 사물. 물체.

물외(物外) 세속의 일을 초월한 경지.

미(味) ①ⓢrasa 혀로 느낄 수 있는 대상인 맛. ②ⓢāsvāda 애착. 탐닉. 갈애(渴愛).

미(迷) 미혹. 진리에 어두움. 마음이 흐리고 혼란함.

미(微) 미진(微塵)의 준말.

미간주(眉間珠) 불상의 두 눈썹 사이에 있는 구슬.

미개련합장(未開蓮合掌) 십이합장(十二合掌)의 하나. 두 손을 펴고 위로 세워서 서로 합치면서 두 손바닥 사이를 텅 비게 하여 마치 연꽃 봉오리 같은 손 모양.

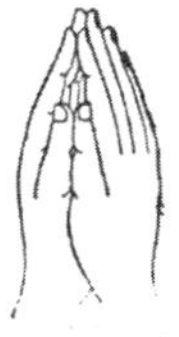
미개련합장

미경(味境) 육경(六境)의 하나. 혀로 느낄 수 있는 대상인 맛.

미계(味界) 십팔계(十八界)의 하나. 계(界, ⓢdhātu)는 요소를 뜻함. 인식을 성립시키는 요소의 하나로, 혀로 느낄 수 있는 대상인 맛.

미계(迷界) 헛것에 집착하여 그릇된 생각을 일으키는 미혹한 세계.

미도정(未到定) 미지정(未至定)의 구역(舊譯).

미두(米頭) 사찰의 곡식을 관리하는 직책, 또는 그 일을 맡은 승려.

미두인영(迷頭認影) 머리에는 미혹하고 그림자만 안다는 뜻. 진실을 보지 못하고 헛것만을 좇음. 경전의 글귀에 집착하여 진리의 체득을 잊어버림.

미래(未來) ①1찰나를 현재로 하여 그 뒤. ②아직 오지 않은 때. ③현겁(賢劫)을 현재로 하여 그 뒤의 성수겁(星宿劫)을 말함.

미래세(未來世) 죽은 뒤에 다시 태어날 세상. 다음 세상. 내세(來世).

미려야(迷麗耶) ⓢmaireya의 음사. 식물의 뿌리·꽃·열매 등으로 빚은 술. 이에 반해, 쌀·보리·밀 등의 곡식으로 빚은 술은 솔라(窣羅)라고 함.

미로(彌盧·迷盧) ⓢmeru의 음사. 수미산(須彌山)과 같음.

미루(彌樓) ⓢmeru의 음사. 수미산(須彌山)과 같음.

미륵(彌勒) ⓢmaitreya의 음사. 자씨(慈氏)라고 번역. ①4-5세기. 인도 유식파(唯識派)의 개조(開祖). 저서 : 유가사지론(瑜伽師地論)·변중변론송(辯中邊論頌). ②미륵보살 또는 미륵불의 준말.

미륵경(彌勒經) 미륵상생경(彌勒上生經)·미륵하생경(彌勒下生經)·미륵하생성불경(彌勒下生成佛經)·미륵대성불경(彌勒大成佛經)·미륵내시경(彌勒來時經) 등을 일컬음.

미륵내시경(彌勒來時經) 1권. 번역자 미상. 미륵하생경(彌勒下生經)의 다른 번역.

미륵대성불경(彌勒大成佛經) 1권. 요진(姚秦)의 구마라집(鳩摩羅什) 번역. 미륵하생경(彌勒下生經)의 다른 번역.

미륵보살(彌勒菩薩) 미륵(彌勒)은 ⓢmaitreya의 음사로, 자씨(慈氏)라고 번역. 석가모니불의 가르침을 받으면서 수행하다가 미래에 성불하리라는 예언을 받고 목숨을 마친 후 도솔천에 태어나 현재 거기서 수행중이라는 보살로, 석가모니불이 입멸한 후 오랜 세월이 지나면 이 세상에 내려와 화림원(華林園)의 용화수(龍華樹) 아래에서 성불하여 미륵불이 된다고 함.

미륵불(彌勒佛) 미륵(彌勒)은 ⓢmaitreya의 음사로, 자씨(慈氏)라고 번역. 현재 도솔천에서 수행중이라는 미륵보살이 오랜 세월이 지나 이 세상에 내려와 화림원(華林園)의 용화수(龍華樹) 아래에서 성불한다는 미래의 부처.

미륵삼부경(彌勒三部經) 미륵에 대해 설한 세 가지 근본 경전. 미륵상생경(彌勒上生經)·미륵하생경(彌勒下生經)·미륵대성불경(彌勒大成佛經).

미륵상생경(彌勒上生經) 본이름은 관미륵보살상생도솔천경(觀彌勒菩薩上生兜率天經). 1권. 유송(劉宋)의 저거경성(沮渠京聲) 번역. 세존이 미륵보살에게 12년 뒤에 목숨을 마치면 도솔천에 태어날 것이라고 예언하고, 도솔천의 정경을 묘사한 다음, 도솔천에 왕생하여 미륵보살을 만나기 위한 수행법을 설함.

미륵육부경(彌勒六部經) 미륵에 대해 설한 여섯 가지 경전. 미륵상생경(彌勒上生經), 미륵하생경(彌勒下生經), 구마라집(鳩摩羅什) 번역의 미륵하생성불경(彌勒下生成佛經), 의정(義淨) 번역의 미륵하생성불경(彌勒下生成佛經), 미륵대성불경(彌勒大成佛經), 미륵내시경(彌勒來時經).

미륵전(彌勒殿) 도솔천에 있는 미륵보살이나 미래에 용화세계(龍華世界)에서 설법할 미륵불을 모신 사찰의 건물. 탱화로는 용화수(龍華樹) 아래에서 미륵불이 설법하고 있는 정경을 묘사한 용화회상도(龍華會上圖)나 보관(寶冠)을 쓴 미륵보살이 구름을 타고 내려오는 광경을 묘사한 미륵내영도(彌勒來迎圖)를 걸어 둠.

미륵하생경(彌勒下生經) 1권. 서진(西晋)의 축법호(竺法護) 번역. 도솔천에 있는 미륵보살이 미래에 이 세상에 다시 태어나 용화수(龍華樹) 아래에서 성불한 후 세 번의 법회에서 설법하여 수많은 중생을 구제한다고 설함.

미륵하생성불경(彌勒下生成佛經) 미륵하생경(彌勒下生經)의 다른 번역. 두 가지 번역이 있음. (1)1권. 요진(姚秦)의 구마라집(鳩摩羅什) 번역. (2)1권. 당(唐)의 의정(義淨) 번역.

미리(迷理) 진리에 미혹함.

미리차(彌梨車) ⓢmleccha의 음사. 야만인.

미만차(彌曼蹉) ⇒ 미맘사 학파(mīmāṃsā學派)

미맘사학파(mīmāṃsā學派) 육파철학(六派哲學)의 하나. ⓢmīmāṃsā를 미만차(彌曼蹉)라고 음사함. 자이미니(jaimini, 기원전 2-기원전 1세기)가 창시한 이 학파의 목적은, 베다(veda)에 규정된 제식(祭式)를 고찰하여 정리하고 실행하는 데 있음. 그들의 신념에 의하면, 베다는 일체를 초월한 절대이며, 베다의 말은 원초적으로 존재하는 영원 불변한 실체라고 함. 말은 가끔 발성에 의해 드러나지만 발성이 소멸한 후에도 말은 소멸하지 않고 영원히 존속하며, 말과 대상의 결합 관계는 개인의 주관을 초월하여 불변하다고 함. 베다에 규정된 제식은 인간이 실행해야 할 의무, 곧 법(dharma)이며, 그것을 실행하면 번영을 누리고 해탈에 이른다고 함.

미발리차(微鉢哩哆) ⓢviparīta의 음사. 반차합장(反叉合掌)이라 번역. 두 손을 위로 세워서 두 손등을 붙이고 오른손 다섯 손가락과 왼손 다섯 손가

미발리차

락을 서로 교차시킨 손 모양.

미봉(迷封) 봉(封)은 경계를 뜻함. 경계가 분명하지 않음.

미부(尾扶) ⓢvibhū의 음사. 두루 가득하다, 자재(自在)하다, 강력하다는 뜻. 부처를 일컬음.

미사(迷事) 현상에 집착하여 미혹함.

미사색부(彌沙塞部) ⓢmahīśāsaka의 음사. 화지부(化地部)와 같음.

미사색부율(彌沙塞部律) 미사색부화혜오분율(彌沙塞部和醯五分律)의 준말.

미사색부화혜오분율(彌沙塞部和醯五分律) 30권. 유송(劉宋)의 불타집(佛陀什)·축도생(竺道生) 번역. 미사색부(彌沙塞部), 곧 화지부(化地部)의 율장(律藏)으로, 전체 내용이 다섯 부분으로 나뉘어 있음. 제1분에는 비구의 251계, 제2분에는 비구니의 370계, 제3분에는 수계법(受戒法)·포살법(布薩法)·안거법(安居法)·자자법(自恣法) 등, 제4분에는 멸쟁법(滅諍法)·갈마법(羯磨法), 제5분에는 파승법(破僧法)·와구법(臥具法)·잡법(雜法)·차포살법(遮布薩法)·별주법(別住法) 등으로 구성되어 있음.

미살라(彌薩羅) ⓢⓟmithilā의 음사. 지금의 파트나(Patna) 북쪽에 인접해 있던 발지국(跋祇國)의 도시로, 비데하족(videha族)의 중심 지역.

미생(迷生) 미혹한 중생.

미생원(未生怨·未生寃) ⇒ 아사세왕(阿闍世王)

미세상용안립문(微細相容安立門) 십현연기(十玄緣起)의 하나. 미세한 현상이 다른 현상에 포용되면서 또 다른 현상을 포용하고, 미세한 현상끼리도 서로 방해하지 않고 질서 정연함.

미세회(微細會) 금강계만다라(金剛界曼荼羅)의 한 부분으로, 테두리의 여러 금강저(金剛杵) 사이에 존(尊)들이 그려져 있는데, 이들은 미세하게 발현되는 부처의 지혜를 나타냄.

미수(彌授) 1240-1327. 고려의 승려. 경북 선산 출신. 처음 법명은 자안(子安), 뒤에 미수로 바꿈. 13세에 원흥사(元興寺)에 출가하고, 19세에 승과(僧科)에 합격함. 1268년(원종 9)에 삼중대사(三重大師)가 되어 유식학(唯識學)을 강의하고, 법주사(法住寺)에서 경론(經論)의 주석서 92권을 지음. 1313년(충선왕 5)에 도승통(都僧統)이 되고, 충숙왕은 내전참회사(內殿懺悔師)에 임명하고, 1324년(충숙왕 11)에 국존(國尊)이 됨. 법주사에서 입적함. 시호는 자정(慈淨).

미슬나(尾瑟拏) ⓢviṣṇu의 음사. ⇒ 비슈누(viṣṇu)

미슬뉴(微瑟紐) ⓢviṣṇu의 음사. ⇒ 비슈누(viṣṇu)

미오일도(迷悟一途) 미혹과 깨달음은 인연 따라 일어나는 일시적인 차별에 지나지 않고, 그 본질은 서로 같다는 뜻.

미음천(美音天) 묘음천(妙音天)과 같음.

미인(微人) 신분이 낮고 천한 사람.

미인주(迷人呪) 사람을 현혹시키는 주문(呪文).

미재(米齋) 식미재(食米齋)의 준말.

미저리(迷底履) ⓢmaitreya의 음사. 미륵보살을 말함.

미제라(彌提羅·彌梯羅) 미살라(彌薩羅)와 같음.

미중득상미상(味中得上味相) 삼십이상(三十二相)의 하나. 맛 중에서 가장 좋은 맛을 느낌.

미증유(未曾有) 미증유법(未曾有法)과 같음.

미증유경(未曾有經) 미증유법(未曾有法) ②와 같음.

미증유법(未曾有法) ⓢadbhuta-dharma ①예전에 없던 일. 예전에 들어 본 적이 없던 일. 매우 놀라운 일. 아주 드문 일. ②경전의 서술 내용에서, 부처의 불가사의한 신통력을 설한 부분. ⇒아부타달마(阿浮陀達磨)

미지근(未知根) 미지당지근(未知當知根)의 준말.

미지당지근(未知當知根) 삼무루근(三無漏根)의 하나. 미지당지(未知當知)는 알지 못한 사제(四諦)를 알려고 한다는 뜻, 근(根)은 강한 힘이 있는 작용이라는 뜻. 깨달음에 이를 수 있는 강한 힘이 있는 작용으로서, 의(意)·낙(樂)·희(喜)·사(捨)·신(信)·근(勤)·염(念)·정(定)·혜(慧)가 견도(見道)에 있을 때를 말함.

미지정(未至定) 사선(四禪)과 사무색정(四無色定)의 여덟 선정(禪定) 각각에 근본정(根本定)과 근분정(近分定)이 있는데, 각 근본정은 그 아래 단계의 수혹(修惑)을 끊은 선정이고, 근분정은 근본정에 들기 위해 닦는 예비 선정을 말함. 이 여덟 근분정 가운데 특히 초선(初禪)의 근분정을 미지정이라 함.

미지정려(未至靜慮) 미지정(未至定)과 같음.

미지지(未知智) 유지(類智)와 같음.

미진(微塵) ⓢaṇu-rajas 아주 작은 티끌이나 먼지. ⇒극미(極微)

미진(迷津) 미혹한 세계.

미차가(彌遮迦) 인도의 부법장(付法藏) 제6조. 중인도 출신. 출가하여 제다가(提多迦)의 제자가 됨. 불타난제(佛陀難提)에게 불법(佛法)의 유지와 전파를 부탁하고 입적함.

미착(味著) ⓢāsvāda 탐닉함.

미처(味處) 십이처(十二處)의 하나. 혀로 느낄 수 있는 대상인 맛.

미체라(彌體羅) 미살라(彌薩羅)와 같음.

미타(彌陀) 아미타불(阿彌陀佛)의 준말.

미타도량(彌陀道場) 극락 정토에 태어나기를 기원하면서 아미타불(阿彌陀佛)에게 공양하고 예배하는 의식.

미타삼부(彌陀三部) 정토교의 세 가지 근본 경전. 무량수경(無量壽經)·관무량수경(觀無量壽經)·아미타경(阿彌陀經).

미타삼존(彌陀三尊) 아미타불과 그 좌우에서 보좌하는 관세음보살과 대세지보살, 또는 아미타불과 관세음보살과 지장보살을 말함.

미타정인(彌陀定印) 아미타불의 손 모양으로, 이에는 아홉 가지가 있으나 한반도 불상의 경우, 오른손은 가슴 앞까지 들어서 손바닥을 밖으로 하고 왼손은 무릎 근처에 놓은 모양이 대부분임.

미타정인

미타참법(彌陀懺法) 아미타불(阿彌陀佛)을 본존(本尊)으로 하여 염불하고 참회하는 의식.

미황사(美黃寺) 전남 해남군 송지면 달마산 서쪽 중턱에 있는 절. 대흥사(大興寺)의 말사. 749년에 신라의 의조(義照)가 창건하고, 1597년 정유재란 때 불타고, 이듬해 만선(晩善)이 다시 지음. 1754년에 대웅보전(大雄寶殿)과 응진전(應眞殿)을 다시 짓고, 1983년에 보수함. 문화재 : 대웅보전·응진전.

미흘리니다(微吃哩抳多) ⓢvikrīḍita의 음사. 즐겁게 놂. 유희.

민절무기종(泯絶無寄宗) 본래 없으므로 의지할 어떠한 것도 없다는 가르침.

밀교(密敎) 대일여래(大日如來)의 비밀스런 가르침이라는 뜻으로, 중관(中觀)·유식(唯識)·여래장(如來藏)의 사상을 계승하여 발전시키면서 힌두교와 민간 신앙까지 폭넓게 수용하여 7세기경에 성립된 대승 불교의 한 파. 대일여래의 보리심(菩提心)과 대비(大悲)와 방편(方便)을 드러낸 대일경(大日經)과 그 여래의 지혜를 드러낸 금강정경(金剛頂經)에 의거하여 수행자가 신체로는 인계(印契)를 맺고, 입으로는 진언(眞言)을 외우고, 마음으로는 대일여래를 깊이 주시하여, 여래의 불가사의한 신(身)·구(口)·의(意)와 수행자의 신(身)·구(口)·의(意)가 수행자의 체험 속에서 서로 합일됨으로써 현재의 이 육신이 그대로 부처가 되는 즉신성불(卽身成佛)을 목표로 함.

밀리차(蜜利車) ⓢmleccha의 음사. 야만인.

밀린다팡하(milindapañha) 밀린다의 질문이라는 뜻. 나선비구경(那先比丘經)과 같음.

밀림산부(密林山部) ⓢṣaṇḍāgārika 붓다가 입멸한 후 300년경에 독자부(犢子部)에서 갈라져 나온 파(派).

밀의(密意) ①숨기고 있는 부처의 참뜻. 드러내지 않은 부처의 본뜻. 마음 속에 품고 있는 본뜻. ②깊은 뜻. 오묘한 뜻. ③특별한 의도.

밀의일승(密意一乘) 드러내지 않은 오직 하나의 궁극적인 부처의 가르침. 일시적인 방편으로 가르침을 설하면서, 감추고 있는 유일한 부처의 가르침.

밀인(密印) ①부처나 보살의 심오한 깨달음 또는 서원을 나타낸 여러 가지 손 모양. ②부처의 성품을 꿰뚫은 확실한 증거.

밀적금강역사(密迹金剛力士) 손에 금강저(金剛杵)를 지니고 부처를 보호한다는 신(神). 항상 부처 곁에서 그의 비밀스러운 행적을 들으려고 하므로 밀적(密迹)이라 함.

밀적역사(密迹力士) 밀적금강역사(密迹金剛力士)의 준말.

밀적집금강신(密迹執金剛神) 밀적금강역사(密迹金剛力士)와 같음.

밀주(密呪) 부처나 보살 등의 서원(誓願)이나 덕(德), 또는 가르침이나 지혜를 나타내는 비밀스러운 주문으로, 범어를 번역하지 않고 음사(音寫)하여 읽음.

밀행(密行) 계율을 빈틈없이 잘 지킴.

밀호(密號) ①문자의 뜻으로는 이해되지 않는 말. ②여러 부처나 보살을 밀교에서 부르는 이름. ③밀교의 관정(灌頂) 때 받는 이름.

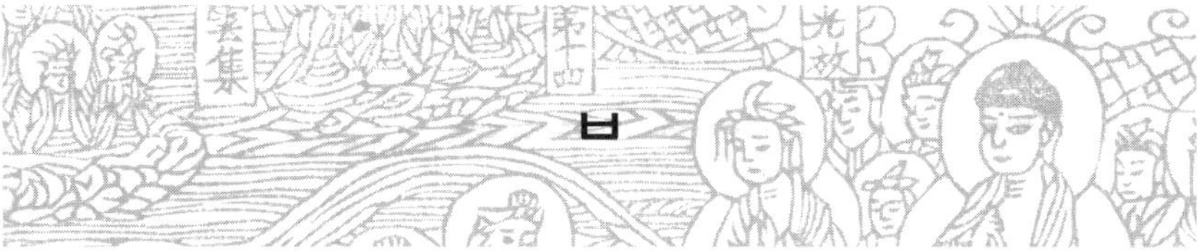

ㅂ

바가만(婆迦晩) 박가범(薄伽梵)과 같음.

바가바(婆伽婆) 박가범(薄伽梵)과 같음.

바라나(波羅奈) 바라날(婆羅捺)과 같음.

바라나시(bārāṇasī) 바라날(婆羅捺)과 같음.

바라날(婆羅捺·波羅捺) ⓢⓟbārāṇasī의 음사. 중인도 갠지스 강 중류 지역에 있는 바라나시(Varanasi)의 옛 이름. 이곳에서 북동쪽 약 7km 지점에 붓다가 처음으로 설법한 녹야원(鹿野苑)이 있음.

바라날사(婆羅痆斯) 바라날(婆羅捺)과 같음.

바라문(婆羅門) ⓢbrāhmaṇa의 음사. 고대 인도의 사성(四姓) 가운데 가장 높은 계급으로, 제사와 교육을 담당하는 바라문교의 사제(司祭) 그룹.

바라문교(婆羅門敎) 바라문 계급을 중심으로 형성된 고대 인도의 민족 종교. 베다(veda)를 절대적으로 신봉하고, 그 사상은 브라흐마나(brahmaṇa)·아란야카(āraṇyaka)·우파니샤드(upaniṣad)·육파철학(六派哲學)으로 전개됨.

바라문국(婆羅門國) 인도를 가리킴.

바라밀(波羅蜜) ⓢpāramitā의 음사. 도피안(到彼岸)·도(度)·도무극(度無極)이라 번역. 깨달음의 저 언덕으로 건너감. 완전한 성취. 완성. 수행의 완성. 최상. 최고.

바라밀다(波羅蜜多) 바라밀(波羅蜜)과 같음.

바라시가(波羅市迦) 바라이(波羅夷)와 같음.

바라이(波羅夷) ⓢⓟpārājika의 음사. 타불여(墮不如)·타승(他勝)·무여(無餘)·무잔(無殘)이라 번역. 승단에서 추방되어 비구·비구니의 자격이 상실되는 가장 무거운 죄. 비구의 바라이에 네 가지가 있는데, 그것은 다음과 같음. (1)음란한 짓을 함. (2)도둑질함. (3)사람을 죽임. (4)깨닫지 못하고서 깨달았다고 거짓말함.

바라이죄(波羅夷罪) 바라이(波羅夷)와 같음.

바라제목차(波羅提木叉) ⓢprātimokṣa ⓟpātimokkha의 음사. 별해탈(別解脫)이라 번역. 계본(戒本)을 말함. 불살생계(不殺生戒)를 지켜 살생에서 벗어나고, 불망어계(不妄語戒)를 지켜 거짓말에서 벗어나는 것처럼, 행위와 말로 저지르는 각각의 허물을 방지하여 거기에서 벗어나게 하는 계율을 모아 종류별로 나누어 열거한 조문(條文).

바라제사니(波羅提舍尼) 바라제제사니(波羅提提舍尼)와 같음.

바라제제사니(波羅提提舍尼) ⓢpratideśanīya ⓟpāṭidesanīya의 음사. 향피회(向彼悔)라고 번역. 걸식 때와 식사 때의 규칙을 어긴 가벼운 죄로, 청정한 비구에게 참회하면 죄가 소멸됨.

바라춤(哱囉-) 의식을 행할 때, 불법(佛法)을 수호하고 의식을 행하는 장소를 청정하게 한다는 뜻으로 추는 춤. 가사와 장삼을 입은 여러 명의 승려가 바라를 들고 다라니(陀羅尼)를 외우면서 추는데, 반주는 범패·호적·태징 등으로 함.

바랑 수행승이 휴대품을 넣어 등에 지고 다니는 큰 주머니.

바루 발우(鉢盂)의 변한말.

바루나(婆樓那) Ⓢvaruṇa의 음사. 베다(veda)의 신화에서, 규율과 물과 용의 무리들을 다스리는 신(神).

바리 발우(鉢盂)의 변한말.

바리때 발우(鉢盂)의 변한말.

바부(婆敷) Ⓢvāṣpa Ⓟvappa의 음사. 기식(氣息)·장기(長氣)라고 번역. 오비구(五比丘)의 하나. 우루벨라(uruvelā)에서 싯다르타와 함께 고행했으나 그가 네란자라(nerañjarā)강에서 목욕하고 또 우유죽을 얻어 마시는 것을 보고 타락했다고 하여, 그곳을 떠나 녹야원(鹿野苑)에서 고행하고 있었는데, 깨달음을 성취한 붓다가 그곳을 찾아가 설한 사제(四諦)의 가르침을 듣고 최초의 제자가 됨.

바사(婆沙) 비바사(毘婆沙)의 준말.

바사론(婆沙論) 아비달마대비바사론(阿毘達磨大毘婆沙論)의 준말.

바사파(婆沙波) 바부(婆敷)와 같음.

바삽파(婆澁波) 바부(婆敷)와 같음.

바수밀(婆須蜜) Ⓢvasumitra의 음사. 세우(世友)·천우(天友)라 번역. 설일체유부(說一切有部)의 논사.

바수밀다(婆須蜜多) 바수밀(婆須蜜)과 같음.

바수반두(婆藪槃豆) Ⓢvasubandhu의 음사. 세친(世親)이라 번역. ⇒ 세친(世親)

바야(波若) ①반야(般若)와 같음. ②562-613. 고구려의 승려. 수(隋)의 금릉(金陵)에 가서 여러 고승들의 강의를 듣고, 596년에 절강성(浙江省) 천태산(天台山)에 들어가 지의(智顗, 538-597)의 가르침을 받고, 598년에 천태산 화정봉(華頂峰)에 올라가서 16년 동안 수행함. 국청사(國淸寺)에서 입적함.

바야제(波夜提·婆夜提) 바일제(波逸提)와 같음.

바율습박(波栗濕縛·婆律濕縛) Ⓢpārśva의 음사. 협(脇)이라 번역. ⇒ 협(脇)

바이샤(vaiśya) ⇒ 폐사(吠奢)

바이샬리(vaiśālī) 비사리(毘舍離)와 같음.

바이셰시카학파(vaiśeṣika學派) 육파철학(六派哲學)의 하나. Ⓢvaiśeṣika를 승론(勝論)이라 번역하고, 폐세사가(吠世師迦)·비세사(毘世師)·위세사(衛世師)라고 음사함. 카나다(kaṇāda, 기원전 2-기원전 1세기)가 창시한 학파로, 모든 현상은 실(實)·덕(德)·업(業)·동(同)·이(異)·화합(和合)의 육구의(六句義)에 의해 생성·소멸되며, 해탈에 이르기 위해서는 이 여섯 가지 원리를 이해하고 요가 수행을 해야 한다고 함. 구의(句義)는 원리·범주를 뜻하며, 실(實)은 사물의 본질을 이루고 있는 지(地)·수(水)·화(火)·풍(風)·공(空) 등의 실체, 덕(德)은 실체의 성질, 업(業)은 실체의 운동, 동(同)은 사물에 서로 공통점을 있게 하는 원리, 이(異)는 모든 사물에 차이점을 있게 하는 원리, 화합(和合)은 실(實)·덕(德)·업(業)·동(同)·이(異)를 융합시키는 원리를 뜻함.

바일저가(波逸底迦) 바일제(波逸提)와 같음.

바일제(波逸提) ⓢpāyattika ⓟpācittiya의 음사. 타(墮)라고 번역. 가사나 발우 등의 물건을 규정 이상으로 소유하거나, 사소한 거짓말이나 욕설 등을 한 가벼운 죄. 이 죄를 저지른 비구·비구니는 비구들에게 참회하면 죄가 소멸되지만, 참회하지 않으면 죽어서 지옥에 떨어진다고 함.

바제(婆提) ⓢbhadrika ⓟbhaddiya의 음사. 인현(仁賢)·소현(小賢)·현선(賢善)이라 번역. 오비구(五比丘)의 하나. 우루벨라(uruvelā)에서 싯다르타와 함께 고행했으나 그가 네란자라(nerañjarā) 강에서 목욕하고 또 우유죽을 얻어 마시는 것을 보고 타락했다고 하여, 그곳을 떠나 녹야원(鹿野苑)에서 고행하고 있었는데, 깨달음을 성취한 붓다가 그곳을 찾아가 설한 사제(四諦)의 가르침을 듣고 최초의 제자가 됨.

바지제사니(波胝提舍尼) 바라제제사니(波羅提提舍尼)와 같음.

바차(婆叉) ⓢvakṣu의 음사. 파미르(Pamir) 고원의 동남쪽에서 발원하여 서북쪽으로 흘러 아랄(Aral) 해로 들어가는 강.

바차국(婆蹉國) ⓢmatsya ⓟmaccha의 음사. 지금의 델리(Delhi) 남쪽에 인접해 있던 인도의 고대 국가.

바파(婆破·婆頗) 바부(婆敷)와 같음.

박(縛) ⓢbandhana 중생의 마음을 속박하는 번뇌.

박가(薄迦) ⓢvākya의 음사. 장(章)이라 번역. 문장.

박가범(薄伽梵) ⓢbhagavat의 음사. 유덕(有德)·중우(衆祐)·세존(世尊)이라 번역. 모든 복덕을 갖추고 있어서 세상 사람들의 존경을 받는 자. 세간에서 가장 존귀한 자. 곧, 부처를 일컬음.

박라(縛羅) ⓢbāla의 음사. 어린아이. 어리석은 자. 범부.

박리사(嚩哩史) ⓢvārṣika의 음사. 재스민의 일종으로, 꽃에서 향료를 채취함.

박일라(縛日囉·嚩日囉) ⓢvajra의 음사. 금강(金剛)이라 번역. ⇒ 금강(金剛)

박지(薄地) 십지(十地)의 하나. 욕계의 수혹(修惑)을 대부분 끊은 단계.

박차(博叉) 바차(婆叉)와 같음.

박추(縛芻) 바차(婆叉)와 같음.

반가(半跏) 반가부좌(半跏趺坐)의 준말.

반가부(半跏趺) 반가부좌(半跏趺坐)의 준말.

반가부좌(半跏趺坐) 앉는 자세의 하나. 오른발을 왼쪽 허벅다리 위에 얹고 왼발을 오른쪽

반가부좌

무릎 밑에 넣고 앉는 앉음새, 또는 왼발을 오른쪽 허벅다리 위에 오른발을 왼쪽 무릎 밑에 넣고 앉는 앉음새.

반가사유상(半跏思惟像) 대좌(臺座)에 앉아 왼발을 내리고 오른발을 왼발의 무릎에 얹고 오른팔을 굽혀 손가락을 오른뺨에 살짝 대고 사색에 잠겨 있는 보살상.

반가좌(半跏坐) 반가부좌(半跏趺坐)의 준말.

반교(半教) 반자교(半字教)의 준말.

반니원(般泥洹) Ⓢparinirvāṇa Ⓟparinibbāna의 음사. 육신의 완전한 소멸, 곧 죽음. 석가의 죽음.

반니원경(般泥洹經) 2권. 번역자 미상. 대반열반경(大般涅槃經) ③의 다른 번역.

반대(槃大) Ⓢbandhyā의 음사. 석녀(石女).

반도실리(畔度室利) Ⓢbandhuśrī의 음사. 세친(世親)의 유식삼십송(唯識三十頌)에 대한 주석서를 지은 친승(親勝)의 범명(梵名).

반두(飯頭) 선원(禪院)에서 밥을 짓는 소임, 또는 그 일을 맡은 승려.

반라야(般羅若) 반야(般若)와 같음.

반만이교(半滿二教) 반자교(半字教)와 만자교(滿字教). 각각 소승과 대승을 비유함. 반자(半字)는 뜻을 지니지 못하는 자모(字母)로서 불완전함을 뜻하고, 만자(滿字)는 뜻을 지니고 구실을 하는 단어(單語)로서 완전함을 뜻함.

반문답(反問答) 힐문기론(詰問記論)과 같음.

반배호상착합장(反背互相著合掌) 십이합장(十二合掌)의 하나. 왼손 손바닥을 아래로 향하게 하고 왼손등에 오른손등을 붙인 손 모양.

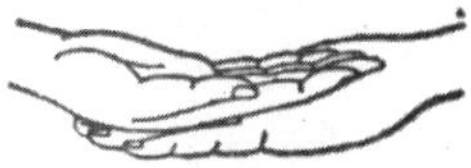

반배호상착합장

반사국(半闍國) 반사라국(般闍羅國)과 같음.

반사라국(般闍羅國) ⓈⓅpañcāla의 음사. 갠지스 강 상류 지역에 있던 인도의 고대 국가로, 북부 반사라와 남부 반사라로 분단되어 있었는데, 전자의 도읍지는 아힛찻트라(ahicchattra), 후자의 도읍지는 캄필랴(kāmpilya).

반사우슬(般闍于瑟) 반차우슬(般遮于瑟)과 같음.

반사파슬(般闍婆瑟) 반차우슬(般遮于瑟)과 같음.

반석겁(盤石劫) 겁(劫)의 무한한 시간을 비유한 말. 곧, 가로·세로·높이가 각각 1유순(由旬, 약 8km)인 큰 반석을 솜털로 짠 베로 100년에 한 번씩 쓸어 반석이 다 닳아 없어진다 해도 1겁이 끝나지 않는다고 함.

반수의(槃藪衣) 반수(槃藪)는 Ⓢpāṃsu의 음사, 진토(塵土)·분소(糞掃)라고 번역. 남이 버린 헌 옷이나 베 조각들을 기워서 만든 옷.

반승(飯僧) 신라·고려·조선 때, 왕이 승려들에게 음식을 베풀던 일.

반야(般若) Ⓢprajñā Ⓟpaññā의 음사. 혜

(慧)·지혜(智慧)·명(明)·혜명(慧明)이라 번역. ①분별하지 않고 대상을 있는 그대로 직관하는 마음 작용. 미혹을 끊고 모든 현상을 있는 그대로 주시하는 마음 작용. 분별과 집착이 끊어진 마음 상태. 모든 분별이 끊어져 집착하지 않는 마음 상태. 모든 분별을 떠난 경지에서 온갖 차별을 명료하게 아는 마음 작용. ②생몰년 미상. 북인도 가필시국(迦畢試國) 출신의 승려. 7세에 출가하고, 23세에 나란타사(那爛陀寺)에 가서 유식학(唯識學)과 밀교(密敎)를 배우고, 남인도에 가서 달마야사(達磨耶舍)에게 밀교를 배움. 781년에 광동성(廣東省) 광주(廣州)에 도착하고, 이듬해 장안(長安)에 와서 대승이취육바라밀다경(大乘理趣六波羅蜜多經)·대승본생심지관경(大乘本生心地觀經)·반야바라밀다심경(般若波羅蜜多心經)·40권 화엄경(華嚴經) 등을 번역하고 낙양(洛陽)에서 입적함.

반야경(般若經) 반야바라밀(般若波羅蜜)을 설한 경전을 통틀어 일컬음. 반야부 경전의 대부분은 당(唐)의 현장(玄奘)이 번역한 대반야바라밀다경(大般若波羅蜜多經) 600권에 포함됨.

반야경도량(般若經道場) 고려·조선 때, 인왕반야경(仁王般若經)을 독송하면서 재난이 없기를 빌거나 비 오기를 빌던 의식.

반야경보(般若經寶) 고려 때, 불경을 간행하기 위한 비용을 마련하기 위해 사찰에서 설치한 기관.

반야다라(般若多羅) 서천이십팔조(西天二十八祖) 가운데 제27조. 동인도 출신의 승려로, 불여밀다(不如蜜多)의 가르침을 받고 남인도 지역을 편력함. 보리달마(菩提達摩)에게 불법(佛法)의 유지와 전파를 부탁하고 입적함.

반야등론석(般若燈論釋) 15권. 분별명(分別明) 지음, 당(唐)의 파라파밀다라(波羅頗蜜多羅) 번역. 중론(中論)에 있는 용수(龍樹)의 중송(中頌)을 상세하게 풀이하고, 외도(外道)와 부파 불교의 학설을 비판한 저술.

반야류지(般若流支·般若留支) ⓢprajñāruci의 음사. 지희(智希)라 번역. 생몰년 미상. 중인도 바라날(波羅捺)의 바라문(婆羅門) 출신으로, 성(姓)은 구담(瞿曇, gautama). 516년에 비목지선(毘目智仙)과 함께 북위(北魏)의 낙양(洛陽)에 와서 회쟁론(廻諍論)·정법염처경(正法念處經)·성선주의천자소문경(聖善住意天子所問經)·금색왕경(金色王經)·순중론의입대반야바라밀경초품법문(順中論義入大般若波羅蜜經初品法門) 등을 번역함.

반야바라밀(般若波羅蜜) ⓢprajñā-pāramitā의 음사. 분별과 집착이 끊어진 완전한 지혜를 성취함. 분별과 집착을 떠난 지혜의 완성. 지혜바라밀(智慧波羅蜜)과 같음.

반야바라밀다(般若波羅蜜多) 반야바라밀(般若波羅蜜)와 같음.

반야바라밀다심경(般若波羅蜜多心經) 공(空)에 입각해서 불(不)과 무(無) 자(字)를 반복 사용하여, 분별이 끊어지고 집착이 없는 지혜의 완성을 설한 경. 여러 번역이 있음. (1)마하반야바라밀대명주경(摩訶般若波羅蜜大明呪經). 1권. 요진(姚秦)의 구마라집(鳩摩羅什) 번역. (2)반야바라밀다심경(般若波羅蜜多心經). 1권. 당(唐)의 현장(玄奘) 번역. (3)보편지장반야바라밀다심경(普遍智藏般若波羅蜜多心經). 1권. 당(唐)의 법월(法月) 번역. (4)반야바라밀다심경(般若波羅蜜多心經). 1권. 당(唐)의 반야(般若)·이언(利言) 번역. (5)반야바라밀다심경(般若波羅蜜多心經). 1권. 당(唐)의 지혜륜(智慧輪) 번역. (6)반야바라밀다심경(般若波羅蜜多心經). 1권. 당(唐)의 법성(法成) 번역. (7)성불모반야바라밀다심경(聖佛母般若波羅蜜多心經). 1권. 송(宋)의 시호(施護) 번역.

반야시(般若時) 천태종의 교판(敎判)에서, 방등시(方等時) 후 22년간 여러 반야경을 설한 시기. ⇒ 오시팔교(五時八敎)

반야심경(般若心經) 반야바라밀다심경(般若波羅蜜多心經)의 준말.

반야탕(般若湯) 절에서 술을 이르는 말.

반연(攀緣) ①대상에 의해 마음이 움직임. 대상에 의해 일어나는 마음의 혼란. ②인식함. ③인식 대상. ④얽매임. 집착함. ⑤인연에 끌림.

반연심(返緣心) 구심륜(九心輪)의 하나. 대상에 대해 어떤 행위를 일으키고 나서 그 행위를 평가하는 마음 작용.

반연진여선(攀緣眞如禪) 사종선(四種禪)의 하나. 분별을 떠나, 마음을 일으키지 않는 수행.

반열반(般涅槃) ⓢparinirvāṇa ⓟparinibbāna의 음사. 멸(滅)·멸도(滅度)라고 번역. ①육신의 완전한 소멸, 곧 죽음. 석가의 죽음. ②모든 번뇌를 완전히 소멸한 상태.

반자가단니(半者珂但尼) ⓢpañca-khādanīya의 음사. pañca는 5, khādanīya는 작식(嚼食)이라 번역. 곧, 오작식(五嚼食). 비구들이 간식으로 씹어 먹는 다섯 가지 음식. 뿌리·가지·잎·꽃·열매.

반자교(半字敎) 소승을 비유함. 반자(半字)는 뜻을 지니지 못하는 자모(字母)로서 불완전함을 뜻함. 이에 반해, 만자교(滿字敎)는 대승을 비유하는데, 만자(滿字)는 뜻을 지니고 구실을 하는 단어로서 완전함을 뜻함.

반자포선니(半者蒲膳尼) ⓢpañca-bhojanīya의 음사. pañca는 5, bhojanīya는 정식(正食)이라 번역. 곧, 오정식(五正食). 비구들이 끼니로 먹는 다섯 가지 부드러운 음식. 밥·죽·보릿가루·생선·고기.

반재(半齋) ①정오가 지나면 먹지 말라는 계율을 어기고 밤중에 음식을 먹음. 정오부터 저녁까지 반나절 동안만 음식을 삼갔다는 뜻. ②아침 식사와 정오의 식사 사이에 조금 먹는 음식. ③아침과 정오의 중간 시간.

반제(畔睇) ⓢvandana의 음사. 경례(敬禮)·공경(恭敬)이라 번역. 경건한 마음으로 인사함. 합장하고 머리 숙여 안부를 물음.

반좌(半座) 앉아 있는 자리에서 옆으로 몸을 옮겨, 그 반쪽에 다른 이를 앉게 한 자리.

반주삼매(般舟三昧) 반주(般舟)는 ⓢpratyutpanna의 음사로, 현재(現在)·현세(現世)라고 번역. 7일 또는 90일을 기한으로 하여, 계율을 지키고 항상 도량이나 불상의 주위를 돌면서 오로지 아미타불을 생각함으로써, 여러 부처가 눈앞에 나타나는 삼매.

반주삼매경(般舟三昧經) 3권. 후한(後漢)의 지루가참(支婁迦讖) 번역. 반주삼매로써 부처를 보는 법을 설한 경으로, 이 경의 번역으로 중국에 처음으로 아미타불이 알려짐.

반차라국(般遮羅國) 반사라국(般闍羅國)과 같음.

반차순(般遮旬) ⓢpañcābhijñā의 음사. 오신통(五神通)이라 번역.

반차우슬(般遮于瑟) ⓢpañca-vārṣika의 음사. 오년대회(五年大會)라 번역. 인도에서, 왕이 5년에 한 번 많은 승려들을 초청하여 공양하던 성대한 모임.

반차월사(般遮越師) 반차우슬(般遮于瑟)과 같음.

반차합장(反叉合掌) 십이합장(十二合掌)의 하나. 두 손을 위로 세워서 두 손등을 붙이고 오른손 다섯 손가락과 왼손 다섯 손가락을 서로 교차시킨 손 모양.

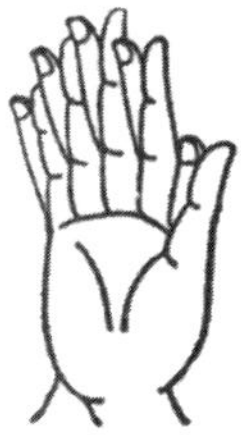
반차합장

반초(半超) 색계의 맨 밑에 있는 범중천(梵衆天)에서 몇 개의 천(天)을 뛰어넘어 색계의 맨 위에 있는 색구경천(色究竟天)이나 무색계의 맨 위에 있는 유정천(有頂天)에 이르러 완전한 열반을 이루는 불환과(不還果)의 성자. ⇒ 상류반(上流般)

반탁가(半託迦) ⓢpanthaka의 음사. 십육나한(十六羅漢)의 하나. 1,300명의 아라한과 함께 삼십삼천(三十三天)에 거주하면서 정법(正法)과 중생을 수호한다는 성자.

반택가(半擇迦·半宅迦) ⓢpaṇḍaka의 음사. 황문(黃門)·불남(不男)이라 번역. 남근(男根)이 불완전한 자.

반행반좌삼매(半行半坐三昧) 사종삼매(四種三昧)의 하나. 7일 또는 21일을 기한으로 하여, 불상의 주위를 돌기도 하고 좌선도 하면서 예불·참회·독경 등을 하는 수행.

반힐기(反詰記) 힐문기론(詰問記論)과 같음.

발(鉢) 발다라(鉢多羅)의 준말.

발개(鉢蓋) 발우(鉢盂)의 뚜껑.

발광지(發光地) 십지(十地)의 하나. 점점 지혜의 광명이 나타나는 단계.

발기(鉢器) 발우(鉢盂)와 같음.

발기서(發起序) 경전의 서분(序分) 가운데 그 경전에서만 특별히 설하고 있는 부분, 곧 별서(別序)를 말함. 그 경전을 설하게 된 이유를 밝히는 부분이므로 이와 같이 말함.

발기중(發起衆) 사중(四衆)의 하나. 부처에게 설법하도록 청하는 자.

발난타(跋難陀) ⓢⓟupananda의 음사. 육군비구(六群比丘)의 하나. 붓다 당시에 악행을 일삼은 비구.

발난타용왕(跋難陀龍王) 발난타(跋難陀)는 ⓢupananda의 음사, 선환희(善歡喜)라고 번역. 팔대용왕(八大龍王)의 하나. 팔대용왕 가운데 우두머리인 난타용왕의 동생으로, 비를 내려 흉년이 들지 않게 한다고 함.

발남국(跋南國) 부남국(扶南國)과 같음.

발낭(鉢囊) 발우(鉢盂)를 넣는 주머니.

발다라(鉢多羅) ⓢpātra ⓟpatta의 음사. 응기(應器)·응량기(應量器)라고 번역. 수행승들의 식기. 발우(鉢盂).

발담마(鉢曇摩) 발두마(鉢頭摩)와 같음 .

발담마지옥(鉢曇摩地獄) 발특마지옥(鉢特摩地獄)과 같음.

발대(鉢袋) 발낭(鉢囊)과 같음.

발두마(鉢頭摩) ⓢpadma의 음사. 붉은색의 연꽃.

발두마지옥(鉢頭摩地獄) 발특마지옥(鉢特摩地獄)과 같음.

발라나마(鉢囉拏摩) ⓢpraṇāma의 음사. 공손한 마음으로 절함. 경건한 마음으로 절함. 예배. 예경(禮敬).

발라사거(鉢羅奢佉) ⓢpraśākhā의 음사. 지절(支節)이라 번역. 태내오위(胎內五位)의 하나. 수태(受胎) 후 29일부터 출산까지.

발라야가국(鉢邏耶伽國) ⓢprayāga의 음사. 갠지스(Ganges) 강과 야무나(Yamuna) 강이 합류하는 알라하바드(Allahabad) 지역에 있던 인도의 고대 국가.

발라유다(鉢羅庾多) ⓢprayuta의 음사. 수의 단위로, 10^{13}.

발라참(跋邏攙) ⓢbalākṣa의 음사. 수의 단위로, 10^{49}.

발라특기나(鉢喇特崎拏) ⓢpradakṣiṇa의 음사. 우요(右繞)라 번역. 부처나 탑 등에 경의를 표할 때, 자신의 오른쪽을 그 대상으로 향하게 하여 도는 예법.

발라폐사(鉢羅吠奢) ⓢpraveśa의 음사. 들어감. 입문함.

발락(鉢絡) 발우(鉢盂)를 넣는 주머니.

발랄저가불타(鉢剌底迦佛陀) ⓢpratyeka-buddha의 음사. 홀로 깨달은 자라는 뜻. 독각(獨覺)·연각(緣覺)이라 번역. 스승 없이 홀로 수행하여 깨달은 자. 가르침에 의하지 않고 독자적으로 깨달은 자. 홀로 연기(緣起)의 이치를 주시하여 깨달은 자. 홀로 자신의 깨달음만을 구하는 수행자.

발람(跋藍) ⓢbala의 음사. 수의 단위로, 10^{43}.

발랍비국(跋臘毘國) 벌랍비국(伐臘毘國)과 같음.

발랍야제파야나(鉢蠟若帝婆耶那) ⓢprajñapti-vādin의 음사. 설가부(說假部)와 같음.

발록갈첩파국(跋祿羯呫婆國) ⓢbharukacchapa의 음사. 서인도, 캄베이(Kambay) 만에 인접해 있는 수라트(Surat) 지역에 있던 고대 국가.

발리만다라(鉢履曼荼羅) ⓢparimaṇḍala의 음사. 원(圓). 원형(圓形). 구형(球形). 원단(圓壇).

발무(撥無) 부정함. 인정하지 않음.

발벌다국(鉢伐多國) ⓢparvata의 음사. 인도의 펀자브(Punjab) 지역에 있던 고대 국가.

발보리심(發菩提心) 깨달음을 구하려는 마음을 일으킴. 깨달음의 경지에 이르려는 마음을 냄. 깨달음의 지혜를 갖추려는 마음을 냄.

발사국(拔沙國) ⓢvatsa ⓟvaṃsa의 음사. 갠지스(Ganges) 강과 야무나(Yamuna) 강이 합류하는 알라하바드(Allahabad) 지역에 있던 인도의 고대 국가로, 도읍지는 코삼비(kosambī).

발사국(跋闍國) 발지국(跋祇國)과 같음.

발심(發心) ①깨달음을 구하려는 마음을 일으킴. 깨달음의 경지에 이르려는 마음을 냄. 깨달음의 지혜를 갖추려는 마음을 냄. ②불문(佛門)에 들고자 하는 마음을 일으킴.

발심수행장(發心修行章) 1권. 신라의 원효(元曉) 지음. 출가한 승려의 마음가짐과 수행에 대해 서술한 글.

발심장(發心章) 발심수행장(發心修行章)의 준말.

발심주(發心住) 십주(十住)의 하나. 공(空)을 주시하여 청정한 지혜를 일으키는 단계.

발아뇩다라삼먁삼보리심(發阿耨多羅三藐三菩提心) 위없는 바르고 원만한 깨달음을 구하려는 마음을 일으킴.

발우(鉢盂) 발(鉢)은 ⓢpātra의 음사인 발다라(鉢多羅)의 준말로 식기, 우(盂)는 그릇을 뜻함. 음사와 번역의 합성어로, 수행승들의 식기를 일컬음.

발우수건(鉢盂手巾) 절에서 승려들이 식사한 후, 발우를 물로 씻은 다음 닦는 행주.

발원(發願) 원하는 마음을 냄. 원을 세움.

발원문(發願文) ①시주(施主)의 원을 적은 글. ②수행할 때 세운 원을 적은 글.

발의(發意) 발심(發心)과 같음.

발저(鉢底) ⓢpati의 음사. 주(主). 장(長). 관리. 지배자.

발제(跋提) ①바제(婆提)와 같음. ②아이라발제(阿夷羅跋提)의 준말.

발제가(跋提伽) 바제(婆提)와 같음.

발제리가(跋提梨迦) 바제(婆提)와 같음.

발지(鉢支) 발우(鉢盂)를 올려놓는 받침대.

발지국(跋祇國·跋耆國·拔祇國) ⓢvṛji ⓟvajji의 음사. 지금의 파트나(Patna) 북쪽에 인접해 있던 인도의 고대 국가로, 바이샬리(vaiśālī)를 중심으로 비데하족(videha族)·릿차비족(licchavi族)·브리지족(vṛji族) 등으로 형성되어 있었는데, 기원전 6세기에 마가다국(magadha國)에게 멸망함.

발지론(發智論) 아비달마발지론(阿毘達磨發智論)의 준말.

발진정보리심(發眞正菩提心) 기자비심(起慈悲心)과 같음.

발차국(跋蹉國) 발사국(拔沙國)과 같음.

발타(勃馱) 불타(佛陀)와 같음.

발타(鉢陀) ⓢpada의 음사. 구(句)·장(章)이라 번역. 문장.

발타(鉢他) ⓢprastha의 음사. 용량의 단위로, 한 되.

발타라(跋陀羅) ⓢbhadra의 음사. 십육나한(十六羅漢)의 하나. 900명의 아라한과 함께 탐몰라주(耽沒羅洲)에 거주하면서 정법(正法)과 중생을 수호한다는 성자.

발타라야니(跋陀羅耶尼) ⓢbhadrayānika의

음사. 현주부(賢胄部)와 같음.

발특마(鉢特摩·鉢特摩) ⓢpadma의 음사. 붉은색의 연꽃.

발특마지옥(鉢特摩地獄) 팔한지옥(八寒地獄)의 하나. 발특마(鉢特摩)는 ⓢpadma의 음사, 홍연화(紅蓮華)라고 번역. 심한 추위로 몸이 얼어서 터져 붉은 연꽃같이 된다는 지옥.

발화라(鉢和羅) ①ⓢpravāraṇā의 음사. 자자(自恣)라 번역. 여름 안거(安居)가 끝나는 날에 수행자들이 한곳에 모여 자신의 잘못을 서로 고백하고 참회하는 의식. ②발다라(鉢多羅)와 같음.

발화란(鉢和蘭) 발화라(鉢和羅) ①과 같음.

방(棒) 말로 표현할 수 없는 직접 체험의 경지를 나타낼 때, 또는 수행자를 꾸짖거나 호통칠 때, 주장자를 세우거나 그것으로 수행자를 후려치는 것.

방계(方計) ⓢupāya 수단. 방법. 방편.

방광(方廣) ①넓고 큼. 미치지 않는 곳이 없음. ②ⓢvaipulya 대승 또는 대승 경전을 일컬음. ③ⓢvaipulya 경전의 서술 내용에서, 방대한 진리를 설한 부분. ⇒ 비불략(毘佛略)

방광대장엄경(方廣大莊嚴經) 12권. 당(唐)의 지바가라(地婆訶羅) 번역. 도솔천궁(兜率天宮)에서 초전법륜(初轉法輪)까지의 붓다의 행적을 서술한 경.

방광도인(方廣道人) 대승(大乘)의 공(空)을 잘못 이해하여 허무(虛無)라고 주장한 불교도를 비꼬는 말.

방광반야경(放光般若經) 20권. 서진(西晋)의 무라차(無羅叉) 번역. 마하반야바라밀경(摩訶般若波羅蜜經)의 다른 번역.

방구식(方口食) 사부정식(四不淨食)의 하나. 부호나 권력자에게 아부하여 사방으로 분주하게 심부름해 주고 생계를 유지함.

방궤(方軌) 방법. 규칙.

방논사(方論師) 방위가 만물의 근원이라고 주장한 고대 인도의 한 학파.

방등(方等) 방광(方廣)과 같음.

방등경(方等經) 방등경전(方等經典)의 준말.

방등경전(方等經典) 대승 경전을 일컬음.

방등삼매(方等三昧) 7일을 기한으로 하여, 재계(齋戒)하고 삼보(三寶)에 예배하고 지성으로 자신의 허물을 참회하며, 도량의 주위를 돌면서 주문을 외우고 앉아서는 차별을 떠난 우주의 참모습을 주시하는 삼매.

방등시(方等時) 천태종의 교판(教判)에서, 녹원시(鹿苑時) 후 8년간 유마경·사익경·승만경 등의 대승 경전을 설한 시기. ⇒ 오시팔교(五時八教)

방등참법(方等懺法) 방등삼매(方等三昧)를 닦는 수행법.

방론(傍論) 논의의 핵심에서 벗어난 논의.

방부(房付) 승려가 절에 가서 그곳에서 머물며 수행할 수 있기를 부탁하는 일.

방사(房舍·坊舍) 수행승들이 거처하는 방.

방사건도(房舍犍度) 건도(犍度)는 ⓢskandha의 음사로, 장(章)·편(篇)을 뜻함. 수행승들이 거처하는 방에 대한 여러 가지 규정을 설한 장(章).

방생(放生) 사람에게 잡혀 죽게 된 생물을 놓아 줌.

방생(傍生) 새·짐승·벌레·물고기 등 온갖 동물을 말함. 축생(畜生)과 같음.

방생유(傍生有) 유(有)는 존재·생존을 뜻함. 온갖 동물들의 생존.

방생재(放生齋) 사람에게 잡혀 죽게 된 물고기나 짐승을 사서 살려 주는 의식. 보통 음력 3월 3일이나 8월 15일에 행함.

방생취(傍生趣) 축생취(畜生趣)와 같음.

방생회(放生會) 방생재(放生齋)와 같음.

방선(放禪) 일정한 기간의 참선(參禪)을 마치고 쉼.

방외(方外) 세속(世俗) 밖. 세속을 벗어난 세계.

방일(放逸) 선(善)을 닦지 않는 게으른 마음. 수행을 게을리 하는 마음.

방장(方丈) ①선원(禪院)의 운영을 주관하는 수행승, 또는 그가 거처하는 방. ②선원(禪院)·강원(講院)·율원(律院)을 모두 갖추고 있는 총림(叢林)의 가장 높은 승려.

방전(方典) 방등경전(方等經典)의 준말.

방참(放參) 일시적으로 야간의 수행을 생략하여 수행승에게 자유 시간을 부여함.

방촌(方寸) ①아주 좁음. 하잘것없이 작거나 적음. 사소함. ②마음. 마음 속.

방편(方便) ⓢupāya ①교묘한 수단과 방법. 중생을 구제하기 위해 그 소질에 따라 임시로 행하는 편의적인 수단과 방법. 상황에 따른 일시적인 수단과 방법. 중생을 깨달음으로 인도하기 위해 일시적인 수단으로 설한 가르침. ②힘써 수행함.

방편구족주(方便具足住) 십주(十住)의 하나. 한량없는 방편을 원만하게 닦는 단계.

방편도(方便道) 번뇌를 끊기 위한 수단으로 수행하는 단계. 가행도(加行道)와 같음.

방편바라밀(方便波羅蜜) ⓢupāya-pāramitā 십바라밀(十波羅蜜)의 하나. 중생을 구제하기 위한 완전한 방편을 성취함. 방편의 완성.

방편법신(方便法身) 중생을 구제하기 위한 수단으로 진리 그 자체가 구체적인 형상을 한 것으로, 아미타불이 여기에 해당함.

방편선교(方便善巧) 교묘한 수단과 방법. 중생을 구제하기 위해 그 소질에 따라 임시로 행하는 교묘한 수단과 방법. 중생을 깨달음으로 인도하기 위해 교묘한 방법으로 설한 가르침.

방편선교바라밀다(方便善巧波羅蜜多) 방편바라밀(方便波羅蜜)과 같음.

방편수연지(方便隨緣止) 삼지(三止)의 하나. 일시적인 화합으로 존재하는 현상을 긍정하고 인연에 따르면서 안주함.

방편승(方便乘) 승(乘)은 중생을 깨달음으로 인도하는 부처의 가르침을 뜻함. 중생을 구제하기 위해 그 능력이나 소질에 따라 임시로 설한 가르침. 중생을 깨달음으로 인도하기 위해 일시적인 수단으로 설한 가르침.

방편심(方便心) 기신론에서, 모든 분별이 끊어진 경지에 이른 후에 다시 차별 현상을 있는 그대로 확연히 알아 중생을 이롭게 하는 마음 작용. 깨달음에 이른 후에 다시 온갖 차별을 명명백백하게 알아 중생을 이롭게 하는 마음 작용.

방편심론(方便心論) 1권. 지은이 미상, 후위(後魏)의 길가야(吉迦夜) 번역. 고인명(古因明)의 요점을 해설하여, 옳고 그름을 분별하는 방법을 제시한 저술.

방편유여토(方便有餘土) 사토(四土)의 하나. 모든 현상에는 불변하는 실체가 없다고 주시하는 공관(空觀)과 모든 현상은 여러 인연의 일시적인 화합으로 존재한다고 주시하는 가관(假觀)을 닦아 이치와 현상에 대한 모든 번뇌를 끊었으나 아직 무명의 번뇌가 남아 있는 성문(聲聞)·연각(緣覺)·보살(菩薩)들의 세계.

방편정열반(方便淨涅槃) 삼열반(三涅槃)의 하나. 부처가 중생을 구제하기 위해 일시적으로 나타났다가 인연이 다하여 소멸한 상태.

방편지(方便智) 중생의 소질에 따라 일시적인 수단과 방법으로 교화하는 지혜.

방하착(放下著) 내려놓아라. 내버려라. 착(著)은 동사 뒤에 붙어 명령이나 부탁을 강조하는 어조사.

방할(棒喝) 말로 표현할 수 없는 직접 체험의 경지를 나타낼 때, 또는 수행자를 꾸짖거나 호통칠 때, 주장자를 세우거나 그것으로 수행자를 후려치는 것을 방(棒)이라 하고, 그러한 때 토하는 큰소리를 할(喝)이라 함.

방합선(蚌蛤禪) 조개가 입을 열면 뱃속이 드러나듯, 한마디의 말로써 모든 것을 드러내 보이는 선풍(禪風).

방행(放行) 선승(禪僧)이 학인(學人)을 지도할 때, 꼼짝 못하게 휘어잡아 바싹 다그치다가 잠시 느긋하게 내버려 두는 것.

방회(方會) 992-1049. 송(宋)의 승려. 강서성(江西省) 원주(袁州) 출신. 강서성 구봉산(九峰山)에 출가하고, 석상 초원(石霜楚圓, 986-1039)에게 사사(師事)하여 그의 법을 이어받음. 원주(袁州) 양기산(楊岐山)과 호남성(湖南省) 담주(潭州) 운개산(雲蓋山)에서 선풍(禪風)을 크게 일으킴. 어록 : 양기방회화상어록(楊岐方會和尙語錄).

배면상번(背面相飜) 옷감의 안팎과 같이, 모습은 다르지만 본질은 하나임을 뜻하는 말.

백고좌도량(百高座道場) 인왕백고좌도량(仁王百高座道場)의 준말.

백골관(白骨觀) 백골을 응시하여 인생의 무상을 체득하는 수행법.

백교향(白膠香) 사라수(娑羅樹)의 진(津)으로 만든 향료로, 종기·피부병의 치료제로 씀.

백념적(白拈賊) 멀건 대낮에 남의 물건을 훔침, 또는 그런 짓을 하는 사람.

백단(白檀) 나무의 껍질이 흰 전단(栴檀).

백담사(百潭寺) 강원 인제군 북면 용대리 설악산 북서쪽 기슭에 있는 절. 신흥사(神興寺)의 말사. 647년에 신라의 자장(慈藏)이 설악산 한계리에 창건하여 한계사(寒溪寺)라 하고, 이후 여러 차례 불타고, 터를 옮겨 다시 짓고 이름을 바꿈. 1457년에 재익(載益)·재화(載和) 등이 다시 지어 백담사라고 함. 1775년에 불탄 후 최붕(最鵬)·태현(太賢) 등이 다시 짓고 심원사(尋源寺)라 하고, 1783년에 다시 백담사라고 함. 1915년에 모두 불타고, 1921년에 인공(印空)이 다시 지음. 만해(萬海)가 머물면서 불교유신론(佛敎維新論)·님의 침묵 등을 집필함. 한국 전쟁 때 모두 불타고, 1957년에 다시 지음.

백련결사(白蓮結社) 백련사(白蓮社)와 같음.

백련사(白蓮社) 강진 만덕산 백련사(白蓮寺)의 요세(了世, 1163-1245)에 의해 결성된, 천태 지의(天台智顗)의 가르침과 염불 수행을 함께 닦은 신행 단체.

백련사(白蓮寺) ①전남 강진군 도암면 만덕산 남쪽 기슭에 있는 절. 대흥사(大興寺)의 말사. 839년에 신라의 무염(無染)이 창건하고, 이후 폐사됨. 고려의 요세(了世, 1163-1245)가 1211년부터 다시 짓기 시작하여 1216년에 완성하고 천태종을 부흥시킴. 1232년에는 법화삼매(法華三昧)를 닦고 정토 왕생을 기원하는 보현도량(普賢道場)을 결성함으로써 백련결사(白蓮結社) 운동이 전개됨. 고려 말에 왜구들의 침략으로 대부분 불타고, 1430년부터 6년 동안 행호(行乎)가 효령대군의 지원을 받아 복구하고 주위에 토성(土城)을 쌓음. 1760년에 대부분 불타고, 이후 다시 지음. ②전북 무주군 덕유산 동쪽 기슭에 있는 절. 금산사(金山寺)의 말사. 신라 신문왕(681-692) 때 백련(白蓮)이 창건하고, 이후 여러 차례 증축·보수함. 한국 전쟁 때 불타고, 1961년에 다시 지음. 문화재 : 매월당부도(梅月堂浮屠)·정관당부도(靜觀堂浮屠).

백련암(白蓮庵) ①경남 양산시 영축산(취서산) 남쪽 자락에 있는 절. 통도사(通度寺)에 딸린 암자. 1374년(공민왕 23)에 월화(月華)가 창건하고, 1634년에 현암(懸巖)이 다시 짓고, 이후 증축·보수함. ②경남 합천군 가야산 남쪽 기슭에 있는 절. 해인사(海印寺)에 딸린 암자. 창건 연대는 알 수 없고, 1605년에 소암(昭庵)이 증축하고, 1687년에 환적(幻寂)이 원통전(圓通殿)을 건립함.

백론(百論) 2권. 제바(提婆) 지음, 요진(姚秦)의 구마라집(鳩摩羅什) 번역. 용수(龍樹)의 학설을 수용하여, 수론(數論)·승론(勝論)·정리(正理) 등의 학파의 견해를 비판한 저술.

백률사(栢栗寺) 경북 경주시 동천동 소금강산 남서쪽 기슭에 있는 절. 불국사(佛國寺)의 말사. 7세기에 창건하고, 818년에 이차돈(異次頓)의 순교를 추모하기 위해 석당(石幢)을 조성함. 1377년에 증축하고, 1592년 임진왜란 때 불타고, 선조(1567-1608) 때 다시 지음.

백모상(白毛相) 삼십이상(三十二相)의 하나. 두 눈썹 사이에 흰 털이 있음.

백반왕(白飯王) ⓢśuklodana 싯다르타의 아버지인 정반왕(淨飯王)의 첫째 동생. 싯다르타의 숙부.

백백이숙업(白白異熟業) 사업(四業)의 하나. 착한 행위를 하여 받는 즐거움의 과보.

백법(白法) ①청정한 일. 착한 행위. ②즐거움. ③바른 가르침. ④번뇌가 완전히 소멸된 상태.

- 심법(心法)(8) : 안식(眼識)·이식(耳識)·비식(鼻識)·설식(舌識)·신식(身識)·의식(意識)· 말나식(末那識)·아뢰야식(阿賴耶識)
- 심소유법(心所有法)(51)
  - 변행(遍行)(5) : 작의(作意)·촉(觸)·수(受)·상(想)·사(思)
  - 별경(別境)(5) : 욕(欲)·승해(勝解)·염(念)·정(定)·혜(慧)
  - 선(善)(11) : 신(信)·참(慚)·괴(愧)·무탐(無貪)·무진(無瞋)·무치(無癡)·근(勤)·경안(輕安)·불방일(不放逸)·행사(行捨)·불해(不害)
  - 번뇌(煩惱)(6) : 탐(貪)·진(瞋)·치(癡)·만(慢)·의(疑)·악견(惡見)
  - 수번뇌(隨煩惱)(20) : 분(忿)·한(恨)·부(覆)·뇌(惱)·질(嫉)·간(慳)·광(誑)·첨(諂)·해(害)·교(憍)·무참(無慚)·무괴(無愧)·도거(掉擧)·혼침(惛沈)·불신(不信)·해태(懈怠)·방일(放逸)·실념(失念)·산란(散亂)·부정지(不正知)
  - 부정(不定)(4) : 회(悔)·면(眠)·심(尋)·사(伺)
- 색법(色法)(11) : 안(眼)·이(耳)·비(鼻)·설(舌)·신(身)·색(色)·성(聲)·향(香)·미(味)·촉(觸) ·법처소섭색(法處所攝色)
- 심불상응행(心不相應行)(24) : 득(得)·명근(命根)·중동분(衆同分)·이생성(異生性)·무상정(無想定)·멸진정(滅盡定)·무상사(無想事)·명신(名身)·구신(句身)·문신(文身)·생(生)·노(老)·주(住)·무상(無常)·유전(流轉)·정이(定異)·상응(相應)·세속(勢速)·차제(次第)·방(方)·시(時)·수(數)·화합성(和合性)·불화합성(不和合性)
- 무위법(無爲法)(6) : 허공(虛空)·택멸(擇滅)·비택멸(非擇滅)·부동멸(不動滅)·상수멸(想受滅)·진여(眞如)

백법(百法)

백법(百法) 유식학(唯識學)에서, 모든 현상을 백 가지로 분류한 것.

백법론(百法論) 대승백법명문론(大乘百法明門論)의 준말.

백법명문(百法明門) 온갖 진리에 통달한 지혜의 영역·세계.

백법명문론(百法明門論) 대승백법명문론(大乘百法明門論)의 준말.

백법문(百法門) 백법명문(百法明門)과 같음.

백보(白報) 좋은 과보.

백분(白分) 인도력(印度曆)에서는 음력 16일부터 다음달 15일까지를 월(月)의 단위로 하는데, 달이 이지러지기 시작하는 16일부터 30일까지의 전반부를 흑분(黑分)이라 하고, 달이 차기 시작하는 1일부터 15일까지의 후반부를 백분이라 함.

백불(白拂) 흰 소나 말의 꼬리털을 묶어서 자루 끝에 매어 단 장식물. 주로 설법할 때 손에 지님.

백비(百非) ⇒ 사구(四句)

백사갈마(白四羯磨) 합의(合議)로 어떤 사항을 결정할 때, 그 사항의 내용을 대중에게 한 번 알리고, 세 번 가부(可否)를 묻는 의식. 구족계(具足戒)를 주거나 무거운 죄를 처벌할 때, 이 절차를 행함.

백산(白傘) 흰 일산(日傘)으로, 자비로써 중생을 두루 덮어 줌을 상징함.

백산불정(白傘佛頂) 자비로써 중생을 두루 덮어 주는 힘이 있다는 불정(佛頂).

백수자(柏樹子) 측백나무 또는 잣나무. 자

(子)는 접미사.

백암(栢庵) 성총(性聰)의 호.

백양사(白羊寺) 전남 장성군 백암산 남쪽 기슭에 있는 절. 대한불교조계종 제18교구 본사. 632년(백제 무왕 33)에 여환(如幻)이 창건하여 백암사라 하고, 1034년에 중연(中延)이 중축하고 정토사(淨土寺)로 이름을 바꾸고, 1341년에 복구(復丘)가 크게 중축함. 1864년에 홍수로 파괴되자 인정(印定)이 복구·중축하고 백양사로 이름을 바꿈. 1917년부터 만암(曼庵, 1876-1957)이 크게 중축함. 문화재 : 극락보전·대웅전·천왕문·소요대사부도(逍遙大師浮屠).

백업(白業) 좋은 과보를 받을 청정한 행위와 말과 생각. 선업(善業)과 같음.

백운(白雲) 한곳에 머무르지 않고 구름과 같이 떠돌아다니는 수행승을 이르는 말.

백운경한(白雲景閑) ⇒ 경한(景閑)

백운화상초록불조직지심체요절(白雲和尙抄錄佛祖直指心體要節) 2권. 고려의 경한(景閑) 엮음. 과거칠불(過去七佛)부터 당(唐)·오대(五代)의 법안 문익(法眼文益, 885-958)까지의 여러 부처와 조사(祖師)들의 게송(偈頌)·법어(法語) 등에서 선(禪)의 요점이 되는 내용을 가려 뽑아 엮은 책.

백월(白月) 백분(白分)과 같음.

백유경(百喩經) 4권. 승가사나(僧伽斯那) 지음, 제(齊)의 구나비지(求那毘地) 번역. 붓다의 가르침을 재미있고 품위 있는 98가지 이야기로 엮은 저술.

백의(白衣) 고대 인도인들은 흰옷을 귀하게 여겨, 출가 수행자 외에는 대부분 흰옷을 입었으므로 재가(在家)의 사람을 일컬음.

백이갈마(白二羯磨) 합의(合議)로 어떤 사항을 결정할 때, 그 사항의 내용을 대중에게 한 번 알리고, 한 번 가부(可否)를 묻는 의식. 승단의 질서를 유지하기 위해 제한 구역을 정할 때, 안거(安居) 중에 외출을 허락받을 때, 이 절차를 행함.

백이십팔근본번뇌(百二十八根本煩惱) 유식설에서 상정하는 견혹(見惑)의 번뇌 112가지와 사혹(思惑)의 번뇌 16가지. 견혹은 욕계의 사제(四諦) 각각에 유신견(有身見)·변집견(邊執見)·사견(邪見)·견취견(見取見)·계금취견(戒禁取見)·탐(貪)·진(瞋)·치(癡)·만(慢)·의(疑)의 10번뇌가 있고, 색계·무색계의 사제 각각에 10번뇌 가운데 진(瞋)을 뺀 9번뇌가 있으므로 112번뇌. 사혹은 욕계에 유신견(有身見)·변집견(邊執見)·탐(貪)·진(瞋)·치(癡)·만(慢)의 6번뇌가 있고, 색계·무색계에 6번뇌 가운데 진(瞋)을 뺀 5번뇌가 있으므로 16번뇌. 따라서 합계 128번뇌.

백일물(百一物) 출가 수행자가 휴대해야 할 여러 가지 생활 도구를 각각 하나씩만 지니는 것. 백(百)이란 개수가 아니라 필요한 모든 물건이라는 뜻.

백잡쇄(百雜碎) 산산조각이 남.

백장청규(百丈淸規) 칙수백장청규(勅修百丈淸規)의 준말.

백장회해(百丈懷海) ⇒ 회해(懷海)

백정왕(白淨王) 정반왕(淨飯王)과 같음.

백좌강회(百座講會) 인왕백고좌도량(仁王百高座道場)과 같음.

백좌도량(百座道場) 인왕백고좌도량(仁王百高座道場)의 준말.

백중날(百中-) 여름 안거(安居)가 끝나는 음력 7월 15일. 이 날 절에서는 수행승들이 한 곳에 모여, 자신의 허물을 서로 고백하여 참회하고, 또 불공(佛供)을 드리거나 죽은 이의 명복을 빌기 위해 재(齋)을 올림.

백중학(百衆學) 수행승의 식사·복장·예의 등에 대한 백 가지 규율. 이것을 어기면 돌길라(突吉羅)의 죄에 해당하는데, 만약 고의로 이 죄를 저질렀을 때는 한 명의 비구 앞에서 참회하고, 고의가 아닐 때는 마음 속으로 참회하면 죄가 소멸됨.

백천만억선다라니(百千萬億旋陀羅尼) 다라니(陀羅尼)는 ⓢdhāraṇī의 음사, 총지(總持)·능지(能持)라고 번역. 공(空)에서 나아가 갖추게 되는, 여러 인연의 일시적인 화합으로 존재하는 온갖 현상에 통달하는 지혜.

백추(白槌·白椎) 수행자에게 무엇을 알릴 때에 나무 방망이로 나무 기둥을 쳐서 집중시키는 것.

백파(白坡) 긍선(亘璇)의 법호.

백팔번뇌(百八煩惱) 중생을 괴롭히고 어지럽히는 마음 작용을 통틀어 이르는 말. 108에 대해서는 여러 가지 설이 있는데, 그 중 두 가지만 소개함. 첫째, 안(眼)·이(耳)·비(鼻)·설(舌)·신(身)·의(意)의 육근(六根)이 색(色)·성(聲)·향(香)·미(味)·촉(觸)·법(法)의 육경(六境)을 대상으로 하여 시각 작용·청각 작용·후각 작용·미각 작용·촉각 작용·분별 작용을 일으킬 때, 각각 좋음〔好〕·나쁨〔惡〕·좋음도 나쁨도 아님〔平〕이 있어 18, 여기에 각각 더러움〔染〕·깨끗함〔淨〕이 있어 36, 다시 여기에 각각 과거·현재·미래가 있어 합계 108. 둘째, 육근(六根)에 각각 괴로움〔苦〕·즐거움〔樂〕·괴로움도 즐거움도 아님〔捨〕이 있고, 또 각각 좋음〔好〕·나쁨〔惡〕·좋음도 나쁨도 아님〔平〕이 있어 합계 36, 여기에 과거·현재·미래가 있어 108.

백팔염주(百八念珠) 실에 보리수 열매나 수정 구슬 등을 108개 꿰어서 그 끝을 맞맨 것으로, 108번뇌의 소멸을 상징함.

백호상(白毫相) 부처의 두 눈썹 사이에 있다는 흰 털로서, 오른쪽으로 말려 있고 여기에서 광명을 발한다고 함. 불상에는 진주·비취·금 따위를 박아 표시함. 백모상(白毛相)과 같음.

백화도량발원문(白花道場發願文) 1편. 신라의 의상(義湘) 지음. 의상의 관음신앙과 원(願)을 적은 글.

백흥암(百興庵) 경북 영천시 팔공산 동쪽 기슭에 있는 절. 은해사(銀海寺)에 딸린 암자. 873년(신라 경문왕 13)에 창건하여 백지사(柏旨寺)라 하고, 1546년에 백흥암으로 이름을 바꾸고, 1745년(영조 21)에 극락전(極樂殿)을 지음. 문화재 : 극락전 수미단(極樂殿須彌壇)·극락전.

번(幡) ⓢpatākā 깃발. 휘장.

번개(幡蓋) 깃발과 우산 모양의 장식물.

번경원(翻經院) 고대 중국에서, 범문(梵文)으로 된 불전(佛典)을 한문으로 번역한 기관.

번뇌(煩惱) ⓢkleśa ⓟkilesa 중생이 일으키는 모든 생각. 중생을 괴롭히고 산란하게 하는 마음 작용. 중생을 어지럽히고 미혹하게 하는 마음 작용.

번뇌경(煩惱境) 십경(十境)의 하나. 탐(貪)·진(瞋)·치(癡)의 삼독(三毒)을 주시함.

번뇌구(煩惱垢) 근본 번뇌(根本煩惱)에서 유출되는 오염된 마음 작용.

번뇌도(煩惱道) 삼도(三道)의 하나. 이치와 현상에 대한 미혹.

번뇌마(煩惱魔) 사마(四魔)의 하나. 탐(貪)·진(瞋)·치(癡) 등은 몸과 마음을 어지럽히고 수행에 장애가 되므로 마(魔)라고 함.

번뇌장(煩惱障) ①청정한 지혜가 일어나는 것을 방해하여 무지의 속박에서 벗어나지 못하게 하는 번뇌. ②자아에 집착하는 아집(我執)에 의해 일어나 끊임없이 인식 주관을 산란하게 하고 어지럽혀 열반(涅槃)을 방해하는 번뇌. ⇒ 소지장(所知障)

번뇌탁(煩惱濁) 오탁(五濁)의 하나. 번뇌가 들끓음.

번역명의집(翻譯名義集) 7권. 송(宋)의 법운(法雲) 엮음. 불전(佛典)에 나오는 범어(梵語)를 종류별로 분류하여 그 뜻을 풀이한 책.

벌나파사(伐那婆斯) ⓢvanavāsin의 음사. 십육나한(十六羅漢)의 하나. 1,400명의 아라한과 함께 가주산(可住山)에 거주하면서 정법(正法)과 중생을 수호한다는 성자.

벌라차말라(筏羅遮末羅) ⓢapara-cāmara의 음사. 섬부주(贍部洲)에 속하는 중주(中洲)의 이름.

벌랍비국(伐臘毘國) ⓢbalabhi의 음사. 서인도, 지금의 구자라트(Gujarat) 지역에 있던 고대 국가.

벌리사(伐里沙·伐利娑) ⓢvarṣa의 음사. 우(雨)라고 번역. 상캬 학파의 창시자인 가비라(迦毘羅)의 제자로, 우중외도(雨衆外道)의 우두머리.

벌사라불다라(伐闍羅弗多羅) ⓢvajraputra의 음사. 십육나한(十六羅漢)의 하나. 1,100명의 아라한과 함께 발자나주(鉢剌拏洲)에 거주하면서 정법(正法)과 중생을 수호한다는 성자.

벌소반도(伐蘇畔度·伐蘇畔徒) ⓢvasubandhu의 음사. 세친(世親)이라 번역. ⇒ 세친(世親)

범(梵) ①ⓢbrahman의 음사. 바라문교에서 설하는 우주의 최고 원리. 우주를 창조하고 전개시키는 근본 원리. 만물을 배후에서 움직이는 힘. ②청정. 금욕. 신성(神聖). ③범천(梵天). ④범어(梵語).

범가이(梵迦夷) ⓢbrahma-kāyika의 음사. 정신(淨身)이라 번역. 색계 초선천(初禪天)의 왕인 대범천(大梵天)이 거느리는 권속들을 말함.

범계(犯戒) 계율을 어김. 계율을 깨뜨림.

범계(梵界) 색계의 초선천(初禪天), 곧 범중천(梵衆天)·범보천(梵輔天)·대범천(大梵天)의 세계.

범궁(梵宮) 색계 초선천(初禪天)의 왕인 범천(梵天)이 사는 궁전.

범다회천(梵多會天) 범보천(梵輔天)과 같음.

범단(梵檀·梵壇) ⓢbrahma-daṇḍa의 음사. 묵빈(默擯)이라 번역. daṇḍa는 벌(罰)·형벌(刑罰)·치죄(治罪)라는 뜻. 죄를 지은 수행승에 대한 벌칙으로, 그 수행승과 일체 말하지 않게 한 규정.

범덕(梵德) 대범천(大梵天)의 복덕.

범도(梵道) 음욕(淫欲)을 끊고 수행함.

범륜(梵輪) 전륜성왕(轉輪聖王)의 윤보(輪寶)가 굴러가면서 적을 무찌르듯, 부처의 가르침은 번뇌를 부수고 쉼 없이 중생을 교화하므로 그 가르침을 굴러가는 바퀴에 비유하고, 그 가르침은 청정하므로 범(梵)이라 함.

범마(梵魔) 범천(梵天)과 마왕(魔王).

범마(梵摩) ⓢbrahman의 음사. 청정. 청결.

범마니(梵摩尼) 마니(摩尼)는 ⓢmaṇi의 음사로, 보석을 뜻함. 대범천(大梵天)이 지니고 있는 여의주(如意珠).

범망경(梵網經) ①본이름은 범망경노사나불설보살심지계품제십(梵網經盧舍那佛說菩薩心地戒品第十). 2권. 요진(姚秦)의 구마라집(鳩摩羅什) 번역. 상권에서는 노사나불(盧舍那佛)이 십발취심(十發趣心)·십장양심(十長養心)·십금강심(十金剛心)·십지(十地)를 설하고, 하권에서는 보살이 지켜야 할 십중금계(十重禁戒)와 사십팔경계(四十八輕戒)를 설함. ②범망육십이견경(梵網六十二見經)의 준말.

범망경노사나불설보살심지계품제십(梵網經盧舍那佛說菩薩心地戒品第十) 범망경(梵網經)의 본이름.

범망경보살계본(梵網經菩薩戒本) 범망경(梵網經) ①의 하권을 일컬음.

범망보살계경(梵網菩薩戒經) 범망경(梵網經) ①의 하권을 일컬음.

범망육십이견경(梵網六十二見經) 1권. 오(吳)의 지겸(支謙) 번역. 붓다가 살아 있을 당시에 인도의 외도들이 주장한 62가지 견해에 대해 설한 경.

범매서(梵寐書) 범서(梵書) ①과 같음.

범무(梵舞) 불교 의식 때 추는 나비춤·바라춤 등을 말함.

범문(梵文) 범어(梵語), 곧 산스크리트로 된 원문.

범벌(梵罰) 범단(梵檀)과 같음.

범법(梵法) 범단(梵檀)과 같음.

범보천(梵輔天) 색계 초선천(初禪天)의 제2천. ⇒ 색계십칠천(色界十七天)

범복(梵福) 대범천(大梵天) 또는 범보천(梵輔天)의 복덕.

범복(梵服) 청정한 수행자가 입는 옷, 곧 가사(袈裟)를 말함.

범본(梵本) 범어(梵語), 곧 산스크리트로 된 원전.

범부(凡夫) ⓢpṛthag-jana ①어리석고 미혹한 자. 번뇌에 얽매여 있는 자. ②견도(見道)에 이르지 못한 자.

범부선(凡夫禪) 인과(因果)의 이치는 믿지만 분별하는 마음 작용이 있는 수행.

범부승(凡夫僧) 중생을 교화하는, 출가하지 않은 수행자.

범서(梵書) ①ⓢbrāhmī 기원전 6세기경에 형성된, 인도에서 가장 오래된 브라흐미(brāhmī) 문자를 말함. 굴다(掘多, gupta)·실담(悉曇, siddhaṃ)·데바나가리(deva-nāgarī) 등의 문자는 브라흐미 문자에서 발달한 것임. ②⇒ 브라흐마나(brahmaṇa)

범석사왕(梵釋四王) 색계 초선천(初禪天)의 왕인 범천(梵天)과 수미산 정상에 있는 도리천(忉利天)의 왕인 제석(帝釋)과 수미산 중턱의 사방에 있는 사왕천(四王天)의 네 왕인 사천왕(四天王)을 일컬음.

범성동거토(凡聖同居土) 사토(四土)의 하나. 범부와 성자가 함께 사는 세계.

범성상(梵聲相) 삼십이상(三十二相)의 하나. 음성이 맑음.

범세(梵世) 색계의 모든 천(天)을 통틀어 일컬음. 욕계의 탐욕을 소멸한, 청정한 세계라고 하여 이와 같이 말함.

범세계(梵世界) 범세(梵世)와 같음.

범승(梵乘) 중생을 깨달음으로 인도하는 부처의 청정한 가르침. 특히 자(慈)·비(悲)·희(喜)·사(捨)의 사무량심(四無量心)에 대한 가르침을 말함.

범승(梵僧) ①인도에서 온 승려. ②계율을 지키는 청정한 승려.

범신천(梵身天) 범중천(梵衆天)과 같음.

범아일여(梵我一如) 우주의 최고 원리인 범(梵, brahman)과 개인의 본질인 아(我, ātman)는 같다는 우파니샤드(upaniṣad)의 중심 내용.

범어(梵語) ⇒ 산스크리트(sanskrit)

범어사(梵魚寺) 부산시 금정구 금정산 동쪽 기슭에 있는 절. 대한불교조계종 제14교구 본사. 679년에 신라의 의상(義湘)이 창건하고, 835년에 증축하고, 1592년 임진왜란 때 모두 불탐. 1602년에 묘전(妙全)이 다시 짓고, 1658년에 해민(海敏)이 증축한 후 여러 차례 증축·보수함. 문화재 : 삼층석탑·대웅전·일주문 등.

범왕(梵王) 범천(梵天) ②와 같음.

범음(梵音) ①범천(梵天)의 음성. ②부처의 맑은 음성. 부처의 설법. ③범패(梵唄)와 같음.

범일(梵日) 810-889. 신라의 승려. 품일(品日)이라고도 함. 사굴산문(闍崛山門)의 개산조(開山祖). 15세에 출가하여 20세에 구족계(具足戒)를 받음. 831년에 당(唐)에 가서 마조(馬祖)의 제자인 염관 제안(鹽官齊安, ?-842)의 선법(禪法)을 전해 받고, 847년에 귀국하여 강릉 사굴산에 굴산사(崛山寺)를 창건하고 40여 년 동안 머무름. 시호는 통효(通曉).

범자(梵字) 산스크리트(sanskrit)를 표기한 문자. 범천(梵天)이 이 문자를 만들었다는 고대 인도의 전설에 따라 범자(梵字)라고 함. 브라흐미(brāhmī) 문자에서 발달한 굴다(掘多,

gupta)·실담(悉曇, siddhaṃ) 등의 문자를 말함. 4-5세기에 형성된 굴다 문자는 구자(龜玆)·우전(于闐)으로 전해지고, 6세기경에 형성된 실담 문자는 중국으로 전해짐. 현재 범본(梵本) 출판에 사용되고 있는 문자는 11세기경에 형성된 데바나가리(deva-nāgarī)임.

범쟁(犯諍) 사쟁(四諍)의 하나. 수행승이 저지른 죄가 어떤 죄에 해당하는지 아직 확정되지 않았는데도 그에 대해 일으키는 논쟁.

범종(梵鐘) 사찰에서 아침·저녁 예불 때 치는 큰 종. 범종의 기본형은 용뉴(龍鈕)·음관(音管)·천판(天板)·상대(上帶)·유곽(乳廓)·유두(乳頭)·비천상(飛天像)·당좌(撞座)·하대(下帶)로 되어 있는데, 용뉴(龍鈕)는 범종의 가장 위쪽에 있는 용의 모습을 한 고리로, 이곳에 쇠줄을 연결하여 종을 매달음. 음관(音管)은 용뉴 바로 옆에 붙어 있는 대나무 마디 모양의 소리 대롱이고, 천판(天板)은 용뉴·음관과 접촉하고 있는 범종의 머리 부분으로, 주로 연꽃잎이 새겨져 있음. 상대(上帶)는 범종의 어깨 부분에 둘린 무늬 띠이고, 하대(下帶)는 아랫부분에 둘린 무늬 띠인데, 상·하대에는 주로 덩굴풀 무늬, 국화 무늬가 새겨져 있음. 유곽(乳廓)은 윗부분의 네 곳에 있는 네모난 테이며, 그 안에는 각각 9개의 볼록 솟아 있는 꼭지가 있는데, 이것이 마치 젖꼭지 같다고 하여 유두(乳頭)라고 함. 범종의 가운데에는 비천상(飛天像)이 새겨져 있고, 종을 치는 당목(撞木)이 닿는 곳을 당좌(撞座)라고 함.

범종

범종각(梵鐘閣) 범종루(梵鐘樓)와 같음.

범종루(梵鐘樓) 범종을 걸어 두는 사찰의 누각. 큰 사찰에서는 범종·법고(法鼓)·목어(木魚)·운판(雲板) 등을 함께 걸어 둠.

범중(梵衆) ①범중천(梵衆天)의 준말. ②청정한 수행을 하는 수행자들.

범중천(梵衆天) 색계 초선천(初禪天)의 제1천. ⇒ 색계십칠천(色界十七天)

범지(梵志) ⓢbrāhmaṇa 범(梵)은 청정을 뜻함. 바라문(婆羅門)을 일컬음. 바라문은 청정한 수행을 하고 범천(梵天)에 태어나기를 지향하는 자이므로 이와 같이 말함.

범찬(梵讚) 범어(梵語)로 쓰여진, 부처의 공덕을 칭송한 글.

범찰(梵刹) 절. 사찰. 사원.

범천(梵天) ⓢⓟbrahmā ①색계의 초선천(初禪天), 곧 범중천(梵衆天)·범보천(梵輔天)·대범천(大梵天)을 통틀어 일컬음. ⇒ 색계십칠천(色界十七天) ②색계 초선천의 왕인 대범천을 일컬음. 이름은 시기(尸棄, śikhin)라 하고, 도리천의 왕인 제석(帝釋)과 함께 불법(佛法)을 수호한다고 함. ③바라문교에서, 우주를 창조하고 전개시키는 최고 원리인 브라흐만(brahman, 梵)을 신격화한 말, 또는 그 신의 세계.

범천계(梵天界) 색계의 초선천(初禪天), 곧 범중천(梵衆天)·범보천(梵輔天)·대범천(大梵天)을 말함.

범천궁(梵天宮) 색계 초선천(初禪天)의 왕인 범천이 사는 궁전.

범천법(梵天法) 범천의 궁전에서 행하는 벌

칙으로, 죄를 지은 자와 일체 말하지 않게 한 규정.

범천왕(梵天王) 범천(梵天) ②와 같음.

범천외도(梵天外道) 브라흐만을 신격화한 범천을 우주의 근원으로 사유하는 바라문교를 말함.

범천후(梵天后) 범천왕의 비(妃), 곧 변재천(辯才天).

범패(梵唄) ①경전의 글귀나 게송에 곡조를 붙여 부처의 공덕을 기리는 찬가(讚歌). ②예수재(豫修齋)·수륙재(水陸齋)·영산재(靈山齋) 등의 의식 때 부르는 노래. 안채비들이 부르는 안채비소리와 겉채비들이 부르는 홋소리·짓소리와 화청(和淸)의 네 가지로 구성되어 있는데, 홋소리와 짓소리가 범패의 대부분을 차지함. 안채비소리는 재주(齋主)를 축원하는 염불이고, 홋소리는 비교적 짧은 노래로 구성지고 부드러움. 짓소리는 합창으로 부르는데, 무게가 있는 억센 노래이며, 화청은 포교의 한 방편으로 대중에게 친숙한 민속 음악에 우리말 사설(辭說)을 얹어 부르는 노래로 태징과 북을 반주로 함.

범해(梵海) 각안(覺岸)의 법호.

범행(梵行) ⓢbrahma-carya 범(梵)은 청정을 뜻함. ①음욕(淫欲)을 끊고 계율을 지키는 청정한 수행. 깨달음에 이르는 수행. ②오행(五行)의 하나. 청정한 마음으로 자비를 베풀어, 중생에게 즐거움을 주고 그의 괴로움을 덜어 주는 보살의 수행.

범향(梵響) 부처의 맑은 음성. 부처의 설법.

범협(梵夾) 고대 인도인들은 다라수(多羅樹) 잎이나 종이를 직사각형으로 자르고 좌우에 두 개의 작은 구멍을 뚫고 경문(經文)을 쓴 다음, 그것을 겹겹이 쌓아 두 개의 나무 판자 사이에 놓고 구멍에 끈을 꿰어 묶어서 보관하였는데, 이러한 형식으로 된 서책(書册)을 말함.

범협

법(法) ⓢdharma ⓟdhamma ①현상. 인식된 현상. 인식 주관에 드러난 현상. 분별에 의해 의식에 드러난 현상. ②인식 작용. 의식 작용. ③인식 내용. 의식 내용. 관념. ④의식 상태. 마음 상태. ⑤부처의 가르침. ⑥성전(聖典). ⑦진리. 규범. 법칙. ⑧성질. 속성. 특징. 특성. ⑨선(善). 공덕. 덕. 덕행. ⑩의식(儀式). ⑪방법. ⑫인명(因明)에서, 주장 명제인 종(宗)의 술어를 말함. 예를 들면, '말은 무상하다'에서 '무상'. 이에 반해, 종(宗)의 주어, 곧 '말'은 유법(有法)이라 함. ⑬ⓢvastu 사물. 대상.

법가(法假) 삼가(三假)의 하나. 모든 현상은 여러 인연의 화합에 지나지 않으므로 거기에 불변하는 실체가 없고 일시적임.

법각의(法覺意) 택법각지(擇法覺支)와 같음.

법간(法慳) 오간(五慳)의 하나. 가르침을 자신만 알고 남에게 베풀지 않음.

법거량(法擧揚) ①스승이 제자의 수행 상태를 점검하기 위해 주고받는 문답. ②선객(禪客)들 사이에 주고받는 선(禪)에 대한 문답.

법건도(法犍度) 건도(犍度)는 ⓢskandha의 음사로, 장(章)·편(篇)을 뜻함. 수행자의 행동에 대한 규정을 설한 장(章).

법경(法境) 육경(六境)의 하나. 의식 내용. 관념.

법경(法鏡) 현휘(玄暉)의 시호.

법경록(法經錄) 수(隋)의 법경(法經) 등이 엮은 중경목록(衆經目錄)을 말함.

법계(法界) ⓢdharma-dhātu 계(界, ⓢdhātu)는 요소·부류·세계·본성 등을 뜻함. ①십팔계(十八界)의 하나. 인식을 성립시키는 요소의 하나로, 의식 내용이나 관념. ②모든 현상. 우주. ③모든 현상의 고유한 본성. ④모든 분별이 끊어진 상태에서, 있는 그대로 드러나는 존재. 분별하지 않는 지혜를 체득한 경지에서 파악되는, 있는 그대로의 참모습. ⑤진리의 세계.

법계(法階) 승려들에게 주어지는 지위의 등급.

법계도(法界圖) 화엄일승법계도(華嚴一乘法界圖)의 준말.

법계도기(法界圖記) 일승법계도원통기(一乘法界圖圓通記)의 준말.

법계도기총수록(法界圖記叢髓錄) 4권. 엮은이 미상. 신라의 의상(義湘)이 지은 화엄일승법계도(華嚴一乘法界圖)를 풀이한 대기(大記)·법융대덕기(法融大德記)·진수대덕기(眞秀大德記) 등을 인용하여 엮은 화엄일승법계도의 주석서.

법계무량회향(法界無量廻向) 십회향(十廻向)의 하나. 한량없는 청정한 일을 거듭 닦아 이를 중생에게 돌려 중생을 진리의 세계에 들게 함.

법계사(法界寺) 경남 산청군 중산리 지리산 천왕봉 남동쪽 아래에 있는 절. 해인사(海印寺)의 말사. 신라 때 창건하고, 1380년(우왕 6)에 왜군이 불태우고, 1405년에 정심(正心)이 다시 지음. 한국 전쟁 때 불타고, 1981년에 다시 지음. 문화재 : 삼층석탑.

법계신(法界身) ①모든 중생이 갖추고 있는 부처의 청정한 성품. ②있는 그대로의 진실한 모습.

법계연기(法界緣起) 이 우주의 모든 현상은 함께 의존하여 일어나, 걸림 없이 서로가 서로를 받아들이고 서로가 서로를 비추면서 끊임없이 흘러가는 장엄한 세계라는 화엄학의 관점. 이것을 구체적으로 사법계(四法界)·십현연기(十玄緣起)·육상원융(六相圓融) 등으로 설명함.

법계장(法界藏) 여래장(如來藏)과 같음.

법계정인(法界定印) 두 손을 펴서 왼손을 아래로 하여 겹치고, 두 엄지손가락의 끝을 서로 맞댄 손 모양.

법계정인

법계종(法界宗) 오종교(五宗敎)의 하나. 모든 현상은 서로 걸림 없이 원만하게 융합되어 있다는 화엄경의 가르침을 말함.

법계차제초문(法界次第初門) 3권. 수(隋)의 지의(智顗) 지음. 법수(法數) 60항목을 알기 쉽게 풀이한 저술.

법계체성지(法界體性智) 오지(五智)의 하나.

있는 그대로의 본성을 아는 지혜. 모든 분별이 끊어진 상태에서, 있는 그대로의 본성을 아는 지혜.

법고(法鼓) ①부처의 설법을, 북을 치는 것에 비유한 말. ②절에 있는 북으로, 예불 때나 의식 때 사용함. ③절에서 북을 치는 소임, 또는 그 일을 맡은 승려.

법고②

법고춤(法鼓-) 의식을 행할 때, 축생을 제도하기 위해 북을 두들기면서 추는 춤.

법공(法空) ①모든 현상은 여러 인연의 일시적인 화합에 지나지 않으므로 거기에 불변하는 실체가 없음. 현상을 구성하는 요소에 불변하는 실체가 없음. ②인식 주관에 형성된 현상에 대한 분별이 끊어진 상태.

법공양(法供養) ①부처의 가르침을 공경하고 찬탄함. 경전에 꽃·향 등을 바침. ②부처의 가르침을 중생들에게 베풂. ③불서(佛書)를 사람들에게 베풂.

법구(法具) 불교 의식에 쓰이는 기구. 범종(梵鐘)·법고(法鼓)·목탁(木鐸)·운판(雲板)·요령(搖鈴) 따위.

법구(法救) ⓢdharmatrāta 4세기, 북인도 건타라국(乾陀羅國) 출신의 승려로, 설일체유부(說一切有部)의 논사(論師). 저서 : 잡아비담심론(雜阿毘曇心論).

법구경(法句經) ①ⓢudāna 경전의 서술 형식에서, 질문자 없이 부처 스스로 설한 법문. ②ⓟdhammapada 2권. 법구(法救) 엮음, 오(吳)의 유기난(維祇難) 번역. 초기 불교의 교단에서 전해지던 게송들을 모아서 주제별로 분류하여 엮은 경으로, 39품으로 나뉘어 있고 불교의 핵심이 758개의 간결한 게송에 집약되어 있음.

법구비유경(法句譬喩經) 4권. 서진(西晋)의 법거(法炬)·법립(法立) 번역. 법구경(法句經)의 게송에서 약 3분의 2를 가려 뽑아, 그것들이 설해진 배경이나 인연을 이야기로 덧붙인 경.

법기(法器) ①부처의 가르침을 받아들여 수행할 수 있는 소질이나 근성이 있는 사람. ②불전(佛前)에 공양하거나 재(齋)를 올릴 때 쓰이는 기구(器具).

법기보살(法起菩薩) 80화엄경 제보살주처품(諸菩薩住處品)에 나오는 보살로, 금강산에 머물면서 주로 반야(般若)에 관한 설법을 한다고 함.

법난(法難) ①그릇된 법사(法師)에 의해 부처의 가르침이 왜곡됨. ②불교의 교단이나 신도들이 외부로부터 받는 탄압.

법념처(法念處) ⇒ 법염처(法念處)

법다라니(法陀羅尼) 다라니(陀羅尼)는 ⓢdhāraṇī의 음사, 총지(總持)·능지(能持)라고 번역. 가르침을 듣고 마음에 간직하여 잊지 않는 능력·지혜.

법담(法談) 불교의 교리에 대해 서로 묻고 대답함. 선문답(禪門答)을 주고받음.

법당(法堂) ①불상을 모신 사찰의 중심 건물. ②설법하거나 각종 의식을 행하는 사찰의 건물. ③사찰에 있는 전각(殿閣)을 통틀어 일컬음.

법당(法幢) ①장수가 깃발을 세우고 적군을 무찌르듯, 번뇌를 쳐부수는 부처의 가르침을 깃발에 비유한 말. ②지금 설법 중이라는 표시로 세우는 깃발.

법동분(法同分) 좌우의 눈이 서로 비슷하듯, 모든 생물이 감각하거나 인식하는 기관이나 기능을 서로 비슷하게 하는 작용.

법동사(法同舍) 부처의 가르침과 함께하는 집이라는 뜻, 곧 사찰을 말함.

법등(法燈) 부처의 가르침을, 어둠을 밝히는 등불에 비유한 말.

법라(法螺) 부처의 설법을 소라 껍데기로 만든 악기를 부는 것에 비유한 말.

법락(法樂) ①부처의 가르침을 듣거나 배우는 즐거움. ②진리를 깨닫고, 그것을 되새길 때 잔잔히 사무치는 즐거움.

법란(法蘭) 축법란(竺法蘭)과 같음.

법랍(法臘) 출가하여 구족계(具足戒)를 받은 후, 하안거(夏安居)가 끝나는 날인 음력 7월 15일을 기준으로 해서 세는 승려의 나이.

법랑(法朗) 생몰년 미상. 신라의 승려. 당(唐)에 가서 선종 제4조 도신(道信, 580-651)에게 사사(師事)하고 귀국하여 신라에 처음으로 선법(禪法)을 전함. 신행(愼行, 704-779)이 그의 법을 이어받음.

법력(法力) ①부처의 가르침이 지닌 뛰어난 힘. ②부처나 보살의 위대한 능력. ③수행으로 얻은 뛰어난 능력.

법뢰(法雷) 부처의 설법을 천둥 소리에 비유한 말.

법류지(法類智) 욕계의 사제(四諦)를 체득한 지혜인 법지(法智)와 색계·무색계의 사제(四諦)를 체득한 지혜인 유지(類智).

법륜(法輪) ⓢdharma-cakra ①번뇌를 부수는 부처의 가르침을, 전륜성왕(轉輪聖王)이 굴려 모든 장애를 물리치는 윤보(輪寶)에 비유한 말. 부처의 설법. ②부처의 가르침이 여러 사람에게 전해지는 것을 굴러가는 바퀴에 비유한 말. ③ⓢśāsana 가르침.

법률(法律) 가르침과 계율.

법만다라(法曼荼羅) ⓢdharma-maṇḍala의 음역. 사종만다라(四種曼荼羅)의 하나. 부처와 보살, 그 가르침의 내용, 진리 등을 범자(梵字)로써 상징적으로 표현한 그림.

법맥(法脈) 스승에서 제자로 계속 이어져 전해 온 불법(佛法)의 계통.

법명(法名) ①출가하여 절에서 행자(行者)로서 일정 기간 동안 수행한 뒤, 계(戒)를 받을 때 스승이 지어 주는 이름. ②승려가 불법(佛法)을 믿는 재가(在家)의 신도에게 지어 주는 이름.

법무거래종(法無去來宗) 화엄종의 교판(敎判)에서, 현재의 현상에만 불변하는 실체가 있고, 과거와 미래의 현상에는 실체가 없다는 가르침. 계윤부(雞胤部)·음광부(飮光部) 등의 가르침을 말함. ⇒ 오교십종(五教十宗)

법무아(法無我) ①모든 현상은 여러 인연의 일시적인 화합에 지나지 않으므로 거기에 불변하는 실체가 없음. 현상을 구성하는 요소에 불변하는 실체가 없음. ②인식 주관에 형성된 현상에 대한 분별이 끊어진 상태.

법무아무외(法無我無畏) 모든 현상은 여러 인연의 일시적인 화합에 지나지 않으므로 거기에 불변하는 실체가 없다고 주시하여 모든 현상의 속박에서 벗어나 마음에 두려움이 없고 평온함.

법무애(法無礙) 법무애해(法無礙解)의 준말.

법무애해(法無礙解) 사무애해(四無礙解)의 하나. 가르침을 표현한 글귀나 문장을 막힘없이 명료하게 이해하고 말하는 능력.

법무외(法無畏) 모든 현상을 구성하고 있는 요소들에 불변하는 실체가 없다고 주시하여 오온(五蘊)의 속박에서 벗어나 마음에 두려움이 없고 평온함.

법문(法門) 부처의 가르침. 진리나 깨달음에 이르게 하는 가르침.

법문(法文) 부처의 가르침을 기록한 문장. 불경의 글귀.

법미(法味) 부처가 설한 진리의 체득.

법밀부(法密部) 법장부(法藏部)와 같음.

법보(法寶) 삼보(三寶)의 하나. 부처의 가르침은 보배처럼 매우 귀중하다는 뜻으로 이르는 말.

법보단경(法寶壇經) 육조단경(六祖壇經)과 같음.

법보시(法布施) 남에게 부처의 가르침이나 불서(佛書)를 베풂.

법보표목(法寶標目) 대장성교법보표목(大藏聖教法寶標目)의 준말.

법복(法服) 승려들이 입는 가사(袈裟)·장삼(長衫), 그리고 평상시에 입는 옷을 통틀어 일컬음.

법본말(法本末) 법인(法印)과 같음.

법분(法分) ⓢdharma-dāyāda 부처가 남긴 가르침.

법불(法佛) 진리 그 자체, 또는 진리를 있는 그대로 드러낸 우주 그 자체를 부처로 간주한 말.

법비량(法比量) 삶을 보고 죽음을 알듯, 하나의 사실에서 다른 진리를 유추함.

법사(法事) ①부처의 가르침. 진리. ②승단에서 해야 할 일. ③불교에서 치르는 행사.

법사(法師) ①불법(佛法)에 정통하고 늘 수행하여 세상 사람의 모범이 되는 승려. ②설법하는 승려. 법회(法會)를 주관하는 승려. ③제자에게 법맥(法脈)을 전해 준 스승. ④부처의 가르침을 전파하는 사람.

법사(法嗣) 스승의 인가(印可)를 받아 불법(佛法)의 전통을 이어받은 제자.

법사리(法舍利) 부처가 남긴 가르침, 또는 그 가르침을 기록한 경전을 이르는 말.

법상(法相) ①ⓢdharma-lakṣaṇa 현상의 특질. 사물의 고유한 특징이나 성질. ②ⓢdharmatā 모든 현상의 있는 그대로의 참모습이나 상태. ③ⓢdharma-saṃjñā 진리라는 관념. ④가르침의 진정한 뜻.

법상(法床) 설법할 때 올라앉는 자리.

법상부(法上部) ⓢdharmottarīya 붓다가 입멸한 후 300년경에 독자부(犢子部)에서 갈라져 나온 파(派).

법상종(法相宗) 유식(唯識)에 대한 여러 경론(經論)을 기본으로 하면서, 특히 현장(玄奘, 602-664)이 번역한 해심밀경(解深密經)과 성유식론(成唯識論)에 의거하여 호법(護法, 530-561) 계통의 유식학을 정립한 학파. 현상과 그것을 구성하는 요소를 분석하여 밝히고, 모든 현상은 마음이 지어낸 번뇌에 지나지 않으므로 그 현상은 마음에 내재(內在)한다고 함. 마음 작용 곧 식(識)을 여덟 가지로 분류하고, 제팔식(第八識)은 말나식(末那識)이 그것을 자아라고 오인하여 집착하므로 아뢰야식(阿賴耶識), 과거에 지은 행위의 결과로 일어나므로 이숙식(異熟識), 과거의 경험으로 새겨진 종자를 저장하고 있으므로 일체종자식(一切種子識)이라고 함. 무착(無著)·진제(眞諦) 계통의 섭론종(攝論宗)이 아뢰야식을 청정과 오염이 뒤섞인 진망화합식(眞妄和合識)으로 간주하고 아뢰야식 외에 제9식으로 청정한 아마라식(阿摩羅識)을 상정하는 데 반해, 법상종은 아뢰야식을 오염된 망식(妄識)으로 간주하고, 또 섭론종이 마음에 비친 사물의 모습은 허구라는 무상유식(無相唯識)의 입장인데 반해, 법상종은 마음에 비친 사물의 모습은 허구가 아니라 고유한 본성을 지니는 실재라는 유상유식(有相唯識)의 입장임. 현장의 제자 기(基, 632-682)는 성유식론술기(成唯識論述記)·성유식론장중추요(成唯識論掌中樞要)를 지어 법상종의 교학을 확립함. 기(基)의 제자 혜소(慧沼, 650-714)는 성유식론요의등(成唯識論了義燈)을 지었고, 혜소의 제자 지주(智周, 668-723)는 성유식론연비(成唯識論演秘)를 지었는데, 기(基)·혜소(慧沼)·지주(智周)를 법상종의 삼조(三祖)라고 함. 한편, 현장 문하의 원측(圓測, 613-696)은 유식학을 개척하는 데 선도적 역할을 하였으나 기(基) 일파로부터 배척을 받았는데, 그것은 원측이 호법의 유식(唯識)과 중관(中觀)을 융합하려고 한 반면, 기(基) 일파는 호법의 유식을 절대적으로 간주한 데서 비롯됨.

법상좌(法上佐) 스승의 가르침이나 법맥(法脈)을 이어받은 제자.

법석(法席) ①설법하는 장소. ②선승(禪僧)이 수행승을 지도하는 장소.

법선(法船) 미혹한 세계에서 깨달음의 피안으로 인도하는 부처의 가르침을 배에 비유한 말.

법성(法性) ⓢdharmatā ①있는 그대로의 본성·상태. ②모든 현상의 있는 그대로의 참모습. ③변하지 않는 진실·진리.

법성게(法性偈) 신라의 의상(義湘)이 화엄학의 핵심을 7언(言) 30구(句)〔210字〕로 요약한 게송. ⇒ 화엄일승법계도(華嚴一乘法界圖)

법성법신(法性法身) 진리 그 자체, 또는 진리를 있는 그대로 드러낸 우주 그 자체를 뜻함.

법성불(法性佛) 진리 또는 모든 현상의 있는 그대로의 참모습이 곧 부처라는 뜻.

법성생신(法性生身) 진리를 깨달아 삼계(三界)의 괴로움을 벗어난 부처와 보살.

법성신(法性身) 법신(法身)과 같음.

법성제(法性諦) 칠제(七諦)의 하나. 분별하는 인식 주관의 작용이 끊어져 그 주관에 차별 현상이 없는 이무아(二無我)에 이르면 괴로움이 소멸된다는 진리.

법성종(法性宗) 본질이나 이치에 대해 설한 가르침·종파.

법성토(法性土) 사토(四土)의 하나. 진리 그 자체, 또는 진리를 있는 그대로 드러낸 우주 그 자체를 부처의 세계로 간주한 말.

법세(法歲) 법랍(法臘)과 같음.

법손(法孫) 스승의 가르침을 전해 받은 제자.

법송사리(法頌舍利) 부처가 남긴 가르침을 이르는 말.

법수(法水) 중생의 번뇌를 깨끗이 씻어 버리는 부처의 가르침을 물에 비유한 말.

법수(法數) 수(數)로 분류·정리되어 있는 교리. 예를 들면, 일승(一乘)·삼계(三界)·사제(四諦)·오온(五蘊)·십이연기(十二緣起) 등.

법수(法壽) 법랍(法臘)과 같음.

법순(法順) ⇒ 두순(杜順)

법승부(法勝部) 법상부(法上部)와 같음.

법시(法施) 남에게 부처의 가르침을 베풂.

법식(法式) ①규칙. 제도. 습관. ②수계나 참회 등을 행하는 의식, 또는 그 의식에서 지켜야 할 예법.

법신(法身) ⓢdharma-kāya ①삼신(三身)의 하나. 진리 그 자체, 또는 진리를 있는 그대로 드러낸 우주 그 자체. 비로자나불과 대일여래가 여기에 해당함. ②부처가 설한 여러 가지 가르침. ③부처가 갖추고 있는 십력(十力)·사무외(四無畏) 등의 여러 가지 뛰어난 능력. ④부처의 성품을 유지하는 주체. 모든 분별이 끊어진 지혜를 체득한 주체. 있는 그대로 대상을 직관하는 주체. ⑤있는 그대로의 진실한 모습. ⑥중생이 본래 갖추고 있는 청정한 성품.

법신보살(法身菩薩) 보살이 거듭 수행하여 깨달음에 이르는 과정인 오십이위(五十二位) 가운데 초지(初地)에서 십지(十地)까지의 보살을 말함.

법신불(法身佛) 법신(法身) ①과 같음.

법신장(法身藏) 여래장(如來藏)과 같음.

법아견(法我見) 모든 현상에 불변하는 실체가 있다는 견해. 현상을 구성하는 요소를 불변하는 실체로 간주하는 견해.

법아집(法我執) 모든 현상에 불변하는 실체가 있다는 집착. 현상을 구성하는 요소를 불변하는 실체로 간주하는 집착.

법안(法眼) ①모든 현상을 꿰뚫어 보는 부처의 눈. ②오안(五眼)의 하나. 모든 현상의 참모습과 중생을 구제하는 방법을 두루 아는 보살의 눈. ③법안종(法眼宗)의 준말. ④⇒ 문익(文益)

법안문익(法眼文益) ⇒ 문익(文益)

법안정(法眼淨) 사제(四諦) 또는 불생불멸(不生不滅)의 진리를 명료하게 아는 청정한 지혜.

법안종(法眼宗) 오가칠종(五家七宗)의 하나. 법안 문익(法眼文益, 885-958)에 의해 형성된 종파. 그는 선(禪)과 화엄(華嚴)을 융합하였고, 안목을 무한으로 넓혀 일체 만물의 있는 그대로의 모습을 체득할 것을 강조함. 법안의 선법을 이어받은 천태 덕소(天台德韶, 891-972)는 천태산에 머물면서 선(禪)과 천태학(天台學)의 융합을 시도함. 덕소의 제자에 영명 연수(永明延壽, 904-975)와 승천 도원(承天道原)이 있는데, 연수는 종경록(宗鏡錄) 100권을 저술하여 선교일치(禪敎一致)의 체계를 세웠고, 선(禪)과 염불을 함께 닦을 것을 권장한 그의 만선동귀집(萬善同歸集)은 송(宋) 이후의 염불선(念佛禪)의 터전을 확립하는 데 기틀이 됨. 도원의 경덕전등록(景德傳燈錄) 30권은 중국 선사들의 계보와 전기, 깨달음에 대한 문답을 집대성한 것으로, 조사들의 말이나 문답의 의문을 좌선의 대상으로 하는 간화선(看話禪)의 발전을 가져옴.

법어(法語) 부처의 가르침이나 깨달음에 대해 설한 말이나 글.

법업(法業) ①부처의 가르침이나 진리에 맞는 행위·말·생각. ②불교에서 치르는 행사.

법연(法筵) 설법하는 장소.

법연(法演) ?-1104. 송(宋)의 승려. 임제종(臨濟宗) 양기파(楊岐派). 사천성(四川省) 면주(綿州) 출신. 35세에 출가하여 유식학(唯識學)을 배우고, 호북성(湖北省) 오조산(五祖山)에서 선풍(禪風)을 일으킴. 그는 수많은 화두(話頭) 가운데 조주(趙州)의 '무(無)' 자를 수행의 근본으로 할 것을 역설함. 어록 : 법연선사어록(法演禪師語錄).

법연도리(法然道理) 법이도리(法爾道理)와 같음.

법열(法悅) ①부처의 가르침을 듣거나 배우는 기쁨. ②진리를 깨달았을 때 가슴에 잔잔히 사무치는 기쁨.

법염주(法念住) 법염처(法念處)와 같음.

법염처(法念處) 사염처(四念處)의 하나. 모든 현상을 있는 그대로 통찰하여 마음챙김.

법온(法蘊) 많은 가르침을 뜻함.

법온족론(法蘊足論) 아비달마법온족론(阿毘達磨法蘊足論)의 준말.

법왕(法王) 부처에 대한 존칭.

법왕자(法王子) 부처를 법왕(法王)이라 일컫는 것과 관련해서, 보살을 말함.

법왕자주(法王子住) 십주(十住)의 하나. 부처의 가르침에 따르므로 지혜가 생겨 미래에 부처가 될 만한 단계.

법요(法要) ①불법(佛法)의 요지. 불교의 중요한 부분. 가르침의 요지. 진리의 본질. ②불교에서 행하는 의식.

법우(法雨) 부처의 가르침을 비에 비유한 말. 비가 초목을 자라게 하듯, 부처의 가르침은 중생을 깨달음에 이르게 한다는 뜻.

법우(法友) 함께 부처의 가르침을 배우고 닦는 자.

법우(法宇) 사원(寺院)을 말함.

법운(法雲) 부처의 가르침을 구름에 비유한 말.

법운지(法雲地) 십지(十地)의 하나. 지혜의

구름이 널리 진리의 비를 내리는 단계. 구름이 비를 내리듯, 부처의 가르침을 널리 중생들에게 설하는 단계.

법원주림(法苑珠林) 100권. 당(唐)의 도세(道世) 지음. 불교의 여러 사항을 겁량편(劫量篇)·세계편(世界篇)·일월편(日月篇)·육도편(六道篇)·천불편(千佛篇) 등 100편으로 분류하고, 각 편에 다시 여러 항목을 설정하여 풀이하고 그 전거(典據)로서 여러 경론(經論)을 인용한 책.

법위(法位) 변하지 않는 진리의 세계. 궁극적인 진리의 세계.

법유아무종(法有我無宗) 화엄종의 교판(教判)에서, 현상에는 불변하는 실체가 있지만 자아에는 실체가 없다는 가르침. 설일체유부(說一切有部)·다문부(多聞部) 등의 가르침을 말함. ⇒ 오교십종(五教十宗)

법융(法融) 594-657. 수(隋)·당(唐)의 승려. 강소성(江蘇省) 윤주(潤州) 출신. 우두종(牛頭宗) 초조(初祖). 강소성 모산(茅山)에 출가하여 20여 년 동안 수행하고, 643년에 우두산(牛頭山) 유서사(幽栖寺)의 북암(北巖)에 선실(禪室)을 짓고 머무니, 선종 제4조 도신(道信, 580-651)이 찾아와 그에게 법을 전함. 그 후 많은 수행자들이 그곳에 운집함. 건강(建康) 건초사(建初寺)에서 입적함. 저서 : 절관론(絶觀論).

법음(法陰) 많은 가르침을 뜻함.

법음방편다라니(法音方便陀羅尼) 다라니(陀羅尼)는 ⓢdhāraṇī의 음사, 총지(總持)·능지(能持)라고 번역. 부처가 설한 방편의 가르침에 통달한 지혜.

법의(法衣) 법복(法服)과 같음.

법이(法爾) ①정해져 있음. ②있는 그대로의 상태·모습·이치.

법이도리(法爾道理) 사종도리(四種道理)의 하나. 불이 있으면 열이 있고 물이 있으면 습기가 있듯이, 모든 현상에 갖추어져 있는 본성의 이치를 있는 그대로 사유함.

법인(法印) ①ⓢdharma-mudrā ⓢdharma-uddāna 법(法)은 부처의 가르침, 인(印)은 특징·특질·징표·지표를 뜻함. 부처가 설한 가르침의 특징. ②탄문(坦文)의 시호.

법인(法忍) 사제(四諦)를 명료하게 주시하여 그것에 대한 미혹을 끊고 확실하게 인정함. 진리를 확실하게 인정하고 거기에 안주하여 마음을 움직이지 않음.

법자(法子) 출가하여 부처의 정법(正法)에 따르는 수행자.

법자상상위인과(法自相相違因過) 인명(因明)에서, 삼십삼과(三十三過) 가운데 인십사과(因十四過)의 하나. 인(因)이 종(宗)의 술어 그 자체의 뜻에 어긋나는 오류. 예를 들면, '말은 상주한다'라는 종(宗)에 대하여 '지어낸 것이기 때문이다'라고 하는 경우.

법장(法藏) ①부처가 설한 가르침, 또는 그것을 담고 있는 경전. ②많은 가르침. ③많은 공덕. 온갖 공덕. ④깨달음의 바탕이 되는 소질. 깨달을 수 있는 잠재력. ⑤진리의 보고(寶庫). ⑥아미타불이 과거세에 세자재왕불(世自在王佛) 밑에서 수행하던 때의 이름. ⑦643-712. 당(唐)의 승려. 화엄종 제3조. 장안(長安) 출신. 17세에 태백산(太白山)에 들어가 수년 동안 경론(經論)을 두루 배우고, 운화사

(雲華寺)의 지엄(智儼, 602-668)에게 화엄학을 사사(師事)함. 670년에 측천무후(則天武后)가 낙양(洛陽)에 태원사(太原寺)를 창건하고, 칙명으로 법장에게 삭발하고 그곳에 머물게 함. 이후 화엄경을 강의하고 많은 저술을 지어 화엄학을 체계적으로 정립함. 측천무후가 현수(賢首)라는 호를 내리고, 실차난타(實叉難陀, 652-710)가 낙양(洛陽) 불수기사(佛授記寺)에서 화엄경을 번역할 때에 필수(筆受)를 맡음. 저서 : 화엄경탐현기(華嚴經探玄記)·화엄오교장(華嚴五教章)·화엄경지귀(華嚴經旨歸)·입능가심현의(入楞伽心玄義)·기신론의기(起信論義記) 등. ⑧1351-1428. 고려 말·조선 초의 승려. 호는 고봉(高峰). 20세에 출가하고, 나옹 혜근(懶翁惠勤)의 법을 이어 받음. 여러 사찰을 편력하다가 1395년부터 조계산 수선사(修禪社) 제16세 사주(社主)로 머물면서 전각(殿閣)을 크게 중축함.

법장부(法藏部) ⓢdharmaguptaka 붓다가 입멸한 후 300년경에 화지부(化地部)에서 갈라져 나온 파(派). 또는 설일체유부(說一切有部)의 분파라고도 함. 파조(派祖)는 담무덕(曇無德).

법장비구(法藏比丘) 아미타불이 과거세에 세자재왕불(世自在王佛) 밑에서 수행하던 때의 이름.

법재일(法齋日) 재가(在家)의 신도가 몸과 마음을 깨끗이 하고 팔재계(八齋戒)를 지키며 정진하는 음력 매월 8·14·15·23·29·30일의 육재일(六齋日)을 말함.

법정(法定) 모든 현상의 본성, 곧 법성(法性)을 말함. 본성은 결정적으로 모든 현상에 내재한다는 뜻으로 정(定)이라 함.

법제(法弟) ①스승의 가르침이나 법맥(法脈)을 이어받은 제자. ②한 스승의 제자로서 자기보다 나중에 계(戒)를 받은 승려를 일컫는 말.

법제자(法弟子) 법제(法弟) ①과 같음.

법좌(法座) ①설법할 때 올라앉는 자리. ②설법하는 장소.

법좌(法佐) 스승의 가르침이나 법맥(法脈)을 이어받은 제자.

법주(法主) ①진리의 주인이라는 뜻으로, 부처를 일컫는 말. ②법회(法會)를 주관하는 승려.

법주사(法住寺) 충북 보은군 속리산 서쪽 기슭에 있는 절. 대한불교조계종 제5교구 본사. 554년에 신라의 의신(義信)이 창건하고, 776년에 진표(眞表)가 중축하고, 이후 여러 차례 보수·중축함. 1597년 정유재란 때 모두 불타고, 1626년에 벽암(碧巖)이 다시 지음. 1989년에 청동미륵대불(靑銅彌勒大佛)을 건립함. 문화재 : 쌍사자석등(雙獅子石燈)·팔상전(捌相殿)·석련지(石蓮池)·사천왕석등(四天王石燈)·마애여래의상(磨崖如來倚像)·대웅보전(大雄寶殿)·원통보전(圓通寶殿) 등.

법지(法智) 십지(十智)의 하나. 욕계의 사제(四諦)를 체득한 지혜.

법지인(法智忍) 욕계의 사제(四諦)를 명료하게 주시하여 그것에 대한 미혹을 끊고 확실하게 인정하는 지혜.

법집(法執) ①차별 현상에 대한 집착. ②모든 현상에 불변하는 실체가 있다는 집착. 현상을 구성하는 요소를 불변하는 실체로 간주하는 집착.

법집별행록절요병입사기(法集別行錄節要幷入私記) 1권. 고려의 지눌(知訥) 지음. 당(唐)의 종밀(宗密)이 지은 법집별행록을 간추려 싣고, 여러 경전과 조사(祖師)들의 말을 인용하여 수행의 요점을 제시한 저술. 먼저 중국의 하택종(荷澤宗)·신수종(神秀宗)·홍주종(洪州宗)·우두종(牛頭宗)에 대해 간략하게 서술하고, 하택종을 중심으로 하여 돈오점수설(頓悟漸修說)을 천명함. 종밀의 법집별행록은 현존하지 않음.

법집요송경(法集要頌經) 4권. 법구(法救) 엮음, 송(宋)의 천식재(天息災) 번역. 게송들을 모아서 주제별로 분류하여 엮은 경으로, 32품으로 나뉘어 있고 초기 불교의 핵심이 간결한 게송에 집약되어 있음.

법차별상위인과(法差別相違因過) 인명(因明)에서, 삼십삼과(三十三過) 가운데 인십사과(因十四過)의 하나. 인(因)이 종(宗)의 술어에 숨어 있는 뜻에 어긋나는 오류.

법처(法處) 십이처(十二處)의 하나. 의식 내용. 관념.

법처색(法處色) 법처소섭색(法處所攝色)의 준말.

법처소섭색(法處所攝色) 십이처(十二處) 가운데 의식의 대상인 법처(法處)에 속하는 현상으로서, 감각되지 않는 작용이나 힘, 또는 내면에 새겨져 있는 잠재력.

법체항유(法體恒有) 모든 현상의 본체는 영원히 소멸하지 않고 존재한다는 뜻.

법출리경(法出離鏡) 법(法)은 중생이 본디 갖추고 있는 깨달음의 성품, 곧 본각(本覺)을 말함. 기신론에서, 본각이 번뇌의 속박에서 벗어난 것을 맑은 거울에 비유함.

법통(法統) 스승에서 제자로 계속 이어져 전해 온 불법(佛法)의 계통.

법하(法下) 승려에게 편지를 보낼 때, 상대방을 높이어 그의 법명(法名) 아래 쓰는 말.

법해각(法解覺) 택법각지(擇法覺支)와 같음.

법행(法行) 수법행(隨法行)과 같음.

법현(法顯) 생몰년 미상. 동진(東晋)의 승려. 산서성(山西省) 평양(平陽) 출신. 어려서 출가하여 20세에 구족계(具足戒)를 받음. 율장(律藏)을 구하기 위해 399년에 장안(長安)을 출발하여 파미르(Pamir) 고원을 넘어 인도에 들어가 30여 나라를 순례하고, 스리랑카를 경유하여 바닷길로 413년에 귀국하여 이듬해 법현전(法顯傳)을 지음. 416년부터 건강(建康) 도량사(道場寺)에서 번역에 착수하여 마하승기율(摩訶僧祇律)·대반니원경(大般泥洹經)·잡장경(雜藏經)·마하승기비구니계본(摩訶僧祇比丘尼戒本)을 번역함. 호북성(湖北省) 형주(荊州) 신사(辛寺)에서 82세에 입적함.

법현전(法顯傳) 본이름은 고승법현전(高僧法顯傳). 1권. 동진(東晋)의 법현(法顯) 지음. 법현이 399년에 장안(長安)을 출발하여 우전국(于闐國)을 거쳐 인도에 들어가 여러 나라를 순례하고, 스리랑카를 경유하여 바닷길로 413년에 귀국하여 남긴 30여 나라의 여행기.

법형(法兄) 한 스승의 제자로서 자기보다 먼저 계(戒)를 받은 승려를 일컫는 말.

법호(法號) 비구계를 받은 후, 오랜 기간 수행하여 남을 가르칠 수 있는 경지에 이른 승려에게 스승이 지어 주는 이름.

법호(法護) ⓢdharmapāla ?-1058. 북인도 가습미라국(迦濕彌羅國) 바라문 출신의 승려. 중인도 마갈타국(摩竭陀國)의 비크라마실라(vikramaśilā) 사(寺)에 출가하여 구족계(具足戒)를 받은 후, 1004년에 송(宋)의 변경(汴京)에 옴. 칙명으로 역경(譯經)에 종사하여 대승보살장정법경(大乘菩薩藏正法經)·제개장보살소문경(除蓋障菩薩所問經)·대승집보살학론(大乘集菩薩學論) 등을 번역하고, 90여 세에 입적함. 시호는 연교삼장(演教三藏).

법화경(法華經) 7권. 요진(姚秦)의 구마라집(鳩摩羅什) 번역. 28품으로 되어 있고 전체를 전반부와 후반부로 나눌 수 있는데, 전반부에서는 회삼귀일(會三歸一)을, 후반부에서는 세존의 수명이 무량함을 설함. 회삼귀일이란 세존이 이 세상에 출현하여 성문(聲聞)과 연각(緣覺)과 보살(菩薩)의 삼승(三乘)에 대한 여러 가지 가르침을 설하였지만 그것은 결국 일승(一乘)으로 이끌기 위한 방편에 지나지 않는다는 것이며, 후반부에서는 세존을 법신(法身)과 동일시함으로써 영원한 존재로 상정하여 신앙의 대상을 확립함.

법화도량(法華道場) 신라·고려·조선 때, 법화경을 강설하고, 그 경을 독송하면서 참회·호국·치병(治病)을 목적으로 행한 의식.

법화문구(法華文句) 본이름은 묘법연화경문구(妙法蓮華經文句). 10권. 수(隋)의 지의(智顗) 강설, 관정(灌頂) 기록. 법화경의 해설서로, 법화경 28품을 세 부분으로 나누어 서품(序品)을 서분(序分), 방편품(方便品)에서 분별공덕품(分別功德品)의 반을 정설분(正說分), 이하를 유통분(流通分)이라 하고, 또 앞 14품을 적문(迹門), 뒤 14품을 본문(本門)으로 하여 방편과 진실한 가르침을 드러내고, 적문·본문을 또 각각 서분·정설분·유통분으로 나누어 법화경을 상세하게 해설함.

법화삼매(法華三昧) ①모든 현상을 거두어들여 대립이나 차별을 떠난 하나의 참모습에 귀착시키는 삼매. ②21일을 기한으로 하여, 걷거나 앉거나 법화경을 독송하면서 차별을 떠난 우주의 참모습을 주시하는 삼매.

법화삼부경(法華三部經) 법화부의 세 가지 근본 경전. 무량의경(無量義經)·묘법연화경(妙法蓮華經)·관보현보살행법경(觀普賢菩薩行法經).

법화열반시(法華涅槃時) 천태종의 교판(教判)에서, 반야시(般若時) 후 8년간 법화경을 설한 시기와 입멸 때 1일간 열반경을 설한 시기. ⇒ 오시팔교(五時八教)

법화원(法華院) 신라의 장보고(張保皐, ?-846)가 당(唐)의 산동성(山東省) 적산(赤山)에 신라인을 위해 세운 절.

법화의소(法華義疏) 12권. 수(隋)의 길장(吉藏) 지음. 구마라집(鳩摩羅什)이 번역한 묘법연화경(妙法蓮華經)을 삼론종(三論宗)의 입장에서 풀이한 저술.

법화칠유(法華七喩) 법화경에서 설하는 일곱 가지 비유. (1)화택유(火宅喩). 비유품(譬喩品)의 비유. 한 부호가 집에 불이 났는데도 노는 데 정신이 팔려 그 집에서 빠져나오지 않는 아이들에게 양거(羊車)·녹거(鹿車)·우거(牛車)로 유인하여 그들이 나오자 보배로 된 수레를 준다는 내용. 여기서 부호는 부처를 상징하고, 불타는 집은 탐욕과 미혹이 들끓는 세계를, 아이들은 중생을, 세 수레는 삼승(三乘)을, 보배로 장식된 수레는 일승(一乘)을 상징함. (2)궁자유(窮子喩). 신해품(信解品)

의 비유. 원래 부호의 아들이었으나 어릴 때부터 방랑하여 자신의 신분도 모르고 가난하게 살아 온 아들을 그 부호가 찾아내어, 부호가 죽을 때 그가 자신의 아들임을 밝히고 재산을 물려준다는 내용. 여기서 부호는 부처를 상징하고, 가난한 아들은 성문(聲聞)을, 재산은 보살을 상징함. (3)약초유(藥草喩). 약초유품(藥草喩品)의 비유. 약초는 같은 비를 맞아도 크기와 종류에 따라 제각기 다르게 자라듯, 부처는 중생의 능력이나 소질에 따라 여러 비유와 방편으로 설하지만 부처의 유일한 가르침은 보살행을 닦아 성불하는 것이라는 내용. (4)화성유(化城喩). 화성유품(化城喩品)의 비유. 보물을 찾기 위해 멀고도 험난한 길을 가던 무리들이 도중에 힘들고 지쳐 돌아가려 하므로 길잡이가 신통력으로 성 한 채를 만들어 무리들을 쉬게 한 다음 다시 길을 떠난다는 내용. 여기서 보물은 일승(一乘)에 의한 성불을 상징하고, 길잡이는 부처를, 신통력으로 만든 성 한 채는 방편을 상징함. (5)의주유(衣珠喩). 오백제자수기품(五百弟子授記品)의 비유. 가난한 자가 친구 집에 갔다가 술에 취해 자고 있는데, 친구가 그의 옷 속에 보석을 매달아 주고 볼일이 있어 밖으로 나가니, 그 사실을 모르는 그는 술이 깨자 그 집을 나와 방황하면서 음식을 구하느라 갖은 고생을 하는데, 훗날 우연히 만난 친구는 그의 초라한 행색을 보고 옷 속에 보석을 매달아 주었던 사실을 말한다는 내용. 여기서 가난한 자는 중생을 상징하고, 친구는 부처를, 보석은 부처의 지혜나 성품을 상징함. (6)계주유(髻珠喩). 안락행품(安樂行品)의 비유. 전륜성왕이 전쟁에서 공을 세운 군사들에게 갖가지 상을 주는데, 자신의 상투 속에 간직한 빛나는 구슬만은 좀처럼 주지 않다가 아주 뛰어난 공을 세운 자에게 그것을 준다는 내용. 여기서 전륜성왕은 부처를 상징하고, 갖가지 상은 여러 가르침과 방편을, 뛰어난 공을 세운 자는 위대한 수행자를, 빛나는 구슬은 법화경의 가르침을 상징함. (7)의자유(醫子喩). 여래수량품(如來壽量品)의 비유. 훌륭한 의사의 자식들이 실수로 독약을 먹고 정신에 이상이 생겼는데, 아버지가 곧 좋은 약을 마련하여 자식들에게 주자, 증세가 약한 자식들은 그 약을 먹었으나 증세가 심한 자식들은 그 약을 좋지 않은 것으로 여기고 먹지 않으므로 아버지는 충격 요법으로 먼 곳에 가서 거짓으로 죽은 체한 뒤 심부름꾼을 보내 자식들에게 자신의 죽음을 알리게 하니, 증세가 심한 자식들이 그 소식을 듣고 정신을 차려 그 약을 먹고 회복하였다는 내용. 여기서 의사는 부처를 상징하고, 독약을 먹은 자식들은 번뇌에 사로잡힌 중생을, 약은 부처의 가르침을, 의사의 거짓 죽음은 방편을 상징함.

법화현의(法華玄義) 본이름은 묘법연화경현의(妙法蓮華經玄義). 10권. 수(隋)의 지의(智顗) 강설, 관정(灌頂) 기록. 묘법연화경의 개설서로, 제1 석명장(釋名章)에는 묘법연화경(妙法蓮華經)의 다섯 자를 하나하나 해설하고, 제2 변체장(辨體章)에서 이 경(經)의 본체는 제법실상(諸法實相)이라 하고, 제3 명종장(明宗章)에서 이 경의 요지는 일불승(一佛乘)이라 하고, 제4 논용장(論用章)에서 이 경의 작용은 의심을 끊고 믿음을 일으키는 것이라 하고, 제5 교판장(敎判章)에는 오시팔교(五時八教)의 체계를 세움.

법화현찬(法華玄贊) 묘법연화경현찬(妙法蓮華經玄贊)의 준말.

법회(法會) ①부처나 보살에게 예배·공양하거나 수계·참회 등을 행하는 모임. ②사찰이나 불교 단체에서 설법하거나 불교를 강의하는 모임. ③재(齋)를 올리는 행사.

법회사(法會社) 사찰을 일컬음.

법흥사(法興寺) ①강원 영월군 수주면 사자산 남쪽 자락에 있는 절. 월정사(月精寺)의 말사. 신라의 자장(慈藏)이 창건하여 흥녕사(興寧寺)라 하고 당(唐)에서 가지고 온 불사리(佛舍利)를 봉안함. 도윤(道允, 798-868)의 제자 절중(折中, 826-900)이 이 절에 머물면서 선풍(禪風)을 크게 일으킴으로써 사자산문(師子山門)이 형성됨. 891년에 불타고, 944년에 다시 지은 후 또 불타서 천 년 가까이 폐사된 상태로 명맥만 이어오다가 1902년에 다시 짓고 법흥사로 이름을 바꿈. 1912년에 불타고, 1930년에 다시 지음. 문화재 : 징효국사부도(澄曉國師浮屠)·석분(石墳). ②평남 평원군 공덕면 법흥리에 있는 절. 고려의 법홍(法興)이 창건하고, 1123년에 징오(澄悟)가 중축함. 1592년 임진왜란 때 팔도도총섭(八道都摠攝)에 임명된 휴정(休靜)이 전국 승려들에게 총궐지하는 격문을 방방곡곡에 보내 승군(僧軍)을 이 절에 집결시켜 평양성을 탈환함. 일제 강점기 때 삼십일본산(三十一本山)의 하나로 지정됨.

법희(法喜) 부처의 가르침을 듣거나 배우는 기쁨.

베다(veda) 인도 최고(最古)의 문헌으로, 바라문교의 성전(聖典)을 말함. veda는 지식, 특히 종교에 대한 지식을 의미하는데, 이것이 변하여 그러한 지식의 근원이 되는 성전(聖典)을 일컬음. 성립 시기는 기원전 1400-기원전 1000년으로 추정함. 베다는 제식(祭式)을 행하는 제관(祭官)의 직무에 따라, 리그베다(ṛg-veda)·사마베다(sāma-veda)·야주르베다(yajur-veda)·아타르바베다(atharva-veda)의 4베다로 나뉨. 그러나 4베다와 이에 대한 주석서인 브라흐마나(brahmaṇa)·아란야카(āraṇyaka)·우파니샤드(upaniṣad) 등을 통틀어 베다라고도 하는데, 이 때는 4베다를 상히타(saṃhitā, 本集)라고 함. ⇒ 사베다(四veda)

베단타학파(vedānta學派) 육파철학(六派哲學)의 하나. ⓢvedānta를 폐단다(吠檀多)라 음사하고, 그것은 베다(veda)의 끝 부분〔anta〕이라는 뜻으로 우파니샤드(upaniṣad)를 가리킴. 창시자는 바다라야나(bādarāyaṇa, 기원전 1세기)이며, 우파니샤드를 기반으로 하여 바라문교의 잡다한 교리를 정리한 학파. 우주의 최고 원리인 브라흐만(brahman, 梵)이 모든 현상을 창조하고 전개시켰다고 설하고, 인간은 브라흐만을 바르게 알고 요가 수행으로 브라흐만과 합일됨으로써 해탈에 이른다고 함.

베살리(vesālī) 비사리(毘舍離)와 같음.

벽감(壁龕) 불상이나 보살상을 안치하기 위해 벽에 만든 작은 공간.

벽계정심(碧溪正心) ⇒ 정심(正心)

벽관(壁觀) ①벽을 마주하고 좌선함. ②번뇌가 들어올 수 없도록 마음을 집중하여 벽과 같이 함.

벽관바라문(壁觀婆羅門) 인도의 바라문 출신으로 6세기 초에 북위(北魏)의 낙양(洛陽)에 와서 양(梁) 무제(武帝)를 뵙고 문답한 후, 양자강을 건너 숭산(嵩山) 소림사(少林寺)에서 9년 동안 좌선한 보리달마(菩提達摩)를 가리킴.

벽송사(碧松寺) 경남 함양군 마천면 추성리 지리산 북쪽 자락에 있는 절. 해인사(海印寺)의 말사. 창건 연대와 창건 때의 이름은 알 수 없고, 1520년에 벽송 지엄(碧松智嚴)이 다시 짓고 벽송사라 함. 한국 전쟁 때 불타고, 이후 다시 지음. 문화재 : 삼층석탑.

벽송지엄(碧松智嚴) ⇒ 지엄(智嚴) ②

벽암록(碧巖錄) 10권. 본이름은 불과원오선사벽암록(佛果圜悟禪師碧巖錄). 또는 벽암집(碧巖集)이라고도 함. 송(宋)의 설두 중현(雪竇重顯)이 경덕전등록(景德傳燈錄)·조주록(趙州錄)·운문록(雲門錄) 등에서 100개의 고칙(古則)을 선별하여 각각에 게송을 붙인 송고백칙(頌古百則)에 송(宋)의 원오 극근(圜悟克勤)이 수시(垂示)·착어(著語)·평창(評唱)을 한 저술.

벽지(辟支) 벽지불(辟支佛)의 준말.

벽지가불타(辟支迦佛陀) 벽지불(辟支佛)과 같음.

벽지불(辟支佛) ⓢpratyeka-buddha ⓟpacceka-buddha의 음사. 홀로 깨달은 자라는 뜻. 독각(獨覺)·연각(緣覺)이라 번역. 스승 없이 홀로 수행하여 깨달은 자. 가르침에 의하지 않고 독자적으로 깨달은 자. 홀로 연기(緣起)의 이치를 주시하여 깨달은 자. 홀로 자신의 깨달음만을 구하는 수행자.

벽지불승(辟支佛乘) 승(乘)은 중생을 깨달음으로 인도하는 부처의 가르침이나 수행법을 뜻함. 벽지불의 경지에 이르게 하는 부처의 가르침. 벽지불에 이르는 수행법.

벽지불지(辟支佛地) 십지(十地)의 하나. 벽지불의 경지.

변견(邊見) 변집견(邊執見)의 준말.

변계소기색(遍計所起色) 그릇된 분별에 의해 일어나는 환영(幻影).

변계소집상(遍計所執相) 변계소집성(遍計所執性)과 같음.

변계소집성(遍計所執性) ⓢparikalpita-svabhāva 삼성(三性)의 하나. 온갖 분별로써 마음속으로 지어낸 허구적인 대상. 온갖 분별로 채색된 허구적인 차별상.

변관일체색신상관(遍觀一切色身想觀) 십육관(十六觀)의 하나. 아미타불의 참모습을 생각하면서 모든 부처의 모습을 생각하는 수행법.

변리(便利) 똥오줌.

변몰(遍歿) 색계의 맨 밑에 있는 범중천(梵衆天)에서 모든 천(天)을 두루 거쳐 색계의 맨 위에 있는 색구경천(色究竟天)이나 무색계의 맨 위에 있는 유정천(有頂天)에 이르러 완전한 열반을 이루는 불환과(不還果)의 성자. ⇒ 상류반(上流般)

변무변등종(邊無邊等宗) 유변무변론(有邊無邊論)과 같음.

변무애해(辯無礙解) 사무애해(四無礙解)의 하나. 바른 이치에 따라 막힘없이 가르침을 설하는 능력.

변사(變似) ⓢpratibhāsa 마음이 일시적으로 대상과 닮은 형상을 본뜨는 작용.

변사(辨事) ①선원(禪院)에서 잡무를 담당하는 소임, 또는 그 일을 맡은 승려. ②⇒ 갈마(羯磨) ①

변상도(變相圖) 불경(佛經)의 내용을 압축하여 종이나 천에 그리거나 나무나 금속판에 새긴 그림.

변선나(便膳那) ⓢvyañjana의 음사. 자(字)·문(文)이라 번역. 글자. 음절.

변시종법성(遍是宗法性) 인삼상(因三相)의 하나. 인명(因明)의 삼지작법(三支作法)에서, 주장 명제인 종(宗)을 내세우게 된 이유로서 제시된 인(因)이 갖추어야 할 조건. 예를 들면, '말은 무상하다〔宗〕', '지어낸 것이기 때문이다〔因〕', '지어낸 모든 것은 무상하다. 예를 들면, 병(甁)과 같다〔喩〕'에서, 인(因)은 모든 종(宗)의 술어〔宗法〕가 되어 종(宗)의 주어를 포함해야 함.

변역(變易) ①변화함. ②변역생사(變易生死)의 준말.

변역고(變易苦) 애착하는 대상이 파괴되어 없어짐으로써 받는 괴로움. 즐거운 일이나 희망이 깨어짐으로써 받는 괴로움.

변역사(變易死) 변역생사(變易生死)와 같음.

변역생사(變易生死) 삼계(三界)의 괴로움을 벗어난 성자가 성불할 때까지 받는 생사. 신체와 수명을 자유 자재로 변화시킨다고 하여 변역(變易)이라 함.

변역신(變易身) 삼계(三界)의 괴로움을 벗어난 성자가 성불할 때까지 지니는 신체.

변인(辯因) 인명(因明)에서, 주장 명제인 종(宗)을 내세우게 된 이유를 제시함.

변재(辯才) 막힘없이 자유 자재로 가르침을 설하는 재능이나 지혜.

변재천(辯才天) ⓢsarasvatī 변재·음악·복덕·재물·수명 등을 주재한다는 여신(女神).

변정천(遍淨天) 색계 제3선천(第三禪天)의 제3천. ⇒ 색계십칠천(色界十七天)

변중변론(辯中邊論) 3권. 세친(世親) 지음, 당(唐)의 현장(玄奘) 번역. 미륵(彌勒)이 지은 변중변론송(辯中邊論頌)을 풀이한 저술. 서로 대립하는 두 극단을 떠난 중(中)의 입장에서 유식파(唯識派)의 교리를 정리함.

변지(徧知) ⓢparijñā ①완전하게 앎. 두루 앎. ②사제(四諦)를 명료하게 알아 번뇌를 끊음.

변지원(遍知院) 태장계만다라(胎藏界曼荼羅)의 중대팔엽원(中大八葉院) 위에 있는 그림으로, 중앙에 있는 연꽃 위의 삼각형은 부처의 지혜를 나타내고, 삼각형 주위의 불꽃은 번뇌를 태우는 지혜의 작용을 나타냄.

변집견(邊執見) 극단으로 치우친 견해.

변취행지력(遍趣行智力) 십력(十力)의 하나. 어떠한 수행으로 어떠한 상태에 이르게 되는지를 아는 부처의 능력.

변행(遍行) ⓢsarvatraga 특정한 대상에 한하지 않고 두루 활동하는 마음 작용. 팔식(八識) 가운데 어느 식(識)이 일어나도 반드시 그와 함께 일어나는 마음 작용. 작의(作意)·촉(觸)·수(受)·상(想)·사(思)가 여기에 해당함. ⇒ 백법(百法)

변행인(遍行因) 육인(六因)의 하나. 두루 작용하는 원인. 결과와 같은 원인, 곧 동류인(同類因)에서 힘이 강한 번뇌가 원인이 되는 경우를 따로 세운 것. 강력한 번뇌가 특정한 대상에 한하지 않고 널리 여러 번뇌를 일으킬 때의 그 원인.

변행혹(遍行惑) 특정한 대상에 한하지 않고 여러 번뇌를 두루 일으키는 근원이 되는 강력한 번뇌. 모든 번뇌의 원인이 되는 근본 번뇌.

변화생(變化生) 화생(化生) ①과 같음.

변화신(變化身) ⓢnirmāṇa-kāya ①삼신(三身)의 하나. 중생을 구제하기 위해 변화하여 나타나는 부처. ②부처가 중생을 구제하기 위해 범천(梵天)·제석(帝釋)·범부(凡夫)·마왕(魔王)·축생(畜生) 등 여러 가지 모습으로 변화하여 나타나는 것.

변화심(變化心) 선정(禪定)으로 얻은 자유 자재한 마음.

변화토(變化土) 사토(四土)의 하나. 중생을 구제하기 위해 변화하여 나타나는 부처의 세계.

별경(別境) 특정한 대상에만 일어나는 마음 작용. 예를 들면, 좋은 대상을 대하면 욕(欲)이 일어나고, 확인해야 할 대상을 대하면 승해(勝解)가 일어나는 경우. ⇒ 백법(百法)

별교(別教) ①천태종의 교판(教判)에서, 보살만을 위한 가르침. ⇒ 오시팔교(五時八教) ②별교일승(別教一乘)의 준말.

별교일승(別教一乘) 삼승(三乘)에 대한 가르침과 전혀 다른 일승(一乘)의 가르침이라는 뜻. 화엄종에서, 깨달음에 이르게 하는 오직 하나의 원만하고 완전한 가르침, 곧 화엄경의 궁극적인 가르침을 말함.

별법(別法) ①중생의 능력이나 소질에 따라 차별하여 설한 가르침. 어떤 특정한 대상에 한정하여 설한 가르침. ②별교(別教) ①과 같음.

별보(別報) 인간 가운데 빈부·귀천·미추·남녀 등의 차별의 과보. 이에 반해, 강력한 업(業)이 초래한 인간·축생 등의 과보는 총보(總報)라고 함.

별비사(鼈鼻蛇) 머리가 자라처럼 생긴 독사.

별상(別相) ①각각의 성질. ②구별. ③부분이나 낱낱, 또는 그 모습. ④육상(六相)의 하나. 전체를 구성하고 있는 각각의 특성.

별상삼관(別相三觀) 모든 현상에는 불변하는 실체가 없다고 주시하는 공관(空觀), 모든 현상은 여러 인연의 일시적인 화합으로 존재한다고 주시하는 가관(假觀), 공(空)이나 가(假)의 어느 한쪽에 치우치지 않는 진리를 주시하는 중관(中觀)을 따로따로 닦는 수행법.

별상삼보(別相三寶) 불보(佛寶)와 법보(法寶)와 승보(僧寶)는 각각 특징이 다르다는 뜻.

별상염주(別相念住) 삼현(三賢)의 하나. 신체는 깨끗하지 못하며, 느낌이나 감정은 괴로움이며, 마음은 항상 변하며, 모든 현상에는 불변하는 실체가 없다고 주시하는 수행법.

별상염처(別相念處) 별상염주(別相念住)와 같음.

별서(別序) 경전의 서분(序分) 가운데 그 경전에서만 특별히 설하고 있는 부분. 이에 반해, 서분 가운데 여러 경전에 공통으로 서술되어 있는 형식, 곧 여시아문(如是我聞)에서 부처의 가르침을 듣는 무리들의 이름을 열거한 부분까지는 통서(通序)라고 함.

별수(別受) 계(戒)를 받을 때, 하나하나를 따로 받는 것. 예를 들어 십계(十戒)를 받을 때, 불살생(不殺生)을 받고 나서, 불투도(不偸盜)

를 받고, 그 다음 불사음(不邪婬) 등의 차례로 받는 것. 이에 반해, 십계 전체를 총괄적으로 받는 것은 총수(總受)라고 함.

별원(別願) 여러 부처와 보살들이 세운 각자의 서원. 아미타불의 48원, 약사여래의 12원 따위. 모든 부처와 보살들의 공통된 서원은 총원(總願)이라 함.

별존만다라(別尊曼茶羅) 대일여래(大日如來) 이외의 특정한 본존(本尊)을 중심으로 하여 그의 권속을 배치한 만다라. 예를 들면, 아미타만다라(阿彌陀曼茶羅)·석가만다라(釋迦曼茶羅)·여의륜만다라(如意輪曼茶羅)·금강수보살만다라(金剛手菩薩曼茶羅)·염마천만다라(閻魔天曼茶羅)·길상천만다라(吉祥天曼茶羅) 등.

별좌(別座) 절에서 식사·의복·방석·이부자리 등을 담당하는 직책, 또는 그 일을 맡은 승려.

별주(別住) ⓢⓟparivāsa 승잔(僧殘)을 저지른 비구가 그것을 즉시 승단에 고백하지 않았을 경우, 그 죄를 숨긴 기간만큼 다른 비구들과 분리시켜 혼자 따로 살게 하는 벌칙.

별집(別集) 한 사람의 언행을 모은 책.

별청(別請) 재가(在家)의 신도가 수행승들 가운데 특별히 어떤 수행승을 따로 초청하여 공양하는 것.

별해율의(別解律儀) 별해탈율의(別解脫律儀)의 준말.

별해탈(別解脫) 별해탈율의(別解脫律儀)와 같음.

별해탈계(別解脫戒) 별해탈율의(別解脫律儀)와 같음.

별해탈율의(別解脫律儀) 계(戒)를 받고 행위와 말로 저지르는 살생(殺生)·투도(偸盜)·망어(妄語)·악구(惡口) 등의 허물을 각각 방지하여 거기에서 벗어남.

별행(別行) 책의 일부분을 뽑아 따로 단행본으로 엮음.

별혹(別惑) 오직 보살만이 끊는 번뇌라는 뜻. 한량없는 차별 현상을 알지 못하여 중생을 구제하는 데 장애가 되는 번뇌인 진사혹(塵沙惑)과 차별을 떠난 본성을 알지 못하여 일어나는 지극히 미세한 번뇌인 무명혹(無明惑)을 말함. ⇒ 통혹(通惑)

병고(病苦) 사고(四苦)의 하나. 병으로 겪는 괴로움.

병법(秉法) 사찰에서 의식의 진행을 담당하는 직책, 또는 그 일을 맡은 승려.

병불(秉拂) 주지(住持)나 수좌(首座)가 불자(拂子)를 들고 설법함.

병사왕(甁沙王) 빈파사라왕(頻婆娑羅王)과 같음.

병처(屛處) 은밀한 장소.

병탑(甁塔) 붓다가 입멸(入滅)한 후, 유골을 분배받지 못한 부족이 유골을 담았던 병을 가지고 가서 그것을 보관하기 위해 세운 탑.

병행(病行) 오행(五行)의 하나. 평등심에서 중생과 마찬가지로 보살도 번뇌와 괴로움의 병이 있다는 것을 드러내 보이는 보살의 수행.

병환경(病患境) 십경(十境)의 하나. 지관의 과정에서 사대(四大)가 조화를 이루지 못하여 병이 생기면 그 병의 근원과 치료법을 주시함.

보(寶) 신라·고려 때, 돈이나 곡식을 빌려 주고 그 이자를 받아 불교 행사의 비용에 충당하기 위해 사찰에서 설치한 기관. 공덕보(功德寶)·광학보(廣學寶)·점찰보(占察寶) 등.

보각(普覺) ①일연(一然)의 시호. ②혼수(混修)의 시호.

보감(寶鑑) 혼구(混丘)의 시호.

보개(寶蓋) 비단에 구슬을 매단, 우산 모양의 장식물.

보경사(寶鏡寺) 경북 포항시 송라면 내연산 남동쪽 기슭에 있는 절. 불국사(佛國寺)의 말사. 602년에 신라의 지명(智明)이 창건하고, 745년에 중축함. 1214년에 승형(承逈)이 보수·중축하고, 1695년에 크게 중축하고, 이후 여러 차례 보수함. 문화재 : 원진국사비(圓眞國師碑)·부도(浮屠)·적광전(寂光殿).

보경삼매(寶鏡三昧) 당(唐)의 동산 양개(洞山良价) 지음. 조동종(曹洞宗)의 요점을 4언 94구 376자로 드러낸 짧은 글로, 본체와 현상의 조화와 융합을 밝힘. 인천안목(人天眼目) 3권에 수록되어 있음.

보광사(普光寺) 경기 파주시 광탄면 고령산(계명산) 북서쪽 기슭에 있는 절. 봉선사(奉先寺)의 말사. 894년에 신라의 도선(道詵)이 창건하여 고령사(高靈寺)라 하고, 1215년과 1388년에 중축함. 1592년 임진왜란 때 모두 불타고, 1667년에 지간(智侃)과 석련(釋蓮)이 다시 짓고, 1725년(영조 1)에 왕의 어머니 숙빈(淑嬪) 최씨(崔氏)의 소녕원(昭寧園)의 원찰(願刹)로 지정되면서 보광사라고 함. 이후 여러 차례 중축하고 보수함. 문화재 : 대웅보전(大雄寶殿).

보기(寶器) 가르침의 전수를 표시하는 발우(鉢盂).

보길상(寶吉祥) 달을 신격화한 월천(月天)을 말함.

보달락가(補怛洛迦) ⓢpotalaka의 음사. 광명(光明)·소수만장엄(小樹蔓莊嚴)·해도(海島)라 번역. 인도의 남쪽 해안에 있는 산으로, 관세음보살이 거주한다는 곳으로 알려져 있음.

보당(寶幢) 비단에 구슬을 매단, 깃발이나 휘장.

보당불(寶幢佛) 보당여래(寶幢如來)와 같음.

보당여래(寶幢如來) 태장계만다라(胎藏界曼荼羅)에서 대일여래(大日如來) 곁에 있는 부처로, 발심(發心)을 나타냄.

보당종(保唐宗) 사천성(四川省) 보당사(保唐寺)에 머무른 무주(無住, 714-774)의 선법(禪法)을 말함. 마음 작용을 소멸하여 생각을 일으키지 않는 무념(無念)을 종지(宗旨)로 함. 역대법보기(歷代法寶記)는 오조 홍인(五祖弘忍, 601-674) ― 자주 지선(資州智詵, 609-702) ― 처적(處寂, 665-732) ― 정중 무상(淨衆無相, 684-762) ― 보당 무주(保唐無住, 714-774)로 이어지는 계통의 선종사서(禪宗史書)임.

보덕(普德) 생몰년 미상. 고구려의 승려. 평남 용강 출신. 자(字)는 지법(智法). 평양에 머물면서 열반경(涅槃經) 40권을 강설하고, 평양의 서쪽 대보산에 영탑사(靈塔寺)를 창건함. 용강 반룡사(盤龍寺)에 머물면서 보장왕에게 도교(道敎)만을 받들고 불교를 믿지 않으면 나라가 위태롭게 된다고 여러 번 건의했으나 왕이 받아들이지 않자, 650년(의자왕 10)에 백제의 완산주(전주) 고대산 경복사(景福寺)로 옮김.

보덕굴(普德窟) 강원 회양군 금강산 비로봉 남서쪽 기슭에 있는 절. 627년에 고구려의 보덕(普德)이 창건하고, 1115년에 회정(懷正)이 중축함. 1540년에 왕실에서 보수하고, 1808년에 율봉(栗峰)이 보수함.

보덕사(報德寺) ①강원도 영월군 영월읍 영흥리에 있는 절. 월정사(月精寺)의 말사. 668년에 창건하여 지덕사(旨德寺)라 하고, 고려 의종(1146-1170) 때 운허(雲虛)와 원경(元敬)이 중축함. 1457년(세조 3)에 단종이 노산군(魯山君)으로 강봉되어 영월에 유배되자 노릉사(魯陵寺)로 이름을 바꿈. 1705년에 중축하고, 후에 장릉(莊陵)의 수호 사찰로 지정되면서 보덕사라고 함. ②충남 예산군 덕산면 상가리 서원산 남쪽 기슭에 있는 절. 수덕사(修德寺)의 말사. 흥선대원군이 명당이라는 가야사(伽倻寺)를 불태우고 1846년에 그 터에 부친 남연군(南延君)의 묘를 이장하여 안치한 후 왕손이 번창하므로 대원군이 가야사의 공덕을 갚는다고 하여 1865년에 창건함. 한국 전쟁 때 불타고, 1951년에 비구니 수옥(守玉)이 다시 지음.

보동탑(普同塔) 승려의 유골을 안치한 탑.

보등록(普燈錄) 가태보등록(嘉泰普燈錄)의 준말.

보리(菩提) ⓢⓟbodhi의 음사. 각(覺)·지(智)·도(道)라고 번역. 모든 집착을 끊은 깨달음의 지혜. 지혜로써 무명(無明)을 소멸시킨 깨달음의 경지. 분별이 끊어진 깨달음의 상태. 모든 현상의 본질을 꿰뚫은 깨달음의 지혜.

보리달마(菩提達摩) ⓢbodhi-dharma의 음사. 선종(禪宗) 제1조. 남인도 향지국왕(香至國王)의 셋째 아들로서, 출가하여 반야다라(般若多羅)의 법(法)을 이어받고 6세기 초에 바닷길로 광동성(廣東省) 광주(廣州)에 이르고, 남경(南京)에 가서 양(梁)의 무제(武帝)를 뵙고 문답한 후, 양자강을 건너 북위(北魏)의 숭산(崇山) 소림사(少林寺)에 가서 9년 동안 벽관(壁觀)하였다고 함.(달마의 전기에 대해서는 여러 설이 있음.) 그는 마음을 집중함으로써 번뇌가 들어오지 못하도록 벽(壁)과 같이 하여, 여러 망상을 쉬고 심신(心身)을 탈락시켜 자신의 청정한 본심을 보는 안심(安心)을 가르침. 달마는 혜가(慧可, 487-593)에게 4권 능가경(楞伽經)과 가사(袈裟)를 주면서 그의 법(法)을 전하고, 536년에 입적함. 전등록(傳燈錄) 30권에 수록되어 있는 보리달마약변대승입도사행(菩提達摩略辨大乘入道四行)은 달마의 사상을 알 수 있는 문헌임.

보리도량(菩提道場) ⓢbodhi-maṇḍa 붓다가 깨달음을 이룬 곳, 곧 우루벨라(uruvelā) 마을의 네란자라(nerañjarā) 강변에 있는 붓다가야(buddhagayā)의 보리수(菩提樹) 아래를 말함.

보리량(菩提場) 보리도량(菩提道場)의 준말.

보리류지(菩提流支·菩提留支) ⓢbodhiruci의 음사. 도희(道希)라 번역. 생몰년 미상. 북인도 출신의 승려로, 508년에 북위(北魏)의 낙양(洛陽)에 와서 영녕사(永寧寺)에서 역경

(譯經)에 종사함. 금강반야바라밀경(金剛般若波羅蜜經)·금강반야바라밀경론(金剛般若經波羅蜜經論)·십지경론(十地經論)·입능가경(入楞伽經)·심밀해탈경(深密解脫經)·부증불감경(不增不減經)·무량수경우파제사(無量壽經優波提舍) 등, 총 39종 127권을 번역함.

보리류지(菩提流志) ⓢbodhiruci의 음사. 각애(覺愛)라 번역. ?-727. 남인도 출신. 12세에 외도(外道)에 출가하고, 60세에 불교에 귀의하여 경(經)·율(律)·논(論)에 정통함. 693년에 낙양(洛陽)에 오니 측천무후(則天武后)가 예의를 다하여 맞이함. 이름을 달마류지(達摩流支)에서 보리류지(菩提流志)로 바꿈. 낙양 불수기사(佛授記寺)와 대주동사(大周東寺)에서 보우경(寶雨經)·실상반야바라밀경(實相般若波羅蜜經) 등을 번역하고, 현장(玄奘, 602-664)이 입적함으로써 완성되지 못한 대보적경(大寶積經)을 장안(長安) 숭복사(崇福寺)에서 다시 번역하고 편집하여 120권으로 완료하는 등, 총 53종 111권을 번역함.

보리분법(菩提分法) 깨달음에 이르게 하는 여러 가지 수행법.

보리살타(菩提薩埵) ⇒ 보살(菩薩)

보리색다(菩提索多) 보리살타(菩提薩埵)와 같음.

보리수(菩提樹) ⓢbodhi-vṛkṣa 원래 이름은 아설타(阿說他, ⓢaśvattha)이며, 그 열매를 필발라(畢鉢羅, ⓢpippala)라고 하는 데서 이 나무를 필발라수(畢鉢羅樹)라고도 하고, 붓다가 이 나무 아래에서 깨달음을 성취였으므로 보리수라고 함. 상록교목으로, 잎은 심장 모양이며 끝이 뾰족함.

보리수 잎

보리심(菩提心) ⓢbodhi-citta의 음역. ①깨달음을 구하려는 마음. 깨달음의 경지에 이르려는 마음. 깨달음의 지혜를 갖추려는 마음. 부처가 되려는 마음. ②깨달은 마음 상태. 모든 분별과 집착이 끊어진 깨달음의 마음 상태.

보리암(菩提庵) 경남 남해군 상주면 금산 정상 서쪽 아래에 있는 절. 쌍계사(雙磎寺)의 말사. 683년에 신라의 원효(元曉)가 창건하여 보광사(普光寺)라 하고, 조선 현종(1659-1674) 때 보리암이라 함. 1901년과 1954년에 보수하고, 1969년에 중축함.

보리자(菩提子) 염주를 만드는 데 쓰이는 보리수의 열매.

보리좌(菩提座) 보리도량(菩提道場)과 같음.

보리행경(菩提行經) 4권. 적천(寂天, śāntideva) 지음, 송(宋)의 천식재(天息災) 번역. 깨달음에 이르는 수행을 설한, 8품(品)으로 된 게송.

보림사(寶林寺) 전남 장흥군 유치면 가지산 남서쪽 자락에 있는 절. 송광사(松廣寺)의 말사. 860년에 신라의 체징(體澄)이 창건하여 선풍(禪風)을 일으킴으로써 가지산문(迦智山門)이 형성됨. 형미(逈微)·보우(普愚)·유일(有一) 등이 머물고, 한국 전쟁 때 대부분 불타고, 1970년대 초에 대적광전(大寂光殿)을 다시 짓고, 1982년부터 대웅보전(大雄寶殿)을 복구함. 문화재 : 삼층석탑 및 석등·철조비로자나불좌상(鐵造毘盧遮那佛坐像)·동부도(東浮屠)·서부도(西浮屠)·보조선사창성탑(普照禪師彰聖塔)·보조선사창성탑비(普照禪師彰聖塔碑)·사천왕문(四天王門).

보림전(寶林傳) 조계보림전(曹溪寶林傳)의 준말.

보문(普門) ①두루 통함. 두루 갖춤. 원만하게 두루 융합함. ②원만하고 완전한 가르침.

보문사(普門寺) ①인천시 강화군 석모도 낙가산 남서쪽 기슭에 있는 절. 조계사(曹溪寺)의 말사. 635년에 신라의 회정(懷正)이 창건하고, 1812년에 다시 짓고, 이후 여러 차례 증축·보수함. ②경북 예천군 보문면 학가산 서쪽 자락에 있는 절. 직지사(直指寺)의 말사. 676년에 신라의 의상(義湘)이 창건하고, 1185년에 지눌(知訥)이 증축함. 1592년 임진왜란 때 불타고, 1791년에 다시 짓고, 1926년에 증축하고, 1967년에 보수함. ③서울시 성북구 보문동에 있는 절. 보문종의 총본산. 1115년에 담진(曇眞)이 창건하고, 1692년에 증축·보수하고, 1945년부터 비구니 은영(恩榮)이 크게 증축함.

보법(普法) ①차별이 없고 원만하여 모든 중생에게 두루 통하는 가르침. ②원만하고 완전한 가르침. ③모든 현상은 서로 걸림 없는 관계 속에서 의존하며, 서로가 서로를 받아들이고 서로가 서로를 비추면서 두루 원만하게 융합하고 있다는 진리.

보병(寶甁) 불교 의식에 사용하는 병과, 보살·명왕 등이 지니고 있는 병을 통틀어 일컬음.

보병수

보병수(寶甁手) 천수천안관음(千手千眼觀音)이 병을 쥐고 있는 손.

보부(寶部) 금강계만다라(金剛界曼荼羅)에서, 부처의 복덕을 나타낸 부분.

보불(報佛) 중생을 위해 서원을 세우고 거듭 수행한 결과, 깨달음을 성취한 부처. 아미타불과 약사여래가 여기에 해당함.

보불처(補佛處) 보처(補處)와 같음.

보사(報沙·寶沙) Ⓢpauṣa의 음사. 인도력(印度曆)의 10월. 음력 10월 16일부터 11월 15일까지에 해당함.

보살(菩薩) Ⓢbodhi-sattva의 음사인 보리살타(菩提薩埵)의 준말. bodhi는 깨달음, sattva는 살아 있는 존재, 곧 중생을 뜻하므로 보살은 깨달을 중생, 깨달음을 구하는 중생, 구도자(求道者)라는 뜻. ①깨달음을 구하면서 중생을 교화하는 수행으로 미래에 성불(成佛)할 자. 자신도 깨달음을 구하고 남도 깨달음으로 인도하는 자리(自利)와 이타(利他)를 행하는 자. ②보살승(菩薩乘)의 준말. ③수행자. ④고승(高僧)에 대한 존칭. ⑤여자 신도를 일컫는 말.

보살경(菩薩境) 십경(十境)의 하나. 보살의 방편을 주시함.

보살계(菩薩戒) 대승의 보살이 받아 지켜야 할 삼취정계(三聚淨戒)·십중금계(十重禁戒) 등의 계율.

보살계도량(菩薩戒道場) 보살계를 받는 의식.

보살계본(菩薩戒本) ①보살이 지켜야 할 계율을 종류별로 나누어 열거한 조문(條文)으로, 두 가지 번역이 있음. (1)1권. 북량(北涼)의 담무참(曇無讖) 번역. (2)1권. 당(唐)의 현장(玄奘) 번역. (1)은 보살지지경(菩薩地持經)에서 발췌하고, (2)는 유가사지론(瑜伽師地論)의 보살지(菩薩地)에서 발췌한 것이지만 유가사지론의 보살지는 보살지지경의 다른 번역이므로 (1)과 (2)의 내용은 거의 같음. ②범망경(梵網經) ①의 하권을 일컬음.

보살계의소(菩薩戒義疏) 2권. 수(隋)의 지의(智顗) 강설, 관정(灌頂) 기록. 범망경(梵網經) ①의 하권을 풀이한 저술.

보살근(菩薩根) 보살이 갖추고 있는 능력.

보살도(菩薩道) ①보살이 닦는 수행. 위로는 깨달음을 구하고, 아래로는 중생을 교화하는 보살의 수행. ②대승의 가르침.

보살마하살(菩薩摩訶薩) 마하살(摩訶薩)은 ⓢmahā-sattva의 음사로, 위대한 존재·중생·사람이라는 뜻. 보살을 높여 일컫는 말.

보살사(菩薩寺) 충북 청주시 용암동에 있는 절. 법주사(法住寺)의 말사. 567년에 신라의 의신(義信)이 창건하고, 이후 여러 차례 중축·보수함. 문화재 : 석조이존병립불상(石造二尊並立佛像)·극락보전(極樂寶殿)·오층석탑.

보살선계경(菩薩善戒經) 9권. 유송(劉宋)의 구나발마(求那跋摩) 번역. 보살지지경(菩薩地持經)의 다른 번역.

보살승(菩薩乘) 승(乘)은 중생을 깨달음으로 인도하는 부처의 가르침이나 수행법을 뜻함. 보살을 위한 부처의 가르침. 보살의 수행법. 깨달음에 이르게 하는 부처의 가르침이므로 불승(佛乘)이라고도 함.

보살승(菩薩僧) ①미륵보살·문수보살 등을 통틀어 일컬음, 또는 그 보살들의 모임. ②삭발하지 않은 출가자.

보살영락본업경(菩薩瓔珞本業經) 2권. 요진(姚秦)의 축불념(竺佛念) 번역. 십주(十住)·십행(十行)·십회향(十廻向)·십지(十地)·무구지(無垢地)·묘각지(妙覺地)의 42현성(賢聖), 삼취정계(三聚淨戒), 수계(受戒)의 공덕, 참회 등을 설한 경.

보살자(菩薩子) 수행승들을 친근하게 부르는 말. 자(子)는 접미사.

보살장(菩薩藏) 부처의 가르침 가운데 보살을 위해 설한 가르침.

보살정성(菩薩定性) 오성(五性)의 하나. 선천적으로 보살의 소질을 지니고 있는 자.

보살종성(菩薩種性) 보살정성(菩薩定性)과 같음.

보살좌(菩薩坐) 반가부좌(半跏趺坐)를 말함.

보살지(菩薩地) 십지(十地)의 하나. 보살이 처음 발심하여 깨달음을 이루기 전까지의 수행 과정.

보살지지경(菩薩地持經) 10권. 북량(北涼)의 담무참(曇無讖) 번역. 보살의 수행법과 방편, 그리고 대승의 계율을 상세히 설한 경.

보살진지(菩薩盡地) 보살로서의 모든 수행을 완성한 단계로, 십지(十地) 가운데 법운지(法雲地)에 해당함.

보살행(菩薩行) 보살의 수행. 보살이 실천하는 행위.

보삽파(補澁波) ⓢpuṣpa의 음사. 꽃.

보상관(普想觀) 십육관(十六觀)의 하나. 자신

이 극락 정토에 태어나 연꽃 속에 앉아 있고 부처와 보살이 허공에 두루 가득하다고 생각하는 수행법.

보생(報生) 선천적으로 갖추고 있는 것.

보생불(寶生佛) 보생여래(寶生如來)와 같음.

보생불(報生佛) 중생을 위해 서원을 세우고 거듭 수행한 결과, 깨달음을 성취한 부처. 아미타불과 약사여래가 여기에 해당함.

보생여래(寶生如來) 금강계만다라(金剛界曼荼羅)에서 대일여래(大日如來) 곁에 있는 부처로, 자타(自他)의 평등을 깨달아 대자비심을 일으키는 평등성지(平等性智)를 나타냄.

보석사(寶石寺) 충남 금산군 남이면 진락산 남동쪽 기슭에 있는 절. 마곡사(麻谷寺)의 말사. 885년에 조구(祖丘)가 창건하고, 1592년 임진왜란 때 불타고, 고종 때 명성황후(明成皇后)의 명으로 다시 지음. 임진왜란 때 금산 전투에서 전사한 승병장(僧兵將) 영규(靈圭)의 비(碑)가 있음. 일제 강점기 때 삼십일본산(三十一本山)의 하나로 지정됨.

보설(普說) 널리 대중을 모아 설법함.

보성론(寶性論) 구경일승보성론(究竟一乘寶性論)의 준말.

보슬징가(補瑟徵迦) ⓢpuṣṭika의 음사. 증익(增益)이라 번역. 장수·복덕·번영 등을 기원하는 밀교의 의식.

보시(布施) ⓢⓟdāna 남에게 재물이나 가르침 등을 베풂.

보시바라밀(布施波羅蜜) ⓢdāna-pāramitā의 음역. 육바라밀(六波羅蜜)의 하나. 보시를 완전하게 성취함. 보시의 완성.

보신(報身) ⓢsaṃbhoga-kāya 삼신(三身)의 하나. 중생을 위해 서원을 세우고 거듭 수행한 결과, 깨달음을 성취한 부처. 아미타불과 약사여래가 여기에 해당함.

보신불(報身佛) 보신(報身)과 같음.

보왕(寶王) 부처에 대한 존칭.

보요경(普曜經) 8권. 서진(西晋)의 축법호(竺法護) 번역. 방광대장엄경(方廣大莊嚴經)의 다른 번역.

보우(普愚) 1301-1382. 고려 말의 승려. 경기 양평 출신. 처음 법명은 보허(普虛), 뒤에 보우로 바꿈. 법호는 태고(太古). 13세에 양주 회암사(檜巖寺) 광지(廣智)에게 출가한 후 장흥 가지산(迦智山)에서 수행하고, 26세에 화엄선(華嚴選)에 합격함. 1337년에 개성의 전단원(栴檀園)에서 조주(趙州)의 '무(無)' 자 화두를 참구하다가 이듬해 크게 깨달음. 소요산 백운암(白雲庵), 삼각산 태고암(太古庵) 등에 머무르다가 1346년에 원(元)에 가서 연경(燕京) 대관사(大觀寺)에 머물다가 이듬해 절강성 호주(湖州) 하무산(霞霧山) 천호암(天湖庵)에 가서 석옥 청공(石屋淸珙, 1272-1352)을 만나 인가(印可)를 받고 그의 법을 이어받음. 1348년에 귀국하여 삼각산 중흥사(重興寺)에 머물다가 경기 용문산 북쪽 기슭에 소설암(小雪庵)을 짓고 머무름. 1356년에 왕사(王師)가 되어 개성 광명사(廣明寺)에 머물다가 소설암으로 돌아감. 그 후 희양산 봉암사(鳳巖寺)와 가지산 보림사(寶林寺)에 머물고, 1371년에 공민왕이 국사(國師)에 봉하였으나 사양하고, 1381년에 우왕이 다시 국사에 봉함. 그는 간화선(看話禪)의 새로운 체계를 수립하고, 선교(禪教)의 통합과 교단의 혁신 운동을 전개함. 소설암에서 입적함. 시호는 원증(圓證). 어록 : 태고화상어록(太古和尚語錄).

보우(普雨) ?-1565. 조선의 승려. 호는 허응(虛應) 또는 나암(懶庵). 15세에 금강산 마하연암(摩訶衍庵)에 출가하고, 장안사(長安寺)·표훈사(表訓寺)·백담사(百潭寺) 등에서 수행함. 1548년(명종 3)에 문정왕후(文定王后)의 명으로 봉은사(奉恩寺) 주지가 되고, 1550년에는 문정왕후의 도움으로 선교양종(禪教兩宗)을 부활시키고, 봉은사를 선종의 본사(本寺)로, 봉선사(奉先寺)를 교종의 본사로 지정함. 선종판사(禪宗判事)에 임명되고, 1552년에 승과(僧科)를 부활시킴. 1555년에 그의 직책을 사양하고 춘천 청평사(清平寺)에 머물다가 1560년에 다시 봉은사 주지와 선종판사의 직책을 맡음. 1565년(명종 20)에 문정왕후가 죽자 유생들의 잇따른 상소로 승직을 박탈당하고 제주도에 유배되었다가 제주목사(牧使) 변협(邊協)에게 피살됨. 저서 : 허응당집(虛應堂集)·나암잡저(懶庵雜著)·수월도량공화불사여환빈주몽중문답(水月道場空花佛事如幻賓主夢中問答)·권념요록(勸念要錄).

보원(普願) 748-834. 당(唐)의 승려. 하남성(河南省) 정주(鄭州) 출신. 성(姓)은 왕(王). 10세에 출가하고, 30세에 숭산(嵩山) 회선사(會善寺)에서 구족계(具足戒)를 받음. 경(經)·율(律)·논(論)을 배우다가 그것을 버리고 마조 도일(馬祖道一, 709-788)에게 사사(師事)하여 그의 법을 이어받음. 안휘성(安徽省) 지양(池陽) 남전산(南泉山)에 30여 년 동안 머물면서 선풍(禪風)을 크게 일으킴.

보원행(報怨行) 사행(四行)의 하나. 수행자가 고통을 당할 때는 과거에 자신이 저지른 행위의 과보라고 생각하여 남을 원망하지 않음.

보인(寶印) 부처나 보살의 인계(印契)를 말함.

보임(保任) 어떤 상태를 보호하여 온전하게 간직함.

보장(寶藏) ①부처가 설한 가르침, 또는 그것을 담고 있는 경전. ②자신이 본래 갖추고 있는 청정한 부처의 성품.

보장(報障) 악한 행위를 저지른 과보로 받은 지옥·아귀·축생 등의 생존으로 인해 청정한 수행을 할 수 없는 장애.

보적경(寶積經) 대보적경(大寶積經)의 준말.

보제존자(普濟尊者) ⇒ 혜근(惠勤)

보조(普照) ①체징(體澄)의 시호(諡號). ②지눌(知訥)의 시호.

보처(補處) 부처의 자리를 보충한다는 뜻. 한 번의 미혹한 생을 마치면 다음 생에는 성불하는 보살의 최고 경지. 예를 들어 미륵보살은 지금 도솔천에서 수행 중인데, 그 생을 마치면 인간으로 태어나 성불하여 석가모니불의 자리를 보충한다고 함.

보처보살(補處菩薩) 한 번의 미혹한 생을 마치면 다음 생에는 성불하는 최고 경지의 보살. 특히 도솔천에서의 생을 마치면 인간으로 태어나 성불하여 석가모니불의 자리를 보충한다는 미륵보살을 일컬음.

보처존(補處尊) 보처보살(補處菩薩)과 같음.

보척명왕(步擲明王) 죄인을 깨달음으로 인도

하고 악마를 굴복시킨다는 존(尊).

보청(普請) 한 사찰의 승려들을 두루 청하여 함께 일을 함.

보체(保體) 몸을 보호한다는 뜻으로, 축원문(祝願文)의 시주(施主) 이름 밑에 쓰는 말.

보타락가(補陀落迦) 보달락가(補怛洛迦)와 같음.

보탁(寶鐸) 작은 종에 쇠 추(錘)를 매달은 기구로, 전각(殿閣)의 처마 끝이나 탑의 지붕돌에 매달아 바람에 흔들려 맑은 소리가 나게 함.

보통(報通) 전생에 지은 행위의 과보로 태어날 때부터 갖추고 있는 신통력.

보특가라(補特伽羅) ⓢpudgala의 음사. 인(人)·중생(衆生)·삭취취(數取趣)라 번역. 사람. 중생. 자아(自我). 영혼.

보편지장반야바라밀다심경(普遍智藏般若波羅蜜多心經) 1권. 당(唐)의 법월(法月) 번역. 반야바라밀다심경(般若波羅蜜多心經)의 다른 번역.

보현대사(普賢大士) 보현보살(普賢菩薩)과 같음.

보현문(普賢門) 깨달음의 경지를 중생의 능력이나 소질에 따라 설한 가르침.

보현보살(普賢菩薩) 석가모니불을 오른쪽에서 보좌하는 보살로, 한량없는 행원(行願)을 상징함.

보현사(普賢寺) 평북 영변군 묘향산 향로봉 남서쪽 기슭에 있는 절. 968년에 창건하고, 1042년에 탐밀(探密)과 굉확(宏廓)이 증축함. 1761년에 모두 불타고, 남파(南坡)·향악(香岳) 등이 다시 지음. 일제 강점기 때 삼십일본산(三十一本山)의 하나로 지정됨. 한국 전쟁 때 불타고, 1976년과 1979년에 복구함.

보현십원가(普賢十願歌) 고려 광종 때, 균여(均如)가 지은 11수의 향가(鄕歌)로, 화엄경의 보현행원품(普賢行願品)을 바탕으로 하여 보현보살이 제시한 열 가지 행원(行願)을 지은이 스스로 실천하겠다는 내용으로 되어 있음.

보현행(普賢行) ①원만하고 완전한 수행. ②보현보살의 실천.

보현행원품(普賢行願品) 당(唐)의 반야(般若)가 번역한 화엄경(華嚴經) 제40권의 입불사의해탈경계보현행원품(入不思議解脫境界普賢行願品)을 따로 분리시켜 간행한 책. 선재동자(善財童子)가 깨달음을 이루기 위해 53명의 선지식(善知識)을 차례로 찾아가는데, 마지막으로 보현보살을 찾았을 때 그가 설한 법문으로, 보현보살의 열 가지 수행과 서원을 밝히고 그것을 실천하는 방법과 그 공덕을 설함.

보화왕좌(寶華王座) 설법하는 높은 자리.

복가라(福伽羅) 보특가라(補特伽羅)와 같음.

복구(復丘) 1270-1355. 고려의 승려. 경남 고성 출신. 10세에 천영(天英, 1215-1286)에게 출가하고, 천영이 입적한 후 도영(道英)에게 사사(師事)함. 21세에 승과(僧科)에 합격하고, 정토사(淨土寺)·월남사(月南寺) 등에 머무름. 1320년에 조계산 수선사(修禪社) 제13세 사주(社主)가 되어 선풍(禪風)을 크게 일으킴. 장성 백양사(白羊寺)를 크게 중축하고, 만년에는 불갑사(佛岬寺)에 머무름. 1350년(충정왕 2)과 1352년(공민왕 1)에 왕사(王師)가 되고 공민왕으로부터 각엄존자(覺儼尊者)라는 호를 받음. 시호는 각진국사(覺眞國師).

복덕사(福德舍) 여행하고 있는 사람에게 휴식과 음식을 제공하는 집.

복도(伏道) 잠재하고 있는 번뇌는 끊을 수 없지만 마음으로 일으킨 번뇌는 굴복시킬 수 있는 수행.

복생천(福生天) 색계 제4선천(第四禪天)의 제2천. ⇒ 색계십칠천(色界十七天)

복수논사(服水論師) 물이 만물의 근원이라고 주장한 고대 인도의 한 학파.

복업(福業) ①삼업(三業)의 하나. 행복한 과보를 받을 욕계의 선업(善業). ②행복을 초래할 청정한 행위.

복인(伏忍) 번뇌를 굴복시켜 일어나지 못하게는 하지만 아직 완전히 끊지 못한 보살의 수행 단계.

복자(複子) 보자기. 바랑.

복장(腹藏) 불상을 만들 때, 뱃속에 넣는 사리(舍利)·불경·의복·다라니(陀羅尼)·만다라(曼荼羅)·조성기(造成記) 등을 말함.

복장(伏藏) 땅속에 묻혀 있는 보물.

복전(福田) 복덕을 생성하는 근원.

복전승(福田僧) 중생에게 복덕을 베푸는 수행자.

복전의(福田衣) 가사(袈裟)를 말함. 가사는 복을 얻게 하는 밭이라는 뜻. 또 직사각형의 베 조각들을 기워서 만든 가사의 모양이 밭두둑과 같으므로 이와 같이 일컬음.

복천암(福泉庵) 충북 보은군 속리산 문장대 남쪽 기슭에 있는 절. 법주사(法住寺)에 딸린 암자. 720년(신라 성덕왕 19)에 창건하고, 조선 세조의 명으로 보수함. 1592년 임진왜란 때 불탄 후 다시 짓고, 1909년에 보수함. 문화재 : 수암화상부도(秀庵和尙浮屠)·학조등곡화상부도(學祖燈谷和尙浮屠).

복타밀다(伏馱蜜多) 불타밀다(佛陀蜜多)와 같음.

본각(本覺) 기신론에서, 번뇌에 가려 드러나지 않은 청정한 깨달음의 성품. 중생이 본디 갖추고 있는 청정한 마음. ⇒ 시각(始覺)

본감응묘(本感應妙) 본문십묘(本門十妙)의 하나. 가르침을 받아들이는 중생의 소질이나 능력과 그에 대한 본불(本佛)의 반응이 서로 오묘함.

본겁본견(本劫本見) 자아(自我)와 세계 등의 과거에 대한 견해.

본경(本經) ①본론에 해당하는 경(經). 예를 들면, 법화경(法華經)을 본경, 법화경의 서설(序說)에 해당하는 무량의경(無量義經)을 개경(開經), 법화경의 결론에 해당하는 관보현경(觀普賢經)을 결경(結經)이라 함. ②어떠한 논(論)이나 소(疏)의 근원이 되는 경(經).

본공(本空) 모든 현상은 여러 인연의 일시적인 화합에 지나지 않으므로 거기에는 본래 불변하는 실체가 없다는 뜻.

본과묘(本果妙) 본문십묘(本門十妙)의 하나. 본불(本佛)이 수행하여 얻은 결과가 오묘함.

본국토묘(本國土妙) 본문십묘(本門十妙)의 하나. 본불(本佛)이 머무는 국토가 오묘함.

본권속묘(本眷屬妙) 본문십묘(本門十妙)의 하나. 본불(本佛)의 권속들이 오묘함.

본극(本極) 모든 현상의 근본.

본래면목(本來面目) 자신이 본디부터 지니고 있는, 천연 그대로의 심성(心性). 부처의 성품.

본래자성청정열반(本來自性淸淨涅槃) 중생이 본래 갖추고 있는 청정한 부처의 성품을 뜻함.

본말불각(本末不覺) 있는 그대로의 참모습을 깨닫지 못하여 홀연히 차별을 일으키는 원초적 번뇌인 근본불각(根本不覺)과 이에 부수적으로 일어나는 미세한 번뇌인 지말불각(枝末不覺).

본문(本門) 석가모니불이 나타나기 이전, 아득히 먼 과거에 성불한 본불(本佛)을 드러낸 부분. 법화경 28품 가운데 앞의 14품은 적문(迹門), 뒤의 14품은 본문에 해당함.

본문개현(本門開顯) 법화경 28품 가운데 뒤 14품의 본문(本門)에서 밝히고 드러낸 것. 곧, 석가모니불은 본불(本佛)의 자취임을 밝히고 아득히 먼 과거에 성불한 본불을 드러냈다는 뜻. 석가모니불은 보리수 아래에서 처음으로 성불한 것이 아니라 아득히 먼 과거에 이미 성불한 본불의 자취이며 그 본불을 드러냈다는 뜻.

본문십묘(本門十妙) 본문(本門)은 석가모니불이 나타나기 이전, 아득히 먼 과거에 성불한 본불(本佛)을 드러낸 부분으로, 법화경 28품 가운데 뒤의 14품에 해당함. 십묘(十妙)는 지의(智顗)가 법화현의(法華玄義)에서 밝힌 내용으로, 묘법연화경(妙法蓮華經)의 묘(妙)자에 함축되어 있다는 열 가지 오묘함. (1)본인묘(本因妙). 본불(本佛)이 수행하게 된 원인이 오묘함. (2)본과묘(本果妙). 본불이 수행하여 얻은 결과가 오묘함. (3)본국토묘(本國土妙). 본불이 머무는 국토가 오묘함. (4)본감응묘(本感應妙). 가르침을 받아들이는 중생의 소질이나 능력과 그에 대한 본불의 반응이 서로 오묘함. (5)본신통묘(本神通妙). 본불이 중생을 구제하기 위해 나타내는 자유 자재한 능력이 오묘함. (6)본설법묘(本說法妙). 본불의 설법이 오묘함. (7)본권속묘(本眷屬妙). 본불의 권속들이 오묘함. (8)본열반묘(本涅槃妙). 본불은 영원하므로 그 열반이 오묘함. (9)본수명묘(本壽命妙). 본불은 수명이 자유 자재하므로 그 수명이 오묘함. (10)본이익묘(本利益妙). 본불이 중생에게 주는 이익이 오묘함.

본법(本法) 현상의 근원.

본분(本分) 인간의 본래 모습. 자신이 본래부터 지니고 있는, 천연 그대로의 심성(心性).

본분수각(本分手脚) 인간의 본래 모습으로 되돌아가게 하기 위한 적절한 지도 방법.

본분작가(本分作家) 인간이 본래부터 지니고 있는 부처의 성품을 체득한 사람.

본분종사(本分宗師) 인간의 본래 모습에 철저한 선승(禪僧).

본분초료(本分草料) 인간의 본래 모습으로

되돌아가게 하기 위해, 선승(禪僧)이 수행자에게 주는 적절한 교훈이나 지도. 수행자를 마소에, 선승의 유익한 교훈을 여물에 비유한 말.

본불(本佛) ①자신의 마음에 있는 부처의 성품. ②석가모니불이 나타나기 이전, 아득히 먼 과거에 성불한 부처. 부처의 근원. 영원한 우주나 진리 그 자체.

본불생제(本不生際) 일어나지도 소멸하지도 않는 우주의 근원, 곧 본래부터 저절로 갖추고 있는 청정한 마음.

본사(本事) ①ⓢpūrva-yoga 과거의 행적. ②ⓢitivṛttaka ⓟitivuttaka 경전의 서술 내용에서, 불제자의 과거 인연을 설한 부분. 법화경의 약왕보살본사품(藥王菩薩本事品)이 여기에 해당함. ⇒ 이제목다가(伊帝目多伽) ③ⓢdravya 본질.

본사(本師) ①석가모니불을 일컬음. ②한 종파를 처음 세운 승려. ③출가하여 승려가 될 때, 삭발하고 계(戒)를 준 스승. ④가르침을 준 스승.

본사(本寺) ①일정한 교구(敎區)의 본부가 되는 절. ②자기가 출가하여 승려가 된 절. ③조선 때, 교종(敎宗) 또는 선종(禪宗)의 본부가 된 절.

본산(本山) 본사(本寺) ①과 같음.

본삼매야인(本三昧耶印) 밀교에서 의식의 시작 때 행하는 예법으로, 두 손을 펴고 위로 세워서 서로 합친 손 모양을 말함.

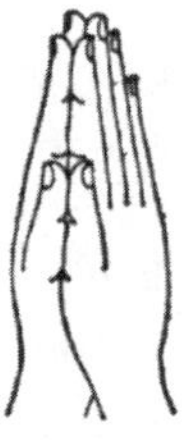
본삼매야인

본상(本相) 여러 인연으로 생성되어 변해 가는 모든 현상의 근본적인 모습. 곧, 생겨나〔生〕 머물다가〔住〕 변하여〔異〕 소멸〔滅〕하는 모습.

본상좌부(本上座部) 설산부(雪山部)와 같음.

본색(本色) 태어나면서부터 부처인 인간의 그 본래 모습이나 상태.

본생(本生) ⓢⓟjātaka 붓다의 전생 이야기. 붓다가 현생에서 깨닫게 된 원인은 전생에 쌓은 선행과 공덕 때문이라고 사유하여, 당시 인도의 민간에 널리 유포되고 있던 전설과 우화 속의 인물 하나를 붓다의 전생으로 꾸며서 불교 설화로 변경시킨 것으로, 팔리 어 경전에는 산문과 운문으로 된 547가지의 전생 이야기가 수록되어 있음. ⇒ 사다가(闍多伽)

본생경(本生經) 본생(本生)과 같음.

본생담(本生譚) 본생(本生)과 같음.

본생안다논사(本生安荼論師) 안다(安荼)는 ⓢaṇḍa의 음사, 난(卵)이라 번역. 알이 만물의 근원이라고 주장한 고대 인도의 한 학파.

본서(本誓) 본원(本願)과 같음.

본설법묘(本說法妙) 본문십묘(本門十妙)의 하나. 본불(本佛)의 설법이 오묘함.

본성(本性) ①고유한 성질. 근본 성질. ②본래 갖추고 있는 성품. 천연 그대로의 성품.

본성주종성(本性住種性) 성종성(性種性)과 같음.

본수명묘(本壽命妙) 본문십묘(本門十妙)의

하나. 본불(本佛)은 수명이 자유 자재하므로 그 수명이 오묘함.

본식(本識) 아뢰야식(阿賴耶識)의 별명. 아뢰야식은 다른 여러 식(識)을 일으키는 근본이므로 이와 같이 말함.

본신통묘(本神通妙) 본문십묘(本門十妙)의 하나. 본불(本佛)이 중생을 구제하기 위해 나타내는 자유 자재한 능력이 오묘함.

본심(本心) 본래 갖추고 있는 청정한 성품. 천연 그대로의 성품.

본언(本言) 자신의 범죄 사실을 인정함. 자백.

본연(本緣) 유래. 연유. 내력.

본연경(本緣經) 본생경(本生經)과 같음.

본열반묘(本涅槃妙) 본문십묘(本門十妙)의 하나. 본불(本佛)은 영원하므로 그 열반이 오묘함.

본원(本願) 본(本)은 인위(因位) 또는 근본을 뜻함. 인위는 부처가 되려고 수행하는 기간을 말함. 부처나 보살이 과거에 수행하고 있을 때, 모든 중생을 구제하려고 세운 근원적 서원. 아미타불의 48원, 약사여래의 12원 따위.

본원(本源) 본래 청정한 마음의 근원. 마음의 본바탕.

본원공덕취(本願功德聚) 아미타불을 일컫는 말. 수행할 때 서원을 세우고 한량없는 공덕을 쌓았다는 뜻.

본유(本有) ①본디부터 있음. 선천적으로 지니고 있음. 중생이 본래 갖추고 있는 깨달음의 성품. ②사유(四有)의 하나. 어떤 생이 결정된 후부터 죽을 때까지.

본유가(本有家) 유식파(唯識派) 가운데 모든 인식 작용을 일으키는 근원인 종자는 선천적으로 아뢰야식(阿賴耶識)에 저장되어 있다고 주장하는 파(派).

본유수생(本有修生) 중생이 본래 갖추고 있는 깨달음의 성품이 수행에 의해 드러남.

본유종자(本有種子) 선천적으로 아뢰야식(阿賴耶識)에 저장되어 있는 잠재력 또는 원동력.

본이(本二) 비구의 출가하기 전의 아내. 옛 일이므로 본(本), 배우자이므로 이(二)라고 함.

본이익묘(本利益妙) 본문십묘(本門十妙)의 하나. 본불(本佛)이 중생에게 주는 이익이 오묘함.

본인묘(本因妙) 본문십묘(本門十妙)의 하나. 본불(本佛)이 수행하게 된 원인이 오묘함.

본적(本迹) 본지(本地)와 수적(垂迹). 변화하지 않은 부처나 보살을 본지(本地), 부처나 보살이 중생을 구제하기 위해 여러 가지 다른 모습으로 변화하여 그 자취를 드리우는 것을 수적(垂迹)이라 함.

본적(本寂) 840-901. 당(唐)의 승려. 복건성(福建省) 포전(蒲田) 출신. 19세에 복주(福州) 영석산(靈石山)에 출가하고, 25세에 구족계(具足戒)를 받음. 865년경부터 동산 양개(洞山良价, 807-869)에게 사사(師事)하여 그의 법을 이어받고, 강서성(江西省) 무주(撫州) 조산(曹山)에서 선풍(禪風)을 크게 일으킴. 시호(諡號)는 원증대사(元證大師).

본적석(本迹釋) 천태사석(天台四釋)의 하나. 하나의 글귀를 본지(本地)와 수적(垂迹)의 입장에서 두 가지로 해석하는 방법.

본적이문(本迹二門) 석가모니불이 나타나기 이전, 아득히 먼 과거에 성불한 본불(本佛)을 드러낸 본문(本門)과 본불이 중생을 구제하기 위해 석가모니불로 그 자취를 드러낸 적문(迹門)을 말함. 법화경 28품 가운데 앞의 14품은 적문, 뒤의 14품은 본문에 해당함.

본제(本際) ①모든 현상의 근본·본성. ②차별을 떠난 있는 그대로의 참모습. ③궁극적인 진리. ④이전의 상태. 과거.

본존(本尊) 예배의 중심이 되는 부처·보살·명왕 등을 말함.

본존불(本尊佛) 예배의 중심이 되는 부처.

본지(本地) 부처나 보살이 중생을 구제하기 위해 여러 가지 다른 모습으로 변화하여 그 자취를 드리우는 것을 수적(垂迹), 변화하지 않은 본래의 부처나 보살을 본지(本地)라고 함.

본지법신(本地法身) 본지신(本地身)과 같음.

본지신(本地身) 만유(萬有)의 근본이 되는 진리 그 자체, 또는 진리를 있는 그대로 드러낸 우주 그 자체를 말함. 비로자나불과 대일여래가 여기에 해당함.

본지풍광(本地風光) 자신이 본디부터 지니고 있는, 천연 그대로의 심성(心性). 태어나면서부터 지니고 있는 부처의 성품. 어떠한 미혹도 번뇌도 없는 부처의 경지.

본질(本質) ①사물의 근본 성질. 사물의 고유한 특성. ②사물 그 자체. ③인식의 대상을 있게 한 근원.

본집(本集) ⇒ 상히타(saṃhitā)

본찰(本刹) ①일정한 교구(敎區)의 본부가 되는 절. ②자기가 출가하여 승려가 된 절.

본체(本體) ①사물의 본바탕. 사물의 근본 성질. ②본래 갖추고 있는 성품. 천연 그대로의 성품.

본초(本初) ①시초. 근본. 근원. ②차별을 떠난 있는 그대로의 참모습.

본칙(本則) 선어록(禪語錄)에서 해설이나 비평의 대상이 되는 고칙(古則), 곧 참선하는 수행자에게 본보기가 되는 부처나 조사의 파격적인 문답 또는 언행(言行). 큰 의심을 일으키게 하는 부처나 조사의 역설적인 말이나 문답.

본행(本行) ①깨달음에 이르기 위한 근본 수행. ②본래부터 닦은 수행.

본향(本鄕) 자신이 본래 갖추고 있는 부처의 성품.

본혹(本惑) 혹(惑)은 번뇌를 뜻함. 모든 번뇌의 근본이 되는 탐(貪)·진(瞋)·치(癡)·만(慢)·의(疑)·악견(惡見)을 말함.

본홍서원(本弘誓願) 본(本)은 인위(因位) 또는 근본을 뜻함. 인위는 부처가 되려고 수행하는 기간을 말함. 부처나 보살이 과거에 수행하고 있을 때, 모든 중생을 널리 구제하려고 세운 근원적 서약. 아미타불의 48원, 약사여래의 12원 따위.

봉(奉) 공훈오위(功勳五位)의 하나. 불성을

깨닫기 위해 오로지 수행에만 전념하는 단계.

봉(棒) ⇒ 방(棒)

봉갈(棒喝) ⇒ 방할(棒喝)

봉녕사(奉寧寺) 경기 수원시 우만동에 있는 절. 용주사(龍珠寺)의 말사. 1208년에 원각(圓覺)이 창건하여 성창사(聖彰寺)라 하고, 1400년경에 봉덕사(奉德寺)로 이름을 바꾸고, 1469년에 신미(信眉)가 중축하고 봉녕사라 함. 1971년에 비구니 묘전(妙典)이 선원(禪院)을 짓고, 1975년에 비구니 묘엄(妙嚴)을 강사로 하여 승가학원(僧伽學院)을 설립함.

봉독(捧讀) 경건하게 두 손으로 받들어 읽음.

봉림사(鳳林寺) 경남 창원시 봉림동 봉림산 남쪽 자락에 있던 절. 현욱(玄昱, 787-868)의 제자 심희(審希, 855-923)가 창건하여 선풍(禪風)을 일으킴으로써 봉림산문(鳳林山門)이 형성됨.

봉림산문(鳳林山門) ⇒ 구산선문(九山禪門)

봉서사(鳳棲寺) 전북 완주군 용진면 서방산 남쪽 기슭에 있는 절. 금산사(金山寺)의 말사. 727년(신라 성덕왕 26)에 창건하고, 고려 말에 나옹(懶翁)이 중축함. 진묵(震默, 1562-1633)이 이 절에 출가하고, 한국 전쟁 때 모두 불탐. 1963년에 호산(湖山)이 다시 짓고, 1975년에 중축함. 문화재 : 진묵대사부도(震默大師浮屠).

봉선사(奉先寺) 경기 남양주시 진접읍 운악산 남쪽 자락에 있는 절. 대한불교조계종 제25교구 본사. 969년에 고려의 탄문(坦文)이 창건하여 운악사(雲岳寺)라 하고, 1469년(예종 1)에 세조의 비(妃) 정희왕후(貞熹王后)의 명으로 세조의 명복을 빌고 광릉(光陵)을 보호하기 위해 중축하고 봉선사라 함. 1550년(명종 5)에 선교양종(禪教兩宗)이 부활될 때 교종의 본사가 됨. 1592년 임진왜란 때 모두 불타고 이듬해 다시 짓고, 1636년 병자호란 때 또 불타고 이듬해 다시 지음. 이후 여러 차례 중축·보수하고, 한국 전쟁 때 모두 불타고, 1956년부터 다시 지음. 문화재 : 동종(銅鐘).

봉안(奉安) 불상(佛像)·보살상(菩薩像)·불화(佛畵)·위패(位牌) 등을 경건한 마음으로 잘 모셔 둠.

봉암사(鳳巖寺) 경북 문경시 가은읍 희양산 남쪽 기슭에 있는 절. 직지사(直指寺)의 말사. 879년에 신라의 도헌(道憲)이 창건하고, 935년에 긍양(兢讓)이 중축하고 선풍(禪風)을 일으킴으로써 희양산문(曦陽山門)이 형성됨. 1674년에 불타고, 신화(信和)가 다시 지음. 1915년에 세욱(世旭)이 보수하고 중축함. 문화재 : 지증대사적조탑(智證大師寂照塔)·지증대사적조탑비(智證大師寂照塔碑)·삼층석탑·정진대사원오탑(靜眞大師圓悟塔).

봉영사(奉永寺) 경기 남양주시 진접읍 내각리 천견산 남쪽 기슭에 있는 절. 봉선사(奉先寺)의 말사. 589년(신라 진평왕 11)에 창건하여 봉인암(奉仁庵)이라 함. 1737년에 태전(太顚)·치학(致學) 등이 다시 짓고, 1738년에 선조의 후궁 인빈(仁嬪)의 묘가 순강원(順康園)으로 승격되면서 이 절을 인빈의 제사를 지내는 곳으로 하고 봉영사라 함. 이후 여러 차례 보수함.

봉원사(奉元寺) 서울시 서대문구 봉원동 금화산(안산) 남동쪽 자락에 있는 절. 한국불교 태고종 총본산. 889년에 신라의 도선(道詵)이

연희궁(延禧宮) 터에 창건하여 반야사(般若寺)라 하고, 고려 말에 보우(普愚)가 중축함. 1592년 임진왜란 때 불타고 다시 짓고, 1651년에 또 불타고 다시 지음. 1748년(영조 24)에 왕실의 시주로 지금의 터로 옮겨 다시 짓고, 왕이 봉원사라는 이름을 하사함. 한국 전쟁 때 일부분 불타고, 1966년에 복구함.

봉은사(奉恩寺) ①서울시 강남구 삼성동에 있는 절. 조계사(曹溪寺)의 말사. 794년에 신라의 연회(緣會)가 창건하여 견성사(見性寺)라 하고, 1498년(연산군 4)에 성종의 비(妃) 정현왕후(貞顯王后)의 명으로 선릉(宣陵) 자리에서 정릉(靖陵) 자리로 옮겨 중축하고, 1530년에 봉은사라고 함. 1548년(명종 3)에 문정왕후(文定王后)의 명으로 보우(普雨)가 주지로 머물고, 1550년(명종 5)에 선교양종(禪教兩宗)이 부활될 때 선종의 본사가 되고, 1552년부터 승과(僧科)를 이 절에서 치름. 1560년에 보우가 다시 주지로 취임하여 지금의 터로 옮기고 크게 중축함. 1592년 임진왜란 때 불타고, 1637년에 다시 짓고, 1665년에 또 불타고, 1692년부터 왕실의 시주로 다시 짓기 시작하여 1702년에 완성함. 이후 여러 차례 보수하고, 1939년에 불타고, 1941년부터 도평(道平)이 다시 지음. ②경기 개성시에 있던 절. 951년(고려 광종 2)에 태조의 원찰(願刹)로 창건하고, 태조의 진영(眞影)을 봉안함. 이후 여러 차례 보수하고, 고려의 여러 왕들이 행차하고, 여러 고승들이 머무름.

봉정사(鳳停寺) 경북 안동시 서후면 천등산 남쪽 기슭에 있는 절. 고운사(孤雲寺)의 말사. 신라 문무왕(661-681) 때 의상(義湘)의 제자 능인(能仁)이 창건하고, 고려 때 여러 차례 보수함. 조선 초에 일부분 다시 짓고, 1625년과 1809년에 보수함. 문화재 : 극락전·대웅전·화엄강당(華嚴講堂)·고금당(古今堂)·삼층석탑.

봉정암(鳳頂庵) 강원 인제군 북면 용대리 설악산 소청봉 북서쪽 아래에 있는 절. 백담사(百潭寺)에 딸린 암자. 643년에 신라의 자장(慈藏)이 창건하고 당(唐)에서 가지고 온 불사리(佛舍利)를 봉안함. 677년에 원효(元曉)가 다시 짓고, 1188년에 지눌(知訥)이 다시 지음. 1518년과 1548년에 보수하고, 1632년에 설정(雪淨)이 다시 지음.

부(覆) Ⓢmrakṣa 자신의 이익과 명예의 상실을 두려워하여 자신이 저지른 죄를 감추는 마음 작용.

부가라(富伽羅) 보특가라(補特伽羅)와 같음.

부견의(覆肩衣) 인도 승단에서 비구니에게 삼의(三衣) 안에 입도록 규정한 작은 옷. 직사각형으로 오른쪽 어깨에 걸쳐 비스듬히 내려뜨려 가슴을 가리고 왼쪽 겨드랑이를 감음. 또는 승기지(僧祇支)와 같다고도 함.

부구(敷具) 수행자가 앉거나 누울 때, 땅이나 잠자리 위에 까는 직사각형의 베.

부근(扶根) 부진근(扶塵根)의 준말.

부나사(富那奢) 부나야사(富那夜奢)와 같음.

부나야사(富那夜奢) Ⓢpuṇyayaśas의 음사. 인도의 부법장(付法藏) 제10조. 화씨성(華氏城) 출신의 승려로, 협존자(脇尊者)의 가르침을 받고 마명(馬鳴)에게 불법(佛法)을 전함.

부남국(扶南國) 고대 중국에서, 지금의 캄보디아를 이르던 말.

부단(不斷) 단절되지 않고 끊임없이 이어짐.

부단공(不但空) 공(空)과, 여러 인연의 일시

적인 화합으로 존재하는 현상을 함께 주시함으로써 공(空)에 치우치지 않음.

부단광불(不斷光佛) 끊임없이 광명을 발하는 부처, 곧 아미타불.

부단나(富單那) ⓢpūtana의 음사. 취귀(臭鬼)라고 번역. 몸에서 나쁜 냄새가 나고 사람과 축생을 괴롭힌다는 귀신.

부단륜(不斷輪) 의식을 행할 때, 승려들이 차례로 염불하여 계속 이어지는 것.

부단중(不但中) 중(中)은 공(空)·가(假)와 별개의 진리가 아니라 그 세 가지는 서로 걸림없이 원만하게 하나로 융합되어 있다는 뜻.

부대사(傅大士) 497-569. 양(梁)·진(陳)의 거사. 절강성(浙江省) 동양(東陽) 출신. 성(姓)은 부(傅), 이름은 흡(翕), 자(字)는 현풍(玄風), 호는 선혜(善慧). 쌍림대사(雙林大士)·동양대사(東陽大士)라고도 함. 16세에 혼인하여 두 아들을 두었으나, 24세에 서역(西域)의 승려 숭두타(嵩頭陀)에게 감화되어 동양(東陽) 송산(松山)에 은거하여 수행함. 534년에 입궐하여 무제(武帝)에게 설법하고, 칙명으로 종산(鍾山) 정림사(定林寺)에 머무르니 학인들이 운집함. 540년에 송산에 쌍림사(雙林寺)를 창건하고 머물면서 수차례에 걸쳐 대법회(大法會)를 개설하고, 대장경을 넣어 두는 윤장(輪藏)을 처음으로 제작함. 어록 : 선혜대사어록(善慧大士語錄).

부도(浮屠·浮圖) ① ⓢⓟbuddha의 음사. 불타(佛陀)와 같음. ②ⓢstūpa의 음사. 탑(塔)과 같음. ③승려의 사리(舍利)나 유골(遺骨)을 넣은 석조물.

부도③

부도계(不盜戒) 불투도계(不偸盜戒)의 준말.

부도식향만계(不塗飾香鬘戒) 십계(十戒)의 하나. 향유(香油)를 바르거나 머리를 꾸미지 말라.

부동대력자(不動大力者) 부동명왕(不動明王)을 말함.

부동멸무위(不動滅無爲) 괴로움에도 즐거움에도 치우치지 않는 마음 상태.

부동명왕(不動明王) 모든 번뇌와 악마를 굴복시키기 위해 분노한 모습을 하고 있는 존(尊).

부동법아라한(不動法阿羅漢) 수행에 의해 아라한의 경지에서 결코 동요하지 않는 자.

부동심해탈(不動心解脫) 이미 얻은 아라한(阿羅漢)의 경지에서 결코 동요하지 않고, 마음이 번뇌의 속박에서 벗어남.

부동업(不動業) 삼업(三業)의 하나. 선정(禪定)의 단계에 따라 반드시 그 단계의 과보를 받을 색계·무색계의 선업(善業).

부동존(不動尊) 부동명왕(不動明王)과 같음.

부동지(不動地) 십지(十地)의 하나. 모든 것에 집착하지 않는 지혜가 끊임없이 일어나 결코 번뇌에 동요하지 않는 단계.

부라(富羅) ⓢpūlā의 음사. 목이 짧은 가죽신.

부란나가섭(富蘭那迦葉) 불란가섭(不蘭迦葉)과 같음.

부란약(腐爛藥) 사람이나 소의 똥오줌으로 만든 약.

부란타라(富蘭陀羅) ⓢpuraṃ-dara의 음사. 제석(帝釋)의 별명.

부료(副寮) 좌선하는 수행승이 자유 시간에 거처하는 중료(衆寮)의 잡무를 담당하는 직책, 또는 그 일을 맡은 승려.

부루나(富樓那) ⓢpūrṇa의 음사. 십대제자(十大弟子)의 하나. 바라문 출신으로, 설법을 잘 하여 설법제일(說法第一)이라 일컬음. 녹야원(鹿野苑)에서 붓다의 설법을 듣고 그의 제자가 됨. 인도의 서쪽 지방에서 붓다의 가르침을 전파하다가 거기에 입적함.

부루나미다라니자(富樓那彌多羅尼子) 부루나(富樓那)의 온전한 이름. 부루나(富樓那)는 ⓢpūrṇa의 음사, 만(滿)이라 번역. 미다라니(彌多羅尼)는 ⓢmaitrāyaṇī의 음사, 자(慈)·원(願)이라 번역, 부루나의 어머니 이름. 자(子)는 ⓢputra의 번역.

부루사담먁파라제(富樓沙曇藐婆羅提) ⓢpuruṣa-damya-sārathi의 음사. 조어장부(調御丈夫)라 번역. 모든 사람을 잘 다루어 깨달음에 들게 한다는 뜻, 곧 부처를 일컬음.

부루사부라(富婁沙富羅) ⓢpuruṣapura의 음사. 건타라국(乾陀羅國)에 있던 도시 이름. 지금의 펀자브(Punjab) 북쪽, 카불(Kabul) 동쪽에 있는 페샤와르(Peshawar).

부모(部母) ⇒ 부주(部主)

부모생신(父母生身) ①부모에게서 받은 육신. ②진리 그 자체를 뜻하는 법신(法身)에 대하여, 이 세상에 태어나 실존한 부처의 육신.

부모은중경(父母恩重經) 1권. 중국에서 지은 위경(僞經)으로, 부모의 은혜가 한량없이 크고 깊음을 십대은(十大恩)으로 나누어 설함.

부목(負木) 절에서 땔감을 마련하는 소임, 또는 그 일을 맡은 사람.

부법(付法) 스승이 불법(佛法)의 유지와 전파를 제자에게 맡겨 부탁함.

부법장인연전(付法藏因緣傳) 6권. 원위(元魏)의 길가야(吉迦夜)·담요(曇曜) 번역. 석가모니가 입멸한 후, 인도에서 불법(佛法)이 계승되어 온 차례를 기록한 저술. 초조 마하가섭(摩訶迦葉), 제2조 아난(阿難), 제3조 상나화수(商那和修), 제4조 우파국다(優波鞠多), 제5조 제다가(提多迦), 제6조 미차가(彌遮迦), 제7조 불타난제(佛陀難提), 제8조 불타밀다(佛陀蜜多), 제9조 협(脇), 제10조 부나사(富那奢), 제11조 마명(馬鳴), 제12조 비라(比羅), 제13조 용수(龍樹), 제14조 가나제바(迦那提婆), 제15조 나후라(羅睺羅), 제16조 승가난제(僧伽難提), 제17조 승가야사(僧伽耶舍), 제18조 구마라타(鳩摩羅馱), 제19조 사야다(闍夜多), 제20조 바수반다(婆須槃陀), 제21조 마노라(摩奴羅), 제22조 학륵나(鶴勒那), 제23조 사자(師子)의 차례로 서술되어 있음.

부법장전(付法藏傳) 부법장인연전(付法藏因緣傳)의 준말.

부사(副寺) 육지사(六知事)의 하나. 선원(禪院)의 회계·출납 등을 담당하는 직책, 또는 그 일을 맡은 승려.

부사의(不思議) ⇒ 불사의(不思議)

부석사(浮石寺) ①경북 영주시 부석면 봉황산 남서쪽 기슭에 있는 절. 고운사(孤雲寺)의 말사. 676년에 신라의 의상(義湘)이 창건하여 화엄경과 화엄일승법계도(華嚴一乘法界圖)를 중심으로 하여 화엄학을 널리 전파함으로써 화엄종찰(華嚴宗刹)이 됨. 혜철(惠哲, 785-861)·무염(無染, 800-888)·도헌(道憲, 824-882)·절중(折中, 826-900) 등이 머물면서 화엄학을 배우고, 고려 때 결응(決凝, 964-1053)이 1041년부터 머물면서 대장경을 인쇄하고 절을 크게 증축·보수함. 1358년(공민왕 7)에 왜구의 침략으로 일부분 불타고, 천희(千熙, 1307-1382)가 머물면서 보수하고 복구함. 1490년에 조사당(祖師堂)을 보수하고, 1555년에 불탄 안양루(安養樓)를 1576년에 다시 지음. 1916년에 무량수전(無量壽殿)과 조사당을 해체·수리하고, 1977년부터 1980년까지 일주문·천왕문·승당 등을 다시 지음. 문화재 : 석등(石燈)·무량수전(無量壽殿)·조사당(祖師堂)·소조아미타불좌상(塑造阿彌陀佛坐像)·조사당벽화(祖師堂壁畵)·삼층석탑·당간지주(幢竿支柱) 등. ②충남 서산시 부석면 도비산 북서쪽 기슭에 있는 절. 수덕사(修德寺)의 말사. 고려 말에 창건하고, 조선 초에 무학(無學)이 중축함. 경허(鏡虛)와 만공(滿空)이 머물면서 선풍(禪風)을 크게 일으킴.

부석종(浮石宗) 고려 초에 영주 부석사(浮石寺)를 중심으로 하여 형성된 화엄종(華嚴宗)의 별명.

부속제(覆俗諦) 부(覆)는 진리를 덮어 가린다는 뜻. 세속제(世俗諦)와 같음.

부수합장(覆手合掌) 십이합장(十二合掌)의 하나. 두 손바닥을 나란히 아래로 향하게 하여 두 엄지손가락을 서로 붙인 손 모양.

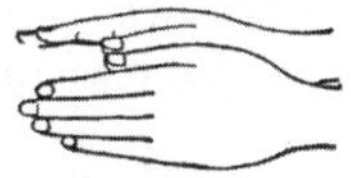
부수합장

부수향하합장(覆手向下合掌) 십이합장(十二合掌)의 하나. 두 손바닥을 나란히 아래로 향하게 하여 두 엄지손가락을 붙이고 두 가운뎃손가락의 끝을 서로 붙인 손 모양.

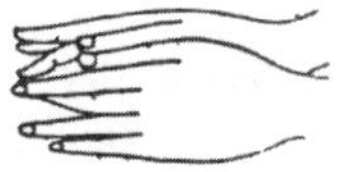
부수향하합장

부승록(副僧錄) 고려·조선 때 있던 승록사(僧錄司)의 직위.

부용도해(芙蓉道楷) ⇒ 도해(道楷)

부용영관(芙蓉靈觀) ⇒ 영관(靈觀)

부인사(符仁寺·夫人寺) 대구시 팔공산 남서쪽 자락에 있는 절. 동화사(桐華寺)의 말사. 신라 선덕여왕(632-647) 때 창건하고, 1232년(고종 19)에 몽고의 침략으로 불타고 다시 지음. 1592년 임진왜란 때 또 불타고 다시 지음. 1011년(고려 현종 2)에 착수하여 1087년(선종 4)에 완성한 초조대장경(初雕大藏經)을 보관하였으나 몽고의 침략 때 불탐. 문화재 : 석등(石燈)·서삼층석탑(西三層石塔).

부자찬훼타계(不自讚毀他戒) 십중금계(十重禁戒)의 하나. 자기를 칭찬하고 남을 헐뜯지 말라.

부장(覆藏) 자신이 저지른 죄를 고백하지 않고 숨김.

부장건도(覆藏犍度) 부장(覆藏)은 죄를 숨긴다는 뜻. 건도(犍度)는 ⓢskandha의 음사로,

장(章)·편(篇)을 뜻함. 죄를 고백하지 않고 숨긴 수행자를 다스리는 법에 대해 설한 장(章).

부전(副殿) 불전(佛殿)을 돌보고 의식(儀式)을 담당하는 직책, 또는 그 일을 하는 승려.

부정(不定) ①팔식(八識) 가운데 어느 식(識)과 함께 일어나지도 않고, 특별한 대상에만 일어나는 것도 아니고, 선(善)·악(惡)·무기(無記)도 아닌 마음 작용. 회(悔)·면(眠)·심(尋)·사(伺)가 여기에 해당함. ⇒ 백법(百法) ②비구가 은밀한 장소나 노출된 장소에서 한 여인과 음란한 말을 주고받은 죄를 저질렀는데, 그것이 바라이(波羅夷)에 해당하는지, 승잔(僧殘)에 해당하는지, 바일제(波逸提)에 해당하는지 아직 확정되지 않은 것. ③부정취(不定聚)의 준말.

부정견(不正見) 바르지 못한 견해. 그릇된 견해.

부정관(不淨觀) 오정심관(五停心觀)의 하나. 탐욕을 버리기 위해 육신의 더러움을 주시하는 수행법.

부정관(不定觀) 부정지관(不定止觀)의 준말.

부정관경(不淨觀經) 달마다라선경(達摩多羅禪經)과 같음.

부정교(不定敎) ①교판(敎判)에서, 처음부터 깨달음의 경지를 설한 돈교(頓敎)와 점진적으로 깨달음에 이르게 하는 점교(漸敎)의 형식에 구애받지 않고 영원한 부처의 성품을 설한 가르침. 승만경·금광명경의 가르침을 말함. ②천태종의 교판(敎判)에서, 같은 내용을 설하지만 듣는 이들이 근기에 따라 이해하여 각자 다른 이익을 얻게 하는 가르침. ⇒ 오시팔교(五時八敎)

부정금강(不淨金剛) 부정(不淨)을 제거한다는 명왕(明王).

부정륜(不淨輪) 더러움이 끝이 없음을 쉴 새 없이 구르는 수레바퀴에 비유한 말.

부정법(不定法) 부정(不定) ①과 같음.

부정분노(不淨忿怒) 부정금강(不淨金剛)과 같음.

부정색(不正色) ⓢkaṣāya 청·황·적·백·흑의 다섯 가지 정색(正色)이 아닌 색깔이라는 뜻으로 흔히 갈색을 일컬음. 가사(袈裟)를 말함. 가사는 부정색이라는 뜻.

부정설법(不淨說法) 자신의 명성이나 이익을 위해 설하는 가르침. 그릇되게 설하는 가르침.

부정성(不定性) 오성(五性)의 하나. 선천적으로 보살·연각·성문 가운데 어떤 소질인지 정해지지 않은 자.

부정성취(不定性聚) 부정취(不定聚)와 같음.

부정수업(不定受業) 과보를 받을 시기가 정해져 있지 않은 선악의 행위.

부정식(不正食) ⓢkhādanīya 비구들이 간식으로 먹는 음식. 뿌리·가지·잎·꽃·열매 따위.

부정업(不定業) 부정수업(不定受業)의 준말.

부정육(不淨肉) 비구가 먹으면 죄가 되는 고기. 이에 반해, 비구가 먹어도 죄가 되지 않는 고기, 예를 들면 자신을 위해 죽이지 않은 짐승의 고기, 수명이 다하여 죽은 짐승의 고기 등은 정육(淨肉)이라 함.

부정종성(不定種性) 부정성(不定性)과 같음.

부정지(不正知) 대상을 잘못 이해하는 마음 작용.

부정지관(不定止觀) 삼종지관(三種止觀)의 하나. 일정한 순서에 관계없이 중생의 소질이나 능력에 따라 수행함.

부정지법(不定地法) 온갖 마음이 일어날 때 그와 함께 일어나기도 하고 일어나지 않기도 하는 마음 작용. 탐(貪)·진(瞋)·만(慢) 등이 여기에 해당함. ⇒ 칠십오법(七十五法)

부정취(不定聚) 삼취(三聚)의 하나. 열반에 이를지 지옥에 떨어질지 아직 정해지지 않은 중생의 부류.

부정행(不淨行) 음란한 짓.

부제(覆諦) 부속제(覆俗諦)의 준말.

부좌(趺坐) 결가부좌(結跏趺坐) 또는 반가부좌(半跏趺坐)의 준말.

부좌고광대상계(不坐高廣大床戒) 십계(十戒)의 하나. 높고 넓은 큰 평상에 앉지 말라.

부주(部主) 금강계만다라(金剛界曼荼羅)의 오부(五部)와 태장계만다라(胎藏界曼荼羅)의 삼부(三部) 각각에 중심이 되는 존(尊)을 부주(部主)라 하고, 부주와 그 외의 여러 존(尊)을 출생시킨 존(尊)을 부모(部母)라고 함. 예를 들어 금강계만다라의 경우, 금강부의 부주는 아축불(阿閦佛)이고 부모는 금강바라밀보살(金剛波羅蜜菩薩), 연화부의 부주는 무량수여래(無量壽如來)이고 부모는 법바라밀보살(法波羅蜜菩薩), 갈마부의 부주는 불공성취여래(不空成就如來)이고 부모는 갈마바라밀보살(羯磨波羅蜜菩薩)이라 함.

부즉류한(不喞嗗漢) 어리석은 자. 바보. 멍청이.

부진근(扶塵根) 감각 작용을 도우는 안(眼)·이(耳)·비(鼻)·설(舌)·신(身)의 감각 기관. 이에 반해, 그 기관들의 감각 작용은 승의근(勝義根)이라 함.

부진심불수회(不瞋心不受悔) 십중금계(十重禁戒)의 하나. 성내어 남이 참회하는 것을 거부하지 말라.

부진종(不眞宗) 모든 현상은 본래 허깨비와 같아서 허망하고 진실되지 못하다는 가르침.

부처 ①궁극적인 진리를 깨달은 사람. 우주의 본성이나 참모습을 깨달은 사람. 모든 번뇌를 소멸한 사람. 청정한 성품을 깨달은 주체. ② 진리 그 자체. 우주 그 자체. ③석가모니. ④ 불상(佛像).

부처(負處) 논쟁에서의 패배.

부촉(付囑) 불법(佛法)의 보호와 전파를 다른 이에게 맡겨 부탁함.

부파불교(部派佛敎) 붓다가 입멸한 후 100년경에서 400년경 사이에 분열된 불교 교단의 여러 부파. 붓다가 입멸한 후 100년경에 계율의 문제로 교단 내에 보수파와 진보파가 서로 대립하다가 마침내 분열되었는데, 보수파를 상좌부라 하고 진보파를 대중부(大衆部)라고 함. 상좌부는 다시 설일체유부(說一切有部)와 설산부(雪山部)로 분열되고, 설일체유부에서 독자부(犢子部)·화지부(化地部)·음광부(飮光部)·경량부(經量部)가 나오고, 독자부에서 다시 법상부(法上部)·현주부(賢胄部)·정량부(正量部)·밀림산부(密林山部)가 나오고, 화지부에서 법장부(法藏部)가 나와 모두 11부로 분열됨. 대중부는 다시 일설부(一說部)·설출세부(說出世部)·계윤부(鷄胤部)·다문부(多聞部)·설가부(說假部)·제다산부(制多山部)·서산주부(西山住部)·북산주부(北山住部)의 8부로 분열되어 모두 9부가 됨. 이 시기에는 각 부파마다 붓다의 가르침에 대한 주석적인 연구가 활발해져, 지나친 분석과 복잡하고 추상적인 이론으로 전개된 수많은 논서(論書)가 저술됨.

부행독각(部行獨覺) 부처의 가르침을 듣고 많은 무리들과 함께 수행하여 불환과(不還果)에 이른 후, 그 다음부터는 그 가르침에 의하지 않고 독자적으로 수행하여 아라한과(阿羅漢果)에 이른 자. 이에 반해, 처음부터 무소의 뿔처럼 홀로 수행하여 아라한과에 이른 자는 인각유독각(麟角喩獨覺)이라 함.

부휴선수(浮休善修) ⇒ 선수(善修)

부흡(傅翕) ⇒ 부대사(傅大士)

북구로주(北俱盧洲) 사주(四洲)의 하나. 구로(俱盧)는 ⓢkuru의 음사로, 종족 이름. 수미산 북쪽에 있다는 대륙으로, 사주(四洲) 가운데 가장 살기 좋은 곳이라 함.

북구루주(北鳩婁洲) 북구로주(北俱盧洲)와 같음.

북도파(北道派) 세친(世親)의 십지경론(十地經論)에 의거하여 성립된 지론종(地論宗) 가운데 보리류지(菩提流支)의 견해를 수용하여 하남성(河南省) 상주(相州)의 북부에서 활동한 북위(北魏)의 도총(道寵, 생몰년 미상) 계통을 일컬음. 수대(隋代) 초에 섭론종(攝論宗)에 흡수됨.

북본열반경(北本涅槃經) 대반열반경(大般涅槃經) ①과 같음.

북산주부(北山住部) ⓢuttara-śaila 붓다가 입멸한 후 200년 말에 대중부(大衆部)에서 갈라져 나온 파(派)로, 제다산(制多山)의 북쪽 산에 거주하였으므로 이와 같이 일컬음.

북울단월(北鬱單越) 수미산 북쪽에 있다는 대륙. ⇒ 울단월(鬱單越)

북종(北宗) 호북성(湖北省) 당양(當陽) 옥천산(玉泉山)에 머무른 신수(神秀, ?-706) 문하를 말함. 이에 반해, 광동성(廣東省) 소주(韶州) 조계산(曹溪山)에 머무른 혜능(慧能, 638-713) 문하는 남종(南宗)이라 함.

북종선(北宗禪) 호북성(湖北省) 당양(當陽) 옥천산(玉泉山)에 머무른 신수(神秀, ?-706) 문하의 선법(禪法)으로, 자신의 청정한 마음을 관조하는 관심(觀心)으로 요약될 수 있는데, 마음은 일체의 근본이며 일체는 오직 마음의 발현이므로 마음을 깨달으면 일체를 모두 갖추게 되고 무명(無明)이 제거되어 해탈에 이른다는 청정선(淸淨禪)을 확립시킴. 흔히 북종선은 점점 깨쳐 나가는 점오(漸悟), 남종선은 단박에 깨치는 돈오(頓悟)라고 함.

북주(北洲) 북구로주(北俱盧洲)의 준말.

북지장사(北地藏寺) 대구시 팔공산 남동쪽 자락에 있는 절. 동화사(桐華寺)의 말사. 신라 말에 창건하고, 1623년에 다시 짓고, 1665년에 보수함. 문화재 : 대웅전·삼층석탑.

분(忿) ⓢkrodha 자신의 마음에 맞지 않는 대상에 대해 성내는 마음 작용.

분과(分科) 경론(經論)을 내용에 따라 나눈 단락.

분나리(分那利) ⓢpuṇḍarīka의 음사. 흰색의 연꽃.

분노왕(忿怒王) 모든 번뇌와 악마를 굴복시키기 위해 분노한 모습을 하고 있는 명왕(明王)

분다리가(奔荼利迦) ⓢpuṇḍarīka의 음사. 흰색의 연꽃.

분단(分段) ①구별. 차별. 겉으로 드러난 모습. ②분단생사(分段生死)의 준말. ③분단신(分段身)의 준말.

분단사(分段死) 분단생사(分段生死)와 같음.

분단생사(分段生死) 삼계(三界)에서 태어나고 죽는 일을 되풀이하는 범부의 생사. 각자 과거에 지은 행위에 따라 신체의 크고 작음과 목숨의 길고 짧음이 구별된다고 하여 분단(分段)이라 함.

분단신(分段身) 과거에 지은 행위의 과보로 받은 범부의 육신.

분별(分別) ①ⓢvikalpa 인식 주관이 대상을 차별하여 사유하고 판단함. 대상을 차별하여 거기에 이름이나 의미를 부여함. 대상을 차별하여 허망한 인식을 일으키는 인식 주관의 작용. 대상을 차별하여 언어로 표현함. ②분별기(分別起)의 준말. ③vibhāga 구별함. ④ⓢvikalpa 그릇된 생각. ⑤나누어 줌. ⑥상세한 설명.

분별각(分別覺) 택법각지(擇法覺支)와 같음.

분별공덕론(分別功德論) 5권. 지은이, 번역자 미상. 증일아함경(增一阿含經)의 앞 4품(品)을 상세히 풀이한 저술.

분별기(分別起) 후천적으로 습득한 그릇된 지식에 의해 일어나는 번뇌. 이에 반해, 선천적으로 타고난 번뇌는 구생기(俱生起)라고 함.

분별기론(分別記論) 사기론(四記論)의 하나. 질문을 분석하여 몇 개의 경우로 나누어 대답하는 방법.

분별명(分別明) 청변(淸辯)과 같음.

분별사식(分別事識) 안식(眼識)·이식(耳識)·비식(鼻識)·설식(舌識)·신식(身識)·의식(意識)을 통틀어 일컬음. 이 식들은 대상을 구별하여 사유하고 판단하므로 이와 같이 일컬음.

분별상(分別相) 변계소집성(遍計所執性)과 같음.

분별상사과류(分別相似過類) 십사과류(十四過類)의 하나. 인명(因明)에서, 상대편이 제시한 바른 동유(同喩)에 대해 그릇된 생각을 일으켜 반박하는 과실. 예를 들면, '말은 무상하다〔宗〕', '지어낸 것이기 때문이다〔因〕', '지어낸 모든 것은 무상하다. 예를 들면, 병(甁)과 같다〔同喩〕'라고 하는 바른 논법에 대해, 눈에 보이는 병이 무상하면 보이지 않는 말은 상주한다고 주장하는 경우.

분별성(分別性) 변계소집성(遍計所執性)과 같음.

분별성상(分別性相) 변계소집성(遍計所執性)과 같음.

분별식(分別識) 팔식(八識) 가운데 제6 의식(意識)을 말함. 이 의식은 대상을 차별하여 사유하고 판단하므로 이와 같이 말함.

분별아집(分別我執) 후천적으로 습득한 그릇된 지식에 의해 일어나는 자아에 대한 집착. 이에 반해, 선천적으로 타고난 자아에 대한 집착은 구생아집(俱生我執)이라 함.

분별의(分別依) 대상을 분별하고 지각하는 제6 의식(意識)을 말함.

분별의답(分別義答) 분별기론(分別記論)과 같음.

분별지(分別智) 대상을 차별하여 사유하고 판단하는 지혜.

분별지다라니(分別知陀羅尼) 다라니(陀羅尼)는 ⓢdhāraṇī의 음사, 총지(總持)·능지(能持)라고 번역. 모든 현상을 확실하게 분별하여 아는 능력·지혜.

분산상(分散相) 산상(散相)과 같음.

분상문(分相門) ①차별하여 갈라놓은 방면. ②화엄학에서, 삼승(三乘)과 전혀 다른 일승(一乘)이 있다는 방면. 이에 반해, 삼승(三乘)은 일승(一乘)에 포함되므로 그 둘은 구별이 없다는 방면은 해섭문(該攝門)이라 함.

분소(分疎) 변명. 핑계.

분소의(糞掃衣) ⓢpāṃsu-kūla 남이 버린 헌 옷이나 베 조각들을 기워서 만든 옷.

분수삼매(分修三昧) 삼삼매(三三昧)의 하나. 선정과 지혜 가운데 어느 하나만을 닦는 삼매.

분양선소(汾陽善昭) ⇒ 선소(善昭)

분위(分位) 단계. 순서에 따라 나아가는 과정·상태. 특수한 상태.

분위(分衛) 걸식(乞食).

분위무기(分位無記) 선도 악도 아닌 심불상응행법(心不相應行法)을 말함.

분위연기(分位緣起) 십이연기(十二緣起)를 과거세·현재세·미래세로 나누어 삼세양중인과(三世兩重因果)로 해석하는 견해.

분제(分齊) 범위. 정도. 한계. 경계.

분좌설법(分座說法) 스승을 대신하여 수제자가 법좌(法座)에서 가르침을 설함.

분증(分證) 점점 번뇌를 끊어 깨달음에 이름.

분증즉(分證卽) 분진즉(分眞卽)과 같음.

분진즉(分眞卽) 육즉(六卽)의 하나. 마음을 자세히 살피고 주시하여 부처의 성품을 부분적으로 깨닫는 단계.

분타리(分陀利·芬陀利) ⓢpuṇḍarīka의 음사. 흰색의 연꽃.

분타리가(分陀利迦) 분타리(分陀利)와 같음.

분황사(芬皇寺) 경북 경주시 구황동에 있는 절. 불국사(佛國寺)의 말사. 634년(선덕여왕 3)에 창건하고, 643년에 자장(慈藏)이 당(唐)

에서 귀국하여 머물고, 또 원효(元曉)가 머물면서 많은 저술을 지음. 755년에 약사여래입상(藥師如來立像)을 조성하여 봉안하고, 1101년에는 원효의 화쟁국사비(和諍國師碑)를 건립함. 고려 말 몽고의 침략과 1592년 임진왜란 때 대부분 불탐. 문화재 : 석탑.

불(佛) ⓢⓟbuddha의 음사. 각자(覺者)·각(覺)이라 번역. ①궁극적인 진리를 깨달은 사람. 우주의 본성이나 참모습을 깨달은 사람. 모든 번뇌를 소멸한 사람. 청정한 성품을 깨달은 주체. ②진리 그 자체. 우주 그 자체. ③석가모니.

불가(佛家) ①불교를 믿는 사람들의 세계. ②절. 사찰. ③부처의 정토.

불가득(不可得) ①지각할 수 없음. 인식할 수 없음. ②할 수 없음. ③존재하지 않음. ④구하여도 얻을 수 없음.

불가득공(不可得空) ①공(空)은 인식될 수 없다는 뜻. ②십팔공(十八空)의 하나. 인식 작용이 끊어진 상태.

불가라(弗伽羅) 보특가라(補特伽羅)와 같음.

불가무관청계(不歌舞觀聽戒) 십계(十戒)의 하나. 노래하고 춤추는 것을 보지도 듣지도 말라.

불가사의(不可思議) 말로 나타낼 수도 없고 마음으로 헤아릴 수도 없음. 생각이 미치지 못함. 생각할 수도 없는 놀라운 일.

불가유(不可有) 좋지 않는 생존이라는 뜻. 뜨거운 불길이나 혹독한 추위로 형벌을 받는 지옥의 생존을 말함. 지옥유(地獄有)와 같음.

불각(不覺) ①번뇌에 가려 청정한 마음의 근원을 깨닫지 못함. 청정한 마음의 근원이 번뇌에 가려 있는 상태. ②마음의 근원을 깨달아 가는 과정에서, 괴로움의 과보를 받을 그릇된 행위를 저지르지는 않지만 아직 번뇌를 일으키는 단계.

불간석가훼계(不慳惜加毁戒) 십중금계(十重禁戒)의 하나. 자기 것을 아끼려고 남을 헐뜯지 말라.

불감(佛龕) 작은 공간에 불상을 안치한 구조물.

불갑사(佛甲寺) 전남 영광군 불갑면 불갑산 북서쪽 기슭에 있는 절. 백양사(白羊寺)의 말사. 창건 연대는 알 수 없고, 고려의 복구(復丘, 1270-1355)가 머물면서 크게 중축함. 1597년 정유재란 때 모두 불타고 다시 지은 후 여러 차례 보수함. 문화재 : 대웅전.

불갱악취원(不更惡趣願) 사십팔원(四十八願)의 하나. 아미타불이 법장비구(法藏比丘)였을 때 세운 서원으로, 정토의 중생은 지옥·아귀·축생의 생존을 다시 되풀이하지 않게 하겠다는 맹세.

불경(佛經) 부처의 가르침을 기록한 문헌.

불계(佛界) ①부처의 세계·경지. ②부처가 사는 세계·국토.

불계(佛戒) ①부처가 제정한 계율. ②부처의 경지에 이르게 하는 계율.

불고불락수(不苦不樂受) 외부의 자극에 대해 괴롭지도 즐겁지도 않은 상태.

불고사업(不故思業) 불고작업(不故作業)과

같음.

불고작업(不故作業) 고의로 저지르지 않은 행위와 말.

불고주계(不酤酒戒) 십중금계(十重禁戒)의 하나. 술을 팔지 말라.

불공(不空) ①모든 분별이 끊어진 상태에서, 있는 그대로 파악되는 현상. 분별이 끊어진 후에 확연하게 주관에 드러나는 현상. 분별과 망상이 일어나지 않는 주관에 드러나는, 대상의 있는 그대로의 모습. ②ⓢamoghavajra 불공금강(不空金剛)이라 번역하고, 줄여서 불공(不空)이라 함. 705-774. 남인도 사자국(師子國) 출신의 승려. 720년에 스승 금강지(金剛智, vajrabodhi, 669-741)를 따라 바닷길로 당(唐)의 낙양(洛陽)에 와서 스승의 번역 작업을 도움. 스승이 낙양 광복사(廣福寺)에서 입적하자 그의 유지(遺旨)에 따라 남인도에 가서 밀교(密敎) 계통의 경전(經典)을 수집하여 746년에 장안(長安)에 돌아옴. 현종(玄宗)·숙종(肅宗)·대종(代宗)의 신임 아래, 개원사(開元寺)·대흥선사(大興善寺)에서 경전을 번역함. 767년에 산서성(山西省) 오대산에 금각사(金閣寺)를 창건하여 이곳을 중심으로 밀교를 전파함. 그가 번역한 경전은 금강정경(金剛頂經)을 비롯하여 총 110종 143권이라 함.

불공(佛供) 부처나 보살에게 음식·향·꽃 등을 경건한 마음으로 바치는 의례, 또는 그것을 바치며 소원이 성취되기를 비는 의례.

불공견삭관음(不空羂索觀音) 고뇌에 허덕이는 중생을 대비심으로 거두어 구제한다는 관음.

불공교(不共敎) 보살(菩薩)만을 위한 가르침. 이에 반해, 성문(聲聞)·연각(緣覺)·보살(菩薩)에 공통되는 가르침은 공교(共敎)라고 함. 화엄종에서는 반야경을 공교, 화엄경을 불공교라고 함.

불공무명(不共無明) 탐(貪)·진(瞋)·치(癡) 등의 근본 번뇌와 함께 일어나지 않고 혼자 일어나는 무명.

불공법(不共法) ①여럿이 공통으로 갖추고 있지 않은, 혼자 갖추고 있는 뛰어난 능력이나 특성. ②불공불법(不共佛法)과 같음.

불공부정과(不共不定過) 인명(因明)에서, 삼십삼과(三十三過) 가운데 인십사과(因十四過)의 하나. 인(因)이 종(宗)의 술어와 같은 성질에도 전혀 관계하지 않고 다른 성질에도 전혀 관계하지 않는 오류. 예를 들면, '말은 영원히 소멸하지 않는다'라는 종(宗)에 대하여 '청각의 대상이기 때문이다〔因〕'라고 하는 경우, 청각의 대상이라는 이유는 소멸·불멸과는 전혀 관계가 없으므로 인(因)이 성립되지 않음.

불공불법(不共佛法) 부처만이 갖추고 있는 뛰어난 능력이나 특성.

불공성취여래(不空成就如來) 금강계만다라(金剛界曼荼羅)에서 대일여래(大日如來) 곁에 있는 부처로, 중생을 구제하기 위해 해야 할 것을 모두 성취하는 성소작지(成所作智)를 나타냄.

불공업(不共業) 개인이 지은 선악의 행위. 개인이 받는 과보의 원인이 되는 선악의 행위.

불과(佛果) 수행으로 이른 부처의 경지. 깨달음의 경지. 깨달음.

불과중식(不過中食) 정오가 지나면 먹지 않음.

불광어자(不誑語者) 허황된 말을 하지 않는 자.

불괴회향(不壞廻向) 십회향(十廻向)의 하나. 굳은 믿음을 중생에게 돌려 중생이 이익을 얻게 함.

불구(佛具) 불교 의식에 쓰이는 기구. 범종(梵鐘)·법고(法鼓)·목탁(木鐸)·운판(雲板)·요령(搖鈴) 따위.

불국(佛國) ①부처가 사는 국토. 부처의 세계. 정토. ②불교를 믿는 나라.

불국기(佛國記) 고승법현전(高僧法顯傳)과 같음.

불국사(佛國寺) 경북 경주시 토함산 남서쪽 기슭에 있는 절. 대한불교조계종 제11교구 본사. 751년(경덕왕 10)에 김대성(金大城, ?-774)이 창건하기 시작하여 김대성이 죽고 난 후에 완성하고, 이후 여러 차례 증축·보수함. 1592년 임진왜란 때 불타고, 이후 여러 차례 다시 짓고, 1973년에 크게 복구함. 문화재 : 다보탑(多寶塔)·삼층석탑·연화교칠보교(蓮華橋七寶橋)·청운교백운교(青雲橋白雲橋)·금동비로자나불좌상(金銅毘盧遮那佛坐像)·금동아미타여래좌상(金銅阿彌陀如來坐像)·사리탑(舍利塔) 등.

불국토(佛國土) 불국(佛國) ①과 같음.

불국해(佛國海) 광대한 부처의 세계를 바다에 비유한 말.

불굴사(佛窟寺) 경북 경산시 와촌면에 있는 절. 은해사(銀海寺)의 말사. 690년(신라 신문왕 10)에 창건하고, 1736년에 홍수로 파괴되고, 이후 다시 지음. 문화재 : 삼층석탑.

불기(佛紀) 불교에서 석가모니의 입멸 연대를 기준으로 쓰는 기원(紀元). 그 입멸 연대에 대해서는 여러 설이 있었으나 1956년 11월에 태국·스리랑카·미얀마 등의 불교 국가들이 그들이 채택한 연대에 따라 석가모니 입멸 2,500주년을 맞이하여 인도 뉴델리에서 세계불교자회의를 개최한 이후, 이 연대가 공식으로 채택됨. 따라서 입멸 연대는 기원전 544년이 되며, 현재의 불기(佛紀)는 현재의 서기 연도+544년으로 됨.

불기(佛器) 불전(佛前)에 공양하거나 재(齋)를 올릴 때 쓰이는 기구(器具).

불기법인(不起法忍) 불생불멸(不生不滅)의 진리를 확실하게 인정하고 거기에 안주하여 마음을 움직이지 않음.

불나리(不那利) ⓢpuṇḍarīka의 음사. 흰색의 연꽃.

불나발(弗那跋) ⓢpunarvasu ⓟpunabbasu의 음사. 만수(滿宿)라고 번역. 육군비구(六群比丘)의 하나. 붓다 당시에 악행을 일삼은 비구.

불남(不男) 남자로서 남근(男根)을 갖추고 있지 않거나 남근이 불완전한 자. 성불구자.

불단(佛壇) 불상을 모셔 두는 단(壇).

불당(佛堂) 불전(佛殿)과 같음.

불대선(佛大先) ⓢbuddhasena의 음사. 5세기경, 북인도 계빈국(罽賓國) 출신으로, 설일체유부(說一切有部)의 승려. 달마다라(達摩多

羅)와 함께 고국에서 선법(禪法)을 전파함.

불도(佛道) ①부처의 깨달음. ②부처의 깨달음에 이르는 가르침이나 수행. ③부처의 가르침.

불도(佛圖) 부도(浮屠) ① ②와 같음.

불도(佛徒) 부처의 가르침을 믿고 배우고 익히는 사람.

불란가섭(不蘭迦葉) Ⓟpūraṇa-kassapa의 음사. 육사외도(六師外道)의 하나. 인연을 부정하고 선악의 행위에 대한 과보도 인정하지 않은 외도.

불래(不來) 모든 현상은 인연 따라 모일 뿐 어디에서 온 것이 아님.

불률시국(弗栗恃國) 발지국(跋祇國)과 같음.

불리과(不離過) 인명(因明)에서, 삼십삼과(三十三過) 가운데 유십과(喩十過)의 하나. 이유(異喩)에 유체(喩體)를 첨가하지 않은 오류. 예를 들면, '말은 무상하다〔宗〕', '지어낸 것이기 때문이다〔因〕', '상주하는 모든 것은 지어낸 것이 아니다〔喩體〕. 예를 들면, 허공과 같다〔喩依〕'라는 논법이 이작법(離作法)인데, 여기에 유체를 첨가하지 않음으로써 종(宗)과 인(因)이 격리되지 않은 경우.

불립문자(不立文字) 몸소 체득한 깨달음의 진리는 문자로 표현되지 않으므로 문자에 집착하지 않는다는 뜻. 스스로 체득한 깨달음 그 자체와 그것에 대한 언표(言表)는 전혀 별개이므로 문자에 의존하지 않는다는 뜻.

불립삼매(佛立三昧) 90일을 기한으로 하여, 항상 도량이나 불상의 주위를 돌면서 오로지 아미타불을 생각하거나 부름으로써, 여러 부처가 수행자의 눈앞에 서 있는 모습을 보는 삼매.

불망어계(不妄語戒) 오계(五戒)의 하나. 거짓말하지 말라.

불멸(不滅) 모든 현상은 변화하는 여러 요소들이 인연에 따라 일시적으로 모였다가 흩어지고 나타났다가 사라지는 데 불과할 뿐 소멸하는 것이 아니라는 뜻.

불멸(佛滅) 석가모니의 죽음.

불명경(佛名經) 12권. 원위(元魏)의 보리류지(菩提流支) 번역. 수많은 부처의 이름을 열거하고, 그 이름을 독송하면서 참회하면 악도(惡道)에 떨어지지 않고 천상(天上)에 태어나 모든 번뇌를 여의고 보리(菩提)를 얻을 수 있다고 설한 경.

불명경보(佛名經寶) 고려 때, 불교를 진흥하기 위한 비용을 마련하기 위해 사찰에서 설치한 기관.

불명패(佛名牌) 부처의 이름을 적은 나무 패로, 흔히 나무로 여러 무늬를 조각하여 그 패 주위를 장식함.

불모(佛母) ①부처의 모체가 되는 진리나 완전한 지혜, 또는 그것을 상징하거나 신격화한 존(尊). ②붓다의 생모(生母) 마야(māyā), 또는 그의 사후 붓다를 양육한 이모 마하프라자파티(mahāprajāpatī).

불묘(佛廟) 석가모니의 유골을 안치한 탑(塔)을 말함.

불문(佛門) 부처의 가르침, 또는 그것을 믿는

사람들의 세계.

불반니원경(佛般泥洹經) 2권. 서진(西晋)의 백법조(白法祖) 번역. 대반열반경(大般涅槃經) ③의 다른 번역.

불방삼보계(不謗三寶戒) 십중금계(十重禁戒)의 하나. 삼보를 비방하지 말라.

불방일(不放逸) 수행을 게을리 하지 않음. 악을 저지르지 않고 선을 행함.

불법(佛法) ①부처의 가르침. ②부처가 깨달은 진리. ③부처가 갖추고 있는 뛰어난 능력. 부처만이 갖추고 있는 특징.

불법장(佛法藏) 부처가 설한 가르침, 또는 그것을 담고 있는 경전.

불보(佛寶) 삼보(三寶)의 하나. 스스로 궁극적인 진리를 깨닫고, 또 남을 깨닫게 하는 부처는 보배처럼 매우 귀중하다는 뜻으로 이르는 말.

불본행집경(佛本行集經) 60권. 수(隋)의 사나굴다(闍那崛多) 번역. 붓다의 전생·계보·전기, 그리고 그 제자들의 열전(列傳)을 집대성한 경.

불부(佛部) 금강계만다라(金剛界曼茶羅)와 태장계만다라(胎藏界曼茶羅)에서, 대일여래(大日如來)의 깨달음과 그 지혜를 나타낸 부분.

불비시식계(不非時食戒) 십계(十戒)의 하나. 때가 아니면 먹지 말라. 곧, 정오가 지나면 먹지 말라.

불사(佛事) ①부처나 보살에게 예배·공양하거나 수계·참회 등을 행하는 의식. ②사찰의 건물을 짓는 일.

불사교란론(不死矯亂論) 십육이론(十六異論)의 하나. 죽지 않는다고 주장하는 따위의 궤변에 의한 그릇된 견해.

불사리(佛舍利) 석가모니의 유골.

불사문(佛事門) 부처의 가르침으로 인도하기 위한 수단이나 방법.

불사밀다라왕(弗沙蜜多羅王) ⓢpuṣyamitra의 음사. 기원전 180년경에 슝가(śuṅga) 왕조를 세운 왕으로, 불교를 탄압하는 정책을 단행하여 승려를 학살하고 수많은 탑과 사원을 파괴함.

불사음계(不邪婬戒) 오계(五戒)의 하나. 음란한 짓을 하지 말라.

불사의(不思議) 말로 나타낼 수도 없고 마음으로 헤아릴 수도 없음. 생각이 미치지 못함. 생각할 수도 없는 놀라운 일.

불사의변역사(不思議變易死) 불사의변역생사(不思議變易生死)와 같음.

불사의변역생사(不思議變易生死) 삼계(三界)의 괴로움을 벗어난 성자가 성불할 때까지 받는 생사. 신체와 수명을 자유 자재로 변화시킨다고 하여 변역(變易)이라 함.

불살계(不殺戒) 불살생계(不殺生戒)의 준말.

불살생계(不殺生戒) 오계(五戒)의 하나. 살아 있는 것을 죽이지 말라.

불상(不常) 끊임없이 변하여 달라짐. 영원히

존속하지 않음.

불상(佛像) 부처의 모습을 조각이나 그림으로 나타낸 것.

불상응심(不相應心) 번뇌와 함께하지 않는 본디 청정한 마음.

불상응행(不相應行) 심불상응행법(心不相應行法)의 준말.

불상응행법(不相應行法) 심불상응행법(心不相應行法)의 준말.

불생(不生) ①모든 현상은 변화하는 여러 요소들이 인연에 따라 일시적으로 모였다가 흩어지고 나타났다가 사라지는 데 불과할 뿐 생기는 것이 아니라는 뜻. ②번뇌나 미혹이 일어나지 않는 열반의 경지.

불생단(不生斷) 사단(四斷)의 하나. 번뇌의 원인을 끊어 다시 일어나지 않게 함.

불생불멸(不生不滅) ①모든 현상은 변화하는 여러 요소들이 인연에 따라 일시적으로 모였다가 흩어지고 나타났다가 사라지는 데 불과할 뿐 생기는 것도 아니고 소멸하는 것도 아니라는 뜻. ②모든 분별이 끊어진 마음 상태.

불석겁(拂石劫) 반석겁(盤石劫)과 같음.

불선(不善) 올바르지도 청정하지도 않아 현재와 미래에 걸쳐 자신과 남에게 해가 됨. 궁극적인 진리에 따르지 않음.

불선업(不善業) 자신과 남에게 해가 되는 그릇된 행위와 말과 생각. 궁극적인 진리에 따르지 않는 행위와 말과 생각. 나쁜 과보를 받을 그릇된 행위와 말과 생각. 탐욕과 노여움과 어리석음에 의한 행위와 말과 생각.

불설(佛說) 부처의 말이나 가르침.

불설사중과계(不說四衆過戒) 십중금계(十重禁戒)의 하나. 비구·비구니·우바새·우바이의 허물을 말하지 말라.

불성(佛性) ⓢbuddha-gotra ⓢbuddha-dhātu의 음역. ①모든 중생이 본디 갖추고 있는 부처의 성품. 부처가 될 수 있는 소질·가능성. ②부처 그 자체. 깨달음 그 자체.

불성론(佛性論) 4권. 천친(天親) 지음, 진(陳)의 진제(眞諦) 번역. 모든 중생은 본래부터 불성을 갖추고 있다고 주장하고, 소승과 외도의 여러 견해를 비판한 다음, 불성의 본성과 상태를 체계적으로 서술한 저술.

불소행찬(佛所行讚) 5권. 마명(馬鳴) 지음, 북량(北涼)의 담무참(曇無讖) 번역. 28품으로 나누어 붓다의 일대기를 화려하고 장엄한 시구(詩句)로 묘사한 서사시.

불수(佛樹) 보리수(菩提樹)를 말함.

불승(佛乘) 승(乘)은 중생을 깨달음으로 인도하는 부처의 가르침을 뜻함. 깨달음에 이르게 하는 부처의 궁극적인 가르침. 부처의 경지에 이르게 하는 궁극적인 가르침. 특히 보살을 위한 부처의 가르침이라는 뜻에서 보살승(菩薩乘)이라고도 함.

불시해탈(不時解脫) 어떤 인연을 기다리지 않고 아무 때나 선정(禪定)에 들어 번뇌의 속박에서 벗어남.

불신(不信) 믿지 않는 마음. 청정하지 않은 마음.

불심(佛心) ①중생을 불쌍히 여겨 즐거움을 주고 괴로움을 덜어 주려는 부처의 마음. ② 모든 중생이 본디 갖추고 있는 부처의 성품. ③깨달음을 구하려는 마음. 깨달음의 경지에 이르려는 마음. 깨달음의 지혜를 갖추려는 마음. 부처가 되려는 마음.

불심(不審) ①만났을 때의 인사말. 안녕하십니까? ②잘 이해되지 않아 질문함.

불심인(佛心印) 부처의 마음. 도장이 진실·확실을 나타내듯, 부처의 마음도 그러하므로 인(印)이라 함.

불심종(佛心宗) 문자에 의존하지 않고, 오로지 좌선을 닦아 자신이 본래 갖추고 있는 부처의 성품을 체득하는 깨달음에 이르려는 종파, 곧 선종(禪宗)을 말함.

불십호(佛十號) 십호(十號)와 같음.

불안(佛眼) 오안(五眼)의 하나. 모든 것을 꿰뚫어 보는 부처의 눈. 모든 현상의 평등한 모습과 차별의 모습, 전체와 낱낱을 두루 아는 부처의 눈.

불안명비(佛眼明妃) 불안불모(佛眼佛母)와 같음.

불안불모(佛眼佛母) 부처의 모체가 되는 진리 또는 완전한 지혜를 상징하거나 신격화한 존(尊).

불안존(佛眼尊) 부처의 지혜를 상징하는 존(尊).

불암사(佛巖寺) 경기 남양주시 별내면 불암산 남쪽 기슭에 있는 절. 봉선사(奉先寺)의 말사. 신라 말에 지증(智證)이 창건하고, 고려 말에 도선(道詵)이 다시 지음. 조선 초에 무학(無學)이 보수하고, 1855년에 보수함. 문화재 : 석씨원류응화사적책판(釋氏源流應化事蹟冊板)·경판(經板).

불야다라(弗若多羅) ⓢpuṇyatāra의 음사. 북인도 계빈국(罽賓國) 출신의 승려로, 399년에 요진(姚秦)에 와서 나집(羅什)과 함께 장안(長安)에서 십송률(十誦律)을 번역하다가 완성을 보지 못하고 입적함.

불언량(佛言量) 부처의 말에 근거한 인식.

불여밀다(不如蜜多) ⓢpuṇyamitra의 음사. 서천이십팔조(西天二十八祖) 가운데 제26조. 남인도 출신의 승려로, 바사사다(婆舍斯多)의 가르침을 받고 동인도 지역을 편력함. 반야다라(般若多羅)에게 불법(佛法)의 유지와 전파를 부탁하고 입적함.

불여취(不與取) 남이 주지 않는 물건을 가짐. 남의 재물을 훔침.

불염오(不染汚) 번뇌에 물들지 않음.

불염오무지(不染汚無知) 번뇌에 물들어 있지는 않지만 대상을 명료하게 알지 못함.

불영사(佛影寺) 경북 울진군 서면 하원리 천축산 북서쪽 기슭에 있는 절. 불국사(佛國寺)의 말사. 651년에 신라의 의상(義湘)이 창건하고, 이후 여러 차례 보수함. 1396년에 불타고, 이듬해 다시 짓고, 1500년에 중축함. 1592년 임진왜란 때 불타고, 1609년에 다시 짓고, 이후 여러 차례 보수·중축함. 문화재 : 응진전(應眞殿)·삼층석탑.

불요의경(不了義經) 부처의 깨달음을 그대로 드러내지 않고, 일시적인 방편으로 설한 경

(經).

불요의교(不了義教) ①중생의 소질에 따라 일시적인 방편으로 설한 가르침. 분명하지 않은 가르침. ②외도(外道)의 가르침.

불용처(不用處) 무소유처(無所有處)와 같음.

불우법이승(不愚法二乘) 모든 현상에는 불변하는 실체가 없다는 이치에 어리석지 않은 성문(聲聞)과 연각(緣覺)을 말함.

불우태(弗于逮) ⓢpūrva-videha의 음사. 동승신주(東勝身洲)라고 번역. 수미산 동쪽에 있다는 대륙으로, 이곳에 있는 인간들은 신장이 뛰어나다고 하여 승신(勝身)이라 함.

불위타(佛圍陀) ⓢbuddha-veda의 음사. 경(經)·율(律)·논(論)의 삼장(三藏)을 말함. 바라문교의 성전(聖典)이 베다(veda)이듯, 불교의 성전은 삼장이라는 뜻.

불유불무(不有不無) 유(有)와 무(無)의 대립을 떠난 마음 상태. 어떠한 것에도 집착하지 않는 마음 상태.

불율의(不律儀) 의도적으로 저지르는 악한 행위.

불음(佛音) ⓢbuddhaghoṣa 생몰년 미상. 중인도 마갈타국(摩竭陀國)의 바라문 출신. 어려서부터 베다와 수론(數論) 등을 배우다가 출가하여 삼장(三藏)을 배우고, 430년경에 스리랑카에 가서 마하비하라(mahāvihāra, 大寺)에서 상좌부(上座部)의 삼장(三藏)을 배움. 스리랑카의 토착어인 싱할라(siṃhala) 어로 된 삼장을 팔리(pāli) 어로 번역하고, 또 그에 대한 주석서를 지음. 만년에 고국에 돌아가 입적함. 저서 : 청정도론(淸淨道論)·선견율비바사(善見律毘婆沙) 등.

불음계(不婬戒) 불사음계(不邪婬戒)의 준말.

불음주계(不飮酒戒) 오계(五戒)의 하나. 술 마시지 말라.

불이(不異) 모든 현상은 끊임없이 이어지므로 다른 것이 아님.

불이문(不二門) 사찰 입구에 있는 문. 둘이 아닌, 분별이나 대립을 떠난 절대의 경지를 상징함.

불이법문(不二法門) 언어로 표현할 수 없는 절대의 경지. 분별·대립·차별·언어를 떠난 경지, 또는 그 경지에 대한 가르침.

불이어자(不異語者) 하나의 일을 두 가지로 달리 말하지 않는 자. 두말 하지 않는 자. 여러 말 하지 않는 자. 이랬다저랬다 하는 말을 하지 않는 자.

불인(佛印) 도장이 진실·확실을 나타내듯, 부처가 깨달은 궁극적인 진리는 진실하고 불변하므로 인(印)이라 함.

불일(不一) 모든 현상은 인연 따라 일어나므로 하나가 아님.

불일(佛日) 부처를 태양에 비유한 말.

불일사(佛日寺) 경기 진서면 경릉리에 있던 절. 951년(고려 광종 2)에 왕이 어머니 신명왕후(神明王后)의 원찰(願刹)로 창건함. 조선 중기 이후에 폐사됨.

불일암(佛日庵) 경남 하동군 지리산 남서쪽 자락에 있는 절. 쌍계사(雙磎寺)에 딸린 암자.

신라 말에 혜소(慧昭, 774-850)가 창건하고, 고려의 지눌(知訥, 1158-1210)이 증축함. 이후 폐사되고, 1911년에 용은(龍隱)이 다시 지음.

불자(佛子) ①부처의 제자. 불교를 믿는 사람. ②모든 중생. 이들은 부처가 될 성품을 지니고 있으므로 이와 같이 일컬음.

불자(拂子) 짐승의 털이나 마(麻) 등을 묶어서 자루 끝에 매어 단 장식물. 주로 설법할 때 손에 지님.

불장(佛藏) ①부처가 설한 가르침, 또는 그것을 담고 있는 대승 경전. ②본래부터 중생의 마음 속에 간직되어 있는 부처의 성품.

불적(佛跡) 불교의 역사에서 제작된 유형물(有形物), 또는 그 자취.

불전(佛典) 경(經)·율(律)·논(論)과 어록(語錄) 등을 통틀어 일컬음.

불전(佛殿) 불상을 모신 사찰의 중심 건물.

불정(佛頂) 부처의 정수리에 상투처럼 볼록 솟아 있는 형상.

불정도량(佛頂道場) 고려 때, 불정존승다라니경(佛頂尊勝陀羅尼經)을 외우면서 재난이 없기를 빌던 의식.

불정주(佛頂呪) 능엄주(楞嚴呪)와 같음.

불조(佛祖) ①불교를 처음 세운 석가모니를 일컬음. ②부처와 조사(祖師). ③부처의 경지에 이른 선승(禪僧).

불조역대통재(佛祖歷代通載) 22권. 원(元)의 염상(念常) 지음. 고대부터 원(元)의 순제(順帝) 원년(1333)까지의 역대 황실의 내력을 간략히 적고, 그 동안의 여러 고승들의 전기와 불교에 관한 여러 사적(事蹟)을 편년체(編年體)로 기술한 책.

불조직지심체요절(佛祖直指心體要節) 백운화상초록불조직지심체요절(白雲和尙抄錄佛祖直指心體要節)의 준말.

불조통기(佛祖統紀) 54권. 송(宋)의 지반(志磐) 지음. 천태종의 입장에서 석가모니부터 인도와 중국의 고승들의 전기와 계통 등을 서술한 책으로, 본기(本紀) 8권, 세가(世家) 2권, 열전(列傳) 12권, 표(表) 2권, 지(志) 30권으로 구성되어 있음.

불조통재(佛祖通載) 불조역대통재(佛祖歷代通載)의 준말.

불족석(佛足石) 부처의 발바닥 모양을 돌에 조각한 것.

불족정례(佛足頂禮) 두 무릎을 꿇고 두 팔꿈치를 땅에 댄 다음 손을 펴서 부처의 발을 받아 그 발에 자신의 머리를 대는 예법.

불족정례

불종(佛種) 불종성(佛種性)과 같음.

불종성(佛種性·佛種姓) 부처가 될 수 있는 소질·가능성·잠재력. 모든 중생이 본디 갖추고 있는 부처의 성품.

불지(佛地) 십지(十地)의 하나. 모든 번뇌를 완전히 끊어 열반을 성취한 부처의 경지.

불찰(佛刹) ⓢbuddha-kṣetra의 음사. 부처의 국토. 불국토.

불청우(不請友) 청하지 않아도 제 스스로 나서서 도와 주는 벗.

불체(佛體) 부처 그 자체. 깨달음 그 자체. 깨달음의 상태.

불축금은보계(不蓄金銀寶戒) 십계(十戒)의 하나. 금은 보화를 지니지 말라.

불출(不出) 모든 현상은 인연 따라 흩어질 뿐 어디로 가는 것이 아님.

불치비니(不癡毘尼) 칠멸쟁(七滅諍)의 하나. 비니(毘尼)는 ⓢⓟvinaya의 음사로, 율(律)을 뜻함. 죄를 저질렀으나 죄인의 정신에 이상이 있는 경우, 벌하지 않는 규정.

불치지쟁률(不癡止諍律) 불치비니(不癡毘尼)와 같음.

불타(佛陀) ⓢⓟbuddha의 음사. 각자(覺者)라 번역. ①석가모니. ②궁극적인 진리를 깨달은 사람. 우주의 본성이나 참모습을 깨달은 사람. 모든 번뇌를 소멸한 사람.

불타가야(佛陀伽耶) ⓢⓟbuddhagayā의 음사. 우루벨라(uruvelā) 마을의 네란자라(nerañjarā) 강변에 있는, 붓다가 깨달음을 이룬 곳.

불타난제(佛陀難提) ⓢbuddhanandiya의 음사. 인도의 부법장(付法藏) 제7조. 미차가(彌遮迦)의 가르침을 받고 불타밀다(佛陀蜜多)에게 불법(佛法)을 전함.

불타대회(佛陀大會) 수달(須達, sudatta)이 염부단금(閻浮檀金)으로 불상(佛像)을 만들어 개설한 대규모의 법회.

불타밀다(佛陀蜜多) ⓢbuddhamitra의 음사. 인도의 부법장(付法藏) 제8조. 불타난제(佛陀難提)의 가르침을 받고 뛰어난 방편으로 국왕과 대중을 교화하고 외도(外道)의 그릇된 견해를 깨뜨림. 협존자(脇尊者)에게 불법(佛法)을 전함.

불타반서(佛陀槃庶) ⓢbuddha-vacana의 음사. 불설(佛說)이라 번역. 부처의 말이나 가르침.

불타발타라(佛馱跋陀羅 · 佛陀跋陀羅) ⓢbuddhabhadra의 음사. 각현(覺賢)·불현(佛賢)이라 번역. 359-429. 북인도 출신. 17세에 출가하고 계빈국(罽賓國)에 가서 불대선(佛大先)에게 선법(禪法)을 사사(師事)하던 중 동진(東晋)의 지엄(智嚴)을 만나 그와 함께 406년에 장안(長安)에 옴. 411년에 여산(廬山)에 들어가 혜원(慧遠, 334-416)을 만나고 그의 요청에 따라 달마다라선경(達摩多羅禪經)을 번역함. 412년부터 강소성(江蘇省) 건업(建業) 도량사(道場寺)에 머물면서 마하승기율(摩訶僧祇律)·60권 화엄경(華嚴經) 등 13종 125권을 번역함.

불타사나(佛陀斯那) 불대선(佛大先)과 같음.

불타선(佛馱先) 불대선(佛大先)과 같음.

불타선다(佛陀扇多) ⓢbuddhaśānta의 음사. 각정(覺定)이라 번역. 생몰년 미상. 북인도 출신의 승려로, 북위(北魏)에 와서 508년에 십지경론(十地經論)의 번역에 참여하고, 낙양

(洛陽) 백마사(白馬寺)와 상주(相州) 금화사(金華寺)에 머물면서 섭대승론(攝大乘論)·여래사자후경(如來師子吼經)·금강삼매다라니경(金剛三昧陀羅尼經) 등을 번역함.

불타야사(佛陀耶舍) ⓢbuddhayaśas의 음사. 각명(覺明)이라 번역. 생몰년 미상. 북인도 계빈국(罽賓國)의 바라문 출신. 13세에 출가하여 27세에 구족계(具足戒)를 받고, 사륵국(沙勒國)에 이르러 태자 달마불다(達摩弗多)의 환대를 받음. 그 때 구자국(龜茲國)에서 온 구마라집(鳩摩羅什)에게 아비달마(阿毘達磨)와 십송률(十誦律)을 가르침. 그 후 구마라집의 청으로 408년에 장안(長安)에 와서 사분율(四分律)·장아함경(長阿含經) 등을 번역하고, 413년에 계빈국으로 돌아감.

불탄일(佛誕日) 석가모니불이 탄생한 음력 4월 8일을 말함.

불토(佛土) ①부처가 사는 국토. 부처의 세계. 정토. ②석가모니불이 태어난 이 세계.

불퇴(不退) 불퇴전(不退轉)과 같음.

불퇴륜(不退輪) 불퇴전법륜(不退轉法輪)의 준말.

불퇴법아라한(不退法阿羅漢) 본디부터 아라한의 경지에서 퇴보하지 않는 소질을 갖추고 있는 자.

불퇴보살(不退菩薩) 다시 범부의 상태로 후퇴하지 않는 경지에 도달한 보살.

불퇴전(不退轉) ①수행에만 힘써 마음을 늦추지 않음. ②수행으로 도달한 경지에서 다시 범부의 상태로 후퇴하지 않음. 다시 범부의 상태로 후퇴하지 않는 경지. 이 단계가 어디에 해당하는가에 대해서는, 사제(四諦)를 명확하게 아는 인위(忍位), 사제를 명료하게 명상하여 그릇된 견해를 끊은 견도(見道) 등 여러 설이 있음.

불퇴전법륜(不退轉法輪) 다시 범부의 상태로 후퇴하지 않는 경지로 이끄는 가르침.

불퇴주(不退住) 십주(十住)의 하나. 공(空)의 이치를 체득하여 거기에서 물러나지 않는 단계.

불투도계(不偸盜戒) 오계(五戒)의 하나. 훔치지 말라.

불파제(弗婆提) ⓢpūrva-videha의 음사. 동승신주(東勝身洲)라고 번역. 수미산 동쪽에 있다는 대륙으로, 이곳에 있는 인간들은 신장이 뛰어나다고 하여 승신(勝身)이라 함.

불해(不害) ⓢahiṃsā 남을 해치거나 괴롭히지 않는 마음. 자비로운 마음.

불해(佛海) 광대한 부처의 세계를 바다에 비유한 말.

불호(佛護) ⓢbuddhapālita 470년경-540년경. 남인도 출신. 출가하여 중호(衆護, saṃgharakṣita)에게 용수(龍樹)의 학설을 배우고, 용수의 중송(中頌)에 대한 주석서를 지음.

불화(佛畵) 불교에 관한 것을 소재로 한 그림.

불화합성(不和合性) ⓢasāmagrī 여러 인연의 모임으로 현상이 생성하는 과정에서, 그 인연의 모임을 방해하는 성질.

불환(不還) ⇒ 아나함(阿那含)

불환과(不還果) ⇒ 아나함(阿那含)

불환향(不還向) ⇒ 아나함(阿那含)

불회(不會) ①진리를 몸소 터득하지 못함. ②명료하게 알지 못함. 분명하게 이해하지 못함.

불회(佛會) 부처가 설법하는 모임, 또는 그 자리. 부처의 설법을 듣기 위해 사람들이 모인 자리.

불회사(佛會寺) 전남 나주시 다도면 마산리 덕룡산 동쪽 기슭에 있는 절. 백양사(白羊寺)의 말사. 384년(백제 침류왕 1)에 인도의 승려 마라난타(摩羅難陀)가 창건하고, 고려 말에 도선(道詵)이 다시 지음. 1402년에 원진(圓眞)이 중축하고, 1798년에 불타고, 1808년에 복구하고, 한국 전쟁 때 일부분 불탐. 문화재 : 대웅전.

붓다(buddha) ①석가모니. ②궁극적인 진리를 깨달은 사람. 우주의 본성이나 참모습을 깨달은 사람. 모든 번뇌를 소멸한 사람.

붓다가야(buddhagayā) 우루벨라(uruvelā) 마을의 네란자라(nerañjarā) 강변에 있는, 붓다가 깨달음을 이룬 곳.

붓다가야

붓다고사(buddhaghoṣa) ⇒ 불음(佛音)

브라흐마나(brahmaṇa) 제의서(祭儀書)·범서(梵書)라고 번역. 바라문교의 네 가지 성전(聖典)인 리그베다(ṛg-veda)·사마베다(sāma-veda)·야주르베다(yajur-veda)·아타르바베다(atharva-veda)의 4베다를 주석한 문헌. 성립 시기는 기원전 1000-기원전 800년으로 추정함. 베다 이후 제식(祭式)이 세분화되는 과정에서 형성된 것으로, 제사에 대한 규칙, 제사의 기원, 제사의 목적, 주문(呪文)의 비밀스런 의미, 신화와 전설, 신(神)과 우주와 인생에 대한 사유 등이 서술되어 있음. 특히 신(神)의 권위는 베다보다 낮아져 제식의 단순한 요소에 지나지 않는 것으로 간주되고, 제식을 총괄하는 바라문은 신과 같은 존재로 서술되어 있음.

브라흐만(brahman) 비슈누(viṣṇu)·시바(śiva)와 함께 힌두교의 세 주신(主神)의 하나로, 우주를 창조하였다고 함.

비(鼻) ⓢghrāṇa 비근(鼻根)의 준말.

비가라나(毘伽羅那) ⓢⓟvyākaraṇa의 음사. 수기(授記)라고 번역. 경전의 서술 내용에서, 부처가 제자에게 미래에 성불할 것이라고 예언한 부분.

비가라론(毘伽羅論) ⓢⓟvyākaraṇa의 음사. 바라문교에서 가르치는 문법학, 또는 그에 대한 문헌.

비계(鼻界) 십팔계(十八界)의 하나. 계(界, ⓢdhātu)는 요소를 뜻함. 인식을 성립시키는 요소의 하나로, 향기를 맡는 후각 기관인 코.

비구(比丘) ⓢbhikṣu ⓟbhikkhu의 음사. 걸사(乞士)·파번뇌(破煩惱)·파악(破惡)·포마(怖魔)라고 번역. 출가하여 구족계(具足戒)를 받은 남자 승려. 걸식하는 남자 수행승.

비구계(比丘戒) 비구가 받아 지켜야 할 250가지의 계율.

비구니(比丘尼) ⓢbhikṣuṇī ⓟbhikkhunī의 음사. 걸녀(乞女)라고 번역. 출가하여 구족계(具足戒)를 받은 여자 승려. 걸식하는 여자 수행승.

비구니건도(比丘尼犍度) 건도(犍度)는 ⓢskandha의 음사로, 장(章)·편(篇)을 뜻함. 비구니가 지켜야 할 규정에 대해 설한 장(章).

비구니계(比丘尼戒) 비구니가 받아 지켜야 할 348가지의 계율.

비구니전(比丘尼傳) 4권. 양(梁)의 보창(寶唱) 지음. 동진(東晋)의 승평(升平) 원년(357)부터 양(梁)의 천감(天監) 15년(516)까지의 뛰어난 비구니 65명의 행적을 기록한 책.

비구승(比丘僧) ①출가하여 구족계(具足戒)를 받은 남자 승려. ②흔히 아내를 두고 있는 대처승(帶妻僧)의 상대말로 쓰임.

비근(鼻根) 육근(六根)의 하나. 근(根)은 기관·기능을 뜻함. 향기를 맡는 후각 기관인 코.

비나달가산(毘那怛迦山) ⓢvinataka의 음사. 상비(象鼻)·장애(障礙)라 번역. 수미산을 둘러싸고 있는 금(金)으로 된 산. ⇒ 수미산(須彌山)

비나야(毘奈耶) ⓢⓟvinaya의 음사. 조복(調伏)·율(律)이라 번역. 출가자가 죄악을 범하지 않기 위해 지켜야 할 규율.

비나야장(毘奈耶藏) 비나야(毘奈耶)는 ⓢⓟvinaya의 음사, 율(律)이라 번역. 부처가 제정한 계율을 기록한 문헌, 곧 율장(律藏)을 말함.

비나책가산(毘那矺迦山) 비나달가산(毘那怛迦山)과 같음.

비뉴천(毘紐天) ⓢviṣṇu의 음사. ⇒ 비슈누(viṣṇu)

비니(毘尼·比尼) 비나야(毘奈耶)와 같음.

비니장(毘尼藏·比尼藏) 비나야장(毘奈耶藏)과 같음.

비니증(毘尼增) 율장(律藏)에서, 부수적으로 설명한 부분.

비담(毘曇) 아비달마(阿毘達磨)와 같음.

비담종(毘曇宗) 중국 남북조 시대에 설일체유부(說一切有部)의 논서(論書)를 연구한 종파.

비도(非道) 악도(惡道)와 같음.

비득(非得) ⓢaprāpti ①획득하지 못함. 성취하지 못함. 완성하지 못함. ②갖추고 있는 성질을 없애 버리는 힘.

비라(毘羅·比羅) 가비마라(迦毘摩羅)의 준말.

비락수(非樂修) 삼수(三修)의 하나. 모든 현상은 괴로움이라고 주시하는 수행.

비람강생상(毘藍降生相) 팔상(八相)의 하나. 비람(毘藍)은 싯다르타가 태어난 룸비니(lumbinī) 동산을 가리킴. 싯다르타가 룸비니 동산에서 탄생하는 모습.

비람파(鞞嵐婆) 비람풍(毘嵐風)과 같음.

비람풍(毘嵐風) 비람(毘嵐)은 ⓢvairambhaka의 음사, 신맹(迅猛)이라 번역. 우주가 성립될 때나 파괴되어 끝날 때, 맹렬하게 휘몰아친다는 폭풍.

비량(比量) ⓢanumāna 추리에 의한 인식. 어떤 사실을 근거로 해서, 그것과 같은 조건하에 있는 다른 사실을 미루어 헤아림.

비량(非量) 그릇된 직접 지각과, 그릇된 추리에 의한 인식. 곧, 사현량(似現量)과 사비량(似比量).

비량상위과(比量相違過) 인명(因明)에서, 삼십삼과(三十三過) 가운데 종구과(宗九過)의 하나. 추리에 어긋나는 종(宗)을 내세우는 오류. 예를 들면, '병(甁)은 영원히 변하지 않는다'고 주장하는 경우.

비례다(俾禮多) ⓢpreta의 음사. ①아귀(餓鬼). 귀신. ②죽은 조상, 또는 그 혼령.

비로사(毘盧寺) 경북 영주시 풍기읍 삼가리 소백산 남동쪽 중턱에 있는 절. 고운사(孤雲寺)의 말사. 683년에 신라의 의상(義湘)이 창건하고, 신라 말에 중축함. 이후 여러 차례 보수·중축하고, 1592년 임진왜란 때 모두 불타고, 1684년에 월하(月下)가 다시 지음. 1908년에 법당만 남기고 모두 불타고, 1919년과 1932년에 보수함. 문화재 : 석조아미타불상(石造阿彌陀佛像) 및 석조비로자나불상(石造毘盧遮那佛像)·진공대사보법탑비(眞空大師普法塔碑)·당간지주(幢竿支柱).

비로사나불(毘盧舍那佛) 비로자나불(毘盧遮那佛)과 같음.

비로자나불(毘盧遮那佛) 비로자나(毘盧遮那)는 ⓢvairocana의 음사, 변조(遍照)·광명변조(光明遍照)·변일체처(遍一切處)·일(日)이라 번역. ①진리 그 자체, 또는 진리를 있는 그대로 드러낸 우주 그 자체를 의인화한 부처. ②대일여래(大日如來)와 같음.

비로전(毘盧殿) 비로자나불(毘盧遮那佛)을 모신 사찰의 건물. 보통 비로자나불을 중심으로 노사나불(盧舍那佛)과 석가모니불을 모심.

비로택가왕(毘盧宅迦王) 유리왕(琉璃王)과 같음.

비루륵차천왕(毘樓勒叉天王) 비루륵천왕(毘樓勒天王)과 같음.

비루륵천왕(毘樓勒天王) 비루륵(毘樓勒)은 ⓢvirūḍhaka의 음사. 증장(增長)이라 번역. 수미산 중턱의 남쪽에서 불법(佛法)을 보호하면서 만물을 소생시킨다는 증장천왕(增長天王)을 말함.

비루박차천왕(毘樓博叉天王) 비루박차(毘樓博叉)는 ⓢvirūpākṣa의 음사. 광목(廣目)이라 번역. 수미산 중턱의 서쪽에서 눈을 부릅뜨고 그 위엄으로 불법(佛法)을 보호한다는 광목천왕(廣目天王)을 말함.

비루자나불(毘樓遮那佛) 비로자나불(毘盧遮那佛)과 같음.

비류륵왕(毘流勒王) 유리왕(琉璃王)과 같음.

비류륵차천왕(毘留勒叉天王) 비루륵천왕(毘樓勒天王)과 같음.

비류륵천왕(毘留勒天王) 비루륵천왕(毘樓勒

天王)과 같음.

비류리(毘琉璃·毘瑠璃) ⓢvaiḍūrya의 음사. 검푸른 빛이 나는 보석.

비류리왕(毘流離王) 유리왕(琉璃王)과 같음.

비류박차천왕(毘留博叉天王) 비루박차천왕(毘樓博叉天王)과 같음.

비류파차천왕(毘留波叉天王) 비루박차천왕(毘樓博叉天王)과 같음.

비릉가마니보(毘楞伽摩尼寶) 석가비릉가마니보(釋迦毘楞伽摩尼寶)의 준말.

비리야(毘梨耶) ⓢvīrya의 음사. 정진(精進)이라 번역. 힘써 수행함. 끊임없이 수행함.

비리야바라밀(毘梨耶波羅蜜) 비리야(毘梨耶)는 ⓢvīrya의 음사, 정진(精進)이라 번역. 정진바라밀(精進波羅蜜)과 같음.

비마라힐(毘摩羅詰) 유마힐(維摩詰)과 같음.

비만(卑慢) 자신보다 아주 우월한 자에 대하여 자신은 조금 열등할 뿐이라고 생각하는 교만.

비목저(毘木底) 비목차(毘目叉)와 같음.

비목차(毘目叉) ⓢvimokṣa의 음사. 해탈(解脫)이라 번역. 모든 번뇌의 속박에서 벗어난 자유 자재한 경지. 모든 미혹의 굴레에서 벗어난 상태.

비무(非無) 모든 분별이 끊어진 상태에서, 있는 그대로 파악되는 현상. 분별이 끊어진 후에 확연하게 주관에 드러나는 현상. 분별과 망상이 일어나지 않는 주관에 드러나는, 대상의 있는 그대로의 모습.

비무량심(悲無量心) 사무량심(四無量心)의 하나. 한량없는 중생의 괴로움을 덜어 주려는 마음.

비밀교(祕密教) 천태종의 교판(教判)에서, 듣는 이들 서로간에 알지 못하게 근기에 따라 다르게 설하여 각자 다른 이익을 얻게 하는 가르침. ⇒ 오시팔교(五時八教)

비밀단(祕密壇) 밀교에서, 의식을 행할 때 마련하는 제단(祭壇).

비밀만다라(祕密曼荼羅) ①밀교의 여러 가지 만다라를 통틀어 일컬음. ②삼매야만다라(三昧耶曼荼羅)를 말함.

비밀법(祕密法) 밀교에서 행하는 의식.

비밀부정교(祕密不定教) ①비밀교(祕密教)의 준말. ②비밀교(祕密教)와 부정교(不定教). ⇒ 오시팔교(五時八教)

비밀승(祕密乘) 진언(眞言)의 가르침을 말함.

비밀은현구성문(祕密隱顯俱成門) 은밀현료구성문(隱密顯了俱成門)과 같음.

비밀장(祕密藏) 대일여래(大日如來)의 가르침을 말함.

비밀주(祕密呪) 진언(眞言)과 다라니(陀羅尼)를 통틀어 일컬음.

비밀호(祕密號) 다라니(陀羅尼)를 말함.

비바사(毘婆沙) ⓢvibhāṣā의 음사. 광설(廣

說)·승설(勝說)이라 번역. 주석서(註釋書).

비바사론(毘婆沙論) 아비달마대비바사론(阿毘達磨大毘婆沙論)의 준말.

비발사나(毘鉢舍那) ⓢvipaśyanā ⓟvipassanā의 음사. 관(觀)이라 번역. 몸과 마음은 무상·고·무아라고 통찰함. 지혜로써 대상을 있는 그대로 자세히 주시함. 마음을 한곳에 집중하여 산란을 멈추고 평온하게 된 상태에서 대상을 있는 그대로 응시함. 통찰하는 수행.

비범행(非梵行) 음란한 짓을 저지르고 계율을 어기는 청정하지 못한 행위.

비변이(非變異) 상캬 학파에서 설하는, 물질의 근원인 자성(自性, prakṛti)을 말함. 이 자성은 생성되지 않은 물질의 근원·원리이므로 이와 같이 말함.

비보다(毘步多) ⓢvibhūta의 음사. 수의 단위로, 10^{47}.

비복업(非福業) 삼업(三業)의 하나. 불행한 과보를 받을 욕계의 악업(惡業).

비부라산(毘富羅山) ⓢvipula ⓟvepulla의 음사. 고대 인도에 있던 마가다국(magadha國)의 도읍지인 왕사성(王舍城)의 동북쪽에 인접해 있는 산.

비불략(毘佛略·鞞佛略) ⓢvaipulya의 음사. 방광(方廣)·방등(方等)이라 번역. 십이부경(十二部經)의 하나. 경전의 서술 내용에서, 방대한 진리를 설한 부분.

비비리야(臂卑履也) ⓢpipīlikā의 음사. 개미.

비비상천(非非想天) 비상비비상천(非想非非想天)의 준말.

비사(毘舍) 폐사(吠奢)와 같음.

비사나(毘闍那) ⓢvijñāna의 음사. 식(識)이라 번역. 식별하고 판단하는 마음 작용. 인식 작용. 인식 주관.

비사량(非思量) 모든 분별이 끊어짐. 생각하여 헤아리지 않고 직관함.

비사리(毘舍離) ⓢvaiśālī ⓟvesālī의 음사. 광엄(廣嚴)이라 번역. 지금의 파트나(Patna)에서 갠지스 강을 건너 북쪽 약 30km 지점에 있던 고대 인도의 도시로, 릿차비족(licchavi族)의 중심 지역.

비사문천(毘沙門天) 비사문(毘沙門)은 ⓢvaiśravaṇa의 음사. 다문(多聞)이라 번역. 비사문천왕과 그 권속이 사는 곳으로, 수미산 중턱의 북쪽에 있다고 함. 다문천(多聞天)과 같음.

비사문천왕(毘沙門天王) 수미산 중턱의 북쪽에 있는 비사문천의 왕으로, 항상 도량을 지키면서 설법을 듣고 중생에게 재물을 베풀어 준다고 함. 다문천왕(多聞天王)과 같음.

비사밀다라왕(沸沙蜜多羅王) 불사밀다라왕(弗沙蜜多羅王)과 같음.

비사바불(毘舍婆佛) 비사부불(毘舍浮佛)과 같음.

비사부불(毘舍浮佛·毘舍符佛) ⓢviśvabhū-buddha의 음사. 과거칠불(過去七佛)의 하나. 장엄겁(莊嚴劫) 중에 출현하여 사라수(娑羅樹) 아래에서 성불하였다고 함.

비사사(毘舍闍) ⓢpiśāca의 음사. 식혈육귀(食血肉鬼)·전광귀(癲狂鬼)라고 번역. 수미산 중턱의 동쪽을 지키는 지국천왕(持國天王)의 권속으로, 사람의 정기나 피를 먹는다는 귀신.

비사야(毘舍也) ⓢviṣaya의 음사. 경계(境界)라고 번역. ①대상. 인식 대상. ②경지.

비사차(毘舍遮) 비사사(毘舍遮)와 같음.

비살사(鞞殺社) ⓢbhaiṣajya의 음사. 약(藥).

비상(非常) 무상(無常)과 같음.

비상멸진정(非想滅盡定) 모든 마음 작용을 소멸시켜 비상비비상처(非想非非想處)의 경지에 이르기 위해 닦는 선정(禪定).

비상비비상처(非想非非想處) 사무색처(四無色處)의 하나. 생각이 있는 것도 아니고 생각이 없는 것도 아닌 무색계 제4천의 경지. 욕계·색계의 거친 생각은 없지만 미세한 생각이 없지 않은 무색계 제4천의 경지.

비상비비상처정(非想非非想處定) 사무색정(四無色定)의 하나. 생각이 있는 것도 아니고 생각이 없는 것도 아닌 경지의 선정(禪定). 욕계·색계의 거친 생각은 없지만 미세한 생각이 없지 않은 경지의 선정(禪定).

비상비비상처지(非想非非想處地) 구지(九地)의 하나. 비상비비상처(非想非非想處)와 같음.

비상비비상처천(非想非非想處天) 비상비비상처(非想非非想處)와 같음.

비상비비상처해탈(非想非非想處解脫) 팔해탈(八解脫)의 하나. 존재하는 것은 없다고 주시하는 무소유처해탈(無所有處解脫)을 버리고 생각이 있는 것도 아니고 생각이 없는 것도 아닌 경지의 선정으로 들어감.

비상비비상천(非想非非想天) 비상비비상처(非想非非想處)와 같음.

비색비심(非色非心) 감각되지도 않고 마음과 함께 일어나지도 않는 것. 이를테면, 현상들 사이의 관계, 작용, 성질, 세력, 명칭 등.

비생만다라(悲生曼荼羅) 대비태장생만다라(大悲胎藏生曼荼羅)의 준말. 태장계만다라(胎藏界曼荼羅)와 같음.

비성제(非聖諦) 칠제(七諦)의 하나. 번뇌에 물든 마음은 괴로움이고, 괴로움의 원인은 애욕을 일으키는 번뇌에 물든 마음이라는 진리.

비세사(毘世師) ⇒ 바이셰시카학파(vaiśeṣika學派)

비세사밀다라(毘世沙蜜多羅) ⓢviśeṣamitra의 음사. 세친(世親)의 유식삼십송(唯識三十頌)에 대한 주석서를 지은 승우(勝友)의 범명(梵名).

비소단(非所斷) 삼단(三斷)의 하나. 끊을 것이 아님, 곧 번뇌가 없다는 뜻.

비속반(非速般) 욕계에서 색계에 이르는 도중에 얼마간의 시간이 지나 완전한 열반을 이루는 불환과(不還果)의 성자. ⇒ 중반(中般)

비수갈마(毘首羯磨·毘守羯磨) ⓢviśvakarman의 음사. 공교천(工巧天)이라 번역. 도리천(忉利天)에서 제석(帝釋)을 섬기면서 건축·조각·공예 등을 담당한다는 신(神).

비수건마(毘首建磨) 비수갈마(毘首羯磨)와 같음.

비수뉴(毘瘦紐) ⓢviṣṇu의 음사. ⇒ 비슈누(viṣṇu)

비수멸(非數滅) 수(數)는 지혜를 뜻함. 비택멸(非擇滅)과 같음.

비수연진(非數緣盡) 수(數)는 지혜를 뜻함. 비택멸(非擇滅)과 같음.

비슈누(viṣṇu) 브라흐만(brahman)·시바(śiva)와 함께 힌두교의 세 주신(主神)의 하나로, 우주의 창조·유지·파괴의 과정에서 유지를 담당한다고 함.

비슬노(毘瑟笯) ⓢviṣṇu의 음사. ⇒ 비슈누(viṣṇu)

비습박갈마(毘濕縛羯磨) 비수갈마(毘首羯磨)와 같음.

비시(非時) 비시식(非時食)의 준말.

비시가론(毘尸伽論) ⓢvaiśeṣika의 음사. ⇒ 바이셰시카학파(vaiśeṣika學派)

비시사(毘尸沙) ⓢviśeṣa의 음사. 이(異)라 번역. ⇒ 이(異) ②

비시사(毘尸沙) ⓢviśeṣa의 음사. 이(異)라고 번역. 바이셰시카 학파에서 설하는 육구의(六句義)의 하나. 모든 사물에 차이점을 있게 하는 원리.

비시식(非時食) 때가 아니면 먹지 말라, 곧 정오가 지나면 먹지 말라는 계율을 어기고 정오 이후에 식사함.

비시약(非時藥) 약(藥)은 음식을 뜻함. 사약(四藥)의 하나. 병든 수행자에게 아침부터 초저녁에 한하여 먹도록 허락한 음식으로, 여러 가지 과일즙이나 미음 따위.

비시장(非時漿) 병든 수행자에게 아침부터 초저녁에 한하여 먹도록 허락한 여러 가지 과일즙이나 미음 따위.

비식(鼻識) 육식(六識)의 하나. 후각 기관〔鼻〕으로 후각 대상〔香〕을 식별하는 마음 작용.

비식계(鼻識界) 십팔계(十八界)의 하나. 계(界, ⓢdhātu)는 요소를 뜻함. 인식을 성립시키는 요소의 하나로, 후각 기관〔鼻〕으로 후각 대상〔香〕을 식별하는 마음 작용.

비심(悲心) 중생의 고통을 덜어 주려는 마음.

비아(非我) 무아(無我)와 같음.

비안립(非安立) 언어로 표현하지 않은 진리나 직접 체험 그 자체.

비안립제(非安立諦) 언어로 표현할 수 없는 것이나 직접 체험 그 자체의 진리. 이에 반해, 언어로 표현할 수 없는 것이나 직접 체험을 언어로 표현한 진리는 안립제(安立諦)라고 함.

비안립진여(非安立眞如) 비안립제(非安立諦)와 같음.

비야남(毘若南) ⓢvijñāna의 음사. 식(識)이라 번역. 식별하고 판단하는 마음 작용. 인식 작용. 인식 주관.

비야리(毘耶離) 비사리(毘舍離)와 같음.

비야저(毘若底) ⓢvijñapti의 음사. 식(識)이라 번역. 구체적으로 인식된 내용.

비야저마달랄다(毘若底摩呾剌多) ⓢvijñpti-mātratā의 음사. 유식(唯識)이라 번역. 모든 차별 현상은 오직 인식하는 마음 작용에 지나지 않는다는 뜻.

비원(悲願) 중생의 고통을 덜어 주려는 부처나 보살의 기원.

비유(非有) 차별과 분별로써 인식된 대상은 관념일 뿐 실재하지 않는다는 뜻. 가치나 감정이 부여된 인식 대상은 인식 주관이 조작한 허구라는 뜻. 분별에 의해 인식 주관에 드러난 대상은 허구라는 뜻.

비유(譬喩) ①ⓢdṛṣṭānta 어떤 사물의 성질을 다른 것에 빗대어 표현함. ②nidarśana 구체적인 예. ③ⓢavadāna 경전의 서술 내용에서, 비유로써 가르침을 설한 부분. ⇒ 아파타나(阿波陀那) ④ⓢupamāna 어떤 사실을 근거로 다른 사실을 미루어 헤아림, 곧 유추(類推).

비유량(譬喩量) 유사성 또는 동일성에 의한 인식. 예를 들면, 이미 알고 있는 소나무에 근거하여 젓나무가 어떠하다는 말을 듣고, 어떤 나무를 보고 젓나무라고 유추하여 아는 것.

비유비공문(非有非空門) 사문(四門)의 하나. 인연으로 일어나는 현상이나 부처의 성품 등은 존재하지도 않고 공(空)도 아니라고 주시하여 깨달음에 이르는 수행법.

비유비무(非有非無) 마음 작용이 소멸된 상태, 또는 유(有)와 무(無)의 극단을 떠나 현상을 있는 그대로 직관하는 지혜를 나타내는 말.

비유상비무상정(非有想非無想定) 비상비비상처정(非想非非想處定)과 같음.

비유상비무상처(非有想非無想處) 비상비비상처(非想非非想處)와 같음.

비유상비무상처천(非有想非無想處天) 비상비비상처(非想非非想處)와 같음.

비유정수(非有情數) 감정이 없는 부류, 곧 초목·산하·대지 등을 말함.

비율의비불율의(非律儀非不律儀) 별 생각 없이 때때로 일으키는 선악의 행위.

비인(非人) 천(天)·용(龍)·야차(夜叉)·건달바(乾闥婆)·아수라(阿修羅)·가루라(迦樓羅)·긴나라(緊那羅)·마후라가(摩睺羅伽)의 팔부중(八部衆), 또는 귀신·축생 등을 말함.

비정(非情) 감정이 없는 초목·산하·대지 등을 말함.

비제하(毘提訶) ⓢvideha의 음사. 승신(勝身)이라 번역. 수미산 동쪽에 있다는 동승신주(東勝身洲)를 말함. 이곳에 있는 인간들은 신장이 뛰어나다고 하여 승신(勝身)이라 함.

비제희(毘提希) 위제희(韋提希)와 같음.

비좌야(毘左野) ⓢvijaya의 음사. 조복(調伏)·항복(降伏)이라 번역. 온갖 장애를 굴복시킴.

비지(比智) 유지(類智)와 같음.

비직길차(毘職吉蹉) ⓢvicikitsā의 음사. 의심. 의혹. 불확실.

비처(鼻處) 십이처(十二處)의 하나. 향기를 맡는 후각 기관인 코.

비천(飛天) 자유로이 날아다닌다고 하는 천인(天人).

비천(非天) ⇒ 아수라(阿修羅)

비천상(飛天像) 하늘에 떠다니는 선인(仙人)을 묘사한 그림이나 조각으로, 주로 너울거리는 천의(天衣)를 걸치고 꼬리가 긴 꽃구름 속에서 악기를 연주하거나 부처에게 공양하는 모습을 하고 있음.

비촉(鼻觸) 비근(鼻根)과 향경(香境)과 비식(鼻識)의 화합으로 일어나는 마음 작용.

비취(非趣) 악취(惡趣)와 같음.

비치차라나삼반나(鞞侈遮羅那三般那) ⓢvidyā-caraṇa-saṃpanna의 음사. 명행족(明行足)이라 번역. 지혜와 수행을 완성하였다는 뜻, 곧 부처를 일컬음.

비타(費陀) ⓢvidyā의 음사. 명(明)이라 번역. 학문.

비타(毘陀) ①ⓢvṛddha의 음사. 노(老)·장(長)이라 번역. 늙었다, 성숙하였다는 뜻. ②ⓢveda의 음사. ⇒ 베다(veda)

비타가(比吒迦) ⓢⓟpiṭaka의 음사. 장(藏)·협(篋)이라 번역. 바구니. 상자.

비타라(毘陀羅) ⓢvetāla ⓢvetāḍa의 음사. 귀(鬼)·기시귀(起屍鬼)라 번역. 시체를 일으켜 원한이 있는 사람을 죽이게 한다는 귀신.

비택멸(非擇滅) 택(擇)은 지혜를 뜻함. 따라서 지혜로써 소멸된 것이 아니라는 뜻. ①지혜로써 소멸된 것이 아니라 생겨날 인연이 없어 번뇌가 생겨나지 않은 상태. ②지혜와 관계없이 본디 청정한 있는 그대로의 모습.

비택멸무위(非擇滅無爲) 삼무위(三無爲)의 하나. 택(擇)은 지혜를 뜻함. 지혜로써 소멸된 것이 아니라 생겨날 인연이 없어 번뇌가 생겨나지 않은 상태.

비파가(毘播迦) ⓢvipāka의 음사. 이숙(異熟)이라 번역. 아뢰야식(阿賴耶識)의 별명.

비파사(毘婆沙) ⇒ 비바사(毘婆沙)

비파사나(毘婆舍那) 비발사나(毘鉢舍那)와 같음.

비파사론(毘婆沙論) ⇒ 비바사론(毘婆沙論)

비파시불(毘婆尸佛) ⓢvipaśyin-buddha의 음사. 과거칠불(過去七佛)의 하나. 장엄겁(莊嚴劫) 중에 출현하여 파파라수(波波羅樹) 아래에서 성불하였다고 함.

비파하(毘婆訶) ⓢvivāha의 음사. 수의 단위로, 10^{21}.

비파하라부(鞞婆訶羅部) ⓢvyāvahārika의 음사. 일설부(一說部)와 같음.

비포라산(毘布羅山) 비부라산(毘富羅山)과 같음.

비하라(毘訶羅) ⓢvihāra의 음사. 주처(住處)·유행처(遊行處)·사(寺)·정사(精舍)라고 번역. 수행승들이 머물면서 불도(佛道)를 닦는 곳이나 집.

비하라사미(毘訶羅莎弭) ⓢvihāra-svāmin의 음사. 사주(寺主)라고 번역. 사원을 지은 사람.

비하라파라(毘訶羅波羅) ⓢvihāra-pāla의 음사. 호사(護寺)라고 번역. 한 사원을 맡아서 돌보는 승려.

비행비좌삼매(非行非坐三昧) 사종삼매(四種三昧)의 하나. 일정한 기한이나 어떠한 동작에도 구애되지 않고 자신의 뜻대로 닦는 수행.

비혜륵(毘醯勒·鞞醯勒) ⓢvibhītaka의 음사. 모양이 복숭아와 비슷한 검은색의 과일. 맛은 달고, 먹으면 문둥병에 효험이 있다고 함.

비호(比呼) 비구(比丘)와 같음.

비화경(悲華經) 10권. 북량(北涼)의 담무참(曇無讖) 번역. 아미타불과 석가모니불 등의 전생과 서원, 정토(淨土)와 예토(穢土)에서의 성불(成佛)을 비교하여 설하고, 예토에서 성불한 석가모니불의 자비심을 칭송한 경.

비흑비백무이숙업(非黑非白無異熟業) 사업(四業)의 하나. 선악을 떠난 청정한 행위를 하여 과보를 받지 않음.

빈(擯) 추방함. 무거운 죄를 저지른 수행승을 일시적 또는 영원히 승단에서 추방함.

빈가(頻伽) 가릉빈가(迦陵頻伽)의 준말.

빈도(貧道) 도(道)가 부족하다는 뜻. 승려가 자기를 낮추어 일컫는 말.

빈도라발라타사(賓度羅跋囉惰闍) ⓢpiṇḍola-bharadvāja의 음사. 십육나한(十六羅漢)의 하나. 1,000명의 아라한과 함께 서구타니주(西瞿陀尼洲)에 거주하면서 정법(正法)과 중생을 수호한다는 성자.

빈두로(賓頭盧) 빈도라발라타사(賓度羅跋囉惰闍)와 같음.

빈두사라왕(頻頭娑羅王) ⓢⓟbindusāra의 음사. 마가다국(magadha國) 마우리야(maurya) 왕조의 제2대 왕. 재위 기원전 300년경-기원전 270년경. 아버지는 찬드라굽타(candragupta), 아들은 아쇼카(aśoka) 왕.

빈래(頻來) 일래(一來)의 구역(舊譯).

빈발라(頻跋羅) ⓢbimbara의 음사. 수의 단위로, 10^{17}.

빈벌(擯罰) 무거운 죄를 저지른 수행승을 일시적 또는 영원히 승단에서 추방하는 벌칙.

빈비사라왕(頻鞞娑羅王) 빈파사라왕(頻婆娑羅王)과 같음.

빈자일등(貧者一燈) 가난한 자가 지극한 정성으로 부처에게 공양한 한 개의 등불이, 부자가 겉치레로 공양한 수만 개의 등불보다도 공덕이 크다는 뜻.

빈중빈(賓中賓) ⇒ 사빈주(四賓主)

빈중주(賓中主) ⇒ 사빈주(四賓主)

빈출(擯出·擯黜) 무거운 죄를 저지른 수행승을 일시적 또는 영원히 승단에서 추방함.

빈치(擯治) 빈출(擯出)과 같음.

빈파(頻婆) ⓢbimba의 음사. 인도에서 나는 덩굴풀로, 흰 꽃이 피고 새빨간 빛깔의 열매가 맺힘. 흔히 미인의 입술을 그 열매의 빛깔에 비유함.

빈파라(頻婆羅) 빈발라(頻跋羅)와 같음.

빈파사라왕(頻婆娑羅王) ⓢⓟbimbisāra의 음사. 영승(影勝)이라 번역. 마가다국(magadha國)의 왕. 재위 기원전 580년경-기원전 550년경. 앙가국(aṅga國)을 점령하여 영토를 확장하고, 왕사성(王舍城) 부근에 죽림정사(竹林精舍)를 지어 붓다에게 바침. 만년에 그의 아들 아자타샤트루(ajātaśatru)에 의해 감옥에 갇혀 죽음.

빔비사라왕(bimbisāra王) 빈파사라왕(頻婆娑羅王)과 같음.

ㅅ

사(捨) ⓢupekṣā ①들뜨지도 않고 침울하지도 않은 평등한 마음 상태. ②외부의 자극에 대해 괴롭지도 즐겁지도 않은 상태.

사(事) ⓢvastu ①현상. 차별 현상. 사물. 대상. 사태. ②분별하지 않고, 있는 그대로 파악된 대상. 직관으로 파악된 대상.

사(思) ①ⓢcetanā 마음을 움직여 행위를 일으키게 하는 의지의 작용. ②사고. 분별. 생각. 추론.

사(使) 중생의 마음을 마구 부려 산란하게 한다는 뜻으로, 번뇌를 말함.

사(伺) ⓢvicāra 세밀하게 고찰하는 마음 작용.

사(死) ⓢⓟmaraṇa ①수명과 체온과 의식을 잃고 신체가 허물어짐. ②죽는다는 의식.

사(寺) 수행승들이 머물면서 불도(佛道)를 닦는 집. 불상과 보살상 등을 모셔 놓고 승려들이 거주하면서 부처의 가르침에 따라 수행하고 그 가르침을 설하는 집.

사(社) ①고려 때, 불교를 혁신하기 위해 창설한 단체. ②사(寺)와 같은 뜻으로도 쓰임.

사가(四假) ①가(假)는 임시로 설정함을 뜻함. 부처가 가르침을 설하는 방법을 네 가지로 나눈 것. (1)인연가(因緣假). 모든 현상은 인연에 의지하여 일어남을 설함. (2)수연가(隨緣假). 중생의 능력이나 소질에 따라 여러 가지 방편으로 설함. (3)대연가(對緣假). 중생이 집착하는 것에 따라 가르침을 설하여 그 집착을 끊게 함. (4)취연가(就緣假). 일시적으로 중생의 입장에서 가르침을 설함. ②일시적인 네 가지 상태. (1)상속가(相續假). 모든 현상은 끊임없이 변화하므로 일시적임. (2)상대가(相待假). 대소(大小)·장단(長短)은 상대적이어서 그 기준이 일정하지 않으므로 일시적임. (3)연성가(緣成假). 오온(五蘊)의 화합을 일시적으로 인간이라고 하듯, 다수의 화합으로 하나를 이루고 있으므로 그 하나는 일시적임. (4)인생가(因生假). 모든 현상은 여러 인연의 화합으로 일어나므로 거기에 불변하는 실체가 없고 일시적임.

사가(師家) 수행자의 스승.

사가(沙呵·娑呵) ⓢsahā의 음사. ①사바(娑婆)와 같음. ②약 이름.

사가라용왕(娑伽羅龍王) 사가라(娑伽羅)는 ⓢsāgara의 음사, 해(海)라고 번역. 팔대용왕(八大龍王)의 하나. 바다의 용왕으로, 그의 딸이 8세에 성불하였다고 함.

사각(思覺) 분별. 차별.

사각분(捨覺分) 사각지(捨覺支)와 같음.

사각의(捨覺意) 사각지(捨覺支)와 같음.

사각지(捨覺支) 칠각지(七覺支)의 하나. 수행으로 집중·통일된 마음을 평등하게 잘 응시함.

사갈(舍竭) ⓢśākala의 음사. 인도의 펀자브(Punjab) 지역에 있던 고대 도시.

사갈라(奢羯羅) 사갈(舍竭)과 같음.

사갈라용왕(娑竭羅龍王) 사가라용왕(娑伽羅龍王)과 같음.

사겁(四劫) 세계가 성립되어 머무르고 파괴되어 아무 것도 없는 상태로 되는 네 기간. (1)성겁(成劫). 세계가 성립되는 지극히 긴 기간. (2)주겁(住劫). 세계가 성립되어 머무르는 지극히 긴 기간. (3)괴겁(壞劫). 세계가 파괴되어 가는 지극히 긴 기간. (4)공겁(空劫). 세계가 파괴되어 아무 것도 없는 상태로 지속되는 지극히 긴 기간.
인간 수명이 8만 세에서 100년에 한 살씩 줄어 10세에 이르고 다시 10세에서 100년에 한 살씩 늘어 8만 세에 이르는 긴 시간을 중겁(中劫)이라 하는데, 네 겁은 각각 20중겁에 해당함.

사게라(奢揭羅) 사갈(舍竭)과 같음.

사견(邪見) 그릇된 견해. 인과(因果)의 이치를 부정하는 견해.

사경(寫經) 유포시키거나 공덕을 쌓기 위해 불경을 베끼는 일, 또는 베낀 그 경.

사계(四界) 사대(四大)와 같음.

사계(謝戒) 계(戒)를 받은 후 스승에게 가서 인사하는 것.

사고(四苦) 중생이 겪는 네 가지 괴로움. (1)생고(生苦). 이 세상에 태어나는 괴로움. (2)노고(老苦). 늙어 가는 괴로움. (3)병고(病苦). 병으로 겪는 괴로움. (4)사고(死苦). 죽어야 하는 괴로움.

사고(死苦) 사고(四苦)의 하나. 죽어야 하는 괴로움.

사공정(四空定) 사무색정(四無色定)과 같음.

사공처(四空處) 사무색처(四無色處)와 같음.

사공천(四空天) 사무색처(四無色處)와 같음.

사과(四果) ①수다원(須陀洹)의 경지인 수다원과, 사다함(斯陀含)의 경지인 사다함과, 아나함(阿那含)의 경지인 아나함과, 아라한(阿羅漢)의 경지인 아라한과. ②성문사과(聲聞四果)의 네 번째 경지인 아라한과. ③원인에 의한 결과를 다섯 가지로 나눈 것. (1)안립과(安立果). 어떤 기반 위에 성립된 결과. 집·초목·사람·가축 등은 대지의 안립과. (2)가행과(加行果). 힘써 수행한 결과. 깨달음은 힘써 수행한 결과이므로 가행과. (3)화합과(和合果). 여러 인연의 결합에 의한 결과. 감각 기관과 감각 대상의 결합에 의한 감각 등. (4)수습과(修習果). 수행을 여러 번 거듭한 결과. 사선(四禪)을 닦아 신통력을 얻는 것 등.

사교(四教) 경전의 가르침을 내용이나 형식에 따라 네 가지로 분류한 것. ①종애(宗愛), 송(宋)의 급법사(岌法師), 양(梁)의 승민(僧旻)의 견해. 경전의 가르침을 돈교(頓教)·점교(漸教)·부정교(不定教)로 나누고, 점교를 다시 네 가지로 나눈 것. (1)유상교(有相教). 차별 현상을 인정하는 소승의 가르침. (2)무상교(無相教). 차별 현상을 부정하는 반야경의 가르침. (3)동귀교(同歸教). 삼승(三乘)을 통달하여 일승(一乘)으로 돌아가게 하는 법화경의 가르침. (4)상주교(常住教). 진리 그 자체, 또는 부처의 성품은 영원하다고 설한 열반경의 가르침. ②양(梁)의 법운(法雲)이 경전의 가르침을 성문(聲聞)·연각(緣覺)·보살(菩薩)의 삼승(三乘)에 대한 가르침과 일승(一乘)의 가르침으로 나눈 것. ③수(隋)의 급다(笈多), 양(梁)의 진제(眞諦)의 견해. (1)사제교(四諦教). 사제(四諦)를 설한 아함경의 가르침. (2)무상교(無相教). 차별 현상을 부정하는 반야경의 가르침. (3)법상교(法相教). 현상의 본질을 분석하는 능가경의 가르침. (4)관행교(觀行教). 마음의 본성을 자세히 주시하는 화엄경의 가르침. ④수(隋)의 지의(智顗)가 경전의 가르침을 형식에 따라 돈교(頓教)·점교(漸教)·비밀교(祕密教)·부정교(不定教)로 나누고, 내용에 따라 장교(藏教)·통교(通教)·별교(別教)·원교(圓教)로 나눈 것. ⇒ 오시팔교(五時八教) ⑤신라 원효(元曉)의 견해. (1)삼승별교(三乘別教). 아함경의 가르침. (2)삼승통교(三乘通教). 반야경·해심밀경의 가르침. (3)일승분교(一乘分教). 영락경·범망경의 가르침. (4)일승만교(一乘滿教). 화엄경의 가르침. ⑥사찰에 있는 강원(講院)의 사교과(四教科)에서 배우는 네 과목, 곧 금강경·능엄경·원각경·기신론.

사교의(四教義) ①12권. 수(隋)의 지의(智顗) 지음. 세존의 가르침을 내용에 따라 분류한 장교(藏教)·통교(通教)·별교(別教)·원교(圓教)를 해설한 저술. ②천태사교의(天台四教義)의 준말.

사구(四句) 하나의 개념(A), 또는 서로 내립되는 두 개념을 기준으로 해서 모든 현상을 판별하는 네 가지 형식. 곧, 제1구 'A이다', 제2구 '비(非)A이다', 제3구 'A이면서 또한 비(非)A이다', 제4구 'A도 아니고 비(非)A도 아니다'. 예를 들어 유(有)와 무(無)를 기준으로 하면, 유(有)·무(無)·역유역무(亦有亦無)·비유비무(非有非無)의 사구(四句)가 성립되고, 그 외 일(一)과 이(異), 상(常)과 무상(無常), 자(自)와 타(他) 등의 경우에도 사구가 성립됨. 불교의 진리는 모든 분별이 끊어진 상태이므로 사구백비(四句百非)라고 하는데, 백비(百非)는 유(有)와 무(無) 등의 모든 개념 하나하나에 비(非)를 붙여 그것을 부정하는 것을 말함. 곧, 불교의 진리는 사구의 분별도 떠나고 백비의 부정도 끊어진 상태라는 뜻.

사구(死句) 분별과 생각으로 이루어져 깨달음에 도움이 되지 않는 글귀.

사구게(四句偈) ①슐로카(śloka)라는 산스크리트 시(詩) 형식으로, 8음절을 1구(句)로 하여 4구, 곧 32음절로 된 게송을 말함. ②넉 줄로 된 게송.

사구백비(四句百非) ⇒ 사구(四句)

사구분별(四句分別) 사구(四句)와 같음.

사구악행(四口惡行) 입으로 짓는 네 가지 그릇된 말. (1)망어(妄語). 거짓말. 헛된 말. (2)악구(惡口). 남을 괴롭히는 나쁜 말. (3)양설(兩舌). 이간질하는 말. (4)기어(綺語). 진실이 없는, 교묘하게 꾸민 말.

사굴산문(闍崛山門) ⇒ 구산선문(九山禪門)

사근(捨根) 근(根)은 작용·기능을 뜻함. 괴롭지도 즐겁지도 않은 감수 작용.

사근본성죄(四根本性罪) 사바라이(四波羅夷)를 말함.

사금(四禁) 사중금(四重禁)의 준말.

사기(四記) 사기론(四記論)과 같음.

사기(沙祇·娑祇) ⓢsāketa의 음사. 지금의 네팔 남서쪽에 인접해 있던 코살라국(kosala國)

의 도시.

사기론(四記論) 질문에 대답하는 네 가지 방법. (1)결정기론(決定記論). 질문의 내용을 바로 긍정하는 방법. (2)분별기론(分別記論). 질문을 분석하여 몇 개의 경우로 나누어 대답하는 방법. (3)힐문기론(詰問記論). 반문하여 질문의 뜻을 명확히 한 다음 대답하는 방법. (4)지주기론(止住記論). 대답할 수 없는 무의미한 질문에 침묵하는 방법.

사나(闍那) ⓢjñāna의 음사. 지(智)라고 번역. 모든 현상의 이치를 명료하게 판단하는 마음 작용.

사나(奢那·舍那) ⓢśāṇa의 음사. 마(麻)와 비슷한 풀로, 줄기의 껍질은 옷감의 재료로 쓰임.

사나굴다(闍那崛多) ⓢjñānagupta의 음사. 덕지(德志)라고 번역. 523-600. 중인도 출신. 북주(北周)의 명제(明帝) 때 장안(長安)에 와서 초당사(草堂寺)에 머무름. 사천왕사(四天王寺)와 대흥선사(大興善寺)에서 역경(譯經)에 종사하여 불본행집경(佛本行集經)·대법거다라니경(大法炬陀羅尼經)·첨품묘법연화경(添品妙法蓮華經)·기세경(起世經) 등 37종 176권을 번역함.

사나리가부(沙那利迦部) ⓢṣaṇḍāgārika의 음사. 밀림산부(密林山部)와 같음.

사나불(舍那佛) 비로사나불(毘盧舍那佛)의 준말.

사나사(舍那寺) 경기 양평군 옥천면 용문산 남서쪽 기슭에 있는 절. 봉선사(奉先寺)의 말사. 923년에 대경(大鏡)이 창건하고, 1367년에 보우(普愚)가 중축함. 1597년 정유재란 때 모두 불타고, 1698년에 덕조(德照)가 다시 지음. 1907년 의병 봉기 때 모두 불타고, 1909년에 다시 짓고, 1937년에 중축함. 문화재 : 원증국사석종(圓證國師石鐘)·원증국사석종비(圓證國師石鐘碑).

사념(四念) 사염처(四念處)와 같음.

사념주(四念住) ⇒ 사염주(四念住)

사념처(四念處) ⇒ 사염처(四念處)

사념청정지(捨念淸淨地) 구지(九地)의 하나. 마음이 평온하여 생각이 청정한 색계 제4선천(第四禪天)의 경지.

사누(舍㝹) ⓢśāṇa의 음사. 마(麻)와 비슷한 풀로, 줄기의 껍질은 옷감의 재료로 쓰임.

사능립(四能立) 인명(因明)의 논법을 성립시키는 네 가지 기반. (1)종(宗). 주장 명제나 판단. (2)인(因). 정당한 이유. (3)동유(同喩). 종(宗)의 술어 및 인(因)과 같은 성질에 속하는 예(例). (4)이유(異喩). 종(宗)의 술어 및 인(因)과 전혀 다른 성질에 속하는 예(例)로서 측면에서 종(宗)을 논증하는 역할을 함. 예를 들면 다음과 같음.

종(宗)	말은 무상하다.
인(因)	지어낸 것이기 때문이다.
동유(同喩)	지어낸 모든 것은 무상하다. 예를 들면, 병(甁)과 같다.
이유(異喩)	상주하는 모든 것은 지어낸 것이 아니다. 예를 들면, 허공과 같다.

사능립(似能立) 인명(因明)의 삼지작법(三支作法)과 일치하지 않아 오류가 있는 논법.

사능파(似能破) 상대편의 바른 주장을 잘못

이라고 반박하는 그릇된 논법.

사니(沙尼) 사나(奢那)와 같음.

사닉가(奢溺迦) ⓢśāṇaka의 음사. ①마(麻)로 짠 베로 만든 옷. ②상나화수(商那和修)와 같음.

사다(徙多 · 私多) 사타(斯陀)와 같음.

사다가(闍多伽) ⓢⓟjātaka의 음사. 본생(本生)이라 번역. 십이부경(十二部經)의 하나. 붓다의 전생 이야기.

사다함(斯陀含) ⓢsakṛd-āgāmin ⓟsakad-āgāmin의 음사. 일래(一來)라고 번역. 욕계의 수혹(修惑)을 대부분 끊은 성자. 그러나 이 성자는 그 번뇌를 완전히 끊지 못했기 때문에 천상의 경지에 이르렀다가 다시 한 번 인간계에 이르러 완전한 열반을 성취한다고 하여 일래라고 함. 이 경지를 사다함과(斯陀含果)·일래과(一來果), 이 경지에 이르기 위해 수행하는 단계를 사다함향(斯陀含向)·일래향(一來向)이라 함.

사다함과(斯陀含果) 성문사과(聲聞四果)의 두 번째 경지. ⇒ 사다함(斯陀含)

사다함도(斯陀含道) 사다함의 경지 또는 상태.

사다함향(斯陀含向) ⇒ 사다함(斯陀含)

사단(四斷) 끊는 번뇌의 성질을 네 가지로 나눈 것. (1)자성단(自性斷). 오염되어 있는 번뇌 그 자체를 끊음. (2)상응단(相應斷). 본디 청정하지만 수반하는 번뇌에 의해 오염된 것은 그 수반하는 번뇌를 끊음. (3)연박단(緣縛斷). 어떤 것을 속박하고 있는 번뇌를 끊음. (4)불생단(不生斷). 번뇌의 원인을 끊어 다시 일어나지 않게 함.

사단의(四斷意) 사정근(四正勤)과 같음.

사대(四大) 대상의 특성을 형성하는 네 가지 요소. (1)지대(地大). 견고한 성질. (2)수대(水大). 축축한 성질. (3)화대(火大). 따뜻한 성질. (4)풍대(風大). 움직이는 성질.

사대성지

사대성지(四大聖地) 붓다와 깊은 관계가 있어, 신성시되고 있는 네 곳. 붓다가 태어난 룸비니(lumbinī), 깨달음을 이룬 붓다가야(buddhagayā), 처음으로 설법한 녹야원(鹿野苑), 입멸한 쿠시나가라(kuśinagara)를 일컬음.

사대왕(四大王) 사천왕(四天王)과 같음.

사대왕중천(四大王衆天) 사왕천(四王天)과 같음.

사대종(四大種) 사대(四大)와 같음.

사대주(四大洲) 사주(四洲)와 같음.

사대천왕(四大天王) 사천왕(四天王)과 같음.

사대하(四大河) 염부제(閻浮提)에 있다는 네

개의 큰 강. 아뇩달지(阿耨達池)에서 동쪽으로 흐르는 긍가(恆伽, gaṅgā), 남쪽으로 흐르는 신두(新頭, sindhu), 서쪽으로 흐르는 바차(婆叉, vakṣu), 북쪽으로 흐르는 사타(斯陀, śītā)를 말함.

사덕(四德) 열반에 갖추어져 있는 네 가지 성질·특성. (1)상(常). 영원히 변하지 않음. (2)낙(樂). 괴로움이 없고 평온함. (3)아(我). 대아(大我)·진아(眞我)의 경지로, 집착을 떠나 자유 자재하여 걸림이 없음. (4)정(淨). 번뇌의 더러움이 없음.

사도(四道) 번뇌를 끊고 해탈하는 과정을 네 단계로 나눈 것. (1)가행도(加行道). 번뇌를 끊기 위해 수행하는 단계. (2)무간도(無間道). 간격이나 걸림 없이 지혜로써 번뇌를 끊는 단계. (3)해탈도(解脫道). 번뇌의 속박에서 벗어나 해탈하는 단계. (4)승진도(勝進道). 뛰어난 수행으로 해탈의 완성에 이르는 단계.

사도(四倒) 사전도(四顚倒)의 준말.

사도(娑度) ⓢⓟsādhu의 음사. 상대방의 말에 대한 칭찬이나 찬성을 나타내는 말. 좋다. 그러하다. 옳다.

사두(私頭) 신두(新頭)와 같음.

사등(四等) 사등심(四等心)과 같음.

사등각지(捨等覺支) 사각지(捨覺支)와 같음.

사등심(四等心) 사무량심(四無量心)을 말함. 이는 모든 중생에게 평등하게 베풀려는 마음이라는 뜻.

사라(舍羅) ⓢśalākā ⓟsalākā의 음사. 주(籌)라고 번역. 대·나무·뿔 등으로 만든 작고 평평한 조각으로, 의식을 행하는 장소에 모인 승려의 수를 계산하거나 다수결로 결정할 때의 투표 등에 사용함.

사라마나(舍囉磨拏) 사문(沙門)과 같음.

사라수(娑羅樹) ⓢśāla의 음사. 견고(堅固)라고 번역. 인도에서 자라는 교목. 잎은 긴 타원형에 끝이 뾰족하고, 옅은 노란색의 꽃이 핌. 나무가 길고 견고하여 건축의 재료로 쓰임.

사라쌍수(娑羅雙樹) 쿠시나가라(ⓢkuśinagara)에 있던 두 그루의 사라수(娑羅樹). 이 나무 사이에서 붓다가 입멸함. 또, 쌍수(雙樹)는 붓다의 사방에 각각 두 그루의 사라수가 있었다고 하여, 여덟 그루의 사라수를 뜻하기도 함.

사람류순식(捨濫留純識) 오중유식(五重唯識)의 하나. 마음 밖의 대상〔外境〕과 인식된 대상〔相分〕을 버리고 순수한 마음만을 남겨 유식(唯識)이라고 주시함.

사랑당(死郞當) 사(死)는 뜻을 강조하는 접두어. 볼품없음. 낡아서 아무 쓸모없음. 늙어 빠져서 보기 흉함. 치부를 드러냄.

사량(思量) 생각하여 헤아림. 사유하고 판단함.

사량능변(思量能變) 삼능변(三能變)의 하나. 말나식(末那識)을 말함. 이 식은 항상 아뢰야식(阿賴耶識)을 자아(自我)라고 생각하므로 이와 같이 말함.

사량식(思量識) 사량능변(思量能變)과 같음.

사려사담마(舍黎娑擔摩) ⓢśāli-stamba의 음사. 벼의 줄기.

사론(四論) 중론(中論)·십이문론(十二門論)·백론(百論)·대지도론(大智度論)을 일컬음.

사료간(四料簡) ⇒ 사요간(四料簡)

사루(捨樓) 사루가(舍樓伽)와 같음.

사루가(舍樓伽) ⓢśālūka의 음사. 연근(蓮根).

사류(四流) 유(流)는 번뇌를 뜻함. (1)욕류(欲流). 색(色)·성(聲)·향(香)·미(味)·촉(觸)에 대한 탐욕. (2)유류(有流). 욕계·색계·무색계의 미혹한 생존. (3)견류(見流). 그릇된 견해. (4)무명류(無明流). 사제(四諦)에 대한 무지.

사륵(舍勒) ⓢśāṭa의 음사. 내의(內衣).

사륵국(沙勒國) 소륵국(疏勒國)과 같음.

사리(事理) ①차별 현상과 깨달음의 진리. ②차별 현상과 본체.

사리(舍利) ①ⓢśarīra ⓟsarīra의 음사. 신골(身骨)·유신(遺身)이라 번역. 시체나 유골을 뜻함. 그러나 오늘날에는 화장한 뒤에 나오는 작은 구슬 모양의 물질을 가리킴. ②ⓢśāri의 음사. 새 이름. 길이 약 25cm, 부리는 주황색, 다리는 황색, 털은 검은 색으로, 사람의 말을 흉내낸다고 함.

사리(闍梨) ①아사리(阿闍梨)의 준말. ②성이나 이름 밑에 붙어 가벼운 존칭으로 쓰임. '-씨(氏)' 정도의 뜻.

사리가(奢梨迦) 사리(舍利) ②와 같음.

사리라탑(舍利羅塔) 사리탑(舍利塔)과 같음.

사리불(舍利弗) ⓢśāriputra ⓟsāriputta의 음사. 추로자(秋露子)라 번역. 십대제자(十大弟子)의 하나. 마가다국(magadha國)의 바라문 출신으로, 지혜가 뛰어나 지혜 제일(智慧第一)이라 일컬음. 원래 목건련(目犍連)과 함께 육사외도(六師外道)의 한 사람인 산자야(sañjaya)의 수제자였으나 붓다의 제자인 아설시(阿說示)로부터 그의 가르침을 전해 듣고, 250명의 동료들과 함께 붓다의 제자가 됨. 붓다보다 나이가 많았고, 병이 들어 고향에서 동생의 간호를 받다가 입적함.

사리사파(舍梨娑婆) ⓢsarṣapa의 음사. 개자(芥子). 겨자 씨. 매우 작은 것을 비유함.

사리자(舍利子) 사리(舍利)는 ⓢśāri의 음사, 자(子)는 ⓢputra의 번역. ⇒ 사리불(舍利弗)

사리장치(舍利藏置) 사리를 보관하는 함(函).

사리탑(舍利塔) 사리를 넣어 둔 탑.

사리회(舍利會) 사리에 공양하고 예배하는 모임.

사립종(似立宗) 인명(因明)에서, 주장 명제로 내세운 종(宗)의 오류. 그릇된 주장 명제. 예를 들면, '말은 들리는 것이 아니다', '병(瓶)은 영원히 변하지 않는다', '나의 어머니는 석녀(石女)이다'와 같은 오류.

사마(四魔) 중생을 괴롭히고 수행을 방해하는 네 가지를 마(魔)로 간주한 말. (1)온마(蘊魔). 여러 가지 괴로움을 일으키는 오온(五蘊). (2)번뇌마(煩惱魔). 몸과 마음을 어지럽히는 탐(貪)·진(瞋)·치(癡) 등. (3)사마(死魔). 목숨을 빼앗아 가는 죽음. (4)천자마(天子魔). 수행을 방해하는 타화자재천(他化自在天)의 마왕(魔王)과 그 권속.

사마(死魔) 사마(四魔)의 하나. 죽음은 중생을 괴롭히므로 마(魔)라고 함.

사마라(奢摩羅) 사마리(舍摩利)와 같음.

사마리(舍摩利) ⓢśālmali의 음사. 인도에서 자라는 낙엽 교목. 가지에 가시가 많고, 붉은 꽃이 피는데 그 모양은 동백꽃과 비슷함.

사마명론(娑摩明論) 사마베다(sāma-veda)를 말함.

사마베다(sāma-veda) 사베다(四veda)의 하나. 리그베다(ṛg-veda)에서 가려 뽑은 찬가(讚歌)에 멜로디를 붙인 성가곡집으로, 제식(祭式) 때 이 곡을 부르는 제관(祭官)을 우드가트리(udgātṛ)라고 함.

사마야(娑麼耶) 삼매야(三昧耶)와 같음.

사마제부(沙摩帝部) ⓢsammitiya의 음사. 정량부(正量部)와 같음.

사마타(奢摩他) ⓢśamatha의 음사. 지(止)·적정(寂靜)이라 번역. 마음을 한곳에 집중하여 산란을 멈추고 평온하게 된 상태.

사만(邪慢) 덕(德)이 없는데도 스스로 덕이 있다고 생각하는 교만.

사만(四曼) 사종만다라(四種曼荼羅)의 준말.

사명(邪命) 그릇된 생활. 바르지 못한 방법으로 생계를 유지하여 살아감.

사명(四明) 4베다(veda), 곧 리그베다(ṛg-veda)·사마베다(sāma-veda)·야주르베다(yajur-veda)·아타르바베다(atharva-veda)를 말함.

사명외도(邪命外道) 그릇된 생활 방법을 취하는 외도. 특히 육사외도(六師外道) 가운데 말가리구사리(末伽梨瞿舍利)의 교도를 일컬음.

사명유정(四溟惟政) ⇒ 유정(惟政)

사무량(四無量) 사무량심(四無量心)과 같음.

사무량심(四無量心) 수행 방법으로서, 한량없는 중생에 대하여 일으키는 네 가지 마음. (1)자무량심(慈無量心). 한량없는 중생에게 즐거움을 주려는 마음. (2)비무량심(悲無量心). 한량없는 중생의 괴로움을 덜어 주려는 마음. (3)희무량심(喜無量心). 한량없는 중생이 괴로움을 떠나 즐거움을 얻으면 기뻐하려는 마음. (4)사무량심(捨無量心). 한량없는 중생을 평등하게 대하려는 마음.

사무량심(捨無量心) 사무량심(四無量心)의 하나. 한량없는 중생을 평등하게 대하려는 마음.

사무색(四無色) ①사무색정(四無色定)의 준말. ②사무색처(四無色處)의 준말.

사무색음(四無色陰) 오음(五陰) 가운데 색음(色陰)을 제외한 수음(受陰)·상음(想陰)·행음(行陰)·식음(識陰)을 말함.

사무색정(四無色定) 무색계의 네 가지 선정(禪定). (1)공무변처정(空無邊處定). 허공은 무한하다고 주시하는 선정. (2)식무변처정(識無邊處定). 마음의 작용은 무한하다고 주시하는 선정. (3)무소유처정(無所有處定). 존재하는 것은 없다고 주시하는 선정. (4)비상비비상처정(非想非非想處定). 생각이 있는 것도 아니고 생각이 없는 것도 아닌 경지의 선정. 욕계·색계의 거친 생각은 없지만 미세한 생각이 없지 않은 경지의 선정.

사무색처(四無色處) 무색계의 네 가지 경지. (1)공무변처(空無邊處). 허공은 무한하다고 체득한 제1천의 경지. (2)식무변처(識無邊處). 마음의 작용은 무한하다고 체득한 제2천의 경지. (3)무소유처(無所有處). 존재하는 것은 없다고 체득한 제3천의 경지. (4)비상비비상처(非想非非想處). 생각이 있는 것도 아니고 생각이 없는 것도 아닌 제4천의 경지. 욕계·색계의 거친 생각은 없지만 미세한 생각이 없지 않은 제4천의 경지.

사무소외(四無所畏) 사무외(四無畏)와 같음.

사무애(四無礙) 사무애해(四無礙解)의 준말.

사무애(辭無礙) 사무애해(辭無礙解)의 준말.

사무애변(四無礙辯) 사무애해(四無礙解)와 같음.

사무애지(四無礙智) 사무애해(四無礙解)와 같음.

사무애해(四無礙解) 막힘없이 명료하게 이해하고 말하는 네 가지 능력. (1)법무애해(法無礙解). 가르침을 표현한 글귀나 문장을 막힘없이 명료하게 이해하고 말함. (2)의무애해(義無礙解). 글귀나 문장으로 표현된 가르침의 의미를 막힘없이 명료하게 이해하고 말함. (3)사무애해(詞無礙解). 여러 가지 언어를 막힘없이 명료하게 이해하고 말함. (4)변무애해(辯無礙解). 바른 이치에 따라 막힘없이 가르침을 설함.

사무애해(詞無礙解) 사무애해(四無礙解)의 하나. 여러 가지 언어를 막힘없이 명료하게 이해하고 말하는 능력.

사무애해(辭無礙解) 사무애해(詞無礙解)와 같음.

사무외(四無畏) 부처가 가르침을 설할 때, 확신하고 있기 때문에 누구에게도 두려움이 없는 네 가지. (1)정등각무외(正等覺無畏). 바르고 원만한 깨달음을 이루었으므로 두려움이 없음. (2)누영진무외(漏永盡無畏). 모든 번뇌를 끊었으므로 두려움이 없음. (3)설장법무외(說障法無畏). 끊어야 할 번뇌에 대해 설하므로 두려움이 없음. (4)설출도무외(說出道無畏). 미혹을 떠나는 수행 방법에 대해 설하므로 두려움이 없음.

사문(四門) 깨달음에 이르는 네 가지 수행법. (1)유문(有門). 인연으로 일어나는 현상이나 부처의 성품 등이 존재한다고 주시함. (2)공문(空門). 인연으로 일어나는 현상이나 부처의 성품 등은 공(空)이라고 주시함. (3)역유역공문(亦有亦空門). 인연으로 일어나는 현상이나 부처의 성품 등은 존재하면서 또한 공(空)이라고 주시함. (4)비유비공문(非有非空門). 인연으로 일어나는 현상이나 부처의 성품 등은 존재하지도 않고 공(空)도 아니라고 주시함.

사문(沙門) ⓢśramaṇa ⓟsamaṇa의 음사. 식(息)·식심(息心)·근식(勤息)·공로(功勞)라고 번역. 출가하여 삭발하고 깨닫기 위해 수행하는 자.

사문과(沙門果) 출가한 자들이 수행하여 도달한 경지.

사문유관상(四門遊觀相) 팔상(八相)의 하나. 싯다르타가 네 성문으로 나가 세상을 관찰하는 모습.

사물(四物) 절에서 두드려 소리를 내는 범종

(梵鐘)·법고(法鼓)·목어(木魚)·운판(雲板)을 말함.

사미(沙彌) ⓢśrāmaṇera ⓟsāmaṇera의 음사. 근책(勤策)·구적(求寂)이라 번역. 출가하여 십계(十戒)를 받고, 구족계(具足戒)를 받기 전의 남자 승려.

사미계(沙彌戒) 사미가 지켜야 할 열 가지 계율, 곧 십계(十戒). (1)불살생계(不殺生戒). 살아 있는 것을 죽이지 말라. (2)불투도계(不偸盜戒). 훔치지 말라. (3)불사음계(不邪婬戒). 음란한 짓을 하지 말라. (4)불망어계(不妄語戒). 거짓말하지 말라. (5)불음주계(不飮酒戒). 술 마시지 말라. (6)부도식향만계(不塗飾香鬘戒). 향유(香油)를 바르거나 머리를 꾸미지 말라. (7)불가무관청계(不歌舞觀聽戒). 노래하고 춤추는 것을 보지도 듣지도 말라. (8)부좌고광대상계(不坐高廣大床戒). 높고 넓은 큰 평상에 앉지 말라. (9)불비시식계(不非時食戒). 때가 아니면 먹지 말라. 곧, 정오가 지나면 먹지 말라. (10)불축금은보계(不蓄金銀寶戒). 금은 보화를 지니지 말라.

사미니(沙彌尼) ⓢśrāmaṇerī ⓟsāmaṇerī의 음사. 근책녀(勤策女)라고 번역. 출가하여 십계(十戒)를 받고, 구족계(具足戒)를 받기 전의 여자 승려.

사미니계(沙彌尼戒) 사미니가 지켜야 할 열 가지 계율. 사미계(沙彌戒)와 같음.

사미율의(沙彌律儀) 1권. 사미가 지켜야 할 십계(十戒)와 여러 가지 예법에 대해 서술한 책.

사바(娑婆) ⓢsahā의 음사. 인(忍)·감인(堪忍)·능인(能忍)이라 번역. 중생이 갖가지 고통을 참고 견뎌야 하는 이 세상.

사바(闍婆) ⓢyava의 음사. 지금의 인도네시아의 자바 섬을 가리킴.

사바라밀보살(四波羅蜜菩薩) 금강계만다라(金剛界曼荼羅)에서 대일여래(大日如來)의 사방에 있는 금강바라밀보살(金剛波羅蜜菩薩)·보바라밀보살(寶波羅蜜菩薩)·법바라밀보살(法波羅蜜菩薩)·갈마바라밀보살(羯磨波羅蜜菩薩)의 네 보살.

사바라이(四波羅夷) ①승단에서 추방되어 비구의 자격이 상실되는 네 가지 가장 무거운 죄. (1)음란한 짓을 함. (2)도둑질함. (3)사람을 죽임. (4)깨닫지 못하고서 깨달았다고 거짓말함. ②밀교에서 가장 무거운 죄. (1)바른 가르침을 버림. (2)보리심(菩提心)을 버림. (3)가르침을 베푸는 데 인색함. (4)중생에게 이익이 되지 않는 행위를 함.

사바세계(娑婆世界) ⓢsahā-loka-dhātu의 음역. 인토(忍土)·인계(忍界)·감인계(堪忍界)라고 번역. 중생이 갖가지 고통을 참고 견뎌야 하는 이 세상.

사바세계주(娑婆世界主) 색계 초선천의 왕인 대범천(大梵天)을 일컬음.

사바하(娑婆訶·莎婆訶) ⓢsvāhā의 음사. 주문(呪文)의 끝에 붙어, 성취(成就)·길상(吉祥) 등의 뜻을 나타냄.

사박(四縛) 중생을 결박하는 네 가지 번뇌. (1)탐욕신박(貪欲身縛). 그칠 줄 모르는 욕심으로 악한 짓을 저질러 괴로운 생존에서 벗어나지 못함. (2)진에신박(瞋恚身縛). 분노나 증오를 품고 악한 짓을 저질러 괴로운 생존에서 벗어나지 못함. (3)계도신박(戒盜身縛). 그릇된 계율을 지님으로써 죄를 범하여 괴로운 생존에서 벗어나지 못함. (4)아견신박(我見身

縛). 자아(自我)에 변하지 않는 실체가 있다는 견해에 집착함으로써 그릇된 짓을 저질러 괴로운 생존에서 벗어나지 못함.

사박라(闍嚩囉) ⓢjvālā의 음사. 광명.

사박하(娑嚩賀·娑縛賀) 사바하(娑婆訶)와 같음.

사방승(四方僧) 모든 수행승을 통틀어 일컫는 말.

사방승가(四方僧伽) 모든 수행승의 집단.

사방승물(四方僧物) 모든 수행승들이 함께 사용하는 승단(僧團)의 공유물.

사배(四輩) 불교 교단을 구성하는 비구(比丘)·비구니(比丘尼)·우바새(優婆塞)·우바이(優婆夷)를 말함. 사중(四衆)과 같음.

사백사병(四百四病) 인체에 일어나는 병을 통틀어 이르는 말로, 지(地)·수(水)·화(火)·풍(風)의 부조화로 사대(四大) 각각에 101가지 병이 일어난다고 하여 이와 같이 말함.

사범(師範) ?-1249. 남송(南宋)의 승려. 사천성(四川省) 재동(梓潼) 출신. 자(字)는 무준(無準). 임제종 양기파(楊岐派). 9세에 음평산(陰平山)의 도흠(道欽)에게 출가하고, 1194년에 구족계(具足戒)를 받음. 성도(成都) 정법사(正法寺), 형남(荊南) 옥천사(玉泉寺), 항주(杭州) 영은사(靈隱寺)에서 수행하고, 파암조선(破庵祖先, 1136-1211)에게 사사(師事)하여 그의 법을 이어받음. 명주(明州) 청량사(淸涼寺), 설두산(雪竇山), 경산(徑山) 등에 머무름. 이종(理宗)으로부터 금란가사(金襴袈裟)와 불감선사(佛鑑禪師)라는 호를 받음. 어록 : 불감선사어록(佛鑑禪師語錄).

사범당(四梵堂) 사범행(四梵行)과 같음.

사범주(四梵住) 사범행(四梵行)과 같음.

사범행(四梵行) 사무량심(四無量心)을 말함. 범(梵)은 청정을 뜻함.

사법(嗣法) 스승으로부터 법맥(法脈)을 이어받음.

사법계(四法界) 모든 존재를 현상과 본체의 두 측면에서 관찰하여 네 가지로 파악하는 화엄학의 관점. (1)사법계(事法界). 낱낱의 차별 현상. (2)이법계(理法界). 모든 현상의 본체는 동일함. (3)이사무애법계(理事無礙法界). 본체와 현상은 둘이 아니라 하나이며, 서로 걸림 없는 관계 속에서 의존하고 있으므로 모든 존재는 평등 속에서 차별을 보이고, 차별 속에서 평등을 나타내고 있음. (4)사사무애법계(事事無礙法界). 모든 현상은 걸림 없이 서로가 서로를 받아들이고, 서로가 서로를 비추면서 융합하고 있음. 이것을 화엄의 법계연기(法界緣起)라고 함.

사법계(事法界) 사법계(四法界)의 하나. 낱낱의 차별 현상.

사법본말(四法本末) 사법인(四法印)과 같음.

사법아라한(思法阿羅漢) 아라한의 경지에서 퇴보할 것을 두려워하여 자살하려고 생각하는 자.

사법인(四法印) 불교의 네 가지 특징. (1)제행무상(諸行無常). 무명(無明)으로 일으키는, 의도(意圖)하고 지향하는 모든 의식 작용은 변화함. 무명에 의한 모든 의지력·충동력·의욕은 변화함. (2)제법무아(諸法無我). 모든 현상에는 불변하는 실체가 없음. (3)일체행고

(一切行苦). 무명(無明)으로 일으키는, 의도(意圖)하고 지향하는 모든 의식 작용은 괴로움임. 무명에 의한 모든 의지력·충동력·의욕은 괴로움임. (4)열반적정(涅槃寂靜). 탐욕〔貪〕과 노여움〔瞋〕과 어리석음〔癡〕이 소멸된 안온한 마음 상태. 모든 번뇌의 불꽃이 꺼진 평온한 마음 상태. 온갖 번뇌와 분별이 소멸된 마음 상태.

사베다(四veda) 바라문교의 네 가지 성전(聖典). veda는 지식, 특히 종교에 대한 지식을 의미하는데, 이것이 변하여 그러한 지식의 근원이 되는 성전(聖典)을 일컬음. (1)리그베다(ṛg-veda). ṛg는 찬가(讚歌)를 뜻함. 인도 최고(最古)의 문헌으로, 신들에 대한 찬가 1,028개가 10권으로 나뉘어 있는데, 제식(祭式)을 주관하는 호트리(hotṛ)가 신들이 제사 지내는 곳에 왕림하도록 높은 소리로 읊는 운문(韻文)임. 이 신들은 주로 우주의 질서를 보호하는 바루나(varuṇa), 태양신 수랴(sūrya), 폭풍신 루드라(rudra), 천둥신 인드라(indra), 새벽신 우샤스(uṣas), 바람신 바유(vāyu), 화신(火神) 아그니(agni), 주신(酒神) 소마(soma), 지신(地神) 프리티비(pṛthivī), 그리고 신비한 현상이나 관념를 신격화한 바츠(vāc, 언어), 슈랏다(śraddhā, 신앙), 아디티(aditi, 무한) 등임. (2)사마베다(sāma-veda). 리그베다에서 가려 뽑은 찬가(讚歌)에 멜로디를 붙인 성가곡집으로, 제식(祭式) 때 이 곡을 부르는 제관(祭官)을 우드가트리(udgātṛ)라고 함. (3)야주르베다(yajur-veda). 제사에 필요한 축문(祝文)을 모은 것으로, 제식(祭式) 때 제물을 바치고 제사의 실무를 담당하는 아드바류(adhvaryu)가 낮은 소리로 읊는 산문(散文)임. (4)아타르바베다(atharva-veda). 재앙을 물리치고 복을 구하는 주문(呪文)을 모은 것으로, 제식(祭式)을 총괄하는 브라흐만(brahman)이 읊음. 주문에는 우주의 원리에 대한 구절이 있는데, 특히 프라나(prāṇa, 호흡)를 우주의 최고 원리일 뿐만 아니라 개인의 주체로 사유하고, 또 시간은 과거와 미래를 성립시키고 만물을 창조하고 양육하는 원리라고 함.

사변(四辯) 사무애변(四無礙辯)의 준말.

사병(四兵) 고대 인도의 네 가지 병력, 곧 상병(象兵)·마병(馬兵)·거병(車兵)·보병(步兵).

사부대중(四部大衆) 사부중(四部衆)과 같음.

사부병(四部兵) 사병(四兵)과 같음.

사부정식(四不淨食) 걸식해야 할 비구의 청정하지 못한 네 가지 생활법. (1)하구식(下口食). 얼굴을 아래로 향하고 하는 일에 종사하여 생계를 유지함. 예를 들면, 약을 제조하거나 논밭을 경작하는 일 등. (2)앙구식(仰口食). 얼굴을 위로 쳐다보고 하는 일로, 별자리·해·달·천둥·번개 등을 관찰하여 생계를 유지함. (3)방구식(方口食). 부호나 권력자에게 아부하여 사방으로 분주하게 심부름해 주고 생계를 유지함. (4)사유구식(四維口食). 주술이나 점을 쳐서 생계를 유지함.

사부중(四部衆) 불교 교단을 구성하는 네 부류의 사람. (1)비구(比丘). ⓢbhikṣu ⓟbhikkhu의 음사. 걸사(乞士)라고 번역. 출가하여 구족계(具足戒)를 받은 남자 승려. (2)비구니(比丘尼). ⓢbhikṣuṇī ⓟbhikkhunī의 음사. 걸녀(乞女)라고 번역. 출가하여 구족계를 받은 여자 승려. (3)우바새(優婆塞). ⓢⓟupāsaka의 음사. 근사남(近事男)·청신사(淸信士)라고 번역. 출가하지 않고 재가(在家)에서 부처의 가르침에 따르는 남자 신도. (4)우바이(優婆夷). ⓢⓟupāsikā의 음사. 근사녀(近事女)·청신녀(淸信女)라고 번역. 출가하지 않고 재가(在家)에서 부처의 가르침에 따르는 여자 신도.

사분(四分) 법상종(法相宗)에서, 인식의 성립 과정을 네 부분으로 나눈 것. (1)상분(相分). 인식 대상. 인식 주관에 드러난 대상. (2)견분(見分). 대상을 인식하는 주관. (3)자증분(自證分). 인식 주관과 인식 대상에 의한 자신의 인식 작용을 확인하는 부분. (4)증자증분(證自證分). 자신의 인식 작용을 다시 확인하는 부분.

사분가(四分家) 유식설에서, 인식의 성립 과정을 네 부분으로 나눈 호법(護法) 계통을 일컬음.

사분율(四分律) 60권. 요진(姚秦)의 불타야사(佛陀耶舍)·축불념(竺佛念) 번역. 법장부(法藏部)의 율장(律藏)으로, 전체 내용이 네 부분으로 나뉘어 있으므로 이와 같이 일컬음. 제1분에는 비구의 250계, 제2분에는 비구니의 348계와 수계건도(受戒犍度)·설계건도(說戒犍度) 등 4건도, 제3분에는 자자건도(自恣犍度)·피혁건도(皮革犍度)·의건도(衣犍度)·약건도(藥犍度)·가치나의건도(迦絺那衣犍度) 등 14건도, 제4분에는 방사(房舍犍度)·잡건도(雜犍度)·결집(結集)·조부(調部) 등으로 구성되어 있음.

사분율산번보궐행사초(四分律刪繁補闕行事鈔) 3권 또는 6권 또는 12권. 당(唐)의 도선(道宣) 지음. 사분율에서 번잡한 것은 삭제하고 부족한 부분은 보충하여 사분율의 요점을 서술한 책.

사분율행사초(四分律行事鈔) 사분율산번보궐행사초(四分律刪繁補闕行事鈔)의 준말.

사불(四佛) ①금강계만다라(金剛界曼茶羅)에서 대일여래(大日如來)를 중심으로 하여 사방에 있는 네 부처. 동쪽에 있는 아축여래(阿閦如來), 남쪽에 있는 보생여래(寶生如來), 서쪽에 있는 무량수여래(無量壽如來), 북쪽에 있는 불공성취여래(不空成就如來). ②태장계만다라(胎藏界曼茶羅)에서 대일여래(大日如來)를 중심으로 하여 사방에 있는 네 부처. 동쪽에 있는 보당여래(寶幢如來), 남쪽에 있는 개부화왕여래(開敷華王如來), 서쪽에 있는 무량수여래(無量壽如來), 북쪽에 있는 천고뢰음여래(天鼓雷音如來).

사불괴정(四不壞淨) 불(佛)·법(法)·승(僧)과 계율에 대한 믿음이 견고하고 청정함.

사불색음(四不色陰) 오음(五陰)에서 색(色)을 제외한 수(受)·상(想)·행(行)·식(識)을 말함.

사불성과(四不成過) 인명(因明)에서, 주장 명제인 종(宗)을 내세우게 된 이유로서 제시한 인(因)의 네 가지 오류. (1)양구불성과(兩俱不成過). 주장자와 반론자의 어느 입장에서 보아도 인(因)이 종(宗)의 주어와 전혀 관계없는 오류. 예를 들면, '말은 무상하다'라고 하는 종(宗)에 대하여 '눈으로 보이기 때문이다〔因〕'라고 하는 경우. (2)수일불성과(隨一不成過). 주장자와 반론자 가운데 어느 한쪽이 인정하지 않는 이유를 제시하는 오류라는 뜻이지만, 실제 논쟁에서 주장자가 인정하지 않는 이유를 자신이 제시한다는 것은 있을 수 없는 일이므로 반론자가 인정하지 않는 이유를 제시하는 오류를 의미함. 예를 들면, 불교도가 미맘사 학도에게 '말은 무상하다' '지어낸 것이기 때문이다'라고 하는 경우. 미맘사 학파에서는 말은 지어낸 것이 아니라 원래부터 존재하며 가끔 발성에 의해 드러난다고 주장함. (3)유예불성과(猶豫不成過). 제시한 이유가 의심스러운 오류. 예를 들면, 저 산에 있는 것이 안개인지 연기인지 의심스러운데도

'저 산에 불이 있다〔宗〕', '연기가 있기 때문이다〔因〕'라고 하는 경우. (4)소의불성과(所依不成過). 종(宗)의 주어를 반론자가 인정하지 않음으로써 인(因)이 성립되지 않는 오류. 예를 들면, '허공은 실체이다〔宗〕', '모든 성질의 의지처이기 때문이다〔因〕'라고 하는 경우, 허공의 존재를 인정하지 않는 반론자에게는 인(因)이 성립되지 않음.

사불호(四不護) 부처의 신(身)·구(口)·의(意)·명(命)은 청정하여 허물이 없기 때문에 감추어 보호할 필요가 없다는 뜻.

사비(師備) 835-908. 당(唐)의 승려. 복건성(福建省) 복주(福州) 출신. 30세에 출가하고, 설봉 의존(雪峰義存, 822-908)에게 사사(師事)하여 그의 법을 이어받음. 복주 현사원(玄沙院)에 머물면서 선풍(禪風)을 크게 일으킴. 어록 : 현사사비선사어록(玄沙師備禪師語錄).

사비량(似比量) 그릇된 추리에 의한 인식.

사비타(四毘陀) 비타(毘陀)는 ⓢveda의 음사. ⇒ 사베다(四veda)

사빈주(四賓主) 빈(賓)은 객(客)을 뜻함. 임제 의현(臨濟義玄, ?-867)이 스승과 학인(學人) 간의 기량을 네 가지로 나눈 것. 학인이 뛰어나 스승의 기량을 간파하는 객간주(客看主), 스승이 학인의 기량을 간파하는 주간객(主看客), 스승과 학인의 기량이 모두 뛰어난 주간주(主看主), 스승과 학인의 기량이 모두 열등한 객간객(客看客)을 말함. 임제종의 풍혈 연소(風穴延沼, 896-973)는 이 사빈주를 빈중주(賓中主)·주중빈(主中賓)·주중주(主中主)·빈중빈(賓中賓)으로 표현하여 그 뜻을 풀이함.

사사(四事) 수행승의 일상 생활에 필요한 네 가지 물건. 음식·옷·탕약·침구 또는 거처하는 집.

사사명식(四邪命食) 사부정식(四不淨食)과 같음.

사사무애법계(事事無礙法界) 사법계(四法界)의 하나. 모든 현상은 걸림 없이 서로가 서로를 받아들이고, 서로가 서로를 비추면서 융합하고 있다는 화엄학의 관점으로, 이것을 화엄의 법계연기(法界緣起)라고 함.

사사문(四沙門) 네 부류의 출가 수행자. (1)승도사문(勝道沙門). 스스로 깨달은 부처나 독각(獨覺). (2)시도사문(示道沙門). 부처의 가르침을 설하는 수행자. (3)명도사문(命道沙門). 부처의 가르침대로 생활하는 수행자. (4)오도사문(汚道沙門). 부처의 가르침을 어기고 악행을 저지르는 수행자.

사사문과(四沙門果) 출가한 자들이 수행으로 도달하는 네 경지. 수다원과(須陀洹果)·사다함과(斯陀含果)·아나함과(阿那含果)·아라한과(阿羅漢果).

사사섭(四事攝) 사섭법(四攝法)과 같음.

사상(四相) 여러 인연으로 생성되어 변해 가는 모든 현상의 네 가지 모습. (1)생상(生相). 여러 인연이 모여 생기는 모습. (2)주상(住相). 머무는 모습. (3)이상(異相). 변해 가는 모습. (4)멸상(滅相). 인연이 흩어져 소멸하는 모습.

사상(事相) ①차별 현상. 변화하고 낱낱이 차별되어 있는 현상계의 모습. ②밀교에서, 의식·수행법 등과 같은 실천적 방면을 말함. 이에 반해, 교리를 체계적으로 연구하는 이론적 방면은 교상(敎相)이라 함.

사상(思想) ①ⓢsaṃjñā ⓟsaññā 대상에 여러 가지 이름을 부여하고, 다양한 개념을 지어내는 의식 작용. ②생각을 일으킴.

사상(死想) 행위와 말에 대한 집착을 버리기 위해 시체를 주시하는 수행법.

사상위인과(四相違因過) 인명(因明)에서, 주장 명제인 종(宗)을 내세우게 된 이유로서 제시한 인(因)의 네 가지 오류. (1)법자상상위인과(法自相相違因過). 인(因)이 종(宗)의 술어 그 자체의 뜻에 어긋나는 오류. 예를 들면, '말은 상주한다'라는 종(宗)에 대하여 '지어낸 것이기 때문이다'라고 하는 경우. (2)법차별상위인과(法差別相違因過). 인(因)이 종(宗)의 술어에 숨어 있는 뜻에 어긋나는 오류. (3)유법자상상위인과(有法自相相違因過). 인(因)이 종(宗)의 주어 그 자체의 뜻에 어긋나는 오류. (4)유법차별상위인과(有法差別相違因過). 인(因)이 종(宗)의 주어에 숨어 있는 뜻에 어긋나는 오류.

사생(四生) 생물이 생기는 네 가지 방식. (1)태생(胎生). 모태에서 태어나는 것. (2)난생(卵生). 알에서 깨어나는 것. (3)습생(濕生). 습한 곳에서 생기는 것. (4)화생(化生). 어느 것에 의존하지 않고 스스로의 업력(業力)으로 태어나는 것. 어떤 것에 의존하지 않고 저절로 태어나는 것.

사생지력(死生智力) 십력(十力)의 하나. 중생이 죽어 어디에 태어나는지를 아는 부처의 능력.

사생지작증명(死生智作證明) 사생지증명(死生智證明)과 같음.

사생지증명(死生智證明) 중생의 미래의 생사와 과보를 환히 아는 지혜. 생사지증명(生死智證明)과 같음.

사석(四釋) ①길장(吉藏)이 삼론(三論)의 글귀를 해석하는 데 사용한 네 가지 방법. (1)수명석(隨名釋). 글자의 뜻에 따라 해석하는 방법. 예를 들면, 중(中)은 정(正)이라는 해석. (2)취인연석(就因緣釋). 다른 글자와 서로 연관시켜 해석하는 방법. 예를 들면, 중(中)은 편(偏)이고 편(偏)은 중(中)이라는 해석. (3)현도석(顯道釋). 다른 글자와 연관시키지 않고 바로 이치를 밝히는 해석 방법. 예를 들면, 중(中)은 부중(不中)이라는 해석. (4)무방석(無方釋). 글자의 뜻에 따르지 않고 일정하지 않게 해석하는 방법. 예를 들면, 중(中)은 색(色)이고 중(中)은 심(心)이라는 해석. ②지의(智顗)가 법화경의 글귀를 해석하는 데 사용한 네 가지 방법. (1)인연석(因緣釋). 부처가 어떠한 가르침을 설하게 된 인연을 사실단(四悉檀)에 의거하여 네 가지로 해석하는 방법. (2)약교석(約敎釋). 하나의 글귀를 장교(藏敎)·통교(通敎)·별교(別敎)·원교(圓敎)에 의거하여 네 가지로 요약하는 해석 방법. (3)본적석(本迹釋). 하나의 글귀를 본지(本地)와 수적(垂迹)의 입장에서 두 가지로 해석하는 방법. (4)관심석(觀心釋). 하나의 글귀를 자신의 마음으로 간주하고 그 마음을 관조하는 것처럼 해석하는 방법.

사선(四禪) ①색계의 네 선정(禪定). (1)초선(初禪). 모든 탐욕과 악을 여의고, 개괄적으로 사유하는 마음 작용〔覺〕과 세밀하게 고찰하는 마음 작용〔觀〕이 있고, 욕계를 떠난 기쁨과 즐거움이 있는 선정. (2)제2선(第二禪). 개괄적으로 사유하는 마음 작용과 세밀하게 고찰하는 마음 작용이 소멸되고, 마음이 청정하여 기쁨과 즐거움을 느끼는 선정. (3)제3선(第三禪). 기쁨을 소멸하여 마음이 평온하고,

몸으로 즐거움을 느끼는 선정. (4)제4선(第四禪). 즐거움과 괴로움이 소멸되어 괴롭지도 즐겁지도 않으며, 마음이 평온하여 생각이 청정한 선정. ②깨달음의 경지에 이르는 네 단계의 선정(禪定). 대상을 명료하게 관조하여 탐욕을 떠나는 관선(觀禪), 청정한 지혜로써 번뇌를 점점 정화시키는 연선(練禪), 모든 선정(禪定)을 스며들게 하고 성숙시켜 걸림 없는 경지에 이르는 훈선(熏禪), 모든 경지를 자유 자재로 드나드는 수선(修禪).

사선근위(四善根位) ①구사론에서, 성자의 경지인 견도(見道)에 이르기 위해 닦는 네 가지 수행 단계. (1)난위(煖位). 견도를 불에 비유하여, 따뜻하므로 그 경지에 가까운 단계라는 뜻. 범부의 지혜로써 사제(四諦)를 분석적으로 관찰하는 단계. (2)정위(頂位). 범부의 지혜로써 사제를 분석적으로 관찰하는 최상의 단계. (3)인위(忍位). 범부의 지혜로써 사제의 이치를 확실하게 이해하고 인정하는 단계. (4)세제일법위(世第一法位). 가장 뛰어난 범부의 지혜에 이른 단계로, 이 다음 단계가 성자의 경지인 견도(見道)임. ②유식설에서, 오위(五位) 가운데 제2 가행위(加行位)에서 닦는 네 가지 수행 단계. (1)난위(煖位). 객관 대상은 허구라고 주시하는 단계. (2)정위(頂位). 객관 대상은 허구라고 가장 뛰어나게 주시하는 단계. (3)인위(忍位). 객관 대상은 허구라고 확실하게 인정하고, 나아가 인식 주관도 허구라고 주시하는 단계. (4)세제일법위(世第一法位). 객관 대상뿐만 아니라 인식 주관도 허구라고 확실하게 인정하는 단계.

사선정(四禪定) 색계의 네 선정. 사선(四禪)과 같음.

사선천(四禪天) 사선(四禪)을 닦아 이르게 되는 색계의 네 경지, 곧 초선천(初禪天)·제2선천(第二禪天)·제3선천(第三禪天)·제4선천(第四禪天).

사선팔정(四禪八定) 사선(四禪)은 색계의 네 선정(禪定), 팔정(八定)은 색계의 네 선정과 무색계의 사무색정(四無色定).

사섭(四攝) 사섭법(四攝法)의 준말.

사섭법(四攝法) 중생을 불법(佛法)에 끌어들이기 위한 보살의 네 가지 행위. (1)보시(布施). 부처의 가르침이나 재물을 베풂. (2)애어(愛語). 부드럽고 온화하게 말함. (3)이행(利行). 남을 이롭게 함. (4)동사(同事). 서로 협력하고 고락을 같이함.

사섭사(四攝事) 사섭법(四攝法)과 같음.

사성(四姓) 고대 인도의 네 가지 사회 계급. (1)바라문(婆羅門). ⓢbrāhmaṇa의 음사. 제사와 교육을 담당하는 바라문교의 사제(司祭) 계급. (2)찰제리(刹帝利). ⓢkṣatriya의 음사. 왕족·귀족·무사 계급. (3)폐사(吠奢). ⓢvaiśya의 음사. 농·공·상업에 종사하는 평민 계급. (4)수타라(首陀羅). ⓢśūdra의 음사. 노예 계급.

사성대회(邪盛大會) 바라문들이 동물을 죽여 신에게 제사 지낸 뒤 그 제물을 여러 사람에게 베푸는 모임.

사성정취(邪性定聚) 사정취(邪定聚)와 같음.

사성제(四聖諦) 사제(四諦)와 같음.

사수(四修) 네 가지 수행 방법. ①(1)무여수(無餘修). 복덕과 지혜를 남김없이 모두 성취하기 위해 수행함. (2)장시수(長時修). 무한한 시간 동안 싫증내지 않고 수행함. (3)무간수(無間修). 쉼 없이 찰나찰나마다 수행함. (4)

존중수(尊重修). 배우는 것을 공경하여 게으르지 않고 수행함. ②(1)득수(得修). 아직 생기지 않은 청정한 일이 생기도록 수행함. (2)습수(習修). 이미 생긴 청정한 일을 지키기 위해 수행함. (3)대치수(對治修). 아직 생기지 않은 청정하지 못한 일이 생기지 않도록 수행함. (4)제견수(除遣修). 이미 생긴 청정하지 못한 일을 없애기 위해 수행함.

사수(四受) 수(受)는 ⓢupādāna의 구역(舊譯)으로, 번뇌를 뜻함. 사취(四取)와 같음.

사수(捨受) 외부의 자극에 대해 괴롭지도 즐겁지도 않은 상태.

사숙(師叔) 자기가 스승으로 받드는 승려의 사형(師兄)·사제(師弟)를 일컫는 말.

사승(四乘) 승(乘)은 중생을 깨달음으로 인도하는 부처의 가르침이나 수행법을 뜻함. 부처가 중생의 능력이나 소질에 따라 설한 네 가지 가르침. ①(1)성문승(聲聞乘). 성문을 깨달음에 이르게 하는 부처의 가르침. 성문의 목표인 아라한(阿羅漢)의 경지에 이르게 하는 부처의 가르침. 성문의 수행법. (2)연각승(緣覺乘). 연기(緣起)의 이치를 주시하여 깨달은 연각에 대한 부처의 가르침. 연각의 경지에 이르게 하는 부처의 가르침. 연각에 이르는 수행법. (3)보살승(菩薩乘). 깨달음을 구하면서 중생을 교화하는 수행으로 미래에 성불(成佛)할 보살을 위한 부처의 가르침. 자신도 깨달음을 구하고 남도 깨달음으로 인도하는 자리(自利)와 이타(利他)를 행하는 보살을 위한 부처의 가르침. (4)불승(佛乘). 깨달음에 이르게 하는 부처의 궁극적인 가르침. ②(1)일승(一乘). 깨달음에 이르게 하는 오직 하나의 궁극적인 부처의 가르침. (2)삼승(三乘). 성문승(聲聞乘)과 연각승(緣覺乘)과 보살승(菩薩乘). (3)소승(小乘). 자신의 깨달음만을 구하는 수행자를 위한 부처의 가르침. 자신의 해탈만을 목표로 하는 성문(聲聞)·연각(緣覺)에 대한 부처의 가르침. (4)인천승(人天乘). 오계(五戒)를 지키고 십선(十善)을 행하면 그 과보로 인간·천상의 세계에 태어난다는 가르침. ③(1)대승(大乘). 자신도 깨달음을 구하고 남도 깨달음으로 인도하는 수행자를 위한 부처의 가르침. 깨달음을 구하면서 중생을 교화하는 보살을 위한 부처의 가르침. (2)중승(中乘). 성문승(聲聞乘)·연각승(緣覺乘)·보살승(菩薩乘)의 삼승(三乘)에서, 가운데 위치한 연각승을 말함. (3)소승(小乘). (4)인천승(人天乘).

사승(嗣承) 스승의 가르침을 제자가 계승함. 스승으로부터 불법(佛法)을 이어받음.

사승(師僧) 수행자의 스승. 수행자를 지도하는 승려. 존경하는 승려.

사승과(四勝果) 성문(聲聞)들이 수행으로 도달하는 네 경지. 예류과(預流果)·일래과(一來果)·불환과(不還果)·아라한과(阿羅漢果).

사승교(四乘敎) 양(梁)의 법운(法雲)이 경전의 가르침을 성문(聲聞)·연각(緣覺)·보살(菩薩)의 삼승(三乘)에 대한 가르침과 일승(一乘)의 가르침으로 나눈 것.

사시교(四時敎) 사교(四敎) ①과 같음.

사시마지(巳時摩旨) 사시(巳時)에 불전(佛前)에 올리는 밥.

사식(四食) 생존을 유지시키는 네 가지 요소. (1)단식(揣食). 음식물. (2)경락식(更樂食). 즐거움을 느끼는 감각 작용. (3)염식(念食). 무엇을 하려는 생각. (4)식식(識食). 인식 작용.

사식(思食) 생존을 유지시키는 하나의 요소로, 무엇을 하려는 생각. 염식(念食)과 같음.

사식주(四識住) 인식 작용이 애착하여 머무는 네 영역, 곧 오온(五蘊) 가운데 색(色)·수(受)·상(想)·행(行)을 애착하여 거기에 머무는 색식주(色識住)·수식주(受識住)·상식주(想識住)·행식주(行識住).

사신(四身) 부처의 네 가지 유형. (1)자성신(自性身). 저절로 존재하는 진리 그 자체, 또는 그 진리를 있는 그대로 드러낸 우주 그 자체. (2)자수용신(自受用身). 깨달음의 경지를 되새기면서 스스로 즐기는 부처. (3)타수용신(他受用身). 깨달음의 경지를 중생들에게 설하여 그들을 즐겁게 하는 부처. (4)변화신(變化身). 중생을 구제하기 위해 변화하여 나타나는 부처.

사신계(四身繫) 사박(四縛)과 같음.

사신족(四神足) 신통(神通)을 얻기 위한 뛰어난 선정(禪定)에 드는 네 가지 기반. (1)욕신족(欲神足). 신통을 얻기 위한 뛰어난 선정에 들기를 원함. (2)정진신족(精進神足). 신통을 얻기 위한 뛰어난 선정에 들려고 노력함. (3)심신족(心神足). 신통을 얻기 위한 뛰어난 선정에 들려고 마음을 가다듬음. (4)사유신족(思惟神足). 신통을 얻기 위한 뛰어난 선정에 들려고 사유하고 주시함.

사실단(四悉檀) 실단(悉檀)은 ⓢsiddhānta의 음사. 종(宗)이라 번역. 부처의 설법을 네 가지로 나눈 것. 지의(智顗)는 실(悉)을 편(遍)으로, 단(檀)을 단나〔檀那, ⓢdāna의 음사로 베푼다는 뜻〕의 준말로 해석하여, 부처는 다음의 네 가지 설법을 두루 중생에게 베푼다고 하여 사실단(四悉檀)이라 하였으나 원뜻에 어긋남. (1)세계실단(世界悉檀). 흔히 세간에서 통용되는 가르침을 설하여 중생을 즐겁게 함. (2)각각위인실단(各各爲人悉檀). 중생의 능력이나 소질에 따라 각각 그들에게 맞는 가르침을 설하여 청정한 행위를 하도록 함. (3)대치실단(對治悉檀). 중생의 번뇌를 소멸시키는 가르침을 설하여 악을 끊게 함. (4)제일의실단(第一義悉檀). 진리를 바로 설하여 중생을 깨달음에 들게 함.

사심사관(四尋思觀) 유식설에서, 오위(五位) 가운데 제2 가행위(加行位)에서 닦는 수행법. 명칭·사물·자성·차별의 네 가지는 허구라고 사유함.

사십구재(四十九齋) 죽은 사람의 명복을 빌기 위해 죽은 날로부터 7일마다 7회에 걸쳐 행하는 의식. 불교의 내세관(來世觀)에서는 사람이 죽어서 다음 생을 받을 때까지의 49일 동안을 중음(中陰)이라 하는데, 이 기간 동안에 다음 생의 과보를 받는다고 하여 이 재(齋)을 지냄. 특히, 염라대왕의 심판을 받는 날이 죽은 지 49일째 되는 날이라고 하여 7회째의 재(齋)를 중요시함.

사십심(四十心) 십신(十信)·십주(十住)·십행(十行)·십회향(十廻向)을 말함.

사십이장경(四十二章經) 1권. 후한(後漢)의 가섭마등(迦葉摩騰)·법란(法蘭) 번역. 불교 초심자를 위한 교훈들을 42단락으로 나누어 적절한 비유로써 설한 경.

사십일위(四十一位) 보살이 거듭 수행하여 깨달음에 이르는 과정을 마흔한 단계로 나눈 것. 곧, 십주(十住)·십행(十行)·십회향(十廻向)·십지(十地)·불지(佛地).

사십치상(四十齒相) 삼십이상(三十二相)의 하나. 치아가 마흔 개임.

사십팔경계(四十八輕戒) 범망경(梵網經)에서 설하는, 대승의 보살이 받아 지켜야 할 마흔여덟 가지 가벼운 계율.

사십팔원(四十八願) 아득한 옛날 국왕이 출가하여 이름을 법장(法藏)이라 하고 수행하던 중 자신의 정토(淨土)를 세우기로 발심하고 세자재왕불(世自在王佛) 앞에서 세운 마흔여덟 가지 서원으로, 이것들을 성취하지 못한다면 자신은 부처가 되지 않겠다는 맹세임. 법장은 마흔여덟 가지 서원을 모두 성취하여 아미타불이 되었는데, 그의 나라가 곧 서방극락 정토임. (1)무삼악취원(無三惡趣願). 정토에 지옥·아귀·축생의 생존이 없도록 하겠다는 맹세. (2)불갱악취원(不更惡趣願). 정토의 중생은 다시 지옥·아귀·축생의 생존을 되풀이하지 않게 하겠다는 맹세. (3)실개금색원(悉皆金色願). 정토의 중생을 차별 없이 모두 황금색으로 하겠다는 맹세. (4)무유호추원(無有好醜願). 정토에는 잘나고 못난 차별이 없도록 하겠다는 맹세. (5)숙명지통원(宿命智通願). 정토의 중생은 자신과 남의 전생을 아는 능력을 갖추게 하겠다는 맹세. (6)천안지통원(天眼智通願). 정토의 중생은 모든 것을 막힘없이 꿰뚫어 환히 볼 수 있는 능력을 갖추게 하겠다는 맹세. (7)천이지통원(天耳智通願). 정토의 중생은 모든 소리를 마음대로 들을 수 있는 능력을 갖추게 하겠다는 맹세. (8)타심지통원(他心智通願). 정토의 중생은 남의 마음 속을 아는 능력을 갖추게 하겠다는 맹세. (9)신경지통원(神境智通願). 정토의 중생은 마음대로 갈 수 있고 변할 수 있는 능력을 갖추게 하겠다는 맹세. (10)속득루진원(速得漏盡願). 정토의 중생이 자신에 집착하면 그 번뇌를 속히 끊게 하겠다는 맹세. (11)주정정취원(住正定聚願). 정토의 중생을 반드시 성불하기로 결정되어 있는 단계에 머물게 하겠다는 맹세. (12)광명무량원(光明無量願). 자신은 한없는 광명으로 모든 불국토를 비추겠다는 맹세. (13)수명무량원(壽命無量願). 자신의 수명이 한량없도록 하겠다는 맹세. (14)성문무수원(聲聞無數願). 정토에 성문의 수를 다 셀 수 없도록 하겠다는 맹세. (15)권속장수원(眷屬長壽願). 정토의 권속들은 무한한 장수를 누리도록 하겠다는 맹세. (16)무제불선원(無諸不善願). 정토에 악인이 없도록 하겠다는 맹세. (17)제불칭양원(諸佛稱揚願). 모든 부처들이 자신을 찬탄하도록 하겠다는 맹세. (18)염불왕생원(念佛往生願). 모든 중생들이 지극한 마음으로 염불하면 반드시 정토에 태어나도록 하겠다는 맹세. (19)내영인접원(來迎引接願). 중생이 임종 때 지극한 마음으로 정토에 태어나려고 하면, 그를 맞이하여 정토로 인도하겠다는 맹세. (20)계념정생원(係念定生願). 모든 중생들이 정토를 잊지 않고 거기에 태어나려고 하면, 그 목적을 이루도록 하겠다는 맹세. (21)삼십이상원(三十二相願). 정토의 중생은 모두 삼십이상을 갖추도록 하겠다는 맹세. (22)필지보처원(必至補處願). 다른 불국토의 보살들이 그의 정토에 태어나면, 반드시 성불할 지위에 이르게 하겠다는 맹세. (23)공양제불원(供養諸佛願). 정토에 있는 보살들이 모든 부처에게 공양하도록 하겠다는 맹세. (24)공구여의원(供具如意願). 정토에 있는 보살들은 모든 부처에게 바칠 공양물을 마음대로 얻을 수 있도록 하겠다는 맹세. (25)설일체지원(說一切智願). 정토의 보살들은 부처의 지혜를 설할 수 있도록 하겠다는 맹세. (26)나라연신원(那羅延身願). 정토의 보살들은 나라연과 같은 뛰어난 신체를 갖추도록 하겠다는 맹세. (27)소수엄정원(所須嚴淨願). 정토의 중생은 화려하고 깨끗한 물건을 사용할 수 있도록 하겠다는 맹세. (28)견도량수원(見道場樹願). 정토의 중생은 모두 도량수를 볼 수 있도록 하겠다는 맹세. (29)득변재지원(得辯才智願). 정토의 보살들은 경전을 읽고서 자유 자재로 이해하고 말하는 지혜를 갖추도록 하겠다는 맹세. (30)지변무궁원(智辯無窮願). 정토의 보살들은 한량없는 지혜와 말솜씨로써 자유 자재하게 설법할 수 있도록 하겠다는 맹세. (31)국토청정원(國土淸淨願). 정토는 맑은 거울과 같이 한없이 청정하여 다른 불국토가 비치도록 하겠다는 맹세. (32)국토엄식원(國土嚴飾願). 정토를 보배로써 장엄하게 장식하겠다는 맹세. (33)촉광유연원(觸光柔軟願). 자신의 광명에 접촉한 모든 불국토의 중생들은 몸과 마음이 부드러워지도록 하겠다는 맹세. (34)문명득인원(聞名得忍願). 모든 불국토의 중생들이 자신의 이름을 들으면 진리에 안주할 수 있도록 하겠다는 맹세. (35)여인왕생원(女人往生願). 여인도 정토에 태어날 수 있도록 하겠다는 맹세. (36)상수범행원(常修梵行願). 모든 불국토의 보살들이 항상 청정한 수행을 하여 깨달음에 이르도록 하겠다는 맹세. (37)인천치경원(人天致敬願). 모든 불국토의 중생들이 자신의 이름을 듣고 보살행을 닦을 때, 인간계와 천상계의 중생들로부터 공경을 받도록 하겠다는 맹세. (38)의복수념원(衣服隨念願). 정토의 중생들은 의복을 마음대로 구할 수 있도록 하겠다는 맹세. (39)수락무염원(受樂無染願). 정토의 중생들이 받는 즐거움에 더러움이 없도록 하겠다는 맹세. (40)견제불토원(見諸佛土願). 정토의 보살들은 여러 불국토를 볼 수 있도록 하겠다는 맹세. (41)제근구족원(諸根具足願). 다른 국토의 보살들은 육근(六根)을 완전히 갖추도록 하겠다는 맹세. (42)주정공불원(住定供佛願). 다른 국토의 보살들이 삼매에 머물면서 모든 부처에게 공양하도록 하겠다는 맹세. (43)생존귀가원(生尊貴家願). 다른 국토의 보살들이 목숨을 마친 후 존귀한 집에 태어나도록 하겠다는 맹세. (44)구족덕본원(具足德本願). 다른 국토의 보살들이 보살행을 닦아 깨달음의 근원을 원만하게 갖추도록 하겠다는 맹세. (45)주정견불원(住定見佛願). 다른 국토의 보살들이 모든 부처를 볼 수 있는 삼매에 머물도록 하겠다는 맹세. (46)수의문법원(隨意聞法願). 정토의 보살들은 마음대로 법문을 들을 수 있도록 하겠다는 맹세. (47)득불퇴전원(得不退轉願). 다른 국토의 보살들이 자신의 이름을 들으면 다시 범부의 상태로 후퇴하지 않는 경지에 이르게 하겠다는 맹세. (48)득삼법인원(得三法忍願). 다른 국토의 보살들이 부처의 음성을 듣거나 스스로 사유하여 진리를 확실하게 알고, 또 불생불멸(不生不滅)의 진리를 확실하게 알아 그 진리에 안주하도록 하겠다는 맹세.

사쌍팔배(四雙八輩) 사향사과(四向四果)의 성자. 향과 과를 한 쌍으로 하여 네 쌍, 곧 팔배.

사아함경(四阿含經) ⇒ 아함경(長阿含經)

사악도(四惡道) 악한 짓을 한 중생이 그 과보로 받는다고 하는 지옥(地獄)·아귀(餓鬼)·축생(畜生)·아수라(阿修羅)의 생존.

사악취(四惡趣) 사악도(四惡道)와 같음.

사액(四軛) 액(軛)은 괴로움을 겪게 하는 번뇌를 말함. (1)욕액(欲軛). 욕계의 괴로움을 겪게 하는 탐(貪)·진(瞋)·만(慢)·의(疑) 등의 번뇌. (2)유액(有軛). 색계·무색계의 괴로움을 겪게 하는 탐(貪)·만(慢)·의(疑) 등의 번뇌. (3)견액(見軛). 욕계·색계·무색계의 괴로움을 겪게 하는 유신견(有身見)·변집견(邊執見)·사견(邪見)·견취견(見取見)·계금취견(戒禁取見) 등의 그릇된 견해. (4)무명액(無明軛). 욕계·색계·무색계의 괴로움을 겪게 하는 치(癡)의 번뇌.

사약(四藥) 약(藥)은 음식을 뜻함. 수행자들이 먹고 마시는 음식을 네 가지로 나눈 것. (1)시약(時藥). 오전 중에 끼니나 간식으로 먹는 음식으로. 밥·죽·보릿가루·뿌리·가지·잎·꽃·열매 따위. (2)경약(更藥). 비시약(非時藥)이라고도 함. 병든 자에게 아침부터 초저녁에 한하여 먹도록 허락한 음식으로, 여러 가지 과일즙이나 미음 따위. (3)칠일약(七日藥). 병든 자에게 7일에 한하여 먹도록 허락한 음식으로, 우유·버터·꿀 따위. (4)진수약(盡壽藥). 병의 치료를 위해 일생 동안 먹을 수 있는 뿌리·줄기·과일 따위.

사어악행(四語惡行) 입으로 짓는 네 가지 그릇된 말. (1)허광어(虛誑語). 거짓말. 헛된 말. (2)이간어(離間語). 두 사람 사이를 갈라놓는 말. (3)추악어(麤惡語). 남을 괴롭히는 거칠고 나쁜 말. (4)잡예어(雜穢語). 진실이 없는 겉치레의 말.

사업(四業) ①지은 행위와 그에 대한 과보를 네 가지로 나눈 것. (1)흑흑이숙업(黑黑異熟業). 악한 행위를 저질러서 받는 괴로움의 과보. (2)백백이숙업(白白異熟業). 착한 행위를 하여 받는 즐거움의 과보. (3)흑백흑백이숙업(黑白黑白異熟業). 선악이 혼합된 행위를 하여 받는 즐거움과 괴로움의 과보. (4)비흑비백무이숙업(非黑非白無異熟業). 선악을 떠난 청정한 행위를 하여 과보를 받지 않음. ②현생에서 지은 선악의 행위를 장차 받을 과보의 시기에 따라 네 가지로 나눈 것. (1)순현법수업(順現法受業). 현생에서 지은 선악의 행위에 대한 과보를 현생에서 받는 것. (2)순차생수업(順次生受業). 현생에서 지은 선악의 행위에 대한 과보를 다음 생(生)에서 받는 것. (3)순후차수업(順後次受業). 현생에서 지은 선악의 행위에 대한 과보를 다음 생(生) 이후에 받는 것. (4)순부정수업(順不定受業). 현생에서 지은 선악의 행위에 대한 결과로 받을 과보의 시기가 정해져 있지 않은 것.

사업(思業) 무엇을 하려는 생각이나 마음 작용.

사업관정(事業灌頂) 밀교의 수행을 원만히 성취하여 스승의 자격을 얻으려는 자에게, 단(壇)을 만들고 일정한 의식 절차에 따라 스승이 대일여래(大日如來)의 가르침을 전수(傳授)하고 정수리에 물을 붓는 의식.

사여실지관(四如實智觀) 유식설에서, 오위(五位) 가운데 제2 가행위(加行位)에서 닦는 수행법. 명칭·사물·자성·차별의 네 가지는 허구라고 확실하게 인정하고, 또 그와 같이 인식하는 주관도 허구라고 확실하게 인정함.

사여의족(四如意足) 사신족(四神足)과 같음.

사연(四緣) ①육식(六識)의 발생을 바탕으로 하여 원인을 네 가지로 분류한 것. (1)인연(因緣). 육식이 의존하고 있는 육근(六根)을 말함. (2)등무간연(等無間緣). 육식에 의해 식별된 전후 두 현상이 동등하게 끊임없이 생멸하는 관계에서 전 현상을 말함. (3)소연연(所緣緣). 육식의 대상이 되는 육경(六境)을 말함. (4)증상연(增上緣). 육근과 육경, 곧 십이처(十二處)를 말함. ②인식 주관의 네 가지 지향 작용. (1)인연(因緣). 아뢰야식(阿賴耶識)에 저장되어 있는 종자(種子), 곧 인(因)을 이끌어 내어 인식이 이루어지도록 하는 작용. (2)등무간연(等無間緣). 생각과 생각이 끊임없이 일어나게 하는 작용. 한 생각이 일어났다가 사라지면서 다음 생각으로 연결시켜 주는 작용. (3)소연연(所緣緣). 바깥 대상을 인식 주관으로 끌어들여 인식이 이루어지도록 하는 작용. (4)증상연(增上緣). 인식 주관에 들어온 대상을 분석하고 분별하는 작용.

사염주(四念住) 사염처(四念處)와 같음.

사염처(四念處) ⓢcatvāri smṛty-upasthānāni

ⓟcattāri sati-paṭṭhānāni 깨달음에 이르기 위한 네 가지 마음챙김. (1)신염처(身念處). 신체를 있는 그대로 통찰하여 마음챙김. (2)수염처(受念處). 느낌이나 감정을 있는 그대로 통찰하여 마음챙김. (3)심염처(心念處). 마음을 있는 그대로 통찰하여 마음챙김. (4)법염처(法念處). 모든 현상을 있는 그대로 통찰하여 마음챙김.

사옹(師翁) 스승의 스승을 일컬음.

사왕(四王) 사천왕(四天王)의 준말.

사왕(死王) 죽은 이의 생전의 행적에 따라 상벌을 준다는 저승의 염마왕(閻魔王)을 말함.

사왕천(四王天) 육욕천(六欲天)의 하나. 천(天)은 신(神), 또는 그들이 사는 곳이라는 뜻. 사천왕(四天王)과 그 권속들이 사는 곳. 곧, 수미산 중턱의 동쪽에 있는 지국천(持國天), 남쪽에 있는 증장천(增長天), 서쪽에 있는 광목천(廣目天), 북쪽에 있는 다문천(多聞天)을 일컬음.

사외(闍畏) 사유(闍維)와 같음.

사요간(四料簡) 네 가지 분류, 또는 네 가지 표준이라는 뜻. 임제(臨濟)가 제자들을 지도할 때 사용한 방법으로, 주관과 객관에 대한 네 가지 입장을 말함. (1)탈인불탈경(奪人不奪境). 주관을 버리고 객관을 버리지 않음. 곧 객관만이 존재한다는 입장. (2)탈경불탈인(奪境不奪人). 객관을 버리고 주관을 버리지 않음. 곧 주관만이 존재한다는 입장. (3)인경량구탈(人境兩俱奪). 주관과 객관을 모두 버림. 곧 주관과 객관을 모두 부정하는 입장. (4)인경구불탈(人境俱不奪). 주관과 객관을 모두 버리지 않음. 곧 주관과 객관은 우열의 차별이 있는 것이 아니라 서로 의존 관계에 있으므로 다만 있는 그대로 받아들인다는 입장.

사용(事用) 현상의 활동·작용.

사용과(士用果) 오과(五果)의 하나. 사용(士用)은 원인의 강한 세력을 남자의 동작에 비유한 말. 인간의 행위에 의한 결과.

사우단나법(四憂檀那法) 우단나(憂檀那)는 ⓢuddāna의 음사로, 인(印)이라 번역. 사법인(四法印)과 같음.

사원(四苑) 제석(帝釋)의 도읍지인 선견성(善見城) 밖에 있다는 네 개의 정원. 동쪽에 있는 중차원(衆車苑), 남쪽에 있는 추악원(麤惡苑), 서쪽에 있는 잡림원(雜林苑), 북쪽에 있는 환희원(歡喜苑).

사원(寺院) 불상과 보살상 등을 모셔 놓고 승려들이 거주하면서 부처의 가르침에 따라 수행하고 그 가르침을 설하는 집.

사월초파일(四月初八日) 석가모니가 탄생한 음력 4월 8일.

사위성(舍衛城) ⓢśrāvastī ⓟsāvatthī의 음사. 지금의 네팔 남서쪽에 인접해 있던 코살라국(kosala國)의 도읍지. 이 성의 남쪽에 기수급고독원(祇樹給孤獨園)이 있음. 흔히 이 성을 나라 이름으로 일컫기도 함.

사위의(四威儀) 규율에 맞는 행(行)·주(住)·좌(坐)·와(臥)의 네 가지 동작.

사위타(四韋陀) 위타(韋陀)는 ⓢveda의 음사. ⇒ 사베다(四veda)

사유(四有) 중생이 살다가 죽어 다음의 어떤 생에 이르는 과정을 네 가지로 나눈 것. (1)중유(中有). 죽어서 다음의 어떤 생을 받을 때까지의 49일 동안. (2)생유(生有). 어떤 생이 결정되는 순간. (2)본유(本有). 어떤 생이 결정된 후부터 죽을 때까지. (3)사유(死有). 죽는 순간.

사유(死有) 사유(四有)의 하나. 중생이 죽는 순간.

사유(思惟) ①대상을 구별하고 가늠하여 생각하고 판단하는 마음 작용. ②마음 속으로 깊이 생각함.

사유(似喩) 인명(因明)에서, 주장 명제인 종(宗)을 내세우게 된 근거로 제시한 구체적인 예(例)인 유(喩)의 오류. 그릇된 구체적인 예(例). 예를 들면, '말은 상주한다〔宗〕', '형체가 없기 때문이다〔因〕', '형체가 없는 모든 것은 상주한다. 예를 들면, 병(甁)과 같다〔喩〕' 라고 하는 경우, 병은 무상하고 형체가 없지 않으므로 구체적인 예(例)가 되지 못함.

사유(闍維) ⓟjhāpeti의 음사. 소연(燒然)·분소(焚燒)라고 번역. 시체를 불살라 장사 지내는 일.

사유구식(四維口食) 사부정식(四不淨食)의 하나. 주술이나 점을 쳐서 생계를 유지함.

사유수(思惟修) 마음을 한곳에 집중하여 산란하지 않는 상태. 마음을 고요히 가라앉히고 한곳에 집중함. 마음의 통일.

사유수(思惟手) 뺨에 손을 대고 생각에 잠겨 있는 모습.

사유신족(思惟神足) 사신족(四神足)의 하나. 신통(神通)을 얻기 위한 뛰어난 선정(禪定)에 들려고 사유하고 주시함.

사유여의족(思惟如意足) 사유신족(思惟神足)과 같음.

사유위상(四有爲相) 사상(四相)과 같음.

사유타(四維陁) 유타(維陁)는 ⓢveda의 음사. ⇒ 사베다(四veda)

사은(四恩) 네 가지 은혜. ①어머니·아버지·여래(如來)·법사(法師)의 은혜. ②부모·중생·국왕·삼보(三寶)의 은혜.

사음(四陰) 오음(五陰) 가운데 색음(色陰)을 제외한 수음(受陰)·상음(想陰)·행음(行陰)·식음(識陰)을 말함.

사음계(邪婬戒) 음란한 짓을 하지 말라는 계율.

사의(似義) 대상과 비슷함.

사의념단(四意念斷) 사정근(四正勤)과 같음.

사의단(四意斷) 사정근(四正勤)과 같음.

사의지(四意止) 사염처(四念處)와 같음.

사이국(舍夷國) 사위성(舍衛城)과 같음.

사이기야(奢夷耆耶) ⓢśākya의 음사. 석가(釋迦)와 같음.

사이업(思已業) 생각이나 마음 작용이 일으키는 행위와 말.

사익경(思益經) 4권. 요진(姚秦)의 구마라집(鳩摩羅什) 번역. 평등과 불이(不二)에 입각하여 사성제(四聖諦), 보살의 발심과 정진, 여러 천(天)의 호법(護法) 등에 대해 설한 경.

사익범천소문경(思益梵天所問經) 사익경(思益經)의 본이름.

사인(似因) 인명(因明)에서, 주장 명제인 종(宗)을 내세우게 된 이유로서 제시한 인(因)의 오류. 그릇된 이유. 예를 들면, '말은 무상하다'라고 하는 종(宗)에 대하여 '눈으로 보이기 때문이다' 또는 '인식의 대상이기 때문이다' 등과 같은 이유를 제시하는 오류.

사인회(四印會) 금강계만다라(金剛界曼荼羅)의 한 부분으로, 성신회(成身會)·삼매야회(三昧耶會)·미세회(微細會)·공양회(供養會)를 결합하여 하나로 압축한 그림.

사자(師子·獅子) 부처를 비유함.

사자(師資) 스승과 제자.

사자각(師子覺) ⓢbuddhasiṃha 5세기경, 인도 출신의 승려로, 무착(無著)의 제자. 현장(玄奘)이 번역한 대승아비달마잡집론(大乘阿毘達磨雜集論)은 무착이 지은 대승아비달마집론(大乘阿毘達磨集論)과 그에 대한 사자각의 주석서를 안혜(安慧)가 혼합하여 편찬한 것임.

사자국(師子國) ⓢsiṃhala 스리랑카의 고대 이름.

사자분신삼매(師子奮迅三昧) 사자가 격분하여 힘차고 신속하게 날뛰듯, 큰 위력을 나타내는 부처나 보살의 삼매.

사자산문(師子山門) ⇒ 구산선문(九山禪門)

사자상승(師資相承) 스승의 가르침을 제자가 계승함.

사자상전(師資相傳) 사자상승(師資相承)과 같음.

사자와법(師子臥法) 오른쪽 옆구리를 바닥에 대고, 다리 위에 다리를 포개고 누운 자세.

사자유희삼매(師子遊戲三昧) 사자가 마구 뛰놀듯, 두려움이 없고 자유 자재한 부처나 보살의 삼매.

사자좌(師子座) ①부처가 앉는 자리. ②불상을 모셔 두는 자리. ③법회 때, 고승이 앉는 자리.

사자협상(師子頰相). 삼십이상(三十二相)의 하나. 뺨이 사자와 같음.

사자협왕(師子頰王) ⓢsiṃha-hanu 석가족(釋迦族)의 왕으로, 싯다르타의 할아버지. 네 아들을 두었는데, 첫째가 싯다르타의 아버지인 정반왕(淨飯王), 둘째 백반왕(白飯王), 셋째 곡반왕(斛飯王), 넷째 감로반왕(甘露飯王)임.

사자후(師子吼) 부처의 설법을 사자의 우렁찬 소리에 비유한 말.

사장(事障) 괴로움을 되풀이하게 하는 탐(貪)·진(瞋)·치(癡) 등의 번뇌.

사장(師長) ①스승. ②스승과 연장자.

사장(師匠) 수행자의 스승.

사재인(使宰人) ⓟsūda 요리사.

사쟁(四諍) 수행승들이 일으키는 네 가지 논쟁. (1)언쟁(言諍). 교리에 대한 논쟁. (2)멱쟁(覓諍). 수행승이 저지른 죄를 추궁하는 논쟁.

(3)범쟁(犯諍). 수행승이 저지른 죄가 어떤 죄에 해당하는지 아직 확정되지 않았는데도 그에 대해 일으키는 논쟁. (4)사쟁(事諍). 다른 수행승이 행한 참회·징벌·의결 등에 대해 옳고 그름을 따지는 논쟁.

사쟁(事諍) 사쟁(四諍)의 하나. 다른 수행승이 행한 참회·징벌·의결 등에 대해 옳고 그름을 따지는 논쟁.

사전경(四典經) 4베다(veda), 곧 리그베다(ṛg-veda)·사마베다(sāma-veda)·야주르베다(yajur-veda)·아타르바베다(atharva-veda)를 말함.

사전도(四顚倒) 범부가 일으키는 네 가지 잘못된 견해. (1)상전도(常顚倒). 변해 가는 모든 현상을 변하지 않는다고 사유하는 견해. (2)낙전도(樂顚倒). 괴로움을 즐거움이라고 사유하는 견해. (3)아전도(我顚倒). 변하지 않는 실체가 없는 현상을 실체가 있다고 사유하는 견해. (4)정전도(淨顚倒). 더러움을 청정하다고 사유하는 견해.

사정(邪定) 사정취(邪定聚)의 준말.

사정근(四正勤) ⓢcatvāri prahāṇāni ⓟcattāri padhānāni 깨달음에 이르기 위한 네 가지 바른 노력. (1)단단(斷斷). 이미 생긴 악은 없애려고 노력함. (2)율의단(律儀斷). 아직 생기지 않은 악은 미리 방지함. (3)수호단(隨護斷). 아직 생기지 않은 선은 생기도록 노력함. (4)수단(修斷). 이미 생긴 선은 더욱 커지도록 노력함. 이 각각을 단(斷)이라 일컫는 것은, 이러한 노력이 나태함과 나쁜 행위를 끊을 수 있기 때문임.

사정단(四正斷) 사정근(四正勤)과 같음.

사정려(四靜慮) 색계의 네 선정(禪定). 사선(四禪)과 같음.

사정승(四正勝) 사정근(四正勤)과 같음.

사정취(邪定聚) 삼취(三聚)의 하나. 오역죄(五逆罪)를 저질러 반드시 지옥에 떨어질 중생의 부류.

사제(四諦) 제(諦)는 ⓢsatya ⓟsacca의 번역으로 진리를 뜻함. 괴로움을 소멸시켜 열반에 이르는 네 가지 진리. (1)고제(苦諦). 괴로움이라는 진리. 태어나고 늙고 병들고 죽는 괴로움과, 사랑하는 사람과 헤어져야 하는 괴로움, 미워하는 사람과 만나거나 살아야 하는 괴로움, 구하여도 얻지 못하는 괴로움, 오온(五蘊)에 탐욕과 집착이 있으므로 괴로움. (2)집제(集諦). 괴로움의 원인이라는 진리. 괴로움이 일어나는 원인은 몹시 탐내어 집착하는 갈애(渴愛)라는 진리. 집(集)은 ⓢⓟsamudaya의 번역으로 집기(集起)·기인(起因)·원인을 뜻함. (3)멸제(滅諦). 괴로움의 소멸이라는 진리. 갈애를 남김없이 소멸하면 괴로움이 소멸되어 열반에 이른다는 진리. (4)도제(道諦). 괴로움의 소멸에 이르는 길이라는 진리. 팔정도(八正道)는 갈애를 소멸시키는 수행법이라는 진리.

사제(師弟) ①스승과 제자. ②한 스승의 제자로서 자기보다 나중 계(戒)를 받은 승려를 일컫는 말.

사제(闍提) ⓢjāti의 음사. 육두구과(肉豆蔻科)의 식물로, 크고 화려한 샛노란 꽃이 피는데 그 향기가 진함.

사제불정(捨除佛頂) 모든 장애를 제거해 주는 힘이 있다는 불정(佛頂).

사조(事造) 우주의 모든 것을 갖추고 있는 본성이 인연 따라 여러 차별 현상을 드러냄.

사종(四宗) ①북위(北魏)의 혜광(慧光)이 여러 경론(經論)에서 설하는 가르침의 요점을 네 가지로 나눈 것. (1)인연종(因緣宗). 인연의 이치를 설하는 발지론(發智論)·구사론(俱舍論) 등의 가르침. (2)가명종(假名宗). 모든 현상은 여러 인연의 일시적인 화합에 지나지 않으므로 거기에 불변하는 실체가 없고 이름뿐이라는 성실론(成實論)의 가르침. (3)광상종(誑相宗). 모든 현상은 본래 허깨비와 같이 실체가 없어 허망하고 진실되지 못하다는 반야경(般若經)·삼론(三論) 등의 가르침. (4)상종(常宗). 부처의 성품은 영원히 변하지 않으며, 모든 것에 부처의 성품이 갖추어져 있다는 열반경·화엄경의 가르침. ②당(唐)의 법장(法藏)이 여러 부파(部派)와 경론(經論)에서 설하는 가르침의 요점을 네 가지로 나눈 것. (1)수상법집종(隨相法執宗). 차별 현상의 원리를 설하는 소승의 여러 부파(部派)의 가르침. (2)진공무상종(眞空無相宗). 차별 현상을 부정하고 공(空)의 이치를 설하는 반야경(般若經)·중론(中論) 등의 가르침. (3)유식법상종(唯識法相宗). 모든 현상은 오직 마음의 작용에 지나지 않는다는 해심밀경(解深密經)·유가사지론(瑜伽師地論) 등의 가르침. (4)여래장연기종(如來藏緣起宗). 모든 현상은 본래부터 중생의 마음 속에 감추어져 있는 여래가 될 성품이 염정(染淨)의 인연을 만나 일어난다는 능가경(楞伽經)·기신론(起信論) 등의 가르침.

사종(使種) 사(使)는 번뇌를 뜻함. 번뇌를 일으키는 종자(種子)·잠재력.

사종(似宗) 인명(因明)에서, 주장 명제로 내세운 종(宗)의 오류. 그릇된 주장 명제. 예를 들면, '말은 들리는 것이 아니다', '병(甁)은 영원히 변하지 않는다', '나의 어머니는 석녀(石女)이다' 등.

사종군(四種軍) 고대 인도의 네 가지 군대, 곧 상군(象軍)·마군(馬軍)·거군(車軍)·보군(步軍).

사종권(四種拳) 밀교에서, 부처의 깨달음을 나타내는 손 모양 가운데 가장 근본적인 네 가지. (1)연화권(蓮華拳). 엄지손가락을 집게 손가락에 붙이고 주먹을 쥔 모양. (2)금강권(金剛拳). 네 손가락으로 엄지손가락을 감싸 쥔 주먹 모양. (3)외박권(外縛拳). 두 손바닥을 붙이고 열 손가락을 서로 교차하여 열 손가락으로 두 손등을 누른 모양. (4)내박권(內縛拳). 두 손바닥을 가볍게 붙이고 열 손가락을 서로 교차하여 열 손가락 끝을 손바닥 안으로 넣은 모양.

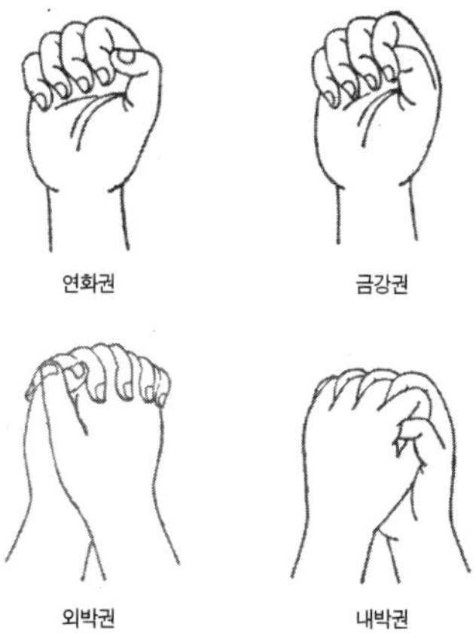

사종권

사종근본죄(四種根本罪) 사바라이(四波羅夷)를 말함.

사종도리(四種道理) 모든 현상에 통하는 이

치에 대한 네 가지 사유 방법. (1)관대도리(觀待道理). 모든 현상의 이치를 상대적으로 사유함. (2)작용도리(作用道理). 모든 현상을 원인과 결과의 작용으로 사유함. (3)증성도리(證成道理). 어떠한 현상의 이치가 증거에 의해 성립되었는지를 사유함. (4)법이도리(法爾道理). 불이 있으면 열이 있고 물이 있으면 습기가 있듯이, 모든 현상에 갖추어져 있는 본성의 이치를 있는 그대로 사유함.

사종만다라(四種曼茶羅) 만다라를 표현 형식에 따라 네 가지로 나눈 것. (1)대만다라(大曼茶羅). 우주의 진리나 그 보편적인 모습을 부처와 보살로 묘사한 그림. (2)삼매야만다라(三昧耶曼茶羅). 부처·보살·천(天)·명왕(明王) 등의 서원을 탑·연꽃·금강저(金剛杵)·칼·구슬·손 모양 등으로써 상징적으로 묘사한 그림. (3)법만다라(法曼茶羅). 부처와 보살, 그 가르침의 내용, 진리 등을 범자(梵字)로써 상징적으로 표현한 그림. (4)갈마만다라(羯磨曼茶羅). 우주의 운동, 부처와 보살의 활동을 상징적으로 묘사한 그림.

사종법계(四種法界) 사법계(四法界)와 같음.

사종병(四種兵) 고대 인도의 네 가지 병력, 곧 상병(象兵)·마병(馬兵)·거병(車兵)·보병(步兵).

사종삼매(四種三昧) 지의(智顗)가 마하지관(摩訶止觀)에서, 바른 지혜를 얻기 위해 마음을 한곳에 집중하는 수행을 동작에 따라 네 가지로 나눈 것. (1)상좌삼매(常坐三昧). 90일을 기한으로 하여, 항상 하나의 부처를 향하여 단정히 앉아서 마음을 가라앉히고 우주의 참모습을 주시하는 수행. (2)상행삼매(常行三昧). 90일을 기한으로 하여, 항상 도량이나 불상의 주위를 돌면서 오로지 아미타불을 생각하거나 부르는 수행. (3)반행반좌삼매(半行半坐三昧). 7일 또는 21일을 기한으로 하여, 불상의 주위를 돌기도 하고 좌선도 하면서 예불·참회·독경 등을 하는 수행. (4)비행비좌삼매(非行非坐三昧). 일정한 기한이나 어떠한 동작에도 구애되지 않고 자신의 뜻대로 닦는 수행으로, 위의 세 가지 삼매 외에 할 수 있는 모든 삼매.

사종선(四種禪) 네 가지 수행. (1)우부소행선(愚夫所行禪). 소승의 수행자가 인간에는 불변하는 실체가 없다는 것만을 알고, 무상(無常)·고(苦)·부정(不淨)을 자각하여 마음 작용의 소멸에 이르는 수행. (2)관찰의선(觀察義禪). 모든 현상에는 불변하는 실체가 없다는 이치를 알고, 그 이치에 따라 대상를 자세히 주시하는 수행. (3)반연진여선(攀緣眞如禪). 분별을 떠나, 마음을 일으키지 않는 수행. (4)여래선(如來禪). 부처의 경지에 들어, 여러 중생을 위해 불가사의한 활동을 하는 수행.

사종열반(四種涅槃) 네 가지 열반. (1)본래자성청정열반(本來自性淸淨涅槃). 중생이 본래 갖추고 있는 청정한 부처의 성품을 뜻함. (2)유여의열반(有餘依涅槃). 번뇌는 완전히 소멸되었지만 아직 미세한 괴로움이 남아 있는 상태. (3)무여의열반(無餘依涅槃). 번뇌와 괴로움이 완전히 소멸된 상태. (4)무주처열반(無住處涅槃). 번뇌를 소멸하고 청정한 지혜를 얻어, 생사(生死)에도 열반에도 집착하지 않고 중생에게 자비를 베푸는 상태.

사종천(四種天) 중생들이 귀하게 여기는 네 가지 부류. (1)세간천(世間天). 이 세상의 국왕. (2)생천(生天). 중생이 이르기를 원하는 삼계(三界)의 여러 경지. (3)정천(淨天). 번뇌를 소멸시켜 청정한 경지에 이른 수다원(須陀洹)·사다함(斯陀含)·아나함(阿那含)·아라한(阿羅漢)·벽지불(辟支佛) 등의 성자(聖者).

(4)의천(義天). 모든 현상이 공(空)이라는 이치를 알고 거기에 안주하는 십주(十住)의 보살.

사종취(四種取) 사취(四取)와 같음.

사종탐(四種貪) 탐욕을 대상에 따라 네 가지로 나눈 것. (1)현색탐(顯色貪). 대상의 특별한 성질을 보고 일으키는 탐욕. (2)형색탐(形色貪). 대상의 특별한 형상을 보고 일으키는 탐욕. (3)묘촉탐(妙觸貪). 대상의 보드라운 촉감에 대한 탐욕. (4)승사탐(承事貪). 자신에게 시중들고, 자신을 섬기고 받드는 태도를 보고 일으키는 탐욕.

사주(四洲) 수미산의 사방에 있다는 네 대륙. (1)동승신주(東勝身洲). 이곳에 있는 인간들은 신장이 뛰어나다고 하여 승신(勝身)이라 함. (2)남섬부주(南瞻部洲). 섬부(瞻部)는 ⓢjambu의 음사. 잠부(jambu) 나무가 많으며, 우리 인간들이 사는 곳이라 함. 여러 부처가 나타나는 곳은 네 대륙 가운데 이곳뿐이라 함. (3)서우화주(西牛貨洲). 여기에서는 소를 화폐로 사용한다고 하여 우화(牛貨)라고 함. (4)북구로주(北俱盧洲). 구로(俱盧)는 ⓢkuru의 음사로, 종족 이름. 네 대륙 가운데 가장 살기 좋은 곳이라 함.

사주(師主) ①스승. ②승려를 높여 일컫는 말.

사주(寺主) ①사찰을 관리하는 직책, 또는 그 일을 맡은 승려. ②사찰을 지은 사람.

사중(四衆) ①불교 교단을 구성하는 네 부류의 사람. (1)비구(比丘). ⓢbhikṣu ⓟbhikkhu의 음사. 걸사(乞士)라고 번역. 출가하여 구족계(具足戒)를 받은 남자 승려. (2)비구니(比丘尼). ⓢbhikṣuṇī ⓟbhikkhunī의 음사. 걸녀(乞女)라고 번역. 출가하여 구족계를 받은 여자 승려. (3)우바새(優婆塞). ⓢⓟupāsaka의 음사. 근사남(近事男)·청신사(淸信士)라고 번역. 출가하지 않고 재가(在家)에서 부처의 가르침에 따르는 남자 신도. (4)우바이(優婆夷). ⓢⓟupāsikā의 음사. 근사녀(近事女)·청신녀(淸信女)라고 번역. 출가하지 않고 재가(在家)에서 부처의 가르침에 따르는 여자 신도. ②출가한 승려의 네 부류. (1)비구(比丘). (2)비구니(比丘尼). (3)사미(沙彌). ⓢśrāmaṇera ⓟsāmaṇera의 음사. 근책(勤策)이라 번역. 출가하여 십계(十戒)를 받고, 구족계(具足戒)를 받기 전의 남자 승려. (4)사미니(沙彌尼). ⓢśrāmaṇerī ⓟsāmaṇerī의 음사. 근책녀(勤策女)라고 번역. 출가하여 십계(十戒)를 받고, 구족계를 받기 전의 여자 승려. ③부처의 설법과 관련된 네 부류의 사람. (1)발기중(發起衆). 부처에게 설법하도록 청하는 자. (2)당기중(當機衆). 부처의 설법을 듣고 바로 깨닫는 자. (3)영향중(影響衆). 다른 곳에서 와서 부처의 설법을 칭송하는 자. (4)결연중(結緣衆). 부처의 설법을 듣고 바로 깨닫지는 못해도 미래에 깨달을 수 있는 인연을 맺은 자.

사중(四重) 사중금(四重禁)의 준말.

사중금(四重禁) 네 가지 가장 무거운 계율. 이것을 어긴 비구는 승단에서 추방되어 그 자격이 상실됨. (1)음란한 짓을 하지 말라. (2)도둑질하지 말라. (3)사람을 죽이지 말라. (4)깨닫지 못하고서 깨달았다고 거짓말하지 말라.

사증법(四證法) 출가한 자들이 수행으로 도달하는 네 경지. 수다원과(須陀洹果)·사다함과(斯陀含果)·아나함과(阿那含果)·아라한과(阿羅漢果).

사증정(四證淨) 사제(四諦)를 체득할 때에 생기는, 불(佛)·법(法)·승(僧)과 계율에 대한 견고하고 청정한 믿음.

사지(四智) ①번뇌에 오염된 팔식(八識)을 질적으로 변혁하여 얻은 네 가지 청정한 지혜. (1)대원경지(大圓鏡智). 오염된 아뢰야식(阿賴耶識)을 질적으로 변혁하여 얻은 청정한 지혜. 이 지혜는 마치 모든 것을 있는 그대로 비추어 내는 크고 맑은 거울처럼, 아뢰야식에서 오염이 완전히 제거된 상태이므로 이와 같이 말함. (2)평등성지(平等性智). 오염된 말나식(末那識)을 질적으로 변혁하여 얻은 청정한 지혜. 이 지혜는 자아에 대한 집착을 떠나 자타(自他)의 평등을 깨달아 대자비심을 일으킴으로 이와 같이 말함. (3)묘관찰지(妙觀察智). 오염된 제육식(第六識)을 질적으로 변혁하여 얻은 청정한 지혜. 이 지혜는 모든 현상을 잘 관찰하여 자유 자재로 가르침을 설하고 중생의 의심을 끊어 주므로 이와 같이 말함. (4)성소작지(成所作智). 오염된 전오식(前五識)을 질적으로 변혁하여 얻은 청정한 지혜. 이 지혜는 중생을 구제하기 위해 해야 할 것을 모두 성취함으로 이와 같이 말함. ②유식무경(唯識無境)의 경지에 이르는 네 가지 지혜. (1)상위식상지(相違識相智). 인식 주관의 작용에 따라 같은 대상도 갖가지로 인식됨을 아는 지혜. (2)무소연식지(無所緣識智). 실재하지 않는 것을 객관 대상으로 인식하는 경우가 있음을 아는 지혜. (3)자응무도지(自應無倒智). 분별하지 않고 대상을 있는 그대로 파악하면 저절로 어긋나지 않은 진실에 이른다는 것을 아는 지혜. (4)수삼지전지(隨三智轉智). 마음이 자재로운 자의 지혜와 세밀하게 관찰하는 자의 지혜에 따라 대상이 다르게 인식되고, 무분별의 지혜에서는 모든 분별이 끊어져 대상을 있는 그대로 파악함을 아는 지혜.

사지(舍脂·舍支) ⓢśacī의 음사. 제석(帝釋)의 비(妃), 아수라왕(阿修羅王)의 딸.

사지군(四支軍) 고대 인도의 네 가지 군대, 곧 상군(象軍)·마군(馬軍)·거군(車軍)·보군(步軍).

사진(四眞) 사제(四諦)와 같음.

사진(四塵) 사대(四大)로 이루어진 색(色)·향(香)·미(味)·촉(觸)의 네 가지 대상. 진(塵)은 경(境)의 구역(舊譯)으로, 중생의 마음을 더럽힌다는 뜻.

사진식(似塵識) 대상과 닮은 형상을 본뜨는 마음 작용.

사진제(四眞諦) 사제(四諦)와 같음.

사집(四集) 사찰에 있는 강원(講院)의 사집과(四集科)에서 배우는 네 과목, 곧 도서(都序)·서장(書狀)·절요(節要)·선요(禪要).

사차국(莎車國) 타클라마칸(Taklamakan) 사막의 서쪽, 지금의 사차(莎車) 지역에 있던 고대 국가.

사찰(寺刹) 불상과 보살상 등을 모셔 놓고 승려들이 거주하면서 부처의 가르침에 따라 수행하고 그 가르침을 설하는 집.

사참(事懺) 예배나 독경 등을 하면서 죄를 뉘우치는 참회.

사천대왕(四天大王) 사천왕(四天王)과 같음.

사천신왕(四天神王) 사천왕(四天王)과 같음.

사천왕(四天王) 수미산 중턱의 사방에 있는 사왕천(四王天)의 네 왕으로, 도리천의 제석(帝釋)을 섬기면서 불법(佛法)을 보호한다고 함. 곧, 동쪽에 있는 지국천왕(持國天王), 남쪽에 있는 증장천왕(增長天王), 서쪽에 있는 광목천왕(廣目天王), 북쪽에 있는 다문천왕(多聞天王)을 일컬음.

사천왕문(四天王門) 천왕문(天王門)과 같음.

사천왕사(四天王寺) 경북 경주시 배반동 낭산 남쪽 자락에 있던 절. 679년(문무왕 19)에 창건함.

사천왕중천(四天王衆天) 사왕천(四王天)과 같음.

사천왕천(四天王天) 사왕천(四王天)과 같음.

사천자(四天子) 사천왕(四天王)과 같음.

사천하(四天下) 사주(四洲)와 같음.

사취(四取) 취(取)는 번뇌를 뜻함. 번뇌를 네 가지로 나눈 것. (1)욕취(欲取). 욕계(欲界)의 번뇌로, 탐(貪)·진(瞋)·만(慢)·무명(無明)·의(疑)·십전(十纏)을 말함. (2)견취(見取). 유신견(有身見)·변집견(邊執見)·사견(邪見)·견취견(見取見)을 말함. (3)계금취(戒禁取). 그릇된 계율이나 금지 조항을 바른 것으로 간주하여 거기에 집착하는 번뇌. (4)아어취(我語取). 내면에 집착하여 자아에 대해 설하는 번뇌로, 색계와 무색계의 탐(貪)·만(慢)·무명(無明)·의(疑)를 말함.

사취(四趣) 악한 짓을 한 중생이 그 과보로 받는다고 하는 지옥(地獄)·아귀(餓鬼)·축생(畜生)·아수라(阿修羅)의 생존.

사치기(捨置記) 지주기론(止住記論)과 같음.

사친근보살(四親近菩薩) 금강계만다라(金剛界曼荼羅)에서 대일여래(大日如來)·아축여래(阿閦如來)·보생여래(寶生如來)·무량수여래(無量壽如來)·불공성취여래(不空成就如來) 각각의 사방에 있는 네 보살. 대일여래(大日如來)의 사방에 있는 금강바라밀보살(金剛波羅蜜菩薩)·보바라밀보살(寶波羅蜜菩薩)·법바라밀보살(法波羅蜜菩薩)·갈마바라밀보살(羯磨波羅蜜菩薩), 아축여래(阿閦如來)의 사방에 있는 금강희보살(金剛喜菩薩)·금강애보살(金剛愛菩薩)·금강살타보살(金剛薩埵菩薩)·금강왕보살(金剛王菩薩), 보생여래(寶生如來)의 사방에 있는 금강광보살(金剛光菩薩)·금강소보살(金剛笑菩薩)·금강당보살(金剛幢菩薩)·금강보보살(金剛寶菩薩), 무량수여래(無量壽如來)의 사방에 있는 금강법보살(金剛法菩薩)·금강리보살(金剛利菩薩)·금강어보살(金剛語菩薩)·금강인보살(金剛因菩薩), 불공성취여래(不空成就如來)의 사방에 있는 금강아보살(金剛牙菩薩)·금강업보살(金剛業菩薩)·금강호보살(金剛護菩薩)·금강권보살(金剛拳菩薩).

사타(捨墮) ⓢnaiḥsargika-prāyaścittika 가사나 발우 등의 물건을 규정 이상으로 소유한 가벼운 죄. 이 죄를 저지른 비구·비구니는 그 물건을 버리고, 네 명 이상의 비구 앞에서 참회하면 죄가 소멸되지만 참회하지 않으면 죽어서 지옥에 떨어진다고 함. 물건을 버리므로 사(捨), 지옥에 떨어지므로 타(墮)라고 함.

사타(斯陀·死陀·私陀) ⓢⓟśītā의 음사. 천산(天山) 산맥에서 발원하여 서북쪽으로 흘러 아랄(Aral) 해로 들어가는 강.

사타법(四墮法) 사바라이(四波羅夷)를 말함.

사택(思擇) 깊이 생각함.

사토(四土) ①범부와 성자의 네 가지 세계. (1)범성동거토(凡聖同居土). 범부와 성자가 함께 사는 세계. (2)방편유여토(方便有餘土). 모든 현상에는 불변하는 실체가 없다고 주시하는 공관(空觀)과 모든 현상은 여러 인연의 일시적인 화합으로 존재한다고 주시하는 가관(假觀)을 닦아 이치와 현상에 대한 모든 번뇌를 끊었으나 아직 무명의 번뇌가 남아 있는 성문(聲聞)·연각(緣覺)·보살(菩薩)들의 세계. (3)실보무장애토(實報無障礙土). 공(空)이나, 여러 인연의 일시적인 화합으로 존재하는 현상의 어느 한쪽에 치우치지 않는 진리를 주시하는 중관(中觀)을 닦아 무명을 끊음으로써 진실한 과보를 받아 걸림 없는 보살들의 세계. (4)상적광토(常寂光土). 청정한 지혜의 광명을 있는 그대로 드러내는 진리 그 자체, 우주 그 자체를 부처의 세계로 간주한 말. 곧, 법신불(法身佛)의 세계. ②네 가지 부처의 세계. (1)법성토(法性土). 진리 그 자체, 또는 진리를 있는 그대로 드러낸 우주 그 자체를 부처의 세계로 간주한 말. (2)자수용토(自受用土). 깨달음의 경지를 되새기면서 스스로 즐기는 부처의 세계. (3)타수용토(他受用土). 깨달음의 경지를 중생들에게 설하여 그들을 즐겁게 하는 부처의 세계. (4)변화토(變化土). 중생을 구제하기 위해 변화하여 나타나는 부처의 세계.

사통행(四通行) 사제(四諦)를 통달하여 열반으로 나아가는 네 가지 방법. (1)고지통행(苦遲通行). 집중과 통찰이 균형을 이루지 못하여 수행에 어려움이 있고 소질이나 근성도 뛰어나지 못하여 느리게 열반으로 나아감. (2)고속통행(苦速通行). 집중과 통찰은 균형을 이루지 못하여 수행에 어려움은 있지만 소질이나 근성이 뛰어나 빠르게 열반으로 나아감. (3)낙지통행(樂遲通行). 집중과 통찰은 균형을 이루어 수행에 어려움은 없지만 소질이나 근성이 뛰어나지 못하여 느리게 열반으로 나아감. (4)낙속통행(樂速通行). 집중과 통찰이 균형을 이루어 수행에 어려움이 없고 소질이나 근성도 뛰어나 빠르게 열반으로 나아감.

사파(似破) 사능파(似能破)의 준말.

사판승(事判僧) 사찰의 사무나 운영에 종사하는 승려.

사팔상(四八相) 삼십이상(三十二相)과 같음.

사폐타(四薜陀) 폐타(薜陀)는 ⓢveda의 음사. ⇒ 사베다(四veda)

사폭류(四暴流) 폭류는 모든 선(善)을 떠내려 보낸다는 뜻으로 번뇌를 말함. (1)욕폭류(欲暴流). 욕계에서 일으키는 탐(貪)·진(瞋)·만(慢)·의(疑) 등의 번뇌. (2)유폭류(有暴流). 색계·무색계에서 일으키는 탐(貪)·만(慢)·의(疑) 등의 번뇌. (3)견폭류(見暴流). 욕계·색계·무색계에서 일으키는 유신견(有身見)·변집견(邊執見)·사견(邪見)·견취견(見取見)·계금취견(戒禁取見) 등의 그릇된 견해. (4)무명폭류(無明暴流). 욕계·색계·무색계에서 일으키는 치(癡)의 번뇌.

사피의(祠皮衣) ⓢyājña-valkya yājña는 yajña의 변화형으로 제사(祭祀)를 뜻하고, valkya는 valka의 변화형으로 나무 껍질을 뜻함. 우파니샤드(upaniṣad)에 나오는 철인(哲人).

사피타(四皮陀) 피타(皮陀)는 ⓢveda의 음사. ⇒ 사베다(四veda)

사하(沙訶) 사바(娑婆)와 같음.

사하(莎訶·莎賀) 사바하(娑婆訶)와 같음.

사학(師學) 스승과 그의 가르침을 받는 학인(學人).

사해(四海) 수미산(須彌山)을 둘러싸고 있는 사방의 바다.

사행(四行) ①부처의 근본 뜻을 깨닫기 위한 네 가지 수행. (1)보원행(報怨行). 수행자가 고통을 당할 때는 과거에 자신이 저지른 행위의 과보라고 생각하여 남을 원망하지 않음. (2)수연행(隨緣行). 즐거움이나 괴로움은 인연 따라 일어나고 소멸하므로 거기에 동요하지 않고 순응함. (3)무소구행(無所求行). 밖에서 구하고 대상에 집착하는 것을 그치고, 공(空)을 깨달아 탐욕과 집착을 버림. (4)칭법행(稱法行). 칭(稱)은 적합하다는 뜻. 자신의 성품은 본래 청정하다는 공(空)의 입장에서, 공(空)의 실천에 적합한 육바라밀(六波羅蜜)을 닦음. ⇒ 이입사행(二入四行) ②보리(菩提)·복덕(福德)·지혜(智慧)·갈마(羯磨)를 말함. ③사통행(四通行)의 준말.

사행진여(邪行眞如) 칠진여(七眞如)의 하나. 집제(集諦), 곧 괴로움이 일어나는 원인은 몹시 탐내어 집착하는 갈애(渴愛)라는 진리.

사향(四向) ⇒ 사향사과(四向四果)

사향사과(四向四果) 성문(聲聞)들이 수다원(須陀洹)·사다함(斯陀含)·아나함(阿那含)·아라한(阿羅漢)의 성자가 되기 위해 수행하는 단계인 수다원향·사다함향·아나함향·아라한향의 사향(四向)과, 거기에 도달한 경지인 수다원과·사다함과·아나함과·아라한과의 사과(四果)를 말함.

사현관(事現觀) 삼현관(三現觀)의 하나. 청정한 지혜와, 그 지혜와 함께 일어나는 마음〔心〕·마음 작용〔心所〕과, 형상도 아니고 마음도 아닌 세력·작용·성질 등이 협력하여 고(苦)를 알고 집(集)을 끊고 멸(滅)을 증득하고 도(道)를 닦음.

사현관(思現觀) 육현관(六現觀)의 하나. 기쁨과 함께 일어나는 사유에서 생기는 지혜.

사현량(似現量) 그릇된 직접 지각.

사형(師兄) ①승려를 높여 일컫는 말. ②한 스승의 제자로서 자기보다 먼저 계(戒)를 받은 승려를 일컫는 말.

사혜(思慧) 삼혜(三慧)의 하나. 이치를 사유하여 얻은 지혜.

사호세주(四護世主) 사천왕(四天王)과 같음.

사혹(思惑) 수혹(修惑)과 같음.

사홍(四弘) 사홍서원(四弘誓願)의 준말.

사홍서원(四弘誓願) 모든 보살들이 세우는 네 가지 넓고 큰 서약. (1)중생무변서원도(衆生無邊誓願度). 가없는 중생을 다 건지오리다. (2)번뇌무진서원단(煩惱無盡誓願斷). 끝없는 번뇌를 다 끊으오리다. (3)법문무량서원학(法門無量誓願學). 한없는 법문을 다 배우오리다. (4)불도무상서원성(佛道無上誓願成). 위없는 불도를 다 이루오리다.

사홍원(四弘願) 사홍서원(四弘誓願)의 준말.

사화외도(事火外道) 불을 섬기는 외도.

삭걸저(鑠乞底) 삭저(鑠底)와 같음.

삭석(削石) ⇒ 덕차시라(德叉尸羅)

삭저(鑠底) ⓢśakti의 음사. 창(槍).

삭취취(數取趣) ⓢpudgala 중생. 범부. 이들은 집착하여 지옥·아귀·축생 등의 미혹한 생존을 되풀이하므로 이와 같이 일컬음.

산가산외(山家山外) 중국의 천태종이 송대(宋代)에 이르러 지의(智顗, 538-597)의 학설에 대한 견해의 차이로 두 파로 갈라졌는데, 절강성(浙江省) 사명산(四明山)의 지례(知禮, 960-1028) 일파가 자신의 계통을 정통파라는 입장에서 산가파(山家派)라 하고, 절강성 전당(錢塘)의 경소(慶昭, 963-1017)·지원(智圓, 976-1022) 등의 일파를 배척하여 산외파(山外派)라고 함.

산감(山監) 절에 소속된 삼림을 지키면서 땔나무를 마련하는 소임, 또는 그 일을 맡은 사람.

산개(傘蓋) 고대 인도에서 건립한 탑의 꼭대기에 있는 우산 모양을 한 장식물로, 고귀한 신분을 상징함.

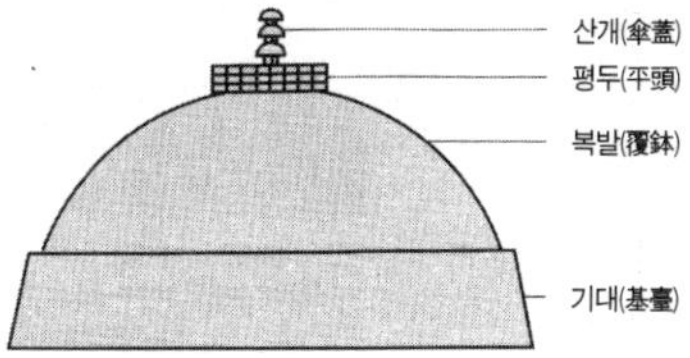

산치대탑(sanchi大塔)의 산개

산공(散空) 십팔공(十八空)의 하나. 일시적으로 모였다가 흩어져 파괴되는 현상에 대한 분별이 끊어진 상태.

산란(散亂) ⓢvikṣepa 흐트러지고 어지러운 마음 상태.

산림법회(山林法會) 사찰에서 불경을 강설하는 모임.

산문(山門) ①사찰로 들어가는 문으로, 한 줄로 세운 기둥 위에 맞배지붕 양식으로 되어 있는 일주문(一柱門)과 사천왕(四天王)을 모신 천왕문(天王門)과 둘이 아닌 절대의 경지를 상징하는 불이문(不二門)을 말함. ②사찰을 일컬음. ③하나의 산과 사찰을 중심으로 형성된 파(派).

산사야비라슬지(刪闍耶毘羅瑟智) 산야이비라리비(散若夷毘羅梨沸)와 같음.

산사야비라지자(刪闍耶毘羅胝子) 산야이비라리비(散若夷毘羅梨沸)와 같음.

산상(散相) 구상(九相)의 하나. 탐욕과 육신에 대한 집착을 버리기 위해 시체가 썩어 근육과 뼈와 머리와 발이 흩어지는 모습을 주시하는 수행법.

산선(散善) 일상적인 산란한 마음으로 행하는 착한 일. 이에 반해, 마음을 통일시키고 행하는 착한 일은 정선(定善)이라 함.

산스크리트(sanskrit) 고대 인도 아리아 어를 통틀어 일컬음. 범천(梵天)이 이 언어를 만들었다는 고대 인도의 전설에 따라 범어(梵語)라고 함. 이 언어는 두 가지로 나뉘는데, 하나는 바라문교의 성전인 베다(veda)의 언어로서, 이를 베다 산스크리트(veda sanskrit) 또는 베다 어(vedic)라 하고, 다른 하나는 기원전 5-기원전 4세기에 문법학자 파니니(pāṇini)가 문법을 체계화한 문장어를 만들었는데, 이를 고전 산스크리트(classical sanskrit)라고 함. 불교에서 산스크리트라고 하면, 고전 산스크리트를 가리키며, 대부분의 대승 경전의 원전은 이 언어로 쓰여 있음.

산승(山僧) 승려가 자신을 겸손하게 일컫는 말.

산신각(山神閣) 불교가 한반도에 토착화되는 과정에서 그에 수용된 산신(山神)을 모신 사찰의 건물.

산심(散心) 한곳에 집중되지 않은 산란한 마음.

산심법사(散心法師) 함부로 분별하는 사람을 비방하는 말.

산야(珊若) ⓢsaṃjñā의 음사. 수의 단위로, 10^{45}.

산야이비라리비(散若夷毘羅梨沸) ⓟsañjaya-velaṭṭhi의 음사. 육사외도(六師外道)의 하나. 지식이란 주관에 따라 달라지므로 객관적인 지식은 있을 수 없다고 주장하고, 모든 지식을 버리고 오직 수행만을 중요시하는 외도. 사리불과 목건련은 원래 그의 제자였으나 후에 붓다에게 귀의함.

산제람(刪提嵐) 아득한 옛날에 있었다는 세계 이름.

산주(山主) 한 사찰의 운영을 주관하는 주지(住持)에 대한 존칭.

산지대장(散脂大將) 산지(散脂)는 ⓢsaṃjñeya의 음사, 정료지(正了知)라고 번역. 비사문천왕(毘沙門天王)이 거느리고 있다는 신(神).

산화(散華) 불전(佛前)에 꽃을 뿌려 공양하는 것.

살가야견(薩迦耶見) 살가야(薩迦耶)는 ⓢsat-kāya의 음사, 견(見)은 ⓢdṛṣṭi의 번역. 유신견(有身見)이라 번역. 오온(五蘊)의 일시적 화합에 지나지 않는 신체에 불변하는 자아가 있고, 또 오온은 자아의 소유라는 그릇된 견해.

살라수(薩羅樹) 사라수(娑羅樹)와 같음.

살바다부(薩婆多部) ⓢsarvāsti-vāda의 음역. 설일체유부(說一切有部)와 같음.

살바다사(薩婆多師) 설일체유부(說一切有部)의 논사.

살바야(薩婆若) ⓢsarva-jña의 음사. 일체지(一切智)라고 번역. 모든 것의 안팎을 깨달은 부처의 지혜.

살박하(薩嚩訶) 사바하(娑婆訶)와 같음.

살반야(薩般若) 살바야(薩婆若)와 같음.

살생계(殺生戒) 살아 있는 것을 죽이지 말라는 계율.

살운(薩雲) 살바야(薩婆若)와 같음.

살운야(薩云若) 살바야(薩婆若)와 같음.

살인도활인검(殺人刀活人劍) 수행자를 꼼짝달싹 못하게 하거나 생기 넘치게 하는 선승(禪僧)의 예리한 역량을 칼에 비유한 말.

살저야(薩底也) 살치야(薩底也)와 같음.

살적(殺賊) ⇒ 아라한(阿羅漢)

살치야(薩哆也) ⓢsatya의 음사. 제(諦)라고 번역. 진리. 진실.

살타(薩埵) ⓢsattva의 음사. ①살아 있는 존재. 생물. 중생. 사람. ②삼덕(三德)의 하나.

상캬 학파에서 설하는, 물질의 근원인 자성(自性, ⓢprakṛti)이 갖추고 있는 희(喜)의 성질.

살화단(薩和檀) ⓢsarvadāna의 음사. 모든 것을 남에게 베푼다는 뜻.

살화살(薩和薩) ⓢsarva-sattva의 음사. 모든 중생.

삼가(三假) 일시적인 세 가지 상태. ①(1)명가(名假). 모든 현상은 오직 이름뿐이므로 일시적임. (2)수가(受假). 다수를 수용하여 하나를 이루고 있으므로 그 하나는 일시적임. (3)법가(法假). 모든 현상은 여러 인연의 화합에 지나지 않으므로 거기에 불변하는 실체가 없고 일시적임. ②(1)인성가(因成假). 모든 현상은 여러 인연의 화합으로 성립된 것이므로 일시적임. (2)상속가(相續假). 모든 현상은 끊임없이 변화하므로 일시적임. (3)상대가(相待假). 대소(大小)·장단(長短)은 상대적이어서 그 기준이 일정하지 않으므로 일시적임.

삼가귀감(三家龜鑑) 3권. 조선의 휴정(休靜) 지음. 선가귀감(禪家龜鑑)·유가귀감(儒家龜鑑)·도가귀감(道家龜鑑)을 합본한 책으로, 1928년에 조선불교중앙교무원에서 간행.

삼가섭(三迦葉) 우루빈라가섭(優樓頻螺迦葉, ⓟuruvelā-kassapa)과 나제가섭(那提迦葉, ⓟnadī-kassapa)과 가야가섭(伽耶迦葉, ⓟgayā-kassapa). 3형제로, 모두 불을 섬기는 사화외도(事火外道)였으나 붓다의 성도(成道) 직후, 큰형 우루빈라가섭이 붓다의 가르침을 듣고 500명의 제자와 함께 그에게 귀의하자, 두 동생도 각각 300명과 200명의 제자와 함께 그에게 귀의함.

삼각(三覺) 각(覺)은 ⓢvitarka의 번역으로, 개괄적으로 추구하는 마음 작용을 뜻함. ①세 가지 악한 마음 작용. (1)욕각(欲覺). 탐내는 마음 작용. (2)에각(恚覺). 성내는 마음 작용. (3)해각(害覺). 남을 해치려는 마음 작용. ②세 가지 착한 마음 작용. (1)이욕각(離欲覺). 탐내지 않으려는 마음 작용. (2)무에각(無恚覺). 성내지 않으려는 마음 작용. (3)무해각(無害覺). 남을 해치지 않으려는 마음 작용.

삼강(三綱) 사찰의 운영을 맡은 세 명의 승려. (1)상좌(上座). 출가한 지 오래되고 덕망이 높아, 승려들을 통솔하는 승려. (2)사주(寺主). 사찰을 관리하는 승려. (3)도유나(都維那). ⓢkarma-dāna 사찰의 여러 가지 일을 지도하고 단속하는 승려.

삼거(三拒) 힌두교의 수행자가 짚고 다니는, 끝이 세 갈래로 된 지팡이.

삼겁(三劫) ①삼아승기겁(三阿僧祇劫)의 준말. ②과거의 1대겁(大劫)인 장엄겁(莊嚴劫)과 현재의 1대겁인 현겁(賢劫)과 미래의 1대겁인 성수겁(星宿劫)을 말함. 세계가 성립되는 지극히 긴 기간을 성겁(成劫), 머무르는 기간을 주겁(住劫), 파괴되어 가는 기간을 괴겁(壞劫), 파괴되어 아무 것도 없는 상태로 지속되는 기간을 공겁(空劫)이라 하고, 이 네 겁(劫)을 1대겁이라 함. 네 겁은 각각 20중겁(中劫)이므로 1대겁은 80중겁이 됨. 중겁은 인간 수명 8만 세에서 100년에 한 살씩 줄어 10세에 이르고 다시 10세에서 100년에 한 살씩 늘어 8만 세에 이르는 시간을 말함.

삼결(三結) 견도(見道)에서 끊는 세 가지 번뇌. (1)유신견결(有身見結). 오온(五蘊)의 일시적 화합에 지나지 않는 신체에 불변하는 자아가 있고, 또 오온은 자아의 소유라는 그릇된 견해. (2)계금취결(戒禁取結). 그릇된 계율이나 금지 조항을 바른 것으로 간주하여 거기에 집착하는 번뇌. (3)의결(疑結). 바른 이치를 의심하는 번뇌. 이 세 가지 번뇌를 끊으면 수다원(須陀洹)의 경지에 이른다고 함.

삼계(三界) ①중생의 마음과 생존 상태를 세 단계로 나눈 것. (1)욕계(欲界). 탐욕이 들끓는 세계로, 지옥·아귀·축생·아수라·인간·육욕천(六欲天)을 통틀어 일컬음. (2)색계(色界). 탐욕에서는 벗어났으나 아직 형상에 얽매여 있는 세계로, 여기에 십칠천(十七天)이 있음. (3)무색계(無色界). 형상의 속박에서 완전히 벗어난 순수한 선정(禪定)의 세계로, 공무변처천(空無邊處天)·식무변처천(識無邊處天)·무소유처천(無所有處天)·비상비비상처천(非想非非想處天)을 말함. ②삼각(三覺)과 같음.

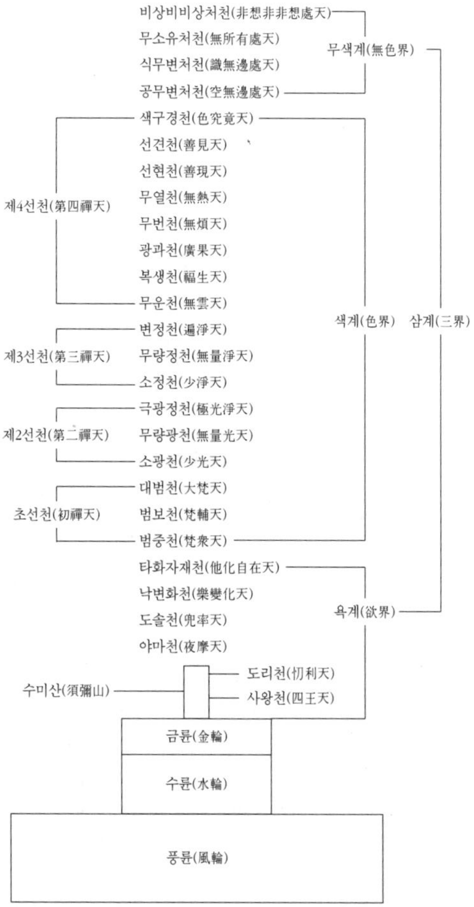

삼계 ①

삼계교(三階敎) 수(隋)의 신행(信行, 540-594)에 의해 형성된 종파. 일승(一乘)의 중생을 제1계(第一階), 삼승(三乘)의 중생을 제2계(第二階), 그릇된 견해를 일으키는 말세의 중생을 제3계(第三階)로 나누고, 말세의 중생은 보법(普法)에 의하지 않으면 죄를 소멸할 수 없다고 주장함. 보법은, 모든 중생은 본래 부처이고 미래의 부처이므로 그 중생을 공경해야 한다는 보경(普敬)과 자신이 지니고 있는 악을 인정해야 그 악을 다스릴 수 있다는 인악(認惡)으로 요약할 수 있는데, 이 보법이야말로 자신을 비롯한 일천제(一闡提)와 말세의 모든 중생을 성불로 인도하는 길이라 함. 법화경이나 아미타불 등 특정한 경이나 부처에게 귀의하는 것을 비판함으로써 다른 종파와 많은 논쟁을 일으킴. 또 보시(布施)함으로써 과거의 죄악이 소멸된다고 주장하여 보시된 많은 재물로써 무진장원(無盡藏院)이라는 금융 기관을 운영하여 사회의 비난을 받음. 신행이 입적한 후 이단시되어 당대(唐代)에 쇠퇴함.

삼고(三苦) 중생이 겪는 세 가지 괴로움. (1)고고(苦苦). 격심한 추위나 더위, 통증·갈증 등과 같이 몸으로 느끼는 감각적인 괴로움. (2)행고(行苦). 변해 가는 현상을 보고 느끼는 괴로움. (3)괴고(壞苦). 애착하는 대상이 파괴되어 없어짐으로써 받는 괴로움. 즐거운 일이나 희망이 깨어짐으로써 받는 괴로움.

삼고저

삼고저(三鈷杵·三股杵) 손잡이의 두 끝 부분이 세 갈래로 갈라진 금강저(金剛杵).

삼공관문(三空觀門) 삼해탈문(三解脫門)과 같음.

삼과(三科) 모든 현상을 세 가지로 분류한 오온(五蘊)·십이처(十二處)·십팔계(十八界)를 말함.

삼관(三觀) 모든 현상을 있는 그대로 주시하는 세 가지 방법. ①(1)종가입공이제관(從假入空二諦觀). 여러 인연의 일시적인 화합으로 존재하는 현상에서 공(空)으로 들어가 그 현상과 공(空)을 함께 주시함. (2)종공입가평등관(從空入假平等觀). 공(空)에서 여러 인연의 일시적인 화합으로 존재하는 현상으로 들어가 일체는 평등하다고 주시함. (3)중도제일의제관(中道第一義諦觀). 공(空)이나, 여러 인연의 일시적인 화합으로 존재하는 현상의 어느 한쪽에 치우치지 않는 최고의 진리를 주시함. 공(空)과, 여러 인연의 일시적인 화합으로 존재하는 현상은 둘이 아니라는 최고의 진리를 주시함. ②(1)공관(空觀). 모든 현상에는 불변하는 실체가 없다고 주시함. (2)가관(假觀). 모든 현상은 여러 인연의 일시적인 화합으로 존재한다고 주시함. (3)중관(中觀). 공(空)이나 가(假)의 어느 한쪽에 치우치지 않는 진리를 주시함. 공(空)과 가(假)는 둘이 아니라고 주시함. ③(1)진공관(眞空觀). 모든 현상의 본체는 공(空)이므로 차별이 없다고 주시함. (2)이사무애관(理事無礙觀). 본체와 현상은 서로 걸림 없이 원만하게 하나로 융합되어 있다고 주시함. (3)주변함용관(周遍含容觀). 모든 현상은 각각의 속성을 잃지 않으면서 서로가 서로를 비추고 서로가 서로를 받아들이면서 두루 원만하게 융합되어 있다고 주시함.

삼교(三敎) ①중국 남북조시대에 경전의 가르침을 형식에 따라 세 가지로 나눈 것. (1)돈교(頓敎). 일정한 단계를 거치지 않고 처음부터 깨달음의 경지를 설한 가르침. 곧 화엄경을 말함. (2)점교(漸敎). 일정한 단계를 거치는 과정에서 점진적으로 깨달음에 이르게 하는 가르침. 곧 아함경에서 반야경·열반경 등으로 나아가는 형식. (3)부정교(不定教). 돈교와 점교의 형식에 구애받지 않고 영원한 부처의 성품을 설한 가르침. 승만경·금광명경의 가르침을 말함. ②북위(北魏)의 혜광(慧光)이 경전의 가르침을 세 가지로 나눈 것. (1)점교(漸教). (2)돈교(頓教). (3)원교(圓教). 걸림 없고 원만한 가르침. ③인도의 지광(智光, jñāna-prabha)이 경전의 가르침을 세 단계로 나눈 것. (1)심경구유(心境俱有). 마음과 대상이 모두 실재함. (2)경공심유(境空心有). 마음만이 실재하고 대상은 실재하지 않음. (3)심경구공(心境俱空). 마음과 대상이 모두 실재하지 않음. ④ ⇒ 삼교팔종(三教八宗)

삼교팔종(三教八宗) 규기(窺基)가 분류한 법상종의 교판(教判)으로, 세존이 설한 가르침의 단계를 세 시기로 나누고, 그 가르침의 내용을 여덟 가지로 나눈 것. 〔1〕삼교(三教). (1)유교(有教). 모든 현상은 인연의 화합에 지나지 않으므로 거기에 불변하는 실체가 없지만, 그 현상을 구성하는 요소는 변하지 않는 실체라는 아함경의 가르침. (2)공교(空教). 모든 현상의 본성에는 본래부터 불변하는 실체가 없다는 반야경의 가르침. (3)중도교(中道教). 유(有)와 공(空)을 동시에 드러내어 어느 한쪽에 치우치지 않은 해심밀경·화엄경의 가르침. 〔2〕팔종(八宗). (1)아법구유종(我法俱有宗). 자아에도 현상에도 모두 불변하는 실체가 있다는 가르침. (2)법유아무종(法有我無宗). 현상에는 불변하는 실체가 있지만 자아에는 실체가 없다는 가르침. (3)법무거래종(法無去來宗). 현재의 현상에만 불변하는 실체가 있고, 과거와 미래의 현상에는 실체가 없다는 가르침. (4)현통가실종(現通假實宗). 과거와 미래의 현상에도 불변하는 실체가 없고, 현재의 현상도 일시적인 인연의 화합에 지나지 않는다는 가르침. (5)속망진실종(俗妄眞實宗). 세속의 현상은 허망하지만 깨달음의 진리는 진실되다는 가르침. (6)제법단명종(諸法但名宗). 모든 현상은 단지 이름뿐이고 거기에 불변하는 실체는 없다는 가르침. (7)승의개공종(勝義皆空宗). 궁극적인 진리에서는 모든 것에 불변하는 실체가 없다는 가르침. (8)응리원실종(應理圓實宗). 어느 한쪽에 치우치지 않고 이치에 따라 두루 원만하고 진실한 법상종의 가르침.

삼구(三垢) 중생의 마음을 더럽히는 탐(貪)·진(瞋)·치(痴)의 세 가지 번뇌.

삼궤(三軌) 모든 현상을 구별하는 세 가지 범주. (1)진성궤(眞性軌). 거짓 없고 변하지 않는 본성. (2)관조궤(觀照軌). 본성을 응시하는 지혜의 작용. (3)자성궤(資成軌). 지혜의 작용을 돕는 수행.

삼귀(三歸) 삼귀의(三歸依)의 준말.

삼귀계(三歸戒) 불(佛)·법(法)·승(僧)의 삼보(三寶)에 몸과 마음을 바쳐 믿고 의지하고 따르는 규범.

삼귀의(三歸依) 불(佛)·법(法)·승(僧)의 삼보(三寶)에 몸과 마음을 바쳐 믿고 의지함. 귀의불(歸依佛)·귀의법(歸依法)·귀의승(歸依僧)을 말함.

삼근(三根) 근(根)은 소질·능력을 뜻함. ①중생의 소질을 세 가지로 나눈 상근(上根)·중근(中根)·하근(下根). ②삼무루근(三無漏根)의 준말.

삼기겁(三祇劫) 삼아승기겁(三阿僧祇劫)의 준말로, 무한히 긴 시간을 말함.

삼기장(三岐杖) 힌두교의 수행자가 짚고 다니는, 끝이 세 갈래로 된 지팡이.

삼념주(三念住) ⇒ 삼염주(三念住)

삼념처(三念處) ⇒ 삼염처(三念處)

삼능립(三能立) 인명(因明)의 논법을 성립시키는 세 가지 기반. (1)종(宗). 주장 명제나 판단. (2)인(因). 정당한 이유. (3)유(喩). 구체적인 예(例). 예를 들면 다음과 같음.

종(宗) 말은 무상하다.
인(因) 지어낸 것이기 때문이다.
유(喩) 지어낸 모든 것은 무상하다. 예를 들면, 병(瓶)과 같다〔同喩〕.
상주하는 모든 것은 지어낸 것이 아니다. 예를 들면, 허공과 같다〔異喩〕.

삼능변(三能變) 아뢰야식(阿賴耶識)에 저장되어 있는 종자(種子)의 변화와 성숙으로 일어난 팔식(八識)을 그 특성에 따라 세 가지로 나눈 것. (1)이숙능변(異熟能變). 제일능변(第一能變)·초능변(初能變)이라고도 함. 제8 아뢰야식(阿賴耶識)을 말함. 이 식은 이숙, 곧 과거에 지은 행위의 과보로 일어난다는 뜻. (2)사량능변(思量能變). 제이능변(第二能變)이라고도 함. 제7 말나식(末那識)을 말함. 이 식은 항상 아뢰야식을 자아(自我)라고 생각하므로 이와 같이 말함. (3)요별경능변(了別境能變). 제삼능변(第三能變)이라고도 함. 안식(眼識)·이식(耳識)·비식(鼻識)·설식(舌識)·신식(身識)·의식(意識)의 육식(六識)을 말함. 이 식들은 대상을 분명하게 분별하므로 이와 같이 말함.

삼단(三斷) ①번뇌를 끊는 단계를 세 가지로 나눈 것. (1)견소단(見所斷). 견도(見道)에서 끊는 것, 곧 견혹(見惑)을 끊는다는 뜻. (2)수소단(修所斷). 수도(修道)에서 끊는 것, 곧 수혹(修惑)을 끊는다는 뜻. (3)비소단(非所斷). 끊을 것이 아님, 곧 번뇌가 없다는 뜻. ②끊는 번뇌의 성질을 세 가지로 나눈 것. (1)자성단(自性斷). 오염되어 있는 번뇌 그 자체를 끊음. (2)연박단(緣縛斷). 어떤 것을 속박하고 있는 번뇌를 끊음. (3)불생단(不生斷). 번뇌의 원인을 끊어 다시 일어나지 않게 함.

삼달(三達) 삼명(三明) ①과 같음.

삼대(三大) 기신론에서, 한없이 넓고 큰 중생의 마음을 세 방면으로 나눈 것. (1)체대(體大). 중생의 평등한 본성 그 자체. (2)상대(相大). 중생의 본성에 갖추어져 있는 무한한 능력. (3)용대(用大). 중생의 본성이 중생에게 모든 선(善)을 닦게 하여 청정한 과보를 받게 하는 작용.

삼대부(三大部) 천태 지의(天台智顗, 538-597)의 강설을 관정(灌頂, 561-632)이 기록한 법화현의(法華玄義)·법화문구(法華文句)·마하지관(摩訶止觀)을 말함.

삼대아승기겁(三大阿僧祇劫) 삼아승기겁(三阿僧祇劫)과 같음.

삼덕(三德) ①부처가 갖추고 있는 세 가지 공덕. (1)단덕(斷德). 모든 번뇌를 소멸한 공덕. (2)지덕(智德). 지혜로써 모든 것을 있는 그대로 꿰뚫어 보는 공덕. (3)은덕(恩德). 중생을 구제하기 위해 은혜를 베푸는 공덕. ②상캬학파에서 설하는, 물질의 근원인 자성(自性, prakṛti)이 갖추고 있는 세 가지 성질. (1)살타(薩埵). ⓢsattva의 음사. 희(喜)의 성질. (2)랄사(剌闍). ⓢrajas의 음사. 우(憂)의 성질. (3)다마(多摩). ⓢtamas의 음사. 암(闇)의 성질.

삼도(三道) ①성문이나 보살의 세 가지 수행 단계. (1)견도(見道). 사제(四諦)를 명료하게 주시하여 견혹(見惑)을 끊는 단계. (2)수도(修道). 견도에서 사제를 명료하게 주시하여 견혹을 끊은 후, 다시 수행을 되풀이하여 수혹(修惑)을 끊는 단계. (3)무학도(無學道). 모든 번뇌를 끊어 더 닦을 것이 없는 아라한(阿羅漢)의 경지. ②중생이 미혹한 생존을 끝없이 되풀이하는 과정을 세 부분으로 나눈 것. (1)번뇌도(煩惱道). 이치와 현상에 대한 미혹. (2)업도(業道). 이치와 현상에 대한 미혹으로 일으키는 그릇된 행위와 말과 생각. (3)고도(苦道). 그릇된 행위와 말과 생각을 일으킨 과보로 받는 괴로움.

삼도(三塗·三途) 악한 일을 저지른 중생이 그 과보로 받는다고 하는 세 가지 미혹한 생존. (1)화도(火塗). 지옥의 생존. (2)도도(刀塗). 아귀의 생존. (3)혈도(血塗). 축생의 생존.

삼독(三毒) 열반에 이르는 데 장애가 되는 가장 근본적인 세 가지 번뇌. 탐욕(貪欲)과 진에(瞋恚)와 우치(愚癡). 줄여서 탐(貪)·진(瞋)·치(癡)라고 함. 곧, 탐내어 그칠 줄 모르는 욕심과 노여움과 어리석음.

삼돈방(三頓棒) 돈(頓)은 질책·권고·식사 따위의 횟수에 쓰임. 몽둥이로 세 번 내리침.

삼등지(三等持) 삼삼매(三三昧)와 같음.

삼량(三量) 인식의 세 가지 근원. (1)현량(現量). 언어와 분별을 떠난 직접 지각이나 직접 체험. (2)비량(比量). 추리에 의한 인식. (3)비량(非量). 그릇된 직접 지각과, 그릇된 추리에 의한 인식. 곧, 사현량(似現量)과 사비량(似比量). 또는 비량(非量) 대신에 성교량(聖教量), 곧 성자의 가르침으로써 삼량이라고도 함.

삼론(三論) 삼론종(三論宗)에서 근본으로 삼는 중론(中論)·십이문론(十二門論)·백론(百論)을 일컬음.

삼론사석(三論四釋) 길장(吉藏)이 삼론(三論)의 글귀를 해석하는 데 사용한 네 가지 방법. (1)수명석(隨名釋). 글자의 뜻에 따라 해석하는 방법. 예를 들면, 중(中)은 정(正)이라는 해석. (2)취인연석(就因緣釋). 다른 글자와 서로 연관시켜 해석하는 방법. 예를 들면, 중(中)은 편(偏)이고 편(偏)은 중(中)이라는 해석. (3)현도석(顯道釋). 다른 글자와 연관시키지 않고 바로 이치를 밝히는 해석 방법. 예를 들면, 중(中)은 부중(不中)이라는 해석. (4)무방석(無方釋). 글자의 뜻에 따르지 않고 일정하지 않게 해석하는 방법. 예를 들면, 중(中)은 색(色)이고 중(中)은 심(心)이라는 해석.

삼론종(三論宗) 용수(龍樹)의 중론(中論)과 십이문론(十二門論), 제바(提婆)의 백론(百論)에 의거하여 성립된 학파. 구마라집(鳩摩羅什) 문하의 승조(僧肇)·승도(僧導) 등이 삼론에 정통하였고, 이 학파의 계통은 승랑(僧朗) — 승전(僧詮) — 법랑(法朗) — 길장(吉藏)으로 계승됨. 승랑은 고구려의 승려로, 5세기 말에 중국으로 가서 삼론을 연구하여 그 체계를 세움. 양(梁)의 무제(武帝)는 천감(天監) 11년(512)에 학승 10명을 뽑아 섭산(攝山)에 머물고 있던 승랑에게 보내 수학하게 하였는데, 그 중에서 승전이 뛰어나 그의 법을 이음. 법랑은 제자가 25명이었는데, 그의 법을 계승한 길장이 삼론학을 대성하였으나 당대(唐代)에 쇠퇴함.

삼론현의(三論玄義) 1권. 수(隋)의 길장(吉藏) 지음. 비담종(毘曇宗)·성실종(成實宗) 등을 비판하고, 삼론종(三論宗)의 교리를 간명하게 논술한 저술.

삼루(三漏) 누(漏)는 마음에서 더러움이 새어 나온다는 뜻으로 번뇌를 말함. 삼계(三界)의 번뇌를 세 가지로 나눈 것. (1)욕루(欲漏). 욕계에서, 무명을 제외한 모든 번뇌. (2)유루(有漏). 색계·무색계에서, 무명을 제외한 모든 번뇌. (3)무명루(無明漏). 삼계의 무명.

삼류(三流) 유(流)는 번뇌를 뜻함. 삼루(三漏)와 같음.

삼류경(三類境) 유식설(唯識說)에서, 인식 대상의 상태를 세 가지로 나눈 것. (1)성경(性境). 고유한 본질과 작용을 지니고 객관적으로 존재하는 대상. (2)독영경(獨影境). 주관이 단독으로 착각하여 객관적으로 존재하지 않지만 존재하는 것처럼 보이는 대상, 곧 환상. (3)대질경(帶質境). 고유한 본질은 있으나 그릇되게 인식된 대상. 예를 들면, 새끼줄을 뱀으로 잘못 인식했을 때의 뱀.

삼륜(三輪) ①보시하는 자와 보시를 받는 자와 보시하는 물건. ②몸〔身〕과 말〔口〕과 뜻〔意〕. ③부처가 중생을 위해 몸과 뜻과 말로 행하는 세 가지 활동. 윤(輪)은 전륜성왕이 윤보(輪寶)를 굴려 모든 장애를 부수듯 중생의 번뇌를 부순다는 뜻. (1)신변륜(神變輪). 몸으로 불가사의한 변화를 나타내어 중생에게 바른 믿음을 갖게 함. (2)기심륜(記心輪). 중생들의 마음을 알고 그에 따라 교화함. 기(記)는 구별하여 안다는 뜻. (3)교계륜(教誡輪). 중생에게 교법을 설하고 훈계하여 수행하게 함. ④수레바퀴가 쉴 새 없이 구르듯, 끝이 없는 무상륜(無常輪)과 부정륜(不淨輪)과 고륜(苦輪). ⑤수미산 둘레에 있는 구산팔해(九山八海)와 사주(四洲)를 떠받치고 있다는 거대한 원통형의 금륜(金輪)과 수륜(水輪)과 풍륜(風輪). ⑥삼법륜(三法輪)의 준말.

삼륜청정관(三輪淸淨觀) 보시하는 자와 보시를 받는 자와 보시하는 물건이 모두 청정함을 주시함.

삼륜체공(三輪體空) 보시를 할 때에 베푸는 자, 받는 자, 베푸는 물건이 모두 공하다고 주시하여 집착을 떠남.

삼림서(森林書) ⇒ 아란야카(āraṇyaka)

삼마난달라(三摩難呾囉) ⓢsamanantara의 음사. 등무간연(等無間緣)을 뜻함.

삼마발저(三摩鉢底) ⓢsamāpatti의 음사. 등지(等至)라고 번역. 마음이 들뜨거나 침울하지 않는 평온에 이른 상태.

삼마발제(三摩跋提) 삼마발저(三摩鉢底)와 같음.

삼마발탐(三磨鉢耽) ⓢsamāpta의 음사. 수의 단위로, 10^{35}.

삼마야(三摩耶) 삼매야(三昧耶)와 같음.

삼마야(三摩惹) ⓢⓟsamaya의 음사. 모임. 집회.

삼마야형(三摩耶形) 삼매야형(三昧耶形)과 같음.

삼마제(三摩提) 삼매(三昧)와 같음.

삼마지(三摩地) ⓢⓟsamādhi의 음사. ①정(定)·등지(等持)라고 번역. 마음을 한곳에 집중하여 산란하지 않는 상태. 마음이 들뜨거나 침울하지 않고 한결같이 평온한 상태. 삼매(三昧)와 같음. ②밀교에서는 깨달음의 경지를 뜻함. 몸〔身〕과 말〔口〕과 뜻〔意〕이 대일여래(大日如來)와 하나가 된 경지.

삼마파야(三摩婆夜) ⓢsamavāya의 음사. 육구의(六句義) 가운데 화합(和合)을 뜻함.

삼마피타(三摩皮陀) ⓢsāma-veda의 음사. ⇒ 사마베다

삼마희다(三摩呬多) ⓢsamāhita의 음사. 등인(等引)이라 번역. 마음이 들뜨거나 침울하지 않고 한결같이 평온하게 된 상태.

삼막사(三幕寺) 경기 안양시 삼성산 서쪽 중턱에 있는 절. 용주사(龍珠寺)의 말사. 677년에 신라의 원효(元曉)가 창건하고, 신라 말에 도선(道詵)이 다시 짓고, 고려 태조의 명으로 증축함. 1398년(조선 태조 7)에 왕명으로 다시 짓고, 이후 여러 차례 보수·증축하고, 1896년에 대웅전을 다시 지음. 문화재 : 마애삼존불상(磨崖三尊佛像)·동종(銅鐘) 등.

삼만다(三曼多·三滿多·三曼陀) ⓢsamanta의 음사. 보(普)·편(遍)·주(周)를 뜻함.

삼만다발타라(三曼多跋陀羅) ⓢsamantabhadra의 음사. 보현(普賢)이라 번역. 보현보살(普賢菩薩)과 같음.

삼매(三昧) ⓢⓟsamādhi의 음사. 정(定)·등지(等持)라고 번역. 마음을 한곳에 집중하여 산란하지 않는 상태. 한 생각에만 한결같이 집중하는 상태. 마음이 들뜨거나 침울하지 않고 한결같이 평온한 상태. 마음을 집중·통일시키는 수행, 또는 그 수행으로 이르게 된 평온한 마음 상태.

삼매야(三昧耶) ⓢsamaya의 음사. ①가시(假時)라고 번역. 막연한 어느 때를 말함. ②모임. 집회. ③가르침의 근본 취지. ④부처와 중생은 본디 차별이 없다는 평등을 뜻함. ⑤부처·보살·천(天)·명왕(明王) 등의 서원.

삼매야계(三昧耶戒) 밀교에서, 중생이 본디 갖추고 있는 청정한 깨달음의 마음 그 자체를 계율로 한 것.

삼매야만다라(三昧耶曼荼羅) ⓢsamaya-maṇḍala의 음사. 사종만다라(四種曼荼羅)의 하나. 부처·보살·천(天)·명왕(明王) 등의 서원을 탑·연꽃·금강저(金剛杵)·칼·구슬·손 모양 등으로써 상징적으로 묘사한 그림.

삼매야지(三昧耶智) 밀교에서, 평등한 부처의 지혜를 말함.

삼매야형(三昧耶形) 부처·보살·천(天)·명왕(明王) 등의 서원을 상징적으로 나타낸 탑·연꽃·금강저(金剛杵)·칼·구슬·손 모양 등을 말함.

삼매야회(三昧耶會) 금강계만다라(金剛界曼荼羅)의 한 부분으로, 부처·보살·천(天)·명왕(明王) 등의 서원을 탑·연꽃·금강저(金剛杵)·칼·구슬·손 모양 등으로써 상징적으로 묘사되어 있음.

삼먁삼보리(三藐三菩提) ⓢsamyak-saṃbodhi의 음사. 정등각(正等覺)·정변지(正遍知)라고 번역. 부처의 깨달음을 나타내는 말. samyak은 바른, 완전한, saṃbodhi는 원만한 깨달음. 곧, 바르고 원만한 깨달음이라는 뜻.

삼먁삼불타(三藐三佛陀) ⓢsamyak-saṃbuddha의 음사. 정등각(正等覺)·정변지(正遍知)라고 번역. samyak은 바른, 완전한, saṃbuddha는 원만한 깨달음. 곧, 바르고 원만한 깨달음을 성취한 사람.

삼명(三明) ①부처나 아라한이 갖추고 있는 세 가지 자유 자재한 지혜. (1)숙명지증명(宿命智證明). 나와 남의 전생을 환히 아는 지혜. (2)생사지증명(生死智證明). 중생의 미래의 생사와 과보를 환히 아는 지혜. (3)누진지증

명(漏盡智證明). 번뇌를 모두 끊어, 내세에 미혹한 생존을 받지 않음을 아는 지혜. ②3베다(veda), 곧 리그베다(ṛg-veda)·사마베다(sāma-veda)·야주르베다(yajur-veda)를 말함.

삼모제야(三牟提耶) ⓢsamudaya의 음사. 사제(四諦) 가운데 집제(集諦)를 뜻함.

삼묘행(三妙行) 몸과 입과 마음으로 짓는 청정한 행위와 말과 생각. 좋은 과보를 받을 청정한 행위와 말과 생각.

삼무루근(三無漏根) 무루(無漏)는 번뇌를 떠남, 근(根)은 강한 힘이 있는 작용이라는 뜻. 깨달음에 이를 수 있는 강한 힘이 있는 세 가지 작용. 곧, 미지당지근(未知當知根)과 이지근(已知根)과 구지근(具知根)을 말함. 의(意)·낙(樂)·희(喜)·사(捨)·신(信)·근(勤)·염(念)·정(定)·혜(慧)가 견도(見道)에 있을 때를 미지당지근(未知當知根), 수도(修道)에 있을 때를 이지근(已知根), 무학도(無學道)에 있을 때를 구지근(具知根)이라 함. 미지당지(未知當知)는 알지 못한 사제(四諦)를 알려고 한다는 뜻, 이지(已知)는 이미 사제를 알았지만 아직도 남아 있는 번뇌를 끊기 위해 사제를 되풀이하여 익힌다는 뜻, 구지(具知)는 이미 사제를 알았다는 것을 확인하고 그 앎을 갖추고 있다는 뜻.

삼무루학(三無漏學) 번뇌가 없는 계(戒)·정(定)·혜(慧)의 삼학(三學).

삼무성(三無性) 분별과 망상이 소멸된 세 가지 상태. (1)상무성(相無性). 온갖 분별이 소멸되어 허구적인 대상이 없는 상태. 온갖 분별이 소멸되어 허구적인 차별상이 없는 상태. (2)생무성(生無性). 온갖 분별이 일어나지 않는 마음 상태. (3)승의무성(勝義無性). 분별과 망상이 소멸된 상태에서 드러나는, 있는 그대로의 청정한 모습.

삼무수대겁(三無數大劫) 삼아승기겁(三阿僧祇劫)과 같음.

삼무위(三無爲) 세 가지 무위의 상태. (1)허공무위(虛空無爲). 마음의 모든 장애와 차별이 소멸된 상태. (2)택멸무위(擇滅無爲). 택(擇)은 지혜를 뜻함. 지혜로써 모든 번뇌를 소멸시킨 상태. (3)비택멸무위(非擇滅無爲). 지혜로써 소멸된 것이 아니라 생겨날 인연이 없어 번뇌가 생겨나지 않은 상태.

삼무일종법난(三武一宗法難) 중국에서 4차에 걸쳐 일어난 불교 탄압 사건. 북위(北魏) 태무제(太武帝) 태평진군(太平眞君) 7년(446), 북주(北周) 무제(武帝) 건덕(建德) 3년(574), 당(唐) 무종(武宗) 회창(會昌) 2년(842), 후주(後周) 세종(世宗) 현덕(賢德) 2년(955).

삼무자성(三無自性) 삼무성(三無性)과 같음.

삼문(三門) 사찰로 들어가는 세 가지 문으로, 한 줄로 세운 기둥 위에 맞배지붕 양식으로 되어 있는 일주문(一柱門)과 사천왕(四天王)을 모신 천왕문(天王門)과 둘이 아닌 절대의 경지를 상징하는 불이문(不二門)을 말함.

삼밀(三密) 부처의 신(身)·구(口)·의(意)의 삼업(三業)은 불가사의하므로 신밀(身密)·구밀(口密)·의밀(意密)의 삼밀이라 하고, 중생의 삼업은 수행으로 부처의 삼밀과 합일되고 또 그 본성에 있어서는 부처의 삼밀과 같으므로 삼밀이라 함.

삼밀률저니가야(三密栗底尼迦耶) ⓢsammitīya-nikāya의 음사. 붓다가 입멸한 후 300년경에 독자부(犢子部)에서 갈라져 나온 정량부(正量部)를 말함.

삼박(三縛) 중생의 마음을 속박하는 탐(貪)·진(瞋)·치(痴)의 세 가지 번뇌.

삼박결(三縛結) 삼결(三結)과 같음.

삼발라(三跋羅) ⓢsaṃvara의 음사. 율의(律儀)라고 번역. 계(戒)를 받고 몸과 말과 생각으로 짓는 허물이나 악을 방지함.

삼발치(三拔致) ⓢsaṃpatti의 음사. 도달함.

삼배(三輩) 극락 정토에 태어나려는 자들을 수행의 깊고 얕음에 따라 세 가지로 나눈 것. (1)상배(上輩). 출가하여 깨달음을 구하는 마음을 일으키고 오로지 아미타불을 생각하면서 큰 공덕을 쌓아 극락에 태어나려는 자들. (2)중배(中輩). 출가하여 큰 공덕을 쌓지는 못하지만 깨달음을 구하는 마음을 일으키고 오로지 아미타불을 생각하면서 계율을 지키고 탑을 세우고 불상을 조성하여 극락에 태어나려는 자들. (3)하배(下輩). 공덕을 쌓지는 못하지만 깨달음을 구하는 마음을 일으키고 오로지 아미타불을 생각하면서 극락에 태어나려는 자들.

삼백식(三白食) 세 가지 청정한 음식. 우유와, 우유를 발효시킨 낙(酪)과 멥쌀.

삼벌업(三罰業) 몸과 입과 마음으로 짓는 그릇된 행위와 말과 생각. 나쁜 과보를 받을 그릇된 행위와 말과 생각.

삼법륜(三法輪) 진제(眞諦)와 현장(玄奘)이 세존의 가르침을 세 단계로 나눈 것. (1)전법륜(轉法輪). 녹야원(鹿野苑)에서 처음으로 설한 사제(四諦)의 가르침. (2)조법륜(照法輪). 분별과 망상이 끊어진 상태에서 현상을 응시하는 공(空)에 대한 가르침. (3)지법륜(持法輪). 성문(聲聞)·연각(緣覺)·보살(菩薩)이 모두 지녀야 하는, 모든 현상의 있는 그대로의 참모습에 대한 가르침.

삼법묘(三法妙) 적문십묘(迹門十妙)의 하나. 거짓 없고 변하지 않는 본성〔眞性〕과 본성을 응시하는 지혜의 작용〔觀照〕과 지혜의 작용을 돕는 수행〔資成〕이 서로 오묘함.

삼법의(三法衣) 삼의(三衣)와 같음.

삼법인(三法印) 불교의 세 가지 특징. (1)제행무상(諸行無常). 무명(無明)으로 일으키는, 의도(意圖)하고 지향하는 모든 의식 작용은 변화함. 무명에 의한 모든 의지력·충동력·의욕은 변화함. (2)제법무아(諸法無我). 모든 현상에는 불변하는 실체가 없음. (3)열반적정(涅槃寂靜). 탐욕〔貪〕과 노여움〔瞋〕과 어리석음〔癡〕이 소멸된 안온한 마음 상태. 모든 번뇌의 불꽃이 꺼진 평온한 마음 상태. 온갖 번뇌와 분별이 소멸된 마음 상태.

삼법인(三法忍) 진리를 확실히 알아 거기에 안주하는 세 가지 방법. (1)음향인(音響忍). 부처의 음성을 듣고 진리를 확실히 알고 안주함. (2)유순인(柔順忍). 스스로 사유하여 진리를 확실히 알고 거기에 순응하고 안주함. (3)무생법인(無生法忍). 불생불멸(不生不滅)의 진리를 확실히 알고 안주함.

삼보(三寶) ⓢtri-ratna ⓢratna-traya 부처와, 부처의 가르침과, 그 가르침에 따라 수행하는 사람들의 집단. 곧, 불보(佛寶)와 법보(法寶)와 승보(僧寶).

삼보록(三寶錄) 역대삼보기(歷代三寶記)와 같음.

삼보리(三菩提) ①ⓢⓟsaṃbodhi의 음사. 정각(正覺)·등각(等覺)이라 번역. 바르고 원만한 깨달음이라는 뜻. 부처가 체득한 깨달음의 지혜·경지. ②세 가지 깨달음. 성문이 깨달은 성문보리(聲聞菩提)와 연각이 깨달은 연각보리(緣覺菩提)와 여러 부처가 깨달은 제불보리(諸佛菩提).

삼보물(三寶物) 불(佛)·법(法)·승(僧)의 삼보(三寶)에 소속된 물건.

삼보사찰(三寶寺刹) 영축산 통도사(通度寺)와 가야산 해인사(海印寺)와 조계산 송광사(松廣寺)를 일컬음. 통도사는 신라의 자장(慈藏)이 646년에 창건하면서 당(唐)에서 가지고 온 불사리(佛舍利)를 봉안함으로써 불보사찰(佛寶寺刹)이 되고, 해인사는 1398년(태조 7)에 강화도 선원사(禪源寺)에 있던 고려대장경을 옮겨와서 보관하고 있으므로 법보사찰(法寶寺刹)이 되고, 송광사는 국사(國師)의 칭호를 받은 16명의 고승을 배출함으로써 승보사찰(僧寶寺刹)이 됨.

삼보인(三寶印) 불법승보(佛法僧寶)의 네 자를 새긴 도장.

삼보타(三補吒) ⓢsaṃpuṭa의 음사. 두 손을 펴고 위로 세워서 틈이 조금 있게 서로 합친 허심합장(虛心合掌)을 말함.

삼보타

삼부(三部) 태장계만다라(胎藏界曼茶羅)의 여러 존(尊)을 세 부분으로 나눈 것. (1)불부(佛部). 대일여래(大日如來)의 깨달음과 그 지혜를 나타낸 부분. (2)금강부(金剛部). 여러 부처의 지혜를 나타낸 부분. (3)연화부(蓮華部). 부처의 대비(大悲)를 나타낸 부분.

삼부경(三部經) 어떤 가르침의 근본이 되는 세 가지 경전. ①법화삼부경(法華三部經). 무량의경(無量義經)·묘법연화경(妙法蓮華經)·관보현보살행법경(觀普賢菩薩行法經). ②미륵삼부경(彌勒三部經). 미륵상생경(彌勒上生經)·미륵하생경(彌勒下生經)·미륵대성불경(彌勒大成佛經). ③정토삼부경(淨土三部經). 무량수경(無量壽經)·관무량수경(觀無量壽經)·아미타경(阿彌陀經). ④대일삼부경(大日三部經). 대일경(大日經)·금강정경(金剛頂經)·소실지경(蘇悉地經).

삼부구전(三部舊典) 3베다(veda), 곧 리그베다(ṛg-veda)·사마베다(sāma-veda)·야주르베다(yajur-veda)를 말함.

삼부실(三不失) 삼불호(三不護)와 같음.

삼분과경(三分科經) 경전을 내용에 따라 나눈 세 단락. 곧, 머리말에 해당하는 서분(序分)과 본론에 해당하는 정종분(正宗分)과 그 경전의 뛰어남을 밝히고 널리 유통시키기를 권한 유통분(流通分).

삼분별(三分別) (1)자성분별(自性分別). 판단이나 추리 없이 대상을 직접 지각함. (2)계탁분별(計度分別). 대상을 구별하여 사유하고 판단함. (3)수념분별(隨念分別). 지나간 일을 기억해 냄.

삼불률저(三佛栗底) ⓢsaṃvṛti의 음사. 세속제(世俗諦)를 뜻함.

삼불선근(三不善根) 탐(貪)·진(瞋)·치(癡)를 말함. 이 세 가지 번뇌는 악행을 일으키는 근원이라는 뜻.

삼불선심(三不善尋) 심(尋)은 ⓢvitarka의 번역으로, 구역(舊譯)에서는 각(覺)이라 번역함. 삼각(三覺) ①과 같음.

삼불성(三佛性) 성불의 원인이 되는 세 가지 가능성. (1)정인불성(正因佛性). 성불의 직접 원인이 되는, 중생이 선천적으로 갖추고 있는 진리. (2)요인불성(了因佛性). 진리를 관조함으로써 드러나는 지혜. (3)연인불성(緣因佛性). 지혜를 일으키는 데 도움이 되는 모든 선행(善行).

삼불이(三不易) 진(晋)의 도안(道安, 314-385)이 제시한 것으로, 산스크리트 경전을 한문으로 번역할 때 쉽지 않은 세 가지. (1)경전은 그 시대의 언어와 풍속 등에 따라 설해졌는데, 언어와 풍속은 시대에 따라 변하는 것이므로 이를 극복하기가 쉽지 않음. (2)성인과 범부의 격차가 매우 크고, 또 먼 옛날에 설한 성인의 가르침을 아득한 후세의 범부에 맞추기가 쉽지 않음. (3)아난(阿難)이 제1차 결집(結集)에서 붓다의 가르침을 외울 때는 붓다의 입멸 직후였고, 더욱이 많은 성자들이 그것을 충분히 검토한 다음에 기록하였는데, 그 기록을 후세 사람의 천박한 지식으로 번역한다는 것이 쉽지 않음.

삼불타(三佛陀) ⓢsaṃbuddha의 음사. 원만한 깨달음을 성취한 사람.

삼불호(三不護) 부처의 신(身)·구(口)·의(意)는 청정하여 허물이 없기 때문에 감추어 보호할 필요가 없다는 뜻.

삼삼마지(三三摩地) 삼삼매(三三昧)와 같음.

삼삼매(三三昧) 삼매(三昧)는 ⓢⓟsamādhi의 음사로, 마음을 한곳에 집중하여 산란하지 않는 상태를 뜻함. ①(1)공삼매(空三昧). 모든 현상은 인연 따라 모이고 흩어지므로 거기에 불변하는 실체가 없다고 관조하는 삼매. (2)무상삼매(無相三昧). 대립적인 차별을 떠난 삼매. (3)무원삼매(無願三昧). 원하고 구하는 생각을 버린 삼매. ②(1)유각유관삼매(有覺有觀三昧). 개괄적으로 사유하는 마음 작용〔覺〕과 세밀하게 고찰하는 마음 작용〔觀〕이 있는 삼매. (2)무각유관삼매(無覺有觀三昧). 개괄적으로 사유하는 마음 작용은 소멸되고 세밀하게 고찰하는 마음 작용은 있는 삼매. (3)무각무관삼매(無覺無觀三昧). 개괄적으로 사유하는 마음 작용도 세밀하게 고찰하는 마음 작용도 소멸된 삼매. ③(1)분수삼매(分修三昧). 선정과 지혜 가운데 어느 하나만을 닦는 삼매. (2)공분수삼매(共分修三昧). 선정을 닦은 다음 지혜를 닦는 삼매. (3)성정삼매(聖正三昧). 선정과 지혜를 동시에 닦아 해탈에 이르는 삼매.

삼상(三相) ①여러 인연으로 생성되어 변해 가는 모든 현상의 세 가지 모습. (1)생상(生相). 여러 인연이 모여 생기는 모습. (2)주이상(住異相). 머물다가 변해 가는 모습. (3)멸상(滅相). 인연이 흩어져 소멸하는 모습. ②인명(因明)의 삼지작법(三支作法)에서, 주장 명제인 종(宗)을 내세우게 된 이유로서 제시된 인(因)이 갖추어야 할 세 가지 조건. 예를 들면, '말은 무상하다〔宗〕', '지어낸 것이기 때문이다〔因〕', '지어낸 모든 것은 무상하다. 예를 들면, 병(甁)과 같다〔喩〕'에서, 인(因)은 다음의 세 가지 조건을 갖추어야 함. (1)변시종법성(遍是宗法性). 인(因)은 모든 종(宗)의 술어〔宗法〕가 되어 종(宗)의 주어를 포함해야 함. (2)동품정유성(同品定有性). 모든 인(因)은 종(宗)의 술어와 같은 성질에 포함되어야 함. (3)이품변무성(異品遍無性). 인(因)은 종(宗)의 술어와 다른 성질에는 전혀 포함되지 않아야 함. ③삼세(三細)와 같음.

삼생(三生) ①(1)전생(前生). 이 세상에 태어나기 이전의 일생. (2)금생(今生). 이 세상에서의 일생. (3)후생(後生). 죽은 뒤에 다시 태어나서의 일생. ②화엄종에서 설하는, 성불

(成佛)에 이르는 세 단계. (1)견문생(見聞生). 전생(前生)에 부처를 만나 가르침을 듣고 성불할 바탕을 닦음. (2)해행생(解行生). 금생(今生)에 화엄경을 완전히 이해하고 원만한 수행을 함. (3)증입생(證入生). 내세(來世)에 깨달음을 이루어 부처의 경지에 듦.

삼선각(三善覺) 삼각(三覺) ②와 같음.

삼선근(三善根) 무탐(無貪)·무진(無瞋)·무치(無癡)를 말함. 이 세 가지는 선행을 일으키는 근원이라는 뜻.

삼선도(三善道) 착한 행위를 한 중생이 그 과보로 받는다고 하는 아수라·인간·천상의 생존.

삼선심(三善尋) 심(尋)은 ⓢvitarka의 번역으로, 구역(舊譯)에서는 각(覺)이라 번역함. 삼각(三覺) ②와 같음.

삼선취(三善趣) 삼선도(三善道)와 같음.

삼성(三性) ①의식에 형성되어 있는 현상의 세 가지 성질. (1)변계소집성(遍計所執性). 온갖 분별로써 마음 속으로 지어낸 허구적인 대상. 온갖 분별로 채색된 허구적인 차별상. (2)의타기성(依他起性). 온갖 분별을 잇달아 일으키는 인식 작용. (3)원성실성(圓成實性). 분별과 망상이 소멸된 상태에서 드러나는, 있는 그대로의 청정한 모습. ②모든 현상의 성질을 윤리적 측면에서 선(善)·악(惡)·무기(無記)로 나눈 것.

삼성각(三聖閣) 독성(獨聖)·칠성(七星)·산신(山神)을 함께 모신 사찰의 건물.

삼성공유종(三性空有宗) 징관(澄觀)의 교판(教判)에서, 변계소집성(遍計所執性)·의타기성(依他起性)·원성실성(圓成實性)에 실체가 없다는 가르침.

삼세(三世) 과거세·현재세·미래세, 또는 과거·현재·미래. ①지금 살고 있는 이 세상은 현재세, 이 세상에 태어나기 이전의 세상은 과거세, 죽은 뒤에 다시 태어날 세상은 미래세. ②1찰나를 현재, 그 앞을 과거, 그 뒤를 미래라고 함. ③지금은 현재, 지나간 때는 과거, 아직 오지 않은 때는 미래. ④겁(劫)을 단위로 하여 현겁(賢劫)을 현재, 장엄겁(莊嚴劫)을 과거, 성수겁(星宿劫)을 미래라고 함.

삼세(三細) 기신론에서 설하는, 무명(無明)에 의해 움직이는 마음의 세 가지 미세한 모습. (1)무명업상(無明業相). 무명에 의해 최초로 마음이 움직이지만 아직 주관과 객관의 구별이 없는 상태. (2)능견상(能見相). 마음의 움직임에 의해 일어나는 인식 주관. (3)경계상(境界相). 인식 주관의 작용으로 나타나는 객관.

삼세간(三世間) ①(1)중생세간(衆生世間). 생물들의 세계. (2)국토세간(國土世間). 생물들이 거주하는 자연 환경. (3)오온세간(五蘊世間). 중생세간과 국토세간은 색(色)·수(受)·상(想)·행(行)·식(識)의 작용에 지나지 않으므로 이와 같이 말함. ②(1)중생세간(衆生世間). 생물들의 세계. (2)기세간(器世間). 생물들이 거주하는 자연 환경. (3)지정각세간(智正覺世間). 중생세간과 기세간을 교화할 부처의 세계. ③상캬 철학에서, 천도(天道)·인도(人道)·수도(獸道)를 말함.

삼세불(三世佛) ①장엄겁(莊嚴劫)에 출현한 연등불(然燈佛)과 현겁(賢劫)에 출현한 석가모니불과 성수겁(星宿劫)에 출현할 미륵불. ②과거에 출현한 석가모니불과 현재 극락 정토에서 설법하고 있는 아미타불과 미래에 출현할 미륵불.

삼세실유법체항유(三世實有法體恒有) 모든 현상의 본체는 과거·현재·미래에 걸쳐 변하지 않으므로 영원히 소멸하지 않고 존재한다는 뜻.

삼세양중인과(三世兩重因果) 십이연기(十二緣起)를 태생학적으로 해석한 것으로, 열두 가지 가운데 무명(無明)·행(行)이 과거세의 2인(因)이 되어 식(識)·명색(名色)·육처(六處)·촉(觸)·수(受)라는 현재세의 5과(果)를 초래하고, 다시 애(愛)·취(取)·유(有)가 현재세의 3인(因)이 되어 생(生)·노사(老死)라는 미래세의 2과(果)를 초래하여 괴로운 생존을 되풀이 한다는 견해. 이는 삼세(三世)에 걸쳐 인과(因果)가 겹침으로 삼세양중인과(三世兩重因果)라고 함.
이 열두 가지 가운데 무명(無明)과 행(行)은 과거세의 번뇌와 선악의 행위, 식(識)은 수태(受胎)하는 찰나, 명색(名色)은 수태 후 약 1개월 사이, 육처(六處)는 태내(胎內)에서 눈·귀·코 등의 기관이 완성되는 단계, 촉(觸)은 출생하여 단순한 감각 작용을 일으키는 단계, 수(受)는 단순한 괴로움이나 즐거움을 느끼는 단계, 애(愛)는 재물이나 애욕에 집착하기 시작하는 단계, 취(取)는 집착이 증대하는 단계, 유(有)는 집착으로 그릇된 행위를 일으키는 단계, 생(生)은 미래세에 태어나는 단계, 노사(老死)는 미래세에 태어난 후 죽음에 이르기까지로 해석함.

삼세유(三世有) 과거·현재·미래에 걸쳐 변하지 않고 존재함.

삼세제불(三世諸佛) 과거세·현재세·미래세의 모든 부처.

삼세지(三世智) 과거·현재·미래에 통달한 부처의 지혜.

삼소단(三所斷) 삼단(三斷)과 같음.

삼소의(三所依) 마음〔心〕과 마음 작용〔心所〕이 일어나는 세 가지 의지처. (1)인연의(因緣依). 마음과 마음 작용이 일어나는 직접 원인인 아뢰야식(阿賴耶識)에 있는 각자의 종자. (2)증상연의(增上緣依). 마음·마음 작용과 동시에 있으면서, 그것의 의지처가 되고 그것에 도움을 주어 작용을 일으키게 하는 안근(眼根)·이근(耳根)·비근(鼻根)·설근(舌根)·신근(身根)·의근(意根)의 육근(六根). (3)등무간연의(等無間緣依). 간격 없이 찰나찰나에 연속되는 마음과 마음 작용에서, 뒤의 마음과 마음 작용을 일으키게 한 앞의 마음.

삼수(三修) 세 가지 수행 방법. ①(1)무상수(無常修). 모든 현상은 변한다고 주시함. (2)비락수(非樂修). 모든 현상은 괴로움이라고 주시함. (3)무아수(無我修). 모든 현상에는 불변하는 실체가 없다고 주시함. ②(1)상수(常修). 진리 그 자체는 변하지 않는다고 주시함. (2)낙수(樂修). 열반은 괴로움이 없는 평온한 상태라고 주시함. (3)아수(我修). 집착을 떠나 자유 자재하여 걸림이 없는 대아(大我)·진아(眞我)의 경지를 주시함.

삼수(三受) 외부의 자극으로 느끼는 세 가지 감수 작용. 괴로움을 느끼는 고수(苦受), 즐거움을 느끼는 낙수(樂受), 괴롭지도 즐겁지도 않은 사수(捨受).

삼승(三乘) Ⓢtri-yāna 승(乘)은 중생을 깨달음으로 인도하는 부처의 가르침이나 수행법을 뜻함. 부처가 중생의 능력이나 소질에 따라 설한 세 가지 가르침. ①(1)성문승(聲聞乘). 성문을 깨달음에 이르게 하는 부처의 가르침. 성문의 목표인 아라한(阿羅漢)의 경지에 이르게 하는 부처의 가르침. 성문의 수행법. (2)연각승(緣覺乘). 연기(緣起)의 이치를 주시하여 깨달은 연각에 대한 부처의 가르침. 연각의 경지에 이르게 하는 부처의 가르침. 연각에 이르는 수행법. (3)보살승(菩薩乘). 깨달음을 구하면서 중생을 교화하는 수행으로 미래에 성불(成佛)할 보살을 위한 부처의 가르침. 자신도 깨달음을 구하고 남도 깨달음으로 인도하는 자리(自利)와 이타(利他)를 행하는 보살을 위한 부처의 가르침. ②(1)소승(小乘). 자신의 깨달음만을 구하는 수행자를 위한 부처의 가르침. 자신의 해탈만을 목표로 하는 성문(聲聞)·연각(緣覺)에 대한 부처의 가르침. (2)대승(大乘). 자신도 깨달음을 구하고 남도 깨달음으로 인도하는 수행자를 위한 부처의 가르침. 깨달음을 구하면서 중생을 교화하는 보살에 대한 부처의 가르침. (3)일승(一乘). 깨달음에 이르게 하는 오직 하나의 궁극적인 부처의 가르침. ③(1)천승(天乘). 색계(色界)의 네 선정(禪定), 곧 사선(四禪)에 대한 가르침. (2)범승(梵乘). 자(慈)·비(悲)·희(喜)·사(捨)의 사무량심(四無量心)에 대한 가르침. (3)성승(聖乘). 팔정도(八正道)에 대한 가르침.

삼승공십지(三乘共十地) 십지(十地)와 같음. 성문·연각·보살의 삼승이 공통으로 닦는 수행 단계라는 뜻.

삼승별교(三乘別教) 오시교(五時教)의 하나. 성문(聲聞)을 위해 사제(四諦)를 설하고, 연각(緣覺)에 이르게 하기 위해 십이인연(十二因緣)을, 보살(菩薩)에 이르게 하기 위해 육도(六度)를 설한 가르침, 곧 아함경의 가르침을 말함.

삼승부정성(三乘不定性) 부정성(不定性)과 같음.

삼승통교(三乘通教) 오시교(五時教)의 하나. 성문·연각·보살의 삼승(三乘)에게 공통되는 가르침, 곧 반야경의 가르침을 말함.

삼시(三時) ①붓다가 입멸한 후 불법(佛法)의 성쇠를 나타내는 시대 구분. (1)정법(正法). 불법이 바르게 행해져 가르침과 수행자와 깨달음을 이루는 자가 있는 시기. (2)상법(像法). 정법과 비슷하다는 뜻. 가르침과 수행자는 있어도 깨달음을 이루는 자가 없는 시기. (3)말법(末法). 불법이 쇠퇴하여 오직 가르침만 있고 수행자도 깨달음을 이루는 자도 없는 시기. 각각의 기간에 대해서는 여러 설이 있는데 흔히 정법은 500년, 상법은 1,000년, 말법은 10,000년이라 함. ②고대 인도에서 1년을 기후에 따라 세 기간으로 나누어, 음력 1월 16일부터 5월 15일까지의 무더운 기간을 열시(熱時), 5월 16일부터 9월 15일까지의 장마철을 우시(雨時), 9월 16일부터 1월 15일까지의 추운 기간을 한시(寒時)라고 함. 그러나 각 기간의 월(月)에 대해서는 여러 설이 있음.

삼시(三施) 세 가지 보시(布施). 남에게 재물을 베푸는 재시(財施), 남에게 부처의 가르침을 베푸는 법시(法施), 남을 여러 가지 두려움에서 벗어나게 해 주는 무외시(無畏施).

삼시교(三時教) 법상종에서, 세존이 설한 가르침의 단계를 세 시기로 나눈 것. (1)유교(有教). 모든 현상은 인연의 화합에 지나지 않으므로 거기에 불변하는 실체가 없지만, 그 현상을 구성하는 요소는 변하지 않는 실체라는 아함경의 가르침. (2)공교(空教). 모든 현상의 본성에는 본래부터 불변하는 실체가 없다는 반야경의 가르침. (3)중도교(中道教). 유(有)와 공(空)을 동시에 드러내어 어느 한쪽에 치우치지 않는 해심밀경·화엄경의 가르침.

삼시도(三示導) 삼종시도(三種示導)와 같음.

삼시업(三時業) 현생에서 지은 선악의 행위를 장차 받을 과보의 시기에 따라 세 가지로 나눈 것. (1)순현법수업(順現法受業). 현생에서 지은 선악의 행위에 대한 과보를 현생에서 받는 것. (2)순차생수업(順次生受業). 현생에서 지은 선악의 행위에 대한 과보를 다음 생(生)에서 받는 것. (3)순후차수업(順後次受業). 현생에서 지은 선악의 행위에 대한 과보를 다음 생(生) 이후에서 받는 것.

삼시현(三示現) 부처가 중생을 위해 몸과 뜻과 말로 행하는 세 가지 활동. (1)여의족시현(如意足示現). 몸으로 불가사의한 변화를 나타내어 바른 믿음을 갖게 함. (2)점념시현(占念示現). 중생의 생각을 자세히 살펴 그에 따라 교화함. (3)교훈시현(教訓示現). 교법을 설하고 훈계하여 중생을 수행하게 함.

삼신(三身) 부처의 세 가지 유형. ①(1)법신(法身). 진리 그 자체, 또는 진리를 있는 그대로 드러낸 우주 그 자체. 비로자나불과 대일여래가 여기에 해당함. (2)보신(報身). 중생을 위해 서원을 세우고 거듭 수행한 결과, 깨달음을 성취한 부처. 아미타불과 약사여래가 여기에 해당함. (3)응신(應身). 때와 장소와, 중생의 능력이나 소질에 따라 나타나 그들을 구제하는 부처. 석가모니불을 포함한 과거불과 미륵불이 여기에 해당함. ②(1)자성신(自性身). 저절로 존재하는 진리 그 자체, 또는 그 진리를 있는 그대로 드러낸 우주 그 자체. (2)수용신(受用身). 깨달음의 경지를 되새기면서 스스로 즐기고, 또 그 경지를 중생들에게 설하여 그들을 즐겁게 하는 부처. (3)변화신(變化身). 중생을 구제하기 위해 변화하여 나타나는 부처.
이 삼신(三身)의 명칭과 분류, 각각의 해석에 대해서는 경론(經論)에 여러 가지 설이 있어 일정하지 않음.

삼신불(三身佛) 삼신(三身)과 같음.

삼십본산(三十本山) ⇒ 삼십일본산(三十一本山)

삼십사심(三十四心) 팔인(八忍)·팔지(八智)와 구무간도(九無間道)·구해탈도(九解脫道)의 마음 작용.

삼십삼과(三十三過) 인명(因明)에서, 종(宗)·인(因)·유(喩)의 세 부분으로 되어 있는 삼지작법(三支作法)에서 저지르는 서른세 가지 오류로서, 종구과(宗九過)·인십사과(因十四過)·유십과(喩十過)를 통틀어 일컬음. 〔1〕종구과(宗九過). 주장 명제인 종(宗)의 아홉 가지 오류. (1)현량상위과(現量相違過). 직접 지각에 어긋나는 종(宗)을 내세우는 오류. 예를 들면, '말은 들리는 것이 아니다', '불은 뜨겁지 않다'라고 주장하는 경우. (2)비량상위과(比量相違過). 추리에 어긋나는 종(宗)을 내세우는 오류. 예를 들면, '병(甁)은 영원히 변하지 않는다'라고 주장하는 경우. (3)자교상위과(自教相違過). 자신이 소속된 학파의 교리에 어긋나는 종(宗)을 내세우는 오류. 예를 들면, 바이셰시카 학도가 '말은 영원히 변하지 않는다'라고 주장하는 경우. 바이셰시카 학파에서는 말은 습관적으로 결정된 것으로 변한다고 주장함. (4)세간상위과(世間相違過). 세간의 상식이나 풍습에 어긋나는 종(宗)을 내세우는 오류. 예를 들면, '바라문은 술을 마셔도 좋다'라고 주장하는 경우. (5)자어상위과(自語相違過). 자신의 말에 모순을 포함하는 오류. 종(宗)의 주어와 술어가 서로 상반되는 오류. 예를 들면, '나의 어머니는 석녀(石女)이다'라고 주장하는 경우. (6)능별불극성과(能別不極成過). 종(宗)의 술어를 상대편이 인정하지 않는 오류. 예를 들면, 불교도가 상캬 학도에게 '말은 소멸해 버린다'라고 주장하는 경우. 상캬 학파에서는 모든 사물은 프라크리티(ⓢprakṛti)에서 나온 것으로 변화는 하지만 소멸하지는 않는다고 주장함. (7)소별불극성과(所別不極成過). 종(宗)의 주어를 상대편이 인정하지 않는 오류. 예를 들면, 상캬 학도가 불교도에게 '아트만(ⓢātman)은 정신적인 것이다'라고 주장하는 경우. 불교에서는 아트만을 인정하지 않음. (8)구불극성과(俱不極成過). 종(宗)의 주어와 술어를 모두 상대편이 인정하지 않는 오류. 예를 들면, 바이셰시카 학도가 불교도에게 '아트만은 실체이다'라고 주장하는 경우. 불교에서는 아트만과 실체를 인정하지 않음. (9)상부극성과(相符極成過). 종(宗)의 주어와 술어가 당연히 서로 부합되어 있기 때문에 종(宗)으로 내세울 필요가 없는 무의미한 주장. 예를 들면, '말은 들리는 것이다'라고 하는 경우. 〔2〕인십사과(因十四過). 종(宗)을 내세우게 된 이유로서 제시한 인(因)의 열네 가지 오류. (1)양구불성과(兩俱不成過). 주장자와 반론자의 어느 입장에서 보아도 인(因)이 종(宗)의 주어와 전혀 관계없는 오류. 예를 들면, '말은 무상하다'라고 하는 종(宗)에 대하여 '눈으로 보이기 때문이다〔因〕'라고 하는 경우. (2)수일불성과(隨一不成過). 주장자와 반론자 가운데 어느 한쪽이 인정하지 않는 이유를 제시하는 오류라는 뜻이지만, 실제 논쟁에서 주장자가 인정하지 않는 이유를 자신이 제시한다는 것은 있을 수 없는 일이므로 반론자가 인정하지 않는 이유를 제시하는 오류를 의미함. 예를 들면, 불교도가 미맘사 학도에게 '말은 무상하다' '지어낸 것이기 때문이다'라고 하는 경우. 미맘사 학파에서는 말은 지어낸 것이 아니라 원래부터 존재하며 가끔 발성에 의해 드러난다고 주장함. (3)유예불성과(猶豫不成過). 제시한 이유가 의심스러운 오류. 예를 들면, 저 산에 있는 것이 안개인지 연기인지 의심스러운데도 '저 산에 불이 있다〔宗〕', '연기가 있기 때문이다〔因〕'라고 하는 경우. (4)소의불성과(所依不成過). 종(宗)의 주어를 반론자가 인정하지 않음으로써 인(因)이 성립되지 않는 오류. 예를 들면, '허공은 실체이다〔宗〕', '모든 성질의 의지처이기 때문이다〔因〕'라고 하는 경우, 허공의 존재를 인정하지 않는 반론자에게는 인(因)이 성립되지 않음. (5)공부정과(共不定過). 인(因)이 종(宗)의 술어와 같은 성질에도 관계하고 다른 성질에도 관계하는 오류. 예를 들면, '말은 무상하다'라는 종(宗)에 대하여 '인식의 대상이기 때문이다〔因〕'라고 하는 경우, 인식의 대상은 상·무상에 관계하므로 인(因)이 성립되지 않음. (6)불공부정과(不共不定過). 인(因)이 종(宗)의 술어와 같은 성질에도 전혀 관계하지 않고 다른 성질에도 전혀 관계하지 않는 오류. 예를 들면, '말은 영원히 소멸하지 않는다'라는 종(宗)에 대하여 '청각의 대상이기 때문이다〔因〕'라고 하는 경우, 청각의 대상이라는 이유는 소멸·불멸과는 전혀 관계가 없으므로 인(因)이 성립되지 않음. (7)동품일분전이품변전부정과(同品一分轉異品遍轉不定過). 인(因)이 종(宗)의 술어와 같은 성질 일부분에 관계하고 다른 성질에는 전체에 관계하는 오류. 예를 들면, '그는 여자이다'라는 종(宗)에 대하여 '애를 낳지 못하기 때문이다〔因〕'라고 하는 경우, 인(因)은 석녀(石女)에만 관계하고 남자에는 전체에 관계하므로 인(因)이 성립되지 않음. (8)이품일분전동품변전부정과(異品一分轉同品遍轉不定過). 인(因)이 종(宗)의 술어와 다른 성질 일부분에 관계하고 같은 성질에는 전체에 관계하는 오류. 예를 들면, '그는 남자이다'라는 종(宗)에 대하여 '애를 낳지 못하기 때문이다〔因〕'라고 하는 경우, 인(因)은 여자 가운데 석녀(石女)에 관계하고 남자에는 전체에 관계하므로 인(因)이 성립되지 않음. (9)구품일분전부정과(俱品一分轉不定過). 인(因)이 종(宗)의 술어와 같은 성질 일부분에도 관계하고 다른 성질 일부분에도 관계하는 오류. 예를 들면, '그는 남자이다'라는 종(宗)에 대하여 '마라톤

삼십삼과

선수이기 때문이다〔因〕'라고 하는 경우, 인(因)은 남자 일부분에도 관계하고 또 여자 일부분에도 관계하므로 인(因)이 성립되지 않음. (10)상위결정부정과(相違決定不定過). 두 사람이 서로 어긋나는 인(因)과 유(喩)로써 서로 어긋나는 종(宗)을 논증하는데, 그 인(因)과 유(喩)가 서로 정당하기 때문에 상대편의 종(宗)을 논파할 수 없는 논법. 예를 들면, '말은 무상하다〔宗〕, 지어낸 것이기 때문이다〔因〕, 예를 들면, 병(甁)이 그러하다〔喩〕'라는 논법과 '말은 상주한다, 들리는 것이기 때문이다, 예를 들면, 말의 본성이 그러하다'라는 논법의 경우, 서로 어긋나지만 상대편의 주장을 논파할 수 없음. (11)법자상상위인과(法自相相違因過). 인(因)이 종(宗)의 술어 그 자체의 뜻에 어긋나는 오류. 예를 들면, '말은 상주한다'라는 종(宗)에 대하여 '지어낸 것이기 때문이다〔因〕'라고 하는 경우. (12)법차별상위인과(法差別相違因過). 인(因)이 종(宗)의 술어에 숨어 있는 뜻에 어긋나는 오류. (13)유법자상상위인과(有法自相相違因過). 인(因)이 종(宗)의 주어 그 자체의 뜻에 어긋나는 오류. (14)유법차별상위인과(有法差別相違因過). 인(因)이 종(宗)의 주어에 숨어 있는 뜻에 어긋나는 오류. 〔3〕유십과(喩十過). 종(宗)을 내세우게 된 근거로 제시한 구체적인 예(例)인 유(喩)의 열 가지 오류. (1)능립법불성과(能立法不成過). 동유(同喩)의 구체적인 예(例)가 인(因)과 같은 성질이 아닌 오류. 예를 들면, '말은 상주한다〔宗〕', '형체가 없기 때문이다〔因〕', '형체가 없는 모든 것은 상주한다. 예를 들면, 극미(極微)와 같다〔同喩〕'라고 하는 경우, 극미는 형체가 없지 않으므로 인(因)의 구체적인 예(例)가 되지 못함. (2)소립법불성과(所立法不成過). 동유(同喩)의 구체적인 예(例)가 종(宗)의 술어와 같은 성질이 아닌 오류. 예를 들면, '말은 상주한다〔宗〕', '형체가 없기 때문이다〔因〕', '형체가 없는 모든 것은 상주한다. 예를 들면, 정신 기능과 같다〔同喩〕'라고 하는 경우, 정신 기능은 무상하므로 종(宗)의 술어에 대한 구체적인 예(例)가 되지 못함. (3)구불성과(俱不成過). 동유(同喩)의 구체적인 예(例)가 종(宗)의 술어와 같은 성질도 아니고 또 인(因)과 같은 성질도 아닌 오류. 예를 들면, '말은 상주한다〔宗〕', '형체가 없기 때문이다〔因〕', '형체가 없는 모든 것은 상주한다. 예를 들면, 병(甁)과 같다〔同喩〕'라고 하는 경우, 병은 무상하고 형체가 없지 않으므로 종(宗)의 술어와 인(因)의 구체적인 예(例)가 되지 못함. (4)무합과(無合過). 동유(同喩)에 유체(喩體)를 첨가하지 않은 오류. 예를 들면, '말은 무상하다〔宗〕', '지어낸 것이기 때문이다〔因〕', '지어낸 모든 것은 무상하다〔喩體〕. 예를 들면, 병(甁)과 같다〔喩依〕'라는 논법이 합작법(合作法)인데, 여기에 유체를 첨가하지 않음으로써 종(宗)과 인(因)이 결합되지 않은 경우. (5)도합과(倒合過). 동유(同喩)의 유체(喩體)를 합작법(合作法)에 따라 '지어낸 모든 것은 무상하다〔先因後宗〕'라고 해야 할 것을 순서를 뒤바꾸어 '무상한 모든 것은 지어낸 것이다〔先宗後因〕'라고 하는 오류. (6)능립불견과(能立不遣過). 이유(異喩)의 구체적인 예(例)가 인(因)과 다른 성질이 아닌 오류. 예를 들면, '말은 상주한다〔宗〕', '형체가 없기 때문이다〔因〕', '형체가 없는 모든 것은 상주한다, 예를 들면, 허공과 같다〔同喩〕', '무상한 모든 것은 형체가 있다, 예를 들면, 업(業)과 같다〔異喩〕'라고 하는 경우, 업은 형체가 없으므로 인(因)과 상반되지 않음. (7)소립불견과(所立不遣過). 이유(異喩)의 구체적인 예(例)가 종(宗)의 술어와 다른 성질이 아닌 오류. 예를 들면, '말은 상주한다〔宗〕', '형체가 없기 때문이다〔因〕', '형체가 없는 모든 것은 상주한다, 예를 들면, 허공과 같다〔同喩〕', '무상한 모든 것은 형체가 있다, 예를 들면, 극미(極微)와 같다〔異喩〕'라고 하는 경우, 극미는 상주한다는 뜻으로 사용되었으므로 종(宗)의 술어와 상반되지 않음. (8)구불견과(俱不遣過). 이유(異喩)의 구체적인 예(例)가 종(宗)의 술어와 다른 성질도 아니고 또 인(因)과 다른 성질도 아닌 오류. 예를 들면, '말은 상주한다〔宗〕', '형체가 없기 때문이다〔因〕', '무상한 모든 것은 형체가 있다, 예를 들면, 허공과 같다〔異喩〕'라고 하는 경우, 허공은 종(宗)의 술어와도 상반되지 않고 인(因)과도 상반되지 않음. (9)불리과(不離過). 이유(異喩)에 유체(喩體)를 첨가하지 않은 오류. 예를 들면, '말은 무상하다〔宗〕', '지어낸 것이기 때문이다〔因〕', '상주하는 모든 것은 지어낸 것이 아니다〔喩體〕. 예를 들면, 허공과 같다〔喩依〕' 라는 논법이 이작법(離作法)인데, 여기에 유체를 첨가하지 않음으로써 종(宗)과 인(因)이 격리되지 않은 경우. (10)도리과(倒離過). 이유(異喩)의 유체(喩體)를 이작법(離作法)에 따라 '상주하는 모든 것은 지어낸 것이 아니다〔先宗後因〕'라고 해야 할 것을 순서를 뒤바꾸어 '지어내지 않은 모든 것은 상주한다〔先因後宗〕'라고 하는 오류.

삼십삼조사(三十三祖師) 석가모니가 입멸한 후, 불법(佛法)이 이심전심(以心傳心)으로 전승되어 온 인도의 28조(祖)와 중국의 혜가(慧可)·승찬(僧璨)·도신(道信)·홍인(弘忍)·혜능(慧能)을 일컬음.

삼십삼천(三十三天) 천(天)은 신(神)을 뜻함. 수미산 정상에 있는 도리천의 33신(神)들. 중앙에 왕인 제석(帝釋)이 있고 사방의 봉우리에 각각 8신(神)이 있어 33신. 또는 33신들이 사는 도리천을 말함.

삼십이대인상(三十二大人相) 삼십이상(三十二相)과 같음.

삼십이대장부상(三十二大丈夫相) 삼십이상(三十二相)과 같음.

삼십이상(三十二相) 부처가 갖추고 있다는 서른두 가지 뛰어난 신체의 특징. 고대 인도의 신화에 나오는 전륜성왕이 갖추고 있는 신체의 특징을 불교에서 채용한 것임. 각각의 특징에 대해서는 여러 설이 있는데, 그 중 대지도론(大智度論) 4권의 것을 소개함. (1)족하안평립상(足下安平立相). 발바닥이 평평하여 서 있기에 편함. (2)족하이륜상(足下二輪相). 발바닥에 두 개의 바퀴 모양의 무늬가 있음. (3)장지상(長指相). 손가락이 길. (4)족근광평상(足跟廣平相). 발꿈치가 넓고 평평함. (5)수족지만망상(手足指縵網相). 손가락과 발가락 사이에 비단 같은 막이 있음. (6)수족유연상(手足柔軟相). 손발이 부드러움. (7)족부고만상(足趺高滿相). 발등이 높고 원만함. (8)이니연천상(伊泥延腨相). 이니연(伊泥延)은 ⓢaiṇeya의 음사로 사슴 이름. 장딴지가 이니연과 같음. (9)정립수마슬상(正立手摩膝相). 팔을 펴면 손이 무릎까지 내려감. (10)음장상(陰藏相). 음경이 몸 안에 감추어져 있음. (11)신광장등상(身廣長等相). 신체의 가로 세로가 같음. (12)모상향상(毛上向相). 털이 위로 향해 있음. (13)일일공일모생상(一一孔一毛生相). 털구멍마다 하나의 털이 있음. (14)금색상(金色相). 몸이 금빛임. (15)장광상(丈光相). 몸에서 나오는 빛이 두루 비춤. (16)세박피상(細薄皮相). 피부가 부드럽고 얇음. (17)칠처륭만상(七處隆滿相). 두 발바닥과 두 손바닥, 두 어깨와 정수리가 두텁고 풍만함. (18)양액하륭만상(兩腋下隆滿相). 두 겨드랑이가 두텁고 풍만함. (19)상신여사자상(上身如師子相). 상반신이 사자와 같음. (20)대직신상(大直身相). 신체가 크고 곧음. (21)견원만상(肩圓滿相). 어깨가 원만함. (22)사십치상(四十齒相). 치아가 마흔 개임. (23)치제상(齒齊相). 치아가 가지런함. (24)아백상(牙白相). 어금니가 흼. (25)사자협상(師子頰相). 뺨이 사자와 같음. (26)미중득상미상(味中得上味相). 맛 중에서 가장 좋은 맛을 느낌. (27)

대설상(大舌相). 혀가 큼. (28)범성상(梵聲相). 음성이 맑음. (29)진청안상(眞青眼相). 눈동자가 검푸름. (30)우안첩상(牛眼睫相). 속눈썹이 소와 같음. (31)정계상(頂髻相). 정수리가 상투 모양으로 돋아나 있음. (32)백모상(白毛相). 두 눈썹 사이에 흰 털이 있음.

삼십이상원(三十二相願) 사십팔원(四十八願)의 하나. 아미타불이 법장비구(法藏比丘)였을 때 세운 서원으로, 정토의 중생은 모두 삼십이상을 갖추도록 하겠다는 맹세.

삼십일본산(三十一本山) 일제 강점기 때 조선총독부에서 한반도의 전국 사찰을 31개 교구(教區)로 나누어 본산을 두었던 제도. 1911년에는 삼십본산(三十本山)이었으나 1924년에 구례 화엄사(華嚴寺)가 본산으로 승격됨. 그 본산은 다음과 같음.
서울 봉은사(奉恩寺), 남양주 봉선사(奉先寺), 화성 용주사(龍珠寺), 강화 전등사(傳燈寺), 보은 법주사(法住寺), 공주 마곡사(麻谷寺), 완주 위봉사(威鳳寺), 금산 보석사(寶石寺), 장성 백양사(白羊寺), 순천 송광사(松廣寺), 순천 선암사(仙巖寺), 해남 대흥사(大興寺), 문경 김룡사(金龍寺), 의성 고운사(孤雲寺), 영천 은해사(銀海寺), 대구 동화사(桐華寺), 경주 기림사(祇林寺), 합천 해인사(海印寺), 양산 통도사(通度寺), 부산 범어사(梵魚寺), 고성 건봉사(乾鳳寺), 고성 유점사(楡岾寺), 평창 월정사(月精寺), 안변 석왕사(釋王寺), 함흥 귀주사(歸州寺), 평원 법흥사(法興寺), 신천 패엽사(貝葉寺), 황주 성불사(成佛寺), 평양 영명사(永明寺), 영변 보현사(普賢寺), 구례 화엄사(華嚴寺).

삼십칠도품(三十七道品) 삼십칠보리분법(三十七菩提分法)과 같음.

삼십칠보리분법(三十七菩提分法) 깨달음에 이르기 위한 서른일곱 가지 수행법. 〔1〕사염처(四念處). 네 가지 마음챙김. (1)신염처(身念處). 신체를 있는 그대로 통찰하여 마음챙김. (2)수염처(受念處). 느낌이나 감정을 있는 그대로 통찰하여 마음챙김. (3)심염처(心念處). 마음을 있는 그대로 통찰하여 마음챙김. (4)법염처(法念處). 모든 현상을 있는 그대로 통찰하여 마음챙김. 〔2〕사정근(四正勤). 네 가지 바른 노력. (1)단단(斷斷). 이미 생긴 악을 끊으려고 노력함. (2)율의단(律儀斷). 아직 생기지 않은 악은 미리 방지함. (3)수호단(隨護斷). 아직 생기지 않은 선은 생기도록 노력함. (4)수단(修斷). 이미 생긴 선은 더욱 커지도록 노력함. 〔3〕사신족(四神足). 신통(神通)을 얻기 위한 뛰어난 선정(禪定)에 드는 네 가지 기반. (1)욕신족(欲神足). 신통을 얻기 위한 뛰어난 선정에 들기를 원함. (2)정진신족(精進神足). 신통을 얻기 위한 뛰어난 선정에 들려고 노력함. (3)심신족(心神足). 신통을 얻기 위한 뛰어난 선정에 들려고 마음을 가다듬음. (4)사유신족(思惟神足). 신통을 얻기 위한 뛰어난 선정에 들려고 사유하고 주시함. 〔4〕오근(五根). 근(根)은 능력이라는 뜻. 미혹에서 깨달음으로 나아가는 다섯 가지 능력으로, 믿음·정진·마음챙김·선정·지혜. 〔5〕오력(五力). 오근이 실제로 활동하는 구체적인 힘. 곧, 오근은 능력이며 오력은 그 능력의 활동임. 오근과 같이 믿음·정진·마음챙김·선정·지혜이며, 오근보다 진전된 수행 단계. 〔6〕칠각지(七覺支). 깨달음에 이르는 일곱 가지 갈래. (1)염각지(念覺支). 가르침을 명심하여 마음챙김. (2)택법각지(擇法覺支). 지혜로써 바른 가르침만을 선택하고 그릇된 가르침은 버림. (3)정진각지(精進覺支). 바른 가르침을 사유하면서 수행함. (4)희각지(喜覺支). 정진하는 수행자에게 평온한 기쁨이 생김. (5)경안각지(輕安覺支). 평온한 기쁨이 생긴 수행자의 몸과 마음이 경쾌해짐. (6)정각지(定覺支). 몸이 경쾌한 수행자가 정신을 집중·통일시킴. (7)사각지(捨覺支). 집중·통일된 마음을 평등하게 잘 응시함. 〔7〕팔정도(八正道). 괴로움의 소멸에 이르는 여덟 가지 바른 길. (1)정견(正見). 바른 견해로. 연기와 사제에 대한 지혜. (2)정사유(正思惟). 바른 생각. 곧, 번뇌에서 벗어난 생각, 노여움이 없는 생각, 남에게 해를 끼치지 않는 생각 등. (3)정어(正語). 바른 말. 거짓말, 남을 헐뜯는 말, 거친 말, 쓸데없는 잡담 등을 삼가함. (4)정업(正業). 바른 행위. 살생이나 도둑질 등 문란한 행위를 하지 않음. (5)정명(正命). 바른 생활. 정당한 방법으로 적당한 의식주를 구하는 생활. (6)정정진(正精進). 바른 노력. 이미 생긴 악은 없애려고 노력하고, 아직 생기지 않은 악은 미리 방지하고, 아직 생기지 않은 선은 생기도록 노력하고, 이미 생긴 선은 더욱 커지도록 노력함. (7)정념(正念). 바른 마음챙김. 신체, 느낌이나 감정, 마음, 모든 현상을 있는 그대로 통찰하여 마음챙김. (8)정정(正定). 바른 집중. 마음을 하나의 대상에 집중·통일시킴으로써 마음을 가라앉힘.

삼십칠조도품(三十七助道品) 삼십칠보리분법(三十七菩提分法)과 같음.

삼십칠품(三十七品) 삼십칠보리분법(三十七菩提分法)과 같음.

삼십칠품경(三十七品經) 경(經)은 간단하게 정리한 가르침이라는 뜻. 삼십칠보리분법(三十七菩提分法)과 같음.

삼아승기겁(三阿僧祇劫) 아승기(阿僧祇)는 ⓢasaṃkhya의 음사로, 헤아릴 수 없이 많은 수. 겁(劫)은 ⓢkalpa의 음사로, 지극히 긴 시간. 보살이 수행하여 성불에 이르기까지의 매우 긴 기간을 말함.

삼악(三惡) 삼악도(三惡道)의 준말.

삼악도(三惡道) 악한 일을 저지른 중생이 그 과보로 받는다고 하는 지옥·아귀·축생의 생존.

삼악취(三惡趣) 삼악도(三惡道)와 같음.

삼악행(三惡行) 몸과 입과 마음으로 짓는 그릇된 행위와 말과 생각. 나쁜 과보를 받을 그릇된 행위와 말과 생각.

삼안(三眼) 가려져 있지 않은 형상만을 보는 육안(肉眼), 가려져 있는 형상도 볼 수 있는 천안(天眼), 형상과 마음을 모두 볼 수 있는 혜안(慧眼) 또는 성혜안(聖慧眼).

삼애(三愛) 갈애(渴愛)를 세 가지로 나눈 것. 감각적인 쾌락을 탐하는 욕애(欲愛), 내세의 생존에 애착하는 유애(有愛), 허무에 얽매이거나 집착하는 무유애(無有愛).

삼야삼보(三耶三菩) 삼먁삼보리(三藐三菩提)와 같음.

삼야삼불(三耶三佛) 삼먁삼불타(三藐三佛陀)와 같음.

삼야삼불단(三耶三佛檀) 삼먁삼불타(三藐三佛陀)와 같음.

삼업(三業) ①몸과 입과 마음으로 짓는 행위와 말과 생각. (1)신업(身業). 몸으로 짓는 동작·행위. (2)구업(口業). 입으로 짓는 말. (3)의업(意業). 무엇을 하려는 생각·뜻·의지·마음 작용. ②고(苦)·낙(樂)·불고불락(不苦不樂)의 과보를 받을 세 가지 업(業). (1)순고수업(順苦受業). 괴로움의 과보를 받을 욕계의 모든 악업(惡業). (2)순락수업(順樂受業). 즐거움의 과보를 받을 욕계에서 색계 제삼선천(第三禪天)까지의 선업(善業). (3)순불고불락수업(順不苦不樂受業). 괴로움과 즐거움의 과보를 받지 않을 색계 제사선천(第四禪天) 이상의 선업(善業). ③현생에서 지은 선악의 행위를 장차 받을 과보의 시기에 따라 세 가지로 나눈 것. (1)순현법수업(順現法受業). 현생에서 지은 선악의 행위에 대한 과보를 현생에서 받는 것. (2)순차생수업(順次生受業). 현생에서 지은 선악의 행위에 대한 과보를 다음 생(生)에서 받는 것. (3)순후차수업(順後次受業). 현생에서 지은 선악의 행위에 대한 과보를 다음 생(生) 이후에서 받는 것. ④과보에 따라 나눈 세 가지 업(業). (1)복업(福業). 행복한 과보를 받을 욕계의 선업(善業). (2)비복업(非福業). 불행한 과보를 받을 욕계의 악업(惡業). (3)부동업(不動業). 선정(禪定)의 단계에 따라 반드시 그 단계의 과보를 받을 색계·무색계의 선업(善業). ⑤일어나는 원인에 따라 나눈 세 가지 업(業). (1)곡업(曲業). 아첨에서 일어나는 행위와 말과 생각. (2)예업(穢業). 노여움에서 일어나는 행위와 말과 생각. (3)탁업(濁業). 탐욕에서 일어나는 행위와 말과 생각.

삼업공양(三業供養) 몸으로 부처에게 예배하고, 입으로 부처의 공덕을 찬탄하고, 마음으로 부처의 모습을 떠올리는 일.

삼업불이문(三業不二門) 십불이문(十不二門)의 하나. 부처는 행위와 말과 생각의 삼업으로 중생을 교화하는데, 그 삼업은 중생이 본래 갖추고 있는 삼업과 다르지 않음.

삼열반(三涅槃) 천태종에서 설하는 세 가지 열반. (1)성정열반(性淨涅槃). 오염과 청정을 떠난 모든 현상의 있는 그대로의 본성. (2)원정열반(圓淨涅槃). 지혜로써 모든 번뇌를 소멸시킨 상태. (3)방편정열반(方便淨涅槃). 부처가 중생을 구제하기 위해 일시적으로 나타났다가 인연이 다하여 소멸한 상태.

삼염주(三念住) ①어떠한 경우에도 동요하지 않고 바른 기억과 바른 지혜에 안주하는 부처의 경지를 세 가지로 나눈 것. (1)제일염주(第一念住). 중생의 공경을 받아도 기뻐하지 않고 바른 기억과 바른 지혜에 안주함. (2)제이염주(第二念住). 중생의 공경을 받지 않아도 근심하지 않고 바른 기억과 바른 지혜에 안주함. (3)제삼염주(第三念住). 어떤 중생에게는 공경 받고 어떤 중생에게는 공경 받지 않아도 기뻐하거나 근심하지 않고 바른 기억과 바른 지혜에 안주함. ②사염처(四念處) 각각의 본질을 세 가지로 나눈 것. (1)자성염주(自性念住). 신(身)·수(受)·심(心)·법(法)을 주시하는 문혜(聞慧)·사혜(思慧)·수혜(修慧). (2)상잡염주(相雜念住). 지혜와 함께 하는 마음과 그 작용. (3)소연염주(所緣念住). 지혜의 대상이 되는 신(身)·수(受)·심(心)·법(法).

삼염처(三念處) 삼염주(三念住)와 같음.

삼우(三愚) 1622-1684. 조선의 승려. 전남 강진 출신. 호는 취여(醉如). 어려서 만덕산 백련사(白蓮寺)에 출가하고, 여러 산을 편력하면서 수행함. 경열(敬悅)의 법을 이어받고, 두륜산 대둔사(大芚寺)에 머물면서 화엄경을 강설함.

삼유(三有) 중생의 세 가지 생존 상태. (1)욕유(欲有). 탐욕이 들끓는 욕계의 생존. (2)색유(色有). 탐욕에서는 벗어났으나 아직 형상에 얽매여 있는 색계의 생존. (3)무색유(無色有). 형상의 속박에서 완전히 벗어난 무색계의 생존.

삼유루(三有漏) 삼루(三漏)와 같음.

삼유위상(三有爲相) 여러 인연으로 생성되어 변해 가는 모든 현상의 세 가지 모습. (1)생상(生相). 여러 인연이 모여 생기는 모습. (2)주이상(住異相). 머물다가 변해 가는 모습. (3) 멸상(滅相). 인연이 흩어져 소멸하는 모습.

삼육독법(三六獨法) 십팔불공법(十八不共法)을 말함.

삼의(三衣) 인도 승단에서 개인의 소유를 허락한 세 가지 옷. (1)승가리(僧伽梨). ⓢsaṃghāṭī의 음사. 삼의 가운데 가장 크므로 대의(大衣), 베 조각들을 거듭 이어서 만드므로 중의(重衣), 조(條)의 수가 가장 많으므로 잡쇄의(雜碎衣)라고 함. 직사각형의 베 조각들을 세로로 나란히 꿰맨 것을 1조(條)로 하여, 9조 내지 25조를 가로로 나란히 꿰맨 것. 설법할 때, 걸식하러 갈 때, 왕궁에 갈 때 입음. (2)울다라승(鬱多羅僧). ⓢuttara-āsaṅga의 음사. 윗도리로 입으므로 상의(上衣)·상착의(上著衣), 삼의 가운데 그 가치가 중간이므로 중가의(中價衣), 대중이 모인 의식 때 입으므로 입중의(入衆衣)라고 함. 직사각형의 베 조각들을 세로로 나란히 꿰맨 것을 1조(條)로 하여, 7조를 가로로 나란히 꿰맨 것. 의식을 행할 때 입음. (3)안타회(安陀會). ⓢantarvāsa의 음사. 내의(內衣)·중숙의(中宿衣)라고 함. 직사각형의 베 조각들을 세로로 나란히 꿰맨 것을 1조(條)로 하여, 5조를 가로로 나란히 꿰맨 것. 작업하거나 잘 때 입음.

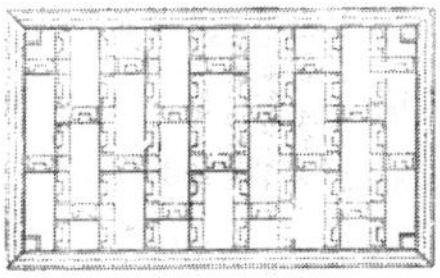
승가리

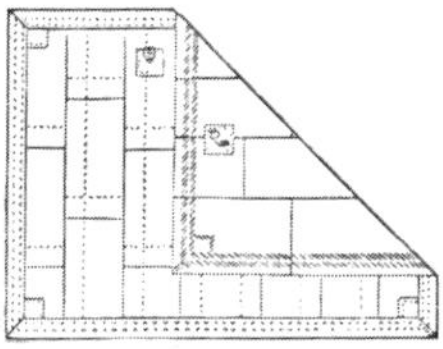
울다라승

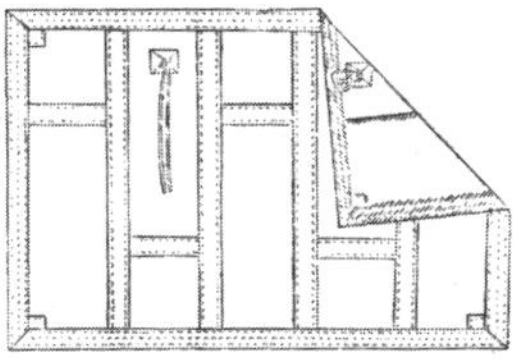
안타회

삼의

삼인(三印) 삼법인(三法印)의 준말.

삼인(三忍) 삼법인(三法忍)의 준말.

삼자귀(三自歸) 삼귀의(三歸依)와 같음.

삼자성(三自性) 삼성(三性) ①과 같음.

삼장(三藏) ①ⓢtri-piṭaka tri는 3, piṭaka는 바구니라는 뜻. 불전(佛典)을 세 종류로 분류한 것. 부처의 가르침을 기록한 경장(經藏), 부처가 제정한 계율을 기록한 율장(律藏), 부처의 가르침과 그가 제정한 계율을 주석·연구·정리·요약한 논장(論藏)을 말함. 고대 인도인들은 이 세 가지를 나뭇잎에 새겨 각각 바구니 속에 보관했기 때문에 삼장이라 함. 불전(佛典)을 통틀어 일컫는 말. ②소승의 가르침. 소승의 성전. ③성문·연각·보살을 위해 설한 가르침, 곧 성문장(聲聞藏)·연각장(緣覺藏)·보살장(菩薩藏). ④삼장법사(三藏法師)의 준말.

삼장(三障) 깨달음의 경지로 나아가는 청정한 수행에 방해가 되는 세 가지 장애. (1)번뇌장(煩惱障). 끊임없이 일어나는 번뇌에 의한 장애. (2)업장(業障). 아버지를 죽이거나 어머니를 죽이거나 아라한을 죽이거나 승가의 화합을 깨뜨리거나 부처의 몸에 피를 나게 하는 오역죄(五逆罪)를 저지른 장애. (3)이숙장(異熟障). 악한 행위를 저지른 과보로 받은 지옥·아귀·축생 등의 생존으로 인해 청정한 수행을 할 수 없는 장애.

삼장(三杖) 힌두교의 수행자가 짚고 다니는, 끝이 세 갈래로 된 지팡이.

삼장교(三藏教) ①경(經)·율(律)·논(論)의 가르침, 곧 부처의 가르침 전체를 뜻함. ②천태종에서, 소승의 가르침을 일컬음.

삼장법사(三藏法師) ①경(經)·율(律)·논(論)에 정통한 승려에 대한 존칭. ②흔히 당(唐)의 현장(玄奘)을 일컬음.

삼장법수(三藏法數) 대명삼장법수(大明三藏法數)의 준말.

삼장월(三長月) 삼장재월(三長齋月)과 같음.

삼장재월(三長齋月) 몸과 마음을 깨끗이 하고 팔재계(八齋戒)를 지키며 정진하는 음력 1월·5월·9월의 석 달을 말함. 이 석 달에 저승의 거울은 남섬부주(南贍部洲)를 비추는데 그 거울에 인간이 짓는 선악의 행위가 모두 나타난다고 하고, 또 사천왕(四天王)과 제석(帝釋)이 남섬부주를 순행(巡行)하는 달이라고도 하고, 또 악귀가 득세하는 달이라고도 함.

삼장탱화(三藏幀畵) 천상과 지상과 지하를 각각 상징하는 천장보살(天藏菩薩)과 지지보살(持地菩薩)과 지장보살(地藏菩薩)을 그린 불화(佛畵). 중앙에 천장보살, 오른쪽에 지지보살, 왼쪽에 지장보살을 배치함.

삼재(三災) ①중겁(中劫)의 끝에 일어난다는 전쟁·질병·굶주림의 세 가지 재난. ②괴겁(壞劫)의 끝에 일어난다는 화재(火災)·수재(水災)·풍재(風災)의 세 가지 재난.

삼재월(三齋月) 삼장재월(三長齋月)과 같음.

삼전(三轉) ⇒ 삼전십이행상(三轉十二行相)

삼전(三典) 3베다(veda), 곧 리그베다(ṛg-veda)·사마베다(sāma-veda)·야주르베다(yajur-veda)를 말함.

삼전법륜(三轉法輪) 삼전십이행상(三轉十二行相)과 같음.

삼전십이행(三轉十二行) 삼전십이행상(三轉十二行相)과 같음.

삼전십이행상(三轉十二行相) 사제(四諦)를 시전(示轉)·권전(勸轉)·증전(證轉)의 세 방면으로 되풀이하고, 다시 시전(示轉)·권전(勸轉)·증전(證轉)의 사제(四諦) 각각에 안(眼)·지(智)·명(明)·각(覺)의 네 단계를 두어, 사제(四諦) 각각을 열두 가지 양상으로 설한 것. '이것은 고(苦)이다. 이것은 고(苦)의 원인이다. 이것은 고(苦)의 소멸이다. 이것은 고(苦)의 소멸에 이르는 길이다.'라고 드러낸 것을 시전(示轉), '고(苦)를 알아야 한다. 집(集)을 끊어야 한다. 멸(滅)을 증득해야 한다. 도(道)를 닦아야 한다.'라고 권한 것을 권전(勸轉), '나는 이미 고(苦)를 알았다. 나는 이미 집(集)을 끊었다. 나는 이미 멸(滅)을 증득했다. 나는 이미 도(道)를 닦았다.'라고 부처가 밝힌 것을 증전(證轉)이라 함. 여기에서 다시 사제(四諦) 각각에 대해, 그것을 주시하는 안(眼), 확실하게 인정하는 지(智), 명료하게 아는 명(明), 깨닫는 각(覺)의 단계를 두어, 사제(四諦) 각각에 십이행상(十二行相)이 있게 되고 사제(四諦)에는 사십팔행상(四十八行相)이 있게 됨. 또 안(眼)·지(智)·명(明)·각

(覺)을 고려하지 않고, 사제(四諦) 각각에 삼전(三轉)이 있으므로 사제(四諦)에 십이행상(十二行相)이 있다고도 함.

삼전어(三轉語) 미혹한 마음을 싹 바꿔 깨달음에 들게 하는 세 마디 말.

삼정(三定) 세 가지 선정(禪定). (1)유각유관정(有覺有觀定). 개괄적으로 사유하는 마음 작용〔覺〕과 세밀하게 고찰하는 마음 작용〔觀〕이 있는 선정. (2)무각소관정(無覺少觀定). 개괄적으로 사유하는 마음 작용은 소멸되고 세밀하게 고찰하는 마음 작용은 조금 있는 선정. (3)무각무관정(無覺無觀定). 개괄적으로 사유하는 마음 작용도 세밀하게 고찰하는 마음 작용도 소멸된 선정.

삼정취(三定聚) 삼취(三聚)와 같음.

삼제(三諦) 모든 현상에 대한 세 가지 진리. (1)공제(空諦). 모든 현상에는 불변하는 실체가 없다는 진리. (2)가제(假諦). 모든 현상은 여러 인연의 일시적인 화합으로 존재한다는 진리. (3)중제(中諦). 공(空)이나 가(假)의 어느 한쪽에 치우치지 않은 진리. 공(空)과 가(假)는 둘이 아니라는 진리.

삼제(三際) ①전제(前際)·중제(中際)·후제(後際), 곧 과거·현재·미래를 말함. ②고대 인도에서 1년을 기후에 따라 세 기간으로 나누어, 음력 1월 16일부터 5월 15일까지의 무더운 기간을 열제(熱際), 5월 16일부터 9월 15일까지의 장마철을 우제(雨際), 9월 16일부터 1월 15일까지의 추운 기간을 한제(寒際)라고 함. 그러나 각 기간의 월(月)에 대해서는 여러 설이 있음.

삼제원융(三諦圓融) 모든 현상에는 불변하는 실체가 없다는 공제(空諦), 모든 현상은 여러 인연의 일시적인 화합으로 존재한다는 가제(假諦), 공(空)이나 가(假)의 어느 한쪽에 치우치지 않는 중제(中諦)는 서로 걸림 없이 원만하게 하나로 융합되어 있다는 뜻.

삼존(三尊) ①본존불(本尊佛)과 그 좌우에서 보좌하는 두 보살이나 두 부처. ②삼보(三寶)와 같음.

삼종세간(三種世間) 삼세간(三世間)과 같음.

삼종시(三種施) 세 가지 보시(布施). 남에게 재물을 베푸는 재시(財施), 남에게 부처의 가르침을 베푸는 법시(法施), 남을 여러 가지 두려움에서 벗어나게 해 주는 무외시(無畏施).

삼종시도(三種示導) 보살이 중생을 고통에서 구제할 때에 드러내 보이는 세 가지 행위. (1)신변시도(神變示導). 몸으로 불가사의한 변화를 나타내어 중생을 구제함. (2)기설시도(記說示導). 고통받고 있는 중생을 항상 잊지 않고 가르침을 설하여 구제함. (3)교계시도(教誡示導). 자비심으로 교법을 설하고 훈계하여 중생을 구제함.

삼종지관(三種止觀) 지의(智顗)가 혜사(慧思)로부터 전해 받은 세 가지 수행법. (1)점차지관(漸次止觀). 낮은 데서 높은 데로 점차 수행하여, 있는 그대로의 참모습을 주시함. (2)부정지관(不定止觀). 일정한 순서에 관계없이 중생의 소질이나 능력에 따라 수행함. (3)원돈지관(圓頓止觀). 처음부터 곧바로, 있는 그대로의 참모습을 주시함.
지의(智顗)는 석선바라밀차제법문(釋禪波羅密次第法門)에서 점차지관을 설하고, 육묘법문(六妙法門)에서 부정지관을, 마하지관(摩訶止觀)에서 원돈지관을 설함.

삼주설법(三周說法) 부처가 법화경의 적문

(迹門)을 설할 때, 듣는 이의 근기(根機)에 따라 같은 내용을 세 번 반복하여 다르게 설하였다는 것. 곧, 근기가 뛰어난 사리불(舍利弗) 등에게는 모든 현상의 참모습을 설하였고, 근기가 중간 정도인 가섭(迦葉) 등에게는 비유로써 설하였고, 근기가 낮은 부루나(富樓那) 등에게는 과거세의 인연을 설하였다는 것.

삼중대사(三重大師) 고려·조선 때, 승과(僧科)에 합격하여 승진한 승려의 지위. ⇒ 승과(僧科)

삼지(三智) 지혜를 세 가지로 나눈 것. ①(1)일체지(一切智). 모든 현상을 두루 아는 성문(聲聞)·연각(緣覺)의 지혜. (2)도종지(道種智). 깨달음에 이르게 하는 모든 수행을 두루 아는 보살의 지혜. (3)일체종지(一切種智). 모든 현상의 전체와 낱낱을 아는 부처의 지혜. ②(1)세간지(世間智). 세속의 일을 아는 지혜. (2)출세간지(出世間智). 모든 현상을 분별하는 성문(聲聞)·연각(緣覺)의 지혜. (3)출세간상상지(出世間上上智). 모든 현상의 참모습을 관조하여 분별을 떠난 부처와 보살의 지혜.

삼지(三止) 마음의 산란을 멈춘 세 가지 상태. (1)체진지(體眞止). 모든 현상은 공(空)이라고 체득하여 망상을 멈춤. (2)방편수연지(方便隨緣止). 일시적인 화합으로 존재하는 현상을 긍정하고 인연에 따르면서 안주함. (3)식이변분별지(息二邊分別止). 공(空)에 치우친 체진지(體眞止)와 속(俗)에 치우친 방편수연지(方便隨緣止)를 떠나 중도(中道)에 머무름.

삼지작법(三支作法) 진나(陳那)가 완성한 종(宗)·인(因)·유(喩)의 세 부분으로 되어 있는 논법. 예를 들면 다음과 같음.

종(宗) 말은 무상하다.
인(因) 지어낸 것이기 때문이다.
유(喩) 지어낸 모든 것은 무상하다. 예를 들면, 병(甁)과 같다〔同喩〕.
상주하는 모든 것은 지어낸 것이 아니다. 예를 들면, 허공과 같다〔異喩〕.

종(宗)은 주장 명제·판단, 인(因)은 이유, 유(喩)는 구체적인 예(例), 그리고 동유(同喩)는 종(宗)의 술어 및 인(因)과 같은 성질에 속하는 예(例), 이유(異喩)는 종(宗)의 술어 및 인(因)과 전혀 다른 성질에 속하는 예(例)로서 측면에서 종(宗)을 논증하는 역할을 함.

삼직(三職) 주지를 돕는 세 직책, 곧 총무·교무·재무를 말함.

삼창문(三瘡門) 입과 항문과 요도(尿道).

삼처전심(三處傳心) 세존이 가섭(迦葉)에게 마음을 전했다는 세 곳. (1)세존이 비사리(毘舍離)에 있는 다자탑(多子塔) 앞에 앉아 설법하고 있는데, 가섭이 오자 앉은 자리의 반쪽을 내주니 대중이 놀라워함. (2)세존이 영취산(靈鷲山)에서 꽃을 들어 대중에게 보이니, 아무도 그 뜻을 몰랐으나 가섭만이 미소지음. (3)세존이 쿠시나가라(kuśinagara)의 사라쌍수(娑羅雙樹) 아래에서 입멸하자 입관(入棺)하였는데, 가섭이 다른 지방에서 세존의 입멸 소식을 듣고 그곳에 이르러 슬피 우니 세존이 두 발을 관(棺) 밖으로 내어 보임.

삼천(三天) 힌두교의 세 신(神), 곧 자재천(自在天, śiva)·비뉴천(毘紐天, viṣṇu)·범천(梵天, brahman).

삼천대천세계(三千大天世界) 고대 인도의 세계관에서, 수미산(須彌山)을 중심으로 구산팔해(九山八海)와 사주(四洲)와 일월(日月) 등을 합하여 1세계(世界)라 하고, 1세계의 천 배를 소천세계(小千世界), 소천세계의 천 배를 중천세계(中千世界), 중천세계의 천 배를 대천세계(大千世界)라고 함. 삼천(三千)은 소천(小千)·중천(中千)·대천(大千)을 가리킴. 따라서 삼천대천세계라는 말은 하나의 대천세계를 뜻함.

삼천세계(三千世界) 삼천대천세계(三千大天世界)의 준말.

삼촌(三寸) 세 치. 혀를 일컬음.

삼취(三趣) 삼악취(三惡趣)의 준말.

삼취(三聚) 중생을 세 부류로 나눈 것. (1)정정취(正定聚). 견혹(見惑)을 끊어 반드시 열반에 이를 부류. (2)사정취(邪定聚). 오역죄(五逆罪)를 저질러 반드시 지옥에 떨어질 부류. (3)부정취(不定聚). 열반에 이를지 지옥에 떨어질지 아직 정해지지 않은 부류.

삼취계(三聚戒) 삼취정계(三聚淨戒)의 준말.

삼취정계(三聚淨戒) 대승의 보살이 받아 지녀야 할 세 가지 계율. (1)섭율의계(攝律儀戒). 악을 방지하기 위해 제정한 모든 금지 조항으로, 흔히 '하지 말라'고 하는 계율. (2)섭선법계(攝善法戒). 선(善)을 행하는 계율. (3)섭중생계(攝衆生戒). 선(善)을 행하면서 중생에게 이익을 베푸는 계율.

삼탈문(三脫門) 삼해탈문(三解脫門)의 준말.

삼학(三學) 깨달음에 이르려는 자가 반드시 닦아야 할 세 가지 수행. (1)계학(戒學). 계율을 지켜 실천함. (2)정학(定學). 마음을 집중·통일시켜 산란하지 않게 함. (3)혜학(慧學). 미혹을 끊고 진리를 주시함.

삼해탈문(三解脫門) 해탈에 이르기 위해 닦는 세 가지 선정(禪定). (1)공해탈문(空解脫門). 모든 현상은 인연 따라 모이고 흩어지므로 거기에 불변하는 실체가 없다고 관조하는 선정. (2)무상해탈문(無相解脫門). 대립적인 차별을 떠난 선정. (3)무원해탈문(無願解脫門). 원하고 구하는 생각을 버린 선정.

삼현(三賢) ①성자의 경지에 이르기 위해 닦는 세 가지 수행 단계. (1)오정심관(五停心觀). 탐욕을 버리기 위해 깨끗하지 못한 육신을 주시하는 부정관(不淨觀), 노여움을 가라앉히기 위해 모든 중생에게 자비심을 일으키는 자비관(慈悲觀), 어리석음을 없애기 위해 모든 현상은 인연으로 생긴다는 이치를 주시하는 인연관(因緣觀), 나에 불변하는 실체가 있다는 그릇된 견해를 버리기 위해 오온(五蘊)·십팔계(十八界) 등을 주시하는 계분별관(界分別觀), 산란한 마음을 집중시키기 위해 들숨과 날숨을 헤아리는 수식관(數息觀). (2)별상염주(別相念住). 신체는 깨끗하지 못하며, 느낌이나 감정은 괴로움이며, 마음은 항상 변하며, 모든 현상에는 불변하는 실체가 없다고 주시함. (3)총상염주(總相念住). 신체와 느낌이나 감정과 마음과 현상은 모두 변하며, 괴로움이며, 공(空)이며, 불변하는 실체가 없다고 주시함. ②십주(十住)·십행(十行)·십회향(十廻向)의 수행 단계에 있는 보살.

삼현관(三現觀) 견도(見道)에서 청정한 지혜로써 사제(四諦)를 명료하게 파악하는 세 가지 방법. (1)견현관(見現觀). 청정한 지혜로써 사제(四諦)의 이치를 주시함. (2)연현관(緣現觀). 청정한 지혜와, 그 지혜와 함께 일어나는 마음〔心〕과 마음 작용〔心所〕이 사제(四諦)를 대상으로 하여 작용함. (3)사현관(事現觀). 청정한 지혜와, 그 지혜와 함께 일어나는 마음〔心〕·마음 작용〔心所〕과, 형상도 아니고 마음도 아닌 세력·작용·성질 등이 협력하여 고(苦)를 알고 집(集)을 끊고 멸(滅)을 증득하고

도(道)를 닦음.

삼형(三形) 삼매야형(三昧耶形)의 준말.

삼혜(三慧) 세 가지 지혜. (1)문혜(聞慧). 가르침을 듣고 얻은 지혜. (2)사혜(思慧). 이치를 사유하여 얻은 지혜. (3)수혜(修慧). 수행으로 얻은 지혜.

삼혹(三惑) 천태종에서 설하는 세 가지 번뇌. (1)견사혹(見思惑). 이치를 알지 못함으로써 일어나는 견혹(見惑)과 대상에 집착함으로써 일어나는 사혹(思惑). (2)진사혹(塵沙惑). 진사는 많음을 비유함. 한량없는 차별 현상을 알지 못하여 중생을 구제하는 데 장애가 되는 번뇌. (3)무명혹(無明惑). 모든 번뇌의 근본으로서, 차별을 떠난 본성을 알지 못하여 일어나는 지극히 미세한 번뇌. 이 가운데 견사혹은 성문·연각·보살이 함께 끊는 번뇌이므로 통혹(通惑), 진사혹과 무명혹은 오직 보살만이 끊는 번뇌이므로 별혹(別惑)이라 함.

삼화(三火) 탐(貪)·진(瞋)·치(癡)를 말함. 이 세 가지 번뇌에 의해 일어나는 괴로움을 불에 비유한 말.

삼화사(三和寺) 강원 동해시 두타산 북쪽 기슭에 있는 절. 월정사(月精寺)의 말사. 신라 때 창건하고, 1747년에 홍수로 파괴되고 다시 짓고, 1829년에 불타고 다시 짓고, 이후 여러 차례 증축함. 1907년 의병 봉기 때 일본군이 불태우고, 이듬해 일부분 복구하고, 1979년에 지금의 터로 옮겨 다시 지음.

삼활향(三活向) 해탈에 이르게 하는 세 가지 가르침. 모든 현상은 인연 따라 모이고 흩어지므로 거기에 불변하는 실체가 없다는 공(空)과 원하지도 않고 구하지도 않는 불원(不願)과 차별하지 않고 분별하지 않는 불상(不想)을 말함.

삽삼조사(卅三祖師) 석가모니가 입멸한 후, 불법(佛法)이 이심전심(以心傳心)으로 전승되어 온 인도의 28조(祖)와 중국의 혜가(慧可)·승찬(僧璨)·도신(道信)·홍인(弘忍)·혜능(慧能)을 일컬음.

상(想) ⓢsaṃjñā ⓟsaññā ①대상에 이름을 부여하고, 다양한 개념을 지어내는 의식 작용. ②생각. 관념. 의식 작용. 마음 작용.

상(相) ①ⓢlakṣaṇa 모습. 모양. 형상. 상태. ②ⓢlakṣaṇa 특징. 특질. 징표. 인식 주관에 형성된, 대상에 대한 차별이나 특징. 의식에 떠오르는 대상의 상태나 특성. 인식 주관이 대상에 부여한 가치나 감정. ③ⓢsaṃjñā 생각. 관념. ④ⓢnimitta-saṃjñā 흔적을 남기려는 생각.

상(常) ⓢnitya 영원히 변하지 않음. 변하지 않고 항상 존속함. 생성하지도 않고 소멸하지도 않음.

상가밋타(saṅghamittā) 승가밀다(僧伽蜜多)와 같음.

상가섭(象迦葉) 상(象)은 ⓟgayā의 번역. 가야가섭(伽耶迦葉)과 같음.

상갈라(商羯羅) ⓢśaṃkara의 음사. 골쇄(骨鎖)라고 번역. 마혜수라(摩醯首羅)의 별명.

상거(商佉) ⓢśaṅkha의 음사. 나(螺)라고 번역. 소라.

상견(常見) 세간(世間)과 자아(自我)는 사후(死後)에도 없어지지 않는다는 견해.

상견(上肩) 어깨를 겨누어 위라는 뜻으로, 자기보다 윗사람을 말함.

상견도(相見道) 분별하지 않는 지혜로써, 있는 그대로의 평등한 모습을 직관한 후, 다시 차별 현상을 보는 경지.

상겸대래(相兼帶來) ⇒ 정편오위(正偏五位)

상계(上界) 삼계(三界) 가운데 욕계 위에 있는 색계·무색계를 말함.

상공(上供) 부처나 보살에게 음식물·향·꽃 등을 바침.

상구보리하화중생(上求菩提下化衆生) 위로는 깨달음을 구하고, 아래로는 중생을 교화하는 보살의 수행.

상구하화(上求下化) 상구보리하화중생(上求菩提下化衆生)의 준말.

상근(上根) 부처의 가르침을 깨달을 수 있는 뛰어난 능력이나 소질, 또는 그것을 갖춘 사람.

상나(商那) ⓢśāṇa의 음사. 마(麻)와 비슷한 풀로, 줄기의 껍질은 옷감의 재료로 쓰임.

상나화수(商那和修) ⓢśāṇaka-vāsa의 음사. 인도의 부법장(付法藏) 제3조. 아난(阿難)의 권유로 출가하여 아라한(阿羅漢)의 경지에 이름. 우바국다(優波鞠多)에게 불법(佛法)의 유지와 전파를 부탁하고 입적함.

상낙가박사(商諾迦縛娑) 상나화수(商那和修)와 같음.

상단(上壇) 사찰에서, 불상(佛像)이나 보살상(菩薩像)을 모신 단(壇).

상당(上堂) 선사(禪師)나 주지(住持)가 설법하기 위해 법당에 올라감.

상대(相大) 삼대(三大)의 하나. 중생의 본성에 갖추어져 있는 무한한 능력.

상대(上帶) 범종(梵鐘)의 어깨 부분에 둘린 무늬 띠. 주로 덩굴풀 무늬, 국화 무늬, 연꽃을 엎은 모양의 무늬가 새겨져 있음. ⇒ 범종(梵鐘)

상대가(相待假) 삼가(三假)의 하나. 대소(大小)·장단(長短)은 상대적이어서 그 기준이 일정하지 않으므로 일시적임.

상대도리(相待道理) 관대도리(觀待道理)와 같음.

상두(上頭) 부처의 가르침을 깨달을 수 있는 뛰어난 능력이나 소질, 또는 그것을 갖춘 사람.

상두산(象頭山) ⓢgayāśīrṣa ⓟgayāsīsa 붓다가 깨달음을 이룬 붓다가야(buddhagayā)의 서북쪽에 인접한 산. 가야산(伽耶山)과 같음.

상락아정(常樂我淨) ①열반에 갖추어져 있는 네 가지 성질·특성. 영원히 변하지 않는 상(常), 괴로움이 없고 평온한 낙(樂), 대아(大我)·진아(眞我)의 경지로서 집착을 떠나 자유 자재하여 걸림이 없는 아(我), 번뇌의 더러움이 없는 정(淨). ②범부가 일으키는 네 가지 잘못된 견해. 무상을 상(常), 괴로움을 낙(樂), 무아를 아(我), 더러움을 정(淨)이라고 사유하는 견해.

상량(商量) ①스승과 제자, 또는 수행자들 간에 서로 문답을 주고받음. ②헤아려 생각함.

상론(尙論) 도리에 어긋나지 않아 세상 사람들이 받들고 있는 일반적인 지식에 대한 말이나 글.

상류반(上流般) 색계의 맨 밑에 있는 범중천(梵衆天)에서 색계의 맨 위에 있는 색구경천(色究竟天)이나 무색계의 맨 위에 있는 유정천(有頂天)에 이르러 완전한 열반을 이루는 불환과(不還果)의 성자. 이를 셋으로 나누어, 범중천에서 중간에 있는 모든 천(天)을 뛰어넘어 색구경천이나 유정천에 이르러 완전한 열반을 이루는 성자를 전초(全超), 범중천에서 몇 개의 천(天)을 뛰어넘어 색구경천이나 유정천에 이르러 완전한 열반을 이루는 성자를 반초(半超), 범중천에서 모든 천(天)을 두루 거쳐 색구경천이나 유정천에 이르러 완전한 열반을 이루는 성자를 변몰(遍歿)이라 함. 또 색구경천에서 완전한 열반을 이루는 성자를 요혜(樂慧), 유정천에서 완전한 열반을 이루는 성자를 요정(樂定)이라 함.

상류반열반(上流般涅槃) 상류반(上流般)과 같음.

상류색구경(上流色究竟) 상류반(上流般)과 같음.

상류아가니타반열반(上流阿迦尼吒般涅槃) 상류반(上流般)과 같음.

상륜탱(相輪樘) 탑의 상륜부만을 건립하여 탑 대신으로 한 구조물.

상무성(相無性) 삼무성(三無性)의 하나. 온갖 분별이 소멸되어 허구적인 대상이 없는 상태. 온갖 분별이 소멸되어 허구적인 차별상이 없는 상태.

상무자성성(相無自性性) 상무성(相無性)과 같음.

상문(桑門) 사문(沙門)과 같음.

상바라밀(常波羅蜜) 바라밀(波羅蜜)은 ⓢpāramitā의 음사, 도피안(到彼岸)·도(度)·도무극(度無極)이라 번역. 영원히 변하지 않는 열반을 성취함.

상박(相縛) 마음이 대상에 속박됨.

상박(相撲) 씨름.

상배(上輩) 삼배(三輩)의 하나. 출가하여 깨달음을 구하는 마음을 일으키고 오로지 아미타불을 생각하면서 큰 공덕을 쌓아 극락 정토에 태어나려는 자들.

상배관(上輩觀) 상배생상관(上輩生想觀)의 준말.

상배생상관(上輩生想觀) 십육관(十六觀)의 하나. 출가하여 깨달음을 구하는 마음을 일으키고 오로지 아미타불을 생각하면서 큰 공덕을 쌓은 자들이 극락 정토에 태어나는 모습을 생각하는 수행법.

상번뇌(上煩惱) ①무명(無明)에 의해 일어나는 번뇌. ②근본 번뇌가 왕성하게 일어남. ③현재 일어나고 있는 번뇌.

상법(像法) 삼시(三時)의 하나. 정법(正法)과 비슷하다는 뜻. 가르침과 수행자는 있어도 깨달음을 이루는 자가 없는 시기. 그 기간에 대해서는 여러 설이 있는데 흔히 1천 년이라 함.

상부극성과(相符極成過) 인명(因明)에서, 삼십삼과(三十三過) 가운데 종구과(宗九過)의 하나. 종(宗)의 주어와 술어가 당연히 서로 부합되어 있기 때문에 종(宗)으로 내세울 필요가 없는 무의미한 주장. 예를 들면, '말은 들리는 것이다'라고 하는 경우.

상부종(相部宗) 당대(唐代)에 법려(法礪, 569-635)가 하남성(河南省) 상주(相州)에서 사분율(四分律)을 중심으로 해서 세운 종파로, 성실론(成實論)의 입장에서 사분율을 해석함.

상분(相分) 사분(四分)의 하나. 인식 대상. 인식 주관에 드러난 대상.

상비량(相比量) 연기를 보고 불이 있는 줄 알듯, 어떤 사물의 모습을 보고 다른 사실을 유추함.

상비산(象鼻山) ⇒ 비나달가산(毘那怛迦山)

상사(相似) ①서로 비슷함. ②바르지 못함. 그릇됨. ③참되지 못하고 겉치레뿐임. 겉으로는 그것과 같아 보이지만 실제로는 전혀 다르거나 아님.

상사(上士) 보살을 말함.

상사각(相似覺) 마음의 근원을 깨달아 가는 과정에서, 인간에 변하지 않는 실체가 있다는 견해를 일으키지는 않지만, 모든 현상에는 변하지 않는 실체가 있다는 견해를 일으키는 단계.

상사즉(相似卽) 육즉(六卽)의 하나. 마음을 자세히 살피고 주시함으로써 육근(六根)이 청정하게 되어 깨달음의 경지에 가까이 가는 단계.

상산(象山) 지제산(支提山) ①과 같음.

상상관(像想觀) 십육관(十六觀)의 하나. 불상을 보고 아미타불의 모습을 생각하는 수행법.

상상구절종(相想俱絶宗) 화엄종의 교판(敎判)에서, 진리는 주관과 객관이 끊어진 상태이므로 언어로 표현할 수 없다는 가르침. ⇒ 오교십종(五敎十宗)

상상품(上上品) 상품상생(上品上生)과 같음.

상속가(相續假) 삼가(三假)의 하나. 모든 현상은 끊임없이 변화하므로 일시적임.

상속상(相續相) 육추(六麤)의 하나. 대상을 차별함으로써 괴로움이나 즐거움이 끊이지 않는 상태.

상속식(相續識) 오의(五意)의 하나. 그릇된 분별 작용으로 끊임없이 일어나는 괴로움과 즐거움.

상수(常修) 삼수(三修)의 하나. 진리 그 자체는 변하지 않는다고 주시하는 수행.

상수(上首) ①수행자들 가운데 우두머리. 설법하는 자리에 모인 대중 가운데 우두머리. ②가장 뛰어난 가르침.

상수멸무위(想受滅無爲) 대상의 특징이나 관념을 떠올리는 표상 작용과 괴로움이나 즐거움 등을 느끼는 감수 작용이 소멸된 마음 상태.

상수멸정(想受滅定) 멸진정(滅盡定)과 같음.

상수범행원(常修梵行願) 사십팔원(四十八願)의 하나. 아미타불이 법장비구(法藏比丘)였을 때 세운 서원으로, 모든 불국토의 보살들이 항상 청정한 수행을 하여 깨달음에 이르도록 하겠다는 맹세.

상수음(想受陰) 수(受)와 음(陰)은 취(取)와 온(蘊)의 구역(舊譯). 탐욕과 집착을 가지고 대상에 이름을 부여하거나 다양한 개념을 지어내는 의식 작용.

상승(上乘) 대승(大乘)을 뜻함.

상승(相承) 스승의 가르침을 제자가 계승함.

상승전(常勝殿) 도리천의 선견성(善見城)에 있는 궁전으로, 여기에 제석(帝釋)이 산다고 함.

상식주(想識住) ⇒ 사식주(四識住)

상신여사자상(上身如師子相) 삼십이상(三十二相)의 하나. 상반신이 사자와 같음.

상어(上語) 설법 가운데 처음에 설한 말.

상언(尙彦) 1707-1791. 조선의 승려. 법호는 설파(雪坡). 19세에 고창 선운사(禪雲寺)에 출가하고, 체정(體淨, 1687-1748)에게 사사(師事)하여 그의 법을 이어받음. 1739년에 용추사(龍湫寺)에서 처음으로 경론(經論)을 강의하였는데, 특히 화엄학에 정통함. 만년에는 지리산 영원암(靈源庵)에 10여 년 동안 머물면서 염불을 일과로 함.

상연(上衍) 연(衍)은 ⓢyāna의 음사로 승(乘)을 뜻함. 곧, 대승(大乘)을 일컬음.

상오결(上五結) 오상분결(五上分結)과 같음.

상온(想蘊) ⓢsaṃjñā-skandha 오온(五蘊)의 하나. 대상에 이름을 부여하고, 다양한 개념을 지어내는 생각·관념의 무더기.

상원사(上院寺) ①강원 평창군 오대산 비로봉 남동쪽 기슭에 있는 절. 월정사(月精寺)의 말사. 705년(신라 성덕왕 4)에 창건하여 진여원(眞如院)이라 하고, 이후 상원사라 함. 1376년(고려 우왕 2)에 다시 짓고, 1464년(세조 10)에 왕명으로 신미(信眉)와 학열(學悅)이 증축하고, 1469년(예종 1)에 세조의 원찰(願刹)로 지정됨. 1926년부터 한암(漢岩)이 머물면서 선풍을 일으킴. 1946년에 불타고 이듬해 다시 지음. 문화재 : 동종(銅鐘)·목각문수동자좌상(木刻文殊童子坐像). ②강원 원주시 신림면 치악산 남대봉 동쪽 아래에 있는 절. 월정사(月精寺)의 말사. 신라 때 창건하고, 고려 말에 나옹(懶翁)이 다시 지음. 한국전쟁 때 모두 불타고, 1968년에 다시 지음.

상월(霜月) 새봉(璽篈)의 호.

상위결정부정과(相違決定不定過) 인명(因明)에서, 삼십삼과(三十三過) 가운데 인십사과(因十四過)의 하나. 두 사람이 서로 어긋나는 인(因)과 유(喩)로써 서로 어긋나는 종(宗)을 논증하는데, 그 인(因)과 유(喩)가 서로 정당하기 때문에 상대편의 종(宗)을 논파할 수 없는 논법. 예를 들면, '말은 무상하다〔宗〕, 지어낸 것이기 때문이다〔因〕, 예를 들면, 병(甁)이 그러하다〔喩〕'라는 논법과 '말은 상주한다, 들리는 것이기 때문이다, 예를 들면, 말의 본성이 그러하다'라는 논법의 경우, 서로 어긋나지만 상대편의 주장을 논파할 수 없음.

상위석(相違釋) 육합석(六合釋)의 하나. 산스크리트의 합성어(合成語)를 해석할 때, 앞 뒤 단어를 병렬 관계로 해석하는 방법. 예, mātā-duhitṛ(어머니와 딸).

상위식상지(相違識相智) 사지(四智)의 하나. 인식 주관의 작용에 따라 같은 대상도 갖가지로 인식됨을 아는 지혜.

상윳타니카야(saṃyutta-nikāya) ⇒ 아함경(阿含經)

상음(想陰) 상온(想蘊)의 구역(舊譯).

상응(相應) ①ⓟsaṃyutta 가르침의 내용을 주제에 따라 분류하여 배열한 것. ②ⓢsaṃprayukta ⓢsaṃprayoga 서로 화합함. 동반함. 수반함. 함께함. 결합함. 관계함. 일치함. 잇따름.

상응경(相應經) ⓢitivṛttaka 경전의 서술 내용에서, 불제자의 과거 인연을 설한 부분.

상응단(相應斷) 사단(四斷)의 하나. 본디 청정하지만 수반하는 번뇌에 의해 오염된 것은 그 수반하는 번뇌를 끊음.

상응무명(相應無明) 탐(貪)·진(瞋)·치(癡) 등의 근본 번뇌와 함께 일어나는 무명.

상응박(相應縛) 마음이, 마음과 결합하여 일어나는 번뇌에 속박됨.

상응부(相應部) ⇒ 아함경(阿含經)

상응선(相應善) 선심(善心)과 함께 일어나는 여러 가지 마음 작용.

상응심(相應心) 번뇌와 함께 하는 미혹한 마음.

상응인(相應因) 육인(六因)의 하나. 마음〔心〕과 마음 작용〔心所〕이 동시에 일어나, 서로 원인이 되고 결과가 되는 관계일 때의 그 원인.

상의(上衣) 삼의(三衣)의 하나. 삼의 가운데 윗도리로 입는 옷. 직사각형의 베 조각들을 세로로 나란히 꿰맨 것을 1조(條)로 하여, 7조를 가로로 나란히 꿰맨 것. 의식을 행할 때 입음.

상이계(上二界) 삼계(三界) 가운데 욕계 위에 있는 색계·무색계를 말함.

상인(上人) ①부처. ②부처의 제자. ③보살. ④고승(高僧). ⑤지혜와 덕을 갖춘 사람.

상일주재(常一主宰) 변하지 않고 늘 존재하면서 단독으로 개체를 지배하는 실체, 곧 변하지 않고 소멸하지 않는 자아(自我)를 뜻함.

상입(相入) 모든 현상의 작용은 서로 융합하여 걸림이 없다는 뜻.

상잡염주(相雜念住) 삼염주(三念住)의 하나. 지혜와 함께 하는 마음과 그 작용을 말함.

상적광토(常寂光土) 사토(四土)의 하나. 청정한 지혜의 광명을 있는 그대로 드러내는 진리 그 자체, 우주 그 자체를 부처의 세계로 간주한 말. 곧, 법신불(法身佛)의 세계.

상전(上轉) 발심하여 깨달음으로 나아감.

상정산(象頂山) 상두산(象頭山)과 같음.

상족(上足) 제자들을 스승의 발에 비유하여, 제자들 가운데 가장 뛰어난 이를 일컫는 말. 수제자.

상종(常宗) 사종(四宗)의 하나. 부처의 성품은 영원히 변하지 않으며, 모든 것에 부처의 성품이 갖추어져 있다는 열반경·화엄경의 가르침을 말함.

상종(相宗) 현상의 변화·차별·대립 등에 대해 설한 가르침·학파·종파.

상좌(上座) ①Ⓢsthavira Ⓟthera 출가한 지 오래되어, 모임에서 맨 윗자리에 앉는 비구. 수행 기간이 길고 덕이 높은 수행자. ②승려를 높여 일컫는 말. ③출가한 지 오래되고 덕망이 높아, 사원의 승려들을 통솔하는 직책을 맡은 승려.

상좌(上佐) 윗사람을 도운다는 뜻. 곧, 한 스승의 제자를 일컬음.

상좌부(上座部) Ⓟthera-vāda 붓다가 입멸한 후 100년경에 계율의 문제로 교단 내에 보수파와 진보파가 서로 대립하다가 마침내 분열되었는데, 보수파를 상좌부라 하고 진보파를 대중부(大衆部)라고 함. 상좌부는 다시 설일체유부(說一切有部)와 설산부(雪山部)로 분열되고, 설일체유부에서 독자부(犢子部)·화지부(化地部)·음광부(飮光部)·경량부(經量部)가 나오고, 독자부에서 다시 법상부(法上部)·현주부(賢冑部)·정량부(正量部)·밀림산부(密林山部)가 나오고, 화지부에서 법장부(法藏部)가 나와 모두 11부로 분열됨.

상좌삼매(常坐三昧) 사종삼매(四種三昧)의 하나. 90일을 기한으로 하여, 항상 하나의 부처를 향하여 단정히 앉아서 마음을 가라앉히고 우주의 참모습을 주시하는 수행.

상좌제자부(上座弟子部) 설산부(雪山部)와 같음.

상주(常住) 영원히 변하지 않음. 변하지 않고 항상 존속함. 생성하지도 않고 소멸하지도 않음.

상주교(常住教) 오시교(五時教)의 하나. 진리 그 자체, 또는 부처의 성품은 영원하다고 설한 가르침, 곧 열반경의 가르침을 말함.

상주권공재(常住勸供齋) 불보살을 모신 상단(上壇)에 재(齋)를 올리고, 영가(靈駕)에게 제사 지내는 사십구재(四十九齋)의 기본이 되는 의식.

상주상사과류(常住相似過類) 십사과류(十四過類)의 하나. 인명(因明)에서, '말은 무상하다〔宗〕', '지어낸 것이기 때문이다〔因〕', '지어낸 모든 것은 무상하다. 예를 들면, 병(甁)과 같다〔喩〕'라고 하는 바른 논법에 대해, '말은 항상 무상이라는 성질을 지니고 있으므로 상주한다'라고 반박하는 과실.

상주승물(常住僧物) 모든 수행승들이 함께 사용하는 승단(僧團)의 공유물.

상중품(上中品) 상품중생(上品中生)과 같음.

상즉(相卽) 모든 현상의 본질은 서로 융합하여 걸림이 없다는 뜻.

상즉상입(相卽相入) 모든 현상의 본질과 작용은 서로 융합하여 걸림이 없다는 뜻.

상지옥(想地獄) 등활지옥(等活地獄)과 같음.

상진여(相眞如) 실상진여(實相眞如)와 같음.

상차(相扠) 격투.

상착의(上著衣) 삼의(三衣)의 하나. 삼의 가운데 윗도리로 입는 옷. 직사각형의 베 조각들을 세로로 나란히 꿰맨 것을 1조(條)로 하여, 7조를 가로로 나란히 꿰맨 것. 의식을 행할 때 입음.

상참(上參) 수행승들이 설법을 듣기 위해 법당으로 올라와 모임.

상친(上親) 부모나 스승. 이에 대해, 형제나 자매는 중친(中親), 친구는 하친(下親)이라 함.

상캬학파(sāṃkhya學派) 육파철학(六派哲學)의 하나. ⓢsāṃkhya를, 원리를 하나하나 열거한다는 뜻으로 해석하여 수론(數論)이라 번역하고, 승거(僧佉)라고 음사함. 카필라(kapila, 기원전 4-기원전 3세기)가 창시한 이 학파는 신아(神我, puruṣa)와 자성(自性, prakṛti)의 두 원리를 상정하는데, 전자는 순수 정신이고 후자는 물질의 근원임. 자성(自性)은 희(喜)를 본질로 하는 삿트바(sattva)와 우(憂)를 본질로 하는 라자스(rajas)와 암(闇)을 본질로 하는 타마스(tamas)의 세 요소로 구성되어 있는데, 이 세 요소는 서로 평형을 이루어 정지 상태에 있지만 신아(神我)의 영향을 받으면 평형 상태가 깨어져 자성(自性)은 전개를 시작함. 이 때 자성에서 최초로 사유 기능이 생기는데, 이것을 각(覺, buddhi) 또는 대(大, mahat)라고 함. 각(覺)이 다시 전개하여 아만(我慢)이 생기고, 아만이 또 전개하여 오지근(五知根)·오작근(五作根)·심근(心根)·오유(五唯)가 생기고, 오유에서 오대(五大)가 생겨 이 현상 세계가 성립된다고 함. 이 원리를 이십오제(二十五諦)라고 하며, 이것을 도표로 나타내면 위와 같음.

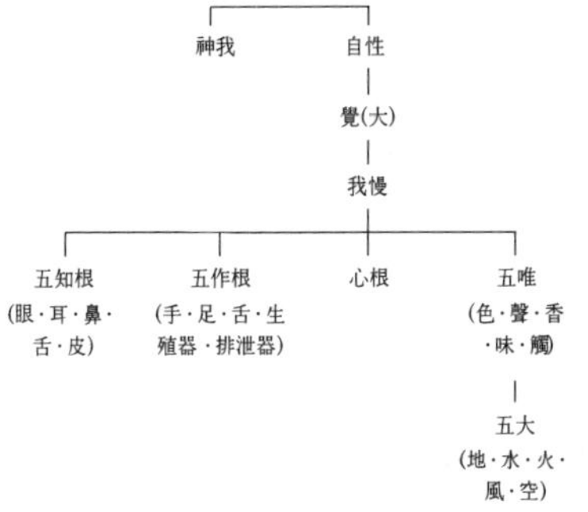

샹카학파의 이십오제

상통(上桶) 절에서, 세수할 때 사용하는 통.

상품상생(上品上生) 구품왕생(九品往生)의 하나. 진실한 마음과 깊이 믿는 마음과 자신의 공덕을 돌려 정토에 태어나려는 마음을 갖추고, 자비심으로 살생하지 않고 대승 경전을 독송하고 육념(六念)을 수행한 공덕으로 정토에 태어나는 자.

상품중생(上品中生) 구품왕생(九品往生)의 하나. 대승의 이치를 잘 알고 최고의 진리를 듣고 의심하지 않으며, 인과(因果)를 깊이 믿고 대승을 비방하지 않은 공덕으로 정토에 태어나는 자.

상품하생(上品下生) 구품왕생(九品往生)의 하나. 인과(因果)를 믿고 대승을 비방하지 않으며, 위없는 깨달음을 구하는 마음을 일으킨 공덕으로 정토에 태어나는 자.

상하품(上下品) 상품하생(上品下生)과 같음.

상행삼매(常行三昧) 사종삼매(四種三昧)의 하나. 90일을 기한으로 하여, 항상 도량이나 불상의 주위를 돌면서 오로지 아미타불을 생각하거나 부르는 수행.

상현좌(裳懸座) 불상이나 보살상을 모셔 놓은 자리에 그 상(像)의 옷자락이 덮어 내린 형식.

상호(相好) 부처가 갖추고 있는 신체의 크고 작은 특징.

상혹(相惑) 마음이 대상에 미혹됨.

상히타(saṃhitā) 본집(本集)이라 번역. 보통 베다(veda)라고 하면, 리그베다(ṛg-veda)·사마베다(sāma-veda)·야주르베다(yajur-veda)·아타르바베다(atharva-veda)의 4베다를 일컬음. 그러나 또 4베다와 이에 대한 주석서인 브라흐마나(brahmaṇa)·아란야카(āraṇyaka)·우파니샤드(upaniṣad) 등을 통틀어 베다라고도 하는데, 이 때 4베다를 상히타라고 함.

새봉(璽篈) 1687-1767. 조선의 승려. 전남 순천 출신. 호는 상월(霜月). 11세에 조계산 선암사(仙巖寺)에 출가하고, 16세에 구족계(具足戒)를 받고, 설암 추붕(雪巖秋鵬, 1651-1706)에게 사사(師事)하여 그의 법을 이어받음. 1713년에 선암사에서 처음으로 강의하고, 1734년과 1754년에 선암사에서 화엄강회(華嚴講會)를 열 때 대중들이 운집함. 저서 : 상월대사시집(霜月大師詩集).

색(色) ⓢⓟrūpa ①몸. 신체. ②시각 기관의 대상이 되는 빛깔 · 형상 · 형태 · 모습. ③힘. 작용. 잠재력. 원동력.

색건타(塞建陀) ⓢskandha의 음사. 온(蘊)·음(陰)·중(衆)·취(聚)라고 번역. 종류별로 모인 집합을 뜻함.

색건타천(塞建陀天) 색건타(塞建陀)는 ⓢskanda의 음사. 증장천왕(增長天王)이 거느리고 있다는 신(神). 힌두교의 군신(軍神) 스칸다(skanda)가 불교에 채용된 것임. 위타천(違陀天)과 같음.

색경(色境) 육경(六境)의 하나. 눈으로 볼 수 있는 대상인 모양이나 빛깔.

색계(色界) ①십팔계(十八界)의 하나. 계(界, ⓢdhātu)는 요소를 뜻함. 인식을 성립시키는 요소의 하나로, 눈으로 볼 수 있는 대상인 모양이나 빛깔. ②삼계(三界)의 하나. 탐욕에서는 벗어났으나 아직 형상에 얽매여 있는 세계로, 여기에 십칠천(十七天)이 있음. ⇒ 색계십칠천(色界十七天)

색계십칠천(色界十七天) 색계의 열일곱 경지. (1)범중천(梵衆天). (2)범보천(梵輔天). (3)대범천(大梵天). (4)소광천(少光天). (5)무량광천(無量光天). (6)극광정천(極光淨天). (7)소정천(少淨天). (8)무량정천(無量淨天). (9)변정천(遍淨天). (10)무운천(無雲天). (11)복생천(福生天). (12)광과천(廣果天). (13)무번천(無煩天). (14)무열천(無熱天). (15)선현천(善現天). (16)선견천(善見天). (17)색구경천(色究竟天).
이상의 17천에서 대범천을 범보천에 포함시켜 16천, 광과천 위에 무상천(無想天)을 상정하여 18천이라 함. ⇒ 다음 쪽 도표

색구경천(色究竟天) 색계의 맨 위에 있는 천(天)이라는 뜻. ⇒ 색계십칠천(色界十七天)

색근(色根) 형상을 갖추고 있는 안근(眼根)·이근(耳根)·비근(鼻根)·설근(舌根)·신근(身根)을 말함.

색법(色法) 오위(五位)의 하나. 감각 기관과 그 대상, 그리고 형상도 없고 감각되지도 않는 작용·힘·잠재력.

색상(色像) ①ⓢrūpa-kāya 형상을 갖춘 몸, 곧 육신. ②ⓢprati-bimba 마음에 형성된 대상의 모습이나 특징. 마음에 떠오르는 형상.

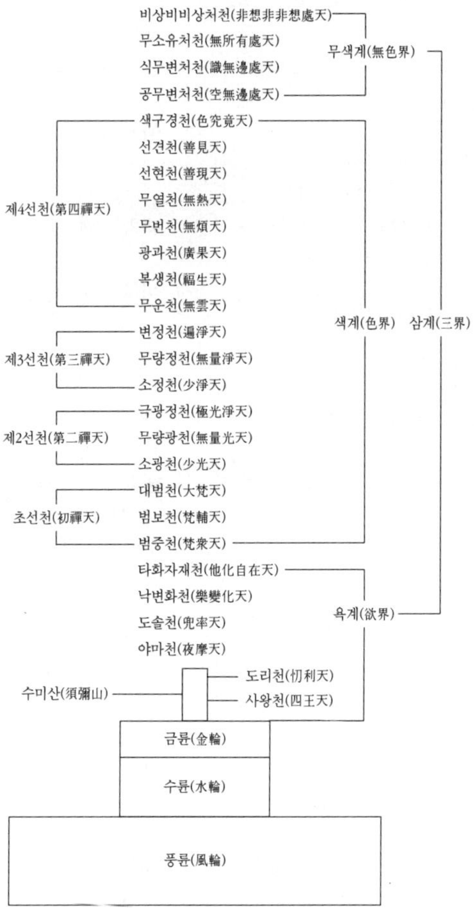

색계십칠천

색상(色相) ①Ⓢrūpa-lakṣaṇa Ⓢrūpa-svabhāva 형상의 특질이나 본성. ②눈으로 볼 수 있는 형상.

색수음(色受陰) 수(受)와 음(陰)은 취(取)와 온(蘊)의 구역(舊譯). 몸에 집착하는 의식 작용.

색식주(色識住) ⇒ 사식주(四識住)

색신(色身) ⓢrūpa-kāya ①형상을 갖춘 몸, 곧 육신. ②진리 그 자체를 뜻하는 법신(法身)에 대하여, 형상을 볼 수 있는 부처의 육신. ③대상을 차별하고 분별하는 인식 주체. 인식 주관에 분별된 대상이 형성되어 있는 주체.

색심불이문(色心不二門) 십불이문(十不二門)의 하나. 하나의 형상에 우주의 모든 것이 갖추어져 있고, 우주의 모든 것이 한 생각 속에 있으므로 형상과 마음은 둘이 아님.

색애(色愛) 색계의 애욕.

색애주지(色愛住地) 오주지(五住地)의 하나. 색계의 수혹(修惑), 곧 탐(貪)·치(癡)·만(慢).

색어(索語) 선사(禪師)가 수행자의 역량을 시험하기 위해 던지는 질문.

색온(色蘊) ⓢrūpa-skandha 오온(五蘊)의 하나. 몸이라는 무더기. 몸의 감각 무더기.

색유(色有) 삼유(三有)의 하나. 탐욕에서는 벗어났으나 아직 형상에 얽매여 있는 색계의 생존.

색음(色陰) 색온(色蘊)의 구역(舊譯).

색자재지(色自在地) 형상에 걸림이 없는 자유 자재한 단계로, 십지(十地) 가운데 부동지(不動地)에 해당함.

색정(色定) 색계(色界)의 선정(禪定).

색정(色頂) 색계(色界)의 맨 위에 있는 색구경천(色究竟天)을 말함.

색정방(色淨榜) 사찰에서 큰 의식(儀式)이 있을 때, 각자 맡아서 해야 할 직책을 써서 벽에 붙이는 글.

색처(色處) 십이처(十二處)의 하나. 눈으로 볼 수 있는 대상인 모양이나 빛깔.

색천(色天) 색계에 있는 신(神)들, 또는 그들이 사는 곳.

색탐(色貪) 색계의 탐욕.

색하(索訶) 사바(娑婆)와 같음.

생(生) ⓢjāti ①생겨남. 일어남. 여러 요소들의 모임. 여러 인연이 모여 어떤 현상이 나타남. ②태어남. 생존. ③태어난다는 의식.

생경(生經) ①ⓢjātaka 붓다의 전생 이야기. ②5권. 서진(西晋)의 축법호(竺法護) 번역. 붓다의 전생 등을 설한 짤막한 경(經)을 모은 것으로, 총 55경(經)으로 구성되어 있음.

생고(生苦) 사고(四苦)의 하나. 이 세상에 태어나는 괴로움.

생공(生空) 중생은 오온(五蘊)의 일시적인 화합에 지나지 않으므로 거기에 불변하는 실체가 없음.

생과상사과류(生過相似過類) 십사과류(十四過類)의 하나. 인명(因明)에서, 예를 들면, '말은 무상하다〔宗〕', '지어낸 것이기 때문이다〔因〕', '지어낸 모든 것은 무상하다〔喩體〕. 예를 들면, 병(甁)과 같다〔喩依〕'라는 논법에서, 논증을 위해 든 구체적인 예(例), 곧 유의(喩依)에 대해 또 논증을 요구하는 과실.

생귀주(生貴住) 십주(十住)의 하나. 부처의 기운이 생겨 성품이 청정해지는 단계.

생기(生機) 생기 있게 활동함. 생기를 되찾는 계기.

생득(生得) 선천적으로 갖추고 있는 능력. 이에 반해, 수행에 의해 후천적으로 갖추게 된 능력은 가행득(加行得) 또는 수득(修得)이라 함.

생득선(生得善) 선천적으로 갖추고 있는 착한 마음.

생득혜(生得慧) 선천적으로 갖추고 있는 지혜.

생로병사(生老病死) 중생이 겪는 네 가지 괴로움. 곧, 이 세상에 태어나는 괴로움, 늙어가는 괴로움, 병으로 겪는 괴로움, 죽어야 하는 괴로움.

생류(生類) ①살아 있는 여러 가지 상태. ②생물.

생멸(生滅) ⓢutpāda-bhaṅga 생겨남과 소멸함. 모임과 흩어짐. 나타남과 사라짐. 변화함.

생무성(生無性) 삼무성(三無性)의 하나. 온갖 분별이 일어나지 않는 마음 상태.

생무자성성(生無自性性) 생무성(生無性)과 같음.

생반(生般) 색계에서 곧바로 완전한 열반을 이루는 불환과(不還果)의 성자.

생반(生飯) 중생의 밥이라는 뜻. 식사하기 전에 아귀(餓鬼)·귀자모신(鬼子母神) 등의 중생에게 베풀기 위해 조금 떠내는 밥.

생반열반(生般涅槃) 생반(生般)과 같음.

생법이공(生法二空) 중생은 오온(五蘊)의 일시적인 화합에 지나지 않으므로 거기에 불변하는 실체가 없다는 생공(生空)과 모든 현상은 여러 인연의 일시적인 화합에 지나지 않으므로 거기에 불변하는 실체가 없다는 법공(法空)을 말함.

생법이집(生法二執) 중생에 불변하는 실체가 있다고 집착하는 생집(生執)과 모든 현상에 불변하는 실체가 있다고 집착하는 법집(法執)을 말함.

생변(生變) 아뢰야식(阿賴耶識)에 저장되어 있는 종자(種子)의 변화와 성숙.

생불(生佛) ①살아 있는 부처. 덕(德)이 높고 자비심이 많은 사람을 높여 일컫는 말. ②중생과 부처.

생사(生死) ①ⓢjarā-maraṇa 삶과 죽음. 태어남과 죽음. ②ⓢⓟsaṃsāra 괴로움이나 미혹, 또는 그 세계.

생사비구(生死比丘) 괴로움을 벗어나지 못한 비구. 미혹한 비구.

생사지증명(生死智證明) 삼명(三明)의 하나. 중생의 미래의 생사와 과보를 환히 아는 지혜.

생상(生相) 사상(四相)의 하나. 여러 인연이 모여 생기는 모습.

생상(生像) 생색(生色, ⓢjāta-rūpa)과 상색(像色, ⓢrūpya). 생색은 가공하지 않은 색깔이라는 뜻으로 금(金)을 가리키고, 상색은 생색과 비슷한 색깔이라는 뜻으로 은(銀)을 가리킴.

생색(生色) ⓢjāta-rūpa 가공하지 않은 색깔이라는 뜻으로 금(金)을 가리킴.

생색사색(生色似色) 생색(生色, ⓢjāta-rūpa)과 사색(似色, ⓢrūpya). 생색은 가공하지 않은 색깔이라는 뜻으로 금(金)을 가리키고, 사색은 생색과 비슷한 색깔이라는 뜻으로 은(銀)을 가리킴.

생생(生生) 현상을 생기게 하는 원리.

생소(生酥·生蘇) ⓢnava-nīta 우유를 가공한 식품.

생수업(生受業) 순차생수업(順次生受業)의 준말.

생시(生時) ①생겨나고 있는 바로 지금. ②생겨나고 있는 것.

생신(生身) ①부모에게서 받은 육신. ②부처의 가르침이나 부처가 갖추고 있는 십력(十力)·사무외(四無畏) 등의 여러 가지 뛰어난 능력을 뜻하는 법신(法身)에 대하여, 이 세상에 태어나 실존한 부처의 육신.

생원가(生寃家·生怨家) 결코 잊을 수 없는, 원한이 생생한 원수. 오로지 한 일에만 마음을 집중하는 것을 비유함.

생유(生有) 사유(四有)의 하나. 중생이 죽어 다음의 어떤 생이 결정되는 순간.

생인(生因) 어떠한 현상이 생기게 된 원인. 어떠한 결과를 초래한 원인.

생인(生忍) 중생에게 어떠한 모욕이나 피해를 당하여도 참고 견디어 노여워하거나 원한을 일으키지 않고, 중생의 존경이나 공양을 받아도 집착하지 않음.

생자법(生子法) 탄생을 축하하는 의식.

생전(生田) 생사(生死)를 끝없이 되풀이하는 미혹의 세계를 논밭에 비유한 말.

생정천(生淨天) 삼계(三界)의 여러 천(天)의 경지에 이른 성자(聖者).

생존귀가원(生尊貴家願) 사십팔원(四十八願)의 하나. 아미타불이 법장비구(法藏比丘)였을 때 세운 서원으로, 다른 국토의 보살들이 목숨을 마친 후 존귀한 집에 태어나도록 하겠다는 맹세.

생주(生主) ⓢprajāpati 생물을 다스리는 신(神). 조물주.

생주이멸(生住異滅) 여러 인연으로 생성되어 변해 가는 모든 현상의 근본적인 모습. 곧, 생겨나〔生〕 머물다가〔住〕 변하여〔異〕 소멸〔滅〕하는 모습.

생지(生支) 남근(男根)을 말함.

생집(生執) ①중생에 대한 집착. ②중생에 불변하는 실체가 있다는 집착.

생천(生天) 사종천(四種天)의 하나. 중생이 이르기를 원하는 삼계(三界)의 여러 경지를 말함.

생피반열반(生彼般涅槃) 생반(生般)과 같음.

서건(西乾) 건(乾)은 천(天)과 같음. 서방 천축(西方天竺)이라는 뜻으로, 인도를 가리킴.

서교의(鼠嚙衣) 쥐가 갉아먹은 헌 옷이나 베

조각들을 기워서 만든 옷.

서구야니(西瞿耶尼) 서구타니(西瞿陀尼)와 같음.

서구타니(西瞿陀尼) 구타니(瞿陀尼)는 ⓢgodānīya의 음사. 우화(牛貨)라고 번역. 수미산 서쪽에 있다는 서우화주(西牛貨洲)를 말함. 여기에서는 소를 화폐로 사용한다고 하여 우화(牛貨)라고 함.

서궁(逝宮) 범왕(梵王) 또는 인간의 궁전. 서(逝)는 무상(無常)을 뜻함.

서기(書記) 육두수(六頭首)의 하나. 선원(禪院)의 문서를 관리하는 직책, 또는 그 일을 맡은 승려.

서다(誓多·逝多) 기타(祇陀)와 같음.

서다림급고독원(誓多林給孤獨園) 기수급고독원(祇樹給孤獨園)과 같음.

서당지장(西堂智藏) ⇒ 지장(智藏)

서명학파(西明學派) 신라의 원측(圓測, 613-696)이 658년부터 장안(長安)의 서명사(西明寺)에 머물면서 유식학(唯識學)의 주석서를 저술하고 성유식론(成唯識論)을 강의함으로써 형성된 파(派). 장안(長安) 자은사(慈恩寺)의 기(基, 632-682)가 호법(護法, 530-561)의 유식학을 절대적으로 간주한 반면, 원측은 호법의 유식학과 중관(中觀)의 융합을 시도함. 원측의 제자 도증(道證)은 신라의 승려로, 692년(효소왕 1)에 귀국하여 왕에게 천문도(天文圖)를 바쳤고, 도증의 제자에 태현(太賢)이 있음.

서방극락정토(西方極樂淨土) 아미타불이 살고 있다는 청정한 국토로, 서쪽으로 10만억 불국토를 지나 있는데, 괴로움이 없고 지극한 즐거움만 있다고 함.

서방정토(西方淨土) 서방극락정토(西方極樂淨土)와 같음.

서분(序分) 경전을 내용에 따라 나눈 가운데 머리말에 해당하는 부분.

서사(書寫) 경전을 베껴 씀.

서산대사(西山大師) ⇒ 휴정(休靜)

서산주부(西山住部) ⓢavara-śaila ⓟapara-seliya 붓다가 입멸한 후 200년 말에 대중부(大衆部)에서 갈라져 나온 파(派)로, 제다산(制多山)의 서쪽 산에 거주하였으므로 이와 같이 일컬음.

서서(西序) 선원(禪院)의 불전(佛殿)에서 의식을 행할 때, 불단(佛壇)을 향하여 왼쪽에 서열하는 수좌(首座)·서기(書記)·장주(藏主)·지객(知客)·지욕(知浴)·지전(知殿)의 육두수(六頭首)를 말함.

서수(誓水) 관정(灌頂) 때, 삼매야계(三昧耶戒)를 받는 수행자가 깨달음을 이루겠다는 서약의 뜻으로 마시는 향수(香水).

서슬타(逝瑟吒) ⓢjyeṣṭha의 음사. 인도력(印度曆)의 3월. 음력 3월 16일부터 4월 15일까지에 해당함.

서심(逝心) ⓢbrāhmaṇa를 음사하여 바라문(婆羅門)이라 하고, 그것을 번역하여 서심(逝心)이라 함.

서역(西域) 중국의 서쪽 지역, 좁게는 타클라

마칸(Taklamakan) 사막 주변 지역과 파미르(Pamir) 고원 지역을, 넓게는 그 지역에 인도·파키스탄·아프가니스탄·이란 지역을 포함하여 일컬음.

서역기(西域記) 대당서역기(大唐西域記)의 준말.

서우화주(西牛貨洲) 사주(四洲)의 하나. 수미산 서쪽에 있다는 대륙으로, 여기에서는 소를 화폐로 사용한다고 하여 우화(牛貨)라고 함.

서원(誓願) ①맹세하고 기원함. ②부처나 보살이 모든 중생을 구제하려고 세운 서약.

서자(書字) 범문(梵文)으로 된 불전(佛典)을 한문으로 번역하는 역장(譯場)에서, 낭독하는 범문을 듣고 그 음을 그대로 한자로 옮기는 역할, 또는 그 일을 맡은 사람. 예를 들면, hṛdaya를 흘리타야(紇利陀耶)로, sūtra를 수다라(修多羅)로 옮기는 따위.

서장(書狀) ①선원(禪院)의 문서·편지 등을 관리하는 직책, 또는 그 일을 맡은 승려. ②대혜보각선사서(大慧普覺禪師書)의 별명.

서장(西藏) 청대(淸代) 이후에 사용한, 티베트에 대한 호칭.

서장대장경(西藏大藏經) 티베트대장경(Tibet大藏經)과 같음.

서천(西天) 중국의 서쪽에 있는 천축(天竺), 곧 인도를 일컬음.

서천사칠동토이삼(西天四七東土二三) 석가모니가 입멸한 후, 불법(佛法)이 이심전심(以心傳心)으로 전승되어 온 인도의 28조(祖)와 중국의 달마(達摩)·혜가(慧可)·승찬(僧璨)·도신(道信)·홍인(弘忍)·혜능(慧能)을 말함.

서천이십팔조(西天二十八祖) 석가모니가 입멸한 후, 인도에서 불법(佛法)이 이심전심(以心傳心)으로 전승되어 온 28명의 조사(祖師). 초조 마하가섭(摩訶迦葉), 제2조 아난타(阿難陀), 제3조 상나화수(商那和修), 제4조 우파국다(優波鞠多), 제5조 제다가(提多迦), 제6조 미차가(彌遮迦), 제7조 바수밀다(婆須蜜多), 제8조 불타난제(佛陀難提), 제9조 복타밀다(伏陀蜜多), 제10조 바율습박(婆律濕縛), 제11조 부나야사(富那夜奢), 제12조 아나보저(阿那菩底), 제13조 가비마라(迦毘摩羅), 제14조 나가알랄수나(那伽閼剌樹那), 제15조 가나제바(迦那提婆), 제16조 나후라다(羅睺羅多), 제17조 승가난제(僧伽難提), 제18조 가야사다(迦耶舍多), 제19조 구마라다(鳩摩羅多), 제20조 사야다(闍夜多), 제21조 바수반두(婆修盤頭), 제22조 마나라(摩拏羅), 제23조 학륵나(鶴勒那), 제24조 사자보리(師子菩提), 제25조 바사사다(婆舍斯多), 제26조 불여밀다(不如蜜多), 제27조 반야다라(般若多羅), 제28조 보리달마(菩提達摩).

서품(序品) 경전을 내용에 따라 나눈 가운데 머리말에 해당하는 부분.

석(釋) ①경론(經論)을 알기 쉽게 풀이함, 또는 그 글. ②제석(帝釋)의 준말. ③석가족(釋迦族)의 준말. ④승려들이 석가모니의 제자임을 나타내기 위해 성(姓)으로 쓰는 말로, 전진(前秦)의 도안(道安, 314-385)이 처음 사용함. ⑤절에서, 새벽에 승려들을 깨우기 위해 목탁을 치면서 절 안을 도는 일.

석가(釋迦) ⓢśākya ⓟsakya의 음사. ①인도의 크샤트리야 계급에 속하는 종족의 하나. ②석가모니(釋迦牟尼)의 준말.

석가(釋家) ①경론(經論)을 알기 쉽게 풀이하는 사람. ②출가한 승려들, 또는 그들의 세계.

석가모니(釋迦牟尼) ⓢśākya-muni ⓟsakya-muni의 음사. 석가족의 성자(聖者)·현인(賢人)이라는 뜻. 성(姓)은 가우타마(ⓢgautama ⓟgotama), 이름은 싯다르타(ⓢsiddhārtha ⓟsiddhattha). 불교의 교조. 아버지는 인도 북부에 있던 카필라(kapila) 성의 정반왕(淨飯王), 어머니는 콜리야족(koliya族) 선각왕(善覺王)의 딸 마야(māyā) 왕비로, 그녀는 풍습에 따라 친정에서 해산(解産)하려고 콜리야족이 살고 있는 데바다하(devadaha)로 가는 도중에 룸비니(lumbinī) 동산의 무우수(無憂樹) 아래에서 싯다르타를 낳음. 어머니가 그를 낳은 지 7일 만에 세상을 떠나자 이모 마하프라자파티(mahāprajāpatī)가 그를 양육함. 17세에 콜리야족의 야쇼다라(yaśodharā)와 결혼하여 라훌라(rāhula)를 낳음. 29세에 출가하여 6년 고행 끝에 네란자라(nerañjarā) 강변에 있는 붓다가야(buddhagayā)의 보리수(菩提樹) 아래에서 35세에 깨달음을 성취하여 붓다(buddha)가 됨. 녹야원(鹿野苑)에서 다섯 수행자에게 처음으로 설법한 이래, 45년 간 갠지스 강 중류 지역을 돌아다니면서 설법하다가 80세에 쿠시나가라(kuśinagara)의 사라쌍수(沙羅雙樹) 아래에서 입멸함.
마야가 세상을 떠나자 정반왕은 마야의 동생 마하프라자파티와 재혼하여 싯다르타의 이복 동생 난다(nanda)를 낳음. 후에 싯다르타의 이모와 아내 그리고 아들과 이복 동생 모두 출가함.
일설에는, 마야와 마하프라자파티는 선각왕의 동생이고, 야쇼다라는 선각왕의 딸이라고 함.

석가모니의 행선지

석가문(釋迦文) 석가모니(釋迦牟尼)와 같음.

석가비릉가마니보(釋迦毘楞伽摩尼寶) 석가비릉가(釋迦毘楞伽)는 ⓢśakrābhilagna의 음

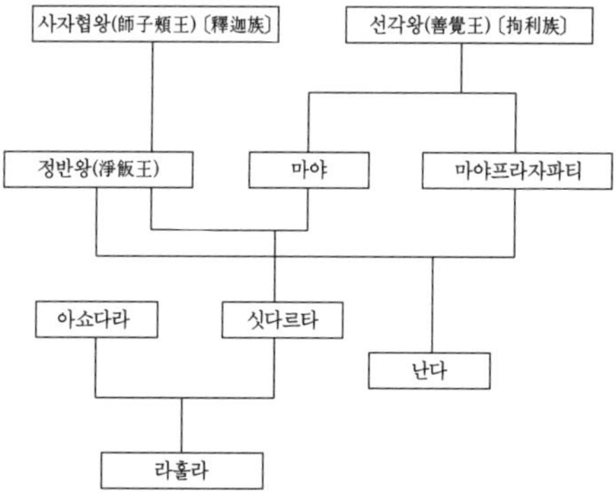

석가모니의 가계

사로 제석지(帝釋持)·제석착(帝釋著)이라 옮기고, 마니(摩尼)는 ⓢmaṇi의 음사로 구슬, 보(寶)는 ⓢratna의 번역. 제석(帝釋)이 목에 걸고 있다는 보배 구슬로, 무한한 광명을 발한다고 함.

석가삼존(釋迦三尊) 석가모니불과 그 좌우에서 보좌하는 문수보살과 보현보살을 말함.

석가세존(釋迦世尊) 석가에 대한 존칭.

석가여래(釋迦如來) 석가에 대한 존칭.

석가여래행적송(釋迦如來行蹟頌) 2권. 고려의 운묵(雲默)이 1328년(충숙왕 15)에 석가모니의 생애와 불교가 인도에서 중국으로 전래된 과정 등을 776구(句)의 게송으로 읊고 풀이한 저술.

석가원(釋迦院) 태장계만다라(胎藏界曼荼羅)의 한 부분으로, 석가여래를 중심으로 하여 그의 제자와 여러 보살이 그려져 있는데, 이는 석가여래가 대일여래의 덕을 본받아 중생들에게 설법하는 것을 나타냄.

석게라(釋揭羅) ⓢśakra의 음사. 제석(帝釋)이라 번역. 수미산 정상에 있는 도리천의 왕으로, 사천왕(四天王)과 32신(神)을 통솔하면서 불법(佛法)을 지킨다고 함.

석경(石經) 돌에 경문(經文)을 새긴 것.

석공관(析空觀) 모든 현상을 분석하여 거기에 불변하는 실체가 없으므로 공(空)이라고 주시함.

석교(釋敎) 석가모니의 가르침.

석굴암(石窟庵) 경북 경주시 토함산 남쪽 기슭에 있는 절. 불국사(佛國寺)에 딸린 암자. 751년(경덕왕 10)에 김대성(金大城, ?-774)이 창건하기 시작하여 김대성이 죽고 난 후에 완성하고, 1703년과 1891년에 보수함. 조선총독부 주관으로 1913년부터 1915년까지 보수하고, 1917년에 보수하고, 1920년부터 1923년까지 보수함. 또 1961년부터 1964년까지 보수함. 문화재 : 석굴(石窟)·삼층석탑.

석난(釋難) 상대방의 비난에 대하여 자신의 주장을 설명함.

석남사(石南寺) ①울산시 울주군 상북면 가지산 동쪽 기슭에 있는 절. 통도사(通度寺)의 말사. 824년에 신라의 도의(道義)가 창건하고, 1592년 임진왜란 때 모두 불탐. 1666년에 다시 짓고, 이후 여러 차례 보수함. 1957년부터 비구니 인홍(仁弘)이 주지로 머물면서 크게 증축함. 문화재 : 부도(浮屠)·삼층석탑. ② 경기 안성시 금광면 상중리 서운산 북동쪽 기슭에 있는 절. 용주사(龍珠寺)의 말사. 680년에 신라의 석선(奭善)이 창건하고, 고려 초에 혜거(慧炬)가 다시 지음. 1592년 임진왜란 때 모두 불타고, 1725년에 다시 짓고, 1985년에 보수함. 문화재 : 영산전(靈山殿)·마애여래입상(磨崖如來立像).

석등

석두희천(石頭希遷) ⇒ 희천(希遷)

석등(石燈) 사찰 안에 세우는, 돌로 만든 등.

석려(釋侶) 석가모니의 가르침을 믿는 사람들.

석론(釋論) 경전의 글귀를 풀이한 논서(論書).

석마하연론(釋摩訶衍論) 10권. 대승기신론(大乘起信論)을 체계적으로 풀이한 책.

석명(釋名) 경론(經論)의 제목을 풀이함.

석문(釋門) 석가모니의 가르침, 또는 그것을 믿는 사람들의 세계.

석문(釋文) 경론(經論)을 풀이한 글귀.

석문의범(釋門儀範) 2권. 한국의 석찬(錫贊) 지음. 한반도의 불교 의식을 집대성하여 1935년에 간행한 책.

석밀(石蜜) ⓢⓟphāṇita 사탕수수의 즙.

석범(釋梵) 수미산 정상에 있는 도리천의 왕인 제석(帝釋)과 색계 초선천의 왕인 범천(梵天)을 말함.

석보상절(釋譜詳節) 조선 세종29년(1447)에 수양대군(首陽大君)이 왕명으로 소헌왕후(昭憲王后)의 명복을 빌고 대중을 불교에 귀의하게 하기 위해 엮은 석가모니의 일대기(一代記)로, 양(梁)의 승우(僧祐)가 지은 석가보(釋迦譜)와 당(唐)의 도선(道宣)이 지은 석가씨보(釋迦氏譜) 등에서 발췌하여 한글로 번역한 책.

석불사(石佛寺) 토함산 석굴암(石窟庵)의 창건 때 이름.

석사자(釋師子) 석가모니를 뭇 짐승의 왕으로 불리는 사자에 비유한 말.

석상경제(石霜慶諸) ⇒ 경제(慶諸)

석상초원(石霜楚圓) ⇒ 초원(楚圓)

석선바라밀차제법문(釋禪波羅蜜次第法門) 10권. 수(隋)의 지의(智顗) 강설, 법신(法愼) 기록. 삼종지관(三種止觀) 가운데 점차지관(漸次止觀)을 10장(章)으로 나누어 상세히 설명한 책.

석실(石室) ⇒ 덕차시라(德叉尸羅)

석씨(釋氏) 석가모니의 제자임을 나타내는 말로, 출가한 승려들을 일컬음.

석씨계고략(釋氏稽古略) 4권. 원(元)의 각안(覺岸) 지음. 삼황(三皇)에서 남송(南宋)까지의 역대 제왕(帝王)의 세대에 따라 인도와 중국의 불교사를 편년체(編年體)로 기술한 책.

석옥청공(石屋淸珙) ⇒ 청공(淸珙)

석왕사(釋王寺) 함남 안변군 석왕사면 설봉산 북동쪽 자락에 있는 절. 창건 연대는 알 수 없고, 조선 태조 때 크게 증축하고, 1732년에 보수함. 일제 강점기 때 삼십일본산(三十一本山)의 하나로 지정됨.

석의(釋義) 경론(經論)의 글귀를 알기 쉽게 풀이함.

석자(釋子) 석가모니의 제자, 곧 출가한 승려들을 일컬음.

석장(錫杖) ⓢkhakkhara 수행승의 지팡이. 머리 부분에 주석(朱錫)으로 된 큰 고리가 있고, 거기에 여섯 개의 작은 고리가 끼워져 있어 흔들면 소리가 남. 산길을 갈 때 흔들어 짐승이나 해충을 쫓고, 걸식할 때 흔들어 자기가 온 것을 알림.

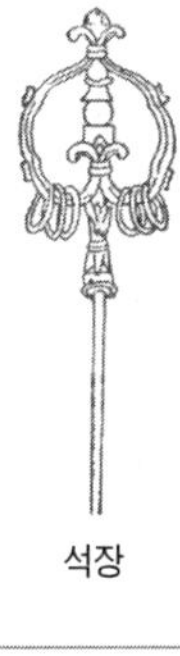
석장

석제환인(釋提桓因) ⓢśakro devānāṃ indraḥ(신들의 제왕인 샤크라)의 음사. 제석(帝釋)·천제석(天帝釋)이라 번역. 수미산 정상에 있는 도리천의 왕으로, 사천왕(四天王)과 32신(神)을 통솔하면서 불법(佛法)을 지킨다고 함.

석존(釋尊) 석가모니세존(釋迦牟尼世尊)의 준말. 석가모니는 석가족의 성자라는 뜻, 세존은 세상에서 존경받는 스승이라는 뜻.

석종(釋種) ①석가(釋迦)라는 종족, 곧 석가족(釋迦族)을 말함. ②석가모니의 제자. 불교를 믿는 사람.

석천왕(釋天王) 제석(帝釋)과 같음.

석화엄교분기원통초(釋華嚴敎分記圓通鈔) 10권. 고려의 균여(均如) 지음. 당(唐)의 법장(法藏)이 지은 화엄교분기(華嚴敎分記)를 풀이한 책.

석화엄지귀장원통초(釋華嚴旨歸章圓通鈔) 2권. 고려의 균여(均如) 지음. 당(唐)의 법장(法藏)이 지은 화엄경지귀(華嚴經旨歸)를 풀이한 책.

선(禪) ⓢdhyāna ⓟjhāna의 음사. 정(定)·정려(靜慮)·사유수(思惟修)라 번역. ①마음을 한곳에 집중하여 산란하지 않는 상태. 마음을 고요히 가라앉히고 한곳에 집중함. 마음의 통일. ②있는 그대로 직관하려는 수행. 자신이 본래 갖추고 있는 부처의 성품을 꿰뚫어 보려는 수행. 미혹을 깨뜨려 자신의 본성을 체득하려는 수행. ③대립과 차별, 판단과 추리, 분별과 언어의 작용이 끊어진 마음 상태. 마음의 작용을 끊고, 있는 그대로 직관하는 상태. ④좌선(坐禪)의 준말. ⑤선종(禪宗)의 준말.

선(善) ⓢkuśala 올바르고 청정하여 현재와 미래에 걸쳐 자신과 남에게 이익이 됨. 궁극적인 진리에 따름.

선(仙) ⓢṛṣi ⓟisi ①세속을 떠나 삼림에서 수행하는 사람. ②성자(聖者).

선가(禪家) ①참선하는 수행승들, 또는 그들의 세계. ②선종(禪宗)과 같음.

선가귀감(禪家龜鑑) 1권. 조선의 휴정(休靜) 지음. 경전과 어록 중에서 수행의 지침이 될 가장 요긴하고 간절한 부분을 가려 뽑은 선학(禪學)의 입문서.

선각(禪覺) 혜근(惠勤)의 시호.

선각(先覺) ①도선(道詵)의 시호. ②형미(逈微)의 시호.

선각왕(善覺王) ⓢsuprabuddha 카필라(kapila) 성과 인접해 있던 천비성(天臂城)의 성주(城主)로, 싯다르타의 외할아버지.

선감(宣鑑) 780-865. 당(唐)의 승려. 호북성(湖北省) 시남(施南) 출신. 성(姓)은 주(周). 금강경에 정통하여 주금강(周金剛)이라 함. 호남성(湖南省) 예주(澧州) 용담사(龍潭寺)의 숭신(崇信)에게 사사(師事)하여 그의 법을 이어받고 그곳에 30여 년 동안 머무름. 그 후 호남성 덕산(德山)에서 선풍(禪風)을 크게 일으킴.

선객(禪客) ①떠돌아다니면서 참선만 하는 수행승. ②선(禪)에 대한 논객(論客), 곧 선문답(禪問答)에 능숙한 수행승.

선거(禪居) 참선하는 수행승의 거주지, 곧 선원(禪院).

선겁(善劫) 현겁(賢劫)과 같음.

선견산(善見山) ⇒ 소달리사나(蘇達梨舍那)

선견성(善見城) 제석(帝釋)의 도읍지로서, 도리천의 중앙에 있다고 함.

선견율비바사(善見律毘婆沙) 18권. 불음(佛音) 지음, 제(齊)의 승가발타라(僧伽跋陀羅) 번역. 스리랑카에 전하는 상좌부(上座部)의 율장(律藏)을 풀이한 저술로, 불멸(佛滅) 후의 세 차례의 결집(結集)과 아쇼카(aśoka) 왕의 아들 마힌다(mahinda)가 스리랑카에 불교를 전한 사실을 기록한 다음, 비구계(比丘戒)·비구니계(比丘尼戒)·건타가(騫陀伽) 등을 상세히 설명함.

선견천(善見天) 색계 제4선천(第四禪天)의 제7천. ⇒ 색계십칠천(色界十七天)

선경(禪經) 선정(禪定)에 대해 설한 경전.

선과(善果) 착한 행위를 하여 받는 좋은 과보.

선관(禪關) ①선(禪)에 접근하는 관문. 선(禪)에 이르려면 반드시 거쳐야 하는 요점. ②참선만 하는 여러 곳의 사찰.

선관(禪觀) 좌선하여 진리를 주시함.

선관책진(禪關策進) 1권. 명(明)의 주굉(袾宏) 지음. 여러 어록(語錄)과 경론(經論)에서 참선하는 수행자들에게 요긴한 언행이나 사항들을 110가지 가려 뽑아 해설한 저술.

선교(善巧) 선교방편(善巧方便)의 준말.

선교결(禪敎訣) 1편. 조선의 휴정(休靜) 지음. 제자 유정(惟政)에게 전한, 선(禪)과 교(敎)의 차이점을 간결하게 적은 저술. 선은 부처의 마음이고 교는 부처의 말씀이며, 선은 말 없음으로써 말 없는 데 이르는 것이고, 교는 말 있음으로써 말 없는 데 이르는 것이라 정의한 다음, 말 없음으로써 말 없는 데 이르면 누구도 그것을 무엇이라 이름할 수 없으므로 억지로 이름하여 마음이라 한 것인데, 세상 사람들은 그 까닭을 알지 못하고 배워서 알고 생각해서 얻는다고 하니 안타까운 일이라 하고, 교를 배우는 이는 교 가운데도 선이 있다고 하나, 선은 교의 그물에 걸리지 않는다고 천명함.

선교방편(善巧方便) 교묘한 수단과 방법. 중생을 구제하기 위해 그 소질에 따라 임시로 행하는 교묘한 수단과 방법. 중생을 깨달음으로 인도하기 위해 교묘한 방법으로 설한 가르침.

선교석(禪敎釋) 1권. 조선의 휴정(休靜) 지음. 선(禪)을 중심으로 하여 선(禪)과 교(敎)의 특징과 차이점을 제시한 저술. 여러 어록(語錄)과 논서(論書)에서 요긴한 글귀를 인용하여 선에 대해 밝히고, 마지막으로 50여 명의 학식 있는 불도(佛徒)들이 모인 자리에서 교를 배우는 사람이 묻고 선을 닦는 사람이 답하는 형식으로 되어 있음.

선교안심지관(善巧安心止觀) 교안지관(巧安止觀)과 같음.

선굴(禪窟) 좌선하는 굴. 좌선하는 수행승의 거주지.

선궁(禪宮) 참선하는 사찰을 일컫는 말.

선권(善權) 선권방편(善權方便)의 준말.

선권방편(善權方便) 선교방편(善巧方便)과

같음.

선근(善根) 청정한 행위를 할 근성. 온갖 선(善)을 낳는 근본. 좋은 과보를 받을 착한 행위.

선기(禪機) 선승(禪僧)의 역량. 예리하고 격식을 떠난 선승의 말이나 동작.

선길(善吉) ⓢsubhūti ⇒ 수보리(須菩提)

선나(禪那) ⓢdhyāna ⓟjhāna의 음사. 정(定)·정려(靜慮)·사유수(思惟修)라 번역. 마음을 한곳에 집중하여 산란하지 않는 상태. 마음을 고요히 가라앉히고 한곳에 집중함. 마음의 통일.

선나바라밀(禪那波羅蜜) 선나(禪那)는 ⓢdhyāna의 음사, 정(定)·정려(靜慮)·사유수(思惟修)라 번역. 선정바라밀(禪定波羅蜜)과 같음.

선남선녀(善男善女) 부처의 가르침을 믿고 선행을 닦는 사람들.

선남자(善男子) 부처의 가르침을 믿고 선행을 닦는 남자.

선니(禪尼) 참선만 하는 비구니.

선다라니(旋陀羅尼) 다라니(陀羅尼)는 ⓢdhāraṇī의 음사, 총지(總持)·능지(能持)라고 번역. 모든 현상은 일시적으로 존재한다는 데서 나아가 갖추게 되는, 공(空)을 꿰뚫어 보는 지혜.

선당(禪堂) 수행승이 좌선하는 집.

선대(禪帶) 좌선할 때 허리를 바로 세우고 복부를 차지 않게 하기 위해 허리에 두르는 띠.

선덕(禪德) 참선한 기간이 길고, 지혜와 덕을 갖춘 선승(禪僧)에 대한 존칭.

선도(禪道) ①자신이 본래 갖추고 있는 부처의 성품을 꿰뚫어 보려는 수행. 미혹을 깨뜨려 자신의 본성을 체득하려는 수행. ②선(禪)에 대한 가르침. 선(禪)을 닦는 방법.

선도(善道) 착한 행위를 한 중생이 그 과보로 받는다고 하는 인간·천상 등의 생존.

선도(仙道) 세속을 떠나 삼림에서 수행하는 사람들의 수행 방법.

선도(禪兜) ⓢjantu의 음사. 어린아이. 인간. 중생.

선도(善導) 613-681. 당(唐)의 승려. 산동성(山東省) 임치(臨淄) 출신. 어려서 산동성 밀주(密州)의 명승(明勝)에게 출가하여 20세에 구족계(具足戒)를 받고 십육관(十六觀)을 닦음. 산서성(山西省) 서하(西河) 현중사(玄中寺)의 도작(道綽, 562-645)에게 가서 관무량수경(觀無量壽經)을 배우면서 염불삼매(念佛三昧)를 닦음. 종남산(終南山) 오진사(悟眞寺)와 장안(長安) 광명사(光明寺) 등에 머물면서 구칭염불(口稱念佛)을 전파하고 정토종(淨土宗)을 크게 일으킴. 저서 : 관무량수불경소(觀無量壽佛經疏)·전경행도원왕생정토법사찬(轉經行道願往生淨土法事讚)·왕생예찬게(往生禮讚偈)·의관경등명반주삼매행도왕생찬(依觀經等明般舟三昧行道往生讚)·관념아미타불상해삼매공덕법문(觀念阿彌陀佛相海三昧功德法門) 등.

선두(禪頭) 선도(禪兜)와 같음.

선래(善來) ⓢsvāgata 손님을 맞이할 때 쓰는 말. 잘 오셨습니다. 어서 오십시오.

선래비구(善來比丘) 일정한 의식 절차를 거치지 않고, 붓다가 출가하려는 이에게 "어서 오라, 비구야."라고 함으로써 구족계(具足戒)를 받은 것으로 간주하여 비구가 된 자.

선림(禪林) ①수행승들이 모여 참선하는 사찰. ②참선하는 수행승들의 세계.

선림보훈(禪林寶訓) 4권. 남송(南宋)의 정선(淨善) 엮음. 송대(宋代)의 선승(禪僧)들이 남긴 교훈 300여 편을 모은 책.

선림승보전(禪林僧寶傳) 30권. 송(宋)의 혜홍(慧洪) 지음. 당송대(唐宋代)의 선승(禪僧) 81명의 전기(傳記)를 기록한 책.

선림원(禪林院) 강원 양양군 서면 황이리 응복산 북서쪽 기슭에 있던 절. 804년에 신라의 순응(順應)이 창건하고, 홍각(弘覺)이 머물다가 입적하자 886년에 그의 비(碑)를 세움. 이후 산사태로 폐사됨. 문화재 : 삼층석탑·석등(石燈)·홍각선사탑비(弘覺禪師塔碑)·부도(浮屠).

선무외(善無畏) ①청정한 행위를 함으로써 마음에 두려움이 없고 평온함. ②ⓢśubhakarasiṃha 637-735. 13세에 오다국(烏茶國)의 왕위에 올랐으나 그것을 버리고 여러 지역을 편력하다가 나란타사(那爛陀寺)에 출가하여 달마국다(達摩掬多, dharmagupta)에게 밀교(密敎)를 배움. 스승의 권유로 80세에 당(唐)의 장안(長安)에 옴. 홍복사(興福寺)·서명사(西明寺)·보리원(菩提院)에서 대일경(大日經)·소파호동자청문경(蘇婆呼童子請問經)·소실지갈라경(蘇悉地羯囉經) 등을 번역함. 제자에 대일경소(大日經疏)를 지은 일행(一行)이 있음.

선문(禪門) ①선(禪)에 대한 가르침. ②선(禪)의 방면·영역·세계. ③선(禪)을 닦는 수행승들의 세계. ④선종(禪宗), 또는 거기에서 나누어진 갈래.

선문강요집(禪門綱要集) 1권. 고려의 천책(天頙) 지음. 임제 의현(臨濟義玄)이 선문답에서 제시한 삼구(三句)에 입각하여 임제종(臨濟宗)의 요점을 밝히고, 운문삼구(雲門三句)로써 운문종(雲門宗)의 요점을 정리한 저술.

선문구산(禪門九山) 구산선문(九山禪門)과 같음.

선문보장록(禪門寶藏錄) 3권. 고려의 천책(天頙) 지음. 선승(禪僧)들의 문답이나 언행(言行)을 발췌하여 모은 책. 총 86칙(則)이며, 발췌한 책들이 기록되어 있음.

선문사변만어(禪門四辨漫語) 1권. 조선의 의순(意恂) 지음. 긍선(亘璇)이 지은 선문수경(禪文手鏡)을 조목조목 비판하고 그 해결점을 간명하게 서술한 책.

선문수경(禪文手鏡) 1권. 조선의 긍선(亘璇) 지음. 고려의 천책(天頙)이 지은 선문강요집(禪門綱要集)에 의거하여, 선(禪)에 대한 여러 견해를 임제 의현(臨濟義玄)이 선문답에서 제시한 삼구(三句)로써 해결하기 위해 지은 책.

선문염송(禪門拈頌) 선문염송집(禪門拈頌集)의 준말.

선문염송설화(禪門拈頌說話) 30권. 고려의 각운(覺雲) 지음. 혜심(慧諶)이 지은 선문염송집(禪門拈頌集)의 칙(則)에 대해 출처, 용어 풀이, 비평을 한 주석서.

선문염송집(禪門拈頌集) 30권. 고려의 혜심(慧諶) 지음. 화두(話頭) 1,125칙(則)과 각각의 칙(則)에 대한 짤막한 해설과 게송 등을 모아 엮은 책.

선문오종강요(禪門五宗綱要) 1권. 조선의 지안(志安) 지음. 당대(唐代)에 형성된 임제종(臨濟宗)·운문종(雲門宗)·조동종(曹洞宗)·위앙종(潙仰宗)·법안종(法眼宗)에서 내세우는 가르침의 요지를 여러 문헌에서 발췌하여 간추린 저술.

선문재정록(禪門再正錄) 1권. 조선의 진하(震河) 지음. 긍선(亘璇)이 지은 선문수경(禪文手鏡)과 의순(意恂)이 지은 선문사변만어(禪門四辨漫語)와 홍기(洪基)가 지은 선문증정록(禪門證正錄)에 대해 비판하고 선(禪)에 대한 자신의 견해를 밝힌 저술.

선문증정록(禪門證正錄) 1권. 조선의 홍기(洪基) 지음. 조사(祖師)들의 가르침을 증거로 삼아, 긍선(亘璇)이 지은 선문수경(禪文手鏡)의 잘못을 바로잡기 위해 지은 책.

선문촬요(禪門撮要) 2권. 선(禪)에 대한 저술을 가려 뽑아 모은 책으로, 상권은 1907년 운문사(雲門寺)에서, 하권은 1908년 범어사(梵魚寺)에서 간행함. 상권에는 혈맥론(血脈論)·관심론(觀心論)·사행론(四行論)·최상승론(最上乘論)·완릉록(宛陵錄)·전심법요(傳心法要) 등이 수록되어 있고, 하권에는 수심결(修心訣)·진심직설(眞心直說)·권수정혜결사문(勸修定慧結社文)·간화결의론(看話決疑論)·선문보장록(禪門寶藏錄)·선문강요집(禪門綱要集)·선교석(禪教釋) 등이 수록되어 있음.

선미(禪味) 선수행으로 이른 평온의 경지에서 느끼는 희열.

선바라밀(禪波羅蜜) 선(禪)은 ⓢdhyāna의 음사, 정(定)·정려(靜慮)·사유수(思惟修)라 번역. 선정바라밀(禪定波羅蜜)과 같음.

선방(禪房) 사찰 안에 있는 참선하는 방.

선법(善法) ①청정한 일. 진리에 따르고 자신과 남에게 이익이 되는 일. ②바른 가르침.

선법(禪法) 선(禪)에 대한 가르침. 선(禪)을 닦는 방법.

선법당(善法堂) 도리천의 선견성(善見城) 바깥 서남쪽에 있다는 강당으로, 33신(神)들이 가끔 이곳에 모여 진리를 논한다고 함.

선법매(善法罵) 좋은 말로 빗대어 상대방을 욕하는 것. 예를 들면, 인색한 사람을 보고 빗대어 대보살이라고 하는 것.

선법요해(禪法要解) 2권. 요진(姚秦)의 구마라집(鳩摩羅什) 등 번역. 부정관(不淨觀)·사선(四禪)·사무량심(四無量心)·사무색정(四無色定)·육신통(六神通) 등에 대해 설한 경.

선법행(善法行) 십행(十行)의 하나. 바른 가르침을 지키고 보호하는 행위.

선병(禪病) 참선하는 수행자가 망상이나 환각에 빠지거나 몸에 이상이 생기는 것.

선본(善本) 좋은 결과를 얻을 청정한 행위. 온갖 선(善)을 낳는 근본.

선본사(禪本寺) 경북 경산시 팔공산 관봉 중턱에 있는 절. 은해사(銀海寺)의 말사. 496년에 신라의 극달(極達)이 창건하고, 638년에 의현(義玄)이 관봉에 갓바위부처라 불리는 석조여래좌상(石造如來坐像)을 조성하고, 1641년에 수총(秀聰)이 중축함. 문화재 : 관봉석조여래좌상(冠峰石造如來坐像).

선불장(選佛場) 부처를 뽑는 장소라는 뜻. 수행승이 좌선하는 곳.

선비요법경(禪秘要法經) 3권. 요진(姚秦)의 구마라집(鳩摩羅什) 등 번역. 부정관(不淨觀)·백골관(白骨觀)·사대관(四大觀)·신염처관(身念處觀)·수식관(數息觀) 등, 여러 가지 관법(觀法)에 대해 설한 경.

선사(禪思) ⓢⓟsamādhi ⓢdhyāna ⓟjhāna 마음을 한곳에 집중하여 산란하지 않음. 마음을 가라앉히고 고요히 생각함.

선사(禪師) ①오랜 기간 참선만 닦은 수행승에 대한 존칭. ②고려·조선 때, 승과(僧科)에 합격하여 승진한 승려의 지위. ⇒ 승과(僧科)

선사(禪社) 선승(禪僧)이 모여 수행하는 곳.

선사(禪寺) 참선만 하는 절.

선상(禪牀) 좌선하는 곳, 또는 좌선할 때 앉는 의자.

선생자경(善生子經) 1권. 송(宋)의 지법도(支法度) 번역. 시가라월육방예경(尸迦羅越六方禮經)의 다른 번역.

선서(善逝) ⓢⓟsugata 십호(十號)의 하나. 깨달음에 잘 이르렀다는 뜻, 곧 부처를 일컬음.

선석사(禪石寺) 경북 성주군 월항면 인촌리 누진산 남서쪽 기슭에 있는 절. 직지사(直指寺)의 말사. 692년에 신라의 의상(義湘)이 창건하여 신광사(神光寺)라 하고, 1361년에 나옹(懶翁)이 다시 짓고 선석사라 함. 1592년 임진왜란 때 모두 불타고, 1684년에 혜묵(惠默)이 다시 짓고, 1804년에 보수·중축함.

선선국(鄯善國) 타클라마칸(Taklamakan) 사막의 북동쪽, 지금의 토로번(吐魯番, Turpan) 동쪽 약 90km 지점에 있던 고대 국가.

선세부(善歲部) ⓢsuvarṣaka 음광부(飮光部)의 별명.

선소(善昭) 947-1024. 오대(五代)·송(宋)의 승려. 산서성(山西省) 태원(太原) 출신. 14세에 출가하여 여러 지역을 편력하면서 선사(禪師)들의 가르침을 받음. 하남성(河南省) 수산(首山)의 성념(省念, 926-993)에게 사사(師事)하여 그의 법을 이어받고, 스승이 입적한 후 산서성 분양(汾陽) 태자사(太子寺)에 머무름. 시호(諡號)는 무덕선사(無德禪師). 어록 : 분양무덕선사어록(汾陽無德禪師語錄).

선수(善修) 1543-1615. 조선의 승려. 전북 남원 출신. 호는 부휴(浮休). 20세에 지리산에 들어가 신명(信明)에게 출가하고, 후에 부용영관(芙蓉靈觀, 1485-1571)에게 사사(師事)하여 그의 법을 이어받음. 덕유산, 가야산 해인사, 조계산 송광사 등에 머물고, 지리산 칠불암(七佛庵)에서 입적함. 저서 : 부휴당대사집(浮休堂大師集).

선숙(善宿) 악을 멀리하고 선에 머문다는 뜻. ⇒ 포살(布薩)

선습(禪習) 마음을 한곳에 집중하는 수행. 마음을 고요히 가라앉히고 좌선함.

선승(禪僧) 참선만 닦는 수행승.

선식(禪食) 선정(禪定)은 깨달음의 근원이 되고 지혜를 유지시키므로 이와 같이 말함.

선신(善神) 불법(佛法)과 그것을 믿는 이들을 보호한다는 신.

선실(禪室) 참선하는 방.

선심(禪心) 마음을 한곳에 집중하여 산란하지 않는 상태. 좌선할 때의 마음 상태.

선암사(仙巖寺) 전남 순천시 조계산 동쪽 기슭에 있는 절. 875년에 신라의 도선(道詵)이 창건하고, 1088년에 고려의 의천(義天)이 중축함. 1597년 정유재란 때 대부분 불타고, 1660년에 경준(敬俊)·경잠(敬岑) 등이 다시 짓고, 1698년부터 약휴(若休)가 중축함. 1823년에 불타고 이듬해부터 다시 짓고, 한국 전쟁 때 일부분 불탐. 문화재 : 삼층석탑·승선교(昇仙橋)·대각국사진영(大覺國師眞影)·대웅전·팔상전(八相殿)·일주문(一柱門) 등.

선액(旋液) 소변.

선어(禪語) 선종(禪宗)에서만 사용하는 말.

선업(善業) ①자신과 남에게 이익이 되는 청정한 행위와 말과 생각. 궁극적인 진리에 따르는 행위와 말과 생각. 좋은 과보를 받을 청정한 행위와 말과 생각. 탐욕과 노여움과 어리석음이 없는 행위와 말과 생각. ②ⓢsubhūti ⇒ 수보리(須菩提)

선여인(善女人) 부처의 가르침을 믿고 선행을 닦는 여자.

선연심(善軟心) 고르고 부드러운 마음. 부드럽고 한결같은 마음.

선열(禪悅) ①선정(禪定)에 드는 기쁨. ②참선할 때 가슴에 잔잔히 사무치는 기쁨.

선요(禪要) 고봉화상선요(高峰和尙禪要)의 준말.

선요기(禪要記) 1권. 조선의 긍선(亘璇) 지음. 임제 의현(臨濟義玄)이 선문답에서 제시한 삼구(三句)에 입각하여, 원(元)의 고봉 원묘(高峰原妙)가 지은 고봉화상선요(高峰和尙禪要)를 풀이한 저술.

선우(善友) ⓢkalyāṇa-mitra 좋은 벗. 부처의 가르침을 바르게 전하는 자. 수행에 도움이 되는 자. 자신과 마음을 같이하여 청정한 수행을 하는 자.

선우(旋右) 부처나 탑 등에 경의를 표할 때, 자신의 오른쪽을 그 대상으로 향하게 하여 도는 예법.

선운사(禪雲寺) 전북 고창군 도솔산(선운산) 동쪽 기슭에 있는 절. 대한불교조계종 제24교구 본사. 577년(백제 위덕왕 24)에 검단(黔丹)이 창건하고, 이후 폐사됨. 1472년부터 극유(克乳)가 10여 년 동안 다시 짓고, 1597년 정유재란 때 모두 불탐. 1613년부터 6년 동안 다시 짓고, 이후 여러 차례 중축하고 보수함. 문화재 : 금동보살좌상(金銅菩薩坐像)·지장보살좌상(地藏菩薩坐像)·대웅보전(大雄寶殿)·영산전목조삼존불상(靈山殿木造三尊佛像)·육층석탑·범종(梵鐘)·만세루(萬歲樓) 등.

선원(禪源) 선(禪)의 근원, 곧 인간이 본래 갖추고 있는 청정한 성품.

선원(禪院) 사찰 안에 있는 참선하는 집채. 참선만 하는 사찰.

선원사(禪源寺) 인천시 강화군 선원면 지산리에 있던 절. 고려 고종 때 최우(崔瑀, ?-1249)가 창건하고, 혼원(混元)·천영(天英)·충지(冲止)·충감(冲鑑) 등이 머무름. 고려대장경을 이 절에 보관하다가 1398년(태조 7)에 가야산 해인사(海印寺)로 옮김.

선원소류(禪源遡流) 1권. 조선 후기의 유형(有炯) 지음. 의순(意恂)의 선문사변만어(禪門四辨漫語)와 홍기(洪基)의 선문증정록(禪門證正錄)을 반박하고, 긍선(亘璇)의 선문수경(禪文手鏡)을 변호하고 옹호한 저술.

선원제전집도서(禪源諸詮集都序) 2권. 당(唐)의 종밀(宗密) 지음. 선원제전집의 서문에 해당하는 부분으로, 교선일치론(教禪一致論)을 체계적으로 밝힌 저술. 선원제전집은 현존하지 않음.

선원청규(禪苑淸規) 10권. 송(宋)의 종색(宗賾) 엮음. 숭녕(崇寧) 2년(1103)에 백장 회해(百丈懷海, 749-814)의 청규(淸規)를 토대로 하고, 시대의 변화에 따른 여러 선원의 상태를 파악하여 선원의 운영과 규칙을 정리한 책.

선월(善月) 악을 멀리하고 선행을 닦는 음력 1월·5월·9월의 삼장재월(三長齋月)을 말함.

선음(仙音) 부처의 음성.

선응(善應) 훌륭한 대답.

선인(仙人) ⓢṛṣi ⓟisi ①세속을 떠나 삼림에서 수행하는 사람. ②성자(聖者).

선인산(仙人山) ⇒ 이사가(伊師迦) ②

선인선(善人禪) 구종대선(九種大禪)의 하나. 뛰어난 중생이 닦는 선정이라는 뜻으로, 남에게 즐거움을 주려는 자(慈), 남의 괴로움을 덜어 주려는 비(悲), 남이 괴로움을 떠나 즐거움을 얻으면 기뻐하려는 희(喜), 남을 평등하게 대하려는 사(捨)의 사무량심(四無量心)으로 닦는 선정(禪定).

선인선과(善因善果) 착한 행위를 하여 받는 좋은 과보.

선자(禪者) 참선만 닦는 수행승.

선잠(禪箴) 선(禪)을 닦는 데 교훈이 되는 짧은 말.

선장(禪藏) 선승(禪僧)의 말들을 모은 글이나 책을 통틀어 일컫는 말.

선장(禪杖) 좌선 중에 조는 자를 치는 막대기로, 대나 갈대의 한쪽 끝을 베나 나무 껍질로 둘러싸 그 부분으로 조는 자를 침.

선재(善哉) ⓢⓟsādhu 상대방의 말에 대한 칭찬이나 찬성을 나타내는 말. 좋다. 그러하다. 옳다.

선재(禪齋) 참선하는 방.

선재동자(善財童子) 화엄경의 입법계품(入法界品)에 나오는 구도자(求道者). 문수보살의 법문을 듣고 발심(發心)하여 그 보살의 가르침대로 53선지식(善知識)을 차례로 만나 보살도(菩薩道)를 배우고, 보현보살의 행원(行願)을 실천하여 진리의 세계에 들어감.

선저가(扇底迦) ⓢśāntika의 음사. 식재(息災)라고 번역. 온갖 재해나 고난이 없기를 기원하는 밀교의 의식.

선적(禪寂) 마음을 한곳에 집중시켜 산란하지 않게 함. 마음을 가라앉히고 고요히 좌선함.

선정(禪定) ⓢdhyāna ⓟjhāna의 음사인 선(禪)과 그 번역인 정(定)의 합성어. 마음을 한곳에 집중하여 산란하지 않는 상태. 마음을 고요히 가라앉히고 한곳에 집중함. 마음의 통일.

선정경(禪定境) 십경(十境)의 하나. 여러 가지 선정이 떠올라 지관을 방해하면 이를 주시하여 제거함.

선정바라밀(禪定波羅蜜) ⓢdhyāna-pāramitā의 음역. 육바라밀(六波羅蜜)의 하나. 완전한 선정. 선정의 완성.

선정인(禪定印) 법계정인(法界定印)과 같음.

선제라(扇提羅) 전타라(旃陀羅)와 같음.

선족(禪足) 신족(神足)과 같음.

선종(禪宗) 문자에 의존하지 않고, 오로지 좌선을 닦아 자신이 본래 갖추고 있는 부처의 성품을 체득하는 깨달음에 이르려는 종파. 6세기 초에 인도에서 중국에 온 보리달마(菩提達摩)를 초조(初祖)로 함. 그는 마음을 집중함으로써 번뇌가 들어오지 못하도록 벽(壁)과 같이 하여, 여러 망상을 쉬고 심신(心身)을 탈락시켜 자신의 청정한 본심을 보는 안심(安心)을 가르침. 달마는 2조 혜가(慧可, 487-593)에게 4권 능가경(楞伽經)을 주면서 그의 법(法)을 전하니, 그 경(經)을 근본으로 하여 모든 현상은 오직 마음의 작용임을 깨닫게 하려는 능가종(楞伽宗)이 성립됨. 혜가는 그의 법을 3조 승찬(僧璨, ?-606)에게 전하였고, 승찬은 4조 도신(道信, 580-651)에게, 도신은 5조 홍인(弘忍, 601-674)에게 그의 법을 전하였는데, 도신과 홍인의 선법(禪法)을 동산법문(東山法門)이라 함. 도신의 선법은 좌선하여 오로지 자신이 본래 갖추고 있는 청정한 본성을 주시하는 일행삼매(一行三昧)와 하나를 응시하면서 마음을 가다듬어 움직이지 않는 수일불이(守一不移)로 요약될 수 있고, 홍인의 선법은 자신이 본래 갖추고 있는 청정한 불성(佛性)을 확인하여 잘 지키는 수심(守心)에 있음. 이 동산법문은 북종선(北宗禪)의 근간을 이루게 되는데, 일반적으로 호북성(湖北省) 당양(當陽) 옥천산(玉泉山)의 신수(神秀, ?-706) 문하를 북종(北宗), 광동성(廣東省) 소주(韶州) 조계산(曹溪山)의 혜능(慧能, 638-713) 문하를 남종(南宗)이라 함. 신수와 북종선의 선법은 자신의 청정한 마음을 관조하는 관심(觀心)으로 요약될 수 있는데, 마음은 일체의 근본이며 일체는 오직 마음의 발현이므로 마음을 깨달으면 일체를 모두 갖추게 되고 무명(無明)이 제거되어 해탈에 이른다고 함. 결국 북종선은 동산법문(東山法門)의 일행삼매(一行三昧)와 수심(守心)에서 나아가, 허공과 같이 청정한 마음의 본질을 관조하는 청정선(淸淨禪)을 확립시킴. 그러나 혜능의 제자 하택 신회(荷澤神會, 684-758)가 선종의 전통을 문제 삼아, 혜능 문하를 달마(達摩)의 직계라고 주장하여 신수의 북종을 배척한 이후, 거기에 동조하는 수행승들이 많이 나타나 결국 중국 선종은 혜능 계통에서 전개되었고, 혜능 또한 신회의 활약으로 선종 6조가 됨. 혜능 문하의 남종선(南宗禪)은 금강경에 의거하여, 생각을 일으키지 않는 무념(無念)을 궁극의 진리로 하고, 형상을 떠난 무상(無相)을 본질로 하며, 생각과 생각에 머물지 않는 무주(無住)를 근본으로 함. 또 삼신불(三身佛), 곧 법신불(法身佛)·화신불(化身佛)·보신불(報身佛)은 모두 자신의 본성 속에 갖추어져 있으나 중생이 미혹하여 밖에서 찾고 있으므로 자신 속에 있는 삼신불에 귀의(歸依)

하는 무상계(無相戒)를 내세워 형식적인 일체의 형상과 의례를 배척하고 오로지 자기 스스로에게 서약하고 귀의하는 것을 수행의 기본으로 함. 북종선과 남종선의 시대를 거쳐 강서(江西)의 마조 도일(馬祖道一, 709-788) 문하에서 뛰어난 선승(禪僧)들이 많이 배출되어, 그 지방을 중심으로 조사선(祖師禪)이 전개됨. 조사선은 일상 생활 속에서 선(禪)을 실천하는, 평범하면서도 소탈한 시골풍의 토착적인 불교로서, 그 핵심은 평상심시도(平常心是道)와 즉심시불(卽心是佛)로 요약될 수 있음. 평상심(平常心)은 평범하고 예사로운 일상의 마음이며, 일체의 차별과 분별과 조작이 없는 근원적인 마음이며, 인간이 본래 갖추고 있는 청정한 성품이기 때문에, 평상심이 곧 도(道)이고 그 마음이 곧 부처라고 함. 따라서 도(道)는 수행을 필요로 하지 않으며, 다만 오염시키지만 않으면 된다고 설함.

당(唐) 무종(武宗)의 폐불사건(廢佛事件, 842-845) 이후, 선종의 세력이 회복되는 과정에서 분열 또한 가속화되어 불과 수십 년 사이에 석두(石頭)와 마조(馬祖)의 문하에서 위앙종(潙仰宗)·임제종(臨濟宗)·조동종(曹洞宗)·운문종(雲門宗)·법안종(法眼宗)의 오가(五家)가 생기고, 여기에 송대(宋代)에 이르러 임제종은 황룡파(黃龍派)·양기파(楊岐派)로 갈라졌는데, 이를 오가칠종(五家七宗)이라 함. 이 가운데 위산 영우(潙山靈祐, 771-853)와 그의 제자 앙산 혜적(仰山慧寂, 807-883)에 의해 비롯된 위앙종은 가장 먼저 쇠퇴하여 송초(宋初)에 이미 소식이 끊어졌고, 동산 양개(洞山良价, 807-869)와 그의 제자 조산 본적(曹山本寂, 840-901)에 의해 형성된 조동종 가운데 동산의 제자 운거 도응(雲居道膺, ?-902) 문하는 남송 때까지 번성했으나 조산 문하는 4대만 전해졌고, 운문 문언(雲門文偃, 864-949)에 의해 비롯된 운문종의 선사들은 북방에서 활약하였는데, 비교적 인재가 많아 3대 제자인 설두 중현(雪竇重顯, 980-1052)이 운문종을 중흥시켜 오랫동안 유지되었으나 남송에 이르러 쇠퇴함. 법안 문익(法眼文益, 885-958)에 의해 형성된 법안종의 천태 덕소(天台德韶, 891-972)는 법안의 선법을 이어받은 후, 천태산에 머물면서 선(禪)과 천태학(天台學)의 융합을 시도하였고, 덕소의 제자에 영명 연수(永明延壽, 904-975)와 승천 도원(承天道原)이 있는데, 연수는 종경록(宗鏡錄) 100권을 저술하여 선교일치(禪敎一致)의 체계를 세웠고, 선(禪)과 염불을 함께 닦을 것을 권장한 그의 만선동귀집(萬善同歸集)은 송(宋) 이후의 염불선(念佛禪)의 터전을 확립하는 데 기틀이 됨. 도원의 경덕전등록(景德傳燈錄) 30권은 중국 선사들의 계보와 전기, 깨달음에 대한 문답을 집대성한 것으로, 조사들의 말이나 문답의 의문을 좌선의 대상으로 하는 간화선(看話禪)의 발전을 가져옴. 임제 의현(臨濟義玄, ?-867)에 의해 비롯된 임제종은 북방에서 널리 성행했는데, 석상 초원(石霜楚圓, 986-1039) 문하에서 양기 방회(楊岐方會, 992-1049)의 양기파와 황룡 혜남(黃龍慧南, 1002-1069)의 황룡파가 나와, 양기파는 성행했으나 황룡파는 얼마 안 가 쇠퇴함. 양기파 문하의 대혜 종고(大慧宗杲, 1089-1163)는 천만 가지 의심도 결국은 하나의 의심에 지나지 않으며, 화두(話頭)의 의심이 깨뜨려지면 천만 가지 의심이 일시에 사라진다고 하여 화두와 정면으로 대결할 것을 역설했는데, 그의 선풍(禪風)을 간화선(看話禪)이라 함. 벽암록(碧巖錄)·종용록(從容錄)·무문관(無門關)·전등록(傳燈錄) 등에 나오는 화두는 약 1,700칙(則)에 이르는데, 대혜는 그 많은 화두 가운데 조주(趙州)의 '무(無)' 자 하나만을 끄집어 내어 철저하게 수행의 근본으로 삼음. '무(無)' 자 화두란, 한 학인(學人)이 조주에게 "개도 불성(佛性)이 있습니까?" 하고 물으니 "무(無)."라고 한 것으로, 모든 중생은 다 불성이 있다고 했는데 개에게는 없다고 한 의심을 말함. 대혜는 오직 이 '무(無)'

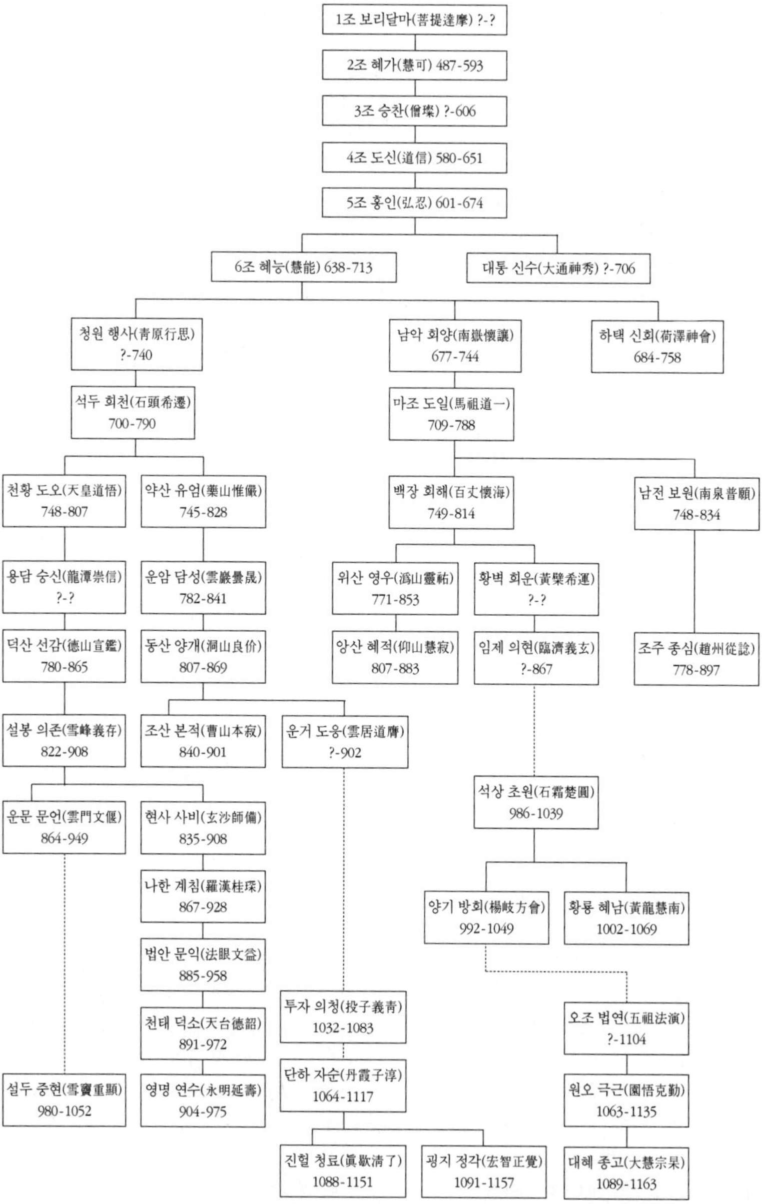

1조 보리달마(菩提達摩) ?-?
2조 혜가(慧可) 487-593
3조 승찬(僧璨) ?-606
4조 도신(道信) 580-651
5조 홍인(弘忍) 601-674
6조 혜능(慧能) 638-713
대통 신수(大通神秀) ?-706
청원 행사(青原行思) ?-740
남악 회양(南嶽懷讓) 677-744
하택 신회(荷澤神會) 684-758
석두 희천(石頭希遷) 700-790
마조 도일(馬祖道一) 709-788
천황 도오(天皇道悟) 748-807
약산 유엄(藥山惟儼) 745-828
백장 회해(百丈懷海) 749-814
남전 보원(南泉普願) 748-834
용담 숭신(龍潭崇信) ?-?
운암 담성(雲巖曇晟) 782-841
위산 영우(潙山靈祐) 771-853
황벽 희운(黃檗希運) ?-?
덕산 선감(德山宣鑑) 780-865
동산 양개(洞山良价) 807-869
앙산 혜적(仰山慧寂) 807-883
임제 의현(臨濟義玄) ?-867
조주 종심(趙州從諗) 778-897
설봉 의존(雪峰義存) 822-908
조산 본적(曹山本寂) 840-901
운거 도응(雲居道膺) ?-902
석상 초원(石霜楚圓) 986-1039
운문 문언(雲門文偃) 864-949
현사 사비(玄沙師備) 835-908
나한 계침(羅漢桂琛) 867-928
양기 방회(楊岐方會) 992-1049
황룡 혜남(黃龍慧南) 1002-1069
법안 문익(法眼文益) 885-958
투자 의청(投子義青) 1032-1083
천태 덕소(天台德韶) 891-972
오조 법연(五祖法演) ?-1104
설두 중현(雪竇重顯) 980-1052
영명 연수(永明延壽) 904-975
단하 자순(丹霞子淳) 1064-1117
원오 극근(圜悟克勤) 1063-1135
진헐 청료(眞歇清了) 1088-1151
굉지 정각(宏智正覺) 1091-1157
대혜 종고(大慧宗杲) 1089-1163

선종 계보도

자의 의심만 깨뜨리면 다른 모든 화두를 투과할 수 있다고 보았는데, 선(禪)의 핵심을 이루는 정신 집중의 수행은 이 '무(無)' 자에 대한 큰 의심의 응결과 그 타파라는 간단한 두 단계로 압축되어 결국 남송(南宋) 선종의 주류를 이루게 됨. 한편 조동종의 굉지 정각(宏智正覺, 1091-1157)은 자신이 본래 부처의 청정한 성품을 갖추고 있다는 확고한 믿음으로 묵묵히 좌선만 하면 저절로 그 청정한 성품이 드러난다는 선법을 일으켰는데, 그 문하의 선(禪)을 묵조선(默照禪)이라 함. 묵조선이라는 말은 대혜가 굉지의 선법(禪法)을 비판한 데서 나온 것이지만 굉지가 화두를 배척한 것은 아니어서, 그는 옛 조사들의 화두 100칙을 선별하여 여기에 게송을 붙인 송고백칙(頌古百則)을 저술하였는데, 후에 조동종의 만송 행수(萬松行秀, 1166-1246)가 송고백칙에 비평적 주석을 한 것이 종용록(從容錄)으로, 이 종용록을 원오 극근(圜悟克勤, 1063-1135)의 벽암록(碧巖錄)과 함께 선문(禪門)의 쌍벽이라 일컬음.

선종선(禪宗選) 고려·조선 때, 선종(禪宗)의 승려를 대상으로 실시한 승과(僧科). 여기에 합격하면 대선(大選)이라는 법계(法階)가 주어지고 이어서 대덕(大德) — 대사(大師) — 중대사(重大師) — 삼중대사(三重大師) — 선사(禪師) — 대선사(大禪師)로 승진하였음.

선종영가집(禪宗永嘉集) 1권. 당(唐)의 영가 현각(永嘉玄覺) 지음. 천태(天台)의 지관(止觀)을 중심으로 하여 선(禪)의 요점을 해설한 저술.

선종판사(禪宗判事) 조선 때, 선종(禪宗)의 최고 지위.

선주(禪主) 선원(禪院)의 운영을 주관하는 수행승.

선중(禪衆) 참선만 닦는 수행승.

선지식(善知識) ⓢkalyāṇa-mitra 좋은 벗. 부처의 가르침으로 인도하는 덕이 높은 스승. 수행에 도움이 되는 지도자. 자신과 마음을 같이 하여 청정한 수행을 하는 자.

선진(先陳) 인명(因明)에서, 주장 명제인 종(宗)의 주어를 말함. 예를 들면, '말은 무상하다'에서 '말'. 이에 반해, 종(宗)의 술어, 곧 '무상'은 후진(後陳)이라 함.

선진(禪鎭) 좌선할 때 졸음을 쫓기 위해 머리 위에 얹어 끈으로 묶는 나무 조각으로, 졸면 곧 떨어짐.

선차(扇搋·扇侘) ⓢṣaṇḍha의 음사. 남근(男根)을 갖추고 있지 않은 남자.

선찰(禪刹) 참선만 하는 사찰.

선처(善處) 선취(善趣)와 같음.

선총지(旋總持) 총지(總持)는 ⓢdhāraṇī의 번역. 선다라니(旋陀羅尼)와 같음.

선취(善趣) 착한 행위를 한 중생이 그 과보로 받는다고 하는 인간·천상 등의 생존.

선친우(善親友) 부처의 가르침을 듣고 믿는 자.

선타파(先陀婆) ⓢsaindhava의 음사. 인더스강 유역에서 나는 것이라는 뜻. 소금·그릇·물·말〔馬〕 등을 일컬음.

선판(禪板·禪版) 오랜 시간 좌선하여 피로할 때 몸을 기대는 도구.

선풍(禪風) 한 선승(禪僧)이나 그 문하의 독자적인 가르침이나 수행 방법.

선학(禪學) 선종(禪宗)의 가르침을 이론적으로 연구하는 학문. 선(禪)을 이론적으로 해명하는 지식.

선행(禪行) ①좌선하는 수행. ②선(禪)의 실천.

선현(善現) ①히말라야 산에서 채취한다는 약 이름. 이것을 보면 눈이 청정해지고, 들으면 귀가, 냄새 맡으면 코가, 맛보면 혀가, 만지면 신체가 청정해진다고 함. ②ⓢsubhūti ⇒ 수보리(須菩提)

선현천(善現天) 색계 제4선천(第四禪天)의 제6천. ⇒ 색계십칠천(色界十七天)

선현행(善現行) 십행(十行)의 하나. 청정한 행위를 하여 중생을 교화하는 행위.

선혜지(善慧地) 십지(十地)의 하나. 걸림 없는 지혜로써 두루 가르침을 설하는 단계.

선화(禪和) 선화자(禪和子)와 같음.

선화륜(旋火輪) 횃불을 빙빙 돌려 형성된 바퀴 모양의 불. 실체가 없는 것, 환상적인 것, 일시적인 것을 비유함.

선화자(禪和子) 선승(禪僧)을 예사롭게 부르는 말.

선회(禪會) ①참선을 하기 위한 모임. ②선(禪)에 대해 설하는 모임.

설(舌) ⓢjihvā 설근(舌根)의 준말.

설가부(說假部) ⓢprajñapti-vādin ⓟpaññatti-vāda 붓다가 입멸한 후 200년경에 대중부(大衆部)에서 갈라져 나온 파(派). 모든 것은 임시로 설정한 이름에 지나지 않는다고 주장함.

설계(舌界) 십팔계(十八界)의 하나. 계(界, ⓢdhātu)는 요소를 뜻함. 인식을 성립시키는 요소의 하나로, 맛을 느끼는 미각 기관인 혀.

설계(說戒) 출가자들이 음력 매월 15일과 29일(또는 30일)에 한곳에 모여 계율의 조목을 독송하여 그 동안에 자신이 저지른 잘못을 참회하는 의식.

설계건도(說戒犍度) 건도(犍度)는 ⓢskandha의 음사로, 장(章)·편(篇)을 뜻함. 계율의 조목을 독송하여 자신의 잘못을 참회하는 의식에 대해 설한 장(章).

설계사(說戒師) 음력 매월 15일과 29일(또는 30일)에 출가자들이 한곳에 모여 그 동안에 자신이 저지른 잘못을 참회하는 의식 때, 계율의 조목을 읽어 주는 덕이 높은 승려.

설근(舌根) 육근(六根)의 하나. 근(根)은 기관·기능을 뜻함. 맛을 느끼는 미각 기관인 혀.

설도자(說道者) 깨달음에 이르는 가르침을 설하는 자, 곧 부처를 일컬음.

설두중현(雪竇重顯) ⇒ 중현(重顯)

설무구칭경(說無垢稱經) 6권. 당(唐)의 현장(玄奘) 번역. ⇒ 유마경(維摩經)

설법묘(說法妙) 적문십묘(迹門十妙)의 하나. 부처의 설법이 오묘함.

설봉의존(雪峰義存) ⇒ 의존(義存)

설산(雪山) 인도 북부에 솟아 있는 히말라야 산맥을 말함.

설산부(雪山部) ⓢhaimavata 붓다가 입멸한 후 300년 초에 상좌부(上座部)에서 설일체유부(說一切有部)가 창설되자, 상좌부는 설산(雪山)으로 이주하여 겨우 그 명맥을 유지하였는데, 이를 설산부라고 함. 설일체유부가 논서(論書)을 중심으로 교리를 전개한 데 반해, 설산부는 경(經)을 중요시함.

설산수도상(雪山修道相) 팔상(八相)의 하나. 싯다르타가 설산에서 수도하는 모습.

설식(舌識) 육식(六識)의 하나. 미각 기관〔舌〕으로 미각 대상〔味〕을 식별하는 마음 작용.

설식계(舌識界) 십팔계(十八界)의 하나. 계(界, ⓢdhātu)는 요소를 뜻함. 인식을 성립시키는 요소의 하나로, 미각 기관〔舌〕으로 미각 대상〔味〕을 식별하는 마음 작용.

설암(雪巖) 추붕(秋鵬)의 호.

설욕(說欲) ⇒ 여욕(與欲)

설인부(說因部) 설일체유부(說一切有部)와 같음.

설일체유부(說一切有部) ⓢsarvāsti-vāda ⓟsabbatthi-vāda 붓다가 입멸한 후 300년 초에 상좌부(上座部)에서 갈라져 나온 파(派)로, 가다연니자(迦多衍尼子)를 파조(派祖)로 함. 설산부(雪山部)가 경(經)을 중시한 반면, 이 파는 논서(論書)를 중심으로 자신들의 견해를 전개함. 모든 현상의 본체는 과거·현재·미래에 걸쳐 변하지 않으므로 영원히 소멸하지 않고 존재한다고 주장하고, 모든 현상을 오위칠십오법(五位七十五法)으로 나누어 교리를 전개함. 대비바사론(大毘婆沙論)·발지론(發智論)·집이문족론(集異門足論)·법온족론(法蘊足論)·식신족론(識身足論) 등은 그들의 견해를 밝힌 저술임. 붓다가 입멸한 후 400년 초까지 설일체유부에서 다시 독자부(犢子部)·화지부(化地部)·음광부(飮光部)·경량부(經量部)가 나오고, 독자부에서 법상부(法上部)·현주부(賢胄部)·정량부(正量部)·밀림산부(密林山部)가 나오고, 화지부에서 법장부(法藏部)가 나와 9부로 분열됨.

설일체지원(說一切智願) 사십팔원(四十八願)의 하나. 아미타불이 법장비구(法藏比丘)였을 때 세운 서원으로, 정토의 보살들은 부처의 지혜를 설할 수 있도록 하겠다는 맹세.

설잠(雪岑) 1435-1493. 조선의 학자·승려. 서울 출생. 이름은 김시습(金時習), 자(字)는 열경(悅卿), 호는 매월당(梅月堂). 5세에 이미 신동(神童)으로 알려지고, 그 때부터 사서오경(四書五經)을 배우고 익힘. 15세에 어머니를 여의고, 훈련원도정(訓練院都正) 남효례(南孝禮)의 딸과 혼인한 후 삼각산 중흥사(重興寺)에서 공부하다가 1455년에 수양대군이 왕위를 찬탈했다는 소식을 듣고 책을 불사른 뒤 스스로 머리를 깎고 떠돌아다님. 1463년에 효령대군의 권유로 불경(佛經)을 언해(諺解)하는 일에 참여하여 교정(校訂)을 보다가 1465년에 경주로 내려가 금오산 용장사(茸長寺)에 은둔함. 1481년에 머리를 기르고 안씨(安氏)를 아내로 맞아들였으나 아내가 죽자 관동 지방을 떠돌아다님. 만년에는 부여 만수산 무량사(無量寺)에 머물다가 병으로 입적함. 저서 : 연경별찬(蓮經別讚)·화엄석제(華嚴釋題)·대화엄법계도주병서(大華嚴法界圖註幷序)·십현담요해(十玄談要解)·매월당집

(梅月堂集)·금오신화(金鰲神話) 등.

설장도무소외(說障道無所畏) 설장법무외(說障法無畏)와 같음.

설장법무외(說障法無畏) 사무외(四無畏)의 하나. 부처는 끊어야 할 번뇌에 대한 가르침을 설하므로 누구에게도 두려움이 없다는 뜻.

설전부(說轉部) 경량부(經量部)의 별명. 행위나 경험으로 마음에 형성된 잠재력은 계속 이어져 내세(來世)로 이전한다고 설하므로 이와 같이 일컬음.

설제(雪霽) 1632-1704. 조선의 승려. 호는 월담(月潭). 13세에 설악산 숭읍(崇揖)에게 출가하고, 16세에 구족계(具足戒)를 받음. 후에 의심(義諶, 1592-1665)에게 사사(師事)하여 그의 법을 이어받음. 화엄경과 선문염송(禪門拈頌)에 정통함. 금강산 정양사(正陽寺)에 오랫동안 머물고, 만년에는 순천 낙안 징광사(澄光寺)에 머무름.

설지(設芝) 사지(舍脂)와 같음.

설진고도무소외(說盡苦道無所畏) 설출도무외(說出道無畏)와 같음.

설처(舌處) 십이처(十二處)의 하나. 맛을 느끼는 미각 기관인 혀.

설촉(舌觸) 설근(舌根)과 미경(味境)과 설식(舌識)의 화합으로 일어나는 마음 작용.

설출도무외(說出道無畏) 사무외(四無畏)의 하나. 부처는 미혹을 떠나는 수행 방법에 대해 설하므로 누구에게도 두려움이 없다는 뜻.

설출세부(說出世部) ⓢlokottara-vādin 붓다가 입멸한 후 200년경에 대중부(大衆部)에서 갈라져 나온 파(派). 세간(世間)은 그릇된 생각에서 임시로 붙인 이름뿐이고, 출세간(出世間)만이 진실되다고 주장함.

설통(說通) 스스로 체득한 깨달음을 막힘없이 말로 드러냄.

설파(雪坡) 상언(尙彦)의 법호.

섬보라(贍步羅) ⓢtāmbūla의 음사. 인도의 습지에서 자라는 덩굴 식물. 잎에서 향기가 나고, 그것을 입에 넣고 씹으면 소화를 촉진시킴.

섬부수(贍部樹) 염부(閻浮)와 같음.

섬부주(贍部洲) 사주(四洲)의 하나. 섬부(贍部)는 ⓢjambu의 음사. 잠부(jambu) 나무가 많다고 하여 이와 같이 일컬음. 수미산 남쪽에 있다는 대륙으로, 우리 인간들이 사는 곳이라 함. 여러 부처가 나타나는 곳은 사주(四洲) 가운데 이곳뿐이라 함.

섭대승론(攝大乘論) 무착(無著) 지음. 무분별지(無分別智)를 근본으로 삼고, 유식학(唯識學)을 수용하여 대승 불교 전체를 체계적으로 정리한 저술로 두 가지 번역이 있음. (1)3권. 진(陳)의 진제(眞諦) 번역. (2)2권. 북위(北魏)의 불타선다(佛陀扇多) 번역.

섭대승론본(攝大乘論本) 3권. 무착(無著) 지음, 당(唐)의 현장(玄奘) 번역. 섭대승론(攝大乘論)의 다른 번역.

섭론종(攝論宗) 인도의 진제(眞諦, 499-569)가 양(梁)에 와서 무착(無著)의 섭대승론(攝大乘論)을 번역함으로써 진제 문하에서 형성된 학파. 지론종(地論宗)의 남도파(南道派)가 아뢰야식(阿賴耶識)을 청정한 진식(眞識)이라 하고 북도파(北道派)가 오염된 망식(妄識)이라 하는데 반해, 이 학파는 아뢰야식을 진망화합식(眞妄和合識)으로 간주하고 아뢰야식 외에 제9식으로 청정한 아마라식(阿摩羅識)을 상정함. 지론종을 흡수하여 한때 융성하였으나 현장(玄奘, 602-664)이 인도에서 귀국한 후 새로운 유식학(唯識學)을 전하여 법상종(法相宗)이 성립됨에 따라 급속히 쇠퇴함.

섭마등(攝摩騰) 가섭마등(迦葉摩騰)과 같음.

섭말귀본식(攝末歸本識) 오중유식(五重唯識)의 하나. 인식된 대상과 인식 주관을 거두어들여 근원의 인식 작용에 귀착시켜 유식(唯識)이라고 주시함.

섭선법계(攝善法戒) 삼취정계(三聚淨戒)의 하나. 선(善)을 행하는 계율.

섭수(攝受) ①자비심으로 중생을 포용하여 가르쳐서 인도함. ②획득함.

섭심(攝心) 마음을 한곳에 집중시켜 산란하지 않게 함.

섭율의계(攝律儀戒) 삼취정계(三聚淨戒)의 하나. 악을 방지하기 위해 제정한 모든 금지 조항으로, 흔히 '하지 말라'고 하는 계율.

섭자(鑷子) 수행자들이 지니고 다니는 족집게.

섭중생계(攝衆生戒) 삼취정계(三聚淨戒)의 하나. 선(善)을 행하면서 중생에게 이익을 베푸는 계율.

섭화(攝化) 부처가 중생을 가르쳐 깨달음으로 인도함.

성(聲) ⓢśabda ①귀로 들을 수 있는 대상인 소리. ②말. 언어.

성(性) ①변하지 않는 본질이나 실체. 고유한 성질. ②본래부터 갖추고 있는 소질. 타고난 성품. ③부처의 성품.

성겁(成劫) 사겁(四劫)의 하나. 세계가 성립되는 지극히 긴 기간. 인간 수명 8만 세에서 100년에 한 살씩 줄어 10세에 이르고 다시 10세에서 100년에 한 살씩 늘어 8만 세에 이르는 긴 시간을 중겁(中劫)이라 하는데, 성겁은 20중겁에 해당함.

성경(聲境) 육경(六境)의 하나. 귀로 들을 수 있는 대상인 소리.

성경(性境) 삼류경(三類境)의 하나. 고유한 본질과 작용을 지니고 객관적으로 존재하는 대상.

성계(聲界) 십팔계(十八界)의 하나. 계(界, ⓢdhātu)는 요소를 뜻함. 인식을 성립시키는 요소의 하나로, 귀로 들을 수 있는 대상인 소리.

성계(性戒) 제정하지 않아도 행위 그 자체가 바로 죄이므로 당연히 금지된 살생(殺生)·투도(偸盜)·사음(邪淫) 등의 계율. 이에 반해, 행위 그 자체는 죄가 아니지만 그것으로 인해 죄를 저지를 우려가 있어 금지한 음주(飮酒) 등의 계율은 차계(遮戒)라고 함.

성공(性空) 십팔공(十八空)의 하나. 모든 현상의 본성에 대한 분별이 끊어진 상태.

성공덕(性功德) 모든 중생의 본성에 본디부터 갖추어져 있는 뛰어난 능력. 분별하지 않는 지혜를 갖춘 뛰어난 능력.

성관음(聖觀音) 관음의 형상은 천수관음(千手觀音)·십일면관음(十一面觀音)·여의륜관음(如意輪觀音) 등 여러 가지로 변화하였는데, 변화하기 이전의 본래 관음으로, 흔히 관음이라 하면 이 성관음을 가리킴. 하나의 얼굴에 두 개의 팔을 가진 평범한 모습임.

성교(聖教) 부처나 조사(祖師)의 가르침, 또는 그것을 적은 책.

성교량(聖教量) 성자의 가르침에 근거한 인식.

성구(性具) 낱낱 현상은 본래 그 본성에 우주의 모든 것을 갖추고 있다는 뜻.

성기(性起) 중생이 본래 갖추고 있는 깨달음의 성품이 드러남. 모든 분별이 끊어진 상태에서 대상을 있는 그대로 명료하게 파악하는 마음 작용. 의식의 지향 작용이 소멸된 상태에서 대상을 직관으로 파악하는 마음 작용.

성념처(性念處) ⇒ 성염처(性念處)

성눌(聖訥) 1690-1763. 조선의 승려. 강원 평강 출신. 호는 화월(華月). 14세에 평강 보월사(寶月寺)에 출가하고, 환성 지안(喚醒志安, 1664-1729)에게 사사(師事)하여 그의 법을 이어받음. 1725년에 무려 1,400여 명의 대중이 운집한 김제 금산사(金山寺)의 화엄법회에서 법좌(法座)에 올라 설법함. 이후 여러 사찰을 편력하면서 30여 년 동안 강설하다가 보월사로 돌아가서 수행하다가 입적함.

성능(性能·聖能) 생몰년 미상. 조선의 승려. 호는 계파(桂坡). 지리산 화엄사 각성(覺性, 1575-1660)의 문하에서 수행하고, 1702년에 화엄사의 장륙전(丈六殿)을 완성하니, 숙종은 각황전(覺皇殿)이라는 이름을 하사함. 1711년에 팔도도총섭(八道都摠攝)이 되어 북한산성을 축조하고 중흥사(重興寺)에 머무르며 30여 년 동안 산성을 지키다가 화엄사로 돌아감. 저서 : 북한지(北漢誌).

성덕(性德) 모든 중생이 본성으로 갖추고 있는 선천적 능력.

성도(成道) 깨달음. 진리를 깨달아 부처가 됨.

성도(聖道) 청정한 지혜로써 사제(四諦)를 명료하게 주시하여 깨달음의 경지로 나아가는 수행.

성도회(成道會) 석가모니가 보리수 아래에서 깨달음을 성취한 음력 12월 8일을 기념하는 법회.

성득(性得) 선천적으로 갖추고 있는 능력. 이에 반해, 수행에 의해 후천적으로 갖추게 된 능력은 가행득(加行得) 또는 수득(修得)이라 함.

성론(聲論) ⓢvyākaraṇa 문법학.

성명(性命) 목숨. 수명.

성명(聲明) 오명(五明)의 하나. 명(明)은 학문을 뜻함. 언어·문학·문법에 대한 학문.

성명론(聲明論) ⓢvyākaraṇa 바라문교에서 가르치는 문법학, 또는 그에 대한 문헌.

성문(聲聞) ①ⓢśrāvaka ⓟsāvaka 부처의 가르침을 듣고 깨달음을 구하는 수행자. 부처의 가르침을 듣고 아라한(阿羅漢)의 경지에 이르기 위해 수행하는 자. 자신의 깨달음만을 위해 부처의 가르침에 따라 수행하는 자. ② 성문승(聲聞乘)의 준말.

성문무수원(聲聞無數願) 사십팔원(四十八願)의 하나. 아미타불이 법장비구(法藏比丘)였을 때 세운 서원으로, 정토에 성문의 수를 다 셀 수 없도록 하겠다는 맹세.

성문사과(聲聞四果) 성문들이 수행으로 도달하는 네 경지. 수다원과(須陀洹果)·사다함과(斯陀含果)·아나함과(阿那含果)·아라한과(阿羅漢果).

성문승(聲聞乘) 삼승(三乘)의 하나. 승(乘)은 중생을 깨달음으로 인도하는 부처의 가르침이나 수행법을 뜻함. 성문을 깨달음에 이르게 하는 부처의 가르침. 성문의 목표인 아라한(阿羅漢)의 경지에 이르게 하는 부처의 가르침. 성문의 수행법.

성문장(聲聞藏) 부처의 가르침 가운데 성문을 위해 설한 가르침.

성문정성(聲聞定性) 오성(五性)의 하나. 선천적으로 성문의 소질을 지니고 있는 자.

성문종성(聲聞種性) 성문정성(聲聞定性)과 같음.

성분(性分) ①본성. ②모든 현상을 차별하는 성품.

성불(成佛) 부처가 됨. 모든 번뇌를 소멸하여 부처가 됨. 진리를 깨달아 부처가 됨.

성불모반야바라밀다심경(聖佛母般若波羅蜜多心經) 1권. 송(宋)의 시호(施護) 번역. 반야바라밀다심경(般若波羅蜜多心經)의 다른 번역.

성불사(成佛寺) 황해도 황주군 주남면 정방산 남동쪽 기슭에 있는 절. 신라 말에 도선(道詵)이 창건하고, 1374년에 나옹(懶翁)이 중축함. 1592년 임진왜란 때 불타고, 이후 다시 짓고 여러 차례 보수함. 일제 강점기 때 삼십일본산(三十一本山)의 하나로 지정됨.

성사자(聖師子) 부처에 대한 존칭.

성상(性相) 본질과 현상. 근본적인 성질과 나타난 모습.

성상(成相) 육상(六相)의 하나. 여러 역할이 모여 이루어진 전체의 역할.

성생론(聲生論) 말은 원래부터 존재하지는 않지만 일단 발성에 의해 생기고 나면 소멸하지 않고 존속한다는 견해.

성선(性善) 중생의 본성에 선천적으로 갖추어져 있는 선(善).

성성(惺惺) ①정신이 맑고 뚜렷함. 정신을 차림. 총명함. ②깨달음.

성소작지(成所作智) 사지(四智)의 하나. 번뇌에 오염된 전오식(前五識)을 질적으로 변혁하여 얻은 청정한 지혜. 이 지혜는 중생을 구제하기 위해 해야 할 것을 모두 성취함으로 이와 같이 말함.

성수겁(星宿劫) 미래의 1대겁(大劫). 세계가 성립되는 지극히 긴 기간을 성겁(成劫), 머무르는 기간을 주겁(住劫), 파괴되어 가는 기간을 괴겁(壞劫), 파괴되어 아무 것도 없는 상태로 지속되는 기간을 공겁(空劫)이라 하고, 이 네 겁(劫)을 1대겁이라 함. 네 겁은 각각 20중겁(中劫)이므로 1대겁은 80중겁이 됨. 중겁은 인간 수명 8만 세에서 100년에 한 살씩 줄어

10세에 이르고 다시 10세에서 100년에 한 살씩 늘어 8만 세에 이르는 시간을 말함.

성신회(成身會) 불신(佛身)이 성취되는 회(會)라는 뜻. 금강계만다라(金剛界曼荼羅)의 중앙에 있는 사각형의 그림으로, 큰 원과 내접하는 다섯 개의 작은 원으로 이루어져 있는데, 큰 원은 오불(五佛)의 거주처를, 작은 원은 오불 그 자체를 나타냄. 중앙에 있는 대일여래(大日如來)는 있는 그대로의 본성을 아는 법계체성지(法界體性智)를 나타내고, 아축여래(阿閦如來)는 모든 것을 있는 그대로 비추어 내는 크고 맑은 거울처럼 청정한 대원경지(大圓鏡智)를, 보생여래(寶生如來)는 자타(自他)의 평등을 깨달아 대자비심을 일으키는 평등성지(平等性智)를, 무량수여래(無量壽如來)는 모든 현상을 잘 관찰하여 자유자재로 가르침을 설하고 중생의 의심을 끊어주는 묘관찰지(妙觀察智)를, 불공성취여래(不空成就如來)는 중생을 구제하기 위해 해야 할 것을 모두 성취하는 성소작지(成所作智)를 나타냄.

성실론(成實論) 16권. 하리발마(訶梨跋摩) 지음, 요진(姚秦)의 구마라집(鳩摩羅什) 번역. 사제(四諦)를 기본 골격으로 하여 번뇌의 소멸과 열반의 성취를 분석한 저술로, 부파 불교의 교리를 거의 망라하고 대승의 교리도 언급하고, 또 바이셰시카(vaiśeṣika) 학파·상캬(sāṃkhya) 학파·냐야(nyāya) 학파·자이나교(jaina教) 등의 학설도 상세히 설명함.

성실종(成實宗) 요진(姚秦)의 구마라집(鳩摩羅什)이 번역한 성실론(成實論)을 연구한 학파. 성실론은 처음에는 소승과 대승을 총괄한 개론서로 수용되어 구마라집 문하에서 그에 대한 연구가 시작되어 남북조 시대 동안 성행했으나 수(隋)의 지의(智顗)와 길장(吉藏) 등이 성실론을 소승으로 평가함으로써 그 연구가 쇠퇴함.

성악(性惡) 중생의 본성에 선천적으로 갖추어져 있는 악(惡).

성언량(聖言量) 성자의 말에 근거한 인식.

성열(盛熱) 육시(六時)의 하나. 고대 인도에서 1년을 기후에 따라 여섯 기간으로 나눈 가운데 음력 3월 16일부터 5월 15일까지의 아주 무더운 기간.

성염처(性念處) 자성염주(自性念住)와 같음.

성오(醒悟) 잘못을 깨달아 정신을 차림. 제정신이 듦.

성우(惺牛) 1849-1912. 조선 후기의 승려. 전북 전주 출신. 법호는 경허(鏡虛). 선(禪)을 부흥시킨 대선사(大禪師). 9세에 청계산 청계사(淸溪寺)에 출가하고, 계룡산 동학사(東鶴寺)의 만화(萬化)에게 경론(經論)을 배움. 1871년에 동학사의 강사로 추대되어 강의를 하자 학인들이 운집함. 1879년에 학인들을 돌려보낸 뒤 참선에 몰두하여 마침내 모든 의심을 홀연히 깨뜨리고 깨달음. 그 후 서산 천장암(天藏庵)에서 깨달음을 온전하게 간직하는 수행을 끝내고, 서산 개심사(開心寺)·부석사(浮石寺), 예산 수덕사(修德寺) 등에서 선풍(禪風)을 크게 일으킴. 1894년에 금정산 범어사(梵魚寺)의 조실(祖室)이 되고, 1899년부터 가야산 해인사(海印寺), 수도산 청암사(青巖寺), 지리산 천은사(泉隱寺)·화엄사(華嚴寺), 설봉산 석왕사(釋王寺) 등에 머무름. 그 후 평북 강계(江界) 지역을 떠돌다가 함남 갑산(甲山)에서 입적함. 저서 : 경허집(鏡虛集).

성유식론(成唯識論) 10권. 호법(護法) 등 지음, 당(唐)의 현장(玄奘) 번역. 세친(世親)의 유식삼십론송(唯識三十論頌)에 대한 십대논사(十大論師)의 주석서에서, 호법(護法)의 주석을 중심으로 하고 다른 9명의 논사의 견해를 취사선택하여 하나의 논서로 엮어 번역한 책.

성유식론술기(成唯識論述記) 20권. 당(唐)의 기(基) 지음. 성유식론의 중요한 부분을 상세히 풀이한 저술.

성유식론연비(成唯識論演祕) 14권. 당(唐)의 지주(智周) 지음. 성유식론과 성유식론술기(成唯識論述記)의 중요한 글귀의 뜻을 풀이한 저술.

성유식론요의등(成唯識論了義燈) 13권. 당(唐)의 혜소(慧沼) 지음. 성유식론을 풀이한 저술로, 법상종(法相宗) 이외의 유식학(唯識學)에 대한 학설, 특히 원측(圓測)과 도증(道證) 등의 학설을 신랄하게 비판함.

성유식론장중추요(成唯識論掌中樞要) 4권. 당(唐)의 기(基) 지음. 성유식론을 개괄적으로 설명한 저술.

성유식론학기(成唯識論學記) 6권. 신라의 태현(太賢) 지음. 성유식론을 풀이하고 자신의 견해를 논술한 저술로, 유식학(唯識學)에 대한 기(基)·혜소(慧沼)·원측(圓測)·도증(道證) 등의 여러 학설 가운데 엄정하게 장점만을 취하여 서술함.

성유식보생론(成唯識寶生論) 5권. 호법(護法) 지음, 당(唐)의 의정(義淨) 번역. 20개의 게송으로 유식학(唯識學)을 해명한 세친(世親)의 유식이십론(唯識二十論)을 풀이한 저술로, 인도에서 찬술된 유식이십론에 대한 주석서로서는 유일한 것.

성인(聖人) 성자(聖者)와 같음.

성자(聖者) ①ⓢārya 사제(四諦)를 명료하게 주시하여 견혹(見惑)을 끊은 견도(見道) 이상의 사람. ②부처나 보살. ③고대 인도의 여러 논사(論師)들에 대한 존칭.

성장(聲杖) 소리를 내는 지팡이라는 뜻. 석장(錫杖)과 같음.

성적등지문(惺寂等持門) 성(惺)은 또렷한 지혜, 적(寂)은 마음을 고요히 가라앉힌 선정을 뜻함. 돈오점수(頓悟漸修)를 바탕으로 하여 선정과 지혜를 함께 닦는 수행법.

성전(成典) 신라 때, 큰 사찰을 관리하던 관청으로, 관리하던 사찰 이름 밑에 붙인 명칭. 예를 들면, 사천왕사성전(四天王寺成典)·감은사성전(感恩寺成典)·봉덕사성전(奉德寺成典) 등.

성전암(聖殿庵) 대구시 팔공산 파계봉 서쪽 기슭에 있는 절. 파계사(把溪寺)에 딸린 암자. 창건 연대는 알 수 없고, 1695년에 현응(玄應)이 다시 짓고, 1915년에 보녕(保寧)이 중축함. 혜월(慧月)·성철(性徹) 등이 머물면서 참선 도량으로 변모함.

성정삼매(聖正三昧) 삼삼매(三三昧)의 하나. 선정과 지혜를 동시에 닦아 해탈에 이르는 삼매.

성정열반(性淨涅槃) 삼열반(三涅槃)의 하나. 오염과 청정을 떠난 모든 현상의 있는 그대로의 본성.

성정해탈(性淨解脫) 본래 청정하여 번뇌의 속박에서 벗어나 있는 중생의 본성.

성제(聖諦) ①성스러운 진리, 곧 사제(四諦)를 말함. ②칠제(七諦)의 하나. 번뇌에 물든 마음이 소멸되면 괴로움이 소멸되어 열반에 이른다는 진리. ③부처가 설한 진리나 가르침.

성제(誠諦) 진실함. 참다움.

성제제일의(聖諦第一義) 최고의 성스러운 진리. 가장 뛰어난 성스러운 진리.

성제현관(聖諦現觀) 견도(見道)에서 청정한 지혜로써 사제(四諦)를 명료하게 파악함.

성조한(性燥漢) 영리한 사람. 예리한 사람. 눈치 빠른 사람.

성종(性宗) 본질이나 이치에 대해 설한 가르침·학파·종파.

성종성(性種性) ①선천적으로 갖추고 있는 깨달음의 소질. 이에 반해, 수행에 의해 후천적으로 갖추게 된 깨달음의 소질은 습종성(習種性)이라 함. ②육종성(六種性)의 하나. 십행(十行)의 경지에 이를 수 있는 소질.

성종성(聖種性) ①성자가 될 수 있는 소질. 열반에 이를 수 있는 소질. ②육종성(六種性)의 하나. 십지(十地)의 경지에 이를 수 있는 소질.

성죄(性罪) 행위 자체가 바로 무거운 죄인 살생(殺生)·투도(偸盜)·사음(邪淫) 등을 말함. 이에 반해, 행위 자체는 죄가 아니지만 그것으로 인해 죄를 저지를 우려가 있는 음주(飮酒) 등은 차죄(遮罪)라고 함.

성주(聖主) 부처에 대한 존칭.

성주괴공(成住壞空) 세계가 성립되는 지극히 긴 기간인 성겁(成劫), 머무르는 기간인 주겁(住劫), 파괴되어 가는 기간인 괴겁(壞劫), 파괴되어 아무 것도 없는 상태로 지속되는 기간인 공겁(空劫)을 말함. ⇒ 사겁(四劫)

성주사(聖住寺) ①경남 창원시 천선동 불모산 북서쪽 기슭에 있는 절. 범어사(梵魚寺)의 말사. 신라의 무염(無染, 800-888)이 창건하고, 1592년 임진왜란 때 모두 불탐. 1604년에 진경(眞鏡)이 다시 짓고, 1817년에 등암(藤巖)이 중축함. 문화재 : 삼층석탑·대웅전. ②충남 보령시 성주산 동쪽 자락에 있던 절. 599년(백제 법왕 1)에 창건하여 오합사(烏合寺)라 하고, 845년에 신라의 무염(無染)이 당(唐)에서 귀국하여 중축하고 선풍(禪風)을 일으킴으로써 성주산문(聖住山門)이 형성되고, 왕이 성주사라는 이름을 하사함. 1592년 임진왜란 때 모두 불탐. 문화재 : 낭혜화상백월보광탑비(朗慧和尙白月葆光塔碑)·오층석탑·삼층석탑·석등(石燈).

성주산문(聖住山門) ⇒ 구산선문(九山禪門)

성중(聖衆) ①많은 비구들. 부처의 제자들. ②부처와 성문(聲聞)·연각(緣覺)·보살(菩薩). ③교단(敎團).

성중계(性重戒) 제정하지 않아도 행위 그 자체가 바로 무거운 죄이므로 당연히 금지된 살생(殺生)·투도(偸盜)·사음(邪淫)·망어(妄語) 등의 계율.

성지(性地) 십지(十地)의 하나. 모든 현상을 있는 그대로 보아 그릇된 견해를 일으키지 않으며 지혜와 선정(禪定)이 함께 하는 단계.

성처(聲處) 십이처(十二處)의 하나. 귀로 들을 수 있는 대상인 소리.

성천(聖天) ⇒ 제바(提婆)

성총(性聰) 1631-1700. 조선의 승려. 전북 남원 출신. 호는 백암(栢庵). 13세에 조계산에 출가하고, 18세에 지리산에 들어가 각성(覺性, 1575-1660)에게 9년 동안 사사(師事)하여 그의 법을 이어받음. 1660년에 강사가 되어 조계산 송광사, 순천 낙안 징광사(澄光寺), 지리산 쌍계사(雙磎寺) 등에서 강의함. 1681년(숙종 7)에 큰 배 한 척이 표류하다가 신안군 임자도(荏子島)에 정박했는데, 그 배 안에 있던 중국 찬술의 화엄경소초(華嚴經疏鈔)·대명법수(大明法數)·회현기(會玄記)·금강기(金剛記)·기신론소(起信論疏)·사대사소록(四大師所錄)·정토보서(淨土寶書) 등 190여 권을 얻어, 징광사에서 15년에 걸쳐서 약 5,000개의 판(板)을 만들어 간행함. 지리산 신흥사(神興寺)에서 입적함. 저서 : 백암집(栢庵集)·치문경훈주(緇門警訓註)·백암정토찬(栢庵淨土讚) 등.

성취(成就) ①이미 얻은 것을 잃지 않고 계속 보존함. ②충분히 갖추고 있음. 필요한 것을 모두 갖추고 있음. 부족함이나 흠이 없음. 완전함.

성취도리(成就道理) 증성도리(證成道理)와 같음.

성취상(成就相) 원성실성(圓成實性)과 같음.

성취성(成就性) 원성실성(圓成實性)과 같음.

성패(聲唄) 경전의 글귀나 게송에 곡조를 붙여 부처의 공덕을 기리는 찬가(讚歌).

성한(盛寒) 육시(六時)의 하나. 고대 인도에서 1년을 기후에 따라 여섯 기간으로 나눈 가운데 음력 11월 16일부터 1월 15일까지의 아주 추운 기간.

성해(性海) 변하지 않는 진리나 청정한 본성을 바다에 비유한 말. 진리의 세계. 깨달음의 세계.

성행(聖行) 오행(五行)의 하나. 계율과 선정과 지혜로써 닦는 보살의 수행.

성행당(省行堂) 병든 수행자가 요양하면서 변해 가는 신체를 성찰하는 집.

성현론(聲顯論) 말은 원래부터 존재하는 것으로 가끔 발성에 의해 드러나며, 발성이 소멸한 후에도 말은 소멸하지 않고 존속한다는 견해.

세(世) ⓢloka 과거·현재·미래로 흘러가면서 변하는 이 현상계.

세간(世間) ⓢloka 세(世)는 파괴·변화, 간(間)은 가운데·간격을 뜻함. ①변하면서 흘러가는 현상계. ②생물들의 세계. ③생물들이 거주하는 자연 환경, 곧 산하대지. ④세상. 이 세상. 세속. ⑤ⓢsaṃsāra 미혹한 세계. ⑥육내입처(六內入處), 또는 십이처(十二處)를 말함.

세간극성(世間極成) ⓢloka-prasiddha 이 세상에 일반적으로 널리 알려지거나 인정되어 있는 사실.

세간단(世間檀) 단(檀)은 ⓢdāna의 음사. 보시(布施)라고 번역. 베풂을 받을 사람과 베푸는 물건과 베푸는 자신에 집착하면서 행하는 보시.

세간도(世間道) 세속의 지혜로써 닦는 범부의 수행.

세간론(世間論) 세론(世論)과 같음.

세간법(世間法) 여러 인연으로 생겨나고 소멸하는 이 세상의 모든 현상.

세간상위과(世間相違過) 인명(因明)에서, 삼십삼과(三十三過) 가운데 종구과(宗九過)의 하나. 세간의 상식이나 풍습에 어긋나는 종(宗)을 내세우는 오류. 예를 들면, '바라문은 술을 마셔도 좋다'라고 주장하는 경우.

세간선(世間禪) 세속의 범부들이 닦는 선정(禪定).

세간안(世間眼) 부처와 보살의 별명. 부처와 보살은 이 세상 사람들의 눈이 되어 바른 길로 인도하므로 이와 같이 일컬음.

세간자연업지(世間自然業智) 부처가 미혹한 세상에 출현하여 중생을 구제하는 지혜.

세간주(世間主) ⓢprajāpati 바라문교와 힌두교의 창조신(創造神).

세간지(世間智) 세속의 일을 아는 지혜.

세간천(世間天) 사종천(四種天)의 하나. 이 세상의 국왕을 뜻함.

세간출세간혜(世間出世間慧) 세속의 지식과 깨달음의 지혜.

세간팔법(世間八法) 사람의 마음을 부추겨 산란하게 하는 여덟 가지 현상. 곧, 이익·손해·칭찬·비난·훼방·명예·즐거움·괴로움.

세간해(世間解) ⓢloka-vid 십호(十號)의 하나. 세간을 모두 잘 안다는 뜻, 곧 부처를 일컬음.

세견(世見) ⓢlokāyatika 영혼·선악·인과(因果)를 부정하고, 지(地)·수(水)·화(火)·풍(風)의 4원소와 그 원소의 활동 공간인 허공만을 인정하는 유물론자.

세계(世界) ⓢloka-dhātu ①세(世)는 과거·현재·미래로 흘러가면서 변한다는 뜻, 계(界)는 동서남북·사유(四維)·상하(上下). 곧, 중생이 사는 이 현상계. ②깨달음의 영역. 부처의 영역.

세계실단(世界悉檀) 사실단(四悉檀)의 하나. 흔히 세간에서 통용되는 가르침을 설하여 중생을 즐겁게 함.

세계해(世界海) 부처가 언어로 표현하여 중생을 교화하는 방편의 영역. 이에 반해, 언어로 표현할 수 없는, 오직 부처 자신의 깨달음의 영역은 국토해(國土海)라고 함.

세기(世器) 기세간(器世間)과 같음.

세로(世路) 과거·현재·미래의 삼세(三世)에 걸쳐 변해 가는 과정을 나타내는 말.

세론(世論) ⓢlokāyata 영혼·선악·인과(因果)를 부정하고, 지(地)·수(水)·화(火)·풍(風)의 4원소와 그 원소의 활동 공간인 허공만을 인정하는 유물론.

세박피상(細薄皮相) 삼십이상(三十二相)의 하나. 피부가 부드럽고 얇음.

세사(世師) 이 세상의 스승이라는 뜻으로, 붓다를 일컬음.

세석(細石) ⇒ 덕차시라(德叉尸羅)

세속(世俗) ①이 세상의 속되고 천한 일. 이

세상에 일반적으로 널리 통하는 일. ②번뇌에 사로잡혀 있는 미혹한 중생의 세계. ③허망하고 일시적으로 존재하는 현상. 변하면서 흘러가는 현상계.

세속(勢速) 신속한 변화나 활동.

세속오계(世俗五戒) 신라의 원광(圓光)이 청도 운문산 가슬갑사(嘉瑟岬寺)에서 귀산(貴山)과 추항(箒項)의 두 화랑(花郞)에게 준 다섯 가지 규율, 곧 사군이충(事君以忠)·사친이효(事親以孝)·교우이신(交友以信)·임전무퇴(臨戰無退)·살생유택(殺生有擇).

세속제(世俗諦) ⓢloka-saṃvṛti-satya 제(諦)는 진리를 뜻함. 분별과 차별로써 인식한 진리. 허망한 분별을 일으키는 인식 작용으로 알게 된 진리. 대상을 분별하여 언어로 표현한 진리. 세속의 일반적인 진리. 세속에서 상식적으로 알려져 있는 진리. 세속의 중생들이 알고 있는 진리.

세속지(世俗智) 십지(十智)의 하나. 세속의 일을 아는 지혜.

세승상(細繩床) 고대 인도의 수행자가 앉거나 눕기 위해 새끼로 엮어 만든 자리.

세안(世眼) 부처와 보살의 별명. 부처와 보살은 이 세상 사람들의 눈이 되어 바른 길로 인도하므로 이와 같이 일컬음.

세어(世語) 속된 말이나 그릇된 견해.

세영(世英) 부처에 대한 존칭. 이 세상에서 가장 뛰어난 지혜를 갖춘 영웅이라는 뜻.

세요왕불(世饒王佛) 세자재왕불(世自在王佛)과 같음.

세용심(勢用心) 구심륜(九心輪)의 하나. 대상에 대해 어떤 행위를 일으키는 마음 작용.

세우(世友) ⓢvasumitra 설일체유부(說一切有部)의 논사.

세웅(世雄) 부처에 대한 존칭. 모든 번뇌를 남김없이 부수므로 이 세상에서 가장 위대하다는 뜻.

세의(世依) 부처에 대한 존칭. 이 세상의 중생이 의지한다는 뜻.

세자재왕불(世自在王佛) 아득한 옛날, 법장(法藏)이라는 비구가 수행하던 때의 부처. 법장은 성불하여 아미타불이 됨.

세제(世諦) 세속제(世俗諦)의 준말.

세제일법(世第一法) 세제일법위(世第一法位)와 같음.

세제일법위(世第一法位) 사선근위(四善根位)의 하나. ①가장 뛰어난 범부의 지혜에 이른 단계. 이 다음 단계가 성자의 경지인 견도(見道)임. ②객관 대상뿐만 아니라 인식 주관도 허구라고 확실하게 인정하는 단계.

세존(世尊) ⓢbhagavat 모든 복덕을 갖추고 있어서 세상 사람들의 존경을 받는 자. 세간에서 가장 존귀한 자. 곧, 부처를 일컬음.

세존염화(世尊拈花) 세존이 옛날 영취산(靈鷲山)에서 꽃을 들어 대중에게 보이니, 아무도 그 뜻을 몰랐으나 가섭(迦葉)만이 미소지었다는 고사(古事).

세주(世主) 세주천(世主天)과 같음.

세주천(世主天) 수미산 중턱에 있는 사왕천에 거주하는 사천왕(四天王), 또는 색계 초선천에 거주하는 범천(梵天), 또는 색계의 맨 위에 있는 색구경천에 거주하는 대자재천(大自在天)을 일컬음.

세지(世智) 세속의 일을 아는 지혜.

세지보살(勢至菩薩) 대세지보살(大勢至菩薩)과 같음.

세친(世親) ⓢvasubandhu 4-5세기, 북인도 건타라국(乾陀羅國) 출신의 승려. 설일체유부(說一切有部)에 출가하여 가습미라국(迦濕彌羅國)에 가서 아비달마대비바사론(阿毘達磨大毘婆沙論)를 배우고 본국으로 돌아와 대비바사론을 강의함. 한때 아유사국(阿踰闍國)에 머무름. 형 무착(無著)의 권유로 소승에서 대승으로 전향하여 유식학(唯識學)에 정통함. 저서 : 아비달마구사론(阿毘達磨俱舍論)·대승오온론(大乘五蘊論)·변중변론(辯中邊論)·유식이십론(唯識二十論)·유식삼십론송(唯識三十論頌)·섭대승론석(攝大乘論釋)·불성론(佛性論).

세팔법(世八法) 사람의 마음을 부추겨 산란하게 하는 여덟 가지 현상. 곧, 이익·손해·칭찬·비난·훼방·명예·즐거움·괴로움.

세활(細滑) ⓟphassa 육근(六根)과 육경(六境)과 육식(六識)의 화합으로 일어나는 마음 작용. 촉(觸)과 같음.

소(疏) 경(經)이나 논(論)의 낱말과 문장의 뜻을 알기 쉽게 풀이한 글, 또는 그 책.

소(酥·蘇) ⓢghṛta 우유를 가공한 식품.

소겁(小劫) ⓢantara-kalpa 구사론에서는 인간 수명 8만 세에서 100년에 한 살씩 줄어 10세에 이르는 시간을 소겁이라 하고, 인간 수명 8만 세에서 100년에 한 살씩 줄어 10세에 이르고 다시 10세에서 100년에 한 살씩 늘어 8만 세에 이르는 시간을 중겁(中劫)이라 함. 그러나 대지도론에서는 구사론의 중겁에 해당하는 시간을 소겁이라 하고, 20소겁을 중겁이라 함.

소견(所見) ⓢdraṣṭavya 보이는 대상.

소광천(少光天) 색계 제2선천(第二禪天)의 제1천. ⇒ 색계십칠천(色界十七天)

소귀(所歸) 귀의하는 대상. 이에 반해, 귀의하는 자는 능귀(能歸)라고 함.

소기(小機) 부처의 가르침을 깨닫기 어려운 열등한 능력이나 소질, 또는 그것을 갖춘 사람.

소달라(蘇怛羅) 수다라(修多羅)와 같음.

소달람(素怛纜) 수다라(修多羅)와 같음.

소달리사나(蘇達梨舍那) ⓢsudarśana의 음사. 선견(善見)이라 번역. 수미산을 둘러싸고 있는 금(金)으로 된 산. ⇒ 수미산(須彌山)

소대치(所對治) 수행으로 다스려야 할 번뇌와 악.

소등(蘇燈) 우유를 가공한 액체에 향기 나는 기름을 넣어 태우는 등불.

소라(蘇羅) 아소라(阿蘇羅)의 준말.

소라다(蘇羅多) ⓢsurata의 음사. 희열. 쾌락. 향락.

소라사국(蘇羅娑國) ⓢśūrasena ⓟsūrasena의 음사. 중인도, 지금의 아그라(Agra) 지역에 있던 고대 국가로, 도읍지는 마투라(mathurā).

소랄타국(蘇剌佗國) ⓢsurāṣṭra의 음사. 서인도, 아라비아(Arabia) 해에 인접해 있던 고대 국가.

소량(所量) ⓢprameya 인식 대상.

소륭(紹隆) 1077-1136. 송(宋)의 승려. 안휘성(安徽省) 화주(和州) 출신. 임제종 양기파(楊岐派). 9세에 화주 불혜원(佛慧院)에 출가하고, 여러 선사(禪師)들을 찾아가 수행하다가 원오 극근(圜悟克勤, 1063-1135)에게 사사(師事)하여 그의 법을 이어받고 20년 동안 시봉함. 그 후 고향으로 돌아와 개성선원(開聖禪院)에 머물다가 강소성(江蘇省) 호구산(虎丘山) 운암선사(雲巖禪寺)에 머무름. 어록 : 호구소륭선사어록(虎丘紹隆禪師語錄).

소륵국(疏勒國) 타클라마칸(Taklamakan) 사막의 서쪽, 지금의 객십(喀什) 지역에 있던 고대 국가.

소립(所立) 인명(因明)에서, 인(因)·유(喩)에 의해 성립되는 주장 명제인 종(宗)을 말함. 이에 반해, 인(因)·유(喩)는 능립(能立)이라 함. 예를 들면 다음과 같음. '말은 무상하다〔宗〕', '지어낸 것이기 때문이다〔因〕', '지어낸 모든 것은 무상하다. 예를 들면, 병(甁)과 같다〔喩〕'.

소립법불성과(所立法不成過) 인명(因明)에서, 삼십삼과(三十三過) 가운데 유십과(喩十過)의 하나. 동유(同喩)의 구체적인 예(例)가 종(宗)의 술어와 같은 성질이 아닌 오류. 예를 들면, '말은 상주한다〔宗〕', '형체가 없기 때문이다〔因〕', '형체가 없는 모든 것은 상주한다. 예를 들면, 정신 기능과 같다〔同喩〕'라고 하는 경우, 정신 기능은 무상하므로 종(宗)의 술어에 대한 구체적인 예(例)가 되지 못함.

소립불견과(所立不遣過) 인명(因明)에서, 삼십삼과(三十三過) 가운데 유십과(喩十過)의 하나. 이유(異喩)의 구체적인 예(例)가 종(宗)의 술어와 다른 성질이 아닌 오류. 예를 들면, '말은 상주한다〔宗〕', '형체가 없기 때문이다〔因〕', '형체가 없는 모든 것은 상주한다, 예를 들면, 허공과 같다〔同喩〕', '무상한 모든 것은 형체가 있다, 예를 들면, 극미(極微)와 같다〔異喩〕'라고 하는 경우, 극미는 상주한다는 뜻으로 사용되었으므로 종(宗)의 술어와 상반되지 않음.

소마(蘇摩) ⓢsoma의 음사. ①인도의 건조 지역에서 자라는 풀. 별 모양의 흰 꽃이 핌. ②소마 뿌리에서 짜낸 즙에 우유와 보릿가루를 섞어 발효시킨 술. 고대 인도에서 신(神)에게 제사 지낼 때 공물로 바침. ③주신(酒神). ④달을 신격화한 월천(月天)을 말함.

소마나(蘇摩那) ⓢsumanā의 음사. 우산 모양으로 자라는 관목으로, 옅은 노란색의 꽃이 피는데 그 향기가 진함.

소미로(蘇迷盧) ⓢⓟsumeru의 음사. 수미산(須彌山)과 같음.

소바하(蘇婆訶) 사바하(娑婆訶)와 같음.

소박라다(蘇嚩囉多) ⓢsuvrata의 음사. 계(戒)를 지키는 자를 일컫는 말.

소발타라(蘇跋陀羅) 수발타라(須跋陀羅)와 같음.

소번뇌지법(小煩惱地法) 특별한 오염심(汚染心)이 일어날 때만 그와 함께 일어나는 마음 작용. 분(忿)·간(慳)·질(嫉) 등이 여기에 해당함. ⇒ 칠십오법(七十五法)

소법(小法) ①열등한 가르침. 저열한 가르침. 보잘것없는 가르침. 하찮은 가르침. ②소승의 가르침.

소변(所變) 인식 작용으로 드러난 대상. 분별에 의해 드러난 대상.

소변계(所遍計) 주관에 의해 두루 분별된 대상.

소별(所別) 인명(因明)에서, 주장 명제인 종(宗)의 주어를 말함. 예를 들면, '말은 무상하다'에서 '말'. 이에 반해, 종(宗)의 술어, 곧 '무상'은 능별(能別)이라 함. 주어는 술어에 의해 그 성질이 분별되므로 소별이라 함.

소별불극성과(所別不極成過) 인명(因明)에서, 삼십삼과(三十三過) 가운데 종구과(宗九過)의 하나. 종(宗)의 주어를 상대편이 인정하지 않는 오류. 예를 들면, 상캬 학도가 불교도에게 '아트만(ⓢātman)은 정신적인 것이다'라고 주장하는 경우. 불교에서는 아트만을 인정하지 않음.

소부(小部) ⇒ 아함경(阿含經)

소분별(所分別) 분별된 대상.

소빈타(蘇頻陀) ⓢsubinda의 음사. 십육나한(十六羅漢)의 하나. 700명의 아라한과 함께 북구로주(北俱盧洲)에 거주하면서 정법(正法)과 중생을 수호한다는 성자.

소삼재(小三災) 중겁(中劫)의 끝에 일어난다는 전쟁·질병·굶주림의 세 가지 재난.

소상(燒相) 구상(九相)의 하나. 탐욕과 육신에 대한 집착을 버리기 위해 시체가 불에 태워져 연기와 재로 되는 모습을 주시하는 수행법.

소상(塑像) 찰흙으로 만든 불상이나 보살상.

소성립(所成立) 소립(所立)과 같음.

소소연(疎所緣) 인식 주관에 떠오르는 영상(影像)의 근원이 되는 사물 그 자체. 이에 반해, 그 주관에 떠오르는 영상은 친소연(親所緣)이라 함.

소수엄정원(所須嚴淨願) 사십팔원(四十八願)의 하나. 아미타불이 법장비구(法藏比丘)였을 때 세운 서원으로, 정토의 중생은 화려하고 깨끗한 물건을 사용할 수 있도록 하겠다는 맹세.

소승(小乘) ⓢhīna-yāna 승(乘)은 중생을 깨달음으로 인도하는 부처의 가르침이나 수행법을 뜻함. ①기원 전후에 일어난 불교 개혁파들이 스스로를 대승(大乘)이라 하고, 전통의 보수파들을 낮추어 일컫은 말. ②기원전 5세기에서 기원전 2세기 사이에 분열된 불교 교단의 여러 부파, 곧 부파 불교(部派佛敎)를 말함. ③자신의 깨달음만을 구하는 수행자, 또는 그를 위한 부처의 가르침. 자신의 해탈만을 목표로 하는 성문(聲聞)·연각(緣覺), 또는 그들에 대한 부처의 가르침. ④열등한 능력이나 소질을 갖춘 자를 위한 부처의 가르침.

소승(小僧) 승려가 자기를 낮추어 일컫는 말.

소승교(小乘敎) 교판(敎判)에서, 성문(聲聞)

과 연각(緣覺)을 위해 사제(四諦)·십이인연(十二因緣) 등을 설한 아함경의 가르침을 말함. ⇒ 오교십종(五敎十宗)

소승선(小乘禪) 인간에는 불변하는 실체가 없다는 것만을 알고 닦는 수행.

소승십팔부(小乘十八部) ⇒ 소승이십부(小乘二十部)

소승이십부(小乘二十部) 붓다가 입멸한 후 100년경에서 400년경 사이에 분열된 불교 교단의 스무 분파. 먼저 상좌부(上座部)와 대중부(大衆部)로 분열되고, 대중부는 다시 일설부(一說部)·설출세부(說出世部)·계윤부(鷄胤部)·다문부(多聞部)·설가부(說假部)·제다산부(制多山部)·서산주부(西山住部)·북산주부(北山住部)의 8부로 분열됨. 상좌부는 설일체유부(說一切有部)와 설산부(雪山部)로 분열되고, 설일체유부에서 독자부(犢子部)·화지부(化地部)·음광부(飮光部)·경량부(經量部)가 나오고, 독자부에서 다시 법상부(法上部)·현주부(賢胄部)·정량부(正量部)·밀림산부(密林山部)가 나오고, 화지부에서 법장부(法藏部)가 나옴. 이와 같이 설일체유부에서 9부가 나와 설산부를 더하여 10부가 되고, 대중부의 8부를 더하여 18부가 됨. 이에 상좌부와 대중부를 더하여 20부가 됨.

소시아(小厮兒) 풋내기. 애송이.

소식처(蘇息處) ①Ⓟassāsaniyā-dhamma 두렵고 불안한 마음을 안심시키는 가르침. ②Ⓢāśvāsa 거의 끊어질 듯하던 숨이 되살아나 안심하는 것처럼, 번뇌의 속박에서 벗어나 두려움도 불안도 없는 평온한 마음 상태.

소실육문(少室六門) 1권. 지은이 미상. 소실(少室)은 숭산(嵩山)의 서쪽에 있는 소실산(少室山)을 가리키며, 이 산의 북쪽 기슭에 보리달마(菩提達摩)가 머무른 소림사(少林寺)가 있음. 선(禪)의 요점을 드러낸 글로서, 심경송(心經頌)·파상론(破相論)·이종입(二種入)·안심법문(安心法門)·오성론(悟性論)·혈맥론(血脈論)의 육문(六門)으로 구성되어 있음.

소실지(蘇悉地) Ⓢsu-siddhi의 음사. 묘성취(妙成就)라 번역. 밀교(密敎)에서 설하는 가르침이나 수행으로 성취된 오묘한 결과·경지.

소실지갈라경(蘇悉地羯囉經) 3권. 당(唐)의 수파가라(輸波迦羅) 번역. 밀교(密敎)의 수행법을 체계적으로 자세히 밝힘.

소실지경(蘇悉地經) 소실지갈라경(蘇悉地羯囉經)의 준말.

소실지원(蘇悉地院) 태장계만다라(胎藏界曼荼羅)의 허공장원(虛空藏院) 아래에 있는 그림으로, 허공장보살이 중생의 교화를 성취하는 것을 나타냄.

소어(笑語) Ⓢitihāsa 서사시(敍事詩). itihāsa는 iti-ha-āsa(참으로 이와 같이 있었다)의 합성어인데, iti-hāsa(이와 같이 웃다)로 오인한 번역.

소연(所緣) Ⓢālambana 인식 대상.

소연무기(所緣無記) 선도 악도 아닌, 인식의 대상인 물질 현상.

소연박(所緣縛) 마음이 대상에 속박됨.

소연연(所緣緣) 사연(四緣)의 하나. ①육식(六識)의 대상이 되는 육경(六境)을 말함. ②

바깥 대상을 인식 주관으로 끌어들여 인식이 이루어지도록 하는 인식 주관의 지향 작용.

소연염주(所緣念住) 삼염주(三念住)의 하나. 지혜의 대상이 되는 신(身)·수(受)·심(心)·법(法)을 말함.

소요원(逍遙園) 요진(姚秦) 때 장안(長安)에 세운, 범문(梵文)으로 된 불전(佛典)을 한문으로 번역한 기관.

소요태능(逍遙太能) ⇒ 태능(太能)

소유(酥油) ①우유를 가공한 소(酥)와 기름. ②ⓢghṛta 우유를 가공한 액체로, 마시거나 몸에 바름.

소유(蘇油) ①소마나(蘇摩那) 꽃에서 짜낸 향기 나는 즙(汁). ②소유(酥油)와 같음.

소의(所依) ⓢāśraya ①의지처. 근원. 기반. 근거. ②유식설에서는 색(色)·수(受)·상(想)·행(行)·식(識)의 오온(五蘊), 또는 과거의 경험을 저장하고 있는 심층 심리인 아뢰야식(阿賴耶識)을 말함. 이 둘은 인간 생존의 근원이라는 뜻으로 이르는 말.

소의경전(所依經典) 각 종파에서 근본으로 삼는 경전.

소의본경(所依本經) 소의경전(所依經典)과 같음.

소의불성과(所依不成過) 인명(因明)에서, 삼십삼과(三十三過) 가운데 인십사과(因十四過)의 하나. 종(宗)의 주어를 반론자가 인정하지 않음으로써 인(因)이 성립되지 않는 오류. 예를 들면, '허공은 실체이다〔宗〕', '모든 성질의 의지처이기 때문이다〔因〕'라고 하는 경우, 허공의 존재를 인정하지 않는 반론자에게는 인(因)이 성립되지 않음.

소자지옥(燒炙地獄) 초열지옥(焦熱地獄)과 같음.

소작상사과류(所作相似過類) 십사과류(十四過類)의 하나. 인명(因明)에서, 예를 들면, '말은 무상하다〔宗〕', '지어낸 것이기 때문이다〔因〕', '지어낸 모든 것은 무상하다. 예를 들면, 병(甁)과 같다〔喩〕'라고 하는 바른 논법에 대해, '말'과 '지어낸 것'의 관계는 '병'과 '지어낸 것'의 관계와 전혀 같지 않기 때문에 인(因)은 성립되지 않는다고 반박하는 과실.

소작성(所作性) 지어낸 것. 만들어 낸 것.

소장(所藏) 아뢰야식(阿賴耶識), 곧 장식(藏識)의 장(藏)에 세 가지 뜻이 있는데, 그 가운데 하나. 안식(眼識)·이식(耳識)·비식(鼻識)·설식(舌識)·신식(身識)·의식(意識)·말나식(末那識), 곧 칠식(七識)의 작용에 의한 여운이 스며들어 저장되는 곳임.

소재도량(消災道場) 고려 때, 재난이 소멸되기를 기원하던 의식.

소재아귀(小財餓鬼) 피·고름·똥·구토물 등 더러운 것만 먹는다는 아귀.

소전(所詮) 글귀나 문장으로 나타낸 이치·의미.

소정천(少淨天) 색계 제3선천(第三禪天)의 제1천. ⇒ 색계십칠천(色界十七天)

소조(所造) 지(地)·수(水)·화(火)·풍(風)의 사대(四大)로 이루어진 대상. 이에 반해, 사대(四大)는 능조(能造)라고 함.

소조불(塑造佛) 찰흙으로 만든 불상.

소지의(所知依) 아뢰야식(阿賴耶識)의 별명. 아뢰야식은 모든 것을 알게 되는 의지처이므로 이와 같이 말함.

소지장(所知障) 인식된 차별 현상에 집착하는 법집(法執)에 의해 일어나 보리(菩提)를 방해하는 번뇌. ⇒ 번뇌장(煩惱障)

소참(小參) 수시로 적당한 장소에서 간략하게 행하는 설법.

소천세계(小千世界) ⇒ 삼천대천세계(三千大天世界)

소취(所取) ①ⓢgrāhya 인식 대상. ②ⓢupādāna 집착하는 대상.

소치(所治) 수행으로 다스려야 할 번뇌와 악.

소타(蘇陀) ⓢsudhā의 음사. 감로(甘露).

소파사다(蘇婆師多) ⓢsubhāṣita의 음사. 잘 말해졌다는 뜻으로, 독경 끝에 하는 말.

소품반야경(小品般若經) 10권. 요진(姚秦)의 구마라집(鳩摩羅什) 번역. 보살은 오직 반야바라밀을 닦아야 한다고 강조하고, 그 바라밀을 체득하는 방법과 그 바라밀의 무한한 공덕을 설함.

소품반야바라밀경(小品般若波羅蜜經) 소품반야경(小品般若經)의 본이름.

소합향(蘇合香) ⓢturuṣka 식물에서 채취한 향기 나는 여러 가지 즙을 혼합하여 끓인 향즙(香汁).

소행(所行) ①행위의 목표가 되는 객체. 이에 반해, 행위의 주체는 능행(能行)이라 함. ②ⓢsaṃskāra 형성됨. ③ⓢgocara 인식 대상의 범위.

소향(燒香) ①향을 피움. 향을 사름. ②피우는 향. 사르는 향. 이에 반해, 몸에 바르는 향을 도향(塗香), 도량이나 탑 등에 뿌리는 향을 말향(抹香)이라 함.

소현(韶顯) 1038-1096. 고려의 승려. 이자연(李子淵)의 다섯째 아들로, 11세에 개풍 해안사(海安寺)의 해린(海麟, 984-1067)에게 출가하고, 24세에 승과(僧科)에 합격함. 그의 명성을 들은 문종은 여섯째 아들 정(竀)을 출가시켜 그에게 사사(師事)하게 함. 1079년에 금산사(金山寺)의 주지로 부임하여 사찰을 크게 증축하고, 금산사의 남쪽에 광교원(廣敎院)을 세워 경전을 강독하는 한편, 유식학(唯識學) 계통의 주석서 32종 353권을 개판(開版)하여 유통시킴. 1083년에 승통(僧統)이 되어 개풍 현화사(玄化寺)에 머물다가 금산사로 돌아가서 학인(學人)들을 지도하다가 봉천원(奉天院)에서 입적함. 시호는 혜덕왕사(慧德王師).

소훈(所熏) 안식(眼識)·이식(耳識)·비식(鼻識)·설식(舌識)·신식(身識)·의식(意識)·말나식(末那識)의 칠전식(七轉識)이 활동한 결과가 이식되어 있는 아뢰야식(阿賴耶識)을 말함.

소훈사의(所熏四義) 칠전식(七轉識)이 활동한 결과가 이식되어 있는 아뢰야식(阿賴耶識)이 갖추고 있는 네 가지 성질. (1)견주성(堅住性). 성질이 변하지 않고 지속적으로 유지됨. (2)무기성(無記性). 선도 악도 아닌 중성적임. (3)가훈성(可熏性). 무엇이든지 이식됨. (4)능소화합성(能所和合性). 칠전식과 아되야식은 어떤 경우에도 서로 마찰 없이 화합함.

속가(俗家) ①출가하여 승려가 되기 전의 집안. ②불교를 믿지 않는 사람의 집안.

속간(俗間) 세속. 세간.

속고승전(續高僧傳) 30권. 당(唐)의 도선(道宣) 지음. 양(梁)의 혜교(慧皎)가 지은 고승전이 편찬된 519년 이후부터 당초(唐初)까지의 고승 485명의 전기를 수록한 책. 그들의 전기 속에 승려 219명의 행적이 간략히 언급되어 있음.

속득루진원(速得漏盡願) 사십팔원(四十八願)의 하나. 아미타불이 법장비구(法藏比丘)였을 때 세운 서원으로, 정토의 중생이 자신에 집착하면 그 번뇌를 속히 끊게 하겠다는 맹세.

속등록(續燈錄) 건중정국속등록(建中靖國續燈錄)의 준말.

속망진실종(俗妄眞實宗) 화엄종의 교판(敎判)에서, 세속의 현상은 허망하지만 깨달음의 진리는 진실되다는 가르침. 설출세부(說出世部)의 가르침을 말함. ⇒ 오교십종(五敎十宗)

속명(俗名) 출가하여 승려가 되기 전의 이름.

속반(速般) 욕계에서 색계에 이르는 도중에 곧바로 완전한 열반을 이루는 불환과(不還果)의 성자. ⇒ 중반(中般)

속산왕(粟散王) 마치 좁쌀을 뿌려 놓은 것 같은 여러 작은 나라의 왕.

속산천자(粟散天子) 속산왕(粟散王)과 같음.

속선근(續善根) 그릇된 견해를 일으켜 선근(善根)이 끊어진 자가 바른 견해를 일으켜 다시 선근을 갖춤.

속성(俗姓) 출가하여 승려가 되기 전에 쓰던 성(姓).

속세(俗世) ①출가하지 않은 범부들이 사는 평범한 세계. ②번뇌에 사로잡혀 있는 미혹한 중생의 세계.

속수법(俗數法) 세속에 속하는 법, 곧 십이연기(十二緣起)를 말함.

속승(俗僧) 속세의 티를 벗지 못한 승려.

속아(俗我) 오온(五蘊)의 일시적인 화합에 지나지 않는 자아(自我).

속인(俗人) 출가하지 않고 세속의 관습에 따라 생활하는 사람.

속일체경음의(續一切經音義) 10권. 당(唐)의 희린(希麟) 편찬. 신역(新譯) 경전 110종에 나오는 어려운 낱말과 명칭들을 풀이한 책.

속장경(續藏經) 교장(敎藏)의 잘못.

속전등록(續傳燈錄) 36권. 명(明)의 원극 거정(圓極居頂) 엮음. 경덕전등록(景德傳燈錄)의 뒤를 이어 혜능(慧能) 문하 10세부터 20세까지, 불법(佛法)을 계속 이어온 선승(禪僧)들의 계보와 행적, 법어(法語), 문답 등을 정리한 저술.

속제(俗諦) ⓢsaṃvṛti-satya 제(諦)는 진리를 뜻함. 분별과 차별로써 인식한 진리. 허망한 분별을 일으키는 인식 작용으로 알게 된 진리. 대상을 분별하여 언어로 표현한 진리. 세속의 일반적인 진리. 세속에서 상식적으로 알려져 있는 진리. 세속의 중생들이 알고 있는 진리.

속지(俗智) ①세속의 일을 아는 지혜. ②모든 현상의 차별상을 아는 지혜.

속진(俗塵) 속세의 잡다하고 번거로운 일.

속퇴(俗退) 출가하여 승려가 되어 수행하다가 다시 속인으로 돌아감.

속환이(俗還-) 승려 생활을 그만두고 다시 속인(俗人)이 된 사람.

손감(損減) ①ⓢapavāda 논박. 비난. 비방. ②ⓢapacaya 감소. 축소. 미세.

손상좌(孫上佐) 제자의 제자를 일컬음.

솔도파(窣堵波) ⓢstūpa의 음사. 탑(塔).

솔라(窣羅) ⓢsurā의 음사. 쌀·보리·밀 등의 곡식으로 빚은 술. 이에 반해, 식물의 뿌리·꽃·열매 등으로 빚은 술은 미려야(迷麗耶)라고 함.

솔록근나국(窣祿勤那國) ⓢśrughna의 음사. 인도의 야무나(Yamuna) 강 상류 지역에 있던 고대 국가.

솔토라저야(窣吐羅底也) ⓢsthūlātyaya의 음사. 투란차(偸蘭遮)와 같음.

송(頌) ⓢⓟgāthā 게(偈)·게송(偈頌)이라고도 함. 경전의 서술 형식이 운문체로 된 것.

송경(誦經) 경전의 글귀를 소리내어 읽거나 읊조림.

송고(頌古) 고칙(古則)의 요점을 주제로 한 게송.

송고승전(宋高僧傳) 30권. 송(宋)의 찬녕(贊寧) 지음. 속고승전(續高僧傳)이 편찬된 이후부터 당(唐)·오대(五代)까지의 고승 533명의 전기를 수록한 책. 그들의 전기 속에 승려 130명의 행적이 간략히 언급되어 있음.

송광사(松廣寺) ①전남 순천시 조계산 서쪽 기슭에 있는 절. 대한불교조계종 제21교구 본사. 신라 말에 체징(體澄, 804-880)이 창건하여 길상사(吉祥寺)라 하고, 1200년(고려 신종 3)부터 지눌(知訥)이 이 절에서 정혜결사(定慧結社) 운동을 전개하면서 선풍(禪風)을 크게 일으킴으로써 대규모의 수행 도량이 됨. 고려의 희종(1204-1211)이 수선사(修禪社)라는 이름을 하사함. 1210년에 지눌이 입적하자 혜심(慧諶, 1178-1234)이 수선사 제2세 사주(社主)가 되어 도량을 중축하고 선풍(禪風)을 일으킨 이후 제16세 사주(社主) 고봉(高峰, 1351-1428)까지 국사(國師)의 칭호를 받은 16명의 고승을 배출함으로써 승보사찰(僧寶寺刹)이 됨. 조선 초에 고봉(高峰)과 중인(中印)이 크게 중축하고, 1592년 임진왜란과 1597년 정유재란 때 일부분 불타고, 부휴 선수(浮休善修, 1543-1615)가 복구하고 보수함. 1842년에 많은 건물과 유물이 불타고 이듬해부터 다시 지음. 한국 전쟁 때 일부분 불타고, 이후 복구하고 여러 차례 중축·보수함. 문화재 : 목조삼존불감(木彫三尊佛龕)·고려고종제서(高麗高宗制書)·국사전(國師殿)·경패(經牌)·금동요령(金銅搖鈴)·약사전(藥師殿)·영산전(靈山殿) 등. ②전북 완주군 소양면 종남산 남동쪽 자락에 있는 절. 867년에 신라의 체징(體澄)이 창건하고, 이후 폐사됨. 1622년에 다시 짓고, 1636년에 크게 증축함. 문화재 : 십자각(十字閣)·일주문(一柱門)·대웅전 등.

송림사(松林寺) 경북 칠곡군 동명면 구덕리에 있는 절. 동화사(桐華寺)의 말사. 565년에 진(陳)에서 귀국한 신라의 명관(明觀)이 창건하고, 1092년에 고려의 의천(義天)이 다시 짓고, 1235년에 몽고의 침략으로 모두 불탐. 이후 다시 짓고, 1597년 정유재란 때 모두 불타고, 1686년에 다시 짓고, 1858년에 증축함. 문화재 : 오층전탑(五層塼塔).

송문법사(誦文法師) 경전의 글귀를 소리내어 읽거나 읊조리지만 그 뜻을 알지 못하는 승려를 비웃는 말.

송운(松雲) 유정(惟政)의 호.

송주(誦呪) 주문을 소리내어 읽거나 읊조림.

쇄신사리(碎身舍利) 화장한 뒤의 유골.

수(受) ①ⓢvedanā 괴로움이나 즐거움 등을 느끼는 감수 작용. ②ⓢupādāna 취(取)의 구역(舊譯). 집착. 번뇌.

수(修) ①수행. 선정(禪定)을 닦음. ②인연 따라 변화하는 현상 또는 작용.

수(銖) 무게의 단위. 1수(銖)는 24분의 1냥(兩).

수가(受假) 삼가(三假)의 하나. 다수를 수용하여 하나를 이루고 있으므로 그 하나는 일시적임.

수가(數家) 모든 현상을 법수(法數)로 분류한 설일체유부(說一切有部)의 논서(論書)를 연구한 비담종(毘曇宗)을 일컬음.

수가(輸迦) ⓢśuka의 음사. 앵무새.

수가타(修伽陀) ⓢⓟsugata의 음사. 선서(善逝)라 번역. 깨달음에 잘 이르렀다는 뜻, 곧 부처를 일컬음.

수각(水閣) 절에서 세면장을 일컫는 말.

수결(受決) 수기(受記)와 같음.

수결(授決) 수기(授記)와 같음.

수경아사리(受經阿闍梨) 아사리(阿闍梨)는 ⓢācārya의 음사로, 제자를 가르치고 지도할 수 있는 덕이 높은 승려를 일컬음. 경전을 가르치는 스승.

수계(受戒) 계(戒)를 받음.

수계(授戒) 계(戒)를 줌.

수계(水界) 수대(水大)와 같음.

수계건도(受戒犍度) 건도(犍度)는 ⓢskandha의 음사로, 장(章)·편(篇)을 뜻함. 수계에 대해 설한 장(章).

수계아사리(受戒阿闍梨) 아사리(阿闍梨)는 ⓢācārya의 음사로, 제자를 가르치고 지도할 수 있는 덕이 높은 승려를 일컬음. 구족계(具足戒)를 받을 때, 의식을 주관하는 승려.

수구(受具) 구족계(具足戒)를 받음.

수기(授記) ⓢvyākaraṇa ①부처가 제자에게 미래에 성불할 것이라고 예언함. ②경전의 서술 내용에서, 부처가 제자에게 미래에 성불할 것이라고 예언한 부분. ⇒ 화가라(和伽羅)

수기(修起) 수(修)는 현상·작용을 뜻함. 우주의 모든 것을 갖추고 있는 본성이 인연 따라 여러 차별 현상을 일으킴.

수기(守其) 생몰년 미상. 고려 고종(1213-1259) 때의 승려. 도승통(都僧統)으로 논산 개태사(開泰寺)의 주지를 역임하고, 고려대장경을 다시 새길 때에 거란본(契丹本)·송본(宋本) 등의 대장경을 대조하여 잘못된 부분을 가려내어 교정하고, 고려대장경의 목록을 작성함. 저서 : 고려국신조대장경교정별록(高麗國新雕大藏經校正別錄)·대장경목록(大藏經目錄).

수기설법(隨機說法) 가르침을 받는 자의 능력이나 소질에 따라 그에 알맞는 가르침을 설함.

수년친(隨年嚫) 친(嚫)은 달친(達嚫)의 준말로, 재시(財施)를 뜻함. 승려의 나이에 따라 보시(布施) 받은 물건을 분배함.

수념분별(隨念分別) 삼분별(三分別)의 하나. 지나간 일을 기억해 냄.

수념처(受念處) ⇒ 수염처(受念處)

수다라(修多羅) ⓢsūtra ⓟsutta의 음사. 경(經)·계경(契經)이라 번역. ①십이부경(十二部經)의 하나. 경전의 서술 형식이 산문체로 된 것. ②경(經)·율(律)·논(論)의 삼장(三藏) 가운데 경(經). ③대승 경전.

수다라장(修多羅藏) ①경장(經藏)·율장(律藏)·논장(論藏)의 삼장(三藏) 가운데 부처의 가르침을 기록한 경장. ②대장경이나 그것을 나무에 새긴 판목(版木)을 보관해 두는, 절에 있는 곳집.

수다반나(須陀般那) 수다원(須陀洹)과 같음.

수다사(水多寺) 경북 구미시 무을면 연악산 남쪽 기슭에 있는 절. 직지사(直指寺)의 말사. 신라의 혜소(慧昭, 774-850)가 창건하여 연화사(淵華寺)라 하고, 967년에 대부분 불탐. 1185년에 각원(覺圓)이 다시 짓고 성암사(聖巖寺)라 하고, 1273년에 홍수로 대부분 파괴됨. 1572년에 유정(惟政)이 보수·증축하고 수다사라 하고, 1704년에 일부분 불탐. 문화재 : 명부전(冥府殿).

수다원(須陀洹) ⓢsrota-āpanna ⓟsota-āpanna의 음사. 예류(預流)·입류(入流)라고 번역. 욕계·색계·무색계의 견혹(見惑)을 끊은 성자. 처음으로 성자의 계열에 들었으므로 예류·입류하고 함. 이 경지를 수다원과(須陀洹果)·예류과(預流果), 이 경지에 이르기 위해 수행하는 단계를 수다원향(須陀洹向)·예류향(預流向)이라 함.

수다원과(須陀洹果) 성문사과(聲聞四果)의 첫번째 경지. ⇒ 수다원(須陀洹)

수다원도(須陀洹道) 수다원의 경지 또는 상태.

수다원향(須陀洹向) ⇒ 수다원(須陀洹)

수단(修斷) ①사정근(四正勤)의 하나. 이미 생긴 선은 더욱 커지도록 노력함. ②수소단(修所斷)과 같음.

수달(須達) ⓢⓟsudatta의 음사. 선시(善施)라고 번역. 사위성(舍衛城)의 부호. 파사닉왕(波斯匿王)의 신하. 기타(祇陀) 태자에게 황금을 주고 구입한 동산에 기원정사(祇園精舍)를 지어 붓다에게 바침.

수달다(須達多) 수달(須達)과 같음.

수달라(戍達羅) 수타라(首陀羅)와 같음.

수달차(須達哆) 수달(須達)과 같음.

수대(水大) 사대(四大)의 하나. 축축한 성질.

수덕(修德) 수행으로 얻은 후천적 능력.

수덕사(修德寺) 충남 예산군 덕산면 덕숭산(수덕산) 남쪽 기슭에 있는 절. 대한불교조계종 제7교구 본사. 백제 위덕왕(554-598) 때 창건하고, 1308년(충렬왕 34)에 다시 지음. 조선 후기에 경허(鏡虛, 1849-1912)가 머물면서 선풍(禪風)을 크게 일으키고, 그의 제자 만공(滿空, 1871-1946)이 중축하고 선풍을 일으킴. 문화재 : 대웅전·삼층석탑.

수도(修道) ⓢbhāvanā-mārga ①견도(見道)에서 사제(四諦)를 명료하게 주시하여 견혹(見惑)을 끊은 후, 다시 수행을 되풀이하여 수혹(修惑)을 끊는 단계. 예류과(預流果)·일래향(一來向)·일래과(一來果)·불환향(不還向)·불환과(不還果)·아라한향(阿羅漢向)에 해당함. ②불도를 수행함.

수도단(修道斷) 수소단(修所斷)과 같음.

수도소단(修道所斷) 수소단(修所斷)과 같음.

수도암(修道庵) 경북 김천시 증산면 수도산 정상 동쪽 아래에 있는 절. 청암사(青巖寺)에 딸린 암자. 859년에 신라의 도선(道詵)이 창건하고, 한국 전쟁 때 모두 불탄 후 다시 지음. 문화재 : 약사전석불좌상(藥師殿石佛坐像)·삼층석탑·석조비로자나불좌상(石造毘盧遮那佛坐像).

수도품(修道品) 십승관법(十乘觀法)의 하나. 삼십칠도품(三十七道品)을 수행자의 능력이나 소질에 따라 적절하게 선택하여 수행함.

수두(水頭) 절에서 물이나 탕(湯)을 끓이는 소임, 또는 그 일을 맡은 승려.

수두단왕(輸頭檀王) 수두단(輸頭檀)은 ⓢśuddhodana의 음사. ⇒ 정반왕(淨飯王)

수득(修得) 수행에 의해 후천적으로 갖추게 된 능력. 이에 반해, 선천적으로 갖추고 있는 능력은 생득(生得) 또는 성득(性得)이라 함.

수라(修羅) 아수라(阿修羅)의 준말.

수라(水羅) 녹수낭(漉水囊)과 같음.

수라도(修羅道) 아수라도(阿修羅道)의 준말.

수라장(修羅場) 아수라가 불법(佛法)을 없애기 위해 제석(帝釋)과 싸우는 전장(戰場)에서 나온 말로, 처참하게 된 곳 또는 난장판을 뜻함.

수락무염원(受樂無染願) 사십팔원(四十八願)의 하나. 아미타불이 법장비구(法藏比丘)였을 때 세운 서원으로, 정토의 중생들이 받는 즐거움에 더러움이 없도록 하겠다는 맹세.

수로가(首盧迦) ⓢśloka의 음사. 게(偈)·송(頌)이라 번역. 산스크리트 시(詩)의 한 형식. 8음절을 1구(句)로 하여 4구, 곧 32음절로써 한 시구(詩句)를 형성함. 또 소품반야경(小品般若經)을 팔천송반야(八千頌般若)라고 하는 것과 같이, 32음절을 1송으로 하여 산문체의 길이를 나타내기도 함.

수로저경(戍嚕底經) 수로저(戍嚕底)는 ⓢśruti의 음사. 베다(veda) 성전을 말함.

수론(數論) ①모든 현상을 법수(法數)로 분류한 설일체유부(說一切有部)의 논서(論書)를 연구한 비담종(毘曇宗)을 일컬음. ② ⇒ 상캬학파(sāṃkhya學派)

수류과(隨流果) 등류과(等流果)와 같음.

수륙도량(水陸道場) 수륙재(水陸齋), 또는 그 의식을 행하는 곳.

수륙무차평등재의(水陸無遮平等齋儀) 수륙재(水陸齋)와 같음.

수륙재(水陸齋) 물과 육지에 떠도는 외로운 영혼을 구제하기 위해 불법(佛法)을 설하고 음식을 베푸는 의식.

수륙회(水陸會) 수륙재(水陸齋)와 같음.

수륜(水輪) ①수미산 둘레에 있는 구산팔해(九山八海)와 사주(四洲) 밑에는 그것들을 떠받치고 있는 거대한 세 원통형의 층(層)이 있는데, 위층을 금륜(金輪), 중간층을 수륜(水輪), 아래층을 풍륜(風輪)이라 함. ②약손가락을 일컬음.

수릉엄경(首楞嚴經) ①대불정여래밀인수증료의제보살만행수릉엄경(大佛頂如來密因修證了義諸菩薩萬行首楞嚴經)의 준말. ②수릉엄삼매경(首楞嚴三昧經)의 준말.

수릉엄삼매(首楞嚴三昧) ⓢśūraṃgama-samādhi의 음사. 건행정(健行定)·용건정(勇健定)이라 번역. 다부지고 굳세어 번뇌를 부수어 버리는 부처의 삼매.

수릉엄삼매경(首楞嚴三昧經) 2권. 요진(姚秦)의 구마라집(鳩摩羅什) 번역. 부처가 견의보살(堅意菩薩)의 청에 따라 수릉엄삼매를 얻는 방법과 그 삼매의 불가사의한 힘에 대해 설한 경.

수마나(修摩那) 수만(須曼)과 같음.

수만(須曼) ⓢsumanā의 음사. 우산 모양으로 자라는 관목으로, 옅은 노란색의 꽃이 피는데 그 향기가 진함.

수만나(須曼那) 수만(須曼)과 같음.

수면(隨眠) ⓢanuśaya ①마음에 잠재하고 있는 번뇌. 악한 성향. ②아뢰야식(阿賴耶識)에 있는, 번뇌를 일으키는 잠재력. 아뢰야식에 잠복하고 있는, 번뇌를 일으키는 원동력.

수면(睡眠) ⓢmiddha 어둡고 자유롭지 못한 마음 상태.

수면개(睡眠蓋) 오개(五蓋)의 하나. 마음을 어둡고 자유롭지 못하게 하는 번뇌.

수면무명(隨眠無明) 아뢰야식(阿賴耶識)에 잠재하고 있는 무명.

수멸(數滅) 수(數)는 지혜를 뜻함. 지혜로써 번뇌를 소멸시킨 열반의 상태.

수명무량원(壽命無量願) 사십팔원(四十八願)의 하나. 아미타불이 법장비구(法藏比丘)였을 때 세운 서원으로, 자신의 수명이 한량없도록 하겠다는 맹세.

수명석(隨名釋) 삼론사석(三論四釋)의 하나. 글자의 뜻에 따라 해석하는 방법. 예를 들면, 중(中)은 정(正)이라는 해석.

수미(守眉) 생몰년 미상. 조선 세조(1455-1468) 때의 승려. 호는 묘각(妙覺). 13세에 월출산 도갑사(道岬寺)에 출가하고, 속리산 법주사(法住寺)에서 경전을 배움. 벽계 정심(碧溪正心)에게 사사(師事)하고, 도갑사로 돌아가 학인들을 지도함. 63세에 입적함.

수미단(須彌壇) 불상이나 보살상 등을 모셔 두는, 수미산을 상징하는 단(壇).

수미루산(須彌婁山) ⓢⓟ sumeru의 음사. 수미산(須彌山)과 같음.

수미산(須彌山) ⓢⓟsumeru의 음사. 묘고(妙高)·안명(安明)이라 번역. 고대 인도인들의 세계관에서, 세계의 중심에 솟아 있다는 거대한 산으로, 금(金)·은(銀)·폐류리(吠琉璃)·파지가(頗胝迦)의 네 보석으로 되어 있다고 함. 이 산을 중심으로 네 대륙과 아홉 개의 산이 있고, 산과 산 사이에 여덟 개의 바다가 있는데, 이들은 거대한 원통형의 금륜(金輪) 위에 있고 금륜은 수륜(水輪) 위에 있고 수륜은 풍륜(風輪) 위에 있고 풍륜은 허공에 떠 있다고 함. 수미산 중턱에는 사천왕(四天王)이 거주하는 사왕천(四王天)이 있고, 그 정상에는 도리천(忉利天)이 있다고 함.

수미산문(須彌山門) ⇒ 구산선문(九山禪門)

수미좌(須彌座) 불상이나 보살상 등을 모셔 두는, 수미산을 상징하는 자리.

수박가(戍博迦) ⓢjīvaka의 음사. 십육나한(十六羅漢)의 하나. 900명의 아라한과 함께 향취산(香醉山)에 거주하면서 정법(正法)과 중생을 수호한다는 성자.

수발(須跋·須拔) 수발타라(須跋陀羅)의 준말.

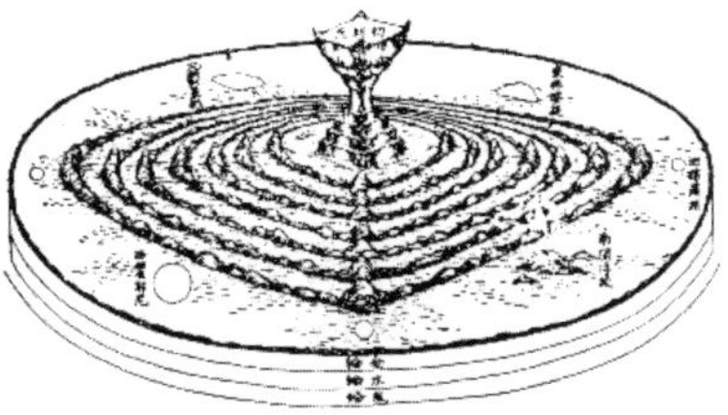

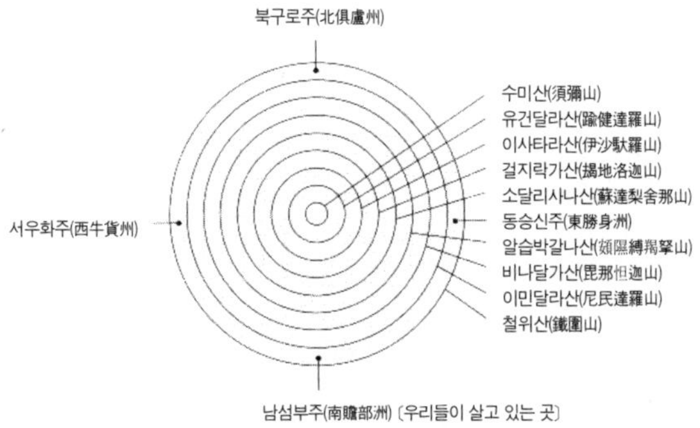

수미산과 구산팔해(九山八海)의 평면도

수발나(修跋拏) ⓢsuvarṇa의 음사. 금(金).

수발타(須跋陀) 수발타라(須跋陀羅)의 준말.

수발타라(須跋陀羅) ⓢsubhadra의 음사. 선현(善賢)이라 번역. 붓다의 마지막 제자. 붓다가 쿠시나가라(kuśinagara)에서 입멸하기 직전에 그의 설법을 듣고 제자가 됨.

수번뇌(隨煩惱) ①중생의 마음에 따라 일어나는 모든 번뇌. ②탐(貪)·진(瞋)·치(癡)·만(慢)·의(疑)·악견(惡見)의 근본 번뇌에 부수적으로 일어나는 오염된 마음 작용. 방일(放逸)·나태(懶怠)·불신(不信)·해(害)·한(恨)·수면(睡眠)·악작(惡作) 등이 있음.

수법(修法) 밀교에서, 온갖 재난이 없기를 기원하거나 장수와 복덕을 기원하는 의식.

수법행(隨法行) 스스로 부처의 가르침에 따라 수행하는 자.

수보리(須菩提) ⓢsubhūti의 음사. 선길(善吉)·선현(善現)·선업(善業)이라 번역. 십대제자(十大弟子)의 하나. 사위국(舍衛國)의 바라문 출신으로, 공(空)의 이치에 밝아 해공제일(解空第一)이라 일컬음. 그래서 공(空)을 설하는 경(經)에 자주 등장하여 설법함.

수분각(隨分覺) 마음의 근원을 깨달아 가는 과정에서, 모든 현상에는 변하지 않는 실체가 있다는 견해를 일으키지 않고, 모든 현상의 있는 그대로의 참모습을 부분적으로 깨달은 단계.

수사(授事) 사찰의 여러 가지 일을 지도하고 단속하는 직책, 또는 그 일을 맡은 승려.

수삼지전지(隨三智轉智) 사지(四智)의 하나. 마음이 자재로운 자의 지혜와 세밀하게 관찰하는 자의 지혜에 따라 대상이 다르게 인식되고, 무분별의 지혜에서는 모든 분별이 끊어져 대상을 있는 그대로 파악함을 아는 지혜.

수상(隨相) 모든 현상을 생겨나게 하고 소멸시키는 원리.

수상계(隨相戒) 부처의 가르침에 따라 출가하여 수행자의 모습을 하고 계율을 지킴.

수상관(水想觀) 십육관(十六觀)의 하나. 물과 얼음의 투명함을 보고 유리를 떠올리고, 유리로 되어 있는 극락 정토의 대지를 생각하는 수행법.

수상관(樹想觀) 십육관(十六觀)의 하나. 보배로 되어 있는 극락 정토의 나무를 생각하는 수행법.

수상법집종(隨相法執宗) 사종(四宗)의 하나. 차별 현상의 원리를 설하는 소승의 여러 부파(部派)의 가르침을 말함.

수생(受生) 본생(本生)과 같음.

수생(修生) 수행에 의해 깨달음의 싹이 생김.

수생본유(修生本有) 수행에 의해 중생이 본래 갖추고 있는 깨달음의 성품이 드러남.

수선(修善) ①선(善)을 닦음. 선(善)을 행함. ②후천적으로 일으키는 선행(善行). 이에 반해, 중생의 본성에 선천적으로 갖추어져 있는 선(善)은 성선(性善)이라 함.

수선(修禪) 모든 경지를 자유 자재로 드나드는 선정(禪定). ⇒ 관련훈수(觀練熏修)

수선사(修禪社) 전남 순천 조계산 송광사(松廣寺)의 고려 때 이름.

수성(修性) ①수(修)는 수행, 성(性)은 선천적으로 갖추고 있는 본성. ②수(修)는 인연 따라 변화하는 현상 또는 작용, 성(性)은 본래 갖추고 있는 고유한 본성.

수성불이문(修性不二門) 십불이문(十不二門)의 하나. 중생이 본래 갖추고 있는 청정한 본성은 수행으로 드러나므로 본성과 수행은 마치 물과 파도 같이 근원적으로 둘이 아님.

수소단(修所斷) 삼단(三斷)의 하나. 수도(修道)에서 끊는 것, 곧 수혹(修惑)을 끊는다는 뜻.

수소인색(受所引色) 내면에 새겨져 있는 잠재력·원동력.

수수마라(輸收魔羅) ⓢśiśumāra의 음사. 갠지스 강에 사는 악어의 일종.

수수불수수(垂手不垂手) 수수(垂手)는 남에게 가르침의 손길을 드리운다는 뜻, 불수수(不垂手)는 오로지 자신의 수행에만 전념하고 가르침의 손길을 드리우지 않는다는 뜻.

수수음(受受陰) 수(受)와 음(陰)은 취(取)와 온(蘊)의 구역(舊譯). 탐욕과 집착이 있는, 괴로움이나 즐거움 등을 느끼는 감수 작용.

수순등관일체중생회향(隨順等觀一切衆生廻向) 십회향(十廻向)의 하나. 자신이 닦은 모든 청정한 일을 중생에게 돌려 모든 중생을 이익되게 함.

수순평등선근회향(隨順平等善根廻向) 십회향(十廻向)의 하나. 자신이 닦은 청정한 일을 중생에게 돌려 중생이 청정한 일을 하게 함.

수습(修習) 수행을 되풀이 함. 거듭 수행함.

수습(數習) 습관적으로 되풀이함.

수습과(修習果) 사과(四果)의 하나. 수행을 여러 번 거듭한 결과. 사선(四禪)을 닦아 신통력을 얻는 것 등.

수습위(修習位) 오위(五位)의 하나. 번뇌가 없는 지혜로써 우주의 진리를 여러 번 되풀이하여 체득하는 단계.

수승전(殊勝殿) 도리천의 선견성(善見城)에 있는 궁전으로, 여기에 제석(帝釋)이 산다고 함.

수시(垂示) ①선사(禪師)가 수행자에게 주는 교훈·훈시. ②화두(話頭)에 대해 설하려고 할 때, 먼저 그에 대한 요점을 제시한 서문(序文).

수식관(數息觀) 오정심관(五停心觀)의 하나. 산란한 마음을 집중시키기 위해 들숨과 날숨을 헤아리는 수행법.

수식문(數息門) 육묘문(六妙門)의 하나. 들숨과 날숨을 헤아리면서 마음을 평온하게 하는 수행법.

수식문(隨息門) 육묘문(六妙門)의 하나. 들숨과 날숨에 집중하여 마음을 평온하게 하는 수행법.

수식주(受識住) ⇒ 사식주(四識住)

수신반열반(受身般涅槃) 생반(生般)과 같음.

수신법행(隨信法行) 수신행(隨信行)과 수법행(隨法行).

수신행(隨信行) 남에게 부처의 가르침을 듣고 믿어, 그것에 따라 수행하는 자.

수심(守心) 자신이 본래 갖추고 있는 청정한 불성(佛性)을 확인하여 굳게 지킴.

수심결(修心訣) 목우자수심결(牧牛子修心訣)의 준말.

수악(修惡) 후천적으로 일으키는 악행(惡行). 이에 반해, 중생의 본성에 선천적으로 갖추어져 있는 악(惡)은 성악(性惡)이라 함.

수어(垂語) ①선사(禪師)가 수행자에게 주는 교훈·훈시. ②선사(禪師)가 수행자의 역량을 시험하기 위해 던지는 질문.

수업식(隨業識) 무명(無明)에 의한 업(業)에 따라 일어나는 마음 작용.

수연(隨緣) ①인연에 따라 나타남. 인연에 따라 변화함. ②인연에 따라 드러나는 청정한 본래의 성품.

수연(秀演) 1651-1719. 조선의 승려. 전북 익산 출신. 호는 무용(無用). 19세에 송광사에 출가하고, 22세에 선암사에 가서 침굉 현변(枕肱 懸辯, 1616-1684)에게 선지(禪旨)를 배우고 광양 백운산에서 수행함. 현변의 권유에 따라 조계산 은적암(隱寂庵)의 백암 성총(栢庵性聰, 1631-1700)을 찾아가 그의 문하가 됨. 1680년에 순천 낙안 징광사(澄光寺)에서 처음으로 강의한 후 선암사·송광사 등에서 강의함. 징광사에 가서 성총의 불전 간행을 돕고, 성총이 입적한 후에는 지리산 칠불암(七佛庵)에 머무름. 저서 : 무용당유고(無用堂遺稿).

수연가(隨緣假) 사가(四假)의 하나. 가(假)는 임시로 설정함을 뜻함. 중생의 능력이나 소질에 따라 여러 가지 방편으로 설함.

수연진(數緣盡) 수(數)는 지혜를 뜻함. 지혜로써 번뇌를 소멸시킨 열반의 상태.

수연행(隨緣行) 사행(四行)의 하나. 즐거움이나 괴로움은 인연 따라 일어나고 소멸하므로 거기에 동요하지 않고 순응함.

수염주(受念住) 수염처(受念處)와 같음.

수염처(受念處) 사염처(四念處)의 하나. 느낌이나 감정을 있는 그대로 통찰하여 마음챙김.

수엽불(隨葉佛) 비사부불(毘舍浮佛)과 같음.

수온(受蘊) ⓢvedanā-skandha 오온(五蘊)의 하나. 괴로움이나 즐거움 등, 느낌의 무더기.

수왕희삼매(宿王戲三昧) 달과 같이, 자유롭고 걸림이 없는 삼매.

수욕(受欲) ⇒ 여욕(與欲)

수용(受用) ①즐기고 음미함. ②받아 지니고 활용함.

수용신(受用身) ⓢsaṃbhoga-kāya 삼신(三身)의 하나. 깨달음의 경지를 되새기면서 스스로 즐기고, 또 그 경지를 중생들에게 설하여 그들을 즐겁게 하는 부처. 보신(報身)과 같음.

수용토(受用土) 수용신(受用身)의 세계.

수월관음(水月觀音) 물에 비친 달을 내려다보고 있는 관음. 불화(佛畵)에는 주로 연못가의 바위에 걸터앉거나 연잎 위에 서서 선재동자(善財童子)의 방문을 받고 있는 모습으로 묘사되어 있음.

수월도량공화불사여환빈주몽중문답(水月道場空花佛事如幻賓主夢中問答) 1권. 조선의 보우(普雨) 지음. 도량 의식을 행하는 방법에 대해 문답 형식으로 서술한 책.

수유(須臾) ①Ⓢmuhūrta 시간의 단위. 1주야(晝夜)는 30muhūrta이므로 1수유는 48분에 해당함. ②잠시. 잠시 동안.

수윤불이문(受潤不二門) 십불이문(十不二門)의 하나. 부처의 가르침을 받는 중생과 그 중생이 받는 이익이 다르지 않음.

수음(受陰) 수온(受蘊)의 구역(舊譯).

수응변(隨應辯) 중생의 근기에 따라 자유 자재로 가르침을 설하는 부처나 보살의 말솜씨.

수의문법원(隨意聞法願) 사십팔원(四十八願)의 하나. 아미타불이 법장비구(法藏比丘)였을 때 세운 서원으로, 정토의 보살들은 마음대로 법문을 들을 수 있도록 하겠다는 맹세.

수의설법(隨宜說法) 그때그때에 따라 적절하게 가르침을 설함.

수인(手印) 부처나 보살의 깨달음 또는 서원을 나타낸 여러 가지 손 모양.

수인(數人) 모든 현상을 법수(法數)로 분류한 설일체유부(說一切有部)의 논사(論師)를 일컬음.

수일불성과(隨一不成過) 인명(因明)에서, 삼십삼과(三十三過) 가운데 인십사과(因十四過)의 하나. 주장자와 반론자 가운데 어느 한 쪽이 인정하지 않는 이유를 제시하는 오류라는 뜻이지만, 실제 논쟁에서 주장자가 인정하지 않는 이유를 자신이 제시한다는 것은 있을 수 없는 일이므로 반론자가 인정하지 않는 이유를 제시하는 오류를 의미함. 예를 들면, 불교도가 미맘사학도에게 '말은 무상하다' '지어낸 것이기 때문이다'라고 하는 경우. 미맘사학파에서는 말은 지어낸 것이 아니라 원래부터 존재하며 가끔 발성에 의해 드러난다고 주장함.

수일불이(守一不移) 오로지 한 물건을 응시하면서 마음을 가다듬어 움직이지 않음.

수자(壽者) Ⓢjīva 목숨. 생명체.

수자견(壽者見) 목숨이라는 견해. 목숨이 있다는 견해. 생명체라는 견해.

수자상(壽者相) Ⓢjīva-saṃjñā 목숨이라는 관념·생각. 목숨이 있다는 관념·생각. 생명체라는 관념·생각.

수자의삼매(隨自意三昧) 어떠한 데에도 구애받지 않고, 자신의 뜻대로 주시하는 삼매.

수자의어(隨自意語) 상대방의 소질이나 능력에 관계없이, 부처가 스스로 체득한 깨달음을 그대로 드러낸 가르침.

수자타의어(隨自他意語) 상대방의 견해가 부처의 뜻에 어긋나지 않을 때, 부처가 상대방의 견해 그대로 설한 가르침.

수저사론(竪底沙論) Ⓢjyotiṣa의 음사. 바라문교에서 가르치는 천문학, 또는 그에 대한 문헌.

수적(垂迹) 부처나 보살이 중생을 구제하기 위해 여러 가지 다른 모습으로 변화하여 그 자취를 드리움.

수전(隨轉) ⓢanuvartaka ①부수적으로 일어남. ②함께 일어나거나 나타남.

수전리문(隨轉理門) 부처가 상대방의 소질이나 능력에 따라 방편으로 설한 가르침.

수정설(隨情說) 부처가 상대방의 감정에 따라 방편으로 설한 가르침.

수정지설(隨情智說) 상대방의 감정이 부처의 지혜에 어긋나지 않을 때, 부처가 상대방의 감정 그대로 설한 가르침.

수족유연상(手足柔軟相) 삼십이상(三十二相)의 하나. 손발이 부드러움.

수족지만망상(手足指縵網相) 삼십이상(三十二相)의 하나. 손가락과 발가락 사이에 비단 같은 막이 있음.

수종사(水鐘寺) 경기 남양주시 조안면 운길산 동쪽 중턱에 있는 절. 봉선사(奉先寺)의 말사. 창건 연대는 알 수 없고, 1439년(세종 21)에 세운 정의공주(貞懿公主)의 부도(浮屠)가 있고, 1458년(세조 4)에 왕명으로 다시 지음. 1890년에 다시 짓고, 한국 전쟁 때 불타고, 1974년에 다시 지음. 문화재 : 다보탑(多寶塔).

수좌(首座) ①수행 기간이 길고 덕이 높아, 모임에서 맨 윗자리에 앉는 승려. ②육두수(六頭首)의 하나. 선원(禪院)에서 좌선하는 승려들을 지도하고 단속하는 승려. ③선원(禪院)에서 좌선하는 승려. ④고려·조선 때, 승과(僧科)에 합격하여 승진한 승려의 법계(法階). ⇒ 승과(僧科)

수좌의(隨坐衣) ⓢniṣīdana 수행자가 앉거나 누울 때, 땅이나 잠자리에 까는 직사각형의 베.

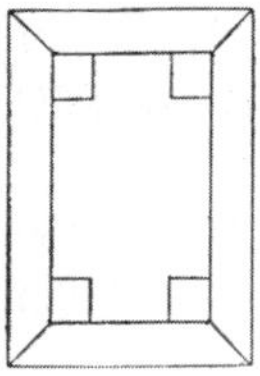

수좌의

수주(數珠) 염주(念珠)와 같음.

수중(首衆) 선원(禪院)에서 좌선하는 승려들을 지도하고 단속하는 승려.

수증(隨增) ①점점 증가함. 점점 심하여짐. ②대상과 마음이 서로 영향을 미쳐 번뇌가 점점 증가함.

수지(受持) ①받아 지님. ②마음에 새겨 두고 잊지 않음.

수지설(隨智說) 상대방의 소질이나 능력에 관계없이, 부처가 스스로 체득한 깨달음의 지혜를 그대로 드러낸 가르침.

수진(水塵) ⓢab-rajas 물 속의 틈을 통과할 정도로 아주 미세한 대상. ⇒ 극미(極微)

수처입작(隨處入作) 어디서나 깨달음에 든다는 뜻.

수처작주(隨處作主) 어디서나 어떠한 경우에도 얽매이지 않아 주체적이고 자유 자재함.

수천(水天) ⓢvaruṇa 물과 용의 무리들을 다스리는 신(神).

수철(秀澈) 816-893. 신라의 승려. 어려서 출가하여 천숭(天崇)에게 불경을 배우고, 홍척(洪陟)에게 사사(師事)하여 그의 법을 이어받음. 지리산 실상사(實相寺)에서 학인들을 지도하다가 입적함.

수초(守初) 1590-1668. 조선의 승려. 서울 출신. 호는 취미(翠微). 어려서 출가하고, 지리산에 들어가 각성(覺性, 1575-1660)에게 사사(師事)하여 그의 법을 이어받은 후 여러 사찰을 편력하면서 학인들을 지도함. 저서 : 취미대사시집(翠微大師詩集).

수취취(數取趣) ⇒ 삭취취(數取趣)

수타(首陀·須陀·修陀·戍陀) 수타라(首陀羅)와 같음.

수타라(首陀羅·戍陀羅) ⓢśūdra의 음사. 고대 인도의 사성(四姓) 가운데 가장 낮은 계급으로, 노예 그룹. 아리아(ārya)인에게 정복당한 인도 원주민의 후예로, 바라문(婆羅門)·찰제리(刹帝利)·폐사(吠奢)에게 봉사하거나 천한 일에 종사함.

수타사(壽陀寺) 강원 홍천군 동면 덕치리 공작산 남서쪽 기슭에 있는 절. 월정사(月精寺)의 말사. 708년(신라 성덕왕 7)에 창건하여 일월사(日月寺)라 하고, 1457년에 다시 짓고 수타사(水墮寺)라고 함. 1592년 임진왜란 때 모두 불타고, 1636년에 공잠(工岑)이 다시 짓고, 이후 여러 차례 중축·보수함. 1811년에 수타사(壽陀寺)로 이름을 바꾸고, 1861년에 보수하고, 1878년에 중축함. 문화재 : 대적광전(大寂光殿).

수타위(首陀衛) ⓢśuddha-āvāsa의 음사. ⇒ 정거천(淨居天)

수타의어(隨他意語) 부처가 상대방의 소질이나 능력에 따라 방편으로 설한 가르침.

수타전달라(戍陀戰達羅) ⓢśuddhacandra의 음사. 세친(世親)의 유식삼십송(唯識三十頌)에 대한 주석서를 지은 정월(淨月)의 범명(梵名).

수타회(首陀會) 수타위(首陀衛)와 같음.

수투라(修妬羅) 수다라(修多羅)와 같음.

수투로(修妬路) ⓢsūtra의 음사. 경(經).

수파가라(輸波迦羅·輸婆迦羅) ⓢśubhakarasiṃha의 전반부 음사. 선무외(善無畏)라 번역. ⇒ 선무외(善無畏)

수파불(須波弗) ⓢsuprabuddha의 음사. ⇒ 선각왕(善覺王)

수파축랑(隨波逐浪) 운문삼구(雲門三句)의 제3구. 파도를 따라 흐름을 같이한다, 곧 수행자의 소질이나 능력에 따라 자유 자재로 지도한다는 뜻.

수하항마상(樹下降魔相) 팔상(八相)의 하나. 싯다르타가 보리수(菩提樹) 아래에서 악마의 항복을 받는 모습.

수행(修行) 오로지 한 생각에만 집중하여, 한결같이 그것을 잊지 않고 그것 외에 다른 생각이 일어나지 못하도록 하는 노력.

수행도지경(修行道地經) 달마다라선경(達摩多羅禪經)과 같음.

수행방편선경(修行方便禪經) 달마다라선경(達摩多羅禪經)과 같음.

수행본기경(修行本起經) 2권. 후한(後漢)의 축대력(竺大力)·강맹상(康孟詳) 번역. 붓다의 전생과, 현생에서 출가하여 깨달음을 이루고 나서 처음으로 두 상인(商人)으로부터 음식을 공양 받고, 그들에게 설법하여 교화하기까지의 행적을 설한 경.

수행주(修行住) 십주(十住)의 하나. 온갖 선행(善行)을 닦는 단계.

수형호(隨形好) 부처와 보살이 갖추고 있다는 신체의 미세한 특징.

수혜(修慧) 삼혜(三慧)의 하나. 수행으로 얻은 지혜.

수호단(隨護斷) 사정근(四正勤)의 하나. 아직 생기지 않은 선은 생기도록 노력함.

수혹(修惑) ①수도(修道)에서 끊는 번뇌라는 뜻. 대상에 집착함으로써 일어나는 번뇌. 이 번뇌는 욕계에 탐(貪)·진(瞋)·치(癡)·만(慢), 색계와 무색계에 각각 탐(貪)·치(癡)·만(慢)의 열 가지가 있음. ②유식설에서, 선천적으로 타고난 번뇌, 곧 구생기(俱生起)를 말함.

수혹(隨惑) 혹(惑)은 번뇌를 뜻함. 수번뇌(隨煩惱)와 같음.

수희(隨喜) ⓢanumodanā 남의 좋은 일을 보고 함께 기뻐함. 남의 선행을 칭찬함.

숙가(叔迦) ⓢśuka의 음사. 앵무새.

숙교(熟敎) 종교(終敎)와 같음.

숙두(熟頭) 절에서 반찬을 마련하는 소임, 또는 그 일을 맡은 승려.

숙명(宿命) ①이 세상에 태어나기 이전의 일생. 전생(前生). ②숙명통(宿命通)의 준말.

숙명명(宿命明) 숙명지증명(宿命智證明)의 준말.

숙명지증명(宿命智證明) 삼명(三明)의 하나. 나와 남의 전생을 환히 아는 지혜.

숙명지통원(宿命智通願) 사십팔원(四十八願)의 하나. 아미타불이 법장비구(法藏比丘)였을 때 세운 서원으로, 정토의 중생은 자신과 남의 전생을 아는 능력을 갖추게 하겠다는 맹세.

숙명통(宿命通) 육신통(六神通)의 하나. 나와 남의 전생을 아는 자유 자재한 능력.

숙복(宿福) 전생(前生)에 지은 복덕.

숙생(宿生) 이 세상에 태어나기 이전의 일생. 전생(前生).

숙선(宿善) 전생(前生)에 지은 청정한 행위.

숙세(宿世) 이 세상에 태어나기 이전의 세상.

숙소(熟酥·熟蘇) 우유를 숙성시킨 식품.

숙습(宿習) 전생(前生)부터 배어 있는 습관. 전생부터 지니고 있는 번뇌의 기운.

숙식(宿食) 하룻밤이 지난 음식.

숙업(宿業) 전생(前生)에 지은 행위.

숙연(宿緣) 전생(前生)의 인연.

숙원(宿願) 전생(前生)이나 오랜 과거에 세운

서원.

숙인(宿因) 숙연(宿緣)과 같음.

숙작인론(宿作因論) 십육이론(十六異論)의 하나. 현세에 받는 괴로움은 모두 과거세에 저지른 악업(惡業) 때문이라는 견해.

숙주(宿住) 이 세상에 태어나기 이전의 세상.

숙주수념지력(宿住隨念智力) 십력(十力)의 하나. 중생의 전생을 기억하는 부처의 능력.

숙주수념지작증명(宿住隨念智作證明) 숙명지증명(宿命智證明)과 같음.

숙주수념지증통(宿住隨念智證通) 숙명통(宿命通)과 같음.

숙주수념지통(宿住隨念智通) 숙명통(宿命通)과 같음.

숙주지(宿住智) 숙명지증명(宿命智證明)과 같음.

숙주지증명(宿住智證明) 숙명지증명(宿命智證明)과 같음.

숙주통(宿住通) 숙명통(宿命通)과 같음.

숙채(宿債) 전생(前生)에 진 빚.

숙행(宿行) 숙업(宿業)과 같음.

순결택분(順決擇分) 결택은 결단하고 가려서 사유한다는 뜻. 번뇌가 없는 지혜로써 모든 의심을 끊고 사제(四諦)를 사유하는 성자의 경지로 나아가는 난법(煖法)·정법(頂法)·인법(忍法)·세제일법(世第一法)의 사선근(四善根)를 말함.

순경(巡更) 밤에 선원(禪院)을 순찰하는 일.

순고수업(順苦受業) 삼업(三業)의 하나. 괴로움의 과보를 받을 욕계의 모든 악업(惡業).

순관(順觀) 십이연기(十二緣起)를 '무명(無明)이 있으므로 행(行)이 있고, 행이 있으므로 식(識)이 있고 ……'라고 관찰하여 괴로움이 일어나는 과정을 밝혀 나가는 방면.

순도(順道) 생몰년 미상. 전진왕(前秦王) 부견(符堅)의 명으로 불상과 불경을 가지고 372년(소수림왕 2)에 고구려에 와서 처음으로 불교를 전한 승려. 왕은 375년에 초문사(肖門寺)를 창건하여 그를 머물게 함.

순락수업(順樂受業) 삼업(三業)의 하나. 즐거움의 과보를 받을 욕계에서 색계 제삼선천(第三禪天)까지의 선업(善業).

순료(巡寮) 주지가 요사채(寮舍-)를 둘러보고 그 상태를 점검함.

순밀(純密) 대일경(大日經)과 금강정경(金剛頂經)에 의거한 체계적인 밀교(密敎). 이에 반해, 그 두 경(經)이 성립되기 이전의 비조직적이고 단편적인 밀교는 잡밀(雜密)이라 함.

순부정수업(順不定受業) 사업(四業)의 하나. 현생에서 지은 선악의 행위에 대한 결과로 받을 과보의 시기가 정해져 있지 않은 것.

순불고불락수업(順不苦不樂受業) 삼업(三業)의 하나. 괴로움과 즐거움의 과보를 받지 않을 색계 제사선천(第四善天) 이상의 선업(善業).

순생수업(順生受業) 순차생수업(順次生受業)의 준말.

순세(順世) 세상 일에 따른다는 뜻으로, 승려의 죽음을 이르는 말.

순세외도(順世外道) ⓢlokāyata 지(地)·수(水)·화(火)·풍(風)의 4원소와 그 원소의 활동 공간인 허공만을 인정하는 유물론적인 입장의 외도. 인간도 4원소로 이루어져 있어 죽으면 이들 원소는 각각 흩어지므로 영혼은 있을 수 없다고 주장하고, 선악이나 인과도 없고, 과거와 미래도 없다고 함. 따라서 현재의 감각과 쾌락만을 인생의 목표로 함. 육사외도(六師外道) 가운데 아이타시사흔파라(阿夷陀翅舍欣婆羅, ajita-kesakambala)가 이러한 입장임.

순신관(循身觀) 머리에서 발끝까지 몸의 여러 부위를 차례대로 주시하여 그것들이 깨끗하지 못하다고 마음에 새기는 수행법.

순야(舜若) ⓢśūnya의 음사. 공(空)이라 번역. ⇒ 공(空)

순야다(舜若多) ⓢśūnyatā의 음사. 공성(空性)이라 번역. 공(空)의 상태.

순연(順緣) 좋은 인연이 계기가 되어 불도(佛道)에 듦. 이에 반해, 나쁜 인연이 도리어 불도에 드는 계기가 되는 것은 역연(逆緣)이라 함.

순인(順忍) 진리에 순응하고 안주하는 보살의 수행 단계.

순정론(順正論) 바른 논리에 따르는 말.

순정리론(順正理論) 아비달마순정리론(阿毘達磨順正理論)의 준말.

순중론의입대반야바라밀경초품법문(順中論義入大般若波羅蜜經初品法門) 2권. 무착(無著) 지음. 북위(北魏)의 반야류지(般若流支) 번역. 용수(龍樹)가 중론(中論)에서 설한 팔불(八不)과 희론(戱論)의 뜻을 풀이한 저술.

순지(順之) 생몰년 미상. 신라의 승려. 호는 요오(了悟). 경기 개풍 오관산(五冠山)에 출가하고 속리산에서 구족계(具足戒)를 받음. 858년에 당(唐)에 가서 위산 영우(潙山靈祐)의 제자인 앙산 혜적(仰山慧寂, 807-883)의 법을 이어받고 귀국하여 오관산 서운사(瑞雲寺)에서 위앙종(潙仰宗)의 종풍(宗風)을 일으킴.

순차생수업(順次生受業) 사업(四業)의 하나. 현생에서 지은 선악의 행위에 대한 과보를 다음 생(生)에서 받는 것.

순타(純陀·淳陀) ⓢⓟcunda의 음사. 대장장이의 아들로, 붓다가 쿠시나가라(kuśinagara)에서 입멸하기 직전에 그에게 버섯 요리를 바침.

순해탈분(順解脫分) 모든 속박에서 벗어난 경지로 나아가는 오정심관(五停心觀)·별상염주(別相念住)·총상염주(總相念住)의 삼현(三賢)을 말함.

순현법수업(順現法受業) 사업(四業)의 하나. 현생에서 지은 선악의 행위에 대한 과보를 현생에서 받는 것.

순현수업(順現受業) 순현법수업(順現法受業)의 준말.

순화(順化) 세상의 이치에 따라 변화한다는

뜻으로, 승려의 죽음을 이르는 말.

순후수업(順後受業) 순후차수업(順後次受業)의 준말.

순후차수업(順後次受業) 사업(四業)의 하나. 현생에서 지은 선악의 행위에 대한 과보를 다음 생(生) 이후에 받는 것.

술사(術闍) ⓢvidyā의 음사. 지혜.

숫타니파타(sutta-nipāta) ⓟsutta는 경(經), ⓟnipāta는 집성(集成)이라는 뜻이므로 경집(經集)이라 번역함. 가지각색의 시(詩)와 이야기를 모은 시문집(詩文集)으로, 5장으로 나뉘어 있고 각 장에 여러 개의 경(經)이 수록되어 있음.

숭녕청규(崇寧淸規) 송(宋) 숭녕(崇寧) 2년(1103)에 완성된 선원청규(禪苑淸規)의 별명.

숭림사(崇林寺) 전북 익산시 웅포면 함라산 북동쪽 자락에 있는 절. 금산사(金山寺)의 말사. 1345년(충목왕 1)에 창건하고, 1592년 임진왜란 때 보광전(普光殿)만을 남기고 불탐. 이후 보광전을 여러 차례 보수하고, 1923년에 증축함. 문화재 : 보광전.

슈드라(śūdra) ⇒ 수타라(首陀羅)

슈라바스티(śrāvastī) 사위성(舍衛城)과 같음.

스님 ①중을 높여 부르는 말. ②중이 자기의 스승을 이르는 말.

습(習) ①ⓢvāsanā 번뇌의 여운·기운. ②ⓢⓟsamudaya 모여서 일어남. 일어나는 원인. 원인. 조건. ③수행함. 실행함. ④그릇된 습관.

습과(習果) 등류과(等流果)와 같음.

습기(習氣) ①ⓢvāsanā 과거의 인식·행위·경험·학습 등이 아뢰야식(阿賴耶識)에 남긴 기운·잠재력. 아뢰야식에 스며든, 과거의 인식·행위·경험·학습 등의 기운. 종자(種子)와 같음. ②여러 번뇌를 끊었으나 아직도 남아 있는 습관적인 번뇌의 여운.

습기과(習氣果) 아뢰야식(阿賴耶識)에 새겨진 잠재력에 의해 받는 고락의 과보.

습생(濕生) 사생(四生)의 하나. 습한 곳에서 생기는 것.

습소성종성(習所成種性) 습종성(習種性)과 같음.

습수(習修) 사수(四修)의 하나. 이미 생긴 청정한 일을 지키기 위해 수행함.

습인(習因) 동류인(同類因)과 같음.

습제(習諦) 습(習)은 ⓢⓟsamudaya의 번역으로 집기(集起)·기인(起因)·원인을 뜻함. 집제(集諦)와 같음.

습종성(習種性) ①수행에 의해 후천적으로 갖추게 된 깨달음의 소질. 이에 반해, 선천적으로 갖추고 있는 깨달음의 소질은 성종성(性種性)이라 함. ②육종성(六種性)의 하나. 십주(十住)의 경지에 이를 수 있는 소질.

습파(濕婆) ⓢśiva의 음사. ⇒ 시바(śiva)

승(僧) ⓢⓟsaṃgha의 음사인 승가(僧伽)의 준말. 중(衆)·화합중(和合衆)이라 번역. ①

⇒ 승가(僧伽) ②출가하여 절에서 머리를 깎고 계(戒)를 받은 후 불도(佛道)를 닦는 수행자. 사미(沙彌)·사미니(沙彌尼)·비구(比丘)·비구니(比丘尼)를 통틀어 일컬음.

승(乘) ⓢⓟyāna 중생을 깨달음으로 인도하는 부처의 가르침이나 수행법을 뜻함.

승가(僧伽) ⓢⓟsaṃgha의 음사. 중(衆)·화합중(和合衆)이라 번역. 부처의 가르침을 믿고 그 가르침대로 수행하는 사람들의 집단. 화합하고 있는 불교 교단. 보통은 출가자의 집단을 가리키지만, 넓게는 재가(在家)의 신도도 포함함.

승가(僧家) ①출가한 승려들, 또는 그들의 세계. ②승려들이 거주하는 절.

승가(僧可) 혜가(慧可)와 같음.

승가난제(僧伽難提) ⓢsaṃghanandi의 음사. 인도의 부법장(付法藏) 제16조. 사위성(舍衛城) 출신. 7세에 출가하여 나후라발다라(羅睺羅跋多羅)의 가르침을 받음.

승가라국(僧伽羅國) ⓢsiṃhala의 음사. 스리랑카의 고대 이름.

승가람(僧伽藍) ⓢⓟsaṃgha-ārāma의 음사. 중원(衆園)이라 번역. saṃgha는 무리·모임, ārāma는 동산·정원을 뜻함. 수행승들이 머물면서 불도(佛道)를 닦는 곳, 또는 그곳의 건물.

승가리(僧伽梨) ⓢsaṃghāṭī의 음사. 삼의(三衣)의 하나. 삼의 가운데 가장 크므로 대의(大衣), 베 조각들을 거듭 이어서 만들므로 중의(重衣), 조(條)의 수가 많으므로 잡쇄의(雜碎衣)라고 함. 직사각형의 베 조각들을 세로로 나란히 꿰맨 것을 1조(條)로 하여, 9조 내지 25조를 가로로 나란히 꿰맨 것. 설법할 때, 걸식하러 갈 때, 왕궁에 갈 때 입음.

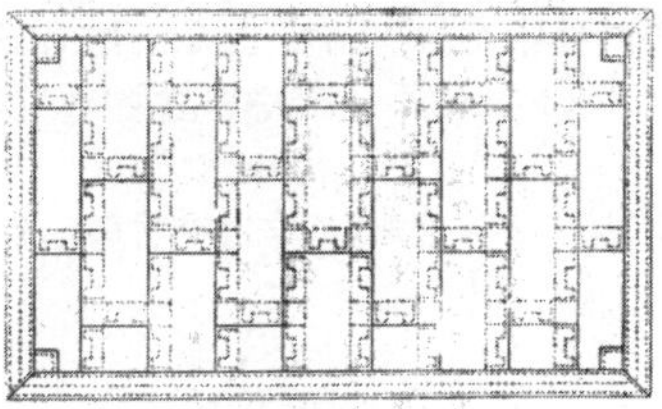

승가리

승가물(僧伽物) 승가(僧伽)에 소속된 모든 물건과 자산.

승가밀다(僧伽蜜多) ⓟsaṅghamittā의 음사. 아쇼카(aśoka) 왕이 왕자였을 때, 서인도의 웃제니(ujjenī)에 지방관으로 부임해서 그 지방 호족의 딸 데비(devī)와의 사이에서 낳은 딸. 18세에 오빠 마힌다(mahinda)와 함께 출가함. 스리랑카에 불교를 전하고, 그곳에서 59세에 입적함.

승가발타라(僧伽跋陀羅) ⓢsaṃga-bhadra의 음사. 중현(衆賢)이라 번역. 생몰년 미상. 서역 출신의 승려. 바닷길로 485년경에 광동성(廣東省) 광주(廣州)에 와서 죽림사(竹林寺)에서 선견율비바사(善見律毘婆沙)를 번역함. 석가모니의 입멸 후의 연대를 표시하는 중성점기(衆聖點記)를 처음으로 중국에 전함.

승가사(僧伽寺) 서울시 종로구 구기동 북한산 비봉 동쪽 중턱에 있는 절. 조계사(曹溪寺)의 말사. 756년에 신라의 수태(秀台)가 창건하고, 1024년에 다시 짓고, 이후 여러 차례 보수함. 한국 전쟁 때 불타고, 1957년에 비구니 도명(道明)이 다시 짓고, 그 뒤를 이어 비구니 상륜(相侖)이 증축함. 문화재 : 석조승가대사상(石造僧伽大師像).

승가지(僧伽胝) 승가리(僧伽梨)와 같음.

승가파시사(僧伽婆尸沙) ⓢsaṃghāvaśeṣa ⓟsaṃghādisesa의 음사. 승잔(僧殘)과 같음.

승각기(僧却崎·僧脚敧) 승기지(僧祇支)와 같음.

승갈지(僧竭支) 승기지(僧祇支)와 같음.

승강(僧綱) 승려의 기강을 바로잡고, 여러 사찰을 관리하는 직위.

승거(僧佉) ⇒ 상캬학파(sāṃkhya學派)

승계구급(乘戒俱急) 계승구급(戒乘俱急)과 같음.

승계구완(乘戒俱緩) 계승구완(戒乘俱緩)과 같음.

승계사구(乘戒四句) 계승사구(戒乘四句)와 같음.

승과(僧科) 고려·조선 때, 승려를 대상으로 실시한 일종의 과거 제도. 선종선(禪宗選)과 교종선(敎宗選)의 두 종류가 있었는데, 선종선에 합격하면 대선(大選)이라는 법계(法階)가 주어지고 이어서 대덕(大德) — 대사(大師) — 중대사(重大師) — 삼중대사(三重大師) — 선사(禪師) — 대선사(大禪師)로 승진하였고, 교종선에 합격하면 대선(大選) — 대덕(大德) — 대사(大師) — 중대사(重大師) — 삼중대사(三重大師) — 수좌(首座) — 승통(僧統)으로 승진하였음. 선사·대선사·수좌·승통 중에서 왕사(王師)나 국사(國師)를 선발하였음.

승과도(勝果道) 보다 뛰어난 깨달음에 이르기 위해 닦는 수행.

승관(僧官) ①승단을 관리하는 관직. ②신라 때, 학덕을 겸비한 승려에게 준 지위.

승군(僧軍) 신라·고려·조선 때, 외적의 침입을 막기 위해 승려들이 조직한 군대.

승급계완(乘急戒緩) 계완승급(戒緩乘急)과 같음.

승기(僧祇) ①ⓢsāṃghika의 음사. 승가(僧伽)와 같음. ②아승기(阿僧祇)의 준말.

승기물(僧祇物) 승단(僧團)에 소속된 모든 물건과 자산.

승기율(僧祇律) 마하승기율(摩訶僧祇律)의 준말.

승기지(僧祇支) ⓢsaṃkakṣikā의 음사. 엄액의(掩腋衣)·부박의(覆膊衣)라고 번역. 인도 승단에서 비구니에게 삼의(三衣) 안에 입도록 규정한 작은 옷. 직사각형으로 왼쪽 어깨에 걸쳐 비스듬히 내려뜨려 가슴을 가리고 오른쪽 겨드랑이를 감음.

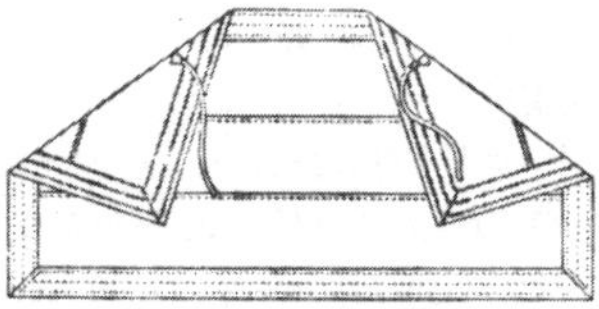

승기지

승나승녈(僧那僧涅) ⓢsaṃnāha-saṃnaddha의 음사. saṃnāha는 갑옷, saṃnaddha는 입었다는 뜻. 갑옷은 서원(誓願)을 비유함.

승니(僧尼) 비구(比丘)와 비구니(比丘尼).

승당(僧堂) 승려들이 수행하거나 거처하는 집.

승도(僧徒) 출가하여 절에서 머리를 깎고 계(戒)를 받은 후 불도(佛道)를 닦는 수행자, 곧 사미(沙彌)·사미니(沙彌尼)·비구(比丘)·비구니(比丘尼)를 통틀어 일컬음.

승도(僧都) 승정(僧正)을 보좌하면서 승려들을 관리하는 지위.

승도사문(勝道沙門) 사사문(四沙門)의 하나. 출가하여 스스로 깨달은 부처나 독각(獨覺).

승랍(僧臘) 출가하여 구족계(具足戒)를 받은 후, 하안거(夏安居)가 끝나는 날인 음력 7월 15일을 기준으로 해서 세는 승려의 나이.

승랑(僧朗) 생몰년 미상. 고구려의 승려. 장수왕 때(413-491) 유송(劉宋)에 가서 삼론학(三論學)을 연구하여 학문적인 체계를 세우고, 500년에 강소성(江蘇省) 섭산(攝山) 서하사(棲霞寺)의 주지가 됨. 그의 명성을 들은 양(梁) 무제(武帝)는 512년에 우수한 학승(學僧) 10명을 뽑아 그의 가르침을 받도록 함.

승려(僧侶) 승(僧)은 ⓢⓟsaṃgha의 음사인 승가(僧伽)의 준말로, 중(衆)·화합중(和合衆)이라 번역함. 여(侶)는 그 번역에서 유래함. 출가하여 절에서 머리를 깎고 계(戒)를 받은 후 불도(佛道)를 닦는 수행자, 곧 사미(沙彌)·사미니(沙彌尼)·비구(比丘)·비구니(比丘尼)를 통틀어 일컬음.

승록(僧錄) ①승려의 관리를 위임받은 관직. ②고려·조선 때 있던 승록사(僧錄司)의 직위.

승록사(僧錄司) 고려·조선 때, 불교의 모든 업무를 관장한 기관으로, 좌우의 양가(兩街)로 나뉘어 있어서 각 가(街)에 도승록(都僧錄)이 있고 그 아래에 승록(僧錄) — 부승록(副僧錄) — 승정(僧正) — 승사(僧史)의 직위가 있었음. 1424년(세종 6)에 불교를 선교양종(禪敎兩宗)으로 통폐합할 때 폐지됨.

승론(勝論) ⇒ 바이셰시카학파(vaiśeṣika學派)

승류(勝流) 등류(等流)와 같음.

승림(勝林) ⓢjetavana 기수급고독원(祇樹給孤獨園)을 말함.

승림급고독원(勝林給孤獨園) 기수급고독원(祇樹給孤獨園)과 같음.

승만경(勝鬘經) 본이름은 승만사자후일승대방편방광경(勝鬘師子吼一乘大方便方廣經). 1권. 유송(劉宋)의 구나발타라(求那跋陀羅) 번역. 이 경은 승만부인이 가르침을 설하면 세존이 인정하는 형식으로 전개되는데, 세존이 승만에게 장차 성불하리라고 수기(授記)하니, 그녀는 성불할 때까지 절대로 깨뜨리지 않을 열 가지 서원을 세운 다음, 다시 이것을 요약하여 세 가지 큰 서원을 세우고 나아가 모든 서원이 하나의 대원(大願)으로 집약되는데, 그것은 곧 바른 가르침을 받아들이고 몸에 지니는 섭수정법(攝受正法)이라 설하고, 섭수정법에서 정법은 대승이며 그것은 곧 육바라밀(六波羅蜜)이라 함. 또 세존이 이 세상에 출현하여 성문(聲聞)과 연각(緣覺)과 보살(菩薩)의 삼승(三乘)에 대한 여러 가지 가르침을 설하였지만 그것은 결국 일승(一乘)으로 이끌기 위한 방편에 지나지 않는다 하고, 모든 중생의 마음 속에는 본래부터 여래(如來)의 청정한 성품이 갈무리되어 있다는 여래장(如來藏)에 대해 상세히 설함.

승만보굴(勝鬘寶窟) 6권. 수(隋)의 길장(吉藏) 지음. 승만경을 풀이한 저술로, 중국에서 찬술된 이 경의 주석서 가운데 가장 상세함.

승만부인(勝鬘夫人) ⓢśrīmālādevī 고대 인도 코살라국(kosala國) 사위성(舍衛城)의 파사닉왕(波斯匿王)의 딸, 어머니는 말리(末利). 아유타국(阿踰陀國) 우칭왕(友稱王)의 비(妃).

승만사자후일승대방편방광경(勝鬘師子吼一乘大方便方廣經) 승만경(勝鬘經)의 본이름.

승문(僧門) 출가한 승려들의 세계.

승물(僧物) 승단(僧團)에 소속된 모든 물건과 자산.

승방(僧坊·僧房) 수행승들이 거처하는 집.

승병(僧兵) 승군(僧軍)과 같음.

승보(僧寶) 삼보(三寶)의 하나. 부처의 가르침에 따라 수행하는 사람들의 집단은 보배처럼 매우 귀중하다는 뜻으로 이르는 말.

승복(僧服) 승려들이 입는 가사(袈裟)·장삼(長衫), 그리고 평상시에 입는 옷을 통틀어 일컬음.

승불정(勝佛頂) 뛰어난 지혜로써 번뇌를 끊어주는 힘이 있다는 불정(佛頂).

승사(僧史) 고려·조선 때 있던 승록사(僧錄司)의 직위.

승사략(僧史略) 대송승사략(大宋僧史略)의 준말.

승사탐(承事貪) 자신에게 시중들고, 자신을 섬기고 받드는 태도를 보고 일으키는 탐욕.

승사하(僧莎訶·僧莎呵) ⓢsvāhā의 음사. 주문(呪文)의 끝에 붙어, 성취(成就)·길상(吉祥) 등의 뜻을 나타냄.

승상(繩牀) ⓟmañca 인도의 수행자들이 앉거나 누울 때 까는, 노끈으로 만든 직사각형의 자리. 중국에서는 주로 의자로 만들어 선승(禪僧)들이 사용함.

승새가라(僧塞迦邏) ⓢsaṃskāra의 음사. 행(行)이라 번역. 무명(無明)으로 일으키는, 의도(意圖)하고 지향하는 의식 작용. 무명에 의한 의지력·충동력·의욕.

승소(僧笑) 절에서, 국수를 말함. 승려들이 국수를 좋아하여 그것만 보면 웃는다는 뜻.

승속(僧俗) 출가와 재가. 승려와 속인.

승신이야(僧愼爾耶) ⓢsaṃjñeya의 음사. 산지대장(散脂大將)과 같음.

승신주(勝身洲) 사주(四洲)의 하나. 수미산 동쪽에 있다는 대륙으로, 이곳에 있는 인간들은 신장이 뛰어나다고 하여 승신(勝身)이라 함.

승야(僧若) ⓢsaṃjñā ⓟsaññā의 음사. 상(想)이라 번역. ①대상에 여러 가지 이름을 부여하고, 다양한 개념을 지어내는 의식 작용. ②생각. 관념. 의식 작용. 마음 작용.

승예(僧叡) 생몰년 미상. 동진(東晋)의 승려. 하남성(河南省) 안양(安陽) 출신. 18세에 출가하여 승현(僧賢)의 제자가 되고, 구마라집(鳩摩羅什)의 역장(譯場)에 참여하여 그를 돕고, 성실론(成實論)이 번역되자 곧바로 강의함. 구마라집이 번역한 소품반야경(小品般若經)·대품반야경(大品般若經)·법화경(法華經)·대지도론(大智度論)·중론(中論)·십이문론(十二門論) 등의 서(序)를 지음. 67세에 입적함.

승완계급(乘緩戒急) 계급승완(戒急乘緩)과 같음.

승우(勝友) ⓢviśeṣamitra 생몰년 미상. 십대논사(十大論師)의 하나. 나란타사(那爛陀寺)의 승려로, 호법(護法, 530-561)의 제자. 세친(世親)의 유식삼십송(唯識三十頌)에 대한 주석서를 지음.

승우(僧祐) 445-518. 양(梁)의 승려. 강소성(江蘇省) 건업(建業) 출신. 어려서 건초사(建初寺)에 출가하여 승범(僧範)에게 배우고, 또 정림사(定林寺)의 법달(法達)에게 배움. 후에 법영(法穎)에게 율(律)을 배워 율학(律學)에 정통함. 건초사와 정림사를 보수하고, 양(梁) 무제(武帝)의 신임을 받아 승려에 관한 모든 일을 관장함. 건초사에서 입적함. 저서 : 출삼장기집(出三藏記集)·홍명집(弘明集)·석가보(釋迦譜) 등.

승우록(僧祐錄) 출삼장기집(出三藏記集)의 별명.

승원(僧院) 수행승들이 머물면서 불도(佛道)를 닦는 집.

승원민(僧院民) ⓢⓟārāmika 승원에서 일하는 세속의 사람.

승응신(勝應身) 때와 장소와, 중생의 능력이나 소질에 따라 나타나 초지(初地) 이상의 보살들을 위해 가르침을 설하는 부처.

승의(勝義) ①ⓢparamārtha 가장 뛰어난 이치. 궁극적인 이치. ②열반.

승의(僧衣) 승복(僧服)과 같음.

승의개공종(勝義皆空宗) 법상종의 교판(敎判)에서, 궁극적인 진리에서는 모든 것에 불변하는 실체가 없다는 가르침. ⇒ 삼교팔종(三敎八宗)

승의공(勝義空) 분별을 끊고, 대상을 있는 그대로 파악하는 상태.

승의근(勝義根) 안(眼)·이(耳)·비(鼻)·설(舌)·신(身)의 각 기관이 대상을 감각하는 작용. 이에 반해, 감각 작용을 도우는 그 기관들은 부진근(扶塵根)이라 함.

승의무기(勝義無記) 선도 악도 아닌 허공과 비택멸(非擇滅)을 말함.

승의무성(勝義無性) 삼무성(三無性)의 하나. 분별과 망상이 소멸된 상태에서 드러나는, 있는 그대로의 청정한 모습.

승의무자성성(勝義無自性性) 승의무성(勝義無性)과 같음.

승의선(勝義善) 열반을 뜻함. 열반은 모든 괴로움이 소멸되어 안온하므로 선(善)이라 함.

승의제(勝義諦) ⓢparamārtha-satya ①분별이 끊어진 상태에서, 있는 그대로 파악된 진리. 분별이 끊어진 후에 확연히 드러나는 진리. 직관으로 체득한 진리. ②가장 뛰어난 진리. 궁극적인 진리. 가장 깊고 묘한 진리. ③진리의 세계.

승잔(僧殘) ⓢsaṃghāvaśeṣa ⓟsaṃghā

disesa 승단에 남겨 둔다는 뜻. 바라이(波羅夷)를 저지른 비구·비구니는 승단에서 추방되지만, 승잔(僧殘)을 저지른 비구·비구니는 일시적으로 그 자격이 상실되더라도 정해진 벌칙을 받고 참회하면 자격이 회복됨. 비구의 승잔에 열세 가지가 있는데, 그것은 다음과 같음. (1)고의로 사정(射精)함. (2)여자를 만짐. (3)여자와 더불어 추잡한 말을 함. (4)여자의 몸을 찬탄하면서 공양하라고 말함. (5)중매함. (6)시주(施主) 없이 지나치게 큰 방을 지음. (7)시주가 있지만 지나치게 큰 방을 지음. (8)근거 없이 남이 파계했다고 비방함. (9)확실하지 않은 근거로 남을 비방함. (10)승단의 화합을 깨뜨린다는 충고를 거역함. (11)승단의 화합을 깨뜨린다는 충고를 거역하는 것을 도움. (12)남의 가정을 어지럽힌다는 충고를 거역함. (13)나쁜 성격으로 승단을 문란케 한다는 충고를 거역함.

승잔죄(僧殘罪) 승잔(僧殘)과 같음.

승장(勝莊) 생몰년 미상. 신라의 승려. 당(唐)에 가서 원측(圓測, 613-696)에게 유식학(唯識學)을 배우고, 703년에 의정(義淨, 635-713)의 역장(譯場)에 증의(證義)로 참여하고, 710년에는 보리류지(菩提流志, ?-727)의 역장(譯場)에 증의로 참여함. 저서 : 범망경술기(梵網經述記)·금광명최승왕경소(金光明最勝王經疏).

승적(僧籍) 승려의 법명(法名)·득도(得度)·본사(本寺)·은사(恩師)·수계(受戒) 등에 대한 사항을 기록해 놓은 문서.

승전(勝詮) 생몰년 미상. 신라의 승려. 당(唐)에 가서 법장(法藏, 643-712)에게 화엄학을 배우고, 692년(효소왕 1)에 귀국하면서 법장이 의상(義湘, 625-702)에게 보내는 편지와 그의 저술 7종 29권을 가지고 옴. 김천 금오산 서쪽 자락에 갈항사(葛項寺)를 창건하고 화엄학을 강의함.

승정(勝定) ⓢsamāhita 마음이 들뜨거나 침울하지 않고 한결같이 평온한 뛰어난 선정(禪定).

승정(僧正) ①승려의 기강을 바로잡는, 승려의 최고 지위. ②고려·조선 때 있던 승록사(僧錄司)의 직위.

승제(僧制) 승려의 죄를 다스리고 기강을 확립하기 위해 계율 외에 따로 제정한 법규.

승조(僧肇) 384-414. 동진(東晋)의 승려. 장안(長安) 출신. 노장(老莊)에 밝았고, 유마경(維摩經)을 읽고 감동하여 출가함. 구마라집(鳩摩羅什)이 감숙성(甘肅省) 고장(姑臧)에 머물 때, 그곳에 가서 그와 함께 401년에 장안에 돌아옴. 요흥(姚興)의 칙명으로 승예(僧叡) 등과 함께 소요원(逍遙園)에서 구마라집의 역경(譯經)을 도움. 저서 : 조론(肇論)·주유마힐경(注維摩詰經).

승종십구의론(勝宗十句義論) 1권. 혜월(慧月) 지음, 당(唐)의 현장(玄奘) 번역. 바이셰시카(vaiśeṣika) 학파에서 설하는 십구의(十句義)의 뜻과 서로의 관계를 설명한 저술.

승좌(陞座) 설법하기 위해 법좌(法座)에 올라감.

승주(僧主) 승려의 기강을 바로잡는, 승려의 최고 지위.

승중(僧衆) 승(僧)은 ⓢsaṃgha의 음사인 승가(僧伽)의 준말, 중(衆)은 그 번역. 부처의 가르침을 믿고 그 가르침대로 수행하는 사람들의 집단. 화합하고 있는 교단.

승지(勝智) ①모든 분별을 떠난 지혜. ②방편에 뛰어난 지혜.

승직(僧職) 사찰이나 승려를 관리하거나 법회의 진행을 위해 승려에게 주어진 직위.

승진도(勝進道) 사도(四道)의 하나. 뛰어난 수행으로 해탈의 완성에 이르는 단계.

승진법아라한(昇進法阿羅漢) 감달법아라한(堪達法阿羅漢)과 같음.

승차청(僧次請) 재가(在家)의 신도가 수행승을 공양하기 위해 초청했을 때, 법랍(法臘)의 순서대로 그 초청에 응하여 가는 것.

승찬(僧璨) ?-606. 선종(禪宗) 제3조. 수(隋)의 승려. 혜가(慧可, 487-593)에게 출가하여 그의 법을 이어받음. 안휘성(安徽省)의 환공산(皖公山)·사공산(司空山) 등에 머무름. 신심명(信心銘)은 그의 저작으로 알려져 있음.

승천왕반야바라밀경(勝天王般若波羅蜜經) 7권. 진(陳)의 월파수나(月婆首那) 번역. 반야바라밀을 중심으로 하여 보살의 수행과 공덕을 설한 경.

승통(僧統) ①신라 때, 왕이 임명한 승려의 가장 높은 지위. ②고려·조선 때, 승과(僧科)에 합격하여 승진한 승려의 지위. ⇒ 승과(僧科) ③조선 후기에 주지(住持)의 다른 이름으로 쓰인 말.

승해(勝解) ⓢadhimokṣa 대상을 명료하게 이해하여 확신하는 마음 작용. 대상을 확실하게 이해하여 굳게 믿는 마음 작용.

승해제(勝解諦) 칠제(七諦)의 하나. 공(空)을 명료하게 이해하여 확신하는 마음 작용은 괴로움의 소멸에 이르는 길이라는 진리.

승해행지(勝解行地) 뛰어난 분별과 이해로써 수행하는 십주(十住)·십행(十行)·십회향(十廻向)의 단계.

승형(承逈) 1171-1221. 고려의 승려. 상주 출신. 13세에 희양산 봉암사(鳳巖寺)에 출가하여 동순(洞純)의 제자가 되고, 여러 지역을 편력하다가 조계산 지눌(知訥, 1158-1210)에게 배우고 오대산으로 들어감. 능엄경(楞嚴經)에 정통함. 고종 때 대선사(大禪師)가 되고, 포항 보경사(寶鏡寺)에 머물다가 팔공산 염불사(念佛寺)에 가서 입적함. 시호는 원진국사(圓眞國師).

시(施) ⓢdāna 남에게 가르침이나 재물을 아낌없이 베풂.

시(時) ①ⓢkāla 시간. 끊임없이 변해 가는 과정. ②ⓢṛtu 계절. ③ⓢyuga 기간. ④ⓢavasthā 상황. 상태.

시가라월육방예경(尸迦羅越六方禮經) 1권. 후한(後漢)의 안세고(安世高) 번역. 시가라월(尸迦羅越)은 ⓟsiṅgālaka의 음사, 선생(善生)이라 번역. 시가라월이 아버지의 유언에 따라 육방에 예배하는 것을 본 붓다는 그런 단순한 예배는 무의미하다고 지적하고, 동방을 부모, 서방을 부부, 남방을 스승, 북방을 친구, 상방을 승려, 하방을 하인이나 고용인에게 각각 할당하여 그러한 사람들을 생각하면서 예배하라고 설함.

시각(始覺) 기신론에서, 청정한 마음의 근원을 가리고 있던 번뇌를 점점 부수어 깨닫기 시작함. 번뇌에 가려 드러나지 않던 청정한 깨달음의 성품이 서서히 활동함. ⇒ 본각(本覺)

시간(施慳) 오간(五慳)의 하나. 자신에게만 물건을 베풀고 다른 이에게는 베풀지 못하게 함.

시걸박(時乞縛) ⓢjihvā의 음사. 설(舌)이라 번역. 혀.

시계논사(時計論師) 시논사(時論師)와 같음.

시기(尸棄) ⇒ 대범천(大梵天) ②

시기불(尸棄佛) ⓢśikhin-buddha의 음사. 과거칠불(過去七佛)의 하나. 장엄겁(莊嚴劫) 중에 출현하여 분타리수(分陀利樹) 아래에서 성불하였다고 함.

시논사(時論師) 시간이 만물의 근원이라고 주장한 고대 인도의 한 학파.

시다림(尸陀林) ①시다(尸陀)는 ⓢśīta의 음사, 한(寒)·냉(冷)이라 번역. 마가다국(magadha國)의 왕사성(王舍城) 부근에 있던 숲으로, 시체를 버리던 곳. ②죽은 자를 위해 장사 지내기 전에 설법하고 염불하는 의식.

시담자(屎擔子) 똥을 담는 포대. 육체를 하찮게 여기는 말.

시도(示導) 어떤 힘을 드러내어 중생을 인도함.

시도사문(示道沙門) 사사문(四沙門)의 하나. 부처의 가르침을 설하는 출가 수행자.

시라(尸羅) ⓢśīla ⓟsīla의 음사. 계(戒)라고 번역. 불교에 귀의한 자가 선(善)을 쌓기 위해 지켜야 할 규범.

시라바라밀(尸羅波羅蜜) 시라(尸羅)는 ⓢśīla의 음사, 계(戒)라고 번역. 지계바라밀(持戒波羅蜜)과 같음.

시련(侍輦) 영산재(靈山齋) 때, 죽은 사람의 넋을 그 재(齋)를 지내는 곳으로 모셔오는 의식.

시록림(施鹿林) 녹야원(鹿野苑)과 같음.

시리가나(尸梨伽那) ⓢśrī-guṇa의 음사. 후덕(厚德)이라 번역. 부처를 일컫는 말.

시리마라(尸利摩羅) ⓢśrīmālā의 음사. 승만부인(勝鬘夫人)을 말함.

시리불서(尸利佛逝) 실리불서(室利佛逝)와 같음.

시리사수(尸利沙樹) ⓢśirīṣa의 음사. 인도 전역에서 자라는 교목. 나무에서 나오는 진은 향료로 쓰임.

시림(屍林) 시체를 버리거나 매장하는 숲.

시마사나(尸摩賒那) ⓢśmaśāna의 음사. 시체를 버리는 곳. 화장(火葬)하는 곳. 묘지.

시멸(示滅) 번뇌와 육신이 함께 소멸된 평온한 상태를 보인다는 뜻으로, 석가나 승려의 죽음을 이르는 말.

시무외인(施無畏印) 다섯 손가락을 가지런히 펴고 손바닥을 밖으로 하여 어깨 높이까지 올린 손 모양으로, 중생의 두려움과 근심을 없애 준다는 뜻.

시무외인

시물(施物) 절이나 승려에게 바친 재물.

시바(śiva) 브라흐만(brahman)·비슈누(viṣṇu)와 함께 힌두교의 세 주신(主神)의 하나로, 우주의 창조·유지·파괴의 과정에서 파괴를 담당한다고 함.

시바라밀(施波羅蜜) 보시바라밀(布施波羅蜜)의 준말.

시바라밀(尸波羅蜜) 시라바라밀(尸羅波羅蜜)의 준말.

시방(十方) 동·서·남·북의 사방(四方)과 동북·동남·서남·서북의 사유(四維)와 상·하를 통틀어 일컬음.

시방삼세(十方三世) 사방(四方)·사유(四維)·상하(上下)와 과거·현재·미래.

시방세계(十方世界) 사방(四方)과 사유(四維)와 상하(上下)에 있는 무수한 세계.

시방승물(十方僧物) 모든 수행승들이 함께 사용하는 승단(僧團)의 공유물.

시봉(侍奉) ①스승으로 받들어 모시는 승려나 지위가 높은 승려를 가까이 모시고 시중드는 일. ②제자.

시불(侍佛) 선원(禪院)에서 행하는 의식의 진행을 담당하는 직책, 또는 그 일을 맡은 승려.

시비교결처(是非交結處) 옳고 그름이 서로 뒤얽혀 있어서 판단하기 어려운 것.

시비왕(尸毘王) Ⓢśivi Ⓟsivi의 음사. 붓다가 전생에 수행하고 있을 때의 이름.

시사(侍司) 시자(侍者)가 거처하는 방.

시설(施設) ①임시로 설정함. 잠정적으로 정함. ②실제로는 없지만 방편으로 설정함. ③가르침을 설하는 방법. ④선승(禪僧)이 수행승을 지도하기 위해 설정한 여러 가지 수단·방법.

시설유(施設有) 여러 인연의 일시적인 화합에 지나지 않는 존재. 일시적으로 있는 현상.

시식(施食) ①죽은 이의 명복을 빌거나 외로운 영혼을 위로하기 위해, 음식을 베풀고 기원이나 독경 등을 하는 의식. ②불사(佛事)나 법회 때 음식을 공양함.

시심마(是甚麼) 이게 무엇인고? 이 뭣고? 무엇인고? 뭣고?

시심시불(是心是佛) 인간은 본래부터 마음에 부처의 성품을 지니고 있으므로 그 마음이 곧 부처라는 뜻. 인간의 마음 그 자체가 곧 부처라는 뜻.

시심작불(是心作佛) 시심시불(是心是佛)과 같음.

시십마(是什麼) 시심마(是甚麼)와 같음.

시아귀회(施餓鬼會) 늘 굶주림과 목마름으로 괴로움을 겪는 아귀에게 여러 가지 음식을 베푸는 법회.

시애심해탈(時愛心解脫) 이미 얻은 아라한(阿羅漢)의 경지를 항상 잘 지켜, 마음이 번뇌의 속박에서 벗어남.

시약(時藥) 약(藥)은 음식을 뜻함. 사약(四藥)의 하나. 수행자들이 오전 중에 끼니나 간식으로 먹는 음식으로, 밥·죽·보릿가루·뿌리·가지·잎·꽃·열매 따위.

시연(示演) 생몰년 미상. 조선 후기의 승려. 전남 영암 출신. 법호는 낭암(朗巖). 해남 달마산 미황사(美黃寺)에 출가하여 회정(懷淨)과 대우(大愚)의 문하에서 불경을 배움. 두륜산 대둔사(大芚寺)에서 화엄법회를 개설하고, 1805년부터 화순 개천사(開天寺) 백련암(白蓮庵)에 머물면서 학인들을 지도함.

시오(始悟) 1778-1868. 조선 후기의 승려. 전남 화순 출신. 법호는 호의(縞衣). 16세에 화순 만연사(萬淵寺)에 출가하여 19세에 경관(慶冠)을 은사로 하여 삭발하고 도연(禱演)에게 구족계(具足戒)를 받음. 유일(有一)·윤우(倫佑)·시연(示演) 등의 가르침을 받고 윤우의 법을 이어받음. 두륜산 대둔사(大芚寺) 천불전(千佛殿)의 불상을 조성함.

시왕(十王) 저승에 있다는 열 명의 왕으로, 죽은 사람이 생전에 저지른 죄를 심판한다고 함. 곧, 진광왕(秦廣王)·초강왕(初江王)·송제왕(宋帝王)·오관왕(五官王)·염라왕(閻羅王)·변성왕(變成王)·태산왕(太山王)·평등왕(平等王)·도시왕(都市王)·전륜왕(轉輪王).

시왕각배재(十王各拜齋) 사십구재(四十九齋)의 한 형태로, 저승의 시왕(十王)을 모신 중단(中壇)에 공양하고 예배하는 의식.

시왕전(十王殿) 명부전(冥府殿)과 같음.

시원인(施願印) 여원인(與願印)과 같음.

시자(侍者) 덕망이나 지위가 높은 승려를 가까이 모시고 시중드는 승려.

시재(施齋) ①수행승들에게 정오의 식사를 베풂. ②불사(佛事)나 법회 때의 식사.

시적(示寂) 모든 속박에서 벗어난 평온한 상태를 보인다는 뜻으로, 승려의 죽음을 이르는 말.

시절(時節) ①시간. ②적당한 때. 좋은 시기. ③시대.

시절인연(時節因緣) 때가 되어 인연이 합함.

시주(施主) ①남에게 가르침이나 재물을 아낌없이 베푸는 사람. ②절이나 승려에게 재물을 바침, 또는 그 사람.

시중(示衆) ①선사(禪師)가 수행자들에게 주는 교훈·훈시. ②화두(話頭)에 대해 설하려고 할 때, 먼저 그에 대한 요점을 제시한 서문(序文).

시차계라니(尸叉罽羅尼) 식차가라니(式叉迦羅尼)와 같음.

시차길리(尸叉吉利) 식차가라니(式叉迦羅尼)와 같음.

시타림(尸陀林) ⇒ 시다림(尸陀林)

시해탈(時解脫) 좋은 인연을 기다려 그 때가 되면 선정(禪定)에 들어 번뇌의 속박에서 벗어남.

시현(示現) 부처나 보살이 중생을 구제하기 위해 중생의 소질에 따라 여러 가지 모습으로 변화하여 나타나는 것.

시호(施護) ⓢdānapāla 생몰년 미상. 북인도 오장나국(烏仗那國) 출신의 승려. 980년에 가습미라국(迦濕彌羅國) 출신의 천식재(天息災)

와 함께 송(宋)에 와서 태종(太宗)을 알현하고 자의(紫衣)를 하사 받음. 982년에 칙명으로 태평흥국사(太平興國寺)의 서쪽에 신축한 역경원(譯經院)에서 번역에 종사하여 36년 동안 일체여래진실섭대승현증삼매대교왕경(一切如來眞實攝大乘現證三昧大敎王經)·일체여래금강삼업최상비밀대교왕경(一切如來金剛三業最上祕密大敎王經)·대방광선교방편경(大方廣善巧方便經) 등, 총 115종을 번역함.

시화(施化) 가르침을 베풀어 인도함.

시흥종(始興宗) 고려 말과 조선 초에 있던 종파. 세종 6년(1424)에 7종의 종파를 선교양종(禪敎兩宗)으로 통폐합하는 과정에서 교종에 흡수되어 그 이름을 상실함.

식(識) ①ⓢvijñāna ⓟviññāṇa 식별하고 판단하는 마음 작용. 인식 작용. 인식 주관. ②ⓢvijñapti 구체적으로 인식된 내용.

식(食) ⓢⓟāhāra ①인식 주관에 주어지는 대상의 소재(素材). 인식을 일으키는 바탕이 되는 대상의 소재. ②생존이나 지혜를 유지시키는 요소·조건.

식경(食頃) 밥 먹는 동안.

식계(識界) 육계(六界)의 하나. 분별하는 마음 작용. 분별 작용. 식별 작용. 인식 작용.

식념관(息念觀) 수식관(數息觀)과 같음.

식당작법(食堂作法) 영산재(靈山齋)의 마지막에 행하는 음식에 대한 의식으로, 타주(打柱)한 후 음식에 대한 고마움을 나타내는 내용의 게송을 읊음.

식대(識大) 육대(六大)의 하나. 분별하는 마음 작용. 분별 작용. 식별 작용. 인식 작용.

식망수심종(息妄修心宗) 마음을 닦아 망념을 소멸시키는 가르침.

식무변처(識無邊處) 사무색처(四無色處)의 하나. 마음의 작용은 무한하다고 체득한 무색계 제2천의 경지.

식무변처정(識無邊處定) 사무색정(四無色定)의 하나. 마음의 작용은 무한하다고 주시하는 선정(禪定).

식무변처지(識無邊處地) 구지(九地)의 하나. 식무변처(識無邊處)와 같음.

식무변처천(識無邊處天) 식무변처(識無邊處)와 같음.

식무변처해탈(識無邊處解脫) 팔해탈(八解脫)의 하나. 허공은 무한하다고 주시하는 공무변처해탈(空無邊處解脫)을 버리고 마음의 작용은 무한하다고 주시하는 선정으로 들어감.

식미재(食米齋) ⇒ 갈나복(羯拏僕)

식불(式佛) 시기불(尸棄佛)과 같음.

식세기혐계(息世譏嫌戒) 행위 그 자체는 죄가 아니지만 그것으로 인한 세간의 비난을 염려하여 금지한 음주(飮酒) 등의 계율.

식수음(識受陰) 수(受)와 음(陰)은 취(取)와 온(蘊)의 구역(舊譯). 탐욕과 집착이 있는 인식 작용.

식식(識食) 사식(四食)의 하나. 생존을 유지시키는 하나의 요소로, 인식 작용.

식신(食身) 깨달은 진리를 스스로 음미하고, 또 그 진리를 중생들에게 설하여 음미하게 하는 부처. 수용신(受用身)과 같음.

식신족론(識身足論) 아비달마식신족론(阿毘達磨識身足論)의 준말.

식심(息心) ⇒ 사문(沙門)

식온(識蘊) ⓢvijñāna-skandha 오온(五蘊)의 하나. 식별하고 판단하는 인식의 무더기.

식음(識陰) 식온(識蘊)의 구역(舊譯).

식이변분별지(息二邊分別止) 삼지(三止)의 하나. 모든 현상은 공(空)이라고 체득하여 망상을 멈춘 체진지(體眞止)와 일시적인 화합으로 존재하는 현상을 긍정하고 인연에 따르면서 안주하는 방편수연지(方便隨緣止)는 각각 공(空)과 속(俗)에 치우친 것이므로 이 둘을 떠나 중도(中道)에 머무름.

식재법(息災法) 밀교에서, 온갖 재해나 고난이 없기를 기원하는 의식.

식주(識住) 인식 작용이 머무는 영역. 의식이 안주하는 영역.

식차가라니(式叉迦羅尼) ⓢśikṣā-karaṇīya의 음사. 중학(衆學)이라 번역. 수행승의 식사·복장·예의 등에 대한 자세한 규율. 이것을 어기면 돌길라(突吉羅)의 죄에 해당하는데, 만약 고의로 이 죄를 저질렀을 때는 한 명의 비구 앞에서 참회하고, 고의가 아닐 때는 마음 속으로 참회하면 죄가 소멸됨.

식차니(式叉尼) 식차마나(式叉摩那)와 같음.

식차론(式叉論) ⓢśikṣā의 음사. 바라문교에서 가르치는 음운학(音韻學), 또는 그에 대한 문헌.

식차마나(式叉摩那) ⓢśikṣamāṇā ⓟsikkhamānā의 음사. 정학녀(正學女)·학법녀(學法女)라고 번역. 비구니가 되기 위한 구족계(具足戒)를 받기 전에 2년 동안 육법(六法)을 지키며 수행하는 여자 출가자.

식처(識處) 식무변처(識無邊處)의 준말.

식처정(識處定) 식무변처정(識無邊處定)의 준말.

식체(識體) 인식하는 마음의 본바탕·근원. 인식하는 마음의 중심이 되는 부분.

식통색(識通塞) 십승관법(十乘觀法)의 하나. 진리에 통하는 것과 그것의 체득을 가로막는 것을 확연하게 식별함.

식향신(食香身) 사람이 죽어서 다음 생을 받을 때까지의 49일 동안에는 향기만 먹는다고 하여 이와 같이 말함. ⇒ 건달박(健達縛)

신(信) ①ⓢśraddhā 믿는 마음. 청정한 마음. ②진리 또는 근본에 대한 확신. ③인식의 근거.

신(身) ①ⓢkāya 몸. 신체. ②ⓢātman 나. 자신. ③ⓢjanma 생존. ④ⓢkāya 신근(身根)의 준말. ⑤ⓢkāya 인식 주체. 인식 작용을 일으키는 주체. ⑥ⓢkāya 모임·종류의 뜻으로, 어미에 붙어 복수를 나타냄.

신견(身見) 오온(五蘊)의 일시적 화합에 지나지 않는 신체에 불변하는 자아가 있고, 또 오온은 자아의 소유라는 그릇된 견해.

신경지증통(神境智證通) 신족통(神足通)과

같음.

신경지통(神境智通) 신족통(神足通)과 같음.

신경지통원(神境智通願) 사십팔원(四十八願)의 하나. 아미타불이 법장비구(法藏比丘)였을 때 세운 서원으로, 정토의 중생은 마음대로 갈 수 있고 변할 수 있는 능력을 갖추게 하겠다는 맹세.

신계(身界) 십팔계(十八界)의 하나. 계(界, ⓢdhātu)는 요소를 뜻함. 인식을 성립시키는 요소의 하나로, 추위나 아픔 등을 느끼는 촉각 기관인 몸.

신계사(神溪寺) 강원 고성군 금강산 옥녀봉 동쪽 자락에 있던 절. 519년에 신라의 보운(普雲)이 창건하고, 이후 여러 차례 중축·보수함. 1592년 임진왜란 때 불타고, 1597년에 다시 짓고, 이후 여러 차례 중축·보수하고, 한국 전쟁 때 불탐.

신골사리(身骨舍利) 화장한 뒤의 유골.

신광(神光) ⇒ 혜가(慧可)

신광장등상(身廣長等相) 삼십이상(三十二相)의 하나. 신체의 가로 세로가 같음.

신구양역(新舊兩譯) 신역(新譯)과 구역(舊譯). 중국에서 번역한 불전(佛典) 가운데 당(唐)의 현장(玄奘, 602-664)과 그 이후의 번역을 신역이라 하고, 그 이전 구마라집(鳩摩羅什)·진제(眞諦) 등의 번역을 구역이라 함.

신근(信根) 오근(五根)의 하나. 근(根)은 능력·소질을 뜻함. 부처의 가르침을 믿는 능력.

신근(身根) 육근(六根)의 하나. 근(根)은 기관·기능을 뜻함. 추위나 아픔 등을 느끼는 촉각 기관인 몸.

신나불달라(愼那弗呾羅) ⓢjinaputra의 음사. 세친(世親)의 유식삼십송(唯識三十頌)에 대한 주석서를 지은 최승자(最勝子)의 범명(梵名).

신남(信男) 출가하지 않고 재가(在家)에서 부처의 가르침에 따르는 남자 신도.

신녀(信女) 출가하지 않고 재가(在家)에서 부처의 가르침에 따르는 여자 신도.

신념처(身念處) ⇒ 신염처(身念處)

신도(信度) 신두(新頭)와 같음.

신두(新頭·辛頭) ⓢsindhu의 음사. 지금의 인더스 강으로, 네팔 서북쪽에 있는 카일라스(Kailas) 산에서 발원하여 서북쪽으로 흐르다가 파미르(Pamir) 고원 부근에서 서남쪽으로 돌아 카불(Kabul)·펀자브(Punjab)를 거쳐 아라비아 해로 흘러 들어감.

신력(信力) 오력(五力)의 하나. 역(力)은 깨달음에 이르게 하는 활동이라는 뜻. 부처의 가르침을 믿음.

신력(神力) 불·보살이 갖추고 있는 불가사의한 능력.

신륜(身輪) 부처가 중생을 제도하기 위해 몸으로 불가사의한 변화를 나타내는 것. 윤(輪)은 전륜성왕이 윤보(輪寶)를 굴려 모든 장애를 부수듯 중생의 번뇌를 부순다는 뜻.

신륵사(神勒寺) 경기 여주군 북내면 봉미산 남쪽 자락에 있는 절. 용주사(龍珠寺)의 말사.

창건 연대는 알 수 없고, 나옹 혜근(懶翁惠勤, 1320-1376)이 왕명으로 양주 회암사(檜巖寺)에서 밀양 영원사(瑩源寺)로 가는 도중에 이 절에서 입적하고 난 후부터 크게 증축함. 1469년(예종 1)에 세종의 영릉(英陵)을 서울 서초구 내곡동 대모산에서 여주 능서면 왕대리로 옮긴 후, 영릉의 원찰(願刹)로 지정되어 1472년에 보수·증축하고 보은사(報恩寺)라고 함. 1592년 임진왜란과 1636년 병자호란 때 대부분 불타고, 1671년에 다시 짓고, 1800년에 증축·보수함. 1858년에 크게 보수하고 절 이름을 다시 신륵사라 하고, 이후 여러 차례 보수함. 문화재 : 조사당(祖師堂)·다층석탑(多層石塔)·다층전탑(多層塼塔)·보제존자석종(普濟尊者石鐘)·보제존자석종비(普濟尊者石鐘碑)·대장각기비(大藏閣記碑)·보제존자석종(普濟尊者石鐘) 앞 석등(石燈)·극락보전(極樂寶殿).

신마(身魔) 몸은 여러 가지 괴로움을 일으키고 수행에 장애가 되므로 마(魔)라고 함.

신만성불(信滿成佛) 십신(十信)의 수행을 원만하게 완성한 단계에서 성불함.

신명(神明) ①하늘과 땅의 신(神)들. ②영혼.

신명(新命) 새로 한 절의 주지(住持)에 임명된 승려.

신묘장구대다라니(神妙章句大陀羅尼) 천수경(千手經)에 나오는 긴 주문. 관세음보살과 삼보(三寶)에 귀의한 뒤, 악업을 그치고 탐욕과 노여움과 어리석음의 삼독(三毒)을 소멸하여 깨달음을 이루게 해 줄 것을 기원하는 주문.

신무실(身無失) 대승에서 설하는 십팔불공법(十八不共法)의 하나. 부처는 몸으로 짓는 행위에 허물이 없음.

신무외(身無畏) 신체는 깨끗하지 못하다고 주시하여 신체의 속박에서 벗어나 마음에 두려움이 없고 평온함.

신무표업(身無表業) 몸으로 지은 행위가 남기는 잠재력. 몸으로 지은 행위에 의해 미래에 받을 과보의 원인으로 내면에 새겨진 잠재력.

신미(信眉) 생몰년 미상. 조선 세조(1455-1468) 때의 승려. 속리산 법주사(法住寺)에서 수미(守眉)와 함께 경전을 배우고, 1458년(세조 4)에 해인사의 대장경을 50부 인쇄할 때 이를 감독하고, 1461년에 왕명으로 간경도감(刊經都監)을 설치하여 불전(佛典)의 번역과 간행을 주관함. 세조가 혜각존자(慧覺尊者)라는 호를 하사함. 속리산 복천암(福泉庵), 오대산 상원사(上院寺), 월출산 도갑사(道岬寺) 등에 머무름.

신밀(身密) 삼밀(三密)의 하나. ①부처의 신체는 불가사의하므로 밀(密)이라 함. ②수행자가 부처와 합일되기 위해 손으로 인계(印契)를 맺는 일.

신발의(新發意) 처음으로 깨달음을 구하려는 마음을 일으킴. 처음으로 깨달음의 경지에 이르려는 마음을 냄.

신방(神昉) 생몰년 미상. 신라의 승려. 황룡사(皇龍寺)에 머물다가 당(唐)에 가서 현장(玄奘, 602-664)의 제자가 되어 유식학(唯識學)을 배움. 현장이 650년에 대자은사(大慈恩寺)에서 본사경(本事經)을 번역할 때 필수(筆受)가 되고, 이듬해 현장이 대승대집지장십륜경(大乘大集地藏十輪經)을 번역했을 때 그 경의 서(序)를 지음.

신벌(身罰) 몸으로 지은 악한 행위에 대한 벌.

신변(神變) 부처나 보살이 중생을 구제하기 위해 불가사의하고 자유 자재한 능력으로 여러 가지로 변화하여 나타남.

신변(迅辯) 더듬거리지 않고 능숙하게 가르침을 설하는 부처나 보살의 말솜씨.

신변가지(神變加持) 부처나 보살이 불가사의하고 자유 자재한 능력으로 여러 가지로 변화하여 나타나 중생을 보호함.

신변륜(神變輪) 삼륜(三輪)의 하나. 부처가 몸으로 불가사의한 변화를 나타내어 중생에게 바른 믿음을 갖게 함. 윤(輪)은 전륜성왕이 윤보(輪寶)를 굴려 모든 장애를 부수듯 중생의 번뇌를 부순다는 뜻.

신변상(神變相) 신비로운 변화. 불가사의한 변화.

신변시도(神變示導) 삼종시도(三種示導)의 하나. 보살이 몸으로 불가사의한 변화를 나타내어 중생을 고통에서 구제함.

신변월(神變月) 몸과 마음을 깨끗이 하고 팔재계(八齋戒)를 지키며 정진하는 음력 1월·5월·9월의 삼장재월(三長齋月)을 말함. 이 석 달에는 사천왕(四天王)과 제석(帝釋)이 불가사의하고 자유 자재한 능력으로 남섬부주(南贍部洲)를 순행(巡行)한다고 하여 이와 같이 말함.

신사(信士) ⓢⓟupāsaka 출가하지 않고 재가(在家)에서 부처의 가르침에 따르는 남자 신도, 곧 우바새(優婆塞).

신삼묘행(身三妙行) 십선(十善) 가운데 몸으로 짓는 세 가지 청정한 행위. (1)불살생(不殺生). 사람이나 동물 따위, 살아 있는 것을 죽이지 않음. (2)불투도(不偸盜). 남의 재물을 훔치지 않음. (3)불사음(不邪婬). 남녀간에 음란한 짓을 저지르지 않음.

신상응지(信相應地) 청정한 믿음과 함께하는 십주(十住)·십행(十行)·십회향(十廻向)의 수행 단계.

신수(身受) 이수(二受)의 하나. 안(眼)·이(耳)·비(鼻)·설(舌)·신(身)으로 느끼는 감수 작용.

신수(神秀) ?-706. 당(唐)의 승려. 하남성(河南省) 출신. 625년에 낙양(洛陽) 천궁사(天宮寺)에 출가하여 구족계(具足戒)를 받음. 50세에 호북성(湖北省) 풍무산(馮茂山)에 머물던 홍인(弘忍, 601-674)을 찾아가 그에게 사사(師事)하여 수제자가 됨. 스승이 입적하자 호북성 당양(當陽) 옥천산(玉泉山)과 당양산(當陽山)에 머무름. 701년에 측천무후(則天武后, 624-705)의 부름을 받고 낙양(洛陽)에 가서 그를 알현하고 설법함. 낙양 천공사(天空寺)에서 입적함. 시호(諡號)는 대통선사(大通禪師). 혜능(慧能, 638-713) 문하의 선법(禪法)을 남종선(南宗禪)이라 하는 데 반해, 신수 문하의 선법은 북종선(北宗禪)이라 함. 저술 : 관심론(觀心論)·대승무생방편문(大乘無生方便門).

신수대장경(新脩大藏經) ⇒ 대정신수대장경(大正新脩大藏經)

신시(信施) 신도가 절이나 승려에게 재물을 베풂, 또는 그 재물.

신식(身識) 육식(六識)의 하나. 촉각 기관〔身〕으로 촉각 대상〔觸〕을 식별하는 마음 작용.

신식계(身識界) 십팔계(十八界)의 하나. 계(界, ⓢdhātu)는 요소를 뜻함. 인식을 성립시키는 요소의 하나로, 촉각 기관〔身〕으로 촉각 대상〔觸〕을 식별하는 마음 작용.

신심명(信心銘) 1권. 수(隋)의 승찬(僧璨) 지음. 선(禪)의 궁극적 경지를 설한 운문으로, 깨달음은 어렵지 않지만 옳고 그름을 가려서는 얻을 수 없으므로 차별과 분별을 일시에 놓아 버려야 하며, 말이 끊어지고 생각이 끊어진 곳에 깨달음의 세계가 있다고 설함.

신십현(新十玄) 화엄종의 제3조 법장(法藏, 643-712)은 화엄오교장(華嚴五敎章)에서는 제2조 지엄(智儼, 602-668)의 십현문(十玄門)을 그대로 계승하고 있으나 화엄경탐현기(華嚴經探玄記)에서는 그것을 약간 수정하여 서술하고 있는데, 탐현기 이후의 십현문을 신십현(新十玄), 탐현기 이전의 그것을 고십현(古十玄)이라 함.

신아(神我) ⓢpuruṣa 상캬 학파에서 설하는 이십오제(二十五諦)의 하나로, 순수 정신을 말함. 이 신아가 물질의 근원인 자성(自性, ⓢprakṛti)을 관조하면, 자성의 평형 상태가 깨어져 현상 세계가 전개된다고 함.

신업(身業) 삼업(三業)의 하나. 몸으로 짓는 동작·행위.

신역(新譯) 중국에서 번역한 불전(佛典) 가운데 당(唐)의 현장(玄奘, 602-664)과 그 이후의 번역을 신역이라 하고, 그 이전 구마라집(鳩摩羅什)·진제(眞諦) 등의 번역을 구역이라 함.

신역대방광불화엄경음의(新譯大方廣佛華嚴經音義) 2권. 당(唐)의 혜원(慧苑) 편찬. 화엄경에 나오는 어려운 낱말과 명칭들을 풀이한 책.

신염주(身念住) 신염처(身念處)와 같음.

신염처(身念處) 사염처(四念處)의 하나. 신체를 있는 그대로 통찰하여 마음챙김.

신외경모(信外輕毛) 믿음이 동요하는 것을 가벼운 털에 비유한 말.

신요(信樂) 믿고 기원함.

신유식(新唯識) 당(唐)의 현장(玄奘, 602-664)이 인도 유학을 마치고 645년에 귀국하여 성유식론(成唯識論)을 번역함으로써 전해진 호법(護法, 530-561) 계통의 유식학(唯識學)으로, 아뢰야식(阿賴耶識)을 오염된 망식(妄識)으로 간주하고, 또 마음에 비친 사물의 모습은 허구가 아니라 고유한 본성을 지니는 실재라는 유상유식(有相唯識)의 입장임. 이에 반해, 인도의 진제(眞諦, 499-569)가 546년에 양(梁)에 와서 무착(無著)의 섭대승론(攝大乘論)을 번역함으로써 전해진 유식학은 구유식(舊唯識)이라 함.

신율의(身律儀) 몸으로 행하는 허물을 방지함.

신의(信衣) 스승이 제자에게 법맥(法脈)을 전하는 표시로 물려주는 가사(袈裟).

신인(信忍) 깨달은 진리를 믿고 의심하지 않는 보살의 수행 단계.

신인명(新因明) 진나(陳那)가 완성한 종(宗)·인(因)·유(喩)의 세 부분으로 되어 있는 삼지작법(三支作法)을 특징으로 하는 논리학을 말함. 이에 반해, 미륵(彌勒)·무착(無著)·세친(世親) 등이 사용한 종(宗)·인(因)·유(喩)·합(合)·결(結)의 다섯 부분으로 되어 있는 오지작법(五支作法)을 특징으로 하는 논리학은 고인명(古因明)이라 함.

신인법(神印法) ⇒ 문두루도량(文豆婁道場)

신인종(神印宗) 고려 태조 때 창건된 현성사(現聖寺·賢聖寺)를 중심으로 형성된 밀교(密教)의 한 종파. 신라의 명랑(明朗)을 종조(宗祖)로 함. 동·서·남·북 그리고 중앙에 신상(神像)을 세우고 주문을 외워 외적을 물리치려 한 신인법(神印法)을 주로 행함. 조선 태종 때 11종의 종파를 7종으로 축소할 때 중도종(中道宗)과 합쳐져서 중신종(中神宗)으로 되고, 다시 세종 6년(1424)에 7종을 선교양종(禪教兩宗)으로 통폐합하는 과정에서 중신종은 교종에 흡수되어 그 이름을 상실함.

신장(神將) 불교의 수호신·호법신.

신조(晨朝) 육시(六時)의 하나. 아침.

신족(神足) ①신통(神通)을 얻기 위한 뛰어난 선정(禪定)에 드는 기반. ②신족통(神足通)의 준말.

신족월(神足月) 신변월(神變月)과 같음.

신족통(神足通) 육신통(六神通)의 하나. 마음대로 갈 수 있고 변할 수 있는 불가사의하고 자유 자재한 능력.

신주(神呪) 부처나 보살 등의 서원(誓願)이나 덕(德), 또는 가르침이나 지혜를 나타내는 신비한 주문으로, 범어를 번역하지 않고 음사(音寫)하여 읽음.

신중(神衆) 불교의 수호신·호법신. 주로 인도의 토속신과 대승 불교의 전개 과정에서 상정된 신, 그리고 불교의 전파 지역에서 흡수된 신들로, 제석(帝釋)·범천(梵天)·사천왕(四天王)·금강역사(金剛力士)·팔부중(八部衆)·칠성(七星)·산신(山神) 등이 있음.

신중단(神衆壇) 사찰에서, 불교를 수호하는 신중(神衆)을 모신 단(壇).

신중도량(神衆道場) 고려 때, 불교의 수호신들을 한곳에 모시고 재난이 소멸되기를 빌던 의식.

신중작법(神衆作法) 행사가 있을 때, 신중(神衆)에게 도량을 잘 수호하여 행사가 원만히 성취되기를 기원하면서 공양하고 예배하는 의식.

신중탱화(神衆幀畵) 불교를 수호하는 신중(神衆)을 그려, 중단(中壇)에 걸어 둔 탱화.

신증(身證) 마음 작용을 소멸시켜 몸으로 고요한 즐거움을 체득하여 수도(修道)의 단계에 이른 성자.

신참모청(晨參暮請) 수행승이 아침저녁으로 스승을 찾아뵙고 가르침을 청함.

신처(身處) 십이처(十二處)의 하나. 추위나 아픔 등을 느끼는 촉각 기관인 몸.

신천(神天) 범천(梵天)·제석(帝釋) 등과 같이, 천계(天界)에 사는 신(神)들.

신촉(身觸) 신근(身根)과 촉경(觸境)과 신식(身識)의 화합으로 일어나는 마음 작용.

신타(信陀) 신두(新頭)와 같음.

신통(神通) ⓢabhijñā 수행으로 갖추게 되는 불가사의하고 자유 자재한 능력.

신통력(神通力) 신통(神通)과 같음.

신통륜(神通輪) 부처가 몸으로 불가사의한 변화를 나타내어 중생에게 바른 믿음을 갖게 함. 윤(輪)은 전륜성왕이 윤보(輪寶)를 굴려 모든 장애를 부수듯 중생의 번뇌를 부순다는 뜻.

신통묘(神通妙) 적문십묘(迹門十妙)의 하나. 부처의 자유 자재한 능력이 오묘함.

신통월(神通月) 신변월(神變月)과 같음.

신통유희(神通遊戲) 어떠한 것에도 걸림이 없는 자유 자재한 행동.

신편제종교장총록(新編諸宗教藏總錄) 3권. 고려의 의천(義天) 엮음. 고려와 요(遼)·송(宋)·일본 등에 있던 여러 종파의 자료를 수집하여 간행한 삼장(三藏)의 연구서 · 주석서 목록집으로, 총 1,010종의 책명이 실려 있음.

신표업(身表業) 몸으로 나타내는 동작·행위.

신학발의(新學發意) 신발의(新發意)와 같음.

신해(信解) ①명료하게 이해하여 확신함. 확실하게 이해하여 굳게 믿음. ②부처의 가르침을 듣고 믿어, 그것에 따라 수행하여 수도(修道)의 단계에 이른 성자.

신해탈(信解脫) 신해(信解)와 같음.

신행(信行) ①수신행(隨信行)과 같음. ②540-594. 수(隋)의 승려. 하북성(河北省) 위주(魏州) 출신. 삼계교(三階敎)의 개조(開祖). 어려서 출가하여 경론(經論)을 두루 배우고, 시대에 적합한 구제의 가르침을 추구하다가 하남성(河南省) 상주(相州) 법장사(法藏寺)에서 삼계교(三階敎)를 제창함. 상주 광엄사(光嚴寺)와 장안(長安) 진적사(眞寂寺)에 머물면서 늘 예배하고 걸식하는 생활을 함. 저서 : 삼계불법(三階佛法)·대근기행법(對根起行法).

신행(愼行·神行·信行) 704-779. 신라의 승려. 경주 출신. 출가하여 법랑(法朗, 생몰년 미상)의 선법(禪法)을 이어받은 후, 당(唐)에 가서 북종(北宗) 신수(神秀) 문하의 선법을 배우고 귀국함. 지리산 단속사(斷俗寺)에서 입적함.

신행지(信行地) 보살의 수행 과정에서 십지(十地) 이전의 단계.

신현관(信現觀) 육현관(六現觀)의 하나. 대상을 있는 그대로 명료하게 파악하는 데 갖추어야 하는, 불(佛)·법(法)·승(僧)의 삼보(三寶)에 대한 청정한 믿음.

신화엄경론(新華嚴經論) 40권. 당(唐)의 이통현(李通玄) 지음. 80권 화엄경의 특징을 열 가지로 나누어 서술한 다음, 이 경의 취지와 체계를 밝히고 문장의 뜻을 풀이한 저술.

신회(神會) 684-758. 당(唐)의 승려. 호북성(湖北省) 양양(襄陽) 출신. 후한서(後漢書)를 읽고 불교를 안 후 출가함. 호북성 당양(當陽) 옥천사(玉泉寺)의 신수(神秀, ?-706)에게 3년 동안 사사(師事)하고, 701년에 그의 권유에 따라 조계산(曹溪山)의 혜능(慧能, 638-713) 문하에 들어가 혜능이 입적할 때까지 그에게 사사(師事)함. 732년에 하남성(河南省) 대운사(大雲寺)에서 무차대회(無遮大會)를 열어 신수(神秀) 문하의 북종(北宗)을 비판함. 그는 선종(禪宗)의 전통을 문제 삼아, 남종(南

宗)의 혜능 문하를 달마(達摩)의 직계라고 주장하고 북종은 거기서 갈라져 나온 계통이라 하여 배척함. 이후 거기에 동조하는 수행승들이 많이 나타나 중국 선종은 혜능 계통에서 전개됨. 745년부터 낙양(洛陽) 하택사(荷澤寺)에 머물고, 755년 안록산(安祿山)의 난이 일어나자 조정의 재정을 보조하기 위해 도첩(度牒)을 팔아 금전을 모음. 그 공로로 숙종(肅宗)의 부름을 받아 입궐하고, 하택사에 선원(禪院)을 지어 머무름. 어록 : 신회화상유집(神會和尙遺集).

신훈가(新熏家) 유식파(唯識派) 가운데 모든 인식 작용을 일으키는 근원인 종자(種子)는 후천적 경험에 의해 새로 아뢰야식(阿賴耶識)에 스며들어 저장된다고 주장하는 파(派).

신훈종자(新熏種子) 선천적이 아니라 후천적 경험에 의해 새로 아뢰야식(阿賴耶識)에 스며들어 저장된 인상 또는 잠재력.

신흥사(神興寺) 강원 속초시 설악산 북쪽 기슭에 있는 절. 대한불교조계종 제3교구 본사. 652년에 신라의 자장(慈藏)이 창건하여 향성사(香城寺)라 하고, 698년에 모두 불탐. 701년에 의상(義湘)이 다시 짓고 선정사(禪定寺)라고 함. 1642년에 모두 불타고, 1644년에 다시 짓고 신흥사라 함. 이후 여러 차례 보수하고 증축함. 문화재 : 극락보전(極樂寶殿)·경판(經板).

실(實) ①ⓢsatya 진실. 진리. ②ⓢbhūta 존재함. ③ⓢdravya 불변하는 실체. ④ⓢdravya 바이셰시카 학파에서 설하는 육구의(六句義)의 하나. 사물의 본질을 이루고 있는 지(地)·수(水)·화(火)·풍(風)·공(空) 등의 실체.

실개금색원(悉皆金色願) 사십팔원(四十八願)의 하나. 아미타불이 법장비구(法藏比丘)였을 때 세운 서원으로, 정토의 중생을 차별 없이 모두 황금색으로 하겠다는 맹세.

실교(實敎) 깨달음을 그대로 설한 진실한 가르침.

실념(失念) 기억하지 못하여 집중할 수 없는 마음 상태. 잘못 기억하는 마음 작용.

실단(悉檀) ⓢsiddhānta의 음사. 종(宗)이라 번역. ①요지. 중요한 뜻. ②스스로 체득한 궁극적인 진리. 언어로 표현할 수 없는 스스로 체득한 깨달음 그 자체. ③어떤 학파에서 확정된 학설. 어떤 학파에서 주장하는 명제.

실달다(悉達多) ⓢsiddhārtha의 음사. 일체의성(一切義成)이라 번역. 석가모니가 출가하기 전 태자(太子) 때의 이름.

실담(悉曇) ⓢsiddhaṃ의 음사. 성취(成就)·길상(吉祥)이라 번역. 산스크리트(sanskrit)를 표기한 문자로, 6세기경에 인도에서 형성됨.

실담문자

실대승(實大乘) 대승의 가르침 가운데 일시적인 방편으로 설하지 않은 진실한 가르침.

실라마나(室羅磨拏) 사문(沙門)과 같음.

실라박나(室囉嚩那) 실라벌나(室羅伐拏)와 같음.

실라벌나(室羅伐拏) ⓢśrāvaṇa의 음사. 인도력(印度曆)의 5월. 음력 5월 16일부터 6월 15일까지에 해당함.

실라벌성(室羅筏城) ⓢśrāvastī의 음사. 사위성(舍衛城)과 같음.

실로가(室路迦) 수로가(首路迦)와 같음.

실리(室利) ⓢśrī의 음사. 길상(吉祥)이라 번역. 좋음. 좋은 일이 있을 조짐. 경사스러움. 축하할 만함. 순조로움.

실리라다(室利邏多) ⓢśrīrāta의 음사. 승수(勝受)라고 번역. 서인도 출신의 승려. 구마라타(鳩摩羅馱)의 제자로, 경량부(經量部)의 논사.

실리불서(室利佛逝) ⓢśrīvijaya의 음사. 수마트라 섬의 남동부 팔렘방(Palembang) 지역을 가리킴.

실법(實法) ①변하지 않고 소멸하지 않는 현상. ②현상의 진실한 모습.

실보무장애토(實報無障礙土) 사토(四土)의 하나. 공(空)이나, 여러 인연의 일시적인 화합으로 존재하는 현상의 어느 한쪽에 치우치지 않는 진리를 주시하는 중관(中觀)을 닦아 무명을 끊음으로써 진실한 과보를 받아 걸림 없는 보살들의 세계.

실보토(實報土) 실보무장애토(實報無障礙土)와 같음.

실상(實相) ①모든 현상의 있는 그대로의 참모습. 대립이나 차별을 떠난 있는 그대로의 참모습. ②모든 현상의 본성. ③궁극적인 진리. 변하지 않는 진리. ④집착을 떠난 청정한 성품.

실상론(實相論) 만유를 공간적 측면, 곧 본체의 측면에서 고찰한 이론.

실상반야(實相般若) 반야(般若)는 ⓢprajñā의 음사, 혜(慧)·지혜(智慧)라 번역. 대립이나 차별을 떠나, 있는 그대로의 참모습을 직관하는 지혜.

실상반야바라밀경(實相般若波羅蜜經) 1권. 당(唐)의 보리류지(菩提流志) 번역. 실상반야바라밀을 수행하는 방법으로 14가지 진언(眞言)을 제시하고, 그 진언을 외우면 있는 그대로의 참모습을 직관하는 지혜를 얻어 깨달음에 이르게 된다고 설함.

실상법신(實相法身) 만유(萬有)의 근본이 되는 진리 그 자체, 또는 진리를 있는 그대로 드러낸 우주 그 자체를 말함. 비로자나불과 대일여래가 여기에 해당함.

실상사(實相寺) 전북 남원시 지리산 반야봉 북동쪽 자락에 있는 절. 금산사(金山寺)의 말사. 828년에 신라의 홍척(洪陟)이 창건하여 선풍(禪風)을 일으킴으로써 실상산문(實相山門)이 형성되고, 수철(秀澈)이 홍척의 법을 이어받고 머무름. 고려 초에 편운(片雲)이 중축하고, 1468년에 모두 불탐. 1679년에 벽암(碧巖)이 다시 짓고, 1700년과 1821년에 중축하였으나 1882년에 불타고 1884년에 다시 지음. 문화재 : 수철화상능가보월탑(秀澈和尙楞伽寶月塔)·수철화상능가보월탑비(秀澈和尙楞伽寶月塔碑)·석등(石燈)·부도(浮屠)·삼층석탑·증각대사응료탑(證覺大師凝寥塔)·증각대사응료탑비(證覺大師凝寥塔碑)·철제여래좌상(鐵製如來坐像)·극락전(極樂殿).

실상산문(實相山門) ⇒ 구산선문(九山禪門)

실상신(實相身) 진리 그 자체, 또는 진리를 있는 그대로 드러낸 우주 그 자체를 뜻함.

실상의(實相義) 모든 현상의 있는 그대로의

참모습에 대한 진리.

실상인(實相印) 모든 현상의 있는 그대로의 참모습. 이에 대해 설하는 것이 불교의 특징이므로 인(印)이라 함.

실상진여(實相眞如) 칠진여(七眞如)의 하나. 분별하는 인식 주관의 작용이 끊어져 그 주관에 차별 현상이 없는 이무아(二無我)의 진리.

실성(實性) ①있는 그대로의 본성·상태. ②모든 현상의 있는 그대로의 참모습.

실쇄(室灑) ⓢśiṣya의 음사. 제자.

실수마라(失收摩羅·失守摩羅·室獸摩羅) ⓢśiśumāra의 음사. 갠지스 강에 사는 악어의 일종.

실시(實時) ⓢkāla 정해진 시각. 이에 반해, 막연한 어느 때는 가시(假時)라고 함.

실아(實我) 변하지 않고 소멸하지 않는 자아(自我). 변하지 않는 자아(自我)라는 실체.

실유(實有) 변하지 않고 소멸하지 않는 존재.

실유불성(悉有佛性) 모든 중생은 다 부처가 될 성품을 지니고 있다는 뜻.

실재(實在) ①고유한 본성을 가진 존재. 허구가 아닌 존재. ②살아 있음. 변함 없이 존재함.

실제(實際) ①진실의 극치, 곧 깨달음의 경지를 뜻함. ②있는 그대로의 본성·상태. ③모든 현상의 있는 그대로의 참모습. 차별을 떠난, 있는 그대로의 모습.

실제리지(實際理地) 모든 차별을 떠난, 있는 그대로의 본성을 깨달은 경지.

실주법아라한(實住法阿羅漢) 안주법아라한(安住法阿羅漢)과 같음.

실지(悉地) ⓢsiddhi의 음사. 성취(成就)·완성(完成)이라 번역. 밀교(密敎)에서 설하는 가르침이나 수행으로 성취된 결과·경지.

실지(實智) 모든 분별이 끊어진 진실한 지혜. 분별하지 않는 깨달음의 지혜. 분별이나 추리에 의하지 않고, 있는 그대로 직관하는 지혜.

실지(實地) 실제리지(實際理地)의 준말.

실차난타(實叉難陀) ⓢśikṣānanda의 음사. 학희(學喜)라 번역. 652-710. 우전국(于闐國) 출신. 695년에 범본(梵本) 화엄경을 가지고 낙양(洛陽)에 와서 불수기사(佛授記寺)에서 번역하여 699년에 80권으로 완성함. 또 대승입능가경(大乘入楞伽經)·대방광보현소설경(大方光普賢所說經) 등 19종을 번역함. 704년에 고국에 갔다가 708년에 다시 장안(長安)에 와서 대천복사(大薦福寺)에서 번역을 계속하다가 병이 들어 입적함.

실체(實體) ①변하지 않는 본바탕 또는 근본 성질. ②기반. 의지처.

실체나(悉替那) ⓢsthavira의 음사. 상좌(上座)라고 번역. 출가한 지 오래되고 덕망이 높아, 사원의 승려들을 통솔하는 직책을 맡은 승려.

실치라말저(悉恥羅末底) ⓢsthiramati의 음사. 세친(世親)의 유식삼십송(唯識三十頌)에 대한 주석서를 지은 안혜(安慧)의 범명(梵名).

실타페라(悉他薜攞) ⓢsthavira의 음사. 상좌(上座)라고 번역. 출가한 지 오래되어, 모임에서 맨 윗자리에 앉는 비구. 수행 기간이 길고 덕이 높은 수행자.

심(心) ⓢⓟcitta ①대상의 전체를 주체적으로 인식하는 마음 작용인 심왕(心王)과, 심왕에 부수적으로 일어나 대상의 부분을 구체적으로 인식하는 마음 작용인 심소(心所)를 통틀어 말함. ②심왕(心王)을 말함. 육식(六識) 또는 팔식(八識)이 여기에 해당함. ③유식설에서는 아뢰야식(阿賴耶識)을 말함. 이에 대하여 말나식(末那識)을 의(意), 육식(六識)을 식(識)이라 함. ④ⓢhṛd ⓢhṛdaya 심장. 본질. 핵심.

심(尋) ①ⓢvitarka 개괄적으로 사유하는 마음 작용. ②길이의 단위. 1심(尋)은 여덟 자.

심근(心根) ⓢmanas 상캬 학파에서 설하는 이십오제(二十五諦)의 하나로, 감각과 행위를 다스리는 기능.

심념처(心念處) ⇒ 심염처(心念處)

심란(心亂) 어수선하고 흐트러진 마음 상태.

심량(心量) ⓢcitta-mātra 오직 마음이 작용하여 대상을 분별하고 차별한다는 뜻.

심마(甚麽) 무엇. 무슨. 어떤.

심마사나(深摩舍那) ⓢśmaśāna의 음사. 시체를 버리는 곳. 화장(火葬)하는 곳. 묘지.

심밀해탈경(深密解脫經) 5권. 북위(北魏)의 보리류지(菩提流支) 번역. 해심밀경(解深密經)의 다른 번역.

심법(心法) ①온갖 마음 작용. ②오위(五位)의 하나. 대상의 전체를 주체적으로 인식하는 마음 작용, 곧 팔식(八識)을 말함.

심법요초(心法要抄) 1권. 조선의 휴정(休靜) 지음. 수행자들의 마음 닦는 방법과 그들이 경계해야 할 것들을 제시한 저술.

심불상응법(心不相應法) 심불상응행법(心不相應行法)의 준말.

심불상응행(心不相應行) 심불상응행법(心不相應行法)의 준말.

심불상응행법(心不相應行法) 오위(五位)의 하나. 감각되지도 않고 마음과 함께 일어나지도 않는 것. 이를테면, 현상들 사이의 관계, 작용, 성질, 세력, 명칭 등.

심비석(深秘釋) 경문(經文)의 깊은 뜻을 드러내는 해석.

심사(尋伺) ⓢvitarka-vicāra 심(尋)은 개괄적으로 사유하는 마음 작용, 사(伺)는 세밀하게 고찰하는 마음 작용.

심사대장(深沙大將) 온갖 고난을 제거한다는 신(神).

심상(審祥) ?-742. 신라의 승려. 당(唐)에 가서 법장(法藏, 643-712)에게 화엄학을 배우고 일본에 가서 대안사(大安寺)에 머무름. 740년에 동대사(東大寺) 법화당(法華堂)에서 60권 화엄경을 강의하기 시작하여 742년에 마치고 입적함.

심상응행(心相應行) 심소(心所)를 말함. 심소는 반드시 심왕(心王)과 함께 일어나므로 이와 같이 말함.

심생멸문(心生滅門) 중생이 본디 갖추고 있는 청정한 성품이 무명(無明)에 의해 분별과 대립을 일으키는 방면.

심소(心所) ⓢcaitta ⓢcaitasika 오위(五位)의 하나. 심소유법(心所有法)의 준말. 대상의 전체를 주체적으로 인식하는 심왕(心王)에 부수적으로 일어나 대상의 부분을 구체적으로 인식하는 마음 작용. ⇒ 칠십오법(七十五法) ⇒ 백법(百法)

심소법(心所法) 심소(心所)와 같음.

심소유법(心所有法) 심소(心所)와 같음.

심수(心受) 이수(二受)의 하나. 마음으로 느끼는 감수 작용.

심수(心數) 심소(心所)의 구역(舊譯).

심신족(心神足) 사신족(四神足)의 하나. 신통(神通)을 얻기 위한 뛰어난 선정(禪定)에 들려고 마음을 가다듬음.

심심(深心) ①진리나 근원을 깊이 사유하는 마음. ②깊이 믿는 마음.

심여의족(心如意足) 심신족(心神足)과 같음.

심연(心緣) 마음을 일으켜 바깥 대상을 분별함.

심염주(心念住) 심염처(心念處)와 같음.

심염처(心念處) 사염처(四念處)의 하나. 마음을 있는 그대로 통찰하여 마음챙김.

심왕(心王) ⓢcitta 대상의 전체를 주체적으로 인식하는 마음 작용으로, 육식(六識) 또는 팔식(八識)으로 분류함.

심우도(尋牛圖) 십우도(十牛圖)와 같음.

심의식(心意識) ⓢcitta · ⓢmanas · ⓢvijñāna ①초기 불교에서는 심(心)과 의(意)와 식(識)은 동의어로서 인식 주관 또는 인식 작용을 뜻함. ②유식설에서는 심(心)은 아뢰야식(阿賴耶識), 의(意)는 말나식(末那識), 식(識)은 육식(六識)을 뜻함.

심인(心印) 언어를 떠난 깨달음. 마음에서 마음으로 전해진 깨달음. 도장이 진실·확실을 나타내듯, 깨달음도 그러하므로 인(印)이라 함.

심일경성(心一境性) ⓢcitta-ekāgratā 마음을 한곳에 집중한 상태.

심자재지(心自在地) 마음이 자유 자재한 단계로, 십지(十地) 가운데 선혜지(善慧地)에 해당함.

심진여문(心眞如門) 중생이 본디 갖추고 있는, 분별과 대립이 소멸된 청정한 성품의 방면.

심학(心學) 마음을 집중·통일시켜 산란하지 않게 하는 수행.

심해탈(心解脫) 선정(禪定)으로 탐욕을 소멸시켜 그 속박에서 벗어난 마음 상태.

심행(心行) ①마음의 움직임. 마음 작용. 마음 상태. ②마음의 대상. ③하고자 하는 마음. 원하고 바라는 마음. 의지. 성향. ④수행. ⑤마음에 일어나는 분별이나 망상.

심행처멸(心行處滅) 마음 작용이 소멸한 상

태. 분별이나 망상이 끊어진 상태.

심희(審希) 855-923. 신라의 승려. 9세에 여주 혜목산(우두산) 고달사(高達寺) 현욱(玄昱, 787-868)에게 출가하여 14세에 그의 법을 이어받고, 19세에 구족계(具足戒)를 받음. 창원 봉림산에 봉림사(鳳林寺)를 창건하고 선풍(禪風)을 일으킴. 시호는 진경(眞鏡).

십견(十見) 열 가지 그릇된 견해. (1)유신견(有身見). 오온(五蘊)의 일시적 화합에 지나지 않는 신체에 불변하는 자아가 있고, 또 오온은 자아의 소유라는 그릇된 견해. (2)변집견(邊執見). 극단으로 치우친 견해. (3)사견(邪見). 인과(因果)의 이치를 부정하는 견해. (4)견취견(見取見). 그릇된 견해를 바른 것으로 간주하고 거기에 집착하는 견해. (5)계금취견(戒禁取見). 그릇된 계율이나 금지 조항을 바른 것으로 간주하고 거기에 집착하는 견해. (6)탐견(貪見). 집착으로 일어나는 견해. (7)에견(恚見). 분노에 의해 일어나는 견해. (8)만견(慢見). 잘난 체하며 남을 업신여기는 견해. (9)무명견(無明見). 현상을 바로 알지 못하여 일어나는 견해. (10)의견(疑見). 부처의 가르침을 의심하는 견해.

십경(十境) 산란한 마음을 가라앉히고 지혜로써, 있는 그대로 주시하는 지관(止觀)에서의 열 가지 대상. (1)음계입경(陰界入境). 오음(五陰)·십이입(十二入)·십팔계(十八界)를 주시하는 가운데 특히 식음(識陰)을 대상으로 하여, 그것은 공(空)·가(假)·중(中)이라고 주시함. (2)번뇌경(煩惱境). 탐(貪)·진(瞋)·치(癡)의 삼독(三毒)을 주시함. (3)병환경(病患境). 지관의 과정에서 사대(四大)가 조화를 이루지 못하여 병이 생기면 그 병의 근원과 치료법을 주시함. (4)업상경(業相境). 과거에 번뇌로써 저지른 자신의 행위가 떠오르면 이를 주시하여 소멸시킴. (5)마사경(魔事境). 악마가 지관을 방해하면 이를 주시하여 물리침. (6)선정경(禪定境). 여러 가지 선정이 떠올라 지관을 방해하면 이를 주시하여 제거함. (7)제견경(諸見境). 여러 가지 그릇된 견해와 편견이 일어나면 이를 주시하여 제거함. (8)증상만경(增上慢境). 아직 깨닫지 못하였는데도 깨달았다는 교만이 일어나면 이를 주시하여 버림. (9)이승경(二乘境). 이승이라는 관념이 생기면 이를 주시하여 버림. (10)보살경(菩薩境). 보살의 방편을 주시함.

십계(十界) ①안(眼)·이(耳)·비(鼻)·설(舌)·신(身)의 다섯 가지 감각 기관과 그 대상인 색(色)·성(聲)·향(香)·미(味)·촉(觸). ②범부의 세계인 지옥계(地獄界)·아귀계(餓鬼界)·축생계(畜生界)·아수라계(阿修羅界)·인간계(人間界)·천상계(天上界)와 성자의 세계인 성문계(聲聞界)·연각계(緣覺界)·보살계(菩薩界)·불계(佛界).

십계(十戒) ①사미(沙彌)·사미니(沙彌尼)가 지켜야 할 열 가지 계율. (1)불살생계(不殺生戒). 살아 있는 것을 죽이지 말라. (2)불투도계(不偸盜戒). 훔치지 말라. (3)불사음계(不邪婬戒). 음란한 짓을 하지 말라. (4)불망어계(不妄語戒). 거짓말하지 말라. (5)불음주계(不飮酒戒). 술 마시지 말라. (6)부도식향만계(不塗飾香鬘戒). 향유(香油)를 바르거나 머리를 꾸미지 말라. (7)불가무관청계(不歌舞觀聽戒). 노래하고 춤추는 것을 보지도 듣지도 말라. (8)부좌고광대상계(不坐高廣大床戒). 높고 넓은 큰 평상에 앉지 말라. (9)불비시식계(不非時食戒). 때가 아니면 먹지 말라. 곧, 정오가 지나면 먹지 말라. (10)불축금은보계(不蓄金銀寶戒). 금은 보화를 지니지 말라. ②십선계(十善戒)의 준말. ③십중금계(十重禁戒)의 준말.

십구계(十九界) 십팔계(十八界) 외에 십구계

는 없으므로 실재하지 않는 것을 비유함.

십구의(十句義) 바이셰시카 학파에서 설하는, 모든 현상을 생성·소멸시키는 열 가지 원리·범주. 곧, 실(實)·덕(德)·업(業)·동(同)·이(異)·화합(和合)·유능(有能)·무능(無能)·구분(俱分)·무설(無說)을 말함. 실(實)은 사물의 본질을 이루고 있는 지(地)·수(水)·화(火)·풍(風)·공(空) 등의 실체, 덕(德)은 실체의 성질, 업(業)은 실체의 운동, 동(同)은 사물에 서로 공통점을 있게 하는 원리, 이(異)는 모든 사물에 차이점을 있게 하는 원리, 화합(和合)은 실(實)·덕(德)·업(業)·동(同)·이(異)를 융합시키는 원리, 유능(有能)은 실(實)·덕(德)·업(業)이 각자의 고유한 결과를 일으키게 하는 원리, 무능(無能)은 실(實)·덕(德)·업(業)이 각자의 고유한 결과 이외의 것을 일으키지 않게 하는 원리, 구분(俱分)은 하나의 사물에 다른 사물과의 공통점과 차이점의 두 면을 있게 하는 원리, 무설(無說)은 비존재(非存在)·무(無)의 원리를 뜻함.

십구장기(十句章記) 십구장원통기(十句章圓通記)의 준말.

십구장원통기(十句章圓通記) 2권. 고려의 균여(均如) 지음. 당(唐)의 지엄(智儼)이 화엄경의 요점으로 제시한 십구(十句)를 풀이한 책.

십념(十念) 수행의 과정에서 마음을 집중하여 떠올리거나 마음 속에 간직하여 잊지 않아야 하는 열 가지. 곧 부처, 부처의 가르침, 부처의 제자들, 계율, 보시, 천상(天上), 적정(寂靜), 마음의 집중을 위한 들숨과 날숨, 육신의 무상함, 죽음을 말함. 그러나 무량수경과 관무량수경의 십념에는 여러 설이 있는데, 북위(北魏)의 담란(曇鸞)은 왕생론주(往生論註)에서 십념은 오로지 아미타불을 생각하면서 그 이름을 계속해서 부르는 것으로 10이라는 숫자는 중요하지 않다 하고, 당(唐)의 선도(善導)는 왕생예찬게(往生禮讚偈)에서 아미타불의 이름을 열 번 소리내어 부르는 것이라고 함.

십대논사(十大論師) 세친(世親)의 유식삼십론송(唯識三十論頌)에 대한 주석서를 저술한 인도의 열 명의 논사. (1)호법(護法). ⓢdharmapāla 530-561. 남인도 달라비도국(達羅毘茶國) 출신의 승려. 마갈타국(摩竭陀國)의 나란타사(那爛陀寺)에서 경론(經論)을 강설하고, 29세에 대보리사(大菩提寺)에 은둔하여 수행하면서 유식삼십송(唯識三十頌)의 주석서를 지음. 32세에 입적함. 현장(玄奘)이 번역한 성유식론(成唯識論)은 그의 주석을 중심으로 하고, 다른 9명의 논사의 견해를 취사선택하여 하나의 논서로 편집한 것임. 저서 : 대승광백론석론(大乘廣百論釋論)·성유식보생론(成唯識寶生論)·관소연론석(觀所緣論釋). (2)덕혜(德慧). ⓢguṇamati 5세기 말-6세기 초. 남인도 출신의 승려. 나란타사(那爛陀寺)에 머물고, 서인도 벌랍비국(伐臘毘國)의 아절라가람(阿折羅伽藍)에서 여러 논서를 지음. 저서 : 수상론(隨相論). (3)안혜(安慧). ⓢsthiramati 510년경-570년경. 남인도 나라국(羅羅國) 출신의 승려로, 유식학(唯識學)과 인명(因明)에 정통함. 덕혜(德慧)의 제자. 저서 : 대승아비달마잡집론(大乘阿毘達磨雜集論)·대승광오온론(大乘廣五蘊論)·대승중관석론(大乘中觀釋論)·구사실의소(俱舍實義疏)·유식삼십송석(唯識三十頌釋, triṃśikā vijñaptibhāṣya). (4)친승(親勝). ⓢbandhuśrī 4-5세기. 행적은 전하지 않음. (5)난타(難陀). ⓢnanda 6세기경. 행적은 전하지 않음. (6)정월(淨月). ⓢśuddhacandra 6세기경. 행적은 전하지 않음. (7)화변(火辨). ⓢcitradhāna 5세기경. 행적은 전하지 않음. (8)승우(勝友). ⓢviśeṣamitra 생몰년 미상. 나란타사(那爛陀寺)의 승려로, 호법(護法)의 제자. (9)최승자(最勝子). ⓢjinaputra 생몰년 미상. 호법(護法)의 제자. 저서 : 유가사지론석(瑜伽師地論釋). (10)지월(智月). ⓢjñānacandra 생몰년 미상. 나란타사(那爛陀寺)의 승려로, 호법(護法)의 제자.

십대제자(十大弟子) 붓다의 뛰어난 열 명의 제자. (1)사리불(舍利弗). ⓢśāriputra의 음사. 마가다국(magadha國)의 바라문 출신으로, 지혜가 뛰어나 지혜제일(智慧第一)이라 일컬음. 원래 목건련(目犍連)과 함께 육사외도(六師外道)의 한 사람인 산자야(sañjaya)의 수제자였으나 붓다의 제자인 아설시(阿說示)로부터 그의 가르침을 전해 듣고, 250명의 동료들과 함께 붓다의 제자가 됨. 붓다보다 나이가 많았고, 병이 들어 고향에서 동생의 간호를 받다가 입적함. (2)목건련(目犍連). ⓢmaudgalyāyana의 음사. 마가다국(magadha國)의 바라문 출신으로, 신통력이 뛰어나 신통제일(神通第一)이라 일컬음. 원래 산자야(sañjaya)의 수제자였으나 사리불(舍利弗)과 함께 붓다의 제자가 됨. 붓다보다 나이가 많았고, 탁발하는 도중에 바라문교도들이 던진 돌과 기왓장에 맞아 입적함. (3)가섭(迦葉). ⓢkāśyapa의 음사. 마가다국(magadha國) 출신으로, 엄격하게 수행하여 두타제일(頭陀第一)이라 일컬음. 바라문의 여자와 결혼했으나 가정 생활를 싫어하여 아내와 함께 출가하여 붓다의 제자가 됨. 붓다가 입멸한 직후, 왕사성(王舍城) 밖의 칠엽굴(七葉窟)에서 행한 제1차 결집(結集) 때, 의장이 되어 그 모임을 주도함. (4)수보리(須菩提). ⓢsubhūti의 음사. 사위국(舍衛國)의 바라문 출신으로, 공(空)의 이치에 밝아 해공제일(解空第一)이라 일컬음. 그래서 공(空)을 설하는 경(經)에 자주 등장하여 설법함. (5)부루나(富樓那). ⓢpūrṇa의 음사. 바라문 출신으로, 설법을 잘 하여 설법제일(說法第一)이라 일컬음. 녹야원(鹿野苑)에서 붓다의 설법을 듣고 그의 제자가 됨. 인도의 서쪽 지방에서 붓다의 가르침을 전파하다가 거기에 입적함. (6)아나율(阿那律). ⓢaniruddha의 음사. 붓다의 사촌 동생으로, 붓다가 깨달음을 성취한 후 고향에 왔을 때, 아난(阿難)·난타(難陀) 등과 함께 출가함. 통찰력이 깊어 천안제일(天眼第一)이라 일컬음. (7)가전연(迦旃延). ⓢkātyāyana의 음사. 인도의 서쪽에 있던 아반티국(avanti國)의 크샤트리야 출신으로, 왕의 명령에 따라 붓다를 그 나라로 초청하기 위해 찾아갔다가 출가함. 깨달음을 얻은 후 귀국하여 붓다의 가르침을 전파함. 교리에 밝아 논의제일(論議第一)이라 일컬음. (8)우바리(優波離). ⓢupāli의 음사. 노예 계급인 슈드라 출신으로 석가족의 이발사였는데, 아난(阿難)·난타(難陀)·아나율(阿那律) 등이 출가할 때 그들의 머리털을 깎아 주기 위해 따라갔다가 붓다의 제자가 됨. 계율에 엄격하여 지계제일(持戒第一)이라 일컬음. 붓다가 입멸한 직후, 왕사성(王舍城) 밖의 칠엽굴(七葉窟)에서 행한 제1차 결집(結集) 때, 계율에 대한 모든 사항을 암송함으로써 율장(律藏)의 성립에 크게 기여함. (9)나후라(羅睺羅). ⓢrāhula의 음사. 붓다의 아들. 붓다가 깨달음을 성취한 후 고향에 왔을 때, 사리불(舍利弗)과 목건련(目犍連)을 스승으로 하여 출가함. 지켜야 할 것은 스스로 잘 지켜 밀행제일(密行第一)이라 일컬음. (10)아난(阿難). ⓢānanda의 음사. 붓다의 사촌 동생으로, 붓다가 깨달음을 성취한 후 고향에 왔을 때 난타(難陀)·아나율(阿那律) 등과 함께 출가함. 붓다의 나이 50여 세에 시자(侍者)로 추천되어 붓다가 입멸할 때까지 보좌하면서 가장 많은 설법을 들어서 다문제일(多聞第一)이라 일컬음. 붓다에게 여성의 출가를 세 번이나 간청하여 허락을 받음. 붓다가 입멸한 직후, 왕사성(王舍城) 밖의 칠엽굴(七葉窟)에서 행한 제1차 결집(結集) 때, 아난이 기억을 더듬어 가며 "이렇게 나는 들었다. 어느 때 붓다께서는 ……"이라는 말을 시작으로 암송하면, 여러 비구들은 아난의 기억이 맞는지를 확인하여 잘못이 있으면 정정한 후, 모두 함께 암송함으로써 경장(經藏)이 결집됨.

십도(十度) 십바라밀(十波羅蜜)과 같음.

십도피안(十到彼岸) 도피안(到彼岸)은 ⓢpāramitā의 번역. 십바라밀(十波羅蜜)과 같음.

십력(十力) ①부처만이 갖추고 있는 열 가지 지혜의 능력. (1)처비처지력(處非處智力). 이치에 맞는 것과 맞지 않는 것을 분명히 구별하는 능력. (2)업이숙지력(業異熟智力). 선악의 행위와 그 과보를 아는 능력. (3)정려해탈등지등지지력(靜慮解脫等持等至智力). 모든 선정(禪定)에 능숙함. (4)근상하지력(根上下智力). 중생의 능력이나 소질의 우열을 아는 능력. (5)종종승해지력(種種勝解智力). 중생의 여러 가지 뛰어난 판단을 아는 능력. (6)종종계지력(種種界智力). 중생의 여러 가지 근성을 아는 능력. (7)변취행지력(遍趣行智力). 어떠한 수행으로 어떠한 상태에 이르게 되는지를 아는 능력. (8)숙주수념지력(宿住隨念智力). 중생의 전생을 기억하는 능력. (9)사생지력(死生智力). 중생이 죽어 어디에 태어나는지를 아는 능력. (10)누진지력(漏盡智力). 번뇌를 모두 소멸시키는 능력. ②보살이 갖추고 있는 열 가지 능력. (1)직심력(直心力). 모든 현상에 물들지 않는 능력. (2)심심력(深心力). 부처의 가르침을 깨뜨리지 않는 능력. (3)방편력(方便力). 중생을 구제하기 위해 그 소질에 따라 모든 수단과 방법을 행하는 능력. (4)지혜력(智慧力). 중생의 마음과 행위를 아는 능력. (5)원력(願力). 중생의 소원을 이루게 해 주는 능력. (6)행력(行力). 끊임없이 실천하는 능력. (7)승력(乘力). 중생에게 가르침을 설하여 깨달음에 이르게 하는 능력. (8)유희신통력(遊戲神通力). 자유 자재로 중생을 구제하는 능력. (9)보리력(菩提力). 깨달을 수 있는 능력. (10)전법륜력(轉法輪力). 번뇌를 부수는 가르침을 설할 수 있는 능력.

십력가섭(十力迦葉) 붓다의 제자. 불가사의하고 자유 자재한 신통(神通)을 나타냄.

십마(什麽·什摩) ①무엇. 무슨. 어떤. ②불만이나 놀람을 나타냄. 뭐. 무엇이. 뭐라고.

십묘(十妙) 지의(智顗)가 법화현의(法華玄義)에서 묘법연화경(妙法蓮華經)의 묘(妙)자에 열 가지 오묘함이 함축되어 있다 하고, 적문십묘(迹門十妙)·본문십묘(本門十妙)·관심십묘(觀心十妙)로 나누어 해설함. 〔1〕적문십묘(迹門十妙). 적문(迹門)은 석가모니불이 나타나기 이전, 아득히 먼 과거에 성불한 본불(本佛)이 중생을 구제하기 위해 석가모니불로 그 자취를 드러낸 부분으로, 법화경 28품 가운데 앞의 14품에 해당함. (1)경묘(境妙). 지혜의 대상이 오묘함. (2)지묘(智妙). 관조하는 지혜가 오묘함. (3)행묘(行妙). 수행이 오묘함. (4)위묘(位妙). 수행의 단계가 오묘함. (5)삼법묘(三法妙). 거짓 없고 변하지 않는 본성〔眞性〕과 본성을 응시하는 지혜의 작용〔觀照〕과 지혜의 작용을 도우는 수행〔資成〕이 서로 오묘함. (6)감응묘(感應妙). 가르침을 받아들이는 중생의 소질이나 능력과 그에 대한 부처의 반응이 서로 오묘함. (7)신통묘(神通妙). 부처의 자유 자재한 능력이 오묘함. (8)설법묘(說法妙). 부처의 설법이 오묘함. (9)권속묘(眷屬妙). 부처를 따르는 권속들의 능력이 오묘함. (10)이익묘(利益妙). 부처가 주는 이익이 오묘함. 〔2〕본문십묘(本門十妙). 본문(本門)은 석가모니불이 나타나기 이전, 아득히 먼 과거에 성불한 본불(本佛)을 드러낸 부분으로, 법화경 28품 가운데 뒤의 14품에 해당함. (1)본인묘(本因妙). 본불(本佛)이 수행하게 된 원인이 오묘함. (2)본과묘(本果妙). 본불이 수행하여 얻은 결과가 오묘함. (3)본국토묘(本國

土妙). 본불이 머무는 국토가 오묘함. (4)본감응묘(本感應妙). 가르침을 받아들이는 중생의 소질이나 능력과 그에 대한 본불의 반응이 서로 오묘함. (5)본신통묘(本神通妙). 본불이 중생을 구제하기 위해 나타내는 자유 자재한 능력이 오묘함. (6)본설법묘(本說法妙). 본불의 설법이 오묘함. (7)본권속묘(本眷屬妙). 본불의 권속들이 오묘함. (8)본열반묘(本涅槃妙). 본불은 영원하므로 그 열반이 오묘함. (9)본수명묘(本壽命妙). 본불은 수명이 자유자재하므로 그 수명이 오묘함. (10)본이익묘(本利益妙). 본불이 중생에게 주는 이익이 오묘함. 〔3〕관심십묘(觀心十妙). 적문(迹門)과 본문(本門)에서 설한 진리를 관조하는 수행에 대한 열 가지 오묘함이지만 법화현의(法華玄義)에는 자세하게 서술되어 있지 않음.

십문화쟁론(十門和諍論) 2권. 신라의 원효(元曉) 지음. 불교에서 서로 대립되는 용어와 이설(異說)을 열 부문으로 나누어 모순을 융합하고 또 그 뜻을 명료하게 밝힌 저술.

십바라밀(十波羅蜜) 바라밀(波羅蜜)은 ⓢpāramitā의 음사, 도피안(到彼岸)·도(度)·도무극(度無極)이라 번역. 보살이 이루어야 할 열 가지 완전한 성취. (1)보시바라밀(布施波羅蜜). 보시를 완전하게 성취함. 보시의 완성. (2)지계바라밀(持戒波羅蜜). 계율을 완전하게 지킴. 지계의 완성. (3)인욕바라밀(忍辱波羅蜜). 인욕을 완전하게 성취함. 인욕의 완성. (4)정진바라밀(精進波羅蜜). 완전한 정진. 정진의 완성. (5)선정바라밀(禪定波羅蜜). 완전한 선정. 선정의 완성. (6)지혜바라밀(智慧波羅蜜). 분별과 집착이 끊어진 완전한 지혜를 성취함. 분별과 집착을 떠난 지혜의 완성. (7)방편바라밀(方便波羅蜜). 중생을 구제하기 위한 완전한 방편을 성취함. 방편의 완성. (8)원바라밀(願波羅蜜). 중생을 구제하려는 완전한 원(願)을 성취함. 원(願)의 완성. (9)역바라밀(力波羅蜜). 바르게 판단하고 수행하는 완전한 힘을 성취함. (10)지바라밀(智波羅蜜). 중생을 깨달음으로 인도하는 완전한 지혜를 성취함.

십바라밀다(十波羅蜜多) 십바라밀(十波羅蜜)과 같음.

십백업도(十白業道) 백(白)은 선(善)을 뜻함. 십선(十善)과 같음.

십번뇌(十煩惱) 열 가지 근본 번뇌. (1)유신견(有身見). 오온(五蘊)의 일시적 화합에 지나지 않는 신체에 불변하는 자아가 있고, 또 오온은 자아의 소유라는 그릇된 견해. (2)변집견(邊執見). 극단으로 치우친 견해. (3)사견(邪見). 인과(因果)의 이치를 부정하는 견해. (4)견취견(見取見). 그릇된 견해를 바른 것으로 간주하여 거기에 집착하는 견해. (5)계금취견(戒禁取見). 그릇된 계율이나 금지 조항을 바른 것으로 간주하여 거기에 집착하는 견해. (6)탐(貪). 탐욕. (7)진(瞋). 분노. 노여움. 성냄. (8)치(癡). 어리석음. (9)만(慢). 교만. (10)의(疑). 의심.

십법계(十法界) 십계(十界) ②와 같음.

십법성관(十法成觀) 십승관법(十乘觀法)과 같음.

십법행(十法行) 경전을 받아 지니고 해야 할 열 가지 올바른 행위. (1)서사(書寫). 경전을 베껴 씀. (2)공양(供養). 경전을 소중하게 여겨 받듦. (3)시타(施他). 베껴 쓴 경전을 남에게 베풂. (4)체청(諦聽). 남이 독송하는 것을 새겨들음. (5)피독(披讀). 스스로 경전을 펴서 읽음. (6)수지(受持). 가르침을 받아 지녀 항상 잊지 않음. (7)개연(開演). 남을 위해 가르침을 설함. (8)풍송(諷誦). 경전의 글귀를 읊조리면서 읽거나 암송함. (9)사유(思惟). 가르침의 뜻을 마음 속으로 깊이 생각함. (10)수습(修習). 가르침대로 거듭 수행함.

십변처(十遍處) 지(地)·수(水)·화(火)·풍(風)·청(青)·황(黃)·적(赤)·백(白)·공(空)·식(識)의 열 가지가 각각 모든 곳에 두루 퍼져 있다고 주시하는 수행법. 팔해탈(八解脫)을 닦고 팔승처(八勝處)를 닦은 다음 십변처를 닦음.

십불가회계(十不可悔戒) 십중금계(十重禁戒)와 같음.

십불선도(十不善道) 십악(十惡)과 같음.

십불이문(十不二門) 지의(智顗)가 법화현의(法華玄義)에서 설한 십묘(十妙)에 대한 담연(湛然)의 개괄적인 해석. (1)색심불이문(色心不二門). 하나의 형상에 우주의 모든 것이 갖추어져 있고, 우주의 모든 것이 한 생각 속에 있으므로 형상과 마음은 둘이 아님. (2)내외불이문(內外不二門). 한 생각 속에 우주의 모든 것이 갖추어져 있으므로 주관과 객관은 근본적으로 둘이 아님. (3)수성불이문(修性不二門). 중생이 본래 갖추고 있는 청정한 본성은 수행으로 드러나므로 본성과 수행은 마치 물과 파도 같이 근원적으로 둘이 아님. (4)인과불이문(因果不二門). 수행에서 원인과 결과의 단계는 한 생각 속에 갖추어져 있는 모든 현상의 위치와 상태의 차이에 지나지 않으므로 원인과 결과는 둘이 아님. (5)염정불이문(染淨不二門). 번뇌에 물든 염(染)과 그것을 떠난 정(淨)은 청정한 성품과 번뇌가 서로 작용하거나 서로 멀어진 데 지나지 않으므로 염(染)과 정(淨)은 둘이 아님. (6)의정불이문(依正不二門). 염정불이문(染淨不二門)의 정(淨)에 의보(依報)와 정보(正報)가 있는데, 불신(佛身)이 의지하고 있는 불토(佛土)인 의보(依報)와 불신(佛身)인 정보(正報)는 근본적으로 한 생각 속에 갖추어져 있으므로 의(依)와 정(正)은 둘이 아님. (7)자타불이문(自他不二門). 자(自)는 가르침을 베푸는 부처, 타(他)는 그 가르침을 받는 중생을 뜻함. 부처가 중생의 능력이나 소질에 따라 가르침을 베풀고 중생이 그 가르침을 받아들이는 것은, 부처와 중생이 본래 한 생각 속에 우주의 모든 것을 갖추고 있기 때문이므로 자(自)와 타(他)는 둘이 아님. (8)삼업불이문(三業不二門). 부처는 행위와 말과 생각의 삼업으로 중생을 교화하는데, 그 삼업은 중생이 본래 갖추고 있는 삼업과 다르지 않음. (9)권실불이문(權實不二門). 부처가 설하는 방편의 가르침과 진실한 가르침은 모두 한 생각 속에 갖추어져 있으므로 서로 다르지 않음. (10)수윤불이문(受潤不二門). 부처의 가르침을 받는 중생과 그 중생이 받는 이익이 다르지 않음.

십비법(十非法) 십사비법(十事非法)과 같음.

십사(十使) 사(使)는 마음을 마구 부려 산란하게 한다는 뜻으로 번뇌를 말함. 십번뇌(十煩惱)와 같음.

십사과류(十四過類) 인명(因明)에서, 상대편의 바른 논법을 반박하는 열네 가지 과실. (1)동법상사과류(同法相似過類). 상대편이 제시한 바른 이유(異喩)를 동법(同法) 곧 동유(同喩)로 바꾸어 반박하는 과실. 예를 들면, '말은 무상하다〔宗〕', '지어낸 것이기 때문이다〔因〕', '지어낸 모든 것은 무상하다. 예를 들면, 병(甁)과 같다〔同喩〕', '상주하는 모든 것은 지어낸 것이 아니다. 예를 들면, 허공과 같다〔異喩〕'라고 하는 바른 논법에 대해, '말은 상주한다', '보이지 않기 때문이다', '보이지 않는 모든 것은 상주한다. 예를 들면, 허공과 같다'라고 하는 경우. (2)이법상사과류(異法相似過類). 상대편이 제시한 바른 동유(同喩)

를 이법(異法) 곧 이유(異喩)로 바꾸어 반박하는 과실. 예를 들면, '말은 무상하다〔宗〕', '지어낸 것이기 때문이다〔因〕', '지어낸 모든 것은 무상하다. 예를 들면, 병(甁)과 같다〔同喩〕', '상주하는 모든 것은 지어낸 것이 아니다. 예를 들면, 허공과 같다〔異喩〕'라고 하는 바른 논법에 대해, '말은 상주한다', '보이지 않기 때문이다', '보이지 않는 모든 것은 상주한다. 예를 들면, 허공과 같다', '무상한 모든 것은 보이는 것이다. 예를 들면, 병(甁)과 같다'라고 하는 경우. (3)분별상사과류(分別相似過類). 상대편이 제시한 바른 동유(同喩)에 대해 그릇된 생각을 일으켜 반박하는 과실. 예를 들면, '말은 무상하다〔宗〕', '지어낸 것이기 때문이다〔因〕', '지어낸 모든 것은 무상하다. 예를 들면, 병(甁)과 같다〔同喩〕'라고 하는 바른 논법에 대해, 눈에 보이는 병이 무상하면 보이지 않는 말은 상주한다고 주장하는 경우. (4)무이상사과류(無異相似過類). '말은 무상하다〔宗〕', '지어낸 것이기 때문이다〔因〕', '지어낸 모든 것은 무상하다. 예를 들면, 병(甁)과 같다〔同喩〕'라고 하는 바른 논법에 대해, 병과 같이 말도 무상하다면 병에 있는 모든 성질이 말에도 있는 것으로 되어 결국 모든 것의 성질이 같게 된다고 반박하는 과실. (5)가득상사과류(可得相似過類). 상대편이 제시한 바른 인(因)에 대해, 그 인(因)보다도 오히려 다른 인(因)이 있을 수 있다고 하여 종(宗)의 술어와 다른 성질에 속하는 인(因)으로 반박하는 과실. (6)유예상사과류(猶豫相似過類). 상대편이 제시한 바른 인(因)에 대해 그릇된 의심을 일으켜 반박하는 과실. 예를 들면, '말은 무상하다〔宗〕', '지어낸 것이기 때문이다〔因〕'라고 하는 바른 논법에 대해, '지어낸 것이기 때문이다'라고 하는 인(因)은 원래부터 존재하는 말이 발성에 의해 드러난 것인지, 아니면 없던 것이 생겨난 것인지가 확실하지 않기 때문에 바른 인(因)이 될 수 없다고 하는 경우. (7)의준상사과류(義准相似過類). 인(因)과 종(宗)의 술어의 포함 관계를 고려하지 않은 그릇된 추리로써 반박하는 과실. 예를 들면, '지어낸 모든 것은 무상하다'라는 명제에서 '어떤 무상한 것은 지어낸 것이다'라고 추리해야 할 것을 '무상한 모든 것은 지어낸 것이다'라고 잘못 추리하는 경우. (8)지부지상사과류(至不至相似過類). 인(因)이 종(宗)에 이르러 서로 합치하면 종(宗)과 인(因)은 차별이 없고, 또 인(因)이 종(宗)에 이르지 않으면 종(宗)의 논증은 불가능하다고 하여 바른 논법을 반박하는 과실. (9)무인상사과류(無因相似過類). 인(因)이 종(宗)보다 앞에 있으면 인(因)은 무엇의 인(因)인지 알지 못하고, 인(因)이 종(宗)의 뒤에 있으면 이미 종(宗)이 성립되어 인(因)이 필요 없고, 종(宗)과 인(因)이 동시에 있으면 서로 성립시키지 못하므로 인(因)은 무의미하다고 반박하는 과실. (10)무설상사과류(無說相似過類). 인(因)을 말하기 전에는 종(宗)도 성립하지 않는다고 반박하는 과실. 예를 들면, '말은 무상하다〔宗〕', '지어낸 것이기 때문이다〔因〕'라고 하는 논법의 경우, 인(因)을 제시하지 않아도 '말'에는 '무상'의 속성이 갖추어져 있는데도 이것을 알지 못하는 과실. (11)무생상사과류(無生相似過類). 예를 들면, '말은 무상하다〔宗〕', '지어낸 것이기 때문이다〔因〕'라고 하는 논법에 대해, 종(宗)의 주어를 발생시키기 전에는 인(因)도 없고 '말은 무상하다'라는 종(宗)도 없기 때문에 '말은 상주한다'라고 반박하는 과실. (12)소작상사과류(所作相似過類). 예를 들면, '말은 무상하다〔宗〕', '지어낸 것이기 때문이다〔因〕', '지어낸 모든 것은 무상하다. 예를 들면, 병(甁)과 같다〔喩〕'라고 하는 바른 논법에 대해, '말'과 '지어낸 것'의 관계는 '병'과 '지어낸 것'의 관계와 전혀 같지 않기 때문에 인(因)은 성립되지 않는다고 반박하는 과실. (13)생과상사과류(生過相似過類). 예를 들면, '말은 무상하다〔宗〕', '지어낸 것이기 때문이다〔因〕',

'지어낸 모든 것은 무상하다〔喩體〕. 예를 들면, 병(甁)과 같다〔喩依〕'라는 논법에서, 논증을 위해 든 구체적인 예(例), 곧 유의(喩依)에 대해 또 논증을 요구하는 과실. (14)상주상사과류(常住相似過類). '말은 무상하다〔宗〕', '지어낸 것이기 때문이다〔因〕', '지어낸 모든 것은 무상하다. 예를 들면, 병(甁)과 같다〔喩〕'라고 하는 바른 논법에 대해, '말은 항상 무상이라는 성질을 지니고 있으므로 상주한다'라고 반박하는 과실.

십사난(十四難) 십사무기(十四無記)와 같음.

십사무기(十四無記) 붓다가 대답하지 않고 침묵한 열네 가지 무의미한 질문. (1)세계는 영원한가? (2)세계는 무상한가? (3)세계는 영원하면서 무상한가? (4)세계는 영원하지도 무상하지도 않은가? (5)세계는 유한한가? (6)세계는 무한한가? (7)세계는 유한하면서 무한한가? (8)세계는 유한하지도 무한하지도 않은가? (9)여래(如來)는 사후(死後)에 존재하는가? (10)여래는 사후에 존재하지 않는가? (11)여래는 사후에 존재하면서 존재하지 않는가? (12)여래는 사후에 존재하지도 존재하지 않지도 않은가? (13)목숨과 신체는 같은가? (14)목숨과 신체는 다른가?

십사비법(十事非法) 붓다가 입멸한 후 100년경에 바이샬리(vaiśālī)에 거주하던 비구들이 내세운 계율에 대한 열 가지 그릇된 주장으로, 제2차 결집을 하게 되는 계기가 됨. 열 가지 항목에 대해서는 여러 설이 있는데, 선견율비바사(善見律毘婆沙) 1권에 의하면 다음과 같음. (1)염정(鹽淨). 비구는 어떠한 음식도 비축해서는 안 된다는 계율에 대하여, 소금만은 비축해도 된다는 주장. (2)이지정(二指淨). 정오가 지나면 먹어서는 안 된다는 계율에 대하여, 정오가 지나 그림자의 길이가 손가락 두 마디 이내에서는 먹어도 된다는 주장. (3)취락간정(聚落間淨). 한 취락에서 탁발하여 한 번만 먹어야 한다는 계율에 대하여, 식사를 끝내고 다른 취락에 가서 탁발하여 또 먹어도 된다는 주장. (4)주처정(住處淨). 정해진 곳에서만 포살(布薩)을 행해야 한다는 계율에 대하여, 임시로 다른 곳에서 그것을 행해도 된다는 주장. (5)수의정(隨意淨). 정족수(定足數)에 미달될 때는 갈마(羯磨)를 행해서는 안 된다는 계율에 대하여, 정족수에 미달되더라도 나중에 불참한 비구의 승낙을 예상하고 갈마를 행해도 된다는 주장. (6)구주정(久住淨). 선례(先例)에 따른다는 뜻으로, 스승의 습관적인 행위를 따르면 계율에 위배되어도 죄가 되지 않는다는 주장. (7)생화합정(生和合淨). 오후에는 먹지 말라는 계율에 대하여, 오후에 우유는 마셔도 된다는 주장. (8)수정(水淨). 술 마시지 말라는 계율에 대하여, 채 술이 되기 전의 야자즙은 마셔도 된다는 주장. (9)불익루이사단정(不益縷尼師壇淨). 이사단(尼師壇)은 ⓢniṣīdana의 음사로 좌구(坐具)를 말함. 좌구에 테두리를 붙이지 않고 마음대로 좌구의 크기를 정해도 된다는 주장. (10)금은정(金銀淨). 어떠한 것도 비축해서는 안 된다는 계율에 대하여, 나중에 옷이나 약을 구입할 용도로 금이나 은을 받아 비축해도 된다는 주장.

십삼난(十三難) 구족계(具足戒)를 줄 수 없는 열세 부류. (1)이전에 바라이(波羅夷)를 저질러 승단에서 추방된 자. (2)비구니에게 음란한 짓을 한 자. (3)생계를 위해 승단에 들어오려는 자. (4)외도에서 불교 승단에 들어와 구족계를 받은 후, 다시 외도로 갔다가 불교 승단에 들어오려는 자. (5)성불구자. (6)아버지를 죽인자. (7)어머니를 죽인 자. (8)아라한을 죽인 자. (9)승단의 화합을 깨뜨린 자. (10)부처의 몸에 피를 나게 한 자. (11)인간이 아닌 용(龍)·야차(夜叉)·건달바(乾闥婆)·아수라(阿修羅) 등. (12)축생. (13)남근(男根)과 여근

(女根)을 함께 갖춘 자.

십삼승잔(十三僧殘) 승잔(僧殘)은 승단에 남겨 둔다는 뜻. 바라이(波羅夷)를 저지른 비구·비구니는 승단에서 추방되지만, 승잔(僧殘)을 저지른 비구·비구니는 일시적으로 그 자격이 상실되지만 정해진 벌칙을 받고 참회하면 자격이 회복됨. (1)고의로 사정(射精)함. (2)여자를 만짐. (3)여자와 더불어 추잡한 말을 함. (4)여자의 몸을 찬탄하면서 공양하라고 말함. (5)중매함. (6)시주(施主) 없이 지나치게 큰 방을 지음. (7)시주(施主)가 있지만 지나치게 큰 방을 지음. (8)근거 없이 남이 파계했다고 비방함. (9)확실하지 않은 근거로 남을 비방함. (10)승단의 화합을 깨뜨린다는 충고를 거역함. (11)승단의 화합을 깨뜨린다는 충고를 거역하는 것을 도움. (12)남의 가정을 어지럽힌다는 충고를 거역함. (13)나쁜 성격으로 승단을 문란케 한다는 충고를 거역함.

십삼입(十三入) 십이입(十二入) 외에 십삼입은 없으므로 실재하지 않는 것을 비유함.

십삼자구의(十三資具衣) 비구·비구니가 생활 용품으로 지녀도 되는 열세 가지 옷이나 베. (1)승가지(僧伽胝). ⓢsaṃghāṭī의 음사. 대의(大衣)라고 번역. 직사각형의 베 조각들을 세로로 나란히 꿰맨 것을 1조(條)로 하여, 9조 내지 25조를 가로로 나란히 꿰맨 것. (2)울달라승가(嗢呾羅僧伽). ⓢuttara-āsaṅga의 음사. 상의(上衣)라고 번역. 직사각형의 베 조각들을 세로로 나란히 꿰맨 것을 1조(條)로 하여, 7조를 가로로 나란히 꿰맨 것. (3)안달바사(安呾婆娑). ⓢantarvāsa의 음사. 내의(內衣)라고 번역. 직사각형의 베 조각들을 세로로 나란히 꿰맨 것을 1조(條)로 하여, 5조를 가로로 나란히 꿰맨 것. (4)이사단나(尼師但那). ⓢniṣīdana의 음사. 좌구(坐具)라고 번역. 앉거나 누울 때 땅이나 잠자리에 까는 직사각형의 베. (5)군(裙). ⓢnivāsana 허리에 둘러 입는 치마 같은 옷. (6)부군(副裙). 군(裙)의 일종. (7)승각기(僧脚攲). ⓢsaṃkakṣikā의 음사. 부박의(覆膊衣)라고 번역. 비구니가 삼의(三衣) 안에 입는 작은 옷. (8)부승각기(副僧脚攲). 승각기(僧脚攲)의 일종. (9)식면건(拭面巾). 얼굴을 닦는 헝겊. (10)식신건(拭身巾). 몸을 닦는 헝겊. (11)부창의(覆瘡衣). 부스럼을 가리는 베. (12)체발의(剃髮衣). 삭발할 때 어깨에 두르는 베. (13)약직의(藥直衣). 병이 들었을 때 약과 교환하기 위한 옷이나 베.

십선(十善) 몸과 말과 뜻으로 짓는 열 가지 청정한 일. (1)불살생(不殺生). 사람이나 동물 따위, 살아 있는 것을 죽이지 않음. (2)불투도(不偸盜). 남의 재물을 훔치지 않음. (3)불사음(不邪婬). 남녀간에 음란한 짓을 저지르지 않음. (4)불망어(不妄語). 거짓말이나 헛된 말을 하지 않음. (5)불악구(不惡口). 남을 괴롭히는 나쁜 말을 하지 않음. (6)불양설(不兩舌). 이간질을 하지 않음. (7)불기어(不綺語). 진실이 없는, 교묘하게 꾸미는 말을 하지 않음. (8)불탐욕(不貪欲). 탐내어 그칠 줄 모르는 욕심을 부리지 않음. (9)부진에(不瞋恚). 성내지 않음. (10)불사견(不邪見). 그릇된 견해를 일으키지 않음.

십선계(十善戒) 십선(十善)과 같음.

십선업도(十善業道) 십선(十善)과 같음.

십성(十聖) 십지(十地)의 보살을 일컬음.

십세격법이성문(十世隔法異成門) 십현연기(十玄緣起)의 하나. 과거·현재·미래의 각각에 삼세(三世)가 있어 구세(九世)가 되고, 이 구세는 한 생각에 지나지 않으므로 구세와 한 생각을 합하여 십세(十世)라고 함. 따라서 한 생각이 무량겁(無量劫)이고, 무량겁이 한 생각이지만 십세는 또 각각 뚜렷이 구별됨.

십송률(十誦律) 61권. 요진(姚秦)의 불야다라(弗若多羅)·나집(羅什) 번역. 설일체유부(說一切有部)의 율장(律藏)으로, 전체의 내용이 10송으로 나뉘어 있으므로 이와 같이 일컬음. 제1송에서 제3송까지는 비구의 257계, 제4송부터 제6송까지는 수계법(受戒法)·포살법(布薩法)·자자법(自恣法)·안거법(安居法)·가치나의법(迦絺那衣法) 등, 제7송은 비구니의 355계, 제8송은 증일법(增一法), 제9송은 우바리문법(優波離問法), 제10송은 계율에 대한 보충 설명으로 구성되어 있고, 마지막으로 계율이 전승되고 정리된 과정이 수록되어 있음.

십수면(十隨眠) 수면은 번뇌를 뜻함. 십번뇌(十煩惱)와 같음.

십승관법(十乘觀法) 지의(智顗)가 설한, 마음의 본성을 깨닫기 위한 열 가지 수행법. 이것은 수행자를 깨달음으로 인도한다는 뜻에서 승(乘)이라 함. (1)관불사의경(觀不思議境). 한 생각 속에 온갖 현상이 갖추어져 있고, 그 현상은 공(空)·가(假)·중(中)이 서로 걸림 없이 원만하게 하나로 융합되어 있는 오묘한 대상이라고 주시함. (2)기자비심(起慈悲心). 관불사의경(觀不思議境)을 체득하지 못한 수행자는 다시 보리심(菩提心)을 일으키고, 자비심으로 사홍서원(四弘誓願)을 세움. (3)교안지관(巧安止觀). 산란한 마음을 가라앉히고 지혜로써 모든 현상의 모습을 있는 그대로 주시함. (4)파법변(破法遍). 온갖 현상에 집착하는 마음을 깨뜨림. (5)식통색(識通塞). 진리에 통하는 것과 그것의 체득을 가로막는 것을 확연하게 식별함. (6)수도품(修道品). 삼십칠도품(三十七道品)을 수행자의 능력이나 소질에 따라 적절하게 선택하여 수행함. (7)대치조개(對治助開). 오정심관(五停心觀)과 육바라밀(六波羅蜜)을 닦아 깨달음에 도움이 되도록 함. (8)지차위(知次位). 범부의 경지에 있으면서 성인의 경지에 이르렀다는 교만한 마음이 일어나지 않도록 자신의 수행의 단계를 앎. (9)능안인(能安忍). 자신에게 맞든 맞지 않든 마음의 동요를 일으키지 않음. (10)무법애(無法愛). 이미 체득한 낮은 단계의 진리에 애착하지 않고 참다운 깨달음으로 나아감.
이상에서 (1)이 가장 높은 단계의 수행법이라고 함.

십신(十信) 십신심(十信心)·십심(十心)이라고도 함. 보살이 처음 닦아야 할 열 가지 마음. (1)신심(信心). 부처의 가르침을 믿음. (2)염심(念心). 부처의 가르침을 명심하여 잊지 않음. (3)정진심(精進心). 힘써 정진함. (4)정심(定心). 마음을 한곳에 모아 흐트러지지 않게 함. (5)혜심(慧心). 모든 현상의 본성을 꿰뚫어 앎. (6)계심(戒心). 계율을 지켜 청정함. (7)회향심(廻向心). 자신이 쌓은 공덕을 깨달음으로 향하게 함. (8)호법심(護法心). 마음을 다스려 번뇌가 일어나지 않게 함. (9)사심(捨心). 재물을 아끼지 않고 베풀어 줌. (10)원심(願心). 원하는 것을 이루기 위해 수행함.

십신심(十信心) 십신(十信)과 같음.

십심(十心) ①보살이 지녀야 할 열 가지 마음. (1)대지등심(大地等心). 모든 중생에게 온갖 청정한 일을 하도록 하는 대지와 같은 마음. (2)대해등심(大海等心). 모든 부처의 한량없는 지혜를 지니는 바다와 같은 마음. (3)수미산왕등심(須彌山王等心). 모든 중생을 위없는 청정한 일에 머물게 하는 수미산왕과 같은 마음. (4)마니보심(摩尼寶心). 모든 번뇌를 떠나 마음이 청정하여 마니 보배와 같은 마음. (5)금강심(金剛心). 모든 현상을 꿰뚫어 아는 금강과 같은 마음. (6)견고금강위산심(堅固金

剛圍山心). 마음이 견고하여 모든 악마와 외도를 부수는 금강위산과 같은 마음. (7)연화등심(蓮華等心). 온갖 속된 일에 물들지 않는 연화와 같은 마음. (8)우담발화등심(優曇鉢華等心). 우담발화가 아주 희귀하듯, 오랜 세월에도 지니기 어려운 마음. (9)정일등심(淨日等心). 모든 중생의 어리석음을 소멸시키는 맑은 햇빛과 같은 마음. (10)허공등심(虛空等心). 모든 중생이 헤아릴 수 없을 만큼 광대한 허공과 같은 마음. ②십신(十信)과 같음.

십심주(十心住) 십주(十住)와 같음.

십악(十惡) 몸과 말과 뜻으로 짓는 열 가지 죄악. (1)살생(殺生). 사람이나 동물 따위, 살아 있는 것을 죽임. (2)투도(偸盜). 남의 재물을 훔침. (3)사음(邪婬). 남녀간에 저지르는 음란한 짓. (4)망어(妄語). 거짓말이나 헛된 말. (5)악구(惡口). 남을 괴롭히는 나쁜 말. (6)양설(兩舌). 이간질하는 말. (7)기어(綺語). 진실이 없는, 교묘하게 꾸민 말. (8)탐욕(貪欲). 탐내어 그칠 줄 모르는 욕심. (9)진에(瞋恚). 성냄. (10)사견(邪見). 그릇된 견해.

십악업도(十惡業道) 십악(十惡)과 같음.

십업도(十業道) 십선업도(十善業道) 또는 십악업도(十惡業道)를 말함.

십여(十如) 십여시(十如是)와 같음.

십여시(十如是) 모든 현상의 있는 그대로의 참모습에 갖추어져 있는 열 가지 성질. 여시상(如是相)·여시성(如是性)·여시체(如是體)·여시력(如是力)·여시작(如是作)·여시인(如是因)·여시연(如是緣)·여시과(如是果)·여시보(如是報)·여시본말구경등(如是本末究竟等). 상(相)은 형상, 성(性)은 특성, 체(體)는 본질, 역(力)은 잠재해 있는 힘, 작(作)은 작용, 인(因)은 원인, 연(緣)은 조건, 과(果)는 결과, 보(報)는 과보, 본말구경등(本末究竟等)은 상(相)에서 보(報)까지 모두 평등하다는 뜻.

십오심(十五心) 십육심(十六心) 가운데 마지막 도류지(道類智)를 제외한 나머지를 통틀어 일컬음. 경량부(經量部)에서는 십오심을 견도(見道)로, 도류지를 수도(修道)로 분류하지만 설일체유부(說一切有部)에서는 십육심을 모두 견도로 간주함.

십왕(十王) ⇒ 시왕(十王)

십우도(十牛圖) 견성(見性)에 이르는 과정을 열 단계로 간명하게 묘사한 그림. 이러한 그림에는 송(宋)의 보명(普明)이 그린 목우도(牧牛圖)와 송(宋)의 곽암(廓庵)이 그린 십우도(十牛圖)가 있는데, 전자는 검은 소에서 점점 흰 소로 나아가는, 곧 오염된 성품을 점점 닦아 청정한 성품으로 나아가는 점오(漸悟)의 과정이며, 후자는 검은 소에서 바로 흰 소로 되어 버리는, 곧 등을 돌림으로써 보지 못하게 된 청정한 성품을 돌아서서 단박에 보게 되는 돈오(頓悟)의 과정이므로 목우도는 묵조선(默照禪)을, 십우도는 간화선(看話禪)을 반영하고 있음. ⇒ 다음 쪽 그림

십육관(十六觀) 극락 정토에 태어나기 위해 아미타불이나 그 정토의 여러 정경을 생각하는 열여섯 가지 수행법. (1)일상관(日想觀). 지는 해를 보고 서쪽에 있는 극락을 생각함. (2)수상관(水想觀). 물과 얼음의 투명함을 보고 유리를 떠올리고, 유리로 되어 있는 극락의 대지를 생각함. (3)지상관(地想觀). 유리로 되어 있는 극락의 대지를 명료하게 생각함. (4)수상관(樹想觀). 보배로 되어 있는 극락의 나무를 생각함. (5)팔공덕수상관(八功德水想觀). 극락의 연못은 보배로 되어 있고 물은 칠

보명의 목우도

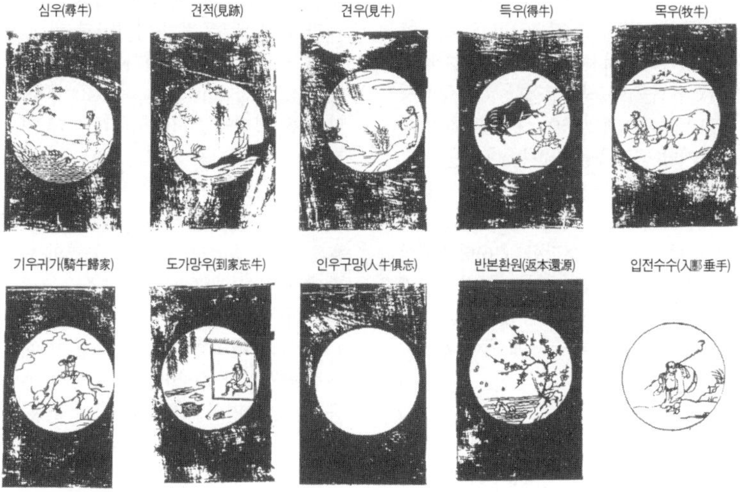

곽암의 십우도

십우도

보(七寶)의 색으로 빛나고 있는데, 여덟 가지 공덕이 있는 연못의 물을 생각함. (6)총상관(總想觀). 극락에 보배로 되어 있는 오백억 개의 누각과 보배로 되어 있는 대지와 나무와 연못을 동시에 생각함. (7)화좌상관(華座想觀). 아미타불이 앉아 있는 연화(蓮華)의 자리를 생각함. (8)상상관(像想觀). 불상을 보고 아미타불의 모습을 생각함. (9)변관일체색신상관(遍觀一切色身想觀). 아미타불의 참 모습을 생각하면서 모든 부처의 모습을 생각함. (10)관세음상관(觀世音想觀). 아미타불을 보좌하는 관세음보살을 생각함. (11)대세지상관(大勢至想觀). 아미타불을 보좌하는 대세지보살을 생각함. (12)보상관(普想觀). 자신이 극락에 태어나 연꽃 속에 앉아 있고 부처와 보살이 허공에 두루 가득하다고 생각함. (13)잡상관(雜想觀). 극락에는 1장(丈) 6척(尺) 되는 불상이 연못 위에 있다고 생각하고, 아미타불은 신통력으로 큰 몸이나 작은 몸으로 나타나는데 그 몸은 모두 금색이라고 생각함. (14)상배생상관(上輩生想觀). 출가하여 깨달음을 구하는 마음을 일으키고 오로지 아미타불을 생각하면서 큰 공덕을 쌓은 자들이 극락에 태어나는 모습을 생각함. (15)중배생상관(中輩生想觀). 출가하여 큰 공덕을 쌓지는 못하였지만 깨달음을 구하는 마음을 일으키고 오로지 아미타불을 생각하면서 계율을 지키고 탑을 세우고 불상을 조성한 자들이 극락에 태어나는 모습을 생각함. (16)하배생상관(下輩生想觀). 공덕을 쌓지는 못하였지만 깨달음을 구하는 마음을 일으키고 오로지 아미타불을 생각한 자들이 극락에 태어나는 모습을 생각함.

십육나한(十六羅漢) 욕계(欲界)의 여러 곳에 거주하면서 정법(正法)과 중생을 수호한다는 열여섯 성자. (1)빈도라발라타사(賓度羅跋囉惰闍). ⓢpiṇḍola-bharadvāja의 음사. 1,000명의 아라한과 함께 서구타니주(西瞿陀尼洲)에 거주한다고 함. (2)가낙가벌차(迦諾迦伐蹉). ⓢkanaka-vatsa의 음사. 500명의 아라한과 함께 가습미라국(迦濕彌羅國)에 거주한다고 함. (3)가낙가발리타사(迦諾迦跋釐墮闍). ⓢkanaka-bharadvāja의 음사. 600명의 아라한과 함께 동승신주(東勝身洲)에 거주한다고 함. (4)소빈타(蘇頻陀). ⓢsubinda의 음사. 700명의 아라한과 함께 북구로주(北俱盧洲)에 거주한다고 함. (5)낙거라(諾距羅). ⓢnakula의 음사. 800명의 아라한과 함께 남섬부주(南贍部洲)에 거주한다고 함. (6)발타라(跋陀羅). ⓢbhadra의 음사. 900명의 아라한과 함께 탐몰라주(耽沒羅洲)에 거주한다고 함. (7)가리가(迦理迦). ⓢkālika의 음사. 1,000명의 아라한과 함께 승가다주(僧伽荼洲)에 거주한다고 함. (8)벌사라불다라(伐闍羅弗多羅). ⓢvajraputra의 음사. 1,100명의 아라한과 함께 발자나주(鉢剌拏洲)에 거주한다고 함. (9)수박가(戍博迦). ⓢjīvaka의 음사. 900명의 아라한과 함께 향취산(香醉山)에 거주한다고 함. (10)반탁가(半託迦). ⓢpanthaka의 음사. 1,300명의 아라한과 함께 삼십삼천(三十三天)에 거주한다고 함. (11)나호라(囉怙羅). ⓢrāhula의 음사. 1,100명의 아라한과 함께 필리양구주(畢利颺瞿洲)에 거주한다고 함. (12)나가서나(那伽犀那). ⓢnāgasena의 음사. 1,200명의 아라한과 함께 반도파산(半度波山)에 거주한다고 함. (13)인게타(因揭陀). ⓢaṅgaja의 음사. 1,300명의 아라한과 함께 광협산(廣脇山)에 거주한다고 함. (14)벌나파사(伐那婆斯). ⓢvanavāsin의 음사. 1,400명의 아라한과 함께 가주산(可住山)에 거주한다고 함. (15)아씨다(阿氏多). ⓢajita의 음사. 1,500명의 아라한과 함께 취봉산(鷲峰山)에 거주한다고 함. (16)주도반탁가(注荼半託迦). ⓢcūḍapanthaka의 음사. 1,600명의 아라한과 함께 지축산(持軸山)에 거주한다고 함.

십육대국(十六大國) 붓다가 살아 있을 때, 중인도에 있던 열여섯 강대국. (1)앙가국(鴦伽國). ⓈⓅaṅga의 음사. 마갈타국의 동쪽에 인접해 있던 나라로, 도읍지는 참파(campā). 기원전 6세기에 마갈타국에게 멸망함. (2)마갈타국(摩竭陀國). ⓈⓅmagadha의 음사. 중인도의 동부, 지금의 비하르(Bihar)의 남쪽 지역에 있던 나라로, 도읍지는 왕사성(王舍城). 기원전 6세기에 빔비사라(bimbisāra) 왕은 앙가국을 점령하여 영토를 확장하고, 그의 아들 아자타샤트루(ajātaśatru)는 부왕을 죽이고 왕위에 올라 거살라국과 가시국과 발기국을 정복함. 아자타샤트루 왕의 아들 우다야바드라(udaya-bhadra)도 부왕을 죽이고 왕위에 오름. 그 후 서서히 쇠퇴하여 난다(nanda) 왕조가 일어남. 기원전 320년경에 찬드라굽타(candragupta)가 난다 왕조를 무너뜨리고 마우리야(maurya) 왕조를 세움. 제2대 빈두사라(bindusāra) 왕에 이어 즉위한 아쇼카(aśoka) 왕은 인도를 통일함. (3)가시국(迦尸國). Ⓢkāśi Ⓟkāsi의 음사. 갠지스 강 중류, 지금의 바라나시(Varanasi) 지역에 있던 나라로, 도읍지는 바라나시(vārāṇasī). 기원전 6세기에 마갈타국에게 멸망함. (4)거살라국(居薩羅國). ⓈⓅkosala의 음사. 지금의 네팔 남서쪽에 인접해 있던 나라로, 도읍지는 사위성(舍衛城). 기원전 6세기에 마갈타국에게 멸망함. (5)발지국(拔祇國). Ⓢvṛji Ⓟvajji의 음사. 지금의 파트나(Patna) 북쪽에 인접해 있던 나라로, 바이샬리(vaiśālī)를 중심으로 비데하족(videha族)·릿차비족(licchavi族)·브리지족(vṛji族) 등으로 형성되어 있었는데, 기원전 6세기에 마갈타국에게 멸망함. (6)말라국(末羅國). ⓈⓅmalla의 음사. 지금의 네팔 남쪽에 인접해 있던 나라로, 도읍지는 쿠시나가라(kuśinagara). (7)지제국(支提國). Ⓢcedi Ⓟceti의 음사. 야무나(Yamuna) 강 하류에 있던 나라로, 도읍지는 슈크티마티(śuktimatī). (8)발사국(拔沙國). Ⓢvatsa Ⓟvaṃsa의 음사. 갠지스 강과 야무나 강이 합류하는 알라하바드(Allahabad) 지역에 있던 나라로, 도읍지는 코삼비(kosambī). (9)거루국(居樓國). ⓈⓅkuru의 음사. 야무나 강 상류, 지금의 델리(Delhi) 지역에 있던 나라로, 도읍지는 인드라프라스타(indraprastha). (10)반사라국(般闍羅國). ⓈⓅpañcāla의 음사. 갠지스 강 상류 지역에 있던 나라로, 북부 반사라와 남부 반사라로 분단되어 있었는데, 전자의 도읍지는 아힛찻트라(ahicchattra), 후자의 도읍지는 캄필랴(kāmpilya). (11)아습파국(阿濕波國). Ⓢaśvaka Ⓟassaka의 음사. 지금의 자이푸르(Jaipur) 남쪽에 인접해 있던 나라. (12)아반제국(阿般提國). ⓈⓅavanti의 음사. 서인도 빈디야(Vindhya) 산맥 북쪽에 인접해 있던 나라로, 도읍지는 웃자야니(ujjayanī). (13)바차국(婆蹉國). Ⓢmatsya Ⓟmaccha의 음사. 지금의 델리(Delhi) 남쪽에 인접해 있던 나라. (14)소라사국(蘇羅娑國). Ⓢśūrasena Ⓟsūrasena의 음사. 바차국 남쪽에 인접해 있던 나라로, 도읍지는 마투라(mathurā). (15)건타라국(乾陀羅國). ⓈⓅgandhāra의 음사. 펀자브(Punjab) 북쪽, 카불(Kabul) 동쪽에 있던 나라로, 도읍지는 탁샤실라(takṣaśila). (16)검병사국(劍洴沙國). ⓈⓅkamboja의 음사. 인더스 강 중류 지역에 있던 나라.

십육대아라한(十六大阿羅漢) 십육나한(十六羅漢)과 같음.

십육심(十六心) 팔인(八忍)과 팔지(八智)를 통틀어 일컬음. 팔인은 욕계의 고제(苦諦)·집제(集諦)·멸제(滅諦)·도제(道諦)와 색계·무색계의 고제·집제·멸제·도제를 명료하게 주시하여 그것들에 대한 미혹을 끊고 확실하게 인정하는 지혜. 곧, 고법지인(苦法智忍)·집법지인(集法智忍)·멸법지인(滅法智忍)·도법지인(道法智忍)과 고류지인(苦類智忍)·집류지인(集類智忍)·멸류지인(滅類智忍)·도류지인(道類智忍). 팔지는 욕계의 고제(苦諦)·집제(集諦)·멸제(滅諦)·도제(道諦)와 색계·무색계의 고제·집제·멸제·도제를 체득한 지혜. 곧, 고법지(苦法智)·집법지(集法智)·멸법지(滅法智)·도법지(道法智)와 고류지(苦類智)·집류지(集類智)·멸류지(滅類智)·도류지(道類智). 설일체유부(說一切有部)에서는 십육심을 견도(見道)로 간주하지만 경량부(經量部)에서는 마지막 도류지를 제외한 십오심(十五心)을 견도, 도류지를 수도(修道)로 분류함.

십육이계(十六異計) 십육이론(十六異論)과 같음.

십육이론(十六異論) 인도의 모든 외도(外道)들의 견해를 열여섯 가지로 나눈 것. (1)인중유과론(因中有果論). 원인 가운데 이미 결과의 성질이 있다는 견해. (2)종연현료론(從緣顯了論). 모든 현상의 본체는 변하지 않으며 인연에 따라 그것이 드러난다는 견해. (3)거래실유론(去來實有論). 과거와 미래도 현재와 같이 영원히 소멸하지 않고 존재한다는 견해. (4)계아론(計我論). 변하지 않고 소멸하지 않는 자아(自我)가 있다는 견해. (5)계상론(計常論). 모든 현상은 영원히 변하지 않는 존재라는 견해. (6)숙작인론(宿作因論). 현세에 받는 괴로움은 모두 과거세에 저지른 악업(惡業) 때문이라는 견해. (7)자재등작자론(自在等作者論). 모든 현상은 자재천(自在天) 등의 변화에 지나지 않는다는 견해. (8)해위정법론(害爲正法論). 먹거나 제사 지내기 위해 살생하는 것은 정법(正法)이라는 견해. (9)유변무변론(有邊無邊論). 세계는 끝이 있다, 또는 없다는 따위의 무의미한 견해. (10)불사교란론(不死矯亂論). 죽지 않는다고 주장하는 따위의 궤변에 의한 그릇된 견해. (11)무인견론(無因見論). 모든 현상은 원인 없이 일어난다는 견해. (12)단견론(斷見論). 과보(果報)는 죽으면 소멸한다는 견해. (13)공견론(空見論). 인과(因果)를 부정하는 견해. (14)망계최승론(妄計最勝論). 바라문(婆羅門)은 범왕(梵王)의 자식으로서 가장 뛰어나다는 그릇된 견해. (15)망계청정론(妄計清淨論). 오욕(五欲)을 수용하는 것이 청정한 열반이라는 그릇된 견해. (16)망계길상론(妄計吉祥論). 해와 달과 별에 제사 지내는 것이 가장 좋은 일이라는 그릇된 견해.

십육종(十六宗) 십육이론(十六異論)과 같음.

십육행상(十六行相) 사제(四諦)를 주시하는 열여섯 가지 방법. 고제(苦諦)에서는, 모든 현상은 변화하며, 괴로움이며, 일시적인 화합에 지나지 않으며, 실체가 없다고 주시함. 집제(集諦)에서는, 애욕은 괴로움의 원인이며, 괴로움을 일으키며, 괴로움을 생기게 하며, 괴로움의 조건이라고 주시함. 멸제(滅諦)는 속박이 소멸되고, 번뇌가 가라앉고, 오묘하고, 재난을 떠난 경지라고 주시함. 도제(道諦)는 괴로움의 소멸에 이르고, 이치에 맞고, 열반으로 나아가고, 미혹한 생존을 떠나는 길이라고 주시함.

십이견련(十二牽連) 견련(牽連)은 서로 얽히어 관련된다는 뜻. 십이연기(十二緣起)와 같음.

십이대원(十二大願) 약사여래(藥師如來)가 과거세에 수행하고 있을 때 세운 열두 가지 큰 서원. (1)자신과 남의 몸에 광명이 가득하여 끝없이 넓은 세계를 비추게 되기를 원함. (2)몸의 안팎이 유리와 같이 청정하고, 모든 중생이 나의 광명으로 마음이 열려 온갖 일이 뜻대로 되기를 원함. (3)중생이 바라는 것을 부족함 없이 다 얻기를 원함. (4)그릇된 길을 가는 중생에게는 바른 깨달음의 길을 가도록 하고, 성문(聲聞)이나 독각(獨覺)은 대승의 가르침에 안주하기를 원함. (5)모든 중생이 나의 가르침에 따라 청정한 수행을 하여 파계하지 않고, 몸과 말과 생각을 잘 다스려 악도(惡道)에 떨어지지 않기를 원함. (6)몸이나 정신이 온전하지 못한 중생은 모두 단정한 몸을 얻고 모든 병이 소멸되기를 원함. (7)가난하고 질병에 시달리는 중생은 질병이 소멸되고 온갖 재물을 얻어 몸과 마음이 안락하기를 원함. (8)여인으로서 온갖 괴로움에 시달려 여인의 몸을 버리기를 원하면, 대장부의 모습을 갖춘 남자로 변하여 깨달음에 이르기를 원함. (9)모든 중생이 악마의 그물과 그릇된 견해에서 벗어나 보살행을 닦아 깨달음에 이르기를 원함. (10)중생이 온갖 고뇌에 시달려도 나의 복덕과 힘으로 모든 근심과 괴로움에서 해탈하기를 원함. (11)굶주림에 시달려 먹을 것을 구하기 위해 그릇된 일을 저지르려는 중생에게 좋은 음식을 마음껏 먹도록 하여 안락하게 되기를 원함. (12)가난하여 옷이 없는 중생은 그들이 바라는 대로 좋은 옷을 얻게 되기를 원함.

십이두타(十二頭陀) 수행자가 지켜야 할 열두 가지 규율. (1)재아란야처(在阿蘭若處). 마을에서 떨어진 한적한 곳에 머무름. (2)상행걸식(常行乞食). 늘 걸식함. (3)차제걸식(次第乞食). 빈부를 가리지 않고 차례로 걸식함. (4)수일식법(受一食法). 하루에 한 끼만 먹음. (5)절량식(節量食). 과식하지 않음. (6)중후부득음장(中後不得飮漿). 정오 이후에는 음료수를 마시지 않음. (7)착폐납의(著弊衲衣). 남이 버린 헌 베 조각들을 기워서 입음. (8)단삼의(但三衣). 외출할 때 입는 대의(大衣), 의식 때 입는 상의(上衣), 작업할 때 입는 중의(中衣) 외의 옷을 가지지 않음. (9)총간주(塚間住). 묘지에 머무름. (10)수하지(樹下止). 나무 밑에 머무름. (11)노지좌(露地坐). 한데에 앉음. (12)단좌불와(但坐不臥). 늘 앉아 있고 눕지 않음.

십이문론(十二門論) 1권. 용수(龍樹) 지음, 요진(姚秦)의 구마라집(鳩摩羅什) 번역. 모든 현상이 공(空)함을 드러내고, 이에 의거해서 진속이제(眞俗二諦)의 의의를 밝힌 저술로, 중론(中論)의 입문서.

십이문선(十二門禪) 사선(四禪)과 사무량심(四無量心)과 사무색정(四無色定)을 말함.

십이부(十二部) 십이부경(十二部經)과 같음.

십이부경(十二部經) 경전의 서술 형식 또는 내용을 열두 가지로 분류한 것. (1)수다라(修多羅). ⓢsūtra ⓟsutta의 음사. 경(經)·계경(契經)이라 번역. 산문체로 설한 것. (2)기야(祇夜). ⓢgeya ⓟgeyya의 음사. 응송(應頌)·중송(重頌)이라 번역. 산문체로 된 내용을 다시 운문체로 설한 것. (3)가타(伽陀). ⓢⓟgāthā의 음사. 게(偈)라고도 음사. 게송(偈頌)·풍송(諷頌)·고기송(孤起頌)이라고도 함. 운문체로 설한 것. (4)이타나(尼陀那). ⓢⓟnidāna의 음사. 인연(因緣)이라 번역. 부처를 만나 설법을 듣게 된 인연을 설한 부분. 서품(序品)이 여기에 해당함. (5)이제목다가(伊帝目多伽). ⓢitivṛttaka의 음사. 본사(本事)라고 번역. 불제자의 과거 인연을 설한 부분. 법화경의 약왕보살본사품(藥王菩薩本事品)이 여기에 해당함. (6)사다가(闍多伽). ⓢⓟjātaka의 음사. 본생(本生)이라 번역. 붓다의 전생 이야기. (7)아부타달마(阿浮陀達磨). ⓢadbhuta-dharma의 음사. 희법(希法)·미증유법(未曾有法)이라 번역. 부처의 불가사의한 신통력을 설한 부분. (8)아파타나(阿波陀那). ⓢavadāna의 음사. 비유(譬喩)·출요(出曜)라고 번역. 비유로써 가르침을 설한 부분. (9)우파제사(優婆提舍). ⓢupadeśa의 음사. 논의(論議)라고 번역. 교리에 대해 문답한 부분. (10)우타나(優陀那). ⓢudāna의 음사. 자설(自說)·무문자설(無問自說)이라 번역. 질문자 없이 부처 스스로 설한 법문. 아미타경이 여기에 해당함. (11)비불략(毘佛略). ⓢvaipulya의 음사. 방광(方廣)이라 번역. 방대한 진리를 설한 부분. (12)화가라(和伽羅). ⓢⓟvyākaraṇa의 음사. 수기(授記)라고 번역. 부처가 제자에게 미래에 성불할 것이라고 예언한 부분. ⇒ 구부경(九部經)

십이부선(十二部線) 십이부경(十二部經)과 같음.

십이분경(十二分經) 십이부경(十二部經)과 같음.

십이분교(十二分敎) 십이부경(十二部經)과 같음.

십이수면(十二隨眠) 수면은 번뇌를 뜻함. 십번뇌(十煩惱)에서 탐(貪)을 욕계·색계·무색계의 욕탐(欲貪)·색탐(色貪)·무색탐(無色貪)으로 나눈 것.

십이연기(十二緣起) 괴로움이 일어나는 열두 과정. (1)무명(無明). ⓢavidyā 사제(四諦)에 대한 무지. (2)행(行). ⓢsaṃskāra 무명으로 일으키는, 의도(意圖)하고 지향하는 의식 작용. 무명에 의한 의지력·충동력·의욕. (3)식(識). ⓢvijñāna 식별하고 판단하는 의식 작용. 인식 작용. (4)명색(名色). ⓢnāma-rūpa 명(名)은 수(受)·상(想)·행(行)·식(識)의 작용, 색(色)은 몸에 대한 집착. 곧, 오온(五蘊)에 대한 집착. (5)육입(六入). ⓢṣaḍ-āyatana 대상을 감각하거나 의식하는 안(眼)·이(耳)·비(鼻)·설(舌)·신(身)·의(意)의 작용. (6)촉(觸). ⓢsparśa 육근(六根)과 육경(六境)과 육식(六識)의 화합으로 일어나는 마음 작용. (7)수(受). ⓢvedanā 괴로움이나 즐거움 등을 느끼는 감수 작용. (8)애(愛). ⓢtṛṣṇā 갈애(渴愛). 애욕. 탐욕. (9)취(取). ⓢupādāna 탐욕에 의한 집착. (10)유(有). ⓢbhava 욕계·색계·무색계의 생존 상태. (11)생(生). ⓢjāti 태어난다는 의식. (12)노사(老死). ⓢjarā-maraṇa 늙고 죽는다는 의식.

십이연법(十二緣法) 십이연기(十二緣起)와 같음.

십이연생(十二緣生) 십이연기(十二緣起)와 같음.

십이유지(十二有支) 십이연기(十二緣起)와 같음.

십이인연(十二因緣) 십이연기(十二緣起)와 같음.

십이입(十二入) 십이처(十二處)와 같음.

십이입처(十二入處) 십이처(十二處)와 같음.

십이지(十二支) 십이연기(十二緣起)와 같음.

십이지연기(十二支緣起) 십이연기(十二緣起)와 같음.

십이처(十二處) 처(處, ⓢāyatana)를 구역(舊譯)에서는 입(入) 또는 입처(入處)라고 함. 영역, 들어오는 곳, 들어오는 것이라는 뜻. 대상이 들어오는 여섯 가지 기관인 육근(六根)과 그 기관에 들어오는 여섯 가지 대상인 육경(六境)을 말함. (1)안처(眼處). 모양이나 빛깔을 보는 시각 기관인 눈. (2)이처(耳處). 소리를 듣는 청각 기관인 귀. (3)비처(鼻處). 향기를 맡는 후각 기관인 코. (4)설처(舌處). 맛을 느끼는 미각 기관인 혀. (5)신처(身處). 추위나 아픔 등을 느끼는 촉각 기관인 몸. (6)의처(意處). 의식 기능. (7)색처(色處). 눈으로 볼 수 있는 대상인 모양이나 빛깔. (8)성처(聲處). 귀로 들을 수 있는 대상인 소리. (9)향처(香處). 코로 맡을 수 있는 대상인 향기. (10)미처(味處). 혀로 느낄 수 있는 대상인 맛. (11)촉처(觸處). 몸으로 느낄 수 있는 대상인 추위나 촉감 등. (12)법처(法處). 의식 내용. 관념.

십이천(十二天) 세계를 수호하는 열두 신(神). (1)지천(地天). 대지를 주관하는 신. (2)수천(水天). 물과 용의 무리들을 다스리는 신. (3)화천(火天). 불을 다스리는 신. (4)풍천(風天). 바람을 다스리는 신. (5)이사나천(伊舍那天). 색계의 맨 위에 있는 색구경천에 사는 신. (6)제석천(帝釋天). 수미산 정상에 있는 도리천의 왕으로, 사천왕과 32신(神)을 통솔한다고 함. (7)염마천(焰摩天). 죽은 이의 생전의 행적에 따라 상벌을 준다는 저승의 왕. (8)범천(梵天). 색계 초선천의 왕. (9)비사문천(毘沙門天). 수미산 중턱의 북쪽을 지키는 신. (10)나찰천(羅刹天). 나찰과 나찰녀를 다스리는 신. (11)일천(日天). 태양신. (12)월천(月天). 달을 신격화한 명칭.

십이품경(十二品經) 십이부경(十二部經)과 같음.

십이합장(十二合掌) 열두 가지 형식의 합장. (1)견실심합장(堅實心合掌). 두 손을 펴고 위로 세워서 틈이 없이 서로 합친 손 모양. (2)허심합장(虛心合掌). 두 손을 펴고 위로 세워서 틈이 조금 있게 서로 합친 손 모양. (3)미개련합장(未開蓮合掌). 두 손을 펴고 위로 세워서 서로 합치면서 두 손바닥 사이를 텅 비게 하여 마치 연꽃 봉오리 같은 손 모양. (4)초할련합장(初割蓮合掌). 두 손을 펴고 위로 세워서 서로 합치면서 두 엄지손가락과 두 새끼손가락은 붙이고 나머지 손가락은 떨어지게 함으로써 마치 연꽃이 피기 시작하는 것 같은 손 모양. (5)현로합장(顯露合掌). 두 손바닥을 위로 향하게 펴서 두 새끼손가락을 붙인 손 모양. (6)지수합장(持水合掌). 두 손을 위로 향하게 펴서 두 새끼손가락을 붙인 상태에서, 두 엄지손가락 외의 여덟 손가락을 굽혀 각각 대응하는 손가락 끝을 서로 맞붙여 마치 물을 움키는 손 모양. (7)귀명합장(歸命合掌). 두 손을 위로 세우고 오른손 다섯 손가

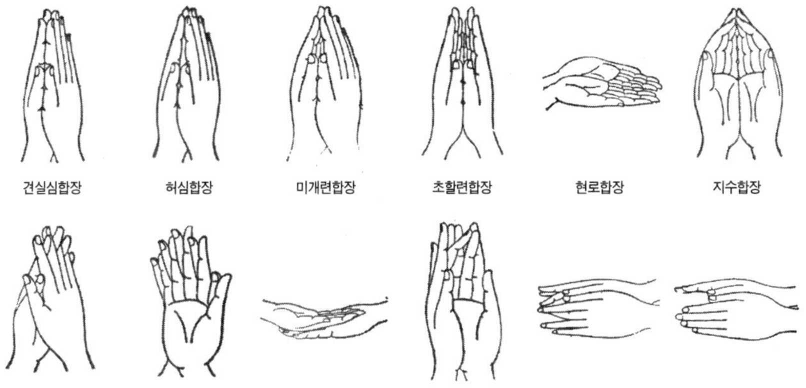

십이합장

락과 왼손 다섯 손가락을 교차시킨 손 모양. (8)반차합장(反叉合掌). 두 손을 위로 세워서 두 손등을 붙이고 오른손 다섯 손가락과 왼손 다섯 손가락을 서로 교차시킨 손 모양. (9)반배호상착합장(反背互相著合掌). 왼손 손바닥을 아래로 향하게 하고 왼손등에 오른손등을 붙인 손 모양. (10)횡주지합장(横柱指合掌). 두 손을 위로 향하게 하고 두 가운뎃손가락의 끝을 서로 붙인 손 모양. (11)부수향하합장(覆手向下合掌). 두 손바닥을 나란히 아래로 향하게 하여 두 엄지손가락을 붙이고 두 가운뎃손가락의 끝을 서로 붙인 손 모양. (12)부수합장(覆手合掌). 두 손바닥을 나란히 아래로 향하게 하여 두 엄지손가락을 서로 붙인 손 모양.

십이행상(十二行相) 삼전십이행상(三轉十二行相)과 같음.

십일면관음(十一面觀音) 인도에서 성립한 최초의 변화 관음으로, 11면은 머리 부분에 있는 11가지 얼굴을 가리킴. 여러 가지 얼굴 모습은 다양한 중생을 교화하는 방편을 상징함.

십일면관음

십일지(十一智) 십지(十智)에, 모든 현상을 있는 그대로 주시하는 부처의 지혜인 여실지(如實智)를 더한 것.

십일체입(十一切入) 십변처(十遍處)와 같음.

십일체처(十一切處) 십변처(十遍處)와 같음.

십자금강(十字金剛) 갈마금강(羯磨金剛)과 같음.

십재일(十齋日) 재가(在家)의 신도가 몸과 마음을 깨끗이 하고 팔재계(八齋戒)를 지키며 정진하는 날. 음력 매월 1·8·14·15·18·23·24·28·29·30일.

십전(十纏) 근본 번뇌에 부수적으로 일어나는 열 가지 번뇌. (1)무참(無慚). 자신의 죄나 허물에 대해 스스로 부끄러움이 없음. (2)무괴(無愧). 죄를 저지르고도 남에 대하여 부끄러움이 없음. (3)질(嫉). 남을 질투하고 시기함. (4)간(慳). 인색함. 남에게 베풀지 않음. (5)회(悔). 후회함. (6)수면(睡眠). 마음이 어둡고 자유롭지 못함. (7)도거(掉擧). 마음이 들뜨고 혼란스러움. (8)혼침(惛沈). 마음이 혼미하고 침울함. (9)분(忿). 자신의 마음에 맞지 않는 대상에 대해 성냄. (10)부(覆). 자신의 이익과 명예의 상실을 두려워하여 자신이 저지른 죄를 감춤.

십종(十宗) ⇒ 오교십종(五教十宗)

십종공양(十種供養) 불(佛)·법(法)·승(僧)의 삼보(三寶)에 바치는 열 가지 물건. 곧, 꽃·향·영락(瓔珞)·말향(抹香)·도향(塗香)·소향(燒香)·증개(繒蓋)·당번(幢幡)·의복·기악(伎樂).

십종법행(十種法行) 십법행(十法行)과 같음.

십주(十住) 보살이 닦는 열 가지 수행 단계. 진리에 안주하는 단계라는 뜻으로 주(住)라고 함. (1)발심주(發心住). 공(空)을 주시하여 청정한 지혜를 일으킴. (2)치지주(治地住). 공(空)을 주시하면서 마음의 바탕을 청정하게 다스림. (3)수행주(修行住). 온갖 선행(善行)을 닦음. (4)생귀주(生貴住). 부처의 기운이 생겨 성품이 청정해짐. (5)방편구족주(方便具足住). 한량없는 방편을 원만하게 닦음. (6)정심주(正心住). 지혜를 성취하여 바른 마음에 안주함. (7)불퇴주(不退住). 공(空)의 이치를 체득하여 거기에서 물러나지 않음. (8)동진주(童眞住). 깨달음을 구하는 마음을 깨뜨리지 않는 것이 마치 동자의 천진함과 같음. (9)법왕자주(法王子住). 부처의 가르침에 따르므로 지혜가 생겨 미래에 부처가 될 만함. (10)관정주(灌頂住). 공(空)을 주시함으로써 생멸을 떠난 지혜를 얻음.

십중계(十重戒) 십중금계(十重禁戒)와 같음.

십중관법(十重觀法) 십승관법(十乘觀法)과 같음.

십중금(十重禁) 십중금계(十重禁戒)와 같음.

십중금계(十重禁戒) 보살이 지켜야 할 가장 무거운 열 가지 계율. (1)불살계(不殺戒). 살아 있는 것을 죽이지 말라. (2)부도계(不盜戒). 훔치지 말라. (3)불음계(不婬戒). 음란한 짓을 하지 말라. (4)불망어계(不妄語戒). 거짓말하지 말라. (5)불고주계(不酤酒戒). 술을 팔지 말라. (6)불설사중과계(不說四衆過戒). 비구·비구니·우바새·우바이의 허물을 말하지 말라. (7)부자찬훼타계(不自讚毁他戒). 자기를 칭찬하고 남을 헐뜯지 말라. (8)불간석가훼계(不慳惜加毁戒). 자기 것을 아끼려고 남을 헐뜯지 말라. (9)부진심불수회(不瞋心不受悔). 성내어 남이 참회하는 것을 거부하지 말라. (10)불방삼보계(不謗三寶戒). 삼보를 비방하지 말라.

십중바라제목차(十重波羅提木叉) 십중금계(十重禁戒)와 같음.

십지(十地) ①성문·연각·보살의 삼승이 공통으로 닦는 열 가지 수행 단계. (1)건혜지(乾慧地). 지혜는 있지만 아직 선정(禪定)의 물이 스며들어 있지 않음. (2)성지(性地). 모든 현상을 있는 그대로 보아 그릇된 견해를 일으키지 않으며 지혜와 선정이 함께 함. (3)팔인지(八人地). 팔인(八人)은 팔인(八忍)과 같음. 곧, 욕계의 사제(四諦)와 색계·무색계의 사제를 명료하게 주시하여 그것에 대한 미혹을 끊고 확실하게 인정함. (4)견지(見地). 욕계·색계·무색계의 견혹(見惑)을 끊어 다시 범부의 상태로 후퇴하지 않는 경지. (5)박지(薄地). 욕계의 수혹(修惑)을 대부분 끊음. (6)이욕지(離欲地). 욕계의 수혹(修惑)을 완전히 끊음. (7)이작지(已作地). 욕계·색계·무색계의 모든 번뇌를 완전히 끊음. (8)벽지불지(辟支佛地). 스승 없이 홀로 연기(緣起)의 이치를 주시하여 깨달음을 성취함. (9)보살지(菩薩地). 보살이 처음 발심하여 깨달음을 이루기 전까지의 수행 과정. (10)불지(佛地). 모든 번뇌를 완전히 끊어 열반을 성취한 부처의 경지. ②보살이 수행 과정에서 거치는 열 가지 단계. (1)환희지(歡喜地). 선근과 공덕을 원만히 쌓아 비로소 성자의 경지에 이르러 기쁨에 넘침. (2)이구지(離垢地). 계율을 잘 지켜 마음의 때를 벗음. (3)발광지(發光地). 점점 지혜의 광명이 나타남. (4)염혜지(焰慧地). 지혜의 광명이 번뇌를 태움. (5)난승지(難勝地). 끊기 어려운 미세한 번뇌를 소멸시킴. (6)현전지(現前地). 연기(緣起)에 대한 지혜가 바로 눈앞에 나타남. (7)원행지(遠行地). 미혹한 세계에서 멀리 떠남. (8)부동지(不動地). 모든 것에 집착하지 않는 지혜가 끊임없이 일어나 결코 번뇌에 동요하지 않음. (9)선혜지(善慧地). 걸림 없는 지혜로써 두루 가르침을 설함. (10)법운지(法雲地). 지혜의 구름이 널리 진리의 비를 내림. 구름이 비를 내리듯, 부처의 가르침을 널리 중생들에게 설함.

십지(十智) 모든 지혜를 열 가지로 나눈 것. (1)세속지(世俗智). 세속의 일을 아는 지혜. (2)법지(法智). 욕계의 사제(四諦)를 체득한 지혜. (3)유지(類智). 색계·무색계의 사제(四諦)를 체득한 지혜. (4)고지(苦智). 욕계·색계·무색계의 고제(苦諦)를 체득한 지혜. (5)집지(集智). 욕계·색계·무색계의 집제(集諦)를 체득한 지혜. (6)멸지(滅智). 욕계·색계·무색계의 멸제(滅諦)를 체득한 지혜. (7)도지(道智). 욕계·색계·무색계의 도제(道諦)를 체득한 지혜. (8)타심지(他心智). 남의 마음을 아는 지혜. (9)진지(盡智). 자신은 이미 고(苦)를 알았고, 집(集)을 끊었고, 멸(滅)을 체득했고, 도(道)를 닦았다고 아는 지혜. (10)무생지(無生智). 자신은 이미 고(苦)를 알았기 때문에 다시 알 필요가 없고, 집(集)을 끊었기 때문에 다시 끊을 필요가 없고, 멸(滅)을 체득했기 때문에 다시 체득할 필요가 없고, 도(道)를 닦았기 때문에 다시 닦을 필요가 없다고 아는 지혜.

십지경론(十地經論) 12권. 세친(世親) 지음. 북위(北魏)의 보리류지(菩提流支)·늑나마제(勒那摩提) 번역. 화엄경의 십지품(十地品)을 풀이한 저술.

십지론(十地論) 십지경론(十地經論)의 준말.

십지만심(十地滿心) 수행을 마친 보살.

십팔계(十八界) 계(界, ⓢdhātu)는 요소를 뜻함. 인식을 성립시키는 열여덟 가지 요소. 곧, 감각하거나 의식하는 여섯 가지 기관·기능인 육근(六根)과, 그 기관·기능의 대상인 육경(六境)과, 그 기관·기능에 따라 대상을 식별하는 여섯 가지 마음 작용인 육식(六識)을 말함. (1)안계(眼界). 모양이나 빛깔을 보는 시각 기관인 눈. (2)이계(耳界). 소리를 듣는 청각 기관인 귀. (3)비처(鼻界). 향기를 맡는 후각 기관인 코. (4)설계(舌界). 맛을 느끼는 미각 기관인 혀. (5)신계(身界). 추위나 아픔 등을 느끼는 촉각 기관인 몸. (6)의계(意界). 의식 기능. (7)색계(色界). 눈으로 볼 수 있는 대상인 모양이나 빛깔. (8)성계(聲界). 귀로 들을 수 있는 대상인 소리. (9)향계(香界). 코로 맡을 수 있는 대상인 향기. (10)미계(味界). 혀로 느낄 수 있는 대상인 맛. (11)촉계(觸界). 몸으로 느낄 수 있는 대상인 추위나 촉감 등. (12)법계(法界). 의식 내용. 관념. (13)안식계(眼識界). 시각 기관〔眼〕으로 시각 대상〔色〕을 식별하는 마음 작용. (14)이식계(耳識界). 청각 기관〔耳〕으로 청각 대상〔聲〕을 식별하는 마음 작용. (15)비식계(鼻識界). 후각 기관〔鼻〕으로 후각 대상〔香〕을 식별하는 마음 작용. (16)설식계(舌識界). 미각 기관〔舌〕으로 미각 대상〔味〕을 식별하는 마음 작용. (17)신식계(身識界). 촉각 기관〔身〕으로 촉각 대상〔觸〕을 식별하는 마음 작용. (18)의식계(意識界). 의식 기능〔意〕으로 의식 내용〔法〕을 식별·인식하는 마음 작용.

십팔공(十八空) 공(空)을 열여덟 가지로 나눈 것. (1)내공(內空). 육내입처(六內入處), 곧 안(眼)·이(耳)·비(鼻)·설(舌)·신(身)·의(意)의 분별 작용이 끊어진 상태. (2)외공(外空). 육외입처(六外入處), 곧 색(色)·성(聲)·향(香)·미(味)·촉(觸)·법(法)에 대한 분별이 끊어진 상태. (3)내외공(內外空). 육내입처(六內入處)의 분별 작용도 끊어지고, 육외입처(六外入處)에 대한 분별도 끊어진 상태. (4)공공(空空). 공(空)에 대한 분별이나 집착이 끊어진 상태. (5)대공(大空). 시방세계(十方世界)에 대한 분별이 끊어진 상태. (6)제일의공(第一義空). 분별을 끊고, 대상을 있는 그대로 파악하는 상태. (7)유위공(有爲空). 여러 인연으로 모이고 흩어지는 현상에 대한 분별이 끊어진 상태. (8)무위공(無爲空). 온갖 분별과 번뇌가 끊어진 열반의 상태. 분별과 망상이 소멸된 열반의 상태. (9)필경공(畢竟空). 모든 현상에 대한 분별이 완전히 끊어진 상태. (10)무시공(無始空). 시작을 알 수 없는 아주 먼 과거부터 존재하는 현상에 대한 분별이 끊어진 상태. (11)산공(散空). 일시적으로 모였다가 흩어져 파괴되는 현상에 대한 분별이 끊어진 상태. (12)성공(性空). 모든 현상의 본성에 대한 분별이 끊어진 상태. (13)자상공(自相空). 대상의 고유한 특성에 대한 분별이 끊어진 상태. (14)제법공(諸法空). 모든 현상에 대한 분별이 끊어진 상태. (15)불가득공(不可得空). 인식 작용이 끊어진 상태. (16)무법공(無法空). 과거와 미래의 현상에 대한 분별이 끊어진 상태. (17)유법공(有法空). 현재의 현상에 대한 분별이 끊어진 상태. (18)무법유법공(無法有法空). 과거와 미래와 현재의 모든 현상에 대한 분별이 끊어진 상태.

십팔대경(十八大經) 바라문교의 열여덟 가지 문헌. (1)하력피타(荷力皮陀). ⓢṛg-veda의 음사. 신들에 대한 찬가(讚歌)를 집대성한 바라문교의 기본 성전. (2)야수피타(冶受皮陀). ⓢyajur-veda의 음사. 신들에게 지내는 제사에 필요한 축문(祝文)을 모은 문헌. (3)삼마피타(三摩皮陀). ⓢsāma-veda의 음사. 리그베다에서 가려 뽑은 찬가에 멜로디를 붙인 성가곡집. (4)아달피타(阿闥皮陀). ⓢatharva-veda의 음사. 재앙을 물리치고 복을 구하는 주문(呪文)을 모은 문헌. (5)식차론(式叉論). ⓢśikṣā의 음사. 음운학(音韻學)에 대한 문헌. (6)비가라론(毘伽羅論). ⓢvyākaraṇa의 음사. 문법학에 대한 문헌. (7)가랄파론(柯剌波論). ⓢkalpa의 음사. 의식(儀式)의 규칙에 대한 문헌. (8)수저사론(竪底沙論). ⓢjyotiṣa의 음사. 천문학에 대한 문헌. (9)천타론(闡陀論). ⓢchandas의 음사. 시(詩)를 짓는 법에 대한 문헌. (10)이록다론(尼鹿多論). ⓢnirukta의 음사. 어원학(語源學)에 대한 문헌. (11)미망사론(眉亡娑論). ⓢmīmāṃsa의 음사. 제사 지내는 의식에 대한 문헌. (12)나사비살다론(那邪毘薩多論). 논리학에 대한 문헌. (13)이저가사론(伊底呵娑論). ⓢitihāsa의 음사. 전설·고사(故事)에 대한 문헌. (14)승거론(僧佉論). ⓢsāṃkhya의 음사. 상캬 학파에서 설하는 이십오제(二十五諦)를 밝힌 문헌. (15)과가론(課伽論). ⓢyoga의 음사. 마음을 집중시켜 산란하지 않게 하는 방법을 설한 문헌. (16)타토론(陀菟論). ⓢdhanus의 음사. 활 쏘는 법을 설명한 문헌. (17)건달파론(犍闥婆論). ⓢgandharva의 음사. 음악에 대한 문헌. (18)아수론(阿輸論). ⓢāyus의 음사. 의학에 대한 문헌.

십팔명처(十八明處) 십팔대경(十八大經)과 같음.

십팔물(十八物) 대승의 비구가 늘 휴대해야 할 열여덟 가지 물건. 치아를 닦는 버들가지〔楊枝〕, 콩이나 팥을 갈아 만든 가루비누〔澡豆〕, 삼의(三衣), 물병〔甁〕, 식기〔鉢〕, 앉거나 누울 때 까는 직사각형의 베〔坐具〕, 꼭지에 쇠고리가 달린 지팡이〔錫杖〕, 향로(香爐), 물을 거르는 주머니〔漉水囊〕, 수건, 머리카락이나 베를 자르기 위한 작은 칼〔刀子〕, 부싯돌〔火燧〕, 코털을 뽑는 작은 집게〔鑷子〕, 앉거나 누울 때 사용하는 노끈으로 만든 직사각형의 자리〔繩牀〕, 경(經), 계율을 모아 종류별로 나누어 열거한 조문(條文)〔율(律)〕, 불상, 보살상.

십팔불공법(十八不共法) 부처만이 갖추고 있는 열여덟 가지 특징. ①부파 불교에서 설함. 십력(十力)과 사무외(四無畏)와 삼염주(三念住)와 대비(大悲). (1)처비처지력(處非處智力). 이치에 맞는 것과 맞지 않는 것을 분명히 구별하는 능력. (2)업이숙지력(業異熟智力). 선악의 행위와 그 과보를 아는 능력. (3)정려해탈등지등지지력(靜慮解脫等持等至智力).

모든 선정(禪定)에 능숙함. (4)근상하지력(根上下智力). 중생의 능력이나 소질의 우열을 아는 능력. (5)종종승해지력(種種勝解智力). 중생의 여러 가지 뛰어난 판단을 아는 능력. (6)종종계지력(種種界智力). 중생의 여러 가지 근성을 아는 능력. (7)변취행지력(遍趣行智力). 어떠한 수행으로 어떠한 상태에 이르게 되는지를 아는 능력. (8)숙주수념지력(宿住隨念智力). 중생의 전생을 기억하는 능력. (9)사생지력(死生智力). 중생이 죽어 어디에 태어나는지를 아는 능력. (10)누진지력(漏盡智力). 번뇌를 모두 소멸시키는 능력. (11)정등각무외(正等覺無畏). 바르고 원만한 깨달음을 이루었으므로 두려움이 없음. (12)누영진무외(漏永盡無畏). 모든 번뇌를 끊었으므로 두려움이 없음. (13)설장법무외(說障法無畏). 끊어야 할 번뇌에 대해 설하므로 두려움이 없음. (14)설출도무외(說出道無畏). 미혹을 떠나는 수행 방법을 설하므로 두려움이 없음. (15)제일염주(第一念住). 중생의 공경을 받아도 기뻐하지 않고 바른 기억과 바른 지혜에 안주함. (16)제이염주(第二念住). 중생의 공경을 받지 않아도 근심하지 않고 바른 기억과 바른 지혜에 안주함. (17)제삼염주(第三念住). 어떤 중생에게는 공경 받고 어떤 중생에게는 공경 받지 않아도 기뻐하거나 근심하지 않고 바른 기억과 바른 지혜에 안주함. (18)대비(大悲). 항상 중생의 고통을 덜어 주려고 함. ②대승에서 설함. (1)신무실(身無失). 몸으로 짓는 행위에 허물이 없음. (2)구무실(口無失). 입에서 비롯되는 말에 허물이 없음. (3)염무실(念無失). 기억이나 생각에 허물이 없음. (4)무이상(無異想). 모든 중생에 대해 평등한 마음을 가짐. (5)무부정심(無不定心). 중생의 산란한 마음을 없애 줌. (6)무부지이사심(無不知已捨心). 중생을 모른 체 내버려 두지 않고 구제함. (7)욕무감(欲無減). 중생을 구제하려는 의지가 줄어들지 않음. (8)정진무감(精進無減). 수행에 퇴보가 없음. (9)염무감(念無減). 기억력이 감퇴하지 않음. (10)혜무감(慧無減). 지혜가 쇠퇴하지 않음. (11)해탈무감(解脫無減). 모든 집착을 떠난 해탈의 경지에서 퇴보하지 않음. (12)해탈지견무감(解脫知見無減). 모든 해탈을 명료하게 알아 부족함이 없음. (13)일체신업수지혜행(一切身業隨智慧行). 모든 행위는 지혜를 수반함. (14)일체구업수지혜행(一切口業隨智慧行). 모든 말은 지혜를 수반함. (15)일체의업수지혜행(一切意業隨智慧行). 모든 생각은 지혜를 수반함. (16)지혜지견과거세무애무장(智慧知見過去世無礙無障). 과거세의 모든 것을 알아 막힘이 없음. (17)지혜지견미래세무애무장(智慧知見未來世無礙無障). 미래세의 모든 것을 알아 막힘이 없음. (18)지혜지견현재세무애무장(智慧知見現在世無礙無障). 현재세의 모든 것을 알아 막힘이 없음.

십팔불공불법(十八不共佛法) 십팔불공법(十八不共法)과 같음.

십팔유학(十八有學) 아직 번뇌가 남아 있어, 아라한(阿羅漢)의 경지에 이르기 위해서는 더 수행해야 하는 견도(見道)·수도(修道)의 성자(聖者)를 열여덟 가지로 나눈 것. (1)수신행(隨信行). 남에게 부처의 가르침을 듣고 믿어, 그것에 따라 수행하여 견도에 이른 성자. (2)수법행(隨法行). 스스로 부처의 가르침에 따라 수행하여 견도에 이른 성자. (3)신해(信解). 남에게 부처의 가르침을 듣고 믿어, 그것에 따라 수행하여 수도에 이른 성자. (4)견지(見至). 스스로 부처의 가르침에 따라 수행하여 수도에 이른 성자. (5)신증(身證). 마음 작용을 소멸시켜 몸으로 고요한 즐거움을 체득하여 수도에 이른 성자. (6)가가(家家). 집에서 집에 이른다는 뜻으로, 인간계에서 천상의 경지에 이르고 천상의 경지에서 인간계에 이르는 것을 의미함. 욕계의 수혹(修惑)을 조금 끊은 일래향(一來向)의 성자. 이 성자는 수혹을 완전히 끊지 못했기 때문에 한번 천상의 경지에 이르렀다가 다시 인간계에 이른다고 함. (7)일간(一間). 욕계의 수혹(修惑)을 대부분 끊었으나 아직 수혹이 남아 있어 욕계에서 다시 미혹한 생존을 한다는 불환향(不還向)의 성자. (8)예류향(預流向). 욕계·색계·무색계의 견혹(見惑)을 끊기 위해 수행하는 성자. (9)예류과(預流果). 욕계·색계·무색계의 견혹(見惑)을 끊은 성자. (10)일래향(一來向). 욕계의 수혹(修惑)을 끊기 위해 수행하는 성자. (11)일래과(一來果). 욕계의 수혹(修惑)을 대부분 끊은 성자. (12)불환향(不還向). 욕계의 수혹(修惑)을 완전히 끊기 위해 수행하는 성자. (13)불환과(不還果). 욕계의 수혹(修惑)을 완전히 끊은 성자. (14)중반(中般). 욕계에서 색계에 이르는 도중에 완전한 열반을 이루는 불환과(不還果)의 성자. (15)생반(生般). 색계에서 곧바로 완전한 열반을 이루는 불환과(不還果)의 성자. (16)유행반(有行般). 색계에서 오랫동안 수행하여 완전한 열반을 이루는 불환과(不還果)의 성자. (17)무행반(無行般). 색계에서 수행하지 않아도 오랜 시간이 지나면 저절로 완전한 열반을 이루는 불환과(不還果)의 성자. (18)상류반(上流般). 색계의 맨 밑에 있는 범중천(梵衆天)에서 색계의 맨 위에 있는 색구경천(色究竟天)이나 무색계의 맨 위에 있는 유정천(有頂天)에 이르러 완전한 열반을 이루는 불환과(不還果)의 성자.

십팔학인(十八學人) 십팔유학(十八有學)과 같음.

십해(十解) 십주(十住)와 같음.

십행(十行) 보살이 수행하는 열 가지 이타행. (1)환희행(歡喜行). 남에게 베풀어 기쁘게 함. (2)요익행(饒益行). 모든 중생을 이익되게 함. (3)무에한행(無恚恨行). 인욕을 닦아 성내지 않고 참음. (4)무진행(無盡行). 끊임없이 가르침을 구하고 중생을 제도함. (5)이치란행(離癡亂行). 바른 생각을 하여 어리석지 않고 혼란스럽지 않음. (6)선현행(善現行). 청정한 행위를 하여 중생을 교화함. (7)무착행(無著行). 모든 것에 집착하지 않음. (8)존중행(尊重行). 행하기 어려운 청정한 행위를 존중하여 그것을 성취함. (9)선법행(善法行). 바른 가르침을 지키고 보호함. (10)진실행(眞實行). 가르친 대로 행하고 행한 대로 가르쳐 말과 행동이 일치함.

십행심(十行心) 십행(十行)과 같음.

십향(十向) 십회향(十廻向)의 준말.

십허(十虛) 시방허공(十方虛空)의 준말로, 무한한 공간을 뜻함.

십현문(十玄門) 십현연기(十玄緣起)와 같음.

십현연기(十玄緣起) 모든 현상은 걸림 없이 서로가 서로를 받아들이고, 서로가 서로를 비추면서 융합하고 있다는 사사무애법계(事事無礙法界), 곧 법계연기(法界緣起)를 열 가지 방면으로 설명한 화엄학의 관점. (1)동시구족상응문(同時具足相應門). 낱낱의 현상은 동시에 모든 것을 충분히 갖추고 서로 원만히 조화를 이루고 있음. (2)광협자재무애문(廣狹自在無礙門). 모든 현상에 넓고 좁음이 있으나 서로 걸림이 없고 자유로움. (3)일다상용부동문(一多相容不同門). 하나와 많은 것이 서로 융합하면서 각각의 특징을 잃지 않음. (4)제법상즉자재문(諸法相卽自在門). 모든 현상의 본체는 서로 걸림이 없고 자유로움. (5)은밀현료구성문(隱密顯了俱成門). 숨은 것과 드러난 것이 함께 이루어져 있음. 곧, 하나가 많은 것을 포섭하면 하나가 드러나자 많은 것이 숨고, 많은 것이 하나를 포섭하면 많은 것이 드러나자 하나가 숨는다는 뜻. (6)미세상용안립문(微細相容安立門). 미세한 현상이 다른 현상에 포용되면서 또 다른 현상을 포용하고, 미세한 현상끼리도 서로 방해하지 않고 질서 정연함. (7)인다라망경계문(因陀羅網境界門). 제석(帝釋)의 궁전에 걸려 있는 보배 그물의 마디마디에 있는 구슬이 끝없이 서로가 서로를 반사하고, 그 반사가 또 서로를 반사하여 무궁무진하듯이, 모든 현상은 서로가 서로를 끝없이 포용하면서 또 포용됨. (8)탁사현법생해문(託事顯法生解門). 마치 한 떨기 꽃을 보고 장엄한 우주를 느끼듯, 한 현상에 의해 무궁무진한 진리를 알게 됨. (9)십세격법이성문(十世隔法異成門). 과거·현재·미래의 각각에 삼세(三世)가 있어 구세(九世)가 되고, 이 구세는 한 생각에 지나지 않으므로 구세와 한 생각을 합하여 십세(十世)라고 함. 따라서 한 생각이 무량겁(無量劫)이고, 무량겁이 한 생각이지만 십세는 또 각각 뚜렷이 구별됨. (10)주반원명구덕문(主伴圓明具德門). 어느 한 현상도 스스로 생겨나거나 독립해서 존재하는 것은 없고, 서로서로 주체가 되고 객체가 되어 모든 덕을 원만히 갖추고 있음.

십호(十號) 부처의 열 가지 호칭. (1)여래(如來). 진리에서 온 자. 진리에 이른 자. 진리에 머무는 자. (2)응공(應供). 마땅히 공양 받아야 할 자. (3)정변지(正遍知). 바르고 원만하게 깨달았다는 뜻. (4)명행족(明行足). 지혜와 수행을 완성하였다는 뜻. (5)선서(善逝). 깨달음에 잘 이르렀다는 뜻. (6)세간해(世間解). 세간을 모두 잘 안다는 뜻. (7)무상사(無上士). 그 위에 더 없는, 최상의 사람. (8)조어장부(調御丈夫). 모든 사람을 잘 다루어 깨달음에 들게 한다는 뜻. (9)천인사(天人師). 신(神)과 인간의 스승. (10)불(佛). 깨달은 사람. (11)세존(世尊). 모든 복덕을 갖추고 있어서 세상 사람들의 존경을 받는 자. 세간에서 가장 존귀한 자.

이와 같이 열한 가지이지만 여래를 제외하거나, 세간해와 무상사를 하나로 하거나, 무상사와 조어장부를 하나로 하거나, 불과 세존을 하나로 하여 열 가지로 함.

십회향(十廻向) 보살이 닦은 공덕을 널리 중생에게 돌리는 열 가지. (1)구호일체중생리중생상회향(救護一切衆生離衆生相廻向). 공덕을 중생에게 돌려 모든 중생을 차별하지 않고 구제하고 보호함. (2)불괴회향(不壞廻向). 굳은 믿음을 중생에게 돌려 중생이 이익을 얻게 함. (3)등일체불회향(等一切佛廻向). 모든 부처가 한 것과 같이 공덕을 중생에게 돌려 줌. (4)지일체처회향(至一切處廻向). 자신이 닦은 청정한 일을 두루 중생에게 이르게 함. (5)무진공덕장회향(無盡功德藏廻向). 끊없는 공덕을 중생에게 돌려 중생이 그 공덕을 얻도록 함. (6)수순평등선근회향(隨順平等善根廻向). 자신이 닦은 청정한 일을 중생에게 돌려 중생이 청정한 일을 하게 함. (7)수순등관일체중생회향(隨順等觀一切衆生廻向). 자신이 닦은 모든 청정한 일을 중생에게 돌려 모든 중생을 이익되게 함. (8)여상회향(如相廻向). 자신이 닦은 청정한 일을 있는 그대로 중생에게 돌려 줌. (9)무박무착해탈회향(無縛無著解脫廻向). 모든 대상에 집착하지 않고 해탈한 마음으로 자신이 닦은 청정한 일을 중생에게 돌려 줌. (10)법계무량회향(法界無量廻向). 한량없는 청정한 일을 거듭 닦아 이를 중생에게 돌려 중생을 진리의 세계에 들게 함.

십회향심(十廻向心) 십회향(十廻向)과 같음.

십흑업도(十黑業道) 흑(黑)은 악(惡)을 뜻함. 십악(十惡)과 같음.

싯다르타(siddhārtha) 목적을 달성한다는 뜻. 석가모니가 출가하기 전 태자(太子) 때의 이름.

쌍계사(雙溪寺) ①충남 논산시 가야곡면 중산리 작봉산 북쪽 기슭에 있는 절. 마곡사(麻谷寺)의 말사. 고려 초에 창건하고, 1739년에 중축함. 문화재 : 대웅전. ②전남 진도군 사천리 첨찰산 남서쪽 기슭에 있는 절. 대흥사(大興寺)의 말사. 857년에 신라의 도선(道詵)이 창건하고, 1648년에 중축함. 문화재 : 대웅전.

쌍계사(雙磎寺) 경남 하동군 지리산 남서쪽 자락에 있는 절. 대한불교조계종 제13교구 본사. 723년에 신라의 삼법(三法)이 창건하여 옥천사(玉泉寺)라 하고, 840년에 진감(眞鑑)이 크게 중축하고, 정강왕(886-887) 때 쌍계사로 이름을 바꿈. 1592년 임진왜란 때 대부분 불타고, 1632년에 다시 지음. 문화재 : 진감선사대공탑비(眞鑑禪師大空塔碑)·부도(浮屠)·대웅전·팔상전영산회상도(八相殿靈山會上圖) 등.

쌍림(雙林) 사라쌍수(娑羅雙樹)와 같음.

쌍림열반상(雙林涅槃相) 팔상(八相)의 하나. 석가모니가 사라쌍수(沙羅雙樹) 아래에서 열반에 드는 모습.

쌍봉사(雙峰寺) 전남 화순군 이양면 중조산(계당산) 서쪽 기슭에 있는 절. 송광사(松廣寺)의 말사. 창건 연대는 알 수 없고, 839년에 신라의 혜철(惠哲)이 당(唐)에서 귀국하여 하안거(夏安居)를 지내고, 847년에 당(唐)에서 귀국한 철감 도윤(澈鑑道允, 798-868)이 머물면서 선풍을 크게 일으킴. 1095년경에 허물어진 절을 혜조(慧照)가 다시 짓고, 공민왕(1351-1374) 때 중축함. 1592년 임진왜란 때 불타고, 1628년에 다시 짓고, 1667년과 1724년에 중축함. 1984년에 대웅전이 불타고, 1986년에 복원함. 문화재 : 철감선사탑(澈鑑禪師塔)·철감선사탑비(澈鑑禪師塔碑).

쌍봉화상(雙峰和尙) ⇒ 도윤(道允)

쌍수(雙樹) 사라쌍수(娑羅雙樹)와 같음.

아(阿) ⇒ 아훔(阿吽)

아(我) ①ⓢaham 나. ②ātman 호흡. 생명. ③ⓢātman 자아. 자기. 신체. 개체. 주체. 인식 주관. ④ⓢātman 변하지 않는 실체·본체. 변하지 않고 항상 독자적으로 존속하는 실체·본체. 변하지 않는 고유한 본질. 변하지 않고 소멸하지 않는 자아(自我). ⑤ⓢātma-grāha 자아에 대한 집착. ⑥ⓢahaṃkāra 자의식. 아만(我慢).

아가(阿伽) ①ⓢargha의 음사. 불전에 바치는 청정한 물, 또는 그것을 담는 그릇. ②ⓢagha의 음사. 서로 반대되는 두 가지 뜻이 있음. 극애(極礙)라고 번역, 형체 있는 물질. 또는 무애(無礙)라고 번역, 허공과 같이 형체 없는 물질.

아가니타(阿迦尼吒·阿迦膩吒) ⓢakaniṣṭha의 음사. 색계 17천(天) 가운데 가장 위에 있으므로 색구경(色究竟)이라 번역. 형상에 얽매여 있는 경지의 가장 위에 있으므로 유정천(有頂天)이라고도 함.

아가마(āgama) ⇒ 아함경(阿含經)

아가사(阿伽奢) ⓢākāśa의 음사. 허공.

아가이타(阿迦貳吒) 아가니타(阿迦尼吒)와 같음.

아가타(阿伽陀) ⓢagada의 음사. ①a는 부정의 뜻, gada는 병(病). 따라서 무병·건강, 특히 불사(不死)를 뜻함. ②약 이름. 이 약은 중생의 병을 두루 거두어 가므로 보거(普去), 이 약의 가치는 한량없으므로 무가(無價)라고 번역. 해독제. 불사약.

아갈타(阿竭陀) 아가타(阿伽陀)와 같음.

아건다(阿犍多) ⓢāgantuka의 음사. 한곳에 머무르지 않고 떠돌아다니는 수행승.

아걸차야구세(阿乞叉野句勢) ⓢakṣaya-kośa의 음사. 끝없이 많음. 무진장.

아견(我見) ①나라는 견해. 자아(自我)라는 견해. ②나에 변하지 않는 고유한 실체가 있다고 집착하는 그릇된 견해. 자아(自我)에 변하지 않고 항상 독자적으로 존속하는 실체가 있다고 집착하는 그릇된 견해.

아견신박(我見身縛) 사박(四縛)의 하나. 자아(自我)에 변하지 않는 실체가 있다는 견해에 집착함으로써 그릇된 짓을 저질러 괴로운 생존에서 벗어나지 못함.

아견훈습(我見熏習) 나에 변하지 않는 고유한 실체가 있다고 집착하는 그릇된 견해가 아뢰야식(阿賴耶識)에 잠재력으로 스며드는 현상.

아고(阿家) 아(阿)는 친밀감을 나타내는 어조사. 고(家)는 고(姑)와 같은 뜻. 시어머니.

아공(我空) ①인간은 오온(五蘊)의 일시적인 화합에 지나지 않으므로 거기에 불변하는 자아(自我)라는 실체가 없음. ②분별하는 인식 주관의 작용이 끊어진 상태.

아공법유(我空法有) 인간은 오온(五蘊)의 일시적인 화합에 지나지 않으므로 거기에 불변하는 자아(自我)라는 실체가 없지만, 모든 현상에는 변하지 않고 소멸하지 않는 실체가 있다는 뜻.

아구로사(阿拘盧奢) ⓢākrośa의 음사. 비난함.

아귀(餓鬼) ⓢpreta 악한 일을 저지르고 탐욕을 일삼은 죄로 아귀도(餓鬼道)에 태어난 귀신. 어떠한 것도 목으로 넘기지 못하는 무재아귀(無財餓鬼), 피·고름·똥·구토물 등 더러운 것만 먹는 소재아귀(小財餓鬼), 사람들이 먹다 남은 찌꺼기만 먹는 다재아귀(多財餓鬼) 등이 있다고 함.

아귀도(餓鬼道) 육도(六道)의 하나. 재물에 인색하거나 음식에 욕심이 많거나 남을 시기·질투하는 자가 죽어서 가게 된다는 곳으로, 늘 굶주림과 목마름으로 괴로움을 겪는다고 함. 섬부주(贍部洲) 밑과 인도(人道)와 천도(天道)에 있다고 함.

아귀유(餓鬼有) 칠유(七有)의 하나. 유(有)는 존재·생존을 뜻함. 늘 굶주림과 목마름으로 괴로움을 겪는 생존.

아귀취(餓鬼趣) 아귀도(餓鬼道)와 같음.

아급마(阿笈摩) 아함(阿含)과 같음.

아기니(阿耆尼) ⓢagni의 음사. 인도 신화에 나오는 불의 신(神). 리그베다(ṛg-veda)에는 인드라(indra) 다음으로 이 신에 대한 찬가가 많음.

아기니국(阿耆尼國) 언기국(焉耆國)과 같음.

아나(阿拏) ⓢaṇu의 음사. 지극히 작음. 극미.

아나가미(阿那伽彌·阿那伽迷) 아나함(阿那含)과 같음.

아나개(阿那箇) 아(阿)는 의문을 나타내는 어조사. 어느 (것). 어떤 (것).

아나반나(阿那般那) 아나파나(阿那波那)와 같음.

아나보저(阿那菩底) ⓢaśvaghoṣa의 음사. 마명(馬鳴)이라 번역. ⇒ 마명(馬鳴)

아나빈기(阿那邠祁) 아나빈저(阿那邠低)와 같음.

아나빈저(阿那邠低) ⓢanāthapiṇḍada ⓟanāthapiṇḍika의 음사. 급고독(給孤獨)이라 번역. 사위성(舍衛城)의 기타(祇陀) 태자에게 황금을 주고 구입한 동산에 기원정사(祇園精舍)를 지어 붓다에게 바친 수달(須達, sudatta)의 별명. 외로운 이에게 항상 옷과 음식을 베풀었으므로 붙여진 별명.

아나아파나(阿那阿波那) 아나파나(阿那波那)와 같음.

아나율(阿那律) ⓢaniruddha의 음사. 십대제자(十大弟子)의 하나. 붓다의 사촌 동생으로, 붓다가 깨달음을 성취한 후 고향에 왔을 때, 아난(阿難)·난타(難陀) 등과 함께 출가함. 통찰력이 깊어 천안제일(天眼第一)이라 일컬음.

아나타답다(阿那陀答多) 아뇩달지(阿耨達池)와 같음.

아나파나(阿那波那) ⓢⓟāna-apāna의 음사. āna는 들숨, apāna는 날숨. 들숨과 날숨을 헤아리거나 거기에 집중하는 수행법.

아나파달다(阿那婆達多) 아뇩달지(阿耨達池)와 같음.

아나파달다용왕(阿那婆達多龍王) 아나파달다(阿那婆達多)는 ⓢanavatapta의 음사, 무열뇌(無熱惱)라고 번역. 팔대용왕(八大龍王)의 하나. 향취산(香醉山)의 남쪽, 대설산(大雪山)의 북쪽에 있다는 아뇩달지(阿耨達池)에 살며, 맑은 물을 흘러내려 섬부주(贍部州)를 비옥하게 한다는 용왕.

아나파답다(阿那婆答多) 아뇩달지(阿耨達池)와 같음.

아나함(阿那含) ⓢⓟanāgāmin의 음사. 불환(不還)·불래(不來)라고 번역. 욕계의 수혹(修惑)을 완전히 끊은 성자. 이 성자는 미래에 색계·무색계의 경지에 이르고 다시 욕계로 되돌아오지 않는다고 하여 불환(不還)이라 함. 이 경지를 아나함과(阿那含果)·불환향(不還果), 이 경지에 이르기 위해 수행하는 단계를 아나함향(阿那含向)·불환향(不還向)이라 함.

아나함과(阿那含果) 성문사과(聲聞四果)의 세 번째 경지. ⇒아나함(阿那含)

아나함도(阿那含道) 아나함의 경지 또는 상태.

아나함향(阿那含向) ⇒아나함(阿那含)

아난(阿難) ⓢānanda의 음사. 환희(歡喜)라 번역. 십대제자(十大弟子)의 하나. 붓다의 사촌 동생으로, 붓다가 깨달음을 성취한 후 고향에 왔을 때 난타(難陀)·아나율(阿那律) 등과 함께 출가함. 붓다의 나이 50여 세에 시자(侍者)로 추천되어 붓다가 입멸할 때까지 보좌하면서 가장 많은 설법을 들어서 다문제일(多聞第一)이라 일컬음. 붓다에게 여성의 출가를 세 번이나 간청하여 허락을 받음. 붓다가 입멸한 직후, 왕사성(王舍城) 밖의 칠엽굴(七葉窟)에서 행한 제1차 결집(結集) 때, 아난이 기억을 더듬어 가며 "이렇게 나는 들었다. 어느 때 붓다께서는 ……"이라는 말을 시작으로 암송하면, 여러 비구들은 아난의 기억이 맞는지를 확인하여 잘못이 있으면 정정한 후, 모두 함께 암송함으로써 경장(經藏)이 결집됨.

아난타(阿難陀) 아난(阿難)과 같음.

아뇩다라삼먁삼보리(阿耨多羅三藐三菩提) ⓢanuttarā-samyak-saṃbodhi ⓟanuttarā-sammāsaṃbodhi의 음사. 무상정각(無上正覺)·무상정등각(無上正等覺)·무상정등정각(無上正等正覺)·무상정변지(無上正遍知)라고 번역. 부처의 깨달음의 경지를 나타내는 말. anuttarā는 위없는, samyak은 바른, 완전한, saṃbodhi는 원만한 깨달음. 곧, 위없는 바르고 원만한 깨달음이라는 뜻.

아뇩다라삼먁삼보리심(阿耨多羅三藐三菩提心) 위없는 바르고 원만한 깨달음을 구하려는 마음.

아뇩다라삼야삼불(阿耨多羅三耶三佛) ⓢanuttarā-samyak-saṃbuddha의 음사. 위없는 바르고 원만한 깨달음을 성취한 사람.

아뇩달용왕(阿耨達龍王) 아나파달다용왕(阿那婆達多龍王)과 같음.

아뇩달지(阿耨達池) 아뇩달(阿耨達)은 ⓢanavatapta의 음사. 무열(無熱)·무열뇌(無熱惱)

라고 번역. 향취산(香醉山)의 남쪽, 대설산(大雪山)의 북쪽에 있다는 상상의 연못. 둘레 8백리. 여기에 용왕이 살며, 맑은 물이 흘러내려 섬부주(贍部州)를 비옥하게 한다고 함.

아뇩보리(阿耨菩提) 아뇩다라삼먁삼보리(阿耨多羅三藐三菩提)의 준말.

아뇩솔도파(阿耨窣都婆) ⓢanuṣṭubh의 음사. 산스크리트 시(詩)의 한 형식. 8음절을 1구(句)로 하여 4구, 곧 32음절로써 한 시구(詩句)를 형성함.

아누루타(阿㝹樓馱) 아나율(阿那律)와 같음.

아니로두(阿泥盧豆) 아나율(阿那律)와 같음.

아니루타(阿尼婁馱) 아나율(阿那律)과 같음.

아다(阿爹) 아야(阿爺)와 같음.

아달피타(阿闥皮陀) ⓢatharva-veda의 음사. ⇒아타르바베다(atharva-veda)

아답말니(阿答末泥) ⓢātmane의 음사. 산스크리트에서 동사의 태(態, voice)의 하나. middle voice에 해당함. 동사의 동작이 주어를 위해 행하는 것을 말함. 예를 들면 middle voice인 yajate의 경우, 번역하면 '그는 제사 드린다.'인데, 의미는 '그는 남을 위해 제사 드리는 것이 아니라 자신을 위해 제사 드린다.'임.

아도(阿道·我道) 고구려·신라에 불교를 전래한 승려들에 대한 통칭.

아두(阿頭·兒頭) 아도(阿道)와 같음.

아등만(我等慢) 자신보다 뛰어난 자에 대하여 그는 자신과 동등하다는 교만.

아라가(阿羅呵) 아라한(阿羅漢)과 같음.

아라저람파(阿羅底藍婆) ⓢratilambha의 음사. 득희(得喜)라고 번역. 약초 이름. 그 액즙으로 상처나 염증을 치료함.

아라하(阿羅訶) 아라한(阿羅漢)과 같음.

아라한(阿羅漢) ⓢarhat의 주격 arhan의 음사. 응공(應供)·응진(應眞)·무학(無學)·이악(離惡)·살적(殺敵)·불생(不生)이라 번역. 마땅히 공양 받아야 하므로 응공, 진리에 따르므로 응진, 더 닦을 것이 없으므로 무학, 악을 멀리 떠났으므로 이악, 번뇌라는 적을 죽였으므로 살적, 미혹한 마음을 일으키지 않으므로 불생이라 함. ①성문(聲聞)들 가운데 최고의 성자. 욕계·색계·무색계의 모든 번뇌를 완전히 끊어 열반을 성취한 성자. 이 경지를 아라한과(阿羅漢果), 이 경지에 이르기 위해 수행하는 단계를 아라한향(阿羅漢向)이라 함. ②존경받을 만한 불제자. ③고대 인도의 여러 학파에서, 존경받을 만한 수행자를 일컫는 말.

아라한과(阿羅漢果) 성문사과(聲聞四果)의 네 번째 경지. ⇒아라한(阿羅漢)

아라한도(阿羅漢道) 아라한의 경지 또는 상태.

아라한향(阿羅漢向) ⇒아라한(阿羅漢)

아란나행(阿蘭那行) 아란나(阿蘭那)는 ⓢaraṇā의 음사. 무쟁(無諍)·무번(無煩)이라 번역. 번뇌가 없는 삶.

아란야(阿蘭若) ⓢaraṇya ⓟarañña의 음사.

공한처(空閑處)·원리처(遠離處)라고 번역. 한적한 삼림. 마을에서 떨어져 수행자들이 머물기에 적합한 곳.

아란야가(阿蘭若迦) ⓢāraṇyaka의 음사. 삼림에 머무는 수행자.

아란야카(āraṇyaka) 삼림서(森林書)라고 번역. 삼림에서 비밀리에 전수된 가르침이라는 뜻. 브라흐마나(brahmaṇa)의 뒷부분에 수록되어 있는 문헌으로, 제사에 대한 비법(秘法)과 철학적 사유가 주된 내용으로 서술되어 있음.

아랄랄(阿剌剌) 놀람을 나타내는 감탄사.

아람파(阿藍婆) 아라저람파(阿羅底藍婆)의 준말.

아려야식(阿黎耶識) 아뢰야식(阿賴耶識)과 같음.

아련아(阿練兒) 아란야(阿蘭若)와 같음.

아련야(阿練若) 아란야(阿蘭若)와 같음.

아로(阿勞) 아(阿)는 어조사. 고생. 수고.

아록록지(阿轆轆地) 아(阿)와 지(地)는 어조사. 녹록(轆轆)은 수레바퀴가 굴러가는 소리를 형용한 말. 걸림 없이 자유 자재함을 뜻함.

아뢰야식(阿賴耶識) 아뢰야(阿賴耶)는 ⓢālaya의 음사로, 거주지·저장·집착을 뜻함. 식(識)은 ⓢvijñāna의 번역. 아뢰야(阿賴耶)를 진제(眞諦)는 a(無)+laya(沒)로 보아 무몰식(無沒識), 현장(玄奘)은 ālaya로 보아 장식(藏識)이라 번역. 과거의 인식·행위·경험·학습 등에 의해 형성된 인상(印象)·잠재력, 곧 종자(種子)를 저장하고, 육근(六根)의 지각 작용을 가능하게 하는 가장 근원적인 심층 의식.

아뢰야식연기(阿賴耶識緣起) 유식설에 의하면, 중생이 지은 선악의 행위는 모두 아뢰야식에 잠재력으로 저장되는데, 모든 현상은 그 잠재력의 발현이라는 견해.

아리라발제(阿利羅跋提) 아시다벌저(阿恃多伐底)와 같음.

아리사가타(阿利沙伽他) ⓢārṣa-gāthā의 음사. 옛 성인이 지은 게송.

아리수(阿梨樹) ⓢarjaka의 음사. 피라미드 모양으로 자라는 관목. 나무 끝의 꽃대에 여러 개의 꽃이 붙어서 피는데, 꽃봉오리가 필 때 일곱 장의 꽃잎으로 갈라짐.

아리슬가자(阿唎瑟迦紫) ⓢariṣṭaka의 음사. 목환자(木槵子)라고 번역. 낙엽 교목으로, 초여름에 노란색의 작은 꽃이 핌. 검은 씨는 둥글고 견고하여 염주의 재료로 쓰임.

아리야(阿離耶·阿離野·阿梨耶) ⓢārya의 음사. 성자. 존자. 출가 수행자.

아리야식(阿梨耶識) 아뢰야식(阿賴耶識)과 같음.

아리의(阿梨宜) ⓢālaṅgana의 음사. 남녀의 포옹.

아마라식(阿摩羅識) 아마라(阿摩羅)는 ⓢamala의 음사로 청정하다는 뜻, 식(識)은 ⓢvijñāna의 번역. 곧, 무구식(無垢識)·청정식(清淨識). 현장(玄奘) 계통의 법상종(法相宗)에서는 제8 아뢰야식(阿賴耶識)의 청정한 부분으로 간주하지만 진제(眞諦) 계통의 섭론종(攝論宗)에서는 제9식으로 상정함.

아마락가(阿摩落迦) 아마륵(阿摩勒)과 같음.

아마륵(阿摩勒) ⓢāmalaka의 음사. 여감자(餘甘子)라고 번역. 인도 전역에 분포하는 낙엽 교목. 잎은 가늘고 길며, 호도와 비슷한 열매는 신맛이 남.

아만(我慢) ①오온(五蘊)의 일시적 화합에 지나지 않는 신체에 불변하는 자아가 있다는 그릇된 견해에서 일어나는 교만. 자아가 실재한다는 교만. ②자신을 높이고 남을 업신여김. 자신을 과대 평가함. ③ⓢahaṃkāra 상캬 학파에서 설하는 이십오제(二十五諦)의 하나로, 자의식(自意識)을 말함.

아말라(阿末羅) 아마륵(阿摩勒)과 같음.

아말라식(阿末羅識) 아마라식(阿摩羅識)과 같음.

아미타(阿彌陀) ⇒ 아미타불(阿彌陀佛)

아미타경(阿彌陀經) 1권. 요진(姚秦)의 구마라집(鳩摩羅什) 번역. 아미타불의 공덕과 극락 정토의 정경에 대해 설하고, 극락에 태어나는 길은 아미타불을 염불하는 데 있다고 설함.

아미타불(阿彌陀佛) 아미타(阿彌陀)는 ⓢamitāyus ⓢamitābha의 음사. amitāyus는 무량수(無量壽), amitābha는 무량광(無量光)이라 번역. 극락 정토에 있다는 부처. 아득한 옛날 무쟁념왕(無諍念王)이 출가하여 이름을 법장(法藏)이라 하고 세자재왕불(世自在王佛) 밑에서 수행하던 중 세자재왕불이 법장에게 210억 불국토를 보여주니, 법장은 자신도 불국토를 건설하기로 발심하고 세자재왕불 앞에서 중생 구제를 위한 48가지 서원을 세우고 오랜 수행 끝에 그것을 성취, 아미타불이 되어 이 세계에서 서쪽으로 십만억 국토 지난 곳에 극락 정토를 세우고 지금도 그곳에서 설법하고 있다 함.

아미타불국(阿彌陀佛國) 아미타불의 국토, 곧 극락 정토.

아미타삼존(阿彌陀三尊) 아미타불과 그 좌우에서 보좌하는 관세음보살과 대세지보살, 또는 아미타불과 관세음보살과 지장보살을 말함.

아미타여래(阿彌陀如來) 아미타불(阿彌陀佛)과 같음.

아미타전(阿彌陀殿) 극락전(極樂殿)과 같음.

아미타정인(阿彌陀定印) 미타정인(彌陀定印)과 같음.

아바라밀(我波羅蜜) 바라밀(波羅蜜)은 ⓢpāramitā의 음사, 도피안(到彼岸)·도(度)·도무극(度無極)이라 번역. 집착을 떠나 자유 자재하여 걸림이 없는 대아(大我)·진아(眞我)의 경지에 이름. 자아의 완성.

아박라하거(阿縛羅訶佉) 실담 𑖀(a) 𑖪(va) 𑖨(ra) 𑖮(ha) 𑖏(kha)의 음사. 밀교에서, 이 다섯 글자는 지(地)·수(水)·화(火)·풍(風)·공(空)의 오대(五大)를 나타냄.

아반도국(阿畚荼國) 아반제국(阿般提國)과 같음.

아반제국(阿般提國·阿盤提國) ⓢⓟavanti의 음사. 서인도 빈디야(Vindhya) 산맥 북쪽에

인접해 있던 고대 국가로, 도읍지는 웃자야니(ujjayanī).

아발다라(阿跋多羅) ⓢavatāra의 음사. 입(入). 입주(入住).

아발마라(阿跋摩羅) ⓢapasmāra의 음사. 전병귀(顚病鬼)·작망자(作忘者)라 번역. 사람의 의식을 잃게 한다는 귀신.

아발저발라저제사나(阿鉢底鉢喇底提舍那) ⓢāpatti-pratideśanā의 음사. 참회.

아발저제사나(阿鉢底提舍那) ⓢāpatti-deśanā의 음사. 참회.

아발제(阿跋提) ⓢāpatti의 음사. 죄.

아방(阿傍) 지옥의 옥졸(獄卒). 머리와 다리는 소, 손은 사람과 같다고 함.

아백상(牙白相) 삼십이상(三十二相)의 하나. 어금니가 흼.

아법구유종(我法俱有宗) 화엄종의 교판(敎判)에서, 자아에도 현상에도 모두 불변하는 실체가 있다는 가르침. 독자부(犢子部)·경량부(經量部) 등의 가르침을 말함. ⇒ 오교십종(五敎十宗)

아법이공(我法二空) ①인간은 오온(五蘊)의 일시적인 화합에 지나지 않으므로 거기에 불변하는 자아(自我)라는 실체가 없다는 아공(我空)과 모든 현상은 여러 인연의 일시적인 화합에 지나지 않으므로 거기에 불변하는 실체가 없다는 법공(法空)을 말함. ②분별하는 인식 주관의 작용이 끊어진 아공(我空)과 인식 주관에 형성된 현상에 대한 분별이 끊어진 법공(法空). 분별하는 인식 주관의 작용이 끊어져 그 주관에 차별 현상이 없는 상태. 모든 분별과 차별이 끊어진 상태. 주관과 객관의 대립과 분별이 끊어진 의식 상태.

아법이집(我法二執) 나에 불변하는 실체가 있다고 집착하는 아집(我執)과 모든 현상에 불변하는 실체가 있다고 집착하는 법집(法執)을 말함.

아부가나(阿浮呵那) 아부하나(阿浮訶那)와 같음.

아부타달마(阿浮陀達磨) ⓢadbhuta-dharma의 음사. 십이부경(十二部經)의 하나. 희법(希法)·미증유법(未曾有法)이라 번역. 경전의 서술 내용에서, 부처의 불가사의한 신통력을 설한 부분.

아부타지옥(阿浮陀地獄) 알부타지옥(頞部陀地獄)과 같음.

아부하나(阿浮訶那) ⓟabbhāna의 음사. 호입중(呼入衆)이라 번역. 죄를 저지른 비구·비구니가 참회하고 승단에의 복귀를 허락받는 일.

아비(阿鼻) ⓢavīci의 음사. 무간(無間)이라 번역. ⇒ 아비지옥(阿鼻地獄)

아비규환(阿鼻叫喚) 아비지옥과 규환지옥. 여러 사람이 비참한 지경에 빠져 살려 달라고 울부짖는 참상을 이르는 말.

아비달마(阿毘達磨·阿鼻達磨) ⓢabhidharma의 음사. 대법(對法)·무비법(無比法)·논(論)이라 번역. dharma는 법, abhi는 ~에 대하여라는 뜻. 부처의 가르침에 대한 주석·연구·정리·요약을 통틀어 일컫는 말. 불전(佛典)을 경·율·논의 삼장(三藏)으로 나눈 가운데 논장(論藏)을 말함.

아비달마구사론(阿毘達磨俱舍論) 30권. 세친(世親) 지음, 당(唐)의 현장(玄奘) 번역. 설일체유부(說一切有部)의 입장에서 유루(有漏)와 무루(無漏)에 대해 논하고, 오위칠십오법(五位七十五法)을 중심으로 하여 모든 현상을 분석한 저술. 제1품에서 제8품까지는 게송과 그에 대한 해설로 구성되어 있고, 마지막 제9품은 별도의 게송 없이 다른 부파와 외도의 견해를 반박하고 무아(無我)를 밝힘.

아비달마구사석론(阿毘達磨俱舍釋論) 22권. 세친(世親) 지음, 진(陳)의 진제(眞諦) 번역. 현장(玄奘)이 번역한 아비달마구사론(阿毘達磨俱舍論)의 다른 번역. 흔히 현장의 번역을 신구사(新俱舍)라 하고, 진제의 번역을 구구사(舊俱舍)라 함.

아비달마대비바사론(阿毘達磨大毘婆沙論) 200권. 협존자(脇尊者) 외 500명 편찬, 당(唐)의 현장(玄奘) 번역. 아비달마발지론(阿毘達磨發智論)을 중심으로 하여 설일체유부(說一切有部)의 교리를 상세하게 해설하고, 다른 부파와 외도의 교리를 비판한 저술.

아비달마발지론(阿毘達磨發智論) 20권. 가다연니자(迦多衍尼子) 지음, 당(唐)의 현장(玄奘) 번역. 설일체유부(說一切有部)의 교리를 확립시킨 저술.

아비달마법온족론(阿毘達磨法蘊足論) 12권. 당(唐)의 현장(玄奘) 번역. 설일체유부(說一切有部)의 입장에서 주로 출가자와 재가자 모두에게 해당되는 기본 교리와 수행법을 다룬 저술.

아비달마순정리론(阿毘達磨順正理論) 80권. 중현(衆賢) 지음, 당(唐)의 현장(玄奘) 번역. 세친(世親)의 아비달마구사론(阿毘達磨俱舍論)이 설일체유부(說一切有部)의 교리를 왜곡하였다고 판단하고, 설일체유부의 교리를 확고히 하기 위해 구사론을 치밀하게 반박한 저술.

아비달마식신족론(阿毘達磨識身足論) 16권. 제바설마(提婆設摩) 지음, 당(唐)의 현장(玄奘) 번역. 육식신(六識身)을 중심으로 하여 설일체유부(說一切有部)의 교리를 체계적으로 밝힌 저술.

아비달마장(阿毘達磨藏) 경·율·논의 삼장(三藏) 가운데 논장(論藏)을 말함.

아비달마장현종론(阿毘達磨藏顯宗論) 40권. 중현(衆賢) 지음, 당(唐)의 현장(玄奘) 번역. 설일체유부(說一切有部)의 취지를 밝힌 저술.

아비달마집이문족론(阿毘達磨集異門足論) 20권. 당(唐)의 현장(玄奘) 번역. 설일체유부(說一切有部)의 입장에서 약 200가지 용어에 대해 정의와 해설을 하고 그에 따른 구체적인 수행법을 제시한 저술.

아비달마품류족론(阿毘達磨品類足論) 18권. 세우(世友) 지음, 당(唐)의 현장(玄奘) 번역. 설일체유부(說一切有部)의 입장에서 문답 형식으로 교리를 자세하게 해설한 저술.

아비담(阿毘曇) 아비달마(阿毘達磨)와 같음.

아비담심론(阿毘曇心論) 4권. 법승(法勝) 지음, 동진(東晋)의 승가제바(僧伽提婆)·혜원(慧遠) 번역. 설일체유부(說一切有部)의 교리를 간명하게 요약한 저술.

아비담장(阿毘曇藏) 아비달마장(阿毘達磨藏)

과 같음.

아비라제국(阿比羅提國) ⓢabhirati의 음사. 선쾌(善快)·묘락(妙樂)·묘희(妙喜)라 번역. 동쪽으로 1천 불국토를 지나 있다는 아축불(阿閦佛)의 정토.

아비발치(阿鞞跋致) ⓢavinivartanīya ⓢavivartika의 음사. 불퇴(不退)·불퇴전(不退轉)이라 번역. 수행으로 도달한 경지에서 다시 범부의 상태로 후퇴하지 않음. 다시 범부의 상태로 후퇴하지 않는 경지.

아비옥(阿鼻獄) 아비지옥(阿鼻地獄)의 준말.

아비지(阿鼻旨) 아비(阿鼻)와 같음.

아비지옥(阿鼻地獄) 팔열지옥(八熱地獄)의 하나. 아비(阿鼻)는 ⓢavīci의 음사로, 고통의 '간격이 없다'는 뜻. 따라서 무간지옥(無間地獄)이라 함. 아버지를 죽인 자, 어머니를 죽인 자, 아라한을 죽인 자, 승가의 화합을 깨뜨린 자, 부처의 몸에 피를 나게 한 자 등, 지극히 무거운 죄를 지은 자가 죽어서 가게 된다는 지옥. 살가죽을 벗겨 불 속에 집어넣거나 쇠매〔鐵鷹〕가 눈을 파먹는 따위의 고통을 끊임없이 받는다고 함.

아비차로가(阿毘遮嚕迦) ⓢabhicāraka의 음사. 조복(調伏)·항복(降伏)이라 번역. 명왕(明王)을 본존으로 하여 온갖 장애와 악마를 굴복시키는 밀교의 의식.

아사(阿師) 아(阿)는 친밀감을 나타내는 어조사. 대사(大師). 화상(和尙).

아사리(阿闍梨) ⓢācārya ⓟācariya의 음사. 교수(敎授)·궤범(軌範)·정행(正行)이라 번역. 제자를 가르치고 지도할 자격이 있는 승려. 5회 이상 안거(安居)하고, 계율에 밝고, 의식을 지도할 수 있는 승려.

아사리관정(阿闍梨灌頂) 밀교의 수행을 원만히 성취하여 스승의 자격을 얻으려는 자에게, 스승이 대일여래(大日如來)의 가르침을 전수(傳授)하고 정수리에 물을 붓는 의식.

아사마(阿娑摩) ⓢasama의 음사. 무등(無等)이라 번역. 부처를 말함. 부처의 덕은 중생과 비교할 수 없을 만큼 뛰어나다는 뜻.

아사마사마(阿娑摩娑摩) ⓢasamasama의 음사. 무등등(無等等)이라 번역. 부처를 말함. 부처의 덕은 중생과 비교할 수 없을 만큼 뛰어나므로 무등(無等), 부처와 부처는 동등하므로 등(等)이라 함.

아사세왕(阿闍世王) ⓢajātaśatru ⓟajātasattu의 음사. 미생원(未生怨·未生寃)이라 번역. 부왕(父王) 빔비사라(bimbisāra)를 감옥에 가두어 죽이고 즉위한 마가다국(magadha國)의 왕. 재위 기원전 550년경-기원전 520년경. 어머니는 위제희(韋提希). 코살라국(kosala國)과 카시국(kāśi國)과 브리지국(vṛji國)을 정복함. 아들 우다야바드라(udaya-bhadra)에게 살해됨.

아사야(阿奢也) ⓢāśaya의 음사. 마음의 성품. 의향.

아사타(阿沙陀) ⓢāṣāḍha의 음사. 인도력(印度曆)의 4월. 음력 4월 16일부터 5월 15일까지에 해당함.

아사타(阿私陀) ⓢasita의 음사. 무비(無比)·단정(端正)이라 번역. 싯다르타(siddhārtha)가 태어났을 때 그의 관상을 보고, 출가하여 부처가 될 것이라고 예언한 선인(仙人).

아사파나가삼마지(阿娑頗那伽三摩地) ⓢāśvāsa-apānaka-samādhi의 음사. āśvāsa는 들숨, apānaka는 날숨, samādhi는 삼매(三昧). 들숨과 날숨을 헤아리거나 거기에 집중하는 수행에 의한 마음의 통일.

아상(我相) ⓢātma-saṃjñā 나라는 관념·생각. 자아(自我)라는 관념·생각. 자의식. 남과 대립하는 나라는 관념·생각.

아색락(阿索絡) 아수라(阿修羅)와 같음.

아서가(阿恕伽) 아수가(阿輸迦)와 같음.

아설가(阿說迦) ⓢaśvaka ⓟassaji의 음사. 육군비구(六群比丘)의 하나. 붓다 당시에 악행을 일삼은 비구.

아설시(阿說示) ⓢaśvajit ⓟassaji의 음사. 마사(馬師)·마승(馬勝)이라 번역. 오비구(五比丘)의 하나. 우루벨라(uruvelā)에서 싯다르타와 함께 고행했으나 그가 네란자라(nerañjarā) 강에서 목욕하고 또 우유죽을 얻어 마시는 것을 보고 타락했다고 하여, 그곳을 떠나 녹야원(鹿野苑)에서 고행하고 있었는데, 깨달음을 성취한 붓다가 그곳을 찾아가 설한 사제(四諦)의 가르침을 듣고 최초의 제자가 됨. 사리불(舍利弗)이 왕사성(王舍城)에서 아설시로부터 붓다의 가르침을 전해 듣고 목건련(目犍連)과 함께 붓다의 제자가 됨.

아설타(阿說他) ⓢaśvattha의 음사. 보리수(菩提樹)의 원래 이름. 그 열매를 필발라(畢鉢羅, ⓢpippala)라고 하는 데서 이 나무를 필발라수(畢鉢羅樹)라고도 함. 붓다가 이 나무 아래에서 깨달음을 성취함. 상록 교목으로, 잎은 심장 모양에 끝이 뾰족함.

아세야(阿世耶) ⓢāśaya의 음사. 과거의 경험에 의해 마음에 새겨진 잠재적인 인상(印象).

아소(我所) ①내 것. 나에게 소속된 것. ②인식 객관. 인식 대상.

아소견(我所見) 내 것, 나에게 소속된 것이라고 집착하는 그릇된 견해. 내 것, 나에게 소속된 것이라는 관념.

아소라(阿蘇羅) 아수라(阿修羅)와 같음.

아소락(阿素洛) 아수라(阿修羅)와 같음.

아쇼카왕(aśoka王) 아육왕(阿育王)과 같음.

아수(我修) 삼수(三修)의 하나. 집착을 떠나 자유 자재하여 걸림이 없는 대아(大我)·진아(眞我)의 경지를 주시하는 수행.

아수(我受) 수(受)는 ⓢupādāna의 구역(舊譯)으로, 집착·번뇌를 뜻함. ①자아(自我)에 대한 집착. ②아어취(我語取)와 같음.

아수(阿誰) 아(阿)는 친밀감을 나타내는 어조사. 누구.

아수가(阿輸迦) ⓢaśoka의 음사. 무우수(無憂樹)라고 번역. 인도 중부에서 자라는 관목으로, 잎이 무성하고 꽃대에 여러 개의 붉은 꽃이 서로 어긋나게 붙어서 핌.

아수가왕(阿輸迦王·阿輸伽王) 아육왕(阿育王)과 같음.

아수라(阿修羅) ⓢasura의 음사. 비천(非天)·부단정(不端正)이라 번역. 늘 싸움만을 일삼는 귀신들의 무리.

아수라도(阿修羅道) 육도(六道)의 하나. 인간

과 축생의 중간에 위치한 세계로, 수미산과 지쌍산 사이의 바다 밑에 있다고 함. 늘 싸움만을 일삼는 아수라들의 세계.

아수라장(阿修羅場) 아수라가 불법(佛法)을 없애기 위해 제석(帝釋)과 싸우는 전장(戰場)에서 나온 말로, 처참하게 된 곳 또는 난장판을 뜻함.

아수라취(阿修羅趣) 아수라도(阿修羅道)와 같음.

아수륜(阿須倫) 아수라(阿修羅)와 같음.

아수륜(阿須輪) 아수라(阿修羅)와 같음.

아수타(阿輸陀) 아설타(阿說他)와 같음.

아숙가(阿叔迦) 아수가(阿輸迦)와 같음.

아습마게랍파(阿濕摩揭拉婆) ⓢaśma-garbha의 음사. 짙은 녹색 빛이 나는 보석.

아습박구사(阿濕縛窶沙) ⓢaśvaghoṣa의 음사. 마명(馬鳴)이라 번역. ⇒ 마명(馬鳴)

아습박사(阿濕縛娑) ⓢāśvāsa의 음사. 소식처(蘇息處)라 번역. 거의 끊어질 듯하던 숨이 되살아나 안심하는 것처럼, 번뇌의 속박에서 벗어나 두려움도 불안도 없는 평온한 마음 상태.

아습박유사(阿濕縛庾闍) ⓢaśvayuja의 음사. 인도력(印度曆)의 7월. 음력 7월 16일부터 8월 15일까지에 해당함.

아습박유야(阿濕嚩喩若) 아습박유사(阿濕縛庾闍)와 같음.

아습비(阿濕卑) 아설시(阿說示)와 같음.

아습파국(阿濕波國) ⓢaśvaka ⓟassaka의 음사. 중인도, 지금의 자이푸르(Jaipur) 남쪽에 인접해 있던 고대 국가.

아습파서(阿濕波誓) 아설시(阿說示)와 같음.

아습파유사(阿濕婆庾闍) 아습박유사(阿濕縛庾闍)와 같음.

아승가(阿僧伽) ⓢasaṅga의 음사. 무착(無著)이라 번역. ⇒ 무착(無著)

아승기(阿僧祇) ⓢasaṃkhya의 음사. 무수(無數)·무앙수(無央數)라고 번역. 헤아릴 수 없이 많은 수. 구사론에는 10^{51}이라 함.

아승기겁(阿僧祇劫) 아승기(阿僧祇)는 ⓢasaṃkhya의 음사로, 헤아릴 수 없이 많은 수. 겁(劫)은 ⓢkalpa의 음사로, 지극히 긴 시간.

아승기야(阿僧企耶) 아승기(阿僧祇)와 같음.

아승만(我勝慢) 자신과 동등한 자에 대하여 우월감을 가지는 교만.

아시다벌저(阿恃多伐底) ⓢajitavatī의 음사. 무승(無勝)이라 번역. 지금의 네팔 남쪽에 인접해 있던 쿠시나가라(kuśinagara)를 지나는 강. 이 강의 서쪽 기슭에 있던 사라쌍수(娑羅雙樹) 아래에서 붓다가 입멸함.

아시라발저(阿市羅跋底) 아시다벌저(阿恃多伐底)와 같음.

아씨다(阿氏多) ⓢajita의 음사. 십육나한(十六羅漢)의 하나. 1,500명의 아라한과 함께 취봉산(鷲峰山)에 거주하면서 정법(正法)과 중생을 수호한다는 성자.

아애(我愛) 자아에 대한 애착심.

아야(阿爺) 아(阿)는 친밀감을 나타내는 어조사. 아버지.

아야게리파(阿耶揭哩婆) ⓢhayagrīva의 음사. 마두관음(馬頭觀音).

아야교련(阿若憍憐) 아야교진여(阿若憍陳如)와 같음.

아야교진여(阿若憍陳如) ⓢājñāta-kauṇḍinya ⓟaññā-koṇḍañña의 음사. 요본제(了本際)·지본제(知本際)라고 번역. 오비구(五比丘)의 하나. 아야(阿若)는 이름, 교진여(憍陳如)는 성(姓). 우루벨라(uruvelā)에서 싯다르타와 함께 고행했으나 그가 네란자라(nerañjarā) 강에서 목욕하고 또 우유죽을 얻어 마시는 것을 보고 타락했다고 하여, 그곳을 떠나 녹야원(鹿野苑)에서 고행하고 있었는데, 깨달음을 성취한 붓다가 그곳을 찾아가 설한 사제(四諦)의 가르침을 듣고 최초의 제자가 됨.

아야구린(阿若拘隣) 아야교진여(阿若憍陳如)와 같음.

아야달나(阿耶怛那) ⓢāyatana의 음사. 곳. 기반. 영역. 범주.

아야하함(阿爺下頷) 어리석은 자식이 전사한 아버지의 유골을 찾기 위해 전쟁터에 가서, 버려진 말 안장의 조각을 아버지의 턱뼈라 생각하고 가지고 왔다는 고사. 어리석은 자, 또는 그의 행위를 뜻함.

아양승(啞羊僧) 아양(啞羊)은 벙어리 양(羊). 계율을 범하고도 참회하지 않는 승려를 비유하는 말.

아어취(我語取) 사취(四取)의 하나. 내면에 집착하여 자아에 대해 설하는 번뇌로, 색계와 무색계의 탐(貪)·만(慢)·무명(無明)·의(疑)를 말함.

아열만(我劣慢) 자신보다 아주 우월한 자에 대하여 자신은 조금 열등할 뿐이라는 교만.

아유다(阿庾多·阿由多) ⓢayuta의 음사. 수의 단위로, 10^9.

아유사국(阿踰闍國) 아유타국(阿踰陀國)과 같음.

아유삼불(阿惟三佛) ⓢabhi-saṃbuddha의 음사. 현등각(現等覺)이라 번역. 바르고 완전한 깨달음.

아유솔만(阿瑜率漫) ⓢāyuṣmān의 음사. 덕이 높은 수행자를 일컫는 말. 존자. 장로.

아유월치(阿惟越致) 아비발치(阿鞞跋致)와 같음.

아유타국(阿踰陀國) ⓢayodhyā의 음사. 중인도의 북쪽에 있던 고대 국가.

아육왕(阿育王) ⓢaśoka ⓟasoka의 음사. 무우(無憂)라고 번역. 찬드라굽타(candragupta)가 마가다국(magadha國) 난다(nanda) 왕조를 무너뜨리고 세운 마우리야(maurya) 왕조의 제3대 왕으로, 인도 남단부를 제외한 전인도를 통일함. 재위 기원전 270년경-기원전 230년경. 즉위 8년에 동부 해안에 있던 칼링가국(kaliṅgā國)을 정복하는 과정에서 빚어진 살육의 참상에 양심의 가책을 느껴 무력 정복을 포기하고 비폭력과 정의에 기초한 다르마(dharma)에 의한 통일을 시도함. 불교에 귀의하여 수많은 탑과 사원을 세우고, 수많은 사절들을 인도 전역에 파견하여 불교를 전파함. 특히, 자신의 아들 마힌다(mahinda)와 딸 상가밋타(saṅghamittā)를 스리랑카에 파견하여 그곳에 불교를 전함. 왕의 주선으로 도읍지인 화씨성(華氏城)의 아육승가람(阿育僧伽藍)에서 1,000여 명의 비구들이 제3차 결집(結集)을 행하여, 경(經)·율(律)·논(論)의 삼장(三藏)을 정리함. 왕은 자신의 뜻과 행적을 석주(石柱)에 새겨 여러 지역에 세워 두었는데, 사르나트(sārnāth)에서 발굴된 석주 머리의 사자상(獅子像)은 현재 인도의 국장(國章)임. 왕이 죽은 후, 마우리야 왕조는 서서히 분열되어 기원전 180년경에 멸망함.

아이가만절리(阿爾迦曼折哩) 알두가만절리(頞杜迦曼折利)와 같음.

아이라(阿夷羅) 아이라발제(阿夷羅跋提)의 준말.

아이라발제(阿夷羅跋提) Ⓢajitavatī의 음사. 무승(無勝)이라 번역. 지금의 네팔 남쪽에 인접해 있던 쿠시나가라(kuśinagara)를 지나는 강. 이 강의 서쪽 기슭에 있던 사라쌍수(娑羅雙樹) 아래에서 붓다가 입멸함.

아이라파제(阿夷羅婆提) 아이라발제(阿夷羅跋提)와 같음.

아이타시사흔파라(阿夷陀翅舍欣婆羅) Ⓟajita-kesakambala의 음사. 육사외도(六師外道)의 하나. 인간은 다만 지(地)·수(水)·화(火)·풍(風)의 4원소로 구성되어 있는데, 이들만이 참 실재이며 불변하다고 주장함. 인간이 죽으면 이들 원소는 각각 흩어지므로 영혼은 있을 수 없다고 함. 선악이나 인과도 없고, 과거와 미래도 없으므로 현재의 쾌락만이 인생의 목표라고 함.

아인라파제야(阿寅羅波帝夜) 아이라발제(阿夷羅跋提)와 같음.

아일다(阿逸多) Ⓢajita의 음사. 미륵보살의 별명.

아자관(阿字觀) 밀교에서, 아(阿 𑖀) 글자는 우주의 근원이므로 이것을 응시하여, 우주의 근원은 일어나지도 소멸하지도 않음을 체득하는 수행법.

아자득몽(啞子得夢) 벙어리가 꿈을 꾸어도 그것을 남에게 말할 수 없듯이, 스스로 체득한 경지는 언어로 표현될 수 없음을 비유하는 말.

아자본불생(阿字本不生) 아(阿 𑖀) 글자는 우주의 근원이므로 일어나지도 소멸하지도 않는다는 뜻.

아자타샤트루왕(ajātaśatru王) 아사세왕(阿闍世王)과 같음.

아전저가(阿顚底迦) Ⓢātyantika의 음사. 필경(畢境)이라 번역. 필경 성불할 수 없는 중생.

아제단사야(阿制單闍耶) Ⓢajitañjaya의 음사. 가장 나음. 가장 뛰어남.

아제목다가(阿提目多伽) Ⓢatimuktaka의 음사. 풀 이름. 모양은 대마(大麻)와 비슷하며, 붉은 꽃이 피고 씨앗에서 기름을 짜서 향료로 사용함.

아제불타(阿提佛陀) ⓢādi-buddha의 음사. ādi는 처음·근본을 뜻함. 밀교에서, 우주의 근원을 부처로 사유하여 이르는 말.

아주타나(阿周陀那) ⓢarjuna의 음사. 인도에서 자라는 교목으로, 수피에 광택이 나고 잎은 마주 나며 꽃대에 여러 개의 작은 꽃이 서로 어긋나게 붙어서 핌. 용수(龍樹, ⓢnāgārjuna)가 이 나무 아래에서 태어났다고 함.

아지다시사흠파라(阿耆多翅舍欽婆羅) 아이타시사흔파라(阿夷陀翅舍欣婆羅)와 같음.

아지비가(阿耆毘伽) ⓢājīvika의 음사. 육사외도(六師外道)의 한 사람인 말가리구사리(末伽梨瞿舍利)의 교단을 말함. 불교도들은 이들을 그릇된 생활 방법을 취하는 사명외도(邪命外道)라고 함.

아지유(阿耆維) 아지비가(阿耆毘伽)와 같음.

아진타(阿軫䭾) ⓢacintya의 음사. 불가사의.

아집(我執) ①나에 대한 집착. 자아(自我)에 대한 집착. 나에 변하지 않는 고유한 실체가 있다는 집착. 자아(自我)에 변하지 않고 항상 독자적으로 존속하는 실체가 있다는 집착. ②자신의 생각이나 소견에 대한 집착.

아집습기(我執習氣) 나에 대한 집착, 자아(自我)에 변하지 않는 고유한 실체가 있다는 집착이 아뢰야식(阿賴耶識)에 잠재력으로 스며든 기운.

아차라(阿遮羅) ⓢacala의 음사. ①대일여래의 화신인 부동명왕. 무서운 얼굴로써 번뇌에 사로잡혀 있는 중생들을 굴복시켜 구제한다고 함. ②보살의 수행 단계인 십지(十地)의 제8 부동지(不動地). 모든 현상은 생기지도 않고 소멸하지도 않는다는 이치를 체득하여 거기에 안주하는 경지.

아차리야(阿遮利耶) 아사리(阿闍梨)와 같음.

아천저가(阿闡底迦) ⓢanicchantika의 음사. 무욕(無欲)이라 번역. 열반을 원하지 않는다는 뜻.

아천제(阿闡提) 아천저가(阿闡底迦)와 같음.

아체(我體) 변하지 않는 자아(自我)라는 실체.

아추파(阿芻婆) 아축파(阿閦婆)와 같음.

아축불(阿閦佛) 아축(阿閦)은 ⓢakṣobhya의 음사. 무동(無動)·부동(不動)·무진에(無瞋恚)라고 번역. 옛날 한 비구가 동쪽으로 1천 불국토를 지나 있는 아비라제국(阿比羅提國 ⓢabhirati)의 대일여래에게 부동과 무진에를 발원하고 수행하여 성불, 아축불이 되어 그곳에서 설법하고 있다 함. 그 국토를 선쾌(善快)·묘락(妙樂)·묘희(妙喜)라고 함은 ⓢabhirati의 번역.

아축비(阿閦鞞) 아축불(阿閦佛)과 같음.

아축여래(阿閦如來) 아축불(阿閦佛)과 같음.

아축파(阿閦婆) ⓢakṣobhya의 음사. 수천조(數千兆)·만재(萬載)라고 번역. 수의 단위로, 10^{19}.

아취(我取) 자아(自我)에 대한 집착.

아치(我癡) 자아(自我)를 바로 알지 못하는 어리석음.

아타나식(阿陀那識) 아타나(阿陀那)는 ⓢādāna의 음사로 집지(執持)라고 번역, 식(識)은 ⓢvijñāna의 번역. 곧, 집지식(執持識). ① 현장(玄奘) 계통의 법상종(法相宗)에서는, 아뢰야식(阿賴耶識)이 종자(種子)와 육근(六根)을 유지한다고 하여 아뢰야식의 별명으로 함. ②진제(眞諦) 계통의 섭론종(攝論宗)에서는, 말나식(末那識)이 아뢰야식을 자아라고 오인하여 집착한다고 하여 말나식의 별명으로 함.

아타론(阿他論) ⓢatharva-veda의 음역. ⇒ 아타르바베다(atharva-veda)

아타르바베다(atharva-veda) 사베다(四veda)의 하나. 재앙을 물리치고 복을 구하는 주문(呪文)을 모은 것으로, 제식(祭式)을 총괄하는 브라흐만(brahman)이 읊음. 주문에는 우주의 원리에 대한 구절이 있는데, 특히 프라나(prāṇa, 호흡)를 우주의 최고 원리일 뿐만 아니라 개인의 주체로 사유하고, 또 시간은 과거와 미래를 성립시키고 만물을 창조하고 양육하는 원리라고 함.

아타박구(阿吒薄俱) 아타파구(阿吒婆拘)와 같음.

아타타지옥(阿吒吒地獄) 알찰타지옥(頞哳吒地獄)과 같음.

아타파구(阿吒婆拘) ⓢāṭavaka의 음사. 광야신(曠野神)이라 번역. 모든 재난을 물리치고 국토를 수호한다는 신(神).

아타파구신도량(阿吒婆拘神道場) 고려 때, 모든 재난을 물리치고 국토를 수호하기 위해 아타파구다라니경(阿吒婆拘陀羅尼經)을 독송하던 의식.

아토(阿菟) ⓢaṇu의 음사. 지극히 작음. 극미.

아토타천제(阿菟吒闡提) ⓢanuṣṭup-chandas의 음사. 산스크리트 시(詩)의 한 형식. 8음절을 1구(句)로 하여 4구, 곧 32음절로써 한 시구(詩句)를 형성함.

아트만(ātman) ①호흡. 생명. 영혼. ②아(我). 자아(自我). ③변하지 않는 실체·본체. 변하지 않고 항상 독자적으로 존속하는 실체·본체. 변하지 않는 고유한 본질. 변하지 않고 소멸하지 않는 자아(自我).

아파말리가(阿波末利伽) ⓢapāmārga의 음사. 우슬(牛膝)이라 번역. 인도의 건조 지역에 자생하는 약초.

아파타나(阿波陀那) ⓢavadāna의 음사. 비유(譬喩)·출요(出曜)라고 번역. 십이부경(十二部經)의 하나. 경전의 서술 내용에서, 비유로써 가르침을 설한 부분.

아파파지옥(阿波波地獄) 확확파지옥(臛臛婆地獄)과 같음.

아판나(阿判那) ⓢāvapana의 음사. 마(麻)와 면(綿)을 섞어 짠 베로 만든 옷.

아함(阿含) ⓢⓟāgama의 음사. 교(敎)·전(傳)이라 번역. ①가르침. 전해 온 가르침. ②초기 불교의 경전.

아함(阿鋡) 아함(阿含)과 같음.

아함경(阿含經) 아함(阿含)은 ⓢⓟāgama의 음사로, 전해 온 가르침이라는 뜻. 초기 불교 시대에 성립된 수천의 경전들을 통틀어 이르는 말. 팔리(pāli) 어로 된 니카야(nikāya)가 있고, 여기에 해당하는 산스크리트(sanskrit) 본(本)이 아가마(āgama)임. 이 아가마를 한문으로 번역한 것이 아함경으로 여기에는 네 가지가 있음. (1)장아함경(長阿含經). 22권 30경. 문장의 길이가 긴 경전을 모은 것. (2)중아함경(中阿含經). 60권 222경. 문장의 길이가 중간 정도인 것을 모은 것. (3)잡아함경(雜阿含經). 50권 1,362경. 짧은 경전을 모은 것. (4)증일아함경(增一阿含經). 51권 471경. 사제(四諦)·육도(六度)·팔정도(八正道) 등과 같이 법수(法數)를 순서대로 분류하여 엮은 것. 이에 해당하는 니카야는 다음과 같음.
(1)디가 니카야(dīgha-nikāya, 長部). 내용이 긴 34경을 모은 것으로 3편으로 분류되어 있음. 한역 장아함경에 해당함. (2)맛지마 니카야(majjhima-nikāya, 中部). 중간 정도 길이의 152경을 모은 것으로 약 50경씩 3편으로 분류되어 있으며, 다시 각 편은 5품으로, 각 품은 대개 10경 단위로 구성되어 있음. 한역 중아함경에 해당함. (3)상윳타 니카야(saṃyutta-nikāya, 相應部). 짧은 경전 2,875경을 주제에 따라 분류하여 배열한 것으로 전체가 5품으로 되어 있음. 한역 잡아함경에 해당함. (4)앙굿타라 니카야(aṅguttara-nikāya, 增支部). 2,198경이 법수(法數)에 따라 1법에서 11법까지 순서대로 배열되어 있음. 한역 증일아함경에 해당함. (5)쿳다카 니카야(khuddaka-nikāya, 小部). 법구경·경집·본생담 등 15경으로 구성되어 있음.

아함모(阿含慕) 아함(阿含)과 같음.

아함시(阿含時) 녹원시(鹿苑時)와 같음.

아화제국(阿和提國) 아반제국(阿般提國)과 같음.

아훔(阿吽) ⓢa-hūṃ의 음사. 아(阿)는 처음으로 입을 벌리면서 내는 소리로서, 최초·근원·원인·발생을 뜻하고, 훔(吽)은 입을 다물었을 때의 소리로서, 최후·끝·결과를 뜻함.

아휴휴지옥(阿休休地獄) 호호파지옥(虎虎婆地獄)과 같음.

아힘사(ahiṃsā) a는 부정의 뜻, hiṃsā는 살생. 곧, 불살생.

악(惡) ⓢpāpa 올바르지도 청정하지도 않아 현재와 미래에 걸쳐 자신과 남에게 해가 됨. 궁극적인 진리에 따르지 않음.

악견(惡見) 올바르지 않은 견해. 그릇된 견해.

악계(惡戒) 악한 행위.

악과(惡果) 나쁜 짓을 저질러서 받는 나쁜 과보.

악구(惡口) 남을 괴롭히는 나쁜 말.

악도(惡道) 악한 짓을 한 중생이 그 과보로 받는다고 하는 괴로움의 생존. 지옥·아귀·축생 등의 세계.

악로관(惡露觀) 부정관(不淨觀)과 같음.

악마(惡魔) ①수행을 방해하는 나쁜 귀신. ②중생을 괴롭히고 수행을 방해하는 온갖 번뇌.

악법(惡法) ①청정하지 못한 일. 진리에 따르지 않고 자신과 남에게 해가 되는 일. ②그릇된 가르침.

악설(惡說) ⓢduṣkṛta 말로 저지른 가벼운 죄. ⇒ 돌길라(突吉羅)

악세(惡世) ①혼탁하고 악한 세계. ②불법(佛法)이 쇠퇴하여 수행자도 깨달음을 이루는 자도 없는 말세(末世).

악업(惡業) 자신과 남에게 해가 되는 그릇된 행위와 말과 생각. 궁극적인 진리에 따르지 않는 행위와 말과 생각. 나쁜 과보를 받을 그릇된 행위와 말과 생각. 탐욕과 노여움과 어리석음에 의한 행위와 말과 생각.

악연(惡緣) 나쁜 인연. 불행한 인연.

악우(惡友) 나쁜 벗. 그릇된 가르침으로 인도하는 자. 수행에 도움이 되지 않는 자.

악율의(惡律儀) 생계를 위해 저지르는 악한 행위.

악인악과(惡因惡果) 나쁜 짓을 저질러서 받는 나쁜 과보.

악작(惡作) ①ⓢkaukṛtya 후회하는 마음 작용. ②ⓢduṣkṛta 행위로 저지른 가벼운 죄. ⇒돌길라(突吉羅)

악지식(惡知識) 나쁜 벗. 그릇된 가르침으로 인도하는 자. 수행에 도움이 되지 않는 자.

악차(惡叉) ⓢakṣa의 음사. 인도 전역에 분포하는 교목으로, 잎은 긴 타원형이며 흰 꽃이 핌. 핵은 돌기가 많은데, 이것으로 염주를 만듦. 가지에 여러 개의 열매가 모여 있으므로 흔히 악차취(惡叉聚)라고 하며, 같은 종류가 한곳에 많이 모여 있는 것을 비유함.

악찰나(惡察那) 악찰라(惡刹羅)와 같음.

악찰라(惡刹羅) ⓢakṣara의 음사. 자(字)·문(文)이라 번역. 글자. 음절.

악처(惡處) 악도(惡道)와 같음.

악취(惡趣) 악도(惡道)와 같음.

악취공(惡取空) 공(空)에 대한 그릇된 이해.

악혜체달라국(惡醯掣呾邏國) ⓢahi-cchattra의 음사. 갠지스 강 상류 지역에 있던 인도의 고대 국가.

안(眼) ⓢcaṣur 안근(眼根)의 준말.

안거(安居) ⓢvarṣa 원뜻은 우기(雨期)를 뜻함. 수행승들이 일정한 기간 동안 외출을 금하고 수행하는 제도. 고대 인도의 수행승들은 우기(雨期) 3개월 동안에는 동굴이나 사원에서 수행에만 전념하였는데, 이를 우안거(雨安居)라고 함. 우리 나라에서는 음력 4월 15일에 시작하여 7월 15일에 마치는 하안거(夏安居)와 음력 10월 15일에 시작하여 이듬해 1월 15일에 마치는 동안거(冬安居)가 있음.

안거건도(安居犍度) 건도(犍度)는 ⓢskandha의 음사로, 장(章)·편(篇)을 뜻함. 안거에 대해 설한 장(章).

안거물(安居物) 안거 중에 필요한 물건.

안계(眼界) 십팔계(十八界)의 하나. 계(界, ⓢdhātu)는 요소를 뜻함. 인식을 성립시키는 요소의 하나로, 모양이나 빛깔을 보는 시각 기관인 눈.

안근(眼根) 육근(六根)의 하나. 근(根)은 기관·기능을 뜻함. 모양이나 빛깔을 보는 시각 기관인 눈.

안나반나(安那般那) 아나파나(阿那波那)와 같음.

안다논사(安荼論師) 안다(安荼)는 ⓢaṇḍa의 음사, 난(卵)이라 번역. 알이 만물의 근원이라고 주장한 고대 인도의 한 학파.

안달라국(安達羅國) ⓢandhra의 음사. 남인도, 지금의 하이데라바드(Hyderabad) 지역에 있던 고대 국가. 아쇼카(aśoka) 왕 때 마가다국(magadha國)의 속국이었으나 왕이 죽은 후 독립하여 인도 남부 지역을 점령함.

안달바사(安呾婆娑) 안타회(安陀會)와 같음.

안락(安樂) 극락(極樂)을 말함.

안락행(安樂行) 허물을 짓지 않고 평온한 마음으로 중생을 이롭게 함.

안립(安立) 언어로 표현할 수 없는 것을 임시로 언어로써 분별하여 표현함. 방편으로 개념을 설정함.

안립과(安立果) 사과(四果)의 하나. 어떤 기반 위에 성립된 결과. 집·초목·사람·가축 등은 대지의 안립과.

안립심(安立心) 구심륜(九心輪)의 하나. 대상의 가치를 언어로 표현하는 마음 작용.

안립제(安立諦) 언어로 표현할 수 없는 것이나 직접 체험을 언어로써 분별하여 표현한 진리. 예를 들면, 언어로 표현할 수 없는 깨달음을 언어로 표현한 불경(佛經)의 내용. 이에 반해, 언어로 표현할 수 없는 것이나 직접 체험 그 자체의 진리는 비안립제(非安立諦)라고 함.

안립진여(安立眞如) ①안립제(安立諦)와 같음. ②칠진여(七眞如)의 하나. 고제(苦諦), 곧 괴로움이라는 진리.

안명(安名) 출가하여 계(戒)를 받고 승려가 되는 자에게 주는 법명(法名).

안명산(安明山) 수미산(須彌山)과 같음.

안반(安般) 안나반나(安那般那)의 준말.

안반수의경(安般守意經) 대안반수의경(大安般守意經)과 같음.

안사나(安闍那) 안선나(安繕那)와 같음.

안상(安詳) 마음이 차분히 가라앉은 상태. 평온한 마음 상태.

안선나(安繕那·安膳那) ⓢañjana의 음사. 눈병에 쓰는 약. 눈의 가장자리를 검푸르게 칠하는 데도 사용함.

안세고(安世高) 안식국(安息國)의 태자. 이름은 청(淸), 세고(世高)는 자(字). 부왕이 죽자, 왕위를 숙부에게 주고 출가함. 후한(後漢)의 환제(桓帝, 146-167) 초에 중국의 낙양(洛陽)에 와서 20여 년 동안 칠처삼관경(七處三觀經)·보법의경(普法義經)·인본욕생경(人本欲生經)·안반수의경(安般守意經)·음지입경(陰持入經)·아비담오법경(阿毘曇五法經)·도지경(道地經) 등 55부 60권을 번역함.

안수고인(安受苦忍) 질병·수재·화재 등의 괴로움을 당하여도 참고 견디어 마음을 움직이지 않음.

안식(眼識) 육식(六識)의 하나. 시각 기관〔眼〕으로 시각 대상〔色〕을 식별하는 마음 작용.

안식계(眼識界) 십팔계(十八界)의 하나. 계(界, ⓢdhātu)는 요소를 뜻함. 인식을 성립시키는 요소의 하나로, 시각 기관〔眼〕으로 시각 대상〔色〕을 식별하는 마음 작용.

안식국(安息國) 기원전 250년경부터 기원후 220년경까지 지금의 이란과 아프가니스탄 지역에 있던 고대 국가.

안식향(安息香) ⓢguggula 국굴라(局崛羅)나무의 껍질에서 채취한 즙으로 만들거나 그 껍질을 분말로 하여 만든 향.

안심(安心) ①마음이 흔들리지 않는 경지에 이른 상태. 마음을 한곳에 집중하여 산란을 멈추고 평온하게 된 상태. ②있는 그대로의 본성에 머물고 있는 마음 상태. ③여러 인연과 망상을 쉬고 심신(心身)을 탈락시켜, 자신의 청정한 성품을 응시하는 상태.

안심사(安心寺) 충북 청원군 남이면 사동리에 있는 절. 법주사(法住寺)의 말사. 창건 연대는 알 수 없고, 1613년에 다시 짓고, 1626년에 중축하고, 1672년에 보수함. 문화재 : 대웅전.

안양(安養) 극락(極樂)을 말함.

안온(安穩) 모든 번뇌를 남김없이 소멸하여 평온하게 된 열반의 상태.

안인(安忍) ①ⓢkṣāti 마음을 안정시키고 참고 견딤. 참고 견디어 마음을 움직이지 않음. 노여워하지 않고 참고 견딤. ②능안인(能安忍)과 같음.

안인바라밀(安忍波羅蜜) 인욕바라밀(忍辱波羅蜜)과 같음.

안저(案底) 공안(公案)과 같음.

안정사(安靜寺) 경남 통영시 광도면 벽방산 남동쪽 기슭에 있는 절. 654년에 신라의 원효(元曉)가 창건하고, 1309년에 회월(會月)이 다시 지음. 이후 여러 차례 보수·중축하고, 1950년부터 설호(雪虎)가 크게 중축함. 문화재 : 대웅전.

안주법아라한(安住法阿羅漢) 아라한의 경지에서 안주하여 그 경지에서 퇴보하지는 않지만 어떠한 향상도 없는 자.

안처(眼處) 십이처(十二處)의 하나. 모양이나 빛깔을 보는 시각 기관인 눈.

안청(安淸) 안세고(安世高)의 본명.

안촉(眼觸) 안근(眼根)과 색경(色境)과 안식(眼識)의 화합으로 일어나는 마음 작용.

안치(安置) 불상(佛像)·위패(位牌) 등을 잘 모셔 둠.

안타회(安陀會) ⓢantarvāsa의 음사. 삼의(三衣)의 하나. 내의(內衣)·중숙의(中宿衣)라고 함. 직사각형의 베 조각들을 세로로 나란히 꿰맨 것을 1조(條)로 하여, 5조를 가로로 나란히 꿰맨 것. 작업하거나 잘 때 입음.

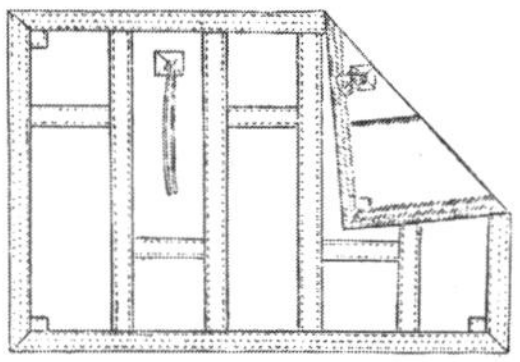

안타회

안하처(安下處) 절에 찾아온 손님이 편히 쉬는 처소.

안함(安含) 안홍(安弘)과 같음.

안혜(安慧) ⓢsthiramati 510년경-570년경. 십

대논사(十大論師)의 하나. 남인도 나라국(羅羅國) 출신의 승려로, 유식학(唯識學)과 인명(因明)에 정통함. 세친(世親)의 유식삼십송(唯識三十頌)에 대한 주석서를 지음. 덕혜(德慧)의 제자. 저서 : 대승아비달마잡집론(大乘阿毘達磨雜集論)·대승광오온론(大乘廣五蘊論)·대승중관석론(大乘中觀釋論)·구사실의소(俱舍實義疏)·유식삼십송석론(唯識三十頌釋論).

안홍(安弘) 579-640. 신라의 승려. 안함(安含)이라고도 함. 601년(진평왕 23)에 수(隋)에 가서 대홍성사(大興聖寺)에 머물면서 경론(經論)을 두루 섭렵하고 605년에 귀국하여 신라에 처음으로 밀교(密敎)를 전함.

알가(閼伽) ⓢargha의 음사. 불전에 바치는 청정한 물, 또는 그것을 담는 그릇.

알가(遏迦) ⓢarka의 음사. 인도의 해안에 자생하는 풀 이름으로, 잎에는 흰 털이 있고 흰 꽃이 핌. 잎은 공양물로 사용함.

알두가만절리(頞杜迦曼折利) ⓢarjakamañarī의 음사. 난향초(蘭香梢)라고 번역. 피라미드 모양으로 자라는 관목. 나무 끝의 꽃대에 여러 개의 꽃이 붙어서 피는데, 꽃봉오리가 필 때 일곱 장의 꽃잎으로 갈라짐.

알부담(頞部曇) ⓢarbuda의 음사. 포(皰)·포결(皰結)이라 번역. 태내오위(胎內五位)의 하나. 수태(受胎) 후 8일부터 7일간.

알부타지옥(頞部陀地獄·頞浮陀地獄) 팔한지옥(八寒地獄)의 하나. 알부타(頞部陀)는 ⓢarbuda의 음사, 포(皰)라고 번역. 심한 추위로 몸이 부르튼다는 지옥.

알비(頞鞞) 아설시(阿說示)와 같음.

알사다(頞沙茶) ⓢāṣāḍha의 음사. 인도력(印度曆)의 4월. 음력 4월 16일부터 5월 15일까지에 해당함.

알습박갈나(頞濕縛羯拏) ⓢaśvakarṇa의 음사. 마이(馬耳)라 번역. 수미산을 둘러싸고 있는 금(金)으로 된 산. ⇒ 수미산(須彌山)

알습파유사(頞濕婆庾闍) ⓢaśvayuja의 음사. 인도력(印度曆)의 7월. 음력 7월 16일부터 8월 15일까지에 해당함.

알찰타지옥(頞哳吒地獄) 팔한지옥(八寒地獄)의 하나. 알찰타(頞哳吒)는 ⓢaṭaṭa의 음사. 심한 추위의 고통을 감당하지 못하고 내는 소리에 의한 이름.

알호타(頞呼陀) 알부담(頞部曇)과 같음.

암라(菴羅) 암마라(菴摩羅)와 같음.

암마라(菴摩羅) ⓢāmra의 음사. 망고(Mango) 나무.

암마라식(菴摩羅識) 아마라식(阿摩羅識)과 같음.

암마락가(菴摩洛迦) 아마륵(阿摩勒)과 같음.

암마륵(菴摩勒) 아마륵(阿摩勒)과 같음.

암몰라(菴沒羅) 암마라(菴摩羅)와 같음.

암자(庵子) 큰 절에 딸린 작은 절.

암주(庵主) 한 암자의 운영을 주관하는 승려.

암파라(菴婆羅) 암마라(菴摩羅)와 같음.

암화(菴華) 암(菴)은 암마라(菴摩羅)의 준말로 망고(Mango) 나무를 말함. 곧, 망고 나무의 꽃. 결실이 어려운 것을 비유함.

앙가국(鴦伽國·殃伽國) ⓢⓟaṅga의 음사. 중인도의 동부, 지금의 비하르(Bihar) 지역 동쪽에 인접에 있던 고대 국가로, 도읍지는 참파(campā). 기원전 6세기에 마가다국(magadha國)에게 멸망함.

앙구리마라(央瞿利摩羅) 앙굴마라(央掘摩羅)와 같음.

앙구식(仰口食) 사부정식(四不淨食)의 하나. 얼굴을 위로 쳐다보고 하는 일로, 별자리·해·달·천둥·번개 등을 관찰하여 생계를 유지함.

앙굴마라(央掘摩羅·央掘魔羅·鴦堀摩羅) ⓢaṅgulimālya ⓟaṅgulimāla의 음사. 지만(指鬘)이라 번역. 붓다 당시에 사위성(舍衛城)에 있었다는 살인마. 여러 지역을 다니면서 수많은 사람을 죽여 손가락을 잘라 실로 묶어 머리에 두르고 다녔는데, 999명을 죽이고 마지막으로 1,000명을 채우기 위해 자신의 어머니를 죽이려고 하자 붓다가 나타나 그를 교화하니, 통곡하며 출가하여 비구가 되었다고 함.

앙굿타라니카야(aṅguttara-nikāya) ⇒ 아함경(阿含經)

앙산혜적(仰山慧寂) ⇒ 혜적(慧寂)

앙신(仰信) 이해 없이 가르침을 우러러 그대로 믿음.

애(愛) ①ⓢtṛṣṇā ⓟtaṇhā 갈애(渴愛). 애욕. 탐욕. ②자비.

애견(愛見) 애(愛)는 대상에 집착하는 번뇌, 견(見)은 이치를 명료하게 알지 못하는 번뇌.

애결(愛結) 구결(九結)의 하나. 결(結)은 번뇌를 뜻함. 탐애(貪愛)의 번뇌.

애라벌나(藹羅筏拏) ⓢairāvaṇa의 음사. ①제석(帝釋)이 타는 코끼리. ②용왕(龍王).

애란(哀鸞) ⇒ 가릉빈가(迦陵頻伽)

애론(愛論) 집착에 의한 그릇된 말. 대상에 집착하여 하는 말.

애미제(愛味諦) 칠제(七諦)의 하나. 번뇌에 물든 마음은 애욕을 일으켜 괴로움의 원인이 된다는 진리.

애번뇌(愛煩惱) 탐(貪)·진(瞋)·치(癡) 등과 같이, 대상에 집착함으로써 일어나는 심리적 번뇌를 말함. 이에 반해, 유신견(有身見)·변집견(邊執見)·사견(邪見) 등과 같이, 이치를 명료하게 알지 못함으로써 일어나는 지적 번뇌는 견번뇌(見煩惱)라고 함.

애별리고(愛別離苦) 팔고(八苦)의 하나. 사랑하는 사람과 헤어져야 하는 괴로움.

애어(愛語) 부드럽고 온화한 말.

애염(愛染) 애욕으로 더러워진 마음. 애욕에 물든 마음.

애염명왕(愛染明王) 애욕으로 더러워진 마음을 청정한 마음으로 변하게 한다는 존(尊).

애욕(愛欲) 탐내어 집착하는 마음. 욕망에 사로잡힌 마음. 감각적인 쾌락을 애타게 구하는 마음.

애해(愛海) 애욕이 깊음을 바다에 비유한 말.

애희각(愛喜覺) 희각지(喜覺支)와 같음.

액(軛) 중생의 마음을 결박하는 번뇌. 괴로움을 겪게 하는 번뇌.

야간(野干) ⓢśṛgāla 승냥이.

야나(惹那) ⓢjñāna의 음사. 지(智)라고 번역. 모든 현상의 이치를 명료하게 판단하는 마음 작용.

야나전달라(若那戰達羅) ⓢjñānacandra의 음사. 세친(世親)의 유식삼십송(唯識三十頌)에 대한 주석서를 지은 지월(智月)의 범명.

야단법석(野壇法席) 야외에서 행하는 설법이나 강의.

야마(野馬) ⓢmarīci 아지랑이.

야마왕(夜魔王) 염마왕(閻魔王)과 같음.

야마천(夜摩天) 야마(夜摩)는 ⓢyāma의 음사, 시분(時分)이라 번역. 육욕천(六欲天) 가운데 제3천으로, 이곳에 있는 신(神)들은 때때로 즐거움을 누린다고 함.

야바제(耶婆提) ⓢyava-dvīpa의 음사. dvīpa는 섬을 뜻함. 지금의 인도네시아의 자바 섬을 가리킴.

야부나(耶符那) 염모나(鹽牟那)와 같음.

야사(耶舍) ⓢyaśas ⓟyasa의 음사. 명문(名聞)·명칭(名稱)이라 번역. ①중인도 바라날(婆羅捺)의 바이샤(vaiśya) 출신. 녹야원(鹿野苑)에서 처음으로 붓다의 제자가 된 오비구(五比丘) 다음으로 그의 제자가 된 비구. 야사를 찾으러 왔던 그의 부모와 아내는 붓다의 설법을 듣고 불문(佛門)에 귀의함으로써 최초의 우바새(優婆塞)·우바이(優婆夷)가 됨. ②불멸(佛滅) 후 100년경, 중인도 바라문 출신의 승려. 바이샬리(vaiśālī)에 거주하는 비구들이 내세운 계율에 대한 열 가지 새로운 주장을 비법(非法)이라 강력하게 주장하고, 700여 명의 비구들을 모집하여 제2차 결집(結集)을 주도함.

야쇼다라(yaśodharā) ⇒ 야수다라(耶輸陀羅)

야수다라(耶輸陀羅·耶輸多羅) ⓢyaśodharā의 음사. 콜리야족 출신으로, 싯다르타의 아내, 곧 나후라(羅睺羅)의 어머니. 정반왕(淨飯王)이 세상을 떠나자 마하파사파제(摩訶波闍波提)와 함께 출가하여 비구니가 됨.

야수달라(耶戍達羅) 야수다라(耶輸陀羅)와 같음.

야수피타(冶受皮陀) ⓢyajur-veda의 음사. ⇒ 야주르베다(yajur-veda)

야유(耶維) ⓟjhāpeti의 음사. 소연(燒然)·분소(焚燒)라고 번역. 시체를 불살라 장사 지내는 일.

야주르베다(yajur-veda) 사베다(四veda)의 하나. 제사에 필요한 축문(祝文)을 모은 것으로, 제식(祭式) 때 제물을 바치고 제사의 실무를 담당하는 아드바류(adhvaryu)가 낮은 소리로 읊는 산문(散文)임.

야차(夜叉) ⓢyakṣa의 음사. 용건(勇健)이라 번역. ①팔부중(八部衆)의 하나. 수미산 중턱의 북쪽을 지키는 비사문천왕(毘沙門天王)의 권속으로, 땅이나 공중에 살면서 여러 신(神)

들과 불법(佛法)을 수호한다는 신(神). ②사람을 괴롭히거나 해친다는 사나운 귀신.

야차팔대장(夜叉八大將) 비사문천왕(毘沙門天王)을 좌우에서 보좌하는 여덟 야차대장.

야포나(耶蒲那) 염모나(鹽牟那)와 같음.

약가루타수(若伽樓馱樹) 이구율수(尼拘律樹)와 같음.

약건도(藥犍度) 약(藥)은 음식을 뜻함. 건도(犍度)는 ⓢskandha의 음사로, 장(章)·편(篇)을 뜻함. 수행자들의 음식에 대해 설한 장(章).

약교석(約敎釋) 천태사석(天台四釋)의 하나. 하나의 글귀를 장교(藏敎)·통교(通敎)·별교(別敎)·원교(圓敎)에 의거하여 네 가지로 요약하는 해석 방법.

약사경(藥師經) 약사유리광여래본원공덕경(藥師琉璃光如來本願功德經)의 준말.

약사도량(藥師道場) 약사여래를 본존으로 모시고, 온갖 질병이 낫고 재난이 소멸되기를 기원하는 의식.

약사사(藥師寺) 인천시 남동구 간석 3동 만월산 서쪽 기슭에 있는 절. 대한불교화엄종의 총본산. 1932년에 능해(凌海)가 창건하여 약사암(藥師庵)이라 하고, 1959년에 중축하고 약사사라 함.

약사삼존(藥師三尊) 약사여래와 그 좌우에서 보좌하는 일광보살과 월광보살을 말함.

약사암(藥師庵) 광주시 동구 무등산 서쪽 기슭에 있는 절. 증심사(證心寺)에 딸린 암자. 847년에 당(唐)에서 귀국한 철감 도윤(澈鑒道允, 798-868)이 창건함. 조선 철종(1849-1863) 때 다시 짓고, 1970년대에 석담(石潭)이 중축하고, 이후 종일(宗一)이 주지로 머물면서 크게 증축함. 문화재 : 석조여래좌상(石造如來坐像).

약사여래(藥師如來) 동쪽으로 무수한 불국토를 지나 있는 정유리세계(淨琉璃世界)에서 중생의 질병을 치료한다는 부처.

약사여래본원경(藥師如來本願經) 1권. 수(隋)의 달마급다(達摩笈多) 번역. 약사유리광여래본원공덕경(藥師琉璃光如來本願功德經)의 다른 번역.

약사유리광여래(藥師琉璃光如來) 약사여래(藥師如來)와 같음.

약사유리광여래본원공덕경(藥師琉璃光如來本願功德經) 1권. 당(唐)의 현장(玄奘) 번역. 약사여래가 과거세에 수행하고 있을 때에 세운 서원, 약사여래의 정토, 약사여래를 믿고 그에 예배함으로써 얻는 현세의 이익을 설한 경.

약사유리광칠불본원공덕경(藥師琉璃光七佛本願功德經) 2권. 당(唐)의 의정(義淨) 번역. 약사유리광여래본원공덕경(藥師琉璃光如來本願功德經)의 다른 번역.

약사전(藥師殿) 약사여래를 중심으로 좌우에 일광보살과 월광보살을 모신 사찰의 건물. 후불탱화로는 약사여래의 정토를 묘사한 동방약사유리광회상도(東方藥師琉璃光會上圖)를 걸어 둠.

약산유엄(藥山惟儼) ⇒ 유엄(惟儼)

약석(藥石) ①약과 돌침이라는 뜻으로, 온갖 약재와 치료를 통틀어 일컬음. ②절에서 저녁 식사를 이르는 말. 원래 계율에는 오후의 식사를 금하여 오후에는 배가 고팠으므로 저녁 식사는 그 배고픔을 치료한다는 뜻에서 이와 같이 일컬음.

약왕보살(藥王菩薩) 좋은 약으로 중생의 몸과 마음의 병을 제거해 준다는 보살.

약질니(藥叱尼) ⓢyakṣiṇī의 음사. 여성의 야차(夜叉).

약차(藥叉) 야차(夜叉)와 같음.

약초유(藥草喩) 법화칠유(法華七喩)의 하나. 법화경 약초유품(藥草喩品)의 비유. 약초는 같은 비를 맞아도 크기와 종류에 따라 제각기 다르게 자라듯, 부처는 중생의 능력이나 소질에 따라 여러 비유와 방편으로 설하지만 부처의 유일한 가르침은 보살행을 닦아 성불하는 것이라는 내용.

약탄(若坦) 1668-1754. 조선의 승려. 전남 고흥 출신. 자(字)는 수눌(守訥), 호는 영해(影海). 10세에 고흥 능가사(楞伽寺)에 출가하여 득우(得牛)와 수연(秀演)에게 경론(經論)을 배운 후 참선 수행함. 자수암(慈受庵)과 송광사(松廣寺)에서 학인들을 지도함. 저서 : 영해대사시집초(影海大師詩集抄).

약홍은선(藥汞銀禪) 약홍은(藥汞銀)은 수은(水銀)을 말함. 수은은 은(銀)이 아니므로 사이비 선(禪)을 뜻함.

양(量) ⓢpramāṇa ①헤아려 앎. ②인식. 인식의 근원. 인식의 근거. 인식 수단.

양개(良价) 807-869. 당(唐)의 승려. 절강성(浙江省) 회계(會稽) 출신. 21세에 숭산(嵩山)에서 계(戒)를 받고, 운암 담성(雲巖曇晟, 782-841)에게 사사(師事)하여 그의 법을 이어받음. 강서성(江西省) 동산(洞山) 보리원(普利院)에 머물면서 선풍(禪風)을 크게 일으킴. 시호(諡號)는 오본대사(悟本大師). 어록 : 동산양개선사어록(洞山良价禪師語錄).

양계만다라(兩界曼荼羅) 금강정경(金剛頂經)에 의거하여 대일여래(大日如來)의 지혜를 상징적으로 묘사한 금강계만다라(金剛界曼荼羅)와 대일경(大日經)에 의거하여 보리심(菩提心)과 대비(大悲)와 방편(方便)을 상징적으로 묘사한 태장계만다라(胎藏界曼荼羅)를 말함.

양고승전(梁高僧傳) ⇒ 고승전(高僧傳)

양과(量果) ⓢpramāṇa-phala 인식 작용의 결과인 인식 내용.

양구불성과(兩俱不成過) 인명(因明)에서, 삼십삼과(三十三過) 가운데 인십사과(因十四過)의 하나. 주장자와 반론자의 어느 입장에서 보아도 인(因)이 종(宗)의 주어와 전혀 관계없는 오류. 예를 들면, '말은 무상하다'라고 하는 종(宗)에 대하여 '눈으로 보이기 때문이다〔因〕'라고 하는 경우.

양구타(孃矩吒) ⓢnyaṅkuṭā의 음사. 침구충(針口蟲)이라 번역. 주둥이가 뾰족한 벌레.

양기방회(楊岐方會) ⇒ 방회(方會)

양기파(楊岐派) 오가칠종(五家七宗)의 하나. 임제종의 석상 초원(石霜楚圓, 986-1039) 문하의 양기 방회(楊岐方會, 992-1049)에 의해 형성된 종파. 이 종파의 오조 법연(五祖法演, ?-1104)은 많은 화두(話頭) 가운데 조주(趙

州)의 '무(無)' 자를 수행의 근본으로 삼았고, 벽암록(碧巖錄)을 완성한 원오 극근(圜悟克勤, 1063-1135)의 제자에 대혜 종고(大慧宗杲, 1089-1163)가 있는데, 그는 천만 가지 의심도 결국은 하나의 의심에 지나지 않으며, 화두의 의심이 깨뜨려지면 천만 가지 의심이 일시에 사라진다고 하여 화두와 정면으로 대결할 것을 역설했는데, 그의 선풍(禪風)을 간화선(看話禪)이라 함.

양류관음(楊柳觀音) 중생의 온갖 병을 고쳐준다는 관음. 오른손에 버들가지를 들고 있음. 불화(佛畵)에는 주로 절벽의 바위에 걸터앉아 선재동자(善財童子)의 방문을 받고 있는 모습으로 묘사되어 있음.

양모진(羊毛塵) ⓢavi-rajas 양의 털끝 정도의 미세한 대상. ⇒ 극미(極微)

양부(楊孚·揚孚) ?-917. 신라의 승려. 출가하여 도헌(道憲, 824-882)의 선법(禪法)을 이어받음. 공주 서혈원(西穴院)에 머물고, 906년에 합천 초계 백엄사(伯嚴寺)를 다시 짓고 주지로 머무름. 긍양(兢讓, 878-956)이 그의 법을 이어받음.

양부만다라(兩部曼荼羅) 양계만다라(兩界曼荼羅)와 같음.

양서(兩序) 동서(東序)와 서서(西序). 선원(禪院)의 불전(佛殿)에서 의식을 행할 때, 불단(佛壇)을 향하여 오른쪽에 서열하는 도사(都寺)·감사(監寺)·부사(副寺)·유나(維那)·전좌(典座)·직세(直歲)의 육지사(六知事)를 동서(東序), 왼쪽에 서열하는 수좌(首座)·서기(書記)·장주(藏主)·지객(知客)·지욕(知浴)·지전(知殿)의 육두수(六頭首)를 서서(西序)라고 함.

양설(兩舌) 이간질하는 말. 하나의 일을 두 가지로 달리 말함.

양액하륭만상(兩腋下隆滿相) 삼십이상(三十二相)의 하나. 두 겨드랑이가 두텁고 풍만함.

양족존(兩足尊) 두 발로 걷는 인간 가운데 가장 존귀한 자, 곧 부처를 일컬음.

양지(量智) 모든 분별이 끊어진 경지에서 온갖 차별을 명확하게 아는 지혜.

양지(楊枝) 수행자들이 지니고 다니는, 치아를 닦는 데 쓰는 버들가지.

어고(魚鼓) 목어(木魚)와 같음.

어록(語錄) 선승(禪僧)의 언행을 모은 글, 또는 그 책.

어무표업(語無表業) 입으로 지은 말이 남기는 잠재력. 입으로 지은 말에 의해 미래에 받을 과보의 원인으로 내면에 새겨진 잠재력.

어밀(語密) 구밀(口密)과 같음.

어산(魚山) 범패(梵唄)와 같음.

어업(語業) 입으로 짓는 말. 구업(口業)과 같음.

어요(語要) 요점만을 간추린 글, 또는 그 책.

어율의(語律儀) 말로 짓는 허물을 방지함.

어장(魚丈) 예수재(豫修齋)·수륙재(水陸齋)·영산재(靈山齋) 등의 의식 때 부르는 범패(梵唄)에 뛰어난 승려.

어전담지(語詮談旨) 언어로 표현할 수 없는 궁극적인 진리를 억지로 언어로써 표현함.

어판(魚板) 목어(木魚)와 같음.

어표업(語表業) 입으로 표현하는 말·언어.

억겁(億劫) 무한히 긴 시간을 나타내는 말.

억념(憶念) 기억함. 마음 속에 간직하여 잊지 않음. 늘 생각함.

억념비니(憶念毘尼) 칠멸쟁(七滅諍)의 하나. 비니(毘尼)는 ⓢⓟvinaya의 음사로, 율(律)을 뜻함. 수행자의 어떤 언행에 대해 무죄인지 유죄인지를 논쟁하고 있는 경우, 그 수행자에게 그 언행을 기억하는지를 묻고, 만약 기억하지 못하면 거론하지 않는 규정.

억상(憶想) 이리저리 생각함.

억양교(抑揚教) 오시교(五時教)의 하나. 보살을 찬양하고 연각(緣覺)을 저지한 가르침, 곧 유마경·사익경 등의 가르침을 말함.

억지쟁률(憶止諍律) 억념비니(憶念毘尼)와 같음.

억파제(億波提) ⓟupadhi의 음사. 번뇌. 집착. 탐욕.

언기(彦機) 1581-1644. 조선의 승려. 경기 안성 출신. 호는 편양(鞭羊). 11세에 출가하여 현빈(玄賓)에게 배우고, 후에 묘향산에 가서 휴정(休靜, 1520-1604)의 문하에서 수행하여 그의 법을 이어받음. 금강산 천덕사(天德寺), 구룡산 대승사(大乘寺), 묘향산 천수암(天授庵) 등에 머물면서 학인들을 지도함. 묘향산 내원암(內院庵)에서 입적함. 저서 : 편양당집(鞭羊堂集).

언기국(焉耆國) ⓢagni의 음사. 타클라마칸(Taklamakan) 사막의 북동쪽, 지금의 언기회족(焉耆回族) 자치현(自治縣) 지역에 있던 고대 국가.

언달박(彦達嚩) 건달바(乾闥婆)와 같음.

언론(言論) ⓢvāda 견해를 밝힌 말이나 글.

언망여절(言亡慮絕) 언어가 없어지고 생각이 끊어짐.

언설(言說) ①ⓢvāc 말. 언어. ②ⓢdeśanā 가르침. 언어로 표현된 가르침. 스스로 체득한 깨달음에 대한 가르침.

언설법신(言說法身) 경전에서 설하는 진리를 뜻함.

언어도단(言語道斷) 언어의 길이 끊어짐. 언어로 표현할 수 없음.

언쟁(言諍) 사쟁(四諍)의 하나. 교리에 대한 논쟁.

언전(言詮) 언어로 표현함. 언어로 설명함. 분별함.

언진(言陳) ①말로 표현함. ②말에 직접 드러나 있는 일반적인 뜻. 이에 반해, 말에 직접 드러나 있지 않고 숨어 있는 특별한 뜻은 의허(意許)라고 함.

얼라파(蘖喇婆) ⓢgarbha의 음사. 태(胎)·장(藏)이라 번역. ①자궁. 태(胎). 내부. 중심. ②견실. 견고.

업(業) ⓢkarman ⓟkamma ①행위. 몸과 입과 마음으로 짓는 행위와 말과 생각. ②행위와 말과 생각이 남기는 잠재력. 과보를 초래하는 잠재력. ③선악의 행위에 따라 받는 고락의 과보. ④좋지 않은 결과의 원인이 되는 악한 행위. 무명(無明)으로 일으키는 행위. ⑤어떠한 결과를 일으키는 원인이나 조건이 되는 작용. 과거에서 미래로 존속하는 세력. ⑥바이셰시카 학파에서 설하는 육구의(六句義)의 하나. 사물의 본질을 이루고 있는 실체의 운동. ⑦고려 때, 종파나 학파의 뜻으로 쓰인 말.

업감연기(業感緣起) ①번뇌로써 그릇된 행위를 일으키고 그릇된 행위는 괴로움의 과보를 초래하는, 곧 혹(惑)·업(業)·고(苦)의 생존을 되풀이하는 인과 관계에서 그릇된 행위를 중요시한 관점. ②업(業)이 남긴 잠재력이 모든 현상을 생성시킨다는 견해.

업견(業羂) 악한 행위가 중생을 옭아매어 미혹에서 벗어나지 못하게 하는 것을 덫에 비유한 말.

업경(業鏡) 생전에 지은 선악의 일을 비추어 본다는 저승의 거울.

업계고상(業繫苦相) 육추(六麤)의 하나. 이름뿐인 대상에 집착하여 여러 가지 그릇된 행위를 함으로써 괴로움의 과보를 받아 자유롭지 못함.

업고(業苦) 악한 행위로 말미암아 받는 괴로움의 과보.

업과(業果) 선악의 행위에 따라 받는 고락의 과보.

업도(業道) ①고락의 과보를 초래할 선악의 행위와 말과 생각. ②삼도(三道)의 하나. 이치와 현상에 대한 미혹으로 일으키는 그릇된 행위와 말과 생각.

업력(業力) 선악의 행위가 남기는 잠재력. 고락의 과보를 초래하는 잠재력.

업마(業魔) 악한 행위는 수행을 방해하고 지혜를 잃게 하므로 그 행위를 악마에 비유한 말.

업보(業報) ①선악의 행위에 따라 받는 고락의 과보. ②과거에 저지른 악한 행위로 말미암아 현재에 받는 괴로움의 과보.

업비량(業比量) 흘러가는 구름을 보고 바람이 부는 줄 알듯, 사물의 작용을 보고 그 작용의 근거를 유추함.

업사성판(業事成辦) 정토에 태어나는 과보를 받을 청정한 행위를 성취함.

업상(業相) 무명(無明)에 의해 최초로 마음이 움직이지만 아직 주관과 객관의 구별이 없는 상태.

업상경(業相境) 십경(十境)의 하나. 과거에 번뇌로써 저지른 자신의 행위가 떠오르면 이를 주시하여 소멸시킴.

업생(業生) 미혹과 망념을 되풀이하여 일으키는 중생의 생존.

업성(業成) ①과보를 초래할 행위를 저지름. ②행위에 의해 어떤 결과가 성립됨. ③업사성판(業事成辦)의 준말.

업승(業繩) 악한 행위가 중생을 묶어 미혹에서 벗어나지 못하게 하는 것을 노끈에 비유한 말.

업식(業識) ①과거에 저지른 미혹한 행위와 말과 생각의 과보로 현재에 일으키는 미혹한 마음 작용. ②오의(五意)의 하나. 무명(無明)에 의해 일어나는 그릇된 마음 작용.

업식심(業識心) 기신론에서, 미세하게 일어나고 소멸하는 아뢰야식(阿賴耶識)을 말함.

업연(業緣) ①고락의 과보를 초래하게 된 연유가 되는 선악의 행위. ②어떠한 결과를 일으키는 원인과 조건이 되는 작용.

업유(業有) 칠유(七有)의 하나. 유(有)는 존재·생존을 뜻함. 선악의 행위는 미래의 생존을 결정짓는 원인이 되므로 이와 같이 말함.

업이숙지력(業異熟智力) 십력(十力)의 하나. 선악의 행위와 그 과보를 아는 부처의 능력.

업인(業因) 고락의 과보를 초래하는 원인이 되는 선악의 행위.

업장(業障) 악한 행위를 저지른 과보로 받는 장애.

업종(業種) 고락의 과보를 초래하는 선악의 행위를 식물의 씨앗에 비유한 말.

업종자(業種子) 선악의 행위와 생각에 의해 아뢰야식(阿賴耶識)에 저장된 잠재력으로, 모든 마음 작용을 일으키는 직접적인 원인인 명언종자(名言種子)를 도와 미래에 괴로움이나 즐거움의 과보를 받게 함.

업칭(業秤) 생전에 지은 선악의 일을 측정한다는 저승의 저울.

업통(業通) 전생에 지은 행위의 과보로 태어날 때부터 갖추고 있는 신통력.

업풍(業風) ①선악의 행위가 남기는 힘을 바람에 비유한 말. ②맹렬하게 부는 지옥의 바람.

업화(業火) ①악한 행위가 남기는 세력이 맹렬함을 불에 비유한 말. ②지옥의 죄인을 태우는 불.

업환(業幻) 실재하는 것이 아니라 업의 작용으로 나타나는 허구적인 현상.

에(恚) 성냄. 화냄. 노여움. 분노. 증오.

에각(恚覺) 삼각(三覺)의 하나. 각(覺)은 ⓢvitarka의 번역으로, 개괄적으로 추구하는 마음 작용을 뜻함. 성내는 마음 작용.

에견(恚見) 분노에 의해 일어나는 견해.

에결(恚結) 구결(九結)의 하나. 결(結)은 번뇌를 뜻함. 성내는 번뇌.

에심(恚尋) 심(尋)은 ⓢvitarka의 번역으로, 구역(舊譯)에서는 각(覺)이라 번역함. 에각(恚覺)과 같음.

여(如) ⓢtathatā ①분별이 끊어져 마음 작용이 일어나지 않는 상태. 분별이 끊어져, 있는 그대로 대상이 파악되는 마음 상태. ②차별을 떠난, 있는 그대로의 모습. ③모든 현상의 본성.

여기분소지쟁률(如棄糞掃止諍律) 똥을 치워 버리듯, 논쟁을 그만두는 규정이라는 뜻. 여초부지(如草覆地)와 같음.

여기상정(如其像定) 조각한 상(像)처럼 움직이지 않고 선정(禪定)에 든 상태.

여니국(餘尼國) 유니국(喩尼國)과 같음.

여래(如來) ⓢⓟtathāgata 진리에서 온 자. 진리에 이른 자. 진리에 머무는 자. 곧, 부처를 일컬음.

여래권(如來拳) 연화권(蓮華拳)과 같음.

여래부(如來部) 금강계만다라(金剛界曼茶羅)와 태장계만다라(胎藏界曼茶羅)에서, 대일여래(大日如來)의 깨달음과 그 지혜를 나타낸 부분.

여래선(如來禪) ①사종선(四種禪)의 하나. 부처의 경지에 들어, 여러 중생을 위해 불가사의한 활동을 하는 수행. ②부처의 가르침에 따라 집착하지 않는 지혜를 완성하여, 생각을 일으키지 않고 자신의 청정한 성품을 깨닫는 수행.

여래십호(如來十號) 십호(十號)와 같음.

여래장(如來藏) ⓢtathāgata-garbha 본래부터 중생의 마음 속에 감추어져 있는 여래가 될 가능성. 중생의 마음 속에 저절로 갈무리되어 있는 여래의 청정한 씨앗. 중생이 모두 갖추고 있으나 번뇌에 가려져 있는 여래의 성품. 모태(母胎)의 태아(胎兒)처럼, 중생의 마음 속에 간직되어 있는 부처의 성품.

여래장연기(如來藏緣起) 모든 현상은 본래부터 중생의 마음 속에 감추어져 있는 여래가 될 성품이 염정(染淨)의 인연을 만나 일어난다는 견해.

여래장연기종(如來藏緣起宗) 사종(四宗)의 하나. 모든 현상은 본래부터 중생의 마음 속에 감추어져 있는 여래가 될 성품이 염정(染淨)의 인연을 만나 일어난다는 능가경(楞伽經)·기신론(起信論) 등의 가르침을 말함.

여래좌(如來坐) 결가부좌(結跏趺坐)를 말함.

여래청정선(如來淸淨禪) 부처의 가르침에 따라 집착하지 않는 지혜를 완성하여, 생각을 일으키지 않고 자신의 청정한 성품을 깨닫는 수행.

여량지(如量智) 모든 분별이 끊어진 경지에서 온갖 차별을 명확하게 아는 지혜.

여리지(如理智) 있는 그대로의 본성을 직관하는 지혜.

여마(與麽) ①이와 같음. 이러함. 그러함. ②이렇게. 그렇게. 이처럼.

여상(如相) 있는 그대로의 참모습.

여상회향(如相廻向) 십회향(十廻向)의 하나. 자신이 닦은 청정한 일을 있는 그대로 중생에게 돌려 줌.

여수낭(濾水囊) 녹수낭(漉水囊)과 같음.

여승(餘乘) 승(乘)은 가르침을 뜻함. ①다른 가르침. ②자신이 믿는 가르침 이외의 가르침.

여시(如是) 모든 현상의 있는 그대로의 참모습을 뜻함. 분별을 떠난 있는 그대로의 모습을 뜻함.

여시과(如是果) 인연으로 생긴, 있는 그대로의 결과.

여시력(如是力) 모든 현상에 자연적으로 잠재해 있는 힘.

여시보(如是報) 인연에 따라 받는 고락의 과보.

여시본말구경등(如是本末究竟等) 모든 현상의 있는 그대로의 형상·특성·본질·잠재력·작용·원인·조건·결과·과보는 결국 모두 평등하다는 뜻.

여시상(如是相) 모든 현상의 있는 그대로의 참모습. 분별을 떠난 있는 그대로의 모습.

여시성(如是性) 모든 현상의 있는 그대로의 특성.

여시어경(如是語經) ⓟitivuttaka ①팔리 어 경전의 소부경전에 있는 경. '붓다는 이렇게 설했다'로 시작하는 경들을 모은 것. ②불제자의 과거 인연을 설한 것.

여시연(如是緣) 현상을 일으키는, 있는 그대로의 조건.

여시인(如是因) 현상을 일으키는, 있는 그대로의 원인.

여시작(如是作) 모든 현상의 있는 그대로의 작용.

여시체(如是體) 모든 현상의 있는 그대로의 본질.

여실(如實) ①있는 그대로의 모습. ②진실과 꼭 들어맞음. ③평등하고 진실함. 진실한 성품. ④차별을 떠난 모든 현상의 본성.

여실공(如實空) 모든 분별을 떠난, 있는 그대로의 상태.

여실공경(如實空鏡) 기신론에서, 중생이 본디 갖추고 있는 깨달음의 성품인 본각(本覺)을 맑은 거울에 비유한 말.

여실불공(如實不空) 모든 분별이 끊어진 상태에서, 있는 그대로 파악되는 현상. 분별과 망상이 일어나지 않는 주관에 드러나는, 대상의 있는 그대로의 모습.

여실수행(如實修行) 가르침대로 수행함. 진리에 따라 수행함.

여실지(如實智) 모든 현상을 있는 그대로 주시하는 부처의 지혜.

여실지(如實知) 여실지(如實智)와 같음.

여실지견(如實知見) 현상을 있는 그대로 주시함.

여실지자(如實知者) 모든 현상의 있는 그대로의 참모습을 아는 자, 곧 부처를 일컬음.

여실지자심(如實知自心) 있는 그대로 자신의 마음을 앎.

여야식(黎耶識) 아려야식(阿黎耶識)의 준말.

여어(如語) 있는 그대로 표현하는 말.

여엄(麗嚴) 862-930. 신라 말·고려 초의 승려. 충남 보령 출신. 무량수사(無量壽寺)에 출가하여 주종(住宗)에게 화엄학을 배우고, 19세에 구족계(具足戒)를 받음. 보령 성주사(聖住寺)의 무염(無染, 800-888) 문하에서 수행하고, 무염이 입적하자 영각사(靈覺寺) 심광(深光, 생몰년 미상)에게 가서 수년 동안 수행함. 당(唐)에 가서 동산 양개(洞山良价)의 제자인 운거 도응(雲居道膺, ?-902)의 법을 이어받고 909년에 귀국하여 소백산에 은거하다가 양평 보리사(菩提寺)에 머무름. 시호는 대경(大鏡).

여여(如如) ⓢtathatā ①분별이 끊어져 마음 작용이 일어나지 않는 상태. 분별이 끊어져, 있는 그대로 대상이 파악되는 마음 상태. ②그렇게 있음. 차별을 떠난, 있는 그대로의 모습. ③모든 현상의 본성.

여여불(如如佛) ①차별을 떠난, 있는 그대로의 참모습을 깨달은 부처. ②진리 그 자체, 또는 진리를 있는 그대로 드러낸 우주 그 자체를 뜻함.

여여지(如如智) 있는 그대로의 참모습을 체득한 지혜.

여욕(與欲) 비구가 불가피한 사정으로 승단(僧團)의 행사에 참석할 수 없을 때, 그 행사의 결정에 찬성한다는 의사(意思)를 욕(欲)이라 하고, 그 의사를 참석하는 다른 비구에게 위탁하는 것을 여욕(與欲), 참석하는 비구가 위탁받는 것을 수욕(受欲), 위탁받은 의사를 참석한 대중에게 알리는 것을 설욕(說欲)이라 함.

여원인

여원인(與願印) 손바닥을 밖으로 하여 내린 손 모양으로, 중생이 원하는 바를 이루게 한다는 뜻.

여의(如意) ①일이 뜻대로 됨. 생각대로 됨. ②불가사의하고 신비한 힘. ③모든 분별이 끊어진 깨달음의 지혜를 뜻함. ④법회나 설법 때, 법사(法師)가 손에 지니는 불구(佛具). 등을 긁는 기구처럼, 막대에 끝이 갈고리 모양으로 휘어져 있음. 뼈·뿔·대나무·나무 따위로 만듦.

여의륜관음(如意輪觀音) 손에 여의주(如意珠)와 법륜(法輪)을 들고 중생의 소원을 이루어 준다는 관음. 머리를 비스듬히 하여 사유하는 모습이며, 보통 여섯 개의 팔을 가지고 있음.

여의병(如意甁) 모든 소원을 뜻대로 이루어지게 해 준다는 병. 밀교에서는 지신(地神)이 지니고 있는 물건이라 하고, 의식 때 이 병에 약·향수·물 등을 담아 단상(壇上)에 둠.

여의보(如意寶) 여의주(如意珠)와 같음.

여의보주(如意寶珠) 여의주(如意珠)와 같음.

여의족(如意足) ①신통(神通)을 얻기 위한 뛰어난 선정(禪定)에 드는 기반. ②마음대로 갈 수 있고 변할 수 있는 불가사의하고 자유 자재한 능력.

여의족시현(如意足示現) 삼시현(三示現)의 하나. 부처가 몸으로 불가사의한 변화를 나타내어 중생에게 바른 믿음을 갖게 함.

여의주(如意珠) ⓢcintā-maṇi 중생의 소원을 뜻대로 이루어지게 해 준다는 보배 구슬로, 부처의 공덕을 상징함.

여의통(如意通) 마음대로 갈 수 있고 변할 수 있는 자유 자재한 능력. 신족통(神足通)과 같음.

여인권속논사(女人眷屬論師) 마혜수라(摩醯

首羅)가 거느리고 있는 8명의 여인이 우주를 창조하였다고 주장한 고대 인도의 한 학파.

여인왕생원(女人往生願) 사십팔원(四十八願)의 하나. 아미타불이 법장비구(法藏比丘)였을 때 세운 서원으로, 여인도 정토에 태어날 수 있도록 하겠다는 맹세.

여정(如淨) 1163-1228. 송(宋)의 승려. 절강성(浙江省) 월주(越州) 출신. 출가하여 경론(經論)을 배우고 19세부터 선(禪)을 닦음. 여러 지역을 편력하다가 설두 지감(雪竇智鑑, 1105-1192)에게 사사(師事)하여 그의 법을 이어받음. 강소성(江蘇省) 청량사(淸涼寺), 절강성 태주(台州) 서암사(瑞巖寺), 천동산(天童山) 경덕사(景德寺)에서 조동종(曹洞宗)을 전파함. 어록 : 여정화상어록(如淨和尙語錄)·여정선사속어록(如淨禪師續語錄).

여지심(慮知心) 연려심(緣慮心)과 같음.

여진(如眞) 있는 그대로의 참모습.

여체족(麗掣族) 이차족(離車族)과 같음.

여초부지(如草覆地) 칠멸쟁(七滅諍)의 하나. 풀이 땅을 덮듯, 논쟁자가 서로 잘못을 깨닫고 논쟁을 덮어 둠.

여초포지(如草布地) 여초부지(如草覆地)와 같음.

여환삼매(如幻三昧) 모든 차별 현상은 실체가 없어 허깨비와 같다고 주시하는 삼매.

역(驛) 거리의 단위로, 1유순(由旬)에 해당함.

역경원(譯經院) 송(宋) 태종(太宗) 5년(980)에 세운, 범문(梵文)으로 된 불전(佛典)을 한문으로 번역한 기관.

역관(逆觀) 십이연기(十二緣起)를 '무명(無明)이 없으므로 행(行)이 없고, 행이 없으므로 식(識)이 없고 ……'라고 관찰하여 괴로움의 소멸에 이르는 과정을 밝혀 나가는 방면.

역노가야타(逆路伽耶陀) 노가야타(路伽耶陀)는 ⓢlokāyata의 음사로, 순세외도(順世外道)라고 번역. 법화현찬(法華玄贊)에는 좌순세외도(左順世外道)라고 풀이하고 있으나 여러 가지 설이 있음. ⇒ 순세외도(順世外道)

역대법보기(歷代法寶記) 1권. 지은이 미상. 보리달마(菩提達摩) ― 혜가(慧可) ― 승찬(僧璨) ― 도신(道信) ― 홍인(弘忍) ― 자주 지선(資州智詵, 609-702) ― 처적(處寂, 665-732) ― 정중 무상(淨衆無相, 684-762) ― 보당 무주(保唐無住, 714-774)로 이어지는 계통의 선종사서(禪宗史書)로, 특히 사천성(四川省) 보당사(保唐寺)에 머무른 무주(無住)의 선법(禪法)을 상세히 서술함.

역대삼보기(歷代三寶記) 15권. 수(隋)의 비장방(費長房) 엮음. 후한(後漢)에서 수(隋)에 이르기까지, 역경(譯經)을 중심으로 하여 삼보(三寶)가 전파된 사실을 기록한 책. 제1권에서 제3권까지는 불교사 연표, 제4권에서 제12권까지는 후한(後漢)에서 수(隋)까지 번역된 불전(佛典)의 목록으로 총 2,146종을 열거하고, 제13권과 제14권은 입장목록(入藏目錄)으로 대승 경전 525종과 소승 경전 551종을 수록하고, 제15권은 총목록으로 제14권까지의 목록과 기존의 출삼장기집(出三藏記集)·중경목록(衆經目錄) 등의 목록을 열거함.

역바라밀(力波羅蜜) ⓢbala-pāramitā 십바라밀(十波羅蜜)의 하나. 바르게 판단하고 수행하는 완전한 힘을 성취함.

역사(力士) ⇒ 말라국(末羅國)

역생(力生) ⇒ 화상(和尙)

역연(逆緣) 나쁜 인연이 도리어 불도(佛道)에 드는 계기가 됨.

역유역공문(亦有亦空門) 사문(四門)의 하나. 인연으로 일어나는 현상이나 부처의 성품 등은 존재하면서 또한 공(空)이라고 주시하여 깨달음에 이르는 수행법.

역장(譯場) 고대 중국에서, 범문(梵文)으로 된 불전(佛典)을 한문으로 번역한 기관.

역주(譯主) 범문(梵文)으로 된 불전(佛典)을 한문으로 번역하는 역장(譯場)에서, 정면에 앉아 범문을 읽고 설명하는 역할, 또는 그 일을 맡은 사람.

역행보살(逆行菩薩) 그릇된 짓의 나쁜 과보를 남에게 보여 주기 위해 일부러 그릇된 짓을 하는 보살.

연(緣) ①ⓢkāraṇa ⓢpratyaya 어떤 결과를 일으키는 간접 원인이나 외적 원인 또는 조건. 넓은 뜻으로는 직접 원인이나 내적 원인을 뜻하는 인(因)도 포함함. ②ⓢālambana 인식 대상. ③ⓢpratyaya 잇달아 일어나는 분별과 망상. 분별하고 망상하는 인식 주관의 작용. 인식 주관의 지향성 또는 지향 작용. 바깥 대상으로 향하는 의식의 작용. ④연고(緣故). 관계.

연각(緣覺) ①ⓢpratyeka-buddha ⓟpacceka-buddha 홀로 연기(緣起)의 이치를 주시하여 깨달은 자. 스승 없이 홀로 수행하여 깨달은 자. 가르침에 의하지 않고 독자적으로 깨달은 자. 자신의 깨달음만을 위해 홀로 수행하는 자. 독각(獨覺)·벽지불(辟支佛)이라고도 함. ②연각승(緣覺乘)의 준말.

연각승(緣覺乘) 삼승(三乘)의 하나. 승(乘)은 중생을 깨달음으로 인도하는 부처의 가르침이나 수행법을 뜻함. 연기(緣起)의 이치를 주시하여 깨달은 연각에 대한 부처의 가르침. 연각의 경지에 이르게 하는 부처의 가르침. 연각에 이르는 수행법.

연각장(緣覺藏) 부처의 가르침 가운데 연각을 위해 설한 가르침.

연각정성(緣覺定性) 오성(五性)의 하나. 선천적으로 연각의 소질을 지니고 있는 자.

연각종성(緣覺種性) 연각정성(緣覺定性)과 같음.

연경(衍經) 연(衍)은 마하연(摩訶衍)의 준말. 대승경(大乘經)을 일컬음.

연곡사(鷰谷寺) 전남 구례군 지리산 반야봉 남쪽 기슭에 있는 절. 화엄사(華嚴寺)의 말사. 신라 경덕왕(742-765) 때 연기(緣起)가 창건하고, 1592년 임진왜란 때 모두 불타고, 1627년에 태능(太能)이 다시 지음. 한국 전쟁 때 모두 불타고, 1965년과 1981년에 일부분 복구함. 문화재 : 동부도(東浮屠)·북부도(北浮屠)·삼층석탑·현각선사탑비(玄覺禪師塔碑)·동부도비(東浮屠碑)·서부도(西浮屠).

연근(軟根) 무디고 열등한 능력이나 소질.

연근(練根) 열등한 능력을 수행으로 단련하여 뛰어난 능력으로 변화시킴.

연기(緣起) ①ⓢpratītya-samutpāda ⓟpaṭicca-samuppāda 의존하여(pratītya) 함께

(sam) 일어난다(utpāda)는 뜻. 일체는 서로 의존하여 함께 일어나고 소멸하며 나타나고 흩어짐. 이것이 있으므로 저것이 있고, 이것이 일어나므로 저것이 일어나며, 이것이 없으므로 저것이 없고, 이것이 소멸하므로 저것이 소멸함. ②ⓢpratītya-samutpāda 무명(無明)에 의해 미혹한 세계가 일어나는 과정. 온갖 번뇌와 미혹과 분별을 잇달아 일으키는 마음 작용. 분별하여 허망한 인식을 일으키는 인식 주관의 작용. 의식의 지향 작용에 의해 분별과 망상을 일으키는 과정. 허망한 분별로써 인식 주관에서 관념을 일으키는 작용. ③기연설기(機緣說起)의 뜻, 곧 중생의 능력이나 소질에 따라 가르침을 설함. ④사찰·불상 등이 조성된 유래, 또는 그것을 적은 기록. ⑤생몰년 미상. 신라 경덕왕(742-765) 때, 황룡사(皇龍寺)의 승려. 754년(경덕왕 13) 8월부터 화엄경을 사경(寫經)하기 시작하여 이듬해 2월에 완성함. 지리산 화엄사(華嚴寺)·연곡사(鷰谷寺)·대원사(大源寺) 등을 창건함.

연기(鍊器) 절에서 그릇을 씻는 소임, 또는 그 일을 맡은 승려.

연기관(緣起觀) 인연관(因緣觀)과 같음.

연기론(緣起論) 만유를 시간적 측면, 곧 변화하는 현상의 측면에서 고찰한 이론.

연기인문육의(緣起因門六義) 모든 현상을 일으키는 인(因)의 여섯 가지 성질. 인(因)에 공(空)·유(有)의 두 방면이 있고, 공·유는 다시 유력(有力)·무력(無力)의 경우가 있고, 유력·무력에 다시 대연(待緣)·부대연(不待緣)의 경우가 있는데, 무력(無力)·부대연(不待緣)은 인(因)이 될 수 없으므로 인은 여섯 가지 성질로 됨. (1)공유력부대연(空有力不待緣). 인은 찰나에 멸하므로 공이며, 인에 힘이 있어 연을 기다리지 않고 일어남. (2)공유력대연(空有力待緣). 인은 과(果)와 함께 하므로 공이며, 인에 힘이 있어도 연을 기다려 함께 일어남. (3) 공무력대연(空無力待緣). 인에는 고유한 실체가 없으므로 공이며, 인에 힘이 없어 연을 기다려 일어남. (4) 유유력부대연(有有力不待緣). 인은 자체의 성질을 바꾸지 않으므로 유이며, 인에 힘이 있어 연을 기다리지 않고 일어남. (5) 유유력대연(有有力待緣). 인은 자체와 같은 과(果)를 일으키므로 유이며, 인에 힘이 있어도 연을 기다려 함께 일어남. (6) 유무력대연(有無力待緣). 인은 연에 따라 변화하므로 유이며, 인에 힘이 없어 연을 기다려 일어남.
공·유에 의해 상즉(相卽)이 성립하고, 유력·무력에 의해 상입(相入)이 성립하고, 대연·부대연에 의해 이체(異體)·동체(同體)가 성립함.

연기지(緣起支) 십이연기(十二緣起)의 각 항(項).

연념처(緣念處) ⇒ 연염처(緣念處)

연담(蓮潭) 유일(有一)의 법호.

연대(蓮臺) 연화대(蓮華臺)의 준말.

연등불(然燈佛·燃燈佛) ⓢdīpaṃkara-tathāgata 아득한 과거세에 출현하여 석가모니에게 미래에 성불하리라고 예언하였다는 부처. 정광여래(定光如來)라고도 함.

연등회(燃燈會) 신라·고려 때, 집집마다 등을 밝혀 부처의 자비와, 나라의 안녕과 번영을 기원하던 국가적 행사.

연등회요(聯燈會要) 종문연등회요(宗門聯燈會要)의 준말.

연려심(緣慮心) 대상을 생각하는 마음으로, 팔식(八識)에 두루 해당됨.

연명도량(延命道場) 고려 때, 수명이 연장되기를 기원하면서 다라니(陀羅尼)를 독송하던 의식.

연무(緣務) 세속에서 해야 할 의무. 세속에서의 장애.

연문(衍門) 연(衍)은 마하연(摩訶衍)의 준말. 대승(大乘)의 방면·세계·가르침.

연박단(緣縛斷) 사단(四斷)의 하나. 어떤 것을 속박하고 있는 번뇌를 끊음.

연박연기(連縛緣起) 십이연기(十二緣起)를 연속적으로 일어나는 심리 현상으로 해석하는 견해.

연변(緣變) 아뢰야식(阿賴耶識)에 저장되어 있는 종자(種子)의 변화와 성숙으로 일어난 팔식(八識)의 인식 작용.

연비(燃臂) 계(戒)를 받을 때, 향이나 심지로 팔을 태우는 의례.

연생(緣生) 인연에 의해 생성됨. 인연의 화합에 의해 일어남.

연생경도량(延生經道場) 고려 때, 연수묘문다라니경(延壽妙門陀羅尼經)을 독송하면서 장수(長壽)를 기원하던 의식.

연선(練禪) 청정한 지혜로써 번뇌를 점점 정화시키는 선정(禪定). ⇒ 관련훈수(觀練熏修)

연성(緣成) 인연에 의해 생성됨. 인연의 화합에 의해 일어남.

연성가(緣成假) 사가(四假)의 하나. 오온(五蘊)의 화합을 일시적으로 인간이라고 하듯, 다수의 화합으로 하나를 이루고 있으므로 그 하나는 일시적임.

연소(延沼) 896-973. 오대(五代)·송(宋)의 승려. 절강성(浙江省) 항주(杭州) 출신. 항주 개원사(開元寺)에 출가하여 천태학(天台學)을 배우다가 임제종 제3세 남원 혜옹(南院慧顒)에게 6년 동안 사사(師事)하여 그의 법을 이어받음. 931년에 하남성(河南省) 여주(汝州) 풍혈사(風穴寺)에 들어가 임제종의 선풍(禪風)을 크게 일으킴.

연수(緣修) 의지로써 닦는 수행. 이에 반해, 의지를 일으키지 않고 저절로 이치에 맞게 닦는 수행은 진수(眞修)라고 함.

연수(延壽) 904-975. 오대(五代)·송(宋)의 승려. 절강성(浙江省) 여항(餘杭) 출신. 30세에 출가하고, 천태 덕소(天台德韶, 891-972)에게 사사(師事)하여 그의 법을 이어받음. 절강성 항주(杭州) 남병산(南屛山) 영명사(永明寺)에 머무름. 그는 선교일치(禪敎一致)의 체계를 세웠고, 선(禪)과 염불을 함께 닦을 것을 권장하여 염불선(念佛禪)의 터전을 확립함. 시호(諡號)는 지각선사(智覺禪師). 저서 : 종경록(宗鏡錄)·만선동귀집(萬善同歸集)·영명지각선사유심결(永明智覺禪師唯心訣).

연수당(延壽堂) 병든 수행자가 요양하는 집.

연식(緣識) 다른 여러 식(識)을 일으키는 원인이 되는 식(識), 곧 아뢰야식(阿賴耶識)을 말함.

연연(緣緣) 소연연(所緣緣)과 같음.

연염처(緣念處) 소연염주(所緣念住)와 같음.

연이생(緣已生) 인연에 의해 생성한 것. 인연의 화합에 의해 일어난 것.

연인불성(緣因佛性) 삼불성(三佛性)의 하나. 성불의 원인이 되는, 지혜를 일으키는 데 도움이 되는 모든 선행(善行).

연일각(緣一覺) 연각(緣覺)과 같음.

연좌(宴坐·燕坐) 마음을 고요히 가라앉히고 좌선함.

연좌(蓮座) 연화좌(蓮華座)의 준말.

연주암(戀主庵) 경기 과천시 관악산 연주대 남쪽 아래에 있는 절. 용주사(龍珠寺)의 말사. 677년에 신라의 의상(義湘)이 창건하고, 1396년에 다시 짓고, 1411년에 효령대군(孝寧大君)이 보수·증축함. 이후 여러 차례 다시 짓고 보수함. 문화재 : 효령대군영탱(孝寧大君影幀)·삼층석탑.

연현관(緣現觀) 삼현관(三現觀)의 하나. 청정한 지혜와, 그 지혜와 함께 일어나는 마음〔心〕과 마음 작용〔心所〕이 사제(四諦)를 대상으로 하여 작용함.

연화(蓮華) 연의 꽃. 연못의 진흙에서 자라 물 위에 맑은 꽃을 피우므로 흔히 청정(淸淨)을 비유함.

연화(年華) ⓢvayas 연령. 청년. 청춘.

연화권(蓮華拳) 사종권(四種拳)의 하나. 엄지손가락을 집게손가락에 붙이고 주먹을 쥔 모양.

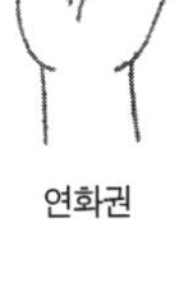
연화권

연화대(蓮華臺) 연화좌(蓮華座)와 같음.

연화부(蓮華部) 금강계만다라(金剛界曼荼羅)와 태장계만다라(胎藏界曼荼羅)에서, 부처의 대비(大悲)를 나타낸 부분.

연화수보살(蓮華手菩薩) 관세음보살을 말함.

연화의(蓮華衣) 연꽃을 청정에 비유하여, 가사(袈裟)를 일컬음.

연화장세계(蓮華藏世界) 우주의 중심에 있다고 하는 비로자나불(毘盧遮那佛)의 정토. 이 부처는 천 개의 잎을 가진 연화좌(蓮華座)에 앉아 있는데, 그 잎 낱낱은 낱낱의 세계를 상징하며, 그 낱낱의 세계에 100억 국토가 있고 그 국토에 보신불(報身佛)이 출현한다고 함.

연화장장엄세계해(蓮華藏莊嚴世界海) 연화장세계(蓮華藏世界)와 같음.

연화좌(蓮華坐) 결가부좌(結跏趺坐)를 말함.

연화좌(蓮華座) 불상이나 보살상 등을 모셔 두는 연꽃 모양의 자리.

연화합장(蓮華合掌) 밀교에서 의식의 시작 때 행하는 예법으로, 두 손을 펴고 위로 세워서 서로 합친 손 모양을 말함.

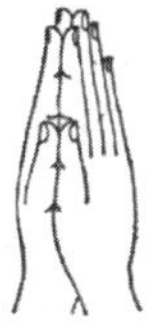
연화합장

연훈습경(緣熏習鏡) 기신론에서, 원만한 지혜가 중생의 마음을 두루 비추어 깨달음에 이르게 함을 연훈습(緣熏習)이라 하고, 이는 지혜의 그림자이므로 거울에 비유함.

열뇌(熱惱) 매우 심한 괴로움.

열반(涅槃) ⓢnirvāṇa ⓟnibbāna의 음사. 멸(滅)·멸도(滅度)·적멸(寂滅)·적정(寂靜)·적(寂)·안온(安穩)이라 번역. 불어서 끈 상태라는 뜻. ①불어서 불을 끄듯, 탐욕〔貪〕과 노여움〔瞋〕과 어리석음〔癡〕이 소멸된 심리 상태. 모든 번뇌의 불꽃이 꺼진 심리 상태. 사제(四諦)에서 집(集), 곧 괴로움의 원인인 갈애(渴愛)가 소멸된 상태. 모든 번뇌를 남김없이 소멸하여 평온하게 된 상태. 모든 미혹의 속박에서 벗어난 깨달음의 경지. 번뇌를 소멸하여 깨달음의 지혜를 완성한 경지. ②석가나 승려의 죽음.

열반경(涅槃經) 대반열반경(大般涅槃經)의 준말.

열반나(涅槃那) ⓢnirvāṇa의 음사. 열반(涅槃)과 같음.

열반당(涅槃堂) 병든 수행자가 치료를 받거나 입적(入寂)하는 집.

열반도(涅槃圖) 열반상(涅槃像)과 같음.

열반묘심(涅槃妙心) 모든 번뇌를 남김없이 소멸하여 미혹의 속박에서 벗어난 오묘한 깨달음의 마음.

열반상(涅槃像) 석가가 쿠시나가라(ⓢkuśinagara)의 사라쌍수(沙羅雙樹) 사이에서 입멸(入滅)한 모습을 나타낸 조각이나 그림.

열반성(涅槃城) 모든 번뇌를 남김없이 소멸한 열반의 세계를 성(城)에 비유한 말.

열반승(涅槃僧) ⓢnivāsana의 음사. 군(裙)·하의(下衣)라고 번역. 수행승이 허리에 둘러 입는 치마 같은 옷.

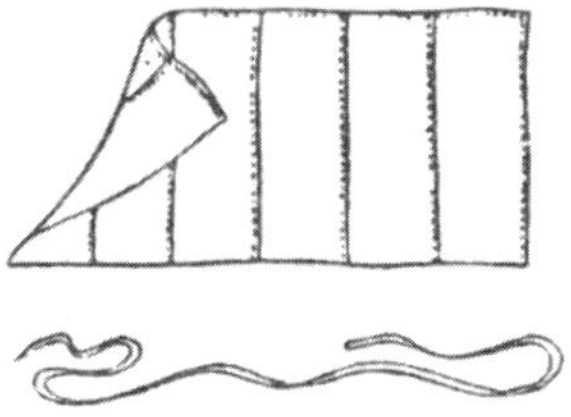

열반승

열반위영적(涅槃爲永寂) 열반적정(涅槃寂靜)과 같음.

열반적멸(涅槃寂滅) 열반적정(涅槃寂靜)과 같음.

열반적정(涅槃寂靜) 삼법인(三法印)의 하나. 탐욕〔貪〕과 노여움〔瞋〕과 어리석음〔癡〕이 소멸된 안온한 마음 상태. 모든 번뇌의 불꽃이 꺼진 평온한 마음 상태. 온갖 번뇌와 분별이 소멸된 마음 상태.

열반종(涅槃宗) 모든 중생은 다 부처가 될 성품을 지니고 있고, 그 성품은 영원하다고 설하는 열반경(涅槃經)을 연구한 학파. 구마라집(鳩摩羅什) 문하의 도생(道生)·혜엄(慧嚴)·혜관(慧觀)·담무성(曇無成) 등이 열반경에 정통하였고, 승경(僧鏡)·혜정(慧靜)·법요(法瑤)·보량(寶亮) 등이 그에 대한 주석서를 지음으로써 계통이 이어졌으나 수(隋)의 말기에 쇠퇴함.

열반회(涅槃會) 석가모니의 입멸을 추모하기 위해 음력 2월 15일에 열리는 법회.

열시(熱時) 삼시(三時)의 하나. 고대 인도에서 1년을 기후에 따라 세 기간으로 나눈 가운데 음력 1월 16일부터 5월 15일까지의 무더운 기간.

열시염(熱時焰) ⓢmṛga-tṛṣṇā ⓢmṛga는 사슴, ⓢtṛṣṇā는 갈증을 뜻함. 목마른 사슴이 물로 착각하는 것, 곧 아지랑이를 말함.

열응신(劣應身) 때와 장소와, 중생의 능력이나 소질에 따라 나타나 십지(十地) 이전의 보살과 성문·연각과 범부들을 구제하기 위해 가르침을 설하는 부처.

열제(熱際) 삼제(三際)의 하나. 고대 인도에서 1년을 기후에 따라 세 기간으로 나눈 가운데 음력 1월 16일부터 5월 15일까지의 무더운 기간.

열조(列祖) 한 종파에서 내세우는 가르침의 요지를 계승하여 전한 승려.

열중(悅衆) 사찰의 여러 가지 일을 지도하고 단속하는 직책, 또는 그 일을 맡은 승려.

열차(閱叉) 야차(夜叉)와 같음.

열혜(劣慧) 번뇌에 물들어 있지는 않지만 대상을 명료하게 알지 못하는 지혜.

염(念) ⓢsmṛti ⓟsati ①집중. 주시. ②어떠한 것을 잊지 않고 마음 속으로 재현함. 마음을 고요히 가라앉히고 어떠한 것을 떠올림. ③생각.

염(染) ①ⓢkliṣṭa 번뇌. 번뇌에 물들어 마음이 더러워짐. ②얽매임. ③ⓢrāga 탐욕.

염(拈) 어떠한 화두(話頭)에 대한 짤막한 해설이나 비평.

염각분(念覺分) 염각지(念覺支)와 같음.

염각의(念覺意) 염각지(念覺支)와 같음.

염각지(念覺支) 칠각지(七覺支)의 하나. 가르침을 명심하여 마음챙김.

염거(廉居) ?-844. 신라의 승려. 한반도에 처음으로 남종선(南宗禪)을 전한 도의(道義, 생몰년 미상)의 제자로, 설악산 진전사(陳田寺)에서 그의 선법(禪法)을 이어받고, 설악산 억성사(億聖寺)에 머무름.

염경(念經) 뜻을 생각하면서 불경을 읽음.

염고(拈古) 어떠한 고칙(古則)에 대한 짤막한 해설이나 비평.

염괴대치(厭壞對治) 번뇌를 끊기 위해 번뇌를 몹시 싫어함.

염구(焰口) 아귀(餓鬼)의 이름.

염근(念根) 오근(五根)의 하나. 근(根)은 능력·소질을 뜻함. 부처의 가르침을 명심하여 마음을 챙기는 능력.

염노자(閻老子) 염마왕(閻魔王)을 높여 일컫는 말.

염등각지(念等覺支) 염각지(念覺支)와 같음.

염라(閻羅) 염마라(閻魔羅)의 준말.

염라대왕(閻羅大王) 염라왕(閻羅王)을 높여 이르는 말.

염라왕(閻羅王) 염마왕(閻魔王)과 같음.

염력(念力) 오력(五力)의 하나. 역(力)은 깨달음에 이르게 하는 활동이라는 뜻. 부처의 가르침을 명심하여 마음챙김.

염로(閻老) 염마왕(閻魔王)을 높여 일컫는 말.

염루(念漏) 번뇌를 뜻함.

염마나(閻摩那) 염모나(鹽牟那)와 같음.

염마라(閻魔羅) ⓢyama-rāja의 음사. rāja는 왕을 뜻함. 염마왕(閻魔王)과 같음.

염마법왕(琰魔法王) 염마왕은 죽은 이의 생전의 행적을 심판하므로 이와 같이 일컬음.

염마왕(閻魔王·閻摩王·琰魔王) 염마(閻魔)는 ⓢyama의 음사, 박(縛)·차지(遮止)라고 번역. 박(縛)은 죄인을 포박한다는 뜻, 차지(遮止)는 악을 막는다는 뜻. 죽은 이의 생전의 행적에 따라 상벌을 준다는 저승의 왕.

염마왕청(琰魔王廳) 염마왕이 죽은 이의 생전의 행적을 심판하여 상벌을 내린다는 법정.

염마장(閻魔帳) 염마왕이 죽은 이의 생전의 행적을 적어 둔다는 장부.

염마졸(琰魔卒) 염마왕(琰魔王)의 하인으로, 죄인에게 고통을 주는 옥졸(獄卒).

염마천(焰摩天·炎摩天) ①야마천(夜摩天)과 같음. ②염마왕(閻魔王)과 같음.

염모나(鹽牟那·鹽母那) ⓢⓟyamunā의 음사. 갠지스 강의 지류(支流)로, 히말라야 산맥의 서부에서 발원하여 델리(Delhi)를 거쳐 알라하바드(Allahabad)에서 본류와 합류함.

염무감(念無減) 대승에서 설하는 십팔불공법(十八不共法)의 하나. 부처는 기억력이 감퇴하지 않음.

염무실(念無失) 대승에서 설하는 십팔불공법(十八不共法)의 하나. 부처는 기억이나 생각에 허물이 없음.

염무지(染無知) 염오무지(染汚無知)와 같음.

염벌라사(拈伐羅闍) ⓢnimba-raja의 음사. 수의 단위로, 10^{39}.

염법(念法) 오로지 한 생각에만 집중하여 그것 외에 다른 생각이 일어나지 못하도록 하는 수행법.

염부(閻浮) ①ⓢjambu의 음사. 인도에 널리 분포되어 있는 낙엽 교목. 4-5월경에 옅은 노란색의 작은 꽃이 피고, 짙은 자줏빛의 열매를 맺음. ②염부제(閻浮提)의 준말.

염부금(閻浮金) 염부단금(閻浮檀金)의 준말.

염부나단금(閻浮那檀金) 염부단금(閻浮檀金)과 같음.

염부나제금(閻浮那提金) 염부단금(閻浮檀金)과 같음.

염부단금(閻浮檀金) 염부단(閻浮檀)은 ⓢjambū-nada의 음사. jambū는 나무 이름, nada는 강을 뜻함. 염부나무 숲 사이로 흐르는 강에서 나는 사금(砂金)으로, 적황색에 자줏빛의 윤이 난다고 함.

염부리(閻浮利) 염부제(閻浮提)와 같음.

염부제(閻浮提) ⓢjambu-dvīpa의 음사. jambu는 나무 이름. dvīpa는 주(洲). 수미산 남쪽에 있다는 대륙. 여기에는 잠부(jambu) 나무가 많으며, 우리 인간들이 사는 곳이라 함. 여러 부처가 나타나는 곳은 사주(四洲) 가운데 이곳뿐이라 함. 남섬부주(南贍部洲)와 같음.

염부주(閻浮洲) 염부제(閻浮提)와 같음.

염불(念佛) ⓢbuddha-manasikāra ⓢbuddha-anusmṛti 부처의 모습이나 공덕을 생각하면서 부처의 이름을 소리내어 부르는 것. 경전의 글귀를 소리내어 읽거나 읊조림.

염불관(念佛觀) 오문선(五門禪)의 하나. 마음을 청정하게 하기 위해 부처를 생각하는 수행법.

염불도(念佛圖) 염불한 수를 기입하는 표.

염불만일회(念佛萬日會) 만일회(萬日會)와 같음.

염불삼매(念佛三昧) 마음을 집중하여 오로지 염불함, 또는 그렇게 함으로써 마음이 산란하지 않고 평온하게 된 상태.

염불왕생원(念佛往生願) 사십팔원(四十八願)의 하나. 아미타불이 법장비구(法藏比丘)였을 때 세운 서원으로, 모든 중생들이 지극한 마음으로 염불하면 반드시 정토에 태어나도록 하겠다는 맹세.

염불요문(念佛要門) 1권. 고려의 지눌(知訥) 지음. 극락 왕생을 위한 수행법과 열 가지 염불하는 방법을 제시한 저술.

염송(念誦) 마음으로 부처를 생각하면서 부처의 이름이나 불경의 문구를 읊음.

염식(念食) ①사식(四食)의 하나. 생존을 유지시키는 하나의 요소로, 무엇을 하려는 생각. ②바른 생각은 깨달음의 근원이 되고 지혜를 유지시키므로 이와 같이 말함.

염식관(念息觀) 수식관(數息觀)과 같음.

염신족(念神足) 심신족(心神足)과 같음.

염여의족(念如意足) 심신족(心神足)과 같음.

염열지옥(炎熱地獄) 초열지옥(焦熱地獄)과 같음.

염오(染汚) ⓢkliṣṭa 번뇌, 또는 번뇌에 물들어 마음이 더러워짐.

염오무지(染汚無知) 번뇌에 물들어 대상을 명료하게 알지 못함.

염오의(染汚意) 번뇌로 더러워져 있는 말나식(末那識)을 말함.

염왕(炎王·鹽王) 염(炎)·염(鹽)은 ⓢyama의 음사. 염마왕(閻魔王)과 같음.

염왕광불(燄王光佛) 불꽃 같은 광명을 발하는 부처, 곧 아미타불.

염재신(念在身) 신염처(身念處)와 같음.

염정불이문(染淨不二門) 십불이문(十不二門)의 하나. 번뇌에 물든 염(染)과 그것을 떠난 정(淨)은 청정한 성품과 번뇌가 서로 작용하거나 서로 멀어진 데 지나지 않으므로 염(染)과 정(淨)은 둘이 아님.

염정의(染淨依) 모든 식(識)을 오염시키거나 청정하게 하는 제7 말나식(末那識)을 말함.

염제(拈提) 어떠한 문제를 드러내어 그에 대해 해설하고 비평함.

염주(念珠) 실에 보리수 열매나 수정 구슬 등을 여러 개 꿰어서 그 끝을 맞맨 것으로, 불·보살에게 절하거나 그 이름을 부르는 염불을 할 때 엄지손가락 끝으로 한 알씩 넘기면서 그 횟수를 세기도 하고, 또 마음을 가라앉힐 때에도 엄지손가락 끝으로 한 알씩 넘기기도 함. 구슬의 수는 108개·54개·27개·14개 등이 있음.

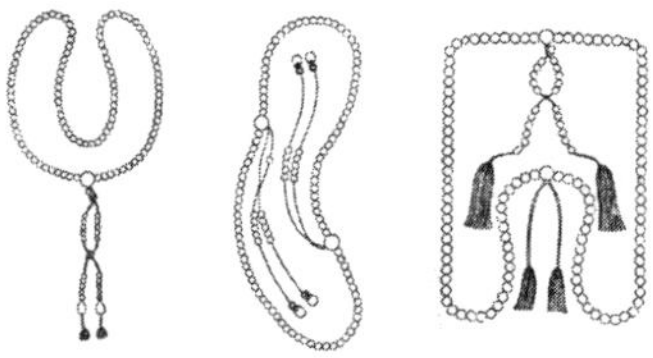

염주

염주(念住) 염처(念處)와 같음.

염지(焰地) 염혜지(焰慧地)와 같음.

염지주(念止住) 염주(念住)와 같음.

염착(染著) 탐내어 집착함. 허망한 분별로써 어떤 것에 마음이 사로잡혀 헤어나지 못함.

염처(念處) ⓢsmṛty-upasthāna ⓟsati-paṭṭhāna 대상을 있는 그대로 통찰하여 마음챙김. 대상을 주의 깊게 꿰뚫어 보고 마음을 가다듬음.

염천(炎天·焰天·鹽天) 염(炎·焰·鹽)은 ⓢyāma의 음사. 야마천(夜摩天)과 같음.

염촉(猒髑) 이차돈(異次頓)의 자(字).

염향(拈香) 향을 집어 향로에 꽂고 태움.

염혜지(焰慧地) 십지(十地)의 하나. 지혜의 광명이 번뇌를 태우는 단계.

염화미소(拈花微笑) 세존이 옛날 영취산(靈鷲山)에서 꽃을 들어 대중에게 보이니, 아무도 그 뜻을 몰랐으나 가섭(迦葉)만이 미소지었다는 고사(古事).

염환대치(厭患對治) 번뇌를 끊기 위해 번뇌를 몹시 싫어함.

엽박(葉縛) ⓢyava의 음사. 보리.

엽벌나국(葉筏那國) 유니국(喩尼國)과 같음.

영가(靈駕) 죽은 사람의 넋·영혼.

영가집(永嘉集) 선종영가집(禪宗永嘉集)의 준말.

영가현각(永嘉玄覺) ⇒ 현각(玄覺)

영각(影閣) 한 사찰을 창건 또는 중건하였거나 그 사찰에 머물면서 수행한 고승들의 영정이나 위패를 모신 사찰의 건물.

영각사(靈覺寺) 경남 함양군 남덕유산 남쪽 기슭에 있는 절. 해인사(海印寺)의 말사. 876년에 무염(無染, 800-888)의 제자 심광(深光, 생몰년 미상)이 창건하고, 여엄(麗嚴, 862-930)이 수년 동안 머물면서 수행함. 1770년에 상언(尙彦)이 화엄경을 판각(板刻)하여 장경각(藏經閣)을 짓고 보관함. 1907년에 불타고 용월(龍月)이 다시 짓고, 한국 전쟁 때 불타고, 1959년에 다시 지음.

영관(靈觀) 1485-1571. 조선의 승려. 경남 진주 출신. 당호는 부용(芙蓉). 13세에 덕유산에 출가하여 3년 동안 수행하다가 삭발한 후, 구천동(九泉洞)에 초암을 짓고 9년 동안 좌선하고, 1521년부터 금강산 미륵봉 내원암(內院庵)에서 9년 동안 좌선함. 1531년에 지리산에 들어가 벽송 지엄(碧松智嚴, 1464-1534)을 만나 20년 동안의 의심을 녹이고 크게 깨달음. 그 후 여러 산을 편력하면서 수행하다가 지리산 연곡사(鷰谷寺)에서 입적함.

영국사(寧國寺) 충북 영동군 양산면 누교리 천태산 남동쪽 기슭에 있는 절. 법주사(法住寺)의 말사. 고려의 원각 덕소(圓覺德素, 1119-1174)가 창건하고, 조선 중기에 다시 지음. 문화재 : 부도(浮屠)·삼층석탑·원각국사비(圓覺國師碑)·망탑봉삼층석탑(望塔峰三層石塔)·대웅전.

영규(靈圭) ?-1592. 조선의 승려. 충남 공주 출신. 호는 기허(騎虛). 19세에 계룡산 갑사(甲寺)에 출가하고, 후에 휴정(休靜, 1520-1604)의 문하에서 수행함. 공주 청련암(靑蓮庵)과 금산 보석사(寶石寺)에 머물고, 1592년에 임진왜란이 일어나자 500여 명의 승병을 모아 의병장 조헌(趙憲)과 함께 그 해 8월 초에 청주를 수복하고, 그 해 8월 18일에 금산 전투에서 전사함.

영기(永奇) 1820-1872. 조선의 승려. 전북 고부 출신. 호는 남호(南湖). 14세에 북한산 승가사(僧伽寺)의 대연(大演)에게 출가하고, 여러 사찰을 편력하면서 경론(經論)을 배움. 1852년부터 아미타경(阿彌陀經)·십육관경(十六觀經)·연종보감(蓮宗寶鑑)을 판각(板刻)하여 수락산 홍국사(興國寺)에 보관함. 1855년에 서울 봉은사(奉恩寺)에서 화엄경소초(華嚴經疏鈔)·행원품별행(行願品別行)·준제천수합벽(準提千手合璧)·천태삼은시집(天台三隱詩集)·불족적도(佛足跡圖) 등을 판각하고 이것을 보관할 판전(板殿)을 지으니, 1856년 9월경에 추사(秋史) 김정희(金正喜)가 현판의 글씨를 씀. 1865년에 가야산 해인사의 대장경을 두 질 인쇄하여 설악산 오세암(五歲庵)과 오대산 적멸보궁(寂滅寶宮)에 보관함.

영단(靈壇) 사찰에서, 영가(靈駕)를 안치한 단(壇).

영단탱화(靈壇幀畵) 감로탱화(甘露幀畵)와 같음.

영락(瓔珞) 구슬이나 귀금속을 실에 꿰어서 머리·목·가슴 등에 두르는 장신구.

영람(領覽) 분명하게 이해함.

영략(領略) 깨달음.

영릉향(零凌香) 다가라(多伽羅)나무에서 채취한 향.

영명사(永明寺) 평남 평양시 금수산에 있는 절. 고려 초에 창건하고, 1109년(예종 4)에 왕명으로 증축하고, 이후 여러 차례 보수함. 1894년 청일전쟁 때 대부분 불타고 다시 지음. 일제 강점기 때 삼십일본산(三十一本山)의 하나로 지정됨.

영명연수(永明延壽) ⇒ 연수(延壽)

영산(靈山) 영취산(靈鷲山)의 준말.

영산법회(靈山法會) 석가모니가 영취산(靈鷲山)에서 설법하던 때의 광경을 상징적으로 재현하는 의식.

영산재(靈山齋) 사십구재(四十九齋)의 한 형태로, 사람이 죽은 지 49일째 되는 날에 죽은 이의 넋을 극락으로 보내기 위해 영산회상(靈山會上)을 상징적으로 재현하는 의식.

영산전(靈山殿) 석가모니불을 중심으로 좌우에 갈라보살(竭羅菩薩)과 미륵보살을 모신 사찰의 건물. 후불탱화로는 석가모니불이 영취산(靈鷲山)에서 설법하던 때의 모임을 상징적으로 묘사한 영산회상도(靈山會上圖)를 걸어 둠.

영산회(靈山會) 영산회상(靈山會上)과 같음.

영산회상(靈山會上) 석가모니가 영취산(靈鷲山)에서 설법하던 때의 모임, 또는 그곳에서 법화경을 설하던 때의 모임.

영산회상도(靈山會上圖) 석가모니가 영취산(靈鷲山)에서 설법하던 때의 모임을 상징적으로 묘사한 그림.

영상(影像) 분별에 의해 인식 주관에 형성된 대상의 모습. 인식 주관에 떠오르는 대상의 모습이나 특징.

영서화(靈瑞華) 우담바라(優曇波羅)의 꽃.

영승왕(影勝王) ⇒ 빈파사라왕(頻婆娑羅王)

영아행(嬰兒行) 오행(五行)의 하나. 지혜가 얕은 이들을 교화하기 위해 그들이 행하는 작은 선행(善行)을 같이 행하는 보살의 수행.

영오(領悟) 깨달음.

영우(靈祐) 771-853. 당(唐)의 승려. 복건성(福建省) 복주(福州) 출신. 15세에 출가하고, 절강성(浙江省) 항주(杭州) 용흥사(龍興寺)에서 경(經)과 율(律)을 배움. 백장 회해(百丈懷海), 749-814)에게 사사(師事)하여 그의 법을 이어받고, 호남성(湖南省) 담주(潭州) 대위산(大潙山)에서 선풍(禪風)을 크게 일으킴. 어록 : 담주위산영우선사어록(潭州潙山靈祐禪師語錄).

영조산(靈鳥山) 영취산(靈鷲山)과 같음.

영지(領知) 분명하게 이해함.

영지불매(靈知不昧) 밝고 뚜렷한 지혜를 갖추고 있어 흐리멍덩하지 않음.

영취산(靈鷲山) ⓢgṛdhra-kūṭa ⓟgijja-kūṭa 고대 인도에 있던 마가다국(magadha國)의 도읍지인 왕사성(王舍城)에서 동쪽 약 3km 지점에 있는 산. 정상에 있는 검은 바위의 모양이 마치 독수리 같으므로 취(鷲)라 하고, 이 산을 신성하게 여겨 영(靈)이라 함.

영탁(鈴鐸) 작은 종에 쇠 추(錘)를 매달은 기구로, 전각(殿閣)의 처마끝이나 탑의 지붕돌에 매달아 바람에 흔들려 맑은 소리가 나게 함.

영해(領解) 깨달음.

영향중(影響衆) 사중(四衆)의 하나. 다른 곳에서 와서 부처의 설법을 칭송하는 자.

영허(暎虛) 해일(海日)의 호.

영험(靈驗) 부처나 보살 등에게 기도하거나 경전을 독송함으로써 얻는 신비한 효험.

예경(禮敬) 경건한 마음으로 예배함.

예니야(翳泥耶) ⓢaiṇeya의 음사. 사슴 이름.

예류(預流) ⇒ 수다원(須陀洹)

예류과(預流果) ⇒ 수다원(須陀洹)

예류향(預流向) ⇒ 수다원(須陀洹)

예문(禮文) 부처나 보살에게 예배하는 의식에 대해 적은 글.

예배(禮拜) 부처나 보살 등에게 공손한 마음으로 경의를 표하는 행위.

예배문(禮拜門) 오념문(五念門)의 하나. 극락정토에 태어나기 위해 아미타불에게 경건하게 절하는 수행.

예배정행(禮拜正行) 오종정행(五種正行)의 하나. 극락 정토에 태어나기 위해 지극한 마음으로 아미타불에게 절함.

예불(禮佛) ①경건한 마음으로 부처에게 절함. ②사찰에서 아침·저녁 두 차례에 걸쳐 부처나 보살에게 예배하는 의식.

예수재(預修齋) 살아 있는 동안에 미리 재(齋)를 올려 죽은 후에 극락에 태어나기를 기원하는 의식.

예업(穢業) 삼업(三業)의 하나. 노여움에서 일어나는 행위와 말과 생각.

예적금강(穢跡金剛) ⇒ 오추슬마(烏樞瑟摩)

예차족(隷車族) 이차족(離車族)과 같음.

예찬(禮讚) 부처에게 예배하고 그 공덕을 찬양함.

예참(禮懺) 부처나 보살에게 예배하고 죄를 참회함.

예참의(禮懺儀) 예배와 참회하는 의식에 대해 적은 책.

예토(穢土) ①중생들이 사는 세계. ②번뇌와 망상으로 더럽혀져 있는 의식 세계.

예하(猊下) ①고승에 대한 존칭. ②승려에게 편지를 보낼 때, 상대방을 높여 그의 법명(法名) 아래 쓰는 말.

오(悟) ①깨달음. 진리를 체득하여 깨달음. 우주의 근원을 깨달음. ②이해함.

오가(五家) ⇒ 오가칠종(五家七宗)

오가칠종(五家七宗) 당송대(唐宋代)에 형성된 선종(禪宗)의 일곱 종파. 무종(武宗)의 폐불사건(廢佛事件, 842-845) 이후, 석두(石頭)와 마조(馬祖)의 문하에서 갈라진 위앙종(潙仰宗)·임제종(臨濟宗)·조동종(曹洞宗)·운문종(雲門宗)·법안종(法眼宗)을 오가(五家)라 하고, 여기에 송대(宋代)에 이르러 임제종에서 갈라져 나온 황룡파(黃龍派)·양기파(楊岐派)를 합하여 칠종(七宗)이라 함. 이 가운데 위산 영우(潙山靈祐, 771-853)와 그의 제자 앙산 혜적(仰山慧寂, 807-883)에 의해 비롯된 위앙종은 가장 먼저 쇠퇴하여 송초(宋初)에 이미 소식이 끊어졌고, 동산 양개(洞山良价, 807-869)와 그의 제자 조산 본적(曹山本寂, 840-901)에 의해 형성된 조동종 가운데 동산의 제자 운거 도응(雲居道膺, ?-902) 문하는 남송 때까지 번성했으나 조산 문하는 4대만 전해졌고, 운문 문언(雲門文偃, 864-949)에 의해 비롯된 운문종의 선사들은 북방에서 활약하였는데, 비교적 인재가 많아 3대 제자인 설두 중현(雪竇重顯, 980-1052)이 운문종을 중흥시켜 오랫동안 유지되었으나 남송에 이르러 쇠퇴함. 법안 문익(法眼文益, 885-958)에 의해 형성된 법안종의 천태 덕소(天台德韶, 891-972)는 법안의 선법을 이어받은 후, 천태산에 머물면서 선(禪)과 천태학(天台學)의 융합을 시도하였고, 덕소의 제자에 영명

오가칠종

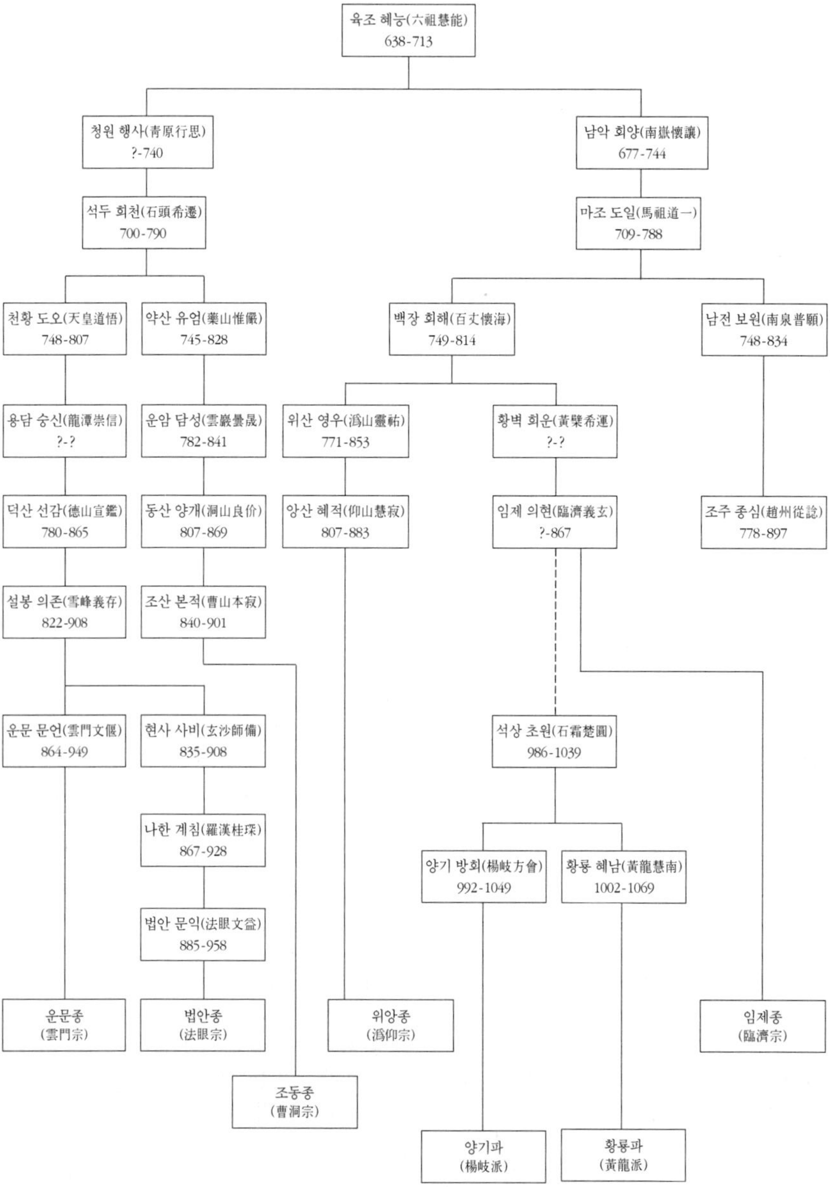

오가칠종 계보도

연수(永明延壽, 904-975)와 승천 도원(承天道原)이 있는데, 연수는 종경록(宗鏡錄) 100권을 저술하여 선교일치(禪敎一致)의 체계를 세웠고, 선(禪)과 염불을 함께 닦을 것을 권장한 그의 만선동귀집(萬善同歸集)은 송(宋) 이후의 염불선(念佛禪)의 터전을 확립하는 데 기틀이 됨. 도원의 경덕전등록(景德傳燈錄) 30권은 중국 선사들의 계보와 전기, 깨달음에 대한 문답을 집대성한 것으로, 조사들의 말이나 문답의 의문을 좌선의 대상으로 하는 간화선(看話禪)의 발전을 가져옴. 임제 의현(臨濟義玄, ?-867)에 의해 비롯된 임제종은 북방에서 널리 성행했는데, 석상 초원(石霜楚圓, 986-1039) 문하에서 양기 방회(楊岐方會, 992-1049)의 양기파와 황룡 혜남(黃龍慧南, 1002-1069)의 황룡파가 나와, 양기파는 성행했으나 황룡파는 얼마 안 가 쇠퇴함. 양기파 문하의 대혜 종고(大慧宗杲, 1089-1163)는 천만 가지 의심도 결국은 하나의 의심에 지나지 않으며, 화두(話頭)의 의심이 깨뜨려지면 천만 가지 의심이 일시에 사라진다고 하여 화두와 정면으로 대결할 것을 역설했는데, 그의 선풍(禪風)을 간화선(看話禪)이라 함.

오간(五慳) 남에게 베풀지 않는 다섯 가지 인색. (1)주처간(住處慳). 일정한 지역을 독차지하고 다른 이는 거주하지 못하게 함. (2)가간(家慳). 집을 독차지하고 다른 이는 출입하지 못하게 함. (3)시간(施慳). 자신에게만 물건을 베풀고 다른 이에게는 베풀지 못하게 함. (4)칭찬간(稱讚慳). 자신만을 칭찬하고 다른 이를 칭찬하지 못하게 함. (5)법간(法慳). 가르침을 자신만 알고 남에게 베풀지 않음.

오개(五蓋) 청정한 마음을 덮는 다섯 가지 번뇌. (1)탐욕개(貪欲蓋). 끝없이 탐하는 번뇌. (2)진에개(瞋恚蓋). 성내는 번뇌. 화내는 번뇌. 증오하는 번뇌. (3)수면개(睡眠蓋). 마음을 어둡고 자유롭지 못하게 하는 번뇌. (4)도회개(掉悔蓋). 들뜨거나 한탄하는 번뇌. (5)의개(疑蓋). 부처의 가르침을 의심하는 번뇌.

오견(五見) 견(見)은 생각·견해를 뜻하지만 여기서는 잘못된 생각 또는 그릇된 견해를 뜻함. 다섯 가지 그릇된 견해. (1)유신견(有身見). 오온(五蘊)의 일시적 화합에 지나지 않는 신체에 불변하는 자아가 있고, 또 오온은 자아의 소유라는 그릇된 견해. (2)변집견(邊執見). 극단으로 치우친 견해. (3)사견(邪見). 인과(因果)의 이치를 부정하는 견해. (4)견취견(見取見). 그릇된 견해를 바른 것으로 간주하여 거기에 집착하는 견해. (5)계금취견(戒禁取見). 그릇된 계율이나 금지 조항을 바른 것으로 간주하여 거기에 집착하는 견해.

오결(五結) 중생을 삼계(三界)에 결박하여 해탈하지 못하게 하는 다섯 가지 번뇌. 곧, 탐(貪)·진(瞋)·만(慢)·질(嫉)·간(慳).

오경(五境) ⓢpañca-viṣaya 경(境)은 대상을 뜻함. 오근(五根)의 대상인 색(色)·성(聲)·향(香)·미(味)·촉(觸)을 말함. (1)색경(色境). 눈으로 볼 수 있는 대상인 모양이나 빛깔. (2)성경(聲境). 귀로 들을 수 있는 대상인 소리. (3)향경(香境). 코로 맡을 수 있는 대상인 향기. (4)미경(味境). 혀로 느낄 수 있는 대상인 맛. (5)촉경(觸境). 몸으로 느낄 수 있는 대상인 추위나 촉감 등.

오계(五戒) ⓢpañca-śīla 재가(在家)의 신도가 지켜야 할 다섯 가지 계율. (1)불살생계(不殺生戒). 살아 있는 것을 죽이지 말라. (2)불투도계(不偸盜戒). 훔치지 말라. (3)불사음계(不邪婬戒). 음란한 짓을 하지 말라. (4)불망어계(不妄語戒). 거짓말하지 말라. (5)불음주계(不飮酒戒). 술 마시지 말라.

오계(五髻) 머리카락을 전·후·좌·우 그리고

중간에 볼록 솟아나게 묶은 형상.

오고(五苦) 중생이 겪는 다섯 가지 괴로움. (1)생고(生苦). 이 세상에 태어나는 괴로움. (2)노고(老苦). 늙어 가는 괴로움. (3)병고(病苦). 병으로 겪는 괴로움. (4)사고(死苦). 죽어야 하는 괴로움. (5)애별리고(愛別離苦). 사랑하는 사람과 헤어져야 하는 괴로움.

오고저

오고저(五鈷杵·五股杵) 손잡이의 두 끝 부분이 다섯 갈래로 갈라진 금강저(金剛杵).

오과(五果) ①원인에 의한 결과를 다섯 가지로 나눈 것. (1)증상과(增上果). 원인이 조건의 도움으로 생긴 결과. (2)사용과(士用果). 사용(士用)은 원인의 강한 세력을 남자의 동작에 비유한 말. 인간의 행위에 의한 결과. (3)등류과(等流果). 좋은 원인에서 좋은 결과, 나쁜 원인에서 나쁜 결과처럼, 원인과 성질이 같은 결과. (4)이숙과(異熟果). 원인과 다른 성질로 성숙된 결과. 원인은 좋거나 나쁜데 성숙된 결과는 좋지도 나쁘지도 않는 것. (5)이계과(離繫果). 번뇌의 속박에서 벗어난 결과, 곧 열반. ②소승의 경지를 다섯 가지로 나눈 것. 수다원과(須陀洹果)·사다함과(斯陀含果)·아나함과(阿那含果)·아라한과(阿羅漢果)·벽지불과(辟支佛果).

오관(五觀) 승려가 식사하기 전에 마음을 가라앉히고 생각해야 할 다섯 가지. (1)이 음식이 여기에 오기까지 많은 사람들의 수고를 생각함. (2)이 음식을 받을 만한 덕행을 갖추었는가를 생각함. (3)마음의 허물은 탐욕과 노여움과 어리석음에서 비롯된다고 생각함. (4)이 음식을 약으로 여겨 몸의 쇠약을 면하는 것으로 족하다고 생각함. (5)수행하여 깨달음에 이르기 위해 이 음식을 받는다고 생각함.

오교(五教) ①종밀(宗密)이 세존의 가르침을 다섯 단계로 나눈 것. (1)인천교(人天教). 오계(五戒)를 지키고 십선(十善)을 행하면 그 과보로 인간·천상의 세계에 태어난다는 가르침. (2)소승교(小乘教). 성문(聲聞)과 연각(緣覺)을 위해 설한 사제(四諦)·십이인연(十二因緣) 등의 가르침. (3)대승법상교(大乘法相教). 현상과 본성을 설한 가르침. (4)대승파상교(大乘破相教). 모든 현상에는 불변하는 실체가 없다고 설한 가르침. (5)일승현성교(一乘顯性教). 현상과 본성의 서로 걸림 없는 융합 관계를 설하여 깨달음에 이르게 하는 원만하고 완전한 가르침. ② ⇒ 오교십종(五教十宗)

오교십종(五教十宗) 법장(法藏)이 분류한 화엄종의 교판(教判)으로, 세존의 가르침를 다섯 단계로 나누고, 그 가르침의 내용을 여덟 가지로 나눈 것. 〔1〕오교(五教). (1)소승교(小乘教). 성문(聲聞)과 연각(緣覺)을 위해 사제(四諦)·십이인연(十二因緣) 등을 설한 아함경의 가르침. (2)대승시교(大乘始教). 모든 존재에는 불변하는 실체가 없다고 설하는 반야경과 모든 존재의 현상과 본성을 설한 해심밀경의 가르침. (3)대승종교(大乘終教). 대립이나 차별을 떠난 본성과, 그 본성이 그릇된 인연을 만나 일으키는 차별 현상을 설하는 능가경·기신론의 가르침. (4)돈교(頓教). 일정한 단계를 거치지 않고 단박 깨달음에 이르게 하는 유마경의 가르침. (5)원교(圓教). 원만하고 완전한 일승(一乘)을 설하는 법화경·화엄경의 궁극적인 가르침. 〔2〕십종(十宗). (1)아법구유종(我法俱有宗). 자아에도 현상에도 모두 불변하는 실체가 있다는 가르침. (2)법유아무종(法有我無宗). 현상에는 불변하는 실체가 있지만 자아에는 실체가 없다는 가르침. (3)법무거래종(法無去來宗). 현재의 현상에만 불변하는 실체가 있고, 과거와 미래의 현상에는 실체가 없다는 가르침. (4)현통가실종(現

通假實宗). 과거와 미래의 현상에도 불변하는 실체가 없고, 현재의 현상도 일시적인 인연의 화합에 지나지 않는다는 가르침. (5)속망진실종(俗妄眞實宗). 세속의 현상은 허망하지만 깨달음의 진리는 진실하다는 가르침. (6)제법단명종(諸法但名宗). 모든 현상은 단지 이름뿐이고 거기에 불변하는 실체는 없다는 가르침. (7)일체개공종(一切皆空宗). 모든 현상에는 불변하는 실체가 없다는 가르침. (8)진덕불공종(眞德不空宗). 모든 현상 그 자체는 한없이 청정한 성질을 갖추고 있다는 가르침. (9)상상구절종(相想俱絶宗). 진리는 주관과 객관이 끊어진 상태이므로 언어로 표현할 수 없다는 가르침. (10)원명구덕종(圓明具德宗). 낱낱 현상에 모든 성질이 갖추어져 있어, 모든 현상은 서로 걸림 없이 융합되어 있다는 가르침.

오교장(五教章) 화엄오교장(華嚴五教章)의 준말.

오구의식(五俱意識) 안식(眼識)·이식(耳識)·비식(鼻識)·설식(舌識)·신식(身識)과 함께 일어나는 의식(意識).

오근(五根) ⓢpañca-indriya 근(根)은 기관·기능·작용·능력·소질을 뜻함. ①다섯 가지 감각 기관. (1)안근(眼根). 모양이나 빛깔을 보는 시각 기관인 눈. (2)이근(耳根). 소리를 듣는 청각 기관인 귀. (3)비근(鼻根). 향기를 맡는 후각 기관인 코. (4)설근(舌根). 맛을 느끼는 미각 기관인 혀. (5)신근(身根). 추위나 아픔 등을 느끼는 촉각 기관인 몸. ②깨달음에 이르게 하는 다섯 가지 뛰어난 능력. (1)신근(信根). 부처의 가르침을 믿음. (2)정진근(精進根). 힘써 수행함. (3)염근(念根). 부처의 가르침을 명심하여 마음챙김. (4)정근(定根). 마음을 한곳에 모아 흐트러지지 않게 함. (5)혜근(慧根). 부처의 가르침을 꿰뚫어 봄. 이 오근의 구체적인 활동을 오력(五力)이라 함.

오념문(五念門) 극락 정토에 태어나기 위한 다섯 가지 수행. (1)예배문(禮拜門). 아미타불에게 경건하게 절함. (2)찬탄문(讚歎門). 아미타불의 이름을 부르고 그의 공덕을 칭송함. (3)작원문(作願門). 지극한 마음으로 정토에 태어나기를 원함. (4)관찰문(觀察門). 지극한 마음으로 아미타불과 정토의 모습을 떠올려 자세히 살펴봄. (5)회향문(廻向門). 자신이 수행으로 얻은 공덕을 다른 중생에게 돌려, 그 중생과 함께 정토에 태어나기를 원함.

오다국(烏茶國) ⓢoḍra의 음사. 인도의 동고츠(東Ghats) 산맥 북쪽, 지금의 오리사(Orissa) 지역에 있던 고대 국가.

오다국(鄔茶國) 오장나국(烏仗那國)과 같음.

오담발라(鄔曇鉢羅) 우담바라(優曇波羅)와 같음.

오담식(五噉食) 오정식(五正食)과 같음.

오대(五大) 상캬 학파에서 설하는 이십오제(二十五諦) 가운데 지(地)·수(水)·화(火)·풍(風)·공(空)의 다섯 가지 요소. 공(空)은 허공·공간을 뜻함.

오대정(五大頂) 오불정(五佛頂)과 같음.

오도(五道) 중생이 저지른 행위에 따라 받는다고 하는 다섯 가지 미혹한 생존. 곧, 지옥도(地獄道)·아귀도(餓鬼道)·축생도(畜生道)·인도(人道)·천도(天道).

오도(悟道) 우주의 근원을 깨달음. 모든 현상의 본성을 깨달음. 궁극적인 진리를 깨달음.

오도사문(汚道沙門) 사사문(四沙門)의 하나. 부처의 가르침을 어기고 악행을 저지르는 출가 수행자.

오둔사(五鈍使) 사(使)는 마음을 마구 부려 산란하게 한다는 뜻으로 번뇌를 말함. 이치를 추구하는 성질이 아니어서 활동이 느리고 둔한 다섯 가지 번뇌. 곧, 탐(貪)·진(瞋)·치(癡)·만(慢)·의(疑).

오등회원(五燈會元) 20권. 남송(南宋)의 대천 보제(大川普濟) 엮음. 경덕전등록(景德傳燈錄)·광등록(廣燈錄)·속등록(續燈錄)·연등회요(聯燈會要)·보등록(普燈錄)의 오등(五燈)을 다시 엮어서 한 책으로 편찬한 선종통사(禪宗通史). 과거칠불(過去七佛)에서 서천이십팔조(西天二十八祖)와 동토육조(東土六祖)를 거쳐 청원 행사(青原行思) 문하 16세, 남악 회양(南嶽懷讓) 문하 17세까지 서술하여 오가(五家), 곧 위앙종(潙仰宗)·임제종(臨濟宗)·조동종(曹洞宗)·운문종(雲門宗)·법안종(法眼宗)의 계보를 자세히 밝힌 저술.

오력(五力) ⓢⓟpañca balāni 역(力)은 활동을 뜻함. 깨달음에 이르게 하는 다섯 가지 활동. (1)신력(信力). 부처의 가르침을 믿음. (2)정진력(精進力). 힘써 수행함. (3)염력(念力). 부처의 가르침을 명심하여 마음챙김. (4)정력(定力). 마음을 한곳에 모아 흐트러지지 않게 함. (5)혜력(慧力). 부처의 가르침을 꿰뚫어 봄.

오륜(五輪) ①두 팔과 두 다리와 머리. ②지(地)·수(水)·화(火)·풍(風)·허공(虛空). ③다섯 손가락. 지륜(地輪)은 새끼손가락, 수륜(水輪)은 약손가락, 화륜(火輪)은 가운뎃손가락, 풍륜(風輪)은 집게손가락, 공륜(空輪)은 엄지손가락을 일컬음.

오륜투지(五輪投地) 두 무릎을 꿇고 두 팔꿈치를 땅에 댄 다음 손을 펴서 상대편의 발을 받아 그 발에 자신의 머리를 대는 인도의 예법.

오리사(五利使) 사(使)는 마음을 마구 부려 산란하게 한다는 뜻으로 번뇌를 말함. 이치를 추구하는 성질이어서 그 활동이 빠르고 예리한 다섯 가지 번뇌. (1)유신견(有身見). 오온(五蘊)의 일시적 화합에 지나지 않는 신체에 불변하는 자아가 있고, 또 오온은 자아의 소유라는 그릇된 견해. (2)변집견(邊執見). 극단으로 치우친 견해. (3)사견(邪見). 인과(因果)의 이치를 부정하는 견해. (4)견취견(見取見). 그릇된 견해를 바른 것으로 간주하여 거기에 집착하는 견해. (5)계금취견(戒禁取見). 그릇된 계율이나 금지 조항을 바른 것으로 간주하여 거기에 집착하는 견해.

오명(五明) 명(明)은 학문을 뜻함. 고대 인도의 다섯 가지 학문. (1)성명(聲明). 언어·문학·문법에 대한 학문. (2)인명(因明). 주장 명제의 정당성이나 확실성을 이유와 구체적인 예를 들어 증명하는 논리학. (3)내명(內明). 자기 종교의 취지를 밝히는 학문. 예를 들면, 바라문교에서는 베다학, 불교에서는 불교학. (4)의방명(醫方明). 의학·약학 등의 의술에 대한 학문. (5)공교명(工巧明). 공예·기술에 대한 학문.

오명처(五明處) 오명(五明)과 같음.

오묘욕(五妙欲) 욕망의 대상인 색(色)·성(聲)·향(香)·미(味)·촉(觸)을 말함.

오무간(五無間) 오무간업(五無間業)의 준말.

오무간업(五無間業) 무간지옥의 괴로움을 받을 지극히 악한 다섯 행위. 곧, 오역죄(五逆

罪)를 말함. (1)아버지를 죽임. (2)어머니를 죽임. (3)아라한을 죽임. (4)승가의 화합을 깨뜨림. (5)부처의 몸에 피를 나게 함.

오무간죄(五無間罪) 오무간업(五無間業)과 같음.

오문(五門) 보살의 다섯 가지 수행. (1)시문(施門). 재물과 가르침을 베풀고, 중생의 두려움을 없애줌. (2)계문(戒門). 모든 악을 끊고, 모든 선을 닦고, 중생에게 이익을 베풂. (3)인문(忍門). 괴로움에도 즐거움에도 마음을 움직이지 않음. (4)진문(進門). 어떠한 장애에도 흔들리지 않고 오로지 수행에 힘씀. (5)지관문(止觀門). 산란한 마음을 가라앉히고 지혜로써 모든 현상의 모습을 있는 그대로 주시함.

오문선(五門禪) 마음을 어지럽히는 다섯 가지 번뇌를 멈추기 위한 수행법. (1)부정관(不淨觀). 탐욕을 버리기 위해 깨끗하지 못한 육신을 주시함. (2)자비관(慈悲觀). 노여움을 가라앉히기 위해 모든 중생에게 자비심을 일으킴. (3)인연관(因緣觀). 어리석음을 없애기 위해 모든 현상은 인연으로 생긴다는 이치를 주시함. (4)염불관(念佛觀). 마음을 청정하게 하기 위해 부처를 생각함. (5)수식관(數息觀). 산란한 마음을 집중시키기 위해 들숨과 날숨을 헤아림.

오미(五味) 우유를 거듭 가공할수록 더 나아지는 다섯 가지 맛. 곧, 유미(乳味)·낙미(酪味)·생소미(生酥味)·숙소미(熟酥味)·제호미(醍醐味).

오미선(五味禪) 여러 분별이 뒤섞인 그릇된 수행.

오발(烏鉢) ⓢutpala의 음사. 못이나 늪에서 자라는 수련(睡蓮). 긴 줄기 끝에 푸른색이나 붉은색 또는 흰색의 꽃이 핌.

오방신(五方神) 동·서·남·북 그리고 중앙을 각각 담당하는 다섯 수호신.

오법(五法) ①십승관법(十乘觀法)을 닦기 전에 갖추어야 할 다섯 가지 조건. (1)욕(欲). 가르침을 원함. (2)정진(精進). 힘써 수행함. (3)염(念). 선정(禪定)을 소중하게 여김. (4)교혜(巧慧). 선정(禪定)에 의한 지혜의 즐거움을 앎. (5)일심(一心). 마음을 한곳에 집중하여 산란하지 않게 함. ⇒ 이십오방편(二十五方便) ②오위(五位) ①과 같음.

오법(悟法) 깨달은 내용. 깨달은 진리.

오법행(五法行) 오위(五位) ①과 같음.

오병(五甁) 밀교에서 의식을 행할 때, 향·약·향수·물 등을 담아 단상(壇上)의 중앙과 네 모퉁이에 두는 다섯 개 병.

오부(五部) ①견도(見道)에서 주시하는 사제(四諦)와 수도(修道). ②금강계만다라(金剛界曼荼羅)의 여러 존(尊)을 다섯 부분으로 나눈 것. (1)불부(佛部). 대일여래(大日如來)의 깨달음과 그 지혜를 나타낸 부분. (2)금강부(金剛部). 여러 부처의 지혜를 나타낸 부분. (3)보부(寶部). 부처의 복덕을 나타낸 부분. (4)연화부(蓮華部). 부처의 대비(大悲)를 나타낸 부분. (5)갈마부(羯磨部). 중생을 제도하는 부처의 활동을 나타낸 부분.

오부율(五部律) 다섯 파(派)에 의해 나누어진 다섯 종류의 율(律). (1)담무덕부(曇無德部)의 사분율(四分律). (2)살바다부(薩婆多部)의 십송률(十誦律). (3)미사색부(彌沙塞部)의 오분율(五分律). (4)가섭유부(迦葉遺部)의 해탈률(解脫律). 이 율(律)은 전하지 않음. (5)마하승기부(摩訶僧祇部)의 마하승기율(摩訶僧祇律).

오부정식(五不正食) 오작식(五嚼食)과 같음.

오분법신(五分法身) 부처와 아라한이 갖추고 있는 다섯 가지 공덕. (1)계신(戒身). 행동과 말이 청정함. (2)정신(定身). 모든 현상은 인연 따라 생기므로 거기에 불변하는 실체가 없다고 관조하는 공삼매(空三昧)와 대립적인 차별은 없다고 관조하는 무상삼매(無相三昧)와 원하고 구할 것은 없다고 관조하는 무원삼매(無願三昧)를 성취함. (3)혜신(慧身). 바르게 보고 바르게 앎. (4)해탈신(解脫身). 사제(四諦)를 명료하게 이해하는 지혜를 갖추어 무지에서 벗어남. (5)해탈지견신(解脫知見身). 자신은 이미 사제(四諦)를 체득했다고 아는 진지(盡智)와 자신은 이미 사제를 체득했기 때문에 다시 체득할 필요가 없다고 아는 무생지(無生智)를 갖춤.

오분율(五分律) 미사색부화혜오분율(彌沙塞部和醯五分律)의 준말.

오분작법(五分作法) 오지작법(五支作法)과 같음.

오분향(五分香) 오분법신(五分法身)을 향에 비유한 말. 곧, 계향(戒香)·정향(定香)·혜향(慧香)·해탈향(解脫香)·해탈지견향(解脫知見香).

오불(五佛) ①금강계만다라(金剛界曼荼羅)의 다섯 부처로, 있는 그대로의 본성을 아는 법계체성지(法界體性智)를 나타내는 대일여래(大日如來), 모든 것을 있는 그대로 비추어 내는 크고 맑은 거울처럼 청정한 대원경지(大圓鏡智)를 나타내는 아축여래(阿閦如來), 자타(自他)의 평등을 깨달아 대자비심을 일으키는 평등성지(平等性智)를 나타내는 보생여래(寶生如來), 모든 현상을 잘 관찰하여 자유자재로 가르침을 설하고 중생의 의심을 끊어 주는 묘관찰지(妙觀察智)를 나타내는 무량수여래(無量壽如來), 중생을 구제하기 위해 해야 할 것을 모두 성취하는 성소작지(成所作智)를 나타내는 불공성취여래(不空成就如來)를 말함. ②태장계만다라(胎藏界曼荼羅)의 다섯 부처로, 대일여래(大日如來), 발심(發心)을 나타내는 보당여래(寶幢如來), 수행을 나타내는 개부화왕여래(開敷華王如來), 보리(菩提)를 나타내는 무량수여래(無量壽如來), 열반(涅槃)을 나타내는 천고뢰음여래(天鼓雷音如來)를 말함.

오불정(五佛頂) 부처의 정수리에 상투처럼 볼록 솟아 있는 육계(肉髻)에 뛰어난 힘이 있다고 사유하여, 그 힘을 다섯 가지로 나눈 것. (1)백산불정(白傘佛頂). 자비로써 중생을 두루 덮어 주는 힘. (2)승불정(勝佛頂). 뛰어난 지혜로써 번뇌를 끊어 주는 힘. (3)최승불정(最勝佛頂). 가장 뛰어난 가르침을 설하는 힘. (4)화취불정(火聚佛頂). 광명으로 중생을 모으는 힘. (5)사제불정(捨除佛頂). 모든 장애를 제거해 주는 힘.

오불환(五不還) 오종불환(五種不還)과 같음.

오비가(奧箄迦) ⓢaupayika의 음사. 좋다, 옳다, 적합하다, 이루어지다라는 뜻으로, 수계식(受戒式)을 마쳤을 때 스승이 제자에게 친밀하게 하는 말.

오비구(五比丘) 붓다가 깨달음을 성취한 후, 처음으로 교화한 다섯 비구. 이들은 우루벨라(uruvelā)에서 싯다르타와 함께 고행했으나 그가 네란자라(nerañjarā) 강에서 목욕하고 또 우유죽을 얻어 마시는 것을 보고 타락했다고 하여, 그곳을 떠나 녹야원(鹿野苑)에서 고행하고 있었는데, 깨달음을 성취한 붓다가 그들을 찾아가 설한 사제(四諦)의 가르침을 듣고 최초의 제자가 됨. (1)아야교진여(阿若憍陳如). Ⓟaññā-koṇḍañña의 음사. 요본제(了本際)·지본제(知本際)라고 번역. 아야(阿若)는 이름, 교진여(憍陳如)는 성(姓). (2)아설시(阿說示). Ⓟassaji의 음사. 마사(馬師)·마승(馬勝)이라 번역. (3)마하남(摩訶男). Ⓟmahānāma의 음사. 대명(大名)·대호(大號)라고 번역. (4)바제(婆提). Ⓟbhaddiya의 음사. 인현(仁賢)·소현(小賢)·현선(賢善)이라 번역. (5)바부(婆敷). Ⓟvappa의 음사. 기식(氣息)·장기(長氣)라고 번역.

오사(五事) ①십승관법(十乘觀法)을 닦기 전에 조절해야 할 다섯 가지로, 식(食)·면(眠)·신(身)·식(息)·심(心)을 말함. ⇒ 이십오방편(二十五方便) ②오위(五位) ①과 같음.

오사(五使) 오리사(五利使)의 준말.

오사연나(鄔闍衍那) 우선니(優禪尼)와 같음.

오상분결(五上分結) 상분(上分)은 색계·무색계, 결(結)은 번뇌를 뜻함. 중생을 색계·무색계에 결박하여 해탈하지 못하게 하는 다섯 가지 번뇌. (1)색탐(色貪). 색계의 탐욕. (2)무색탐(無色貪). 무색계의 탐욕. (3)도거(掉擧). 들뜨고 흔들리는 마음. (4)만(慢). 오만함. (5)무명(無明). 진리를 바로 알지 못하는 어리석음.

오색(五色) 파랑·노랑·빨강·하양·검정의 다섯 가지 빛깔.

오색근(五色根) 안근(眼根)·이근(耳根)·비근(鼻根)·설근(舌根)·신근(身根)의 오근(五根)은 형상을 갖추고 있으므로 이와 같이 말함.

오색운(五色雲) 천수관음(千手觀音)이 손에 지니고 있는 오색 구름.

오성(五性) 법상종(法相宗)에서, 선천적으로 정해져 있는 중생의 소질을 다섯 가지로 차별한 것. (1)보살정성(菩薩定性). 보살의 소질을 지니고 있는 자. (2)연각정성(緣覺定性). 연각의 소질을 지니고 있는 자. (3)성문정성(聲聞定性). 성문의 소질을 지니고 있는 자. (4)부정성(不定性). 보살·연각·성문 가운데 어떤 소질인지 정해지지 않은 자. (5)무성(無性). 청정한 성품으로 될 가능성이 전혀 없는 자.

오성각별(五性各別) 오성(五性)과 같음.

오성음고(五盛陰苦) 팔고(八苦)의 하나. 색(色)·수(受)·상(想)·행(行)·식(識)의 오음(五陰)에 탐욕과 집착이 번성하므로 괴로움. 오취온고(五取蘊苦)의 구역(舊譯).

오세암(五歲庵) 강원 인제군 북면 설악산 마등령 남서쪽 기슭에 있는 절. 백담사(百潭寺)에 딸린 암자. 643년(선덕여왕 12)에 창건하여 관음암(觀音庵)이라 하고, 1548년에 보우(普雨)가 다시 지음. 1643년에 설정(雪淨)이 다시 짓고 오세암이라 하고, 1888년에 백하(白下)가 다시 지음.

오소(五燒) 오계(五戒)를 어긴 자가 죽어서 받는 심한 고통을 불에 타는 것에 비유한 말.

오소부(五小部) 천태 지의(天台智顗, 538-597)가 강설한 금광명경현의(金光明經玄義)·금광명경문구(金光明經文句)·관음현의(觀音玄義)·관음의소(觀音義疏)·관무량수경소(觀無量壽經疏)를 말함.

오수(五受) 외부의 자극으로 느끼는 다섯 가지 감수 작용. 괴로움을 느끼는 고수(苦受),

즐거움을 느끼는 낙수(樂受), 근심하는 우수(憂受), 기쁨을 느끼는 희수(喜受), 괴롭지도 즐겁지도 않은 사수(捨受).

오수온(五受蘊) 수(受)는 취(取)의 구역(舊譯). 오취온(五取蘊)과 같음.

오수음(五受陰) 수(受)와 음(陰)은 취(取)와 온(蘊)의 구역(舊譯). 오취온(五取蘊)과 같음.

오순상분결(五順上分結) 오상분결(五上分結)과 같음.

오순하분결(五順下分結) 오하분결(五下分結)과 같음.

오슬니사(烏瑟膩沙) ⓢuṣṇīṣa의 음사. 불정(佛頂)·육계(肉髻)라 번역. 부처의 정수리에 상투처럼 볼록 솟아 있는 형상.

오승(五乘) 승(乘)은 중생을 깨달음으로 인도하는 부처의 가르침이나 수행법을 뜻함. 중생을 깨달음으로 인도하는 부처의 다섯 가지 가르침. ①(1)인승(人乘). 오계(五戒)를 지키면 그 과보로 인간의 세계에 태어난다는 가르침. (2)천승(天乘). 십선(十善)을 행하면 그 과보로 천상의 세계에 태어난다는 가르침. (3)성문승(聲聞乘). 성문을 깨달음에 이르게 하는 부처의 가르침. 성문의 목표인 아라한(阿羅漢)의 경지에 이르게 하는 부처의 가르침. (4)연각승(緣覺乘). 연기(緣起)의 이치를 주시하여 깨달은 연각에 대한 부처의 가르침. 연각의 경지에 이르게 하는 부처의 가르침. (5)보살승(菩薩乘). 자신도 깨달음을 구하고 남도 깨달음으로 인도하는 자리(自利)와 이타(利他)를 행하는 보살을 위한 부처의 가르침. ②(1)천승(天乘). (2)범승(梵乘). 자(慈)·비(悲)·희(喜)·사(捨)의 사무량심(四無量心)에 대한 가르침. (3)성문승(聲聞乘). (4)연각승(緣覺乘). (5)제불여래승(諸佛如來乘). 보시(布施)·지계(持戒)·인욕(忍辱)·정진(精進)·선정(禪定)·지혜(智慧)의 육바라밀(六波羅蜜)에 대한 부처의 가르침. ③(1)일승(一乘). 깨달음에 이르게 하는 오직 하나의 궁극적인 부처의 가르침. (2)성문승(聲聞乘). (3)연각승(緣覺乘). (4)보살승(菩薩乘). (5)소승(小乘). 자신의 깨달음만을 구하는 수행자를 위한 부처의 가르침. 자신의 해탈만을 목표로 하는 성문(聲聞)·연각(緣覺)에 대한 부처의 가르침. ④(1)성문승(聲聞乘). (2)독각승(獨覺乘). 독각의 경지에 이르게 하는 부처의 가르침. 독각에 이르는 수행법. (3)무상승(無上乘). 자신도 깨달음을 구하고 남도 깨달음으로 인도하는 보살을 위한 부처의 가르침. (4)종종승(種種乘). 깨달음에 이르게 하는 부처의 여러 가지 가르침. (5)인천승(人天乘). 오계(五戒)를 지키고 십선(十善)을 행하면 그 과보로 인간·천상의 세계에 태어난다는 가르침.

오시교(五時教) 경전의 가르침을 돈교(頓教)와 점교(漸教)로 나누어 돈교를 화엄경이라 하고, 점교를 설한 순서에 따라 다섯 가지로 나눈 것. ①유송(劉宋)의 혜관(慧觀)의 견해. (1)삼승별교(三乘別教). 성문(聲聞)을 위해 사제(四諦)를 설하고, 연각(緣覺)에 이르게 하기 위해 십이인연(十二因緣)을, 보살(菩薩)에 이르게 하기 위해 육도(六度)를 설한 가르침, 곧 아함경. (2)삼승통교(三乘通教). 성문·연각·보살의 삼승(三乘)에게 공통되는 가르침, 곧 반야경. (3)억양교(抑揚教). 보살을 찬양하고 연각을 저지한 가르침, 곧 유마경·사익경 등. (4)동귀교(同歸教). 삼승을 통달하여 일승으로 돌아가게 하는 가르침, 곧 법화경. (5)상주교(常住教). 진리 그 자체, 또는 부처의 성품은 영원하다고 설한 가르침, 곧 열반경. ②소제(蕭齊)의 유규(劉虯)의 견해. (1)인천교(人天教). 오계(五戒)를 지키고 십선(十善)을 행하면 그 과보로 인간·천상의 세계에 태어난다는 가르침. (2)유상교(有相教). 차별 현상을 인정하는 가르침. (3)무상교(無相教). 차별 현상을 부정하는 가르침. (4)동귀교(同歸教). 삼승을 통달하여 일승으로 돌아가게 하는 가르침. (5)상주교(常住教). 진리 그 자체, 또는 부처의 성품은 영원하다고 설한 가르침.

오시라(烏施羅) 우시라(憂尸羅)와 같음.

오시팔교(五時八教) 지의(智顗)가 분류한 천태종의 교판(教判). 오시(五時)는 세존의 가르침을 설한 순서에 따라 분류한 화엄시(華嚴時)·녹원시(鹿苑時)·방등시(方等時)·반야시(般若時)·법화열반시(法華涅槃時)를 말하고, 팔교(八教)는 그 가르침을 형식에 따라 분류한 돈교(頓教)·점교(漸教)·비밀교(祕密教)·부정교(不定教)의 화의사교(化儀四教)와 내용에 따라 분류한 장교(藏教)·통교(通教)·별교(別教)·원교(圓教)의 화법사교(化法四教)를 말함. 〔1〕오시(五時). (1)화엄시(華嚴時). 세존이 깨달음을 성취한 직후 21일간 화엄경을 설한 시기. (2)녹원시(鹿苑時). 화엄시 후 12년간 녹야원(鹿野苑)에서 아함경을 설한 시기. (3)방등시(方等時). 녹원시 후 8년간 유마경·사익경·승만경 등의 대승 경전을 설한 시기. (4)반야시(般若時). 방등시 후 22년간 여러 반야경을 설한 시기. (5)법화열반시(法華涅槃時). 반야시 후 8년간 법화경을 설한 시기와 입멸 때 1일간 열반경을 설한 시기. 〔2〕화의사교(化儀四教). (1)돈교(頓教). 처음부터 바로 세존이 체득한 깨달음을 그대로 설한 가르침으로, 화엄경이 여기에 해당함. (2)점교(漸教). 얕은 내용에서 점차적으로 깊은 내용으로 나아간 가르침으로, 녹원시·방등시·반야시에서 차례로 설한 경전이 여기에 해당함. (3)비밀교(祕密教). 듣는 이들 서로간에 알지 못하게 근기에 따라 다르게 설하여 각자 다른 이익을 얻게 하는 가르침. (4)부정교(不定教). 같은 내용을 설하지만 듣는 이들이 근기에 따라 이해하여 각자 다른 이익을 얻게 하는 가르침. 〔3〕화법사교(化法四教). (1)장교(藏教). 아함경을 비롯한 초기의 가르침. (2)통교(通教). 성문·연각·보살에게 공통되는 가르침. (3)별교(別教). 보살만을 위한 가르침. (4)원교(圓教). 세존이 체득한 깨달음을 그대로 설한, 가장 완전한 가르침. 법화경이 여기에 해당함.

오식(五識) ⓢpañca-vijñāna 안(眼)·이(耳)·비(鼻)·설(舌)·신(身)의 기관으로 각각 색(色)·성(聲)·향(香)·미(味)·촉(觸)의 대상을 식별하는 안식(眼識)·이식(耳識)·비식(鼻識)·설식(舌識)·신식(身識)의 다섯 가지 마음 작용. (1)안식(眼識). 시각 기관〔眼〕으로 시각 대상〔色〕을 식별하는 마음 작용. (2)이식(耳識). 청각 기관〔耳〕으로 청각 대상〔聲〕을 식별하는 마음 작용. (3)비식(鼻識). 후각 기관〔鼻〕으로 후각 대상〔香〕을 식별하는 마음 작용. (4)설식(舌識). 미각 기관〔舌〕으로 미각 대상〔味〕을 식별하는 마음 작용. (5)신식(身識). 촉각 기관〔身〕으로 촉각 대상〔觸〕을 식별하는 마음 작용.

오식신(五識身) 신(身)은 ⓢkāya의 번역으로 어미에 붙어 복수를 나타냄. 오식(五識)과 같음.

오신채(五辛菜) 냄새가 강하고 독특한 다섯 가지 채소. 마늘·파·부추·달래·생강. 경론(經論)에 따라 그 종류가 달라 일정하지 않음.

오신통(五神通) 수행으로 갖추게 되는 다섯 가지 불가사의하고 자유 자재한 능력. (1)신족통(神足通). 마음대로 갈 수 있고 변할 수 있는 능력. (2)천안통(天眼通). 모든 것을 막힘없이 꿰뚫어 환히 볼 수 있는 능력. (3)천이통(天耳通). 모든 소리를 마음대로 들을 수 있는 능력. (4)타심통(他心通). 남의 마음 속을 아는 능력. (5)숙명통(宿命通). 나와 남의 전생을 아는 능력.

오실본(五失本) 진(晋)의 도안(道安, 314-385)이 제시한 것으로, 산스크리트 원전을 한문으로 번역할 때 원래의 뜻을 잃어버리게 되는 다섯 가지. (1)원전과 한문은 문장의 배열이 서로 다름. (2)원전은 수식어가 적은 소박한 문장인데, 중국 사람은 문장의 수식을 좋아하므로 그 기호에 맞추어 번역하여 원래의 소박함을 잃어 버리는 경우. (3)원전의 문장은 반복이 많은데, 번역할 때 반복된 부분을 생략하는 경우. (4)원전의 문장에는 어구(語句)를 풀이한 설명이 많은데, 번역할 때 그 설명문을 삭제하는 경우. (5)원전은 단락이 바뀔 때마다 이미 서술한 내용을 다시 반복한 문장이 많은데, 번역할 때 중복된 부분을 삭제하는 경우.

오십이위(五十二位) 보살이 거듭 수행하여 깨달음에 이르는 과정을 쉰 두 단계로 나눈 것. 곧, 십신(十信)·십주(十住)·십행(十行)·십회향(十廻向)·십지(十地)·등각(等覺)·묘각(妙覺).

오악(五惡) 오계(五戒)를 어기는 것.

오악도(五惡道) 악한 일을 저지른 중생이 그 과보로 받는다고 하는 다섯 가지 미혹한 생존. 곧, 지옥도(地獄道)·아귀도(餓鬼道)·축생도(畜生道)·인도(人道)·천도(天道).

오악세(五惡世) 오탁악세(五濁惡世)의 준말.

오악취(五惡趣) 오악도(五惡道)와 같음.

오안(五眼) 수행의 정도에 따라 갖추게 되는 다섯 가지 눈. (1)육안(肉眼). 가려져 있는 것은 보지 못하는, 범부의 육신에 갖추어져 있는 눈. (2)천안(天眼). 겉모습만 보고 그 본성은 보지 못하는, 욕계·색계의 천인(天人)이 갖추고 있는 눈. (3)혜안(慧眼). 현상의 이치는 보지만 중생을 구제하는 방법을 알지 못하는 성문(聲聞)·연각(緣覺)의 눈. (4)법안(法眼). 모든 현상의 참모습과 중생을 구제하는 방법을 두루 아는 보살의 눈. (5)불안(佛眼). 모든 것을 꿰뚫어 보는 부처의 눈.

오역(五逆) 오역죄(五逆罪)와 같음.

오역죄(五逆罪) 다섯 가지 지극히 무거운 죄. 다섯 가지의 내용에 대해서는 여러 설이 있으나 대표적인 것은 다음과 같음. (1)아버지를 죽임. (2)어머니를 죽임. (3)아라한을 죽임. (4)승가의 화합을 깨뜨림. (5)부처의 몸에 피를 나게 함. 이 다섯 가지는 무간지옥에 떨어질 지극히 악한 행위이므로 오무간업(五無間業)이라고도 함.

오연(五緣) 십승관법(十乘觀法)을 닦기 전에 갖추어야 할 다섯 가지 조건. (1)지계청정(持戒淸淨). 청정한 계율을 지님. (2)의식구족(衣食具足). 의식을 마련함. (3)한거정처(閑居靜處). 조용한 곳에 머무름. (4)식제연무(息諸緣務). 잡무를 중지함. (5)득선지식(得善知識). 덕이 높은 스승을 앎. ⇒ 이십오방편(二十五方便)

오오백년(五五百年) 불멸(佛滅) 후 불교의 성쇠를 500년을 한 시기로 하여 다섯 시기로 구분한 말. 첫째 500년은 번뇌의 속박에서 벗어나 해탈하는 자가 많고, 둘째 500년은 마음을 가라앉히고 한곳에 집중하는 선정(禪定)을 닦는 자가 많고, 셋째 500년은 불경을 독송하고 설법을 듣는 자가 많고, 넷째 500년은 탑을 세우고 절을 짓는 자가 많고, 다섯째 500년은 자신의 주장만을 내세워 다투는 자가 많나고 함.

오온(五蘊) ⓢpañca-skandha ⓟpañca-khandha 온(蘊)은 무더기·모임·집합·더미를 뜻함. 인간을 구성하는 다섯 가지 요소의 무더기. (1)색온(色蘊). ⓢrūpa-skandha 몸이라는 무더기. 몸의 감각 무더기. (2)수온(受蘊). ⓢvedanā-skandha 괴로움이나 즐거움 등, 느낌의 무더기. (3)상온(想蘊). ⓢsaṃjñā-skandha 대상에 이름을 부여하고, 다양한 개념을 지어내는 생각·관념의 무더기. (4)행온(行蘊). ⓢsaṃskāra-skandha 의도(意圖)하고 지향하는 의지·충동·의욕의 무더기. (5)식온(識蘊). ⓢvijñāna-skandha 식별하고 판단하는 인식의 무더기.

오온가화합(五蘊假和合) 중생은 오온(五蘊)의 일시적인 화합에 불과하다는 뜻.

오온마(五蘊魔) 오온은 여러 가지 괴로움을 일으키고 수행에 장애가 되므로 마(魔)라고 함.

오온세간(五蘊世間) 생물들의 세계인 중생세간(衆生世間)과 생물들이 거주하는 자연 환경인 기세간(器世間)은 색(色)·수(受)·상(想)·행(行)·식(識)의 작용에 지나지 않으므로 이와 같이 말함.

오욕(五欲) 색(色)·성(聲)·향(香)·미(味)·촉(觸)에 집착하여 일으키는 색욕(色欲)·성욕(聲欲)·향욕(香欲)·미욕(味欲)·촉욕(觸欲). 또는 욕망의 대상인 색·성·향·미·촉.

오위(五位) ①모든 현상을 다섯 가지로 분류한 것. (1)색법(色法). 감각 기관과 그 대상, 그리고 형상도 없고 감각되지도 않는 작용·힘·잠재력. (2)심법(心法). 대상의 전체를 주체적으로 인식하는 마음 작용. (3)심소유법(心所有法). 심법(心法)에 부수적으로 일어나 대상의 부분을 구체적으로 인식하는 마음 작용. (4)심불상응행법(心不相應行法). 감각되지도 않고 마음과 함께 일어나지도 않는 것. 이를테면, 현상들 사이의 관계, 작용, 성질, 세력, 명칭 등. (5)무위법(無爲法). 분별하지 않고, 대상을 있는 그대로 파악하는 의식 상태. 열반의 상태. ②유식설에서, 수행의 과정을 다섯 단계로 나눈 것. (1)자량위(資糧位). 선근과 공덕을 쌓는 단계로, 십주(十住)·십행(十行)·십회향(十廻向)을 닦음. (2)가행위(加行位). 번뇌가 없는 지혜를 얻기 위해 모든 대상과 그것을 인식하는 주관은 모두 허구라고 주시하는 단계. (3)통달위(通達位). 번뇌가 없는 지혜로써 우주의 진리를 체득하는 단계. (4)수습위(修習位). 번뇌가 없는 지혜로써 우주의 진리를 여러 번 되풀이하여 체득하는 단계. (5)구경위(究竟位). 최상의 깨달음에 도달한 부처의 경지.

오위군신(五位君臣) 군신오위(君臣五位)와 같음.

오위백법(五位百法) ⇒ 백법(百法)

오위칠십오법(五位七十五法) ⇒ 칠십오법(七十五法)

오유(五唯) 상캬 학파에서 설하는 이십오제(二十五諦) 가운데 색(色)·성(聲)·향(香)·미(味)·촉(觸)의 다섯 가지 감각 대상.

오음(五陰) 오온(五蘊)의 구역(舊譯).

오음마(五陰魔) 오온마(五蘊魔)와 같음.

오음성고(五陰盛苦) 오성음고(五盛陰苦)의 잘못된 말.

오음세간(五陰世間) 오온세간(五蘊世間)과 같음.

오의(五意) 기신론에서, 의식이 생기고 전개되는 과정을 다섯 가지로 나눈 것. (1)업식(業識). 무명(無明)에 의해 일어나는 그릇된 마음 작용. (2)전식(轉識). 그릇된 마음 작용에 의해 일어난 인식 작용. (3)현식(現識). 인식 작용으로 여러 대상이 나타남. (4)지식(智識). 대상에 대해 일으키는 여러 가지 그릇된 분별 작용. (5)상속식(相續識). 그릇된 분별 작용으로 끊임없이 일어나는 괴로움과 즐거움.

오의(五衣) 인도 승단에서 비구니에게 입도록 규정한 다섯 가지 옷. 삼의(三衣), 곧 구조가사인 승가리(僧伽梨), 칠조가사인 울다라승(鬱多羅僧), 오조가사인 안타회(安陀會)와 삼의 안에 입는 승기지(僧祇支), 통치마인 구소락가(俱蘇洛迦).

오의서(奧義書) ⇒ 우파니샤드(upaniṣad)

오의평등(五義平等) 대상의 전체를 주체적으로 인식하는 마음 작용인 심왕(心王)과, 심왕에 부수적으로 일어나 대상의 부분을 구체적으로 인식하는 마음 작용인 심소(心所)의 다섯 가지 동등한 성질. (1)소의평등(所依平等). 심왕이 육근(六根) 가운데 어느 것을 의지처로 하면, 심소도 같은 것을 의지처로 하여 일어남. (2)소연평등(所緣平等). 심왕과 심소는 대상을 같이 함. (3)행상평등(行相平等). 심왕과 심소에 나타나는 대상의 모습은 같음. (4)시평등(時平等). 심왕과 심소는 동시에 일어남. (5)사평등(事平等). 심왕과 심소는 각각 하나씩 일어나고, 동시에 둘 이상의 심왕과 심소가 일어나지 않음.

오이국(烏夷國) 언기국(焉耆國)과 같음.

오인(五忍) 보살이 진리에 안주하는 정도에 따라 다섯 단계로 나눈 것. (1)복인(伏忍). 번뇌를 굴복시켜 일어나지 못하게는 하지만 아직 완전히 끊지 못한 단계. (2)신인(信忍). 깨달은 진리를 믿고 의심하지 않는 단계. (3)순인(順忍). 진리에 순응하고 안주하는 단계. (4)무생인(無生忍). 불생불멸(不生不滅)의 진리에 안주하는 단계. (5)적멸인(寂滅忍). 모든 번뇌를 끊은 열반에 안주하여 마음을 움직이지 않는 단계.

오인(五印) 오인도(五印度)의 준말.

오인도(五印度) 인도를 동·서·남·북·중의 다섯 지역으로 나누어 일컫는 말.

오일승당(五日陞堂) 오참상당(五參上堂)과 같음.

오입(悟入) 깨달음의 경지에 듦. 우주의 근원을 깨달아 진리의 세계에 듦. 깨달음.

오작근(五作根) 상캬 학파에서 설하는 이십오제(二十五諦) 가운데 수(手)·족(足)·설(舌)·생식기(生殖器)·배설기(排泄器)의 다섯 가지 기관.

오작식(五嚼食) 비구들이 간식으로 씹어 먹는 다섯 가지 음식. 뿌리·가지·잎·꽃·열매.

오장나국(烏仗那國) ⓢudyāna의 음사. 카불(Kabul) 동쪽, 파미르(Pamir) 고원 남쪽에 있던 고대 국가로, 도읍지는 몽게리성(瞢揭釐城, muṅgali).

오전낭국(烏塡曩國) 오장나국(烏仗那國)과 같음.

오정(五情) 안(眼)·이(耳)·비(鼻)·설(舌)·신(身)의 오근(五根)에서 생기는 욕망.

오정거천(五淨居天) 색계 제4선천(第四禪天)의 무번천(無煩天)·무열천(無熱天)·선현천(善現天)·선견천(善見天)·색구경천(色究竟天)을 말함. ⇒ 색계십칠천(色界十七天)

오정식(五正食) 비구들이 끼니로 먹는 다섯 가지 부드러운 음식. 밥·죽·보릿가루·생선·고기.

오정심관(五停心觀) 삼현(三賢)의 하나. 마음을 어지럽히는 다섯 가지 번뇌를 멈추기 위한 수행법. (1)부정관(不淨觀). 탐욕을 버리기 위해 육신의 더러움을 주시함. (2)자비관(慈悲觀). 노여움을 가라앉히기 위해 모든 중생에게 자비심을 일으킴. (3)인연관(因緣觀). 어리석음을 없애기 위해 모든 현상은 인연으로 생긴다는 이치를 주시함. (4)계분별관(界分別觀). 나에 불변하는 실체가 있다는 그릇된 견해를 버리기 위해 오온(五蘊)·십팔계(十八界) 등을 주시함. (5)수식관(數息觀). 산란한 마음을 집중시키기 위해 들숨과 날숨을 헤아림.

오조가사(五條袈裟) 오조의(五條衣)와 같음.

오조법연(五祖法演) ⇒ 법연(法演)

오조의(五條衣) 직사각형의 베 조각들을 세로로 나란히 꿰맨 것을 1조(條)로 하여, 5조를 가로로 나란히 꿰맨 옷. 곧, 안타회(安陀會).

오종교(五宗教) 제(齊)의 자궤(自軌)가 여러 경론(經論)에서 설하는 가르침의 요점을 다섯 가지로 나눈 것. (1)인연종(因緣宗). 인연의 이치를 설하는 발지론(發智論)·구사론(俱舍論) 등의 가르침. (2)가명종(假名宗). 모든 현상은 여러 인연의 일시적인 화합에 지나지 않으므로 거기에 불변하는 실체가 없고 이름뿐이라는 성실론(成實論)의 가르침. (3)광상종(誑相宗). 모든 현상은 본래 허깨비와 같이 실체가 없어 허망하고 진실되지 못하다는 반야경(般若經)·삼론(三論) 등의 가르침. (4)진실종(眞實宗). 진리는 영원히 변하지 않으며, 모든 것에 부처의 성품이 갖추어져 있다는 열반경의 가르침. (5)법계종(法界宗). 모든 현상은 서로 걸림 없이 원만하게 융합되어 있다는 화엄경의 가르침.

오종불능남(五種不能男) 남근(男根)이 온전하지 못한 다섯 종류의 사람. (1)생불능남(生不能男). 태어나면서부터 남근이 없는 자. (2)반월불능남(半月不能男). 보름은 성교할 수 있지만 보름은 성교할 수 없는 자. (3)투불능남(妬不能男). 남이 행하는 성교를 보지 않고서는 성욕을 일으키지 못하는 자. (4)정불능남(精不能男). 남근이 발기하지 못하는 자. (5)병불능남(病不能男). 남근이 거세되었거나 병으로 불완전하게 된 자.

오종불번(五種不飜) 현장(玄奘, 602-664)이 제시한 것으로, 산스크리트 원전을 한문으로 옮길 때, 낱말을 번역하지 않고 소리나는 대로 적은 다섯 종류. (1)비밀스런 말은 번역하지 않음. 예, 다라니(陀羅尼). (2)여러 가지 뜻을 가진 말은 번역하지 않음. 예, 박가범(薄伽梵). (3)중국에 없는 것은 번역하지 않음. 예, 염부수(閻浮樹). (4)옛부터 소리나는 대로 적고 번역하지 않은 것은 그에 따라 번역하지 않음. 예, 아뇩다라삼먁삼보리(阿耨多羅三藐三菩提). (5)번역하면 그 뜻이 얕고 가벼워지는 말은 그 말을 존중하여 번역하지 않음. 예, 반야(般若).

오종불환(五種不還) 불환과(不還果)의 성자를 완전한 열반에 이르는 과정에 따라 다섯 가지로 나눈 것. (1)중반(中般). 욕계에서 색계에 이르는 도중에 완전한 열반을 이루는 성자. (2)생반(生般). 색계에서 곧바로 완전한 열반을 이루는 성자. (3)유행반(有行般). 색계에서 오랫동안 수행하여 완전한 열반을 이루는 성자. (4)무행반(無行般). 색계에서 수행하지 않아도 오랜 시간이 지나면 저절로 완전한 열반을 이루는 성자. (5)상류반(上流般). 색계의 맨 밑에 있는 범중천(梵衆天)에서 색계의 맨 위에 있는 색구경천(色究竟天)이나 무색계의 맨 위에 있는 유정천(有頂天)에 이르러 완전한 열반을 이루는 성자.

오종성(五種性) 오성(五性)과 같음.

오종승성(五種乘性) 오성(五性)과 같음.

오종유식(五種唯識) 여러 경론(經論)에서 설하는 유식(唯識), 곧 모든 현상은 오직 마음의 작용에 지나지 않는다는 견해를 다섯 가지로 정리한 것. (1)경유식(境唯識). 대상은 오직 마음의 작용에 지나지 않음. (2)교유식(教唯識). 모든 현상은 오직 마음의 작용에 지나지 않는다는 가르침. (3)이유식(理唯識). 모든 현상은 오직 마음의 작용에 지나지 않는다는 이치를 밝힘. (4)행유식(行唯識). 모든 현상은 오직 마음의 작용에 지나지 않는다는 이치를 사유하고 관찰함. (5)과유식(果唯識). 모든 현상은 오직 마음의 작용에 지나지 않는다는 이치를 사유하고 관찰한 과보로 지혜를 얻음.

오종정행(五種正行) 극락 정토에 태어나기 위한 다섯 가지 바른 행위. (1)독송정행(讀誦正行). 지극한 마음으로 관무량수경과 아미타경과 무량수경을 소리내어 읽음. (2)관찰정행(觀察正行). 지극한 마음으로 정토의 모습을 떠올려 자세히 살펴보고 그 모습을 잊지 않음. (3)예배정행(禮拜正行). 지극한 마음으로 아미타불에게 절함. (4)칭명정행(稱名正行). 지극한 마음으로 아미타불의 이름을 부름. (5)찬탄공양정행(讚嘆供養正行). 지극한 마음으로 아미타불을 찬양하고 공양함.

오종종성(五種種性) 오성(五性)과 같음.

오주지(五住地) 온갖 번뇌의 근본이 되는 다섯 가지 번뇌. (1)견일처주지(見一處住地). 욕계·색계·무색계의 견혹(見惑). 이것은 견도(見道)에 들어갈 때 일시에 끊으므로 견일처(見一處)라고 함. (2)욕애주지(欲愛住地). 욕계의 수혹(修惑), 곧 탐(貪)·진(瞋)·치(癡)·만(慢). (3)색애주지(色愛住地). 색계의 수혹(修惑), 곧 탐(貪)·치(癡)·만(慢). (4)유애주지(有愛住地). 무색계의 수혹(修惑), 곧 탐(貪)·치(癡)·만(慢). (5)무명주지(無明住地). 욕계·색계·무색계의 무명.

오중(五衆) ①오온(五蘊)의 구역(舊譯). ②출가자를 다섯 가지로 나눈 것. 비구(比丘)·비구니(比丘尼)·식차마나(式叉摩那)·사미(沙彌)·사미니(沙彌尼).

오중세간(五衆世間) 오온세간(五蘊世間)과 같음.

오중유식(五重唯識) 유식(唯識)의 이치를 깨달아 가는 과정을 다섯 단계로 나눈 것. (1)견허존실식(遣虛存實識). 마음 밖의 대상은 허망하므로 버리고 오직 마음만이 실재한다고 주시함. (2)사람류순식(捨濫留純識). 마음 밖의 대상〔外境〕과 인식된 대상〔相分〕을 버리고 순수한 마음만을 남겨 유식(唯識)이라고 주시함. (3)섭말귀본식(攝末歸本識). 인식된 대상과 인식 주관을 거두어들여 근원의 인식 작용에 귀착시켜 유식(唯識)이라고 주시함. (4)은열현승식(隱劣顯勝識). 우수한 마음〔心王〕을 드러내고 그 마음에 부수적으로 일어나는 열등한 마음 작용〔心所〕을 감추어 유식

(唯識)이라고 주시함. (5)견상증성식(遣相證性識). 현상의 다양한 모습에 따라 구체적으로 활동하는 마음을 버리고 마음의 본성을 주시하여 유식(唯識)의 이치를 깨달음.

오증(悟證) 깨달음. 진리를 깨달아 체득함.

오지(五智) 대일여래(大日如來)가 갖추고 있는 다섯 가지 지혜. (1)법계체성지(法界體性智). 있는 그대로의 본성을 아는 지혜. (2)대원경지(大圓鏡智). 모든 것을 있는 그대로 비추어 내는 크고 맑은 거울처럼 청정한 지혜. (3)평등성지(平等性智). 자타(自他)의 평등을 깨달아 대자비심을 일으키는 지혜. (4)묘관찰지(妙觀察智). 모든 현상을 잘 관찰하여 자유자재로 가르침을 설하고 중생의 의심을 끊어주는 지혜. (5)성소작지(成所作智). 중생을 구제하기 위해 해야 할 것을 모두 성취하는 지혜.

오지근(五知根) 상캬 학파에서 설하는 이십오제(二十五諦) 가운데 안(眼)·이(耳)·비(鼻)·설(舌)·피(皮)의 다섯 가지 감각 기관.

오지작법(五支作法) 미륵(彌勒)·무착(無著)·세친(世親) 등이 사용한 종(宗)·인(因)·유(喩)·합(合)·결(結)의 다섯 부분으로 되어 있는 논법. 예를 들면 다음과 같음.

종(宗) 말은 무상하다.
인(因) 지어낸 것이기 때문이다.
유(喩) 예를 들면, 병(甁)과 같다.
합(合) 병과 같이, 말도 지어낸 것이다.
결(結) 그러므로 말은 무상하다.

종(宗)은 주장 명제·판단, 인(因)은 이유, 유(喩)는 구체적인 예(例), 합(合)은 유(喩)를 기반으로 하여 종(宗)과 인(因)을 결합한 것, 결(結)은 종(宗)을 되풀이한 결론임.

오진(五塵) 오경(五境)과 같음. 이것은 마음을 더럽히므로 진(塵)이라 함.

오참상당(五參上堂) 선사(禪師)가 음력 매월 5일마다 법당에 올라가 설법하는 일. 1일과 15일은 단망상당(旦望上堂)이므로 5일·10일·20일·25일의 4회임.

오처(悟處) 깨달은 내용. 깨달은 진리.

오천축(五天竺) 인도를 동·서·남·북·중의 다섯 지역으로 나누어 일컫는 말.

오체투지(五體投地) 두 무릎을 꿇고 두 팔꿈치를 땅에 댄 다음 머리가 땅에 닿도록 절하는 예법.

오촉(五觸) 오근(五根)과 오경(五境)과 오식(五識)의 화합으로 일어나는 여러 가지 마음 작용.

오추사마(烏樞沙摩) 오추슬마(烏樞瑟摩)와 같음.

오추삽마(烏芻澁摩) 오추슬마(烏樞瑟摩)와 같음.

오추슬마(烏樞瑟摩·烏芻瑟摩) ⓢucchuṣma의 음사. 예적(穢跡)·부정결(不淨潔)이라 번역. 부정(不淨)을 제거한다는 명왕(明王).

오취(五趣) 오도(五道)와 같음.

오취온(五取蘊) 탐욕과 집착이 있는 오온, 또는 탐욕과 집착에 속하는 오온이라는 뜻.

오취온고(五取蘊苦) 오온에 탐욕과 집착이 있으므로 괴로움. 오온은 탐욕과 집착에 속하므로 괴로움. 오성음고(五盛陰苦)와 같음.

오타남(鄔陀南) 우타나(優陀那)와 같음.

오탁(五濁) 말세(末世)에 일어나는 다섯 가지 혼란. (1)겁탁(劫濁). 말세에 일어나는 재앙과 재난. (2)번뇌탁(煩惱濁). 번뇌가 들끓음. (3)중생탁(衆生濁). 악한 중생이 마구 날뜀. (4)견탁(見濁). 그릇된 견해가 걷잡을 수 없이 퍼짐. (5)명탁(命濁). 인간의 수명이 단축됨.

오탁악세(五濁惡世) 오탁이 일어나는 혼란한 말세(末世).

오통(五痛) 오계(五戒)를 어긴 자가 받는 고통.

오통(五通) 오신통(五神通)의 준말.

오파급다(鄔波笈多) 우파국다(優波鞠多)와 같음.

오파난타용왕(鄔波難陀龍王) 발난타용왕(跋難陀龍王)과 같음.

오파니살담분(鄔波尼殺曇分) 오파니살담(鄔波尼殺曇)은 ⓢupaniṣadam의 음사, 분(分)은 ⓢapi의 번역. 지극히 적은 수량 이름.

오파사가(鄔波斯迦) 우바이(優婆夷)와 같음.

오파색가(鄔波索迦) 우바새(優婆塞)와 같음.

오파타야(鄔波馱耶) ⓢupādhyāya의 음사. 가르침을 베풀거나 계(戒)를 주는 스승.

오파파사(鄔波婆沙) ⓢupavāsa의 음사. 단식(斷食)·근주(近住)·선숙(善宿)이라 번역. 단식은 정오가 지나면 먹지 않는다는 뜻, 근주는 삼보(三寶) 가까이에 머문다는 뜻, 선숙은 악을 멀리하고 선에 머문다는 뜻. 재가(在家)의 신도가 육재일(六齋日), 곧 음력 매월 8·14·15·23·29·30일에 하루 낮 하룻밤 동안 팔재계(八齋戒)를 지키는 일, 또는 그 사람.

오편(五篇) 구족계(具足戒)를 어긴 죄를 무겁고 가벼움에 따라 다섯 종류로 나눈 것. (1)바라이(波羅夷). ⓢⓟpārājika의 음사. 타불여(墮不如)·타승(他勝)·무여(無餘)라고 번역. 승단에서 추방되어 비구·비구니의 자격이 상실되는 가장 무거운 죄. (2)승잔(僧殘). ⓢsaṃghāvaśeṣa ⓟsaṃghādisesa 비구·비구니의 자격이 일시적으로 상실되지만 정해진 벌칙을 받고 참회하면 그 자격이 회복되는 죄. (3)바일제(波逸提). ⓢpāyattika ⓟpācittiya의 음사. 타(墮)라고 번역. 가사나 발우 등의 물건을 규정 이상으로 소유하거나, 사소한 거짓말이나 욕설 등을 한 가벼운 죄. 이 죄를 저지른 비구·비구니는 비구들에게 참회하면 죄가 소멸되지만 참회하지 않으면 죽어서 지옥에 떨어진다고 함. (4)바라제제사니(波羅提提舍尼). ⓢpratideśanīya ⓟpāṭidesanīya의 음사. 향피회(向彼悔)라고 번역. 걸식 때와 식사 때의 규칙을 어긴 가벼운 죄로, 청정한 비구에게 참회하면 죄가 소멸됨. (5)돌길라(突吉羅). ⓢduṣkṛta ⓟdukkaṭa의 음사. 악작(惡作)·악설(惡說)이라 번역. 행위와 말로 저지른 가벼운 죄. 고의로 이 죄를 저질렀을 때는 한 명의 비구 앞에서 참회하고, 고의가 아닐 때는 마음 속으로 참회하면 죄가 소멸됨.

오폭류(五暴流) 폭류(暴流)는 모든 선(善)을 떠내려 보낸다는 뜻으로, 번뇌를 말함. 안(眼)·이(耳)·비(鼻)·설(舌)·신(身)의 오근(五根)이 일으키는 번뇌.

오하결(五下結) 오하분결(五下分結)의 준말.

오하분결(五下分結) 하분(下分)은 욕계, 결

(結)은 번뇌를 뜻함. 중생을 욕계에 결박하여 해탈하지 못하게 하는 다섯 가지 번뇌. (1)유신견(有身見). 오온(五蘊)의 일시적 화합에 지나지 않는 신체에 불변하는 자아가 있고, 또 오온은 자아의 소유라는 그릇된 견해. (2)계금취견(戒禁取見). 그릇된 계율이나 금지 조항을 바른 것으로 간주하여 거기에 집착하는 견해. (3)의(疑). 바른 이치를 의심함. (4)욕탐(欲貪). 욕계의 탐욕. (5)진에(瞋恚). 성냄. 노여움. 분노. 증오.

오해(悟解) ①분별하여 이해함. ②모든 현상의 이치를 깨달음.

오행(五行) ①보살의 다섯 가지 수행. (1)성행(聖行). 계율과 선정과 지혜로써 행함. (2)범행(梵行). 청정한 마음으로 자비를 베풀어, 중생에게 즐거움을 주고 그의 괴로움을 덜어줌. (3)천행(天行). 자연의 이치에 따름. (4)영아행(嬰兒行). 지혜가 얕은 이들을 교화하기 위해 그들이 행하는 작은 선행(善行)을 같이 행함. (5)병행(病行). 평등심에서 중생과 마찬가지로 자신도 번뇌와 괴로움의 병이 있다는 것을 드러내 보임. ②천지간에 끊임없이 순환하면서 서로 대립하거나 서로 생기게 하여 만물을 생성·변화시키는 금(金)·목(木)·수(水)·화(火)·토(土)의 다섯 가지 원소.

오향(五香) ①밀교에서 단(壇)을 만들 때, 오보(五寶)·오곡(五穀)과 함께 땅에 묻는 다섯 가지 향. 전단나무의 목재나 뿌리를 분말로 한 전단향(栴檀香), 침향나무에서 분비되는 검은색의 진으로 만든 침향(沈香), 정향나무의 꽃봉오리와 열매에서 짜낸 즙으로 만든 정향(丁香), 울금의 꽃에서 짜낸 즙으로 만든 울금향(鬱金香), 용뇌나무의 갈라진 틈에서 나오는 진으로 만든 용뇌향(龍腦香). ②오분법신(五分法身)을 향에 비유한 말. 곧, 계향(戒香)·정향(定香)·혜향(慧香)·해탈향(解脫香)·해탈지견향(解脫知見香).

오혹(五惑) 중생의 마음을 미혹되게 하는 다섯 가지 근본 번뇌. 곧, 탐(貪)·진(瞋)·치(癡)·만(慢)·의(疑).

옥개석(屋蓋石) 석탑(石塔)이나 석등(石燈)의 지붕돌. ⇒ 탑(塔)

옥리(屋裏) 자신의 내면. 자신의 심성(心性).

옥신석(屋身石) 석탑(石塔)의 몸돌. ⇒ 탑(塔)

옥졸(獄卒) 지옥의 죄인에게 고통을 주는 귀신.

옥천사(玉泉寺) ①경남 고성군 개천면 연화산 북쪽 기슭에 있는 절. 쌍계사(雙磎寺)의 말사. 신라의 의상(義湘, 625-702)이 창건하고, 고려 때 여러 차례 다시 지음. 1592년 임진왜란 때 모두 불타고, 1644년에 학명(學明)과 의오(義悟)가 다시 지은 후 여러 차례 증축함. 1890년(고종 27)에 왕실의 원찰(願刹)로 지정되고, 1894년 동학란 때 일부분 불타고, 1895년부터 농성(聾惺)이 복구함. 문화재 : 임자명반자(壬子銘飯子)·자방루(滋芳樓)·반종(飯鐘)·대웅전. ②지리산 쌍계사(雙磎寺)의 창건 때 이름. ③비슬산 용천사(湧泉寺)의 창건 때 이름.

옥토(玉兎) 달을 일컫는 말. 달에 옥토끼가 산다는 전설에서 유래함.

온(蘊) ⓢskandha ⓟkhandha 구역(舊譯)에서는 음(陰)·중(衆)이라 번역. 종류별로 모인 집합을 뜻함.

온마(蘊魔) 사마(四魔)의 하나. 오온(五蘊)은 여러 가지 괴로움을 일으키고 수행에 장애가 되므로 마(魔)라고 함.

온밀전진(穩密全眞) 말로 설명할 수 없는 경지에서 우주의 참모습이 드러난다는 뜻.

온처계(蘊處界) 모든 현상을 세 가지로 분류한 오온(五蘊)·십이처(十二處)·십팔계(十八界)의 준말.

올달라승가(嗢呾羅僧伽) 울다라승(鬱多羅僧)과 같음.

올로가(嗢露迦) Ⓢulūka의 음사. 바이셰시카 학파의 창시자인 카나다(kaṇāda)의 별명.

올발라지옥(嗢鉢羅地獄) 팔한지옥(八寒地獄)의 하나. 올발라(嗢鉢羅)는 Ⓢutpala의 음사, 수련(睡蓮)을 말함. 심한 추위로 몸이 푸르게 변하고, 굽고 터져 수련의 푸른 꽃과 같이 된다는 지옥.

올층가(嗢蹭伽) Ⓢutsaṅga의 음사. 수의 단위로, 10^{23}.

올타남(嗢陀南·嗢柁南) 우타나(優陀那)와 같음.

옴(唵) Ⓢoṃ의 음사. a-u-m의 합성어로, 세 자(字)는 각각 만물의 발생·유지·소멸, 또는 법신(法身)·보신(報身)·화신(化身)을 상징함. 주로 주문(呪文) 앞에 붙음.

옴마니반메훔(唵麽抳鉢銘吽) ⇒ 육자대명왕진언(六字大明王眞言)

와구(臥具) 수행자가 누울 때, 바닥에 깔거나 몸을 덮는 직사각형의 베.

와불상(臥佛像) 와상(臥像)과 같음.

와상(臥像) 석가가 쿠시나가라(Ⓢkuśinagara)의 사라쌍수(沙羅雙樹) 사이에서 입멸(入滅)하여 누워 있는 모습을 나타낸 조각이나 그림.

완릉록(宛陵錄) 1권. 본이름은 황벽단제선사완릉록(黃壁斷際禪師宛陵錄). 당(唐)의 배휴(裵休)가 848년에 안휘성(安徽省) 완릉(宛陵) 관찰사(觀察使)로 부임했을 때, 황벽 희운(黃檗希運)을 능양산(陵陽山) 개원사(開元寺)에 모시고 조석으로 그의 가르침을 받았는데, 그 가르침을 기록한 법어집.

완호(玩虎) 윤우(倫佑)의 법호.

왕사(王師) 고려·조선 때, 왕의 스승으로 임명된 승려의 가장 높은 지위.

왕사성(王舍城) Ⓢrājagṛha Ⓟrājagaha 중인도의 동부, 지금의 비하르(Bihar)의 남쪽 지역에 있던 마가다국(magadha國)의 도읍지. 지금의 파트나(Patna) 남쪽에 있는 라즈기르(Rajgir)에 해당함.

왕상회향(往相廻向) 자신이 지은 공덕을 다른 중생에게 베풀어 그 중생과 함께 정토에 태어나기를 원함.

왕생(往生) 죽어서 다른 세계에 가서 태어남. 이 세상에서 쌓은 공덕으로 죽어서 정토에 태어남. 염불한 공덕으로 죽어서 극락에 태어남.

왕오천축국전(往五天竺國傳) 1권. 신라의 혜초(慧超) 지음. 혜초가 당(唐)의 광동성(廣東省) 광주(廣州)에서 바닷길로 인도에 가서 5개국과 그 이웃 나라들을 순례하고 육로(陸路)로 727년에 당(唐)에 돌아와 지은 여행기.

외경(外經) 불전(佛典) 이외의 책.

외고(外苦) 외부의 대상으로부터 받는 괴로움.

외공(外空) 십팔공(十八空)의 하나. 육외입처(六外入處), 곧 색(色)·성(聲)·향(香)·미(味)·촉(觸)·법(法)에 대한 분별이 끊어진 상태.

외교(外敎) 불교 이외의 가르침. 이에 반해, 불교는 내교(內敎)라고 함.

외금강부원(外金剛部院) 태장계만다라(胎藏界曼荼羅)의 바깥쪽을 둘러싸고 있는 그림으로, 팔부중(八部衆)·십이천(十二天) 등이 그려져 있는데, 이들은 대일여래의 화신으로 만다라 내부의 세계를 수호함.

외기(外器) 외계(外界)의 자연 환경. 기세간(器世間)과 같음.

외도(外道) ①불교 이외의 가르침을 말함. 육사외도(六師外道)·육파철학(六派哲學) 등이 여기에 해당함. 이에 반해, 불교는 내도(內道)라고 함. ②그릇된 가르침.

외도선(外道禪) 분별하는 마음 작용이 있는 수행.

외론(外論) 외도(外道)에서 내세우는 견해, 또는 그 견해에 대한 문헌.

외무위(外無爲) 마음이 바깥 대상에 동요되지 않음.

외문전(外門轉) 마음이 바깥 대상을 인식하는 작용. 이에 반해, 마음이 자신의 내면을 응시하는 작용은 내문전(內門轉)이라 함.

외박권(外縛拳) 사종권(四種拳)의 하나. 두 손바닥을 붙이고 열 손가락을 서로 교차하여 열 손가락으로 두 손등을 누른 모양.

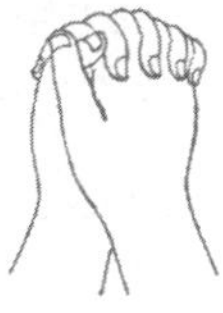
외박권

외범(外凡) ①성자의 경지에 이르기 위해 닦는 세 가지 수행 단계인 삼현(三賢)을 말함. 이에 반해, 삼현의 다음 수행 단계인 사선근(四善根)은 내범(內凡)이라 함. ②보살의 수행 단계인 십신(十信)을 말함. 이에 반해, 십주(十住)·십행(十行)·십회향(十廻向)의 단계는 내범(內凡)이라 함.

외법(外法) 불교 이외의 가르침을 말함.

외서(外書) 불전(佛典) 이외의 책.

외신신관(外身身觀) 남의 육신도 더럽다고 주시하는 수행법.

외연(外緣) 어떤 결과를 일으키는 외적 원인이나 간접 원인.

외전(外典) 불전(佛典) 이외의 책. 이에 반해, 불전은 내전(內典)이라 함.

외학(外學) 불교 이외의 지식.

외호마(外護摩) 호마(護摩)는 ⓢhoma의 음사, 분소(焚燒)·화제(火祭)라는 뜻. 제단(祭壇)에 마련한 화로에 불을 피우고 진언(眞言)을 외우면서 그 불 속에 물건을 던져 공양하고 소원을 비는 형식적인 의식. 이에 반해, 자신을 제단이라 상정하고 부처의 지혜로써 번뇌를 태우는 내면적인 수행법은 내호마(內護摩)라고 함.

요(了) ①인식함. 이해함. ②깨달음. ③뚜렷함. 분명함. 확실함. 명료함.

요가학파(yoga學派) 육파철학(六派哲學)의 하나. 기원전 4-기원전 3세기에 성립된 학파로, 요가 수행으로 해탈에 이르는 것을 목표로 함. 파탄잘리(patañjala)가 지은 요가수트라(yoga-sūtra)에 의하면, 요가를 마음 작용의 소멸이라 정의하고, 마음 작용의 소멸에 이르기 위해서는 호흡을 조절하여 마음의 평온을 유지하는 수행을 거듭 되풀이하고, 대상에 대한 탐욕을 떠나야 한다고 함. 괴로움의 원인은 주관과 객관의 결합에 있고, 삼매(三昧)에 의해 주관이 객관을 떠나 독존하게 된 상태를 해탈이라 함.

요간(料簡) ①잘 생각하여 핵심을 가려냄. ②여러 관점에서 탐구함. ③분류. 표준. 범주.

요경(了境) 대상의 인식.

요공(了空) 도선(道詵)의 시호.

요기(了期) 종말. 끝.

요령(搖鈴) 작은 종 모양의 몸통에 손잡이가 있는 기구로, 사찰에서 염불할 때 손에 쥐고 흔들어 소리를 냄.

요발(鐃鈸) 요(鐃)는 징, 발(鈸)은 동발(銅鈸)을 가리키지만, 보통 두 말을 합쳐 동발을 일컬음. 동발은 놋쇠로 냄비 뚜껑처럼 만든 타악기로, 가운데 있는 구멍에 끈을 꿰어 한 손에 하나씩 쥐고 마주 쳐서 소리를 냄.

요별(了別) 대상을 분명하게 구별하여 인식함. 대상을 구별하여 사유하고 판단함.

요별경능변(了別境能變) 삼능변(三能變)의 하나. 안식(眼識)·이식(耳識)·비식(鼻識)·설식(舌識)·신식(身識)·의식(意識)의 육식(六識)을 말함. 이 식들은 대상을 분명하게 분별하므로 이와 같이 말함.

요별경식(了別境識) 요별경능변(了別境能變)과 같음.

요별식(了別識) 요별경식(了別境識)의 준말.

요별진여(了別眞如) 유식진여(唯識眞如)와 같음.

요본제(了本際) ⇒ 아야교진여(阿若憍陳如)

요부나(遙扶那) 염모나(鹽牟那)와 같음.

요불(繞佛) 자신의 오른쪽을 부처에게 향하게 하여 도는 예법.

요사채(寮舍-) 승려들이 거처하는, 절에 있는 집채.

요사한(了事漢) 자신의 참모습을 깨달은 사람.

요산(鷂山) 영취산(靈鷲山)과 같음.

요삼잡(繞三匝) 부처나 탑 등에 경의를 표할 때, 자신의 오른쪽을 그 대상으로 향하게 하여 세 번 도는 예법.

요설(樂說) 바라는 대로 막힘없이 가르침을 설함. 자유 자재로 가르침을 설함.

요설무애변재(樂說無礙辯才) 막힘없이 자유자재로 가르침을 설하는 능력.

요설변재(樂說辯才) 요설무애변재(樂說無礙

辯才)와 같음.

요세(了世) 1163-1245. 고려의 승려. 경남 합천 출신. 12세에 합천 천락사(天樂寺)에 출가하여 균정(均定)에게 천태교관(天台教觀)을 배움. 팔공산 거조암(居祖庵)에서 정혜결사문(定慧結社文)을 선포하고 정혜결사 운동을 전개하고 있던 지눌(知訥, 1158-1210)의 권유로 그곳에 가서 수행함. 지눌이 조계산 송광사(松廣寺)로 옮길 때 따라가다가 남원 귀정사(歸政寺)에서 천태학을 강의함. 1208년부터 월출산 약사사(藥師寺)에서 천태학을 강의하면서 참회 수행을 함. 강진의 세력가들의 청을 받아들여 1211년부터 만덕산(萬德山)의 옛 신라 절터에 절을 짓기 시작하여 1216년에 백련사(白蓮寺)를 완성하고 천태종을 부흥시킴. 1232년에는 법화삼매(法華三昧)를 닦고 정토 왕생을 기원하는 보현도량(普賢道場)을 결성함으로써 백련결사(白蓮結社) 운동이 전개됨. 시호는 원묘국사(圓妙國師).

요수좌(寮首座) 요원(寮元)과 같음.

요욕(樂欲) 원하고 구함. 욕구. 욕망.

요원(寮元) 좌선하는 수행승이 자유 시간에 거처하는 중료(衆寮)를 관리하는 직책, 또는 그 일을 맡은 승려.

요의(了義) ①깨달음이나 이치를 명료하게 드러냄. ②확실하게 이해함.

요의경(了義經) 부처의 깨달음을 그대로 드러낸 경(經).

요의교(了義教) 방편으로 설한 가르침이 아니라 부처가 체득한 깨달음을 그대로 드러낸 완전한 가르침. 명료한 가르침.

요익유정계(饒益有情戒) 섭중생계(攝衆生戒)와 같음.

요익행(饒益行) 십행(十行)의 하나. 모든 중생을 이익되게 하는 행위.

요인(了因) 인식 근거.

요인불성(了因佛性) 삼불성(三佛性)의 하나. 성불의 원인이 되는, 진리를 관조함으로써 드러나는 지혜.

요정(樂定) 색계의 맨 밑에 있는 범중천(梵衆天)에서 선정(禪定)이 뛰어난 무색계의 맨 위에 있는 유정천(有頂天)에 이르러 완전한 열반을 이루는 불환과(不還果)의 성자. ⇒ 상류반(上流般)

요주(寮主) 좌선하는 수행승이 자유 시간에 거처하는 중료(衆寮)의 잡무를 담당하는 직책, 또는 그 일을 맡은 승려.

요지(了知) 뚜렷하게 앎. 분명하게 앎.

요해(了解) 뚜렷하게 이해함. 분명하게 이해함.

요혜(樂慧) 색계의 맨 밑에 있는 범중천(梵衆天)에서 지혜가 뛰어난 색계의 맨 위에 있는 색구경천(色究竟天)에 이르러 완전한 열반을 이루는 불환과(不還果)의 성자. ⇒ 상류반(上流般)

욕(欲) ①ⓢchanda 좋은 대상을 바라는 마음 작용. ②ⓢkāma 쾌락. 음욕. 성욕. ③⇒ 여욕(與欲)

욕각(欲覺) 삼각(三覺)의 하나. 각(覺)은 ⓢvitarka의 번역으로, 개괄적으로 추구하는 마음 작용을 뜻함. 탐내는 마음 작용.

욕계(欲界) 삼계(三界)의 하나. 탐욕이 들끓는 세계로, 지옥·아귀·축생·아수라·인간·육욕천(六欲天)을 통틀어 일컬음.

욕계오취지(欲界五趣地) 구지(九地)의 하나. 지옥(地獄)·아귀(餓鬼)·축생(畜生)·인(人)·천(天)의 미혹한 생존.

욕계육천(欲界六天) 육욕천(六欲天)과 같음.

욕두(浴頭) 사찰에서 승려들의 목욕물을 준비하는 직책, 또는 그 일을 맡은 승려.

욕루(欲漏) ①탐욕이라는 번뇌. 탐욕으로 일어난 번뇌. ②삼루(三漏)의 하나. 욕계에서, 무명을 제외한 모든 번뇌.

욕류(欲流) 유(流)는 번뇌를 뜻함. ①사류(四流)의 하나. 색(色)·성(聲)·향(香)·미(味)·촉(觸)에 대한 탐욕. ② 욕루(欲漏) ②와 같음.

욕마(欲魔) 탐욕은 몸과 마음을 어지럽히고 수행에 장애가 되므로 마(魔)라고 함.

욕망(浴亡) 시신(屍身)을 목욕시키는 일.

욕무감(欲無減) 대승에서 설하는 십팔불공법(十八不共法)의 하나. 부처는 중생을 구제하려는 의지가 줄어들지 않음.

욕불(浴佛) 불상의 정수리에 향수를 뿌리거나 물을 붓는 의례.

욕불회(浴佛會) 석가모니불이 탄생한 음력 4월 8일에, 꽃으로 꾸민 조그만 단(壇)에 불상을 모시고 그 불상의 정수리에 물을 붓는 행사.

욕선(浴船) 시신(屍身)을 목욕시키는 물통.

욕수(欲受) 수(受)는 ⓢupādāna의 구역(舊譯)으로, 번뇌를 뜻함. 욕취(欲取)와 같음.

욕신족(欲神足) 사신족(四神足)의 하나. 신통(神通)을 얻기 위한 뛰어난 선정(禪定)에 들기를 원함.

욕심(欲尋) 심(尋)은 ⓢvitarka의 번역으로, 구역(舊譯)에서는 각(覺)이라 번역함. 욕각(欲覺)과 같음.

욕애(欲愛) ⓟkāma-taṇhā ①감각적인 쾌락을 애타게 구함. 애욕. ②욕계의 애욕.

욕애주지(欲愛住地) 오주지(五住地)의 하나. 욕계의 수혹(修惑), 곧 탐(貪)·진(瞋)·치(癡)·만(慢).

욕액(欲軛) 사액(四軛)의 하나. 액(軛)은 괴로움을 겪게 하는 번뇌를 말함. 욕계의 괴로움을 겪게 하는 탐(貪)·진(瞋)·만(慢)·의(疑) 등의 번뇌.

욕여의족(欲如意足) 욕신족(欲神足)과 같음.

욕유(欲有) 삼유(三有)의 하나. 탐욕이 들끓는 욕계의 생존.

욕유루(欲有漏) 욕루(欲漏)와 같음.

욕주(浴主) 절의 욕실을 관리하는 직책, 또는 그 일을 맡은 승려.

욕천(欲天) 욕계에 있는 사왕천(四王天)·도리천(忉利天)·야마천(夜摩天)·도솔천(兜率天)·낙변화천(樂變化天)·타화자재천(他化自在天)을 말함. ⇒ 육욕천(六欲天)

욕취(欲取) 사취(四取)의 하나. 욕계(欲界)의 번뇌로, 탐(貪)·진(瞋)·만(慢)·무명(無明)·의(疑)·십전(十纏)을 말함.

욕탐(欲貪) ①탐내어 그칠 줄 모르는 욕심. ②욕계의 탐욕.

욕폭류(欲暴流) 사폭류(四暴流)의 하나. 폭류는 모든 선(善)을 떠내려 보낸다는 뜻으로 번뇌를 말함. 욕계에서 일으키는 탐(貪)·진(瞋)·만(慢)·의(疑) 등의 번뇌.

용(龍) ⓢnāga 팔부중(八部衆)의 하나. 바닷속에 살며 구름을 모아 비를 내리고 광명을 발하여 천지를 비춘다고 함.

용궁(龍宮) 바닷속에 있다는 용왕의 궁전으로, 불법(佛法)이 유포되지 않을 때에는 이곳에 불경을 보관한다고 함.

용뇌향(龍腦香) ⓢkarpūra 갈포라(羯布羅)나무에서 나오는 진으로 만든 향. 이 나무는 인도와 보르네오에서 자라는 상록 교목으로 열매는 식용함.

용뉴(龍鈕) 범종(梵鐘)의 가장 위쪽에 있는 용의 모습을 한 고리. 이곳에 쇠줄을 연결하여 종을 매닮.

용뉴

용대(用大) 삼대(三大)의 하나. 중생의 본성이 중생에게 모든 선(善)을 닦게 하여 청정한 과보를 받게 하는 작용.

용맹(勇猛) 용수(龍樹)와 같음.

용맹정진(勇猛精進) 몹시 고된 수행을 함. 눕지 않고 오랫동안 참선이나 염불 등을 하는 수행.

용문사(龍門寺) ①경북 예천군 용문면에 있는 절. 고운사(孤雲寺)의 말사. 870년에 신라의 두운(杜雲)이 창건하고, 936년에 고려 태조의 명으로 중축함. 1165년에 왕명으로 보수·중축하기 시작하여 1179년에 낙성함. 왕실에서 여러 차례 태실(胎室)을 마련하고, 대법회를 자주 개최함. 1835년에 일부분 불타고 이후 복구함. 문화재 : 대장전(大藏殿)·윤장대(輪藏臺)·대장전목불좌상(大藏殿木佛坐像) 및 목각탱(木刻幀). ②경기 양평군 용문산 남동쪽 기슭에 있는 절. 봉선사(奉先寺)의 말사. 913년에 신라의 대경(大鏡)이 창건하고, 1378년에 지천(智泉)이 개풍 경천사(敬天寺)에 있던 대장경판을 이곳으로 옮겨와 보관함. 이후 여러 차례 중축·보수하고, 1907년 의병 봉기 때 일본군이 불태움. 1938년에 일부분 복구하고, 한국 전쟁 때 불타고, 1958년부터 다시 지음. 문화재 : 정지국사부도(正智國師浮屠) 및 비(碑). ③경남 남해군 이동면 호구산 남쪽 기슭에 있는 절. 쌍계사(雙磎寺)의 말사. 802년(신라 애장왕 3)에 창건하고, 1592년 임진왜란 때 승병(僧兵)들이 이곳에 모여 왜군과 싸우고 그 때 불탐. 1661년에 금산에 있던 보광사(普光寺)를 이곳으로 옮기고, 숙종 때 수국사(守國寺)로 지정됨.

용상방(龍象榜) 사찰에서 안거(安居) 때나 큰 의식(儀式)이 있을 때, 각자 맡아서 해야 할 직책을 써서 벽에 붙이는 글.

용수(龍樹) ⓢnāgārjuna 2-3세기, 남인도 출신의 승려. 어려서부터 여러 학문에 밝았고, 출가해서는 남인도 지역에 있던 불교 문헌을 섭렵함. 중인도에 가서 대승 경전을 연구하고 말년에는 고향으로 돌아감. 저서 : 중론(中論)·십이문론(十二門論)·회쟁론(廻諍論)·십주비바사론(十住毘婆沙論)·대승이십송론(大乘二十頌論)·대승파유론(大乘破有論).

용승(龍勝) 용수(龍樹)와 같음.

용식(用識) 전식(轉識) ①과 같음.

용신(龍神) ①용은 위력이 뛰어나므로 이와 같이 말함. ②용왕(龍王).

용신팔부(龍神八部) 팔부중(八部衆) 가운데 용의 위력이 가장 뛰어나므로 이와 같이 말함. 팔부중(八部衆)과 같음.

용연사(龍淵寺) 경북 달성군 옥포면 반송리 비슬산 북쪽 자락에 있는 절. 동화사(桐華寺)의 말사. 신라 때 도성(道成)이 창건하고, 16세기 중엽에 천일(天日)이 다시 지음. 1592년 임진왜란 때 불타고, 1603년에 사명(四溟)의 명으로 탄옥(坦玉)·인잠(印岑) 등이 다시 지음. 1650년에 불타고, 이듬해부터 다시 짓고, 1673년에 석조계단(石造戒壇)을 건립하고 불사리(佛舍利)를 봉안함. 1726년에 일부분 불타고, 1728년에 복구함. 문화재 : 석조계단(石造戒壇).

용왕도량(龍王道場) 고려 때, 대운륜청우경(大雲輪請雨經) 등을 독송하면서 비 오기를 빌던 의식.

용주사(龍珠寺) 경기 화성군 태안읍 송산리에 있는 절. 대한불교조계종 제2교구 본사. 사도세자(思悼世子)의 명복을 빌기 위해 1790년(정조 14)에 창건함. 1900년과 1931년에 보수하고, 1955년에 관응(觀應)이 불교전문강원을 개설하고, 1969년에는 전강(田岡)이 중앙선원(中央禪院)을 설립함. 문화재 : 범종(梵鐘)·불설부모은중경판(佛說父母恩重經板) 등.

용천사(湧泉寺) 경북 청도군 각북면 오산리 비슬산 동쪽 기슭에 있는 절. 동화사(桐華寺)의 말사. 신라의 의상(義湘, 625-702)이 창건하여 옥천사(玉泉寺)라 하고, 1261년에 일연(一然)이 다시 짓고 용천사라 함. 1631년에 조영(祖英)이 다시 짓고, 이후 여러 차례 보수함.

용탕(龍湯) 사람이나 소의 똥오줌으로 만든 약.

용통(甬筒) 음관(音管)과 같음.

용화사(龍華寺) 경남 통영시 봉평동 미륵산(용화산) 북쪽 기슭에 있는 절. 쌍계사(雙磎寺)의 말사. 1678년에 통제사(統制使) 윤천뢰(尹天賚)가 창건하여 정수사(淨水寺)라 하고, 1742년에 홍수로 파괴되어 다시 짓고 천택사(天澤寺)라 함. 1748년에 모두 불타서 다시 짓고 용화사라 하고, 이후 여러 차례 보수·증축함.

용화삼회(龍華三會) 미륵(彌勒)이 도솔천에서 이 세상에 내려와 화림원(華林園)의 용화수(龍華樹) 아래에서 성불한 후 3회에 걸쳐 설법하는 모임.

용화세계(龍華世界) 미륵불의 정토. 미륵은 석가모니불의 가르침을 받으면서 수행하다가 미래에 성불하리라는 예언을 받고 목숨을 마친 후 도솔천에 태어나 현재 거기서 수행중이라고 하는데, 석가모니불이 입멸한 후 오랜 세월이 지나면 이 세상에 내려와 화림원(華林園)의 용화수(龍華樹) 아래에서 성불한다고 함.

용화전(龍華殿) 용화는 미륵불의 정토인 용화세계를 말함. 미륵전(彌勒殿)과 같음.

용화회(龍華會) ①미륵(彌勒)이 도솔천에서 이 세상에 내려와 화림원(華林園)의 용화수(龍華樹) 아래에서 성불한 후에 행하는 설법하는 모임. ②미륵(彌勒)이 도솔천에서 이 세상에 내려오기를 기원하면서 공양하고 예배하는 모임.

우계(牛戒) 천상(天上)에 태어나기 위해서는 소 흉내를 내고 풀을 뜯어먹어야 한다는 외도(外道)의 그릇된 계율.

우근(憂根) 근(根)은 작용·기능을 뜻함. 근심하는 감수 작용.

우기(雨期) 비가 계속해서 많이 내리므로 안거(安居)를 행하는 음력 4월 16일부터 7월 15일까지, 또는 음력 5월 16일부터 8월 15일까지의 3개월 동안. 이 기간에 고대 인도의 수행자들은 동굴이나 사원에서 수행에만 전념하였는데, 이를 우안거(雨安居)라고 함.

우다라승(優多羅僧) 울다라승(鬱多羅僧)과 같음.

우단나법(憂檀那法) 우단나(憂檀那)는 ⓢudāna의 음사. 인(印)이라 번역. 법인(法印)과 같음.

우담(優曇) 홍기(洪基)의 호.

우담바라(優曇波羅·憂曇婆羅) ⓢⓟudumbara의 음사. 영서(靈瑞)·서응(瑞應)이라 번역. 인도 북부와 데칸 고원에서 자라는 활엽수. 잎은 긴 타원형이며, 열매는 여러 개가 모여 맺힘. 작은 꽃이 항아리 모양의 꽃턱에 싸여 보이지 않기 때문에 여러 가지 억설이 생겨나 3,000년 만에 한 번 꽃이 핀다 하고, 또 부처나 전륜왕이 출현하면 꽃이 핀다고 하여, 희귀한 것이나 만나기 어려운 것을 비유함.

우담발화(優曇鉢華) 우담바라(優曇波羅)의 꽃.

우담화(優曇華) 우담바라(優曇波羅)의 꽃.

우두나찰(牛頭羅刹) 몸은 사람의 몸이고, 머리는 소의 머리인 지옥의 옥졸(獄卒).

우두법융(牛頭法融) ⇒ 법융(法融)

우두선(牛頭禪) 우두종(牛頭宗)의 선법(禪法).

우두전단(牛頭栴檀) 전단 가운데 가장 향기가 좋고 나무의 껍질이 검붉은 전단.

우두종(牛頭宗) 도신(道信, 580-651)의 제자 우두 법융(牛頭法融, 594-657)을 초조(初祖)로 하는 종파. 본래 없으므로 의지할 어떠한 것도 없어서, 관조할 마음도 없고 지켜야 할 마음도 없다는 공(空)을 종지(宗旨)로 함.

우란분경(盂蘭盆經) 1권. 서진(西晋)의 축법호(竺法護) 번역. 목련(目連)이 아귀(餓鬼)의 고통을 겪고 있는 돌아가신 어머니를 구원하기 위해 세존의 가르침대로 자자일(自恣日)에 여러 부처와 보살, 그리고 승려에게 갖가지 음식과 과일을 지성으로 공양하여 어머니를 제도하였다는 효성을 설함.

우란분재(盂蘭盆齋) 우란분(盂蘭盆)은 ⓢ

ullambana의 음사로, 도현(倒懸)이라 번역. 거꾸로 매달리는 고통을 받는다는 뜻. 절에서, 음력 7월 15일에 지옥이나 아귀의 세계에서 고통받고 있는 영혼을 구제하기 위해 삼보(三寶)에 공양하는 의식.

우란분회(盂蘭盆會) 우란분재(盂蘭分齋)와 같음.

우루가(優樓迦) ⓢulūka의 음사. 바이셰시카 학파의 창시자인 카나다(kaṇ āda)의 별명.

우루빈라(優樓頻螺) ⓢuruvilā ⓟuruvelā의 음사. 마갈타국(摩竭陀國)의 네란자라(nerañ jarā) 강변에 있던 마을로, 이곳에 붓다가 깨달음을 이룬 붓다가야(buddhagayā)가 있음.

우루빈라가섭(優樓頻螺迦葉) ⓟuruvelā-kassapa의 음사. 삼가섭(三迦葉)의 하나. 마갈타국(摩竭陀國)의 우루빈라 마을에서 불을 섬기던 사화외도(事火外道)였으나 붓다의 성도(成道) 직후, 붓다의 가르침을 듣고 500명의 제자와 함께 그에게 귀의함. 후에 두 동생 나제가섭(那提迦葉)과 가야가섭(伽耶迦葉)도 각각 300명과 200명의 제자와 함께 붓다에게 귀의함.

우류비가섭(優留毘迦葉) 우루빈라가섭(優樓頻螺迦葉)과 같음.

우모진(牛毛塵) ⓢgo-rajas 소의 털끝 정도의 미세한 대상. ⇒ 극미(極微)

우바리(優波離·優婆離) ⓢupāli의 음사. 십대제자(十大弟子)의 하나. 노예 계급인 슈드라 출신으로 석가족의 이발사였는데, 아난(阿難)·난타(難陀)·아나율(阿那律) 등이 출가할 때 그들의 머리털을 깎아주기 위해 따라 갔다가 붓다의 제자가 됨. 계율에 엄격하여 지계제일(持戒第一)이라 일컬음. 붓다가 입멸한 직후, 왕사성(王舍城) 밖의 칠엽굴(七葉窟)에서 행한 제1차 결집(結集) 때, 계율에 대한 모든 사항을 암송함으로써 율장(律藏)의 성립에 크게 기여함.

우바사(優婆私) 우바이(優婆夷)와 같음.

우바새(優婆塞) ⓢⓟupāsaka의 음사. 근사남(近事男)·청신사(淸信士)라고 번역. 출가하지 않고 재가(在家)에서 부처의 가르침에 따르는 남자 신도.

우바새계(優婆塞戒) 우바새가 지켜야 할 계율, 곧 오계(五戒).

우바이(優婆夷) ⓢⓟupāsikā의 음사. 근사녀(近事女)·청신녀(淸信女)라고 번역. 출가하지 않고 재가(在家)에서 부처의 가르침에 따르는 여자 신도.

우반난타(優槃難陀) ⓢupananda의 음사. 발난타(跋難陀)와 같음.

우발(優鉢) 우발라(優鉢羅)의 준말.

우발라(優鉢羅) ⓢutpala의 음사. 못이나 늪에서 자라는 수련(睡蓮). 긴 줄기 끝에 푸른색이나 붉은색 또는 흰색의 꽃이 핌.

우발라용왕(優鉢羅龍王) 팔대용왕(八大龍王)의 하나. 수련(睡蓮)이 자라는 거대한 연못에 산다는 용왕.

우발라지옥(優鉢羅地獄) 올발라지옥(嗢鉢羅地獄)과 같음.

우법이승(愚法二乘) 모든 현상에는 불변하는 실체가 없다는 이치에 어리석은 성문(聲聞)

과 연각(緣覺)을 말함.

우부소행선(愚夫所行禪) 사종선(四種禪)의 하나. 소승의 수행자가 인간에는 불변하는 실체가 없다는 것만을 알고, 무상(無常)·고(苦)·부정(不淨)을 자각하여 마음 작용의 소멸에 이르는 수행.

우부종성(愚夫種性) 대상에 집착하는 어리석은 중생의 기질.

우비가섭(優毘迦葉) 우루빈라가섭(優樓頻螺迦葉)과 같음.

우선나(優善那) 우선니(優禪尼)와 같음.

우선니(優禪尼) ⓢujjayanī ⓟujjenī의 음사. 서인도 빈디야(Vindhya) 산맥 북쪽에 인접해 있던 아반제국(阿般提國)의 도읍지.

우수(憂受) 외부의 자극으로 일어나는 근심.

우슬착지(右膝著地) 오른쪽 무릎을 땅에 꿇고 공경의 뜻을 표하는 인도의 예법.

우시(雨時) ①삼시(三時)의 하나. 고대 인도에서 1년을 기후에 따라 세 기간으로 나눈 가운데 음력 5월 16일부터 9월 15일까지의 장마철. ②육시(六時)의 하나. 고대 인도에서 1년을 기후에 따라 여섯 기간으로 나눈 가운데 음력 5월 16일부터 7월 15일까지의 장마철.

우시라(憂尸羅·優尸羅) ⓢuśira의 음사. 향채(香菜)·향릉(香菱)이라 번역. 갠지스 강 유역에서 자생하는 풀. 뿌리에 향기가 있고, 더울 때 이 풀을 말려 분말로 하여 몸에 바르면 시원하다고 함.

우안거(雨安居) ⓢvarṣa 고대 인도의 수행승들이 우기(雨期) 3개월 동안 외출을 금하고 동굴이나 사원에서 수행에만 전념한 제도. 인도의 우기(雨期)는 지역에 따라 다른데, 보통 안거 기간은 음력 4월 16일부터 7월 15일까지, 또는 음력 5월 16일부터 8월 15일까지임.

우안첩상(牛眼睫相) 삼십이상(三十二相)의 하나. 속눈썹이 소와 같음.

우야파타(優耶婆陀) ⓢⓟudaya-bhadra의 음사. 마가다국(magadha國)의 왕으로, 기원전 520년경에 부왕(父王) 아자타샤트루(ajātaśatru)를 죽이고 즉위함.

우요삼잡(右繞三匝) 부처나 탑 등에 경의를 표할 때, 자신의 오른쪽을 그 대상으로 향하게 하여 세 번 도는 예법.

우욕의(雨浴衣) 비로 목욕할 때 입는 옷.

우작의(牛嚼衣) 소가 물어서 너덜너덜하게 된 옷이나 베 조각들을 기워서 만든 옷.

우전국(于闐國) 타클라마칸(Taklamakan) 사막의 남서쪽, 지금의 화전(和田) 지역에 있던 고대 국가.

우전왕(優塡王·優顚王) ⓢudayana의 음사. 출애(出愛)라고 번역. 갠지스(Ganges) 강과 야무나(Yamuna) 강이 합류하는 알라하바드(Allahabad) 지역에 있던 발사국(拔沙國) 구섬미성(拘睒彌城)의 왕.

우제(雨際) 삼제(三際)의 하나. 고대 인도에서 1년을 기후에 따라 세 기간으로 나눈 가운데 음력 5월 16일부터 9월 15일까지의 장마철.

우제외도(雨際外道) 우중외도(雨衆外道)와

같음.

우중외도(雨衆外道) 상캬 학파의 창시자인 가비라(迦毘羅)의 제자 벌리사(伐里沙)를 우두머리로 한 파(派)로, 원인 가운데 이미 결과의 성질이 있다는 인중유과론(因中有果論)을 주장함. 벌리사(伐里沙)는 ⓢvarṣa의 음사로, 우(雨)라고 번역함.

우치(愚癡) ⓢⓟmoha 삼독(三毒)의 하나. 현상을 바로 알지 못하는 어리석음. 무명(無明)과 같음.

우타가사라전단(憂陀伽娑羅栴檀) ⓢuraga-sāra-candana의 음사. 용궁에 있다는 전단.

우타나(優陀那) ①ⓢudāna의 음사. 자설(自說)·무문자설(無問自說)이라 번역. 십이부경(十二部經)의 하나. 경전의 서술 형식에서, 질문자 없이 부처 스스로 설한 법문. 아미타경이 여기에 해당함. ②ⓢⓟuddāna의 음사. 섭송(攝頌)이라 번역. 경전을 설한 후 그 요점이나 제목을 정리하여 하나의 게송으로 읊은 것으로, 일종의 목차에 해당함.

우타나발타라(優陀那跋陀羅) 우야파타(優耶婆陀)와 같음.

우파국다(優波鞠多) ⓢupagupta의 음사. 인도의 부법장(付法藏) 제4조. 마돌라국(摩突羅國) 출신의 승려로, 상나화수(商那和修)의 가르침을 받아 아라한(阿羅漢)의 경지에 이름. 아소카 왕의 요청으로 화씨성(華氏城)에 가서 그의 스승이 됨. 제다가(提多迦)에게 불법(佛法)의 유지와 전파를 부탁하고 입적함.

우파급다(優波笈多) 우파국다(優波鞠多)와 같음.

우파니사타분(優波尼沙陀分) 우파니사타(優波尼沙陀)는 ⓢupaniṣadam의 음사, 분(分)은 ⓢapi의 번역. 지극히 적은 수량 이름.

우파니샤드(upaniṣad) 오의서(奧義書)라고 번역. upaniṣad는 가까이에 앉다는 뜻, 곧 스승과 제자 사이에 입에서 입으로 비밀리에 전수된 가르침이라는 뜻으로, 브라흐마나(brahmaṇa)의 뒷부분에 수록되어 있는 문헌. 현재 200여 편이 전하는데, 그 가운데 중요한 10여 편의 성립 시기는 기원전 800-기원전 500년으로 추정함. 제식(祭式)에 대한 설명과, 우주의 본체와 현상, 윤회와 업과 해탈 등이 대화 형식으로 서술되어 있음. 우주의 최고 원리를 브라흐만(brahman, 梵), 개인의 본질을 아트만(ātman, 我)이라 하고, 브라흐만이 곧 아트만이라는 범아일여(梵我一如)를 내세움. 또 만물의 근원을 사트(sat, 有)라 하고, 이 사트가 의욕을 일으켜 불을 만들어 내고, 불이 또 의욕을 일으켜 물을 만들어 내고, 물이 또 의욕을 일으켜 땅을 만들어 낸 다음, 다시 사트가 의욕을 일으켜 지바(jīva, 命我)와 함께 불·물·땅 속에 들어감으로써 우주의 차별 현상이 전개되었다고 함. 윤회는 다섯 단계를 거치는데, 사람이 죽어 화장되면 먼저 달에 들어가고, 비가 되어 땅에 내려오고, 그 비가 음식이 되고, 그 음식이 남자의 몸 속에 들어가 정자가 되고, 그 정자가 모태에 들어가 다시 태어난다고 함. 사람이 죽어 어떤 세계에 가든 이 세상에서 지은 업에 따라 결정되며, 브라흐만과 아트만을 자각하여 해탈한 사람은 죽어서 범계(梵界)에 들어가 다시 이 세상에 태어나지 않지만 해탈하지 못한 사람은 끝없이 윤회를 반복한다고 함.

우파리(優波離) ⇒ 우바리(優波離)

우파사(優婆娑) 오파파사(鄔波婆沙)와 같음.

우파저사(優婆低沙) ⓢupatiṣya의 음사. 사리불(舍利弗)을 달리 일컫는 말. 사리(舍利)는 사리불의 어머니 이름, 우파저사는 아버지 이름.

우파제사(優婆提舍·優波提舍·憂波提舍) ⓢupadeśa의 음사. 논의(論議)라고 번역. ①십이부경(十二部經)의 하나. 경전의 서술 형식에서, 교리에 대해 문답한 부분. ②경전의 내용을 풀이한 주석서. ③우파저사(優婆低沙)와 같음.

우화주(牛貨洲) 사주(四洲)의 하나. 수미산 서쪽에 있다는 대륙으로, 여기에서는 소를 화폐로 사용한다고 하여 우화(牛貨)라고 함.

욱다라승가(郁多羅僧伽) 울다라승(鬱多羅僧)과 같음.

운거도응(雲居道膺) ⇒ 도응(道膺)

운납(雲衲) 운수납자(雲水衲子)의 준말.

운묵(雲默) 생몰년 미상. 고려 말의 승려. 자(字)는 무기(無寄), 법호는 부암(浮庵). 강진 만덕산 백련사(白蓮寺)에 출가하여 이안(而安)에게 천태학(天台學)을 배움. 승과(僧科)에 합격하고, 굴암(窟庵) 주지를 지낸 뒤 금강산·오대산 등을 편력하다가 시흥산(始興山)에 암자를 짓고 20여 년 동안 머무름. 저서 : 석가여래행적송(釋迦如來行蹟頌)·천태말학운묵화상경책(天台末學雲默和尙警策).

운문문언(雲門文偃) ⇒ 문언(文偃)

운문사(雲門寺) 경북 청도군 운문면 호거산(지룡산) 남서쪽 자락에 있는 절. 동화사(桐華寺)의 말사. 560년(진흥왕 21)에 창건하여 대작갑사(大鵲岬寺)라 하고 이후 폐사됨. 937년(고려 태조 20)에 보양(寶壤)이 다시 지으니 왕이 운문선사(雲門禪寺)라는 이름을 하사함. 1129년부터 원응 학일(圓應學一, 1052-1144)이 머물면서 크게 증축하고, 1277년부터 일연(一然, 1206-1289)이 주지로 머물면서 삼국유사(三國遺事)를 집필함. 1592년 임진왜란 때 대부분 불타고, 1718년경에 설송(雪松, 1676-1750)이 복구하고, 이후 여러 차례 증축·보수함. 1958년에 비구니 전문강원을 개설하고, 1977년부터 비구니 명성(明星)이 주지로 머물면서 크게 증축함. 문화재 : 금당(金堂) 앞 석등(石燈)·동호(銅壺)·원응국사비(圓應國師碑)·석조여래좌상(石造如來坐像)·사천왕석주(四天王石柱)·삼층석탑·대웅보전(大雄寶殿).

운문삼구(雲門三句) 운문 문언(雲門文偃)의 제자 덕산 연밀(德山緣密)이 운문종에서 수행자를 지도하는 방법을 세 구절로 정리한 것. (제1구) 함개건곤(函蓋乾坤). 하늘과 땅을 덮어 포용한다, 곧 진리는 모든 현상에 널리 퍼져 있다는 뜻. (제2구) 절단중류(截斷衆流). 모든 흐름을 끊어 버린다, 곧 수행자의 번뇌·망상을 명쾌하게 끊어 버린다는 뜻. (제3구) 수파축랑(隨波逐浪). 파도를 따라 흐름을 같이한다, 곧 수행자의 소질이나 능력에 따라 자유 자재로 지도한다는 뜻.

운문종(雲門宗) 오가칠종(五家七宗)의 하나. 운문 문언(雲門文偃, 864-949)에 의해 비롯된 종파. 문언은 고착 관념과 말장난을 내팽개치고, 간결하고 기상천외한 말로 선(禪)의 핵심을 드러내었는데, 특히 한 글자로써 관문을 통과한다는 일자관(一字關)으로 수행자들의 잠재 능력을 일깨움. 어떠한 말이라도 장식품에 불과하므로 오직 자신의 본래 성품을 꿰뚫어 볼 것을 강조함. 이 종파의 선사들은 북방에서 활약하였는데 비교적 인재가 많았고, 문언의 3대 제자인 설두 중현(雪竇重顯, 980-

1052)이 종풍(宗風)을 중흥시켜 오랫동안 유지되었으나 남송에 이르러 쇠퇴함.

운서주굉(雲棲袾宏) ⇒ 주굉(袾宏)

운수(雲水) 운수승(雲水僧)의 준말.

운수납자(雲水衲子) 누더기를 입고 구름 가듯 물 흐르듯 떠돌아다니면서 수행하는 승려.

운수승(雲水僧) 구름 가듯 물 흐르듯 떠돌아다니면서 수행하는 승려.

운심공양(運心供養) 마음을 돌려 참회하고, 그 참회를 불전(佛前)에 고하는 의례.

운암담성(雲巖曇晟) ⇒ 담성(曇晟)

운주사(雲住寺) 전남 화순군 도암면 대초리 천불산에 있는 절. 송광사(松廣寺)의 말사. 고려 고종 때 최우(崔瑀)의 아들 최항(崔沆, ?-1257)의 주도 아래 창건된 절로 추측하고, 1495년(연산군 1)에 다시 지음. 1592년 임진왜란 때 불타고, 1987년부터 비구니 법진이 다시 지음. 문화재 : 구층석탑·석조불감(石造佛龕)·원형다층석탑(圓形多層石塔).

운판(雲板) 청동이나 철로 만든 뭉게구름 모양의 판에 보살상·글자·구름·달 등을 새긴 기구로, 절에서 아침·저녁 예불 때 침.

운판

운흥사(雲興寺) 경남 고성군 하이면 와룡리 향로봉 남서쪽 기슭에 있는 절. 쌍계사(雙磎寺)의 말사. 676년에 신라의 의상(義湘)이 창건하고, 1350년에 다시 지음. 1592년 임진왜란 때 불타고, 1651년에 다시 짓고, 이후 여러 차례 보수·증축함. 문화재 : 괘불(掛佛)·대웅전·경판(經板).

울금(鬱金) ⓢkuṅkuma 인도의 북부 캐시미르 지방에서 자라는 사프란의 일종. 뿌리는 둥글고 노란색의 꽃이 피는데, 그 꽃에서 짜낸 즙으로 향을 만듦.

울금향(鬱金香) 울금의 꽃에서 짜낸 즙으로 만든 향.

울니사(鬱尼沙) ⓢuṣṇīṣa의 음사. 불정(佛頂)·육계(肉髻)라 번역. 부처의 정수리에 상투처럼 볼록 솟아 있는 형상.

울다라구류(鬱多羅究留) 울단월(鬱單越)과 같음.

울다라승(鬱多羅僧) ⓢuttara-āsaṅga의 음사. 삼의(三衣)의 하나. 윗도리로 입으므로 상의(上衣)·상착의(上著衣), 삼의 가운데 그 가치가 중간이므로 중가의(中價衣), 대중이 모인 의식 때 입으므로 입중의(入衆衣)라고 함. 직사각형의 베 조각들을 세로로 나란히 꿰맨 것을 1조(條)로 하여, 7조를 가로로 나란히 꿰맨 것. 의식을 행할 때 입음.

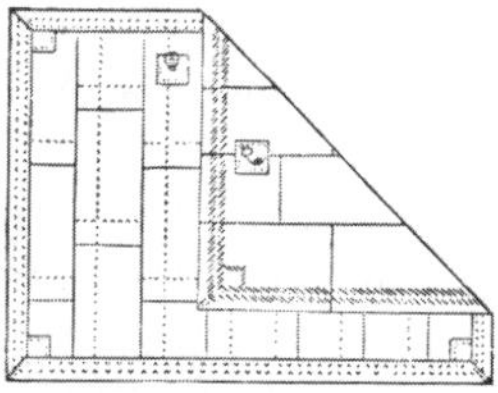

울다라승

울단왈(鬱單曰) 울단월(鬱單越)과 같음.

울단월(鬱單越) ⓢuttara-kuru의 음사. uttara는 북쪽, kuru는 종족 이름. 수미산 북쪽에 있다는 북구로주(北俱盧洲)를 말함. 사주(四洲) 가운데 가장 살기 좋은 곳이라 함.

울담발(鬱曇鉢) 우담바라(優曇波羅)와 같음.

울력 한 사찰의 승려들이 모두 힘을 합하여 일을 함.

울비라(鬱鞞羅·鬱毘羅) 우루빈라(優樓頻螺)와 같음.

울비라가섭(鬱鞞羅迦葉) 우루빈라가섭(優樓頻螺迦葉)과 같음.

울선(鬱禪) 우선니(優禪尼)와 같음.

울타나(鬱陀那) 우타나(優陀那)와 같음.

웃제니(ujjenī) 우선니(優禪尼)와 같음.

원각(圓覺) 덕소(德素)의 시호.

원각경(圓覺經) 본이름은 대방광원각수다라요의경(大方廣圓覺修多羅了義經). 1권. 당(唐)의 불타다라(佛陀多羅) 번역. 부처가 열두 명의 보살에게 원각의 청정한 경지와 그 경지에 도달하기 위한 수행 방법을 설한 경.

원각사(圓覺寺) 서울 종로 2가 파고다 공원에 있던 절. 조선 태조(1392-1398) 때 창건하고, 1465년(세조 10)에 다시 지음. 1488년에 불타고 다시 짓고, 1512년(중종 7)에 허물어 버림.

원감(圓鑑) 충지(冲止)의 시호.

원공(圓空) 지종(智宗)의 시호.

원광(圓光) ①부처나 보살의 머리 둘레에서 비치는 둥근 빛. ②?-630. 신라의 승려. 589년(진평왕 11)에 진(陳)에 가서 열반경·성실론·섭대승론 등을 배우고, 600년에 귀국하여 대승 경전을 강의하고 점찰법회(占察法會)를 행함. 청도 운문산 가슬갑사(嘉瑟岬寺)에서 귀산(貴山)과 추항(箒項)의 두 화랑(花郞)에게 세속오계(世俗五戒)를 주고, 608년에는 신라가 고구려를 정벌하고자 할 때 왕명으로 수(隋)에 군사 원조를 청하는 걸사표(乞師表)를 작성함. 613년에 황룡사(皇龍寺)에서 백고좌도량(百高座道場)을 마련할 때 상수(上首)로서 설법함.

원교(圓敎) ①천태종의 교판(敎判)에서, 세존이 체득한 깨달음을 그대로 설한, 가장 완전한 가르침. 법화경이 여기에 해당함. ⇒ 오시팔교(五時八敎) ②화엄종의 교판(敎判)에서, 원만하고 완전한 일승(一乘)을 설하는 법화경·화엄경의 궁극적인 가르침을 말함. ⇒ 오교십종(五敎十宗)

원구(圓具) 구족계(具足戒)를 달리 이르는 말.

원길수(元吉樹) 보리수(菩提樹)를 말함.

원돈(圓頓) 처음부터 곧바로, 있는 그대로의 참모습을 주시하여 원만하게 단박 깨달음.

원돈관(圓頓觀) 원돈지관(圓頓止觀)의 준말.

원돈보살(圓頓菩薩) 대승의 가르침을 완전하게 실천하는 최고의 보살.

원돈성불론(圓頓成佛論) 1권. 고려의 지눌(知訥) 지음. 화엄경의 교리로써 자신의 마음이 곧 부처라고 자각한 후에 점점 닦아 성불에 이르는 수행법을 설한 저술.

원돈신해문(圓頓信解門) 화엄경의 교리를 믿고 이해하여 자신의 마음이 곧 부처라고 자각한 후에 보살행을 닦아 성불에 이르는 수행법.

원돈지관(圓頓止觀) 삼종지관(三種止觀)의 하나. 일정한 순서를 거치지 않고 처음부터 곧바로, 있는 그대로의 참모습을 주시하는 수행.

원두(園頭) 절에 소속된 밭의 채소를 가꾸는 소임, 또는 그 일을 맡은 승려.

원력(願力) 원을 세움으로써 지니게 되는 능력. 원을 성취하려는 의지. 원을 세운 결과로 나타나는 작용.

원명(圓明) ①징엄(澄嚴)의 시호. ②충감(冲鑑)의 시호.

원명구덕종(圓明具德宗) 화엄종의 교판(教判)에서, 낱낱 현상에 모든 성질이 갖추어져 있어, 모든 현상은 서로 걸림 없이 융합되어 있다는 가르침. 깨달음에 이르게 하는 오직 하나의 원만하고 완전한 가르침. 곧 화엄경의 궁극적인 가르침을 말함. ⇒ 오교십종(五教十宗)

원묘(原妙) 1238-1295. 원(元)의 승려. 강소성(江蘇省) 소주(蘇州) 오강(吳江) 출신. 호는 고봉(高峰). 임제종 양기파(楊岐派). 15세에 출가하여 17세에 구족계(具足戒)를 받고, 설암 조흠(雪巖祖欽, ?-1287)에게 사사(師事)하여 그의 법을 이어받음. 절강성(浙江省) 서천목산(西天目山)의 정종사(正宗寺)·선원사(禪源寺)·대각사(大覺寺)에서 선풍(禪風)을 일으킴. 저서 : 고봉화상선요(高峰和尚禪要).

원묘(圓妙) 요세(了世)의 시호.

원문(願文) ①시주(施主)의 원을 적은 글. ②부처나 보살이 중생을 위해 세운 원을 적은 글.

원바라밀(願波羅蜜) ⓢpraṇidhāna-pāramitā 십바라밀(十波羅蜜)의 하나. 중생을 구제하려는 완전한 원(願)을 성취함. 원(願)의 완성.

원분대치(遠分對治) 번뇌를 끊어 번뇌에서 완전히 멀어짐.

원상(圓相) 중생이 본디부터 지니고 있는, 천연 그대로의 심성(心性)을 상징하는 원(圓) 모양의 그림.

원생수(圓生樹) ⓢpārijāta 도리천(忉利天)에 있다는 매우 큰 나무. 나무 모양은 산호 같고, 긴 이삭 모양의 다홍색의 꽃이 피며, 6월경에 낙엽이 지고, 나무 전체에서 향기가 나와 도리천을 가득 메운다고 함.

원성실상(圓成實相) 원성실성(圓成實性)과 같음.

원성실성(圓成實性) ⓢpariniṣpanna-svabhāva 삼성(三性)의 하나. 분별과 망상이 소멸된 상태에서 드러나는, 있는 그대로의 청정한 모습.

원속연기(遠續緣起) 십이연기(十二緣起)는 삼세(三世)뿐만 아니라 오랜 과거세부터 먼 미래세까지 긴 시간에 걸쳐 작용한다는 견해.

원시불교(原始佛教) 붓다가 살아 있을 때부터 교단에 분열이 일어나기 전까지, 곧 그의 입멸 후 약 100년까지의 초기 불교를 말함.

원식(願食) 서원(誓願)은 깨달음의 근원이 되고 지혜를 유지시키므로 이와 같이 말함.

원오(圓悟) 천영(天英)의 시호.

원오극근(圜悟克勤) ⇒ 극근(克勤)

원요(願樂) 원함. 바람.

원융(圓融) ①모든 현상이 각각의 속성을 잃지 않으면서 서로 걸림 없이 원만하게 하나로 융합되어 있는 모습. 한데 통하여 아무 차별이 없음. 원만하여 서로 막히는 데가 없음. ②결응(決凝)의 시호.

원융구덕종(圓融具德宗) 징관(澄觀)의 교판(敎判)에서, 낱낱 현상에 모든 성질이 갖추어져 있어, 모든 현상은 서로 걸림 없이 원만하게 융합되어 있다는 가르침. 곧 화엄경의 궁극적인 가르침을 말함.

원융문(圓融門) 원융상섭문(圓融相攝門)의 준말.

원융삼제(圓融三諦) 모든 현상에는 불변하는 실체가 없다는 공제(空諦), 모든 현상은 여러 인연의 일시적인 화합으로 존재한다는 가제(假諦), 공(空)이나 가(假)의 어느 한쪽에 치우치지 않는 중제(中諦)는 서로 걸림 없이 원만하게 하나로 융합되어 있다는 뜻.

원융상섭문(圓融相攝門) 보살의 수행 단계, 곧 십신(十信)·십주(十住)·십행(十行)·십회향(十廻向)·십지(十地)·등각(等覺)·묘각(妙覺) 가운데 어느 하나는 다른 모든 단계를 포함하고 있으므로 낮은 단계에서도 바로 깨달음에 이른다는 견해. 이에 반해, 그 수행 단계를 차례대로 거쳐 깨달음에 이른다는 견해는 차제항포문(次第行布門)이라 함.

원음(圓音) 모든 중생이 제각기 능력이나 소질에 따라 이해하는 원만한 부처의 가르침.

원응(圓應) 학일(學一)의 시호.

원인론(原人論) 1권. 당(唐)의 종밀(宗密) 지음. 중생이 본디 갖추고 있는 청정한 성품이 인간의 근본임을 주장한 저술. 유교와 도교를 비판하고, 또 불교의 인천교(人天教)·소승교(小乘敎)·대승법상교(大乘法相敎)·대승파상교(大乘破相敎)를 비판한 다음, 앞에서 비판한 모든 가르침을 화엄종의 일승현성교(一乘顯性敎)의 입장에서 회통(會通)함.

원재(院宰) 선원(禪院)의 사무를 주재하는 직책, 또는 그 일을 맡은 승려.

원적(圓寂) ①승려의 죽음. ②모든 번뇌를 완전히 소멸한 열반의 상태.

원정열반(圓淨涅槃) 삼열반(三涅槃)의 하나. 지혜로써 모든 번뇌를 소멸시킨 상태.

원종(圓宗) ①육종(六宗)의 하나. 염정(染淨)이 서로 융합하여 우주에 원만하게 두루 미치고 있다는 대집경(大集經)의 가르침을 말함. ②우주의 모든 현상은 서로 걸림 없이 원만하게 융합되어 있다는 가르침. ③1908년에 한국의 승려 대표 52명이 서울 원흥사(元興寺)에서 모임을 갖고 세운 종단으로, 1911년에 조선총독부에서 사찰령을 제정·공포함으로써 없어짐.

원종(元宗) 찬유(璨幽)의 시호.

원주(院主) ①선원(禪院)의 사무를 감독하는

직책, 또는 그 일을 맡은 승려. ②절의 살림살이를 관리하는 직책, 또는 그 일을 맡은 승려.

원주(園主) 절에 소속된 밭의 채소를 가꾸는 소임, 또는 그 일을 맡은 승려.

원증(圓證) 보우(普愚)의 시호.

원증회고(怨憎會苦) 팔고(八苦)의 하나. 미워하는 사람과 만나거나 살아야 하는 괴로움.

원지(願智) 원하는 대로 샅샅이 아는 지혜.

원진(圓眞) 승형(承逈)의 시호.

원찰(願刹) 신라·고려·조선 때, 창건주 자신의 소원을 빌거나 죽은 사람의 명복을 빌기 위해 세운 사찰.

원측(圓測) 613-696. 신라의 승려. 법호는 문아(文雅), 원측은 자(字). 3세에 출가하고, 15세에 당(唐)에 가서 법상(法常, 567-645)과 승변(僧辯, 568-642)에게 진제(眞諦, 499-569) 계통의 유식학(唯識學)을 배움. 당 태종이 그에게 친히 도첩(度牒)을 내리고 장안(長安) 원법사(元法寺)에 머물게 하니, 그는 그곳에서 비담(毘曇)·성실(成實)·구사(俱舍) 등을 연구함. 645년에 현장(玄奘, 602-664)이 인도 유학을 마치고 귀국하여 성유식론(成唯識論)을 번역함으로써 호법(護法, 530-561) 계통의 새로운 유식학을 전하자, 원측은 진제 계통의 구유식(舊唯識)을 버리고 호법 계통의 신유식(新唯識)을 개척하는 데 선도적 역할을 함. 658년에 장안(長安)에 서명사(西明寺)가 낙성되자 원측은 대덕(大德)으로 초빙되어 그곳에 머물면서 여러 주석서를 저술하고, 종남산(終南山) 운제사(雲際寺)에 머물다가 운제사에서 30여 리 떨어진 외딴 곳에서 8년 동안 은둔하고, 다시 서명사로 돌아와 성유식론(成唯識論)을 강의함으로써 서명학파(西明學派)를 형성함. 인도에서 지파가라(地婆訶羅, divākara)가 주(周)에 와서 686년경에 대승밀엄경(大乘密嚴經)·대승현식론(大乘顯識論) 등을 번역할 때 증의(證義)로 참여하고, 실차난타(實叉難陀)가 80권 화엄경을 번역할 때도 참여하였는데 그 번역이 완성되기 전에 낙양(洛陽) 불수기사(佛授記寺)에서 입적함. 원측은 현장 문하인 기(基, 632-682) 일파로부터 배척을 받았는데, 그것은 원측이 신유식(新唯識)과 중관(中觀)을 융합하려고 한 반면, 기(基) 일파는 신유식을 절대적으로 간주한 데서 비롯됨. 원측의 해심밀경소(解深密經疏)는 법성(法成, chos-grub)에 의해 티베트어로 번역되어 티베트대장경에 수록되어 있음. 저서 : 반야바라밀다심경찬(般若波羅蜜多心經贊)·인왕경소(仁王經疏)·해심밀경소(解深密經疏).

원타타지(圓陀陀地) 둥근 모양을 나타내는 말.

원통(圓通) 걸림 없이 원만하게 두루 통함.

원통대사(圓通大士) 모든 소리를 마음대로 들을 수 있는 능력을 갖추고 있다는 관세음보살을 말함.

원통전(圓通殿) 원통은 모든 소리를 마음대로 들을 수 있는 능력을 갖추고 있다는 관세음보살을 말함. 관세음보살을 본존(本尊)으로 모신 사찰의 건물.

원품무명(元品無明) 있는 그대로의 참모습을 깨닫지 못하여 차별을 일으키는 원초적 번뇌.

원해(願海) 부처나 보살이 중생을 위해 세운 원을 바다에 비유한 말.

원행(願行) 어떤 목적을 이루려는 원(願)과 그것을 이루기 위한 수행.

원행지(遠行地) 십지(十地)의 하나. 미혹한 세계에서 멀리 떠나는 단계.

원효(元曉) 617-686. 신라의 승려. 경북 경산 출신. 성(姓)은 설(薛), 이름은 서당(誓幢) 또는 신당(新幢). 650년에 의상(義湘, 625-702)과 함께 당(唐)으로 가다가 요동에서 고구려의 순찰병에게 붙잡혀 실패하고, 661년(문무왕 1)에 의상과 함께 당(唐)으로 가기 위해 배를 기다리는 도중에 삼계유심(三界唯心)을 깨닫고 되돌아와 저술에 몰두하여 총77종의 책을 지음. 요석공주(瑤石公主)와의 사이에서 아들 설총(薛聰)이 태어나자 환속하여 이름을 소성거사(小性居士)로 바꾸고, 걸림 없는 행동으로 대중을 교화함. 경주 혈사(穴寺)에서 입적함. 원효는 대승 불교의 2대 주류를 이루고 있던 중관(中觀)과 유식(唯識)을 비판하였는데, 먼저 중관은 부정에만 집착하여 긍정을 전혀 인정하지 않는 이론으로서 분별을 깨뜨릴 수는 있지만 발생의 능력이 없고, 유식은 긍정에만 집착하여 부정을 전혀 인정하지 않는 이론으로서 발생의 능력은 있지만 분별을 깨뜨릴 수 없다 하고, 이 둘의 결함을 일심(一心)으로 해결함. 곧, 일심에는 상반되는 두 측면인 진여문(眞如門)과 생멸문(生滅門)이 있는데, 발생과 소멸과 차별이 없는 본질적인 측면인 진여문은 중관(中觀)에, 발생과 소멸과 차별이 있는 현상적인 측면인 생멸문은 유식(唯識)에 해당된다 하고, 두 문은 서로 떨어지지 않는 관계로 구성되어 있으며, 그 두 측면 상호간의 작용을 통해 역동적인 대승의 경지가 전개된다고 함. 중관과 유식의 대립은 긍정과 부정을 역동적으로 파악하여 원만하게 융합시키는 화쟁(和諍)에 의해 일심 속에서 서로 보완됨. 진여문과 생멸문의 체(體)와 상(相)과 용(用)이 융합하고 모든 차별이 끊어져 걸림 없이 약동하는 경지가 부처의 세계이며, 화엄경의 세계라고 함. 그래서 원효는 화엄경의 세계를 모든 현상이 서로 걸림 없는 관계 속에서 의존하며, 서로가 서로를 받아들이고 서로가 서로를 비추면서 두루 원만하게 융합하고 있는 보법(普法)이라 하고, 그 경의 가르침을 원만하고 위없는, 단박 깨치게 하는 법문으로서 일승만교(一乘滿敎)라고 함. 저서 : 대승기신론소(大乘起信論疏)·대승기신론별기(大乘起信論別記)·금강삼매경론(金剛三昧經論)·유심안락도(唯心安樂道)·보살계본지범요기(菩薩戒本持犯要記)·이장의(二障義)·십문화쟁론(十門和諍論)·발심수행장(發心修行章)·대혜도경종요(大慧度經宗要)·법화종요(法華宗要)·열반종요(涅槃宗要)·미륵상생경종요(彌勒上生經宗要)·해심밀경소서(解深密經疏序)·무량수경종요(無量壽經宗要)·불설아미타경소(佛說阿彌陀經疏) 등.

원효사(元曉寺) 광주시 북구 무등산 북동쪽 기슭에 있는 절. 송광사(松廣寺)의 말사. 창건 연대는 알 수 없고, 1597년 정유재란 때 불타고 석경(石經)이 다시 짓고, 1636년 병자호란 때 또 불타고 신원(信元)이 다시 지음. 1789년에 회운(會雲)이 증축하고, 한국 전쟁 때 불탐. 1954년부터 다시 짓고, 1977년부터 법타(法陀)가 주지로 머물면서 대웅전·명부전·요사채 등을 다시 지음. 문화재 : 동부도(東浮屠).

원흥사(元興寺) 서울시 종로구 창신동에 있던 절. 1899년에 창건하여 조선불교의 총종무소(總宗務所)로 하고, 1902년에 대법산(大法山)에 지정되어 국내의 중심 사찰이 됨. 1906년에 불교연구회를 창설하고, 명진학교(明進學校)를 설립함. 1908년에 승려 대표 52명이 이 절에 모여 원종(圓宗)을 출범시키고 종무원(宗務院)을 설치함. 1911년에 조선총독부에서 사찰령을 제정·공포함으로써 폐사됨.

월광마니(月光摩尼) 천수관음(千手觀音)이 손에 지니고 있는 보배 구슬로, 고열(高熱)에 시달리는 자가 이것을 손에 지니면 열이 내린다고 함.

월광보살(月光菩薩) 약사여래(藥師如來)를 오른쪽에서 보좌하는 보살.

월명암(月明庵) 전북 부안군 변산면 중계리 쌍선봉 남쪽 기슭에 있는 절. 선운사(禪雲寺)의 말사. 691년에 부설(浮雪)이 창건하고, 조선 때 진묵(震默, 1562-1633)이 다시 지음. 1908년에 불타고, 1915년에 다시 짓고, 1956년에 중축함.

월비니죄(越比尼罪) 비니(比尼)는 ⓢvinaya의 음사로, 율(律)이라 번역. 계율에 위배되는 가벼운 죄를 두루 일컬음.

월인석보(月印釋譜) 조선 세조가 월인천강지곡(月印千江之曲)의 각 절을 본문으로 삼고, 석보상절(釋譜詳節)의 해당 부분을 뽑아 주석처럼 편집한 책.

월인천강지곡(月印千江之曲) 조선 세종이 석보상절(釋譜詳節)을 보고, 석가모니의 공덕을 찬양하여 지은 노래.

월저(月渚) 도안(道安) ②의 호.

월정마니(月精摩尼) 월광마니(月光摩尼)와 같음.

월정사(月精寺) 강원 평창군 오대산 남쪽 기슭에 있는 절. 대한불교조계종 제4교구 본사. 범일(梵日, 810-887)의 제자 신의(信義)가 창건하고, 고려의 유연(有緣)이 중축함. 1377년에 모두 불타고, 이일(而一)이 다시 지음. 1833년에 모두 불타고, 1844년에 다시 짓고, 1856년에 크게 중축함. 한국 전쟁 때 모두 불타고, 1964년부터 다시 지음. 문화재 : 팔각구층석탑(八角九層石塔)·석조보살좌상(石造菩薩坐像)·적멸보궁(寂滅寶宮) 등.

월지(月支·月氏) 펀자브(Punjab) 북쪽, 카불(Kabul) 동쪽에 건타라국(乾陀羅國)을 세운 쿠샨(kuṣan) 왕가(王家)를 일컬음.

월지국(越祇國) 발지국(跋祇國)과 같음.

월천(月天) ⓢcandra 달을 신격화한 명칭.

월천자(月天子) 월천(月天)과 같음.

월칭(月稱) ⓢcandrakīrti 600년경-650년경. 남인도 출신. 출가하여 중인도에 가서 용수(龍樹)의 학설을 배우고 나란타사(那爛陀寺)에 머무름.

위(位) ①단계. 경지. 상태. 과정. ②차례. 순서. ③기간. 시기. ④분류. ⑤항목. 사항.

위경(僞經) 중국에서 지은 경전.

위뉴천(韋紐天) ⓢviṣṇu의 음사. ⇒ 비슈누(viṣṇu)

위묘(位妙) 적문십묘(迹門十妙)의 하나. 수행의 단계가 오묘함.

위물신(爲物身) 중생을 구제하기 위한 방편으로 구체적인 형태를 갖추고 나타나는 부처를 말함.

위봉사(威鳳寺) 전북 완주군 소양면 대흥리 위봉산 남서쪽 기슭에 있는 절. 금산사(金山

寺)의 말사. 604년(백제 무왕 5)에 서암(瑞巖)이 창건하고, 1359년에 나옹(懶翁)이 중축함. 이후 여러 차례 불타고 다시 지음. 일제 강점기 때 삼십일본산(三十一本山)의 하나로 지정됨. 문화재 : 보광명전(普光明殿).

위사(違舍) 폐사(吠奢)와 같음.

위산영우(潙山靈祐) ⇒ 영우(靈祐)

위세(違細) ⓢviṣṇu의 음사. ⇒ 비슈누(viṣṇu)

위세사(衛世師) ⇒ 바이셰시카학파(vaiśeṣika學派)

위신(威神) 위대한 힘. 불가사의한 힘.

위앙종(潙仰宗) 오가칠종(五家七宗)의 하나. 위산 영우(潙山靈祐, 771-853)와 그의 제자 앙산 혜적(仰山慧寂, 807-883)에 의해 비롯된 종파. 이 종파에서는 분별을 떠나 무심(無心)하면 저절로 자신에게 감추어져 있는 부처의 성품이 드러나고, 근엄한 문답을 주고받는 가운데 스승과 제자의 마음이 일치된다고 함. 오가(五家) 가운데 가장 먼저 쇠퇴하여 송초(宋初)에 이미 소식이 끊어짐.

위요(圍繞) ①부처나 탑 등에 경의를 표할 때, 자신의 오른쪽을 그 대상으로 향하게 하여 도는 예법. ②주위를 둘러쌈. 에워쌈.

위위수수지(萎萎隨隨地) 초목이 시들고 허약하여 바람에 휘어지는 모양, 곧 마음이 여려 다부지지 못함. 줏대가 없음. 적극성이 없음.

위음왕불(威音王佛) 한량없는 과거의 부처로, (이 부처 이전에는 부처가 없었다고 하여) '지극히 오랜 옛적' 을 뜻함.

위의(威儀) 규율에 맞는 행위와 몸가짐. 훌륭한 행위.

위의로심(威儀路心) 규율에 맞는 행(行)·주(住)·좌(坐)·와(臥)의 행위를 일으키는 마음, 또는 그 행위에 따라 일어나는 마음.

위인실단(爲人悉檀) 각각위인실단(各各爲人悉檀)의 준말.

위제희(韋提希) ⓢvaidehī ⓟvedehī의 음사. 승신(勝身)이라 번역. 마가다국(magadha國) 빔비사라(bimbisāra) 왕의 부인. 아자타샤트루(ajātaśatru) 왕의 어머니.

위타(韋陀·圍陀) ⓢveda의 음사. ⇒ 베다(veda)

위타라(韋陀羅) ⓢvetāla ⓢvetāḍa의 음사. 귀(鬼)·기시귀(起屍鬼)라 번역. 시체를 일으켜 원한이 있는 사람을 죽이게 한다는 귀신.

위타천(違陀天·違馱天·韋馱天) 위타(違陀)는 ⓢskanda의 잘못된 음사. 증장천왕(增長天王)이 거느리고 있다는 신(神). 힌두교의 군신(軍神) 스칸다(skanda)가 불교에 채용된 것임.

위패(位牌) 절에 모시는, 죽은 이의 이름을 적은 나무 조각.

유(有) ⓢbhava ①존재. 존재 방법. 생존. 생존 상태. ②미혹한 중생의 생존 상태. 욕계·색계·무색계의 생존 상태. ③차별과 분별로써 허구적으로 설정한 대상. 차별과 분별로써 조작한 대상.

유(喩) ①경론(經論)에서 가르침의 내용을 보다 쉽게 전달하기 위해 인용하는 비유·우화·고사(故事) 등을 말함. ②ⓢdṛṣṭānta 인명(因明)에서, 주장 명제인 종(宗)을 내세우게 된 근거로 제시한 구체적인 예(例). 예를 들면 다음과 같음. '말은 무상하다〔宗〕', '지어낸 것이기 때문이다〔因〕', '지어낸 모든 것은 무상하다. 예를 들면, 병(甁)과 같다〔喩〕'.

유가(瑜伽) ⓢyoga의 음사. 상응(相應)이라 번역. ①마음을 한곳에 집중하여 바른 지혜로써 대상을 있는 그대로 주시함으로써, 모든 현상은 오직 마음 작용에 지나지 않는다는 것을 체득하는 수행. ②밀교에서, 수행자가 신체로는 인계(印契)를 맺고, 입으로는 진언(眞言)을 외우며, 마음으로는 대일여래(大日如來)를 사유함으로써, 수행자의 신(身)·구(口)·의(意)와 대일여래의 신(身)·구(口)·의(意)가 서로 합일되게 하는 수행.

유가론(瑜伽論) 유가사지론(瑜伽師地論)의 준말.

유가론기(瑜伽論記) 24권 또는 48권. 신라의 둔륜(遁倫) 지음. 기(基)의 유가사지론약찬(瑜伽師地論略纂)을 중심으로 하고, 여러 승려들의 주석을 참조하여 유가사지론의 각 권의 요점을 밝히고 중요한 용어를 풀이한 저술.

유가론약찬(瑜伽論略纂) 유가사지론약찬(瑜伽師地論略纂)의 준말.

유가사(瑜伽師) ⓢyogācāra 유가(瑜伽)를 행하는 자.

유가사(瑜伽寺) 경북 달성군 유가면 비슬산 남서쪽 기슭에 있는 절. 동화사(桐華寺)의 말사. 신라 때 도성(道成)이 창건하고, 이후 여러 차례 증축·보수함. 1592년 임진왜란 때 불타고, 1699년에 도경(道瓊)이 다시 짓고, 1776년에 증축함.

유가사지(瑜伽師地) 유가(瑜伽)를 행하는 자의 수행 단계나 경지.

유가사지론(瑜伽師地論) 100권. 미륵(彌勒) 지음, 당(唐)의 현장(玄奘) 번역. 유가(瑜伽)를 행하는 자의 수행 단계를 자세히 서술하고, 유식학(唯識學)의 중요한 용어와 경전에 나오는 여러 용어를 풀이한 저술.

유가사지론약찬(瑜伽師地論略纂) 16권. 당(唐)의 기(基) 지음. 유가사지론 100권 가운데 제1권에서 제66권까지 중요한 글귀를 뽑아 풀이한 저술.

유가삼밀(瑜伽三密) 수행자가 신체로는 인계(印契)를 맺고, 입으로는 진언(眞言)을 외우며, 마음으로는 대일여래(大日如來)를 사유함으로써, 수행자의 신(身)·구(口)·의(意)와 대일여래의 신(身)·구(口)·의(意)가 서로 합일되게 하는 수행.

유가외도(瑜伽外道) 요가학파를 일컬음.

유가파(瑜伽派) ①유식파(唯識派)와 같음. ②요가 학파(yoga學派)와 같음.

유가행파(瑜伽行派) 유식파(唯識派)와 같음.

유각유관삼매(有覺有觀三昧) 삼삼매(三三昧)의 하나. 개괄적으로 사유하는 마음 작용〔覺〕과 세밀하게 고찰하는 마음 작용〔觀〕이 있는 삼매.

유각유관정(有覺有觀定) 유각유관삼매(有覺有觀三昧)와 같음.

유건달라(踰健達羅) ⓢyugaṃdhāra의 음사. 지쌍(持雙)이라 번역. 수미산을 둘러싸고 있는 금(金)으로 된 산. ⇒ 수미산(須彌山)

유건타라(由乾陀羅) 유건달라(踰健達羅)와 같음.

유견식(有見識) 유식설에서, 대상을 인식하는 주관을 말함.

유결(有結) 미혹한 생존에 속박됨.

유계(幽界) 사람이 죽어서 간다는 저승.

유곽(乳廓) 범종(梵鐘)의 윗부분의 네 곳에 있는 네모난 테.

유곽

유교(有教) 법상종의 교판(教判)에서, 모든 현상은 인연의 화합에 지나지 않으므로 거기에 불변하는 실체가 없지만, 그 현상을 구성하는 요소는 변하지 않는 실체라는 아함경의 가르침. ⇒ 삼교팔종(三教八宗)

유교색(有教色) 유교(有教)는 드러내어 남에게 알려 줄 수 있다는 뜻. 몸으로 나타내는 모든 형상과 자태.

유근신(有根身) 안근(眼根)·이근(耳根)·비근(鼻根)·설근(舌根)·신근(身根)을 갖추고 있는 신체.

유기(瑜祇) ⓢyogin의 음사. 유가(瑜伽)를 행하는 자.

유나(維那) ⓢkarma-dāna ①사찰의 여러 가지 일을 지도하고 단속하는 직책, 또는 그 일을 맡은 승려. ②육지사(六知事)의 하나. 선원(禪院)의 규율과 질서를 다스리는 직책, 또는 그 일을 맡은 승려.

유나세계국(臾那世界國) 유니국(喩尼國)과 같음.

유능(有能) 바이셰시카 학파에서 설하는 십구의(十句義)의 하나. 실(實)·덕(德)·업(業)이 각자의 고유한 결과를 일으키게 하는 원리. 실(實)은 사물의 본질을 이루고 있는 지(地)·수(水)·화(火)·풍(風)·공(空) 등의 실체, 덕(德)은 실체의 성질, 업(業)은 실체의 운동을 뜻함.

유니국(喩尼國) ⓢyavana ⓟyona의 음사. 아프가니스탄의 북부 지역에 있던 고대 국가.

유대(有對) 대(對)는 방해·장애를 뜻함. ①두 개의 물질이 서로 방해하여 동시에 같은 공간을 점유할 수 없는 것. ②마음이 대상에 구속되어 자유롭지 못함.

유도(幽途) ①사람이 죽어서 간다는 세계. ②지옥·아귀·축생의 세계.

유동(儒童) ⓢmāṇava ①소년. 청년. ②석가모니가 전생에 수행하고 있을 때의 이름.

유두(乳頭) 범종(梵鐘)의 유곽(乳廓) 안에 볼록 솟아 있는 9개의 꼭지. ⇒ 유곽(乳廓)

유루(有漏) ①누(漏)는 마음에서 더러움이 새어 나온다는 뜻으로 번뇌를 말함. 번뇌의 더러움에 물든 마음 상태, 또는 그러한 세계. 온갖 번뇌와 망상을 일으키는 마음 작용. 차별이나 분별을 일으키는 마음 작용. ②생존에 집착하는 번뇌. ③삼루(三漏)의 하나. 색계·무색계에서, 무명을 제외한 모든 번뇌.

유루계(有漏界) 번뇌의 더러움에 물든 존재·상태·세계.

유루과(有漏果) 번뇌나 그릇된 행위에 의해 초래된 미혹한 생존의 과보. 사제(四諦) 가운데 고제(苦諦)가 여기에 해당함.

유루단(有漏斷) 범부의 지혜로써 번뇌를 끊음.

유루도(有漏道) 세속의 지혜로써 닦는 범부의 수행.

유루로(有漏路) 번뇌에 물든 미혹한 세계.

유루륵왕(維樓勒王) 유리왕(琉璃王)과 같음.

유루법(有漏法) 번뇌의 더러움에 물든 마음 상태, 또는 그러한 세계. 온갖 번뇌와 망상을 일으키는 마음 작용. 차별이나 분별을 일으키는 마음 작용. 사제(四諦) 가운데 미혹의 결과인 고제(苦諦)와 그 원인인 집제(集諦)에 해당하는 모든 현상.

유루선(有漏善) 세속의 범부가 행하는 청정한 일.

유루심(有漏心) 번뇌에 속박된 마음.

유루업(有漏業) 미혹한 생존을 초래한 번뇌나 그릇된 행위.

유루인(有漏因) 미혹한 생존의 원인인 번뇌나 그릇된 행위. 사제(四諦) 가운데 집제(集諦)가 여기에 해당함.

유루지(有漏智) 세속의 일을 아는 지혜.

유루혜(有漏慧) 유루지(有漏智)와 같음.

유류(有流) 유(流)는 번뇌를 뜻함. ①사류(四流)의 하나. 욕계·색계·무색계의 미혹한 생존. ②유루(有漏) ③과 같음.

유륜(有輪) 끝없이 되풀이되는 중생의 미혹한 생존을 돌고 도는 바퀴에 비유한 말.

유리(琉璃·瑠璃) ⓢvaiḍūrya의 음사. 검푸른 빛이 나는 보석.

유리광세계(琉璃光世界) 동쪽으로 무수한 불국토를 지나 있다는 약사여래(藥師如來)의 정토.

유리왕(琉璃王·流離王) ⓢvirūḍhaka ⓟviḍūḍabha의 음사. 파사닉왕(波斯匿王)에 이어 즉위한 코살라국(kosala國) 사위성(舍衛城)의 왕. 카필라(kapila) 성을 침공하여 석가족(釋迦族)을 멸망시킴.

유마(維摩) 유마힐(維摩詰)의 준말.

유마경(維摩經) 세존이 십대제자와 보살들에게 유마(維摩)의 병 문안을 가도록 권하나 이들은 지난날 유마에게 훈계 받은 경험을 말하면서 문병을 사양하는데, 마지막으로 문수보살이 세존의 청을 받들어 병 문안을 가서 유마의 설법을 듣는 형식으로 전개됨. 유마는 중생을 위한 방편, 집착 없고 걸림 없는 보살의 중생 제도, 보살이 중생을 관찰하는 법, 진정한 불도(佛道)와 그것을 성취하는 방법에 대해 설함. 그리고 여러 보살들이 대립과 차별을 떠난 절대 평등의 경지에 대해 자신의 견해를 밝히지만 유마는 침묵으로 그 경지를 보여줌. 마지막으로 세존이 진정한 보살행,

여래(如來)를 바르게 보는 법, 법공양에 대해 설함. 세 가지 번역이 있음. (1)유마힐경(維摩詰經). 2권. 오(吳)의 지겸(支謙) 번역. (2)유마힐소설경(維摩詰所說經). 3권. 요진(姚秦)의 구마라집(鳩摩羅什) 번역. (3)설무구칭경(說無垢稱經). 6권. 당(唐)의 현장(玄奘) 번역.

유마힐(維摩詰) ⓢvimalakīrti의 음사. 무구칭(無垢稱)·정명(淨名)이라 번역. 유마경(維摩經)의 주인공.

유마힐경(維摩詰經) 2권. 오(吳)의 지겸(支謙) 번역. ⇒ 유마경(維摩經)

유마힐소설경(維摩詰所說經) 3권. 요진(姚秦)의 구마라집(鳩摩羅什) 번역. ⇒ 유마경(維摩經)

유명(有明) ⓢvedalla 경전의 서술 형식에서, 교리에 대해 거듭 문답한 부분.

유명(幽冥) ①어둠. 미혹이나 괴로움을 비유함. ②사람이 죽어서 간다는 세계, 곧 저승.

유명(幽明) 죽어서 간다는 저승과 지금 살고 있는 이승.

유무력대연(有無力待緣) 연기인문육의(緣起因門六義)의 하나. 인(因)은 연(緣)에 따라 변화하므로 유(有)이며, 인에 힘이 없어 연을 기다려 일어남.

유문(有門) 사문(四門)의 하나. 인연으로 일어나는 현상이나 부처의 성품 등이 존재한다고 주시하여 깨달음에 이르는 수행법.

유법(有法) 인명(因明)에서, 주장 명제인 종(宗)의 주어를 말함. 예를 들면, '말은 무상하다'에서 '말'. 이에 반해, 종(宗)의 술어, 곧 '무상'은 법(法)이라 함. 주어는 술어의 성질을 지니고 있으므로 유법이라 함.

유법공(有法空) 십팔공(十八空)의 하나. 현재의 현상에 대한 분별이 끊어진 상태.

유법자상상위인과(有法自相相違因過) 인명(因明)에서, 삼십삼과(三十三過) 가운데 인십사과(因十四過)의 하나. 인(因)이 종(宗)의 주어 그 자체의 뜻에 어긋나는 오류.

유법차별상위인과(有法差別相違因過) 인명(因明)에서, 삼십삼과(三十三過) 가운데 인십사과(因十四過)의 하나. 인(因)이 종(宗)의 주어에 숨어 있는 뜻에 어긋나는 오류.

유변무변론(有邊無邊論) 십육이론(十六異論)의 하나. 세계는 끝이 있다, 또는 없다는 따위의 무의미한 견해.

유부(有部) 설일체유부(說一切有部)의 준말.

유부무기(有覆無記) 선도 악도 아니지만 수행에 방해가 되는 번뇌.

유부율(有部律) 설일체유부(說一切有部)의 계율.

유분별(有分別) ⓢsavikalpa 인식 주관이 대상을 차별하여 사유하고 판단함. 대상을 차별하여 거기에 이름이나 의미를 부여함. 대상을 차별하여 허망한 인식을 일으킴. 대상을 차별하여 언어로 표현함.

유분별지(有分別智) ⓢsavikalpa-jñāna 대상을 차별하여 사유하고 판단하는 지혜.

유분식(有分識) 유(有)는 미혹한 생존, 분(分)은 원인을 뜻함. 끝없이 되풀이하는 미혹한 생존의 원인이 되는 미세한 의식.

유분심(有分心) 구심륜(九心輪)의 하나. 유분(有分)은 존재하는 그대로의 부분이라는 뜻으로, 존재하는 그대로 내버려 두어 지각이나 인식이 일어나지 않은 마음 상태.

유불여불(唯佛與佛) 부처가 몸소 체득한 깨달음은 언어로써 전달할 수 없기 때문에 오직 부처와 부처만이 안다는 뜻.

유사(有事) 유위법(有爲法)과 같음.

유상(有相) ①생성 변화하는 차별 현상. ②고유한 형체나 모양을 지니고 있음. 특징이 있음. ③집착함. 얽매임.

유상교(有相教) 오시교(五時教)의 하나. 차별 현상을 인정하는 아함경의 가르침.

유상대승종(有相大乘宗) 일정한 단계별로 경지와 공덕을 설하는 화엄경·영락경·반야경 등의 가르침.

유상무상천(有想無想天) 비상비비상천(非想非非想天)과 같음.

유상식(有相識) 유식설에서, 인식 대상을 말함.

유상식론(有相識論) 객관 대상의 모습은 마음에 내재(內在)해 있다는 견해. 이에 반해, 객관 대상의 모습은 마음에 내재(內在)해 있는 것이 아니라 마음과 관계없이 독립하여 존재한다는 견해는 무상식론(無相識論)이라 함.

유상유식(有相唯識) 마음에 비친 객관의 모습은 실재라는 관점. 주관에 형성된 대상의 모습은 고유한 본성을 지니고 있다는 관점. 마음에 내재(內在)하는 사물의 모습은 허구가 아니라는 관점. 진나(陳那)·무성(無性)·호법(護法)·계현(戒賢)·현장(玄奘) 계통의 유식학이 이러한 관점임. ⇒ 무상유식(無相唯識)

유상종(有相宗) ①차별 현상의 이치나 원리에 설하는 가르침. ②법상종(法相宗)과 같음.

유색근(有色根) 형상을 갖추고 있는 안근(眼根)·이근(耳根)·비근(鼻根)·설근(舌根)·신근(身根)을 말함.

유색천(有色天) 색계에 있는 신(神)들, 또는 그들이 사는 곳.

유석상(鍮石像) 구리와 노감석〔爐甘石, 철·칼슘·마그네슘 등이 섞여 있는 광석〕을 합하여 정련(精練)한 쇠붙이로 만든 불상·보살상 등.

유석질의론(儒釋質疑論) 2권. 조선의 기화(己和) 지음. 유생(儒生)들의 불교에 대한 그릇된 견해를 자문자답(自問自答)하는 형식으로 반박한 저술.

유선나(踰繕那) 유순(由旬)과 같음.

유성천제(有性闡提) 성(性)은 성불의 원인을 뜻함. 짧은 기간에는 성불하지 못하지만 언젠가는 부처의 힘에 의해 성불하는 중생.

유성출가상(踰城出家相) 팔상(八相)의 하나. 싯다르타가 성을 넘어 출가하는 모습.

유소득(有所得) 대상을 분별하여 거기에 집착함.

유수보살(濡首菩薩) 문수사리보살(文殊師利菩薩)과 같음.

유순(由旬) ⓢⓟyojana의 음사. 고대 인도의 거리의 단위로, 실제 거리는 명확하지 않지만 보통 약 8km로 간주함.

유순인(柔順忍) 스스로 사유하여 진리를 확실히 알고 거기에 순응하고 안주함.

유식(唯識) 모든 차별 현상은 오직 인식하는 마음 작용에 지나지 않는다는 뜻. 일체는 오직 마음 작용에 의한 이미지에 불과하다는 뜻.

유식론(唯識論) 1권. 천친(天親) 지음, 동위(東魏)의 반야류지(般若流支) 번역. 유식이십론(唯識二十論)의 다른 번역.

유식무경(唯識無境) 오직 인식 작용만 있고, 인식 작용이 분별하여 지어낸 대상은 없다는 뜻. 오직 인식 작용만 있고, 인식 작용이 분별하여 상정한 대상은 허구라는 뜻. 분별로써 지어낸 대상은 객관적으로 실재하는 것이 아니라 오직 인식의 작용에 지나지 않는다는 뜻.

유식무진(唯識無塵) 유식무경(唯識無境)과 같음.

유식법상종(唯識法相宗) 사종(四宗)의 하나. 모든 현상은 오직 마음의 작용에 지나지 않는다는 해심밀경(解深密經)·유가사지론(瑜伽師地論) 등의 가르침을 말함.

유식삼십론송(唯識三十論頌) 1권. 세친(世親) 지음, 당(唐)의 현장(玄奘) 번역. 유식학(唯識學)의 요점을 30개의 게송으로 밝힌 저술. 앞의 24송에서는 유식의 상태를 밝히고, 제25송에서는 유식의 본성을, 마지막 5송에서는 수행의 단계를 설함.

유식설(唯識說) 인식의 작용과 상태를 밝혀, 모든 분별과 망상이 끊어지고 주관과 객관의 대립이 없는 상태에서 대상을 있는 그대로 파악하려는 이론.

유식십대논사(唯識十大論師) 십대논사(十大論師)와 같음.

유식이십론(唯識二十論) 1권. 세친(世親) 지음, 당(唐)의 현장(玄奘) 번역. 20개의 게송으로 유식학(唯識學)을 해명한 저술. 주로 외도와 소승의 비판이나 의문에 답하는 형식으로 되어 있음.

유식종(唯識宗) 법상종(法相宗)과 같음.

유식진여(唯識眞如) 칠진여(七眞如)의 하나. 모든 차별 현상은 오직 인식하는 마음 작용에 지나지 않는다는 진리.

유식파(唯識派) 미륵(彌勒, 4-5세기)의 유가사지론(瑜伽師地論)을 중심으로 하여 인도에서 형성된 학파로, 요가(yoga) 수행자들의 체험을 바탕으로 유식학(唯識學)을 정립함. 미륵의 제자 무착(無著)은 섭대승론(攝大乘論)·현양성교론(顯揚聖教論) 등을 저술하고, 무착의 동생 세친(世親)은 유식이십론(唯識二十論)·유식삼십론송(唯識三十論頌) 등을 저술하여 유식학의 체계를 세움. 세친 이후 많은 논사들이 배출되었는데, 주관에 형성된 대상의 모습에는 고유한 본성이 없다는 미륵(彌勒)·무착(無著)·세친(世親)·안혜(安慧)·진제(眞諦) 계통의 유식학을 무상유식(無相唯識)이라 하고, 주관에 형성된 대상의 모습은 고유한 본성을 지니고 있다는 진나(陳那)·무성(無性)·호법(護法)·계현(戒賢)·현장(玄奘) 계통의 유식학을 유상유식(有相唯識)이라 함.

유신견(有身見) 오온(五蘊)의 일시적 화합에 지나지 않는 신체에 불변하는 자아가 있고, 또 오온은 자아의 소유라는 그릇된 견해.

유심(唯心) ⓢcitta-mātra 모든 차별 현상은 오직 마음의 작용에 지나지 않는다는 뜻. 대상은 그냥 그대로 있으나 오직 마음이 온갖 분별을 일으켜 고락(苦樂)·미추(美醜)·선악(善惡)·유무(有無)·대소(大小)·장단(長短)이라고 한다는 뜻.

유심(有心) 마음이 움직이고 있는 상태. 마음이 작용하고 있는 상태. 마음에 분별과 망상이 일어나고 있는 상태.

유심안락도(唯心安樂道) 1권. 신라의 원효(元曉) 지음. 원효의 무량수경종요(無量壽經宗要)를 후대에 증보·개편한 책으로, 무량수불(無量壽佛)의 정토(淨土)는 평등하고 청정한 마음 상태임을 밝힘.

유심유사삼마지(有尋有伺三摩地) 삼마지(三摩地)는 ⓢⓟsamādhi의 음사로 삼매(三昧)와 같음. 개괄적으로 사유하는 마음 작용〔尋〕과 세밀하게 고찰하는 마음 작용〔伺〕이 있는 삼매.

유심정토(唯心淨土) 정토는 번뇌가 소멸된 청정한 마음 상태일 뿐 마음 밖에 따로 있는 것이 아니라는 뜻.

유심회전선성문(唯心廻轉善成門) 선악의 모든 현상은 오직 마음이 변화하여 이루어진 것임. 화엄종 제2조 지엄(智儼, 602-668)이 설한 십현문(十玄門)의 하나로, 제3조 법장(法藏, 643-712)은 이것을 주반원명구덕문(主伴圓明具德門)으로 수정함.

유십과(喩十過) 인명(因明)에서, 주장 명제인 종(宗)을 내세우게 된 근거로 제시한 구체적인 예(例)인 유(喩)의 열 가지 오류. (1)능립법불성과(能立法不成過). 동유(同喩)의 구체적인 예(例)가 인(因)과 같은 성질이 아닌 오류. 예를 들면, '말은 상주한다〔宗〕', '형체가 없기 때문이다〔因〕', '형체가 없는 모든 것은 상주한다. 예를 들면, 극미(極微)와 같다〔同喩〕'라고 하는 경우, 극미는 형체가 없지 않으므로 인(因)의 구체적인 예(例)가 되지 못함. (2)소립법불성과(所立法不成過). 동유(同喩)의 구체적인 예(例)가 종(宗)의 술어와 같은 성질이 아닌 오류. 예를 들면, '말은 상주한다〔宗〕', '형체가 없기 때문이다〔因〕', '형체가 없는 모든 것은 상주한다. 예를 들면, 정신 기능과 같다〔同喩〕'라고 하는 경우, 정신 기능은 무상하므로 종(宗)의 술어에 대한 구체적인 예(例)가 되지 못함. (3)구불성과(俱不成過). 동유(同喩)의 구체적인 예(例)가 종(宗)의 술어와 같은 성질도 아니고 또 인(因)과 같은 성질도 아닌 오류. 예를 들면, '말은 상주한다〔宗〕', '형체가 없기 때문이다〔因〕', '형체가 없는 모든 것은 상주한다. 예를 들면, 병(甁)과 같다〔同喩〕'라고 하는 경우, 병은 무상하고 형체가 없지 않으므로 종(宗)의 술어와 인(因)의 구체적인 예(例)가 되지 못함. (4)무합과(無合過). 동유(同喩)에 유체(喩體)를 첨가하지 않은 오류. 예를 들면, '말은 무상하다〔宗〕', '지어낸 것이기 때문이다〔因〕', '지어낸 모든 것은 무상하다〔喩體〕. 예를 들면, 병(甁)과 같다〔喩依〕'라는 논법이 합작법(合作法)인데, 여기에 유체를 첨가하지 않음으로써 종(宗)과 인(因)이 결합되지 않은 경우. (5)도합과(倒合過). 동유(同喩)의 유체(喩體)를 합작법(合作法)에 따라 '지어낸 모든 것은 무상하다〔先因後宗〕'라고 해야 할 것을 순서를 뒤바꾸어 '무상한 모든 것은 지어낸 것이다

〔先宗後因〕'라고 하는 오류. (6)능립불견과(能立不遣過). 이유(異喩)의 구체적인 예(例)가 인(因)과 다른 성질이 아닌 오류. 예를 들면, '말은 상주한다〔宗〕', '형체가 없기 때문이다〔因〕', '형체가 없는 모든 것은 상주한다, 예를 들면, 허공과 같다〔同喩〕', '무상한 모든 것은 형체가 있다, 예를 들면, 업(業)과 같다〔異喩〕'라고 하는 경우, 업은 형체가 없으므로 인(因)과 상반되지 않음. (7)소립불견과(所立不遣過). 이유(異喩)의 구체적인 예(例)가 종(宗)의 술어와 다른 성질이 아닌 오류. 예를 들면, '말은 상주한다〔宗〕', '형체가 없기 때문이다〔因〕', '형체가 없는 모든 것은 상주한다, 예를 들면, 허공과 같다〔同喩〕', '무상한 모든 것은 형체가 있다, 예를 들면, 극미(極微)와 같다〔異喩〕'라고 하는 경우, 극미는 상주한다는 뜻으로 사용되었으므로 종(宗)의 술어와 상반되지 않음. (8)구불견과(俱不遣過). 이유(異喩)의 구체적인 예(例)가 종(宗)의 술어와 다른 성질도 아니고 또 인(因)과 다른 성질도 아닌 오류. 예를 들면, '말은 상주한다〔宗〕', '형체가 없기 때문이다〔因〕', '무상한 모든 것은 형체가 있다, 예를 들면, 허공과 같다〔異喩〕'라고 하는 경우, 허공은 종(宗)의 술어와도 상반되지 않고 인(因)과도 상반되지 않음. (9)불리과(不離過). 이유(異喩)에 유체(喩體)를 첨가하지 않은 오류. 예를 들면, '말은 무상하다〔宗〕', '지어낸 것이기 때문이다〔因〕', '상주하는 모든 것은 지어낸 것이 아니다〔喩體〕. 예를 들면, 허공과 같다〔喩依〕'라는 논법이 이작법(離作法)인데, 여기에 유체를 첨가하지 않음으로써 종(宗)과 인(因)이 격리되지 않은 경우. (10)도리과(倒離過). 이유(異喩)의 유체(喩體)를 이작법(離作法)에 따라 '상주하는 모든 것은 지어낸 것이 아니다〔先宗後因〕'라고 해야 할 것을 순서를 뒤바꾸어 '지어내지 않은 모든 것은 상주한다〔先因後宗〕'라고 하는 오류.

유애(有愛) Ⓟbhava-taṇhā ①생존에 대한 애착. 내세의 생존에 대한 애착. ②색계·무색계의 애욕.

유애주지(有愛住地) 오주지(五住地)의 하나. 무색계의 수혹(修惑), 곧 탐(貪)·치(癡)·만(慢).

유액(有軛) 사액(四軛)의 하나. 액(軛)은 괴로움을 겪게 하는 번뇌를 말함. 색계·무색계의 괴로움을 겪게 하는 탐(貪)·만(慢)·의(疑) 등의 번뇌.

유야리(維耶梨) 비사리(毘舍離)와 같음.

유엄(惟儼) 745-828. 당(唐)의 승려. 강서성(江西省) 강주(絳州) 출신. 17세에 출가하여 29세에 구족계(具足戒)를 받고, 석두 희천(石頭希遷, 700-790)에게 사사(師事)하여 그의 법을 이어받음. 호남성(湖南省) 약산(藥山)에서 선풍(禪風)을 크게 일으킴.

유여무위(有餘無爲) 무위(無爲)는 열반을 뜻함. 유여열반(有餘涅槃)과 같음.

유여사(有餘師) 아직 끝까지 알지 못하고 모르는 것이 남아 있어 불완전한 학설을 주장하는 자.

유여열반(有餘涅槃) ①번뇌는 완전히 소멸되었지만 아직 미세한 괴로움이 남아 있는 상태. 아라한(阿羅漢)의 열반. ②번뇌는 완전히 소멸되었지만 아직 육신이 남아 있는 상태.

유여의열반(有餘依涅槃) 유여열반(有餘涅槃)과 같음.

유연(由延) 유순(由旬)과 같음.

유예(猶豫) ①의심스러움. 명백하지 않음. 결정되어 있지 않음. ②어떤 일을 결정하지 못하고 우물쭈물함. 주저함.

유예불성과(猶豫不成過) 인명(因明)에서, 삼십삼과(三十三過) 가운데 인십사과(因十四過)의 하나. 제시한 이유가 의심스러운 오류. 예를 들면, 저 산에 있는 것이 안개인지 연기인지 의심스러운데도 '저 산에 불이 있다〔宗〕', '연기가 있기 때문이다〔因〕'라고 하는 경우.

유예상사과류(猶豫相似過類) 십사과류(十四過類)의 하나. 인명(因明)에서, 상대편이 제시한 바른 인(因)에 대해 그릇된 의심을 일으켜 반박하는 과실. 예를 들면, '말은 무상하다〔宗〕', '지어낸 것이기 때문이다〔因〕'라고 하는 바른 논법에 대해, '지어낸 것이기 때문이다'라고 하는 인(因)은 원래부터 존재하는 말이 발성에 의해 드러난 것인지, 아니면 없던 것이 생겨난 것인지가 확실하지 않기 때문에 바른 인(因)이 될 수 없다고 하는 경우.

유옥(有獄) 미혹한 중생의 생존 상태를 지옥에 비유한 말.

유위(有爲) ①ⓢsaṃskṛta 온갖 분별을 잇달아 일으키는 마음 작용. 분별하고 차별하는 인식 주관의 작용. 허망한 분별을 일으키는 의식의 작용. ②허구. ③번뇌.

유위공(有爲空) 십팔공(十八空)의 하나. 여러 인연으로 모이고 흩어지는 현상에 대한 분별이 끊어진 상태.

유위과(有爲果) 여러 인연으로 생긴 결과. 곧, 원인이 조건의 도움으로 생긴 결과, 인간의 행위에 의한 결과, 원인과 성질이 같은 결과, 원인과 다른 성질로 성숙된 결과 등.

유위법(有爲法) ①온갖 분별에 의해 인식 주관에 형성된 현상. 분별을 잇달아 일으키는 의식 작용에 의해 인식 주관에 드러난 차별 현상. 인식 주관의 망념으로 조작한 차별 현상. ②여러 인연으로 모이고 흩어지는 모든 현상. 여러 인연으로 생성되어 변해 가는 모든 현상. 인연의 모임과 흩어짐에 따라 변하는 모든 현상.

유위불(維衛佛) ⓢvipaśyin-buddha의 음사. 비바시불(毘婆尸佛)과 같음.

유위상(有爲相) 여러 인연으로 생성되어 변해 가는 모든 현상의 모습, 곧 생겨나〔生〕 머물다가〔住〕 변하여〔異〕 소멸하는〔滅〕 모습.

유위생사(有爲生死) 삼계(三界)에서 태어나고 죽는 일을 되풀이하는 범부의 생사.

유위해탈(有爲解脫) 대상을 명료하게 분별하고 판단하는 아라한(阿羅漢)의 마음 작용.

유유력대연(有有力待緣) 연기인문육의(緣起因門六義)의 하나. 인(因)은 자체와 같은 과(果)를 일으키므로 유(有)이며, 인에 힘이 있어도 연(緣)을 기다려 함께 일어남.

유유력부대연(有有力不待緣) 연기인문육의(緣起因門六義)의 하나. 인(因)은 자체의 성질을 바꾸지 않으므로 유(有)이며, 인에 힘이 있어 연(緣)을 기다리지 않고 일어남.

유유루(有有漏) 유루(有漏)와 같음.

유의(喩依) 인명(因明)의 동유(同喩)와 이유(異喩)에서, 구체적인 예를 든 부분을 말함. 예를 들면,

종(宗) 말은 무상하다.

인(因) 지어낸 것이기 때문이다.

유(喩) 지어낸 모든 것은 무상하다. 예를 들면, 병(甁)과 같다〔同喩〕.
상주하는 모든 것은 지어낸 것이 아니다. 예를 들면, 허공과 같다〔異喩〕

에서, '병과 같다', '허공과 같다'를 말함. 이에 반해 명제의 부분 곧, '지어낸 모든 것은 무상하다', '상주하는 모든 것은 지어낸 것이 아니다'는 유체(喩體)라고 함.

유의니(瑜伽尼) ⓢyoginī의 음사. 유가(瑜伽)를 행하는 여자.

유인(類忍) 색계·무색계의 사제(四諦)를 명료하게 주시하여 그것에 대한 미혹을 끊고 확실하게 인정함.

유일(有一) 1720-1799. 조선의 승려. 전남 화순 출신. 법호는 연담(蓮潭). 18세에 승달산 법천사(法泉寺)에 출가하여 19세에 구족계(具足戒)를 받은 후 경론(經論)을 두루 섭렵함. 31세에 장흥 가지산 보림사(寶林寺)에서 반야경과 원각경을 강의한 이후 30여 년 동안 여러 사찰에서 경론을 강의함. 보림사 삼성암(三聖庵)에서 입적함. 저서 : 도서과목병입사기(都序科目并入私記)·법집별행록절요과목병입사기(法集別行錄節要科目并入私記)·서장사기(書狀私記)·선요사기(禪要私記)·기신사족(起信蛇足)·금강하목(金剛鰕目)·원각사기(圓覺私記)·현담사기(玄談私記)·화엄유망기(華嚴遺忘記)·연담대사임하록(蓮潭大師林下錄)·석전유해(釋典類解) 등.

유재석(有財釋) 육합석(六合釋)의 하나. 산스크리트의 합성어(合成語)를 해석할 때, 합성어 전체를 형용사로 해석하는 방법.

유쟁(有諍) 쟁(諍)은 번뇌를 뜻함. 번뇌가 있는 상태.

유전(流轉) 번뇌 때문에 괴로운 생존을 되풀이하면서 떠돎.

유전문(流轉門) 번뇌 때문에 그릇된 행위를 저질러 괴로움의 과보를 받는 방면. 예를 들면, 사제(四諦) 가운데 고제(苦諦)와 집제(集諦), 십이연기(十二緣起)를 '무명(無明)이 있으므로 행(行)이 있고, 행이 있으므로 식(識)이 있고 ……'라고 관찰하는 순관(順觀)이 이에 해당함.

유전진여(流轉眞如) 칠진여(七眞如)의 하나. 모든 현상은 시작도 없고 끝도 없다는 진리.

유점사(楡岾寺) 강원 고성군 금강산 백마봉 동쪽 기슭에 있는 절. 창건 연대는 알 수 없고, 1168년과 1295년에 보수·증축함. 1759년에 불타고, 보감(寶鑑)이 10년 동안 다시 지음. 1882년에 또 불타고, 우은(愚隱)이 다시 짓고 대운(大雲)이 보수함. 일제 강점기 때 삼십일본산(三十一本山)의 하나로 지정됨.

유정(有情) ⓢsattva ⓢjagat ⓢpudgala 감정이 있는 모든 생물. 번뇌와 아무런 생각이 없는 멍한 상태를 끝없이 되풀이하는 모든 존재. 번뇌에 얽매여 미혹한 모든 존재. 중생(衆生)과 같음.

유정(惟政) 1544-1610. 조선의 승려. 경남 밀양 출신. 자(字)는 이환(離幻), 호는 송운(松雲)·사명(四溟). 13세에 김천 직지사(直指寺)에 출가하고, 18세에 승과(僧科)에 합격함. 그 후 직지사에 주지로 머물다가 1575년에 묘향산에 들어가 휴정(休靜, 1520-1604)의 문하에서 수행하여 그의 법을 이어받음. 그 후 팔공산·청량산·태백산·금강산 등을 편력하면서 수행하고, 1592년 임진왜란 때 승군(僧軍)을 모집하여 평양성을 탈환한 공로로 선교양종판사(禪敎兩宗判事)에 임명됨. 1604년에 강화 사절로 일본에 가서 임무를 완수하고 전란 때 포로로 잡혀간 3,000여 명의 동포를 데리고 이듬해 귀국함. 가야산 해인사에서 입적함. 시호는 자통홍제존자(慈通弘濟尊者). 저서 : 사명당대사집(四溟堂大師集).

유정각(惟定覺) 정각지(定覺支)와 같음.

유정동분(有情同分) 인간과 인간이 서로 비슷하듯, 모든 생물을 끼리끼리 서로 비슷하게 하는 작용.

유정세간(有情世間) 유정은 중생과 같음. 세간은 변하면서 흘러가는 현상을 뜻함. 생물들의 세계.

유정수(有情數) 유정에 속하는 부류.

유정천(有頂天) ①색계 17천(天) 가운데 가장 위에 있는 색구경천(色究竟天)을 말함. 형상에 얽매여 있는 경지의 가장 위라는 뜻. ②무색계 4천(天) 가운데 가장 위에 있는 비상비비상천(非想非非想天)을 말함. 삼계(三界)의 가장 위라는 뜻.

유종(有宗) 모든 현상은 인연의 일시적인 화합에 지나지 않으므로 거기에 불변하는 실체가 없지만, 그 현상을 구성하는 요소는 변하지 않는 실체라는 가르침·학파·종파. 모든 현상의 본체는 과거·현재·미래에 걸쳐 변하지 않으므로 영원히 소멸하지 않고 존재한다는 가르침·학파·종파.

유지(類智) 십지(十智)의 하나. 색계·무색계의 사제(四諦)를 체득한 지혜.

유지습기(有支習氣) 지(支)는 원인을 뜻함. 미혹한 생존의 원인이 되는, 그릇된 행위와 생각에 의해 아뢰야식(阿賴耶識)에 저장된 잠재력.

유지인(類智忍) 색계·무색계의 사제(四諦)를 명료하게 주시하여 그것들에 대한 미혹을 끊고 확실하게 인정하는 지혜.

유집수(有執受) ①마음에 의지하여 감각을 일으키는 신체. ②아뢰야식(阿賴耶識)에 의지하여 그와 안위(安危)를 같이하는 종자(種子).

유체(喩體) 인명(因明)의 동유(同喩)와 이유(異喩)에서, 명제의 부분을 말함. 예를 들면,

종(宗) 말은 무상하다.
인(因) 지어낸 것이기 때문이다.
유(喩) 지어낸 모든 것은 무상하다. 예를 들면, 병(甁)과 같다〔同喩〕.
상주하는 모든 것은 지어낸 것이 아니다. 예를 들면, 허공과 같다〔異喩〕

에서, '지어낸 모든 것은 무상하다', '상주하는 모든 것은 지어낸 것이 아니다'를 말함. 이에 반해 구체적인 예(例) 곧, '병과 같다', '허공과 같다'는 유의(喩依)라고 함.

유탐(有貪) 색계·무색계의 탐욕. 외도(外道)는 색계·무색계를 해탈의 경지라고 하는데 대하여, 거기에는 아직 탐욕이 있다는 뜻에서 유탐이라 함.

유통분(流通分) 경전을 내용에 따라 나눈 가운데, 그 경전의 뛰어남을 밝히고 널리 유통시키기를 권한 부분.

유폭류(有暴流) 사폭류(四暴流)의 하나. 폭류는 모든 선(善)을 떠내려 보낸다는 뜻으로 번뇌를 말함. 색계·무색계에서 일으키는 탐(貪)·만(慢)·의(疑) 등의 번뇌.

유표업(有表業) 몸과 입으로 나타내는 행위와 말.

유학(有學) ⓢśaikṣa 아직 번뇌가 남아 있어, 아라한(阿羅漢)의 경지에 이르기 위해서는 더 수행해야 하는 견도(見道)·수도(修道)의 성자.

유해(有海) 미혹한 중생의 생존을 바다에 비유한 말.

유행(遊行) 여러 곳을 돌아다니면서 중생을 교화하거나 수행함.

유행경(遊行經) 장아함경(長阿含經)의 제2경으로, 대반열반경(大般涅槃經) ③의 다른 번역.

유행반(有行般) 색계에서 오랫동안 수행하여 완전한 열반을 이루는 불환과(不還果)의 성자.

유행반열반(有行般涅槃) 유행반(有行般)과 같음.

유형(有炯) 1824-1889. 조선 후기의 승려. 전남 곡성 옥과 출신. 호는 설두(雪竇). 17세에 장성 백양산 쾌일(快逸)에게 출가하고, 도원(道圓)에게 구족계(具足戒)를 받고 그의 법을 이어받은 후 순창 구암사(龜巖寺)에 가서 긍선(亘璇)의 법회에 참석하여 화두(話頭)를 받음. 1870년에 영광 불갑사(佛甲寺)를 다시 지은 후 용흥사(龍興寺)를 보수함. 1889년에 경기 양주 천마산 봉인사(奉印寺)에서 선문강회(禪門講會)를 개최함. 저서 : 선원소류(禪源遡流).

유희(遊戲) 걸림이 없음. 자유 자재함.

유희망념천(遊戲忘念天) 노는 즐거움에 빠져 정념(正念)을 잊어버려 자멸한 상태, 또는 그러한 상태의 중생.

유희삼매(遊戲三昧) 어떠한 것에도 걸림이 없는 자유 자재한 경지.

육경(六境) ⓢṣaḍ-viṣaya 경(境)은 대상을 뜻함. 육근(六根)의 대상인 색(色)·성(聲)·향(香)·미(味)·촉(觸)·법(法)을 말함. (1)색경(色境). 눈으로 볼 수 있는 대상인 모양이나 빛깔. (2)성경(聲境). 귀로 들을 수 있는 대상인 소리. (3)향경(香境). 코로 맡을 수 있는 대상인 향기. (4)미경(味境). 혀로 느낄 수 있는 대상인 맛. (5)촉경(觸境). 몸으로 느낄 수 있는 대상인 추위나 촉감 등. (6)법경(法境). 의식 내용. 관념.

육계(六界) 계(界, ⓢdhātu)는 요소를 뜻함. ①모든 현상을 구성하고 있는 여섯 가지 요소. (1)지계(地界). 견고한 성질. (2)수계(水界). 축축한 성질. (3)화계(火界). 따뜻한 성질. (4)풍계(風界). 움직이는 성질. (5)공계(空界). 공간. 허공. (6)식계(識界). 분별하는 마음 작용. 분별 작용. 인식 작용. ②육근(六根), 또는 육경(六境), 또는 육식(六識)을 말함.

육계(肉髻) 부처의 정수리에 상투처럼 볼록 솟아 있는 형상.

육계신(六界身) 신(身)은 ⓢkāya의 번역으로 어미에 붙어 복수를 나타냄. 육계(六界)와 같음.

육구(六垢) 육번뇌구(六煩惱垢)와 같음.

육구의(六句義) 바이셰시카 학파에서 설하는, 모든 현상을 생성·소멸시키는 여섯 가지 원리·범주. 곧, 실(實)·덕(德)·업(業)·동

(同)·이(異)·화합(和合)을 말함. 실(實)은 사물의 본질을 이루고 있는 지(地)·수(水)·화(火)·풍(風)·공(空) 등의 실체, 덕(德)은 실체의 성질, 업(業)은 실체의 운동, 동(同)은 사물에 서로 공통점을 있게 하는 원리, 이(異)는 모든 사물에 차이점을 있게 하는 원리, 화합(和合)은 실(實)·덕(德)·업(業)·동(同)·이(異)를 융합시키는 원리를 뜻함.

육군비구(六群比丘) 붓다 당시에 악행을 일삼은 난타(難陀)·발난타(跋難陀)·가류타이(迦留陀夷)·천나(闡那)·아설가(阿說迦)·불나발(弗那跋)의 여섯 비구.

육근(六根) ⓢṣaḍ-indriya 근(根)은 기관·기능을 뜻함. 대상을 감각하거나 의식하는 여섯 가지 기관·기능. (1)안근(眼根). 모양이나 빛깔을 보는 시각 기관인 눈. (2)이근(耳根). 소리를 듣는 청각 기관인 귀. (3)비근(鼻根). 향기를 맡는 후각 기관인 코. (4)설근(舌根). 맛을 느끼는 미각 기관인 혀. (5)신근(身根). 추위나 아픔 등을 느끼는 촉각 기관인 몸. (6)의근(意根). 의식 기능. 인식 기능.

육내입처(六內入處) ⓢṣaḍ-āyatana 대상을 감각하거나 의식하는 안(眼)·이(耳)·비(鼻)·설(舌)·신(身)·의(意)의 육근(六根), 또는 그 작용.

육내처(六內處) 육내입처(六內入處)와 같음.

육념(六念) 수행의 과정에서 마음을 집중하여 떠올리거나 마음 속에 간직하여 잊지 않아야 하는 여섯 가지. 곧 부처, 부처의 가르침, 부처의 제자들, 계율, 보시, 천상(天上)을 말함.

육념처(六念處) ⇒ 육염처(六念處)

육단심(肉團心) ⓢhṛdaya 심장.

육대(六大) 모든 현상을 구성하고 있는 여섯 가지 요소. (1)지대(地大). 견고한 성질. (2)수대(水大). 축축한 성질. (3)화대(火大). 따뜻한 성질. (4)풍대(風大). 움직이는 성질. (5)공대(空大). 공간. 허공. (6)식대(識大). 분별하는 마음 작용. 분별 작용. 인식 작용.

육도(六道) 도(道)는 상태·세계를 뜻함. 중생이 저지른 행위에 따라 받는다고 하는 생존 상태, 또는 미혹한 중생의 심리 상태를 여섯 가지로 나누어 형상화한 것. 중생이 생각에 따라 머물게 되는 여섯 가지 세계. (1)지옥도(地獄道). 수미산의 사방에 있는 네 대륙의 하나인 남쪽의 섬부주(贍部洲) 밑에 있다고 하며, 뜨거운 불길로 형벌을 받는 팔열지옥(八熱地獄)과 혹독한 추위로 형벌을 받는 팔한지옥(八寒地獄)으로 크게 나뉨. (2)아귀도(餓鬼道). 재물에 인색하거나 음식에 욕심이 많거나 남을 시기·질투하는 자가 죽어서 가게 된다는 곳으로, 늘 굶주림과 목마름으로 괴로움을 겪는다고 함. 섬부주(贍部洲) 밑과 인도(人道)와 천도(天道)에 있다고 함. (3)축생도(畜生道). 온갖 동물들의 세계. (4)아수라도(阿修羅道). 인간과 축생의 중간에 위치한 세계로, 수미산과 지쌍산 사이의 바다 밑에 있다고 함. (5)인도(人道). 수미산 동쪽에 있는 승신주(勝身洲), 남쪽에 있는 섬부주(贍部洲), 서쪽에 있는 우화주(牛貨洲), 북쪽에 있는 구로주(俱盧洲)의 네 대륙을 말함. (6)천도(天道). 신(神)들의 세계라는 뜻으로, 수미산 중턱에 있는 사왕천(四王天)에서 무색계의 유정천(有頂天)까지를 말함.

육도(六度) 도(度)는 ⓢpāramitā의 번역. 육바라밀(六波羅蜜)과 같음.

육도무극(六度無極) 도무극(度無極)은 ⓢpā

ramitā의 번역. 육바라밀(六波羅蜜)과 같음.

육도집경(六度集經) 8권. 오(吳)의 강승회(康僧會) 번역. 붓다가 전생에 닦았던 육바라밀(六波羅蜜)에 대해 설한 경.

육도피안(六到彼岸) 도피안(到彼岸)은 Ⓢpāramitā의 번역. 육바라밀(六波羅蜜)과 같음.

육두수(六頭首) 선원(禪院)의 여섯 직책. (1)수좌(首座). 좌선하는 승려들을 지도하고 단속함. (2)서기(書記). 문서를 관리함. (3)장주(藏主). 대장경을 관리함. (4)지객(知客). 손님을 보살핌. (5)지욕(知浴). 욕실을 관리함. (6)지전(知殿). 불전(佛殿)을 담당함.

육론(六論) 바라문교에서 가르치는, 베다(veda)에 대한 여섯 가지 보조 학문, 또는 그 학문에 대한 여섯 가지 문헌. (1)식차론(式叉論). Ⓢśikṣā의 음사. 음운학(音韻學). (2)비가라론(毘伽羅論). Ⓢvyākaraṇa의 음사. 문법학. (3)가랄파론(柯剌波論). Ⓢkalpa의 음사. 의식법(儀式法). (4)수저사론(竪底沙論). Ⓢjyotiṣa의 음사. 천문학. (5)천타론(闡陀論). Ⓢchandas의 음사. 시작법(詩作法). (6)이록다론(尼鹿多論). Ⓢnirukta의 음사. 어원학(語源學).

육리합석(六離合釋) 육합석(六合釋)과 같음.

육묘문(六妙門) 열반에 이르기 위한 여섯 가지 수행법. (1)수식문(數息門). 들숨과 날숨을 헤아리면서 마음을 평온하게 함. (2)수식문(隨息門). 들숨과 날숨에 집중하여 마음을 평온하게 함. (3)지문(止門). 마음을 한곳에 집중하여 산란을 멈추고 평온하게 함. (4)관문(觀門). 지혜로써 대상을 있는 그대로 자세히 주시함. (5)환문(還門). 대상을 관조하는 마음을 돌이켜 살펴 마음은 허망하고 불변하는 실체가 없다고 분명히 앎. (6)정문(淨門). 마음에 집착이 없어져 망상이 일어나지 않는 청정한 상태에 이름.

육물(六物) 수행자가 늘 휴대해야 할 여섯 가지 생활 도구. 삼의(三衣), 곧 구조가사(九條袈裟)·칠조가사(七條袈裟)·오조가사(五條袈裟)와 물을 거르는 녹수낭(漉水囊), 식기인 발우(鉢盂), 앉거나 누울 때 까는 좌구(坐具).

육바라밀(六波羅蜜) 바라밀(波羅蜜)은 Ⓢpāramitā의 음사로, 도피안(到彼岸)·도(度)·도무극(度無極)이라 번역. 깨달음의 저 언덕으로 건너감, 완전한 성취, 완성, 수행의 완성, 최상을 뜻함. 보살이 이루어야 할 여섯 가지 완전한 성취. (1)보시바라밀(布施波羅蜜). 보시를 완전하게 성취함. 보시의 완성. (2)지계바라밀(持戒波羅蜜). 계율을 완전하게 지킴. 지계의 완성. (3)인욕바라밀(忍辱波羅蜜). 인욕을 완전하게 성취함. 인욕의 완성. (4)정진바라밀(精進波羅蜜). 완전한 정진. 정진의 완성. (5)선정바라밀(禪定波羅蜜). 완전한 선정. 선정의 완성. (6)지혜바라밀(智慧波羅蜜). 분별과 집착이 끊어진 완전한 지혜를 성취함. 분별과 집착을 떠난 지혜의 완성.

육바라밀다(六波羅蜜多) 육바라밀(六波羅蜜)과 같음.

육방(六方) 동·서·남·북·상·하의 여섯 방향.

육방예경(六方禮經) 시가라월육방예경(尸迦羅越六方禮經)의 준말.

육번뇌(六煩惱) 탐(貪)·진(瞋)·치(癡)·만(慢)·의(疑)·악견(惡見)의 여섯 가지 근본 번뇌.

육번뇌구(六煩惱垢) 근본 번뇌에서 유출되는 여섯 가지 마음 작용. (1)뇌(惱). 남의 충고를 듣지 않아 미혹함. (2)해(害). 남을 해치는 마음 작용. (3)한(恨). 원망함. (4)첨(諂). 자신의 죄를 감추기 위해 남을 속이고 아첨함. (5)광(誑). 자신의 이익과 명예를 위해 남을 속임. (6)교(憍). 자신이나 자신의 행위에 도취되어 일으키는 거만함.

육법(六法) 비구니가 되기 위한 구족계(具足戒)를 받기 전에 2년 동안 수행하는 식차마나(式叉摩那)가 지켜야 할 여섯 가지 계율. (1)음란한 마음으로 남자의 몸에 접촉하지 않음. (2)남의 돈을 훔치지 않음. (3)축생을 죽이지 않음. (4)거짓말을 하지 않음. (5)때 아닌 때 먹지 않음. (6)술 마시지 않음.

육법계(六法戒) 육법(六法)과 같음.

육부정과(六不定過) 인명(因明)에서, 주장 명제인 종(宗)을 내세우게 된 이유로서 제시한 인(因)의 여섯 가지 오류. (1)공부정과(共不定過). 인(因)이 종(宗)의 술어와 같은 성질에도 관계하고 다른 성질에도 관계하는 오류. 예를 들면, '말은 무상하다'라는 종(宗)에 대하여 '인식의 대상이기 때문이다〔因〕'라고 하는 경우, 인식의 대상은 상·무상에 관계하므로 인(因)이 성립되지 않음. (2)불공부정과(不共不定過). 인(因)이 종(宗)의 술어와 같은 성질에도 전혀 관계하지 않고 다른 성질에도 전혀 관계하지 않는 오류. 예를 들면, '말은 영원히 소멸하지 않는다'라는 종(宗)에 대하여 '청각의 대상이기 때문이다〔因〕'라고 하는 경우, 청각의 대상이라는 이유는 소멸·불멸과는 전혀 관계가 없으므로 인(因)이 성립되지 않음. (3)동품일분전이품변전부정과(同品一分轉異品遍轉不定過). 인(因)이 종(宗)의 술어와 같은 성질 일부분에 관계하고 다른 성질에는 전체에 관계하는 오류. 예를 들면, '그는 여자이다'라는 종(宗)에 대하여 '애를 낳지 못하기 때문이다〔因〕'라고 하는 경우, 인(因)은 석녀(石女)에만 관계하고 남자에는 전체에 관계하므로 인(因)이 성립되지 않음. (4)이품일분전동품변전부정과(異品一分轉同品遍轉不定過). 인(因)이 종(宗)의 술어와 다른 성질 일부분에 관계하고 같은 성질에는 전체에 관계하는 오류. 예를 들면, '그는 남자이다'라는 종(宗)에 대하여 '애를 낳지 못하기 때문이다〔因〕'라고 하는 경우, 인(因)은 여자 가운데 석녀(石女)에 관계하고 남자에는 전체에 관계하므로 인(因)이 성립되지 않음. (5)구품일분전부정과(俱品一分轉不定過). 인(因)이 종(宗)의 술어와 같은 성질 일부분에도 관계하고 다른 성질 일부분에도 관계하는 오류. 예를 들면, '그는 남자이다'라는 종(宗)에 대하여 '마라톤 선수이기 때문이다〔因〕'라고 하는 경우, 인(因)은 남자 일부분에도 관계하고 또 여자 일부분에도 관계하므로 인(因)이 성립되지 않음. (6)상위결정부정과(相違決定不定過). 두 사람이 서로 어긋나는 인(因)과 유(喩)로써 서로 어긋나는 종(宗)을 논증하는데, 그 인(因)과 유(喩)가 서로 정당하기 때문에 상대편의 종(宗)을 논파할 수 없는 논법. 예를 들면, '말은 무상하다〔宗〕, 지어낸 것이기 때문이다〔因〕, 예를 들면, 병(甁)이 그러하다〔喩〕'라는 논법과 '말은 상주한다, 들리는 것이기 때문이다, 예를 들면, 말의 본성이 그러하다'라는 논법의 경우, 서로 어긋나지만 상대편의 주장을 논파할 수 없음.

육사신(六思身) 신(身)은 ⓢkāya의 번역으로 어미에 붙어 복수를 나타냄. 육근(六根)과 육경(六境)과 육식(六識)의 화합으로 일어나는, 의도(意圖)하고 지향하는 여러 가지 의식 작용.

육사외도(六師外道) 붓다와 거의 같은 시대에 갠지스 강 중류 지역에서 세력을 떨친, 베다성전(veda聖典)의 권위를 부정한 여섯 명의 사상가. 외도(外道)란 불교 이외의 가르침을 뜻함. (1)불란가섭(不蘭迦葉). Ⓟpūraṇa-kassapa의 음사. 그는 인연을 부정하고 선악의 행위에 대한 과보도 인정하지 않음. (2)말가리구사리(末伽梨瞿舍利). Ⓟmakkhali-gosāla의 음사. 그의 교도들을 불교도들은 그릇된 생활 방법을 취하는 사명외도(邪命外道)라고 함. 그는 인간이 번뇌에 오염되거나 청정해지는 과정과, 인간의 고락과 선악에는 아무런 원인이나 조건이 작용하지 않고, 오직 자연의 정해진 이치에 따른 것이라고 함. (3)산야이비라리비(散若夷毘羅梨沸). Ⓟsañjaya-velaṭṭhi의 음사. 지식이란 주관에 따라 달라지므로 객관적인 지식은 있을 수 없다고 주장하고, 모든 지식을 버리고 오직 수행만을 중요시함. 사리불과 목건련은 원래 그의 제자였으나 후에 붓다에게 귀의함. (4)아이타시사흔파라(阿夷陀翅舍欣婆羅). Ⓟajita-kesakambala의 음사. 인간은 다만 지(地)·수(水)·화(火)·풍(風)의 4원소로 구성되어 있는데, 이들만이 참 실재이며 불변하다고 주장함. 인간이 죽으면 이들 원소는 각각 흩어지므로 영혼은 있을 수 없다고 함. 선악이나 인과도 없고, 과거와 미래도 없으므로 현재의 쾌락만이 인생의 목표라고 함. (5)파부타가전나(婆浮陀伽旃那). Ⓟpakudha-kaccāyana의 음사. 인간은 지(地)·수(水)·화(火)·풍(風)·고(苦)·낙(樂)·생명(生命)의 7요소로 구성되어 있는데, 이들은 결코 소멸하지 않는다고 함. 중생의 생존은 모두 자재천(自在天)의 뜻에 따라 이루어지므로 자신의 죄나 허물에 대해 부끄러워할 필요가 없다고 주장하고, 선악의 행위에 대한 과보도 부정함. (6)이건타야제자(尼犍陀若提子). Ⓟnigaṇṭha-nātaputta 이건타(尼犍陀)는 nigaṇṭha의 음사, 야제(若提)는 nāta의 음사로, 종족 이름. 자(子)는 putra의 번역. 곧, 야제족(若提族) 출신의 이건타(尼犍陀)라는 뜻. 자이나교의 교조로, 본명은 바르다마나(vardhamāna)이며, 깨달은 후에는 그를 높여 마하비라(mahāvīra, 大雄) 또는 지나(jina, 勝者)라고 일컬음. 원래 이건타(尼犍陀)는 이전에 있었던 종파 이름이었으나 바르다마나가 이 종파를 개혁하여 자이나교로 성립됨. 그는 베살리(vesālī) 부근의 귀족 집안에서 태어나 30세에 출가하여 12년간 고행 끝에 깨달음에 이름. 그 후 30년간 교화하다가 베살리 부근에서 72세에 입적함.

자이나교는 우주를 영혼(jīva)와 비영혼(ajīva)으로 나누고, 영혼은 인간뿐만 아니라 동물과 식물 그리고 지(地)·수(水)·화(火)·풍(風)에도 있다고 하며, 비영혼은 운동의 조건, 정지의 조건, 허공, 물질의 네 원리로 이루어져 있다고 함. 영혼은 본래 자유롭지만 그릇된 행위와 물질에 물들면 괴로운 윤회를 계속하므로 거기에 물들지 않기 위해서는 불살생(不殺生)·진실어(眞實語)·부도(不盜)·불음(不婬)·무소유(無所有)의 다섯 가지 계율을 지키고 엄격한 고행을 해야 한다고 주장함. 이 계율을 바탕으로 고행하여 과거의 죄업을 소멸시키고 물질의 속박에서 완전히 벗어난 사람은, 삶도 바라지 않고 죽음도 바라지 않으며 내세도 바라지 않는 경지에 도달하게 되는데, 이 경지를 열반이라 함.

육상(六相) 모든 현상의 여섯 가지 상태. (1)총상(總相). 여러 특성을 포함하고 있는 전체. (2)별상(別相). 전체를 구성하고 있는 각각의 특성. (3)동상(同相). 여러 모습이 서로 어울려 이루어진 전체의 모습. (4)이상(異相). 여러 모습이 서로 어울려 전체를 이루면서도 잃지 않고 있는 각각의 모습. (5)성상(成相). 여러 역할이 모여 이루어진 전체의 역할. (6)괴상(壞相). 여러 역할이 모여 전체를 이루면서도 유지되고 있는 각각의 역할. 예를 들어, 얼굴의 특성을 총상이라 한다면 눈·귀·코·입 등의 특성은 별상, 눈·귀·코·입 등이 서로 어울려 얼굴 모습을 하고 있는 것을 동상이라한다면 눈·귀·코·입 등이 각각 다른 모습을 하고 있는 것은 이상, 눈·귀·코·입 등의 역할이 서로 의존하여 얼굴의 역할을 하고 있는 것을 성상이라 한다면 눈·귀·코·입 등이 각각 다른 역할을 하고 있는 것은 괴상이라 할 수 있음. 이 여섯 가지는 하나가 다른 다섯을 포함하면서도 또한 여섯이 그 나름의 상태를 잃지 않고, 서로 걸림 없이 원만하게 융합되어 있다고 하여 육상원융(六相圓融)이라 함.

육상신(六想身) 신(身)은 ⓢkāya의 번역으로 어미에 붙어 복수를 나타냄. 육근(六根)과 육경(六境)과 육식(六識)의 화합으로 일어나는, 대상에 여러 가지 이름을 부여하거나 다양한 개념을 지어내는 의식 작용.

육상원융(六相圓融) ⇒ 육상(六相)

육색방(六色榜) 사찰에서 큰 의식(儀式)이 있을 때, 각자 맡아서 해야 할 직책을 써서 벽에 붙이는 글.

육생(六生) 지옥·아귀·축생·아수라·인간·천상의 생존.

육성취(六成就) 경전의 첫 문장의 내용이 갖추어야 할 여섯 가지 형식, 곧 신성취(信成就)·문성취(聞成就)·시성취(時成就)·주성취(主成就)·처성취(處成就)·중성취(衆成就)를 말함. 예를 들어 如是我聞一時佛在舍衛國祇樹給孤獨園與大比丘衆千二百五十人俱(나는 이렇게 들었다. 어느 때 붓다는 수행이 뛰어난 1,250명의 비구들과 함께 사위국의 기수급고독원에 계셨다.)에서, 여시(如是)는 신성취, 아문(我聞)는 문성취, 일시(一時)는 시성취, 불(佛)은 주성취, 재사위국기수급고독원(在舍衛國祇樹給孤獨園)은 처성취, 여대비구중천이백오십인구(與大比丘衆千二百五十人俱)는 중성취. 주(主)와 처(處)를 합하여 5성취로 하는 설도 있고, 또 아(我)와 문(聞)을 나누어 7성취로 하는 설도 있음.

육수(六受) 육근(六根)과 육경(六境)과 육식(六識)의 화합으로 일어나는 여러 가지 감수 작용.

육수념(六隨念) 육념(六念)과 같음.

육수면(六隨眠) 수면은 번뇌를 뜻함. 육번뇌(六煩惱)와 같음.

육수신(六受身) 신(身)은 ⓢkāya의 번역으로 어미에 붙어 복수를 나타냄. 육수(六受)과 같음.

육시(六時) ①하루를 6등분한 것. 신조(晨朝, 아침)·일중(日中, 한낮)·일몰(日沒, 해질 녘)·초야(初夜, 초저녁)·중야(中夜, 한밤중)·후야(後夜, 한밤중에서 아침까지의 동안). ②고대 인도에서 시간의 최소 단위를 찰나(刹那), 120찰나를 1달찰나(怛刹那), 60달찰나를 1납박(臘縛), 30납박을 1모호율다(牟呼栗多), 5모호율다를 1시(時), 6시(時)를 하루로 함. 따라서 1시(時)는 지금의 4시간에 해당함. ③고대 인도에서 1년을 기후에 따라 여섯 기간으로 나누어, 음력 1월 16일부터 3월 15일까지를 점열(漸熱), 3월 16일부터 5월 15일까지를 성열(盛熱), 5월 16일부터 7월 15일까지를 우시(雨時), 7월 16일부터 9월 15일까지를 무시(茂時), 9월 16일부터 11월 15일까지를 점한(漸寒), 11월 16일부터 1월 15일까지를 성한(盛寒)이라 함.

육식(六識) ⓢṣaḍ-vijñāna 안(眼)·이(耳)·비(鼻)·설(舌)·신(身)·의(意)의 육근(六根)으로 각각 색(色)·성(聲)·향(香)·미(味)·촉(觸)·법(法)의 육경(六境)을 식별하는 안식(眼識)·이식(耳識)·비식(鼻識)·설식(舌識)·

신식(身識)·의식(意識)의 여섯 가지 마음 작용. (1)안식(眼識). 시각 기관〔眼〕으로 시각 대상〔色〕을 식별하는 마음 작용. (2)이식(耳識). 청각 기관〔耳〕으로 청각 대상〔聲〕을 식별하는 마음 작용. (3)비식(鼻識). 후각 기관〔鼻〕으로 후각 대상〔香〕을 식별하는 마음 작용. (4)설식(舌識). 미각 기관〔舌〕으로 미각 대상〔味〕을 식별하는 마음 작용. (5)신식(身識). 촉각 기관〔身〕으로 촉각 대상〔觸〕을 식별하는 마음 작용. (6)의식(意識). 의식 기능〔意〕으로 의식 내용〔法〕을 식별·인식하는 마음 작용.

육식신(六識身) 신(身)은 ⓢkāya의 번역으로 어미에 붙어 복수를 나타냄. 육식(六識)과 같음.

육신보살(肉身菩薩) 덕이 높은 승려에 대한 존칭.

육신통(六神通) 수행으로 갖추게 되는 여섯 가지 불가사의하고 자유 자재한 능력. (1)신족통(神足通). 마음대로 갈 수 있고 변할 수 있는 능력. (2)천안통(天眼通). 모든 것을 막힘없이 꿰뚫어 환히 볼 수 있는 능력. (3)천이통(天耳通). 모든 소리를 마음대로 들을 수 있는 능력. (4)타심통(他心通). 남의 마음 속을 아는 능력. (5)숙명통(宿命通). 나와 남의 전생을 아는 능력. (6)누진통(漏盡通). 번뇌를 모두 끊어, 내세에 미혹한 생존을 받지 않음을 아는 능력.

육심(肉心) 심장.

육십이견(六十二見) 붓다가 살아 있을 당시에 인도의 외도들이 주장한 62가지 견해. 과거에 대한 견해로서 자아(自我)와 세계는 영원하다는 견해, 자아와 세계는 일부분만 영원하다는 견해, 세계는 유한하다는 견해, 세계는 무한하다는 견해, 자아와 세계는 원인 없이 생긴다는 견해 등 18가지. 미래에 대한 견해로서 자아는 사후(死後)에도 의식(意識)이 있다는 견해, 자아는 사후에 의식이 없다는 견해, 자아는 사후에 의식이 있지도 않고 없지도 않다는 견해 등 44가지.

육아라한(六阿羅漢) 육종아라한(六種阿羅漢)과 같음.

육안(肉眼) 오안(五眼)의 하나. 가려져 있는 것은 보지 못하는, 범부의 육신에 갖추어져 있는 눈.

육애(六愛) 육근(六根)과 육경(六境)과 육식(六識)의 화합으로 일어나는 여러 가지 갈애(渴愛)나 탐욕.

육애신(六愛身) 신(身)은 ⓢkāya의 번역으로 어미에 붙어 복수를 나타냄. 육애(六愛)와 같음.

육염처(六念處) 육념(六念)과 같음.

육외입처(六外入處) 안(眼)·이(耳)·비(鼻)·설(舌)·신(身)·의(意)의 육근(六根)에 들어오는 대상, 곧 색(色)·성(聲)·향(香)·미(味)·촉(觸)·법(法)의 육경(六境)을 말함.

육외처(六外處) 육외입처(六外入處)와 같음.

육욕천(六欲天) 천(天)은 신(神)들이 사는 곳이라는 뜻. 욕계에 있는 여섯 천(天). (1)사왕천(四王天). 사천왕(四天王)과 그 권속들이 사는 곳. 곧, 수미산 중턱의 동쪽에 있는 지국천(持國天), 남쪽에 있는 증장천(增長天), 서쪽에 있는 광목천(廣目天), 북쪽에 있는 다문천(多聞天)을 일컬음. (2)도리천(忉利天). 도리(忉利)는 ⓢtrāyastriṃśa의 음사로 33이라는 뜻. 33신(神)들이 사는 곳. 수미산 정상에 있으며, 중앙에 왕인 제석(帝釋)이 있고 사방의 봉우리에 각각 8신(神)이 있어 33신. (3)야마천(夜摩天). 야마(夜摩)는 ⓢyāma의 음사. 시분(時分)이라 번역. 이곳에 있는 신(神)들은 때때로 즐거움을 누린다고 함. (4)도솔천(兜率天). 도솔(兜率)은 ⓢtuṣita의 음사. 묘족(妙足)·지족(知足)이라 번역. 이곳에는 내원(內院)과 외원(外院)이 있는데, 내원에는 미륵보살이 수행중이고 외원에는 신(神)들이 흡족해 하면서 살고 있다고 함. 그 보살은 먼 미래에 이 세계에 다시 태어나 화림원(華林園)의 용화수(龍華樹) 아래에서 성불하여 미륵불이 된다고 함. (5)낙변화천(樂變化天). 이곳에 있는 신(神)들은 바라는 대상을 스스로 만들어 놓고 즐긴다고 함. (6)타화자재천(他化自在天). 이곳에 있는 신(神)들은 바라는 대상을 스스로 만들어 놓고 즐길 뿐만 아니라 다른 신들이 만들어낸 대상도 자유롭게 즐긴다고 함.

육육법(六六法) 육내입처(六內入處)·육외입처(六外入處)·육식신(六識身)·육촉신(六觸身)·육수신(六受身)·육애신(六愛身)을 말함.

육인(六因) 모든 것이 일어나는 원인을 여섯 가지로 나눈 것. (1)능작인(能作因). 어떤 것이 생겨나는 데 도움이 되는 원인, 또는 방해되지 않는 원인. (2)구유인(俱有因). 두 개 이상의 현상이 동시에 일어나, 서로 원인이 되고 결과가 되는 관계일 때의 그 원인. (3)상응인(相應因). 마음〔心〕과 마음 작용〔心所〕이 동시에 일어나, 서로 원인이 되고 결과가 되는 관계일 때의 그 원인. (4)동류인(同類因). 결과와 성질이 같은 원인. 인과 관계에서 결과도 좋고 원인도 좋고, 결과도 나쁘고 원인도 나쁜 것과 같이 성질이 같을 때의 그 원인. (5)변행인(遍行因). 두루 작용하는 원인. 동류인에서 힘이 강한 번뇌가 원인이 되는 경우를 따로 세운 것. 강력한 번뇌가 특정한 대상에 한하지 않고 널리 여러 번뇌를 일으킬 때의 그 원인. (6)이숙인(異熟因). 다른 성질로 성숙된 결과를 초래하는 원인.

육입(六入) ⓢṣaḍ-āyatana 대상을 감각하거나 의식하는 안(眼)·이(耳)·비(鼻)·설(舌)·신(身)·의(意)의 육근(六根), 또는 그 작용. 육처(六處)와 같음.

육입처(六入處) 육입(六入)과 같음.

육자대명왕진언(六字大明王眞言) 관세음보살의 자비를 나타내는 주문으로, '옴 마니반메훔(唵麽抳鉢銘吽, ⓢoṃ maṇi padme hūṃ)'의 여섯 자(字)를 말함. 이 주문을 외우면 관세음보살의 자비에 의해 번뇌와 죄악이 소멸되고, 온갖 지혜와 공덕을 갖추게 된다고 함.

육자대명주(六字大明呪) 육자대명왕진언(六字大明王眞言)과 같음.

육자염불(六字念佛) '나무아미타불(南無阿彌陀佛)'만을 외는 일.

육자진언(六字眞言) 육자대명왕진언(六字大明王眞言)의 준말.

육재일(六齋日) 재가(在家)의 신도가 몸과 마음을 깨끗이 하고 팔재계(八齋戒)를 지키며 정진하는 날. 음력 매월 8·14·15·23·29·30일.

육적(六賊) 번뇌를 일으키는 근원이 되는 안(眼)·이(耳)·비(鼻)·설(舌)·신(身)·의(意)의 육근(六根)을 도둑에 비유한 말.

육정(六情) 육근(六根)과 같음.

육조단경(六祖壇經) 1권. 당(唐)의 법해(法海) 엮음. 육조 혜능(六祖慧能)이 광동성(廣東省) 소주(韶州) 대범사(大梵寺)에서 행한 설법집(說法集). 반야바라밀(般若波羅蜜)에 이르기 위해서는 생각을 일으키지 않는 무념(無念)을 궁극의 진리로 하고, 형상을 떠난 무상(無相)을 본질로 하며, 생각과 생각에 머물지 않는 무주(無住)를 근본으로 해야 한다고 설함. 또 청정한 자신의 성품을 단박에 깨치는 돈오(頓悟)를 강조하고, 법신불(法身佛)·화신불(化身佛)·보신불(報身佛)은 모두 자신의 본성 속에 갖추어져 있으나 중생이 미혹하여 밖에서 찾고 있으므로 자신 속에 있는 삼신불(三身佛)에 귀의(歸依)하는 무상계(無相戒)를 내세워 형식적인 일체의 형상과 의례를 배척하고 오로지 자기 스스로에게 서약하고 귀의함을 수행의 기본으로 해야 한다고 설함.

육조대사(六祖大師) ⇒ 혜능(慧能)

육조혜능(六祖慧能) ⇒ 혜능(慧能)

육종(六宗) 진(陳)의 안름(安廩)이 여러 경론(經論)에서 설하는 가르침의 요점을 여섯 가지로 나눈 것. (1)인연종(因緣宗). 인연의 이치를 설하는 발지론(發智論)·구사론(俱舍論) 등의 가르침. (2)가명종(假名宗). 모든 현상은 여러 인연의 일시적인 화합에 지나지 않으므로 거기에 불변하는 실체가 없고 이름뿐이라는 성실론(成實論)의 가르침. (3)광상종(誑相宗). 모든 현상은 본래 허깨비와 같이 실체가 없어 허망하고 진실되지 못하다는 반야경(般若經)·삼론(三論) 등의 가르침. (4)진종(眞宗). 부처의 모든 가르침이 결국 하나의 가르침으로 귀착되는 진실을 설하는 법화경의 가르침. (5)상종(常宗). 부처의 성품은 영원히 변하지 않으며, 모든 것에 부처의 성품이 갖추어져 있다는 열반경·화엄경의 가르침. (6)원종(圓宗). 염정(染淨)이 서로 융합하여 우주에 원만하게 두루 미치고 있다는 대집경(大集經)의 가르침.

육종성(六種性) 보살이 거듭 수행하여 깨달음에 이르는 과정에서, 어느 경지에 이를 수 있는 소질을 여섯 가지로 나눈 것. (1)습종성(習種性). 십주(十住)의 경지. (2)성종성(性種性). 십행(十行)의 경지. (3)도종성(道種性). 십회향(十廻向)의 경지. (4)성종성(聖種性). 십지(十地)의 경지. (5)등각성(等覺性). 부처의 깨달음에 이르기 이전의 경지. (6)묘각성(妙覺性). 바르고 원만한 깨달음에 이른 부처의 경지.

육종성취(六種成就) 육성취(六成就)와 같음.

육종아라한(六種阿羅漢) 아라한을 소질에 따라 여섯 가지로 나눈 것. (1)퇴법아라한(退法阿羅漢). 나쁜 인연을 만나면 아라한의 경지에서 퇴보하기 쉬운 자. (2)사법아라한(思法阿羅漢). 아라한의 경지에서 퇴보할 것을 두려워하여 자살하려고 생각하는 자. (3)호법아라한(護法阿羅漢). 아라한의 경지에서 퇴보하지 않도록 그 경지를 온전하게 잘 지키는 자. (4)안주법아라한(安住法阿羅漢). 아라한의 경지에서 안주하여 그 경지에서 퇴보하지는 않지만 어떠한 향상도 없는 자. (5)감달법아라한(堪達法阿羅漢). 소질이 뛰어나 곧바로 동요하지 않는 단계에 도달하는 자. (6)부동법아라한(不動法阿羅漢). 아라한의 경지에서 결코 동요하지 않는 자.

육즉(六卽) 천태교학에서 설하는 여섯 가지 수행 단계. 미혹과 깨달음의 정도에 따라 여섯 가지로 나누지만 본질적으로는 차별이 없다는 뜻에서 즉(卽)이라 함. (1)이즉(理卽). 모든 중생은 부처와 같은 성품을 갖추고 있지만 그것을 알지 못함. (2)명자즉(名字卽). 깨달음에 대한 부처의 가르침을 듣고 그것을 개념으로 이해함. (3)관행즉(觀行卽). 마음을 자세히 살피고 주시함. (4)상사즉(相似卽). 마음을 자세히 살피고 주시함으로써 육근(六根)이 청정하게 되어 깨달음의 경지에 가까이 감. (5)분진즉(分眞卽). 마음을 자세히 살피고 주시하여 부처의 성품을 부분적으로 깨달음. (6)구경즉(究竟卽). 궁극의 깨달음에 도달함.

육증법(六證法) 수행으로 갖추게 되는 여섯 가지 불가사의하고 자유 자재한 능력. 마음대로 갈 수 있고 변할 수 있는 신족통증(神足通證), 모든 소리를 마음대로 들을 수 있는 천이통증(天耳通證), 남의 마음 속을 아는 지타심통증(知他心通證), 나와 남의 전생을 아는 숙명통증(宿命通證), 모든 것을 막힘없이 꿰뚫어 환히 볼 수 있는 천안통증(天眼通證), 번뇌를 모두 끊어, 내세에 미혹한 생존을 받지 않음을 아는 누진통증(漏盡通證).

육지사(六知事) 선원(禪院)의 여섯 직책. (1)도사(都寺). 사무를 통괄함. (2)감사(監寺). 사무를 감독함. (3)부사(副寺). 회계·출납 등을 담당함. (4)유나(維那). 규율과 질서를 담당함. (5)전좌(典座). 식사·의복·방석·이부자리 등을 담당함. (6)직세(直歲). 1년 동안 잡무를 담당함.

육진(六塵) 육경(六境)과 같음. 이것은 마음을 더럽히므로 진(塵)이라 함.

육처(六處) ⓢṣaḍ-āyatana 대상을 감각하거나 의식하는 안(眼)·이(耳)·비(鼻)·설(舌)·신(身)·의(意)의 육근(六根), 또는 그 작용. 육입(六入)과 같음.

육천(六天) 육욕천(六欲天)의 준말.

육촉(六觸) 육근(六根)과 육경(六境)과 육식(六識)이 각각 화합하여 일어나는 여섯 가지 마음 작용.

육촉신(六觸身) 신(身)은 ⓢkāya의 번역으로, 어미에 붙어 복수를 나타냄. 육촉(六觸)과 같음.

육추(六麤) 기신론에서 설하는, 무명으로 일어난 인식 주관이 대상에 대해 일으키는 여섯 가지 거친 작용. (1)지상(智相). 대상에 대해 차별을 일으키는 지혜의 작용. (2)상속상(相續相). 대상을 차별함으로써 괴로움이나 즐거움이 끊이지 않는 상태. (3)집취상(執取相). 괴로움이나 즐거움이 주관의 작용임을 알지 못하고 실재하는 대상으로 잘못 생각하여 집착함. (4)계명자상(計名字相). 실재하는 것으로 잘못 생각하여 집착하는 그 대상에 이름을 부여하고, 그 이름에 집착하여 여러 가지 번뇌를 일으킴. (5)기업상(起業相). 이름에 집착하여 여러 가지 그릇된 행위를 일으킴. (6)업계고상(業繫苦相). 그릇된 행위에 얽매여 괴로움의 과보를 받음.

육취(六聚) 구족계(具足戒)를 어긴 죄를 무겁고 가벼움에 따라 여섯 종류로 나눈 것. (1)바라이(波羅夷). ⓢⓟpārājika의 음사. 타불여(墮不如)·타승(他勝)·무여(無餘)라고 번역. 승단에서 추방되어 비구·비구니의 자격이 상실되는 가장 무거운 죄. (2)승잔(僧殘). ⓢsaṃghāvaśeṣa ⓟsaṃghādisesa 비구·비구니의 자격이 일시적으로 상실되지만 정해진 벌칙을 받고 참회하면 그 자격이 회복되는 죄. (3)투란차(偸蘭遮). ⓢsthūlātyaya ⓟthullaccaya의 음사. 중죄(重罪)·대죄(大罪)·추악죄(麤惡罪)라고 번역. 바라이(波羅夷)나 승잔(僧殘)을 범하려다가 미수에 그친 무거운 죄. (4)바일제(波逸提). ⓢpāyattika ⓟpācittiya의 음사. 타(墮)라고 번역. 가사나 발우 등의 물건을 규정 이상으로 소유하거나, 사소한 거짓말이나 욕설 등을 한 가벼운 죄. 이 죄를 저지른 비구·비구니는 비구들에게 참회하면 죄가 소멸되지만 참회하지 않으면 죽어서 지옥에 떨어진다고 함. (5)바라제제사니(波羅提提舍尼). Ⓢpratideśanīya Ⓟpāṭidesanīya의 음사. 향피회(向彼悔)라고 번역. 걸식 때와 식사 때의 규칙을 어긴 가벼운 죄로, 청정한 비구에게 참회하면 죄가 소멸됨. (6)돌길라(突吉羅). Ⓢduṣkṛta Ⓟdukkaṭa의 음사. 악작(惡作)·악설(惡說)이라 번역. 행위와 말로 저지른 가벼운 죄. 고의로 이 죄를 저질렀을 때는 한 명의 비구 앞에서 참회하고, 고의가 아닐 때는 마음 속으로 참회하면 죄가 소멸됨.

육취(六趣) 취(趣)는 나아가 이른 상태·세계라는 뜻. 육도(六道)와 같음.

육통(六通) 육신통(六神通)의 준말.

육파철학(六派哲學) 바라문교 계통의 여섯 학파의 철학. (1)상캬(sāṃkhya) 학파. Ⓢsāṃkhya를, 원리를 하나하나 열거한다는 뜻으로 해석하여 수론(數論)이라 번역하고, 승거(僧佉)라고 음사함. 카필라(kapila, 기원전 4-기원전 3세기)가 창시한 이 학파는 신아(神我, puruṣa)와 자성(自性, prakṛti)의 두 원리를 상정하는데, 전자는 순수 정신이고 후자는 물질의 근원임. 자성(自性)은 희(喜)를 본질로 하는 삿트바(sattva)와 우(憂)를 본질로 하는 라자스(rajas)와 암(闇)을 본질로 하는 타마스(tamas)의 세 요소로 구성되어 있는데, 이 세 요소는 서로 평형을 이루어 정지 상태에 있지만 신아(神我)의 영향을 받으면 평형 상태가 깨어져 자성(自性)은 전개를 시작함. 이 때 자성에서 최초로 사유 기능이 생기는데, 이것을 각(覺, buddhi) 또는 대(大, mahat)라고 함. 각(覺)이 다시 전개하여 아만(我慢)이 생기고, 아만이 또 전개하여 안(眼)·이(耳)·비(鼻)·설(舌)·피(皮)의 오지근(五知根)과, 수(手)·족(足)·설(舌)·생식기(生殖器)·배설기(排泄器)의 오작근(五作根)과, 심근(心根)과, 색(色)·성(聲)·향(香)·미(味)·촉(觸)의 오유(五唯)가 생기고, 오유에서 지(地)·수(水)·화(火)·풍(風)·공(空)의 오대(五大)가 생겨 이 현상 세계가 성립된다고 함. 이 원리를 이십오제(二十五諦)라고 함. 인간의 신체 기관과 감각·사유·의욕 등은 자성(自性)에서 생성되므로 그들은 모두 물질에 속하며, 신아(神我)가 자성(自性)에 관계하는 한 괴로움의 윤회는 계속되는데, 요가 수행으로 그 둘이 완전히 분리된 상태를 해탈이라 함. (2)요가(yoga) 학파. 기원전 4-기원전 3세기에 성립된 학파로, 요가 수행으로 해탈에 이르는 것을 목표로 함. 파탄잘리(patañjala)가 지은 요가수트라(yaga-sūtra)에 의하면, 요가를 마음 작용의 소멸이라 정의하고, 마음 작용의 소멸에 이르기 위해서는 호흡을 조절하여 마음의 평온을 유지하는 수행을 거듭 되풀이하고, 대상에 대한 탐욕을 떠나야 한다고 함. 괴로움의 원인은 주관과 객관의 결합에 있고, 삼매(三昧)에 의해 주관이 객관을 떠나 독존하게 된 상태를 해탈이라 함. (3)미맘사(mīmāṃsā) 학파. Ⓢmīmāṃsā를 미만차(彌曼蹉)라고 음사함. 자이미니(jaimini, 기원전 2-기원전 1세기)가 창시한 이 학파의 목적은, 베다(veda)에 규정된 제식(祭式)를 고찰하여 정리하고 실행하는 데 있음. 그들의 신념에 의하면 베다는 일체를 초월한 절대이며, 베다의 말은 원초적으로 존재하는 영원 불변한 실체라고 함. 말은 가끔 발성에 의해 드러나지만 발성이 소멸한 후에도 말은 소멸하지 않고 영원히 존속하며, 말과 대상의 결합 관계는 개인의 주관을 초월하여 불변하다고 함. 베다에 규정된 제식은 인간이 실행해야 할 의무, 곧 법(dharma)이며 그것을 실행하면 번영을 누리고 해탈에 이른다고 함. (4)바이셰시카(vaiśeṣika) 학파. Ⓢvaiśeṣika를 승론(勝論)이라 번역하고, 폐세사가(吠世師迦)·비세사

(毘世師)·위세사(衛世師)라고 음사함. 카나다(kaṇāda, 기원전 2-기원전 1세기)가 창시한 학파로, 모든 현상은 실(實)·덕(德)·업(業)·동(同)·이(異)·화합(和合)의 육구의(六句義)에 의해 생성되며, 해탈에 이르기 위해서는 이 여섯 가지 원리를 이해하고 요가 수행을 해야 한다고 함. 구의(句義)는 원리·범주를 뜻하며, 실(實)은 사물의 본질을 이루고 있는 지(地)·수(水)·화(火)·풍(風)·공(空) 등의 실체, 덕(德)은 실체의 성질, 업(業)은 실체의 운동, 동(同)은 사물에 서로 공통점을 있게 하는 원리, 이(異)는 모든 사물에 차이점을 있게 하는 원리, 화합(和合)은 각각의 원리를 융합시키는 원리를 뜻함. (5)냐야(nyāya) 학파. ⓢnyāya를 정리(正理)라고 번역하고, 이야야(尼夜耶)라고 음사함. 논리학을 체계적으로 정립한 학파로, 가우타마(gautama, 1세기-2세기)가 창시함. 인간에게 일어나는 괴로움의 원인은 그릇된 인식에 있으므로 그릇된 인식을 제거하고 계율을 지키고 요가 수행을 하면 해탈에 이른다고 함. 올바른 인식에 이르는 추론의 방법으로 오지작법(五支作法)을 내세우고 있는데, 그 논식의 예(例)는 다음과 같음. '말은 무상하다〔宗〕', '지어낸 것이기 때문이다〔因〕', '예를 들면, 병(甁)과 같다〔喩〕', '병과 같이, 말도 지어낸 것이다〔合〕', '그러므로 말은 무상하다〔結〕'. 이 논식에서 종(宗)은 주장 명제·판단, 인(因)은 이유, 유(喩)는 구체적인 예(例), 합(合)은 유(喩)를 기반으로 하여 종(宗)과 인(因)을 결합한 것, 결(結)은 종(宗)을 되풀이한 결론임. (6)베단타(vedānta) 학파. ⓢvedānta를 폐단다(吠檀多)라고 음사하고, 그것은 베다(veda)의 끝 부분〔anta〕이라는 뜻으로 우파니샤드(upaniṣad)를 가리킴. 창시자는 바다라야나(bādarāyaṇa, 기원전 1세기)이며, 우파니샤드를 기반으로 하여 바라문교의 잡다한 교리를 정리한 학파. 우주의 최고 원리인 브라흐만(brahman, 梵)이 모든 현상을 창조하고 전개시켰다고 설하고, 인간은 브라흐만을 바르게 알고 요가 수행으로 브라흐만과 합일됨으로써 해탈에 이른다고 함.

육폐(六蔽) 청정한 마음을 가리는 여섯 가지 마음 작용. 곧, 간탐(慳貪)·파계(破戒)·진에(瞋恚)·해태(懈怠)·산란(散亂)·우치(愚癡).

육합(六合) 천(天)·지(地)와 동·서·남·북, 곧 우주.

육합석(六合釋) 산스크리트의 합성어(合成語)를 해석하는 여섯 가지 방법. (1)지업석(持業釋). 앞 단어를 형용사 또는 부사로, 뒤 단어를 명사 또는 형용사로 해석하는 방법. (2)의주석(依主釋). 앞 단어가 뒤 단어를 제한하는 뜻으로 해석하는 방법. 예, rāja-putra(왕의 아들). (3)유재석(有財釋). 합성어 전체를 형용사로 해석하는 방법. (4)상위석(相違釋). 앞뒤 단어를 병렬 관계로 해석하는 방법. 예, mātā-duhitṛ(어머니와 딸). (5)인근석(隣近釋). 넓은 뜻으로 해석하는 방법. 예를 들면, 사염처(四念處, catvāri smṛty-upasthānāni)의 본질은 혜(慧)이지만, 넓은 뜻으로 해석하여 혜(慧)와 가까운 염(念)이라고 하는 경우. (6)대수석(帶數釋). 앞 단어가 수량이나 순서를 나타내는 것. 예, tri-dhātu(三界), pañca-indriya(五根).

육현관(六現觀) 지혜로써 대상을 있는 그대로 명료하게 파악하기 위한 여섯 가지 조건. (1)사현관(思現觀). 기쁨과 함께 일어나는 사유에서 생기는 지혜. (2)신현관(信現觀). 불(佛)·법(法)·승(僧)의 삼보(三寶)에 대한 청정한 믿음. (3)계현관(戒現觀). 청정한 계율. (4)현관지체현관(現觀智諦現觀). 분별하지 않고 대상을 있는 그대로 직관하는 지혜. (5)현관변지체현관(現觀邊智諦現觀). 분별하지 않고 대상을 있는 그대로 직관하는 지혜에 이른 이후에 일어나는, 차별 현상을 주시하는 지혜. (6)구경현관(究竟現觀). 모든 번뇌를 끊어 더 닦을 것이 없는 경지의 청정한 지혜.

육화(六和) 육화경(六和敬)의 준말.

육화경(六和敬) 수행자가 서로 화합하고 경애하기 위한 여섯 가지 방법. (1)신업동(身業同). 행동을 같이함. (2)구업동(口業同). 말이 서로 일치함. (3)의업동(意業同). 뜻을 같이 함. (4)동계(同戒). 계(戒)를 함께 지킴. (5)동시(同施). 베풂을 같이함. (6)동견(同見). 견해를 같이함.

육환금석(六環金錫) 석장(錫杖)과 같음.

육환장(六環杖) 석장(錫杖)과 같음.

윤다(允多) 864-945. 신라 말·고려 초의 승려. 경주 출신. 8세에 출가하고, 동리산 혜철(惠哲, 785-861)의 제자인 여(如, 생몰년 미상)에게 사사(師事)하여 그의 법을 이어받음. 시호는 광자(廣慈).

윤문(潤文) 범문(梵文)으로 된 불전(佛典)을 한문으로 번역하는 역장(譯場)에서, 번역문을 좋은 문장으로 다듬어 마무리하는 역할, 또는 그 일을 맡은 사람.

윤보(輪寶) 인도 신화에서, 전륜성왕(轉輪聖王)이 지니고 있는 보물로, 이것을 굴려 모든 장애를 물리친다고 함. 윤보에는 금·은·동·철의 네 가지가 있는데, 금윤보(金輪寶)를 지닌 금윤왕(金輪王)은 수미산(須彌山)의 사방에 있는 네 대륙을 다스리고, 은윤보(銀輪寶)를 지닌 은윤왕(銀輪王)은 세 대륙을, 동윤보(銅輪寶)를 지닌 동윤왕(銅輪王)은 두 대륙을, 철윤보(鐵輪寶)를 지닌 철윤왕(鐵輪王)은 한 대륙을 다스린다고 함.

윤왕(輪王) 전륜성왕(轉輪聖王)의 준말.

윤우(倫佑) 1758-1826. 조선 후기의 승려. 전남 해남 출신. 법호는 완호(玩虎). 13세에 두륜산 대둔사(大芚寺)에 출가하여 17세에 구족계(具足戒)를 받은 후 도연(禱演)의 가르침을 받음. 1797년에 대둔사에서 불경을 강의하고, 1811년에 그 절에 불이 나 전각(殿閣)이 소실되자 이듬해부터 극락전·용화당·지장전·천불전을 다시 짓고, 천 개의 불상을 조성하여 1818년에 천불전에 봉안함.

윤위산(輪圍山) 철위산(鐵圍山)과 같음.

윤장(輪藏) 대장경을 넣어두는 회전 책장.

윤전(輪轉) 윤회(輪廻)와 같음.

윤회(輪廻) ⓢsaṃsāra ①함께 흘러감. ②바퀴가 돌고 돌아 끝이 없듯이, 중생은 자신이 저지른 행위에 따라 삼계(三界)와 육도(六道)를 돌고 돌면서 생사(生死)를 끊임없이 되풀이한다는 견해. ③번뇌 때문에 괴로운 생존을 끝없이 되풀이함. ④과거의 인식·행위·경험·학습 등에 의해 형성된 인상(印象)과 잠재력이 아뢰야식(阿賴耶識)에 스며들어 종자(種子)로 저장되어 있다가 그 종자가 근원이 되어 다시 여러 인식을 되풀이하는 과정. 인식 주관에 한 생각이 일어났다가 사라지면서 그 생각의 씨앗이 아뢰야식에 간직되어 있다가 그 씨앗이 근원이 되어 다시 여러 생각을 잇달아 일으키는 작용.

율(律) ⓢⓟvinaya 출가자가 죄악을 범하지 않기 위해 지켜야 할 규율.

율사(律師) 계율을 잘 알고 지키는 청정한 승려.

율원(律院) 사찰에 설치되어 있는, 계율을 공부하는 교육 기관.

율의(律儀) ⓢⓟsaṃvara 계(戒)를 받고 몸과 말과 생각으로 짓는 허물이나 악을 방지함.

율의계(律儀戒) 섭율의계(攝律儀戒)와 같음.

율의단(律儀斷) 사정근(四正勤)의 하나. 아직 생기지 않은 악은 미리 방지함.

율장(律藏) 부처가 제정한 계율을 기록한 문헌을 통틀어 일컬음.

율종(律宗) 당대(唐代)에 사분율(四分律)을 중심으로 하여 성립한 상부종(相部宗)과 남산종(南山宗)과 동탑종(東塔宗)을 통틀어 일컬음. 상부종은 법려(法礪, 569-635)가 하남성(河南省) 상주(相州)에서 세운 종파로 성실론(成實論)의 입장에서 사분율을 해석하고, 남산종은 도선(道宣, 596-667)이 종남산(終南山)에서 세운 종파로 유식학(唯識學)의 입장에서 사분율을 해석하고, 동탑종은 회소(懷素, 624-697)가 장안(長安) 숭복사(崇福寺) 동탑(東塔)에서 세운 종파로 설일체유부(說一切有部)의 입장에서 사분율을 해석하여 상부종을 비판함. 상부종과 동탑종은 얼마 가지 않고 쇠퇴했으나 남산종은 송대(宋代)까지 존속함.

은덕(恩德) 삼덕(三德)의 하나. 중생을 구제하기 위해 은혜를 베푸는 부처의 공덕.

은밀현료구성문(隱密顯了俱成門) 십현연기(十玄緣起)의 하나. 숨은 것과 드러난 것이 함께 이루어져 있음. 곧, 하나가 많은 것을 포섭하면 하나가 드러나자 많은 것이 숨고, 많은 것이 하나를 포섭하면 많은 것이 드러나자 하나가 숨는다는 뜻.

은열현승식(隱劣顯勝識) 오중유식(五重唯識)의 하나. 우수한 마음〔心王〕을 드러내고 그 마음에 부수적으로 일어나는 열등한 마음 작용〔心所〕을 감추어 유식(唯識)이라고 주시함.

은윤보(銀輪寶) 전륜성왕(轉輪聖王)이 지니고 있는 은으로 된 보물로, 이것을 굴려 모든 장애를 물리친다고 함.

은윤왕(銀輪王) 은으로 된 윤보(輪寶)를 지니고 있는 전륜성왕(轉輪聖王). 이 윤보를 굴려 모든 장애를 물리치고, 수미산(須彌山)의 사방에 있는 네 대륙 가운데 세 대륙을 다스린다고 함.

은해사(銀海寺) 경북 영천시 팔공산 동쪽 기슭에 있는 절. 대한불교조계종 제10교구 본사. 809년에 신라의 혜철(惠哲)이 해안평(海眼坪)에 창건하여 해안사(海眼寺)라 하고, 1520년경에 해안평에서 지금의 터로 옮겨 다시 짓고 은해사라 함. 1847년에 불타고, 1849년에 다시 짓고, 이후 여러 차례 증축·보수함.

음(陰) ⓢskandha ⓟkhandha 신역(新譯)에서는 온(蘊)이라 번역. 종류별로 모인 집합을 뜻함.

음계(婬戒) 음란한 짓을 하지 말라는 계율.

음계입(陰界入) 모든 현상을 세 가지로 분류한 오음(五陰)·십팔계(十八界)·십이입(十二入)의 준말.

음계입경(陰界入境) 십경(十境)의 하나. 오음(五陰)·십이입(十二入)·십팔계(十八界)를 주시하는 가운데 특히 식음(識陰)을 대상으로 하여, 그것은 공(空)·가(假)·중(中)이라고 주시함.

음관(音管) 범종(梵鐘)의 가장 위쪽에 있는 대나무 마디 모양의 소리 대롱.

음관

음광(飮光) ⇒ 가섭(迦葉)

음광부(飮光部) ⓢkāśyapīya ⓟkassapiya 붓다가 입멸한 후 300년 말에 설일체유부(說一切有部)에서 갈라져 나온 파(派).

음량(陰涼) 시원한 나무 그늘.

음마(陰魔) 오음(五陰)은 여러 가지 괴로움을 일으키고 수행에 장애가 되므로 마(魔)라고 함. 온마(蘊魔)와 같음.

음마장(陰馬藏) 부처의 음경은 말의 음경과 같이 감추어져 있다는 뜻. 음장상(陰藏相)과 같음.

음의(音義) 경(經)·율(律)·논(論)에 나오는 어려운 낱말과 명칭들을 풀이함, 또는 그 책.

음입계(陰入界) 모든 현상을 세 가지로 분류한 오음(五陰)·십이입(十二入)·십팔계(十八界)의 준말.

음장상(陰藏相) 삼십이상(三十二相)의 하나. 음경이 몸 안에 감추어져 있음.

음주계(飮酒戒) 술 마시지 말라는 계율.

음통(音筒) 음관(音管)과 같음.

음향인(音響忍) 부처의 음성을 듣고 진리를 확실히 알아 거기에 안주함.

읍다라승(浥多羅僧) 울다라승(鬱多羅僧)과 같음.

응(應) 응공(應供)의 준말.

응공(應供) ⓢarhat ①십호(十號)의 하나. 마땅히 공양 받아야 할 자, 곧 부처를 일컬음. ②⇒ 아라한(阿羅漢)

응과(應果) 응(應)은 아라한(阿羅漢), 곧 응공(應供)의 준말. 아라한의 경지.

응기(應器) 응량기(應量器)의 준말.

응당학(應當學) 중학(衆學)과 같음.

응량기(應量器) ⓢpātra 재료, 색깔, 분량이 규정에 맞는 그릇이라는 뜻. 수행승들의 식기. 발우(鉢盂).

응리원실종(應理圓實宗) 법상종의 교판(敎判)에서, 어느 한쪽에 치우치지 않고 이치에 따라 두루 원만하고 진실한 법상종의 가르침. ⇒ 삼교팔종(三敎八宗)

응법사미(應法沙彌) 출가 생활에 적응하는 사미라는 뜻. 14세에서 19세까지의 사미를 일컬음.

응변(應辯) 중생의 근기에 따라 자유 자재로 가르침을 설하는 부처나 보살의 말솜씨.

응병여약(應病與藥) 부처가 중생의 능력이나 소질에 따라 가르침을 설하는 것을 의사가 병에 따라 약을 주는 것에 비유한 말.

응보(應報) 선악의 행위에 따라 받는 고락의 과보.

응불(應佛) 때와 장소와, 중생의 능력이나 소질에 따라 나타나 그들을 구제하는 부처.

응상(應祥) 1572-1645. 조선의 승려. 황해도 문화 출신. 호는 송월(松月). 구월산에 출가하고, 후에 사명 유정(四溟惟政, 1544-1610)에게 사사(師事)하여 그의 법을 이어받음. 오대산·금강산에서 학인들을 지도함.

응송(應頌) ⓢgeya ⓟgeyya 경전의 서술 형식에서, 산문체로 된 내용을 다시 운문체로 설한 것. ⇒ 기야(祇夜)

응신(應身) ⓢnirmāṇa-kāya 삼신(三身)의 하나. 때와 장소와, 중생의 능력이나 소질에 따라 나타나 그들을 구제하는 부처. 석가모니불을 포함한 과거불과 미륵불이 여기에 해당함.

응신불(應身佛) 응신(應身)과 같음.

응의(應儀) 마땅히 공양 받을 만한 위의(威儀)를 갖춘 자, 곧 아라한(阿羅漢)을 말함.

응준(應俊) 1587-1672. 조선의 승려. 호는 회은(晦隱). 남원 출신. 16세에 출가하여 태능(太能, 1562-1649)·각성(覺性, 1575-1660) 등에게 배우고, 각성(覺性)의 법을 이어받음. 1633년에 입암성(笠巖城)을 지키는 승병장(僧兵將)이 되고, 1636년 병자호란 때 각성의 참모로 활약하여 승병(僧兵)을 모은 공로로 이듬해 절충장군(折衝將軍)과 양호도총섭(兩湖都摠攝)이 되고, 1647년에는 가선대부(嘉善大夫)로서 팔방도총섭(八方都摠攝)이 되어 남한산성을 수호함. 1651년에는 남옹성(南甕城)을 쌓은 공로로 가의대부(嘉義大夫)에 오르고, 1660년에는 자헌대부(資憲大夫)로서 승대장(僧大將)이 되고, 1663년에는 정헌대부(正憲大夫)에 오름.

응진(應眞) ⇒ 아라한(阿羅漢)

응진전(應眞殿) 나한전(羅漢殿)과 같음.

응현(應現) 응화(應化)와 같음.

응화(應化) 부처나 보살이 중생을 구제하기 위해 중생의 능력이나 소질에 따라 여러 가지 모습으로 변화하여 나타나는 것.

응화법신(應化法身) 진리 그 자체가 중생의 능력이나 소질에 따라 여러 가지로 변화하여 나타나는 부처.

응화불(應化佛) 응신(應身)과 같음.

응화신(應化身) 응신(應身)과 같음.

의(意) ①ⓢmanas 여러 모로 생각하는 마음 작용. 사고 작용. ②의근(意根)의 준말. ③유식설에서는 말나식(末那識)을 뜻함. ④ⓢabhiprāya 목적. 의향. ⑤망념.

의(義) ⓢartha ①대상. 차별 대상. 분별된 대상. 인식된 대상. ②뜻. 의미. 취지. ③도리. 이치 ④목표. 목적. ⑤분별하지 않고, 있는 그대로 파악된 대상. 직관으로 파악된 대상.

의(疑) ⓢvicikitsā 인과(因果)의 진리를 의심

하는 마음 작용.

의각의(猗覺意) 경안각지(輕安覺支)와 같음.

의개(疑蓋) 오개(五蓋)의 하나. 부처의 가르침을 의심하는 번뇌.

의건도(衣犍度) 건도(犍度)는 ⓢskandha의 음사로, 장(章)·편(篇)을 뜻함. 수행자들의 옷에 대해 설한 장(章).

의견(疑見) 부처의 가르침을 의심하는 견해.

의결(疑結) 구결(九結)의 하나. 결(結)은 번뇌를 뜻함. 부처의 가르침을 의심하는 번뇌.

의계(意界) 십팔계(十八界)의 하나. 계(界, ⓢdhātu)는 요소를 뜻함. 인식을 성립시키는 요소의 하나로, 의식 기능.

의궤(儀軌) 밀교에서 행하는 의식의 규칙, 또는 그것을 적은 책.

의극(衣裓) ①옷자락. ②꽃을 담는 바구니.

의근(意根) 육근(六根)의 하나. 근(根)은 기관·기능을 뜻함. 의식 기능. 인식 기능.

의기(義記) 경(經)이나 논(論)의 낱말이나 문장의 뜻을 알기 쉽게 풀이한 글, 또는 그 책.

의낭(衣囊) 수행자가 삼의(三衣)를 넣어 목에 걸고 다니는 자루.

의내고(依內苦) 외부의 대상과는 관계없이 자신에서 비롯되는 괴로움.

의념처(意念處) ⇒ 의염처(意念處)

의다라니(義陀羅尼) 다라니(陀羅尼)는 ⓢdhāraṇī의 음사, 총지(總持)·능지(能持)라고 번역. 가르침의 의미를 이해하고 잊지 않는 능력·지혜.

의락(意樂) 마음이 끌림. 즐거움. ⇒ 의요(意樂)

의령수(衣領樹) 저승에 있다는 큰 나무. 죄인의 옷을 빼앗아 걸어 둔다고 함.

의로(義路) 의미를 파악하려는 방면.

의로부도(意路不到) 생각으로는 이르지 못함.

의륜(意輪) 부처가 중생들의 마음을 알고 그에 따라 교화하는 것. 윤(輪)은 전륜성왕이 윤보(輪寶)를 굴려 모든 장애를 부수듯 중생의 번뇌를 부순다는 뜻.

의리(義理) ①모든 현상에 통하는 법칙. 타당한 이치. ②뜻. 의미. 내용.

의리선(義理禪) 자신의 성품을 깨닫지 못하고 선(禪)의 이치만을 분별함.

의림(義林) 703-?. 신라의 승려. 당(唐)에 가서 선무외(善無畏, 637-735)의 법을 전해 받고 귀국하여 신라에 처음으로 밀교(密教)를 전함. 의림은 당(唐)에서 그의 법을 순효(順曉)에게 전하였는데, 순효는 805년에 절강성(浙江省) 월주(越州) 용흥사(龍興寺)에서 일본의 최징(最澄, 767-822)에게 그의 법을 전함.

의림장(義林章) 대승법원의림장(大乘法苑義林章)의 준말.

의마왕(懿摩王) 의마(懿摩)는 ⓢikṣuvāku의 음사, 감자(甘蔗)·일종(日種)·선생(善生)이라 번역. 석가족(釋迦族)의 시조(始祖).

의명(醫明) 의방명(醫方明)과 같음.

의명석의(依名釋義) 수명석(隨名釋)과 같음.

의무애(義無礙) 의무애해(義無礙解)의 준말.

의무애해(義無礙解) 사무애해(四無礙解)의 하나. 글귀나 문장으로 표현된 가르침의 의미를 막힘없이 명료하게 이해하고 말하는 능력.

의밀(意密) 삼밀(三密)의 하나. ①부처의 뜻은 불가사의하므로 밀(密)이라 함. ②수행자가 부처와 합일되기 위해 마음으로 부처를 깊이 주시하는 일.

의발(衣鉢) ①수행승들이 입는 삼의(三衣), 곧 구조(九條)·칠조(七條)·오조(五條)의 가사(袈裟)와 수행승들의 식기인 발우(鉢盂). ②선종에서는 스승이 체득한 깨달음을 제자에게 전하는 것을 의발을 전한다고 함.

의방명(醫方明) 오명(五明)의 하나. 명(明)은 학문을 뜻함. 의학·약학 등의 의술에 대한 학문.

의벌(意罰) 그릇된 생각에 대한 벌.

의법상전(衣法相傳) 스승이 제자에게 법을 전할 때, 그 표시로서 가사를 주는 일.

의변(義辯) 열반에 이르는 방법을 막힘없이 설하는 부처나 보살의 말솜씨.

의보(依報) 과거에 지은 행위의 과보로 받은 부처나 중생의 몸이 의지하고 있는 국토와 의식주 등.

의복수념원(衣服隨念願) 사십팔원(四十八願)의 하나. 아미타불이 법장비구(法藏比丘)였을 때 세운 서원으로, 정토의 중생들은 의복을 마음대로 구할 수 있도록 하겠다는 맹세.

의분에천(意憤恚天) 분노가 극심하여 자멸해 버린 상태, 또는 그러한 상태의 중생.

의분천(意憤天) 의분에천(意憤恚天)과 같음.

의사석(依士釋) 의주석(依主釋)과 같음.

의사식(意思食) 생존을 유지시키는 하나의 요소로, 무엇을 하려는 생각. 염식(念食)과 같음.

의상(義湘) 625-702. 신라의 승려. 15세 전후에 경주 황복사(皇福寺)에 출가하고, 650년에 원효(元曉, 617-686)와 함께 당(唐)으로 가다가 요동에서 고구려의 순찰병에게 붙잡혀 실패하고, 661년(문무왕 1)에 귀국하는 사신의 배를 타고 당(唐)에 가서 종남산(終南山) 지상사(至相寺)의 지엄(智儼, 602-668) 문하에서 화엄학을 배우고, 671년에 귀국함. 676년에 영주에 부석사(浮石寺)를 창건하여 화엄경과 화엄일승법계도(華嚴一乘法界圖)를 중심으로 하여 화엄학을 널리 전파하고, 양양에 낙산사(洛山寺)를 창건하여 관음도량(觀音道場)을 개설함. 692년(효소왕 1)에 승전(勝詮)이 당(唐)에서 귀국하면서 가지고 온 법장(法藏, 643-712)의 저술 7종 29권을 검토한 후 제자들에게 나누어주고 배우게 함. 그의 화엄학은 오진(悟眞)·지통(智通)·표훈(表訓)·진정(眞定)·양원(良圓) 등에게 계승됨. 저서 : 화엄일승법계도(華嚴一乘法界圖)·백화도량발원문(白花道場發願文).

의생신(意生身) ①초지(初地) 이상의 보살이 중생을 제도하기 위해 뜻대로 변화한 신체. ②사람이 죽어 다음 생을 받을 때까지의 잠정적인 신체. ③삼계(三界)의 괴로움을 벗어난 성자가 성불할 때까지 지니는 신체.

의선(義旋) 생몰년 미상. 고려 말의 승려. 호는 순암(順庵). 원(元)에 가서 천원(天源) 연성사(延聖寺)의 주지로 머물고, 1332년(충숙왕 복위 1)에 귀국하여 천태종의 세력을 확장함.

의설(義說) 상세한 설명. 주석(註釋).

의성신(意成身) 의생신(意生身)과 같음.

의성천(意成天) 색계·무색계의 신(神)들. 이들은 뜻하는 대로 성취한다고 하여 이와 같이 말함.

의소(義疏) 경(經)이나 논(論)의 낱말과 문장의 뜻을 알기 쉽게 풀이한 글, 또는 그 책.

의소(義沼) ⇒ 의첨(義沾)

의수(衣樹) 묘한 옷을 만들어 낸다는 나무. 도리천(忉利天)의 희견성(喜見城)에 있다고 함.

의순(意恂) 1786-1866. 조선 후기의 승려. 나주 출신. 법호는 초의(草衣). 16세에 나주 운흥사(雲興寺)에 출가하고, 두륜산 대둔사(大芚寺)에서 윤우(倫佑, 1758-1826)에게 구족계(具足戒)를 받음. 경(經)·율(律)·논(論)에 통달하고, 정약용(丁若鏞)·신위(申緯)·김정희(金正喜) 등과 교유하고, 시문(詩文)에 능하고 다도(茶道)에 밝음. 두륜산 일지암(一枝庵)에 은거하여 40여 년 동안 수행함. 저서 : 선문사변만어(禪門四辨漫語)·초의시고(草衣詩藁)·다신전(茶神傳)·동다송(東茶頌)·진묵조사유적고(震默祖師遺蹟考).

의식(意識) 육식(六識)의 하나. 의식 기능〔意〕으로 의식 내용〔法〕을 식별·인식하는 마음 작용.

의식계(意識界) 십팔계(十八界)의 하나. 계(界, ⓢdhātu)는 요소를 뜻함. 인식을 성립시키는 요소의 하나로, 의식 기능〔意〕으로 의식 내용〔法〕을 식별·인식하는 마음 작용.

의심(義諶) 1592-1665. 조선의 승려. 경기 김포 통진 출신. 호는 풍담(楓潭). 16세에 출가하고, 후에 묘향산에 가서 언기(彦機, 1581-1644)에게 사사(師事)하여 그의 법을 이어받음. 남쪽으로 편력하다가 두륜산 대둔사(大芚寺)에 머물고, 금강산에서 학인들을 지도함. 금강산 정양사(正陽寺)에서 입적함.

의안(義安) 생몰년 미상. 신라의 승려. 어머니는 자장(慈藏)의 누이동생, 동생은 신인종(神印宗)의 종조(宗祖)인 명랑(明朗). 674년(문무왕 14)에 대서성(大書省)이 됨.

의업(意業) 삼업(三業)의 하나. 무엇을 하려는 생각·뜻·의지·마음 작용.

의염처(意念處) 심염처(心念處)와 같음.

의외고(依外苦) 사람이나 사물로부터 받는 괴로움.

의요(意樂) 요(樂)는 원함, 바람의 뜻. 애욕. 의지. 의향. 지향.

의율의(意律儀) 생각으로 짓는 허물을 방지함.

의자유(醫子喩) 법화칠유(法華七喩)의 하나.

법화경 여래수량품(如來壽量品)의 비유. 훌륭한 의사의 자식들이 실수로 독약을 먹고 정신에 이상이 생겼는데, 아버지가 곧 좋은 약을 마련하여 자식들에게 주자, 증세가 약한 자식들은 그 약을 먹었으나 증세가 심한 자식들은 그 약을 좋지 않은 것으로 여기고 먹지 않으므로 아버지는 충격 요법으로 먼 곳에 가서 거짓으로 죽은 체한 뒤 심부름꾼을 보내 자식들에게 자신의 죽음을 알리게 하니, 증세가 심한 자식들이 그 소식을 듣고 정신을 차려 그 약을 먹고 회복하였다는 내용. 여기서 의사는 부처를 상징하고, 독약을 먹은 자식들은 번뇌에 사로잡힌 중생을, 약은 부처의 가르침을, 의사의 거짓 죽음은 방편을 상징함.

의적(義寂) 919-987. 오대(五代)·송(宋)의 승려. 절강성(浙江省) 온주(溫州) 출신. 12세에 온주 개원사(開元寺)에 출가하고 19세에 구족계(具足戒)를 받음. 천태산(天台山)에서 지의(智顗, 538-597)의 유적(遺跡)을 복원하고 천태종을 부흥시킴. 오월왕(吳越王)이 정광대사(淨光大師)라는 호를 내림. 나계(螺谿) 전교원(傳教院)에서 입적함.

의정(依正) 의보(依報)와 정보(正報). 부처나 중생의 몸이 의지하고 있는 국토와 의식주 등을 의보(依報), 과거에 지은 행위의 과보로 받은 부처나 중생의 몸을 정보(正報)라고 함.

의정(義淨) 635-713. 당(唐)의 승려. 산동성(山東省) 제주(齊州) 출신. 자(字)는 문명(文明). 어려서 출가하고, 671년에 광동성(廣東省) 광주(廣州)에서 바닷길로 인도에 가서 25년 동안 순례하면서 대소승을 배운 후 많은 범본(梵本)을 가지고 광주(廣州)를 거쳐 695년에 낙양(洛陽)에 돌아옴. 낙양 불수기사(佛授記寺), 남경(南京) 복선사(福先寺), 장안(長安) 서명사(西明寺)·대천복사(大薦福寺) 등에서 금광명최승왕경(金光明最勝王經)·대공작주왕경(大孔雀呪王經)·약사유리광칠불본원공덕경(藥師琉璃光七佛本願功德經) 등 56종 230권을 번역함. 저서 : 남해기귀내법전(南海寄歸內法傳)·대당서역구법고승전(大唐西域求法高僧傳).

의정불이문(依正不二門) 십불이문(十不二門)의 하나. 염정불이문(染淨不二門)의 정(淨)에 의보(依報)와 정보(正報)가 있는데, 불신(佛身)이 의지하고 있는 불토(佛土)인 의보(依報)와 불신(佛身)인 정보(正報)는 근본적으로 한 생각 속에 갖추어져 있으므로 의(依)와 정(正)은 둘이 아님.

의존(義存) 822-908. 당(唐)의 승려. 복건성(福建省) 천주(泉州) 출신. 12세에 포전(蒲田) 옥윤사(玉潤寺)에 출가하고, 여러 지역을 편력하다가 덕산 선감(德山宣鑑, 780-865)에게 사사(師事)하여 그의 법을 이어받음. 870년에 복건성 복주(福州) 상골봉(象骨峰)에 들어가 작은 절을 지으니 희종(僖宗)이 응천(應天) 설봉사(雪峰寺)라는 편액을 하사함.

의주석(依主釋) 육합석(六合釋)의 하나. 산스크리트의 합성어(合成語)를 해석할 때, 앞 단어가 뒤 단어를 제한하는 뜻으로 해석하는 방법. 예, rāja-putra(왕의 아들).

의주유(衣珠喩) 법화칠유(法華七喩)의 하나. 법화경 오백제자수기품(五百弟子授記品)의 비유. 가난한 자가 친구 집에 갔다가 술에 취해 자고 있는데, 친구가 그의 옷 속에 보석을 매달아 주고 볼일이 있어 밖으로 나가니, 그 사실을 모르는 그는 술이 깨자 그 집을 나와 방황하면서 음식을 구하느라 갖은 고생을 하는데, 훗날 우연히 만난 친구는 그의 초라한 행색을 보고 옷 속에 보석을 매달아 주었던 사실을 말한다는 내용. 여기서 가난한 자는 중생을 상징하고, 친구는 부처를, 보석은 부처의 지혜나 성품을 상징함.

의준(義准) 인명(因明)에서, 주어진 명제의 주어와 술어의 위치를 서로 바꾸거나 긍정 명제는 부정 명제로, 부정 명제는 긍정 명제로 바꾸어 주어진 명제와 똑같은 진리값을 지닌 새로운 명제를 이끌어 내는 추리 방법. 예를 들면, '모든 말은 무상하다'는 명제에서 '어떤 무상한 것은 말이다', '어느 말도 상주하는 것이 아니다'라는 명제를 이끌어 내는 추리 방법.

의준상사과류(義准相似過類) 십사과류(十四過類)의 하나. 인명(因明)에서, 인(因)과 종(宗)의 술어의 포함 관계를 고려하지 않은 그릇된 추리로써 반박하는 과실. 예를 들면, '지어낸 모든 것은 무상하다'라는 명제에서 '어떤 무상한 것은 지어낸 것이다'라고 추리해야 할 것을 '무상한 모든 것은 지어낸 것이다'라고 잘못 추리하는 경우.

의지(意地) 의식(意識) 또는 의근(意根)을 말함.

의지(依止) ①힘이나 덕이 있는 것에 의존하여 머무름. ②스승을 받들면서 그의 가르침을 받음.

의지갈마(依支羯磨) 갈마(羯磨)는 ⓢkarma의 음사로, 벌칙을 가하는 행위, 처분(處分)을 뜻함. 나쁜 버릇이 있거나 잘못을 저지른 비구에게 일정 기간 동안 덕이 높은 비구의 지도를 받게 하는 처분.

의지아사리(依止阿闍梨) 아사리(阿闍梨)는 ⓢācārya의 음사로, 제자를 가르치고 지도할 수 있는 덕이 높은 승려를 일컬음. 일정한 기간 동안 함께 생활하면서 제자를 가르치는 스승.

의처(意處) 십이처(十二處)의 하나. 의식 기능.

의천(義天) ①사종천(四種天)의 하나. 모든 현상이 공(空)이라는 이치를 알고 거기에 안주하는 십주(十住)의 보살을 말함. ②1055-1101. 고려의 승려. 이름은 후(煦), 호는 우세(祐世). 문종의 넷째 아들로, 11세에 개풍 오관산 영통사(靈通寺)에 출가하여 난원(爛圓, 999-1066)에게 화엄학을 배움. 1085년에 송(宋)에 가서 종간(從諫)에게 천태학을 배우고 이듬해 불교 서적 3,000여 권을 가지고 귀국함. 흥왕사(興王寺)에 교장도감(敎藏都監)을 설치하고 요(遼)·송(宋)·일본 등에 사신을 보내어 여러 종파의 자료를 수집하여 1090년에 신편제종교장총록(新編諸宗敎藏總錄)을 간행하고, 이에 의거하여 교장(敎藏)을 간행함. 1097년에 개풍 국청사(國淸寺)가 완공되자 주지에 취임하여 천태학을 강의함으로써 천태종이 형성됨. 시호는 대각국사(大覺國師). 저서 : 대각국사문집(大覺國師文集)·대각국사외집(大覺國師外集)·원종문류(圓宗文類) 등.

의천고(依天苦) 천명(天命)이나 천재 지변으로 받는 괴로움.

의첨(義沾) 1746-1796. 조선의 승려. 경북 달성 출신. 의소(義沼)라고도 함. 호는 인악(仁岳). 18세에 비슬산 용연사(龍淵寺)에 출가하여 금강경·능엄경 등을 배우고, 상언(尙彦, 1707-1791)에게 화엄경과 선문염송을 배움. 여러 사찰에서 경론(經論)을 강의하면서 그 주석서를 지음. 저서 : 인악집(仁岳集)·화엄경사기(華嚴經私記)·능엄경사기(楞嚴經私記)·금강경사기(金剛經私記)·기신론사기(起信論私記) 등.

의청(義靑) 1032-1083. 송(宋)의 승려. 산동성(山東省) 청주(靑州) 출신. 7세에 출가하여

16세에 구족계(具足戒)를 받고, 부산 법원(浮山法遠, 991-1067)에게 사사(師事)하여 그의 인가(印可)를 받음. 그러나 임제종(臨濟宗) 법원(法遠)은 조동종(曹洞宗) 대양 경현(大陽警玄, 942-1027)의 법을 잇게 함. 안휘성(安徽省) 투자산(投子山)에서 조동종을 전파함. 어록 : 투자의청선사어록(投子義青禪師語錄).

의체(衣體) 옷을 만드는 재료.

의초부목(依草附木) 문자에 집착하여 깨달음에 들지 못하는 것을 혼령이 초목에 붙어 있는 것에 비유한 말.

의촉(意觸) 의근(意根)과 법경(法境)과 의식(意識)의 화합으로 일어나는 마음 작용.

의취(意趣) ①어떠한 가르침을 설하는 목적이나 의도. ②의견. 식견.

의취(義趣) 이치(理致). 진리와 일치하는 뜻.

의치(衣直) 옷을 구입하는 데 드는 비용.

의타기상(依他起相) 의타기성(依他起性)과 같음.

의타기성(依他起性) ⓢparatantra-svabhāva 삼성(三性)의 하나. 온갖 분별을 잇달아 일으키는 인식 작용.

의타상(依他相) 의타기성(依他起性)과 같음.

의타성(依他性) 의타기성(依他起性)과 같음.

의타성상(依他性相) 의타기성(依他起性)과 같음.

의통(依通) 약이나 주술 등의 외적 조건에 의해 갖추게 된 신통력.

의통(義通) 927-988. 고려의 승려. 자(字)는 유원(惟遠). 어려서 구산원(龜山院)의 석종(釋宗)에게 출가하여 구족계(具足戒)를 받은 후 화엄경과 기신론을 배움. 948년경에 오월(吳越)에 가서 천태 덕소(天台德韶, 891-972)를 만나고, 의적(義寂, 919-987)에게 천태학(天台學)을 배움. 968년에 조사(漕使) 고승휘(顧承徽)가 자기 집을 개축하여 전교원(傳敎院)이라 하고 의통을 머물게 함. 982년에 송(宋)의 태종이 전교원에 보운(寶雲)이라는 사액(賜額)을 내림.

의학(意學) 마음을 집중·통일시켜 산란하지 않게 하는 수행.

의해(意解) ①마음으로 뚜렷하게 앎. ②마음이 모든 번뇌의 속박에서 벗어나 해탈함.

의해전전(義解詮詮) 분별로써 뜻을 이해하고 설명하고 풀이함.

의허(意許) 말에 직접 드러나 있지 않고 숨어 있는 특별한 뜻. 이에 반해, 말에 직접 드러나 있는 일반적인 뜻은 언진(言陳)이라 함.

의현(義玄) ?-867. 당(唐)의 승려. 하남성(河南省) 조주(曹州) 출신. 어려서 출가하여 여러 지역을 편력하다가 황벽 희운(黃檗希運)에게 사사(師事)하여 그의 법을 이어받음. 하북성(河北省) 진주(鎭州) 임제원(臨濟院)에서 선풍(禪風)을 크게 일으킴. 그는 절대적 관념이나 대상의 권위를 타파하고 일상 속에서 자신의 본성을 자각하는 주체적 자유의 실현을 강조함. 시호(諡號)는 혜조선사(慧照禪師). 어록 : 임제록(臨濟錄).

이(理) ⓢyoga ①본체. 본성. 원리. ②진리.

이(耳) ⓢśrotra 이근(耳根)의 준말.

이(異) ①변화함. ②ⓢviśeṣa 바이셰시카 학파에서 설하는 육구의(六句義)의 하나. 모든 사물에 차이점을 있게 하는 원리.

이가(椸架) 옷걸이.

이간어(離間語) 두 사람 사이를 갈라놓는 말.

이건도(尼犍度) 건도(犍度)는 ⓢskandha의 음사로, 장(章)·편(篇)을 뜻함. 비구니가 지켜야 할 규정에 대해 설한 장(章).

이건도론(尼建圖論) ⓢnirghaṇṭa의 음사. 바라문교에서 가르치는 어휘론(語彙論), 또는 그에 대한 문헌.

이건자(尼犍子) 이건타야제자(尼犍陀若提子)의 준말.

이건친자(尼犍親子) 이건타야제자(尼犍陀若提子)와 같음.

이건타(尼犍陀) 이건타야제자(尼犍陀若提子)의 준말.

이건타야제자(尼犍陀若提子) ⓟnigaṇṭha-nātaputta 육사외도(六師外道)의 하나. 이건타(尼犍陀)는 nigaṇṭha의 음사, 야제(若提)는 nāta의 음사로, 종족 이름. 자(子)는 putra의 번역. 곧, 야제족(若提族) 출신의 이건타(尼犍陀)라는 뜻. 자이나교의 교조로, 본명은 바르다마나(vardhamāna)이며, 깨달은 후에는 그를 높여 마하비라(mahāvīra, 大雄) 또는 지나(jina, 勝者)라고 일컬음. 원래 이건타(尼犍陀)는 이전에 있었던 종파 이름이었으나 바르다마나가 이 종파를 개혁하여 자이나교로 성립됨. 그는 베살리(vesālī) 부근의 귀족 집안에서 태어나 30세에 출가하여 12년간 고행 끝에 깨달음에 이름. 그 후 30년간 교화하다가 베살리 부근에서 72세에 입적함.
자이나교는 우주를 영혼(jīva)와 비영혼(ajīva)으로 나누고, 영혼은 인간뿐만 아니라 동물과 식물 그리고 지(地)·수(水)·화(火)·풍(風)에도 있다고 하며, 비영혼은 운동의 조건, 정지의 조건, 허공, 물질의 네 원리로 이루어져 있다고 함. 영혼은 본래 자유롭지만 그릇된 행위와 물질에 물들면 괴로운 윤회를 계속하므로 거기에 물들지 않기 위해서는 불살생(不殺生)·진실어(眞實語)·부도(不盜)·불음(不婬)·무소유(無所有)의 다섯 가지 계율을 지키고 엄격한 고행을 해야 한다고 주장함. 이 계율을 바탕으로 고행하여 과거의 죄업을 소멸시키고 물질의 속박에서 완전히 벗어난 사람은, 삶도 바라지 않고 죽음도 바라지 않으며 내세도 바라지 않는 경지에 도달하게 되는데, 이 경지를 열반이라 함.

이견(二見) 극단으로 치우친 두 가지 견해. (1)단견(斷見). 세간(世間)과 자아(自我)는 사후(死後)에 없어진다는 견해. (2)상견(常見). 세간과 자아는 사후에도 없어지지 않는다는 견해.

이계(耳界) 십팔계(十八界)의 하나. 계(界, ⓢdhātu)는 요소를 뜻함. 인식을 성립시키는 요소의 하나로, 소리를 듣는 청각 기관인 귀.

이계(離繫) ①ⓢvisaṃyoga 번뇌의 속박에서 벗어남. ②자이나교의 교조, ⓟnigaṇṭha의 번역.

이계과(離繫果) 오과(五果)의 하나. 번뇌의 속박에서 벗어난 결과, 곧 열반.

이계자(離繫子) 모든 속박에서 벗어나 고행하는 무리라는 뜻. 아무 것도 걸치지 않고 알몸으로 고행하는 자이나 교도를 일컬음.

이공(二空) ①(1)아공(我空). 인간은 오온(五蘊)의 일시적인 화합에 지나지 않으므로 거기에 불변하는 자아(自我)라는 실체가 없음. (2)법공(法空). 모든 현상은 여러 인연의 일시적인 화합에 지나지 않으므로 거기에 불변하는 실체가 없음. ②(1)아공(我空). 분별하는 인식 주관의 작용이 끊어진 상태. (2)법공(法空). 인식 주관에 형성된 현상에 대한 분별이 끊어진 상태.

이구(理具) 낱낱 현상은 본래 그 본체에 우주의 모든 것을 갖추고 있다는 뜻.

이구류수(尼拘類樹·尼俱類樹) 이구율수(尼拘律樹)와 같음.

이구율수(尼拘律樹) ⓢnyagrodha의 음사. 인도에서 자라는 교목으로, 잎은 긴 타원형에 끝이 뾰족함. 나무 줄기는 수직으로 자라지만 가지는 밑으로 드리우는데, 그 가지가 땅에 닿으면 뿌리가 생겨 또 한 그루의 나무로 성장함. 이와 같이 점점 사방으로 퍼져 마치 수풀처럼 보임.

이구지(離垢地) 십지(十地)의 하나. 계율을 잘 지켜 마음의 때를 벗는 단계.

이구타수(尼拘陀樹·尼俱陀樹) 이구율수(尼拘律樹)와 같음.

이근(耳根) 육근(六根)의 하나. 근(根)은 기관·기능을 뜻함. 소리를 듣는 청각 기관인 귀.

이근(利根) 예리한 능력이나 소질.

이니연천상(伊泥延腨相) 삼십이상(三十二相)의 하나. 이니연(伊泥延)은 ⓢaiṇeya의 음사로 사슴 이름. 장딴지가 이니연과 같음.

이도(異道) 불교와 다른 가르침.

이라(伊羅) 이란(伊蘭)과 같음.

이라부지옥(尼羅浮地獄) 이랄부타지옥(尼剌部陀地獄)과 같음.

이라부타지옥(尼羅浮陀地獄) 이랄부타지옥(尼剌部陀地獄)과 같음.

이라폐다(尼羅蔽茶) ⓢnīla-piṭa의 음사. 한 나라의 역사나 왕의 칙명을 기록한 문서.

이란(伊蘭) ⓢeraṇḍa의 음사. 아주까리와 비슷한 일년생 풀. 줄기와 잎에 독이 있고 나쁜 냄새가 남.

이랄부타지옥(尼剌部陀地獄) 팔한지옥(八寒地獄)의 하나. 이랄부타(尼剌部陀)는 ⓢnirarbuda의 음사, 포열(皰裂)이라 번역. 심한 추위로 몸이 부르터서 터진다는 지옥.

이려(泥黎) ⓢⓟniraya의 음사. 지옥.

이련빈(尼連濱) ⓢnairañjanā-tīra의 음사. 이련하(尼連河)의 기슭·언덕.

이련선하(尼連禪河) ⓢnairañjanā ⓟnerañjarā의 음사. 갠지스 강의 지류(支流)로, 벵갈 지방에서 발원하여 북쪽으로 흘러 붓다가야(buddhagayā)을 거쳐 화씨성(華氏城) 부근에서 본류와 합류함.

이련하(尼連河) 이련선하(尼連禪河)의 준말.

이로(理路) 이치를 파악하려는 방면.

이로발라(泥盧鉢羅) ⓢnīlotpala의 음사. 푸른색의 꽃이 피는 수련(睡蓮).

이로치론(尼盧致論) ⓢnirukta의 음사. 바라문교에서 가르치는 어원학(語源學), 또는 그에 대한 문헌.

이록다론(尼鹿多論) ⓢnirukta의 음사. 바라문교에서 가르치는 어원학(語源學), 또는 그에 대한 문헌.

이류(異類) ①서로 다른, 인간·축생·아귀 등의 중생. ②기질이나 소질이 다른 사람. ③인명(因明)에서, 주장 명제인 종(宗)의 술어와 전혀 다른 부류에 속하는 예(例).

이리(泥犁·泥梨) 이리야(泥犁耶)와 같음.

이리야(泥犁耶) ⓢⓟniraya의 음사. 지옥.

이마라제(尼摩羅提) ⓢnirmāṇa-rati의 음사. 화락천(化樂天)·낙변화천(樂變化天)이라 번역. 육욕천(六欲天) 가운데 제5천으로, 이곳에 있는 신(神)들은 바라는 대상을 스스로 만들어 놓고 즐긴다고 함.

이무아(二無我) ①인간은 오온(五蘊)의 일시적인 화합에 지나지 않으므로 거기에 불변하는 실체가 없다는 인무아(人無我)와 모든 현상은 여러 인연의 일시적인 화합에 지나지 않으므로 거기에 불변하는 실체가 없다는 법무아(法無我)를 말함. ②분별하는 인식 주관의 작용이 끊어진 인무아(人無我)와 인식 주관에 형성된 현상에 대한 분별이 끊어진 법무아(法無我). 분별하는 인식 주관의 작용이 끊어져 그 주관에 차별 현상이 없는 상태. 모든 분별과 차별이 끊어진 상태. 주관과 객관의 대립과 분별이 끊어진 의식 상태.

이물상합(二物相合) 두 현상이 서로 상태만 다를 뿐, 뗄 수 없는 관계에 있음을 뜻하는 말.

이미(離微) 평등〔離〕과 차별〔微〕이 하나로 융합되어 있는 진리의 세계를 뜻함.

이민달라산(尼民達羅山) ⓢnimindhara의 음사. 지변(持邊)이라 번역. 수미산을 둘러싸고 있는 금(金)으로 된 산. ⇒ 수미산(須彌山)

이박단(離縛斷) 연박단(緣縛斷)과 같음.

이박사나(泥縛些那) 이원승(泥洹僧)과 같음.

이발(泥鉢) 흙을 빚어 구운 발우(鉢盂).

이법(理法) 가르침이 뜻하는 이치·도리.

이법(異法) 이법유(異法喩)의 준말.

이법계(理法界) 사법계(四法界)의 하나. 모든 현상의 본체는 동일하다는 화엄학의 관점.

이법상사과류(異法相似過類) 십사과류(十四過類)의 하나. 인명(因明)에서, 상대편이 제시한 바른 동유(同喩)를 이법(異法) 곧 이유(異喩)로 바꾸어 반박하는 과실. 예를 들면, '말은 무상하다〔宗〕', '지어낸 것이기 때문이다〔因〕', '지어낸 모든 것은 무상하다. 예를 들면, 병(甁)과 같다〔同喩〕', '상주하는 모든 것은 지어낸 것이 아니다. 예를 들면, 허공과 같다〔異喩〕'라고 하는 바른 논법에 대해, '말은 상주한다', '보이지 않기 때문이다', '보이지 않는 모든 것은 상주한다. 예를 들면, 허공과 같다', '무상한 모든 것은 보이는 것이다. 예를 들면, 병(甁)과 같다'라고 하는 경우.

이법애(離法愛) 무법애(無法愛)와 같음.

이법유(異法喩) 인명(因明)에서, 주장 명제인 종(宗)의 술어와 그 종(宗)을 내세우게 된 이유로서 제시한 인(因)과 전혀 다른 성질에 속하는 예(例).

이변(利辯) 예리하게 가르침을 설하는 부처나 보살의 말솜씨.

이부승(二部僧) 비구와 비구니를 말함.

이부정(二不定) 어떤 죄에 해당되는지 확정되지 않은 두 가지. (1)비구가 은밀한 장소에서 한 여인과 음란한 말을 주고받은 죄를 저질렀는데, 그것이 바라이(波羅夷)에 해당하는지, 승잔(僧殘)에 해당하는지, 바일제(波逸提)에 해당하는지 아직 확정되지 않은 것. (2)비구가 노출된 장소에서 한 여인과 음란한 말을 주고받은 죄를 저질렀는데, 그것이 승잔(僧殘)에 해당하는지, 바일제(波逸提)에 해당하는지 아직 확정되지 않은 것.

이부종륜론(異部宗輪論) 1권. 세우(世友) 지음, 당(唐)의 현장(玄奘) 번역. 붓다가 입멸한 지 100년 후에 인도에서 일어난 여러 부파의 역사와 그 교리를 간략하게 적은 저술.

이부중(二部衆) 비구와 비구니를 말함.

이사(理事) ①깨달음의 진리와 차별 현상. ②본체와 차별 현상.

이사가(伊師迦) ⓢiṣīkā의 음사. ①인도의 해안에서 자생하는 풀. 잎은 벼와 비슷하고 줄기는 곧고 견고함. ②선인(仙人)이라 번역. 왕사성(王舍城) 부근에 높이 솟아 있는 돌산. 흔히 아만(我慢)이 높은 것, 또는 불변하는 것을 비유함.

이사나(伊舍那·伊賒那) ⓢīśāna의 음사. 자재(自在)·중생주(衆生主)라고 번역. 마혜수라(摩醯首羅)의 별명.

이사나논사(伊賒那論師) 이사나(伊賒那)가 만물의 근원이라고 주장한 고대 인도의 한 학파.

이사단(尼師壇) ⓢniṣīdana ⓟnisīdana의 음사. 좌구(坐具)라고 번역. 수행자가 앉거나 누울 때, 땅이나 잠자리에 까는 직사각형의 베.

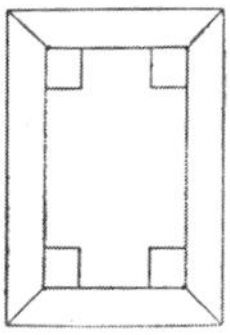
이사단

이사단나(尼師但那) 이사단(尼師壇)과 같음.

이사무애관(理事無礙觀) 삼관(三觀)의 하나. 본체와 현상은 서로 걸림 없이 원만하게 하나로 융합되어 있다고 주시함.

이사무애법계(理事無礙法界) 사법계(四法界)의 하나. 본체와 현상은 둘이 아니라 하나이며, 서로 걸림 없는 관계 속에서 의존하고 있으므로 모든 존재는 평등 속에서 차별을 보이고, 차별 속에서 평등을 나타내고 있다는 화엄학의 관점.

이사타라산(伊沙馱羅山) ⓢīśādhāra의 음사. 지축(持軸)이라 번역. 수미산을 둘러싸고 있는 금(金)으로 된 산. ⇒ 수미산(須彌山)

이살기바야제(尼薩耆波夜提) 이살기바일제(尼薩耆波逸提)와 같음.

이살기바일제(尼薩耆波逸提) ⓢnaiḥsargika-prāyaścittika의 음사. 사타(捨墮)라고 번역. 가사나 발우 등의 물건을 규정 이상으로 소유한 가벼운 죄. 이 죄를 저지른 비구·비구니는 그 물건을 버리고, 네 명 이상의 비구 앞에서 참회하면 죄가 소멸되지만 참회하지 않으면 죽어서 지옥에 떨어진다고 함.

이상(異相) ①육상(六相)의 하나. 여러 모습이 서로 어울려 전체를 이루면서도 잃지 않고 있는 각각의 모습. ②사상(四相)의 하나. 여러 인연으로 생겨 변해 가는 모습. ③중생의 마음에서 비롯되는 여러 가지 차별 현상.

이상(離相) 모든 차별상을 떠난 열반의 모습.

이상계(離相戒) 차별과 형상을 떠나고 집착이 없어 계율을 지킨다든가 깨뜨린다는 생각이 없음.

이상비상주(離想非想住) 비상비비상처(非想非非想處)와 같음.

이생(離生) ⓢniyāma 번뇌를 끊어 범부의 생존에서 벗어나는 견도(見道)를 말함.

이생(異生) ⓢpṛthag-jana 범부를 말함. 범부는 미혹한 여러 가지 행위에 따라 각각 지옥·아귀·축생 등의 다른 세계에 태어난다고 하여 이생(異生)이라 함.

이생성(異生性) 범부가 지니고 있는 본성.

이생희락지(離生喜樂地) 구지(九地)의 하나. 욕계를 떠남으로써 생기는 기쁨과 즐거움을 느끼는 색계 초선천(初禪天)의 경지.

이성(理性) 본성. 본체.

이세(二世) ①지금 살고 있는 현재세와 죽은 뒤에 다시 태어날 미래세. ②현재와 미래.

이세계(二歲戒) 이세학계(二歲學戒)의 준말.

이세일중인과(二世一重因果) 십이연기(十二緣起) 가운데 무명(無明)·행(行)·식(識)·명색(名色)·육처(六處)·촉(觸)·수(受)·애(愛)·취(取)·유(有)가 현재세의 10인(因)이 되어, 생(生)·노사(老死)라는 미래세의 2과(果)를 초래하여 괴로운 생존을 되풀이 한다는 견해. 이는 현재세와 미래세에 걸친 인과(因果)이므로 이세일중인과(二世一重因果)라고 함.

이세학계(二歲學戒) 비구니가 되기 위한 구족계(具足戒)를 받기 전에 2년 동안 수행하는 학법녀(學法女)가 지켜야 할 여섯 가지 계율. (1)음란한 마음으로 남자의 몸에 접촉하지 않음. (2)남의 돈을 훔치지 않음. (3)축생을 죽이지 않음. (4)거짓말을 하지 않음. (5)때 아닌 때 먹지 않음. (6)술 마시지 않음.

이수(二受) 감수 작용을 두 가지로 나눈 것. (1)신수(身受). 안(眼)·이(耳)·비(鼻)·설(舌)·신(身)으로 느끼는 감수 작용. (2)심수(心受). 마음으로 느끼는 감수 작용.

이숙(異熟) ⓢvipāka ①원인과 다른 성질로 성숙됨. ②과보. ③아뢰야식(阿賴耶識)의 별명.

이숙과(異熟果) 오과(五果)의 하나. 원인과 다른 성질로 성숙된 결과. 원인은 좋거나 나쁜데 성숙된 결과는 좋지도 나쁘지도 않는 것.

이숙능변(異熟能變) 삼능변(三能變)의 하나. 아뢰야식(阿賴耶識)을 말함. 이 식은 이숙, 곧 과거에 지은 행위의 과보로 일어난다는 뜻.

이숙무기(異熟無記) 원인은 좋거나 나쁜데 결과는 좋지도 나쁘지도 않는 무기인 것.

이숙보식(異熟報識) 이숙식(異熟識)과 같음.

이숙생(異熟生) ①원인과 다른 성질로 성숙된 것, 곧 이숙과. ②아뢰야식(阿賴耶識)을 이숙 또는 진이숙(眞異熟)이라는 데 대해, 아뢰야식에서 생긴 안식(眼識)·이식(耳識)·비식(鼻識)·설식(舌識)·신식(身識)·의식(意識)의 육식(六識)을 이숙생이라 함.

이숙습기(異熟習氣) 원인과 다른 성질로 성숙된 결과를 초래하는 잠재력.

이숙식(異熟識) 아뢰야식(阿賴耶識)의 별명. 아뢰야식은 과거에 지은 행위의 과보로 일어나므로 이와 같이 말함.

이숙인(異熟因) 육인(六因)의 하나. 다른 성질로 성숙된 결과를 초래하는 원인.

이숙장(異熟障) 악한 행위를 저지른 과보로 받은 지옥·아귀·축생 등의 생존으로 인해 청정한 수행을 할 수 없는 장애.

이승(二乘) 승(乘)은 중생을 깨달음으로 인도하는 부처의 가르침을 뜻함. 중생을 깨달음으로 인도하는 부처의 두 가지 가르침. ①(1)소승(小乘). 자신의 깨달음만을 구하는 수행자를 위한 부처의 가르침. 자신의 해탈만을 목표로 하는 성문(聲聞)·연각(緣覺)에 대한 부처의 가르침. (2)대승(大乘). 자신도 깨달음을 구하고 남도 깨달음으로 인도하는 수행자를 위한 부처의 가르침. 깨달음을 구하면서 중생을 교화하는 보살을 위한 부처의 가르침. ②(1)성문승(聲聞乘). 성문을 깨달음에 이르게 하는 부처의 가르침. 성문의 목표인 아라한(阿羅漢)의 경지에 이르게 하는 부처의 가르침. (2)연각승(緣覺乘). 연기(緣起)의 이치를 주시하여 깨달은 연각에 대한 부처의 가르침. 연각의 경지에 이르게 하는 부처의 가르침. ③(1)일승(一乘). 깨달음에 이르게 하는 오직 하나의 궁극적인 부처의 가르침. (2)삼승(三乘). 성문을 깨달음에 이르게 하는 성문승(聲聞乘), 연각의 경지에 이르게 하는 연각승(緣覺乘), 자신도 깨달음을 구하고 남도 깨달음으로 인도하는 자리(自利)와 이타(利他)를 행하는 보살을 위한 보살승(菩薩乘).

이승(尼僧) 여자 승려. 비구니(比丘尼).

이승경(二乘境) 십경(十境)의 하나. 이승이라는 관념이 생기면 이를 주시하여 버림.

이시즉(異時卽) 서로 다른 두 현상 간의 시간적인 관계에서, 씨앗을 뿌리면 이윽고 싹이 트듯이 시간의 간격이 있는 관계를 말함.

이식(耳識) 육식(六識)의 하나. 청각 기관〔耳〕으로 청각 대상〔聲〕을 식별하는 마음 작용.

이식계(耳識界) 십팔계(十八界)의 하나. 계(界, ⓢdhātu)는 요소를 뜻함. 인식을 성립시키는 요소의 하나로, 청각 기관〔耳〕으로 청각 대상〔聲〕을 식별하는 마음 작용.

이신(二身) 부처의 두 가지 유형. ①(1)법신(法身). 부처의 가르침이나 부처가 갖추고 있는 십력(十力)·사무외(四無畏) 등의 여러 가지 뛰어난 능력. (2)생신(生身). 이 세상에 태어나 실존한 부처의 육신. ②(1)법성신(法性身). 진리 그 자체, 또는 진리를 있는 그대로 드러낸 우주 그 자체. (2)부모생신(父母生身). 부모에게서 몸을 받아 이 세상에 실존한 부처의 육신.

이심관정(以心灌頂) 밀교의 수행을 원만히 성취하여 스승의 자격을 얻으려는 자에게, 일정한 의식 절차를 생략하고 유가(瑜伽)의 상태에서 스승과 제자의 마음에서 마음으로 대일여래(大日如來)의 가르침을 전수(傳授)하는 의식.

이심전심(以心傳心) 몸소 체득한 깨달음은 말이나 글로 표현할 수가 없어, 마음에서 마음으로 전한다는 뜻.

이십건도(二十犍度) 건도(犍度)는 ⓢskandha의 음사로. 장(章)·편(篇)·온(蘊)·취(聚)라고 번역. 가르침을 종류별로 모은 스물 가지 장(章). (1)수계건도(受戒犍度). 수계에 대해 설한 장. (2)설계건도(說戒犍度). 계율의 조목을 독송하여 자신의 잘못을 참회하는 의식에 대해 설한 장. (3)안거건도(安居犍度). 안거에 대해 설한 장. (4)자자건도(自恣犍度). 여름 안거가 끝나는 날에 수행자들이 한곳에 모여 자신의 잘못을 서로 고백하고 참회하는 의식에 대해 설한 장. (5)피혁건도(皮革犍度). 가죽으로 만든 물건에 대한 규정을 설한 장. (6)의건도(衣犍度). 수행자들의 옷에 대해 설한 장. (7)약건도(藥犍度). 약(藥)은 음식을 뜻함. 수행자들의 음식에 대해 설한 장. (8)가치나의건도(迦絺那衣犍度). 가치나의(迦絺那衣)는 안거를 마친 수행자가 공양 받은 베 조각으로 하루 만에 만들어 5개월 동안 입는 간편한 옷. 그 옷에 대해 설한 장. (9)구섬미건도(拘睒彌犍度). 구섬미(拘睒彌)는 고대 인도의 나라 이름. 구섬미국에서 발생한 수행자들 사이의 다툼에 대해 설한 장. (10)첨파건도(瞻波犍度). 첨파(瞻波)는 고대 인도의 나라 이름. 첨파국에서 발생한 수행자들 사이의 다툼에 대해 설한 장. (11)가책건도(呵責犍度). 잘못을 저지른 수행자를 질책하는 법에 대해 설한 장. (12)인건도(人犍度). 참회와 수계 의식에 참여할 수행자의 수에 대해 설한 장. (13)부장건도(覆藏犍度). 부장(覆藏)은 죄를 숨긴다는 뜻. 죄를 고백하지 않고 숨긴 수행자를 다스리는 법에 대해 설한 장. (14)차건도(遮犍度). 죄를 지은 수행자는 대중과 함께 있지 못하게 해야 하고, 또 남의 죄를 지적하는 자는 여러 가지 덕을 갖추어야 한다는 것 등을 설한 장. (15)파승건도(破僧犍度). 승단의 화합을 깨뜨리는 일에 대해 설한 장. (16)멸쟁건도(滅諍犍度). 승단에서 발생한 여러 가지 분쟁을 해결하기 위한 규정에 대해 설한 장. (17)비구니건도(比丘尼犍度). 비구니가 지켜야 할 규정에 대해 설한 장. (18)법건도(法犍度). 수행자의 행동에 대한 규정을 설한 장. (19)방사건도(房舍犍度). 수행승들이 거처하는 방에 대한 여러 가지 규정을 설한 장. (20)잡건도(雜犍度). 여러 가지 가르침을 한데 모은 장. 또는 수행자가 사용하는 도구에 대한 규정을 설한 장.

이십구유(二十九有) 미혹한 중생의 생존 상태를 스물아홉 가지로 나눈 것. 이십오유(二十五有) 가운데 정거천(淨居天)을 다시 무번천(無煩天)·무열천(無熱天)·선현천(善現天)·선견천(善見天)·색구경천(色究竟天)의 다섯으로 나누어 29.

이십수번뇌(二十隨煩惱) 유식설에서 근본 번뇌에 부수적으로 일어나는 번뇌를 스무 가지로 나눈 것. 방일(放逸)·해태(懈怠)·불신(不信)·혼침(惛沈)·도거(掉擧)·무참(無慚)·무괴(無愧)·분(忿)·부(覆)·간(慳)·질(嫉)·뇌(惱)·해(害)·한(恨)·첨(諂)·광(誑)·교(憍)·실념(失念)·산란(散亂)·부정지(不正知).

이십오방편(二十五方便) 십승관법(十乘觀法)을 닦기 전에 갖추어야 할 스물다섯 가지 조건. 곧, 구오연(具五緣)·가오욕(呵五欲)·기오개(棄五蓋)·조오사(調五事)·행오법(行五法)을 통틀어 일컬음. (1)구오연(具五緣). 청정한 계율을 지니고, 의식(衣食)을 마련하고, 조용한 곳에 머물고, 잡무를 중지하고, 덕이 높은 스승을 앎. (2)가오욕(呵五欲). 색(色)·

성(聲)·향(香)·미(味)·촉(觸)·법(法)에 대한 탐욕이 일어나지 않도록 경계함. (3)기오개(棄五蓋). 탐욕(貪欲)·진에(瞋恚)·수면(睡眠)·도회(掉悔)·의(疑)를 버림. (4)조오사(調五事). 식(食)·면(眠)·신(身)·식(息)·심(心)을 조절함. (5)행오법(行五法). 가르침을 원하고, 힘써 수행하고, 선정(禪定)을 소중하게 여기고, 선정에 의한 지혜의 즐거움을 알고, 마음을 한곳에 집중하여 산란하지 않게 함.

이십오유(二十五有) 미혹한 중생의 생존 상태를 스물다섯 가지로 나눈 것. 지옥(地獄)·아귀(餓鬼)·축생(畜生)·아수라(阿修羅)의 사악취(四惡趣), 동승신주(東勝身洲)·남섬부주(南贍部洲)·서우화주(西牛貨洲)·북구로주(北俱盧洲)의 사주(四洲), 사왕천(四王天)·도리천(忉利天)·야마천(夜摩天)·도솔천(兜率天)·낙변화천(樂變化天)·타화자재천(他化自在天)의 육욕천(六欲天), 초선천(初禪天), 대범천(大梵天), 제이선천(第二禪天), 제삼선천(第三禪天), 제사선천(第四禪天), 무상천(無想天), 정거천(淨居天), 공무변처천(空無邊處天)·식무변처천(識無邊處天)·무소유처천(無所有處天)·비상비비상처천(非想非非想處天)의 사무색(四無色).

이십오제(二十五諦) 상캬 학파에서 설하는 스물다섯 가지 원리. 순수 정신인 신아(神我, puruṣa)와 물질의 근원인 자성(自性, prakṛti)의 두 원리에서, 희(喜)를 본질로 하는 삿트바(sattva)와 우(憂)를 본질로 하는 라자스(rajas)와 암(闇)을 본질로 하는 타마스(tamas)의 세 요소로 구성되어 있는 자성(自性)이 신아(神我)의 영향을 받으면 평형 상태가 깨어져 전개를 시작함. 이 때 자성에서 최초로 사유 기능인 각(覺, buddhi) 또는 대(大, mahat)가 생기고, 각(覺)이 다시 전개하여 아만(我慢)이 생기고, 아만이 또 전개하여 오지근(五知根)·오작근(五作根)·심근(心根)·오유(五唯)가 생기고, 오유에서 오대(五大)가 생겨 이 현상 세계가 성립된다고 함. 이 과정을 도표로 나타내면 다음과 같음.

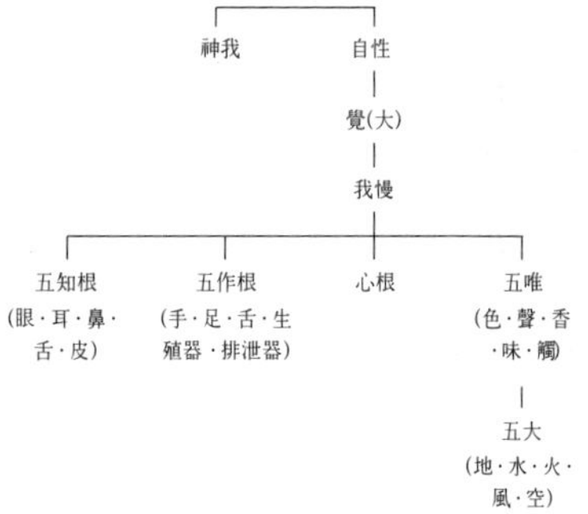

이십오제

이십오진실(二十五眞實) 이십오제(二十五諦)와 같음.

이십이근(二十二根) 뛰어난 힘이 있는 스물두 가지 기관·능력·작용. (1)안근(眼根). 모양이나 빛깔을 보는 시각 기관인 눈. (2)이근(耳根). 소리를 듣는 청각 기관인 귀. (3)비근(鼻根). 향기를 맡는 후각 기관인 코. (4)설근(舌根). 맛을 느끼는 미각 기관인 혀. (5)신근(身根). 추위나 아픔 등을 느끼는 촉각 기관인 몸. (6)의근(意根). 의식 기능. 인식 기능. (7)여근(女根). 여자의 음부. (8)남근(男根). 남자의 음부. (9)명근(命根). 개체를 유지시키는 생명력. 생명을 지속시키는 힘. 수명. (10)낙근(樂根). 즐거움을 느끼는 감수 작용. (11)고근(苦根). 괴로움을 느끼는 감수 작용. (12)희근(喜根). 기쁨을 느끼는 감수 작용. (13)우근(憂根). 근심하는 감수 작용. (14)사근(捨根). 괴롭지도 즐겁지도 않은 감수 작용. (15)신근(信根). 부처의 가르침을 믿음. (16)정진근(精進根). 힘써 수행함. (17)염근(念根). 부처의 가르침을 명심하여 잊어버리지 않음. (18)정근(定根). 마음을 한곳에 모아 흐트러지지 않게 함. (19)혜근(慧根). 부처의 가르침을 꿰뚫어 봄. (20)미지당지근(未知當知根). 미지당지(未知當知)는 알지 못한 사제(四諦)를 알려고 한다는 뜻. 의(意)·낙(樂)·희(喜)·사(捨)·신(信)·근(勤)·염(念)·정(定)·혜(慧)가 견도(見道)에 있을 때를 말함. (21)이지근(已知根). 이지(已知)는 이미 사제를 알았지만 아직도 남아 있는 번뇌를 끊기 위해 사제를 되풀이하여 익힌다는 뜻. 의(意)·낙(樂)·희(喜)·사(捨)·신(信)·근(勤)·염(念)·정(定)·혜(慧)가 수도(修道)에 있을 때를 말함. (22)구지근(具知根). 구지(具知)는 이미 사제를 알았다는 것을 확인하고 그 앎을 갖추고 있다는 뜻. 의(意)·낙(樂)·희(喜)·사(捨)·신(信)·근(勤)·염(念)·정(定)·혜(慧)가 무학도(無學道)에 있을 때를 말함.

이십칠현성(二十七賢聖) 십팔유학(十八有學)과 구무학(九無學)을 통틀어 일컬음.

이십팔조(二十八祖) ⇒ 서천이십팔조(西天二十八祖)

이야야(尼夜耶) ⇒ 냐야학파(nyāya學派)

이양(利養) ①ⓢlābha 이익. 이득. 재물. ②ⓢsatkāra 존경. 존중. 공경. 공양.

이언(離言) 언어로 표현할 수 없음. 분별이 끊어짐.

이엄(利嚴) 870-936. 신라 말·고려 초의 승려. 충남 태안 출신. 수미산문(須彌山門)의 개산조(開山祖). 12세에 가야갑사(迦耶岬寺)에 출가하고, 17세에 구족계(具足戒)를 받음. 896년에 당(唐)에 가서 동산 양개(洞山良价)의 제자인 운거 도응(雲居道膺, ?-902)의 선법(禪法)을 전해 받고 911년에 귀국함. 김해부지군부사(金海府知軍府事) 소율희(蘇律熙)의 청으로 김해 지방에서 4년 동안 머물다가 영각산에 가서 머무름. 932년(태조 15)에 왕이 해주 수미산에 광조사(廣照寺)를 지어 그를 머물게 함. 시호는 진철(眞澈).

이염(離染) 번뇌를 떠남. 번뇌의 더러움에 물들지 않음.

이염(爾焰·爾炎) ⓢjñeya의 음사. 인식된 대상.

이염복(離染服) 가사(袈裟)를 일컬음.

이왈(泥曰) ⓢnirvāṇa ⓟnibbāna의 음사. 열반(涅槃)과 같음.

이욕각(離欲覺) 삼각(三覺)의 하나. 각(覺)은 ⓢvitarka의 번역으로, 개괄적으로 추구하는 마음 작용을 뜻함. 탐내지 않으려는 마음 작용.

이욕존(離欲尊) 탐욕을 떠나게 하는 가르침 가운데 가장 존귀한 것, 곧 부처의 가르침을 말함.

이욕지(離欲地) 십지(十地)의 하나. 욕계의 수혹(修惑)을 완전히 끊은 단계.

이욕퇴(離欲退) 욕계의 수혹(修惑)을 완전히 끊어 아나함(阿那含)의 경지에 이른 성자가 다시 욕계의 번뇌를 일으켜 그 경지에서 물러나는 것.

이원(泥洹) ⓢnirvāṇa ⓟnibbāna의 음사. 열반(涅槃)과 같음.

이원승(泥洹僧) ⓢnivāsana의 음사. 군(裙)·하의(下衣)라고 번역. 수행승이 허리에 둘러 입는 치마 같은 옷.

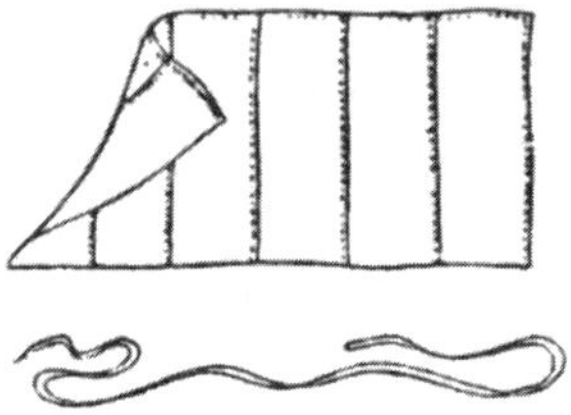

이원승

이유(異喩) 인명(因明)에서, 주장 명제인 종(宗)의 술어와 그 종(宗)을 내세우게 된 이유로서 제시한 인(因)과 전혀 다른 성질에 속하는 예(例). 예를 들면 다음과 같음. '말은 무상하다〔宗〕', '지어낸 것이기 때문이다〔因〕', '지어낸 모든 것은 무상하다. 예를 들면, 병(甁)과 같다〔同喩〕', '상주하는 모든 것은 지어낸 것이 아니다. 예를 들면, 허공과 같다〔異喩〕'.

이유식(理唯識) 오종유식(五種唯識)의 하나. 모든 현상은 오직 마음의 작용에 지나지 않는다는 이치를 밝힘.

이이(異異) 현상을 변화시키는 원리.

이익묘(利益妙) 적문십묘(迹門十妙)의 하나. 부처가 주는 이익이 오묘함.

이입(理入) 경전에 의거하여 부처의 근본 뜻을 깨달음. ⇒ 이입사행(二入四行)

이입사행(二入四行) 깨달음에 이르는 근본적인 방법을 이입(理入)과 행입(行入)으로 나누고, 행입을 다시 네 가지로 나눈 것. 〔1〕이입(理入). 경전에 의거하여 부처의 근본 뜻을 깨달음. 〔2〕행입(行入). 부처의 근본 뜻을 깨닫기 위한 수행으로, 이것을 사행(四行)으로 나눔. (1)보원행(報怨行). 수행자가 고통을 당할 때는 과거에 자신이 저지른 행위의 과보라고 생각하여 남을 원망하지 않음. (2)수연행(隨緣行). 즐거움이나 괴로움은 인연 따라 일어나고 소멸하므로 거기에 동요하지 않고 순응함. (3)무소구행(無所求行). 밖에서 구하고 대상에 집착하는 것을 그치고, 공(空)을 깨달아 탐욕과 집착을 버림. (4)칭법행(稱法行). 칭(稱)은 적합하다는 뜻. 자신의 성품은 본래 청정하다는 공(空)의 입장에서, 공(空)의 실천에 적합한 육바라밀(六波羅蜜)을 닦음.

이자귀(二自歸) 부처와 그의 가르침에 스스로 몸과 마음을 바쳐 믿고 의지함.

이작법(離作法) 인명(因明)에서, 이유(異喩)에 유체(喩體)를 첨가하여 종(宗)과 인(因)에서 격리시키는 논법. 예를 들면,

종(宗) 말은 무상하다.
인(因) 지어낸 것이기 때문이다.
이유(異喩) 상주하는 모든 것은 지어낸 것이 아니다〔喩體〕. 예를 들면, 허공과 같다〔喩依〕

와 같이, '상주하는 모든 것은 지어낸 것이 아니다'를 첨가하여 종(宗)과 인(因)에서 격리시키는 논법.

이작지(已作地) 십지(十地)의 하나. 욕계·색계·무색계의 모든 번뇌를 완전히 끊은 단계.

이장(二障) 번뇌를 두 가지로 나눈 것. ①(1)번뇌장(煩惱障). 청정한 지혜가 일어나는 것을 방해하여 무지의 속박에서 벗어나지 못하게 하는 번뇌. (2)해탈장(解脫障). 마음 작용을 소멸시키는 선정(禪定)을 방해하여 모든 속박에서 벗어나지 못하게 하는 번뇌. ②(1)번뇌장(煩惱障). 자아에 집착하는 아집(我執)에 의해 일어나 끊임없이 인식 주관을 산란하게 하고 어지럽혀 열반(涅槃)을 방해하는 번

뇌. (2)소지장(所知障). 인식된 차별 현상에 집착하는 법집(法執)에 의해 일어나 보리(菩提)를 방해하는 번뇌. ③(1)이장(理障). 바른 견해가 일어나는 것을 방해하는 번뇌. (2)사장(事障). 괴로움을 되풀이하게 하는 탐(貪)·진(瞋)·치(癡) 등의 번뇌.

이장(理障) 바른 견해가 일어나는 것을 방해하는 번뇌.

이장의(二障義) 1권. 신라의 원효(元曉) 지음. 수행중에 나타나는 번뇌장(煩惱障)과 소지장(所知障)에 대해 논술한 책.

이저가사(伊底呵寫) ⓢitihāsa의 음사. ①바라문교에서 가르치는 전설·고사(故事), 또는 그에 대한 문헌. ②서사시(敍事詩).

이제(二諦) 제(諦)는 진리를 뜻함. (1)진제(眞諦). 분별이 끊어진 상태에서, 있는 그대로 파악된 진리. 분별이 끊어진 후에 확연히 드러나는 진리. 직관으로 체득한 진리. (2)속제(俗諦). 분별과 차별로써 인식한 진리. 허망한 분별을 일으키는 인식 작용으로 알게 된 진리. 대상을 분별하여 언어로 표현한 진리. 세속의 일반적인 진리. 세속에서 상식적으로 알려져 있는 진리. 세속의 중생들이 알고 있는 진리. 이제(二諦) 각각의 내용에 대해서는 경론(經論)에 따라 여러 설이 있음.

이제관(二諦觀) 종가입공이제관(從假入空二諦觀)의 준말.

이제목다가(伊帝目多伽) ⓢitivṛttaka ⓟitivuttaka의 음사. 본사(本事)라고 번역. 십이부경(十二部經)의 하나. 경전의 서술 내용에서, 불제자의 과거 인연을 설한 부분. 법화경의 약왕보살본사품(藥王菩薩本事品)이 여기에 해당함.

이제발(伊提鉢) ⓟiddhi-pāda의 음사. 신족(神足)이라 번역. 마음대로 갈 수 있고 변할 수 있는 불가사의하고 자유 자재한 능력.

이제왈다가(伊帝曰多伽) 이제목다가(伊帝目多伽)와 같음.

이조(理造) 낱낱 현상은 본래 그 본체에 우주의 모든 것을 갖추고 있다는 뜻.

이족존(二足尊) 두 발로 걷는 인간 가운데 가장 존귀한 자, 곧 부처를 일컬음.

이즉(理卽) 육즉(六卽)의 하나. 모든 중생은 부처와 같은 성품을 갖추고 있지만 그것을 알지 못하는 단계.

이증(理證) 이치에 맞는 증명.

이지근(已知根) 삼무루근(三無漏根)의 하나. 이지(已知)는 이미 사제(四諦)를 알았지만 아직도 남아 있는 번뇌를 끊기 위해 사제를 되풀이하여 익힌다는 뜻, 근(根)은 강한 힘이 있는 작용이라는 뜻. 깨달음에 이를 수 있는 강한 힘이 있는 작용으로서, 의(意)·낙(樂)·희(喜)·사(捨)·신(信)·근(勤)·염(念)·정(定)·혜(慧)가 수도(修道)에 있을 때를 말함.

이진(離塵) ①마음을 더럽히는 대상을 떠남. 번뇌를 떠남. ②출가함.

이진복(離塵服) 가사(袈裟)를 일컬음.

이차돈(異次頓) 506-527. 신라 법흥왕의 신하. 성(姓)은 박(朴), 자(字)는 염촉(猒髑). 527년(법흥왕 14)에 왕이 불교를 공인하는 과정에서 아도(阿道)의 청으로 신라 최초로 흥륜사(興輪寺)를 창건하려고 할 때 귀족 세력의 반대에 부딪치자 순교함. 흥륜사는 535년(법홍왕 22)에 착공되어 544년(진흥왕 5)에 완성됨.

이차족(離車族·梨車族) ⓢⓟlicchavi의 음사. 발지국(跋祇國)의 바이샬리(vaiśālī)에 살던 크샤트리야(kṣatriya) 계급의 종족. 붓다의 입멸 후, 유골의 일부분을 가지고 가서 사리탑을 세움.

이찰니(伊刹尼) ⓢīkṣaṇika의 음사. 관찰(觀察)이라 번역. 남의 마음을 알 수 있다는 주술(呪術) 이름.

이참(理懺) 죄의 본성을 주시하면서 죄를 뉘우치는 참회.

이처(耳處) 십이처(十二處)의 하나. 소리를 듣는 청각 기관인 귀.

이촉(耳觸) 이근(耳根)과 성경(聲境)과 이식(耳識)의 화합으로 일어나는 마음 작용.

이취경(理趣經) 대락금강불공진실삼마야경(大樂金剛不空眞實三麼耶經)과 같음.

이취석(理趣釋) 대락금강불공진실삼매야경반야바라밀다이취석(大樂金剛不空眞實三昧耶經般若波羅蜜多理趣釋)의 준말.

이취회(理趣會) 금강계만다라(金剛界曼荼羅)의 한 부분으로, 사각형을 아홉 등분하고 금강살타(金剛薩埵)를 중심으로 여덟 존(尊)이 배치되어 있음. 이 가운데 욕금강(欲金剛)·촉금강(觸金剛)·애금강(愛金剛)·만금강(慢金剛) 같은 번뇌의 보살을 수용하고 있는데, 이는 번뇌즉보리(煩惱卽菩提)를 나타냄.

이치란행(離癡亂行) 십행(十行)의 하나. 바른 생각을 하여 어리석지 않고 혼란스럽지 않는 행위.

이치하사론(伊致訶娑論) ⓢitihāsa의 음사. 바라문교에서 가르치는 전설·고사(故事), 또는 그에 대한 문헌.

이타나(尼陀那) ⓢⓟnidāna의 음사. 인연(因緣)이라 번역. 십이부경(十二部經)의 하나. 경전의 서술 내용에서, 부처를 만나 설법을 듣게 된 인연을 설한 부분. 서품(序品)이 여기에 해당함.

이파라국(尼波羅國) ⓢnepāla의 음사. 지금 네팔의 카트만두(Katmandu) 부근에 있던 고대 국가로, 마가다국(magadha國)의 아쇼카(aśoka) 왕이 관할함.

이파산(泥婆珊) ⓢnivāsana의 음사. 이원승(泥洹僧)과 같음.

이판승(理判僧) 수행에만 전념하는 승려. 경론(經論)을 배우고 익히거나 참선하는 승려.

이포새(伊蒲塞) 우바새(優婆塞)와 같음.

이품(異品) ⓢvipakṣa 인명(因明)에서, 주장 명제인 종(宗)의 술어와 전혀 다른 성질에 속하는 부류.

이품변무성(異品遍無性) 인삼상(因三相)의 하나. 인명(因明)의 삼지작법(三支作法)에서, 주장 명제인 종(宗)을 내세우게 된 이유로서 제시된 인(因)이 갖추어야 할 조건. 예를 들면, '말은 무상하다〔宗〕', '지어낸 것이기 때문이다〔因〕', '지어낸 모든 것은 무상하다. 예를 들면, 병(甁)과 같다〔喩〕'에서, 인(因)은 종(宗)의 술어와 다른 성질에는 전혀 포함되지 않아야 함.

이품일분전동품변전부정과(異品一分轉同品遍轉不定過) 인명(因明)에서, 삼십삼과(三十三過) 가운데 인십사과(因十四過)의 하나. 인(因)이 종(宗)의 술어와 다른 성질 일부분에 관계하고 같은 성질에는 전체에 관계하는 오류. 예를 들면, '그는 남자이다'라는 종(宗)에 대하여 '애를 낳지 못하기 때문이다〔因〕'라고 하는 경우, 인(因)은 여자 가운데 석녀(石女)에 관계하고 남자에는 전체에 관계하므로 인(因)이 성립되지 않음.

이하박(爾賀嚩) ⓢjihvā의 음사. 혀.

이학(異學) 불교와 다른 가르침을 설하는 교파나 학파.

이행(利行) 남을 이롭게 함.

이형(二形) 남근(男根)과 여근(女根)을 함께 갖춘 자.

이희묘락지(離喜妙樂地) 구지(九地)의 하나. 색계 제2선천(第二禪天)의 기쁨을 떠남으로써 묘한 즐거움을 느끼는 색계 제3선천(第三禪天)의 경지.

인(因) ⓢhetu ①어떤 결과를 일으키는 직접 원인이나 내적 원인. 넓은 뜻으로는 간접 원인이나 외적 원인 또는 조건을 뜻하는 연(緣)도 포함함. ②과거의 행위와 경험과 학습 등에 의해 아뢰야식(阿賴耶識)에 새겨진 인상(印象)·잠재력, 곧 종자(種子)를 말함. ③인명(因明)에서, 주장 명제인 종(宗)을 내세우게 된 이유. 예를 들면 다음과 같음. '말은 무상하다〔宗〕', '지어낸 것이기 때문이다〔因〕'.

인(忍) ⓢkṣānti ①자기의 마음에 거슬리는 일에 대하여 노여워하지 않고 참고 견딤. 모욕을 참고 노여움을 일으키지 않음. 참고 견디어 마음을 움직이지 않음. 마음을 안정시키고 성내지 않음. ②인정하여 확실하게 앎. 확실하게 인정함. ③진리를 확실하게 알아 거기에 안주하여 마음을 움직이지 않음.

인(印) ⓢmudrā ①특징. 특질. 징표. 지표. ②진리. 진실. ③부처나 보살 등의 깨달음 또는 서원을 나타낸 여러 가지 손 모양이나 칼·지팡이·연꽃 등을 말함. ④인가(印可)의 준말.

인가(印可) ①인정함. 승인함. ②스승이 제자의 깨달음을 인정함.

인각사(麟角寺) 경북 군위군 고로면 화북리 화산 북쪽 자락에 있는 절. 은해사(銀海寺)의 말사. 신라 때 창건하고, 1284년에 보수하고 일연(一然, 1206-1289)이 5년 동안 머물다가 입적함. 1592년 임진왜란 때 불타고, 숙종(1674-1720) 때 다시 지음. 문화재 : 보각국사탑(普覺國師塔) 및 비(碑).

인각유독각(麟角喩獨覺) 처음부터 무소의 뿔처럼 홀로 수행하여 아라한과(阿羅漢果)에 이른 자. 이에 반해, 부처의 가르침을 듣고 많은 무리들과 함께 수행하여 불환과(不還果)에 이른 후, 그 다음부터는 그 가르침에 의하지 않고 독자적으로 수행하여 아라한과에 이른 자는 부행독각(部行獨覺)이라 함.

인간(人間) 사람. 사람들 사이. 사람들이 사는 곳.

인건도(人犍度) 건도(犍度)는 ⓢskandha의 음사로, 장(章)·편(篇)을 뜻함. 참회와 수계 의식에 참여할 수행자의 수에 대해 설한 장(章).

인게타(因揭陀) ⓢaṅgaja의 음사. 십육나한(十六羅漢)의 하나. 1,300명의 아라한과 함께 광협산(廣脇山)에 거주하면서 정법(正法)과 중생을 수호한다는 성자.

인견(人見) 인간이라는 견해.

인경구불탈(人境俱不奪) 사요간(四料簡)의 하나. 주관과 객관을 모두 버리지 않는다는 뜻으로, 주관과 객관은 우열의 차별이 있는 것이 아니라 서로 의존 관계에 있으므로 다만 있는 그대로 받아들인다는 입장.

인경구탈(人境俱奪) 인경량구탈(人境兩俱奪)과 같음.

인경량구탈(人境兩俱奪) 사요간(四料簡)의 하나. 주관과 객관을 모두 버린다는 뜻으로, 주관과 객관을 모두 부정하는 입장.

인계(印契) ⓢmudrā 부처나 보살의 깨달음 또는 서원을 나타낸 여러 가지 손 모양.

인계(忍界) ⓢsahā-loka-dhātu 중생이 갖가지 고통을 참고 견뎌야 하는 이 세상. 사바세계(娑婆世界)와 같음.

인계(人界) 인간들이 사는 세계.

인공(人空) ①인간은 오온(五蘊)의 일시적인 화합에 지나지 않으므로 거기에 불변하는 실체가 없음. ②분별하는 인식 주관의 작용이 끊어진 상태.

인과(因果) ⓢhetu-phala ①원인과 결과. 현상을 생성시키는 것과 생성된 현상. ②원인이 있으면 반드시 결과가 있고, 결과가 있으면 반드시 그 원인이 있다는 이치. ③선악의 행위에는 반드시 그 과보가 있다는 도리.

인과(引果) 중생이 받은 과보 가운데 주된 부분. 이에 반해, 부수적인 부분은 만과(滿果)라고 함. 예를 들면, 인간으로 태어난 과보는 인과, 그 가운데 빈부·귀천·미추·남녀 등의 차별의 과보는 만과.

인과개공종(因果皆空宗) 공견론(空見論)과 같음.

인과불이문(因果不二門) 십불이문(十不二門)의 하나. 수행에서 원인과 결과의 단계는 한 생각 속에 갖추어져 있는 모든 현상의 위치와 상태의 차이에 지나지 않으므로 원인과 결과는 둘이 아님.

인과비량(因果比量) 원인을 보고 결과를 유추하고, 결과를 보고 원인을 유추함.

인과응보(因果應報) ①선악의 행위에는 반드시 그 과보가 있다는 도리. ②그릇된 행위로 말미암아 받는 나쁜 과보. 그릇된 행위를 저지른 대가로 받는 나쁜 일.

인근석(隣近釋) 육합석(六合釋)의 하나. 산스크리트의 합성어(合成語)를 해석할 때, 넓은 뜻으로 해석하는 방법. 예를 들면, 사염처(四念處, catvāri smṛty-upasthānāni)의 본질은 혜(慧)이지만, 넓은 뜻으로 해석하여 혜(慧)와 가까운 염(念)이라고 하는 경우.

인능변(因能變) 아뢰야식(阿賴耶識)에 저장되어 있는 종자(種子)의 변화와 성숙.

인다니라(因陀尼羅) 인다라니라(因陀羅尼羅)의 준말.

인다라(因陀羅) ⓢindra의 음사. 제석(帝釋)을 말함.

인다라니(忍陀羅尼) 다라니(陀羅尼)는 ⓢdhāraṇī의 음사, 총지(總持)·능지(能持)라고

번역. 모든 현상의 본성에 통달한 보살의 지혜.

인다라니라(因陀羅尼羅) ⓢindranīla의 음사. 제석(帝釋)이 지니고 있는 푸른 빛을 띤 투명한 보석. 사파이어(sapphire).

인다라망(因陀羅網) 인다라(因陀羅)는 ⓢindra의 음사로, 제석(帝釋)을 말함. 제석이 살고 있는 궁전을 덮고 있는 거대한 그물로, 그 마디마디에 달려 있는 무수한 보배 구슬이 빛의 반사로 서로가 서로를 반사하고, 그 반사가 또 서로를 반사하여 무궁무진하다고 함. 걸림 없이 서로가 서로에게 끝없이 작용하면서 어우러져 있는 장엄한 세계를 비유함.

인다라망경계문(因陀羅網境界門) 십현연기(十玄緣起)의 하나. 제석(帝釋)의 궁전에 걸려 있는 보배 그물의 마디마디에 있는 구슬이 끝없이 서로가 서로를 반사하고, 그 반사가 또 서로를 반사하여 무궁무진하듯이, 모든 현상은 서로가 서로를 끝없이 포용하면서 또 포용됨.

인달라(印達羅) ⓢindra의 음사. 수의 단위로, 10^{33}.

인도(人道) 육도(六道)의 하나. 수미산의 사방에 있다는 동승신주(東勝身洲)·남섬부주(南贍部洲)·서우화주(西牛貨洲)·북구로주(北俱盧洲)의 네 대륙을 말함. 동쪽에 있는 승신주의 인간들은 신장이 뛰어나다 하고, 남쪽에 있는 섬부주는 우리 인간들이 사는 곳이라 함. 그리고 서쪽에 있는 우화주에서는 소를 화폐로 사용한다 하고, 북쪽에 있는 구로주는 네 대륙 가운데 가장 살기 좋은 곳이라 함.

인동품(因同品) 인명(因明)에서, 주장 명제인 종(宗)을 내세우게 된 이유로서 제시한 인(因)과 같은 성질에 속하는 부류.

인득(認得) 앎. 인식함.

인등기(因等起) 행위를 일으키는 원인이 되는 마음 작용.

인론(因論) 인명(因明)과 같음.

인론생론(因論生論) 하나의 논의로 인하여 다른 여러 논의가 생긴다는 뜻.

인명(因明) ⓢhetu-vidyā 오명(五明)의 하나. 인(因)은 이유, 명(明)은 학문을 뜻함. 주장 명제의 정당성이나 확실성을 이유와 구체적인 예를 들어 논증하는 학문, 곧 논리학을 말함. 이에 미륵(彌勒)·무착(無著)·세친(世親) 등이 사용한 종(宗)·인(因)·유(喩)·합(合)·결(結)의 다섯 부분으로 되어 있는 오지작법(五支作法)을 특징으로 하는 논리학을 고인명(古因明), 진나(陳那)가 완성한 종(宗)·인(因)·유(喩)의 세 부분으로 되어 있는 삼지작법(三支作法)을 특징으로 하는 논리학을 신인명(新因明)이라 함.

인명(印明) 손으로 맺는 인계(印契)와 입으로 외우는 명주(明呪).

인명입정리론(因明入正理論) 1권. 상갈라주(商羯羅主) 지음, 당(唐)의 현장(玄奘) 번역. 인명정리문론(因明正理門論)을 알기 쉽게 풀이한 저술.

인명정리문론(因明正理門論) 1권. 대역룡(大域龍) 지음, 당(唐)의 의정(義淨) 번역. 신인명(新因明)의 개론서.

인명정리문론본(因明正理門論本) 1권. 대역룡(大域龍) 지음, 당(唐)의 현장(玄奘) 번역.

인명정리문론(因明正理門論)의 다른 번역.

인무아(人無我) ①인간은 오온(五蘊)의 일시적인 화합에 지나지 않으므로 거기에 불변하는 실체가 없음. ②분별하는 인식 주관의 작용이 끊어진 상태.

인문육의(因門六義) 연기인문육의(緣起因門六義)의 준말.

인바라밀(忍波羅蜜) 인욕바라밀(忍辱波羅蜜)과 같음.

인법(忍法) 인위(忍位)와 같음.

인법관정(印法灌頂) 밀교의 수행을 원만히 성취하여 스승의 자격을 얻으려는 자에게, 일정한 의식 절차를 생략하고 스승이 대일여래(大日如來)의 가르침만을 전수(傳授)하는 의식.

인법이공(人法二空) ①인간은 오온(五蘊)의 일시적인 화합에 지나지 않으므로 거기에 불변하는 실체가 없다는 인공(人空)과 모든 현상은 여러 인연의 일시적인 화합에 지나지 않으므로 거기에 불변하는 실체가 없다는 법공(法空)을 말함. ②분별하는 인식 주관의 작용이 끊어진 인공(人空)과 인식 주관에 형성된 현상에 대한 분별이 끊어진 법공(法空). 분별하는 인식 주관의 작용이 끊어져 그 주관에 차별 현상이 없는 상태. 모든 분별과 차별이 끊어진 상태. 주관과 객관의 대립과 분별이 끊어진 의식 상태.

인법이무아(人法二無我) 인법이공(人法二空)과 같음.

인법이집(人法二執) 인간에 불변하는 실체가 있다고 집착하는 인집(人執)과 모든 현상에 불변하는 실체가 있다고 집착하는 법집(法執)을 말함.

인분(因分) 깨달음의 원인이 되는 수행의 단계·범위·방법, 또는 그 단계에 있는 수행자. 이에 반해, 수행의 결과로 이른 깨달음의 경지, 깨달음 그 자체는 과분(果分)이라 함.

인비인(人非人) ①인(人)은 사람, 비인(非人)은 팔부중(八部衆)·귀신·축생 등을 말함. ② ⇒ 긴나라(緊那羅)

인삼상(因三相) 인명(因明)의 삼지작법(三支作法)에서, 주장 명제인 종(宗)을 내세우게 된 이유로서 제시된 인(因)이 갖추어야 할 세 가지 조건. 예를 들면, '말은 무상하다〔宗〕', '지어낸 것이기 때문이다〔因〕', '지어낸 모든 것은 무상하다. 예를 들면, 병(甁)과 같다〔喩〕'에서, 인(因)은 다음의 세 가지 조건을 갖추어야 함. (1)변시종법성(遍是宗法性). 인(因)은 모든 종(宗)의 술어〔宗法〕가 되어 종(宗)의 주어를 포함해야 함. (2)동품정유성(同品定有性). 모든 인(因)은 종(宗)의 술어와 같은 성질에 포함되어야 함. (3)이품변무성(異品遍無性). 인(因)은 종(宗)의 술어와 다른 성질에는 전혀 포함되지 않아야 함.

인상(人相) Ⓢpudgala-saṃjñā 인간이라는 관념·생각.

인상(因相) Ⓢhetu-lakṣaṇa Ⓢhetutva 원인.

인상(印相) 부처나 보살의 깨달음 또는 서원을 나타낸 여러 가지 손 모양이나 칼·지팡이·연꽃 등을 말함.

인생가(因生假) 사가(四假)의 하나. 모든 현상은 여러 인연의 화합으로 일어나므로 거기에 불변하는 실체가 없고 일시적임.

인성가(因成假) 삼가(三假)의 하나. 모든 현상은 여러 인연의 화합으로 성립된 것이므로 일시적임.

인수(印授) 스승이 제자에게 불법(佛法)의 진수를 전해 줌.

인수(忍受) 참고 견딤.

인수록(仁壽錄) 수(隋)의 언종(彦琮) 등이 인수(仁壽) 2년(602)에 엮은 중경목록(衆經目錄)을 말함.

인수보살(印手菩薩) 진(晋)의 도안(道安)을 일컬음. 그는 왼팔에 사방 한 치의 살이 솟아나 마치 도장과 같았으므로 이와 같이 일컬음.

인순정(印順定) 인정하고 따르는 선정(禪定)이라는 뜻. 유식설에서, 사선근위(四善根位)의 인위(忍位)에서 객관 대상은 허구라고 확실하게 인정하고, 나아가 인식 주관도 허구라고 주시하는 선정.

인승(人乘) 승(乘)은 중생을 깨달음으로 인도하는 부처의 가르침을 뜻함. 오계(五戒)를 지키면 그 과보로 인간의 세계에 태어난다는 가르침.

인십사과(因十四過) 인명(因明)에서, 주장 명제인 종(宗)을 내세우게 된 이유로서 제시한 인(因)의 열네 가지 오류. (1)양구불성과(兩俱不成過). 주장자와 반론자의 어느 입장에서 보아도 인(因)이 종(宗)의 주어와 전혀 관계 없는 오류. 예를 들면, '말은 무상하다'라고 하는 종(宗)에 대하여 '눈으로 보이기 때문이다〔因〕'라고 하는 경우. (2)수일불성과(隨一不成過). 주장자와 반론자 가운데 어느 한쪽이 인정하지 않는 이유를 제시하는 오류라는 뜻이지만, 실제 논쟁에서 주장자가 인정하지 않는 이유를 자신이 제시한다는 것은 있을 수 없는 일이므로 반론자가 인정하지 않는 이유를 제시하는 오류를 의미함. 예를 들면, 불교도가 미맘사 학도에게 '말은 무상하다' '지어낸 것이기 때문이다'라고 하는 경우. 미맘사 학파에서는 말은 지어낸 것이 아니라 원래부터 존재하며 가끔 발성에 의해 드러난다고 주장함. (3)유예불성과(猶豫不成過). 제시한 이유가 의심스러운 오류. 예를 들면, 저 산에 있는 것이 안개인지 연기인지 의심스러운데도 '저 산에 불이 있다〔宗〕', '연기가 있기 때문이다〔因〕'라고 하는 경우. (4)소의불성과(所依不成過). 종(宗)의 주어를 반론자가 인정하지 않음으로써 인(因)이 성립되지 않는 오류. 예를 들면, '허공은 실체이다〔宗〕', '모든 성질의 의지처이기 때문이다〔因〕'라고 하는 경우, 허공의 존재를 인정하지 않는 반론자에게는 인(因)이 성립되지 않음. (5)공부정과(共不定過). 인(因)이 종(宗)의 술어와 같은 성질에도 관계하고 다른 성질에도 관계하는 오류. 예를 들면, '말은 무상하다'라는 종(宗)에 대하여 '인식의 대상이기 때문이다〔因〕'라고 하는 경우, 인식의 대상은 상·무상에 관계하므로 인(因)이 성립되지 않음. (6)불공부정과(不共不定過). 인(因)이 종(宗)의 술어와 같은 성질에도 전혀 관계하지 않고 다른 성질에도 전혀 관계하지 않는 오류. 예를 들면, '말은 영원히 소멸하지 않는다'라는 종(宗)에 대하여 '청각의 대상이기 때문이다〔因〕'라고 하는 경우, 청각의 대상이라는 이유는 소멸·불멸과는 전혀 관계가 없으므로 인(因)이 성립되지 않음. (7)동품일분전이품변전부정과(同品一分轉異品遍轉不定過). 인(因)이 종(宗)의 술어와 같은 성질 일부분에 관계하고 다른 성질에는 전체에 관계하는 오류. 예를 들면, '그는 여자이다'라는 종(宗)에 대하여 '애를 낳지 못하기 때문이다〔因〕'라고 하는 경우, 인(因)은 석녀(石女)에만 관계하고 남자에는 전체에 관계하므로 인(因)이 성립되지 않음. (8) 이품일분전동품변전부정과(異品一分轉同品遍轉不定過). 인(因)이 종(宗)의 술어와 다른 성질 일부분에 관계하고 같은 성질에는 전체에 관계하는 오류. 예를 들면, '그는 남자이다'라는 종(宗)에 대하여 '애를 낳지 못하기 때문이다〔因〕'라고 하는 경우, 인(因)은 여자 가운데 석녀(石女)에 관계하고 남자에는 전체에 관계하므로 인(因)이 성립되지 않음. (9) 구품일분전부정과(俱品一分轉不定過). 인(因)이 종(宗)의 술어와 같은 성질 일부분에도 관계하고 다른 성질 일부분에도 관계하는 오류. 예를 들면, '그는 남자이다'라는 종(宗)에 대하여 '마라톤 선수이기 때문이다〔因〕' 라고 하는 경우, 인(因)은 남자 일부분에도 관계하고 또 여자 일부분에도 관계하므로 인(因)이 성립되지 않음. (10)상위결정부정과(相違決定不定過). 두 사람이 서로 어긋나는 인(因)과 유(喩)로써 서로 어긋나는 종(宗)을 논증하는데, 그 인(因)과 유(喩)가 서로 정당하기 때문에 상대편의 종(宗)을 논파할 수 없는 논법. 예를 들면, '말은 무상하다〔宗〕, 지어낸 것이기 때문이다〔因〕, 예를 들면, 병(瓶)이 그러하다〔喩〕'라는 논법과 '말은 상주한다, 들리는 것이기 때문이다, 예를 들면, 말의 본성이 그러하다'라는 논법의 경우, 서로 어긋나지만 상대편의 주장을 논파할 수 없음. (11)법자상상위인과(法自相相違因過). 인(因)이 종(宗)의 술어 그 자체의 뜻에 어긋나는 오류. 예를 들면, '말은 상주한다'라는 종(宗)에 대하여 '지어낸 것이기 때문이다'라고 하는 경우. (12)법차별상위인과(法差別相違因過). 인(因)이 종(宗)의 술어에 숨어 있는 뜻에 어긋나는 오류. (13)유법자상상위인과(有法自相相違因過). 인(因)이 종(宗)의 주어 그 자체의 뜻에 어긋나는 오류. (14)유법차별상위인과(有法差別相違因過). 인(因)이 종(宗)의 주어에 숨어 있는 뜻에 어긋나는 오류.

인아견(人我見) 인간에 불변하는 실체가 있다는 견해.

인아집(人我執) 인간에 불변하는 실체가 있다는 집착.

인양(仁讓) 인자하고 겸손함. 남에게 은혜를 베풀고 자신은 겸손함.

인업(因業) 어떠한 결과를 일으키는 원인과 조건이 되는 작용.

인업(引業) 인간·축생 등으로 태어나는 과보를 이끌어 내는 강력한 업. 이에 반해, 인간 가운데 빈부·귀천·미추·남녀 등의 차별을 초래하는 업은 만업(滿業)이라 함.

인연(因緣) ①ⓢhetu-pratyaya 어떤 결과를 일으키는 직접 원인이나 내적 원인이 되는 인(因)과, 간접 원인이나 외적 원인 또는 조건이 되는 연(緣). 그러나 넓은 뜻으로는 직접 원인이나 내적 원인, 간접 원인이나 외적 원인 또는 조건을 통틀어 인(因) 또는 연(緣)이라 함. ②연기(緣起)와 같음. ③사연(四緣)의 하나. 육식(六識)이 의존하고 있는 육근(六根)을 말함. ④사연(四緣)의 하나. 아뢰야식(阿賴耶識)에 저장되어 있는 종자(種子), 곧 인(因)을 이끌어 내어 인식이 이루어지도록 하는 인식 주관의 지향 작용. ⑤ⓢnidāna 경전의 서술 내용에서, 부처를 만나 설법을 듣게 된 동기를 설한 부분. 서품(序品)이 여기에 해당함. ⇒ 이타나(尼陀那) ⑥어떤 일이 일어나게 된 계기·동기. ⑦연고(緣故). 관계. 내력.

인연가(因緣假) 사가(四假)의 하나. 가(假)는 중생의 능력이나 소질에 따라 임시로 설정함을 뜻함. 모든 현상은 인연에 의지하여 일어남을 설함.

인연관(因緣觀) 오정심관(五停心觀)의 하나. 어리석음을 없애기 위해 모든 현상은 인연으로 생긴다는 이치를 주시하는 수행법.

인연도리(因緣道理) 작용도리(作用道理)와 같음.

인연분(因緣分) 논서(論書)에서, 그 논서를 쓰게 된 이유나 내력을 밝힌 부분.

인연상(因緣相) 의타기성(依他起性)과 같음.

인연석(因緣釋) 천태사석(天台四釋)의 하나. 부처가 어떠한 가르침을 설하게 된 인연을 사실단(四悉檀)에 의거하여 네 가지로 해석하는 방법.

인연의(因緣依) 삼소의(三所依)의 하나. 마음〔心〕과 마음 작용〔心所〕이 일어나는 직접 원인인 아뢰야식(阿賴耶識)에 있는 각자의 종자.

인연종(因緣宗) 사종(四宗)의 하나. 인연의 이치를 설하는 발지론(發智論)·구사론(俱舍論) 등의 가르침을 말함.

인오(印悟) 1548-1623. 조선의 승려. 자(字)는 묵계(默契), 호는 청매(青梅). 어려서 출가하여 휴정(休靜, 1520-1604)의 문하에서 수행하고, 1592년 임진왜란 때 승병장으로 3년 동안 전투에 참여함. 이후 여러 지역을 편력하면서 수행하다가 지리산 연곡사(鷰谷寺)에서 입적함. 저서 : 청매집(青梅集).

인왕(仁王) ①불교의 수호신. ②부처가 인왕경(仁王經)을 설할 당시, 고대 인도 16대국의 국왕을 가리킴.

인왕경(仁王經) 인왕반야바라밀경(仁王般若波羅蜜經)의 준말.

인왕도량(仁王道場) 인왕백고좌도량(仁王百高座道場)의 준말.

인왕반야경(仁王般若經) 인왕반야바라밀경(仁王般若波羅蜜經)의 준말.

인왕반야바라밀경(仁王般若波羅蜜經) 2권. 요진(姚秦)의 구마라집(鳩摩羅什) 번역. 부처가 16대국의 왕들에게 나라를 지키고 보호하는 방법에 대해 설한 경.

인왕백고좌도량(仁王百高座道場) 신라·고려 때, 100개의 사자좌(師子座)를 갖추고 100명의 고승을 초청하여 인왕반야경(仁王般若經)을 강설하고 독송하면서 나라의 안녕을 기원하던 의식.

인왕법회(仁王法會) 인왕백고좌도량(仁王百高座道場)과 같음.

인왕호국반야바라밀경(仁王護國般若波羅蜜經) 2권. 당(唐)의 불공(不空) 번역. 인왕반야바라밀경(仁王般若波羅蜜經)의 다른 번역.

인욕(忍辱) ⓢkṣāti 자기의 마음에 거슬리는 일에 대하여 노여워하지 않고 참고 견딤. 모욕을 참고 노여움을 일으키지 않음. 참고 견디어 마음을 움직이지 않음. 마음을 안정시키고 성내지 않음.

인욕바라밀(忍辱波羅蜜) ⓢkṣāti-pāramitā의 음역. 육바라밀(六波羅蜜)의 하나. 인욕을 완전하게 성취함. 인욕의 완성.

인욕선(忍辱仙) ⓢkṣāti-vādin ṛṣi 붓다가 전생에 인욕을 수행하고 있을 때의 이름.

인위(因位) 부처의 경지에 이르기 위해 수행하고 있는 과정·단계. 이에 반해, 수행으로 이른 부처의 경지는 과위(果位)라고 함.

인위(忍位) 사선근위(四善根位)의 하나. ①범부의 지혜로써 사제(四諦)의 이치를 확실하게 이해하고 인정하는 단계. ②객관 대상은 허구라고 확실하게 인정하고, 나아가 인식 주관도 허구라고 주시하는 단계.

인유(人有) 칠유(七有)의 하나. 유(有)는 존재·생존을 뜻함. 인간들의 생존.

인유(引喩) 인명(因明)에서, 주장 명제인 종(宗)을 내세우게 된 근거로 구체적인 예를 들어 보임.

인유(麟喩) 인각유독각(麟角喩獨覺)과 같음.

인육의(因六義) 연기인문육의(緣起因門六義)의 준말.

인이품(因異品) 인명(因明)에서, 주장 명제인 종(宗)을 내세우게 된 이유로서 제시한 인(因)과 전혀 다른 성질에 속하는 부류.

인접(引接) 부처가 중생을 정법(正法)이나 정토(淨土)로 인도함.

인정(人定) 초저녁.

인좌(引座) 선사(禪師)나 주지(住持)에게 설법하는 자리에 오르기를 청함.

인주(印呪) 밀교에서, 수행자가 손으로 맺는 인계(印契)와 입으로 외우는 주문.

인준불금(忍俊不禁) 고소(苦笑)를 금할 수 없음. 웃음을 참을 수 없음. 웃지 않을 수 없음.

인중유과론(因中有果論) 십육이론(十六異論)의 하나. 원인 가운데 이미 결과의 성질이 있다는 견해.

인지(因地) 인위(因位)와 같음.

인지(忍知) 확실히 앎. 분명히 인정함.

인지(因坻) ⓢindra의 음사. 제석(帝釋)을 말함.

인집(人執) ①인간에 대한 집착. ②인간에 불변하는 실체가 있다는 집착.

인착(認著) 인정함. 용인함.

인천(人天) 인간과 신(神). 인간계와 천상계의 중생.

인천교(人天教) 오시교(五時教)의 하나. 오계(五戒)를 지키고 십선(十善)을 행하면 그 과보로 인간·천상의 세계에 태어난다는 가르침.

인천승(人天乘) 승(乘)은 중생을 깨달음으로 인도하는 부처의 가르침을 뜻함. 인천교(人天教)와 같음.

인천안목(人天眼目) 6권. 송(宋)의 지소(智昭) 엮음. 오가(五家), 곧 임제종(臨濟宗)·운문종(雲門宗)·조동종(曹洞宗)·위앙종(潙仰宗)·법안종(法眼宗)의 선승(禪僧)들이 밝힌 종요(宗要)와 그에 대한 해설, 게송 등을 수록한 책.

인천치경원(人天致敬願) 사십팔원(四十八願)의 하나. 아미타불이 법장비구(法藏比丘)였을 때 세운 서원으로, 모든 불국토의 중생들이 자신의 이름을 듣고 보살행을 닦을 때, 인간계와 천상계의 중생들로부터 공경을 받도록 하겠다는 맹세.

인청(忍聽) 승낙함. 용인함. 찬성함.

인취(人趣) 인도(人道)와 같음.

인타라(因陀羅) ⇒ 인다라(因陀羅)

인토(忍土) ⓢsahā-loka-dhātu 중생이 갖가지 고통을 참고 견뎌야 하는 이 세상. 사바세계(娑婆世界)와 같음.

인허(隣虛) 허공에 가깝다는 뜻. 극미(極微)와 같음.

인현(仁賢) ⇒ 바제(婆提)

인훈습경(因熏習鏡) 기신론에서, 중생이 본디 갖추고 있는 깨달음의 성품인 본각(本覺)의 한없는 공덕이 성숙하여 깨달음에 이르는 것을 인훈습(因熏習)이라 하고, 모든 현상은 그 가운데 나타나므로 거울에 비유함.

일가일체가(一假一切假) 모든 현상에는 불변하는 실체가 없다는 공(空), 모든 현상은 여러 인연의 일시적인 화합으로 존재한다는 가(假), 공(空)이나 가(假)의 어느 한쪽에 치우치지 않는 중(中)에서, 가(假)는 오직 가(假) 하나만을 의미하는 것이 아니라 공(空)도 중(中)도 가(假)라는 뜻.

일간(一間) 욕계의 수혹(修惑)을 대부분 끊었으나 아직 수혹이 남아 있어 욕계에서 다시 미혹한 생존을 한다는 불환향(不還向)의 성자.

일갈(一喝) ⇒ 일할(一喝)

일경(一境) ①하나의 대상. ②진리를 어떠한 사물을 빌어 표현하는 것.

일경사심(一境四心) 일수사견(一水四見)과 같음.

일공일체공(一空一切空) 모든 현상에는 불변하는 실체가 없다는 공(空), 모든 현상은 여러 인연의 일시적인 화합으로 존재한다는 가(假), 공(空)이나 가(假)의 어느 한쪽에 치우치지 않는 중(中)에서, 공(空)은 오직 공(空) 하나만을 의미하는 것이 아니라 가(假)도 중(中)도 공(空)이라는 뜻.

일광보살(日光菩薩) 약사여래(藥師如來)를 왼쪽에서 보좌하는 보살.

일기일경(一機一境) 선승(禪僧)이 자신의 뜻을 어떠한 동작이나 사물로써 나타내는 것. 예를 들면, 눈을 깜박이거나 지팡이를 세우는 것 등.

일념(一念) ①지극히 짧은 시간. 찰나. 순간. ②찰나에 일어나는 마음 작용. 순간의 마음. ③한 생각. ④한곳에 집중하여 산란하지 않는 마음. 통일된 마음. 한결같은 마음. 오로지 한 가지에 몰두하는 마음.

일념삼천(一念三千) 한 생각 속에 온갖 현상이 두루 갖추어져 있다는 뜻.

일다상용부동문(一多相容不同門) 십현연기(十玄緣起)의 하나. 하나와 많은 것이 서로 융합하면서 각각의 특징을 잃지 않음.

일단식(一揣食) 주먹 만큼의 음식물.

일대경률론법수(一代經律論法數) 대장법수(大藏法數)와 같음.

일대사인연(一大事因緣) 가장 중대한 인연. 오직 하나의 중대한 목적.

일도(一道) ①오직 하나의 수행법. ②일승(一乘)과 같음.

일돈방(一頓棒) 돈(頓)은 질책·권고·식사 따위의 횟수에 쓰임. 몽둥이로 한 번 내리침.

일래(一來) ⇒ 사다함(斯陀含)

일래과(一來果) ⇒ 사다함(斯陀含)

일래향(一來向) ⇒ 사다함(斯陀含)

일면불월면불(日面佛月面佛) 수명이 1,800세라는 일면불과 수명이 하루 낮 하룻밤이라는 월면불. 흔히 긴 목숨도 있고 짧은 목숨도 있음을 비유함.

일목다가(一目多迦) 이제목다가(伊帝目多伽)와 같음.

일몰(日沒) 육시(六時)의 하나. 해질 녘.

일미(一味) ①평등하여 차별이 없음. 분별이 끊어져 순수함. ②부처의 가르침은 여러 가지인 듯하나 그 본래의 뜻은 하나라는 뜻.

일미선(一味禪) 모든 분별이 끊어진 순수한 수행.

일미온(一味蘊) 아주 먼 과거부터 끊어지지 않고 한결같이 중생에 전해져 온, 수(受)·상(想)·행(行)·식(識)의 화합으로 된 미세한 의식.

일발의(一發意) 한 생각을 일으키는 지극히 짧은 시간.

일법인(一法印) 대승에서 설하는 단 하나의 특징. 모든 현상의 있는 그대로의 참모습, 곧 제법실상(諸法實相)을 말함.

일불승(一佛乘) ⓢeka-buddha-yāna 승(乘)은 중생을 깨달음으로 인도하는 부처의 가르침을 뜻함. 부처의 경지에 이르게 하는 오직 하나의 궁극적인 가르침. 모든 중생을 성불하게 하는 부처의 유일한 가르침.

일상(一相) 모든 현상의 있는 그대로의 평등한 모습. 차별도 대립도 없는 평등한 모습.

일상관(日想觀) 십육관(十六觀)의 하나. 지는 해를 보고 서쪽에 있는 극락 정토를 생각하는 수행법.

일상삼매(一相三昧) 모든 현상은 평등하여 하나의 모습임을 주시하는 삼매.

일생보처(一生補處) 한 생을 마친 후에는 부처의 자리를 보충한다는 뜻. 한 번의 미혹한 생을 마치면 다음 생에는 성불하는 보살의 최고 경지. 예를 들어 미륵보살은 지금 도솔천에서 수행 중인데, 그 생을 마치면 인간으로 태어나 성불하여 석가모니불의 자리를 보충한다고 함.

일선(一禪) 1533-1608. 조선의 승려. 충남 연산 출신. 호는 정관(靜觀). 15세에 출가하여 백하 선운(白霞禪雲)에게 법화(法華)를 배우고, 후에 휴정(休靜, 1520-1604)의 문하에서 수행하여 그의 법을 이어받음. 덕유산에서 입적함. 저서 : 정관집(靜觀集).

일선삼매(日旋三昧) 태양이 돌면서 빛을 비추듯, 중생을 두루 살펴보는 삼매.

일설부(一說部) ⓢeka-vyāvahārika ⓟekabbohārika 붓다가 입멸한 후 200년경에 대중부(大衆部)에서 갈라져 나온 파(派). 모든 현상은 여러 인연의 일시적인 화합에 지나지 않으므로 거기에 불변하는 실체가 없고 이름뿐이라고 주장함.

일수사견(一水四見) 같은 물이지만, 천계(天界)에 사는 신(神)은 보배로 장식된 땅으로 보고, 인간은 물로 보고, 아귀는 피고름으로 보고, 물고기는 보금자리로 본다는 뜻. 곧, 같은 대상이지만 보는 이의 시각에 따라 각각 견해가 사뭇 다름을 비유하는 말.

일승(一乘) ⓢeka-yāna 승(乘)은 중생을 깨달음으로 인도하는 부처의 가르침을 뜻함. 깨달음에 이르게 하는 오직 하나의 궁극적인 부처의 가르침. 부처가 중생의 능력이나 소질에 따라 여러 가지로 가르침을 설하였지만, 그것은 결국 하나의 가르침으로 귀착한다는 뜻.

일승도(一乘道) ①사염처(四念處)를 일컬음. 수행의 시작에서 깨달음에 이르기까지 오직 사염처의 수행만으로 충분하다는 뜻. ②방편의 가르침이 아닌, 오직 하나의 궁극적인 부처의 가르침.

일승발원문(一乘發願文) 신라의 의상(義湘) 지음. 칠언절구 총 20구의 게송으로 된 발원문.

일승법계도원통기(一乘法界圖圓通記) 2권. 고려의 균여(均如) 지음. 신라의 의상(義湘)이 지은 화엄일승법계도(華嚴一乘法界圖)를 풀이한 책.

일승연기(一乘緣起) 화엄학에서 설하는 법계연기(法界緣起)를 말함. 화엄학에서는 화엄경을 깨달음에 이르게 하는 오직 하나의 원만하고 완전한 일승(一乘)의 가르침이라고 함.

일승원교(一乘圓敎) 화엄종에서, 깨달음에 이르게 하는 오직 하나의 원만하고 완전한 가르침, 곧 법화경·화엄경의 궁극적인 가르침을 말함.

일승현성교(一乘顯性敎) 오교(五敎)의 하나. 현상과 본성의 서로 걸림 없는 융합 관계를 설하여 깨달음에 이르게 하는 원만하고 완전한 가르침.

일식경(一食頃) 한 끼 밥 먹는 동안.

일심(一心) ①대립이나 차별을 떠난 평등한 마음. ②한곳에 집중하여 산란하지 않는 마음. 통일된 마음. ③중생이 본래 갖추고 있는 청정한 성품. ④아뢰야식(阿賴耶識).

일심삼관(一心三觀) 모든 현상에는 불변하는 실체가 없다고 주시하는 공관(空觀), 모든 현상은 여러 인연의 일시적인 화합으로 존재한다고 주시하는 가관(假觀), 공(空)이나 가(假)의 어느 한쪽에 치우치지 않는 진리를 주시하는 중관(中觀)은 서로 원만하게 하나로 융합되어 있으므로 한 마음으로 동시에 닦는 수행법.

일애일찰(一挨一拶) 스승과 제자, 또는 수행승들이 서로 문답하여 상대방의 수행 상태를 점검하는 것.

일여(一如) 차별을 떠난, 있는 그대로의 참모습.

일연(一然) 1206-1289. 고려의 승려. 경북 경산 출신. 본명은 견명(見明), 자(字)는 회연(晦然), 자호(自號)는 목암(睦庵). 14세에 설악산 진전사(陳田寺)의 대웅(大雄)에게 출가하고, 22세에 승과(僧科)에 합격함. 그 후 여러 사찰을 편력하면서 수행하고, 1259년(고종 46)에 대선사(大禪師)가 되고, 1261년(원종 2)에 왕명으로 상경하여 선월사(禪月寺)에 머물면서 설법함. 포항 운제산 오어사(吾魚寺), 달성 비슬산 인흥사(仁興寺) 등에 머물고, 1277년부터 청도 운문사(雲門寺)에 주지로 머물면서 삼국유사(三國遺事)를 집필하고, 1283년(충렬왕 9)에 국존(國尊)으로 책봉됨. 경북 군위 인각사(麟角寺)에 5년 동안 머물다가 입적함. 시호는 보각(普覺). 저서 : 삼국유사(三國遺事)·중편조동오위(重編曹洞五位).

일옥(一玉) 1562-1633. 조선의 승려. 전북 김제 출신. 호는 진묵(震默). 7세에 전북 완주 용진 서방산 봉서사(鳳棲寺)에 출가하고, 전주 대원사(大院寺), 변산 월명암(月明庵), 전주 원등암(遠燈庵) 등에서 수행함. 달관(達觀)의 경지를 드러낸 숱한 전설을 남김.

일원상(一圓相) 중생이 본디부터 지니고 있는, 천연 그대로의 심성(心性)을 상징하는 하나의 원(圓) 모양의 그림.

일월삼주(一月三舟) 하나의 달에 대해, 정지하고 있는 배에 탄 사람은 달이 머물러 있다 하고, 남행하는 배에 탄 사람은 달이 남쪽으로 간다 하고, 북행하는 배에 탄 사람은 달이 북쪽으로 간다고 한다는 뜻. 곧, 같은 대상이지만 보는 이의 시각에 따라 각각 견해가 사뭇 다름을 비유하는 말.

일음교(一音敎) 중생은 능력이나 소질에 따라 다양하게 이해하지만 부처는 오직 하나의 가르침만을 설했다는 뜻.

일인회(一印會) 금강계만다라(金剛界曼荼羅)의 한 부분으로, 머리에 보관(寶冠)을 쓰고 지권인(智拳印)을 맺고 있는 대일여래(大日如來)가 묘사되어 있음.

일일공일모생상(一一孔一毛生相) 삼십이상(三十二相)의 하나. 털구멍마다 하나의 털이 있음.

일입(日入) 해질 녘.

일자관(一字關) 한 글자로써 관문을 통과한다는 뜻. 운문 문언(雲門文偃)이 수행자의 질문에 한 글자로 간결하게 대답한 것. 예를 들면 다음과 같음. "무엇이 부처의 뜻입니까?" "보(普).", "운문의 하나의 길은 무엇입니까?" "친(親).", "도(道)란 어떤 것입니까?" "거(去)."

일자불설(一字不說) 부처가 체득한 깨달음은 언어로 표현할 수 없기 때문에 부처는 깨달음에 대해 한 자(字)도 설하지 않았다는 뜻.

일자선(一字禪) 일자관(一字關)과 같음.

일자염불(一字念佛) 한 글자의 소리를 길게 뽑으면서 부처를 생각하여 목소리가 점점 가늘어 없어져도 부처를 생각하다가 잡념이 일어나면 다시 이것을 반복하는 수행.

일장엄삼매(一莊嚴三昧) 모든 현상은 평등하여 하나의 모습임을 주시하는 삼매.

일전가(一顚迦) 일천제(一闡提)와 같음.

일전어(一轉語) 미혹한 마음을 싹 바꿔 깨달음에 들게 하는 간단 명료한 한 마디 말.

일정마니(日精摩尼) 천수관음(千手觀音)이 손에 지니고 있는 보배 구슬로, 눈이 어두운 자가 이것을 손에 지니면 그 눈이 밝아진다고 함.

일정중(日正中) 한낮.

일종(日種) 태양의 종족, 곧 석가족(釋迦族)을 일컬음.

일종(一種) 일종자(一種子)와 같음.

일종자(一種子) 일간(一間)과 같음.

일좌식(一坐食) 하루에 한 끼만 먹음.

일주(一肘) 주(肘)는 ⓢhasta의 번역. 길이의 단위. 스물네 손가락 마디의 길이.

일주문(一柱門) 사찰로 들어가는 첫번째 문으로, 한 줄로 세운 기둥 위에 맞배지붕 양식으로 되어 있음.

일중(一中) 오직 중도(中道)만이 청정한 진리라는 뜻.

일중(日中) 육시(六時)의 하나. 한낮.

일중일체중(一中一切中) 모든 현상에는 불변하는 실체가 없다는 공(空), 모든 현상은 여러 인연의 일시적인 화합으로 존재한다는 가(假), 공(空)이나 가(假)의 어느 한쪽에 치우치지 않는 중(中)에서, 중(中)은 오직 중(中) 하나만을 의미하는 것이 아니라 공(空)도 가(假)도 중(中)이라는 뜻.

일책수(一磔手) 책수(磔手)는 ⓢvitasti의 번역. 길이의 단위. 열두 손가락 마디의 길이.

일처사견(一處四見) 일수사견(一水四見)과 같음.

일척안(一隻眼) 두 개의 육안(肉眼)이 아닌, 하나의 심안(心眼).

일천(日天) ⓢsūrya 태양신.

일천자(日天子) 일천(日天)과 같음.

일천저가(一闡底迦) 일천제(一闡提)와 같음.

일천제(一闡提) ⓢicchantika의 음사. 단선근(斷善根)·신불구족(信不具足)이라 번역. 성불할 가능성이 없는 중생. 깨달음을 구하려는 마음은 없고 세속적인 쾌락만을 추구하는 중생.

일체(一切) ⓢsarva ①인식된 모든 현상. 의식에 형성된 모든 현상. ②안(眼)·이(耳)·비(鼻)·설(舌)·신(身)·의(意)의 육근(六根)과 그 대상인 색(色)·성(聲)·향(香)·미(味)·촉(觸)·법(法)의 육경(六境), 곧 십이처(十二處)의 영역.

일체개공종(一切皆空宗) 화엄종의 교판(敎判)에서, 모든 현상에는 불변하는 실체가 없다는 가르침. ⇒ 오교십종(五敎十宗)

일체개성(一切皆成) 모든 중생은 다 부처가 될 성품을 지니고 있어 성불(成佛)할 수 있다는 뜻.

일체견자(一切見者) 모든 것의 안팎을 두루 관조하는 자, 곧 부처를 일컬음.

일체경(一切經) 대장경(大藏經)과 같음.

일체경음의(一切經音義) ①25권. 당(唐)의 현응(玄應) 편찬. 458종의 경(經)·율(律)·논(論)에 나오는 어려운 낱말과 명칭들을 풀이한 책. ②100권. 당(唐)의 혜림(慧琳) 편찬. 1,225종의 경(經)·율(律)·논(論)에 나오는 어려운 낱말과 명칭들을 풀이한 책. 혜림이 새로 풀이한 것은 735종이고, 335종은 현응(玄應)의 일체경음의를 그대로 옮겨 실은 것이며, 풀이는 하지 않고 이름만 열거해 놓은 것이 145종, 나머지는 혜원(慧苑)·운공(雲公)·현응(玄應) 등의 음의(音義)를 그대로 옮기거나 수정·보완한 것임.

일체구업수지혜행(一切口業隨智慧行) 대승에서 설하는 십팔불공법(十八不共法)의 하나. 부처의 모든 말은 지혜를 수반함.

일체문선(一切門禪) 구종대선(九種大禪)의 하나. 개괄적으로 사유하고 또 세밀하게 고찰하는 마음 작용과 기쁨과 즐거움과 평온이 있는 선정(禪定). 모든 선정은 여기에 들어오고 또 여기에서 갈라져 나간다는 뜻으로 문(門)이라고 함.

일체법(一切法) ①모든 현상. 인식된 모든 현상. 의식에 형성된 모든 현상. ②유위법(有爲法)을 말함. 온갖 분별에 의해 인식 주관에 형성된 모든 현상. 분별을 잇달아 일으키는 의식 작용에 의해 인식 주관에 드러난 모든 차별 현상. 인식 주관의 망념으로 조작한 모든 차별 현상. ③무위법(無爲法)을 말함. 모든 분별이 끊어진 상태에서 주관에 명료하게 드러나는 모든 현상. 분별하지 않고, 있는 그대로 파악된 모든 현상. 분별과 망상이 일어나지 않는 주관에 드러나는, 대상의 있는 그대로의 참모습. ④모든 가르침.

일체법무아(一切法無我) 제법무아(諸法無我)와 같음.

일체삼보(一體三寶) 불보(佛寶와 법보(法寶)와 승보(僧寶)라고 하지만 그 본질은 같다는 뜻.

일체선(一切禪) 구종대선(九種大禪)의 하나. 스스로 부처의 가르침대로 수행하고, 또 그 가르침으로 남을 교화하여 모든 공덕을 얻는 선정(禪定).

일체신업수지혜행(一切身業隨智慧行) 대승에서 설하는 십팔불공법(十八不共法)의 하나. 부처의 모든 행위는 지혜를 수반함.

일체의성(一切義成) 모든 일이 뜻대로 이루어진다는 뜻으로, 붓다의 출가 전의 이름인 싯다르타(siddhārtha)를 번역한 말.

일체의업수지혜행(一切意業隨智慧行) 대승에서 설하는 십팔불공법(十八不共法)의 하나. 부처의 모든 생각은 지혜를 수반함.

일체제행고(一切諸行苦) 일체행고(一切行苦)와 같음.

일체제행무상(一切諸行無常) 제행무상(諸行無常)과 같음.

일체제행무아(一切諸行無我) 제법무아(諸法無我)와 같음.

일체종(一切種) ①일체종자식(一切種子識)과 같음. ②모든 수단·방법·형상·형식.

일체종식(一切種識) 일체종자식(一切種子識)과 같음.

일체종자식(一切種子識) 아뢰야식(阿賴耶識)의 별명. 아뢰야식은 과거의 인식·행위·경험·학습 등으로 형성된 인상(印象)·잠재력, 곧 종자를 저장하고 있으므로 이와 같이 말함.

일체종자심식(一切種子心識) 일체종자식(一切種子識)과 같음.

일체종지(一切種智) ①모든 현상의 있는 그대로의 평등한 모습과 차별의 모습을 두루 아는 부처의 지혜. ②삼지(三智)의 하나. 모든 현상의 전체와 낱낱을 아는 부처의 지혜.

일체중생실유불성(一切衆生悉有佛性) 모든 중생은 다 부처가 될 성품을 지니고 있다는 뜻.

일체지(一切智) ⓢsarva-jña ①모든 것의 안팎을 깨달은 부처의 지혜. ②삼지(三智)의 하나. 모든 현상을 두루 아는 성문(聲聞)·연각(緣覺)의 지혜.

일체지무소외(一切智無所畏) 부처는 모든 것의 안팎을 깨달았으므로 가르침을 설할 때 누구에게도 두려움이 없다는 뜻.

일체지자(一切知者) 모든 현상의 평등과 차별을 아는 자, 곧 부처를 일컬음.

일체지지(一切智智) 부처의 지혜는 모든 것을 다 아는 일체지(一切智) 중에서도 가장 뛰어난 지혜라는 뜻.

일체행(一切行) ①무명(無明)으로 일으키는, 의도(意圖)하고 지향하는 모든 의식 작용. 무명에 의한 모든 의지력·충동력·의욕. ②분별하고 차별하는 모든 의식 작용. ③모든 행위·동작·작용·활동.

일체행고(一切行苦) 사법인(四法印)의 하나. 무명(無明)으로 일으키는, 의도(意圖)하고 지향하는 모든 의식 작용은 괴로움임. 무명에 의한 모든 의지력·충동력·의욕은 괴로움임.

일체행무상(一切行無常) 제행무상(諸行無常)과 같음.

일체행선(一切行禪) 구종대선(九種大禪)의 하나. 대승의 모든 수행법을 수용하는 선정.

일친(日親) 태양의 친족, 곧 석가모니를 일컬음.

일하(一夏) 음력 4월 15일부터 7월 15일까지의 90일간, 곧 하안거(夏安居) 기간을 말함.

일할(一喝) 말로 표현할 수 없는 직접 체험의 경지를 나타낼 때, 또는 제자를 꾸짖거나 호통칠 때 토하는 큰 외마디 소리.

일합상(一合相) ①ⓢpiṇḍa-grāha 전체에 대한 집착. 총체적 집착. ②빈틈없이 딱 맞는 모양.

일행(一行) 673-727. 당(唐)의 승려. 하북성(河北省) 거록(鉅鹿) 출신. 21세에 출가하여 선법(禪法)과 율(律)과 천태학(天台學)을 배움. 선무외(善無畏, 637-735)와 금강지(金剛智, 669-741)에게 밀교(密敎)를 배우고 대일경소(大日經疏)를 지음. 장안(長安) 화엄사(華嚴寺)에서 입적함.

일행삼매(一行三昧) ①좌선하여 오로지 부처만을 끊임없이 떠올리는 삼매. ②평소에 본성대로 행동하는 그 자체. ③차별도 대립도 없는, 한결같이 평등한 있는 그대로의 모습을 주시하는 삼매. 산란한 마음을 가라앉히고 지혜로써 모든 현상의 있는 그대로의 평등한 모습을 주시하는 삼매. 모든 현상은 평등하여 하나의 모습임을 주시하는 삼매. ④자신이 본래 갖추고 있는 청정한 본성을 주시하는 삼매. ⑤우주의 근원에 마음을 집중하는 삼매.

일향각(一向覺) 경안각지(輕安覺支)와 같음.

일향기(一向記) 결정기론(決定記論)과 같음.

임마(恁麼) ①이. 그. ②이와 같음. 이러함. 그러함. ③이렇게. 그렇게. 이처럼.

임운(任運) 흘러가는 자연에 맡겨 둠. 흘러가는 그대로 내버려 둠. 있는 그대로 내버려 두고 인위적으로 조작하지 않음.

임읍국(林邑國·臨邑國) 베트남의 남부 지역에 있던 고대 국가.

임제록(臨濟錄) 1권. 본이름은 진주임제혜조선사어록(鎭州臨濟慧照禪師語錄). 당(唐)의 임제 의현(臨濟義玄)의 언행(言行)을 그의 제자 삼성 혜연(三聖慧然)이 엮은 어록. 상당(上堂)·시중(示衆)·감변(勘辨)·행록(行錄)·탑기(塔記)로 구성되어 있음.

임제의현(臨濟義玄) ⇒ 의현(義玄)

임제종(臨濟宗) 오가칠종(五家七宗)의 하나. 임제 의현(臨濟義玄, ?-867)에 의해 비롯된 종파. 있는 그대로의 자기 자신이 곧 부처라는 확신에서 출발하므로 미혹에서 깨달음으로 가는 구체적인 수행은 '밖에서 구하지 마라.'로 요약됨. 절대적 관념이나 대상의 권위를 타파하고 일상 속에서 자신의 본성을 자각하는 주체적 자유의 실현을 강조함. 이 종파는 북방에서 널리 성행했는데, 송대(宋代)에 석상 초원(石霜楚圓, 986-1039) 문하에서 양기 방회(楊岐方會, 992-1049)의 양기파와 황룡 혜남(黃龍慧南, 1002-1069)의 황룡파가 나와, 양기파는 성행했으나 황룡파는 얼마 안 가 쇠퇴함. 양기파 문하의 대혜 종고(大慧宗杲, 1089-1163)는 천만 가지 의심도 결국은 하나의 의심에 지나지 않으며, 화두(話頭)의 의심이 깨뜨려지면 천만 가지 의심이 일시에 사라진다고 하여 화두와 정면으로 대결할 것을 역설했는데, 그의 선풍(禪風)을 간화선(看話禪)이라 함.

임파(紝婆·賃婆) ⓢnimba의 음사. 인도에서 자라는 교목으로, 봄에 옅은 황백색의 작은 꽃이 피고, 쓴맛이 나는 나무 껍질과 잎과 열매는 두통을 치료하는 데 사용함.

입능가경(入楞伽經) 10권. 북위(北魏)의 보리류지(菩提流支) 번역. ⇒ 능가경(楞伽經)

입량파(入量破) 상대편의 주장에 잘못이 있을 경우, 논법을 세워서 반박함.

입론(立論) 자신의 주장이나 판단을 내세움.

입멸(入滅) ①모든 번뇌를 남김없이 소멸한 열반의 경지에 듦. ②번뇌와 육신이 함께 소멸된 평온한 상태로 들어간다는 뜻으로, 석가나 승려의 죽음을 이르는 말.

입불이법문(入不二法門) 언어로 표현할 수 없는 절대의 경지에 듦. 분별·대립·차별·언어를 떠난 경지에 듦.

입성종(立性宗) 모든 현상의 인연과 본성을 밝히는 가르침.

입세아비담론(立世阿毘曇論) 10권. 진(陳)의 진제(眞諦) 번역. 우주의 성립, 수미산, 우주의 운행, 중생의 모습, 지옥, 재난 등에 대해 서술한 저술.

입승(立繩) 사찰의 규율과 질서를 다스리는 직책, 또는 그 일을 맡은 승려.

입실(入室) ①수행자가 친히 스승의 지도를 받기 위해 그의 방에 들어감. ②스승이 수행자를 자신의 방으로 불러들여 그의 수행 상태를 점검함. ③제자가 스승의 법맥(法脈)을 이어받음.

입아비달마론(入阿毘達磨論) 2권. 색건타라(塞建陀羅) 지음, 당(唐)의 현장(玄奘) 번역.

설일체유부(說一切有部)의 교리를 색(色)·수(受)·상(想)·행(行)·식(識)·허공(虛空)·택멸(擇滅)·비택멸(非擇滅)의 팔구의(八句義)로 나누어 해설한 저술.

입원(入院) 새로 한 사원의 주지(住持)에 임명되어 그 사원에 들어감.

입음성다라니(入音聲陀羅尼) 다라니(陀羅尼)는 ⓢdhāraṇī의 음사, 총지(總持)·능지(能持)라고 번역. 모든 음성의 소멸을 알아, 선악의 음성을 들어도 즐거움이나 분노를 일으키지 않는 능력·지혜.

입적(入寂) 모든 속박에서 벗어난 평온한 상태로 들어간다는 뜻으로, 승려의 죽음을 이르는 말.

입정(入定) 마음을 고요히 가라앉히고 한곳에 집중하여 산란하지 않는 선정(禪定)에 듦.

입종(立宗) 인명(因明)에서, 주장 명제나 판단을 내세움.

입중(入衆) ①스승과 문답을 마치고 대중 속으로 돌아옴. ②출가하여 처음으로 안거(安居)에 참여함.

입중의(入衆衣) 삼의(三衣)의 하나. 대중이 모인 의식 때 입는 옷이라는 뜻. 직사각형의 베 조각들을 세로로 나란히 꿰맨 것을 1조(條)로 하여, 7조를 가로로 나란히 꿰맨 것.

입처(入處) ⓢāyatana 대상이 들어오는 영역·범위, 곧 대상을 감각하거나 의식하는 기관·기능.

ㅈ

자경문(自警文) 1권. 고려의 야운(野雲) 지음. 수행자가 스스로 경계하고 지켜야 할 것을 적은 글.

자계(字界) ⓢdhātu 산스크리트에서, 동사의 어근을 말함. 이에 반해, 동사의 어미는 자연(字緣)이라 함.

자교상위과(自教相違過) 인명(因明)에서, 삼십삼과(三十三過) 가운데 종구과(宗九過)의 하나. 자신이 소속된 학파의 교리에 어긋나는 종(宗)을 내세우는 오류. 예를 들면, 바이셰시카 학도가 '말은 영원히 변하지 않는다'라고 주장하는 경우. 바이셰시카 학파에서는 말은 습관적으로 결정된 것으로 변한다고 주장함.

자구(資具) 생활 필수품. 생활 도구.

자내소증(自內所證) 자내증(自內證)과 같음.

자내증(自內證) 자신의 마음을 깨달음. 자신이 직접 체득한 깨달음. 스스로 체득한 내면의 깨달음.

자량(資糧) ⓢsaṃbhāra 수행의 기본이 되는 선근·공덕.

자량위(資糧位) 오위(五位)의 하나. 선근과 공덕을 쌓는 수행 단계로, 십주(十住)·십행(十行)·십회향(十廻向)을 닦음.

자력(自力) 부처나 보살 등에 의지하지 않고, 자신의 힘으로 깨달음에 이르려고 함.

자마금색(紫磨金色) 자줏빛의 윤이 나는 금색.

자무량심(慈無量心) 사무량심(四無量心)의 하나. 한량없는 중생에게 즐거움을 주려는 마음.

자박(子縛) 자(子)는 원인으로, 번뇌를 뜻함. 번뇌에 속박됨.

자발로지쟁률(自發露止諍律) 자언치(自言治)와 같음.

자본(字本) 산스크리트의 14개의 모음(母音)을 말함.

자붕(自朋) 동품(同品)과 같음.

자비(慈悲) 자(慈, ⓢmaitrī)는 남에게 즐거움을 준다는 뜻, 비(悲, ⓢkaruṇā)는 남의 괴로움을 덜어 준다는 뜻. 부처나 보살이 중생을 불쌍히 여겨 고통을 덜어 주고 안락하게 해 주려는 마음.

자비관(慈悲觀) 오정심관(五停心觀)의 하나. 노여움을 가라앉히기 위해 모든 중생에게 자비심을 일으키는 수행법.

자비량(自比量) ①자신의 바른 인식을 얻기 위해 마음 속으로 미루어 헤아리는 추리. ②타인은 인정하지 않고 자신만 인정하는 이유·근거로써 성립된 추리.

자비희사(慈悲喜捨) 자(慈)는 남에게 즐거움

을 주려는 마음, 비(悲)는 남의 괴로움을 덜어 주려는 마음, 희(喜)는 남이 괴로움을 떠나 즐거움을 얻으면 기뻐하려는 마음, 사(捨)는 남을 평등하게 대하려는 마음. 이것은 수행 방법으로 한량없는 중생에 대하여 일으키는 마음이므로 사무량심(四無量心)이라 함.

자상(自相) ①그 자체. ②본질. 특질. ③다른 것과 공통되지 않은 특별한 성질. ④언어 이전의 직관 대상. ⑤인명(因明)에서, 말에 직접 드러나 있는 일반적인 뜻. 이에 반해, 말에 직접 드러나 있지 않고 숨어 있는 특별한 뜻은 차별(差別)이라 함.

자상공(自相空) 십팔공(十八空)의 하나. 대상의 고유한 특성에 대한 분별이 끊어진 상태.

자색(字色) 명색(名色)과 같음.

자생(資生) ①생계를 유지하는 데 도움이 되는 물건. 생활 필수품. 생활 도구. ②생활. 살아서 활동함. 생계를 유지하며 살아감.

자설(自說) ⓢudāna 경전의 서술 형식에서, 질문자 없이 부처 스스로 설한 법문. 아미타경이 여기에 해당함. ⇒ 우타나(優陀那)

자성(自性) ①ⓢsvabhāva 변하지 않는 본성이나 실체. 어떤 현상의 고유한 성질. 사물 그 자체의 본성. 사물의 본체. 사물 그 자체. 본성. ②본래부터 저절로 갖추고 있는 부처의 성품. 태어날 때부터 갖추고 있는 청정한 성품. ③ⓢsvabhāva 저절로 존재하는 현상. ④인명(因明)에서, 주장 명제인 종(宗)의 주어를 말함. 예를 들면, '말은 무상하다'에서 '말'. 이에 반해, 종(宗)의 술어, 곧 '무상'은 차별(差別)이라 함. ④ⓢprakṛti 상캬 학파에서 설하는 이십오제(二十五諦)의 하나로, 물질의 근원을 말함. 이 자성이 순수 정신인 신아(神我, ⓢpuruṣa)의 영향을 받으면 평형 상태가 깨어져 현상 세계가 전개된다고 함.

자성궤(資成軌) 삼궤(三軌)의 하나. 본성을 응시하는 지혜의 작용을 도우는 수행.

자성단(自性斷) 사단(四斷)의 하나. 오염되어 있는 번뇌 그 자체를 끊음.

자성분별(自性分別) 삼분별(三分別)의 하나. 판단이나 추리 없이 대상을 직접 지각함.

자성선(自性禪) 구종대선(九種大禪)의 하나. 마음의 참모습을 주시하는 선정(禪定).

자성선(自性善) 그 자체의 성질이 본질적으로 선한 것. 곧, 무탐(無貪)·무진(無瞋)·무치(無癡)·참(참)·괴(愧)를 말함.

자성신(自性身) ⓢsvabhāva-kāya 삼신(三身)의 하나. 저절로 존재하는 진리 그 자체, 또는 그 진리를 있는 그대로 드러낸 우주 그 자체를 뜻함. 법신(法身)과 같음.

자성염주(自性念住) 삼염주(三念住)의 하나. 신(身)·수(受)·심(心)·법(法)을 주시하는 문혜(聞慧)·사혜(思慧)·수혜(修慧)를 말함.

자성청정심(自性淸淨心) 본래부터 저절로 갖추고 있는 청정한 마음.

자성청정장(自性淸淨藏) 여래장(如來藏)과 같음.

자수용(自受用) 깨달음의 경지를 되새기면서 스스로 즐김.

자수용신(自受用身) 깨달음의 경지를 되새기면서 스스로 즐기는 부처.

자수용토(自受用土) 사토(四土)의 하나. 깨달음의 경지를 스스로 즐기는 부처의 세계.

자순(子淳) 1064-1117. 송(宋)의 승려. 사천성(四川省) 검주(劍州) 출신. 27세에 출가하여 구족계(具足戒)를 받고 여러 지역을 편력하다가 부용 도해(芙蓉道楷, 1043-1118)에게 사사(師事)하여 그의 법을 이어받음. 호남성(湖南省) 단하산(丹霞山)에서 조동종(曹洞宗)을 부흥시킴. 어록 : 단하자순선사어록(丹霞子淳禪師語錄).

자심관(慈心觀) 자비관(慈悲觀)과 같음.

자심내증(自心內證) 자내증(自內證)과 같음.

자심시불(自心是佛) 인간은 본래부터 마음에 부처의 성품을 지니고 있으므로 자신의 마음이 곧 부처라는 뜻. 자신의 마음 그 자체가 곧 부처라는 뜻. 평범하고 예사로운 자신의 마음 그대로가 곧 부처라는 뜻.

자씨보살(慈氏菩薩) ⓢmaitreya를 음사하여 미륵(彌勒)이라 하고, 그것을 번역하여 자씨(慈氏)라고 함. 곧, 미륵보살을 말함.

자씨전(慈氏殿) ⓢmaitreya를 음사하여 미륵(彌勒)이라 하고, 그것을 번역하여 자씨(慈氏)라고 함. 미륵전(彌勒殿)과 같음.

자안(子安) ⇒ 미수(彌授)

자어상위과(自語相違過) 인명(因明)에서, 삼십삼과(三十三過) 가운데 종구과(宗九過)의 하나. 자신의 말에 모순을 포함하는 오류. 종(宗)의 주어와 술어가 서로 상반되는 오류. 예를 들면, '나의 어머니는 석녀(石女)이다'라고 주장하는 경우.

자언(自言) 자신의 범죄 사실을 인정함. 자백.

자언비니(自言毘尼) 자언치(自言治)와 같음.

자언치(自言治) 칠멸쟁(七滅諍)의 하나. 자백에 의거하여 승단에서 죄를 다스림.

자연(自然) ①몸소. 혼자. ②본성. ③있는 그대로의 참모습. ④스스로 존재함. ⑤막힘이나 걸림이 없고 자유로움. ⑥인식의 대상이 되는 바깥의 모든 현상.

자연(字緣) ⓢpratyaya 산스크리트에서, 동사의 어미를 말함. 이에 반해, 동사의 어근은 자계(字界)라고 함.

자연지(自然智) 있는 그대로 직관하는 부처의 지혜. 차별과 분별이 없는 깨달음의 지혜.

자은대사(慈恩大師) ⇒ 기(基)

자은종(慈恩宗) ①자은대사(慈恩大師) 기(基, 632-682)가 교학의 체계를 확립한 법상종(法相宗)을 말함. ②고려와 조선 초에 있던 종파. 세종 6년(1424)에 7종의 종파를 선교양종(禪敎兩宗)으로 통폐합하는 과정에서 교종에 흡수되어 그 이름을 상실함.

자응무도지(自應無倒智) 사지(四智)의 하나. 분별하지 않고 대상을 있는 그대로 파악하면 저절로 어긋나지 않은 진실에 이른다는 것을 아는 지혜.

자이나교(jaina敎) 기원전 6-기원전 5세기에 인도에서 성립된 종교로, 교조는 이건타야제자(尼犍陀若提子, nigaṇṭha-nātaputta)임. 그의 본명은 바르다마나(vardhamāna)이며, 깨달은 후에는 그를 높여 마하비라(mahāvīra, 大雄) 또는 지나(jina, 勝者)라고 일컬음. 원래 이건타(尼犍陀)는 이전에 있었던 종파 이름이었으나 바르다마나가 이 종파를 개혁하여 자이나교로 성립됨. 자이나교는 우주를 영혼(jīva)와 비영혼(ajīva)으로 나누고, 영혼은 인간뿐만 아니라 동물과 식물 그리고 지(地)·수(水)·화(火)·풍(風)에도 있다고 하며, 비영혼은 운동의 조건, 정지의 조건, 허공, 물질의 네 원리로 이루어져 있다고 함. 영혼은 본래 자유롭지만 그릇된 행위와 물질에 물들면 괴로운 윤회를 계속하므로 거기에 물들지 않기 위해서는 불살생(不殺生)·진실어(眞實語)·부도(不盜)·불음(不婬)·무소유(無所有)의 다섯 가지 계율을 지키고 엄격한 고행을 해야 한다고 주장함. 이 가운데 불살생과 무소유는 가장 엄격한 계율로, 어떤 고행자들은 물이나 땅이나 공기 중에 있는 미생물을 해치지 않기 위해 물을 마실 때는 걸러서 마시고, 길을 갈 때는 비로 앞을 쓸면서 걷고, 입에는 마스크를 착용함. 또 무소유를 지키기 위해 알몸으로 고행하는 교도들이 있는데, 이들을 나형파(裸形派) 또는 공의파(空衣派)라 하고, 흰 옷만 걸치는 교도들을 백의파(白衣派)라고 함. 이러한 계율을 바탕으로 고행하여 과거의 죄업을 소멸시키고 물질의 속박에서 완전히 벗어난 사람은, 삶도 바라지 않고 죽음도 바라지 않으며 내세도 바라지 않는 경지에 도달하게 되는데, 이 경지를 열반이라 함.
마하비라는, 사물은 관점에 따라 다르므로 그것을 다방면에서 고찰해야 하고, 만약 판단을 내리려고 할 때는 '이런 관점에서 보면'이라는 한정을 두어야 한다는 상대주의 입장을 취함. 또 그는 베다(veda) 성전(聖典)의 권위를 부정하고 계급 제도도 거부함.

자자(自恣) Ⓢpravāraṇā Ⓟpavāraṇā 여름 안거(安居)가 끝나는 날에 수행자들이 한곳에 모여 자신의 잘못을 서로 고백하고 참회하는 의식.

자자건도(自恣犍度) 건도(犍度)는 Ⓢskandha의 음사로, 장(章)·편(篇)을 뜻함. 자자(自恣)에 대해 설한 장(章).

자자일(自恣日) 여름 안거(安居)가 끝나는 날, 곧 자자(自恣)를 하는 날. 사분율·오분율에는 음력 7월 15일, 십송률·근본설일체유부율에는 음력 8월 15일.

자장(慈藏) 생몰년 미상. 신라의 승려. 진골(眞骨) 출신으로, 처자를 남겨두고 출가하고, 636년(선덕여왕 5)에 당(唐)에 갔다가 643년에 귀국하면서 대장경 400여 함(函)과 불사리(佛舍利) 등을 가지고 옴. 분황사(芬皇寺)와 황룡사(皇龍寺)에서 대승론(大乘論)과 보살계본(菩薩戒本)을 강의하고, 왕은 그를 대국통(大國統)에 임명하여 교단의 질서를 확립토록 함. 황룡사에 9층탑을 세울 것을 건의하여 645년에 완성하고, 646년에는 통도사(通度寺)를 창건하고 금강계단(金剛戒壇)을 설치하여 계율을 설함. 오대산을 문수도량(文殊道場)으로 설정하고, 원녕사(元寧寺)를 증축하고 화엄경을 설함. 만년에는 강릉 수다사(水多寺)와 태백산 정암사(淨巖寺)를 창건함.

자재(自在) ①막힘이나 걸림이 없고 자유로움. 구애받지 않고 마음대로 함. ②자재천(自在天)의 준말.

자재등인종(自在等因宗) 자재등작자론(自在等作者論)과 같음.

자재등작자론(自在等作者論) 십육이론(十六異論)의 하나. 모든 현상은 자재천(自在天) 등의 변화에 지나지 않는다는 견해.

자재소생색(自在所生色) 선정(禪定)에서 나타나는 형상. 예를 들면, 물이나 불을 깊이 생각하는 선정에서 나타나는 물이나 불.

자재암(自在庵) 경기 동두천시 소요산 북동쪽 기슭에 있는 절. 봉선사(奉先寺)의 말사. 신라의 원효(元曉, 617-686)가 창건하고, 974년에 고려의 각규(覺圭)가 다시 짓고, 1153년에 불타고, 이듬해 각령(覺玲)이 다시 지음. 이후 폐사되고, 1872년에 다시 짓고, 1907년 의병 봉기 때 불탐. 1909년부터 복구하기 시작하여 1914년에 완성하고, 한국 전쟁 때 불탐. 1961년에 다시 짓고, 이후 여러 차례 중축함.

자재천(自在天) ①대자재천(大自在天)과 같음. ②타화자재천(他化自在天)의 준말.

자재흑(自在黑) ⓢīśvara-kṛṣṇa 4세기경, 인도 바라문 출신의 상캬 학파. 70송(頌)으로 된 상캬카리카(sāṃkhya-kārikā)를 저술하여 상캬 철학을 체계적으로 요약하여 정립함. 그 저술의 주석서에 금칠십론(金七十論)이 있음.

자정(慈定) 중생에 대해 자비심을 일으키는 선정(禪定).

자존(慈尊) ⓢmaitreya의 음사는 미륵(彌勒), 번역은 자씨(慈氏). 곧, 미륵보살을 높여 이르는 말.

자종상위과(自宗相違過) 자교상위과(自教相違過)와 같음.

자증(自證) 자신이 직접 체득한 깨달음. 스스로 체득한 깨달음.

자증분(自證分) 사분(四分)의 하나. 인식 주관과 인식 대상에 의한 자신의 인식 작용을 확인하는 부분.

자진(慈眞) 천영(天英)의 시호.

자찬훼타계(自讚毁他戒) 자기를 칭찬하고 남을 헐뜯지 말라는 계율.

자체분(自體分) 자증분(自證分)과 같음.

자초(自超) 1327-1405. 고려 말·조선 초의 승려. 경남 합천 출신. 호는 무학(無學). 18세에 출가하여 소지(小止)와 혜명(慧明)의 가르침을 받고, 진천 길상사(吉祥寺), 묘향산 금강굴(金剛窟) 등에서 수행함. 1353년에 지천(智泉, 1324-1395)과 함께 원(元)의 연경(燕京)에 가서 지공(指空, ?-1363)과 나옹 혜근(懶翁惠勤, 1320-1376)의 가르침을 받고, 1356년에 귀국하여 천성산 원효암(元曉庵)에 머무름. 나옹의 법을 이어받고, 1392년에 왕사(王師)가 되어 양주 회암사(檜巖寺)에 머무름. 금강산 금장암(金藏庵)에서 입적함. 저서 : 불조종파지도(佛祖宗派之圖).

자타불이문(自他不二門) 십불이문(十不二門)의 하나. 자(自)는 가르침을 베푸는 부처, 타(他)는 그 가르침을 받는 중생을 뜻함. 부처가 중생의 능력이나 소질에 따라 가르침을 베풀고 중생이 그 가르침을 받아들이는 것은, 부처와 중생이 본래 한 생각 속에 우주의 모든 것을 갖추고 있기 때문이므로 자(自)와 타(他)는 둘이 아님.

자타카(jātaka) 본생(本生)·본생경(本生經)·본생담(本生譚)이라는 뜻. 붓다의 전생 이야기. 붓다가 현생에서 깨닫게 된 원인은 전생에 쌓은 선행과 공덕 때문이라고 사유하여, 당시 인도의 민간에 널리 유포되고 있던 전설과 우화 속의 인물 하나를 붓다의 전생으로 꾸며서 불교 설화로 변경시킨 것으로, 팔리어 경전에는 산문과 운문으로 된 547가지의 전생 이야기가 수록되어 있음.

자행(慈行) 책활(策活)의 호.

자행타화(自行他化) 스스로 부처의 가르침대로 수행하고, 또 그 가르침으로 남을 교화함.

작가라(斫迦羅) ⓢcakravāḍa의 음사. 철위(鐵圍)라 번역. 수미산의 사주(四洲)를 둘러싸고 있는 철위산(鐵圍山)을 말함.

작가라발라저(斫迦羅跋囉底) ⓢcakravartin의 음사. 전륜성왕(轉輪聖王)을 말함.

작구가라국(斫句迦羅國) 타클라마칸(Taklamakan) 사막의 서쪽, 지금의 사차(莎車) 남쪽에 인접해 있던 고대 국가.

작마생(作麼生) 어떻게 …… 할 것인가? 어떠한가?

작법(作法) ①수계(受戒)나 참회(懺悔) 등을 행하는 의식, 또는 그 의식에서 지켜야 할 예법. ②나비춤·바라춤과 같이, 동작으로 불법(佛法)을 상징하거나 부처를 찬탄하는 의례. ③주장 명제나 판단의 정당성이나 확실성을 이유와 구체적인 예를 들어 증명하는 논법·논식.

작법참회(作法懺悔) 율장(律藏)에 규정되어 있는 절차에 따라 행하는 참회.

작불(作佛) 부처가 됨. 모든 번뇌를 소멸하여 부처가 됨. 진리를 깨달아 부처가 됨.

작사지(作事智) 성소작지(成所作智)와 같음.

작식(嚼食) ⓢkhādanīya 비구들이 간식으로 씹어 먹는 음식. 뿌리·가지·잎·꽃·열매 따위. ⇒ 정식(正食)

작용도리(作用道理) 사종도리(四種道理)의 하나. 모든 현상을 원인과 결과의 작용으로 사유함.

작원문(作願門) 오념문(五念門)의 하나. 지극한 마음으로 정토에 태어나기를 원함.

작의(作意) ⓢmanaskāra 마음을 일깨워 대상으로 향하게 하는 마음 작용.

작지(作持) 계(戒)를 지님으로써 선(善)을 행함.

잡건도(雜犍度) 건도(犍度)는 ⓢskandha의 음사로, 장(章)·편(篇)을 뜻함. 여러 가지 가르침을 한데 모은 장(章). 또는 수행자가 사용하는 도구에 대한 규정을 설한 장(章).

잡림원(雜林苑) 제석(帝釋)의 도읍지인 선견성(善見城) 밖의 서쪽에 있다는 정원.

잡밀(雜密) 대일경(大日經)과 금강정경(金剛頂經)이 성립되기 이전의 비조직적이고 단편적인 밀교(密敎). 이에 반해, 그 두 경(經)에 의거한 체계적인 밀교는 순밀(純密)이라 함.

잡보장경(雜寶藏經) 10권. 원위(元魏)의 길가야(吉迦夜)·담요(曇曜) 번역. 인연과 비유로 된 이야기를 모은 경으로, 대부분 인과응보(因果應報)가 주요 내용으로 되어 있음.

잡비유경(雜譬喩經) ①1권. 후한(後漢)의 지루가참(支婁迦讖) 번역. 붓다의 가르침을 11가지 이야기로 설한 경. ②2권. 번역자 미상. 보살의 중생 구제, 공양, 불법에 귀의하는 공덕 등을 29가지 이야기로 설한 경. ③1권. 도략(道略) 엮음, 요진(姚秦)의 구마라집(鳩摩羅什) 번역. 붓다의 가르침을 39가지 이야기로 설한 경.

잡상관(雜想觀) 십육관(十六觀)의 하나. 극락

정토에는 1장(丈) 6척(尺) 되는 불상이 연못 위에 있다고 생각하고, 아미타불은 신통력으로 큰 몸이나 작은 몸으로 나타나는데 그 몸은 모두 금색이라고 생각하는 수행법.

잡쇄의(雜碎衣) 삼의(三衣)의 하나. 삼의 가운데 조(條)의 수가 가장 많은 옷이라는 뜻. 직사각형의 베 조각들을 세로로 나란히 꿰맨 것을 1조(條)로 하여, 9조 내지 25조를 가로로 나란히 꿰맨 것. 설법할 때, 걸식하러 갈 때, 왕궁에 갈 때 입음.

잡아비담심론(雜阿毘曇心論) 11권. 법구(法救) 지음, 유송(劉宋)의 승가발마(僧伽跋摩) 등 번역. 아비담심론(阿毘曇心論)을 보충하여 설일체유부(說一切有部)의 교리를 밝힌 저술.

잡아함경(雜阿含經) ⇒ 아함경(阿含經)

잡염(雜染) 번뇌, 또는 번뇌에 물들어 마음이 더러워짐.

잡예어(雜穢語) 진실이 없는 겉치레의 말.

잡장(雜藏) ①붓다와 그 제자와 보살 등의 행적과 수행을 기록한 불전(佛典)을 통틀어 일컬음. ②가르침을 설하는 자와 그 가르침의 내용이 다양한 대승 경전. ③경(經)·율(律)·논(論)이 혼합된 내용의 불전(佛典)을 통틀어 일컬음.

장(藏) ①ⓢⓟpiṭaka 바구니. 상자. ②ⓢgarbha 자궁. 태(胎). 내부. 중심. ③ⓢⓟpiṭaka 가르침. ④ⓢⓟālaya 집. 거주지. 의지처. 저장. ⑤ⓢⓟālaya 집착. ⑥ⓢgarbha 견고. 견실. ⑦ⓢkośa 그릇. 창고. ⑧nidhi 모임. 모여서 쌓임.

장객(莊客) 선원(禪院)의 논밭을 경작하는 인부.

장경(藏經) 대장경(大藏經)의 준말.

장경각(藏經閣) 절에 있는, 대장경을 보관해 두는 곳집.

장경도량(藏經道場) 고려 때, 대장경을 신앙의 대상으로 삼아 그것에 공양하고 예배하던 의식.

장경사(長慶寺) 경기 광주시 중부면 남한산성 안에 있는 절. 조계사(曹溪寺)의 말사. 1624년(인조 2)에 각성(覺性, 1575-1660)이 승려들을 동원하여 남한산성을 쌓을 때 그들의 숙식을 위해 창건하고, 이후 여러 차례 보수함.

장곡사(長谷寺) 충남 청양군 대치면 칠갑산 서쪽 기슭에 있는 절. 마곡사(麻谷寺)의 말사. 신라 말에 체징(體澄, 804-880)이 창건하고, 이후 여러 차례 보수·증축함. 문화재 : 철조약사여래좌상부석조대좌(鐵造藥師如來坐像附石造臺座)·상대웅전(上大雄殿)·철조비로자나불좌상부석조대좌(鐵造毘盧遮那佛坐像附石造臺座)·하대웅전(下大雄殿)·금동약사여래좌상(金銅藥師如來坐像).

장광상(丈光相) 삼십이상(三十二相)의 하나. 몸에서 나오는 빛이 두루 비춤.

장교(藏敎) 천태종의 교판(敎判)에서, 아함경을 비롯한 초기의 가르침. ⇒ 오시팔교(五時八敎)

장군죽비(將軍竹篦) 참선할 때 졸거나 자세가 흐트러진 수행자의 어깨를 치는 약 2m의 큰 죽비.

장궤(長跪) 인도와 서역인들의 무릎을 꿇는 예법. 두 무릎을 땅에 대고 허리를 세우는 자세.

장로(長老) ①ⓢsthavira ⓟthera 수행 기간이 길고 덕이 높은 수행자를 높여 일컫는 말. 지혜와 덕을 갖춘 비구. ②스승.

장륙상(丈六像) 높이가 1장 6척 되는 불상.

장물(長物) 출가 수행자가 규정 외에 여분으로 지니고 있는 물건. 예를 들면, 삼의(三衣) 이외의 옷이나 일발(一鉢) 이상의 발우(鉢盂)는 장물에 해당함.

장발(長鉢) 출가 수행자가 규정 외에 여분으로 지니고 있는 발우(鉢盂), 곧 일발(一鉢) 이상의 발우.

장방록(長房錄) 수(隋)의 비장방(費長房)이 엮은 역대삼보기(歷代三寶記)를 말함.

장부(長部) ⇒ 아함경(阿含經)

장사(藏司) 사찰의 대장경을 관리하는 직책, 또는 그 일을 맡은 승려.

장삼(長衫) 소매가 매우 넓고 허리에는 충분한 여분을 두고 큼직한 주름을 잡은 승복. 윗옷인 편삼(偏衫)과 아랫도리에 입는 군자(裙子)를 합쳐 꿰맨 옷이므로 중국에서는 직철(直裰)이라 함.

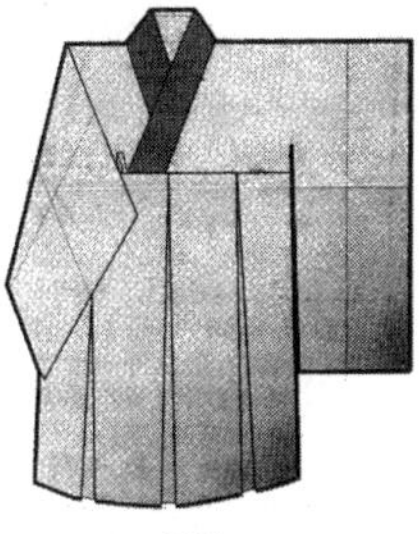
장삼

장삼이사(張三李四) 장(張)과 이(李)는 중국에서 가장 흔한 성씨, 3과 4는 복수를 나타냄. 흔히 어디에나 있는 평범한 보통 사람들.

장생고(長生庫) 고려 때, 재화(財貨)를 빌려주고 그 이자를 받아 불교 행사나 사찰 보수, 그리고 병자나 빈민을 구제하는 데 쓰기 위해 사찰에서 설치한 금융기관.

장시수(長時修) 사수(四修)의 하나. 무한한 시간 동안 싫증내지 않고 수행함.

장식(藏識) ⇒ 아뢰야식(阿賴耶識)

장실(丈室) 선원(禪院)의 운영을 주관하는 수행승이 거처하는 방.

장아함경(長阿含經) ⇒ 아함경(阿含經)

장안사(長安寺) 강원 회양군 금강산 비로봉 남서쪽 기슭에 있는 절. 551년에 신라의 혜량(惠亮)이 창건하고, 773년에 진표(眞表)가 보수함. 970년에 불타고, 982년에 회정(懷正)이 다시 짓고, 1343년에 중축·보수함. 1537년에 불타고, 1545년에 다시 지음. 이후 여러 차례 중축·보수함.

장약(長藥) 출가 수행자가 규정일 이상 지니고 있는 약. 병든 수행자에게 7일에 한하여 먹도록 허락한 약을 그 이상 보관하고 있으면 그 약은 장약에 해당함.

장엄(莊嚴) ①ⓢvyūha 건설함. 건립함. 훌륭하게 배열·배치함. ②엄숙하고 위엄이 있음. 엄숙과 위엄을 나타내기 위해 장식함.

장엄겁(莊嚴劫) 과거의 1대겁(大劫)을 말함. 세계가 성립되는 지극히 긴 기간을 성겁(成劫), 머무르는 기간을 주겁(住劫), 파괴되어 가는 기간을 괴겁(壞劫), 파괴되어 아무 것도 없는 상태로 지속되는 기간을 공겁(空劫)이라 하고, 이 네 겁(劫)을 1대겁이라 함. 네 겁은 각각 20중겁(中劫)이므로 1대겁은 80중겁이 됨. 중겁은 인간 수명 8만 세에서 100년에 한 살씩 줄어 10세에 이르고 다시 10세에서 100년에 한 살씩 늘어 8만 세에 이르는 시간을 말함.

장엄구(莊嚴具) 엄숙과 위엄을 나타내기 위한 장식에 쓰이는 물건.

장엄문(莊嚴門) 부처의 가르침으로 인도하기 위해 형식적으로 꾸미는 수단이나 방법.

장의(長衣) 출가 수행자가 규정 외에 여분으로 지니고 있는 옷, 곧 삼의(三衣) 이외의 옷.

장자(長者) ①부호. 자산가. ②덕행이 뛰어나고 나이가 지긋한 사람을 높여 일컫는 말.

장재(長齋) 오랫동안 정오 이후에는 먹지 않고 정진함.

장전(藏殿) 절에 있는, 대장경을 보관해 두는 건물.

장정(長淨) 청정을 쌓는다는 뜻. ⇒ 포살(布薩)

장좌불와(長坐不臥) 눕지 않고 늘 좌선함.

장주(藏主) 육두수(六頭首)의 하나. 선원(禪院)의 대장경을 관리하는 직책, 또는 그 일을 맡은 승려.

장주(莊主) 사찰에 소속된 토지를 관리하는 직책, 또는 그 일을 맡은 승려.

장중론(掌中論) 1권. 진나(陳那) 지음, 당(唐)의 의정(義淨) 번역. 오직 인식 작용만 있고, 인식 작용이 분별하여 상정한 대상은 허구라는 이치를 밝힌 저술로, 여섯 개의 게송과 그에 대한 풀이로 구성되어 있음.

장지상(長指相) 삼십이상(三十二相)의 하나. 손가락이 긺.

장진해탈(障盡解脫) 모든 번뇌를 끊어 본래 청정한 중생의 본성을 드러낸 상태.

장통별원(藏通別圓) 장교(藏敎)와 통교(通敎)와 별교(別敎)와 원교(圓敎). ⇒ 화법사교(化法四敎)

장행(長行) ⓢgadya 경전의 서술 형식이 산문체로 된 것.

재(齋) ⓢpoṣadha ⓢupavāsa ⓟuposatha ①몸과 마음을 깨끗이 하고 언행을 삼가며, 정오가 지나면 음식을 먹지 않음. ②정오의 식사. ③불전(佛前)에 공양함. ④죽은 이의 명복을 비는 의식. ⑤승려들에게 음식을 대접하는 일.

재(栽) ⓟphassa 육근(六根)과 육경(六境)과 육식(六識)의 화합으로 일어나는 마음 작용. 촉(觸)과 같음.

재가(在家) 출가하지 않고 집에서 가정 생활을 하면서 불도(佛道)를 닦음, 또는 그렇게 하는 사람.

재가계(在家戒) 재가의 신도가 지켜야 할 오계(五戒)·팔재계(八齋戒) 등의 계율.

재계(齋戒) 몸과 마음을 깨끗이 하고 언행을 삼가며, 정오가 지나면 음식을 먹지 않음.

재고(齋鼓) 선원(禪院)에서 식사 시각을 알릴 때 치는 북.

재공양(財供養) 부처나 보살에게 재물이나 향·꽃 등을 바침.

재달라(載怛囉) ⓢcaitra의 음사. 인도력(印度曆)의 1월. 음력 1월 16일부터 2월 15일까지에 해당함.

재당(齋堂) 선원(禪院)의 식당.

재보시(財布施) 남에게 재물을 베풂.

재시(財施) 남에게 재물을 베풂.

재식(齋食) ①정오가 지나면 음식을 먹지 않고, 그 이전에 음식을 먹음. ②법회 때의 식사.

재월(齋月) 몸과 마음을 깨끗이 하고 팔재계(八齋戒)를 지키며 정진하는 음력 1월·5월·9월의 석 달을 말함.

재일(齋日) ①재가(在家)의 신도가 몸과 마음을 깨끗이 하고 팔재계(八齋戒)를 지키며 정진하는 육재일(六齋日)·십재일(十齋日) 등을 말함. ②죽은 이의 명복을 빌기 위해 불공을 올리는 날.

재전(在纏) 번뇌에 속박되어 있음.

재조대장경(再雕大藏經) 고려대장경(高麗大藏經)과 같음.

재주(齋主) 수행승들에게 정오의 식사를 베푸는 사람.

재파(齋罷) 정오의 식사를 마친 후.

재회(齋會) ①죽은 이의 명복을 빌거나 외로운 영혼을 위로하기 위해 음식을 베풀고 기원이나 독경 등을 하는 법회. ②승려들에게 음식을 대접하는 법회.

쟁(諍) ⓢraṇa 번뇌를 뜻함.

쟁론(諍論) 서로 상대편의 견해를 비난하고 공격함. 상대편의 바른 논법을 그릇된 방법으로 비난함.

쟁송(諍訟) 서로 다툼. 재판을 청구하여 서로 다툼.

저미(坻彌) 저미라(低彌羅)와 같음.

저미라(低彌羅) ⓢtimiṃgila의 음사. 탄어(呑魚)라고 번역. 깊은 바다에 산다는 거대한 물고기.

저일저리(底逸底哩) ⓢtittiri의 음사. 자고(鷓鴣). 꿩과의 새로, 메추리와 비슷함.

저포(樗蒲·樗蒱·摴蒱) 도박. 노름.

적(寂) ①고요함. 평온함. ②모든 번뇌를 남김없이 소멸하여 평온하게 된 열반의 상태.

적골관(赤骨觀) 짐승이 뜯어먹어 피를 흘리는 시체를 주시하는 수행법.

적광(寂光) ①모든 번뇌를 남김없이 소멸한 상태에서 드러나는 청정한 지혜의 광명. ②상적광토(常寂光土)의 준말.

적광토(寂光土) 상적광토(常寂光土)의 준말.

적념(寂念) 마음을 고요히 가라앉히고 한곳에 집중한 상태.

적량(寂場) 적멸도량(寂滅道場)의 준말.

적멸(寂滅) 불이 꺼지듯, 탐욕〔貪〕과 노여움〔瞋〕과 어리석음〔癡〕이 소멸된 열반의 상태. 모든 번뇌를 남김없이 소멸하여 평온하게 된 열반의 상태. 모든 대립이나 차별을 떠난 상태.

적멸도량(寂滅道場) 붓다가 깨달음을 이룬 곳으로, 고대 인도 마가다국의 우루벨라 마을 네란자라 강가에 있는 붓다가야(ⓢbuddhagayā)의 보리수(菩提樹) 아래를 말함.

적멸무이(寂滅無二) 모든 번뇌를 남김없이 소멸하여 평온하게 된 열반의 상태인 적멸(寂滅)은 모든 대립이나 차별을 떠난 경지이므로 무이(無二)라고 함.

적멸법(寂滅法) 모든 번뇌를 남김없이 소멸하여 평온하게 되는 열반의 경지에 이르는 가르침.

적멸보궁(寂滅寶宮) 석가모니불의 사리(舍利)를 봉안한 사찰의 건물로, 이곳에는 불상을 봉안하지 않음.

적멸상(寂滅相) 모든 대립이나 차별을 떠난 있는 그대로의 평온한 모습.

적멸위락(寂滅爲樂) 모든 번뇌를 남김없이 소멸한 열반의 상태는 괴로움이 없어 안락하다는 뜻.

적멸인(寂滅忍) 모든 번뇌를 끊은 열반에 안주하여 마음을 움직이지 않음.

적문(迹門) 석가모니불이 나타나기 이전, 아득히 먼 과거에 성불한 본불(本佛)이 중생을 구제하기 위해 석가모니불로 그 자취를 드러낸 부분. 법화경 28품 가운데 앞의 14품은 적문, 뒤의 14품은 본문(本門)에 해당함.

적문개현(迹門開顯) 법화경 28품 가운데 앞 14품의 적문(迹門)에서 밝히고 드러낸 것. 곧, 세존이 법화경을 설하기 이전에는 방편을 진실인 듯이 설하고 방편을 방편이라고 밝히지 않았으나, 법화경의 적문에서 성문·연각·보살의 삼승(三乘)에 대한 여러 가지 가르침은 일시적인 방편이고 일승(一乘)이 진실한 가르침이라는 것을 드러냄. 삼승은 일시적인 방편이라 밝히고 일승을 드러냄.

적문십묘(迹門十妙) 적문(迹門)은 석가모니불이 나타나기 이전, 아득히 먼 과거에 성불한 본불(本佛)이 중생을 구제하기 위해 석가모니불로 그 자취를 드러낸 부분으로, 법화경 28품 가운데 앞의 14품에 해당함. 십묘(十妙)는 지의(智顗)가 법화현의(法華玄義)에서 밝힌 내용으로, 묘법연화경(妙法蓮華經)의 묘(妙)자에 함축되어 있다는 열 가지 오묘함. (1)경묘(境妙). 지혜의 대상이 오묘함. (2)지묘(智妙). 관조하는 지혜가 오묘함. (3)행묘(行妙). 수행이 오묘함. (4)위묘(位妙). 수행의 단계가 오묘함. (5)삼법묘(三法妙). 거짓 없고 변하지 않는 본성〔眞性〕과 본성을 응시하는 지혜의 작용〔觀照〕과 지혜의 작용을 도우는 수행〔資成〕이 서로 오묘함. (6)감응묘(感應妙). 가르침을 받아들이는 중생의 소질이나 능력과 그에 대한 부처의 반응이 서로 오묘함. (7)신통묘(神通妙). 부처의 자유 자재한 능력이 오묘함. (8)설법묘(說法妙). 부처의 설법이 오묘함. (9)권속묘(眷屬妙). 부처를 따르는 권속들의 능력이 오묘함. (10)이익묘(利益妙). 부처가 주는 이익이 오묘함.

적본(迹本) 석가모니불이 나타나기 이전, 아득히 먼 과거에 성불한 본불(本佛)이 중생을 구제하기 위해 석가모니불로 그 자취를 드러낸 적문(迹門)과 본불을 드러낸 본문(本門)을 말함. 법화경 28품 가운데 앞의 14품은 적문, 뒤의 14품은 본문에 해당함.

적삼 승려들이 주로 실내에서 입는 웃옷.

적삼

적상(寂常) 모든 번뇌를 남김없이 소멸하여 평온하게 된 열반의 상태.

적심입도(賊心入道) 자신의 이익이나 생활을 위해, 또는 가르침을 몰래 엿듣기 위해 출가하여 비구의 승단에 들어온 자.

적안(寂岸) 모든 번뇌를 남김없이 소멸하여 피안(彼岸)의 열반에 이른 상태.

적업사자(寂業師子) 석가(釋迦, ⓢśākya)를 일컬음. śākya를 śā와 kya로 나누고, śā를 적(寂, ⓢśānti)으로, kya를 업(業, ⓢkarma)으로 해석한 말.

적연(寂然) 마음이 고요하고 맑은 상태. 모든 번뇌를 남김없이 소멸하여 평온하게 된 열반의 상태.

적육단(赤肉團) 육체. 신체.

적인(寂忍) 혜철(惠哲)의 시호.

적전단(赤栴檀) 전단 가운데 가장 향기가 좋고 나무의 껍질이 검붉은 전단.

적정(寂靜) ①탐욕〔貪〕과 노여움〔瞋〕과 어리석음〔痴〕이 소멸된 열반의 상태. 모든 번뇌를 남김없이 소멸하여 평온하게 된 열반의 상태. ②마음을 한곳에 집중하여 산란을 멈추고 평온하게 된 상태.

적정(寂定) 마음을 고요히 가라앉히고 한곳에 집중하여 망상을 일으키지 않는 상태.

적조(寂照) ①산란한 마음을 가라앉히고 지혜로써 모든 현상의 모습을 있는 그대로 응시함. ②모든 번뇌를 남김없이 소멸한 상태에서 청정한 지혜의 광명을 드러냄.

적주(賊住) ①자신의 이익이나 생활을 위해, 또는 가르침을 몰래 엿듣기 위해 출가하여 비구의 승단에 들어온 자. ②구족계(具足戒)를 받지 않은 자가 그 계(戒)를 받은 비구의 대열에 끼어 있는 것.

적지(寂志) 사문(沙門, ⓟsamaṇa)을 일컬음. samaṇa를 어근 sam(고요하다)에서 유래한 것으로 해석한 말.

전(轉) ①ⓢpravartaka 일어남. 생성함. 나타남. 변화함. 전개함. 활동함. ②단계. 경지. ③가르침을 설함. ④돌림. 굴림. 회전함.

전(纏) 중생의 마음을 속박하는 번뇌, 특히 근본 번뇌(根本煩惱)에 부수적으로 일어나는 수번뇌(隨煩惱)를 말함.

전(殿) 부처나 보살을 모신 사찰의 건물.

전가(全跏) 전가부좌(全跏趺坐)의 준말.

전가부(全跏趺) 전가부좌(全跏趺坐)의 준말.

전가부좌(全跏趺坐) 앉는 자세의 한 가지. 오른발을 왼쪽 허벅다리 위에 얹고, 왼발을 오른쪽 허벅다리 위에 얹는 앉음새, 또는 왼발을 오른쪽 허벅다리 위에 얹고, 오른발을 왼쪽 허벅다리 위에 얹는 앉음새. 결가부좌(結跏趺坐)와 같음.

전각(殿閣) 부처나 보살을 모신 전(殿)과 불교가 한반도에 토착화되는 과정에서 그에 수용된 산신(山神)·칠성(七星) 등을 모신 각(閣).

전객(典客) 절에 오는 손님을 보살피는 직책, 또는 그 일을 맡은 승려.

전경(轉經) 경전의 글귀를 소리내어 읽거나 읊조림.

전근(轉根) 열등한 능력을 수행으로 단련하여 뛰어난 능력으로 변화시킴.

전나라급다(旃那羅笈多) 전타굴다(旃陀掘多)와 같음.

전단(栴檀) ⓢcandana의 음사. 남인도의 서해안에 뻗어 있는 서(西)고츠 산맥에서 많이 자라는 상록 교목으로, 끝이 뾰족한 타원형의 잎이 마주나고 꽃은 주머니 모양임. 나무에서 향기가 나고 조각물의 재료로 쓰임.

전단(旃丹) 진단(震旦)과 같음.

전단계니타왕(栴檀罽尼吒王) 가니색가왕(迦膩色迦王)과 같음.

전단림(栴檀林) 전단이 우거진 숲. 승려들이 수행하는 도량(道場)을 일컬음.

전단서상(栴檀瑞像) 코삼비국의 우전왕(優塡王)이 전단으로 만든 최초의 불상.

전단세말향(栴檀細末香) 전단나무를 미세하게 분말한 향.

전단수이(栴檀樹耳) 이(耳)는 용(茸), 곧 버섯을 뜻함. 전단나무에서 자라는 버섯. 붓다는 대장장이의 아들 춘다(ⓢcunda)가 바친 이 버섯 요리를 먹은 후, 쿠시나가라(ⓢkuśinagara)에서 입멸함.

전단향(栴檀香) 전단의 목재나 뿌리를 분말로 한 향.

전당(殿堂) 크고 화려한 집.

전당수좌(前堂首座) 좌선하는 승당(僧堂)에는 앞문과 뒷문이 있어 승당 내부를 전당(前堂)과 후당(後堂)으로 나누는데, 전당에서 좌선하는 승려들을 지도하고 단속하는 승려.

전도(顚倒) 그릇됨. 어긋남. 잘못됨. 위배됨. 뒤바뀜. 뒤집힘.

전도라(旃荼羅) 전타라(旃陀羅)와 같음.

전독(轉讀) 경전의 글귀를 소리내어 읽거나 읊조림.

전등(傳燈) 등불이 등불에서 등불로 이어지듯, 불법(佛法)이 스승에서 제자로 계속 이어짐을 뜻함.

전등록(傳燈錄) 경덕전등록(景德傳燈錄)의 준말.

전등사(傳燈寺) 인천시 강화군 길상면 정족산 동쪽 기슭에 있는 절. 조계사(曹溪寺)의 말

사. 1266년(고려 원종 7)에 창건하여 진종사(眞宗寺)라 하고, 1282년(충렬왕 8)에 왕의 원비(元妃) 정화궁주(貞和宮主)가 인기(印奇)를 시켜 송(宋)의 대장경을 인쇄해 오게 해서 이 절에 보관함. 1366년(공민왕 15) 이후에 전등사로 이름을 바꾸고, 1603년에 일부분 불타고, 1614년에 모두 불타고, 1621년에 지경(志敬)이 복구함. 1678년에 마니산 사고(史庫)의 실록(實錄)을 이 절의 장사각(藏史閣)에 옮겨 보관하고, 왕실의 선원세보(璿源世譜)와 문적(文籍)을 선원각(璿源閣)에 보관함으로써 왕실의 보호를 받음. 이후 여러 차례 보수하고 증축함. 일제 강점기 때 삼십일본산(三十一本山)의 하나로 지정됨. 문화재 : 대웅전·약사전(藥師殿)·범종(梵鐘).

전람(典攬) 경전의 요점들을 뽑아서 설명함.

전륜(轉輪) ①윤회(輪廻)와 같음. ②전륜성왕(轉輪聖王)의 준말.

전륜성왕(轉輪聖王) ⓢcakravarti-rāja 인도 신화에서, 칠보(七寶)를 갖추고 정법(正法)으로 수미산(須彌山)의 사방에 있는 대륙을 다스리는 왕으로, 하늘로부터 받은 윤보(輪寶)를 굴려 모든 장애를 물리친다고 함. 윤보에는 금·은·동·철의 네 가지가 있는데, 금윤보(金輪寶)를 지닌 금윤왕(金輪王)은 네 대륙을 다스리고, 은윤보(銀輪寶)를 지닌 은윤왕(銀輪王)은 세 대륙을, 동윤보(銅輪寶)를 지닌 동윤왕(銅輪王)은 두 대륙을, 철윤보(鐵輪寶)를 지닌 철윤왕(鐵輪王)은 한 대륙을 다스린다고 함.

전륜왕(轉輪王) 전륜성왕(轉輪聖王)의 준말.

전륜장(轉輪藏) 대장경을 넣어두는 회전 책장.

전무명(纏無明) 아뢰야식(阿賴耶識)에 잠재해 있지 않고 구체적으로 활동하여 중생을 속박하는 무명.

전범륜(轉梵輪) 전법륜(轉法輪)과 같음.

전법(傳法) ①스승이 제자에게 불법(佛法)을 전함. ②부처의 가르침을 전파함.

전법관정(傳法灌頂) 밀교의 수행을 원만히 성취하여 스승의 자격을 얻으려는 자에게, 스승이 대일여래(大日如來)의 가르침을 전수(傳授)하고 정수리에 물을 붓는 의식.

전법륜(轉法輪) ①부처의 설법을 전륜성왕(轉輪聖王)이 윤보(輪寶)를 굴리는 것에 비유한 말. 부처가 가르침을 설함. ②초전법륜(初轉法輪)의 준말.

전법사(傳法師) ①제자에게 법맥(法脈)을 전해 준 스승. ②부처의 가르침을 전파하는 사람.

전법정종기(傳法正宗記) 9권. 송(宋)의 계숭(契嵩) 엮음. 석가모니가 입멸한 후 불법(佛法)이 계승되어 온 차례를 기록한 저술. 제1권에는 석가모니, 제2권에서 제5권까지는 인도의 28조(祖), 6권에는 중국의 혜가(慧可)·승찬(僧璨)·도신(道信)·홍인(弘忍)·혜능(慧能)의 전기를 서술하고, 제7권에서 9권까지는 혜능(慧能) 문하 1,304명과 방계(傍系) 205명, 그리고 계통과 관계없이 수행한 11명의 전기를 간략하게 서술함.

전변(轉變) ⓢpariṇāma ①변화함. ②아뢰야식(阿賴耶識)에 저장되어 있는 종자(種子)의 변화와 성숙, 또는 그 변화와 성숙으로 일어난 팔식(八識)의 인식 작용.

전사(專使) 어떤 임무를 띠고 외부에 파견되는 승려.

전상(轉相) 무명(無明)에 의해 마음이 움직임으로써 일어나는 인식 주관.

전상의(田相衣) 가사(袈裟)를 말함. 직사각형의 베 조각들을 기워서 만든 모양이 밭두둑과 같으므로 이와 같이 말함.

전생(前生) 이 세상에 태어나기 이전의 일생.

전세(前世) 이 세상에 태어나기 이전의 세상.

전식(轉識) ①Ⓢpravṛtti-vijñāna 안식(眼識)·이식(耳識)·비식(鼻識)·설식(舌識)·신식(身識)·의식(意識)·말나식(末那識)을 통틀어 일컬음. 이 칠식은 아뢰야식(阿賴耶識)에서 발생하여 작용하므로 이와 같이 말함. ②오의(五意)의 하나. 그릇된 마음 작용에 의해 일어난 인식 작용.

전식(前食) 아침에 먹는 밥.

전식득지(轉識得智) 번뇌에 오염된 팔식(八識)을 질적으로 변혁하여 얻은 청정한 지혜.

전신사리(全身舍利) 시신(屍身).

전심법요(傳心法要) 1권. 본이름은 황벽산단제선사전심법요(黃壁山斷際禪師傳心法要). 당(唐)의 배휴(裵休)가 842년에 강서성(江西省) 종릉(鍾陵) 관찰사(觀察使)로 부임했을 때, 황벽 희운(黃檗希運)을 용흥사(龍興寺)에 모시고 조석으로 그의 가르침을 받았는데, 그 가르침을 기록한 법어집.

전안거(前安居) 음력 4월 16일 또는 음력 5월 16일부터 3개월 동안 수행승들이 외출을 금하고 수행에만 전념하는 제도.

전오식(前五識) 팔식(八識) 가운데 앞의 다섯 가지 식(識), 곧 안식(眼識)·이식(耳識)·비식(鼻識)·설식(舌識)·신식(身識)을 말함.

전의(轉依) Ⓢāśraya-parāvṛtti Ⓢāśraya-parivṛtti 소의(所依)를 변혁한다는 뜻으로, 소의는 팔식(八識) 가운데 특히 아뢰야식(阿賴耶識)을 가리킴. 번뇌에 오염되어 있는 아뢰야식을 청정한 상태로 변혁함. 번뇌에 오염되어 있는 마음의 근원을 청정한 열반의 상태로 변혁함. 분별하는 마음 작용을 분별하지 않는 상태로 변화시킴. 분별하는 인식 주관의 작용을 소멸시킴.

전의(田衣) 전상의(田相衣)의 준말.

전전(展轉) 순서대로 연속함. 차례대로 이어짐.

전전지쟁률(展轉止諍律) 다인멱죄상(多人覓罪相)과 같음.

전정각산(前正覺山) 붓다가야(buddhagayā)에서 네란자라(nerañjarā) 강 건너편에 있는 바위산으로, 고행을 포기한 싯다르타가 깨달음을 이루려고 이 산에 올랐으나 주위 환경이 여의치 못하여 네란자라 강을 건너 붓다가야로 향했다고 함. 그 후, 이 바위산은 싯다르타가 깨달음을 이루기 전에 오른 산이라고 하여 이와 같이 불림.

전제(前際) 이전의 때, 곧 과거.

전제라(旃提羅) Ⓢṣaṇḍha의 음사. 남근(男根)을 자른 자.

전종(殿鐘) 불전(佛殿)에 있는 범종(梵鐘).

전좌(典座) 육지사(六知事)의 하나. 선원(禪院)에서 식사·의복·방석·이부자리 등을 담당하는 직책, 또는 그 일을 맡은 승려.

전주(殿主) 불전(佛殿)을 맡아서 돌보는 직책, 또는 그 일을 하는 승려.

전주국(戰主國) ⓢyuddhapati 갠지스 강 중류, 지금의 바라나시(Varanasi) 동쪽에 인접해 있던 고대 국가.

전초(全超) 색계의 맨 밑에 있는 범중천(梵衆天)에서 중간에 있는 모든 천(天)을 뛰어넘어 색계의 맨 위에 있는 색구경천(色究竟天)이나 무색계의 맨 위에 있는 유정천(有頂天)에 이르러 완전한 열반을 이루는 불환과(不還果)의 성자. ⇒ 상류반(上流般)

전타굴다(旃陀掘多) 기원전 320년경에 마가다국(magadha國) 난다(nanda) 왕조를 무너뜨리고 마우리야(maurya) 왕조를 세운 왕. 아들은 빈두사라(bindusāra) 왕, 손자는 아쇼카(aśoka) 왕.

전타라(旃陀羅) ⓢcaṇḍāla의 음사. 고대 인도의 사성(四姓) 가운데 가장 낮은 계급인 수타라(首陀羅) 밑에 위치하는 최하위 천민으로, 도살(屠殺) 등에 종사함. 마누법전(manu法典)에 의하면, 수타라(首陀羅)의 남자와, 폐사(吠奢)·찰제리(刹帝利)·바라문(婆羅門)의 여자 사이에서 태어난 혼혈인이라고 함.

전탑(塼塔) 벽돌로 쌓은 탑.

전파(栴波) 첨파(瞻波)와 같음.

전표(詮表) 언어로 나타냄. 언어로 표현함.

절 불상과 보살상 등을 모셔 놓고 승려들이 거주하면서 부처의 가르침에 따라 수행하고 그 가르침을 설하는 집.

절관망수(絶觀忘守) 본래 마음이 없기 때문에 관조할 마음도 없고 지켜야 할 마음도 없다는 뜻.

절단중류(截斷衆流) 운문삼구(雲門三句)의 제2구. 모든 흐름을 끊어 버린다, 곧 수행자의 번뇌·망상을 명쾌하게 끊어 버린다는 뜻.

절복(折伏) 중생을 굴복시켜 인도함. 상대의 견해를 깨뜨려 인도함.

절상일승(絶想一乘) 분별을 떠나 곧바로 진리를 체득하게 하는 부처의 유일한 가르침.

절요(節要) 법집별행록절요병입사기(法集別行錄節要幷入私記)의 준말.

절중(折中) 826-900. 신라의 승려. 경기 개풍 오관산(五冠山) 진전(珍傳)에게 출가하고, 15세부터 영주 부석사(浮石寺)에서 화엄학을 배우고, 19세에 안성 장곡사(長谷寺)에서 구족계(具足戒)를 받음. 금강산에 가서 도윤(道允, 798-868)에게 사사(師事)하여 그의 법을 이어받고, 영월 사자산 흥녕사(興寧寺)에 머물면서 선풍(禪風)을 일으킴. 시호는 징효(澄曉).

점교(漸敎) 순서에 따라 점진적으로 수행하여 깨달음에 이르게 하는 가르침. 일정한 수행 단계를 거치는 과정에서 점점 깨닫게 하는 가르침. 얕은 내용에서 점점 깊은 내용으로 나아가는 가르침.

점기(漸機) 수행의 단계를 거쳐 점점 깨달음에 이르는 기질.

점념시현(占念示現) 삼시현(三示現)의 하나. 부처가 중생들의 생각을 자세히 살펴 그에 따라 교화함.

점다(點茶) 차를 달이거나 우려냄.

점돈(漸頓) 얕고 깊은 순서에 따라 점진적으로 수행하여 깨달음에 이르게 하는 점교(漸敎)와 일정한 수행 단계를 거치지 않고 단박 깨달음에 이르게 하는 돈교(頓敎).

점두(點頭) 고개를 끄덕임. 수긍함.

점마리(鉆摩利) ⓢśālmalī의 음사. 가시가 무성한 나무 이름.

점박가(占博迦) ⓢcampaka의 음사. 인도 북부에서 자라는 교목. 잎은 윤택하고, 짙은 노란색의 꽃이 피는데 그 향기가 진함.

점복(占匐) 점박가(占博迦)와 같음.

점수(漸修) 얕고 깊은 순서에 따라 점진적으로 수행함. 일정한 단계를 거치는 수행.

점심(點心) ①아침 식사와 정오의 식사 사이에 조금 먹는 음식. ②선종(禪宗)에서, 정해진 시간 외에 배고플 때 조금 먹는 음식.

점안식(點眼式) 불상을 만들거나 불화를 그리고 나서, 일정한 의식을 행한 후 거기에 눈동자를 그리는 일.

점열(漸熱) 육시(六時)의 하나. 고대 인도에서 1년을 기후에 따라 여섯 기간으로 나눈 가운데 음력 1월 16일부터 3월 15일까지의 점점 더워지는 기간.

점오(漸悟) 얕고 깊은 순서에 따라 점진적으로 수행하여 깨달음에 이름. 일정한 수행 단계를 거치는 과정에서 점점 깨달음.

점차관(漸次觀) 점차지관(漸次止觀)의 준말.

점차지관(漸次止觀) 삼종지관(三種止觀)의 하나. 낮은 데서 높은 데로 점차 수행하여, 있는 그대로의 참모습을 주시함.

점찰경(占察經) 점찰선악업보경(占察善惡業報經)의 준말.

점찰법회(占察法會) 신라 때, 점찰선악업보경(占察善惡業報經)에 의거하여 많은 선악의 종류를 적은 여러 개의 나무 조각을 던져 점(占)을 쳐서 과거에 지은 잘못을 관찰하고 참회하는 모임. 600년(진평왕 22)에 수(隋)에서 귀국한 원광(圓光, ?-630)이 처음으로 개최하고, 경덕왕(742-765) 때의 진표(眞表)는 점찰법(占察法)에 계율과 미륵신앙을 결합시켜 널리 유포함.

점찰보(占察寶) 신라 때, 점찰법회(占察法會)의 비용을 마련하기 위해 사찰에서 설치한 기관.

점찰선악업보경(占察善惡業報經) 2권. 수(隋)의 보리등(菩提燈) 번역. 상권에서는 말세에 중생이 바른 믿음을 지니지 못하여 여러 가지 어려움에 부딪치면, 많은 선악의 종류를 적은 여러 개의 나무 조각을 던져 점(占)을 쳐서 과거에 지은 잘못을 관찰하고 참회하여 마음의 평안을 얻으라고 설하고, 하권에서는 중생들은 모두 여래가 될 성품을 지니고 있다는 여래장(如來藏)을 설함.

점탕(點湯) 탕을 달이거나 끓임.

점파(占婆) 점파가(占婆伽)의 준말.

점파가(占婆伽) 점박가(占博迦)와 같음.

점한(漸寒) 육시(六時)의 하나. 고대 인도에서 1년을 기후에 따라 여섯 기간으로 나눈 가운데 음력 9월 16일부터 11월 15일까지의 점점 추워지는 기간.

점현관(漸現觀) 점차로 사제(四諦) 각각을 명료하게 파악함.

접족작례(接足作禮) 두 무릎을 꿇고 두 팔꿈치를 땅에 댄 다음 손을 펴서 상대편의 발을 받아 그 발에 자신의 머리를 대는 인도의 예법.

접족작례

정(定) ①ⓢⓟsamādhi 삼매(三昧)라고 음사. 마음을 한곳에 집중하여 산란하지 않는 상태. 마음이 들뜨거나 침울하지 않고 한결같이 평온한 상태. 마음을 집중·통일시키는 수행, 또는 그 수행으로 이르게 된 평온한 마음 상태. ②ⓢdhyāna 마음을 가라앉히고 고요히 생각함.

정(情) ①ⓢsattva 유정(有情)의 준말. ②ⓢindriya 근(根)의 구역(舊譯).

정각(正覺) ①ⓢⓟsaṃbodhi 바른 깨달음. 바르고 원만한 부처의 깨달음. ②1091-1157. 송(宋)의 승려. 산서성(山西省) 습주(隰州) 출신. 11세에 출가하여 14세에 구족계(具足戒)를 받고, 23세부터 단하 자순(丹霞子淳, 1064-1117)에게 사사(師事)하여 그의 법을 이어받음. 39세부터 28년 동안 절강성(浙江省) 천동산(天童山)에 머물면서 조동종(曹洞宗)을 중흥시킴. 그는 자신이 본래 부처의 청정한 성품을 갖추고 있다는 확고한 믿음으로 묵묵히 좌선만 하면 저절로 그 청정한 성품이 드러난다는 묵조선(默照禪)을 일으킴. 시호(諡號)는 굉지선사(宏智禪師). 어록 : 굉지선사광록(宏智禪師廣錄).

정각분(定覺分) 정각지(定覺支)와 같음.

정각의(定覺意) 정각지(定覺支)와 같음.

정각지(定覺支) 칠각지(七覺支)의 하나. 수행 과정에서 몸과 마음이 경쾌해진 수행자가 정신을 집중·통일시킴.

정거천(淨居天) 색계 제4선천(第四禪天)의 무번천(無煩天)·무열천(無熱天)·선현천(善現天)·선견천(善見天)·색구경천(色究竟天)을 통틀어 일컬음. ⇒ 색계십칠천(色界十七天)

정견(正見) ①ⓢsamyag-dṛṣṭi ⓟsammā-diṭṭhi 팔정도(八正道)의 하나. 바른 견해. 연기(緣起)와 사제(四諦)에 대한 지혜. ②있는 그대로 봄. ③바르게 자신의 참모습을 앎.

정계바라밀다(淨戒波羅蜜多) 지계바라밀(持戒波羅蜜)과 같음.

정계상(頂髻相) 삼십이상(三十二相)의 하나. 정수리가 상투 모양으로 돋아나 있음.

정공계(定共戒) 선정(禪定)을 닦음으로써 저절로 허물이나 악을 방지함.

정과색(定果色) 선정(禪定)의 결과로 나타나는 형상. 예를 들면, 물이나 불을 깊이 생각하는 선정의 결과로 나타나는 물이나 불.

정관(正觀) 올바른 통찰. 지혜로써 대상을 있는 그대로 파악함.

정관(政官) 신라 때, 학덕을 겸비한 승려에게 준 지위.

정관일선(靜觀一禪) ⇒ 일선(一禪)

정광(頂光) 부처나 보살의 머리 위에서 비치는 둥근 빛.

정광여래(定光如來·錠光如來) ⓢdīpaṃkara-tathāgata 아득한 과거세에 출현하여 석가모니에게 미래에 성불하리라고 예언하였다는 부처. 연등불(然燈佛)이라고도 함.

정교량(正敎量) 신뢰할 만한 바른 가르침에 근거한 인식.

정교륜(正敎輪) 부처가 중생에게 바른 가르침을 설하여 수행하게 함. 윤(輪)은 전륜성왕이 윤보(輪寶)를 굴려 모든 장애를 부수듯 중생의 번뇌를 부순다는 뜻.

정근(定根) 오근(五根)의 하나. 근(根)은 능력·소질을 뜻함. 마음을 한곳에 모아 흐트러지지 않게 하는 능력.

정근도(定犍度) 건도(犍度)는 ⓢskandha의 음사로, 장(章)·편(篇)을 뜻함. 선정(禪定)에 대해 설한 장(章).

정념(正念) ⓢsamyak-smṛti ⓟsammā-sati 팔정도(八正道)의 하나. 바른 마음챙김. 신체, 느낌이나 감정, 마음, 모든 현상을 있는 그대로 통찰하여 마음챙김.

정답(定答) 결정기론(決定記論)과 같음.

정당(正堂) 선원(禪院)의 운영을 주관하는 수행승이 거처하는 방.

정덕삼매(淨德三昧) 마음이 청정하게 된 삼매.

정두(淨頭) 절에 있는 화장실을 청소하는 소임, 또는 그 일을 맡은 승려.

정등각(正等覺) ⓢsamyak-saṃbodhi ⓢsamyak-saṃbuddha 바르고 원만한 깨달음, 또는 그 깨달음을 성취한 사람.

정등각무외(正等覺無畏) 사무외(四無畏)의 하나. 부처는 바르고 원만한 깨달음을 이루었으므로 가르침을 설할 때 누구에게도 두려움이 없다는 뜻.

정등각지(定等覺支) 정각지(定覺支)와 같음.

정등정각(正等正覺) ⓢsamyak-saṃbodhi 바르고 원만한 깨달음,

정량부(正量部) ⓢsammitīya 붓다가 입멸한 후 300년경에 독자부(犢子部)에서 갈라져 나온 파(派).

정려(靜慮) ⓢdhyāna 마음을 한곳에 집중시켜 산란하지 않게 함. 마음을 가라앉히고 고요히 생각함.

정려바라밀(靜慮波羅蜜) 선정바라밀(禪定波羅蜜)과 같음.

정려율의(靜慮律儀) 마음을 한곳에 집중시켜 산란하지 않게 함으로써 저절로 허물이나 악을 방지함.

정려해탈등지등지지력(靜慮解脫等持等至智

力) 십력(十力)의 하나. 모든 선정(禪定)에 통달한 부처의 능력.

정력(定力) 오력(五力)의 하나. 역(力)은 깨달음에 이르게 하는 활동이라는 뜻. 마음을 한 곳에 모아 흐트러지지 않게 함.

정례(頂禮) 두 무릎을 꿇고 두 팔꿈치를 땅에 댄 다음 손을 펴서 상대편의 발을 받아 그 발에 자신의 머리를 대는 인도의 예법.

정리(正理) ⓢnyāya ①바른 도리. 바른 이치. ②인도에서, 논리학을 일컬음. 불교에서는 이를 인명(因明)이라 함. ⇒ 냐야학파(nyāya學派)

정리론(正理論) 아비달마순정리론(阿毘達磨順正理論)의 준말.

정립수마슬상(正立手摩膝相) 삼십이상(三十二相)의 하나. 팔을 펴면 손이 무릎까지 내려감.

정명(正命) ⓢsamyag-ājīva ⓟsammā-ājīva 팔정도(八正道)의 하나. 바른 생활. 정당한 방법으로 적당한 의식주를 구하는 생활.

정명(淨名) ⇒ 유마힐(維摩詰)

정명(靜明) 천인(天因)의 시호.

정명현론(淨名玄論) 8권. 수(隋)의 길장(吉藏) 지음. 유마경(維摩經)의 요점을 풀이한 저술.

정문(淨門) 육묘문(六妙門)의 하나. 마음에 집착이 없어져 망상이 일어나지 않는 청정한 상태.

정바라밀(淨波羅蜜) 바라밀(波羅蜜)은 ⓢpāramitā의 음사, 도피안(到彼岸)·도(度)·도무극(度無極)이라 번역. 번뇌의 더러움이 없는 열반을 성취함. 청정의 완성.

정반성(定盤星) 무게가 0이 되는 곳을 표시한 저울의 첫번째 눈금. ①이 눈금은 물건의 무게와는 아무런 관계가 없으므로 유의할 필요가 없는 것을 비유함. ②표준. 기준.

정반왕(淨飯王) ⓢśuddhodana 고대 인도 북부에 있던 카필라(kapila) 성의 성주(城主), 싯다르타의 아버지. 콜리야족(koliya族) 선각왕(善覺王)의 딸 마야(māyā)와 결혼하였으나 마야가 싯다르타를 낳은 지 7일 만에 세상을 떠나자, 마야의 여동생 마하프라자파티(mahāprajāpatī)와 재혼함.

정방편(正方便) 정정진(正精進)과 같음.

정법(正法) ①ⓢsad-dharma 바른 가르침. 진실한 가르침. 부처의 가르침. ②삼시(三時)의 하나. 불법(佛法)이 바르게 행해져 가르침과 수행자와 깨달음을 이루는 자가 있는 시기. 그 기간에 대해서는 여러 설이 있는데 흔히 500년이라 함.

정법(頂法) 정위(頂位)와 같음.

정법륜(正法輪) ①부처의 가르침이 번뇌를 부수고 악마를 굴복시키는 것을 전륜성왕(轉輪聖王)의 윤보(輪寶)에 비유한 말. ②부처의 가르침이 여러 사람에게 전해지는 것을 바퀴가 굴러 가는 것에 비유한 말.

정법안(淨法眼) 사제(四諦) 또는 불생불멸(不生不滅)의 진리를 명료하게 아는 청정한 지혜.

정법안장(正法眼藏) ①모든 것을 꿰뚫어 보고, 모든 것을 간직하는, 스스로 체득한 깨달음을 뜻함. ②6권. 남송(南宋)의 대혜 종고(大慧宗杲) 지음. 661칙(則)의 화두(話頭)에 짤막한 해설과 비평을 한 책.

정법염처경(正法念處經) 70권. 북위(北魏)의 반야류지(般若流支) 번역. 중생이 육도(六道)에 윤회하는 인과(因果)를 밝히고, 거기에서 벗어날 것을 설한 경.

정법장(正法藏) 여래장(如來藏)과 같음.

정법전(政法典) 신라 때, 학덕을 겸비한 승려에게 준 지위.

정법화경(正法華經) 10권. 서진(西晋)의 축법호(竺法護) 번역. 법화경(法華經)의 다른 번역.

정변각(正遍覺) ⓢsamyak-saṃbuddha 바르고 원만한 깨달음.

정변보리(正遍菩提) ⓢsamyak-saṃbodhi 보리(菩提)는 bodhi의 음사로 깨달음을 뜻함. 바르고 원만한 깨달음.

정변지(正遍知) ①ⓢsamyak-saṃbuddha 십호(十號)의 하나. 바르고 원만하게 깨달았다는 뜻, 곧 부처를 일컬음. ②ⓢsamyag-jñāna 바르게 두루 아는 지혜.

정변지부(正遍知部) 금강계만다라(金剛界曼荼羅)와 태장계만다라(胎藏界曼荼羅)에서, 대일여래(大日如來)의 깨달음과 그 지혜를 나타낸 부분, 곧 불부(佛部)를 말함.

정변지해(正遍知海) 바르게 두루 아는 부처의 지혜를 바다에 비유한 말.

정병(淨甁) ①손을 씻기 위한 물을 담아두는 나무로 만든 병. ②불전(佛前)에 올릴 깨끗한 물을 담는 병으로, 주로 토기나 청동으로 만듦.

정보(正報) 과거에 지은 행위의 과보로 받은 부처나 중생의 몸.

정사(正使) 사(使)는 번뇌를 뜻함. 번뇌를 일으키는 잠재력을 습기(習氣)라고 하는데 반해, 번뇌 그 자체를 말함.

정사(正士) 보살을 말함.

정사(精舍) ⓢvihāra 수행승들이 머물면서 불도(佛道)를 닦는 집. 불상과 보살상 등을 모셔 놓고 승려들이 거주하면서 부처의 가르침에 따라 수행하고 그 가르침을 설하는 집.

정사유(正思惟) ⓢsamyak-saṃkalpa ⓟsammā-saṅkappa 팔정도(八正道)의 하나. 바른 생각. 곧, 번뇌에서 벗어난 생각, 노여움이 없는 생각, 남에게 해를 끼치지 않는 생각 등.

정상말(正像末) 붓다가 입멸한 후 불법(佛法)의 성쇠를 세 시기로 구분한 정법(正法)·상법(像法)·말법(末法)을 말함. 불법이 바르게 행해져 가르침과 수행자와 깨달음을 이루는 자가 있는 시기를 정법(正法), 가르침과 수행자는 있어도 깨달음을 이루는 자가 없는 시기를 상법(像法), 불법이 쇠퇴하여 오직 가르침만 있는 시기를 말법(末法)이라 함. 각각의 기간에 대해서는 여러 설이 있는데 흔히 정법은 5백 년, 상법은 1천 년, 말법은 1만 년이라 함.

정생왕(頂生王) 사주(四洲)를 정복하고 도리천(忉利天)에 올라가 제석(帝釋)을 몰아내려다 실패하고 염부주(閻浮洲)에 추락하여 병으로 죽었다는 왕.

정생희락지(定生喜樂地) 구지(九地)의 하나. 선정(禪定)으로 생기는 기쁨과 즐거움을 느끼는 색계 제2선천(第二禪天)의 경지.

정선(定善) 마음을 통일시키고 행하는 착한 일. 이에 반해, 일상적인 산란한 마음으로 행하는 착한 일은 산선(散善)이라 함.

정선현토치문(精選懸吐緇門) 3권. 한국의 진호(震湖) 엮음. 조선의 성총(性聰)이 지은 치문경훈주(緇門警訓註)에 수록된 190편의 글 가운데 67편을 발췌하여 내용에 따라 13장으로 나누어 편집한 책.

정성(定性) ①ⓢsvabhāva 변하지 않는 본질·실체. ②선천적으로 성문·연각·보살 가운데 어느 하나의 소질을 지니고 있는 자.

정성(正性) ⓢsamyaktva 그릇된 견해를 끊는 견도(見道)를 말함.

정성결정(正性決定) 그릇된 견해를 끊어 반드시 열반으로 향하게 되는 견도(見道)를 말함.

정성보살(定性菩薩) 선천적으로 보살의 소질을 지니고 있는 자.

정성성문(定性聲聞) 선천적으로 성문의 소질을 지니고 있는 자.

정성연각(定性緣覺) 선천적으로 연각의 소질을 지니고 있는 자.

정성이생(正性離生) 그릇된 견해를 끊어 범부의 생존에서 벗어나는 견도(見道)를 말함.

정성이승(定性二乘) 선천적으로 성문의 소질을 지니고 있는 정성성문(定性聲聞)과 선천적으로 연각의 소질을 지니고 있는 정성연각(定性緣覺).

정성정취(正性定聚) 정정취(正定聚)와 같음.

정소생자재색(定所生自在色) 선정(禪定)에서 나타나는 형상. 예를 들면, 물이나 불을 깊이 생각하는 선정에서 나타나는 물이나 불.

정수(正受) ⓢsamāpatti 마음의 산란을 멈추고 대상을 있는 그대로 바르게 받아들이는 선정(禪定).

정수사(淨水寺) 인천시 강화군 화도면 마니산 남동쪽 기슭에 있는 절. 조계사(曹溪寺)의 말사. 639년에 신라의 회정(懷正)이 창건하고, 1423년에 함허(涵虛)가 다시 짓고, 이후 여러 차례 보수함. 문화재 : 대웅보전(大雄寶殿).

정수업(定受業) 과보를 받을 시기가 현생·내생 등으로 정해져 있는 선악의 행위.

정승(正乘) 승(乘)은 중생을 깨달음으로 인도하는 부처의 가르침을 뜻함. 깨달음에 이르게 하는 오직 하나의 원만하고 완전한 가르침.

정승의락지(淨勝意樂地) 환희지(歡喜地)와 같음.

정식(正食) ⓢbhojanīya 비구들이 끼니로 먹는 부드러운 음식. 밥·죽·보릿가루·생선·고기 따위. ⇒ 작식(嚼食)

정식(淨識) 청정식(清淨識)과 같음.

정신(定身) 오분법신(五分法身)의 하나. 부처와 아라한이 갖추고 있는 공덕으로, 모든 현상은 인연 따라 생기므로 거기에 불변하는 실체가 없다고 관조하는 공삼매(空三昧)와 대립적인 차별은 없다고 관조하는 무상삼매(無相三昧)와 원하고 구할 것은 없다고 관조하는 무원삼매(無願三昧)를 성취함.

정심(定心) 마음을 한곳에 집중하여 산란하지 않는 상태. 수행으로 마음의 산란을 멈추고 평온하게 된 상태.

정심(正心) 생몰년 미상. 고려 말·조선 초의 승려. 경북 김천 출신. 호는 벽계(碧溪). 구곡각운(龜谷覺雲)의 법을 이어받고, 명(明)에 가서 임제종 총통(摠統) 화상의 가르침을 받고 공양왕 때 귀국함. 조선 초의 불교 탄압 때 환속하여 김천 황악산에 은둔함. 선법(禪法)을 벽송 지엄(碧松智嚴, 1464-1534)에게, 교법(敎法)을 정련 법준(淨蓮法俊)에게 전함.

정심주(正心住) 십주(十住)의 하나. 지혜를 성취하여 바른 마음에 안주하는 단계.

정심지(淨心地) 번뇌를 떠나 마음이 청정하게 된 단계로, 십지(十地) 가운데 환희지(歡喜地)에 해당함.

정심행처(正心行處) ⓢⓟsamādhi 마음의 작용을 바르게 하여 산란을 멈추고 한곳에 집중함.

정암사(淨巖寺) 강원 정선군 고한읍 태백산 북쪽 자락에 있는 절. 월정사(月精寺)의 말사. 신라의 자장(慈藏)이 창건하고 불사리(佛舍利)를 봉안함. 이후 여러 차례 다시 짓고 보수함. 문화재 : 수마노탑(水瑪瑙塔).

정양사(正陽寺) 강원 회양군 금강산 비로봉 남서쪽 기슭에 있는 절. 600년에 백제의 관륵(觀勒)과 융운(隆雲)이 창건하고, 661년에 원효(元曉)가 중축함. 고려의 태조가 크게 중축하고, 1751년에 보수함.

정어(正語) ⓢsamyag-vāc ⓟsammā-vācā 팔정도(八正道)의 하나. 바른 말. 거짓말, 남을 헐뜯는 말, 거친 말, 쓸데없는 잡담 등을 삼가함.

정업(正業) ⓢsamyak-karmānta ⓟsammā-kammanta 팔정도(八正道)의 하나. 바른 행위. 살생이나 도둑질 등 문란한 행위를 하지 않음.

정업(淨業) ①청정한 행위. 착한 행위. ②정토(淨土)에 왕생하기 위해 닦는 수행.

정업(定業) 과보를 받을 시기가 현생·내생 등으로 정해져 있는 선악의 행위.

정업원(淨業院) 고려·조선 때 도성(都城) 안에 있던, 선비의 집안이나 궁중의 여인들이 출가하여 머물던 비구니 처소.

정오(丁午) 생몰년 미상. 고려 말의 승려. 법호는 무외(無畏). 승과(僧科)에 합격한 후 여러 사찰을 편력하다가 왕명으로 개성 묘련사(妙蓮寺) 주지로 머물고, 1307년(충렬왕 33)에 왕사(王師)가 됨. 개풍 국청사(國淸寺), 밀양 영원사(瑩源寺)에 머물고, 1313년에 충숙왕이 즉위하여 국통(國統)에 임명함.

정원(淨源) 1627-1709. 조선의 승려. 평북 영변 출신. 호는 상봉(霜峰). 출가하여 경론(經論)을 배우고, 의심(義諶, 1592-1665)에게 사사(師事)하여 그의 법을 이어받음. 화엄경에 정통함. 경기 용문산에서 입적함.

정원신역화엄경소(貞元新譯華嚴經疏) 10권. 당(唐)의 징관(澄觀) 지음. 40권 화엄경의 요점을 서술하고, 그 낱말과 문장의 뜻을 풀이한 저술.

정원화엄소(貞元華嚴疏) 정원신역화엄경소(貞元新譯華嚴經疏)의 준말.

정월(淨月) ⓢśuddhacandra 6세기경. 십대논사(十大論師)의 하나. 세친(世親)의 유식삼십송(唯識三十頌)에 대한 주석서를 지음.

정위(頂位) 사선근위(四善根位)의 하나. ①범부의 지혜로써 사제(四諦)를 분석적으로 관찰하는 최상의 단계. ②객관 대상은 허구라고 가장 뛰어나게 주시하는 단계.

정위각편(正位却偏) ⇒ 정편오위(正偏五位)

정위중래(正位中來) ⇒ 정편오위(正偏五位)

정유리세계(淨琉璃世界) 동쪽으로 무수한 불국토를 지나 있다는 약사여래(藥師如來)의 정토.

정육(淨肉) 비구가 먹어도 죄가 되지 않는 고기. 예를 들면, 자신을 위해 죽이지 않은 짐승의 고기, 수명이 다하여 죽은 짐승의 고기 등. 이에 반해, 비구가 먹으면 죄가 되는 고기는 부정육(不淨肉)이라 함.

정의(定意) ⓢⓟsamādhi 마음을 한곳에 집중하여 산란하지 않는 상태. 수행으로 마음의 산란을 멈추고 평온하게 된 상태.

정의삼매(定意三昧) 마음을 한곳에 집중하여 산란하지 않는 선정(禪定). 마음의 산란을 멈춘 평온한 선정.

정이(定異) 제각기 정해진 인과(因果)에 따라 나타나는 모든 현상의 차별성.

정인(正因) 직접 원인.

정인(定印) 선정(禪定)에 듦을 나타내는 손 모양. 법계정인(法界定印)·미타정인(彌陀定印) 등이 있음.

정인(淨人) 절에서 승려들의 시중을 드는 세속의 사람.

정인불성(正因佛性) 삼불성(三佛性)의 하나. 성불의 직접 원인이 되는, 중생이 선천적으로 갖추고 있는 진리.

정자재소생색(定自在所生色) 정소생자재색(定所生自在色)과 같음.

정장(定障) 마음 작용을 소멸시키는 선정(禪定)을 방해하여 모든 속박에서 벗어나지 못하게 하는 번뇌.

정재소(淨齋所) 절에서, 부엌을 일컫는 말.

정전(丁錢) 고려·조선 때, 출가하려는 자가 군역(軍役)을 면제받는 도첩(度牒)을 받을 때 관아(官衙)에 바치던 돈.

정정(正定) ①ⓢsamyak-samādhi ⓟsammā-samādhi 팔정도(八正道)의 하나. 바른 집중. 마음을 하나의 대상에 집중·통일시킴으로써 마음을 가라앉힘. ②정정취(正定聚)의 준말.

정정진(正精進) ⓢsamyag-vyāyāma ⓟsammā-vāyāma 팔정도(八正道)의 하나. 바른 노력. 이미 생긴 악은 없애려고 노력하고, 아직 생기지 않은 악은 미리 방지하고, 아직 생기지 않은 선은 생기도록 노력하고, 이미 생긴 선은 더욱 커지도록 노력함.

정정취(正定聚) 삼취(三聚)의 하나. 견혹(見

惑)을 끊어 반드시 열반에 이를 중생의 부류.

정종(正宗) 석가모니의 가르침을 바르게 이은 계통. 바르게 전해 온 불법(佛法)의 계통.

정종분(正宗分) 경전을 내용에 따라 나눈 가운데 본론에 해당하는 부분.

정주(淨住) ①⇒ 포살(布薩) ②청정하게 머무는 곳이라는 뜻, 곧 사찰을 말함.

정중래(正中來) ⇒ 정편오위(正偏五位)

정중종(淨衆宗) 사천성(四川省) 정중사(淨衆寺)에 머무른 무상(無相, 684-762)의 선법(禪法)을 말함. 지난 일들을 되새기지 않고, 생각을 일으키지 않으며, 항상 지혜를 간직하는 것을 종지(宗旨)로 함. 역대법보기(歷代法寶記)는 오조 홍인(五祖弘忍, 601-674) — 자주 지선(資州智詵, 609-702) — 처적(處寂, 665-732) — 정중 무상(淨衆無相, 684-762) — 보당 무주(保唐無住, 714-774)로 이어지는 계통의 선종사서(禪宗史書)임.

정중편(正中偏) ⇒ 정편오위(正偏五位)

정지(正智) ①모든 분별을 끊고 대상을 있는 그대로 파악하는 바른 지혜. 분별이나 추리에 의하지 않고, 있는 그대로 직관하는 지혜. 차별이나 분별을 떠난 깨달음의 지혜. ②지천(智泉)의 시호.

정지(正志) 정사유(正思惟)와 같음.

정직견(正直見) 정견(正見) ①과 같음.

정직방편(正直方便) 정정진(正精進)과 같음.

정직어(正直語) 정어(正語)와 같음.

정직업(正直業) 정명(正命)과 같음.

정직치(正直治) 정사유(正思惟)와 같음.

정직행(正直行) 정업(正業)과 같음.

정진(精進) ⓢvīrya 힘써 수행함. 선(善)을 행하려고 노력함.

정진(靜眞) 긍양(兢讓)의 시호.

정진각(正盡覺) ⓢsamyak-saṃbodhi 정등각(正等覺)의 구역(舊譯). 등(等)은 깨달음을 나타내는 말, 진(盡)은 번뇌를 모두 끊었다는 뜻.

정진각분(精進覺分) 정진각지(精進覺支)와 같음.

정진각의(精進覺意) 정진각지(精進覺支)와 같음.

정진각지(精進覺支) 칠각지(七覺支)의 하나. 바른 가르침을 사유하면서 수행함.

정진근(精進根) 오근(五根)의 하나. 근(根)은 능력·소질을 뜻함. 힘써 수행하는 능력.

정진도(正眞道) ⓢsamyak-saṃbodhi 바르고 원만한 깨달음.

정진도(精進度) 정진바라밀(精進波羅蜜)과 같음.

정진등각지(精進等覺支) 정진각지(精進覺支)와 같음.

정진력(精進力) 오력(五力)의 하나. 역(力)은 깨달음에 이르게 하는 활동이라는 뜻. 힘써 수행함.

정진무감(精進無減) 대승에서 설하는 십팔불공법(十八不共法)의 하나. 부처는 수행에 퇴보가 없음.

정진바라밀(精進波羅蜜) ⓢvīrya-pāramitā의 음역. 육바라밀(六波羅蜜)의 하나. 완전한 정진. 정진의 완성.

정진신족(精進神足) 사신족(四神足)의 하나. 신통(神通)을 얻기 위한 뛰어난 선정(禪定)에 들려고 노력함.

정진여의족(精進如意足) 정진신족(精進神足)과 같음.

정찰(淨刹) 정토(淨土)와 같음.

정천(淨天) 사종천(四種天)의 하나. 번뇌를 소멸시켜 청정한 경지에 이른 수다원(須陀洹)·사다함(斯陀含)·아나함(阿那含)·아라한(阿羅漢)·벽지불(辟支佛) 등의 성자(聖者)를 말함.

정취(定聚) 정정취(正定聚)와 같음.

정토(淨土) ⓢkṣetra-pariśuddhi ①부처가 사는 청정한 국토. ②아미타불이 살고 있다는 청정한 국토로, 서쪽으로 10만억 불국토를 지나 있는데, 괴로움이 없고 지극한 즐거움만 있다고 함. ③번뇌가 소멸된 청정한 의식 상태. 분별하지 않고 대상을 있는 그대로 파악하는 의식 세계. 분별하지 않는 의식에 형성된 청정한 세계. 분별하지 않는 지혜를 체득한 경지에서 드러나는 세계. 부처의 세계. 깨달음의 세계.

정토사(淨土寺) ①충북 충주시 동량면 하천리에 있던 절. 고려 태조 때 창건하고, 법경(法鏡)이 924년에 당(唐)에서 귀국하여 머물다가 입적하고, 고려 목종(997-1009) 때 홍법(弘法)이 머물다가 입적함. 1389년에 고려의 실록을 보관하고, 조선 세종 때 그 실록을 한양으로 이송함. 문화재 : 법경대사자등탑비(法鏡大師慈燈塔碑). ②장성 백양사(白羊寺)의 고려·조선 때 이름.

정토삼부경(淨土三部經) 정토교의 세 가지 근본 경전. 무량수경(無量壽經)·관무량수경(觀無量壽經)·아미타경(阿彌陀經).

정토종(淨土宗) 무량수경(無量壽經)·관무량수경(觀無量壽經)·아미타경(阿彌陀經) 등에 의거하여 아미타불의 본원(本願)을 믿고, 그 부처의 이름을 부르면서 그의 모습이나 공덕을 생각함으로써 극락 정토에 태어나기를 기원하는 종파. 동진(東晋)의 여산(廬山) 혜원(慧遠, 334-416)의 영향으로 형성되기 시작하였고, 북위(北魏)의 담란(曇鸞, 476-542)을 개조(開祖)로 함. 그 후 도작(道綽, 562-645)·선도(善導, 613-681)·회감(懷感)·소강(少康)으로 계승되었는데, 선도(善導)에 의해 크게 성행함. 송대(宋代)에는 민간에 널리 유포됨.

정통(淨桶) 절에서, 용변 후에 손을 씻을 물을 담은 통, 또는 그 물을 마련하는 직책이나 승려.

정파리경(淨頗梨鏡) 파리(頗梨)는 ⓢsphaṭika의 음사로, 수정(水晶)을 말함. 생전에 지은 죄를 하나하나 비추어 본다는 저승의 거울.

정편오위(正偏五位) 정(正)은 본체, 편(偏)은 현상을 뜻함. 동산 양개(洞山良价)가 불법(佛法)의 대의(大意)를 다섯 항목으로 요약한 것으로, 정위각편(正位却偏)·편위각정(偏位却正)·정위중래(正位中來)·편위중래(偏位中來)·상겸대래(相兼帶來)를 말함. 동산의 제자 조산 본적(曹山本寂)은 이것을 정중편(正中偏)·편중정(偏中正)·정중래(正中來)·편중지(偏中至)·겸중도(兼中到)로 개칭하였는데 내용은 동산과 같음. 곧, 본체 그대로가 곧 현상이고〔正中偏〕, 현상 그대로가 곧 본체이며〔偏中正〕, 본체는 현상으로 돌아오고〔正中來〕, 현상은 본체에 이르며〔偏中至〕, 본체와 현상을 겸비한 자유 자재한 경지〔兼中到〕.

정편지(正遍知) ⇒ 정변지(正遍知)

정학(定學) 삼학(三學)의 하나. 마음을 집중·통일시켜 산란하지 않게 하는 수행.

정학녀(正學女) ⓢśikṣamāṇā ⓟsikkhamānā 비구니가 되기 위한 구족계(具足戒)를 받기 전에 2년 동안 육법(六法)을 지키며 수행하는 여자 출가자, 곧 식차마나(式叉摩那).

정해탈신작증구족주(淨解脫身作證具足住) 팔해탈(八解脫)의 하나. 부정관(不淨觀)을 버리고 바깥 대상의 빛깔이나 모양에 대하여 청정한 방면을 주시하여도 탐욕이 일어나지 않고, 그 상태를 몸으로 완전히 체득하여 안주함.

정행진여(正行眞如) 칠진여(七眞如)의 하나. 도제(道諦), 곧 팔정도(八正道)는 갈애를 소멸시키는 수행법이라는 진리.

정향(定香) 오분법신(五分法身) 가운데 정신(定身)을 향에 비유한 말.

정향(丁香) 정향나무의 꽃봉오리와 열매에서 짜낸 즙으로 만든 향.

정현(鼎賢) 972-1054. 고려의 승려. 어려서 광교사(光教寺)에 출가하고, 안성 칠장사(七長寺)의 융철(融哲)에게 유가(瑜伽)를 배우고, 25세에 승과(僧科)에 합격함. 덕종 때 승통(僧統)이 되고 왕명으로 법천사(法泉寺)와 현화사(玄化寺)에 머무름. 1049년(문종 3)에 왕사(王師), 1054년(문종 8)에 국사(國師)가 되고, 그 해 칠장사로 돌아가 머물다가 입적함. 시호는 혜소(慧炤).

정혜(定慧) 1685-1741. 조선의 승려. 경남 창원 출신. 호는 회암(晦庵). 9세에 금정산 범어사(梵魚寺)에 출가하고, 원민(圓旻)과 추붕(秋鵬)에게 경론(經論)을 배우고, 27세에 강의함. 금강산에 들어가 수행하고, 석왕사(釋王寺)·명봉사(鳴鳳寺)·청암사(青巖寺)·벽송사(碧松寺) 등에서 강의하고, 불령산 청암사에서 입적함. 저서 : 선원집도서과기(禪源集都序科記)·법집별행록절요사기해(法集別行錄節要私記解) 등.

정혜결사(定慧結社) 정혜사(定慧社)와 같음.

정혜결사문(定慧結社文) 권수정혜결사문(勸修定慧結社文)의 준말.

정혜사(定慧社) 고려의 지눌(知訥, 1158-1210)에 의해 결성된, 선정과 지혜를 함께 닦을 것을 결의한 단체.

정혜사(定慧寺) 충남 예산군 덕산면 덕숭산(수덕산) 남서쪽 기슭에 있는 절. 수덕사(修德寺)의 말사. 백제 말에 창건하고, 만공(滿空, 1871-1946)이 다시 짓고 선풍(禪風)을 일으킴.

정혜쌍수(定慧雙修) 선정과 지혜를 함께 닦는 수행법.

제(諦) ①ⓢsatya ⓟsacca 진리. 진실. 참된 도리. 바른 이치. ②ⓢtattva 원리.

제각분(除覺分) 경안각지(輕安覺支)와 같음.

제강(提綱) ①대의(大意)·요점, 또는 그것을 드러냄. ②스승과 학인의 문답이 끝난 뒤, 그 문답에 대한 스승의 비평.

제개장원(除蓋障院) 태장계만다라(胎藏界曼荼羅)의 한 부분으로, 제개장보살(除蓋障菩薩)을 중심으로 하여 여러 보살이 그려져 있는데, 이는 번뇌의 장애를 제거하는 지혜의 작용을 나타냄.

제견(諦見) 정견(正見) ①과 같음.

제견경(諸見境) 십경(十境)의 하나. 여러 가지 그릇된 견해와 편견이 일어나면 이를 주시하여 제거함.

제견수(除遣修) 사수(四修)의 하나. 이미 생긴 청정하지 못한 일을 없애기 위해 수행함.

제교(制教) 허물을 제지하는 가르침, 곧 계율에 대한 가르침.

제구식(第九識) ⇒ 아마라식(阿摩羅識)

제근구족원(諸根具足願) 사십팔원(四十八願)의 하나. 아미타불이 법장비구(法藏比丘)였을 때 세운 서원으로, 다른 국토의 보살들은 육근(六根)을 완전히 갖추도록 하겠다는 맹세.

제납박타(提納薄陀) ⇒ 지공(指空)

제념(諦念) 정사유(正思惟)와 같음.

제다(制多) 지제(支提)와 같음.

제다가(提多迦) ⓢdhītika의 음사. 인도의 부법장(付法藏) 제5조. 마돌라국(摩突羅國) 출신의 승려로, 우파국다(優波鞠多)의 가르침을 받아 아라한(阿羅漢)의 경지에 이름. 미차가(彌遮迦)에게 불법(佛法)의 유지와 전파를 부탁하고 입적함.

제다가(制多迦) 제타가(制吒迦)와 같음.

제다산(制多山) 지제산(支提山) ②와 같음.

제다산부(制多山部) 제다(制多)는 ⓢcaitya ⓟcetiya의 음사. 붓다가 입멸한 후 200년 말에 대중부(大衆部)에서 갈라져 나온 파(派)로, 제다산(制多山)에 거주하였으므로 이와 같이 일컬음. 마하제바(摩訶提婆)가 창설하였다고 함.

제달라(制怛羅·制呾邏) ⓢcaitra의 음사. 인도력(印度曆)의 1월. 음력 1월 16일부터 2월 15일까지에 해당함.

제도(濟度) 중생을 괴로움에서 벗어나게 함. 중생을 번뇌의 속박에서 벗어나게 함.

제두뢰타천왕(提頭賴吒天王) 제두뢰타(提頭賴吒)는 ⓢdhṛtarāṣṭra의 음사. 지국(持國)이라 번역. 수미산 중턱의 동쪽에서 중생을 두루 보살피면서 국토를 지킨다는 지국천왕(持國天王)을 말함.

제등행렬(提燈行列) 부처의 탄생을 축하하기 위해 손잡이가 달려 있는 등을 든 많은 사람이 줄지어 가는 행사.

제륜기해(臍輪氣海) 배꼽 아래의 단전(丹田)을 말함.

제망(帝網) 인다라망(因陀羅網)과 같음.

제미(提迷) ⓢtimiṃgila의 음사. 탄어(呑魚)라고 번역. 깊은 바다에 산다는 거대한 물고기.

제바(提婆) ①ⓢdeva의 음사. 천(天). 천신(天神). 신(神). 천계(天界)에 사는 신(神)들. ②ⓢdeva의 음사. 2세기-3세기, 남인도 바라문 출신의 승려로, 용수(龍樹)의 제자. 성천(聖天, ⓢārya-deva)이라고도 하고, 또 한쪽 눈이 멀었으므로 가나제바(迦那提婆, ⓢkāṇa-deva)라고도 함. ⓢkāṇa는 애꾸눈이라는 뜻. 중인도와 남인도에서 여러 외도들의 주장을 논파함. 남인도에서 외도의 칼에 맞아 죽음. 저서 : 백론(百論)·광백론본(廣百論本)·백자론(百字論). ③제바달다(提婆達多)의 준말.

제바달다(提婆達多) ⓢⓟdevadatta의 음사. 붓다의 사촌 동생으로, 출가하여 그의 제자가 됨. 붓다에게 승단을 물려줄 것을 청하여 거절당하자 500여 명의 비구를 규합하여 승단을 이탈함. 여러 번 붓다를 살해하려다 실패함.

제번뇌선(除煩惱禪) 구종대선(九種大禪)의 하나. 중생의 여러 가지 번뇌를 없애 주는 선정(禪定).

제법(諸法) ①모든 현상. 인식된 모든 현상. 의식에 형성된 모든 현상. ②유위법(有爲法)을 말함. 온갖 분별에 의해 인식 주관에 형성된 모든 현상. 분별을 잇달아 일으키는 의식 작용에 의해 인식 주관에 드러난 모든 차별 현상. 인식 주관의 망념으로 조작한 모든 차별 현상. ③무위법(無爲法)을 말함. 모든 분별이 끊어진 상태에서 주관에 명료하게 드러나는 모든 현상. 분별하지 않고, 있는 그대로 파악된 모든 현상. 분별과 망상이 일어나지 않는 주관에 드러나는, 대상의 있는 그대로의 참모습. ④모든 가르침.

제법개상종(諸法皆常宗) 계상론(計常論)과 같음.

제법공(諸法空) 십팔공(十八空)의 하나. 모든 현상에 대한 분별이 끊어진 상태.

제법단명종(諸法但名宗) 화엄종의 교판(敎判)에서, 모든 현상은 단지 이름뿐이고 거기에 불변하는 실체는 없다는 가르침. 일설부(一說部)의 가르침을 말함. ⇒ 오교십종(五敎十宗)

제법무아(諸法無我) 삼법인(三法印)의 하나. 모든 현상에는 불변하는 실체가 없음.

제법무인종(諸法無因宗) 무인견론(無因見論)과 같음.

제법상즉자재문(諸法相卽自在門) 십현연기(十玄緣起)의 하나. 모든 현상의 본체는 서로 걸림이 없고 자유로움.

제법실상(諸法實相) ①모든 현상의 있는 그대로의 참모습. 대립이나 차별을 떠난 있는 그대로의 참모습. ②모든 현상의 본성. ③자신이 본디부터 지니고 있는, 천연 그대로의 심성(心性).

제불칭양원(諸佛稱揚願) 사십팔원(四十八願)의 하나. 아미타불이 법장비구(法藏比丘)였을 때 세운 서원으로, 모든 부처들이 자신을 찬탄하도록 하겠다는 맹세.

제사나(提舍那) 바라제제사니(波羅提提舍尼)와 같음.

제사니(提舍尼) 바라제제사니(波羅提提舍尼)

와 같음.

제사선(第四禪) ⇒ 사선(四禪)

제사선천(第四禪天) 사선천(四禪天)의 제4. 여기에 무운천(無雲天)·복생천(福生天)·광과천(廣果天)·무번천(無煩天)·무열천(無熱天)·선현천(善現天)·선견천(善見天)·색구경천(色究竟天)이 있음. ⇒ 색계십칠천(色界十七天)

제사정려(第四靜慮) 제사선(第四禪)과 같음.

제삼능변(第三能變) ⇒ 삼능변(三能變)

제삼선(第三禪) ⇒ 사선(四禪)

제삼선천(第三禪天) 사선천(四禪天)의 제3. 여기에 소정천(少淨天)·무량정천(無量淨天)·변정천(遍淨天)이 있음. ⇒ 색계십칠천(色界十七天)

제삼염천(第三焰天) 염(焰)은 ⓢyāma의 음사. 육욕천(六欲天) 가운데 제3천인 야마천(夜摩天)을 말함.

제삼정려(第三靜慮) 제삼선(第三禪)과 같음.

제석(帝釋) 제(帝)는 ⓢindra의 번역, 석(釋)은 ⓢśakra의 음사. 신(神)들의 제왕인 샤크라〔釋〕라는 뜻. 수미산 정상에 있는 도리천의 왕으로, 사천왕(四天王)과 32신(神)을 통솔하면서 불법(佛法)을 지킨다고 함. 도리천에는 33신이 있는데, 제석은 그 중앙에 있는 선견성(善見城) 안의 수승전(殊勝殿)이라는 궁전에 살고, 나머지 32신은 그 성(城) 밖의 궁전에서 각각 산다고 함.

제석도량(帝釋道場) 신라·고려 때, 국난을 극복하기 위해 불교의 수호신인 제석에게 예배하던 의식.

제석병(帝釋甁) 원하는 것은 무엇이든지 나온다고 하는, 제석이 지니고 있는 병.

제석천(帝釋天) 천(天)은 신(神)을 뜻함. 제석(帝釋)과 같음.

제수(諦受) 정명(正命)과 같음.

제시(提撕) ①가르쳐서 인도함. 스승이 학인을 지도함. ②해결해야 할 문제로 붙들고 있음.

제어(諦語) 정어(正語)와 같음.

제예(提鼙) ⓢtimi의 음사. 전설상의 거대한 물고기.

제오대(第五大) 사대(四大) 외에 제오대는 없으므로 실재하지 않는 것을 비유함.

제월(霽月) 경헌(敬軒)의 당호(堂號).

제위(提謂) ⓢtrapuṣa ⓟtapussa의 음사. 붓다가 깨달음을 이룬 직후, 최초로 동생 파리(波利)와 함께 붓다에게 음식을 공양하고, 그의 가르침을 듣고 귀의(歸依)한 상인(商人).

제육식(第六識) 육식(六識) 가운데 여섯 번째인 의식(意識)을 말함. 의식 기능〔意〕으로 의식 내용〔法〕을 식별·인식하는 마음 작용.

제육음(第六陰) 오음(五陰) 외에 제육음은 없으므로 이름만 있고 실재하지 않는 것을 비유함.

제육의식(第六意識) 제육식(第六識)과 같음.

제육천(第六天) 육욕천(六欲天) 가운데 제6천인 타화자재천(他化自在天)을 말함.

제의(諦意) 정념(正念)과 같음.

제의서(祭儀書) ⇒ 브라흐마나(brahmaṇa)

제이능변(第二能變) ⇒ 삼능변(三能變)

제이선(第二禪) ⇒ 사선(四禪)

제이선천(第二禪天) 사선천(四禪天)의 제2. 여기에 소광천(少光天)·무량광천(無量光天)·극광정천(極光淨天)이 있음. ⇒ 색계십칠천(色界十七天)

제이월(第二月) 달은 하나뿐이고 두 번째 달은 없으므로, 무(無)·오류·착각·무의미 등을 비유함.

제이정려(第二靜慮) 제이선(第二禪)과 같음.

제인숙작종(諸因宿作宗) 숙작인론(宿作因論)과 같음.

제일능변(第一能變) ⇒ 삼능변(三能變)

제일선(第一禪) 초선(初禪)과 같음. ⇒ 사선(四禪)

제일의(第一義) ①ⓢparamārtha 가장 뛰어난 이치. 궁극적인 이치. ②근본 뜻. ③모든 현상의 있는 그대로의 참모습. ④열반.

제일의공(第一義空) ①열반. 부처의 성품·지혜·경지. ②십팔공(十八空)의 하나. 분별을 끊고, 대상을 있는 그대로 파악하는 상태.

제일의관(第一義觀) 천태교학에서 설하는 삼관(三觀) 가운데, 공(空)이나 가(假)의 어느 한쪽에 치우치지 않는 중관(中觀)을 말함. 가장 뛰어난 수행법이라는 뜻.

제일의락(第一義樂) 열반의 깊고 묘한 즐거움.

제일의상(第一義相) 원성실성(圓成實性)과 같음.

제일의실단(第一義悉檀) 사실단(四悉檀)의 하나. 진리를 바로 설하여 중생을 깨달음에 들게 함.

제일의제(第一義諦) ⓢparamārtha-satya 제(諦)는 진리를 뜻함. ①분별이 끊어진 상태에서, 있는 그대로 파악된 진리. 분별이 끊어진 후에 확연히 드러나는 진리. 직관으로 체득한 진리. ②가장 뛰어난 진리. 궁극적인 진리. 가장 깊고 묘한 진리.

제일의지(第一義智) 최고의 지혜. 모든 번뇌를 소멸한 부처의 지혜.

제일의천(第一義天) 열반에 이른 부처를 뜻함.

제일좌(第一座) 선원(禪院)에서 좌선하는 승려들을 지도하고 단속하는 승려.

제장순잡구덕문(諸藏純雜具德門) 모든 현상은 순수한 것 속에 잡다한 것이 있고, 잡다한 것 속에 순수한 것이 있어 서로 걸림 없이 원만한 덕을 갖추고 있음. 화엄종 제2조 지엄(智儼, 602-668)이 설한 십현문(十玄門)의 하나로, 제3조 법장(法藏, 643-712)은 이것을 광협자재무애문(廣狹自在無礙門)으로 수정함.

제저(制底) 지제(支提)와 같음.

제점(提點) 선원(禪院)의 회계·출납 등을 담당하는 직책, 또는 그 일을 맡은 승려.

제정(諦定) 정정(正定) ①과 같음.

제창(提唱) 대의(大意)나 요점을 드러냄.

제치(諦治) 정정진(正精進)과 같음.

제칠선(第七仙) 과거칠불(過去七佛) 가운데 일곱 번째인 석가모니불(釋迦牟尼佛)을 가리킴.

제칠식(第七識) 팔식(八識) 가운데 일곱 번째인 말나식(末那識)을 말함.

제칠정(第七情) 정(情)은 근(根, ⓢindriya)의 구역(舊譯). 육근(六根) 외에 제칠정은 없으므로 실재하지 않는 것을 비유함.

제타가(制吒迦) ⓢceṭaka의 음사. 부동명왕(不動明王)을 그 오른쪽에서 보좌하는 동자(童子).

제팔식(第八識) 팔식(八識) 가운데 여덟 번째인 아뢰야식(阿賴耶識)을 말함.

제행(諸行) ①무명(無明)으로 일으키는, 의도(意圖)하고 지향하는 모든 의식 작용. 무명에 의한 모든 의지력·충동력·의욕. ②분별하고 차별하는 모든 의식 작용. ③모든 행위·동작·작용·활동.

제행(諦行) 정업(正業)과 같음.

제행무상(諸行無常) 삼법인(三法印)의 하나. 무명(無明)으로 일으키는, 의도(意圖)하고 지향하는 모든 의식 작용은 변화함. 무명에 의한 모든 의지력·충동력·의욕은 변화함.

제호(醍醐) ⓢmaṇḍa 우유를 가공한 식품 가운데 가장 맛이 좋은 최상품. 주로 최상·불성·열반 등을 비유함.

제호등(醍醐燈) 제호에 향기 나는 기름을 넣어 태우는 등불.

제화갈라(提和竭羅) ⓢdīpaṃkara의 음사. 정광(定光·錠光)·등광(燈光)·연등(然燈)이라 번역. 아득한 과거세에 출현하여 석가모니에게 미래에 성불하리라고 예언하였다는 부처.

제환인(提桓因) ⓢdevendra의 음사. 석제환인(釋提桓因)의 준말.

조(祖) 한 종(宗)이나 한 파(派)를 처음 세운 승려, 또는 그 가르침을 계승하여 전한 승려.

조각(助覺) 각지(覺支)와 같음.

조견(照見) 환히 앎. 뚜렷이 앎. 터득함. 깨달음.

조계대사(曹溪大師) ⇒ 혜능(慧能)

조계보림전(曹溪寶林傳) 10권. 당(唐)의 지거(智炬) 엮음. 석가모니가 입멸한 후 인도에서 불법(佛法)이 계승되어 온 차례를 기록한 저술로, 부법장인연전(付法藏因緣傳)의 23조(祖)에 바수밀(婆須蜜)·바사사다(婆舍斯多)·불여밀다(不如密多)·반야다라(般若多羅)·보리달마(菩提達摩)를 더하여 선종(禪宗) 28조(祖)를 처음으로 주장함. 10권이지만 제7권·제9권·제10권은 전하지 않음.

조계사(曹溪寺) 서울시 종로구 수송동에 있는 절. 대한불교조계종 직할 교구 본사. 1937년에 수송동에 있던 각황사(覺皇寺)를 지금의 터로 옮기는 공사를 착공하여 이듬해 준공하고, 북한산에 있는 태고사(太古寺)의 이름을 옮겨 오는 형식을 취하여 절 이름을 태고사라 하고, 1955년에 조계사로 이름을 바꿈.

조계종(曹溪宗) 신라 말과 고려 초에 형성된 구산선문(九山禪門)이 선종(禪宗)의 형태로 유지되어 오다가 의천(義天, 1055-1101)이 송(宋)에서 귀국하여 천태종(天台宗)을 세운 데 자극 받아 하나로 결합된 종파. 조계(曹溪)라는 말은 광동성(廣東省) 조계산(曹溪山) 보림사(寶林寺)에 머물면서 선풍(禪風)을 크게 일으킨 육조 혜능(六祖慧能, 638-713)을 가리킴. 조계종은 고려 후기로 내려오면서 불교계의 중심 종파가 되었으나 조선 세종 6년(1424)에 7종의 종파를 선교양종(禪教兩宗)으로 통폐합하는 과정에서 선종에 흡수되어 그 이름을 상실함. 이후 한반도의 불교계는 하나의 종명(宗名)도 없이 명맥만 이어오다가 1941년에 조계종이라는 종단을 결성하고 태고사(太古寺, 지금의 조계사)를 세워 총본사로 함으로써 한반도 전통의 선법(禪法)을 되찾음. 그 해 4월에 조선불교조계종총본사태고사사법(朝鮮佛教曹溪宗總本寺太古寺寺法)이 인가를 받고, 제1대 종정에 한암 중원(漢岩重遠)을 추대하고, 그 해 6월부터 총본사에서 종무를 시작함. 조선불교조계종은 1945년 8월에 해방을 맞이하여 한국불교조계종으로 재정비하고, 그 해 10월에 전국승려대회를 열고 총독부의 사찰령과 조계종총본사태고사사법 등을 폐지하는 한편, 새로운 교헌(教憲)을 제정하고, 초대교정(初代教正)에 박한영(朴漢永)을 추대하고, 중앙총무원장에 김법린(金法麟)을 선출하여 재출발함. 현재의 대한불교조계종은 이 맥을 이은 한반도 최대의 종파임.

조교(祖教) 조사의 가르침. 선종의 가르침.

조구타국(漕矩吒國) 아프가니스탄의 동남부에 있던 고대 국가.

조달(調達) 제바달다(提婆達多)와 같음.

조당집(祖堂集) 20권. 정(靜)·균(筠)이 남당(南唐) 보대(保大) 10년(952)에 엮음. 과거칠불(過去七佛)에서 서천이십팔조(西天二十八祖)와 동토육조(東土六祖)를 거쳐 청원 행사(青原行思, ?-740) 문하와 남악 회양(南嶽懷讓, 677-744) 문하에 이르기까지, 250여 명의 행적·법요(法要)·게송 등을 기록한 저술로, 이 가운데에는 신라 승려들의 전기가 다수 기록되어 있음.

조동선(曹洞禪) 동산 양개(洞山良价, 807-869)의 종풍(宗風)을 계승한 굉지 정각(宏智正覺, 1091-1157) 문하의 묵조선(默照禪)을 말함.

조동종(曹洞宗) 오가칠종(五家七宗)의 하나. 동산 양개(洞山良价, 807-869)와 그의 제자 조산 본적(曹山本寂, 840-901)에 의해 형성된 종파로, 그 특색은 인간만이 설법하는 것이 아니라 산천 초목도 설법한다는 무정설법(無情說法)과 주도 면밀한 수행에 있음. 조산 문하는 4대만 전해졌고, 동산의 제자 운거 도응(雲居道膺, ?-902) 문하는 남송 때까지 번성했는데, 운거의 문하 가운데 굉지 정각(宏智正覺, 1091-1157)은 자신이 본래 부처의 청정한 성품을 갖추고 있다는 확고한 믿음으로 묵묵히 좌선만 하면 저절로 그 청정한 성품이 드러난다는 묵조선(默照禪)을 일으킴.

조두(澡豆) 수행자들이 지니고 다니는, 콩이나 팥을 갈아 만든 가루비누.

조등(祖燈) 등불이 등불에서 등불로 이어지듯, 조사선(祖師禪)이 스승에서 제자로 계속 이어짐을 뜻함.

조령(祖令) 조사의 가르침을 법령(法令)에 비유한 말.

조론(肇論) 1권. 후진(後秦)의 승조(僧肇) 지음. 불교의 핵심을 요약한 종본의(宗本義), 인연 따라 일어나는 모든 현상의 공성(空性)과 불이(不二)를 주시한 물불천론(物不遷論)과 부진공론(不眞空論), 반야의 참뜻을 밝힌 반야무지론(般若無知論), 열반은 언어 밖에서 드러난다고 설한 열반무명론(涅槃無名論)으로 구성되어 있음.

조복(調伏) ①ⓢnigraha ⓢvinaya 몸과 마음을 조절하여 온갖 악행을 다스림. ②ⓢvinaya 출가자가 지켜야 규정, 곧 율(律)을 말함. ③온갖 장애를 굴복시킴.

조복법(調伏法) 밀교에서, 명왕(明王)을 본존으로 하여 온갖 장애와 악마를 굴복시키는 의식.

조부(調部) 율장(律藏)에서, 부수적으로 설명한 부분.

조불(祖佛) ①부처의 경지에 이른 선승(禪僧). ②조사(祖師)와 부처.

조불언교(祖佛言教) 조사와 부처의 가르침.

조사(祖師) ①부처의 마음을 체득한 선승(禪僧). 자신의 청정한 성품을 깨달은 선승. 부처의 마음에 통하고, 평소에 그 마음을 행동으로 나타내는 선승. ②한 종(宗)이나 한 파(派)를 처음 세운 승려, 또는 그 가르침을 계승하여 전한 승려.

조사관(祖師關) 조사의 경지에 이르는 관문, 곧 공안(公案)을 뜻함.

조사당(祖師堂) 조사들의 영정을 모신 사찰의 건물.

조사서래의(祖師西來意) 달마(達摩)가 서쪽 인도에서 중국에 와서 전한 선(禪)의 참뜻.

조사선(祖師禪) 혜능(慧能, 638-713) 문하, 특히 강서(江西)의 마조 도일(馬祖道一, 709-788) 문하의 선법(禪法)을 말함. 일상 생활 속에서 선(禪)을 실천하는, 평범하면서도 소탈한 시골풍의 토착적인 불교로서, 그 핵심은 평상심시도(平常心是道)와 즉심시불(卽心是佛)로 요약될 수 있음. 평상심(平常心)은 평범하고 예사로운 일상의 마음이며, 일체의 차별과 분별과 조작이 없는 근원적인 마음이며, 인간이 본래 갖추고 있는 청정한 성품이기 때문에 평상심이 곧 도(道)이고 그 마음이 곧 부처라고 함. 따라서 도(道)는 수행을 필요로 하지 않으며, 다만 오염시키지만 않으면 된다고 함.

조사심인(祖師心印) 조사의 마음. 도장이 진실·확실을 나타내듯, 조사의 마음도 그러하므로 인(印)이라 함.

조사회(祖師會) 조사에게 공양하는 법회(法會).

조산본적(曹山本寂) ⇒ 본적(本寂)

조선(祖先) 1136-1211. 남송(南宋)의 승려. 사천성(四川省) 광안(廣安) 출신. 호는 파암(破庵). 임제종 양기파(楊岐派). 27세에 나한원(羅漢院)의 덕상(德祥)에게 출가하고, 여러 지역을 편력하다가 밀암 함걸(密庵咸傑)에게 사사(師事)하여 그의 법을 이어받음. 사천성

(四川省) 함평선원(咸平禪院), 강소성(江蘇省) 수봉선원(秀峰禪院), 절강성(浙江省) 자복선원(資福禪院) 등에 머무름.

조선불교유신론(朝鮮佛教維新論) 한국의 한용운(韓龍雲) 지음. 한반도의 불교 개혁을 위해 승려의 교육, 참선의 방법, 염불당의 폐지, 불교 의식의 간소화, 승려의 권익, 승려의 혼인 문제, 주지의 선거, 승려의 단결, 사찰의 통괄 등에 대해 논술한 저술로, 1909년에 집필하기 시작하여 이듬해 백담사(百潭寺)에서 탈고함.

조선불교통사(朝鮮佛教通史) 한국의 이능화(李能和) 지음. 한반도의 불교 역사, 30본산(本山)과 그 말사(末寺), 사찰의 역사, 종파, 보우(普雨)에서 휴정(休靜)에 이르는 승려들의 행적, 한반도 불교의 설화·일화 등을 개괄적으로 서술한 책.

조실(祖室) 선원(禪院)의 가장 높은 승려.

조어(釣語) 선사(禪師)가 수행자의 역량을 시험하기 위해 던지는 질문.

조어(祖語) 조사의 말.

조어(調御) 조어장부(調御丈夫)의 준말.

조어장부(調御丈夫) Ⓢpuruṣa-damya-sārathi 십호(十號)의 하나. 모든 사람을 잘 다루어 깨달음에 들게 한다는 뜻, 곧 부처를 일컬음.

조역(祖域) 조사들의 영역, 곧 선(禪)의 세계.

조왕탱화(竈王幀畫) 부엌을 관할하는 조왕신을 묘사한 그림.

조의(祖意) 조사(祖師)들이 전한 선(禪)의 참뜻. 조사들의 마음. 이에 반해, 교종(教宗)에서 설한 가르침의 취지는 교의(教意)라고 함.

조정(祖庭) 조사가 머무는 뜰, 곧 선종을 뜻함.

조정사원(祖庭事苑) 8권. 송(宋)의 선향(善鄉) 엮음. 운문 문언(雲門文偃), 설두 중현(雪竇重顯), 천의 의회(天衣義懷), 풍혈 연소(風穴延沼), 법안 문익(法眼文益) 등의 어록(語錄)에서 어려운 낱말 2,400여 개를 뽑아 풀이하고 그 낱말의 출전을 밝힌 책.

조조(祖曹) 조(曹)는 무리를 뜻함. 대대로 내려온 선조(先祖).

조종(祖宗) 조사가 전한 선(禪)의 요지.

조주종심(趙州從諗) ⇒ 종심(從諗)

조직정(調直定) ⓈⓅsamādhi 마음을 조절하여 한곳에 집중하는 선정(禪定).

조참(朝參·早參) 수행승이 아침에 스승을 찾아뵙고 가르침을 청함. 아침에 닦는 수행.

조참모청(朝參暮請) 수행승이 아침저녁으로 스승을 찾아뵙고 가르침을 청함.

조참석취(朝參夕聚) 수행승이 아침저녁으로 모여 스승을 찾아뵙고 가르침을 청함.

조희개(調戲蓋) 들뜨고 혼란스러운 번뇌.

족근광평상(足跟廣平相) 삼십이상(三十二相)의 하나. 발꿈치가 넓고 평평함.

족목(足目) Ⓢakṣapāda 냐야 학파의 창시자

인 가우타마(gautama, 1세기-2세기)의 별명.

족부고만상(足趺高滿相) 삼십이상(三十二相)의 하나. 발등이 높고 원만함.

족성자(族姓子) 양가(良家)의 남자. 훌륭한 남자. 부처의 가르침을 믿고 선행을 닦는 남자.

족하안평립상(足下安平立相) 삼십이상(三十二相)의 하나. 발바닥이 평평하여 서 있기에 편함.

족하이륜상(足下二輪相) 삼십이상(三十二相)의 하나. 발바닥에 두 개의 바퀴 모양의 무늬가 있음.

존(尊) ①부처·보살·명왕 등에 대한 존칭. ②신비하고 불가사의한 위력을 지닌 대상, 또는 그 위력을 상징하는 대상. 우주나 진리 등을 상징하는 대상.

존숙(尊宿) 수행이 뛰어나고 덕이 높은 노승(老僧)을 일컫는 말.

존승불정(尊勝佛頂) 모든 장애를 제거해 주는 힘이 있다는 불정(佛頂).

존의(尊儀) 부처나 보살 등의 존귀한 모습이나 거동.

존자(尊者) ①ⓢāyuṣmat 수행이 뛰어나고 덕이 높은 수행자를 일컫는 말. ②성자. 현자.

존장(尊長) 스승이나 아버지, 또는 나이가 많은 어른을 높여 일컫는 말.

존족산(尊足山) 계족산(鷄足山)과 같음.

존중수(尊重修) 사수(四修)의 하나. 배우는 것을 공경하여 게으르지 않고 수행함.

존중행(尊重行) 십행(十行)의 하나. 행하기 어려운 청정한 행위를 존중하여 그것을 성취하는 행위.

존후(尊候) 상대방의 기분이나 안부를 여쭙는 말.

종(宗) ①주된 요지. 근본 요지. ②부처의 여러 가르침 가운데 제각기 중요하게 여기는 취지. 각각의 경론(經論)에서 설하는 가르침의 요지. ③ⓢsiddhānta 스스로 체득한 궁극적인 진리. 언어로 표현할 수 없는, 스스로 체득한 깨달음 그 자체. ③ⓢpakṣa 인명(因明)에서, 주장 명제·판단. 예를 들면 다음과 같음. '말은 무상하다〔宗〕', '지어낸 것이기 때문이다〔因〕', '지어낸 모든 것은 무상하다. 예를 들면, 병(甁)과 같다〔喩〕'. ④종파. 학파. 부처의 여러 가르침 가운데 제각기 내세우는 요지·해석·의식·수행 방법 등의 차이에서 나누어진 갈래. ⑤종지(宗旨). 한 종(宗)에서 내세우는 가르침의 요지.

종(種) 종자(種子)의 준말.

종가입공이제관(從假入空二諦觀) 삼관(三觀)의 하나. 여러 인연의 일시적인 화합으로 존재하는 현상에서 공(空)으로 들어가 그 현상과 공(空)을 함께 주시함.

종경록(宗鏡錄) 100권. 송(宋)의 영명 연수(永明延壽) 지음. 선교일치(禪敎一致)의 체계를 시도한 저술. 표종장(標宗章)·문답장(問答章)·인증장(引證章)으로 구성되어 있는데, 제1권의 전반부에 해당하는 표종장에서는 일심(一心)을 근본 요지로 함을 밝히고, 제1권 후반부와 제93권까지의 문답장에서는 일심을 근본으로 하여 여러 문제를 제기한 다음 그에 대해 자세히 설명하고, 제94권에서 제100권까지의 인증장에서는 여러 대승 경전과 어록, 그리고 여러 고승들의 글을 인용하여 앞의 논술을 증명함.

종고(宗杲) 1089-1163. 남송(南宋)의 승려. 임제종(臨濟宗) 양기파(楊岐派). 안휘성(安徽省) 선주(宣州) 출신. 16세에 출가하고, 1125년부터 원오 극근(圜悟克勤, 1063-1135)에게 사사(師事)하여 그의 법을 이어받음. 금(金)과의 전쟁 때 금(金)에 동조하였다는 이유로 1141년에 호남성(湖南省) 형주(衡州)에 유배되고 1156년에 사면되어 절강성(浙江省) 아육왕산(阿育王山)에 머무름. 절강성 경산(徑山)에서 간화선(看話禪)을 크게 일으킴. 그는 조주(趙州)의 '무(無)' 자 화두(話頭)를 철저하게 수행의 근본으로 삼았고, 천만 가지 의심도 결국은 하나의 의심에 지나지 않으며, 화두의 의심이 깨뜨려지면 천만 가지 의심이 일시에 사라진다고 하여 화두와 정면으로 대결할 것을 역설함. 효종(孝宗)이 즉위 때 대혜선사(大慧禪師)라는 호를 내리고, 시호(諡號)는 보각선사(普覺禪師). 어록 : 대혜보각선사어록(大慧普覺禪師語錄).

종골(宗骨) 한 종(宗)에서 설하는 가르침의 골격.

종공입가평등관(從空入假平等觀) 삼관(三觀)의 하나. 공(空)에서 여러 인연의 일시적인 화합으로 존재하는 현상으로 들어가 일체는 평등하다고 주시함.

종교(宗教) ①한 종(宗)에서 내세우는 가르침. ②언어로 표현할 수 없는, 스스로 체득한 깨달음 그 자체와 그것을 언어로 표현한 가르침. 스스로 체득한 궁극적인 진리에 대한 가르침. ③중요하고 근본적인 가르침. ④자신이 신봉하는 가르침.

종교(終教) 대승종교(大乘終教)의 준말.

종구과(宗九過) 인명(因明)에서, 주장 명제인 종(宗)의 아홉 가지 오류. (1)현량상위과(現量相違過). 직접 지각에 어긋나는 종(宗)을 내세우는 오류. 예를 들면, '말은 들리는 것이 아니다', '불은 뜨겁지 않다'라고 주장하는 경우. (2)비량상위과(比量相違過). 추리에 어긋나는 종(宗)을 내세우는 오류. 예를 들면, '병(甁)은 영원히 변하지 않는다'라고 주장하는 경우. (3)자교상위과(自教相違過). 자신이 소속된 학파의 교리에 어긋나는 종(宗)을 내세우는 오류. 예를 들면, 바이셰시카 학도가 '말은 영원히 변하지 않는다'라고 주장하는 경우. 바이셰시카 학파에서는 말은 습관적으로 결정된 것으로 변한다고 주장함. (4)세간상위과(世間相違過). 세간의 상식이나 풍습에 어긋나는 종(宗)을 내세우는 오류. 예를 들면, '바라문은 술을 마셔도 좋다'라고 주장하는 경우. (5)자어상위과(自語相違過). 자신의 말에 모순을 포함하는 오류. 종(宗)의 주어와 술어가 서로 상반되는 오류. 예를 들면, '나의 어머니는 석녀(石女)이다'라고 주장하는 경우. (6)능별불극성과(能別不極成過). 종(宗)의 술어를 상대편이 인정하지 않는 오류. 예를 들면, 불교도가 상캬 학도에게 '말은 소멸해 버린다'라고 주장하는 경우. 상캬 학파에서는 모든 사물은 프라크리티(ⓢprakṛti)에서 나온 것으로 변화는 하지만 소멸하지는 않는다고 주장함. (7)소별불극성과(所別不極成過). 종(宗)의 주어를 상대편이 인정하지 않는 오류. 예를 들면, 상캬 학도가 불교도에게 '아트만(ⓢātman)은 정신적인 것이다'라고 주장하는 경우. 불교에서는 아트만을 인정하지 않음. (8)구불극성과(俱不極成過). 종(宗)의 주어와 술어를 모두 상대편이 인정하지 않는 오류. 예를 들면, 바이셰시카 학도가 불교도에게 '아트만은 실체이다'라고 주장하는 경우. 불교에서는 아트만과 실체를 인정하지 않음. (9)상부극성과(相符極成過). 종(宗)의 주어와 술어가 당연히 서로 부합되어 있기 때문에 종(宗)으로 내세울 필요가 없는 무의미한 주장. 예를 들면, '말은 들리는 것이다'라고 하는 경우.

종규(宗規) 한 종(宗) 안에서 정해 놓은 규칙.

종극(宗極) 가르침의 궁극적인 요지.

종도(宗徒) 한 종(宗)에 소속되어 있는 승려나 신도.

종동품(宗同品) 인명(因明)에서, 주장 명제인 종(宗)의 술어와 같은 성질에 속하는 부류.

종두(鐘頭) 절에서 종을 치는 소임, 또는 그 일을 맡은 승려.

종론(宗論) ①한 경(經)에서 설하는 가르침의 요지를 논술함, 또는 그 글. ②종파와 종파 사이의 교리에 대한 논쟁.

종린(宗璘) 1127-1179. 고려의 승려. 왕족 출신으로, 15세에 인종의 명으로 징엄(澄嚴, 1090-1141)에게 출가하여 불일사(佛日寺)에서 계(戒)를 받음. 의종 때 수좌(首座)가 되어 귀법사(歸法寺)·부석사(浮石寺) 등에 머물고, 또 승통(僧統)이 됨. 시호는 현오국사(玄悟國師).

종명(宗名) 경(經)·논(論)·교리(敎理)·개조(開祖) 또는 그가 머문 곳 등에 따라 지은 종(宗)의 이름.

종무소(宗務所) 절의 사무를 보는 곳.

종문(宗門) ①부처의 여러 가르침 가운데 제각기 내세우는 요지·해석·의식·수행 방법 등의 차이에서 나누어진 갈래. 종파. ②선종(禪宗)을 일컬음.

종문연등회요(宗門聯燈會要) 30권. 송(宋)의 회옹 오명(晦翁悟明) 엮음. 과거칠불(過去七佛)에서 서천이십팔조(西天二十八祖)와 동토육조(東土六祖)를 거쳐 남악 회양(南嶽懷讓) 문하 18세, 청원 행사(靑原行思) 문하 13세에 이르는 600여 명의 문답을 모은 저술.

종밀(宗密) 780-841. 당(唐)의 승려. 사천성(四川省) 과주(果州) 서충(西充) 출신. 어려서부터 유교와 불교를 배우고 28세에 도원선사(道圓禪師)를 만나 출가함. 원각경(圓覺經)에 정통하고, 징관(澄觀)의 화엄경소(華嚴經疏)를 읽고 크게 감동 받아 징관에게 화엄학을 배움. 821년부터 종남산(終南山) 규봉(圭峰) 초당사(草堂寺)에서 저술에 전념하면서 교선일치(敎禪一致)를 제창함. 시호는 정혜선사(定慧禪師). 저서 : 원각경과문(圓覺經科文)·원각경대소(圓覺經大疏)·원각경약소(圓覺經略疏)·선원제전집도서(禪源諸詮集都序)·원인론(原人論) 등.

종법(宗法) 인명(因明)에서, 주장 명제인 종(宗)의 술어, 또는 종(宗)을 내세운 이유로서 제시한 인(因)의 술어를 말함. 예를 들면, '말은 무상하다〔宗〕', '(말은) 지어낸 것이기 때문이다'에서 '무상' 또는 '지어낸 것'.

종사(宗師) ①오랜 수행으로 성품이 청정하여 수행자의 모범이 되는 승려. ②한 종(宗)을 처음 세운 승려, 또는 그 가르침을 계승하여 전한 승려.

종설(宗說) 스스로 체득한 깨달음 그 자체와 그것을 말로 표현한 가르침.

종성(種性·種姓) ⓢgotra ①가족. 혈통. 씨족. ②깨달음의 바탕이 되는 소질. 깨달을 가능성. 깨달을 수 있는 잠재력. ③타고난 성품.

종송(鐘頌) 사찰에서 아침·저녁으로 종을 칠 때 독송하는 게송.

종승(宗乘) 존중되는 주요한 가르침. 주로 선종의 가르침을 뜻함.

종신(宗信) 생몰년 미상. 원(元)의 승려. 절강성(浙江省) 무주(婺州) 출신. 호는 급암(及庵). 임제종 양기파(楊岐派). 출가하여 설암 조흠(雪巖祖欽, ?-1287)에게 사사(師事)하여 그의 법을 이어받고, 절강성 호주(湖州) 도량산(道場山) 만수사(萬壽寺)에 머무름. 그의 법은 다시 석옥 청공(石屋淸珙, 1272-1352)과 평산 처림(平山處林, 1279-1361)으로 이어졌는데, 고려의 태고 보우(太古普愚, 1301-1382)는 청공의 법을 이어받고, 나옹 혜근(懶翁惠勤, 1320-1376)은 처림의 법을 이어받음.

종신약(終身藥) 병의 치료용으로 일생 동안 보관해 두고 먹을 수 있는 뿌리·줄기·꽃·과일 따위.

종심(從諗) 778-897. 당(唐)의 승려. 산동성(山東省) 조주(曹州) 출신. 어려서 조주(曹州) 호통원(扈通院)에 출가하고, 남전 보원(南泉普願, 748-834)에게 사사(師事)하여 그의 법을 이어받음. 여러 지역을 편력하다가 80세부터 하북성(河北省) 조주(趙州) 관음원(觀音院)에 40년 동안 머물면서 선풍(禪風)을 크게 일으킴. 시호(諡號)는 진제대사(眞際大師). 어록 : 조주록(趙州錄).

종연현료론(從緣顯了論) 십육이론(十六異論)의 하나. 모든 현상의 본체는 변하지 않으며 인연에 따라 그것이 드러난다는 견해.

종요(宗要) ①한 종(宗)에서 내세우는 가르침의 요지. ②요지. 요점.

종용록(從容錄) 6권. 본이름은 만송노인평창천동각화상송고종용암록(萬松老人評唱天童覺和尙頌古從容庵錄). 송(宋)의 굉지 정각(宏智正覺)이 조사(祖師)들의 화두(話頭) 100칙(則)을 선별하여 각각에 게송을 붙인 송고백칙(頌古百則)에 남송(南宋)의 만송 행수(萬松行秀)가 시중(示衆)·착어(著語)·평창(評唱)을 한 저술.

종원(宗源) 한 종(宗)에서 내세우는 종지(宗旨)의 근원.

종의(宗依) 인명(因明)에서, 주장 명제인 종(宗)을 성립시키는 주어와 술어를 말함. 예를 들면, '말은 무상하다'에서 '말'과 '무상'.

종의(宗意) 한 종(宗)에서 내세우는 가르침, 또는 그 요지.

종의(宗義) 한 종파의 교리.

종이품(宗異品) 인명(因明)에서, 주장 명제인 종(宗)의 술어와 전혀 다른 성질에 속하는 부류.

종자(種子) ⓢbīja ①어떤 현상을 일으키는 근원. 어떤 현상이 일어날 가능성. ②과거의 인식·행위·경험·학습 등에 의해 아뢰야식(阿賴耶識)에 새겨진 인상(印象)·잠재력. 아뢰야식에 저장된, 과거의 인식·행위·경험·학습 등의 잠복 상태. 아뢰야식에 저장되어 있으면서 인식 작용을 일으키는 원동력. 습기(習氣)와 같음. ③밀교에서, 상징적 의미를 가지는 하나하나의 범자(梵字).

종자만다라(種子曼荼羅) 법만다라(法曼荼羅)

와 같음.

종자생종자(種子生種子) 아뢰야식(阿賴耶識)에 저장되어 있는 인상 또는 잠재력, 곧 종자가 성숙하여 새로운 종자를 생기게 하는 것.

종자생현행(種子生現行) 아뢰야식(阿賴耶識)에 저장되어 있는 잠재력이 변화하고 성숙하여 일어나는 인식 작용.

종자식(種子識) 아뢰야식(阿賴耶識)의 별명. 아뢰야식은 과거의 인식·행위·경험·학습 등으로 형성된 인상(印象)·잠재력, 곧 종자를 저장하고 있으므로 이와 같이 말함.

종자육의(種子六義) 모든 마음 작용을 일으키는 근원인 종자가 지니고 있는 여섯 가지 성질. (1)찰나멸(刹那滅). 순간순간 일어나고 소멸함. (2)과구유(果俱有). 일어난 결과인 마음 작용과 함께 함. (3)항수전(恒隨轉). 마음 작용이 일어날 때, 종자도 늘 따라 일어남. (4)성결정(性決定). 종자의 성질에 따라 그 종자에 의해 일어나는 마음 작용의 성질이 결정되어 있음. (5)대중연(待衆緣). 여러 인연이 화합함으로써 비로소 종자가 마음 작용을 일으킴. (6)인자과(引自果). 종자는 반드시 그 성질과 같은 과보를 이끌어 냄.

종자의(種子依) 인연의(因緣依)와 같음.

종장(宗匠) 종사(宗師)와 같음.

종정(宗正) 각 종단에서 정신적인 지도자로 받들어 모시는 승려.

종조(宗祖) 한 종(宗)을 처음 세운 승려.

종종계지력(種種界智力) 십력(十力)의 하나. 중생의 여러 가지 근성을 아는 부처의 능력.

종종승해지력(種種勝解智力) 십력(十力)의 하나. 중생의 여러 가지 뛰어난 판단을 아는 부처의 능력.

종지(宗旨) ①각각의 경론(經論)에서 설하는 가르침의 요지. ②한 종(宗)에서 내세우는 가르침의 요지.

종지(種智) 일체종지(一切種智)의 준말.

종체(宗體) 인명(因明)에서, 주장 명제인 종(宗)을 말함. 예를 들면, '말은 무상하다'에서 '말'과 '무상'은 종의(宗依)라고 하는데 반해, '말'과 '무상'이 계사(繫辭)로 연결되어 있는 '말은 무상하다' 그 자체는 종체라고 함.

종취(宗趣) ①한 종(宗)에서 내세우는 가르침의 취지. ②ⓢsiddhānta 스스로 체득한 궁극적인 진리. 언어로 표현할 수 없는, 스스로 체득한 깨달음 그 자체.

종치(宗致) 가르침의 근본 요지·취지.

종통(宗通) 스스로 통달한 깨달음 그 자체.

종파(宗派) ①부처의 여러 가르침 가운데 제각기 내세우는 요지·해석·의식·수행 방법 등의 차이에서 나누어진 갈래. ②한 종(宗)과 거기에서 나누어진 갈래.

종풍(宗風) ①한 선승(禪僧)의 독자적인 가르침이나 지도 방법. ②한 종(宗)에 전통적으로 내려오는 독특한 가르침이나 지도 방법.

종학(宗學) 한 종(宗)의 교리에 관한 학문.

좌(座) ①부처나 보살 등이 앉는 자리, 또는 그들이 앉은 장소. ②경론(經論)을 강의함. 강좌. ③불상(佛像)을 세는 단위.

좌구(坐具) ⓢniṣīdana 수행자가 앉거나 누울 때, 또는 부처나 스승에게 예배할 때 까는 직사각형의 베.

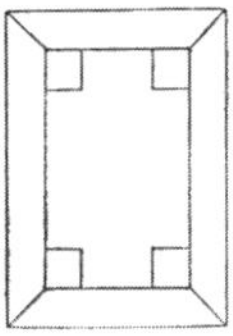

좌구

좌랍(坐臘) 출가하여 구족계(具足戒)를 받은 후, 좌선(坐禪)을 하는 하안거(夏安居)가 끝나는 날인 음력 7월 15일을 기준으로 해서 세는 승려의 나이.

좌말국(左末國) 타클라마칸(Taklamakan) 사막의 남동부, 지금의 차말(且末) 지역에 있던 고대 국가.

좌선(坐禪) 앉아서 마음을 고요히 가라앉히고 한곳에 집중함. 앉아서 몸과 마음을 탈락시키고 생각을 일으키지 않음. 앉아서 자신이 본래 갖추고 있는 부처의 성품을 응시함. 자신의 본성을 간파하기 위해 앉아 있는 수행.

좌선삼매경(坐禪三昧經) 2권. 요진(姚秦)의 구마라집(鳩摩羅什) 번역. 선(禪)을 닦는 수행자가 지켜야 할 규범, 부정관(不淨觀)·자심관(慈心觀)·인연관(因緣觀)·염식관(念息觀)·염불관(念佛觀), 사선(四禪)과 사무색정(四無色定), 아라한과 보살의 선(禪), 공(空)과 무상(無相) 등에 대해 설한 경.

좌의(坐衣) 좌구(坐具)와 같음.

좌주(座主) ①학문과 덕행이 뛰어나 어떤 자리에 으뜸이 되는 사람. ②경론(經論)을 강의하는 승려.

좌탈(坐脫) 좌선한 채로 죽음.

좌하(坐夏) 수행승들이 여름에 일정한 기간 동안 외출을 금하고 수행하는 것.

죄근(罪根) 죄의 뿌리. 악한 행위를 할 근성. 괴로움의 과보를 받을 악한 행위.

죄보(罪報) 악한 행위를 저질러서 받는 괴로움의 과보.

죄복(罪福) 죄악과 복덕.

죄본(罪本) 죄의 근본. 악한 행위를 할 근성.

죄업(罪業) 자신과 남에게 해가 되는 그릇된 행위와 말과 생각. 괴로움의 과보를 초래하는 악한 행위. 좋지 않은 결과의 원인이 되는 악한 행위. 계율을 깨뜨리는 행위. 탐욕과 노여움과 어리석음에 의한 행위와 말과 생각.

죄장(罪障) ①악한 행위를 저지른 과보로 받는 장애. ②해탈을 방해하는 악한 행위.

죄쟁(罪諍) 수행승의 행위가 계율상 범죄인가 아닌가에 대한 논쟁.

주(住) ①머무름. ②존재함. 늘 존재함. ③집착함. 얽매임. ④고정적인 상태. 변하지 않음. ⑤선어록(禪語錄)에서, 동사 뒤에 붙어 그 뜻을 강하게 함.

주(呪) ⓢmantra ⓢdhāraṇī ⓢvidyā 부처나 보살 등의 서원(誓願)이나 덕(德)을 나타내는 신성한 글귀, 또는 재난이나 질병 등을 면하기 위해 외우는 비밀스러운 글귀로, 범어를 번역하지 않고 음사(音寫)하여 읽음.

주(肘) ⓢhasta 길이의 단위. 스물네 손가락 마디의 길이.

주(籌) ⓢśalākā ⓟsalākā 대·나무·뿔 등으로 만든 작고 평평한 조각으로, 의식을 행하는 장소에 모인 승려의 수를 계산하거나 다수결로 결정할 때의 투표 등에 사용함.

주간객(主看客) ⇒ 사빈주(四賓主)

주간주(主看主) ⇒ 사빈주(四賓主)

주겁(住劫) 사겁(四劫)의 하나. 세계가 성립되어 머무르는 지극히 긴 기간. 인간 수명 8만 세에서 100년에 한 살씩 줄어 10세에 이르고 다시 10세에서 100년에 한 살씩 늘어 8만 세에 이르는 긴 시간을 중겁(中劫)이라 하는데, 주겁은 20중겁에 해당함.

주고(廚庫) 절에서, 살림을 꾸리는 부엌과 창고 등을 일컬음.

주굉(袾宏) 1535-1615. 명(明)의 승려. 절강성(浙江省) 항주(杭州) 출신. 자(字)는 불혜(佛慧), 호는 연지(蓮池). 32세에 출가하여 여러 지역을 편력하다가 37세에 운서산(雲棲山)에 이르러 옛 절터에 암자를 짓고 머물면서 선(禪)과 정토(淨土)의 일치를 주장함. 저서 : 선관책진(禪關策進).

주나(周那) 순타(純陀)와 같음.

주다라니(呪陀羅尼) 다라니(陀羅尼)는 ⓢdhāraṇī의 음사, 총지(總持)·능지(能持)라고 번역. 주문(呪文)으로 중생의 재난을 제거하는 능력.

주도반탁가(注茶半託迦·朱茶半託迦) ⓢcūḍapanthaka의 음사. 십육나한(十六羅漢)의 하나. 1,600명의 아라한과 함께 지축산(持軸山)에 거주하면서 정법(正法)과 중생을 수호한다는 성자.

주도수(晝度樹) ⓢpārijāta 도리천(忉利天)에 있다는 매우 큰 나무. 나무 모양은 산호 같고, 긴 이삭 모양의 다홍색의 꽃이 피며, 6월경에 낙엽 지고, 나무 전체에서 향기가 나와 도리천을 가득 메운다고 함.

주라(周羅) ⓢcūḍā의 음사. 계(髻)·소계(小髻)·정계(頂髻)라 번역. 출가하여 삭발할 때, 스승이 직접 깎도록 정수리에 몇 가닥 남겨두는 머리카락.

주리반타가(周梨槃陀迦) 주도반탁가(注茶半託迦)와 같음.

주리반토(周利般兎) 주도반탁가(注茶半託迦)와 같음.

주리반특(周利槃特) 주도반탁가(注茶半託迦)와 같음.

주반원명구덕문(主伴圓明具德門) 십현연기(十玄緣起)의 하나. 어느 한 현상도 스스로 생겨나거나 독립해서 존재하는 것은 없고, 서로 서로 주체가 되고 객체가 되어 모든 덕을 원만히 갖추고 있음.

주변(周遍) ①두루. 널리. 골고루. ②두루 미침. 널리 퍼짐.

주변함용관(周遍含容觀) 삼관(三觀)의 하나. 모든 현상은 각각의 속성을 잃지 않으면서 서로가 서로를 비추고 서로가 서로를 받아들이면서 두루 원만하게 융합되어 있다고 주시함.

주사(主事) 선원(禪院)에서, 사무를 감독하는 감사(監寺), 규율과 질서를 담당하는 유나(維那), 식사·의복·방석·이부자리 등을 담당하는 전좌(典座), 1년 동안 잡무를 담당하는 직세(直歲)를 말함.

주상(住相) 사상(四相)의 하나. 여러 인연으

로 생겨 머무는 모습.

주설(呪說) 주문을 읊조림. 주문을 외움.

주수(主首) 선원(禪院)의 사무를 감독하는 직책, 또는 그 일을 맡은 승려.

주승(主僧) 한 절의 주지로 있는 승려.

주암림(晝闇林) 삼림이 우거져 낮에도 어두컴컴하다는 뜻으로, 시체를 버리는 시다림(尸陀林)을 말함.

주야육시(晝夜六時) 밤낮을 6등분한 것으로, 신조(晨朝, 아침)·일중(日中, 한낮)·일몰(日沒, 해질 녘)·초야(初夜, 초저녁)·중야(中夜, 한밤중)·후야(後夜, 한밤중에서 아침까지의 동안)를 말함.

주원(呪願) 소원이나 복을 빎.

주이상(住異相) 여러 인연으로 생겨 머물다가 변해 가는 모습.

주인공(主人公) 자신이 본래 갖추고 있는 청정한 부처의 성품을 나타내는 말.

주장(呪藏) 주문(呪文)을 설한 경전을 통틀어 일컬음.

주장자(拄杖子) 수행승들이 지니고 있는 지팡이.

주저(呪詛·呪咀) 저주함.

주전신상보살(住前信相菩薩) 보살의 수행 단계 가운데 십주(十住) 앞 십신(十信)의 단계에 있는 보살로서, 아직 원만한 보살의 단계에 들지 못한 자.

주정견불원(住定見佛願) 사십팔원(四十八願)의 하나. 아미타불이 법장비구(法藏比丘)였을 때 세운 서원으로, 다른 국토의 보살들이 모든 부처를 볼 수 있는 삼매에 머물도록 하겠다는 맹세.

주정공불원(住定供佛願) 사십팔원(四十八願)의 하나. 아미타불이 법장비구(法藏比丘)였을 때 세운 서원으로, 다른 국토의 보살들이 삼매에 머물면서 모든 부처에게 공양하도록 하겠다는 맹세.

주정정취원(住正定聚願) 사십팔원(四十八願)의 하나. 아미타불이 법장비구(法藏比丘)였을 때 세운 서원으로, 정토의 중생을 반드시 성불하기로 결정되어 있는 단계에 머물게 하겠다는 맹세.

주주(住住) 현상을 어떠한 상태로 유지시키는 원리.

주중빈(主中賓) ⇒ 사빈주(四賓主)

주중주(主中主) ⇒ 사빈주(四賓主)

주지(住持) ①안주하여 가르침을 보존함. ②한 사찰의 운영을 주관하는 승려.

주지삼보(住持三寶) 불멸(佛滅) 후 불교가 유지되어 온 바탕이 되는 세 가지 보배, 곧 불상과 경전과 비구·비구니의 교단.

주처간(住處慳) 오간(五慳)의 하나. 일정한 지역을 독차지하고 다른 이는 거주하지 못하게 함.

죽림정사(竹林精舍) 마가다국(magadha國)의 왕사성(王舍城) 부근에 있던 불교 최초의 사원. 붓다가 깨달음을 이루고 왕사성을 찾았을 때, 칼란다(kalanda)가 붓다에게 기증한 죽림동산에 빔비사라(bimbisāra) 왕이 지어 붓다에게 바친 정사.

죽막(竹膜) 대나무 속에 있는 얇은 꺼풀.

죽비(竹篦) 길이 약 40-50cm의 대나무를 3분의 2 정도는 가운데를 두 쪽으로 가르고, 3분의 1은 그대로 두어 손잡이로 한 기구로, 이를 사용할 때에는 손잡이를 손에 쥐고 갈라진 부분을 손바닥에 쳐서 소리를 냄. 사찰에서, 참선이나 모임의 시작과 끝을 알리고, 식사할 때에도 그 소리에 따라 대중이 행동을 통일함. 또 참선할 때 졸거나 자세가 흐트러진 수행자의 어깨를 치는 약 2m의 큰 죽비가 있는데, 이를 장군죽비(將軍竹篦)라고 함.

죽사(竹師) 대나무를 재료로 하여 제품을 만드는 사람.

준식(遵式) 964-1032. 송(宋)의 승려. 절강성(浙江省) 태주(台州) 출신. 자(字)는 지백(知白). 출가하여 20세에 구족계(具足戒)를 받고, 천태산 국청사(國淸寺)에 가서 보현상(普賢像) 앞에서 한 손가락을 태우면서 천태학(天台學)을 배워서 전파하기로 맹세하고, 22세에 의통(義通, 927-988) 문하에 들어가 천태학을 배움. 의통이 입적한 후 28세에 스승의 강석(講席)을 이어받아 보운사(寶雲寺)에서 법화경·유마경·금광명경 등을 강의함. 1002년에 천태산 서쪽에 암자를 짓고 염불삼매(念佛三昧)를 닦고, 항주(杭州) 천축사(天竺寺)에서 천태학과 정토교를 전파함. 진종(眞宗)이 자운(慈雲)이라는 호를 내리고, 1024년에 인종(仁宗)에게 천태학의 서적을 대장경에 넣기를 청하여 허락을 받음. 시호는 법보대사(法寶大師). 저서 : 천태지자대사재기예찬문(天台智者大師齋忌禮讚文)·금광명참법보조의(金光明懺法補助儀)·왕생정토결의행원이문(往生淨土疑行願二門)·왕생정토참원의(往生淨土懺願儀) 등.

준제관음(准提觀音) 준제(准提)는 ⓢcaṇḍī의 음사. 과거에 한량없는 부처들이 설한 다라니(陀羅尼)를 설하여 중생을 깨달음에 이르게 한다는 관음.

준타(准陀) 순타(純陀)와 같음.

줄탁(啐啄) 줄(啐)은 달걀이 부화하려 할 때 알 속에서 나는 소리, 탁(啄)은 어미닭이 그 소리를 듣고 바로 껍질을 쪼아 깨뜨리는 것. 수행승의 역량을 단박 알아차리고 바로 깨달음에 이르게 하는 스승의 예리한 기질을 비유함.

중(中) ①쾌락과 고행, 유(有)와 무(無), 공(空)과 가(假) 등의 어느 한쪽에 치우치지 않음. 두 극단을 떠남. ②올바름.

중 출가하여 절에서 머리를 깎고 계(戒)를 받은 후 불도(佛道)를 닦는 수행자, 곧 사미(沙彌)·사미니(沙彌尼)·비구(比丘)·비구니(比丘尼)를 통틀어 일컬음.

중가의(中價衣) 삼의(三衣)의 하나. 삼의 가운데 그 가치가 중간이라는 뜻. 직사각형의 베 조각들을 세로로 나란히 꿰맨 것을 1조(條)로 하여, 7조를 가로로 나란히 꿰맨 것. 의식을 행할 때 입음.

중간반열반(中間般涅槃) 중반(中般)과 같음.

중간선(中間禪) 중간정(中間定)과 같음.

중간정(中間定) 사선(四禪)과 사무색정(四無色定)의 여덟 선정(禪定) 각각에 근본정(根本定)과 근분정(近分定)이 있는데, 각 근본정은 그 아래 단계의 수혹(修惑)을 끊은 선정이고, 근분정은 근본정에 들기 위해 닦는 예비 선정을 말함. 이 가운데 초선(初禪)의 근본정과 제2선(第二禪)의 근분정의 중간에 있는 선정을 중간정이라 함.

중간정려(中間靜慮) 중간정(中間定)과 같음.

중강(仲講) 강원(講院)의 교육 전반을 관장하는 강주(講主)를 보좌하는 직책, 또는 그 일을 맡은 승려.

중겁(中劫) ⓢantara-kalpa 구사론에서는 인간 수명 8만 세에서 100년에 한 살씩 줄어 10세에 이르고 다시 10세에서 100년에 한 살씩 늘어 8만 세에 이르는 시간을 중겁이라 하지만, 대지도론에서는 구사론에서 설하는 중겁의 20배에 해당하는 시간을 중겁이라 함.

중경목록(衆經目錄) ①7권. 수(隋)의 법경(法經) 등 엮음. 후한(後漢)에서 수(隋)까지 번역된 불전(佛典)의 이름과 번역자를 기록한 책. 대승수다라라장록(大乘修多羅藏錄)·소승수다라장록(小乘修多羅藏錄)·대승비니장록(大乘毘尼藏錄)·소승비니장록(小乘毘尼藏錄)·대승아비담장록(大乘阿毘曇藏錄)·소승아비담장록(小乘阿毘曇藏錄)·불멸도후초집록(佛滅度後抄集錄)·불멸도후전기록(佛滅度後傳記錄)·불멸도후저술록(佛滅度後著述錄)의 9록(錄)으로 나누어 총 2,257종 5,310권을 기록함. ②5권. 수(隋)의 언종(彦琮) 등 엮음. 후한(後漢)에서 수(隋)까지 번역된 불전(佛典)의 이름과 번역자를 기록한 책. 단본(單本)·중번(重翻)·현성집전(賢聖集傳)·별생(別生)·의위(疑僞)의 5분(分)으로 나누어 총 2,109종 5,058권을 기록함. ③5권. 당(唐)의 정태(靜泰) 엮음. 수(隋)의 언종(彦琮) 등이 엮은 중경목록을 증보하여 총 2,219종 6,994권을 기록함.

중관(中觀) ①삼관(三觀)의 하나. 공(空)이나, 여러 인연의 일시적인 화합으로 존재하는 현상의 어느 한쪽에 치우치지 않는 진리를 주시함. 공(空)과, 여러 인연의 일시적인 화합으로 존재하는 현상은 둘이 아니라고 주시함. ②서로 대립하고 있는 그릇된 개념을 연기법(緣起法)으로 타파하여 분별과 집착이 소멸된 공(空)을 주시함.

중관론(中觀論) 중론(中論)과 같음.

중관파(中觀派) ⓢmadhyamaka 용수(龍樹, 2세기-3세기)의 중송(中頌, madhyamaka-kārikā)을 중심으로 하여 인도에서 형성된 학파. 용수의 제자 제바(提婆)는 백론(百論)을 지어 외도와 소승을 비판하고, 제바의 제자 나후라발다라(羅睺羅跋多羅)는 중송(中頌)에 나오는 팔불(八不)의 의미를 밝히고, 청목(青目, 4세기)은 중송을 풀이함. 중송에 대한 불호(佛護, 470년경-540년경)의 해석에 대해, 청변(淸辯, 490년경-570년경)이 비판하고, 월칭(月稱, 600년경-650년경)이 불호를 변호함으로써 불호 계통의 프라상기카(prāsaṅgika)와 청변 계통의 스바탄트리카(svātantrika)의 두 파(派)로 분열됨.

중국(中國) ⓢmadhyadeśa 고대 인도 문화의 중심지였던 갠지스 강의 상·중류 지방, 곧 중인도를 일컬음.

중다학법(衆多學法) 중학(衆學)과 같음.

중단(中壇) 사찰에서, 불교를 수호하는 신중(神衆)을 모신 단(壇).

중대사(重大師) 고려·조선 때, 승과(僧科)에 합격하여 승진한 승려의 지위. ⇒ 승과(僧科)

중대팔엽원(中臺八葉院) 태장계만다라(胎藏

界曼茶羅)의 중앙에 있는 그림으로, 대일여래(大日如來)를 둘러싸고 있는 네 부처와 네 보살이 마치 여덟 꽃잎의 연꽃 모양으로 그려져 있는데, 이는 심장(心臟) 곧 마음을 나타냄. 대일여래는 법계체성지(法界體性智)를 나타내고, 네 부처는 각각 대원경지(大圓鏡智)·평등성지(平等性智)·묘관찰지(妙觀察智)·성소작지(成所作智)를, 네 보살은 각각 보리(菩提)·복덕(福德)·지혜(智慧)·갈마(羯磨)를 나타냄.

중도(中道) ⓢmadhyamā-pratipad ①쾌락과 고행의 두 극단을 떠난 바른 수행, 곧 팔정도(八正道)를 말함. ②십이연기(十二緣起)를 바르게 주시하는 수행. ③여러 인연의 일시적인 화합으로 일어나므로 불변하는 실체가 없고 이름뿐인 현상을 뜻함. ④서로 대립·의존하고 있는 개념을 부정함으로써 드러나는 진리를 나타내는 말. ⑤마음 작용이 소멸된 상태. 집착과 분별이 끊어진 마음 상태. 유(有)와 무(無)의 극단을 떠나 현상을 있는 그대로 직관하는 마음 상태.

중도관(中道觀) 공(空)이나, 여러 인연의 일시적인 화합으로 존재하는 현상의 어느 한쪽에 치우치지 않는 진리를 주시함. 공(空)과, 여러 인연의 일시적인 화합으로 존재하는 현상은 둘이 아니라고 주시함.

중도교(中道敎) 법상종의 교판(敎判)에서, 유(有)와 공(空)을 동시에 드러내어 어느 한쪽에 치우치지 않은 해심밀경·화엄경의 가르침. ⇒ 삼교팔종(三敎八宗)

중도제일의제(中道第一義諦) 중제(中諦)와 같음.

중도제일의제관(中道第一義諦觀) 삼관(三觀)의 하나. 공(空)이나, 여러 인연의 일시적인 화합으로 존재하는 현상의 어느 한쪽에 치우치지 않는 최고의 진리를 주시함. 공(空)과, 여러 인연의 일시적인 화합으로 존재하는 현상은 둘이 아니라는 최고의 진리를 주시함.

중도종(中道宗) 고려와 조선 초에 있던 종파. 조선 태종 때 11종의 종파를 7종으로 축소할 때 신인종(神印宗)과 합쳐져서 중신종(中神宗)으로 되고, 다시 세종 6년(1424)에 7종을 선교양종(禪敎兩宗)으로 통폐합하는 과정에서 중신종은 교종에 흡수되어 그 이름을 상실함.

중동분(衆同分) ⓢnikāya-sabhāga 인간과 인간이 서로 비슷하듯, 모든 생물을 끼리끼리 서로 비슷하게 하는 작용.

중론(中論) 4권. 용수(龍樹) 지음, 요진(姚秦)의 구마라집(鳩摩羅什) 번역. 중송(中頌, madhyamaka-kārikā)이라 불리는 용수(龍樹)의 간결한 게송을 청목(靑目)이 풀이한 저술. 중송(中頌)은 27품 445개의 게송으로 구성되어 있는데, 팔불(八不)·연기(緣起)·무자성(無自性)·공(空)·중도(中道)·제법실상(諸法實相)·진속이제(眞俗二諦)·사제(四諦)·열반(涅槃) 등에 대해 간단 명료하게 서술하면서 예리한 논법으로 부파불교와 외도들의 학설을 비판함.

중료(衆寮) 좌선하는 수행승이 자유 시간에 경전이나 어록 등을 읽는 집.

중반(中般) 욕계에서 색계에 이르는 도중에 완전한 열반을 이루는 불환과(不還果)의 성자. 이를 셋으로 나누어, 욕계에서 색계에 이르는 도중에 곧바로 완전한 열반을 이루는 성자를 속반(速般), 그 도중에 얼마간의 시간이 지나 완전한 열반을 이루는 성자를 비속반(非速般), 그 도중에 오랜 시간이 지나 완전한 열반을 이루는 성자를 경구반(經久般)이라 함.

중반열반(中般涅槃) 중반(中般)과 같음.

중배(中輩) 삼배(三輩)의 하나. 출가하여 큰 공덕을 쌓지는 못하지만 깨달음을 구하는 마음을 일으키고 오로지 아미타불을 생각하면서 계율을 지키고 탑을 세우고 불상을 조성하여 극락 정토에 태어나려는 자들.

중배관(中輩觀) 중배생상관(中輩生想觀)의 준말.

중배생상관(中輩生想觀) 십육관(十六觀)의 하나. 출가하여 큰 공덕을 쌓지는 못하였지만 깨달음을 구하는 마음을 일으키고 오로지 아미타불을 생각하면서 계율을 지키고 탑을 세우고 불상을 조성한 자들이 극락 정토에 태어나는 모습을 생각하는 수행법.

중변분별론(中邊分別論) 2권. 천친(天親) 지음, 진(陳)의 진제(眞諦) 번역. 변중변론(辯中邊論)의 다른 번역.

중봉명본(中峰明本) ⇒ 명본(明本)

중부(中部) ⇒ 아함경(阿含經)

중사(中士) 보살과 범부의 중간 단계에 있는 성문(聲聞)·연각(緣覺)을 말함.

중상품(中上品) 중품상생(中品上生)과 같음.

중생(衆生) Ⓢsattva Ⓢprāṇin Ⓢjagat Ⓢpudgala Ⓟsatta 감정이 있는 모든 생물. 번뇌와 아무런 생각이 없는 멍한 상태를 끝없이 되풀이하는 모든 존재. 번뇌에 얽매여 미혹한 모든 존재.

중생견(衆生見) 중생이라는 견해.

중생공(衆生空) 중생은 오온(五蘊)의 일시적인 화합에 지나지 않으므로 거기에 불변하는 실체가 없음.

중생상(衆生相) Ⓢsattva-saṃjñā 중생이라는 관념·생각.

중생세간(衆生世間) 세간은 변하면서 흘러가는 현상을 뜻함. 생물들의 세계.

중생식(衆生食) 식사하기 전에 아귀(餓鬼)·귀자모신(鬼子母神) 등의 중생에게 베풀기 위해 조금 떠내는 음식.

중생심(衆生心) ①중생이 일으키는 미혹한 마음. 번뇌와 아무런 생각이 없는 멍한 상태를 끝없이 되풀이하는 마음. ②중생이 본디 갖추고 있는 청정한 성품. ③아뢰야식(阿賴耶識)을 말함.

중생인(衆生忍) 중생에게 어떠한 모욕이나 피해를 당하여도 참고 견디어 노여워하거나 원한을 일으키지 않고, 중생의 존경이나 공양을 받아도 집착하지 않음.

중생탁(衆生濁) 오탁(五濁)의 하나. 악한 중생이 마구 날뜀.

중성점기(衆聖點記) 석가모니가 입멸한 후, 우바리(優波離)가 율장(律藏)을 편집하고 나서 그 해 안거(安居)를 마치고 율장에 한 점을 찍은 이래, 매년 안거가 끝나면 한 점을 찍은 것. 승가발타라(僧伽跋陀羅)가 제(齊)의 영명(永明) 7년(489)에 광동성(廣東省) 광주(廣州) 죽림사(竹林寺)에서 선견율비바사(善見律毘婆沙)를 번역하고 나서 그 해 안거를 마치고 또 한 점을 찍으니 모두 975점이었다고 함.

이것으로 석가모니의 입멸 연대를 추정함.

중송(重頌) ⓢgeya ⓟgeyya 경전의 서술 형식에서, 산문체로 된 내용을 다시 운문체로 설한 것. ⇒ 기야(祇夜)

중송(中頌) ⓢmadhyamaka-kārikā 중론(中論)에 있는 용수(龍樹)의 27품 445개의 게송.

중숙의(中宿衣) 삼의(三衣)의 하나. 직사각형의 베 조각들을 세로로 나란히 꿰맨 것을 1조(條)로 하여, 5조를 가로로 나란히 꿰맨 것. 작업하거나 잘 때 입음.

중승(衆僧) ①승(僧)은 ⓢsaṃgha의 음사인 승가(僧伽)의 준말, 중(衆)은 그 번역. 부처의 가르침을 믿고 그 가르침대로 수행하는 사람들의 집단. 화합하고 있는 교단(敎團). ②수많은 수행승.

중승(中乘) 성문승(聲聞乘)·연각승(緣覺乘)·보살승(菩薩乘)의 삼승(三乘)에서, 가운데 위치한 연각승을 말함.

중식(中食) 정오가 지나면 먹지 말라는 계율에 따라 정오 이전에 식사함.

중신종(中神宗) 조선 초에 있던 종파. 태종 때 11종의 종파를 7종으로 축소할 때 중도종(中道宗)과 신인종(神印宗)을 하나로 통합한 종파로, 세종 6년(1424)에 7종을 선교양종(禪敎兩宗)으로 통폐합하는 과정에서 교종에 흡수되어 그 이름을 상실함.

중아함경(中阿含經) ⇒ 아함경(阿含經)

중야(中夜) 육시(六時)의 하나. 한밤중.

중어(中語) 설법 가운데 중간에 설한 말.

중여(衆餘) 승잔(僧殘)과 같음.

중온(中蘊) 중유(中有)와 같음.

중우(衆祐) ⓢbhagavat 세존(世尊)과 같음.

중유(中有) 사유(四有)의 하나. 중생이 죽어서 다음의 어떤 생을 받을 때까지의 49일 동안. 중음(中陰)과 같음.

중음(中陰) 중유(中有)와 같음.

중의(重衣) 삼의(三衣)의 하나. 베 조각들을 거듭 이어서 만든 옷이라는 뜻. 직사각형의 베 조각들을 세로로 나란히 꿰맨 것을 1조(條)로 하여, 9조 내지 25조를 가로로 나란히 꿰맨 것. 설법할 때, 걸식하러 갈 때, 왕궁에 갈 때 입음.

중일분(中日分) 하루를 아침·낮·저녁으로 나눈 가운데 낮.

중제(中諦) 삼제(三諦)의 하나. 공(空)이나, 여러 인연의 일시적인 화합으로 존재하는 현상의 어느 한쪽에 치우치지 않은 진리. 공(空)과, 여러 인연의 일시적인 화합으로 존재하는 현상은 둘이 아니라는 진리.

중제(中際) 과거와 미래의 중간에 있는 때, 곧 현재.

중존(中尊) 부처·보살·명왕들 가운데 중심이 되는 존(尊).

중주(中洲) 수미산 주위에 있는 승신주(勝身洲)·섬부주(贍部洲)·우화주(牛貨洲)·구로주(俱盧洲)의 사대주(四大洲) 각각에 속해 있는 대륙.

중중무진(重重無盡) 서로가 서로에게 끝없이 작용하면서 어우러져 있는 현상의 모습을 이르는 말.

중중존(衆中尊) 집단 가운데 가장 존귀한 것, 곧 승단(僧團)을 일컬음.

중중품(中中品) 중품중생(中品中生)과 같음.

중차원(衆車苑) 제석(帝釋)의 도읍지인 선견성(善見城) 밖의 동쪽에 있다는 정원.

중천세계(中千世界) ⇒ 삼천대천세계(三千大天世界)

중친(中親) 형제나 자매. 이에 대해, 부모나 스승은 상친(上親), 친구는 하친(下親)이라 함.

중태장(中胎藏) 태장계만다라(胎藏界曼茶羅)의 중대팔엽원(中臺八葉院)을 말함.

중품상생(中品上生) 구품왕생(九品往生)의 하나. 오계(五戒)와 팔계재(八戒齋)를 지키고 오역죄(五逆罪)를 짓지 않은 청정한 행위로 정토에 태어나는 자.

중품중생(中品中生) 구품왕생(九品往生)의 하나. 팔계재(八戒齋)와 사미계(沙彌戒)와 구족계(具足戒)를 지킨 공덕으로 정토에 태어나는 자.

중품하생(中品下生) 구품왕생(九品往生)의 하나. 부모에게 효도하고 자비를 베푼 공덕으로, 임종 때 아미타불의 사십팔원(四十八願)을 듣고 정토에 태어나는 자.

중하품(中下品) 중품하생(中品下生)과 같음.

중학(衆學) 수행승의 식사·복장·예의 등에 대한 자세한 규율. 이것을 어기면 돌길라(突吉羅)의 죄에 해당하는데, 만약 고의로 이 죄를 저질렀을 때는 한 명의 비구 앞에서 참회하고, 고의가 아닐 때는 마음 속으로 참회하면 죄가 소멸됨.

중합지옥(衆合地獄) 팔열지옥(八熱地獄)의 하나. 살생하고 도둑질하고 음란한 짓을 한 죄인이 죽어서 가게 된다는 지옥으로, 뜨거운 쇠로 된 구유 속에서 고통을 받는다고 함.

중현(衆賢) ⓢsaṃga-bhadra 5세기, 북인도 가습미라국(迦濕彌羅國) 출신으로, 설일체유부(說一切有部)의 승려. 세친(世親)의 아비달마구사론(阿毘達磨俱舍論)이 설일체유부의 교리를 왜곡하였다고 판단하여 구사론을 치밀하게 반박한 구사박론(俱舍雹論)을 저술하고, 또 설일체유부의 취지를 밝힌 아비달마장현종론(阿毘達磨藏顯宗論)을 저술함.

중현(重顯) 980-1052. 송(宋)의 승려. 사천성(四川省) 축주(遂州) 출신. 어려서 사천성 익주(益州) 보안원(普安院)에 출가하고, 호북성(湖北省) 수주(隨州) 용거산(龍居山)의 지문광조(智門光祚)에게 사사(師事)하여 그의 법을 이어받음. 절강성(浙江省) 명주(明州) 설두산(雪竇山) 자성사(資聖寺)에 30여 년 동안 머물면서 선풍(禪風)을 크게 일으킴.

중후불식(中後不食) 정오 이후에는 먹지 않음.

중흥조(中興祖) 쇠하던 종파나 사찰을 다시 일으킨 사람을 높여 일컫는 말.

즉(卽) ①서로 다른 두 현상이 실제로는 불이(不二)·불리(不離)의 관계에 있음을 나타내는 말. 곧, 다른 두 현상이지만 서로 뗄 수 없는 관계, 모습은 다르지만 본질이 같은 관계, 두 현상이 있는 그 자체로 완전히 같은 관계 등을 나타냄. ②서로 다른 두 현상 간의 시간적인 관계를 나타내는 말. 예를 들면, 빛이 들어오자마자 어둠이 가듯이 시간의 간격이 없는 관계를 동시즉(同時卽), 씨앗을 뿌리면 이윽고 싹이 트듯이 시간의 간격이 있는 관계를 이시즉(異時卽)이라 함.

즉공즉가즉중(卽空卽假卽中) 모든 현상에는 불변하는 실체가 없다는 공(空), 모든 현상은 여러 인연의 일시적인 화합으로 존재한다는 가(假), 공(空)이나 가(假)의 어느 한쪽에 치우치지 않는 중(中)은 서로 걸림 없이 원만하게 하나로 융합되어 있다는 뜻. 공(空)·가(假)·중(中)은 각각 별개의 진리가 아니라 공(空)은 동시에 가(假)·중(中)이고, 가(假)는 동시에 공(空)·중(中)이며, 중(中)은 동시에 공(空)·가(假)라는 뜻.

즉사이진(卽事而眞) 변화하는 현상 그 자체가 바로 진리라는 뜻.

즉상즉심(卽相卽心) 상(相)은 극락 정토의 모습을 뜻함. 마음을 떠나 극락 정토나 아미타불은 없다는 뜻.

즉시(卽是) 두 현상이 완전히 하나여서 불이(不二)의 관계에 있음을 나타내는 말.

즉신성불(卽身成佛) 수행자가 신체로는 인계(印契)를 맺고, 입으로는 진언(眞言)을 외우고, 마음으로는 부처를 깊이 주시하여, 부처의 삼밀(三密)과 수행자의 삼밀이 수행자의 체험 속에서 서로 합일됨으로써 현재의 이 육신이 그대로 부처가 됨.

즉심시불(卽心是佛) 인간은 본래부터 마음에 부처의 성품을 지니고 있으므로 그 마음이 곧 부처라는 뜻. 인간의 마음 그 자체가 곧 부처라는 뜻. 평소의 마음 그대로가 곧 부처라는 뜻.

즉심즉불(卽心卽佛) 즉심시불(卽心是佛)과 같음.

즉유즉공(卽有卽空) 모든 현상이 바로 그대로 불변하는 실체가 없어 공(空)이라는 뜻.

즉입(卽入) 모든 현상의 본질과 작용은 서로 융합하여 걸림이 없다는 뜻.

즐률(楖慄) 주장자(拄杖子)를 만드는 데 많이 쓰이는 나무, 또는 그 나무로 만든 주장자.

즘생(怎生) 어떻게 …… 할 것인가?

증(證) ①깨달음. ②체득함. 터득함. 체험함. ③명백히 알아 의심이 없음. ④실현함. 도달함.

증각(證覺) 홍척(洪陟)의 시호.

증개(繒蓋) 비단으로 만든 큰 양산.

증겁(增劫) 세계가 존속하는 지극히 긴 기간인 주겁(住劫)에서, 인간 수명 10세에서 100년에 한 살씩 늘어 8만 세에 이르는 것을 증겁(增劫), 다시 8만 세에서 100년에 한 살씩 줄어 10세에 이르는 것을 감겁(減劫)이라 함. 이 증감(增減)이 20회 반복되면 주겁이 끝난다고 함.

증과(證果) 수행으로 이룬 깨달음의 결과. 수행한 결과로 얻은 깨달음.

증도(證道) ①깨달음, 또는 그 경지. ②깨달음에 이르는 가르침·수행.

증도가(證道歌) 1권. 당(唐)의 영가 현각(永嘉玄覺) 지음. 선(禪)의 핵심을 운문(韻文)으로 읊은 글.

증득(證得) 수행으로 진리를 체득함.

증득법신(證得法身) 수행으로 체득한 진리 그 자체를 뜻함.

증명(證明) 강원(講院)에서 자문을 구하기 위해 초빙하는 고승.

증명법사(證明法師) 의식(儀式)이 원만히 성취되었음을 증명하는 승려.

증문(證文) 범문(梵文)으로 된 불전(佛典)을 한문으로 번역하는 역장(譯場)에서, 역주(譯主)의 오른쪽에 앉아 역주가 읽은 음이 범문과 잘못이 없는가를 검토하는 역할, 또는 그 일을 맡은 사람.

증상(增上) ①뛰어남. ②증진함. 증대함. 강하고 왕성함. 도움을 받아 강해짐. ③도움이 됨. 방해되지 않음. ④사실보다 높게 평가함.

증상과(增上果) 오과(五果)의 하나. 원인이 조건의 도움으로 생긴 결과.

증상만(增上慢) ①아직 깨닫지 못하였는데도 이미 깨달았다고 생각하는 교만. ②오만함. 교만함. 거만함.

증상만경(增上慢境) 십경(十境)의 하나. 아직 깨닫지 못하였는데도 깨달았다는 교만이 일어나면 이를 주시하여 버림.

증상연(增上緣) 사연(四緣)의 하나. ①육근(六根)과 육경(六境), 곧 십이처(十二處)를 말함. ②인식 주관에 들어온 대상을 분석하고 분별하는 인식 주관의 지향 작용.

증상연의(增上緣依) 삼소의(三所依)의 하나. 마음〔心〕·마음 작용〔心所〕과 동시에 있으면서, 그것의 의지처가 되고 그것에 도움을 주어 작용을 일으키게 하는 안근(眼根)·이근(耳根)·비근(鼻根)·설근(舌根)·신근(身根)·의근(意根)의 육근(六根).

증성도리(證成道理) 사종도리(四種道理)의 하나. 어떠한 현상의 이치가 증거에 의해 성립되었는지를 사유함.

증신서(證信序) 경전의 서분(序分) 가운데 여러 경전에 공통으로 서술되어 있는 형식, 곧 통서(通序)를 말함. 부처의 가르침을 바르게 전함을 증명하고, 중생에게 믿음을 일으키게 하는 부분이므로 이와 같이 말함.

증심사(證心寺) 광주시 동구 무등산 서쪽 기슭에 있는 절. 송광사(松廣寺)의 말사. 847년에 당(唐)에서 귀국한 철감 도윤(澈鑑道允, 798-868)이 창건하고, 1095년경에 혜조(慧照)가 보수함. 1443년에 중축하고, 1597년 정유재란 때 불타고, 1609년부터 석경(釋經)·수장(修裝) 등이 다시 지음. 한국 전쟁 때 대부분 불타고, 1970년부터 현광(玄光)이 복원하고, 1983년부터 영조(永照)가 중축함. 문화재 : 석조비로자나불좌상(石造毘盧遮那佛坐像)·삼층석탑·오백전(五百殿)·석조보살입상(石造菩薩立像).

증어(增語) 거듭 표현함. 되풀이하여 표현함. 다르게 표현함. 비유적으로 표현함. 다른 말. 다른 이름.

증오(證悟) 깨달음. 수행으로 진리를 체득하여 깨달음.

증유경(證喩經) ⓢavadāna 경전의 서술 내용에서, 비유로써 가르침을 설한 부분.

증의(證義) 범문(梵文)으로 된 불전(佛典)을 한문으로 번역하는 역장(譯場)에서, 역주(譯主)의 왼쪽에 앉아 역주와 함께 범문의 구성과 뜻을 검토하는 역할, 또는 그 일을 맡은 사람.

증익법(增益法) 밀교에서, 장수·복덕·번영 등을 기원하는 의식.

증일아함경(增一阿含經) ⇒ 아함경(阿含經)

증입(證入) 깨달음의 경지에 듦. 몸소 우주의 근원을 깨달아 진리의 세계에 듦.

증입생(證入生) 삼생(三生)의 하나. 내세(來世)에 깨달음을 이루어 부처의 경지에 듦.

증입위(證入位) 증입생(證入生)과 같음.

증자증분(證自證分) 사분(四分)의 하나. 인식 주관과 인식 대상에 의한 자신의 인식 작용을 다시 확인하는 부분.

증장(增長) 증대함. 번창함. 왕성함. 충만함.

증장천(增長天) 사왕천(四王天)의 하나. 증장천왕과 그 권속들이 사는 곳으로, 수미산 중턱의 남쪽에 있다고 함.

증장천왕(增長天王) 사천왕(四天王)의 하나. 수미산 중턱의 남쪽에 있는 증상천의 왕으로, 불법(佛法)을 보호하면서 만물을 소생시킨다고 함.

증지(證智) 깨달음의 지혜.

증지부(增支部) ⇒ 아함경(阿含經)

지(智) ⓢjñāna ⓟñāṇa 모든 현상의 이치를 명료하게 판단하는 마음 작용.

지(止) ⓢśamatha 마음을 한곳에 집중하여 산란을 멈추고 평온하게 된 상태.

지객(知客) 육두수(六頭首)의 하나. 선원(禪院)에서 손님을 보살피는 직책, 또는 그 일을 맡은 승려.

지거천(地居天) 수미산에 있는 사왕천(四王天)과 도리천(忉利天)을 말함. 이에 반해, 공중에 있는 욕계(欲界)의 야마천(夜摩天)·도솔천(兜率天)·낙변화천(樂變化天)·타화자재천(他化自在天)과 색계(色界)의 여러 천(天)은 공거천(空居天)이라 함.

지건도(智犍度) 건도(犍度)는 ⓢskandha의 음사로, 장(章)·편(篇)을 뜻함. 지혜에 대해 설한 장(章).

지견(知見) 올바르고 명료하게 아는 능력. 분별하지 않고 대상을 있는 그대로 직관하는 능력.

지겸(支謙) 생몰년 미상. 오(吳)의 거사(居士). 월지(月支) 출신. 어려서 조부(祖父)와 함께 후한(後漢)에 귀화하고, 후한 말에 오(吳)에 들어감. 대제(大帝)의 보호 아래 223년부터 253년까지 역경(譯經)에 종사하여 유마힐경(維摩詰經)·대명도경(大明度經)·찬집백연경(撰集百緣經)·태자서응본기경(太子瑞應本起經)·의족경(義足經)·범망육십이견경(梵網六十二見經) 등을 번역함. 만년에는 강소성(江蘇省) 궁륭산(穹窿山)에 은거하다가 60세에 입적함.

지겸(志謙 · 至謙) 1145-1229. 고려의 승려. 영광 출신. 11세에 출가하고, 36세에 승과(僧科)에 합격함. 1212년(강종 1)에 왕사(王師)가 되어 개성 광명사(廣明寺)에 머무름. 경기 장단 화장사(華藏寺)에 10년 동안 머물다가 입적함. 시호는 정각국사(靜覺國師). 저서 : 종문원상집(宗門圓相集).

지계(地界) 지대(地大)와 같음.

지계(持戒) 계(戒)를 받아 지킴.

지계바라밀(持戒波羅蜜) ⓢśīla-pāramitā의 음역. 육바라밀(六波羅蜜)의 하나. 계율을 완전하게 지킴. 지계의 완성.

지고(知庫) 선원(禪院)의 재정을 담당하는 직책, 또는 그 일을 맡은 승려.

지공(指空) ?-1363. 인도 출신의 승려. 본명은 ⓢdhyāna-bhadra, 제납박타(提納薄陀)라고 음사, 선현(禪賢)이라 번역. 마갈타국왕(摩竭陀國王) 만(滿, pūrṇa)의 셋째 아들로, 8세에 나란타사(那爛陀寺)의 율현(律賢, vinaya-bhadra)에게 출가하여 대반야경(大般若經)을 배움. 19세에 남인도 길상산(吉祥山)에 가서 보명(普明, samanta-prabhāsa)에게 사사(師事)하여 그의 법을 이어받아 서천(西天) 제108조(祖)가 되고, 호(號)를 지공(指空, śūnyā-diśya)이라 함. 사자국(師子國)에 갔다가 북쪽으로 편력하여 서역(西域)을 거쳐 1324년경에 원(元)의 연경(燕京)에 도착함. 1326년(충숙왕 13)에 고려에 와서 법기보살(法起菩薩)의 주처(住處)라고 하는 금강산에 예배하고 숭복사(崇福寺)에 머무름. 1328년에 연복정(延福亭)에서 계(戒)를 설하고, 경기 양주 천보산(天寶山) 자락에 절을 세울 것을 부탁하고 원(元)으로 돌아가 연경(燕京)에 법원사(法源寺)를 창건하고 머무름. 귀화방장(貴化方丈)에서 입적함. 1372년(공민왕 21)에 그의 사리(舍利) 일부가 고려에 전해 오니, 왕명으로 양주 회암사(檜巖寺)에 부도를 세움.

지관(止觀) 마음을 한곳에 집중하여 산란을 멈추고 평온하게 된 상태〔止, ⓢśamatha〕에서, 바른 지혜를 일으켜 대상을 있는 그대로 자세히 주시함〔觀, ⓢvipaśyanā〕. 산란한 마음을 가라앉히고 지혜로써 모든 현상의 모습을 있는 그대로 주시하는 수행. 지(止)는 정(定), 관(觀)은 혜(慧)에 해당함.

지관(只管 · 祇管) 오로지. 한결같이.

지관대의(止觀大意) 1권. 당(唐)의 담연(湛然) 지음. 마하지관(摩訶止觀)의 내용을 요약한 저술.

지관보행(止觀輔行) 지관보행전홍결(止觀輔行傳弘決)의 준말.

지관보행전홍결(止觀輔行傳弘決) 40권. 당(唐)의 담연(湛然) 지음. 마하지관(摩訶止觀)을 상세하게 풀이한 저술.

지관의례(止觀義例) 2권. 당(唐)의 담연(湛然) 지음. 마하지관(摩訶止觀)의 요지를 7과(科)로 나누어 간략하게 풀이한 저술.

지관타좌(只管打坐 · 祇管打坐) 지관(只管)은 '오로지', '한결같이'라는 뜻. 오로지 좌선함. 한결같이 좌선함.

지광(智光) 해린(海麟)의 시호.

지교량(至敎量) 성자의 지극한 가르침에 근거한 인식.

지국천(持國天) 사왕천(四王天)의 하나. 지국

천왕과 그 권속들이 사는 곳으로, 수미산 중턱의 동쪽에 있다고 함.

지국천왕(持國天王) 사천왕(四天王)의 하나. 수미산 중턱의 동쪽에 있는 지국천의 왕으로, 중생을 두루 보살피면서 국토를 지킨다고 함.

지권인(智拳印) 두 손 모두 엄지손가락을 손안에 넣고 주먹을 쥔 다음, 왼손의 집게손가락을 펴서 오른손으로 감싸쥐고, 오른손의 엄지손가락과 왼손의 집게손가락 끝을 서로 맞대는 손 모양. 오른손은 부처를, 왼손은 중생을 상징함.

지권인

지근(知根) 상캬 학파에서 설하는 이십오제(二十五諦) 가운데 안(眼)·이(耳)·비(鼻)·설(舌)·피(皮)의 다섯 가지 감각 기관.

지금강(持金剛) ⓢvajra-dhara 손에 금강저(金剛杵)를 지니고 있는 불교의 수호신.

지기론(止記論) 지주기론(止住記論)의 준말.

지나교(耆那教) ⇒ 자이나교(jaina教)

지나복저국(至那僕底國) ⓢcīnadhukti의 음사. 인도의 펀자브(Punjab) 지역에 있던 고대 국가.

지념각(志念覺) 염각지(念覺支)와 같음.

지눌(知訥) 1158-1210. 고려의 승려. 황해도 서흥(瑞興) 출신. 자호(自號)는 목우자(牧牛子). 8세에 출가하고 1182년(명종 12)에 승과(僧科)에 합격하고 보제사(普濟寺)에서 정혜결사(定慧結社)를 발기한 후 나주 청원사(淸源寺), 예천 학가산 보문사(普門寺)에 머무름. 1190년에 팔공산 거조암(居祖庵)에서 정혜결사문(定慧結社文)을 선포하고 정혜결사 운동을 전개함. 지리산 상무주암(上無住庵)에서 수행하다가 1200년(신종 3)에 조계산 길상사(吉祥寺), 곧 지금의 송광사(松廣寺)로 옮겨 정혜결사 운동을 계속하면서 선풍(禪風)을 크게 일으킴. 그는 금강경(金剛經)·육조단경(六祖壇經)·신화엄경론(新華嚴經論)·대혜어록(大慧語錄)을 중요시하고, 수행에는 성적등지문(惺寂等持門)과 원돈신해문(圓頓信解門)과 경절문(徑截門)을 세워 수행자들을 지도함. 돈오점수(頓悟漸修)를 역설하고 점수(漸修)에는 선정과 지혜를 함께 닦는 정혜쌍수(定慧雙修)를 권하고 간화선(看話禪)으로 증오(證悟)할 것을 주창함. 시호는 불일보조국사(佛日普照國師). 저서 : 권수정혜결사문(勸修定慧結社文)·수심결(修心訣)·진심직설(眞心直說)·계초심학인문(誡初心學人文)·원돈성불론(圓頓成佛論)·화엄론절요(華嚴論節要)·법집별행록절요병입사기(法集別行錄節要幷入私記)·간화결의론(看話決疑論)·염불요문(念佛要門) 등.

지대(地大) 사대(四大)의 하나. 견고한 성질.

지대방(--房) 승려들이 휴식을 취하거나 한담을 나누는, 절에 있는 방.

지대치(持對治) 번뇌를 소멸시킨 마음 상태를 계속 유지함.

지덕(智德) 삼덕(三德)의 하나. 지혜로써 모든 것을 있는 그대로 꿰뚫어 보는 부처의 공덕.

지도(智度) 지(智)는 ⓢprajñā의 번역, 도(度)는 ⓢpāramitā의 번역. 지혜바라밀(智慧波羅蜜)과 같음.

지도론(智度論) 대지도론(大智度論)의 준말.

지도자(知道者) 깨달음에 이르는 길을 아는 자, 곧 부처를 일컬음.

지례(知禮) 960-1028. 송(宋)의 승려. 절강성(浙江省) 사명(四明) 출신. 어려서 출가하여 15세에 구족계(具足戒)를 받고, 20세에 의통(義通, 927-988)에게 천태학(天台學)을 배움. 사명산(四明山) 보은원(保恩院)에서 천태학을 전파함. 저서 : 금광명경문구기(金光明經文句記)·관무량수불경소묘종초(觀無量壽佛經疏妙宗鈔)·십불이문지요초(十不二門指要鈔).

지론종(地論宗) 세친(世親)의 십지경론(十地經論)에 의거하여 성립된 학파. 이 논(論)은 북위(北魏) 영평(永平) 원년(508)에서 4년에 걸쳐 늑나마제(勒那摩提)·보리류지(菩提流支)·불타선다(佛陀扇多)가 번역하였는데, 번역하는 과정에서 늑나마제와 보리류지가 서로 교리에 대해 견해가 달랐기 때문에 전승(傳承)에도 차이가 생겨, 늑나마제의 견해를 수용하여 하남성(河南省) 상주(相州)의 남부에서 활동한 혜광(慧光, 468-537) 계통의 남도파(南道派)와 보리류지의 견해를 수용하여 상주(相州)의 북부에서 활동한 도총(道寵, 생몰년 미상) 계통의 북도파(北道派)로 분열됨. 특히, 전자는 아뢰야식(阿賴耶識)을 청정한 진식(眞識)이라고 하는데 반해, 후자는 오염된 망식(妄識)이라고 함. 북도파는 수대(隋代) 초에 섭론종(攝論宗)에 흡수되었고, 남도파는 당대(唐代) 초에 섭론종과 화엄종에 흡수됨.

지루가참(支婁迦讖) 생몰년 미상. 월지국(月支國) 출신의 승려. 후한(後漢) 환제(桓帝, 146-167) 때 낙양(洛陽)에 와서 도행반야경(道行般若經)·반주삼매경(般舟三昧經)·잡비유경(雜譬喩經)·아사세왕경(阿闍世王經)·아축불국경(阿閦佛國經) 등을 번역함.

지륜(地輪) 새끼손가락을 일컬음.

지마(只麽·只摩·祇麽) 다만. 단지.

지말무명(枝末無明) 있는 그대로의 참모습을 깨닫지 못하여 홀연히 차별을 일으킨 원초적 번뇌인 근본무명(根本無明)에 부수적으로 일어나는 미세한 번뇌.

지말번뇌(枝末煩惱) 탐(貪)·진(瞋)·치(癡)·만(慢)·의(疑)·악견(惡見)의 근본 번뇌에 부수적으로 일어나는 오염된 마음 작용. 방일(放逸)·나태(懶怠)·불신(不信)·해(害)·한(恨)·수면(睡眠)·악작(惡作) 등이 있음.

지말불각(枝末不覺) 지말무명(枝末無明)과 같음.

지말혹(枝末惑) 혹(惑)은 번뇌를 뜻함. 지말번뇌(枝末煩惱)와 같음.

지명(持明) 명주(明呪) 곧 주문(呪文)을 지님.

지명(智明) 생몰년 미상. 신라의 승려. 585년(진평왕 7)에 진(陳)에 갔다가 602년에 귀국함. 왕은 그의 계행(戒行)을 존경하여 대덕(大德)으로 삼고, 후에 대대덕(大大德)을 삼음. 저서에 사분율갈마기(四分律羯磨記)가 있으나 전하지 않음.

지명관정(持明灌頂) 밀교에 입문하여 수행하려는 자에게 일정한 의식 절차를 행하고 정수리에 물을 붓는 의식.

지명원(持明院) 태장계만다라(胎藏界曼荼羅)의 중대팔엽원(中臺八葉院) 아래에 있는 그림으로, 중앙에 있는 반야보살(般若菩薩)은 지혜를, 네 명왕(明王)은 대비(大悲)를 나타냄. 이들은 명주(明呪) 곧 주문(呪文)을 지니고 있으므로 지명원(持明院)이라 함.

지목행족(智目行足) 지혜와 수행을 함께 갖추지 않으면 깨달음에 이를 수 없다는 뜻에서, 지혜를 눈에, 수행을 발에 비유한 말.

지묘(智妙) 적문십묘(迹門十妙)의 하나. 관조하는 지혜가 오묘함.

지문(止門) 육묘문(六妙門)의 하나. 마음을 한곳에 집중하여 산란을 멈추고 평온하게 하는 수행법.

지바라밀(智波羅蜜) ⓢjñāna-pāramitā 십바라밀(十波羅蜜)의 하나. 중생을 깨달음으로 인도하는 완전한 지혜를 성취함.

지방립상(指方立相) 서방(西方)을 지정하여 극락 정토의 모습을 떠올림.

지벌라(支伐羅) ⓢcīvara의 음사. 옷. 가사(袈裟). 삼의(三衣).

지변무궁원(智辯無窮願) 사십팔원(四十八願)의 하나. 아미타불이 법장비구(法藏比丘)였을 때 세운 서원으로, 정토의 보살들은 한량없는 지혜와 말솜씨로써 자유 자재하게 설법할 수 있도록 하겠다는 맹세.

지변산(持邊山) ⇒ 이민달라산(尼民達羅山)

지부(智斧) 번뇌를 부숴 버리는 지혜를 도끼에 비유한 말.

지부지상사과류(至不至相似過類) 십사과류(十四過類)의 하나. 인명(因明)에서, 인(因)이 종(宗)에 이르러 서로 합치하면 종(宗)과 인(因)은 차별이 없고, 또 인(因)이 종(宗)에 이르지 않으면 종(宗)의 논증은 불가능하다고 하여 바른 논법을 반박하는 과실.

지불(支佛) 벽지불(辟支佛)의 준말.

지비지상사과류(至非至相似過類) 지부지상사과류(至不至相似過類)와 같음.

지빈(知賓) 절에서 손님을 보살피는 직책, 또는 그 일을 맡은 승려.

지사(知事) 선원(禪院)의 사무·규율 등을 담당하는 직책, 또는 그 일을 맡은 승려.

지상(智相) ①부처의 광명. 이것은 지혜가 밖으로 나타난 것이라는 뜻. ②육추(六麤)의 하나. 대상에 대해 차별을 일으키는 지혜의 작용.

지상관(地想觀) 십육관(十六觀)의 하나. 유리로 되어 있는 극락 정토의 대지를 명료하게 생각하는 수행법.

지상대사(至相大師) ⇒ 지엄(智儼)

지선(智詵) 도헌(道憲)의 자(字).

지세간(知世間) 세간해(世間解)와 같음.

지송(持誦) 경전이나 진언(眞言)을 지니고 독

송함.

지수합장(持水合掌) 십이합장(十二合掌)의 하나. 두 손을 위로 향하게 펴서 두 새끼손가락을 붙인 상태에서, 두 엄지손가락 외의 여덟 손가락을 굽혀 각각 대응하는 손가락 끝을 서로 맞붙여 마치 물을 움키는 손 모양.

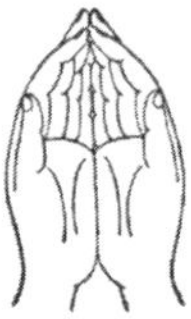
지수합장

지식(智識) 오의(五意)의 하나. 대상에 대해 일으키는 여러 가지 그릇된 분별 작용.

지식(知識) ⓢmitra ①서로 아는 사이라는 뜻. 벗. ②부처의 가르침으로 인도하는 덕이 높은 스승.

지식념(持息念) 수식관(數息觀)과 같음.

지신(地神) 대지를 주관하는 신(神).

지쌍산(持雙山) ⇒ 유건달라(踰健達羅)

지안(志安) 1664-1729. 조선의 승려. 춘천 출신. 법호는 환성(喚醒). 15세에 출가하고, 설제(雪霽, 1632-1704)에게 사사(師事)하여 그의 법을 이어받음. 27세 때 화엄학에 정통한 모운 진언(慕雲震言, 1622-1703)이 김천 직지사(直指寺)에서 화엄법회를 연다는 소식을 듣고 참여하였는데, 진언은 지안의 학식에 탄복하여 강석(講席)을 그에게 물려주고 떠나므로 그 법회에서 설법함. 이후 여러 지역을 편력하다가 1725년에 김제 금산사(金山寺)에서 화엄법회를 열었는데, 무려 1,400여 명의 대중이 운집함. 이 법회로 인하여 모함을 받아 호남의 옥에 갇혔다가 제주도에 유배된 지 7일 만에 입적함. 저서 : 선문오종강요(禪門五宗綱要).

지엄(智嚴) ①생몰년 미상. 동진(東晋)·유송(劉宋)의 승려. 감숙성(甘肅省) 양주(涼州) 출신. 어려서 출가하고, 북인도 계빈국(罽賓國)에 가서 불대선(佛大先)에게 선법(禪法)을 사사(師事)하던 중 불타발타라(佛馱跋陀羅)를 만나 그와 함께 406년에 장안(長安)에 옴. 광박엄정불퇴전륜경(廣博嚴淨不退轉輪經)·법화삼매경(法華三昧經)·사천왕경(四天王經) 등 14종을 번역하고, 인도에 가서 편력하다가 계빈국에서 78세에 입적함. ②1464-1534. 조선의 승려. 전북 부안 출신. 호는 야로(埜老·野老), 당호는 벽송(碧松). 28세에 계룡산 상초암(上草庵)의 조징(祖澄)에게 출가하고, 벽계 정심(碧溪正心)에게 사사(師事)하여 그의 법을 이어받음. 1508년에 금강산 묘길상암(妙吉祥庵)에서 대혜어록(大慧語錄)을 보다가 의심을 풀고, 고봉어록(高峰語錄)을 보다가 크게 깨달음. 그 후 용문산·오대산·백운산·능가산 등으로 편력하다가 1520년에 지리산에 초암(草庵)을 짓고 은둔하여 수행함. 지리산 수국암(壽國庵)에서 입적함. 시문집 : 벽송당야로송(碧松堂野老頌).

지엄(智儼) 602-668. 당(唐)의 승려. 화엄종 제2조. 감숙성(甘肅省) 천수(天水) 출신. 지상대사(至相大師)라고도 함. 12세에 종남산(終南山) 지상사(至相寺)의 두순(杜順, 557-640)에게 출가하여 그의 지도를 받고 지정(智正, 559-639)에게 화엄경을 배움. 지상사, 운화사(雲華寺)에서 화엄학을 정립함. 저서 : 화엄경수현기(華嚴經搜玄記)·화엄경공목장(華嚴經孔目章)·화엄오십요문답(華嚴五十要問答).

지업석(持業釋) 육합석(六合釋)의 하나. 산스크리트의 합성어(合成語)를 해석할 때, 앞 단어를 형용사 또는 부사로, 뒤 단어를 명사 또는 형용사로 해석하는 방법.

지연멸(智緣滅) 택멸(擇滅)과 같음.

지옥(地獄) ⓢnaraka 악한 짓을 한 중생이 그 과보로 받는다고 하는, 온갖 고통으로 가득 찬 생존.

지옥도(地獄道) 육도(六道)의 하나. 수미산의 사방에 있는 네 대륙의 하나인 남쪽의 섬부주(贍部洲) 밑에 있다고 하며, 뜨거운 불길로 형벌을 받는 팔열지옥(八熱地獄)과 혹독한 추위로 형벌을 받는 팔한지옥(八寒地獄)으로 크게 나뉨.

지옥유(地獄有) 칠유(七有)의 하나. 유(有)는 존재·생존을 뜻함. 뜨거운 불길이나 혹독한 추위로 형벌을 받는 생존.

지옥졸(地獄卒) 지옥의 죄인에게 고통을 주는 귀신.

지옥취(地獄趣) 지옥도(地獄道)와 같음.

지욕(知浴) 육두수(六頭首)의 하나. 선원(禪院)의 욕실을 관리하는 직책, 또는 그 일을 맡은 승려.

지원(智圓) 976-1022. 송(宋)의 승려. 절강성(浙江省) 전당(錢塘) 출신. 8세에 전당 용흥사(龍興寺)에 출가함. 후에 전당 봉선사(奉先寺) 원청(源淸)에게 천태학(天台學)을 배우고 스승이 입적하자 서호(西湖)의 고산(孤山)에 들어가 저술에 몰두함. 저서 : 반야심경소(般若心經疏)·아미타경소(阿彌陀經疏)·유마경약소수유기(維摩經略疏垂裕記)·열반소삼덕지귀(涅槃疏三德指歸)·남산조사예찬문(南山祖師禮讚文) 등.

지월(智月) ⓢjñānacandra 생몰년 미상. 십대논사(十大論師)의 하나. 나란타사(那爛陀寺)의 승려로, 호법(護法, 530-561)의 제자. 세친(世親)의 유식삼십송(唯識三十頌)에 대한 주석서를 지음.

지월록(指月錄) 32권. 명(明)의 구녀직(瞿女稷) 엮음. 과거칠불(過去七佛)에서 남송(南宋)의 대혜 종고(大慧宗杲)에 이르기까지, 불법(佛法)을 계속 이어 온 약 650명에 대한 행적, 스승과 제자의 인연, 깨달음에 대한 문답, 어록을 모은 저술.

지위차(知位次) 지차위(知次位)와 같음.

지음(知音) 마음이 서로 잘 통하는 친한 벗.

지의(智顗) 538-597. 수(隋)의 승려. 호남성(湖南省) 악주(岳州) 출신. 호(號)는 지자(智者). 18세에 출가하고, 560년에 하남성(河南省) 광주(光州) 대소산(大蘇山)의 혜사(慧思, 515-577)를 찾아가 그에게 사사(師事)하여 법화삼매(法華三昧)를 체득함. 569년부터 금릉(金陵)의 와관사(瓦官寺)에서 법화경·대지도론 등을 강의하고, 574년에 북주(北周) 무제(武帝)의 법난(法難)이 일어나자 이듬해 절강성(浙江省) 천태산(天台山)에 들어가 천태학(天台學)을 확립함. 587년에 금릉의 광택사(光宅寺)에서 법화문구(法華文句)를 강의하고, 593년에 호북성(湖北省) 당양(當陽) 옥천사(玉泉寺)를 창건하고 여기에서 법화현의(法華玄義)·마하지관(摩訶止觀)을 강의하고, 595년에 천태산으로 돌아감.

지의(遲疑) 망설임. 주저함.

지인(智印) 부처와 보살이 나타내고 있는 여러 가지 손 모양, 곧 인계(印契)를 통틀어 일컬음. 그 손 모양은 부처와 보살의 지혜를 상징하므로 이와 같이 말함.

지인(指印) 수인(手印)과 같음.

지인(之印) 1102-1158. 고려의 승려. 자(字)는 각로(覺老), 법호는 광지(廣智). 예종의 아들로, 9세에 개성 광명사(廣明寺)의 혜소(慧炤, 생몰년 미상)에게 출가하고, 15세에 승과(僧科)에 합격함. 법주사(法住寺)와 개성 금강사(金剛寺)에 머무름.

지인삼매(智印三昧) 지혜와 대상이 합일되어 분별을 일으키지 않는 삼매.

지일체처회향(至一切處廻向) 십회향(十廻向)의 하나. 자신이 닦은 청정한 일을 두루 중생에게 이르게 함.

지자(智者) ⇒ 지의(智顗)

지장(智藏) ①지혜를 일으키는 근원. ②모든 것을 두루 갖추고 있는 부처의 지혜를 뜻함. ③735-814. 당(唐)의 승려. 강서성(江西省) 건화(虔化) 출신. 8세에 출가하여 25세에 구족계(具足戒)를 받고, 마조 도일(馬祖道一, 709-788)에게 사사(師事)하여 그의 법을 이어받음. 강서성 건주(虔州) 서당(西堂)에 머물면서 선풍(禪風)을 크게 일으킴. 백장 회해(百丈懷海, 749-814)·남전 보원(南泉普願, 748-834)과 함께 마조(馬祖) 문하의 삼대사(三大士)라고 함. 신라의 도의(道義, 생몰년 미상)·홍척(洪陟, 생몰년 미상)·혜철(惠哲, 785-861) 등이 당(唐)에 가서 그의 법을 이어받고 귀국함. 시호는 대각선사(大覺禪師).

지장(智障) 소지장(所知障)과 같음.

지장(知藏) 사찰의 대장경을 관리하는 직책, 또는 그 일을 맡은 승려.

지장경(地藏經) 본이름은 지장보살본원경(地藏菩薩本願經). 2권. 당(唐)의 실차난타(實叉難陀) 번역. 지장보살이 지옥에서 온갖 고통을 받고 있는 중생들을 구제하기 위해 세운 큰 서원을 설한 경.

지장보살(地藏菩薩) 석가모니불의 입멸 후 미륵보살이 성불할 때까지, 곧 부처가 없는 시대에 중생을 제도한다는 보살로, 그는 모든 중생이 구원을 받을 때까지 자신은 부처가 되지 않겠다는 큰 서원을 세운 보살이기 때문에 대원본존지장보살(大願本尊地藏菩薩)이라고 함. 특히 지옥의 중생을 제도하는 데 중점을 두기 때문에 사찰의 명부전(冥府殿)에 본존(本尊)으로 모심. 보통 삭발하고 이마에 띠를 두른 형상을 하고 있음.

지장보살본원경(地藏菩薩本願經) 지장경(地藏經)의 본이름.

지장십륜경(地藏十輪經) 10권. 당(唐)의 현장(玄奘) 번역. 지장보살의 신통력과 공덕, 부처가 입멸한 뒤의 불법의 전파, 참회, 보살의 수행 등을 설한 경.

지장원(地藏院) 태장계만다라(胎藏界曼茶羅)의 한 부분으로, 지장보살을 중심으로 하여 여러 보살이 그려져 있는데, 이는 지옥의 중생마저도 대비(大悲)로써 제도하는 지장보살의 인내의 덕을 나타냄.

지장전(地藏殿) 명부전(冥府殿)과 같음.

지재(持齋) ①정오가 지나면 먹지 말라는 계율을 지킴. ②재가(在家)의 신도가 하루 낮 하룻밤 동안 팔재계(八齋戒)를 지키는 일.

지저가(地底迦) 제다가(提多迦)와 같음.

지저가부(只底舸部) ⓢcaitya ⓟcetiya의 음사. 제다산부(制多山部)와 같음.

지전(知殿) 육두수(六頭首)의 하나. 선원(禪院)의 불전(佛殿)을 맡아서 돌보는 직책, 또는 그 일을 하는 승려.

지정(智正) 559-639. 수(隋)·당(唐)의 승려. 하북성(河北省) 정주(定州) 출신. 11세에 출가하여 승광사(勝光寺)에 머물다가 종남산(終南山) 지상사(至相寺)에서 28년 동안 머물면서 화엄학과 유식학을 강의함.

지정각세간(智正覺世間) 생물들의 세계인 중생세간(衆生世間)과 생물들이 거주하는 자연환경인 기세간(器世間)을 교화할 부처의 세계.

지제(支提) ⓢcaitya의 음사. 신성한 것으로 여겨 공양하고 숭배하는 나무·탑·당(堂) 등을 말함. 원래 부처의 유골을 안치하고 일정한 형식에 따라 흙·벽돌·나무·돌 따위를 높게 쌓은 구조물을 탑이라 하고, 그것을 안치하지 않은 것을 지제라고 하였으나 보통 구별하지 않고 모두 탑이라 함.

지제국(支提國·枝提國) ⓢceḍi ⓟceti의 음사. 야무나(Yamuna) 강 하류에 있던 인도의 고대 국가로, 도읍지는 슈크티마티(śuktimatī).

지제산(支提山) ⓢcaitya ⓟcetiya의 음사. ① 상(象)이라 번역. 스리랑카에 있는, 지금의 미힌탈레(Mihintale) 산을 가리킴. ②인도의 동고츠(東Ghats) 산맥 남쪽 해안 지역에 있는 산.

지제야산(支帝耶山) 지제산(支提山) ①과 같음.

지제전(止啼錢) 우는 아기에게 노란 나뭇잎을 돈이라 하고 주어 울음을 그치게 한다는 뜻으로, 방편으로 설하는 가르침을 비유함.

지족암(知足庵) 경남 합천군 가야산 남서쪽 기슭에 있는 절. 해인사(海印寺)에 딸린 암자. 창건 연대는 알 수 없고, 1893년에 환운(幻雲)이 다시 짓고, 일타(日陀, 1929-1999)가 머물면서 크게 증축함.

지종(智宗) 930-1018. 고려의 승려. 8세에 개경 사나사(舍那寺)에 머물고 있던 인도의 승려 홍법(弘法)에게 출가하고, 홍법이 인도로 돌아가자 광화사(廣化寺)의 경철(景哲)에게 배우고, 17세에 개풍 영통사(靈通寺)에서 구족계(具足戒)를 받음. 희양산 형초(逈超)의 선법(禪法)을 이어받고, 954년에 승과(僧科)에 합격함. 959년에 후주(後周)에 가서 영명사(永明寺)의 연수(延壽, 904-975)에게 배우고, 961년부터 정광(淨光)에게 천태학을 7년 동안 배우고, 전교원(傳教院)에서 대정혜론(大定慧論)과 법화경을 강의함. 970년에 귀국하여 금광선원(金光禪院)·적석사(積石寺)·불은사(佛恩寺)·외제석원(外帝釋院) 등에 머물고, 1011년에 왕사(王師)가 됨. 원주 현계산 거돈사(居頓寺)에서 입적함. 시호는 원공국사(圓空國師).

지주(智周) 668-723. 당(唐)의 승려. 19세에 출가하여 천태학(天台學)을 배우고, 23세부터 혜소(慧沼, 650-714)의 문하에 들어가 법상종(法相宗)의 교학을 배움. 하남성(河南省) 복양(濮揚) 보성사(報城寺)에서 학인들을 지도하였으므로 복양대사(濮揚大師)라고 함. 흔히 기(基, 632-682)·혜소(慧沼, 650-714)·지주(智周)를 법상종의 삼조(三祖)라고 일컬음. 저서 : 성유식론연비(成唯識論演秘)·대승입도차제(大乘入道次第).

지주기론(止住記論) 사기론(四記論)의 하나. 대답할 수 없는 무의미한 질문에 침묵하는 방법.

지증(智證) 도헌(道憲)의 시호.

지지(止持) 계(戒)를 지님으로써 악을 방지함.

지지경(地持經) 보살지지경(菩薩地持經)의 준말.

지진(至眞) 십호(十號)의 하나인 응공(應供)과 같음. 진리에 이르렀다는 뜻, 곧 부처를 일컬음.

지차위(知次位) 십승관법(十乘觀法)의 하나. 범부의 경지에 있으면서 성인의 경지에 이르렀다는 교만한 마음이 일어나지 않도록 자신의 수행의 단계를 앎.

지처도력(至處道力) 어떠한 수행으로 어떠한 상태에 이르게 되는지를 아는 부처의 능력.

지천(地天) ⓢpṛthivī 대지를 주관하는 신(神).

지천(智泉) 1324-1395. 고려 말의 승려. 황해도 재령 출신. 호는 축원(竺源). 19세에 출가하고, 1353년에 무학 자초(無學自超, 1327-1405)와 함께 원(元)의 연경(燕京)에 가서 지공(指空, ?-1363)과 나옹 혜근(懶翁惠勤, 1320-1376)의 가르침을 받음. 1356년에 귀국하여 은거하다가 개풍 천마산 적멸암(寂滅庵)에서 입적함. 시호는 정지국사(正智國師).

지축산(持軸山) ⇒ 이사타라산(伊沙馱羅山)

지치파(地致婆) ⓢtiṭibha의 음사. 수의 단위로, 10^{27}.

지칭(智偁) 1113-1192. 고려의 승려. 전북 남원 출신. 호는 통소(通炤). 어려서 개성 홍원사(洪圓寺)의 교웅(敎雄, 1076-1142)에게 출가하고, 27세에 천태종 승과(僧科)에 합격함. 1187년에 승통(僧統)이 되고, 개풍 국청사(國淸寺)에 주지로 머무름. 북한산 원각사(圓覺寺)에서 입적함.

지하나(持訶那) ⓢdhyāna의 음사. 정(定)·정려(靜慮)라 번역. 마음을 한곳에 집중하여 산란하지 않는 상태. 마음을 고요히 가라앉히고 한곳에 집중함. 마음의 통일.

지해(知解) 분별. 생각.

지해륜보(持海輪寶) 극락을 장식하는 보배 구슬 이름.

지혜(智慧) ⓢprajñā ⓟpaññā ①모든 현상의 이치와 선악 등을 명료하게 판단하고 추리하는 마음 작용. ②분별하지 않고 대상을 있는 그대로 직관하는 마음 작용. 미혹을 끊고 모든 현상을 있는 그대로 주시하는 마음 작용. 분별과 집착이 끊어진 마음 상태. 모든 분별이 끊어져 집착하지 않는 마음 상태. 모든 분별을 떠난 경지에서 온갖 차별을 명료하게 아는 마음 작용.

지혜광(智慧光) 부처나 보살이 갖추고 있는 지혜의 광명.

지혜광불(智慧光佛) 지혜의 광명으로 어리석음을 소멸시키는 부처, 곧 아미타불.

지혜바라밀(智慧波羅蜜) ⓢprajñā-pāramitā의 음역. 육바라밀(六波羅蜜)의 하나. 분별과 집착이 끊어진 완전한 지혜를 성취함. 분별과 집착을 떠난 지혜의 완성.

지혜지견과거세무애무장(智慧知見過去世無礙無障) 대승에서 설하는 십팔불공법(十八不共法)의 하나. 부처는 과거세의 모든 것을 알아 막힘이 없음.

지혜지견미래세무애무장(智慧知見未來世無礙無障) 대승에서 설하는 십팔불공법(十八不共法)의 하나. 부처는 미래세의 모든 것을 알아 막힘이 없음.

지혜지견현재세무애무장(智慧知見現在世無礙無障) 대승에서 설하는 십팔불공법(十八不共法)의 하나. 부처는 현재세의 모든 것을 알아 막힘이 없음.

지화(智火) 번뇌를 태워 버리는 지혜를 불에 비유한 말.

직견(直見) 정견(正見) ①과 같음.

직념(直念) 정념(正念)과 같음.

직당(直堂) 하루 교대로 수행자들의 의발(衣鉢)을 간수하는 승당(僧堂)의 당직.

직방편(直方便) 정정진(正精進)과 같음.

직세(直歲) 육지사(六知事)의 하나. 선원(禪院)에서 1년 동안 잡무를 담당하는 직책, 또는 그 일을 맡은 승려.

직심(直心) ①있는 그대로의 청정한 본심. ②차별이나 대립을 일으키지 않는, 한결같이 평등한 마음. ③한결같이 깨달음을 구하는 마음.

직어(直語) 정어(正語)와 같음.

직업(直業) 정명(正命)과 같음.

직정(直定) 정정(正定) ①과 같음.

직정념(直正念) 정념(正念)과 같음.

직정정(直正定) 정정(正定) ①과 같음.

직지사(直指寺) 경북 김천시 황악산 동쪽 자락에 있는 절. 대한불교조계종 제8교구 본사. 신라 말에 창건하고, 1597년 정유재란 때 대부분 불탐. 1649년에 다시 짓고, 이후 여러 차례 중축·보수함. 문화재 : 석조약사여래좌상(石造藥師如來坐像)·삼층석탑·대웅전삼존불탱화(大雄殿三尊佛幀畵).

직철(直裰·直綴) 소매가 매우 넓고 허리에는 충분한 여분을 두고 큼직한 주름을 잡은 승복으로, 윗옷인 편삼(偏衫)과 아랫도리에 입는 군자(裙子)를 합쳐 꿰매었으므로 직철(直裰)이라 함. 중국에서 개조한 옷. 우리 나라의 장삼과 같음.

직철

직치(直治) 정사유(正思惟)와 같음.

직하(直下) 즉시. 곧. 바로.

직행(直行) 정업(正業)과 같음.

직현심성종(直顯心性宗) 곧바로 청정한 본성을 드러내게 하는 가르침.

진(瞋) ⓢdveṣa 삼독(三毒)의 하나. 성냄. 화냄. 노여움. 분노. 증오.

진(塵) ①ⓢartha ⓢviṣaya 대상. 차별 대상. 인식 대상. 마음 속으로 지어낸 허구적인 대상. 분별로 채색한 허구적인 차별 대상. ②ⓢ rajas 시각 대상. ③ⓢrajas ⓢpāṃśu 더러움. ④ⓢupakleśa 번뇌. ⑤ⓢparamāṇu-raja 아주 작은 티끌이나 먼지.

진각(瞋覺) 에각(恚覺)과 같음.

진각(眞覺) ①혜심(慧諶)의 시호. ②천희(千熙)의 시호.

진감(眞鑑) 혜소(慧昭)의 시호.

진겁(塵劫) 진점겁(塵點劫)의 준말.

진견도(眞見道) 분별하지 않는 지혜로써, 있는 그대로의 모습을 직관하는 경지.

진결(瞋結) 결(結)은 번뇌를 뜻함. 성내는 번뇌. 화내는 번뇌.

진경(塵境) 육근(六根)의 대상인 색(色)·성(聲)·향(香)·미(味)·촉(觸)·법(法)을 말함.

진경(眞經) 인도와 서역에서 전해진 경전.

진경(眞鏡) 심희(審希)의 시호.

진공(眞空) ①모든 현상에는 불변하는 실체가 없다는 공(空)의 관념도 또한 공(空)이라는 뜻. ②공(空)에 치우치지 않고, 여러 인연의 일시적인 화합으로 존재하는 현상을 긍정하는 진실한 공(空). ③모든 차별을 떠난 있는 그대로의 모습. ④모든 분별이 끊어진 마음 상태. 부처의 성품. ⑤855-937. 신라 말·고려 초의 승려. 경주 출신. 가야산의 선융(善融)에게 출가하고, 20세에 가야산 수도원(修道院)에서 구족계(具足戒)를 받음. 설악산 진전사(陳田寺)에 가서 도의(道義)의 탑에 제자의 예를 올리고 수행함. 소백산 풍기 비로사(毘盧寺)를 보수하여 머물고, 937년(태조 20)에 송악에 가서 태조의 삼국 통일을 경하하고 소백산으로 돌아가 입적함. ⑥충담(忠湛)의 시호.

진공관(眞空觀) 삼관(三觀)의 하나. 모든 현상의 본체는 공(空)이므로 차별이 없다고 주시함.

진공묘유(眞空妙有) ①불변하는 실체가 없기 때문에 성립하는 현상. 불변하는 실체 없이 여러 인연의 일시적인 화합으로 존재하는 현상. 공(空)을 근원으로 하여 존재하는 현상. ②모든 분별이 끊어진 부처의 성품을 나타내는 말.

진공무상종(眞空無相宗) 사종(四宗)의 하나. 차별 현상을 부정하고 공(空)의 이치를 설하는 반야경(般若經)·중론(中論) 등의 가르침을 말함.

진공절상종(眞空絶相宗) 징관(澄觀)의 교판(敎判)에서, 모든 차별을 떠난, 있는 그대로의 모습은 주관과 객관이 끊어진 상태이므로 언어로 표현할 수 없다는 가르침.

진관사(津寬寺) 서울 은평구 진관외동 북한산 응봉 서쪽 기슭에 있는 절. 조계사(曹溪寺)의 말사. 1011년(고려 현종 2)에 창건하고, 조선 태조와 태종이 수륙재(水陸齋)를 여러 차례 지냄. 1463년에 불타고, 1470년에 벽운(碧雲)이 다시 짓고, 이후 여러 차례 보수함. 한국 전쟁 때 대부분 불타고, 1964년부터 크게 중축함.

진구(塵垢) ⓢupakleśa 마음을 더럽히는 번뇌.

진기약(陳棄藥) ⓢpūtimukta-bhaiṣajya ①사

람이나 소의 똥오줌으로 만든 약. ②남이 버린 약.

진나(陳那) ⓢdignāga ⓢdiṅnāga의 음사. 대역룡(大域龍)이라 번역. 480-540. 남인도 안달라국(安達羅國) 출신의 승려로, 삼지작법(三支作法)을 특징으로 하는 신인명(新因明)을 확립함. 유식학과 불교논리학에 정통함. 저서 : 관총상론송(觀總相論頌)·관소연연론(觀所緣緣論)·인명정리문론(因明正理門論)·장중론(掌中論)·취인가설론(取因假設論).

진능립(眞能立) 인명(因明)의 삼지작법(三支作法)에 완전히 일치하는 논법. 자신의 주장이나 판단〔宗〕을 정당한 이유〔因〕와 구체적인 예〔喩〕를 들어 상대편이 인정하도록 하는 논법.

진능파(眞能破) 상대편의 주장을 반박하는 올바른 논법.

진다말니(震多末尼) 진타마니(震陀摩尼)와 같음.

진단(震旦·眞丹·眞旦·振旦) ⓢcīna-sthāna의 음사. cīna는 진(秦), 곧 중국을 가리키고, sthāna는 지역·지방의 뜻으로, 고대 인도인들이 중국과 그 주변 지역을 일컬은 말.

진단가니타왕(眞檀迦膩吒王) 가니색가왕(迦膩色迦王)과 같음.

진덕불공종(眞德不空宗) 화엄종의 교판(敎判)에서, 모든 현상 그 자체는 한없이 청정한 성질을 갖추고 있다는 가르침. ⇒ 오교십종(五敎十宗)

진독(瞋毒) 삼독(三毒)의 하나. 성냄. 노여움. 증오.

진두가(鎭頭迦) ⓢtinduka의 음사. 인도 서해안과 동인도에서 자라는 나무. 과일의 즙은 끈끈하여 방수제로 쓰이고, 나무는 단단하여 건축의 재료로 쓰임.

진로(塵勞) 번뇌, 또는 그에 물들어 마음이 고달프고 괴로움.

진명(眞明) 혼원(混元)의 시호.

진묵(震默) 일옥(一玉)의 법호.

진박(瞋縛) 삼박(三縛)의 하나. 증오는 중생의 마음을 속박한다는 뜻.

진비량(眞比量) 올바른 추리에 의한 인식.

진사(塵事) ⓢviṣaya 대상. 차별 대상. 인식 대상.

진사혹(塵沙惑) 삼혹(三惑)의 하나. 진사(塵沙)는 많음을 비유함. 한량없는 차별 현상을 알지 못하여 중생을 구제하는 데 장애가 되는 번뇌.

진산(晋山) 진(晋)은 진(進)을 뜻함. 한 절의 주지(住持)로 새로 임명되어 그 절에 감.

진산식(晋山式) 새로 임명된 주지(住持)의 취임식.

진색(眞色) 다른 빛깔과 섞이지 않은 본디의 순수한 빛깔, 곧 백·적·청·황·흑.

진성(眞性) ①있는 그대로의 본성·상태. ②모든 현상의 있는 그대로의 참모습. ③집착이 없는 청정한 성품.

진성궤(眞性軌) 삼궤(三軌)의 하나. 거짓 없고 변하지 않는 본성.

진속이제(眞俗二諦) 제(諦)는 진리를 뜻함. (1)진제(眞諦). 분별이 끊어진 상태에서, 있는 그대로 파악된 진리. 분별이 끊어진 후에 확연히 드러나는 진리. 직관으로 체득한 진리. (2)속제(俗諦). 분별과 차별로써 인식한 진리. 허망한 분별을 일으키는 인식 작용으로 알게 된 진리. 대상을 분별하여 언어로 표현한 진리. 세속의 일반적인 진리. 세속에서 상식적으로 알려져 있는 진리. 세속의 중생들이 알고 있는 진리.
이제(二諦) 각각의 내용에 대해서는 경론(經論)에 따라 여러 설이 있음.

진수(眞修) 의지를 일으키지 않고 저절로 이치에 맞게 닦는 수행. 이에 반해, 의지로써 닦는 수행은 연수(緣修)라고 함.

진수약(盡壽藥) 약(藥)은 음식을 뜻함. 사약(四藥)의 하나. 병든 수행자에게 일생 동안 먹도록 허락한 뿌리·줄기·꽃·과일 따위.

진수주(盡壽住) 일생 동안의 생활.

진식(眞識) ①본디 갖추고 있는 청정한 성품, 곧 여래장(如來藏)을 말함. ②아뢰야식(阿賴耶識)의 별명. ③아뢰야식의 청정한 부분. ④아마라식(阿摩羅識)을 말함.

진신(眞身) 진리 그 자체, 또는 진리를 있는 그대로 드러낸 우주 그 자체를 뜻함.

진신계(瞋身繫) 진에신박(瞋恚身縛)과 같음.

진신사리(眞身舍利) 부처의 유골.

진실리문(眞實理門) 상대방의 소질이나 능력에 관계없이, 부처가 스스로 체득한 깨달음을 그대로 드러낸 가르침.

진실상(眞實相) 원성실성(圓成實性)과 같음.

진실성(眞實性) 원성실성(圓成實性)과 같음.

진실성상(眞實性相) 원성실성(圓成實性)과 같음.

진실의(眞實義) ⓢartha ①진실한 뜻·의미. ②분별하지 않고, 있는 그대로 파악된 대상. 직관으로 파악된 대상.

진실제(眞實際) 진제(眞際)와 같음.

진실종(眞實宗) 오종교(五宗教)의 하나. 진리는 영원히 변하지 않으며, 모든 것에 부처의 성품이 갖추어져 있다는 열반경의 가르침을 말함.

진실행(眞實行) 십행(十行)의 하나. 가르친 대로 행하고 행한 대로 가르쳐 말과 행동이 일치함.

진심(眞心) ①분별을 일으키지 않는 마음. 번뇌와 망상을 일으키지 않는 마음. 모든 분별과 대립이 소멸된 마음 상태. ②있는 그대로의 청정한 본성. 중생이 본디 갖추고 있는 청정한 성품.

진심직설(眞心直說) 1권. 고려의 지눌(知訥) 지음. 일체의 근본은 진심이라 하고, 진심이란 무엇이며, 진심을 발현하기 위한 수행 방법과 진심을 얻은 경지에 대해 간단 명료하게 밝힌 저술.

진아(眞我) ①중생들이 있다고 집착하는 변하지 않고 소멸하지 않는 자아(自我). ②열반의 경지에 이른 진실한 자아(自我). 부처의 성품을 깨달아 그것을 유지하는 주체.

진언(眞言) ⓢmantra 부처나 보살 등의 서원(誓願)이나 덕(德), 또는 가르침이나 지혜를 나타내는 신비로운 주문으로, 범어를 번역하지 않고 음사(音寫)하여 읽음. 보통 비교적 짧은 주문을 진언, 긴 주문을 다라니(陀羅尼)라고 하지만 엄밀하게 구별하지는 않음.

진언종(眞言宗) 대일여래(大日如來)를 교주(敎主)로 하고, 대일경(大日經)과 금강정경(金剛頂經)에 의거하여 신체로는 인계(印契)를 맺고, 입으로는 진언(眞言)을 외우고, 마음으로는 대일여래를 깊이 주시하여, 현재의 이 육신이 그대로 부처가 되는 즉신성불(卽身成佛)을 목표로 하는 종파.

진에(瞋恚) ⓢdveṣa 삼독(三毒)의 하나. 화를 냄. 성냄. 노여움. 분노. 증오.

진에개(瞋恚蓋) 오개(五蓋)의 하나. 성내는 번뇌. 화내는 번뇌. 증오하는 번뇌.

진에신박(瞋恚身縛) 사박(四縛)의 하나. 분노나 증오를 품고 악한 짓을 저질러 괴로운 생존에서 벗어나지 못함.

진여(眞如) ⓢtathatā ①모든 현상의 있는 그대로의 참모습. 차별을 떠난, 있는 그대로의 참모습. ②있는 그대로의 본성·상태. ③궁극적인 진리. 변하지 않는 진리. 진리의 세계. ④모든 분별과 대립이 소멸된 마음 상태. 깨달음의 지혜. 부처의 성품. ⑤우주 그 자체. ⑥중생이 본디 갖추고 있는 청정한 성품.

진여무위(眞如無爲) 모든 분별과 대립이 소멸된 마음 상태.

진여삼매(眞如三昧) ①차별을 떠난 모든 현상의 있는 그대로의 참모습을 주시하는 삼매. ②자신이 본래 갖추고 있는 청정한 부처의 성품을 주시하는 삼매.

진여의족(進如意足) 정진신족(精進神足)과 같음.

진월(震越) ⓢⓟcīvara의 음사. 옷. 의복.

진이숙(眞異熟) 아뢰야식(阿賴耶識)을 말함. 이 식은 이숙, 곧 과거에 지은 행위의 과보로 일어난다는 뜻.

진점겁(塵點劫) 무한히 긴 시간을 비유한 말. 삼천대천 세계(三千大千世界)의 모든 땅을 갈아 먹물로 만들어 1천 국토 지날 때마다 티끌만 한 먹물 한 방울을 떨어뜨려 그 먹물이 다 없어졌을 때, 지나온 모든 국토를 부수어 티끌로 만들어 그 티끌 하나를 1겁으로 한 무한히 긴 시간.

진정(眞亭) 죽은 고승의 진영(眞影)을 걸어 두는, 작은 정자(亭子) 모양의 기구.

진제(眞諦) 제(諦)는 진리를 뜻함. ①ⓢsatya 진리. 진실. 깨달음에 대한 진리. ②ⓢparamārtha-satya 분별이 끊어진 상태에서, 있는 그대로 파악된 진리. 분별이 끊어진 후에 확연히 드러나는 진리. 직관으로 체득한 진리. ③ⓢparamārtha-satya 가장 뛰어난 진리. 궁극적인 진리. 가장 깊고 묘한 진리. ④모든 현상의 본성은 공(空)이라는 진리. ⑤ⓢparamārtha 499-569. 서인도 빈디야(Vindhya) 산맥 북쪽에 인접해 있던 우선니(優禪尼, ujjayanī)의 바라문 출신. 섭론종(攝論宗)의 초조(初祖). 베다(veda)와 육론(六論), 삼장(三藏)에 정통함. 여러 지역을 편력하다가 부남(扶南, 지금의 캄보디아)에 이르렀을 때, 양(梁)의 무제(武帝)가 학덕(學德)이 높은 승려를 초빙하고 있다는 말을 듣고 546년에 광동성(廣東省)에 이르고 2년 후에 남경(南京)에 가서 무제를 알현함. 그 해 10월, 후경(侯景)의 반란으로 무제가 실각되자, 부춘(富春)에 도피하여 그곳에서 경론(經論)을 번역하기 시작함. 그 후 여러 곳을 편력하면서 금강반야바라밀경(金剛般若波羅密經)·대승기신론(大乘起信論)·섭대승론(攝大乘論)·섭대승론석(攝大乘論釋)·중변분별론(中邊分別論)·대승유식론(大乘唯識論)·불성론(佛性論)·전식론(轉識論)·아비달마구사석론(阿毘達磨俱舍釋論) 등을 번역함. 특히 섭대승론을 중심으로 하여 진제 문하에서 섭론종(攝論宗)이 형성됨.

진제(眞際) ①진실의 극치, 곧 깨달음의 경지를 뜻함. ②모든 현상의 있는 그대로의 참모습. 차별을 떠난, 있는 그대로의 모습.

진제(盡諦) 멸제(滅諦)와 같음.

진종(眞宗) ①진실한 가르침. ②육종(六宗)의 하나. 부처의 모든 가르침이 결국 하나의 가르침으로 귀착되는 진실을 설하는 법화경의 가르침을 말함. ③모든 현상의 진실한 이치를 밝히는 가르침.

진중(珍重) 몸조심하라는 뜻으로, 헤어질 때의 인사말.

진지(眞智) 모든 분별을 끊고 대상을 있는 그대로 직관하는 진실한 지혜. 차별이나 분별을 떠난 깨달음의 지혜.

진지(盡智) 십지(十智)의 하나. 자신은 이미 사제(四諦)를 체득했다고 아는 지혜. 곧, 자신은 이미 고(苦)를 알았고, 집(集)을 끊었고, 멸(滅)을 체득했고, 도(道)를 닦았다고 아는 지혜.

진청안상(眞青眼相) 삼십이상(三十二相)의 하나. 눈동자가 검푸름.

진타마니(眞陀摩尼) ⓢcintā-maṇi의 음사. 여의주(如意珠)라고 번역. 중생의 소원을 뜻대로 이루어지게 해 준다는 보배 구슬로, 부처의 공덕을 상징함.

진표(眞表) 생몰년 미상. 신라의 승려. 전주 출신. 12세에 금산사(金山寺)에 출가하여 순제(順濟)에게 계율과 밀교의 의례를 배우고, 내소사(來蘇寺)·영산사(靈山寺)에서 참회법(懺悔法)을 닦음. 766년에 금산사를 증축하고, 금강산에 들어가 770년에 발연사(鉢淵寺)를 창건하고 7년 동안 머물면서 점찰법회(占察法會)를 개최함. 그는 점찰법(占察法)에 계율과 미륵신앙을 결합시켜 널리 유포함.

진헐청료(眞歇清了) ⇒ 청료(清了)

진현량(眞現量) 언어와 분별을 떠난 올바른 직접 지각이나 직접 체험.

진형(盡形) 신체가 다할 때까지. 살아 있는 동안. 일생 동안. 한 평생.

진형수약(盡形壽藥) 진형수(盡形壽)는 한 평생, 약(藥)은 음식을 뜻함. 병든 수행자에게 일생 동안 먹도록 허락한 뿌리·줄기·꽃·과일 따위.

질(嫉) ⓢīrṣyā 남을 질투하고 시기하는 마음 작용.

질결(嫉結) 구결(九結)의 하나. 결(結)은 번뇌를 뜻함. 질투하는 번뇌.

질다(質多) ⓢcitta의 음사. 심(心)이라 번역.

질다예가아갈라다(質多翳迦阿羯羅多) ⓢcitta-ekāgratā의 음사. 심일경성(心一境性)이라 번역. 마음을 한곳에 집중한 상태.

질달라파나(質呾羅婆拏) ⓢcitradhāna의 음사. 세친(世親)의 유식삼십송(唯識三十頌)에 대한 주석서를 지은 화변(火辨)의 범명(梵名).

질애(質礙) 형체가 있고, 장애가 되는 물질의 성질.

질저(質底) 지제(支提)와 같음.

질직(質直) 마음이 곧음. 정직함. 성실함.

집(集) ⓢⓟsamudaya ①모여서 일어남. 일어나는 원인. 원인. ②번뇌의 더러움에 물든 상태.

집금강신(執金剛神) ⓢvajra-pāṇi ⓢvajra-dhara 손에 금강저(金剛杵)를 지니고 있는 불교의 수호신을 통틀어 일컬음.

집기심(集起心) 아뢰야식(阿賴耶識)을 말함. 이 식은 종자(種子), 곧 과거의 경험에 의한 인상이나 잠재력을 모아 여러 현상을 일으키므로 이와 같이 말함.

집류인(集類忍) 집류지인(集類智忍)의 준말.

집류지(集類智) 팔지(八智)의 하나. 색계·무색계의 집제(集諦)를 체득한 지혜.

집류지인(集類智忍) 팔인(八忍)의 하나. 색계·무색계의 집제(集諦)를 명료하게 주시하여 그것에 대한 미혹을 끊고 확실하게 인정하는 지혜.

집물(什物) ①살림살이에 쓰이는 온갖 기구. 가구. 집기(什器). ②사찰에 소속된 온갖 물건.

집법인(集法忍) 집법지인(集法智忍)의 준말.

집법지(集法智) 팔지(八智)의 하나. 욕계의 집제(集諦)를 체득한 지혜.

집법지인(集法智忍) 팔인(八忍)의 하나. 욕계의 집제(集諦)를 명료하게 주시하여 그것에 대한 미혹을 끊고 확실하게 인정하는 지혜.

집사(執事) ①시중들면서 잡무를 보는 사람. ②사찰의 회계(會計)를 맡은 사람.

집성제(集聖諦) 집제(集諦)와 같음.

집수(執受) 외부의 자극을 받아들이는 감각기관 또는 육체.

집이문족론(集異門足論) 아비달마집이문족론(阿毘達磨集異門足論)의 준말.

집일어언부(執一語言部) 일설부(一說部)와 같음.

집일체공덕삼매(集一切功德三昧) 모든 공덕을 두루 갖춘 삼매.

집장(執藏) 아뢰야식(阿賴耶識), 곧 장식(藏識)의 장(藏)에 세 가지 뜻이 있는데, 그 가운데 하나. 말나식(末那識)이 장식을 자아라고 오인하여 집착함.

집제(集諦) ⓢsamudaya-satya ⓟsamudaya-sacca 사제(四諦)의 하나. 괴로움의 원인이라는 진리. 괴로움이 일어나는 원인은 몹시 탐내어 집착하는 갈애(渴愛)라는 진리. 집(集)

은 집기(集起)·기인(起因)·원인을 뜻함.

집지(集智) 십지(十智)의 하나. 욕계·색계·무색계의 집제(集諦)를 체득한 지혜.

집지식(執持識) ⇒ 아타나식(阿陀那識)

집착(執著) 허망한 분별로써 어떤 것에 마음이 사로잡혀 헤어나지 못함. 그릇된 분별로써 어떤 것을 탐내어 그것에서 벗어나지 못함.

집취상(執取相) 육추(六麤)의 하나. 괴로움이나 즐거움이 주관의 작용임을 알지 못하고 실재하는 대상으로 잘못 생각하여 집착함.

징관(澄觀) 738-839. 당(唐)의 승려. 절강성(浙江省) 월주(越州) 출신. 11세에 출가하여 여러 지역을 편력하면서 율(律)·삼론(三論)·화엄학(華嚴學)·천태학(天台學)·선(禪) 등을 두루 배움. 776년에 오대산(五臺山)에 가서 여러 사찰을 순례하고 대화엄사(大華嚴寺)에서 화엄경을 강의하면서 그 경의 주석서를 지음. 796년에 장안(長安)에 가서 40권 화엄경의 번역에 참여하고 그 경의 주석서를 지음. 덕종이 청량법사(淸涼法師)라는 호를 내리고, 헌종이 다시 승통청량국사(僧統淸涼國師)라는 호를 내림. 저서 : 화엄경소(華嚴經疏)·화엄경수소연의초(華嚴經隨疏演義鈔)·정원신역화엄경소(貞元新譯華嚴經疏)·삼성원융관문(三性圓融觀門) 등.

징엄(澄嚴) 1090-1141. 고려의 승려. 숙종의 넷째 아들로, 8세에 흥왕사(興王寺)의 의천(義天, 1055-1101)에게 출가하고, 불일사(佛日寺)에서 구족계(具足戒)를 받음. 16세에 승통(僧統)이 되고, 인종 때 오교도승통(五敎都僧統)이 됨. 개태사(開泰寺)·귀신사(歸信寺) 등에 머물고, 흥왕사에 10여 년 동안 머물다가 입적함. 시호는 원명국사(圓明國師).

징허대사(澄虛大師) 앙산 혜적(仰山慧寂)의 호.

징효(澄曉) 절중(折中)의 시호.

ㅊ

차가월(遮加越) Ⓟcakkavattin의 음사. 전륜성왕(轉輪聖王)을 말함.

차거(車渠·硨磲) Ⓢmusāra-galva 백산호(白珊瑚) 또는 대합(大蛤).

차건도(遮犍度) 건도(犍度)는 Ⓢskandha의 음사로, 장(章)·편(篇)을 뜻함. 죄를 지은 수행자는 대중과 함께 있지 못하게 해야 하고, 또 남의 죄를 지적하는 자는 여러 가지 덕을 갖추어야 한다는 것 등을 설한 장(章).

차견(遮遣) ①제거함. ②부정함. 논파함.

차계(遮戒) 행위 그 자체는 죄가 아니지만 그것으로 인해 죄를 저지를 우려가 있어 금지한 음주(飮酒) 등의 계율. 이에 반해, 제정하지 않아도 행위 그 자체가 바로 죄이므로 당연히 금지된 살생(殺生)·투도(偸盜)·사음(邪淫) 등의 계율은 성계(性戒)라고 함.

차구가국(遮拘迦國) 작구가라국(斫句迦羅國)과 같음.

차닉(車匿) Ⓢchanda Ⓟchanna의 음사. 싯다르타가 출가할 때 탄 말을 부린 하인의 이름.

차단(衩袒) 차의(衩衣)와 같음.

차말라(遮末羅) Ⓢcāmara의 음사. 섬부주(贍部洲)에 속하는 중주(中洲)의 이름.

차문다(遮文荼) Ⓢcāmuṇḍa의 음사. 야차(夜叉)에 속하는 귀신 이름으로, 주술로써 사람을 해친다고 함.

차별(差別) ①구별함. 서로 차이가 남. 서로 다름. ②각각의 사물이 서로 다르게 독자적으로 존재하고 있는 모습. ③인명(因明)에서, 주장 명제인 종(宗)의 술어를 말함. 예를 들면, '말은 무상하다'에서 '무상'. 이에 반해, 종(宗)의 주어, 곧 '말'은 자성(自性)이라 함. ④인명(因明)에서, 말에 직접 드러나 있지 않고 숨어 있는 특별한 뜻. 이에 반해, 말에 직접 드러나 있는 일반적인 뜻은 자상(自相)이라 함.

차별행(差別行) 순서에 따라 차례로 닦는 수행.

차세타세락선(此世他世樂禪) 구종대선(九種大禪)의 하나. 중생에게 현재와 미래의 모든 즐거움을 얻게 하는 선정(禪定).

차수(叉手) ①두 손바닥을 합하고 오른손 다섯 손가락의 끝과 왼손 다섯 손가락의 끝을 약간 교차시키는 인도의 예법. ②두 손을 마주 잡는 중국의 예법.

차실집취신계(此實執取身繫) 아견신박(我見身縛)과 같음.

차안(此岸) ①미혹한 중생의 세계나 생존. ②육근(六根)을 말함.

차의(衩衣) 가사(袈裟)를 걸치지 않고 승복(僧服)만 입는 것.

차전(遮詮) 대상의 본질을 부정적·역설적으로 표현하는 것. 이에 반해, 대상의 본질을 긍정적·직설적으로 표현하는 것은 표전(表詮)이라 함. 예를 들면, '마음도 아니고 부처도 아니다〔非心非佛〕'는 차전, '마음이 곧 부처이다〔卽心是佛〕'는 표전.

차정(遮情) 중생의 그릇된 견해를 부정하여 제거함.

차제(次第) 순서. 차례. 변화하는 순서.

차제삼관(次第三觀) 모든 현상에는 불변하는 실체가 없다고 주시하는 공관(空觀), 모든 현상은 여러 인연의 일시적인 화합으로 존재한다고 주시하는 가관(假觀), 공(空)이나 가(假)의 어느 한쪽에 치우치지 않는 진리를 주시하는 중관(中觀)을 동시에 닦지 않고 별개로 간주하여 차례대로 닦는 수행법.

차제연(次第緣) 등무간연(等無間緣)과 같음.

차제항포문(次第行布門) 보살은 십신(十信)·십주(十住)·십행(十行)·십회향(十廻向)·십지(十地)·등각(等覺)·묘각(妙覺)의 수행 단계를 차례대로 거쳐 깨달음에 이른다는 견해. 이에 반해, 이 가운데 어느 하나는 다른 모든 단계를 포함하고 있으므로 낮은 단계에서도 바로 깨달음에 이른다는 견해는 원융상섭문(圓融相攝門)이라 함.

차죄(遮罪) 행위 자체는 죄가 아니지만 그것으로 인해 죄를 저지를 우려가 있는 음주(飮酒) 등을 말함. 이에 반해, 행위 자체가 바로 무거운 죄인 살생(殺生)·투도(偸盜)·사음(邪淫) 등은 성죄(性罪)라고 함.

차지(遮止) 부인함. 부정함.

착어(著語) 고칙(古則)이나 송고(頌古)의 일부분에 대한 짤막한 해설이나 비평.

찬(讚) 부처나 보살의 공덕을 칭송함, 또는 그 글.

찬드라굽타(candragupta) 기원전 320년경에 마가다국(magadha國) 난다(nanda) 왕조를 무너뜨리고 마우리야(maurya) 왕조를 세운 왕. 아들은 빈두사라(bindusāra) 왕, 손자는 아쇼카(aśoka) 왕.

찬불게(讚佛偈) 부처의 모습이나 공덕을 찬양한 게송.

찬영(讚詠) 칭송함. 찬양함. 칭찬함.

찬영(粲英) 1328-1390. 고려의 승려. 경기 양주 출신. 호는 목암(木庵). 14세에 삼각산 중흥사(重興寺)의 태고 보우(太古普愚, 1301-1382)에게 출가하여 사사(師事)하고, 23세에 승과(僧科)에 합격함. 대둔사(大芚寺)·소설암(小雪庵)·중흥사(重興寺)에 머물고, 공민왕이 그를 양가도승록(兩街都僧錄)에 임명함. 월남사(月南寺)·신광사(神光寺)·운문사(雲門寺)·가지사(迦智寺)에 머물고, 1383년(우왕 9)에 왕사(王師)가 됨. 충주 억정사(億政寺)에서 입적함. 시호는 지감국사(智鑑國師)·대지국사(大智國師).

찬유(璨幽) 869-958. 신라 말·고려 초의 승려. 자(字)는 도광(道光). 13세에 상주 삼랑사(三郎寺) 융제(融諦)에게 출가하고, 융제의 지시에 따라 여주 혜목산(우두산) 고달사(高達寺)에 가서 심희(審希, 855-923)를 스승으로 모심. 892년에 당(唐)에 가서 석두 희천(石頭希遷) 문하인 투자 대동(投子大同, 819-914)의 선법(禪法)을 전해 받고, 921년에 귀국하여 혜목산에서 선풍(禪風)을 일으킴. 시호는 원종(元宗), 탑호는 혜진(慧眞).

찬제(羼提) ⓢkṣāti의 음사. 인(忍)·인욕(忍辱)·안인(安忍)이라 번역.

찬제바라밀(羼提波羅蜜) 찬제(羼提)는 ⓢkṣāti의 음사, 인(忍)·인욕(忍辱)·안인(安忍)이라 번역. 인욕바라밀(忍辱波羅蜜)과 같음.

찬제파리(羼提波梨) ⓢkṣāti-vādin의 음사. 인욕을 설하는 자라는 뜻. 붓다가 전생에 인욕을 수행하고 있을 때의 이름.

찬집백연경(撰集百緣經) 10권. 오(吳)의 지겸(支謙) 번역. 국왕, 부호, 바라문과 그의 자녀들, 상인과 하인, 도적, 새와 짐승에 이르기까지 부처에게 귀의한 인연에 대한 이야기를 모은 경으로, 10품으로 나뉘어 있고 각 품마다 열 가지의 이야기를 담고 있음.

찬탄(讚歎) 칭송함. 찬양함. 칭찬함.

찬탄공양정행(讚嘆供養正行) 오종정행(五種正行)의 하나. 극락 정토에 태어나기 위해 지극한 마음으로 아미타불을 찬양하고 공양함.

찬탄문(讚歎門) 오념문(五念門)의 하나. 극락 정토에 태어나기 위해 아미타불의 이름을 부르고 그의 공덕을 칭송하는 수행.

찬패(讚唄) 경전의 글귀나 게송에 곡조를 붙여 부처의 공덕을 기리는 찬가(讚歌).

찰(刹) ①ⓢkṣetra의 음사. 토(土)·국(國)·처(處)라고 번역. 국토. 세계. 땅. 장소. 영역. ②탑 꼭대기에 세워, 산개(傘蓋)·방울·구슬 등을 매달아 두는 버팀대. ③깃발. 깃대.

찰간(刹竿) 설법이나 법회 중임을 표시하기 위해 사찰 앞에 세우는 깃대.

찰나(刹那) ⓢkṣaṇa의 음사. 염경(念頃)이라 번역. 시간의 최소 단위. 1주야(晝夜)는 30모호율다(牟呼栗多), 1모호율다는 30납박(臘縛), 1납박은 60달찰나(怛刹那), 1달찰나는 120찰나이므로 1찰나는 0.013초가 됨. 또 손가락 한 번 튀기는 순간에 65찰나가 지난다고 함.

찰나등기(刹那等起) 행위를 일으키는 찰나에 그 행위와 함께 일어나는 마음 작용.

찰나연기(刹那緣起) 십이연기(十二緣起)는 찰나에 함께 작용한다는 견해.

찰니가(刹尼迦) ⓢkṣaṇika의 음사. 순간.

찰리(刹利) 찰제리(刹帝利)의 준말.

찰번(刹幡) 설법이나 법회 중임을 표시하기 위해 사찰 앞에 세우는 깃발.

찰제리(刹帝利) ⓢkṣatriya음사. 고대 인도의 사성(四姓) 가운데 둘째 계급으로, 왕족·귀족·무사 그룹. 정치와 군사를 담당함.

찰주(刹柱) 탑 꼭대기의 장식물을 지탱하는 버팀대.

찰중(察衆) 사찰에서 대중의 잘못을 살펴 시정케 하는 직책, 또는 그 일을 맡은 승려.

찰토(刹土) ⓢkṣetra의 음사인 찰(刹)에, 그 번역인 토(土)를 붙인 말. 국토.

찰해(刹海) 세계.

참(慚) ⓢhrī ①자신의 죄나 허물을 스스로

부끄러워하는 마음 작용. ②죄를 짓지 않으려는 마음 작용.

참(參) ①선사(禪師)나 주지(住持)가 대중을 모아 놓고 설법함. ②수행승이 스승을 찾아뵙고 가르침을 청함.

참괴(慚愧) ⓢhrī-apatrāpya 자신의 죄나 허물을 스스로 부끄러워하는 마음 작용을 참(慚), 자신의 죄나 허물에 대하여 남을 의식하여 부끄러워하는 마음 작용을 괴(愧)라고 함.

참구(參究) 꿰뚫어 밝히기 위해 집중함. 의심을 깨뜨리기 위해 거기에 몰입함.

참구(參扣) 스승을 찾아가 가르침을 청하기 위해 그의 문을 두드림.

참당(參堂) ①승당(僧堂)의 일원으로 참가하여 좌선함. ②참선하는 집.

참도(參到) 철저하게 수행하여 어떠한 경지에 도달함.

참동계(參同契) 당(唐)의 석두 희천(石頭希遷) 지음. 조동종(曹洞宗)의 요점을 5언 44구 220자로 드러낸 짧은 글로, 차별과 평등의 조화와 융합을 밝힘. 인천안목(人天眼目) 5권에 수록되어 있음.

참두(參頭) 선원(禪院)에서 수행승의 출입을 담당하는 승려.

참득(參得) 꿰뚫어 체득함.

참마(懺摩) ⓢkṣama의 음사. 회(悔)·인서(忍恕)라고 번역. 자신의 죄를 뉘우치고, 남이 너그러운 마음으로 참고 용서해 주기를 바람.

참마(讖摩) ⓢkṣauma의 음사. 아마(亞麻). 중앙 아시아 원산의 재배 식물. 줄기 높이는 1m 가량, 잎은 가늘고 길며 어긋나게 마주나고, 초여름에 청자색이나 흰 꽃이 핌. 줄기 껍질로 옷감을 짬.

참문(參問) 스승을 찾아뵙고 부처의 가르침에 대해 질문함.

참문(懺文) 죄를 참회하는 의식에 대해 적은 글.

참배(參拜) 부처에게 경건한 마음으로 예배함.

참법(懺法) 죄를 참회하는 의식에 대한 규칙, 또는 그에 대해 적은 책.

참상(參詳) 상세하게 밝히기 위해 집중함.

참선(參禪) 자신이 본래 갖추고 있는 부처의 성품을 꿰뚫어 보기 위해 앉아 있는 수행. 자신의 본성을 간파하기 위해 앉아 있는 수행. 의심을 깨뜨리기 위해 앉아서 거기에 몰입함.

참심(參尋) 탐구하여 밝혀 냄.

참역(參譯) 범문(梵文)으로 된 불전(佛典)을 한문으로 번역하는 역장(譯場)에서, 번역문을 범문과 대조하여 검토하는 역할, 또는 그 일을 맡은 사람.

참원의(懺願儀) 참회와 발원하는 의식에 대해 적은 책.

참의(懺儀) 죄를 참회하는 의식, 또는 그에 대해 적은 책.

참청(參請) 스승을 찾아뵙고 가르침을 청함.

참포(參飽) 충분히 먹어 흡족하듯, 철저하게 수행하여 완벽하게 깨달음을 체득함.

참학(參學) 배우고 닦음. 가르침을 배우고 그에 따라 수행함.

참현(參玄) ①스승을 찾아뵙고 가르침을 배움. ②깊은 이치를 꿰뚫어 밝히기 위해 거기에 몰입함.

참회(懺悔) 참(懺)은 ⓢkṣama의 음사인 참마(懺摩)의 준말, 회(悔)는 그 번역. ⓢkṣama는 참고 견딘다는 뜻. 과거의 죄를 뉘우쳐 부처·보살·스승·대중 등에게 고백하고, 너그러운 마음으로 참고 용서해 주기를 청함.

참회문(懺悔文) 참회할 때 읽는 글.

창도(唱導) 가르침을 설하여 인도함.

창락천(唱樂天) 야마천(夜摩天)과 같음. 이곳에 있는 신(神)들은 때때로 즐거움을 누리므로 이와 같이 말함.

창문(瘡門) 사람의 몸에 있는 아홉 개의 구멍, 곧 두 눈과 두 귀, 두 콧구멍과 입, 음부(陰部)와 항문을 통틀어 일컬음.

창상(脹相) 구상(九相)의 하나. 탐욕과 육신에 대한 집착을 버리기 위해 시체가 띵띵하게 부푸는 모습을 주시하는 수행법.

창의(唱衣) 승려가 입적했을 때, 그가 남긴 의발(衣鉢) 등을 일정한 절차에 따라 분배하는 것.

창천(蒼天) 비통함을 나타내는 말. 아, 슬프구나!

채공(菜供) 절에서 반찬을 마련하는 소임, 또는 그 일을 맡은 승려.

채녀(采女·婇女·綵女) 시녀.

채두(菜頭) 선원(禪院)에서 반찬을 마련하는 소임, 또는 그 일을 맡은 승려.

채로(菜露) 절에서 국을 마련하는 소임, 또는 그 일을 맡은 승려.

책가국(磔迦國) ⓢṭakka의 음사. 인도의 펀자브(Punjab) 지역에 있던 고대 국가.

책수(磔手) ⓢvitasti 길이의 단위. 열두 손가락 마디의 길이.

책활(策活) 1782-1862. 조선 후기의 승려. 전남 영암 출신. 호는 자행(慈行). 16세에 두륜산 대둔사(大芚寺)에 출가하여 윤우(倫佑)에게 구족계(具足戒)를 받고, 덕홍(德弘)의 법을 이어받음. 삼여(三如)에게 율(律)과 선(禪)을 배우고, 호훈(好訓)에게 범패(梵唄)를 배움. 학덕(學德)이 높았고, 특히 범패에 뛰어나 그에게 범패를 배운 제자가 수십 명에 이름.

처(處) ⓢāyatana 영역. 범위.

처능(處能) 1617-1680. 조선의 승려. 호는 백곡(白谷). 15세에 출가하여 속리산에 머물다가 지리산에 들어가 각성(覺性, 1575-1660)에게 사사(師事)하여 그의 법을 이어받음. 1674년에 팔도선교십육종도총섭(八道禪敎十六宗都摠攝)이 되었으나 곧 사퇴하고 성주산, 청룡산, 대둔사 안심암(安心庵) 등에 머무름. 저서 : 백곡집(白谷集).

처림(處林) 1279-1361. 원(元)의 승려. 절강성(浙江省) 항주(杭州) 출신. 호는 평산(平

山). 임제종 양기파(楊岐派). 12세에 광엄사(廣嚴寺)에 출가하여 17세에 구족계(具足戒)를 받고, 급암 종신(及庵宗信)에게 사사(師事)하여 그의 법을 이어받음. 1313년에 대자산(大慈山) 정혜사(定慧寺)에서 처음으로 설법하고, 1343년부터 항주 정자사(淨慈寺), 영은사(靈隱寺)에 머무름.

처비처지력(處非處智力) 십력(十力)의 하나. 이치에 맞는 것과 맞지 않는 것을 분명히 구별하는 부처의 능력.

처사(處士) ①출가하지 않고 재가(在家)에서 부처의 가르침에 따르는 남자 신도. 출가하지 않고 법명(法名)을 받은 재가(在家)의 남자. ②속인(俗人)으로서 임시로 절에 머무는 남자.

처영(處英) 생몰년 미상. 조선의 승려. 호는 뇌묵(雷默). 김제 금산사(金山寺)에 출가하고, 휴정(休靜)의 제자가 됨. 1592년 임진왜란 때 휴정의 격문을 받고 호남 지방에서 1,000여 명의 승병(僧兵)을 모집하여 권율(權慄)과 함께 금산 배고지〔梨峙〕 전투에서 전공을 세우고, 1593년에 권율의 군사를 따라 북상하여 수원 독왕산성(禿旺山城)에서 왜군의 공격을 막아내고, 행주산성에서도 700여 명의 승병을 이끌고 왜군과 싸워 크게 승리함.

천(天) ⓢdeva ①수행으로 어떠한 상태에 이른 경지. ②육도(六道)의 중생 가운데 뛰어난 중생, 또는 그들이 사는 곳. 신(神), 또는 그들이 사는 곳. 신(神)의 세계.

천개(天蓋) ①천상(天上)의 일산. ②불상(佛像) 위를 드리우는 우산 모양의 장식물.

천계(天界) 욕계의 육욕천(六欲天)과 색계·무색계의 여러 천(天)을 통틀어 일컬음. 신(神)들이 사는 곳. 신(神)의 세계.

천고(天鼓) 도리천(忉利天)의 선법당(善法堂)에 있다는 북으로, 치지 않아도 저절로 소리가 난다고 함.

천고뢰음여래(天鼓雷音如來) 태장계만다라(胎藏界曼茶羅)에서 대일여래(大日如來) 곁에 있는 부처로, 열반(涅槃)을 나타냄.

천관(天冠) 보석으로 만든 아주 아름다운 관(冠).

천구(天狗) ⓢulkā 별똥별.

천궁(天宮) 신(神)들이 사는 궁전.

천나(闡那) ⓢchanda ⓟchanna의 음사. 육군비구(六群比丘)의 하나. 붓다 당시에 악행을 일삼은 비구.

천녀(天女) 욕계의 육욕천(六欲天)에 산다고 하는 여자. 용모가 아름답고 노래와 춤이 뛰어나며 자유로이 날아다닌다고 함.

천당(天堂) 천궁(天宮)과 같음.

천대장군(天大將軍) ①전륜성왕(轉輪聖王)을 말함. ②천상(天上)의 대장군.

천도(天道) 육도(六道)의 하나. 신(神)들의 세계라는 뜻으로, 수미산 중턱에 있는 사왕천(四王天)에서 무색계의 유정천(有頂天)까지를 말함. 사왕천은 동쪽에 있는 지국천(持國天), 남쪽에 있는 증장천(增長天), 서쪽에 있는 광목천(廣目天), 북쪽에 있는 다문천(多聞天)을 말함. 그리고 수미산 정상에는 제석(帝釋)을 위시하여 33천(天)이 사는 도리천이 있고, 그 위에 야마천(夜摩天)·도솔천(兜率

天)·낙변화천(樂變化天)·타화자재천(他化自在天)이 있는데, 사왕천에서 타화자재천까지를 육욕천(六欲天)이라 함. 그 위의 색계에는 17천(天)이 있고, 색계 위의 무색계에는 4천(天)이 있는데, 맨 위에 있는 비상비비상처천(非想非非想處天)을 유정천(有頂天)이라 함.

천도재(薦度齋) 죽은 이의 넋을 극락으로 보내기 위해 행하는 의식.

천동여정(天童如淨) ⇒ 여정(如淨)

천략석(淺略釋) 경문(經文)을 세간의 일반적인 의미로 간략하게 해석하는 것.

천룡팔부(天龍八部) 팔부중(八部衆) 가운데 천(天)과 용(龍)의 위력이 가장 뛰어나므로 이와 같이 말함. 팔부중(八部衆)과 같음.

천마(天魔) 천자마(天子魔)의 준말.

천병신중도량(天兵神衆道場) 고려 때, 외적으로부터 나라를 지키기 위해 불교의 수호신들을 한곳에 모시고 예배하던 의식.

천본경(天本經) ⓢnidāna 경전의 서술 내용에서, 부처를 만나 설법을 듣게 된 동기를 설한 부분. 서품(序品)이 여기에 해당함.

천부(天部) 천계(天界)에 있는 중생을 통틀어 일컬음.

천부선신(天部善神) 범천(梵天)·제석(帝釋)·사천왕(四天王) 등과 같이, 불법(佛法)을 수호하는 천계(天界)의 선신(善神)들을 말함.

천상(天上) 욕계의 육욕천(六欲天)과 색계·무색계의 여러 천(天)을 통틀어 일컬음. 신(神)들이 사는 곳. 신(神)의 세계.

천상천하유아독존(天上天下唯我獨尊) '하늘 위, 하늘 아래 오직 나만이 홀로 존귀하다'라는 뜻으로, 싯다르타가 태어나자마자 사방으로 일곱 걸음을 걸은 뒤 오른손은 하늘을, 왼손은 땅을 가리키면서 읊었다는 글귀. 이것은 후대의 불교인들이 창작해 낸 설화로, 이 우주에서 인간보다 더 존엄한 것은 없다는 뜻.

천성광등록(天聖廣燈錄) 30권. 송(宋)의 이준욱(李遵勗)이 천성 7년(1029)에 엮음. 석가모니불에서 서천이십팔조(西天二十八祖)와 동토육조(東土六祖)를 거쳐 남악 회양(南嶽懷讓) 문하 8세, 청원 행사(青原行思) 문하 12세까지, 불법(佛法)을 계속 이어 온 336명에 대한 행적, 스승과 제자의 인연, 깨달음에 대한 문답, 어록을 정리한 저술.

천수경(千手經) 1권. 관음신앙을 구체화하기 위해 엮어진 경으로, 현재 사찰에서 독송하고 있는 천수경의 구성은 1900년 이후에 갖추어진 것임. 천수관음의 공덕을 찬탄하고 그에게 귀의하여 참회하고 발원하는 글월과 진언(眞言)으로 구성되어 있음.

천수관음(千手觀音) 천수천안관음(千手千眼觀音)의 준말.

천수다라니(千手陀羅尼) 천수경(千手經)에 나오는 신묘장구대다라니(神妙章句大陀羅尼)를 말함.

천수물(千手-) 절에서 승려들이 식사한 후, 발우(鉢盂)를 씻는 물.

천수왕(天樹王) ⓢpārijāta 도리천(忉利天)에 있다는 매우 큰 나무. 나무 모양은 산호 같고, 긴 이삭 모양의 다홍색의 꽃이 피며, 6월경에 낙엽 지고, 나무 전체에서 향기가 나와 도리천을 가득 메운다고 함.

천수주(千手呪) 천수다라니(千手陀羅尼)와 같음.

천수천안관음(千手千眼觀音) 천 개의 손과 천 개의 눈을 가진 관음. 조각이나 그림에서는 천 개의 손과 천 개의 눈을 표현하기 어려우므로 흔히 좌우 두 손 외에 한쪽에 20개씩 모두 40개의 손을 표현하는데, 이것은 불교의 세계관에서 지옥에서 천상까지를 25단계로 나누므로 하나의 손이 25단계의 중생을 구제한다고 생각하면 천 개의 손이 됨. 40개의 손에는 각각 눈이 표현되어 있고 손마다 각기 다른 물건을 들고 있음.

천수통(千手桶) 절에서 승려들이 식사한 후, 발우(鉢盂)를 씻은 물을 거두는 동이.

천승(天乘) 승(乘)은 중생을 깨달음으로 인도하는 부처의 가르침을 뜻함. 십선(十善)을 행하면 그 과보로 천상의 세계에 태어난다는 가르침. 색계(色界)의 네 선정(禪定), 곧 사선(四禪)에 대한 가르침.

천식재(天息災) ?-1000. 북인도 가습미라국(迦濕彌羅國) 출신의 승려. 980년에 오장나국(烏仗那國) 출신의 시호(施護)와 함께 송(宋)에 와서 태종(太宗)을 알현하고 자의(紫衣)를 하사 받음. 982년에 칙명으로 태평흥국사(太平興國寺)의 서쪽에 신축한 역경원(譯經院)에서 번역에 종사하여 대승장엄보왕경(大乘莊嚴寶王經)·대방광보살장문수사리근본의궤경(大方廣菩薩藏文殊師利根本儀軌經) 등, 총 18종을 번역함.

천신(天神) 범천(梵天)·제석(帝釋) 등과 같이, 천계(天界)에 사는 신(神)들.

천악(天樂) ①천상(天上)의 음악. ②아주 아름다운 음악.

천안(天眼) ①천안통(天眼通)의 준말. ②오안(五眼)의 하나. 겉모습만 보고 그 본성은 보지 못하는, 욕계·색계의 천인(天人)이 갖추고 있는 눈.

천안(千眼) 제석(帝釋)을 일컬음. 그는 총명하여 천 가지 이치를 환히 안다고 하여 이와 같이 말함.

천안명(天眼明) 중생의 미래의 생사와 과보를 환히 아는 지혜. 생사지증명(生死智證明)과 같음.

천안지증통(天眼智證通) 천안통(天眼通)과 같음.

천안지통(天眼智通) 천안통(天眼通)과 같음.

천안지통원(天眼智通願) 사십팔원(四十八願)의 하나. 아미타불이 법장비구(法藏比丘)였을 때 세운 서원으로, 정토의 중생은 모든 것을 막힘없이 꿰뚫어 환히 볼 수 있는 능력을 갖추게 하겠다는 맹세.

천안천비관음(千眼千臂觀音) 천수천안관음(千手千眼觀音)과 같음.

천안통(天眼通) 육신통(六神通)의 하나. 모든 것을 막힘없이 꿰뚫어 환히 볼 수 있는 불가사의하고 자유 자재한 능력.

천애(天愛) ①신(神)의 사랑을 받는 자. ②스스로 하는 일은 없고 신(神)의 사랑만 받고 살아간다는 뜻으로, 어리석은 자를 조롱하는 말.

천어(天語) 범천(梵天)의 언어, 곧 범어(梵語)를 말함.

천영(天英) 1215-1286. 고려의 승려. 남원 출신. 15세에 조계산 혜심(慧諶, 1178-1234)에게 출가하고, 22세에 승과(僧科)에 합격함. 다시 조계산으로 가서 혼원(混元, 1191-1271)에게 사사(師事)하여 그의 법을 이어받음. 강화 선원사(禪源寺), 지리산 단속사(斷俗寺)에 머물고, 혼원의 뒤를 이어 수선사(修禪社) 제5세 사주(社主)가 됨. 고흥 불대사(佛臺寺)에서 입적함. 시호는 자진원오국사(慈眞圓悟國師).

천왕문(天王門) 사찰 입구에 있는, 사천왕(四天王)을 모신 건물.

천우(天友) 세우(世友)와 같음.

천유(天有) 칠유(七有)의 하나. 유(有)는 존재·생존을 뜻함. 신(神)들의 생존.

천은사(天恩寺) 강원 삼척시 미로면 내미로리 두타산 북동쪽 기슭에 있는 절. 월정사(月精寺)의 말사. 829년(신라 흥덕왕 4)에 창건하고, 고려 충렬왕 때 이승휴(李承休, 1224-1300)가 용안당(容安堂)을 짓고 제왕운기(帝王韻紀)를 저술함. 이후 여러 차례 증축하고 보수함. 한국 전쟁 때 대부분 불타고, 1984년에 다시 지음.

천은사(泉隱寺) 전남 구례군 광의면 지리산 노고단 남서쪽 기슭에 있는 절. 화엄사(華嚴寺)의 말사. 828년(신라 흥덕왕 3)에 덕운(德雲)이 창건하여 감로사(甘露寺)라 하고, 1592년 임진왜란 때 모두 불탐. 1678년에 다시 짓고 천은사라 하고, 1774년경에 증축함. 문화재 : 극락보전아미타후불탱화(極樂寶殿阿彌陀後佛幀畵)·극락보전.

천의(天衣) 천인(天人)이 입는 아주 가벼운 옷.

천이(天耳) 천이통(天耳通)의 준말.

천이지증통(天耳智證通) 천이통(天耳通)과 같음.

천이지통(天耳智通) 천이통(天耳通)과 같음.

천이지통원(天耳智通願) 사십팔원(四十八願)의 하나. 아미타불이 법장비구(法藏比丘)였을 때 세운 서원으로, 정토의 중생은 모든 소리를 마음대로 들을 수 있는 능력을 갖추게 하겠다는 맹세.

천이통(天耳通) 육신통(六神通)의 하나. 모든 소리를 마음대로 들을 수 있는 불가사의하고 자유 자재한 능력.

천인(天人) ①욕계의 육욕천(六欲天)과 색계의 여러 천상(天上)의 중생. ②신(神)과 인간.

천인(天因) 1205-1248. 고려의 승려. 충북 청주 출신. 강진 만덕산 백련사(白蓮寺)에 출가하여 요세(了世, 1163-1245)에게 천태교관(天台敎觀)을 전해 받음. 시호는 정명국사(靜明國師). 저서 : 만덕산백련사제이대정명국사후집(萬德山白蓮社第二代靜明國師後集).

천인사(天人師) ⓢśāstā devamanuṣyāṇām 십호(十號)의 하나. 신(神)과 인간의 스승, 곧 부처를 일컬음.

천자(天子) ①천계(天界)에 사는 신(神). ②국왕을 뜻함. 그는 신(神)의 보호를 받는다고 하여 이와 같이 말함.

천자마(天子魔) 사마(四魔)의 하나. 수행을 방해하는 타화자재천(他化自在天)의 마왕(魔王)과 그 권속들을 말함.

천장암(天藏庵) 충남 서산시 고북면 장요리 연암산 남쪽 기슭에 있는 절. 수덕사(修德寺)의 말사. 633년(백제 무왕 34)에 창건하고, 경허(鏡虛, 1849-1912)가 머물면서 선풍(禪風)을 크게 일으킴.

천제(闡提) 일천제(一闡提)의 준말.

천제(天帝) 천제석(天帝釋)의 준말.

천제석(天帝釋) 신(神)들의 제왕인 샤크라(ⓢśakra, 釋)라는 뜻. 제석(帝釋)과 같음.

천제석도량(天帝釋道場) 고려 때, 국난을 극복하기 위해 불교의 수호신인 제석에게 예배하던 의식.

천존(天尊) 부처에 대한 존칭.

천주(天主) 신(神)들의 우두머리, 곧 제석(帝釋)을 말함.

천중(天衆) 욕계의 육욕천(六欲天)과 색계의 여러 천상(天上)의 중생.

천중천(天中天) 신(神)들 가운데 가장 뛰어난 신. 부처에 대한 존칭.

천책(天頙) 1206-? 고려의 승려. 자(字)는 천인(天因). 20세에 과거에 급제하였으나 강진 만덕산 백련사(白蓮寺)에 출가하여 요세(了世, 1163-1245)의 제자가 됨. 시호는 진정국사(眞靜國師). 저서 : 선문보장록(禪門寶藏錄)·선문강요집(禪門綱要集)·만덕산백련사제사대진정국사호산록(萬德山白蓮社第四代眞靜國師湖山錄).

천축(天竺) 고대 중국에서, 인도를 이르던 말.

천축사(天竺寺) 서울 도봉구 도봉산 남동쪽 중턱에 있는 절. 조계사(曹溪寺)의 말사. 673년에 신라의 의상(義湘)이 창건하여 옥천암(玉泉庵)이라 하고, 1398년(조선 태조 7)에 왕명으로 다시 짓고 왕이 천축사라는 편액을 하사함. 이후 여러 차례 중축하고 보수함.

천취(天趣) 천도(天道)와 같음.

천친(天親) 세친(世親)의 구역(舊譯).

천타(闡陀) 천나(闡那)와 같음.

천타론(闡陀論) ⓢchandas의 음사. 바라문교에서 가르치는 시작법(詩作法), 또는 그에 대한 문헌.

천태덕소(天台德韶) ⇒ 덕소(德韶)

천태사교의(天台四教義) 1권. 고려의 체관(諦觀) 지음. 천태 지의(天台智顗)의 법화현의(法華玄義)와 사교의(四教義)를 참고하여, 천태학의 오시팔교(五時八教)·이십오방편(二十五方便)·십승관법(十乘觀法)을 간략하게 서술한 책.

천태사대석례(天台四大釋例) 천태사석(天台四釋)과 같음.

천태사석(天台四釋) 지의(智顗)가 법화경의 글귀를 해석하는 데 사용한 네 가지 방법. (1)인연석(因緣釋). 부처가 어떠한 가르침을 설하게 된 인연을 사실단(四悉檀)에 의거하여 네 가지로 해석하는 방법. (2)약교석(約教釋). 하나의 글귀를 장교(藏教)·통교(通教)·별교(別教)·원교(圓教)에 의거하여 네 가지로 요약하는 해석 방법. (3)본적석(本迹釋). 하나의 글귀를 본지(本地)와 수적(垂迹)의 입장에서 두 가지로 해석하는 방법. (4)관심석(觀心釋).

하나의 글귀를 자신의 마음으로 간주하고 그 마음을 관조하는 것처럼 해석하는 방법.

천태종(天台宗) ①수(隋)의 천태 지의(天台智顗, 538-597)가 법화경을 중심으로 천태학을 완성함으로써 형성된 종파. 그는 북제(北齊)의 혜문(慧文)을 초조(初祖)로 하고, 혜사(慧思, 515-577)를 제2조로, 자신을 제3조로 함. 오시팔교(五時八教)로 교판(教判)하고, 제법실상(諸法實相)을 밝히고, 삼제원융(三諦圓融)과 일념삼천(一念三千)과 십승관법(十乘觀法)을 설함. 지위(智威, ?-680)·혜위(慧威, 생몰년 미상)·현랑(玄朗, 673-754)으로 계승되고 담연(湛然, 711-782)에 의해 중흥됨. 당(唐) 무종(武宗)의 폐불(廢佛)과 오대(五代)의 전란(戰亂)으로 천태 계통의 서적이 소실되고 천태종이 쇠퇴하자 오월왕(吳越王) 전홍숙(錢弘俶)이 고려에 사신을 보내 천태 계통의 서적을 구하므로 체관(諦觀)이 960년경에 그 서적들을 가지고 송(宋)에 가서 천태종의 부흥에 기여함. 송대(宋代)에 이르러 절강성(浙江省) 사명산(四明山) 지례(知禮, 960-1028) 계통의 산가파(山家派)와 절강성 전당(錢塘)의 경소(慶昭, 963-1017)·지원(智圓, 976-1022) 계통의 산외파(山外派)로 분열되었는데, 산외파는 곧 쇠퇴하고 산가파가 천태종의 명맥을 유지하다가 원대(元代)에 쇠퇴함. ②고려의 의천(義天, 1055-1101)이 1097년에 개풍 국청사(國淸寺)의 주지에 취임하여 천태학을 강의함으로써 형성된 종파. 1099년에는 천태종 자체에서 승선(僧選)을 실시하고, 2년 후에는 국가에서 주관하는 천태종 대선(大選)을 실시함. 의천의 뒤를 이어 교웅(教雄, 1076-1142)과 그의 제자 덕소(德素, 1119-1174)가 천태종을 크게 발전시키고, 요세(了世, 1163-1245)는 강진 만덕산 백련사(白蓮寺)에서 백련결사(白蓮結社)를 결성하여 천태학에 정토사상을 수용함. 요세의 뒤를 이어 천인(天因, 1205-1248)과 천책(天頙, 1206-?) 등의 제자들도 백련사를 중심으로 천태종을 널리 전파함. 이후 천태종은 조선 초까지 계속 유지되었으나 1424년(세종 6)에 7종의 종파를 선교양종(禪教兩宗)으로 통폐합하는 과정에서 천태종은 선종에 흡수되어 그 이름을 상실함.

천태지의(天台智顗) ⇒ 지의(智顗)

천특(闡特) 차닉(車匿)과 같음.

천판(天板) 용뉴(龍鈕)·음관(音管)과 접촉하고 있는 범종(梵鐘)의 머리 부분으로, 주로 연꽃잎이 새겨져 있음. ⇒ 범종(梵鐘)

천행(天行) 오행(五行)의 하나. 자연의 이치에 따르는 보살의 뛰어난 수행.

천화(遷化) 이 세상에서 교화할 인연이 끝나서 다른 세상에 교화하려 간다는 뜻으로, 고승(高僧)의 죽음을 이르는 말.

천화(天華) 천상(天上)의 꽃.

천황도오(天皇道悟) ⇒ 도오(道悟)

천희(千熙·千禧) 1307-1382. 고려의 승려. 경주 출신. 호는 설산(雪山). 13세에 출가하여 화엄학을 배우고, 19세에 승과(僧科)에 합격하고, 김생사(金生寺)·덕천사(德泉寺)·개태사(開泰寺) 등에 머무름. 1364년에 원(元)에 가서 절강성(浙江省) 항주(杭州) 휴휴암(休休庵)에 머물고, 1366년에 강소성(江蘇省) 소주(蘇州) 성은사(聖恩寺)에 가서 만봉 시위(萬峰時蔚, 1303-1381)를 만나고 그의 가사(袈裟)를 전해 받고 귀국하여 치악산에 머무름. 1367년(공민왕 16)에 국사(國師)가 되고, 영주 부석사(浮石寺)에 머물면서 절을 복구하고 보수함. 수원 광교산 창성사(彰聖寺)에서 입적함. 시호는 진각(眞覺).

철감(澈鑑·哲鑑) 도윤(道允)의 시호.

철륜위산(鐵輪圍山) 철위산(鐵圍山)과 같음.

철문(綴文) 범문(梵文)으로 된 불전(佛典)을 한문으로 번역하는 역장(譯場)에서, 번역된 단어들을 늘어놓고 한문의 문법에 맞게 순서를 배열하는 역할, 또는 그 일을 맡은 사람.

철발(鐵鉢) 쇠로 만든 발우(鉢盂).

철위산(鐵圍山) ⓢcakravāḍa 수미산의 사주(四洲)를 둘러싸고 있는 쇠로 된 산. ⇒ 수미산(須彌山)

철윤보(鐵輪寶) 전륜성왕(轉輪聖王)이 지니고 있는 쇠로 된 보물로, 이것을 굴려 모든 장애를 물리친다고 함.

철윤왕(鐵輪王) 쇠로 된 윤보(輪寶)를 지니고 있는 전륜성왕(轉輪聖王). 이 윤보를 굴려 모든 장애를 물리치고, 수미산(須彌山)의 사방에 있는 네 대륙 가운데 한 대륙을 다스린다고 함.

철질려(鐵蒺藜) 도둑이나 적군의 침입을 막기 위해 길목에 깔았던, 끝이 날카롭고 서너 갈래가 지게 무쇠로 만든 물건. 마름쇠.

첨(諂) ⓢmāyā 자신의 죄를 감추기 위해 남을 속이고 아첨하는 마음 작용.

첨곡(諂曲) 첨(諂)과 같음.

첨박가(瞻博迦) 첨복(瞻蔔)과 같음.

첨복(瞻蔔) ⓢcampaka의 음사. 인도 북부에서 자라는 교목. 잎은 윤택이 있고, 짙은 노란색의 꽃이 피는데 그 향기가 진함.

첨파(瞻波) ⓢⓟcampā의 음사. 중인도의 동부, 지금의 비하르(Bihar) 지역 동쪽에 인접에 있던 앙가국(aṅga國)의 도읍지.

첨파(瞻婆) 첨복(瞻蔔)과 같음.

첨파건도(瞻波犍度) 첨파(瞻波)는 고대 인도의 나라 이름. 건도(犍度)는 ⓢskandha의 음사로, 장(章)·편(篇)을 뜻함. 첨파국에서 발생한 수행자들 사이의 다툼에 대해 설한 장(章).

첨품묘법연화경(添品妙法蓮華經) 수(隋)의 사나굴다(闍那崛多)·급다(笈多) 번역. 법화경(法華經)의 다른 번역.

첩변(捷辯) 첩질변(捷疾辯)의 준말.

첩질변(捷疾辯) 막히는 데 없이 능숙하게 가르침을 설하는 부처나 보살의 말솜씨.

청계사(淸溪寺) 경기 의왕시 청계산 남쪽 기슭에 있는 절. 용주사(龍珠寺)의 말사. 신라 때 창건하고, 1284년(고려 충렬왕 10)에 시중(侍中) 조인규(趙仁規)의 시주로 크게 중축함. 1689년에 모두 불타고, 성희(性熙)가 다시 짓고, 1798년에 중축함. 1876년에 대부분 불타고, 1879년에 다시 짓고, 1955년부터 여러 차례 중축·보수함.

청곡사(靑谷寺) 경남 진주시 금산면 월아산 남서쪽 기슭에 있는 절. 해인사(海印寺)의 말사. 879년에 도선(道詵)이 창건하고, 1380년에 보수함. 1592년 임진왜란 때 불타고, 1612년에 다시 짓고, 이후 여러 차례 보수함. 문화재 : 삼층석탑·대웅전.

청공(淸珙) 1272-1352. 원(元)의 승려. 강소성(江蘇省) 소주(蘇州) 출신. 자(字)는 석옥(石屋). 임제종 양기파(楊岐派). 소주 숭복사(崇福寺)에 출가하여 20세에 삭발하고, 23세에 구족계(具足戒)를 받음. 고봉 원묘(高峰原妙, 1238-1295)에게 배우고, 후에 급암 종신(及庵宗信, 생몰년 미상)에게 사사(師事)하여 그의 법을 이어받음. 절강성(浙江省) 복원선찰(福源禪刹)의 주지로 7년 동안 머물다가 절강성 호주(湖州) 하무산(霞霧山) 천호암(天湖庵)에 머무름. 1341년경에 황후가 금란가사(金襴袈裟)를 하사함. 고려의 태고 보우(太古普愚, 1301-1382)가 1347년에 천호암에서 그의 인가(印可)를 받고 법을 이어받음.

청규(淸規) 선원(禪院)의 규칙.

청단(淸旦) 새벽. 이른 아침.

청량사(淸涼寺) ①경북 봉화군 명호면 청량산 남동쪽 중턱에 있는 절. 고운사(孤雲寺)의 말사. 663년에 신라의 원효(元曉)가 창건하고, 고봉(高峰, 1351-1428)이 다시 짓고, 조선 후기에 유리보전(琉璃寶殿)을 지음. 흔히 연화봉 아래 유리보전이 있는 곳을 내청량사, 금탑봉 아래 응진전이 있는 곳을 외청량사라고 함. 문화재 : 유리보전. ②경남 합천군 가야면 매화산 북쪽 기슭에 있는 절. 해인사(海印寺)의 말사. 통일신라 때 창건하고, 이후 폐사됨. 1811년에 회은(晦隱)이 다시 짓고, 이후 증축·보수함. 문화재 : 석등(石燈)·석조석가여래좌상(石造釋迦如來坐像)·삼층석탑.

청량징관(淸凉澄觀) ⇒ 징관(澄觀)

청량현담(淸涼玄談) 화엄경현담(華嚴經玄談)과 같음.

청련암(靑蓮庵) 경기 수원시 장안구 조원동 광교산 남쪽 자락에 있는 절. 용주사(龍珠寺)의 말사. 1777년에 비구니 청련(靑蓮)이 창건하고, 1902년에 영친왕(英親王)의 어머니 귀비(貴妃) 엄씨(嚴氏)의 시주로 증축하고, 1980년에 대웅전을 다시 지음.

청료(淸了) 1088-1151. 송(宋)의 승려. 사천성(四川省) 면주(綿州) 출신. 호(號)는 진헐(眞歇). 11세에 출가하여 18세에 구족계(具足戒)를 받고, 사천성 성도(成都) 대자사(大慈寺)에서 경론(經論)을 배움. 그 후 단하 자순(丹霞子淳, 1064-1117)에게 사사(師事)하여 그의 법을 이어받고 여러 지역을 편력하면서 조동종(曹洞宗)을 전파함. 1151년에 황태후의 명으로 절강성(浙江省) 항주(杭州) 고정산(皐亭山)에 숭선현효사(崇先顯孝寺)를 창건함.

청룡사(靑龍寺) ①서울 종로구 숭인동에 있는 절. 조계사(曹溪寺)의 말사. 922년(고려 태조 5)에 왕명으로 창건하고, 1036년과 1158년에 증축함. 1299년에 몽고의 침략으로 불타자 다시 지음. 1457년에 단종이 사사(賜死)되자 그의 비(妃) 정순왕후(定順王后) 송씨(宋氏)가 18세에 이 절에 출가하여 머물다가 82세에 입적함. 선비의 집안이나 궁중의 여인들이 출가하여 머물던 정업원(淨業院)이 여러 차례 혁파될 때 정업원의 역할을 함. 1813년에 불타고, 이듬해 다시 짓고, 1973년에 극락전을 확장하여 대웅전을 지음. ②경기 안성시 서운면 청룡리 서운산 남쪽 기슭에 있는 절. 용주사(龍珠寺)의 말사. 고려 원종(元宗, 1259-1274) 때 명본(明本)이 창건하여 대장암(大藏庵)이라 하고, 나옹(懶翁, 1320-1376)이 다시 짓고 청룡사라 함. 효종(1649-1659)의 아우 인평대군(麟坪大君)의 시주로 증축하고, 1720년에 보수·증축하고, 이후 여러 차례 보수함. 문화재 : 대웅전. ③충북 충주시 소태면 청계산 북동쪽 기슭에 있는 절. 고려 때 창건하고, 1392년(태조 1)에 보각 혼수(普覺混修)가 이 절에 머물다가 입적하자 왕명으로 증축함. 이후 폐사되고, 1665년에 옛터의 북쪽에 다시 짓고, 1921년에 증축하고, 1959년에 보수함. 문화재 : 보각국사정혜원융탑(普覺國師定慧圓融塔)·보각국사정혜원융탑전사자석등(普覺國師定慧圓融塔前獅子石燈)·보각국사정혜원융탑비(普覺國師定慧圓融塔碑).

청매(青梅) 인오(印悟)의 호.

청목(青目) ⓢpiṅgala 4세기, 인도 출신의 논사(論師). 용수(龍樹)의 중송(中頌)을 풀이함.

청변(淸辯) ⓢbhāvaviveka 490년경-570년경. 남인도 크샤트리야 출신. 출가하여 중인도로 가서 중호(衆護, saṃgharakṣita)에게 대승 경전과 용수(龍樹)의 학설을 배움. 저서 : 반야등론석(般若燈論釋)·대승장진론(大乘掌珍論).

청산(青山) 한 절에 늘 머물고 있는 승려를 이르는 말.

청상(青相) 구상(九相)의 하나. 탐욕과 육신에 대한 집착을 버리기 위해 시체의 피가 썩어 피부가 퍼렇게 되는 모습을 주시하는 수행법.

청신녀(淸信女) ⓢⓟupāsikā 출가하지 않고 재가(在家)에서 부처의 가르침에 따르는 여자 신도, 곧 우바이(優婆夷).

청신사(淸信士) ⓢⓟupāsaka 출가하지 않고 재가(在家)에서 부처의 가르침에 따르는 남자 신도, 곧 우바새(優婆塞).

청암사(青巖寺) 경북 김천시 증산면 불령산(수도산) 북동쪽 기슭에 있는 절. 직지사(直指寺)의 말사. 859년에 신라의 도선(道詵)이 창건하고, 1647년에 불타고 허정(虛靜)이 다시 지음. 1782년에 또 불타고, 1897년부터 8년 동안 대운(大雲)이 다시 지음. 1911년에 또 불타고, 이듬해 대운(大雲)이 다시 지음.

청어상(青瘀想) 청상(青相)과 같음.

청원행사(青原行思) ⇒ 행사(行思)

청익(請益) 수행자가 자신의 의문을 풀기 위해 스승을 찾아 뵙고 질문하여 가르침을 청함.

청정(淸淨) ⓢśuddha 맑고 깨끗함. 속됨이 없음. 허물이 없음. 집착하지 않음. 번뇌에 물들지 않음.

청정광불(淸淨光佛) 맑고 깨끗한 광명을 발하는 부처, 곧 아미타불.

청정삼매(淸淨三昧) 번뇌와 집착이 소멸되어 마음이 맑아진 삼매.

청정선(淸淨禪) 허공과 같이 청정한 마음의 본질을 관조하는 북종선(北宗禪)을 말함.

청정식(淸淨識) ⇒ 아마라식(阿摩羅識)

청정원(淸淨園) 사찰을 말함.

청정정선(淸淨淨禪) 구종대선(九種大禪)의 하나. 모든 번뇌를 끊고 청정한 깨달음을 얻는 선정(禪定).

청정진여(淸淨眞如) 칠진여(七眞如)의 하나. 멸제(滅諦), 곧 갈애를 남김없이 소멸하면 괴로움이 소멸되어 열반에 이른다는 진리.

청평사(淸平寺) 강원 춘천시 북산면 오봉산 남쪽 기슭에 있는 절. 신흥사(神興寺)의 말사. 973년(고려 광종 24)에 승현(承賢)이 창건하여 백암선원(白岩禪院)이라 하고, 1068년에 이의(李顗)가 다시 짓고 보현원(普賢院)이라 하고, 1089년부터 이의(李顗)의 아들 이자현(李資玄)이 머물면서 증축하고 문수원(文殊院)이라 함. 1555년부터 보우(普雨)가 머물면서 청평사라 하고, 한국 전쟁 때 일부분 불타고, 이후 여러 차례 보수함. 문화재 : 회전문(廻轉門).

청허당집(淸虛堂集) 4권. 조선의 휴정(休靜) 지음. 1권에는 시(詩) 600여 수, 2권은 서(書)로서 누구누구에게 드리는 글 또는 답하는 글 32편, 3권에는 서(書)·기(記)·비명(碑銘)·행적(行蹟) 등이 있고, 4권에는 소(疏)·모연문(募緣文)·선교게어(禪敎偈語)·잡저(雜著)·심법요초(心法要抄)·선교석(禪敎釋) 등이 수록되어 있음.

청허휴정(淸虛休靜) ⇒ 휴정(休靜)

체(體) ①신체. ②사물 그 자체. ③본질. 본성. 본체. ④체득함. ⑤상태.

체공관(體空觀) 분석에 의하지 않고 직관적으로 모든 현상 그 자체가 바로 공(空)이라고 주시함.

체관(諦觀) 생몰년 미상. 고려 광종(949-975) 때의 승려. 당(唐) 무종(武宗)의 폐불(廢佛)과 오대(五代)의 전란(戰亂)으로 천태 계통의 서적이 소실되고 천태종이 쇠퇴하자 오월왕(吳越王) 전홍숙(錢弘俶)이 고려에 사신을 보내 천태 계통의 서적을 구하므로 960년경에 그 서적들을 가지고 송(宋)에 가서 천태학을 10년 동안 연구하다가 절강성(浙江省) 천태산에서 입적함. 저서 : 천태사교의(天台四敎義).

체구(體具) 낱낱 현상은 본래 그 본체에 우주의 모든 것을 갖추고 있다는 뜻.

체기(體氣) 기질. 개성.

체내방편(體內方便) 천태교학에서, 법화경에서 설하는 방편. 이에 반해, 법화경 이외에서 설하는 방편은 체외방편(體外方便)이라 함.

체달(體達) 모든 현상의 이치에 통달하여 막힘이 없음.

체대(體大) 삼대(三大)의 하나. 중생의 평등한 본성 그 자체.

체도(剃度) 출가하여 머리를 깎고 승려가 됨. 머리를 깎고 불문(佛門)에 들어감.

체발의(剃髮衣) 삭발할 때 어깨에 두르는 베.

체법염처(體法念處) 분석에 의하지 않고 직관적으로 모든 현상 그 자체가 바로 공(空)이라고 체득함.

체비량(體比量) 현재의 본체를 보고 과거·미래의 본체를 유추하고, 부분의 본체를 보고 전체의 본체를 유추함.

체상(體相) ①모양. 근본 성질이 겉으로 드러난 모습. ②본체와 차별 현상.

체상용(體相用) ①본체와 차별 현상과 작용. ②기신론에서, 중생의 평등한 본성 그 자체〔體〕와 그 본성에 갖추어져 있는 무한한 능력〔相〕과 그 본성이 중생에게 모든 선(善)을 닦게 하여 청정한 과보를 받게 하는 작용〔用〕.

체성(體性) ①변하지 않는 본성이나 실체. ②본래 갖추고 있는 성품.

체수라시(諦殊羅施) ⓢtejo-rāśi의 음사. 화취정(火聚頂)이라 번역. 광명으로 중생을 모으는 힘이 있다는 불정(佛頂).

체외방편(體外方便) 천태교학에서, 법화경 이외에서 설하는 방편. 이에 반해, 법화경에서 설하는 방편은 체내방편(體內方便)이라 함.

체용(體用) 본체와 그것의 작용.

체정(體淨) 1687-1748. 조선의 승려. 전남 고흥 출신. 법호는 호암(虎巖). 15세에 출가하고 지안(志安, 1664-1729)에게 사사(師事)하여 그의 법을 이어받음. 합천 해인사와 양산 통도사에서 학인들을 지도하고, 두륜산 대둔사 정진당(精進堂)에서 화엄경을 강의하는 법회를 개설함. 1748년에 강원도 장구산(長丘山)에 53불상을 조성할 때 증명법사(證明法師)로 참석하고, 금강산 표훈사(表訓寺) 내원통암(內圓通庵)에서 입적함.

체종용(體宗用) 천태교학에서, 한 경전의 근본 뜻과 요지와 그 경전이 중생에게 미치는 작용.

체진지(體眞止) 삼지(三止)의 하나. 모든 현상은 공(空)이라고 체득하여 망상을 멈춤.

체징(體澄) 804-880. 신라의 승려. 충남 공주 출신. 어려서 출가하고, 24세에 상왕산 보원사(普願寺)에서 구족계(具足戒)를 받고, 설악산 억성사(億聖寺)의 염거(廉居, ?-844)에게 사사(師事)하여 그의 법을 이어받음. 837년에 당(唐)에 가서 여러 고승을 찾아뵙고 840년에 귀국하여 칠갑산에 장곡사(長谷寺)를 창건함. 860년에 장흥 가지산에 보림사(寶林寺)를 창건하고 도의(道義, 생몰년 미상)의 선법(禪法)을 전파함. 시호는 보조(普照).

체찰법인(諦察法忍) 모든 현상은 불생불멸(不生不滅)이라는 진리를 확실하게 인정하고 거기에 안주하여 마음을 움직이지 않음.

체청(諦聽) 자세히 들음. 새겨 들음.

체회(體會) 본체를 꿰뚫어 거기에 부합함.

초(鈔) 경(經)이나 논(論)의 낱말과 문장의 뜻을 알기 쉽게 풀이한 소(疏)를 다시 풀이한 글, 또는 그 책.

초계비구(草繫比丘) 도적에게 풀로 몸을 서로 묶인 비구들이 풀의 생명을 끊은 것을 두려워하여 그 결박을 풀지 않았다는 뜻으로, 계율을 엄격하게 지키는 것을 비유함.

초능변(初能變) ⇒ 삼능변(三能變)

초독(楚毒) 괴로움. 고통.

초등지(超等至) 사선정(四禪定)·사무색정(四無色定)·멸진정(滅盡定)을 차례대로 닦는 것이 아니라 그 가운데 어떠한 경지든 자유 자재로 들고 나는 선정(禪定).

초발심(初發心) 처음으로 깨달음을 구하려는 마음을 일으킴. 처음으로 깨달음의 경지에 이르려는 마음을 냄.

초발심자경문(初發心自警文) 고려의 지눌(知訥)이 지은 계초심학인문(誡初心學人文)과 신라의 원효(元曉)가 지은 발심수행장(發心修行章)과 고려의 야운(野雲)이 지은 자경문(自警文)을 합쳐서 한 권으로 엮은 책.

초발의(初發意) 초발심(初發心)과 같음.

초보살지(初菩薩地) 초지(初地)와 같음.

초선(初禪) ⇒ 사선(四禪)

초선천(初禪天) 사선천(四禪天)의 제1. 여기에 범중천(梵衆天)·범보천(梵輔天)·대범천(大梵天)이 있음. ⇒ 색계십칠천(色界十七天)

초심(初心) ①처음으로 깨달음을 구하려고 한 마음. 처음으로 깨달음의 경지에 이르려고 한 마음. ②처음으로 수행하는 사람. 수행한 지 얼마 안 되는 사람. ③처음의 결심.

초심문(初心文) 계초심학인문(誡初心學人文)의 준말.

초야(初夜) 육시(六時)의 하나. 초저녁.

초열지옥(焦熱地獄) 팔열지옥(八熱地獄)의 하나. 오계(五戒)를 깨뜨리고 그릇된 견해를 일으킨 죄인이 죽어서 가게 된다는 지옥으로, 뜨거운 철판 위에 누워서 뜨거운 쇠방망이로 두들겨 맞는 고통을 받는다고 함.

초원(楚圓) 986-1039. 송(宋)의 승려. 광서성(廣西省) 전주(全州) 출신. 22세에 출가하고, 분양 선소(汾陽善昭, 947-1024)에게 사사(師事)하여 그의 법을 이어받음. 호남성(湖南省) 석상산(石霜山)에서 임제종의 선풍(禪風)을 크게 일으킴. 시호(諡號)는 자명선사(慈明禪師). 제자에 양기 방회(楊岐方會, 992-1049)와 황룡 혜남(黃龍慧南, 1002-1069)이 있음.

초월삼매(超越三昧) 초등지(超等至)와 같음.

초의(草衣) 의순(意恂)의 법호.

초일분(初日分) 하루를 아침·낮·저녁으로 나눈 가운데 아침.

초일월광불(超日月光佛) 해와 달의 빛을 초월한 뛰어난 광명을 발하는 부처, 곧 아미타불.

초적(草賊) ①반란이나 폭동을 일으키는 무리. ②약삭빠른 자. 눈치 빠른 자.

초전법륜(初轉法輪) 붓다가 깨달음을 성취한 후, 녹야원(鹿野苑)에서 처음으로 다섯 수행자에게 사제(四諦)의 가르침을 설한 것.

초정(超定) 초등지(超等至)와 같음.

초정(初定) 초선(初禪)과 같음.

초정려(初靜慮) 초선(初禪)과 같음.

초제(招提) ⓢcatur-diśa의 음사. 사방(四方)이라 번역. 모든 수행승을 통틀어 일컫는 말.

초제승물(招提僧物) 모든 수행승들이 함께 사용하는 승단(僧團)의 공유물.

초조(初祖) 한 종(宗)을 처음 세운 승려. 흔히 선종(禪宗)을 처음 세운 보리달마(菩提達摩)를 일컬음.

초조대장경(初雕大藏經) 1011년(고려 현종 2)에 착수하여 1087년(선종 4)에 완성한 한반도 최초의 대장경으로, 대구 팔공산 부인사(符仁寺)에 보관하다가 1232년(고종 19)에 몽고의 침략으로 불탐.

초지(初地) 십지(十地)의 제1, 곧 환희지(歡喜地)를 말함.

초포지(草布地) 여초부지(如草覆地)와 같음.

초할련합장(初割蓮合掌) 십이합장(十二合掌)의 하나. 두 손을 펴고 위로 세워서 서로 합치면서 두 엄지손가락과 두 새끼손가락은 붙이고 나머지 손가락은 떨어지게 함으로써 마치 연꽃이 피기 시작하는 것 같은 손 모양.

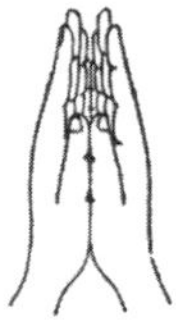

초할련합장

촉(觸) ①Ⓢsparśa Ⓟphassa 접촉. 부딪침. ②Ⓢsparśa 육근(六根)과 육경(六境)과 육식(六識)의 화합으로 일어나는 마음 작용. ③Ⓢspraṣṭavya 몸으로 느낄 수 있는 대상인 추위나 촉감 등.

촉경(觸境) 육경(六境)의 하나. 몸으로 느낄 수 있는 대상인 추위나 촉감 등.

촉계(觸界) 십팔계(十八界)의 하나. 계(界, Ⓢdhātu)는 요소를 뜻함. 인식을 성립시키는 요소의 하나로, 몸으로 느낄 수 있는 대상인 추위나 촉감 등.

촉광유연원(觸光柔軟願) 사십팔원(四十八願)의 하나. 아미타불이 법장비구(法藏比丘)였을 때 세운 서원으로, 자신의 광명에 접촉한 모든 불국토의 중생들은 몸과 마음이 부드러워지도록 하겠다는 맹세.

촉례삼배(觸禮三拜) 좌구를 접은 그대로 앞에 두고 좌구에 머리가 닿도록 세 번 절하는 것. 이에 반해, 접은 좌구(坐具)를 완전히 펴고 세 번 절하는 것은 대전삼배(大展三拜)라고 함.

촉루(囑累) 불법(佛法)의 보호와 전파를 다른 이에게 맡겨 부탁함.

촉사이진(觸事而眞) 몸으로 느끼는 현상 그 자체가 바로 진리라는 뜻.

촉식(觸食) 생존을 유지시키는 감각 작용. 경락식(更樂食)과 같음.

촉지계(觸地契) 촉지인(觸地印)과 같음.

촉지인(觸地印) 항마촉지인(降魔觸地印)과 같음.

촉처(觸處) 십이처(十二處)의 하나. 몸으로 느낄 수 있는 대상인 추위나 촉감 등.

총남종(摠南宗) 조선 초에 있던 종파. 태종 때 11종의 종파를 7종으로 축소할 때 총지종(摠持宗)과 남산종(南山宗)을 하나로 통합한 종파로, 세종 6년(1424)에 7종을 선교양종(禪敎兩宗)으로 통폐합하는 과정에서 선종에 흡수되어 그 이름을 상실함.

총령(葱嶺) 파미르(Pamir) 고원 지역을 두루 일컬음.

총림(叢林) ①많은 수행승들이 모여 수행하는 곳. ②전각(殿閣)·선원(禪院)·강원(講院)·율원(律院) 등을 두루 갖춘 큰 사찰.

총문(總門) 사찰로 들어가는 문으로, 한 줄로 세운 기둥 위에 맞배지붕 양식으로 되어 있는 일주문(一柱門)과 사천왕(四天王)을 모신 천왕문(天王門)과 둘이 아닌 절대의 경지를 상징하는 불이문(不二門)을 통틀어 일컬음.

총보(總報) 강력한 업(業)이 초래한 인간·축생 등의 과보. 이에 반해, 인간 가운데 빈부·귀천·미추·남녀 등의 차별의 과보는 별보(別報)라고 함.

총본사(總本寺) 총본산(總本山)과 같음.

총본산(總本山) ①한 종파의 본부가 되는 절. ②일제 때 조계사에 설치한, 전국 31본산(本

山)을 총괄하던 최고 기관.

총상(總相) ①모든 것에 두루 통하는 성질. ②전체, 또는 그 모습. ③육상(六相)의 하나. 여러 특성을 포함하고 있는 전체.

총상관(總想觀) 십육관(十六觀)의 하나. 극락정토에 보배로 되어 있는 오백억 개의 누각과 보배로 되어 있는 대지와 나무와 연못을 동시에 생각하는 수행법.

총상염주(總相念住) 삼현(三賢)의 하나. 신체와 느낌이나 감정과 마음과 현상은 모두 변하며, 괴로움이며, 공(空)이며, 불변하는 실체가 없다고 주시하는 수행법.

총상염처(總相念處) 총상염주(總相念住)와 같음.

총섭(摠攝) 조선 때, 큰 사찰이나 실록을 보관한 사찰의 주지를 일컫던 말.

총수(總受) 계(戒)를 총괄적으로 받는 것. 예를 들어 십계(十戒)를 받을 때, 하나하나를 따로 받지 않고 십계 전체를 총괄적으로 받는 것. 이에 반해, 불살생(不殺生)을 받고 나서, 불투도(不偸盜)를 받고, 그 다음 불사음(不邪婬) 등의 차례로 받는 것은 별수(別受)라고 함.

총원(總願) 모든 부처와 보살들의 공통된 서원. 예를 들면 사홍서원(四弘誓願). 여러 부처와 보살들이 세운 각자의 서원은 별원(別願)이라 함.

총지(總持) ⇒ 다라니(陀羅尼)

총지종(摠持宗) 고려 말과 조선 초에 있던, 다라니(陀羅尼)를 중심으로 한 밀교의 한 종파. 조선 태종 때 11종의 종파를 7종으로 축소할 때 남산종(南山宗)과 합쳐져서 총남종(摠南宗)으로 되고, 다시 세종 6년(1424)에 7종을 선교양종(禪敎兩宗)으로 통폐합하는 과정에서 총남종은 선종에 흡수되어 그 이름을 상실함.

촬요(撮要) 요점을 간추림.

최눌(最訥) 1717-1790. 조선의 승려. 전남 고흥 출신. 자(字)는 이식(耳食), 호는 묵암(默庵). 14세에 순천 낙안 징광사(澄光寺)에 출가하고, 18세에 구족계(具足戒)를 받음. 세찰(世察)·체정(體淨)·새봉(璽葑) 등에게 경론(經論)을, 약탄(若坦)에게 선지(禪旨)를 배우고, 세찰의 법을 이어받음. 이후 여러 사찰에서 주로 화엄경(華嚴經)을 강의함. 조계산 보조암(普照庵)에서 입적함.

최말후신(最末後身) 최후신(最後身)과 같음.

최상승(最上乘) 가장 뛰어난 가르침.

최상승론(最上乘論) 1권. 당(唐)의 홍인(弘忍) 지음. 자신이 본래 갖추고 있는 청정한 불성(佛性)을 확인하여 잘 지키는 수심(守心)을 강조한 저술.

최상승선(最上乘禪) 자신의 마음은 본래 청정하여, 그 마음이 바로 부처라는 것을 자각하고 닦는 수행.

최승불정(最勝佛頂) 가장 뛰어난 가르침을 설하는 힘이 있다는 불정(佛頂).

최승승(最勝乘) 가장 뛰어난 가르침.

최승자(最勝子) ⓢjinaputra 생몰년 미상. 십대논사(十大論師)의 하나. 호법(護法, 530-

561)의 제자. 세친(世親)의 유식삼십송(唯識三十頌)에 대한 주석서를 지음. 저서 : 유가사지론석(瑜伽師地論釋).

최외원(最外院) 외금강부원(外金剛部院)과 같음.

최후생(最後生) 최후신(最後身)과 같음.

최후신(最後身) 다시는 미혹한 생존을 되풀이하지 않는 아라한(阿羅漢)이나 보살(菩薩)의 생존.

최후심(最後心) 온갖 번뇌와 분별이 완전히 소멸된 무여열반(無餘涅槃)에 들기 직전의 마음.

최후유(最後有) 최후신(最後身)과 같음.

추(椎) 추침(椎砧)의 준말.

추대(麤大) 추중(麤重)과 같음.

추로자(秋露子) ⓢśāriputra ⇒ 사리불(舍利弗)

추마(芻摩) 참마(讖摩)와 같음.

추복(追福) 죽은 이의 명복을 빎.

추붕(秋鵬) 1651-1706. 조선의 승려. 평남 강동 출신. 호는 설암(雪巖). 10세에 출가하고, 묘향산에서 월저 도안(月渚道安, 1638-1715)에게 10여 년 동안 사사(師事)하여 그의 법을 이어받음. 여러 사찰을 편력하고, 해남 대둔사(大芚寺) 백설당(白雪堂)에서 화엄학을 강의함. 묘향산에서 입적함. 저서 : 선원제전집도서과평(禪源諸詮集都序科評)·설암잡저(雪巖雜著)·설암선사난고(雪巖禪師亂藁).

추삽원(麤澁苑) 추악원(麤惡苑)과 같음.

추선(追善) 죽은 이의 명복을 빌기 위해 독경·공양 등의 의식을 행함.

추악어(麤惡語) 남을 괴롭히는 거칠고 나쁜 말.

추악원(麤惡苑) 제석(帝釋)의 도읍지인 선견성(善見城) 밖의 남쪽에 있다는 정원.

추죄(麤罪) 무거운 죄. 추악한 죄.

추중(麤重) 번뇌, 또는 그것에 속박됨.

추중박(麤重縛) 번뇌에 속박됨.

추중혹(麤重惑) 추중박(麤重縛)과 같음.

추천(追薦) 추선(追善)과 같음.

추침(椎砧) 추(椎)는 팔각형의 나무 방망이, 침(砧)은 팔각형의 나무 기둥으로 높이 약 1m. 중국의 선원(禪院)이나 율원(律院)에서 식사 때나 대중이 시끄러울 때, 추(椎)로써 침(砧)을 쳐서 소리를 냄.

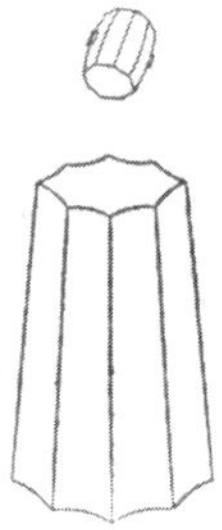
추침

추탈(抽脫) 추해(抽解)와 같음.

추해(抽解) 원래는 가사(袈裟)를 벗는다는 뜻. 좌선하다가 휴식이나 용무를 위해 선방을 나가는 것을 말함.

추혹(麤惑) 추중(麤重)과 같음.

축(竺) 천축(天竺), 곧 인도를 가리킴. 또는 그 사람.

축도생(竺道生) 도생(道生)과 같음.

축법란(竺法蘭) 생몰년 미상. 중인도 출신의 승려로, 후한(後漢) 영평(永平) 10년(67)에 가섭마등(迦葉摩騰)과 함께 낙양(洛陽)에 옴. 명제(明帝)가 낙양에 백마사(白馬寺)를 지어 그들을 머물게 함. 가섭마등과 함께 사십이장경(四十二章經)을 번역함.

축법호(竺法護) 239-316. 서진(西晋)의 승려. 감숙성(甘肅省) 돈황(敦煌) 출신. 8세에 출가하여 축고좌(竺高座)를 스승으로 모시고 불경(佛經)을 학습함. 스승과 함께 서역(西域)을 편력하면서 많은 범본(梵本)을 수집하고 낙양(洛陽)에 와서 광찬경(光讚經)·현겁경(賢劫經)·정법화경(正法華經)·보요경(普曜經)·생경(生經)·미륵하생경(彌勒下生經)·우란분경(盂蘭盆經) 등, 총 145종을 번역함.

축불념(竺佛念) 생몰년 미상. 전진(前秦)·요진(姚秦)의 승려. 감숙성(甘肅省) 양주(涼州) 출신. 어려서 출가하고, 375년경에 장안(長安)에 와서 승가발징(僧伽跋澄)과 담마난제(曇摩難提)의 역경(譯經)을 돕고, 또 스스로 보살영락경(菩薩瓔珞經)·출요경(出曜經)·보살처태경(菩薩處胎經)·중음경(中陰經) 등을 번역함.

축생(畜生) ⓢtiryag-yoni 새·짐승·벌레·물고기 등 온갖 동물.

축생도(畜生道) 육도(六道)의 하나. 괴로움이 많고 즐거움이 적은 온갖 동물들의 세계.

축생유(畜生有) 칠유(七有)의 하나. 유(有)는 존재·생존을 뜻함. 온갖 동물들의 생존.

축생취(畜生趣) 축생도(畜生道)와 같음.

축성법회(祝聖法會) 축수도량(祝壽道場)과 같음.

축수도량(祝壽道場) 고려 때, 왕의 생일을 맞아 만수 무강을 빌던 의식.

축원(祝願) 승려가 부처에게 시주(施主)의 소원이나 복을 빎.

축원(竺源) 지천(智泉)의 호.

축원문(祝願文) 축원하는 내용을 적은 글.

축찰시라(竺刹尸羅) 덕차시라(德叉尸羅)와 같음.

출가(出家) 세속의 집을 떠나 절에서 머리를 깎고 계(戒)를 받은 후 불도(佛道)를 닦음, 또는 그렇게 하는 수행자. 절에 가서 머리를 깎고 승려가 됨.

출가계(出家戒) 출가한 승려가 지켜야 할 십계(十戒)·구족계(具足戒) 등의 계율.

출가아사리(出家阿闍梨) 아사리(阿闍梨)는 ⓢācārya의 음사로, 제자를 가르치고 지도할 수 있는 덕이 높은 승려를 일컬음. 출가하여 승려가 되려는 자에게 십계(十戒)를 주는 승려.

출관(出觀) 지혜로써 대상을 있는 그대로 자세히 주시하는 수행을 마침.

출리(出離) 미혹한 세계에서 벗어남. 번뇌의 속박에서 벗어남.

출리심(出離尋) 심(尋)은 ⓢvitarka의 번역으

로, 구역(舊譯)에서는 각(覺)이라 번역함. 이욕각(離欲覺)과 같음.

출리제(出離諦) 칠제(七諦)의 하나. 팔정도(八正道)는 괴로움의 원인을 소멸시키는 수행법이라는 진리.

출삼장기집(出三藏記集) 15권. 양(梁)의 승우(僧祐) 엮음. 후한(後漢)에서 양(梁)까지 번역된 경(經)·율(律)·논(論)의 이름과 서(序)·후기(後記), 그리고 번역자의 전기를 기록한 책.

출생(出生) 출중생식(出衆生食)의 준말.

출세(出世) ①부처가 중생을 제도하기 위해 이 세상에 나타남. ②출세간(出世間)의 준말.

출세간(出世間) ①세속의 번뇌를 떠나 깨달음의 경지에 이름. 번뇌의 더러움에 물들지 않은 청정한 깨달음의 경지. 번뇌를 소멸시킨 깨달음의 심리 상태. ②깨달음의 결과와 원인인 멸제(滅諦)와 도제(道諦). 사제(四諦)를 명료하게 주시하여 견혹(見惑)을 끊는 견도(見道) 이상의 경지.

출세간단(出世間檀) 단(檀)은 ⓢdāna의 음사. 보시(布施)라고 번역. 어떠한 집착도 없이 청정한 마음으로 행하는 보시.

출세간도(出世間道) 미혹한 세속을 떠나 깨달음의 경지로 나아가는 수행.

출세간법(出世間法) 세속의 번뇌를 떠나 깨달음에 이르게 하는 가르침.

출세간상상선(出世間上上禪) 보살만이 닦는 뛰어난 선정(禪定).

출세간상상장(出世間上上藏) 본디부터 중생의 마음 속에 감추어져 있는 부처가 될 성품, 곧 여래장(如來藏)을 말함.

출세간상상지(出世間上上智) 모든 현상의 참 모습을 관조하여 분별을 떠난 부처와 보살의 지혜.

출세간선(出世間禪) 청정한 깨달음의 지혜를 일으키는 선정(禪定).

출세간어언부(出世間語言部) 설출세부(說出世部)와 같음.

출세간지(出世間智) ①세속의 번뇌를 떠난 깨달음의 지혜. ②모든 현상을 분별하는 성문(聲聞)·연각(緣覺)의 지혜.

출세과(出世果) 세속의 번뇌를 떠난 결과, 곧 열반.

출세도(出世道) 청정한 지혜로써 사제(四諦)를 명료하게 주시하여 깨달음의 경지로 나아가는 수행.

출세사(出世舍) 세속을 떠나 수행하는 집이라는 뜻, 곧 사찰을 말함.

출세심(出世心) 번뇌의 더러움에 물들지 않은 청정한 마음.

출세자(出世者) 세속을 떠난 수행자. 승려.

출세장(出世藏) 출세간상상장(出世間上上藏)의 준말.

출세정(出世定) 번뇌의 더러움이 없는 청정한 선정(禪定).

출신(出身) 모든 속박에서 벗어남. 모든 미혹

의 굴레에서 벗어남.

출애왕(出愛王) ⇒ 우전왕(優塡王)

출요(出曜) ⓢavadāna 경전의 서술 내용에서, 비유로써 가르침을 설한 부분. ⇒ 아파타나(阿波陀那)

출요(出要) 괴로움에서 벗어남. 미혹한 세계에서 벗어남. 번뇌의 속박에서 벗어남.

출요경(出曜經) 30권. 요진(姚秦)의 축불념(竺佛念) 번역. 출요(出曜)는 ⓢavadāna의 번역으로 비유(譬喩)를 뜻함. 법구경(法句經)을 중심으로 하여 여러 경전에서 게송과 비유를 가려 뽑아 주제별로 정리한 경.

출전(出纏) 번뇌의 속박에서 벗어남.

출정(出定) 마음을 고요히 가라앉히고 한곳에 집중하는 선정(禪定)을 마침.

출죄(出罪) 죄를 참회하고 용서받음.

출중생식(出衆生食) 식사하기 전에 아귀(餓鬼)·귀자모신(鬼子母神) 등의 중생에게 베풀기 위해 음식을 조금 떠내는 일.

출진(出塵) 속세의 잡다하고 번거로운 일에서 벗어남. 출가함.

충감(冲鑑) 1274-1338. 고려의 승려. 자(字)는 절조(絕照), 호는 설봉(雪峰). 7세에 선원사(禪源寺)에 출가하여 자오(慈悟)의 제자가 되고, 19세에 승과(僧科)에 합격함. 원(元)에 가서 여러 지역을 편력하다가 철산 경(鐵山瓊)을 만나 함께 귀국하여 3년 동안 그를 스승으로 모심. 용천사(龍泉寺)에 주지로 머물면서 칙수백장청규(勅修百丈清規)를 실행하고, 선원사 주지로 15년 동안 머무름. 1334년부터 성주산 보광사(普光寺)에 머물면서 사찰을 증축하고 입적함. 시호는 원명(圓明).

충담(忠湛) 869-940. 신라 말·고려 초의 승려. 장순(長純)에게 출가하고, 21세에 광주(光州) 영신사(靈神寺)에서 구족계(具足戒)를 받음. 당(唐)에 가서 석상 경제(石霜慶諸, 807-888)의 제자인 운개 지원(雲蓋志元, 생몰년 미상)의 법을 전해 받고 905년경에 귀국함. 김해부지군부사(金海府知軍府事) 소율희(蘇律熙)의 청으로 김해 지방에 머물다가 원주 흥법사(興法寺)에 머무름. 고려 태조로부터 왕사(王師)의 예우를 받고, 흥법사에 비를 세울 때 태조가 친히 그 비문을 지음. 시호는 진공(眞空).

충담상(蟲噉想) 담상(噉相)과 같음.

충식상(蟲食相) 담상(噉相)과 같음.

충지(冲止) 1226-1292. 고려의 승려. 장흥 출신. 처음 법명은 법환(法桓), 뒤에 충지로 바꿈. 자호(自號)는 밀암(宓菴). 19세에 과거에 급제하여 일본에 사신으로 다녀오고, 29세에 강화 선원사(禪源寺)의 천영(天英, 1215-1286)에게 출가함. 여러 지역을 편력하면서 수행하다가 천영이 입적하자 조계산 수선사(修禪社) 제6세 사주(社主)가 됨. 시호는 원감국사(圓鑑國師). 시문에 능하여 동문선(東文選)에 그의 작품이 많이 실려 있음. 저서 : 해동조계제육세원감국사가송(海東曹溪第六世圓鑑國師歌頌).

취(取) ①ⓢupādāna 탐욕에 의한 집착. 번뇌. ②ⓢgrāhya 인식함. 이해함.

취(趣) ⓢgati 나아가 이른 상태·세계.

취결(取結) 구결(九結)의 하나. 결(結)은 번뇌를 뜻함. 그릇된 견해와 계율을 올바른 것으로 간주하여 거기에 집착하는 번뇌.

취두산(鷲頭山) 영취산(靈鷲山)과 같음.

취려(毳侶) 승려를 말함. 승려는 때때로 모직으로 만든 승복을 입으므로 이와 같이 일컬음.

취리교석의(就理敎釋義) 현도석(顯道釋)과 같음.

취미(翠微) 수초(守初)의 호.

취봉산(鷲峰山) 영취산(靈鷲山)과 같음.

취상참회(取相懺悔) 부처나 보살의 모습을 떠올리면서 죄를 뉘우치는 참회.

취여(醉如) 삼우(三愚)의 호.

취연가(就緣假) 사가(四假)의 하나. 가(假)는 임시로 설정함을 뜻함. 일시적으로 중생의 입장에서 가르침을 설함.

취인연석(就因緣釋) 삼론사석(三論四釋)의 하나. 다른 글자와 서로 연관시켜 해석하는 방법. 예를 들면, 중(中)은 편(偏)이고 편(偏)은 중(中)이라는 해석.

취호상석의(就互相釋義) 취인연석의(就因緣釋義)와 같음.

치(癡) ⓢⓟmoha 삼독(三毒)의 하나. 현상을 바로 알지 못하는 어리석음. 무명(無明)과 같음.

치강(癡綱) 어리석음은 모든 번뇌의 근본이라는 뜻.

치광(癡狂) 미친 증세가 나타남. 미친 듯이 날뜀.

치구심(馳求心) 끊임없이 추구하는 마음.

치답(置答) 지주기론(止住記論)과 같음.

치도(緇徒) 먹물 옷을 입은 승려들, 곧 사미(沙彌)·사미니(沙彌尼)·비구(比丘)·비구니(比丘尼)를 통틀어 일컬음.

치독(癡毒) 삼독(三毒)의 하나. 현상을 바로 알지 못하는 어리석음. 무지. 미혹.

치림(緇林) 먹물 옷을 입은 승려들의 집단을 뜻함.

치망(癡網) 어리석음의 번뇌가 중생을 얽매는 것을 그물에 비유한 말.

치목(齒木) 치아를 닦는 데 쓰는 나무 조각이나 버들가지.

치문(緇門) ①먹물 옷을 입은 승려들, 또는 그들의 세계. ②치문경훈(緇門警訓)의 준말. ③정선현토치문(精選懸吐緇門)의 준말.

치문경훈(緇門警訓) 10권. 원(元)의 지현(智賢) 지음. 명(明)의 여근(如巹)이 속집(續集) 1권 증보. 먹물 옷을 입은 승려들에게 경책과 교훈이 될 만한 글들을 모은 책.

치문경훈주(緇門警訓註) 3권. 조선의 성총(性聰) 지음. 치문경훈(緇門警訓)에 대한 기존의 주석에 덧붙여 다시 상세하게 주석한 책.

치박(痴縛) 삼박(三縛)의 하나. 어리석음은

중생의 마음을 속박한다는 뜻.

치복(癡福) 뜻밖에 얻은 행운.

치선(癡禪) 그냥 앉아 있기만 하는 멍청한 좌선.

치성(熾盛) 불길같이 몹시 성함. 불길같이 맹렬함.

치소(緇素) 승복(僧服)과 속복(俗服), 또는 승려와 속인.

치수(癡水) 어리석음의 번뇌를 혼탁한 물에 비유한 말.

치암(癡闇) 어리석음은 진리에 어두운 번뇌이므로 이와 같이 말함.

치애(癡愛) 어리석음과 애욕.

치의(緇衣) 먹물 옷, 곧 승복(僧服)을 말함.

치정(癡定) 지혜가 없는 선정(禪定).

치제상(齒齊相) 삼십이상(三十二相)의 하나. 치아가 가지런함.

치지주(治地住) 십주(十住)의 하나. 공(空)을 주시하면서 마음의 바탕을 청정하게 다스리는 단계.

치취(癡取) 취(取)는 번뇌를 뜻함. 어리석음의 번뇌.

치혹(癡惑) 어리석어 진리에 미혹함.

치후(癡猴) 물속의 달을 잡으려는 어리석은 원숭이. 헛된 것에 집착하는 범부를 비유함.

칙(則) 깨달음을 구하기 위해 참선하는 수행자에게 본보기가 되는 부처나 조사의 파격적인 문답 또는 언행(言行). 큰 의심을 일으키게 하는 부처나 조사의 역설적인 말이나 문답.

칙수백장청규(勅修百丈清規) 8권. 1335년에 원(元) 순제(順帝)의 칙명으로 덕휘(德煇)가 여러 청규(清規)를 참조하여 소실된 백장 회해(百丈懷海, 749-814)의 청규를 복원한 책. 축리(祝釐)·보은(報恩)·보본(報本)·존조(尊祖)·주지(住持)·양서(兩序)·대중(大衆)·절랍(節臘)·법기(法器)의 9장(章)으로 나누어 선원(禪院)의 운영과 규칙을 상세히 서술함.

친(櫬) 달친나(達櫬拏)의 준말. 남에게 재물을 베풂, 또는 그 재물.

친교사(親教師) ⓢupādhyāya. 가르침을 베풀거나 계(戒)를 주는 스승.

친근처(親近處) ⓢgocara 교제의 범위.

친소연(親所緣) 인식 주관에 떠오르는 대상의 모습이나 특징, 곧 영상(影像). 이에 반해, 그 영상의 근원이 되는 사물 그 자체는 소소연(疎所緣)이라 함.

친승(親勝) ⓢbandhuśrī 4세기-5세기. 십대논사(十大論師)의 하나. 세친(世親)의 유식삼십송(唯識三十頌)에 대한 주석서를 지음.

친시(嚫施·䞋施) 친(嚫)은 달친(達嚫)의 준말. 남에게 재물을 베풂, 또는 그 재물.

친신의(櫬身衣) 속옷.

칠가행(七加行) 칠현(七賢)과 같음.

칠각(七覺) 칠각지(七覺支)의 준말.

칠각분(七覺分) 칠각지(七覺支)와 같음.

칠각의(七覺意) 칠각지(七覺支)와 같음.

칠각지(七覺支) ⓢsapta-bodhy-aṅga ⓟsatta bojjhaṅgā 깨달음에 이르는 일곱 가지 갈래. (1)염각지(念覺支). 가르침을 명심하여 마음 챙김. (2)택법각지(擇法覺支). 지혜로써 바른 가르침만을 선택하고 그릇된 가르침은 버림. (3)정진각지(精進覺支). 바른 가르침을 사유하면서 수행함. (4)희각지(喜覺支). 정진하는 수행자에게 평온한 기쁨이 생김. (5)경안각지(輕安覺支). 평온한 기쁨이 생긴 수행자의 몸과 마음이 경쾌해짐. (6)정각지(定覺支). 몸이 경쾌한 수행자가 정신을 집중·통일시킴. (7)사각지(捨覺支). 집중·통일된 마음을 평등하게 잘 응시함.

칠견(七見) 일곱 가지 그릇된 견해. (1)사견(邪見). 인과(因果)의 이치를 부정하는 견해. (2)아견(我見). 나에 변하지 않는 고유한 실체가 있다는 견해. 자아(自我)에 변하지 않고 항상 독자적으로 존속하는 실체가 있다는 견해. (3)상견(常見). 세간(世間)과 자아(自我)는 사후(死後)에도 없어지지 않는다는 견해. (4)단견(斷見). 세간과 자아는 사후에 없어진다는 견해. (5)계도견(戒盜見). 그릇된 계율이나 금지 조항을 바른 것으로 간주하는 견해. (6)과도견(果盜見). 그릇된 행위로 얻은 결과를 바른 것으로 간주하는 견해. (7)의견(疑見). 부처의 가르침을 의심하는 견해.

칠구지불모(七俱胝佛母) 구지(俱胝)는 ⓢkoṭi의 음사로, 천만(千萬)을 뜻함. 과거에 한량없는 부처들이 설한 다라니(陀羅尼)를 설하여 중생을 깨달음에 이르게 한다는 준제관음(准提觀音)을 일컬음.

칠금산(七金山) 금(金)·은(銀)·폐류리(吠琉璃)·파지가(頗胝迦)의 네 보석으로 된 수미산(須彌山)과 쇠로 된 철위산(鐵圍山)의 중간에 있는, 금(金)으로 된 일곱 개의 산. ⇒ 수미산(須彌山)

칠당가람(七堂伽藍) 전각(殿閣)·강당(講堂)·승당(僧堂)·주고(廚庫)·욕실(浴室)·동사(東司)·산문(山門)을 갖추고 있는 사찰.

칠대(七大) 모든 현상을 구성하고 있는 일곱 가지 요소. (1)지대(地大). 견고한 성질. (2)수대(水大). 축축한 성질. (3)화대(火大). 따뜻한 성질. (4)풍대(風大). 움직이는 성질. (5)공대(空大). 공간. 허공. (6)식대(識大). 분별하는 마음 작용. 분별 작용. 인식 작용. (7)근대(根大). 감각하거나 의식하는 기관·기능.

칠덕재(七德財) 칠재(七財)와 같음.

칠등각지(七等覺支) 칠각지(七覺支)와 같음.

칠만(七慢) 일곱 가지 교만. (1)만(慢). 자신보다 못한 자에 대하여 우월감을 가짐. (2)과만(過慢). 자신과 동등한 자에 대해서는 우월감을 가지고, 자신보다 뛰어난 자에 대해서는 자신과 동등하다고 생각함. (3)만과만(慢過慢). 자신보다 뛰어난 자에 대해 오히려 우월감을 가짐. (4)아만(我慢). 오온(五蘊)의 일시적 화합에 지나지 않는 신체에 불변하는 자아가 있다는 그릇된 견해에서 일어나는 교만. (5)증상만(增上慢). 아직 깨닫지 못하였는데도 이미 깨달았다고 생각하는 교만. (6)비만(卑慢). 자신보다 아주 우월한 자에 대하여 자신은 조금 열등할 뿐이라고 생각하는 교만. (7)사만(邪慢). 덕(德)이 없는데도 스스로 덕이 있다고 생각하는 교만.

칠멸쟁(七滅諍) 승단에서 발생하는 논쟁을 해결하기 위한 일곱 가지 규정 또는 방법. (1)

현전비니(現前毘尼). 비니(毘尼)는 ⓢⓟvinaya의 음사로, 율(律)을 뜻함. 수행자의 어떤 언행에 대해 무죄인지 유죄인지를 논쟁하고 있는 경우, 그 수행자를 직접 불러 심문한 후 그것을 결정하는 규정. (2)억념비니(憶念毘尼). 수행자의 어떤 언행에 대해 무죄인지 유죄인지를 논쟁하고 있는 경우, 그 수행자에게 그 언행을 기억하는지를 묻고, 만약 기억하지 못하면 거론하지 않는 규정. (3)불치비니(不癡毘尼). 죄를 저질렀으나 죄인의 정신에 이상이 있는 경우, 벌하지 않는 규정. (4)자언치(自言治). 자백에 의거하여 승단에서 죄를 다스림. (5)멱죄상(覓罪相). 죄인이 진술을 횡설수설하는 경우, 죄를 자백할 때까지 그를 격리시켜 논쟁의 여지를 없게 함. (6)다인멱죄상(多人覓罪相). 죄에 대한 논쟁이 지속될 경우, 덕이 높은 수행자를 초빙하여 다수결로 시비를 가림. (7)여초부지(如草覆地). 풀이 땅을 덮듯, 논쟁자가 서로 잘못을 깨닫고 논쟁을 덮어 둠.

칠방편(七方便) 칠현(七賢)과 같음.

칠범취(七犯聚) 칠취(七聚)와 같음.

칠보(七寶) 일곱 가지 보석. ①(1)금(金). ⓢsuvarṇa (2)은(銀). ⓢrūpya (3)유리(琉璃). ⓢvaiḍūrya의 음사. 검푸른 빛이 나는 보석. (4)파리(頗梨). ⓢsphaṭika의 음사. 수정(水晶). (5)차거(車渠). ⓢmusāra-galva 백산호(白珊瑚) 또는 대합(大蛤). (6)적진주(赤眞珠). ⓢlohitamuktikā 붉은 빛이 나는 진주. (7)마노(碼瑙). ⓢaśma-garbha 짙은 녹색 빛이 나는 보석. 그러나 경론(經論)에 따라 차이가 있음. ②전륜성왕(轉輪聖王)이 소유하고 있다는 일곱 가지 보물. 윤보(輪寶)·상보(象寶)·마보(馬寶)·주보(珠寶)·여보(女寶)·거사보(居士寶)·주병신보(主兵臣寶).

칠보리분(七菩提分) 칠각지(七覺支)와 같음.

칠불(七佛) 과거칠불(過去七佛)과 같음.

칠불암(七佛庵) 경남 하동군 화개면 지리산 벽소령 남서쪽 기슭에 있는 절. 쌍계사(雙磎寺)의 말사. 신라 효공왕(897-912) 때 창건하고, 1568년에 부휴 선수(浮休善修)가 다시 짓고, 1830년에 중축하고, 1910년에 보수함. 1948년 여순사건 때 불타고, 1982년에 춘성(春成)이 선원(禪院) 아자방(亞字房)을 복원함.

칠불통계게(七佛通戒偈) 과거칠불(過去七佛)이 공통으로 계율의 근본으로 삼은 게송. '諸惡莫作 諸善奉行 自淨其意 是諸佛敎'(모든 악을 저지르지 말고 모든 선을 행하여 스스로 그 마음을 깨끗이 하라. 이것이 모든 부처의 가르침이다.)

칠사단멸종(七事斷滅宗) 인(人)·천(天)·색계(色界)·사무색계(四無色界)의 과보는 죽으면 소멸한다는 견해. 단견론(斷見論)과 같음.

칠선사취(七善士趣) 취(趣)는 행한다는 뜻. 좋은 일만을 행하는 불환과(不還果)의 성자를 일곱 가지로 나눈 것. (1)속반(速般). 욕계에서 색계에 이르는 도중에 곧바로 완전한 열반을 이루는 성자. (2)비속반(非速般). 욕계에서 색계에 이르는 도중에 얼마간의 시간이 지나 완전한 열반을 이루는 성자. (3)경구반(經久般). 욕계에서 색계에 이르는 도중에 오랜 시간이 지나 완전한 열반을 이루는 성자. (4)생반(生般). 색계에서 곧바로 완전한 열반을 이루는 성자. (5)유행반(有行般). 색계에서 오랫동안 수행하여 완전한 열반을 이루는 성자. (6)무행반(無行般). 색계에서 수행하지 않아도 오랜 시간이 지나면 저절로 완전한 열반을 이루는 성자. (7)상류반(上流般). 색계의 맨 밑에 있는 범중천(梵衆天)에서 색계의 맨 위에 있는 색구경천(色究竟天)이나 무색계의 맨 위에 있는 유정천(有頂天)에 이르러 완전한 열반을 이루는 성자.

칠성(七聖) 견도(見道)·수도(修道)·무학도(無學道)의 성자를 일곱 가지로 나눈 것. (1)수신행(隨信行). 남에게 부처의 가르침을 듣고 믿어, 그것에 따라 수행하여 견도에 이른 성자. (2)수법행(隨法行). 스스로 부처의 가르침에 따라 수행하여 견도에 이른 성자. (3)신해(信解). 남에게 부처의 가르침을 듣고 믿어, 그것에 따라 수행하여 수도에 이른 성자. (4)견지(見至). 스스로 부처의 가르침에 따라 수행하여 수도에 이른 성자. (5)신증(身證). 마음 작용을 소멸시켜 몸으로 고요한 즐거움을 체득하여 수도에 이른 성자. (6)혜해탈(慧解脫). 지혜로써 무지를 소멸시켜 그 속박에서 벗어난 무학도의 성자. (7)구해탈(俱解脫). 지혜로써 무지를 소멸시키고, 또 선정(禪定)으로 탐욕을 소멸시켜 모든 번뇌의 속박에서 벗어난 무학도의 성자.

칠성각(七星閣) 수명을 연장시켜 준다는 칠성신(七星神)을 모신 사찰의 건물.

칠성재(七聖財) 칠재(七財)와 같음.

칠수면(七隨眠) 욕탐(欲貪)·유탐(有貪)·진(瞋)·치(癡)·만(慢)·의(疑)·악견(惡見)의 일곱 가지 근본 번뇌. 이 가운데 욕탐은 욕계의 탐욕을, 유탐은 색계·무색계의 탐욕을 뜻함.

칠식(七識) 팔식(八識) 가운데 아뢰야식(阿賴耶識)을 제외한 안식(眼識)·이식(耳識)·비식(鼻識)·설식(舌識)·신식(身識)·의식(意識)·말나식(末那識)을 말함.

칠식주(七識住) 인식 작용이 애착하여 머무는 일곱 영역. 제1식주는 욕계(欲界), 제2식주는 색계(色界)의 초선천(初禪天), 제3식주는 색계의 제2선천(第二禪天), 제4식주는 색계의 제3선천(第三禪天), 제5식주는 무색계(無色界)의 공무변처천(空無邊處天), 제6식주는 무색계의 식무변처천(識無邊處天), 제7식주는 무색계의 무소유처천(無所有處天).

칠식처(七識處) 칠식주(七識住)와 같음.

칠십오법(七十五法) 구사종(俱舍宗)에서, 모든 현상을 이른 다섯 가지로 분류한 것. ⇒ 다음 쪽 도표

칠야법(七夜法) 안거(安居) 기간 중 특별한 사정이 있을 때, 7일에 한하여 외출을 허용하는 규정.

칠여(七如) 칠진여(七眞如)와 같음.

칠역죄(七逆罪) 칠차죄(七遮罪)와 같음.

칠엽굴(七葉窟) 왕사성(王舍城) 부근 비파라산(毘婆羅山)에 있는 석굴(石窟). 이곳에 500여 명의 비구들이 모여 경(經)과 율(律)을 합송함으로써 제1차 결집(結集)이 행해짐. 이 굴 앞에 칠엽수(七葉樹)가 있었으므로 칠엽굴이라 함.

칠엽수(七葉樹) 인도 북부의 건조 지역에서 자라는 상록 교목. 한 잎자루에 일곱 개의 잎이 붙어 있고 열매는 콩과 비슷함.

칠유(七有) 유(有)는 존재·생존을 뜻함. 모든 중생의 생존 상태를 일곱 가지로 나눈 것. (1)지옥유(地獄有). 뜨거운 불길이나 혹독한 추위로 형벌을 받는 생존. (2)축생유(畜生有). 온갖 동물들의 생존. (3)아귀유(餓鬼有). 늘 굶주림과 목마름으로 괴로움을 겪는 생존. (4)인유(人有). 인간들의 생존. (5)천유(天有).

- 색법(色法)(11) : 안근(眼根)·이근(耳根)·비근(鼻根)·설근(舌根)·신근(身根)·색경(色境)·성경(聲境)·향경(香境)·미경(味境)·촉경(觸境)·무표색(無表色)
- 심법(心法)(1)
- 심소유법(心所有法)(46)
  - 대지법(大地法)(10) : 수(受)·상(想)·사(思)·촉(觸)·욕(欲)·혜(慧)·염(念)·작의(作意)·승해(勝解)·삼마지(三摩地)
  - 대선지법(大善地法)(10) : 신(信)·불방일(不放逸)·경안(輕安)·사(捨)·참(慚)·괴(愧)·무탐(無貪)·무진(無瞋)·불해(不害)·근(勤)
  - 대번뇌지법(大煩惱地法)(6) : 무명(無明)·방일(放逸)·해태(懈怠)·불신(不信)·혼침(惛沈)·도거(掉擧)
  - 대불선지법(大不善地法)(2) : 무참(無慚)·무괴(無愧)
  - 소번뇌지법(小煩惱地法)(10) : 분(忿)·부(覆)·간(慳)·질(嫉)·뇌(惱)·해(害)·한(恨)·첨(諂)·광(誑)·교(憍)
  - 부정지법(不定地法)(8) : 심(尋)·사(伺)·수면(睡眠)·악작(惡作)·탐(貪)·진(瞋)·만(慢)·의(疑)
- 심불상응행법(心不相應行法)(14) : 득(得)·비득(非得)·중동분(衆同分)·무상(無想)·무상정(無想定)·멸진정(滅盡定)·명근(命根)·생(生)·주(住)·이(異)·멸(滅)·명신(名身)·구신(句身)·문신(文身)
- 무위법(無爲法)(3) : 허공(虛空)·택멸(擇滅)·비택멸(非擇滅)

칠십오법(七十五法)

(神)들의 생존. (6)업유(業有). 선악의 행위는 미래의 생존을 결정짓는 원인이 되므로 이와 같이 말함. (7)중유(中有). 죽어서 다음의 어떤 생을 받을 때까지의 생존.

칠인명(七因明) 논리학으로 행하는 논쟁에 갖추어야 할 일곱 가지 조건. (1)논체성(論體性). 논쟁의 본체인 언어. (2)논처소(論處所). 논쟁하기에 적합한 장소. (3)논소의(論所依). 논쟁의 기반이 되는 근거. (4)논장엄(論莊嚴). 논쟁이 질서 정연하고 원만함. (5)논타부(論墮負). 논쟁에서의 패배. (6)논출리(論出離). 논쟁하기 전에 그 득실(得失)과 상대편과 자신을 잘 관찰하여 논쟁을 할 것인가 안 할 것인가를 결정함. (7)논다소작법(論多所作法). 논쟁을 잘 할 수 있는 여러 가지 자격.

칠일약(七日藥) 약(藥)은 음식을 뜻함. 사약(四藥)의 하나. 병든 수행자에게 7일에 한하여 먹도록 허락한 음식으로, 우유·버터·꿀 따위.

칠장사(七長寺) 경기 안성시 죽산면 칠현산 북쪽 기슭에 있는 절. 용주사(龍珠寺)의 말사. 신라 때 창건하고, 고려의 혜소 정현(慧炤鼎賢, 972-1054)이 머물면서 보수·증축함. 1383년(우왕 9)에 충주 개천사(開天寺)에 있던 사적(史籍)을 이 절로 옮기고, 1623년(인조 1)에 인목대비(仁穆大妃)의 원찰(願刹)로 지정됨. 이후 여러 차례 보수함. 문화재 : 혜소국사비(慧炤國師碑)·안성봉업사석불입상(安城奉業寺石佛立像) 등.

칠재(七財) 불도(佛道)를 이루는 데 필요한 신(信)·계(戒)·참(慚)·괴(愧)·문(聞)·시(施)·혜(慧)의 일곱 가지를 재물에 비유한 말.

칠전식(七轉識) 팔식(八識) 가운데 아뢰야식(阿賴耶識)을 제외한 안식(眼識)·이식(耳識)·비식(鼻識)·설식(舌識)·신식(身識)·의식(意識)·말나식(末那識)을 말함. 이 칠식은 아뢰야식에서 발생하여 작용한다는 뜻.

칠정(七情) 중생의 일곱 가지 감정, 곧 기쁨[喜]·노여움[怒]·근심[憂]·두려움[懼]·사랑[愛]·미움[憎]·욕망[欲].

칠제(七諦) 일곱 가지 진리. (1)애미제(愛味諦). 번뇌에 물든 마음은 애욕을 일으켜 괴로움의 원인이 된다는 진리. (2)과환제(過患諦). 번뇌에 물든 마음은 괴로움이라는 진리. (3)

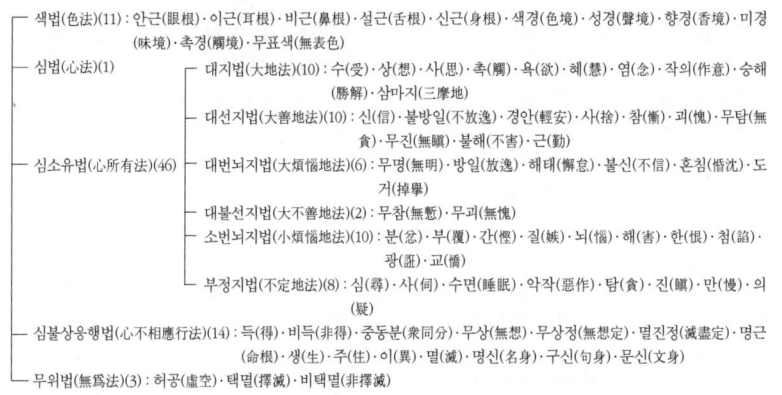

출리제(出離諦). 팔정도(八正道)는 괴로움의 원인을 소멸시키는 수행법이라는 진리. (4)법성제(法性諦). 분별하는 인식 주관의 작용이 끊어져 그 주관에 차별 현상이 없는 이무아(二無我)에 이르면 괴로움이 소멸된다는 진리. (5)승해제(勝解諦). 공(空)을 명료하게 이해하여 확신하는 마음 작용은 괴로움의 소멸에 이르는 길이라는 진리. (6)성제(聖諦). 번뇌에 물든 마음이 소멸되면 괴로움이 소멸되어 열반에 이른다는 진리. (7)비성제(非聖諦). 번뇌에 물든 마음은 괴로움이고, 괴로움의 원인은 애욕을 일으키는 번뇌에 물든 마음이라는 진리.

칠조가사(七條袈裟) 칠조의(七條衣)와 같음.

칠조의(七條衣) 직사각형의 베 조각들을 세로로 나란히 꿰맨 것을 1조(條)로 하여, 7조를 가로로 나란히 꿰맨 옷. 곧, 울다라승(鬱多羅僧).

칠종(七宗) ①⇒ 오가칠종(五家七宗) ②고려 말과 조선 초에 있던 일곱 종파. 곧 조계종(曹溪宗)·천태종(天台宗)·화엄종(華嚴宗)·자은종(慈恩宗)·중신종(中神宗)·총남종(摠南宗)·시흥종(始興宗).

칠종불환(七種不還) 불환과(不還果)의 성자를 완전한 열반에 이르는 과정에 따라 일곱 가지로 나눈 것. (1)중반(中般). 욕계에서 색계에 이르는 도중에 완전한 열반을 이루는 성자. (2)생반(生般). 색계에서 곧 완전한 열반을 이루는 성자. (3)유행반(有行般). 색계에서 오랫동안 수행하여 완전한 열반을 이루는 성자. (4)무행반(無行般). 색계에서 수행하지 않아도 오랜 시간이 지나면 저절로 완전한 열반을 이루는 성자. (5)상류반(上流般). 색계의 맨 밑에 있는 범중천(梵衆天)에서 색계의 맨 위에 있는 색구경천(色究竟天)이나 무색계의 맨 위에 있는 유정천(有頂天)에 이르러 완전한 열반을 이루는 성자. (6)현반(現般). 욕계에서 바로 완전한 열반을 이루는 성자. (7)무색반(無色般). 욕계에서 무색계에 이르러 완전한 열반을 이루는 성자.

칠중(七衆) 불교 교단을 구성하는 일곱 부류의 사람. (1)비구(比丘). ⓢbhikṣu ⓟbhikkhu의 음사. 걸사(乞士)라고 번역. 출가하여 구족계(具足戒)를 받은 남자 승려. (2)비구니(比丘尼). ⓢbhikṣuṇī ⓟbhikkhunī의 음사. 걸녀(乞女)라고 번역. 출가하여 구족계를 받은 여자 승려. (3)사미(沙彌). ⓢśrāmaṇera ⓟsāmaṇera의 음사. 근책(勤策)이라 번역. 출가하여 십계(十戒)를 받고, 구족계를 받기 전의 남자 승려. (4)사미니(沙彌尼). ⓢśrāmaṇerī ⓟsāmaṇerī의 음사. 근책녀(勤策女)라고 번역. 출가하여 십계(十戒)를 받고, 구족계를 받기 전의 여자 승려. (5)식차마나(式叉摩那). ⓢśikṣamāṇā ⓟsikkhamānā의 음사. 정학녀(正學女)·학법녀(學法女)라고 번역. 비구니가 되기 위한 구족계를 받기 전에 2년 동안 육법(六法)을 지키며 수행하는 여자 출가자. (6)우바새(優婆塞). ⓢⓟupāsaka의 음사. 근사남(近事男)·청신사(淸信士)라고 번역. 출가하지 않고 재가(在家)에서 부처의 가르침에 따르는 남자. (7)우바이(優婆夷). ⓢⓟupāsikā의 음사. 근사녀(近事女)·청신녀(淸信女)라고 번역. 출가하지 않고 재가(在家)에서 부처의 가르침에 따르는 여자.

칠지쟁(七止諍) 칠멸쟁(七滅諍)과 같음.

칠진여(七眞如) 일곱 가지 궁극적인 진리. (1)유전진여(流轉眞如). 모든 현상은 시작도 없고 끝도 없다는 진리. (2)실상진여(實相眞如). 분별하는 인식 주관의 작용이 끊어져 그 주관에 차별 현상이 없는 이무아(二無我)의 진리. (3)유식진여(唯識眞如). 모든 차별 현상은 오직 인식하는 마음 작용에 지나지 않는다는 진리. (4)안립진여(安立眞如). 고제(苦諦), 곧 괴로움이라는 진리. (5)사행진여(邪行眞如). 집제(集諦), 곧 괴로움이 일어나는 원인은 몹시 탐내어 집착하는 갈애(渴愛)라는 진리. (6)청정진여(淸淨眞如). 멸제(滅諦), 곧 갈애를 남김없이 소멸하면 괴로움이 소멸되어 열반에 이른다는 진리. (7)정행진여(正行眞如). 도제(道諦), 곧 팔정도(八正道)는 갈애를 소멸시키는 수행법이라는 진리.

칠차죄(七遮罪) 일곱 가지 지극히 무거운 죄. (1)부처의 몸에 피를 나게 함. (2)아버지를 죽임. (3)어머니를 죽임. (4)화상(和上)을 죽임. (5)아사리(阿闍梨)를 죽임. (6)교단의 화합을 깨뜨림. (7)성인(聖人)을 죽임. 이 가운데 하나라도 저지르면 계(戒)를 받지 못하므로 차(遮)라고 함.

칠처륭만상(七處隆滿相) 삼십이상(三十二相)의 하나. 두 발바닥과 두 손바닥, 두 어깨와 정수리가 두텁고 풍만함.

칠취(七聚) 구족계(具足戒)를 어긴 죄를 무겁고 가벼움에 따라 일곱 종류로 나눈 것. (1)바라이(波羅夷). ⓢⓟpārājika의 음사. 타불여(墮不如)·타승(他勝)·무여(無餘)라고 번역. 승단에서 추방되어 비구·비구니의 자격이 상실되는 가장 무거운 죄. (2)승잔(僧殘). ⓢsaṃghāvaśeṣa ⓟsaṃghādisesa 비구·비구니의 자격이 일시적으로 상실되지만 정해진 벌칙을 받고 참회하면 그 자격이 회복되는 죄. (3)투란차(偸蘭遮). ⓢsthūlātyaya ⓟthullaccaya의 음사. 중죄(重罪)·대죄(大罪)·추악죄(麤惡罪)라고 번역. 바라이(波羅夷)나 승잔(僧殘)을 범하려다가 미수에 그친 무거운 죄. (4)바일제(波逸提). ⓢpāyattika ⓟpācittiya의 음사. 타(墮)라고 번역. 가사나 발우 등의 물건을 규정 이상으로 소유하거나, 사소한 거짓말이나 욕설 등을 한 가벼운 죄. 이 죄를 저지른 비구·비구니는 비구들에게 참회하면 죄가 소멸되지만 참회하지 않으면 죽어서 지옥에 떨어진다고 함. (5)바라제제사니(波羅提提舍尼). ⓢpratideśanīya ⓟpāṭidesanīya의 음사. 향피회(向彼悔)라고 번역. 걸식 때와 식사 때의 규칙을 어긴 가벼운 죄로, 청정한 비구에게 참회하면 죄가 소멸됨. (6)돌길라(突吉羅). ⓢduṣkṛta ⓟdukkaṭa의 음사. 악작(惡作)이라 번역. 행위로 저지른 가벼운 죄. 고의로 이 죄를 저질렀을 때는 한 명의 비구 앞에서 참회하고, 고의가 아닐 때는 마음 속으로 참회하면 죄가 소멸됨. (7)악설(惡說). 말로 저지른 가벼운 죄.

칠칠재(七七齋) 사십구재(四十九齋)와 같음.

칠통(漆桶) 옻칠을 하여 암갈색의 윤이 나는 통. 흔히 무명(無明), 또는 불법(佛法)에 무지한 승려를 비유함.

칠현(七賢) 견도(見道)에 이르기 이전에 닦는 일곱 가지 수행 단계. (1)오정심관(五停心觀). 탐욕을 버리기 위해 깨끗하지 못한 육신을 주시하는 부정관(不淨觀), 노여움을 가라앉히기 위해 모든 중생에게 자비심을 일으키는 자비관(慈悲觀), 어리석음을 없애기 위해 모든 현상은 인연으로 생긴다는 이치를 주시하는 인연관(因緣觀), 나에 불변하는 실체가 있다는 그릇된 견해를 버리기 위해 오온(五蘊)·십팔계(十八界) 등을 주시하는 계분별관(界分別觀), 산란한 마음을 집중시키기 위해 들숨과 날숨을 헤아리는 수식관(數息觀). (2)별상염주(別相念住). 신체는 깨끗하지 못하며, 느낌이나 감정은 괴로움이며, 마음은 항상 변하며, 모든 현상에는 불변하는 실체가 없다고 주시함. (3)총상염주(總相念住). 신체와 느낌이나 감정과 마음과 현상은 모두 변하며, 괴로움이며, 공(空)이며, 불변하는 실체가 없다고 주시함. (4)난법(煖法). 성자의 경지인 견도(見道)를 불에 비유하여, 따뜻함으로 그 경지에 가까운 단계라는 뜻. 범부의 지혜로써 사제(四諦)를 분석적으로 관찰하는 단계. (5)정법(頂法). 범부의 지혜로써 사제를 분석적으로 관찰하는 최상의 단계. (6)인법(忍法). 범부의 지혜로써 사제의 이치를 확실하게 이해하고 인정하는 단계. (7)세제일법(世第一法). 가장 뛰어난 범부의 지혜에 이른 단계로, 이 다음 단계가 성자의 경지인 견도(見道)임.

침수향(沈水香) 침향(沈香)과 같음.

침향(沈香) ⓢagaru 침향나무에서 분비되는 검은색의 진으로 만든 향. 이 나무는 인도에서 자라는 상록 교목으로 재질이 단단함.

칭념(稱念) 부처의 이름을 부르면서 그를 생각함.

칭명염불(稱名念佛) 부처의 이름을 부르면서 그의 공덕이나 모습을 생각함.

칭명정행(稱名正行) 오종정행(五種正行)의 하나. 극락 정토에 태어나기 위해 지극한 마음으로 아미타불의 이름을 부름.

칭법행(稱法行) 사행(四行)의 하나. 칭(稱)은 적합하다는 뜻. 자신의 성품은 본래 청정하다는 공(空)의 입장에서, 공(空)의 실천에 적합한 육바라밀(六波羅蜜)을 닦음.

칭찬간(稱讚慳) 오간(五慳)의 하나. 자신만을 칭찬하고 다른 이를 칭찬하지 못하게 함.

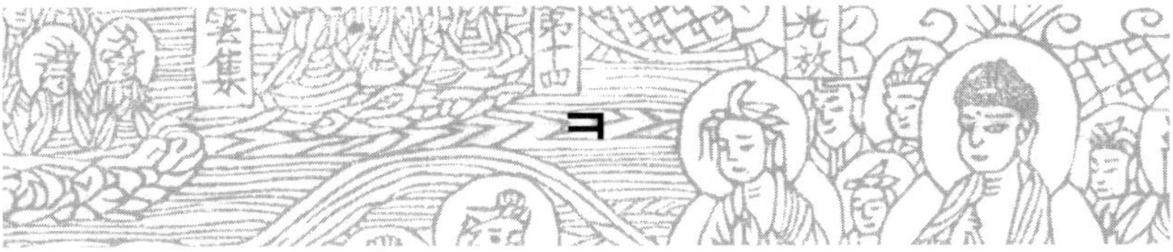

ㅋ

카니슈카왕(kaniṣka王) 가니색가왕(迦膩色迦王)과 같음.

카시국(kāśi國) 가시국(迦尸國)과 같음.

카필라(kapila) 고대 인도의 석가족(釋迦族)이 세운 국가, 또는 그 도읍지 둘레에 둘린 성곽(城郭). 기원전 6세기에 코살라국에게 멸망됨. 위치는 지금 네팔의 타라이(Tarai) 지방.

코살라국(kosala國) 교살라국(憍薩羅國)과 같음.

코삼비(kosambī) 구섬미(拘睒彌)와 같음.

쿠시나가라(kuśinagara) 지금의 네팔 남쪽에 인접해 있던 말라국(malla國)의 도읍지로, 붓다가 입멸한 곳.

쿳다카니카야(khuddaka-nikāya) ⇒ 아함경(阿含經)

크샤트리야(kṣatriya) ⇒ 찰제리(刹帝利)

큰스님 수행 기간이 길고 덕이 높은 승려에 대한 존칭.

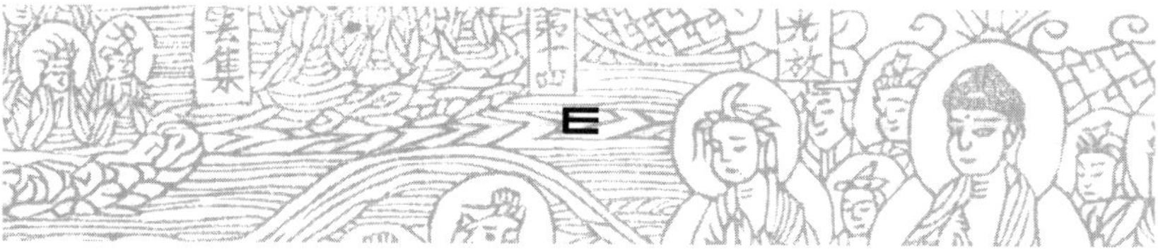

타나(陀那) ⓢdāna의 음사. 보시(布施)라고 번역. 남에게 재물이나 가르침 등을 베풂.

타나가타(陀那伽他) ⓢdāna-gāthā의 음사. 음식물이나 재물을 받은 승려가 그에 보답하는 뜻으로 시주(施主)에게 설하는 계송.

타나갈책가국(馱那羯磔迦國) ⓢdhana-kaṭaka의 음사. 인도의 동고츠(東Ghats) 산맥 남쪽 해안 지역에 있던 고대 국가.

타나라(陀那羅) ⓢdīnāra의 음사. 금화(金貨).

타나발저(陀那鉢底) ⓢdāna-pati의 음사. 남에게 재물을 베푸는 사람. 절이나 승려에게 재물을 바치는 사람. 시주(施主).

타남(馱南) 타연나(馱衍那)와 같음.

타도(馱都) ⓢdhātu의 음사. 계(界)라고 번역. ①요소. 구성 요소. ②부류. 무리. 집단. 동아리. 계층. 세계. ③경지. ④고유한 본성. ⑤사리(舍利). 유골.

타라타국(陀羅陀國) 타력국(陀歷國)과 같음.

타라표(陀羅驃) ⓢdravya의 음사. 실체.

타력(他力) 자신의 힘이 아닌 부처나 보살 등의 가피(加被)에 의지하여 극락 왕생을 원하거나 깨달음을 구함.

타력국(陀歷國) ⓢdarada의 음사. 북인도, 지금의 스리나가르(Srinagar) 북부 지역에 있던 고대 국가.

타부(墮負) 논쟁에서의 패배.

타비량(他比量) ①남에게 바른 인식을 얻게 하기 위해 말로 표현한 추리. ②자신은 인정하지 않고 타인만 인정하는 이유·근거로써 성립된 추리.

타사(馱娑) ⓢdāsa의 음사. 심부름꾼. 종. 노비.

타성(他性) 의타기성(依他起性)과 같음.

타성상(他性相) 의타기성(依他起性)과 같음.

타세(他世) 죽은 뒤에 다시 태어날 세상. 다음 세상. 내세(來世).

타수용(他受用) 깨달음의 경지를 중생들에게 설하여 그들을 즐겁게 함.

타수용신(他受用身) 깨달음의 경지를 중생들에게 설하여 그들을 즐겁게 하는 부처.

타수용토(他受用土) 사토(四土)의 하나. 깨달음의 경지를 중생들에게 설하여 그들을 즐겁게 하는 부처의 세계.

타승(他勝) 악(惡)을 타(他), 선(善)을 자(自)라고 하여, 악이 선을 이겼다는 뜻. 바라이(波羅夷)를 말함.

타심지(他心智) 십지(十智)의 하나. 남의 마음을 아는 지혜.

타심지증통(他心智證通) 타심통(他心通)과 같음.

타심지통(他心智通) 타심통(他心通)과 같음.

타심지통원(他心智通願) 사십팔원(四十八願)의 하나. 아미타불이 법장비구(法藏比丘)였을 때 세운 서원으로, 정토의 중생은 남의 마음 속을 아는 능력을 갖추게 하겠다는 맹세.

타심통(他心通) 육신통(六神通)의 하나. 남의 마음 속을 아는 자유 자재한 능력.

타연나(馱衍那) ⓢdhyāna의 음사. 정려(靜慮)라 번역. 마음을 한곳에 집중시켜 산란하지 않게 함. 마음을 가라앉히고 고요히 생각함.

타주(打柱) 영산재(靈山齋) 때, 팔정도(八正道)를 쓴 팔각의 기둥을 세워 놓고, 두 사람이 마주 보고 오른손에 잡은 채로 기둥을 두들기며 그 주위를 도는 춤.

타포(打包) ①수행자가 삼의(三衣) 등을 넣어 목에 걸고 다니는 자루. ②떠돌아다니는 수행승의 짐.

타화자재천(他化自在天) 육욕천(六欲天) 가운데 제6천으로, 이곳에 있는 신(神)들은 바라는 대상을 스스로 만들어 놓고 즐길 뿐만 아니라 다른 신들이 만들어낸 대상도 자유롭게 즐긴다고 함.

타화자재천자마(他化自在天子魔) 수행을 방해하는 타화자재천(他化自在天)의 마왕(魔王)과 그 권속들을 말함. 천자마(天子魔)와 같음.

탁(鐸) ⓢⓟghaṇṭā 작은 종에 쇠 추(錘)를 매단 기구로, 전각(殿閣)의 처마 끝이나 탑의 지붕돌에 매달아 바람에 흔들려 맑은 소리가 나게 함.

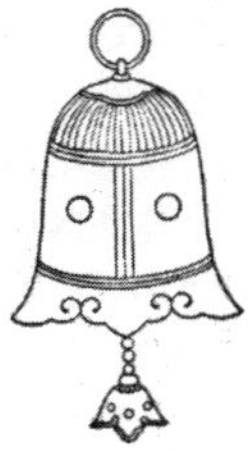
탁

탁개(托開) 떠밀어버림. 밀쳐냄.

탁겁(濁劫) 재앙과 재난이 끊임없이 닥치는 말세(末世).

탁기나가타(鐸敧拏伽他) ⓢdakṣiṇā-gāthā의 음사. 시송(施頌)이라 번역. 음식물이나 재물을 받은 승려가 그에 보답하는 뜻으로 시주(施主)에게 설하는 게송.

탁발(托鉢) ①식사 때, 수행승이 발우(鉢盂)를 들고 집집을 다니며 음식을 구걸함. ②승려가 집집마다 다니며 염불을 하고 곡식 따위를 구걸함. ③중국의 사찰에서, 식사 때 승려들이 발우를 들고 식당으로 향함.

탁사현법생해문(託事顯法生解門) 십현연기(十玄緣起)의 하나. 마치 한 떨기 꽃을 보고 장엄한 우주를 느끼듯, 한 현상에 의해 무궁무진한 진리를 알게 됨.

탁업(濁業) 삼업(三業)의 하나. 탐욕에서 일어나는 행위와 말과 생각.

탄기(彈碁) 바둑판에 마주 앉아서 바둑돌을 튀겨서 상대편 바둑돌을 떨어뜨리는 놀이.

탄두(炭頭) 절에서 땔감을 마련하는 소임, 또는 그 일을 맡은 승려.

탄문(坦文) 900-975. 고려의 승려. 경기 고양 출신. 5세에 출가하고, 북한산 장의사(莊義寺)의 신엄(信嚴)에게 화엄경을 배우고, 15세에 구족계(具足戒)를 받음. 구룡산사(九龍山寺)에 머물면서 화엄경을 강의하고, 968년(광종 19)에 왕은 홍도삼중대사(弘道三重大師)라는 호를 내리고 왕사(王師)로 삼고, 974년에는 국사(國師)가 됨. 서산 상왕산 보원사(普願寺)에서 입적함. 시호는 법인(法印).

탄불게(歎佛偈) 부처의 모습이나 공덕을 찬양한 게송.

탄생불(誕生佛) 석가모니불이 태어나자마자 사방으로 일곱 걸음을 걸은 뒤 오른손은 하늘을, 왼손은 땅을 가리키면서 천상천하유아독존(天上天下唯我獨尊)이라고 읊었다는 설화에 의거하여, 그 때의 모습을 묘사한 그림이나 불상.

탄연(坦然) 1070-1159. 고려의 승려. 밀양 출신. 16세에 명경과(明經科)에 합격하고, 19세에 개성 안적사(安寂寺)에 출가함. 1105년에 승과(僧科)에 합격하고, 개성 광명사(廣明寺)의 혜소(慧炤, 생몰년 미상)에게 사사(師事)하여 그의 법을 이어받음. 1145년(인종 23)에 왕사(王師)가 되고, 지리산 단속사(斷俗寺)에서 입적함. 시호는 대감국사(大鑑國師).

탄지(彈指) ①손가락을 튀길 사이, 곧 지극히 짧은 시간. 순간. ②손가락으로 튀김, 또는 어떤 물건에 그것을 튀겨서 내는 소리.

탄차가슬타(憚哆家瑟詑) ⓢdanta-kāṣṭha의 음사. 치목(齒木)이라 번역. 치아를 닦는 데 쓰는 나무 조각이나 버들가지.

탄탑(炭塔) 붓다가 입멸(入滅)한 후, 유골을 분배받지 못한 부족이 화장터의 재를 가지고 가서 그것을 보관하기 위해 세운 탑.

탈경불탈인(奪境不奪人) 사요간(四料簡)의 하나. 객관을 버리고 주관을 버리지 않는다는 뜻으로, 주관만이 존재한다는 입장.

탈사(脫闍) ⓢdhvaja의 음사. 당(幢)이라 번역. 깃발. 휘장.

탈인불탈경(奪人不奪境) 사요간(四料簡)의 하나. 주관을 버리고 객관을 버리지 않는다는 뜻으로, 객관만이 존재한다는 입장.

탐(貪) ⓢⓟrāga 삼독(三毒)의 하나. 탐내어 그칠 줄 모르는 욕심. 탐내는 마음.

탐견(貪見) 집착으로 일어나는 그릇된 견해.

탐결(貪結) 결(結)은 번뇌를 뜻함. 탐욕의 번뇌.

탐독(貪毒) 삼독(三毒)의 하나. 탐내어 그칠 줄 모르는 욕심. 탐내는 마음.

탐두(探頭) 상대방의 마음 속을 떠봄.

탐마률저국(耽摩栗底國) ⓢtāmralipti의 음사. 동인도, 지금의 콜카타 지역에 있던 고대 국가.

탐마립저국(耽摩立底國) 탐마률저국(耽摩栗底國)과 같음.

탐박(貪縛) 삼박(三縛)의 하나. 탐욕은 중생의 마음을 속박한다는 뜻.

탐수(貪水) 탐욕이 악을 자라게 하는 것을, 물이 초목을 자라게 하는 것에 비유한 말.

탐신계(貪身繫) 탐욕신박(貪欲身縛)과 같음.

탐애(貪愛) 탐내어 집착함. 욕심에 사로잡힘.

탐에치(貪恚癡) 탐내어 그칠 줄 모르는 욕심과 노여움과 어리석음.

탐욕(貪欲) ⓢⓟrāga 삼독(三毒)의 하나. 탐내어 그칠 줄 모르는 욕심. 탐내는 마음.

탐욕개(貪欲蓋) 오개(五蓋)의 하나. 끝없이 탐하는 번뇌.

탐욕신박(貪欲身縛) 사박(四縛)의 하나. 그칠 줄 모르는 욕심으로 악한 짓을 저질러 괴로운 생존에서 벗어나지 못함.

탐진치(貪瞋癡) 탐욕(貪欲)과 진에(瞋恚)와 우치(愚癡), 곧 탐내어 그칠 줄 모르는 욕심과 노여움과 어리석음. 이 세 가지 번뇌는 열반에 이르는 데 장애가 되므로 삼독(三毒)이라 함.

탐착(貪著) 만족할 줄 모르고 탐내어 집착함. 욕심에 사로잡혀 헤어나지 못함.

탐포라(耽餔羅) ⓢtāmbūla의 음사. 인도의 습지에서 자라는 덩굴식물. 잎에서 향기가 나고, 그것을 입에 넣고 씹으면 소화를 촉진시킴.

탑(塔) ⓢstūpa ⓟthūpa의 음사인 탑파(塔婆)의 준말. 공양하고 예배하기 위해 일정한 형식에 따라 흙·벽돌·나무·돌 따위를 높게 쌓은 구조물. 원래는 부처의 유골을 안치한 그 구조물을 탑이라 하고, 그것을 안치하지 않은 것을 지제(支提, ⓢcaitya)라고 하였으나 보통 구별하지 않고 모두 탑이라 함.

탑다라니(塔陀羅尼) ①탑 안에 안치한 다라니. ②탑 모양의 그림에 불경의 글귀를 새긴 것, 또는 그 글귀를 탑 모양으로 새긴 것.

탑돌이(塔--) 사찰에서 사월초파일이나 큰 재(齋)가 있을 때, 승려들이 합장한 자세로 탑을 돌면서 부처의 공덕을 칭송하면 신도들이 그 뒤를 따라가면서 소원을 비는 의식.

탑두(塔頭) 죽은 조사(祖師)를 기리기 위한 탑이 있는 곳.

탑묘(塔廟) 탑(塔)은 ⓢstūpa의 음사인 탑파(塔婆)의 준말, 묘(廟)는 그 번역.

탑중(塔中) 탑두(塔頭)와 같음.

탑파(塔婆) 탑(塔)과 같음.

태고보우(太古普愚) ⇒ 보우(普愚)

태고사(太古寺) ①충남 금산군 대둔산 북동쪽 중턱에 있는 절. 마곡사(麻谷寺)의 말사. 신라의 원효(元曉, 617-686)가 창건하고, 고려 말에 보우(普愚, 1301-1382)가 중축함. 한국 전쟁 때 모두 불타고, 그 후 다시 지음. ②경기 고양시 북한산 남쪽 기슭에 있는 절. 1341년에 고려 말의 보우(普愚)가 창건하고, 한국 전쟁 때 모두 불타고, 그 후 다시 지음. 문화재 : 원증국사탑비(圓證國師塔碑)·원증국사탑(圓證國師塔).

태내오위(胎內五位) 태아(胎兒)가 자라는 266일간의 과정을 다섯 단계로 나눈 것. (1)갈랄람(羯剌藍). ⓢkalala의 음사. 응활(凝滑)·화합(和合)이라 번역. 수태(受胎)부터 7일간. (2)알부담(頞部曇). ⓢarbuda의 음사. 포(皰)·포결(皰結)이라 번역. 수태 후 8일부터 7일간. (3)폐시(閉尸). ⓢpeśi의 음사. 혈육(血

肉)·응결(凝結)이라 번역. 수태 후 15일부터 7일간. (4)건남(鍵南). ⓢghana의 음사. 견육(堅肉)·응후(凝厚)라고 번역. 수태 후 22일부터 7일간. (5)발라사거(鉢羅奢佉). ⓢpraśākhā의 음사. 지절(支節)이라 번역. 수태 후 29일부터 출산까지. ⇒ 태외오위(胎外五位)

태능(太能) 1562-1649. 조선의 승려. 전남 담양 출신. 호는 소요(逍遙). 13세에 장성 백양사(白羊寺)에 출가하고, 선수(善修, 1543-1615)에게 경전을 배운 후에 묘향산에 가서 휴정(休靜, 1520-1604)의 문하에서 20년 동안 수행하여 그의 법을 이어받음. 금강산·오대산·구월산 등에 머물다가 지리산 연곡사(鷰谷寺)에서 입적함. 저서 : 소요당집(逍遙堂集).

태생(胎生) ①사생(四生)의 하나. 모태에서 태어나는 것. ②지혜가 뛰어나지 못해 극락의 궁전에 왕생하여 그곳에 오랫동안 갇혀, 부처와 가르침과 보살을 가까이 할 수 없는 것. 이에 반해, 지혜가 뛰어나 극락의 연꽃 위에 왕생하여 보살의 지혜와 공덕을 모두 갖추게 되는 것은 화생(化生)이라 함.

태안사(泰安寺) 전남 곡성군 죽곡면 동리산(봉두산) 남서쪽 기슭에 있는 절. 화엄사(華嚴寺)의 말사. 신라의 혜철(惠哲, 785-861)이 창건하여 대안사(大安寺)라 하고 선풍(禪風)을 일으킴으로써 동리산문(桐裏山門)이 형성됨. 919년에 윤다(允多)가 중축하고, 1683년에 정심(定心)이 중축함. 한국 전쟁 때 대부분 불타고, 1969년에 대웅전을 다시 지음. 문화재 : 적인선사조륜청정탑(寂忍禪師照輪淸淨塔)·광자대사탑(廣慈大師塔)·광자대사비(廣慈大師碑)·대바라(大鈸鑼)·천순명동종(天順銘銅鐘)·능파각(凌波閣)·일주문(一柱門).

태외오위(胎外五位) 사람의 일생을 다섯 시기로 나눈 것. (1)영해(嬰孩). 출생-6세. (2)동자(童子). 7세-15세. (3)소년(少年). 16세-30세. (4)중년(中年). 31세-40세. (5)노년(老年). 41세 이후. ⇒ 태내오위(胎內五位)

태자서응본기경(太子瑞應本起經) 2권. 오(吳)의 지겸(支謙) 번역. 붓다의 전생과, 현생에서 출가하여 깨달음을 이루고 나서 사리불(舍利弗)·목건련(目犍連)·가섭(迦葉)을 교화하기까지의 행적을 설한 경.

태장(胎藏) ①모태(母胎). 자궁. ②태아(胎兒).

태장계(胎藏界) ⓢgarbha-dhātu 대일경(大日經)에 의거하여 보리심(菩提心)과 대비(大悲)와 방편(方便)을 드러낸 부문. 모태(母胎)가 태아(胎兒)를 보살피듯, 대비에 의해 깨달음의 성품이 드러난다는 뜻에서 태장(胎藏)이라 함.

태장계만다라(胎藏界曼茶羅) 대일경(大日經)에 의거하여 보리심(菩提心)과 대비(大悲)와 방편(方便)을 상징적으로 묘사한 그림.

태장계만다라

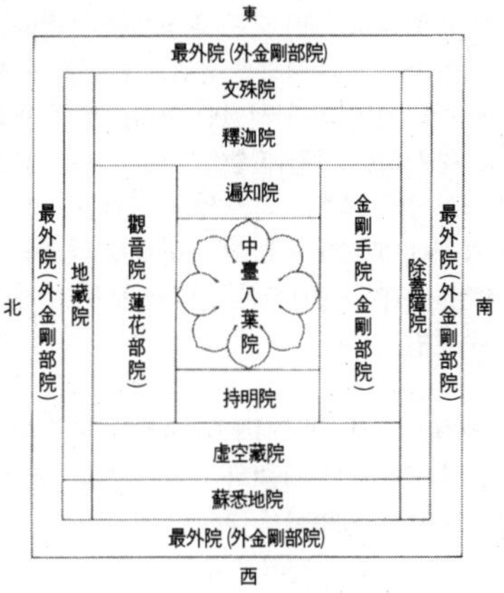

태장계만다라 구조도

태장권(胎藏拳) 연화권(蓮華拳)과 같음.

태현(太賢) 생몰년 미상. 신라 경덕왕(742-765) 때의 승려. 대현(大賢)이라고도 함. 호는 청구사문(靑丘沙門). 도증(道證)의 제자로, 경·율·논에 학식이 깊어 저술이 50여 종 100여 권이라고 하지만 현존하는 것은 5종뿐이며, 특히 유식학(唯識學)에 뛰어나 신라 유가(瑜伽)의 시조로 불림. 그의 50여 종 저술 가운데 고적기(古迹記)라는 이름이 붙어 있는 것이 많은데, 이는 그가 고인(古人)들의 여러 주석에 순응하여 풀이할 뿐, 개인의 견해로써 함부로 풀이하지 않았음을 뜻하며, 그는 여러 학설 가운데 엄정하게 장점만을 취하여 저술함. 저서 : 본원약사경고적(本願藥師經古迹)·범망경고적기(梵網經古迹記)·보살계본종요병서(菩薩戒本宗要幷序)·성유식론학기(成唯識論學記)·대승기신론내의약탐기(大乘起信論內義略探記).

택멸(擇滅) 택(擇)은 지혜를 뜻함. 지혜로써 번뇌를 소멸시킨 열반의 상태.

택멸무위(擇滅無爲) 삼무위(三無爲)의 하나. 택(擇)은 지혜를 뜻함. 지혜로써 번뇌를 소멸시킨 상태.

택법각분(擇法覺分) 택법각지(擇法覺支)와 같음.

택법각지(擇法覺支) 칠각지(七覺支)의 하나. 지혜로써 바른 가르침만을 선택하고 그릇된 가르침은 버림.

택법등각지(擇法等覺支) 택법각지(擇法覺支)와 같음.

탱화(幀畵) 부처나 보살이나 신중(神衆), 부처의 설법하는 모습이나 생애, 불경의 내용, 극락이나 지옥, 저승의 세계 등을 천이나 종이에 그려서 법당에 걸어 두는 그림.

테라바다(theravāda) thera는 상좌(上座)·장로(長老), vāda는 부(部)·설(說)이라는 뜻. ⇒ 상좌부(上座部)

토(土) ⓢkṣetra ①국토. ②지각이나 인식이 일어나는 기반·배경. 의식 세계.

토각(兎角) 토끼의 뿔이라는 뜻으로, 실재하지 않는 것을 비유함.

토라차(土羅遮) 투란차(偸蘭遮)와 같음.

토모진(兎毛塵) ⓢśaśa-rajas 토끼의 털끝 정도의 미세한 대상. ⇒ 극미(極微)

통(痛) ①괴로움. 고통. ②ⓢvedanā 괴로움이나 즐거움 등을 느끼는 감수 작용. 수(受)와 같음.

통(通) 막힘없이 자유 자재함. 불가사의하고 자유 자재한 능력.

통과심(通果心) 선정(禪定)의 결과로 얻은 통달한 마음.

통교(通教) 천태종의 교판(教判)에서, 성문·연각·보살에게 공통되는 가르침. ⇒ 오시팔교(五時八教)

통교십지(通教十地) 십지(十地)와 같음. 성문·연각·보살의 삼승이 공통으로 닦는 수행 단계라는 뜻.

통달(通達) 두루 꿰뚫음. 막힘없이 환히 앎. 확실하게 이해함.

통달위(通達位) 오위(五位)의 하나. 번뇌가 없는 지혜로써 우주의 진리를 체득하는 단계.

통도사(通度寺) 경남 양산시 영축산(취서산) 남쪽 기슭에 있는 절. 대한불교조계종 제15교구 본사. 646년에 신라의 자장(慈藏)이 창건하여 당(唐)에서 가지고 온 불사리(佛舍利)를 봉안하고, 금강계단(金剛戒壇)을 설치하여 보름마다 계율을 설함으로써 율종(律宗)의 근본 도량이 됨. 이후 고려 때 명부전·약사전·용화전·극락보전 등을 짓고, 조선 때 응진전·삼성각·관음전 등을 지음. 불사리(佛舍利)를 봉안하고 있으므로 불보사찰(佛寶寺刹)이라 함. 문화재 : 국장생석표(國長生石標)·대웅전·은입사동제향로(銀入絲銅製香爐)·봉발탑(奉鉢塔)·영산전팔상도(靈山殿八相圖)·대광명전삼신불도(大光明殿三身佛圖) 등.

통력(通力) 막힘없이 자유 자재한 능력. 불가사의하고 자유 자재한 능력.

통명혜(通明慧) 육신통(六神通)과 삼명(三明)과 삼혜(三慧).

통상삼관(通相三觀) 모든 현상에는 불변하는 실체가 없다고 주시하는 공관(空觀), 모든 현상은 여러 인연의 일시적인 화합으로 존재한다고 주시하는 가관(假觀), 공(空)이나 가(假)의 어느 한쪽에 치우치지 않는 진리를 주시하는 중관(中觀) 가운데 어느 하나를 닦으면서 공(空)·가(假)·중(中)의 진리를 모두 주시하는 수행법.

통서(通序) 경전의 서분(序分) 가운데 여러 경전에 공통으로 서술되어 있는 형식, 곧 여시아문(如是我聞)에서 부처의 가르침을 듣는 무리들의 이름을 열거한 부분까지를 말함. 이에 반해, 통서를 제외한 서분, 곧 그 경전에서만 특별히 설하고 있는 서분은 별서(別序)라고 함.

통수(通受) 총수(總受)와 같음.

통연(洞然) 모든 분별이 끊어져 텅 비어 있는 상태. 모든 분별이 소멸되어 확 트인 상태. 분별과 망상이 일어나지 않는 휑한 상태.

통해(通慧) ①ⓢpratisaṃvid 막힘없이 명료하게 이해하고 표현함. ②ⓢabhijñā 지혜를 바탕으로 한 신통(神通).

통혹(通惑) 성문·연각·보살이 함께 끊는 번뇌라는 뜻. 이치를 알지 못함으로써 일어나는 번뇌인 견혹(見惑)과 대상에 집착함으로써 일어나는 번뇌인 사혹(思惑)을 말함. ⇒ 별혹(別惑)

통효(通曉) 범일(梵日)의 시호.

퇴법아라한(退法阿羅漢) 나쁜 인연을 만나면 아라한의 경지에서 퇴보하기 쉬운 자.

퇴속(退俗) 출가하여 승려가 되어 수행하다

가 다시 속인으로 돌아감.

퇴압지옥(堆壓地獄) 중합지옥(衆合地獄)과 같음.

퇴전(退轉) ①되돌아감. 물러남. ②수행으로 도달한 경지에서 다시 범부의 상태로 후퇴함.

투기(投機) 기질이 서로 딱 들어맞음. 근성이 서로 잘 맞음.

투도계(偸盜戒) 훔치지 말라는 계율.

투라(妬羅) ⓢtūla의 음사. 버드나무과의 꽃에 붙어 있는 가늘고 보드라운 솜털.

투라차(偸羅遮) 투란차(偸蘭遮)와 같음.

투란차(偸蘭遮) ⓢsthūlātyaya ⓟthullaccaya의 음사. 중죄(重罪)·대죄(大罪)·추악죄(麤惡罪)라고 번역. 바라이(波羅夷)나 승잔(僧殘)을 범하려다가 미수에 그친 무거운 죄.

투자의청(投子義靑) ⇒ 의청(義靑)

투파(鍮婆) ⓢstūpa의 음사. 탑(塔).

특기나(特崎拏) ⓢdakṣiṇa의 음사. 오른쪽.

특의나주원(特欹拏呪願) 특의나(特欹拏)는 ⓢdakṣiṇā의 음사, 시송(施頌)이라 번역. 음식물이나 재물을 받은 승려가 그에 보답하는 뜻으로 게송을 읊어 시주(施主)의 소원이나 복을 비는 일.

티베트대장경(Tibet大藏經) 7세기 말에 티베트 어가 제정된 이후, 범본(梵本)을 번역하고 범본이 없는 것은 한역(漢譯)·우전역(于闐譯)을 중역(重譯)하기 시작하여 13세기경에 완성함. 번역자 약 350명, 불전 총수 약 4,000종. 13세기부터 개판(開板)하였는데, 나르탄(snar-thaṅ) 판(板)·델게(sde-dge) 판(板)·북경판(北京板) 등의 판본이 있음.

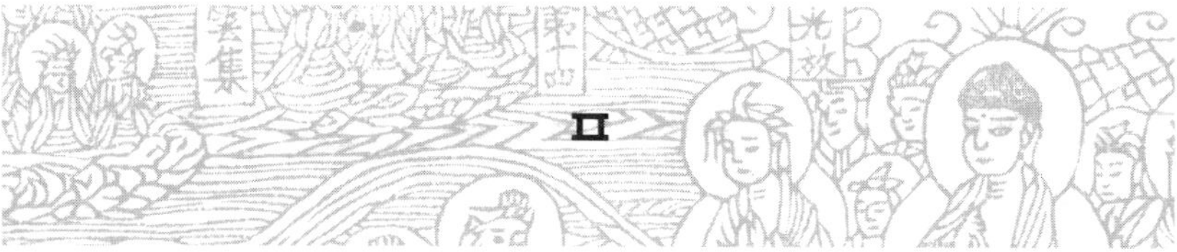

파(派) 한 종(宗)에서 나누어진 갈래.

파가(婆伽) ⓢbhaṅga의 음사. 깨어짐. 소멸함. 흩어짐.

파가만(婆迦晩) ⇒ 바가만(婆迦晩)

파가파(婆伽婆) ⇒ 바가바(婆伽婆)

파갈나(婆喝那) ⓢvāhana의 음사. 수의 단위로, 10^{25}.

파갈마승(破羯磨僧) 한 구역에서 서로 다른 의식을 행하여 승단의 화합을 깨뜨림.

파계(破戒) 계율을 어김. 계율을 깨뜨림.

파계사(把溪寺) 대구시 동구 팔공산 파계봉 남서쪽 기슭에 있는 절. 동화사(桐華寺)의 말사. 804년에 신라의 심지(心地)가 창건하고, 1592년 임진왜란 때 불타고, 1605년부터 계관(戒寬)이 다시 지음. 1695년(숙종 21)에 현응(玄應)이 중축하고, 이듬해 왕실의 원찰(願刹)로 지정됨. 이후 여러 차례 중축·보수함. 문화재 : 목관음보살좌상(木觀音菩薩坐像).

파나사(波那沙) ⓢpanasa의 음사. 인도에서 자라는 교목. 잎은 긴 타원형이며, 큰 과일은 식용함.

파나파사국(婆那婆私國) ⓢvanavāsa의 음사. 인도의 남서부에 있던 고대 국가.

파날라파날(婆捺囉婆捺) 파달라발타(婆達羅鉢陀)와 같음.

파내외도(破內外道) 원래 외도이었던 자가 불문(佛門)에 들어와 구족계(具足戒)를 받고 수행하다가 다시 외도로 돌아간 자.

파니(播尼) ⓢpāṇi의 음사. 손. 손바닥.

파니(波尼) 파니니(波尼儞)와 같음.

파니니(波尼儞) ⓢpāṇini의 음사. 명수(名手)라고 번역. 기원전 5-기원전 4세기, 북인도 건타라국(乾陀羅國) 출신. 대부분의 대승 경전의 원전에 사용된 고전 산스크리트(classical sanskrit)의 문법을 최초로 체계화한 문법학자.

파니다(頗尼多) ⓢphāṇita의 음사. 사탕수수의 즙.

파니타나바라밀(波抳陀那波羅蜜) 파니타나(波抳陀那)는 ⓢpraṇidhāna의 음사, 원(願)이라 번역. ⇒ 원바라밀(願波羅蜜)

파단타(婆檀陀) ⓢbhadanta의 음사. 대덕(大德)이라 번역. 붓다·보살·장로, 또는 자신보다 나이가 많은 수행승에 대한 호칭.

파달라(波呾羅) ⓢpātra ⓟpatta의 음사. 응기(應器)·응량기(應量器)라고 번역. 수행승들의 식기.

파달라발타(婆達羅鉢陀) ⓢbhādrapada의 음사. 인도력(印度曆)의 6월. 음력 6월 16일부터

7월 15일까지에 해당함.

파두마지옥(波頭摩地獄) 발특마지옥(鉢特摩地獄)과 같음.

파득(把得) 파악함.

파라(波羅) 파라사(波羅奢)와 같음.

파라나(波羅奈) ⇒ 바라나(波羅奈)

파라날(婆羅捺 · 波羅捺) ⇒ 바라날(婆羅捺)

파라날사(婆羅痆斯) ⇒ 바라날사(婆羅痆斯)

파라니밀화사발치(波羅尼蜜和邪拔致) 파라유마파사(波羅維摩婆奢)와 같음.

파라라(波羅羅) ⓢpāṭala의 음사. 오동나무와 비슷한 나무로, 봄에 자줏빛 꽃이 피는데 그 향기가 진함.

파라리불다라(波羅利弗多羅) 파련불(巴連弗)과 같음.

파라리자(波羅利子) 파라리(波羅利)는 ⓢpāṭali의 음사, 자(子)는 ⓢputra의 번역. 파련불(巴連弗)과 같음.

파라말타(波羅末陀) ⓢparamārtha의 음사. ①제일의(第一義)라 번역. 가장 뛰어난 이치. 궁극적인 이치. ②진제(眞諦)라고 번역. ⇒ 진제(眞諦) ⑤

파라문(婆羅門) ⇒ 바라문(婆羅門)

파라밀(波羅蜜) ⇒ 바라밀(波羅蜜)

파라바라밀(婆羅波羅蜜) 파라(婆羅)는 ⓢbala의 음사, 역(力)이라 번역. ⇒ 역바라밀(力波羅蜜)

파라사(波羅奢) ⓢpalāśa의 음사. 붉은 꽃이 피는 활엽수. 짙은 붉은 빛의 수액을 염료로 사용함.

파라사거(波羅捨佉) 발라사거(鉢羅奢佉)와 같음.

파라새희(波羅塞戲 · 波羅賽戲) 파라새(波羅塞)는 ⓢprasena의 음사. 장기와 비슷한, 고대 인도인들의 놀이.

파라시가(波羅市迦) ⇒ 바라시가(波羅市迦)

파라우나(叵囉虞那) 파륵구나(頗勒窶拏)와 같음.

파라유마파사(波羅維摩婆奢) ⓢpara-nirmita-vaśa-vartin의 음사. 타화자재천(他化自在天)이라 번역. ⇒ 타화자재천(他化自在天)

파라이(波羅夷) ⇒ 바라이(波羅夷)

파라제목차(波羅提木叉) ⇒ 바라제목차(波羅提木叉)

파라제사니(波羅提舍尼) ⇒ 바라제사니(波羅提舍尼)

파라제제사니(波羅提提舍尼) ⇒ 바라제제사니(波羅提提舍尼)

파라파밀다라(波羅頗蜜多羅) ⓢprabhākaramitra의 음사. 565-633. 중인도 마갈타국(摩竭陀國)의 크샤트리야 출신. 10세에 출가하고, 22세에 나란타사(那爛陀寺)에 가서 계현(戒賢, śīlabhadra, 529-645)에게 사사(師事)

함. 627년에 장안(長安)에 와서 대흥선사(大興善寺)에 머무름. 629년부터 번역에 종사하여 보성다라니경(寶星陀羅尼經)·반야등론석(般若燈論釋)·대승장엄경론(大乘莊嚴經論) 등을 번역함.

파랄사국(波剌斯國) ⓢpārasya의 음사. 지금의 페르시아(Persia) 만(灣) 북쪽 해안에 인접해 있던 고대 국가.

파려(玻瓈) ⓢsphaṭika의 음사. 수정(水晶).

파련불(巴連弗) ⓢpāṭaliputra ⓟpāṭaliputta의 음사. 화씨성(華氏城)이라 번역. 지금의 파트나(Patna) 지역으로, 고대 인도에 있던 마가다국(magadha國)의 아자타샤트루(ajātaśatru) 왕이 축조함.

파루나(婆樓那) ⇒ 바루나(婆樓那)

파륵구나(頗勒窶拏) ⓢphālguna의 음사. 인도력(印度曆)의 12월. 음력 12월 16일부터 이듬해 1월 15일까지에 해당함.

파릉(巴陵) 파라라(波羅羅)와 같음.

파릉불(巴陵弗) 파련불(巴連弗)과 같음.

파리(頗梨·玻璃) ⓢsphaṭika의 음사. 수정(水晶).

파리(波利) ⓢⓟbhallika의 음사. ⇒ 제위(提謂)

파리사가(婆利師迦) ⓢvārṣika의 음사. 재스민의 일종인 덩굴식물로, 꽃에서 향료를 채취함.

파리어(巴利語) ⇒ 팔리어(pāli語)

파리질다라(波利質多羅) ⓢpārijāta의 음사. 천수왕(天樹王)·원생수(圓生樹)·주도수(晝度樹)라 번역. 도리천(忉利天)에 있다는 매우 큰 나무. 나무 모양은 산호 같고, 긴 이삭 모양의 다홍색의 꽃이 피며, 6월경에 낙엽 지고, 나무 전체에서 향기가 나와 도리천을 가득 메운다고 함.

파리파라차(波離婆羅遮) ⓢparivrājaka의 음사. 여러 곳으로 두루 돌아다니면서 수행하는 자. 유행자(遊行者).

파리파사(波利婆沙) ⓢⓟparivāsa의 음사. 별주(別住)라고 번역. 승잔(僧殘)을 저지른 비구가 그것을 즉시 승단에 고백하지 않았을 경우, 그 죄를 숨긴 기간만큼 다른 비구들과 분리시켜 혼자 따로 살게 하는 벌칙.

파마인(破魔印) 항마촉지인(降魔觸地印)과 같음.

파법륜승(破法輪僧) 그릇된 견해를 내세워 승단의 화합을 깨뜨림.

파법변(破法遍) 십승관법(十乘觀法)의 하나. 온갖 현상에 집착하는 마음을 깨뜨림.

파부(婆敷) ⇒ 바부(婆敷)

파부타가전나(婆浮陀伽旃那) ⓟpakudha-kaccāyana의 음사. 육사외도(六師外道)의 하나. 인간은 지(地)·수(水)·화(火)·풍(風)·고(苦)·낙(樂)·생명(生命)의 7요소로 구성되어 있는데, 이들은 결코 소멸하지 않는다고 함. 중생의 생존은 모두 자재천(自在天)의 뜻에 따라 이루어지므로 자신의 죄나 허물에 대해 부끄러워할 필요가 없다고 주장하고, 선악의 행위에 대한 과보도 부정함.

파사(婆師) 파사가(婆師迦)와 같음.

파사(婆沙) ⇒ 바사(婆沙)

파사가(婆師迦) ⓢvārṣika의 음사. 재스민의 일종인 덩굴식물로, 꽃에서 향료를 채취함.

파사국(波斯國) 파랄사국(波剌斯國)과 같음.

파사닉왕(波斯匿王) ⓢprasenajit ⓟpasenadi의 음사. 붓다가 살아 있을 때, 코살라국(kosala國) 사위성(舍衛城)의 왕.

파사론(婆沙論) ⇒ 바사론(婆沙論)

파사파(婆沙波) ⇒ 바사파(婆沙波)

파사파라사(波私波羅闍) ⓢparivrājaka의 음사. 여러 곳으로 두루 돌아다니면서 수행하는 자. 유행자(遊行者).

파사파제(波闍波提) 마하파사파제(摩訶波闍波提)의 준말.

파삼현일(破三顯一) 방편으로 설한 성문·연각·보살의 삼승(三乘)에 대한 가르침을 깨뜨리고, 진실한 일승(一乘)의 가르침을 드러냄.

파삽파(婆澁波) ⇒ 바삽파(婆澁波)

파상론(破相論) 관심론(觀心論) ②와 같음.

파상종(破相宗) 모든 현상은 본래 허깨비와 같아서 허망하고 진실되지 못하다는 가르침.

파성종(破性宗) 모든 현상은 여러 인연의 일시적인 화합에 지나지 않으므로 거기에 불변하는 본성이 없다는 가르침.

파수루다가부(婆收婁多柯部) ⓢbahuśrutīya의 음사. 다문부(多聞部)와 같음.

파수밀(婆須蜜) ⇒ 바수밀(婆須蜜)

파순(波旬) ⓢpāpīyas의 음사. 악자(惡者)라고 번역. 붓다와 그의 제자들의 수행을 방해한 마왕(魔王)의 이름. 욕계의 정상에 있는 타화자재천(他化自在天)의 우두머리라고 함.

파승(破僧) 파화합승(破和合僧)의 준말.

파승건도(破僧犍度) 건도(犍度)는 ⓢskandha의 음사로, 장(章)·편(篇)을 뜻함. 승단의 화합을 깨뜨리는 일에 대해 설한 장(章).

파시가라나(皤施迦羅拏) ⓢvaśīkaraṇa의 음사. 경애(敬愛)라 번역. 존경하고 사랑하는 마음이 일어나게 하는 밀교의 의식.

파암조선(破庵祖先) ⇒ 조선(祖先)

파야제(波夜提·婆夜提) ⇒ 바야제(波夜提)

파약(波若) ⇒ 바야(波若)

파율습박(波栗濕縛) ⇒ 바율습박(波栗濕縛)

파이니(波爾尼) 파니니(波尼爾)와 같음.

파일저가(波逸底迦) ⇒ 바일저가(波逸底迦)

파일제(波逸提) ⇒ 바일제(波逸提)

파재(破齋) 정오가 지나면 먹지 말라는 계율을 어기고 정오 이후에 음식을 먹음.

파적현본(破迹顯本) 아득히 먼 과거에 성불한 본불(本佛)의 자취인 적문(迹門)의 부처에 대한 집착을 깨뜨리고 본불을 드러냄.

파정(把定) 파주(把住)와 같음.

파제(婆提) ⇒ 바제(婆提)

파조(派祖) 한 파(派)를 처음 세운 승려.

파주(把住) ①꽉 움켜쥠. 꽉 잡아 쥠. 단단히 거머쥠. ②선승(禪僧)이 학인(學人)을 지도할 때, 꼼짝 못하게 휘어잡아 바싹 다그치는 것.

파지가(頗胝迦) ⓢsphaṭika의 음사. 수정(水晶).

파지제사니(波胝提舍尼) ⇒ 바지제사니(波胝提舍尼)

파차(婆叉) ⇒ 바차(婆叉)

파차국(婆蹉國) ⇒ 바차국(婆蹉國)

파차부라부(婆嗟富羅部) ⓢvātsī-putrīya의 음사. 독자부(犢子部)와 같음.

파타라(波吒羅) 파라라(波羅羅)와 같음.

파타리불다(波吒利弗多) 파련불(巴連弗)과 같음.

파타리자(波吒釐子) 파타리(波吒釐)는 ⓢpāṭali의 음사, 자(子)는 ⓢputra의 번역. 파련불(巴連弗)과 같음.

파파(婆破·婆頗) ⇒ 바파(婆破)

파파라(波波羅) 파라라(波羅羅)와 같음.

파화합승(破和合僧) ⓢsaṃgha-bheda 승단의 화합을 깨뜨림. 승단을 분열시킴. 여기에는 두 가지가 있음. (1)파법륜승(破法輪僧). 그릇된 견해를 내세워 승단의 화합을 깨뜨림. (2)파갈마승(破羯磨僧). 한 구역에서 서로 다른 의식을 행하여 승단의 화합을 깨뜨림.

판교(判教) 교상판석(教相判釋)과 같음.

판교종사(判教宗事) 교종판사(教宗判事)와 같음.

판사(判事) 조선 때, 선종(禪宗)이나 교종(教宗)을 총괄한 승려의 직책.

판선종사(判禪宗事) 선종판사(禪宗判事)와 같음.

팔건도(八犍度) 건도(犍度)는 ⓢskandha의 음사로, 장(章)·편(篇)·온(蘊)·취(聚)라고 번역. 가르침을 종류별로 모은 여덟 가지 장(章). (1)잡건도(雜犍度). 여러 가지 가르침을 한 데 모은 장. 또는 수행자가 사용하는 도구에 대한 규정을 설한 장. (2)결사건도(結使犍度). 결사(結使)는 번뇌를 뜻함. 번뇌에 대해 설한 장. (3)지건도(智犍度). 지혜에 대해 설한 장(章). (4)행건도(行犍度). 선악의 행위에 대해 설한 장. (5)대건도(大犍度). 지·수·화·풍의 사대(四大)에 대해 설한 장. (6)근건도(根犍度). 오근(五根)·육근(六根) 등에 대해 설한 장. (7)정근도(定犍度). 선정(禪定)에 대해 설한 장. (8)견건도(見犍度). 여러 가지 그릇된 견해에 대해 설한 장.

팔경계(八敬戒) 팔경법(八敬法)과 같음.

팔경법(八敬法) 비구니가 지켜야 할 여덟 가지 규범. (1)보름마다 비구의 지도를 받아야 함. (2)비구의 지도에 따라 안거(安居)해야 함. (3)안거(安居)의 마지막 날에는 비구를 초청하여 그 동안에 저지른 자신의 허물을 말하고 훈계를 받아야 함. (4)식차마나(式叉摩那)는 비구·비구니에게 구족계(具足戒)를 받아야 함. (5)비구를 꾸짖어서는 안 됨. (6)비구의 허물을 말해서는 안 됨. (7)무거운 죄를 저질렀을 때는 비구에게 참회해야 함. (8)수계(受戒)한 지 100년이 지난 비구니라도 방금 수계한 비구에게 공손해야 함.

팔계(八戒) 팔재계(八齋戒)와 같음.

팔계재(八戒齋) 팔재계(八齋戒)와 같음.

팔고(八苦) 중생이 겪는 여덟 가지 괴로움. (1)생고(生苦). 이 세상에 태어나는 괴로움. (2)노고(老苦). 늙어 가는 괴로움. (3)병고(病苦). 병으로 겪는 괴로움. (4)사고(死苦). 죽어야 하는 괴로움. (5)애별리고(愛別離苦). 사랑하는 사람과 헤어져야 하는 괴로움. (6)원증회고(怨憎會苦). 미워하는 사람과 만나거나 살아야 하는 괴로움. (7)구부득고(求不得苦). 구하여도 얻지 못하는 괴로움. (8)오성음고(五盛陰苦). 색(色)·수(受)·상(想)·행(行)·식(識)의 오음(五陰)에 탐욕과 집착이 번성하므로 괴로움.

팔공덕수(八功德水) 여덟 가지 특성이 있는 물. 극락 정토에 있는 연못의 물은 맑고, 시원하고, 감미롭고, 부드럽고, 윤택하고, 온화하고, 갈증을 없애 주고, 신체의 여러 부분을 성장시키며, 또 수미산 주위에 있는 바닷물은 감미롭고, 시원하고, 부드럽고, 가볍고, 맑고, 냄새가 없고, 마실 때 목이 상하지 않고, 마시고 나서 배탈이 나지 않는다고 함.

팔공덕수상관(八功德水想觀) 십육관(十六觀)의 하나. 극락 정토의 연못은 보배로 되어 있고 물은 칠보(七寶)의 색으로 빛나고 있는데, 여덟 가지 공덕이 있는 연못의 물을 생각하는 수행법.

팔관보(八關寶) 고려 때, 팔관회의 행사에 필요한 비용을 마련하고 지출을 관장하기 위해 개경(開京)과 서경(西京)에 둔 관청.

팔관재(八關齋) 팔재계(八齋戒)와 같음.

팔관재계(八關齋戒) 팔재계(八齋戒)와 같음.

팔관회(八關會) 신라·고려 때, 전사한 병사의 명복이나 나라의 안녕과 번영을 토속신이나 부처에게 기원하던 국가적 행사.

팔교(八教) ⇒ 오시팔교(五時八教)

팔금(八禁) 팔재계(八齋戒)와 같음.

팔금청정재계(八禁清淨齋戒) 팔재계(八齋戒)와 같음.

팔기(八棄) 팔바라이(八波羅夷)와 같음. 바라이(波羅夷)를 저지르면 승단에서 추방되므로 기(棄)라고 함.

팔난(八難) 깨달음으로 향하는 청정한 수행에 방해가 되는 여덟 가지 난관. (1)지옥(地獄). (2)아귀(餓鬼). (3)축생(畜生). (4)장수천(長壽天). (5)변지(邊地). (6)맹롱음아(盲聾瘖瘂). (7)세지변총(世智辯聰). (8)불전불후(佛前佛後). (1)(2)(3)은 고통에 시달려 수행할 수 없기 때문, (4)는 색계(色界)·무색계(無色界)의 여러 천(天)으로, 수명이 길고 편안하여 불법(佛法)을 구하지 않기 때문, (5)는 북구로주(北俱盧洲)로서, 사주(四洲) 가운데 가장 살기 좋은 곳이기 때문, (6)은 눈이 멀고 귀먹고 말 못하기 때문, (7)은 세속의 지혜는 있어도 그릇된 견해에 빠져 바른 가르침을 구하지 않기 때문, (8)은 가르침을 설할 부처가 없기 때문임.

팔념(八念) 수행의 과정에서 마음을 집중하여 떠올리거나 마음 속에 간직하여 잊지 않아야 하는 여덟 가지. 곧 부처, 부처의 가르침, 부처의 제자들, 계율, 보시, 천상(天上), 마음의 집중을 위한 들숨과 날숨, 죽음을 말함.

팔능립(八能立) 인명(因明)의 논법을 성립시키는 여덟 가지 기반. (1)입종(立宗). 주장 명제를 내세움. (2)변인(辯因). 주장 명제를 내세우게 된 이유를 제시함. (3)인유(引喩). 구체적인 예를 들어 보임. (4)동류(同類). 주장 명제의 술어와 같은 부류에 속하는 예(例). (5)이류(異類). 주장 명제의 술어와 전혀 다른 부류에 속하는 예(例). (6)현량(現量). 분별과 언어를 떠난 직접 지각. (7)비량(比量). 추리에 의한 인식. (8)정교량(正教量). 신뢰할 만한 바른 가르침.

팔대용왕(八大龍王) 불법(佛法)을 수호하는 여덟 용왕. (1)난타(難陀). ⓢnanda의 음사. 환희(歡喜)라고 번역. 용왕들의 우두머리. (2)발난타(跋難陀). ⓢupananda의 음사. 선환희(善歡喜)라고 번역. 난타용왕의 동생으로 비를 내려 흉년이 들지 않게 한다고 함. (3)사가라(娑伽羅). ⓢsāgara의 음사. 해(海)라고 번역. 바다의 용왕으로 그의 딸이 8세에 성불하였다고 함. (4)화수길(和脩吉). ⓢvāsuki의 음사. 구두(九頭)·다두(多頭)라고 번역. 머리가 아홉 개이며 수미산 주위를 돌면서 작은 용을 잡아먹는다고 함. (5)덕차가(德叉迦). ⓢtakṣaka의 음사. 다설(多舌)·시독(視毒)이라 번역. 혀가 여러 개이며 한번 분노하여 사람이나 축생을 응시하면 그들은 목숨을 잃는다고 함. (6)아나파달다(阿那婆達多). ⓢanavatapta의 음사. 무열뇌(無熱惱)라고 번역. 향취산(香醉山)의 남쪽, 대설산(大雪山)의 북쪽에 있다는 아뇩달지(阿耨達池)에 살며, 맑은 물을 흘러내려 섬부주(贍部州)를 비옥하게 한다고 함. (7)마나사(摩那斯). ⓢmanasvin의 음사. 대신(大身)·자심(慈心)·고의(高意)라고 번역. 몸을 휘감아 바닷물을 가로막고, 때맞추어 구름을 모아 비를 내린다고 함. (8)우발라(優鉢羅). ⓢutpala의 음사. 수련(睡蓮)을 말함. 수련이 자라는 거대한 연못에 산다고 함.

팔대인각(八大人覺) 성문(聲聞)·연각(緣覺)·보살(菩薩) 등의 뛰어난 사람이 깨달음에 이르는 방법으로 명심하고 있는 여덟 가지 가르침 . 곧, 소욕(小欲)·지족(知足)·원리(遠離)·정진(精進)·정념(正念)·정정(正定)·정혜(正慧)·불희론(不戲論).

팔대인념(八大人念) 팔대인각(八大人覺)과 같음.

팔대지옥(八大地獄) 팔열지옥(八熱地獄)과 같음.

팔도(八道) 팔정도(八正道)와 같음.

팔도행(八道行) 팔정도(八正道)와 같음.

팔로(八路) 팔정도(八正道)와 같음.

팔론(八論) 바라문교도들이 베다(veda)를 배우는 데 참고가 되는 여덟 가지 분야, 또는 그 분야에 대한 여덟 가지 문헌. (1)미망사론(眉亡娑論). ⓢmīmāṃsa의 음사. 제사학(祭祀學). (2)나사비살다론(那邪毘薩多論). 논리학. (3)이저가사론(伊底呵娑論). ⓢitihāsa의 음사. 전설·고사(故事). (4)승거론(僧佉論). ⓢsāṃkhya의 음사. 상캬 학파에서 설하는 이십오제(二十五諦). (5)과가론(課伽論). ⓢyoga의 음사. 마음을 집중시키는 법. (6)타토론(陀菟論). ⓢdhanus의 음사. 궁술(弓術). (7)

건달파론(揵闥婆論). ⓢgandharva의 음사. 음악. (8)아수론(阿輸論). ⓢāyus의 음사. 의학.

팔리어(pāli語) 중세 인도·아리아 어의 일종으로, 인도 서쪽 지방의 민중어인 파이샤치(paiśācī) 어를 말함. ⓟpāli는 선(線)·성전(聖典)을 뜻함. 팔리 어라는 말은 스리랑카에 전해진 상좌부(上座部)의 삼장(三藏)이 동남아시아로 전해지는 과정에서 삼장의 언어를 성전어(聖典語), 곧 팔리 어로 부르게 된 데서 비롯됨.

팔만대장경(八萬大藏經) 고려대장경(高麗大藏經)과 같음.

팔만사천(八萬四千) 수가 많은 것의 모두를 나타내는 말.

팔바라이(八波羅夷) 승단에서 추방되어 비구니의 자격이 상실되는 가장 무거운 여덟 가지 죄. (1)음란한 짓을 함. (2)도둑질함. (3)사람을 죽임. (4)깨닫지 못하고서 깨달았다고 거짓말함. (5)남자의 몸을 어루만짐. (6)남자의 손을 잡거나, 함께 앉거나, 함께 은밀한 곳에 가거나, 서로 몸을 기대는 등의 행위를 저지름. (7)다른 비구니가 바라이를 저지른 것을 알고도 숨김. (8)승단에서 추방된 비구를 따름.

팔방천(八方天) 사방(四方)과 사유(四維)를 지키는 여덟 신(神). 동쪽의 제석천(帝釋天), 남동쪽의 화천(火天), 남쪽의 염마천(焰摩天), 남서쪽의 나찰천(羅刹天), 서쪽의 수천(水天), 북서쪽의 풍천(風天), 북쪽의 비사문천(毘沙門天), 북동쪽의 이사나천(伊舍那天).

팔배사(八背捨) 팔해탈(八解脫)과 같음.

팔법(八法) 사람의 마음을 부추겨 산란하게 하는 여덟 가지 현상. 곧, 이익·손해·칭찬·비난·훼방·명예·즐거움·괴로움.

팔부정관(八不正觀) 팔부중도(八不中道)와 같음.

팔부중(八部衆) 불법(佛法)을 수호하는 여덟 신(神). (1)천(天). 욕계의 육욕천(六欲天)과 색계의 여러 천(天)에 있는 신(神)들. (2)용(龍). ⓢnāga 바닷속에 살며 구름을 모아 비를 내리고 광명을 발하여 천지를 비춘다고 함. (3)야차(夜叉). ⓢyakṣa의 음사. 용건(勇健)이라 번역. 수미산 중턱의 북쪽을 지키는 비사문천왕(毘沙門天王)의 권속으로, 땅이나 공중에 살면서 여러 신(神)들을 보호한다고 함. (4)건달바(乾闥婆). ⓢgandharva의 음사. 식향(食香)·심향(尋香)이라 번역. 제석(帝釋)을 섬기며 음악을 연주하는 신(神)으로 향기만 먹고 산다 함. (5)아수라(阿修羅). ⓢasura의 음사. 비천(非天)·부단정(不端正)이라 번역. 늘 싸움만을 일삼는 귀신. (6)가루라(迦樓羅). ⓢgaruḍa의 음사. 금시조(金翅鳥)·묘시조(妙翅鳥)라고 번역. 조류(鳥類)의 왕으로 용을 잡아먹고 산다는 거대한 상상의 새. (7)긴나라(緊那羅). ⓢkiṃnara의 음사. 의인(疑人)·인비인(人非人)이라 번역. 노래하고 춤추는 신(神)으로 형상은 사람인지 아닌지 애매하다고 함. (8)마후라가(摩睺羅伽). ⓢmahoraga의 음사. 대망신(大蟒神)·대복행(大腹行)이라 번역. 몸은 사람과 같고 머리는 뱀과 같은 형상을 한 음악의 신(神). 또는 땅으로 기어다닌다는 거대한 용(龍).

팔부중도(八不中道) 서로 대립하고 있는 여덟 가지 그릇된 개념을 연기법(緣起法)으로 타파하여 분별과 집착이 소멸된 공(空)의 지혜를 드러낸 것. (1)불생(不生). 모든 현상은 인연 따라 일시적으로 모이고 나타날 뿐 생기는 것이 아님. (2)불멸(不滅). 모든 현상은 인연 따라 일시적으로 흩어지고 사라질 뿐 소멸하는 것이 아님. (3)불상(不常). 모든 현상은 끊임없이 변하여 달라짐. (4)부단(不斷). 모든 현상은 단절되지 않고 끊임없이 이어짐. (5)불일(不一). 모든 현상은 인연 따라 일어나므로 하나가 아님. (6)불이(不異). 모든 현상은 끊임없이 이어지므로 다른 것이 아님. (7)불래(不來). 모든 현상은 인연 따라 모일 뿐 어디에서 온 것이 아님. (8)불출(不出). 모든 현상은 인연 따라 흩어질 뿐 어디로 가는 것이 아님.

팔분재계(八分齋戒) 팔재계(八齋戒)와 같음.

팔불(八不) 그릇된 개념을 여덟 가지로 요약하여 타파한 것. ⇒ 팔부중도(八不中道)

팔불가월법(八不可越法) 팔경법(八敬法)과 같음.

팔사(八事) ①지(地)·수(水)·화(火)·풍(風)과 색(色)·향(香)·미(味)·촉(觸)을 말함. ②팔불(八不)과 같음.

팔사(八邪) 여덟 가지 그릇된 길, 곧 팔정도(八正道)의 반대. 사견(邪見)·사사(邪思)·사어(邪語)·사업(邪業)·사명(邪命)·사정진(邪精進)·사념(邪念)·사정(邪定).

팔상(八相) 석가모니의 생애를 여덟으로 나눈 것. (1)도솔래의상(兜率來儀相). 도솔천(兜率天)에서 이 세상에 내려오는 모습. (2)비람강생상(毘藍降生相). 룸비니 동산에서 탄생하는 모습. (3)사문유관상(四門遊觀相). 네 성문으로 나가 세상을 관찰하는 모습. (4)유성출가상(踰城出家相). 성을 넘어 출가하는 모습. (5)설산수도상(雪山修道相). 설산에서 수도하는 모습. (6)수하항마상(樹下降魔相). 보리수(菩提樹) 아래에서 악마의 항복을 받는 모습. (7)녹원전법상(鹿苑轉法相). 녹야원에서 최초로 설법하는 모습. (8)쌍림열반상(雙林涅槃相). 사라쌍수(沙羅雙樹) 아래에서 열반에 드는 모습. 팔상(八相)은 경론(經論)에 따라 여러 설이 있음.

팔상도(八相圖) 팔상(八相)을 묘사한 그림.

팔상전(八相殿·捌相殿) 팔상도(八相圖)를 봉안한 사찰에 있는 건물.

팔성(八聖) 팔현성(八賢聖)과 같음.

팔성도(八聖道) 팔정도(八正道)와 같음.

팔승입(八勝入) 팔승처(八勝處)와 같음.

팔승처(八勝處) 팔해탈(八解脫)을 닦은 뒤에 대상의 빛깔이나 모양을 주시하여 그것을 타파함으로써 탐욕을 버리고 자유 자재를 얻는 여덟 가지 선정(禪定)의 단계. (1)내유색상관외색소승처(內有色想觀外色少勝處). 마음 속에 있는 빛깔이나 모양에 대한 생각을 버리기 위해 바깥 대상의 빛깔이나 모양의 일부분을 주시하여 그것을 타파함으로써 탐욕을 소멸시킴. (2)내유색상관외색다승처(內有色想觀外色多勝處). 마음 속에 있는 빛깔이나 모양에 대한 생각을 버리기 위해 바깥 대상의 빛깔이나 모양의 대부분을 주시하여 그것을 타파함으로써 탐욕을 소멸시킴. (3)내무색상관외색소승처(內無色想觀外色少勝處). 마음 속에 빛깔이나 모양에 대한 생각은 없지만 다시 바깥 대상의 빛깔이나 모양의 일부분을 주시하여 그것을 타파함으로써 탐욕을 소멸시킴. (4)내무색상관외색다승처(內無色想觀外色多勝處). 마음 속에 빛깔이나 모양에 대한 생각은 없지만 다시 바깥 대상의 빛깔이나 모양의 대부분을 주시하여 그것을 타파함으로써 탐욕을 소멸시킴. (5)내무색상관외색청승처(內

無色想觀外色青勝處). 마음 속에 빛깔이나 모양에 대한 생각은 없지만 바깥 대상의 푸른색을 주시하여 그것을 타파함으로써 탐욕을 소멸시킴. (6)내무색상관외색황승처(內無色想觀外色黃勝處). 마음 속에 빛깔이나 모양에 대한 생각은 없지만 바깥 대상의 노란색을 주시하여 그것을 타파함으로써 탐욕을 소멸시킴. (7)내무색상관외색적승처(內無色想觀外色赤勝處). 마음 속에 빛깔이나 모양에 대한 생각은 없지만 바깥 대상의 붉은색을 주시하여 그것을 타파함으로써 탐욕을 소멸시킴. (8)내무색상관외색백승처(內無色想觀外色白勝處). 마음 속에 빛깔이나 모양에 대한 생각은 없지만 바깥 대상의 흰색을 주시하여 그것을 타파함으로써 탐욕을 소멸시킴.
이 가운데 (1)(2)는 팔해탈(八解脫)의 (1)에 해당하고, (3)(4)는 팔해탈의 (2)에, (5)(6)(7)(8)은 팔해탈의 (3)에 해당함. 팔해탈은 탐욕만 소멸되었을 뿐 자유 자재를 얻지 못한 데 반해, 팔승처는 대상을 타파함으로써 탐욕의 소멸과 동시에 자유 자재를 얻는다고 하는 차이가 있음.

팔식(八識) 유식설(唯識說)에서 분류한 여덟 가지 마음 작용. 곧, 안식(眼識)·이식(耳識)·비식(鼻識)·설식(舌識)·신식(身識)·의식(意識)·말나식(末那識)·아뢰야식(阿賴耶識).

팔십미묘종호(八十微妙種好) 팔십종호(八十種好)와 같음.

팔십수형호(八十隨形好) 팔십종호(八十種好)와 같음.

팔십수호(八十隨好) 팔십종호(八十種好)와 같음.

팔십종묘호(八十種妙好) 팔십종호(八十種好)와 같음.

팔십종소상(八十種小相) 팔십종호(八十種好)와 같음.

팔십종호(八十種好) 부처와 보살이 갖추고 있다는 여든 가지 신체의 미세한 특징. 각각의 특징에 대해서는 여러 설이 있는데, 그 중 방광대장엄경(方廣大莊嚴經) 3권의 것을 소개함. (1)수족지갑개실고기(手足指甲皆悉高起). 손톱과 발톱이 모두 높이 솟아 있음. (2)지갑여적동(指甲如赤銅). 손톱과 발톱의 빛깔이 붉은 구리와 같음. (3)지갑윤택(指甲潤澤). 손톱과 발톱이 윤택함. (4)수문윤택(手文潤澤). 손금이 윤택함. (5)수문리심(手文理深). 손금이 깊음. (6)수문분명현저(手文分明顯著). 손금이 분명하게 드러남. (7)수문단세(手文端細). 손금이 단정하고 가늚. (8)수족불곡(手足不曲). 손발이 굽어 있지 않음. (9)수지섬장(手指纖長). 손가락이 가늘고 긺. (10)수지원만(手指圓滿). 손가락이 둥글고 풍만함. (11)수지단점세(手指端漸細). 손가락 끝이 점점 가늘어 짐. (12)수지불곡(手指不曲). 손가락이 굽어 있지 않음. (13)근맥불로(筋脈不露). 근육과 혈관이 드러나지 않음. (14)과불현(踝不現). 복사뼈가 드러나지 않음. (15)족하평(足下平). 발바닥이 평평함. (16)족근원정(足跟圓正). 발뒤꿈치가 둥글고 반듯함. (17)순색적호여빈파과(脣色赤好如頻婆果). 입술이 붉고 좋아 빈파 열매 같음. (18)성불추광(聲不麤獷). 목소리가 추악하지 않음. (19)설유연색여적동(舌柔軟色如赤銅). 혀가 부드럽고 빛깔은 붉은 구리 같음. (20)성여뢰음청창화아(聲如雷音淸暢和雅). 목소리가 천둥소리 같지만 맑고 부드러움. (21)제근구족(諸根具足). 모든 감각 기관이 잘 갖추어져 있음. (22)비섬장(臂纖長). 팔뚝이 가늘고 긺. (23)신청정엄호(身淸淨嚴好). 몸이 맑고 깨끗하며 위엄이 있고 잘 생김. (24)신체유연(身體柔軟). 몸이 부드러움. (25)신체평정(身體平正). 몸이 고르고 바름. (26)신무결감(身無缺

減). 몸에 결함이 없음. (27)신점섬직(身漸纖直). 몸이 점차 가늘고 곧음. (28)신부동요(身不動搖). 몸이 흔들리지 않음. (29)신분상칭(身分相稱). 몸의 각 부분이 서로 가지런함. (30)슬륜원만(膝輪圓滿). 무릎이 둥글고 풍만함. (31)신경묘(身輕妙). 몸이 가볍고 묘함. (32)신유광명(身有光明). 몸에 광명이 있음. (33)심무사곡(身無斜曲). 몸이 비뚤거나 굽어 있지 않음. (34)제심(臍深). 배꼽이 깊음. (35)제불편(臍不偏). 배꼽이 치우치지 않음. (36)제칭위(臍稱位). 배꼽이 위치에 맞음. (37)제청정(臍淸淨). 배꼽이 깨끗함. (38)신단엄(身端嚴). 몸이 단정하고 위엄이 있음. (39)신극정변발광명파제명명(身極淨遍發光明破諸冥暝). 몸이 지극히 깨끗하여 두루 광명을 발하므로 모든 어둠을 깨뜨림. (40)행여상왕(行如象王). 다니는 것이 코끼리왕과 같음. (41)유보여사자왕(遊步如師子王). 걷는 것이 사자왕 같음. (42)행여우왕(行如牛王). 다니는 것이 소의 왕과 같음. (43)행여아왕(行如鵝王). 다니는 것이 거위왕과 같음. (44)행순우(行順右). 다닐 때 오른쪽으로 움직임. (45)복원만(腹圓滿). 배가 둥글고 풍만함. (46)복묘호(腹妙好). 배가 묘하고 보기 좋음. (47)복불편곡(腹不偏曲). 배가 치우치거나 굽어 있지 않음. (48)복상하현(腹相下現). 배 모양이 드러나지 않음. (49)신무흑자(身無黑子). 몸에 검은 점이 없음. (50)아원정(牙圓正). 어금니가 둥글고 반듯함. (51)치백제밀(齒白齊密). 이가 희고 가지런하고 빽빽함. (52)사아균등(四牙均等). 네 개의 어금니가 고르고 같음. (53)비고수직(鼻高修直). 코가 높고 길며 곧바름. (54)양목명정(兩目明淨). 두 눈이 밝고 깨끗함. (55)목무구예(目無垢穢). 눈에 눈꼽이 없음. (56)목미요(目美妙). 눈이 아름답고 묘함. (57)목수광(目脩廣). 눈이 길고 넓음. (58)목단정(目端正). 눈이 단정함. (59)목여청련(目如靑蓮). 눈이 푸른 연꽃 같음. (60)미섬이장(眉纖而長). 눈썹이 가늘고 길. (61)견자개생희(見者皆生喜). 보는 사람이 모두 기뻐함. (62)미색청감(眉色靑紺). 눈섭 빛깔이 검푸름. (63)미단점세(眉端漸細). 눈썹 끝이 점점 가늘어짐. (64)양미두미상접련(兩眉頭微相接連). 두 눈썹과 머리가 희미하게 서로 맞닿아 이어져 있음. (65)협상평만(頰相平滿). 볼이 평평하고 풍만함. (66)협무결감(頰無缺減). 볼에 결함이 없음. (67)협무과오(頰無過惡). 볼에 잘못되거나 미운 데가 없음. (68)신불결감무소기혐(身不缺減無所譏嫌). 몸에 결함이 없어 조롱하거나 싫어할 곳이 없음. (69)제근적연(諸根寂然). 여러 감각 기관이 고요함. (70)미간호상광백선결(眉間毫相光白鮮潔). 눈썹 사이의 터럭 모양은 흰 빛이 나며 깨끗함. (71)액광평정(額廣平正). 이마가 넓고 평평하며 바름. (72)두정원만(頭頂圓滿). 정수리가 둥글고 풍만함. (73)발미흑(髮美黑). 머리칼이 아름답고 검음. (74)발세연(髮細軟). 머리칼이 가늘고 부드러움. (75)발불란(髮不亂). 머리칼이 어지럽지 않음. (76)발향결(髮香潔). 머리칼이 향기롭고 깨끗함. (77)발윤택(髮潤澤). 머리칼이 윤택함. (78)발유오만자(髮有五卍字). 머리칼에 다섯 개의 만(卍)자가 있음. (79)발채라선(髮彩螺旋). 머리칼이 빛나고 소라처럼 돋아 있음. (80)발유난타월다길륜어상(髮有難陀越多吉輪魚相). 머리칼에 난타월다 길륜어의 모양이 있음.

팔십팔사(八十八使) 사(使)는 번뇌를 뜻함. 견도(見道)에서 사제(四諦)를 명료하게 주시하여 끊는 번뇌, 곧 견혹(見惑)에 유신견(有身見)·변집견(邊執見)·사견(邪見)·견취견(見取見)·계금취견(戒禁取見)·탐(貪)·진(瞋)·치(癡)·만(慢)·의(疑)가 있는데, 이를 삼계(三界) 각각에 사제를 적용시키면 욕계의 고제에서 끊는 번뇌에 유신견(有身見)·변집견(邊執見)·사견(邪見)·견취견(見取見)·계금취견(戒禁取見)·탐(貪)·진(瞋)·치(癡)·만(慢)·의(疑)의 10번뇌, 집제에서 끊는 번뇌에는 위의 10번뇌 가운데 유신견과 변집견과 계금취견을 제외한 7번뇌, 멸제도 집제와 마찬가지로 7번뇌, 도제에서 끊는 번뇌에는 유신견과 변집견을 제외한 8번뇌이므로 합계 32번뇌. 또 색계에서는 욕계의 사제 각각에 진(瞋)이 제외되므로 고제에 9번뇌, 집제에 6번뇌, 멸제에 6번뇌, 도제에 7번뇌, 합계 28번뇌. 무색계도 색계와 마찬가지로 28번뇌. 따라서 삼계의 견혹은 88이 됨.

팔양신주경(八陽神呪經) 1권. 서진(西晋)의 축법호(竺法護) 번역. 여덟 명의 부처의 이름을 열거하고, 그 이름을 외우고 받드는 자의 공덕을 설한 경.

팔열지옥(八熱地獄) 뜨거운 열로 고통을 받는 여덟 지옥. (1)등활지옥(等活地獄). 살생한 죄인이 죽어서 가게 된다는 지옥으로, 뜨거운 불길로 고통을 받다가 숨이 끊어지려면 찬 바람이 불어와 깨어나서 다시 고통을 받는다고 함. (2)흑승지옥(黑繩地獄). 살생하고 도둑질한 죄인이 죽어서 가게 된다는 지옥으로, 뜨거운 쇠사슬에 묶여 톱으로 잘리는 고통을 받는다고 함. (3)중합지옥(衆合地獄). 살생하고 도둑질하고 음란한 짓을 한 죄인이 죽어서 가게 된다는 지옥으로, 뜨거운 쇠로 된 구유 속에서 고통을 받는다고 함. (4)규환지옥(叫喚地獄). 살생하고 도둑질하고 음란한 짓을 하고 술을 마신 죄인이 죽어서 가게 된다는 지옥으로, 끓는 가마솥이나 불 속에서 고통을 받는다고 함. (5)대규환지옥(大叫喚地獄). 오계(五戒)를 깨뜨린 자, 곧 살생하고 도둑질하고 음란한 짓을 하고 술을 마시고 거짓말한 죄인이 죽어서 가게 된다는 지옥으로, 뜨거운 칼로 혀가 잘리는 고통을 받는다고 함. (6)초열지옥(焦熱地獄). 오계(五戒)를 깨뜨리고 그릇된 견해를 일으킨 죄인이 죽어서 가게 된다는 지옥으로, 뜨거운 철판 위에 누워서 뜨거운 쇠방망이로 두들겨 맞는 고통을 받는다고 함. (7)대초열지옥(大焦熱地獄). 오계(五戒)를 깨뜨리고 그릇된 견해를 일으키고 비구니를 범한 죄인이 죽어서 가게 된다는 지옥으로, 뜨거운 쇠로 된 방에서 살가죽이 타는 고통을 받는다고 함. (8)아비지옥(阿鼻地獄). 아비(阿鼻)는 ⓢavīci의 음사로, 고통의 '간격이 없다'는 뜻. 따라서 무간지옥(無間地獄)이라 함. 아버지를 죽인 자, 어머니를 죽인 자, 아라한을 죽인 자, 승가의 화합을 깨뜨린 자, 부처의 몸에 피를 나게 한 자 등, 지극히 무거운 죄를 지은 자가 죽어서 가게 된다는 지옥. 살가죽을 벗겨 불 속에 집어넣거나 쇠매〔鐵鷹〕가 눈을 파먹는 따위의 고통을 끊임없이 받는다고 함.

팔용왕(八龍王) 팔대용왕(八大龍王)과 같음.

팔인(八忍) 욕계의 고제(苦諦)·집제(集諦)·멸제(滅諦)·도제(道諦)와 색계·무색계의 고제·집제·멸제·도제를 명료하게 주시하여 그것들에 대한 미혹을 끊고 확실하게 인정하는 지혜. 곧, 고법지인(苦法智忍)·집법지인(集法智忍)·멸법지인(滅法智忍)·도법지인(道法智忍)과 고류지인(苦類智忍)·집류지인(集類智忍)·멸류지인(滅類智忍)·도류지인(道類智忍)을 통틀어 일컬음.

팔인지(八人地) 십지(十地)의 하나. 팔인(八人)은 팔인(八忍)과 같음. 곧, 욕계의 사제(四諦)와 색계·무색계의 사제를 명료하게 주시하여 그것에 대한 미혹을 끊고 확실하게 인정하는 단계.

팔일공능(八一功能) 팔일유능(八一有能)과 같음.

팔일유능(八一有能) 모든 현상이 생멸할 때에는 근원과 생(生)·주(住)·이(異)·멸(滅) 그리고 이것을 있게 하는 원리인 생생(生生)·

주주(住住)·이이(異異)·멸멸(滅滅)의 아홉 가지가 함께 일어나는데, 생·주·이·멸 각각은 다른 여덟 가지에 작용하지만 생생·주주·이이·멸멸 각각은 각각의 생·주·이·멸 하나에만 작용한다는 뜻. 예를 들면, 생은 근원·주·이·멸·생생·주주·이이·멸멸에 작용하지만 생생은 생에만 작용함.

팔재(八齋) 팔재계(八齋戒)와 같음.

팔재계(八齋戒) 재가(在家)의 신도가 육재일(六齋日), 곧 음력 매월 8·14·15·23·29·30일에 하루 낮 하룻밤 동안 지키는 계율. (1)이살생(離殺生). 살아 있는 것을 죽이지 않음. (2)이불여취(離不與取). 주지 않는 것을 가지지 않음. (3)이비범행(離非梵行). 청정하지 않은 행위를 하지 않음. (4)이허광어(離虛誑語). 헛된 말을 하지 않음. (5)이음제주(離飮諸酒). 모든 술을 마시지 않음. (6)이면좌고광엄려상좌(離眠坐高廣嚴麗牀座). 높고 넓고 화려한 평상에 앉지 않음. (7)이도식향만이무가관청(離塗飾香鬘離舞歌觀聽). 향유(香油)를 바르거나 머리를 꾸미지 않고, 춤추고 노래하는 것을 보지도 듣지도 않음. (8)이식비시식(離食非時食). 때가 아니면 음식물을 먹지 않음. 곧, 정오가 지나면 먹지 않음.

팔정각로(八正覺路) 팔정도(八正道)와 같음.

팔정도(八正道) ⓢāryāṣṭāṅgika-mārga ⓟariya-aṭṭhaṅgika-magga 괴로움의 소멸에 이르는 여덟 가지 바른 길. (1)정견(正見). 바른 견해. 연기(緣起)와 사제(四諦)에 대한 지혜. (2)정사유(正思惟). 바른 생각. 곧, 번뇌에서 벗어난 생각, 노여움이 없는 생각, 남에게 해를 끼치지 않는 생각 등. (3)정어(正語). 바른 말. 거짓말, 남을 헐뜯는 말, 거친 말, 쓸데없는 잡담 등을 삼가함. (4)정업(正業). 바른 행위. 살생이나 도둑질 등 문란한 행위를 하지 않음. (5)정명(正命). 바른 생활. 정당한 방법으로 적당한 의식주를 구하는 생활. (6)정정진(正精進). 바른 노력. 이미 생긴 악은 없애려고 노력하고, 아직 생기지 않은 악은 미리 방지하고, 아직 생기지 않은 선은 생기도록 노력하고, 이미 생긴 선은 더욱 커지도록 노력함. (7)정념(正念). 바른 마음챙김. 신체, 느낌이나 감정, 마음, 모든 현상을 있는 그대로 통찰하여 마음챙김. (8)정정(正定). 바른 집중. 마음을 하나의 대상에 집중·통일시킴으로써 마음을 가라앉힘.

팔정로(八正路) 팔정도(八正道)와 같음.

팔제입(八除入) 팔승처(八勝處)와 같음.

팔종도(八種道) 팔정도(八正道)와 같음.

팔지(八智) 욕계의 고제(苦諦)·집제(集諦)·멸제(滅諦)·도제(道諦)와 색계·무색계의 고제·집제·멸제·도제를 체득한 지혜. 곧, 고법지(苦法智)·집법지(集法智)·멸법지(滅法智)·도법지(道法智)와 고류지(苦類智)·집류지(集類智)·멸류지(滅類智)·도류지(道類智)를 통틀어 일컬음.

팔지근주재계(八支近住齋戒) 팔재계(八齋戒)와 같음.

팔직도(八直道) 팔정도(八正道)와 같음.

팔진도(八眞道) 팔정도(八正道)와 같음.

팔천송반야(八千頌般若) 소품반야경(小品般若經)과 같음. 팔천(八千)은 소품반야경의 산스크리트 원전의 명칭 가운데 aṣṭasāhasrika의 번역, 송(頌)은 32음절을 1송으로 하여 산문체의 길이를 나타낸 것.

팔품도(八品道) 팔정도(八正道)와 같음.

팔한내락가(八寒捺落迦) 내락가(捺落迦)는 ⓢnaraka의 음사로, 지옥(地獄)이라 번역. 팔한지옥(八寒地獄)과 같음.

팔한지옥(八寒地獄) 심한 추위로 고통을 받는 여덟 지옥. 염부제(閻浮提) 밑의 5백 유순(由旬)되는 곳에 있다고 함. (1)알부타지옥(頞部陀地獄). 알부타(頞部陀)는 ⓢarbuda의 음사, 포(皰)라고 번역. 심한 추위로 몸이 부르튼다는 지옥. (2)이랄부타지옥(尼剌部陀地獄). 이랄부타(尼剌部陀)는 ⓢnirarbuda의 음사, 포열(皰裂)이라 번역. 심한 추위로 몸이 부르터서 터진다는 지옥. (3)알찰타지옥(頞哳吒地獄). 알찰타(頞哳吒)는 ⓢaṭaṭa의 음사. 심한 추위의 고통을 감당하지 못하고 내는 소리에 의한 이름. (4)확확파지옥(臛臛婆地獄). 확확파(臛臛婆)는 ⓢhahava의 음사. 심한 추위로 혀가 굳어져 괴로워하는 소리에 의한 이름. (5)호호파지옥(虎虎婆地獄). 호호파(虎虎婆)는 ⓢhuhuva의 음사. 심한 추위로 입을 열지 못하여 괴로워하는 소리에 의한 이름. (6)올발라지옥(嗢鉢羅地獄). 올발라(嗢鉢羅)는 ⓢutpala의 음사, 수련(睡蓮)을 말함. 심한 추위로 몸이 푸르게 변하고, 굽고 터져 수련의 푸른 꽃과 같이 된다는 지옥. (7)발특마지옥(鉢特摩地獄). 발특마(鉢特摩)는 ⓢpadma의 음사, 홍연화(紅蓮華)라고 번역. 심한 추위로 몸이 얼어서 터져 붉은 연꽃같이 된다는 지옥. (8)마하발특마지옥(摩訶鉢特摩地獄). 마하발특마(摩訶鉢特摩)는 ⓢmahā-padma의 음사, 대홍연화(大紅蓮華)라고 번역. 심한 추위로 몸이 몹시 얼어서 터져 큰 붉은 연꽃같이 된다는 지옥.

팔해탈(八解脫) 번뇌의 속박에서 벗어나는 여덟 가지 선정(禪定). (1)내유색상관외색해탈(內有色想觀外色解脫). 마음 속에 있는 빛깔이나 모양에 대한 생각을 버리기 위해 바깥 대상의 빛깔이나 모양에 대하여 부정관(不淨觀)을 닦음. (2)내무색상관외색해탈(內無色想觀外色解脫). 마음 속에 빛깔이나 모양에 대한 생각은 없지만 그 상태를 유지하기 위해 부정관(不淨觀)을 계속 닦음. (3)정해탈신작증구족주(淨解脫身作證具足住). 부정관(不淨觀)을 버리고 바깥 대상의 빛깔이나 모양에 대하여 청정한 방면을 주시하여도 탐욕이 일어나지 않고, 그 상태를 몸으로 완전히 체득하여 안주함. (4)공무변처해탈(空無邊處解脫). 형상에 대한 생각을 완전히 버리고 허공은 무한하다고 주시하는 선정으로 들어감. (5)식무변처해탈(識無邊處解脫). 허공은 무한하다고 주시하는 선정을 버리고 마음의 작용은 무한하다고 주시하는 선정으로 들어감. (6)무소유처해탈(無所有處解脫). 마음의 작용은 무한하다고 주시하는 선정을 버리고 존재하는 것은 없다고 주시하는 선정으로 들어감. (7)비상비비상처해탈(非想非非想處解脫). 존재하는 것은 없다고 주시하는 선정을 버리고 생각이 있는 것도 아니고 생각이 없는 것도 아닌 경지의 선정으로 들어감. (8)멸수상정해탈(滅受想定解脫). 모든 마음 작용이 소멸된 선정으로 들어감.

팔현성(八賢聖) 수다원향(須陀洹向)·사다함향(斯陀含向)·아나함향(阿那含向)·아라한향(阿羅漢向)의 네 성자와 수다원과(須陀洹果)·사다함과(斯陀含果)·아나함과(阿那含果)·아라한과(阿羅漢果)의 네 성자.

패(唄) 부처의 공덕을 칭송하는 노래. 찬가(讚歌).

패(貝) ⓢśaṅkha 소라 껍데기로 만든 악기.

패겁(敗劫) 괴겁(壞劫)과 같음.

패닉(唄匿) 부처의 공덕을 칭송하는 노래. 찬가(讚歌).

패다라(貝多羅) ⓢpattra의 음사. 고대 인도에서 경문(經文)을 새기거나 쓰기 위해 사용한 길고 넓은 나뭇잎. 주로 다라수(多羅樹) 잎을 사용함. 먼저 잎을 건조시켜 직사각형으로 자르고 좌우에 두 개의 작은 구멍을 뚫은 다음, 잎에 침으로 문자를 새기고 먹으로 그 흔적을 검게 하거나 대나무로 만든 붓으로 글씨를 씀. 그 다음 완성된 여러 장의 나뭇잎을 겹겹이 쌓아 두 개의 나무 판자 사이에 놓고 구멍에 끈을 꿰어 묶어서 보관함.

패비구(唄比丘) 현우경(賢愚經)에 나오는, 찬가(讚歌)를 잘 불렀다는 비구 이름.

패엽(貝葉) 패(貝)는 ⓢpattra의 음사인 패다라(貝多羅)의 준말, 엽(葉)은 그 번역.

패엽사(貝葉寺) 황해도 신천군 용진면 구월산 동쪽 기슭에 있는 절. 신라 때 창건하고, 1400년경에 모두 불타고, 이후 복구·증축함. 일제 강점기 때 삼십일본산(三十一本山)의 하나로 지정됨.

팽창상(膨脹想) 창상(脹相)과 같음.

편계소집성(遍計所執性) ⇒ 변계소집성(遍計所執性)

편공(偏空) 여러 인연의 일시적인 화합으로 존재하는 현상을 주시하지 못하고 공(空)에만 치우침.

편관일체색신상관(遍觀一切色身想觀) ⇒ 변관일체색신상관(遍觀一切色身想觀)

편단(偏袒) 편단우견(偏袒右肩)과 같음.

편단우견(偏袒右肩) 가사를 늘어뜨려 오른쪽 어깨를 드러내어 상대방에게 공경을 나타내는 인도의 예법.

편몰(遍歿) ⇒ 변몰(遍歿)

편방부정교(偏方不定教) 교판(教判)에서, 처음부터 깨달음의 경지를 설한 돈교(頓教)와 점진적으로 깨달음에 이르게 하는 점교(漸教)의 형식에 구애받지 않고 영원한 부처의 성품을 설한 가르침. 승만경·금광명경의 가르침을 말함.

편삼(偏衫·褊衫) 삼의(三衣) 안에 입는 승기지(僧祇支)와 부견의(覆肩衣)를 서로 교차하도록 꿰매고 소매를 단 윗옷. 후위(後魏) 때 처음으로 만듦. 여기에 아랫도리에 입는 군자(裙子)를 합쳐 꿰맨 것을 직철(直裰)이라 함.

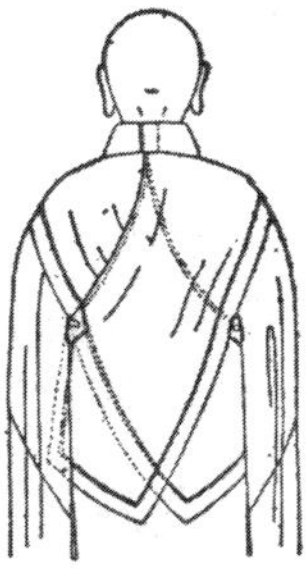

편삼

편시종법성(遍是宗法性) ⇒ 변시종법성(遍是宗法性)

편양언기(鞭羊彦機) ⇒ 언기(彦機)

편위각정(偏位却正) ⇒ 정편오위(正偏五位)

편위중래(偏位中來) ⇒ 정편오위(正偏五位)

편정천(遍淨天) ⇒ 변정천(遍淨天)

편정회호(偏正回互) 편(偏)은 현상, 정(正)은 본체. 현상과 본체는 하나의 두 면으로서, 걸림 없이 서로 융합하고 있다는 뜻.

편중정(偏中正) ⇒ 정편오위(正偏五位)

편중지(偏中至) ⇒ 정편오위(正偏五位)

편지(偏知) ⇒ 변지(偏知)

편지원(遍知院) ⇒ 변지원(遍知院)

편취행지력(遍趣行智力) ⇒ 변취행지력(遍趣行智力)

편행(遍行) ⇒ 변행(遍行)

평단(平旦) 아침.

평도교(平道教) 방편으로 설하지 않고, 깨달음을 그대로 드러내는 가르침.

평등관(平等觀) 종공입가평등관(從空入假平等觀)의 준말.

평등도교(平等道教) 평도교(平道教)와 같음.

평등무외(平等無畏) 모든 현상의 본성에는 불변하는 실체가 없으므로 모든 현상의 본성은 평등하다고 주시하여 마음에 두려움이 없고 평온함.

평등성지(平等性智) 사지(四智)의 하나. 번뇌에 오염된 말나식(末那識)을 질적으로 변혁하여 얻은 청정한 지혜. 이 지혜는 자아에 대한 집착을 떠나 자타(自他)의 평등을 깨달아 대자비심을 일으킴으로 이와 같이 말함.

평등지(平等智) 평등성지(平等性智)의 준말.

평사왕(蓱沙王) 빈파사라왕(頻婆娑羅王)과 같음.

평산처림(平山處林) ⇒ 처림(處林)

평상심시도(平常心是道) 평범하고 예사로운 일상의 마음은 인간이 본래 갖추고 있는 청정한 성품이기 때문에 그 마음이 곧 도(道)라는 뜻.

평창(評唱) 고칙(古則)이나 송고(頌古)에 대한 상세한 해설과 비평.

폐권입실(廢權立實) 권(權)은 방편을 뜻함. 방편으로 설한 성문·연각·보살의 삼승(三乘)에 대한 가르침을 버리고, 진실한 일승(一乘)의 가르침을 세움.

폐납의(弊衲衣) 남이 버린 헌 옷이나 베 조각들을 기워서 만든 옷.

폐단다(吠檀多) ⇒ 베단타학파(vedānta學派)

폐람파(吠嵐婆) 비람풍(毘嵐風)과 같음.

폐려(薜荔) 폐려다(薜荔多)의 준말.

폐려가(薜荔伽) 폐려다(薜荔多)와 같음.

폐려다(薜荔多·閉戾多) ⓢpreta ⓟpeta의 음사. ①아귀(餓鬼). 귀신. ②죽은 조상, 또는 그 혼령.

폐류리(吠琉璃·吠瑠璃) ⓢvaiḍūrya의 음사. 검푸른 빛이 나는 보석.

폐불(廢佛) 불교를 배척하거나 탄압함.

폐사(吠奢·吠舍·薜舍) ⓢvaiśya의 음사. 고대 인도의 사성(四姓) 가운데 셋째 계급으로, 농·공·상업에 종사하는 평민 그룹.

폐사거(吠舍佉) ⓢvaiśākha의 음사. 인도력(印度曆)의 2월. 음력 2월 16일부터 3월 15일까지에 해당함.

폐사리(吠舍釐) 비사리(毘舍離)와 같음.

폐삼현일(廢三顯一) 방편으로 설한 성문·연각·보살의 삼승(三乘)에 대한 가르침을 버리고, 진실한 일승(一乘)의 가르침을 드러냄.

폐석교(廢釋敎) 석교, 곧 불교를 배척하거나 탄압함.

폐세사가(吠世師迦) ⇒ 바이셰시카학파(vaiśeṣika學派)

폐솔노(吠率怒) ⓢviṣṇu의 음사. ⇒ 비슈누(viṣṇu)

폐시(閉尸·蔽尸) ⓢpeśi의 음사. 혈육(血肉)·응결(凝結)이라 번역. 태내오위(胎內五位)의 하나. 수태(受胎) 후 15일부터 7일간.

폐의(弊衣) 낡은 옷.

폐적현본(廢迹顯本) 아득히 먼 과거에 성불한 본불(本佛)의 자취인 적문(迹門)의 부처에 대한 집착을 버리고 본불을 드러냄.

폐전담지(廢詮談旨) 언어로 표현할 수 없는, 스스로 체득한 궁극적인 진리. 언어를 버리고 궁극적인 진리를 직관함.

폐타(吠陀) ⓢveda의 음사. ⇒ 베다(veda)

포교사(布敎師) 부처의 가르침을 전파하는 사람.

포나락가(皰那落迦) 포(皰)는 ⓢarbuda의 번역, 나락가(那落迦)는 ⓢnaraka의 음사로, 지옥(地獄)이라 번역. 알부타지옥(頞部陀地獄)과 같음.

포다라(逋多羅) 보달락가(補怛洛迦)와 같음.

포달락가(布呾洛迦) 보달락가(補怛洛迦)와 같음.

포대화상(布袋和尙) (?-916). 후량(後粱)의 승려. 본이름은 계차(契此). 절강성(浙江省) 명주(明州) 출신. 포대를 지팡이에 걸어서 어깨에 메고 동냥한 것을 그 속에 담고 떠돌아다니면서 수행한 선승(禪僧). 916년에 명주 악림사(嶽林寺)에서 입적함.

포도(蒲圖) 부도(浮屠) ②와 같음.

포라나론(布羅那論) ⓢpurāṇa의 음사. 바라문교에서 가르치는 전설·신화·고사(故事), 또는 그에 대한 문헌.

포로사(布路沙) ⓢpuruṣa의 음사. 사람.

포사니(蒲闍尼) ⓢbhojanīya의 음사. 정식(正食)이라 번역. 비구들이 끼니로 먹는 부드러운 음식. 밥·죽·보릿가루·생선·고기 따위.

포사타(布沙陀·哺沙他) 포살(布薩)과 같음.

포살(布薩) ⓢpoṣadha ⓢupavāsa ⓢupavasatha ⓟuposatha의 음사. 단식(斷食)·정주(淨住)·선숙(善宿)·근주(近住)·장정(長淨)이라 번역. 출가자들은 음력 매월 15일과 29일(또는 30일)에 한곳에 모여 계율의 조목을

독송하면서 그 동안에 자신이 저지른 잘못을 참회하고, 재가(在家)의 신도는 육재일(六齋日), 곧 음력 매월 8·14·15·23·29·30일에 하루 낮 하룻밤 동안 팔재계(八齋戒)를 지키는 일.

포살건도(布薩犍度) 건도(犍度)는 ⓢskandha의 음사로, 장(章)·편(篇)을 뜻함. 포살에 대해 설한 장(章).

포살호(布薩護) 팔재계(八齋戒)의 딴이름. 호(護)는 악을 방지한다는 뜻.

포선니(蒲膳尼) 포사니(蒲闍尼)와 같음.

포쇄타(褒灑陀) 포살(布薩)과 같음.

포제목저비살사(晡提木底鞞殺社) ⓢpūtimukta-bhaiṣajya의 음사. 진기약(陳棄藥)이라 번역. 소의 똥오줌으로 만든 약.

포참(飽參) 충분히 먹어 흡족하듯, 철저하게 수행하여 완벽하게 깨달음을 체득함.

포폄억양교(褒貶抑揚教) 억양교(抑揚教)의 준말.

폭류(暴流) 모든 선(善)을 떠내려 보낸다는 뜻으로, 번뇌를 말함.

표덕(表德) 진리의 본질을 직설적·긍정적으로 드러냄.

표백(表白) ①구족계(具足戒)를 줄 사람을 추천하는 말. ②의식을 개최할 때, 그 의식의 취지와 소원 등을 불전(佛前)에 아뢰는 의례.

표색(表色) 몸으로 나타내는 모든 형상과 자태.

표업(表業) 몸과 입으로 나타내는 행위와 말.

표의명언(表義名言) 뜻을 나타내는 언어.

표전(表詮) 대상의 본질을 긍정적·직설적으로 표현하는 것. 이에 반해, 대상의 본질을 부정적·역설적으로 표현하는 것은 차전(遮詮)이라 함. 예를 들면, '마음이 곧 부처이다〔卽心是佛〕'는 표전, '마음도 아니고 부처도 아니다〔非心非佛〕'는 차전.

표찰(表刹) 탑 꼭대기에 세워, 산개(傘蓋)·방울·구슬 등을 매달아 두는 버팀대.

표충사(表忠寺) 경남 밀양시 단장면 재약산 남서쪽 기슭에 있는 절. 통도사(通度寺)의 말사. 사명 유정(四溟惟政, 1544-1610)이 1607년경에 밀양 무안군 고라리에 백하암(白霞庵)을 창건하고, 1618년에 이곳을 표충사(表忠祠)로 하여 유정(惟政)의 영정을 봉안함. 1636년 병자호란 때 불타고, 1714년에 밀양부사 김창석(金昌錫)이 다시 지어 표충암(表忠庵)이라 하고, 1738년에 연초(演初)와 남붕(南鵬)이 증축하고 유정(惟政)·휴정(休靜)·영규(靈圭)의 영정을 봉안함. 1839년에 천유(天有)가 표충암을 재약산 영정사(靈井寺)로 옮겨 증축하고 표충사(表忠寺)라 함. 이후 여러 차례 증축·보수함. 문화재 : 청동함은향완(青銅含銀香垸)·삼층석탑·석등(石燈)·표충비(表忠碑)·표충서원(表忠書院)·대광전(大光殿) 등.

표친(俵嚫) 친(嚫)은 친(襯)과 같음. 시주 받은 물건을 승려들에게 나누어 줌, 또는 그 물건.

표훈(表訓) 생몰년 미상. 신라의 승려. 674년에 황복사(皇福寺)에서 의상(義湘)에게 법계도(法界圖)를 배우고, 751년에 불국사(佛國

寺)가 완성되자 그곳에 머무름. 흥륜사(興輪寺) 금당(金堂)에 신라 십성(十聖)의 한 사람으로 봉안됨.

표훈사(表訓寺) 강원 회양군 금강산 비로봉 남서쪽 기슭에 있는 절. 670년(신라 문무왕 10)에 창건하고, 1459년에 다시 지음. 1682년에 모두 불타고 이듬해 다시 짓고, 1777년에 홍수로 파괴되고 이듬해 다시 짓고, 1864년에 크게 보수함.

품류(品類) ①종류. ②같은 성질.

품류족론(品類足論) 아비달마품류족론(阿毘達磨品類足論)의 준말.

품식(稟識) 감정이나 의식을 지니고 있는 존재, 곧 중생을 말함.

품일(品日) ⇒ 범일(梵日)

풍경(諷經) 경전의 글귀를 읊조리면서 읽거나 암송함.

풍경(風磬) 작은 종에 물고기 모양의 금속판 추(錘)를 매달은 기구로, 전각(殿閣)의 처마 끝이나 탑의 지붕돌에 매달아 바람에 흔들려 맑은 소리가 나게 함.

풍계(風界) 풍대(風大)와 같음.

풍골구(風骨句) 격조 높은 구절.

풍규(風規) 습관이 되어 온 규칙.

풍담(楓潭) 의심(義諶)의 호.

풍대(風大) 사대(四大)의 하나. 움직이는 성질.

풍륜(風輪) ①수미산 둘레에 있는 구산팔해(九山八海)와 사주(四洲) 밑에는 그것들을 떠받치고 있는 거대한 세 원통형의 층(層)이 있는데, 위층을 금륜(金輪), 중간층을 수륜(水輪), 아래층을 풍륜(風輪)이라 함. ②집게손가락을 일컬음.

풍선논사(風仙論師) 바람이 만물의 근원이라고 주장한 고대 인도의 한 학파.

풍송(諷頌) ⓢⓟgāthā 경전의 서술 형식이 운문체로 된 것. ⇒ 가타(伽陀)

풍송(諷誦) 경전의 글귀에 가락을 붙여 읽음. 경전의 글귀를 읊조리면서 암송함.

풍천(風天) ⓢvāyu 바람을 다스리는 신(神).

풍혈연소(風穴延沼) ⇒ 연소(延沼)

피거비구(被擧比丘) 죄를 저질러 벌을 받은 비구.

피독(披讀) 경전을 펴서 독송함.

피동분(彼同分) ⓢtat-sabhāga 근(根)·경(境)·식(識)이 서로 관계하여 각자의 고유한 역할을 하지 않는 상태.

피안(彼岸) ①깨달음의 세계. 열반의 경지. ②ⓢpāramitā 완전한 성취. 완성. 수행의 완성. 최상. 최고. ③육경(六境)을 말함.

피접(被接) 이치를 주시하는 가운데 그 속에 있는 깊은 뜻을 깨달아 보다 높은 가르침으로 접속되어 나아감.

피타(皮陀) ⓢveda의 음사. ⇒ 베다(veda)

피혁건도(皮革犍度) 건도(犍度)는 ⓢskandha의 음사로, 장(章)·편(篇)을 뜻함. 가죽으로 만든 물건에 대한 규정을 설한 장(章).

필경(畢竟) ①궁극. 지극. 절대. 비교될 것이 없는 최상의 상태. ②결국. 요컨대.

필경공(畢竟空) 십팔공(十八空)의 하나. 모든 현상에 대한 분별이 완전히 끊어진 상태.

필경무(畢竟無) 토끼의 뿔이나 거북의 털과 같이, 절대 존재하지 않음.

필경의(畢竟依) 부처를 뜻함. 부처는 모든 중생의 궁극적인 의지처이므로 이와 같이 말함.

필력가(畢力迦) ⓢpṛkkā의 음사. 인도에서 자라는 나무로, 열매는 향료로 사용함.

필륵지저가(畢勒支底迦) ⓢpratyeka의 음사. 각각. 제각기.

필발(畢撥) 필발라(畢鉢羅)와 같음.

필발라(畢鉢羅) ⇒ 보리수(菩提樹)

필사취(必邪聚) 사정취(邪定聚)와 같음.

필수(筆受) 범문(梵文)으로 된 불전(佛典)을 한문으로 번역하는 역장(譯場)에서, 서자(書字)가 낭독하는 범문을 듣고 그 음을 그대로 한자로 옮기면 그것을 번역하는 역할, 또는 그 일을 맡은 사람. 예를 들면, 서자(書字)가 hṛdaya를 흘리타야(紇利陀耶)로, sūtra를 수다라(修多羅)로 옮기면, 흘리타야(紇利陀耶)를 심(心)으로, 수다라(修多羅)를 경(經)으로 번역하는 따위.

필정취(必正聚) 정정취(正定聚)와 같음.

필지보처원(必至補處願) 사십팔원(四十八願)의 하나. 아미타불이 법장비구(法藏比丘)였을 때 세운 서원으로, 다른 불국토의 보살들이 그의 정토에 태어나면, 반드시 성불할 지위에 이르게 하겠다는 맹세.

필추(苾芻) 비구(比丘)와 같음.

필추니(苾芻尼) 비구니(比丘尼)와 같음.

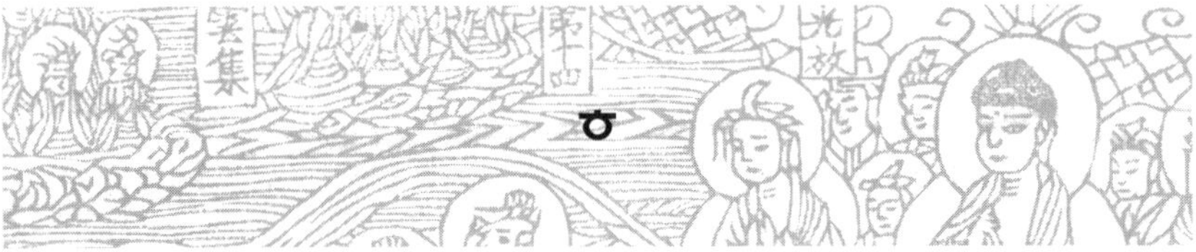

ㅎ

하견(下肩) 어깨를 겨누어 아래라는 뜻으로, 자기보다 아랫사람을 말함.

하계(下界) 삼계(三界) 가운데 색계·무색계 밑에 있는 욕계를 말함.

하구식(下口食) 사부정식(四不淨食)의 하나. 얼굴을 아래로 향하고 하는 일에 종사하여 생계를 유지함. 예를 들면, 약을 제조하거나 논밭을 경작하는 일 등.

하근(下根) 부처의 가르침을 깨닫기 어려운 열등한 능력이나 소질, 또는 그것을 갖춘 사람.

하단(下壇) 사찰에서, 산신(山神)·칠성(七星)·영가(靈駕) 등을 안치한 단(壇).

하당(下堂) ①법당이나 식당에서 나옴. ②식당으로 향함.

하대(下帶) 범종(梵鐘)의 아랫부분에 둘린 무늬 띠. 주로 덩굴풀 무늬, 국화 무늬, 물결 무늬가 새겨져 있음. ⇒ 범종(梵鐘)

하랍(夏臘) 출가하여 구족계(具足戒)를 받은 후, 하안거(夏安居)가 끝나는 날인 음력 7월 15일을 기준으로 해서 세는 승려의 나이.

하려륵(訶黎勒) 하리륵(訶梨勒)과 같음.

하력피타(荷力皮陀) ⓢṛg-veda의 음사. ⇒ 리그베다(ṛg-veda)

하리(訶梨) ①ⓢharītakī의 음사. 하리륵(訶梨勒)의 준말. ②ⓢhari의 음사. 사자(獅子).

하리륵(訶梨勒) ⓢharītakī의 음사. 인도의 고원지역에서 자라는 낙엽 교목. 잎은 긴 타원형이며 흰 꽃이 핌. 달걀 모양의 과일은 시고 쓰며 변비약으로 쓰임.

하리발마(訶梨跋摩) ⓢharivarman의 음사. 사자개(獅子鎧)·사자주(師子冑)라 번역. 3-4세기, 중인도 바라문 출신으로 인도철학에 정통하고, 설일체유부(說一切有部)에 출가하여 구마라타(鳩摩羅馱, kumāralāta)에게 발지론(發智論)을 배움. 화씨성(華氏城)에서 대승불교를 연구한 후에 성실론(成實論)을 저술함.

하리제모(訶利帝母) 하리제(訶利帝)는 ⓢhārītī의 음사. 출산과 어린아이를 주관한다는 여신(女神). 귀자모신(鬼子母神)과 같음.

하발(下鉢) 승려들이 식사하기 위해 선반에 있는 발우(鉢盂)를 내림.

하방(下棒) 스승이 학인을 꾸짖기 위해 주장자로 침.

하배(下輩) 삼배(三輩)의 하나. 공덕을 쌓지는 못하지만 깨달음을 구하는 마음을 일으키고 오로지 아미타불을 생각하면서 극락 정토에 태어나려는 자들.

하배관(下輩觀) 하배생상관(下輩生想觀)의 준말.

하배생상관(下輩生想觀) 십육관(十六觀)의 하나. 공덕을 쌓지는 못하였지만 깨달음을 구하는 마음을 일으키고 오로지 아미타불을 생각한 자들이 극락 정토에 태어나는 모습을 생각하는 수행법.

하사(下士) 범부를 말함.

하상품(下上品) 하품상생(下品上生)과 같음.

하안거(夏安居) 음력 4월 15일부터 7월 15일까지 3개월 동안 승려들이 외출을 금하고 참선을 중심으로 수행에만 전념하는 제도.

하야흘리박(賀野紇哩縛) ⓢhayagrīva의 음사. 마두(馬頭)라고 번역. 마두관음(馬頭觀音)과 같음.

하어(下語) ①스승이 제자에게 주는 교훈. ②화두(話頭)에 대한 짤막한 견해. ③설법 가운데 마지막에 설한 말.

하엽(荷葉) 연(蓮)의 잎.

하오결(下五結) 오하분결(五下分結)과 같음.

하의갈마(下意羯磨) 갈마(羯磨)는 ⓢkarma의 음사로, 벌칙을 가하는 행위, 처분(處分)을 뜻함. 비구가 재가인(在家人)에게 그릇된 짓을 했을 때, 승단에서 그 비구에게 사과하도록 명령하는 처분.

하전(下轉) 중생이 번뇌로 인해 괴로운 생존을 되풀이 함.

하정(下情) 윗사람에게 자신의 심정을 낮추어 이르는 말.

하제(下祭) 하(下)는 모셔 둠. 조사의 초상을 모셔 두고 제사 지냄.

하종(下種) 부처가 중생의 마음에 성불할 씨앗을 심음, 곧 처음으로 부처의 가르침과 인연을 맺음.

하좌(下座) 선사(禪師)가 설법을 마치고 법좌(法座)에서 내려옴.

하중품(下中品) 하품중생(下品中生)과 같음.

하처(下處) 절에 찾아온 손님이 편히 쉬는 처소.

하친(下親) 친구. 벗. 이에 대해, 부모나 스승은 상친(上親), 형제나 자매는 중친(中親)이라 함.

하택신회(荷澤神會) ⇒ 신회(神會)

하택종(荷澤宗) 혜능(慧能, 638-713)의 제자 하택 신회(荷澤神會, 684-758)를 개조(開祖)로 한 종파. 집착이 없어 텅 빈 공적심(空寂心)을 종지(宗旨)로 함.

하통(下桶) 절에서, 발을 씻을 때나 걸레를 빨 때 사용하는 통.

하품상생(下品上生) 구품왕생(九品往生)의 하나. 여러 가지 악한 짓을 하고도 뉘우치지 않았으나 임종 때 합장하고 아미타불을 부른 공덕으로 정토에 태어나는 자.

하품중생(下品中生) 구품왕생(九品往生)의 하나. 오계(五戒)와 팔계(八戒)와 구족계(具足戒)를 범하고 승려의 물건을 훔쳤으나 임종 때 아미타불의 위덕(威德)을 들은 인연으로 정토에 태어나는 자.

하품하생(下品下生) 구품왕생(九品往生)의 하나. 오역죄(五逆罪)와 십악(十惡)을 저질렀으나 임종 때 지극한 마음으로 아미타불을 열 번 부른 공덕으로 정토에 태어나는 자.

하하품(下下品) 하품하생(下品下生)과 같음.

하화중생(下化衆生) ⇒ 상구보리하화중생(上求菩提下化衆生)

학(學) ①수행 또는 수행승. ②유학(有學)의 준말.

학도(學道) 불도를 배우고 익힘.

학도(學徒) 부처의 가르침을 배우고 익히는 수행승.

학려(學侶) ①함께 부처의 가르침을 배우고 익히는 승려. ②여러 수행승.

학류(學流) 부처의 가르침을 배우고 익히는 무리.

학륵나(鶴勒那) 학륵나야사(鶴勒那夜奢)의 준말.

학륵나야사(鶴勒那夜奢) ⓢhaklena-yaśa의 음사. 인도의 부법장(付法藏) 제22조. 북인도 건타라국(乾陀羅國) 출신. 22세에 출가하여 30여 세에 마노라(摩奴羅)의 가르침을 받고, 중인도에서 사자비구(師子比丘)에게 불법(佛法)의 유지와 전파를 부탁하고 입적함.

학림(鶴林) 붓다가 입멸한 쿠시나가라(kuśinagara)의 사라쌍수(沙羅雙樹) 숲을 말함. 붓다가 입멸할 때, 그 숲이 학과 같이 희게 되었다는 전설에서 유래함.

학법관정(學法灌頂) 밀교에 입문하여 수행하려는 자에게 일정한 의식 절차를 행하고 정수리에 물을 붓는 의식.

학법녀(學法女) ⓢśikṣamāṇā ⓟsikkhamānā 비구니가 되기 위한 구족계(具足戒)를 받기 전에 2년 동안 육법(六法)을 지키며 수행하는 여자 출가자, 곧 식차마나(式叉摩那).

학사(學肆) 경론(經論)을 배우고 익히는 곳.

학승(學僧) ①학식이 높은 승려. ②배우고 익히는 과정에 있는 승려.

학인(學人) ①아직 번뇌가 남아 있어, 아라한(阿羅漢)의 경지에 이르기 위해서는 더 수행해야 하는 견도(見道)·수도(修道)의 성자. ②수행승. 선(禪)을 닦는 수행승. ③배우고 익히는 과정에 있는 승려.

학일(學一) 1052-1144. 고려의 승려. 청주 출신. 11세에 출가하고, 혜함(惠含) 문하에서 경(經)·율(律)·논(論)을 배우고 선지(禪旨)를 꿰뚫음. 1085년에 승과(僧科)에 합격하고, 법주사(法住寺)·가지사(迦智寺)·구산사(龜山寺)·내제석원(內帝釋院)·안화사(安和寺) 등에 머물고, 1122년에 인종이 즉위하여 왕사(王師)에 임명함. 1129년부터 청도 운문사(雲門寺)에 머물면서 절을 크게 증축하고 학인(學人)들을 지도하다가 입적함. 시호는 원응국사(圓應國師).

학자(學者) ①부처의 가르침을 배우고 익히는 수행승. ②선(禪)을 닦는 수행승.

학조(學祖) 생몰년 미상. 조선의 승려. 세조 때 여러 승려들과 함께 불전(佛典)을 번역하여 간행하고, 1467년(세조 13)에 금강산 유점사(楡岾寺)를 증축함. 또 해인사장경판고(海

印寺藏經板庫)를 증축하고 대장경을 인쇄함.

학지(學地) 아직 번뇌가 남아 있어, 아라한(阿羅漢)의 경지에 이르기 위해서는 더 수행해야 하는 견도(見道)·수도(修道)의 단계.

학처(學處) 수행승이 배워야 할 사항, 특히 계율을 말함.

한(恨) ⓢupanāha 원망하는 마음 작용.

한글대장경 1964년 7월 동국대학교에 역경원(譯經院)을 설치하여 대장경을 한글로 번역하기 시작하여 제1권 아함부(阿含部)를 간행한 이래 2001년 제318권 일체경음의(一切經音義) 색인을 간행함으로써 완간함. 이 대장경은 대정신수대장경(大正新脩大藏經)의 분류에 따라 아함부·본연부·반야부 등의 순서로 되어 있음.

한림(寒林) ⓢśītavana 마가다국(magadha國)의 왕사성(王舍城) 부근에 있던 숲으로, 시체를 버리던 곳.

한시(寒時) 삼시(三時)의 하나. 고대 인도에서 1년을 기후에 따라 세 기간으로 나눈 가운데 음력 9월 16일부터 1월 15일까지의 추운 기간.

한율타(汗栗馱) ⓢhṛd ⓢhṛdaya의 음사. 심(心)·육단심(肉團心)·견실심(堅實心)이라 번역. ①심장. 본질. 핵심. ②본디 청정한 마음.

한제(寒際) 삼제(三際)의 하나. 고대 인도에서 1년을 기후에 따라 세 기간으로 나눈 가운데 음력 9월 16일부터 1월 15일까지의 추운 기간.

할(喝) 말로 표현할 수 없는 직접 체험의 경지를 나타낼 때, 또는 수행자를 꾸짖거나 호통칠 때 토하는 큰 소리.

할절의(割截衣) 직사각형의 베 조각들을 기워서 만든 옷. 곧, 가사(袈裟).

할혜(黠慧) 지혜. 약삭빠른 지혜. 약은 지혜.

함개건곤(函蓋乾坤) 운문삼구(雲門三句)의 제1구. 하늘과 땅을 덮어 포용한다, 곧 진리는 모든 현상에 널리 펴져 있다는 뜻.

함개절류(函蓋截流) 함개건곤(函蓋乾坤)과 절단중류(截斷衆流)의 준말. ⇒ 운문삼구(雲門三句)

함령(含靈) 함식(含識)과 같음.

함명류(含命類) 감정이나 의식을 함유하고 있는 부류, 곧 중생을 말함.

함생(含生) 함식(含識)과 같음.

함식(含識) 감정이나 의식을 함유하고 있는 존재, 곧 중생을 말함.

함장(函丈) 선원(禪院)의 운영을 주관하는 수행승이 거처하는 방.

함장식(含藏識) 아뢰야식(阿賴耶識)의 별명. 아뢰야식은 과거의 인식·행위·경험·학습 등으로 형성된 인상(印象)·잠재력, 곧 종자를 저장하고 있으므로 이와 같이 말함.

함허당(涵虛堂) 기화(己和)의 실호(室號).

합(合) ⓢupanaya 인명(因明)의 오지작법(五支作法)에서, 유(喩)를 기반으로 하여 종(宗)과 인(因)을 결합한 부분. 예를 들면 다음과 같음. '말은 무상하다〔宗〕', '지어낸 것이기 때문이다〔因〕', '예를 들면, 병(甁)과 같다〔喩〕', '병과 같이, 말도 지어낸 것이다〔合〕', '그러므로 말은 무상하다〔結〕'.

합부금광명경(合部金光明經) 8권. 수(隋)의 보귀(寶貴) 엮음. 금광명경의 여러 번역 가운데 북량(北涼)의 담무참(曇無讖) 번역에서 18품, 양(梁)의 진제(眞諦) 번역에서 4품, 북주(北周)의 사나굴다(闍那崛多) 번역에서 2품을 뽑아 합한 경으로, 내용은 금광명경과 거의 같음.

합작법(合作法) 인명(因明)에서, 동유(同喩)에 유체(喩體)를 첨가하여 종(宗)과 인(因)을 결합하는 논법. 예를 들면,

종(宗) 말은 무상하다.
인(因) 지어낸 것이기 때문이다.
동유(同喩) 예를 들면, 병(甁)과 같다.

에서, 동유에 한 명제를 첨가하여 '지어낸 모든 것은 무상하다〔喩體〕. 예를 들면, 병과 같다〔喩依〕'라고 하여 종(宗)과 인(因)을 결합시키는 논법.

합장(合掌) 두 손바닥을 맞대어 가슴 앞에 세우고 고개를 숙이는 예법. 의식 때, 부처나 보살에게 경의를 표할 때, 불교도들 사이에 인사할 때 행함.

합하(合下) 즉시. 곧. 바로.

항가(恒伽) ⓢⓟgaṅgā의 음사. 지금의 갠지스 강으로, 네팔 서북쪽의 강고트리(Gangotri)에서 발원하여 바라나시(Varanasi)·파트나(Patna)를 거쳐 벵갈(Bengal) 만(灣)으로 흘러 들어감.

항마촉지인(降魔觸地印) 좌선할 때의 손 모양에서 오른손을 풀어서 오른쪽 무릎에 얹고 손가락으로 땅을 가리키는 손 모양으로, 이는 석가모니가 수행을 방해하는 모든 악마를 항복시키고 성취한 정각(正覺)을, 지신(地神)이 증명하였음을 상징함.

항마촉지인

항변사겁(恒邊沙劫) 항(恒)은 ⓢgaṅgā의 음사로 갠지스 강을 가리킴. 갠지스 강변의 모래만큼 많은 겁(劫).

항복법(降伏法) 밀교에서, 명왕(明王)을 본존으로 하여 온갖 장애와 악마를 굴복시키는 의식.

항사(恒沙) 항하사(恒河沙)의 준말.

항삼세갈마회(降三世羯磨會) 금강계만다라(金剛界曼荼羅)의 한 부분으로, 여래와 보살들이 분노한 모습을 하고 있는데, 이는 탐(貪)·진(瞋)·치(癡)의 번뇌를 굴복시키는 신체적 활동을 나타냄.

항삼세명왕(降三世明王) 탐(貪)·진(瞋)·치(癡)의 번뇌를 굴복시키기 위해 분노한 모습을 하고 있는 존(尊).

항삼세삼매야회(降三世三昧耶會) 금강계만다라(金剛界曼荼羅)의 한 부분으로, 삼매야형(三昧耶形)으로 묘사되어 있는데, 이는 탐(貪)·진(瞋)·치(癡)의 번뇌를 제거하는 마음의 활동을 나타냄.

항수(恒水) 항(恒)은 ⓢgaṅgā의 음사. 항가(恒伽)와 같음.

항포문(行布門) 차제항포문(次第行布門)의 준말.

항하(恒河) 항(恒)은 ⓢgaṅgā의 음사. 항가(恒伽)와 같음.

항하사(恒河沙) 갠지스 강의 모래, 곧 헤아릴 수 없이 많은 수량을 비유하는 말.

해(解) ①모든 번뇌의 속박에서 벗어나 해탈함. ②깨달음. ③분별하여 앎. 이해함. ④경론(經論)의 낱말이나 글귀를 풀이함.

해(害) ⓢvihiṃsā 남을 해치는 마음 작용. 자비롭지 않은 마음.

해각(害覺) 삼각(三覺)의 하나. 각(覺)은 ⓢvitarka의 번역으로, 개괄적으로 추구하는 마음 작용을 뜻함. 남을 해치려는 마음 작용.

해계(解界) 승단의 질서를 유지하기 위해 정한 제한 구역을 해제함.

해동고승전(海東高僧傳) 2권. 고려의 각훈(覺訓) 지음. 한반도 고승들의 전기를 수록한 책.

해로(解路) 이론.

해린(海麟) 984-1067. 고려의 승려. 원주 출신. 자(字)는 거룡(巨龍). 원주 법천사(法泉寺)의 관웅(寬雄)에게 유식학(唯識學)을 배우고, 관웅을 따라 상경하여 개풍 해안사(海安寺)에서 삭발하고, 16세에 개풍 용흥사(龍興寺)에서 구족계(具足戒)를 받음. 21세에 승과(僧科)에 합격하고, 수다사(水多寺)와 해안사의 주지로 머물고, 1045년에 승통(僧統)이 됨. 1054년에 개풍 현화사(玄化寺)의 주지가 되어 사찰을 증축하고, 유식학을 널리 전파함. 1056년에 왕사(王師)가 되고, 1058년에 국사(國師)가 됨. 1067년에 법천사로 돌아가 머물다가 입적함. 시호는 지광(智光).

해빈(解擯) 무거운 죄를 저질러 승단에서 추방된 수행승을 승단으로 복귀시킴.

해섭문(該攝門) 화엄학에서, 삼승(三乘)은 일승(一乘)에 포함되므로 그 둘은 구별이 없다는 방면. 이에 반해, 삼승(三乘)과 전혀 다른 일승(一乘)이 있다는 방면은 분상문(分相門)이라 함.

해신(解信) 가르침을 그대로 믿지 않고 그 이치를 이해한 다음에 믿음.

해심(害尋) 심(尋)은 ⓢvitarka의 번역으로, 구역(舊譯)에서는 각(覺)이라 번역함. 해각(害覺)과 같음.

해심밀경(解深密經) 5권. 당(唐)의 현장(玄奘) 번역. 승의제(勝義諦)의 특징, 아뢰야식(阿賴耶識), 삼성(三性)과 삼무자성(三無自性), 지(止)와 관(觀), 십일지(十一地)와 십바라밀(十波羅蜜), 여래의 법신과 화신의 작용에 대해 설함.

해안(海眼) 1567-?. 조선의 승려. 전남 무안 출신. 호는 중관(中觀). 처영(處英)에게 출가하고, 휴정(休靜)의 문하에서 수학함. 1592년 임진왜란 때 승병(僧兵)을 모집하여 전공을 세우고, 지리산 화엄사(華嚴寺)에 머무름. 저서 : 중관대사유고(中觀大師遺稿).

해오(解悟) 이치를 깨달음. 자각함.

해우소(解憂所) 절에서 화장실을 일컫는 말

로, 우울한 기분을 푸는 곳이라는 뜻.

해원(海圓) 1262-1340. 고려의 승려. 전북 함열 출신. 10세에 금산사에 출가하여 석굉(釋宏)에게 경론(經論)을 배움. 1294년에 승과(僧科)에 합격하고, 원(元)에 가서 무종(武宗)이 세운 대숭은복원사(大崇恩福元寺)의 제1세 주지에 임명되어 황실의 지극한 예우를 받음. 29년 동안 원(元)에 머물다가 대숭은복원사에서 입적함.

해원(海源) 1691-1770. 조선의 승려. 함흥 출신. 호는 함월(涵月), 자(字)는 천경(天鏡). 14세에 문천 도창사(道昌寺)에 출가하고, 여러 지역을 편력하면서 공부하다가 지안(志安, 1664-1729)에게 사사(師事)하여 그의 법을 이어받음. 화엄경과 선문염송에 정통하고, 40여 년 동안 학인들을 지도함. 저서 : 천경집(天鏡集).

해원주(廨院主) 선원(禪院)의 외교 업무를 담당하는 직책, 또는 그 일을 맡은 승려.

해위정법론(害爲正法論) 십육이론(十六異論)의 하나. 먹거나 제사 지내기 위해 살생하는 것은 정법(正法)이라는 견해.

해인사(海印寺) 경남 합천군 가야산 남서쪽 기슭에 있는 절. 대한불교조계종 제12교구 본사. 802년에 신라의 순응(順應)이 창건하고, 진성여왕(887-897) 전후에 이정(利貞)이 중축하고, 신라 말에 희랑(希朗)이 중축함. 1398년(태조 7)에 강화도 선원사(禪源寺)에 있던 고려대장경을 이곳으로 옮겨와서 보관하고 있으므로 법보사찰(法寶寺刹)이라 함. 이후 여러 차례 불타고 다시 짓고 중축하고 보수함. 문화재 : 대장경판(大藏經板)·장경판고(藏經板庫)·고려각판(高麗刻板)·석조여래입상(石造如來立像)·목조희랑대사상(木造希朗大師像) 등.

해인삼매(海印三昧) 고요한 바다에 온갖 형상이 비치고, 온갖 물이 모두 바다로 흘러가고, 온갖 것이 바다에 갈무리되어 있듯, 일체의 안팎을 두루 명료하게 파악하는 부처의 삼매.

해인정(海印定) 해인삼매(海印三昧)와 같음.

해일(海日) 1541-1609. 조선의 승려. 전북 만경 출신. 호는 영허(暎虛). 19세에 변산 실상사(實相寺)에 출가하고, 지리산에 가서 영관(靈觀, 1485-1571)의 가르침을 3년 동안 받음. 묘향산에 가서 휴정(休靜, 1520-1604)의 가르침을 받고 상비로암(上毘盧庵)에서 10년 동안 머물고, 1588년에 실상사로 돌아가서 머물다가 입적함. 저서 : 영허집(暎虛集).

해제(解制) 안거(安居)를 마침.

해주(楷書) ⓢkaiṭabha의 음사. 바라문교에서 가르치는 의식법(儀式法), 또는 그에 대한 문헌.

해중(海衆) ①승려. 무수한 강물이 바다에서 하나가 되듯, 어떠한 신분이라도 불문(佛門)에 들어오면 평등하므로 승려를 이와 같이 말함. ②수많은 수행승.

해지견(解知見) 해탈(解脫)과 해탈지견(解脫知見)을 줄인 말.

해차안전단(海此岸栴檀) 수미산의 남쪽 해안에서 자란다는 전단.

해탈(解脫) ⓢvimokṣa ⓢvimukti ①모든 번뇌의 속박에서 벗어난 자유 자재한 경지. 모든 미혹의 굴레에서 벗어난 상태. 속세의 모든 굴레에서 벗어난 상태. ②모든 번뇌를 남김없이 소멸한 열반의 상태. ③깨달음. ④마음을 고요히 가라앉히고 한곳에 집중하여 산란하지 않는 선정(禪定)의 상태.

해탈계(解脫戒) 계(戒)를 받아 행위와 말로 저지르는 허물이나 악을 방지하여 거기에서 벗어남.

해탈당상의(解脫幢相衣) 가사(袈裟)를 말함. 가사는 해탈을 구하는 사람이 입고, 또 그 모양이 깃발과 같으므로 이와 같이 일컬음.

해탈도(解脫道) ①번뇌의 속박에서 벗어나는 가르침이나 수행. 번뇌의 속박에서 벗어난 경지. ②사도(四道)의 하나. 번뇌의 속박에서 벗어나 해탈하는 단계.

해탈무감(解脫無減) 대승에서 설하는 십팔불공법(十八不共法)의 하나. 부처는 모든 집착을 떠난 해탈의 경지에서 퇴보하지 않음.

해탈문(解脫門) 해탈에 이르는 문, 곧 모든 현상은 인연 따라 모이고 흩어지므로 거기에 불변하는 실체가 없다는 공(空)과 대립적인 차별을 떠난 무상(無相)과 원하고 구하는 생각을 버린 무원(無願)을 말함.

해탈미(解脫味) 차별이 없어 한 맛인 해탈의 경지.

해탈복(解脫服) 해탈을 구하는 사람이 입는 옷, 곧 가사(袈裟)를 말함.

해탈식(解脫食) 모든 미혹의 굴레에서 벗어난 상태는 깨달음의 근원이 되고 지혜를 유지시키므로 이와 같이 말함.

해탈신(解脫身) 오분법신(五分法身)의 하나. 부처와 아라한이 갖추고 있는 공덕으로, 사제(四諦)를 명료하게 이해하는 지혜를 갖추어 무지에서 벗어남.

해탈장(解脫障) 마음 작용을 소멸시키는 선정(禪定)을 방해하여 모든 속박에서 벗어나지 못하게 하는 번뇌.

해탈장(解脫藏) 모든 속박에서 벗어난 신체를 뜻함.

해탈지견(解脫知見) ①해탈지견신(解脫知見身)과 같음. ②자신은 이미 해탈했다는 것을 아는 지혜.

해탈지견무감(解脫知見無減) 대승에서 설하는 십팔불공법(十八不共法)의 하나. 부처는 모든 해탈을 명료하게 알아 부족함이 없음.

해탈지견신(解脫知見身) 오분법신(五分法身)의 하나. 부처와 아라한이 갖추고 있는 공덕으로, 자신은 이미 사제(四諦)를 체득했다고 아는 진지(盡智)와 자신은 이미 사제를 체득했기 때문에 다시 체득할 필요가 없다고 아는 무생지(無生智)를 갖춤.

해탈지견향(解脫知見香) 오분법신(五分法身) 가운데 해탈지견신(解脫知見身)을 향에 비유한 말.

해탈향(解脫香) 오분법신(五分法身) 가운데 해탈신(解脫身)을 향에 비유한 말.

해태(懈怠) 게으른 마음.

해하(解夏) 하안거(夏安居)를 마침.

해행생(解行生) 삼생(三生)의 하나. 금생(今生)에 화엄경을 완전히 이해하고 원만한 수행을 하는 단계.

해행위(解行位) 해행생(解行生)과 같음.

해행주(解行住) 해행지(解行地)와 같음.

해행지(解行地) 분별과 이해로써 수행하는 십주(十住)·십행(十行)·십회향(十廻向)의 단계.

해희(海豨) 돌고래.

행(行) ①Ⓢsaṃskāra Ⓟsaṅkhāra 무명(無明)으로 일으키는, 의도(意圖)하고 지향하는 의식 작용. 무명에 의한 의지력·충동력·의욕. ②Ⓢsaṃskāra 분별하고 차별하는 의식 작용. ③Ⓢcaryā 동작. 행위. 실천. 수행. ④Ⓢgamana 걸어감. 나아감. ⑤Ⓢsaṃskāra 모든 현상을 움직이게 하는 힘.

행각승(行脚僧) 떠돌아다니면서 수행하는 승려.

행건도(行犍度) 건도(犍度)는 Ⓢskandha의 음사로, 장(章)·편(篇)을 뜻함. 선악의 행위에 대해 설한 장(章).

행고(行苦) 삼고(三苦)의 하나. 변해 가는 현상을 보고 느끼는 괴로움.

행고행논사(行苦行論師) 현세에 고통을 받으면 내세에는 즐거움을 누리게 된다고 사유하여 고행을 일삼은 고대 인도의 한 파(派).

행교(行敎) 그릇된 행위를 제지하는 가르침, 곧 계율에 대한 가르침.

행도(行道) ①깨달음에 이르기 위해 수행함. ②일정한 지역을 이리저리 거닒. ③공경하는 마음을 지니기 위해 행렬을 지어 불상이나 탑 주위를 도는 의식.

행리(行李) ①일상의 모든 동작. ②수행승이 가사(袈裟) 등을 넣어 가지고 다니는 도구. 등나무나 버들가지로 만듦.

행리(行履) 일상의 모든 동작.

행묘(行妙) 적문십묘(迹門十妙)의 하나. 수행이 오묘함.

행무색(行無色) 욕계에서 무색계에 이르러 완전한 열반을 이루는 불환과(不還果)의 성자.

행반열반(行般涅槃) 유행반(有行般)과 같음.

행법(行法) ①가르침에 따라 닦는 수행. 수행법. ②밀교에서 행하는 의식.

행사(行捨) Ⓢupekṣā 들뜨지도 않고 침울하지도 않은 평등한 마음 상태.

행사(行思) ?-740. 당(唐)의 승려. 강서성(江西省) 길주(吉州) 출신. 어려서 출가하고, 혜능(慧能, 638-713)에게 사사(師事)하여 그의 법을 이어받음. 길주 청원산(靑原山) 정거사(靜居寺)에 머물면서 선풍(禪風)을 크게 일으킴.

행사초(行事鈔) 사분율산번보궐행사초(四分律刪繁補闕行事鈔)의 준말.

행상(行相) Ⓢākāra ①사물의 형상·모습. ②마음에 비친 객관의 모습. 주관에 형성된 대상의 모습. 지각된 대상의 모습. ③마음에 비친 객관의 모습을 인식하는 작용. 객관에 대한 주관의 인식 상태. ④관념.

행선축원(行禪祝願) 나라와 백성의 안녕을 위해 부처에게 비는 일.

행수(行水) 식사 후, 발우(鉢盂)를 씻는 일.

행수(行秀) 1166-1246. 남송(南宋)의 승려. 하남성(河南省) 하내(河內) 출신. 하북성(河北省) 형주(刑州) 정토사(淨土寺)에 출가하고, 하북성 대명사(大明寺)의 설암 만(雪巖滿, ?-1206)에게 사사(師事)하여 그의 법을 이어받음. 정토사로 돌아와 만송암(萬松庵)을 짓고 머무름. 1193년에 금(金) 장종(章宗)의 부름을 받고 입궐하여 설법함. 북경(北京) 앙산(仰山) 서은사(棲隱寺), 북경 보은홍제사(報恩弘濟寺), 북경 마안산(馬鞍山) 만수사(萬壽寺)에 머무르고, 1223년에 보은홍제사에 종용암(從容庵)을 짓고 머무름. 저서 : 종용록(從容錄).

행수음(行受陰) 수(受)와 음(陰)은 취(取)와 온(蘊)의 구역(舊譯). 탐욕과 집착을 가지고 의도(意圖)하고 지향하는 의식 작용. 집착이 있는 의지력·충동력·의욕.

행식주(行識住) ⇒ 사식주(四識住)

행온(行蘊) 오온(五蘊)의 하나. 의도(意圖)하고 지향하는 의지 · 충동 · 의욕의 무더기.

행원(行願) ①수행과 서원. 서원을 세우고 수행함. ②어떤 것을 행하려는 바람. 어떤 일을 이루려는 기원.

행유(行有) 유(有)는 존재·생존을 뜻함. 선악의 행위는 미래의 생존을 결정짓는 원인이 되므로 이와 같이 말함. 업유(業有)와 같음.

행유식(行唯識) 오종유식(五種唯識)의 하나. 모든 현상은 오직 마음의 작용에 지나지 않는다는 이치를 사유하고 관찰함.

행음(行陰) 행온(行蘊)의 구역(舊譯).

행인(行人) 행자(行者) ①과 같음.

행입(行入) 부처의 근본 뜻을 깨닫기 위한 수행. ⇒ 이입사행(二入四行)

행자(行者) ①수행자. 불도를 수행하는 사람. ②계(戒)를 받기 전에 일정 기간 동안 절에서 잡일을 하면서 수행하는 사람.

행장기(行狀記) 고승(高僧)이 죽은 후에, 그의 일생의 행적을 적은 글.

행적(行寂) 832-916. 신라의 승려. 출가하여 가야산 해인사에서 화엄학을 배우고, 24세에 복천사(福泉寺)에서 구족계(具足戒)를 받은 후 사굴산 범일(梵日, 810-889)의 제자가 됨. 870년에 당(唐)에 가서 석두 희천(石頭希遷) 문하인 석상 경제(石霜慶諸, 807-888)의 선법(禪法)을 전해 받고 885년에 귀국함. 범일의 법을 이어받고, 김해부지군부사(金海府知軍府事) 소율희(蘇律熙)의 청으로 907년부터 8년 동안 김해 지방에 머무름. 석남산사(石南山寺)에서 입적함. 시호는 낭공(朗空).

행주좌와(行住坐臥) 가고, 머무르고, 앉고, 눕는 일상의 네 가지 동작.

행처(行處) ①Ⓢācāra 행동의 범위. ②대상, 또는 그 세계.

행향(行香) 사찰의 전각(殿閣)을 돌면서 부처나 보살 앞에 향을 피움.

행호(行乎) 생몰년 미상. 조선의 승려. 천태학에 정통하고, 태종이 경기 고양에 대자암(大慈庵)을 세우고 주지로 머물게 함. 세종이 판천태종사(判天台宗事)에 임명하고, 지리산에 금대암(金臺庵)·안국암(安國庵)을 창건하고, 장흥 천관산에 수정사(修淨寺)를 창건함. 효령대군의 지원을 받아 1430년(세종 12)부터 만덕산 백련사(白蓮寺)를 복구하기 시작하여 1436년에 완성하고, 또 홍천사(興天寺)를 보수함.

행호각(行護覺) 사각지(捨覺支)와 같음.

향(向) ①어떤 경지에 이르기 위해 수행하는 단계. ②공훈오위(功勳五位)의 하나. 자신이 본디 불성을 갖추고 있다는 것을 확신하고 발심하는 단계.

향(香) ⓢgandha ①코로 맡을 수 있는 대상인 향기. ②향나무에서 향료를 채취하여 만든 것으로, 이것을 피워 불전(佛前)에 공양함.

향개(香蓋) 우산 모양으로 된 향의 연기.

향경(香境) 육경(六境)의 하나. 코로 맡을 수 있는 대상인 향기.

향계(香界) 십팔계(十八界)의 하나. 계(界, ⓢdhātu)는 요소를 뜻함. 인식을 성립시키는 요소의 하나로, 코로 맡을 수 있는 대상인 향기.

향산(香山) 향취산(香醉山)과 같음.

향상(香象) 관자놀이 부근에서 향기 나는 액체를 분비하는 교미기(交尾期)의 코끼리. 이 시기에 코끼리는 성질이 포악하고 힘이 강함.

향상보살(香象菩薩) ⓢgandha-hastin 아축불(阿閦佛)이 있는 곳에서 항상 반야바라밀(般若波羅蜜)을 수행하며, 모든 행위가 원만하고 걸림이 없어 중생을 열반에 이르게 한다는 보살. 금강계만다라(金剛界曼茶羅)에는 연꽃에 앉아 왼손은 허리에 두고 오른손에는 연꽃을 든 형상을 하고 있음.

향수해(香水海) 수미산을 둘러싸고 있는 여덟 바다 가운데 맨 바깥쪽의 바다만 짠물이고 나머지 일곱 바다는 민물이라고 하는데, 그 일곱 바다를 말함.

향유진(向遊塵) 극유진(隙遊塵)과 같음.

향음(香陰) 사람이 죽어서 다음 생을 받을 때까지의 49일 동안에는 향기만 먹는다고 하여 이와 같이 말함. ⇒ 건달박(健達縛)

향정(香亭) 향로를 놓아두는, 작은 정자(亭子) 모양의 기구.

향처(香處) 십이처(十二處)의 하나. 코로 맡을 수 있는 대상인 향기.

향취산(香醉山) 지금의 네팔 서북쪽에 있는 카일라스(Kailas) 산으로 추정함.

향탕(香湯) 여러 가지 향을 넣고 끓인 물.

향합(香合) 향을 담는 상자.

향해(香海) 향수해(香水海)의 준말.

허공(虛空) ⓢākāśa 걸림이나 장애가 없는 상태. 대립이나 차별이 없는 상태.

허공무위(虛空無爲) 삼무위(三無爲)의 하나. 마음의 모든 장애와 차별이 소멸된 상태.

허공신천(虛空神天) 공거천(空居天)과 같음.

허공장보살(虛空藏菩薩) 지혜와 복덕을 한량없이 중생들에게 베푼다는 보살. 보통 오른손에는 지혜를 상징하는 보검(寶劍)을, 왼손에는 복덕을 상징하는 연꽃을 들고 있음.

허공장원(虛空藏院) 태장계만다라(胎藏界曼茶羅)의 한 부분으로, 허공장보살을 중심으로 하여 여러 보살이 그려져 있는데, 이는 모든 속박에서 벗어난 해탈의 덕을 나타냄.

허공화(虛空華) 공화(空華)와 같음.

허광어(虛誑語) 거짓말. 헛된 말.

허망분별(虛妄分別) 그릇된 판단. 이치에 어긋나는 생각. 헛된 생각. 쓸데없는 생각을 일으키는 마음 작용.

허망분별상(虛妄分別相) 변계소집성(遍計所執性)과 같음.

허심합장(虛心合掌) 십이합장(十二合掌)의 하나. 두 손을 펴고 위로 세워서 틈이 조금 있게 서로 합친 손 모양.

허심합장

허응당집(虛應堂集) 2권. 조선의 보우(普雨) 지음. 불교의 탄압에 대한 개탄과 선(禪)의 경지를 드러낸 시문집.

헌식(獻食) 절에서 제사를 지낸 후 제삿상의 음식을 각각 조금씩 걷어 바깥의 일정한 곳에 두어 아귀(餓鬼)에게 베푸는 일, 또는 그 일을 하는 직책이나 승려.

현가(顯加) 확연히 드러나는 부처의 가호. 몸이나 입으로 베푸는 부처의 가호.

현각(玄覺) 665-713. 당(唐)의 승려. 절강성(浙江省) 온주(溫州) 영가(永嘉) 출신. 호는 일숙각(一宿覺), 자(字)는 명도(明道). 어려서 출가하여 천태(天台)의 지관(止觀)에 정통하고, 온주 용흥사(龍興寺)에서 수행함. 조계(曹溪)의 혜능(慧能)을 찾아가 문답하여 인가(印可)를 받고 하룻밤을 묵은 후 용흥사로 돌아와 선풍(禪風)을 크게 일으킴. 시호는 무상대사(無相大師). 저서 : 선종영가집(禪宗永嘉集)·증도가(證道歌).

현겁(賢劫) 현재의 1대겁(大劫)으로, 이 기간에 수많은 현인(賢人)들이 나타나 중생을 구제한다고 하여 이와 같이 일컬음. 세계가 성립되는 지극히 긴 기간을 성겁(成劫), 머무르는 기간을 주겁(住劫), 파괴되어 가는 기간을 괴겁(壞劫), 파괴되어 아무 것도 없는 상태로 지속되는 기간을 공겁(空劫)이라 하고, 이 네 겁(劫)을 1대겁이라 함. 네 겁은 각각 20중겁(中劫)이므로 1대겁은 80중겁이 됨. 중겁은 인간 수명 8만 세에서 100년에 한 살씩 줄어 10세에 이르고 다시 10세에서 100년에 한 살씩 늘어 8만 세에 이르는 시간을 말함.

현경명언(顯境名言) 언어가 뜻을 나타내듯, 마음은 대상을 식별하므로 이와 같이 말함.

현과파(顯過破) 상대편의 주장에 잘못이 있을 경우, 논법을 세우지 않고 그 잘못만을 드러내어 반박함.

현관(現觀) ⓢabhisamaya 지혜로써 대상을 있는 그대로 명료하게 파악함.

현관변지체현관(現觀邊智諦現觀) 육현관(六現觀)의 하나. 분별하지 않고 대상을 있는 그대로 직관하는 지혜에 이른 이후에 일어나는, 차별 현상을 주시하는 지혜.

현관지체현관(現觀智諦現觀) 육현관(六現觀)의 하나. 분별하지 않고 대상을 있는 그대로 직관하는 지혜.

현광(玄光) 생몰년 미상. 백제 위덕왕(554-598) 때의 승려. 공주 출신. 진(陳)에 가서 혜사(慧思, 515-577)에게 법화경을 배우고 수행하여 법화삼매(法華三昧)를 체득함. 귀국하여 계룡산에 절을 세우고 대중을 교화함.

현교(顯敎) 언어로 드러낸 가르침. 흔히 밀교(密敎) 이외의 가르침을 뜻함.

현기(顯機) 현생에서 가능한 한 착한 일을 행하는 중생의 기질. 이에 반해, 현생에서 몸과 입을 움직이지 않아도 전생에 지은 착한 행위의 혜택을 받을 수 있는 중생의 기질은 명기(冥機)라고 함.

현기(懸記) 부처의 예언.

현담(玄談·懸談·懸譚) 경론(經論)의 주석서에서, 본문의 풀이에 들어가기 전에 그 제목·저자·체재·대의(大意) 등에 대해 적은 글. 곧, 해제(解題)에 해당하는 부분.

현도석(顯道釋) 삼론사석(三論四釋)의 하나. 다른 글자와 연관시키지 않고 바로 이치를 밝히는 해석 방법. 예를 들면, 중(中)은 부중(不中)이라는 해석.

현량(現量) ⓢpratyakṣa ①언어와 분별을 떠난 직접 지각이나 직접 체험. 주관과 객관의 대립을 떠난 직접 지각. 판단이나 추리나 경험 등의 간접 수단에 의하지 않고 대상을 있는 그대로 직접 파악함. ②깨달음의 체험. 언어를 떠난, 스스로 체득한 깨달음 그 자체.

현량상위과(現量相違過) 인명(因明)에서, 삼십삼과(三十三過) 가운데 종구과(宗九過)의 하나. 직접 지각에 어긋나는 종(宗)을 내세우는 오류. 예를 들면, '말은 들리는 것이 아니다', '불은 뜨겁지 않다'라고 주장하는 경우.

현로부정교(顯露不定敎) 부정교(不定敎) ②의 준말.

현로합장(顯露合掌) 십이합장(十二合掌)의 하나. 두 손바닥을 위로 향하게 펴서 두 새끼 손가락을 붙인 손 모양.

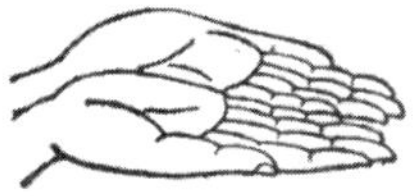

현로합장

현반(現般) 욕계에서 바로 완전한 열반을 이루는 불환과(不還果)의 성자.

현법(現法) ①현재. ②이 세계. 눈에 보이는 이 세계. ③직접 지각함.

현변(懸辯) 1616-1684. 조선의 승려. 호는 침굉(枕肱). 9세에 천풍산의 처우(處愚)에게 출가하고, 후에 소요 태능(逍遙太能, 1562-1649)의 법을 이어받음. 선암사(仙巖寺)·송광사·연곡사 등에 머물다가 순천 금화산에서 입적함. 저서 : 침굉집(枕肱集).

현병(賢甁) 현(賢)은 선(善)을 뜻함. 선(善)을 생기게 하고 모든 소원을 뜻대로 이루어지게 해 준다는 병. 밀교에서는 지신(地神)이 지니고 있는 물건이라 하고, 의식 때 이 병에 약·향수·물 등을 담아 단상(壇上)에 둠.

현사(現事) 언어와 분별을 떠난 직접 지각. 주관과 객관의 대립을 떠난 직접 지각.

현사사비(玄沙師備) ⇒ 사비(師備)

현상(現相) 무명(無明)에 의해 마음이 움직임으로써 일어나는 인식 주관의 작용으로 나타나는 대상.

현색(顯色) 대상이 가지고 있는 특별한 성질이나 빛깔. 대상의 특성.

현색탐(顯色貪) 대상의 특별한 성질을 보고 일으키는 탐욕.

현생(現生) 이 세상에서의 일생. 금생(今生).

현성(賢聖) ①수행의 과정에서, 사제(四諦)를 명료하게 주시하여 견혹(見惑)을 끊는 견도(見道) 이상의 경지에 이른 사람을 성(聖)이라 하고, 견도의 경지에는 이르지 못했지만 이미 악을 떠난 사람을 현(賢)이라 함. ②십주(十住)·십행(十行)·십회향(十廻向)의 보살을 현(賢)이라 하고, 십지(十地) 이상의 보살을 성(聖)이라 함.

현성공안(現成公案 · 見性公案) 모든 현상의 있는 그대로의 모습이 곧 진리 그 자체이므로 그것을 참선하는 수행자에게 제시된 과제로 한 것.

현세(現世) 지금 살고 있는 이 세상.

현수(賢首) ⇒ 법장(法藏)

현식(現識) ①오의(五意)의 하나. 거울에 여러 형상이 나타나듯이, 인식 작용으로 여러 대상이 나타남. ②과거에 지은 행위의 결과로 일어난 마음 작용.

현식(顯識) 아뢰야식(阿賴耶識)의 별명. 아뢰야식은 과거의 인식·행위·경험·학습 등으로 형성된 인상(印象)·잠재력, 곧 종자를 저장하여 대상의 모습을 마음에 떠올리는 작용을 하므로 이와 같이 말함.

현실종(顯實宗) 부처의 성품은 영원히 변하지 않으며, 모든 것에 부처의 성품이 갖추어져 있다는 가르침.

현양성교론(顯揚聖教論) 20권. 무착(無著) 지음, 당(唐)의 현장(玄奘) 번역. 유가사지론(瑜伽師地論)의 요점을 간추린 유식학(唯識學)의 개론서.

현오(玄悟) 종린(宗璘)의 시호.

현우경(賢愚經) 13권. 원위(元魏)의 혜각(慧覺) 번역. 인연과 비유로 된 이야기를 모은 경으로, 대부분 현명함과 어리석음에 대한 교훈과 인과응보(因果應報)가 주요 내용으로 되어 있음.

현욱(玄昱) 787-868. 신라의 승려. 강릉 출신. 봉림산문(鳳林山門)의 개산조(開山祖). 출가하여 20세에 구족계(具足戒)를 받고, 824년에 당(唐)에 가서 마조(馬祖)의 제자인 장경 회휘(章敬懷暉)의 선법(禪法)을 전해 받고, 837년에 귀국하여 지리산 실상사(實相寺)에 머물다가 경문왕의 청으로 여주 혜목산(우두산) 고달사(高達寺)에 머무름. 심희(審希, 855-923)가 그의 법을 이어받음. 시호는 원감(圓鑑).

현응(顯應) 부처나 보살이 감응하여 확연히 드러나게 중생에게 가호를 내림.

현응음의(玄應音義) 일체경음의(一切經音義) ①과 같음.

현의(玄義) 경론(經論)의 요지를 밝힌 글.

현장(玄奘) 602-664. 당(唐)의 승려. 하남성(河南省) 낙양(洛陽) 출신. 성(姓)은 진(陳), 이름은 위(褘). 13세에 낙양 정토사(淨土寺)에 출가함. 그 후 낙양(洛陽)·장안(長安)·성도(成都)에서 열반경(涅槃經)·구사론(俱舍論)·섭대승론(攝大乘論) 등을 배움. 한역(漢譯)의 경론(經論)에 만족하지 않고 산스크리트 원전(原典)을 직접 연구하기 위해 627년에 장안(長安)을 출발하여 인도 유학을 떠남. 630년에 마가다국(magadha國)의 나란타사(那爛陀寺)에 이르러 5년 동안 계현(戒賢)에게 유가사지론(瑜伽師地論)과 여러 논서를 배우고 산스크리트 원전들을 열람함. 635년에 나란타사를 떠나 동인도에서 남인도·서인도를 순례하고, 638년에 나란타사에 돌아옴. 641년에 귀국길에 올라 645년 1월에 장안(長安)에 도착함. 그가 가지고 온 산스크리트 원전(原典)의 경(經)·율(律)·논(論)은 657종에 이름. 645년 2월에 고구려 원정을 준비하기 위해 낙양에 있던 태종(太宗)을 알현하고 장안으로 돌아와 홍복사(弘福寺)에서 번역에 착수함. 현양성교론(顯揚聖敎論)·대승아비달마잡집론(大乘阿毘達磨雜集論) 등을 번역하고, 태종의 칙명으로 대당서역기(大唐西域記)를 저술함. 그 후 홍복사(弘福寺)·대자은사(大慈恩寺)·옥화궁(玉華宮)에서 해심밀경(解深密經)·유가사지론(瑜伽師地論)·섭대승론본(攝大乘論本)·순정리론(順正理論)·구사론(俱舍論)·성유식론(成唯識論)·변중변론(辯中邊論)·유식이십론(唯識二十論)·대반야경(大般若經) 등 75종 1,335권을 번역함. 옥화궁(玉華宮)에서 63세로 입적함. 성유식론(成唯識論)을 중심으로 하여 그의 문하에서 법상종(法相宗)이 형성됨.

현재(現在) ①1찰나. ②지금. ③현겁(賢劫).

현재세(現在世) 지금 살고 있는 이 세상.

현전비니(現前毘尼) 칠멸쟁(七滅諍)의 하나. 비니(毘尼)는 ⓢⓟvinaya의 음사로, 율(律)을 뜻함. 수행자의 어떤 언행에 대해 무죄인지 유죄인지를 논쟁하고 있는 경우, 그 수행자를 직접 불러 심문한 후 그것을 결정하는 규정.

현전승(現前僧) 한 사원에 현재 머물고 있는 수행승.

현전승가(現前僧伽) 한 지역이나 의식을 행하는 장소에 현재 모여 있는 수행승의 집단.

현전승물(現前僧物) 한 사원에 현재 머물고 있는 수행승의 개인 소유물.

현전지(現前地) 십지(十地)의 하나. 연기(緣起)에 대한 지혜가 바로 눈앞에 나타나는 단계.

현정론(顯正論) 1권. 조선의 기화(己和) 지음. 유생(儒生)들의 불교에 대한 그릇된 견해를 반박한 저술.

현종론(顯宗論) 아비달마장현종론(阿毘達磨藏顯宗論)의 준말.

현주부(賢胄部) ⓢbhadrayānika 붓다가 입멸한 후 300년경에 독자부(犢子部)에서 갈라져 나온 파(派). 현(賢)은 파조(派祖)의 이름, 주(胄)는 후예라는 뜻.

현통가실종(現通假實宗) 화엄종의 교판(敎判)에서, 과거와 미래의 현상에도 불변하는 실체가 없고, 현재의 현상도 일시적인 인연의 화합에 지나지 않는다는 가르침. 설가부(說假部)의 가르침을 말함. ⇒ 오교십종(五敎十宗)

현행(現行) ①인연의 화합으로 나타남. 구체적으로 활동함. ②아뢰야식(阿賴耶識)에 저장되어 있는 종자(種子)가 변화하고 성숙하여 일어나는 인식 작용. ③감각이나 지각의 대상으로 존재함.

현행법(現行法) 아뢰야식(阿賴耶識)에 저장되어 있는 종자(種子)가 변화하고 성숙하여 일어나는 인식 작용.

현행훈종자(現行熏種子) 인식 작용이 아뢰야식(阿賴耶識)에 스며들어 잠재력으로 저장되는 것.

현현(顯現) ①ⓢpratibhāsa ⓢābhāsa 물에 비친 달이나 거울 속의 모습 같이, 마음이 대상과 닮은 형상을 본뜨는 작용. 일시적으로 마음에 비추어진 형상. 마음에 형성된 대상의 모습이나 특징. 마음에 떠오르는 대상의 모습. ②나타냄. 드러냄. ③확실히 앎.

현형(顯形) 대상의 특성이나 빛깔을 뜻하는 현색(顯色)과 대상의 형상을 뜻하는 형색(形色).

현화사(玄化寺) 경기 개풍군 영남면 현화리 영축산에 있던 절. 고려 현종(1010-1031)이 부모의 명복을 빌기 위해 창건함. 해린(海麟)과 소현(韶顯) 등이 머물고, 고려의 여러 왕이 행차하여 법회를 베풂.

현휘(玄暉) 879-941. 신라 말·고려 초의 승려. 무염(無染, 800-888)의 제자 심광(深光, 생몰년 미상)에게 출가하고, 20세에 구족계(具足戒)를 받음. 906년에 당(唐)에 가서 석두 희천(石頭希遷) 문하인 구봉 도건(九峰道虔)의 선법(禪法)을 전해 받고 924년에 귀국하니, 태조가 그를 국사(國師)에 봉하고 충주 정토사에 머물게 함. 시호는 법경(法鏡).

혈도(血塗) 삼도(三塗)의 하나. 악한 일을 저지른 중생이 그 과보로 받는다고 하는 축생의 생존.

혈도상(血塗相) 구상(九相)의 하나. 탐욕과 육신에 대한 집착을 버리기 위해 시체의 피고름이 땅에 스며드는 모습을 주시하는 수행법.

혈맥(血脈) 핏줄이 이어지듯, 불법(佛法)이 스승에서 제자로 계속 이어짐을 뜻함.

협(脇) ⓢpārśva 인도의 부법장(付法藏) 제9조. 2세기경, 중인도 출신의 승려로, 설일체유부(說一切有部)의 논사. 늙어서 출가하여 아라한(阿羅漢)의 경지에 이름. 가니색가왕(迦膩色迦王)의 주선으로 가습미라(迦濕彌羅)에서 500여 명의 비구와 함께 아비달마대비바사론(阿毘達磨大毘婆沙論)을 저술함.

협사(脇士) 본존불(本尊佛)을 좌우에서 보좌하는 보살.

협시보살(脇侍菩薩) 본존불(本尊佛)을 좌우에서 보좌하는 보살. 문수보살과 보현보살은 석가모니불을, 관세음보살과 대세지보살은 아미타불을, 일광보살과 월광보살은 약사여래를 보좌함.

형미(逈微) 864-917. 신라의 승려. 전남 광주 출신. 15세에 장흥 가지산 보림사(寶林寺)의 체징(體澄, 804-880)에게 출가하고, 19세에 화엄사에서 구족계(具足戒)를 받음. 891년에 당(唐)에 가서 동산 양개(洞山良价)의 제자인 운거 도응(雲居道膺, ?-902)의 선법(禪法)을 전해 받고 905년에 귀국하여 무위갑사(無爲岬寺)에 머물면서 선풍(禪風)을 일으킴. 후백제와의 나주 전투에서 승리하고 회군하는 왕건을 따라 조정에 갔다가 궁예에게 피살됨. 시호는 선각(先覺).

형색(形色) ①대상이 외형적으로 갖추고 있는 특별한 형태. 대상의 형상. ②안색. 용모. 신체.

형색탐(形色貪) 대상의 특별한 형상을 보고 일으키는 탐욕.

혜(慧) ⓢprajñā ⓟpaññā ①모든 현상의 이치와 선악 등을 명료하게 판단하고 추리하는 마음 작용. ②분별하지 않고 대상을 있는 그대로 직관하는 마음 작용. 미혹을 끊고 모든 현상을 있는 그대로 주시하는 마음 작용. 분별과 집착이 끊어진 마음 상태. 모든 분별이 끊어져 집착하지 않는 마음 상태. 모든 분별을 떠난 경지에서 온갖 차별을 명료하게 아는 마음 작용.

혜가(慧可) 487-593. 선종(禪宗) 제2조. 북제(北齊)의 승려. 하남성(河南省) 낙양(洛陽) 출신. 어릴 때의 이름은 신광(神光). 40세에 숭산(崇山) 소림사(少林寺)의 달마(達摩)를 찾아가 그의 제자가 됨. 달마의 법을 이어받음.

혜개(慧開) 1183-1260. 남송(南宋)의 승려. 절강성(浙江省) 항주(杭州) 출신. 자(字)는 무문(無門). 항주 천룡사(天龍寺)에 출가하여 여러 지역을 편력하다가 월림 사관(月林師觀, 1143-1217)에게 사사(師事)하여 그의 법을 이어받음. 여러 사찰의 주지를 역임하고, 1228년에 황제의 만수무강을 기원하기 위해 무문관(無門關)을 편찬함. 1246년에 궁중에서 기우제를 지내고 황제로부터 불안선사(佛眼禪師)라는 호를 받음. 어록 : 무문혜개선사어록(無門慧開禪師語錄).

혜거삼매(慧炬三昧) 지혜의 횃불을 밝히는 삼매.

혜과(惠果) 746-805. 당(唐)의 승려. 장안(長安) 출신. 20세에 출가하여 불공(不空, 705-774)으로부터 밀교(密敎)를 전해 받고 장안 청룡사(青龍寺)에 머무름. 대종(代宗)·덕종(德宗)·순종(順宗)의 신임 아래 밀교의 전반을 주도함.

혜관(惠灌) 생몰년 미상. 고구려의 승려. 수(隋)에 가서 길장(吉藏, 549-623)에게 삼론학(三論學)을 배우고 귀국함. 625년(영류왕 8)에 일본에 가서 제2대 승정(僧正)이 되고, 삼론학을 전하여 일본 삼론종(三論宗)의 개조가 됨.

혜광(慧光) 468-537. 북위(北魏)의 승려. 하북성(河北省) 정주(定州) 출신. 지론종(地論宗) 남도파(南道派)의 시조. 13세에 출가하고, 십지경론(十地經論)·사분율(四分律)·화엄경(華嚴經) 등의 주석서를 지음. 그는 여러 경론(經論)에서 설하는 가르침의 요점을 인연종(因緣宗)·가명종(假名宗)·광상종(誑相宗)·상종(常宗)의 사종(四宗)으로 교판(敎判)함. 칙명으로 국통(國統)이 되고, 하남성(河南省) 상주(相州) 대각사(大覺寺)에서 입적함.

혜근(慧根) 오근(五根)의 하나. 근(根)은 능력·소질을 뜻함. 부처의 가르침을 꿰뚫어 보는 능력.

혜근(惠勤) 1320-1376. 고려 말의 승려. 경북 영덕 출신. 호는 나옹(懶翁). 20세에 문경 사불산(공덕산) 묘적암(妙寂庵)의 요연(了然)에게 출가하고, 여러 산을 편력하다가 양주 회암사(檜巖寺)에서 수행하여 4년째 되던 해 깨달음. 1347년에 원(元)에 가서 연경(燕京) 법원사(法源寺)에서 지공(指空)을 만나고, 절강성(浙江省) 항주(杭州) 정자사(淨慈寺)에 가서 평산 처림(平山處林, 1279-1361)의 법을 이어받음. 순제(順帝)의 청으로 연경(燕京) 광제사(廣濟寺)에 머물면서 설법하고, 1358

년에 귀국함. 오대산 상두암(象頭庵)·고운암(孤雲庵), 해주 신광사(神光寺), 개성 광명사(廣明寺), 회암사 등에 머물고, 1371년(공민왕 18)에 왕사(王師)가 되어 왕으로부터 보제존자(普濟尊者)라는 호를 받음. 조계산 송광사(松廣寺)에 주지로 머물고, 다시 회암사에 머물다가 왕명으로 밀양 영원사(瑩源寺)로 가는 도중에 여주 신륵사(神勒寺)에서 입적함. 시호는 선각(禪覺). 어록 : 나옹화상어록(懶翁和尙語錄). 시문집 : 나옹화상가송(懶翁和尙歌頌).

혜남(慧南) 1002-1069. 송(宋)의 승려. 강서성(江西省) 옥산(玉山) 출신. 11세에 출가하여 19세에 구족계(具足戒)를 받고 여러 지역을 편력하다가 석상 초원(石霜楚圓, 986-1039)에게 사사(師事)하여 35세에 그의 법을 이어받음. 강서성 황룡산(黃龍山)에서 선풍(禪風)을 크게 일으킴. 어록 : 황룡혜남선사어록(黃龍慧南禪師語錄).

혜능(慧能) 638-713. 선종(禪宗) 제6조. 당(唐)의 승려. 광동성(廣東省) 신주(新州) 출신. 성(姓)은 노(盧). 흔히 육조대사(六祖大師)·조계대사(曹溪大師)라 함. 어려서 아버지를 잃고 어머니와 함께 땔나무를 팔아 생계를 꾸려가다가 어느 날 금강경(金剛經) 읽는 소리를 듣고 느낀 바 있어 호북성(湖北省) 풍무산(馮茂山)에 머물던 홍인(弘忍, 601-674)을 찾아가 문답함. 8개월 동안 곡식 찧는 소임을 한 후에 그의 의발(衣鉢)을 전해 받고 남쪽으로 내려가 10여 년을 은둔하다가 676년에 광동성(廣東省) 광주(廣州) 법성사(法性寺)에서 삭발하고 수계(受戒)하여 정식으로 출가함. 그 후 소주(韶州) 조계산(曹溪山) 보림사(寶林寺), 소주(韶州) 대범사(大梵寺)·광과사(廣果寺), 광주(廣州) 법성사(法性寺)에서 선풍(禪風)을 크게 일으킴. 시호(諡號)는 대감선사(大鑑禪師). 신수(神秀, ?-706) 문하의 선법(禪法)을 북종선(北宗禪)이라 하는 데 반해, 혜능 문하의 선법은 남종선(南宗禪)이라 함. 소주(韶州) 대범사(大梵寺)에서 행한 설법을 엮은 것이 육조단경(六祖壇經)임.

혜덕(慧德) 소현(韶顯)의 시호.

혜도(醯都) ⓢhetu의 음사. 수의 단위로, 10^{29}.

혜독문(慧毒門) 독이 온몸에 퍼지듯, 지혜가 점점 충만해지는 것을 비유한 말.

혜등(慧燈) 무명(無明)의 어둠을 깨뜨리는 지혜를 등불에 비유한 말.

혜라산(醯羅山) ⓢhila의 음사. 카불(Kabul) 동쪽, 파미르(Pamir) 고원 남쪽에 있던 고대 국가인 오장나국(烏仗那國)에 위치한 산.

혜량(惠亮) 생몰년 미상. 신라의 승려. 고구려 출신으로, 551년(진흥왕 12)에 신라에 가서 신라 최초의 승통(僧統)이 되고, 처음으로 백좌강회(百座講會)와 팔관회(八關會)를 개최함.

혜력(慧力) 오력(五力)의 하나. 역(力)은 깨달음에 이르게 하는 활동이라는 뜻. 부처의 가르침을 꿰뚫어 봄.

혜림음의(慧琳音義) 일체경음의(一切經音義) ②와 같음.

혜명(慧命) ①법신(法身)은 지혜를 수명으로 한다는 뜻. ②수행과 지혜가 뛰어난 수행자를 높여 일컫는 말.

혜무감(慧無減) 대승에서 설하는 십팔불공법(十八不共法)의 하나. 부처는 지혜가 쇠퇴하지 않음.

혜문(慧門) ①지혜의 방면. ②지혜에 이르게 하는 가르침. ③지혜의 세계.

혜사(慧思) 515-577. 진(陳)의 승려. 하남성(河南省) 무진(武津) 출신. 천태 지의(天台智顗, 538-597)의 스승. 15세에 출가하고, 혜문(慧文)에게 사사(師事)하여 법화삼매(法華三昧)를 체득함. 하남성(河南省) 광주(光州) 대소산(大蘇山)에 14년 동안 머물면서 법화경·반야경 등을 강의함. 568년에 제자 40여 명과 함께 남악(南嶽)에 들어감.

혜소(慧沼) 650-714. 당(唐)의 승려. 산동성(山東省) 치주(淄州) 출신. 15세에 출가하여 현장(玄奘, 602-664)과 기(基, 632-682)에게 유식학을 배움. 의정(義淨, 635-713)이 장안(長安) 대천복사(大薦福寺)에서 번역할 때, 보리류지(菩提流志, ?-727)가 장안 숭복사(崇福寺)에서 대보적경(大寶積經)을 번역할 때 증의(證義)를 맡음. 흔히 기(基)·혜소(慧沼)·지주(智周, 668-723)를 법상종(法相宗)의 삼조(三祖)라고 일컬음. 저서 : 금광명최승왕경소(金光明最勝王經疏)·성유식론요의등(成唯識論了義燈).

혜소(慧昭) 774-850. 신라의 승려. 전주 출신. 31세에 당(唐)에 가서 마조(馬祖)의 제자인 창주 신감(滄州神鑑)에게 사사(師事)하여 그의 법을 이어받고, 37세에 숭산(崇山) 소림사(少林寺)에서 구족계(具足戒)를 받음. 신라의 도의(道義)를 만나 함께 편력하다가 도의가 먼저 귀국하자 종남산(終南山)에 들어가 수행함. 830년에 귀국하여 상주 장백사(長栢寺)에 머물다가 지리산 쌍계사(雙磎寺)를 크게 중축하고 머무름. 한반도에 처음으로 범패(梵唄)를 전하였다고 함. 시호는 진감(眞鑑).

혜소(慧炤) ①생몰년 미상. 고려의 승려. 송(宋)에 가서 하남성(河南省) 정인사(淨因寺) 도진(道臻, 1014-1093)의 선법(禪法)을 전해 받고 예종 때 귀국하여 개성 광명사(廣明寺)에서 선풍(禪風)을 일으킴. 순천 계족산에 정혜사(定慧寺)를 창건하고 머물다가 입적함. ②정현(鼎賢)의 시호.

혜식(慧識) Ⓟvijjā 모든 현상의 이치와 선악 등을 명료하게 판단하고 추리하는 지혜. 모든 현상을 꿰뚫어 보는 지혜.

혜신(慧身) 오분법신(五分法身)의 하나. 부처와 아라한이 갖추고 있는 공덕으로, 바르게 보고 바르게 앎.

혜심(慧諶) 1178-1234. 고려의 승려. 전남 화순 출신. 자호(自號)는 무의자(無衣子). 24세에 사마시(司馬試)에 합격하여 태학관(太學館)에 들어갔으나 이듬해 조계산 수선사(修禪社)에 출가하여 지눌(知訥, 1158-1210)의 제자가 됨. 지리산에서 수행하다가 지눌이 입적하자 수선사 제2세 사주(社主)가 되어 수선사를 증축하고 선풍(禪風)을 크게 일으킴. 고종이 대선사(大禪師)를 제수함. 시호는 진각국사(眞覺國師). 저서 : 선문염송집(禪門拈頌集)·조계진각국사어록(曹溪眞覺國師語錄)·무의자시집(無衣子詩集) 등.

혜안(慧眼) ①모든 현상을 꿰뚫어 보는 지혜의 눈. ②오안(五眼)의 하나. 현상의 이치는 보지만 중생을 구제하는 방법을 알지 못하는 성문(聲聞)·연각(緣覺)의 눈.

혜여의족(慧如意足) 사유신족(思惟神足)과 같음.

혜영(惠永) 1228-1294. 고려의 승려. 문경 출신. 11세에 남백월사(南白月寺)의 충연(冲淵)에게 출가하고, 17세에 승과(僧科)에 합격하고 홍덕사(興德寺)에 머무름. 1269년(원종

10)에 승통(僧統)이 되고, 통도사(通度寺)·중흥사(重興寺)·유가사(瑜伽寺) 등에 머무름. 1290년(충렬왕 16)에 사경승(寫經僧) 100명을 데리고 원(元)에 가서 금니(金泥)로 대장경을 사경하고 이듬해 귀국하여 국존(國尊)과 오교도승통(五敎都僧統)이 됨. 동화사(桐華寺)에서 입적함. 저서 : 백의해(白衣解).

혜원(慧遠) ①334-416. 동진(東晋)의 승려. 산서성(山西省) 출신. 13세에 허창(許昌)과 낙양(洛陽)에 가서 유교와 도교를 배움. 21세에 도안(道安, 314-385)을 만나 그의 반야경(般若經) 강의를 듣고 동생 혜지(慧持)와 함께 출가하여 그의 제자가 됨. 386년에 여산(廬山) 동림사(東林寺)에 들어가 30년 간 머무름. 391년에 승가제바(僧伽提婆, saṃghadeva)가 여산에 오자 그와 함께 아비담심론(阿毘曇心論)을 번역함. 402년에 동료 123명과 함께 백련사(白蓮社)라는 정토 신앙 단체를 결성함. 장안(長安)의 구마라집(鳩摩羅什)과 불교 교리에 대한 서신을 주고받았는데, 그것을 정리하여 편찬한 것이 구마라집법사대의(鳩摩羅什法師大義)임. ②523-592. 돈황(敦煌) 출신. 13세에 출가하여 20세에 구족계(具足戒)를 받음. 담은(曇隱)에게 5년 동안 사분율(四分律)을 배우고, 7년 동안 법상(法上, 495-580)의 가르침을 받음. 북주(北周)의 법난(法難) 때, 무제(武帝)에게 직간(直諫)하고 은둔함. 580년에 불교가 부흥되기 시작하자 소림사(少林寺)에서 강의하고, 581년에 수(隋)의 문제(文帝)가 그를 낙주(洛州) 사문도(沙門都)에 임명함. 문제(文帝)가 혜원을 위해 장안(長安)에 정영사(淨影寺)를 창건하니, 그는 그곳에서 강의와 저술에만 몰두함. 저서 : 유마의기(維摩義記)·대반열반경의기(大般涅槃經義記)·관무량수경의소(觀無量壽經義疏)·무량수경의소(無量壽經義疏)·대승의장(大乘義章).

혜원음의(慧苑音義) 신역대방광불화엄경음의(新譯大方廣佛華嚴經音義)와 같음.

혜일(慧日) 부처의 지혜를 태양에 비유한 말.

혜자(惠慈) 생몰년 미상. 고구려의 승려. 595년(영양왕 6)에 일본에 가서 성덕태자(聖德太子)의 스승이 됨. 596년에 법흥사(法興寺)가 완성되자 백제의 혜총(惠聰)과 함께 그곳에 머무름. 615년에 귀국함.

혜적(慧寂) 807-883. 당(唐)의 승려. 광동성(廣東省) 소주(韶州) 출신. 호는 징허대사(澄虛大師). 17세에 출가하고, 위산 영우(潙山靈祐, 771-853)에게 사사(師事)하여 그의 법을 이어받음. 강서성(江西省) 앙산(仰山)에 머물다가 소주(韶州) 동평산(東平山)에서 입적함.

혜철(惠哲·慧徹) 785-861. 신라의 승려. 경주 출신. 자(字)는 체공(體空). 동리산문(桐裏山門)의 개산조(開山祖). 어려서 출가하여 영주 부석사(浮石寺)에서 화엄학을 배우고, 22세에 구족계(具足戒)를 받음. 814년에 당(唐)에 가서 마조(馬祖)의 제자인 서당 지장(西堂智藏, 735-814)의 선법(禪法)을 전해 받고 839년에 귀국함. 화순 쌍봉사(雙峰寺)에 잠시 머물다가 곡성 동리산에 태안사(泰安寺)를 창건하고 선풍(禪風)을 일으킴. 시호는 적인(寂忍).

혜초(慧超) 생몰년 미상. 신라의 승려. 당(唐)에 가서 금강지(金剛智, 669-741)에게 밀교(密敎)를 배우고, 바닷길로 인도에 가서 여러 지역을 순례하고 육로(陸路)로 727년에 감숙성(甘肅省) 안서(安西)에 도착함. 733년에 금강지의 법을 전해 받고, 740년에 금강지가 대승유가대교왕경(大乘瑜伽大敎王經)을 번역할 때 필수(筆受)를 맡음. 774년에는 불공(不空, 705-774)의 가르침을 받고, 780년에 오대산에서 대승유가대교왕경의 서문을 지음. 저서 : 왕오천축국전(往五天竺國傳)·대승유가금강성해만수실리천비천발대교왕경서(大乘瑜伽金剛性海曼殊室利千臂千鉢大教王經序)·하옥녀담기우표(賀玉女潭祈雨表).

혜총(惠聰) 생몰년 미상. 백제의 승려. 588년(위덕왕 35)에 일본에 불사리(佛舍利)를 전하고 귀국하고, 595년에 다시 일본에 감. 596년에 법흥사(法興寺)가 완성되자 고구려의 혜자(惠慈)와 함께 그곳에 머무름.

혜탈(慧脫) 혜해탈(慧解脫)의 준말.

혜통(惠通) 생몰년 미상. 신라의 승려. 당(唐)에 가서 밀교(密教)를 배우고 665년(문무왕 5)에 귀국하여 신비한 주문(呪文)을 중심으로 한 밀교를 전파함.

혜편(惠便) 생몰년 미상. 고구려의 승려. 평원왕(559-590) 때 일본에 가서 선신(善信)·선장(禪藏)·혜선(惠善)의 세 비구니를 배출함. 이들은 일본 비구니의 시초가 됨.

혜학(慧學) 삼학(三學)의 하나. 미혹을 끊고 진리를 주시하는 수행.

혜해탈(慧解脫) 지혜로써 무지를 소멸시켜 그 속박에서 벗어남, 또는 그러한 경지에 이른 아라한(阿羅漢).

혜향(慧香) 오분법신(五分法身) 가운데 혜신(慧身)을 향에 비유한 말.

호각의(護覺意) 사각지(捨覺支)와 같음.

호구소륭(虎丘紹隆) ⇒ 소륭(紹隆)

호국법회(護國法會) 부처의 힘으로 나라를 지키기 위해 그에게 공양하고 예배하는 의식.

호궤(胡跪) 호(胡)는 인도와 서역을 일컬음. 인도와 서역인들의 무릎을 꿇는 예법. 두 무릎을 땅에 대고 허리를 세우는 장궤(長跪)와 두 무릎 가운데 하나를 땅에 대고 허리를 세우는 호궤(互跪)가 있음.

호궤(互跪) 인도와 서역인들의 무릎을 꿇는 예법. 두 무릎 가운데 하나를 땅에 대고 허리를 세우는 자세.

호규지옥(號叫地獄) 규환지옥(叫喚地獄)과 같음.

호념(護念) 늘 염두에 두고 보호함.

호도(胡道) 함부로 지껄임. 이치에 맞지 않는 말을 마구 지껄임.

호란(胡亂) ①불확실함. 이상야릇하여 의심스러움. ②터무니없음. 엉터리.

호로(葫蘆) 조롱박. 표주박.

호로호로(胡盧胡盧) ①깔깔거리며 웃는 소리. ②불분명한 말소리. ③깃발이 펄럭이는 소리.

호마(護摩) ⓢhoma의 음사. 분소(焚燒)·화제(火祭)라는 뜻. 제단(祭壇)에 마련한 화로에 불을 피우고 진언(眞言)을 외우면서 그 불 속에 물건을 던져 공양하고 소원을 비는 의식.

호문(胡文) 서역(西域)의 글자.

호법(護法) ⓢdharmapāla 530-561. 십대논사(十大論師)의 하나. 남인도 달라비도국(達羅毘茶國) 출신의 승려. 마갈타국(摩竭陀國)의

나란타사(那爛陀寺)에서 경론(經論)을 강설하고, 29세에 대보리사(大菩提寺)에 은둔하여 수행하면서 세친(世親)의 유식삼십송(唯識三十頌)에 대한 주석서를 지음. 32세에 입적함. 현장(玄奘)이 번역한 성유식론(成唯識論)은 그의 주석을 중심으로 하고, 다른 9명의 논사의 견해를 취사 선택하여 하나의 논서로 편집한 것임. 저서 : 대승광백론석론(大乘廣百論釋論)·성유식보생론(成唯識寶生論)·관소연론석(觀所緣論釋).

호법아라한(護法阿羅漢) 아라한의 경지에서 퇴보하지 않도록 그 경지를 온전하게 잘 지키는 자.

호병(胡甁) 인도인이 만든 병이라는 뜻. 천수천안관음(千手千眼觀音)이 손에 지니고 있는 병.

호병(胡餠·餬餠) 깨를 넣은 떡.

호성(豪姓) ①재산이 많고 세력이 큰 가문. ②바라문(婆羅門)을 말함. 고대 인도의 사성(四姓) 가운데 가장 높은 계급으로, 제사와 교육을 담당하는 바라문교의 사제(司祭) 그룹.

호손자(胡孫子) 자(子)는 접미사. 원숭이를 일컬음. 원숭이의 모습이 호인(胡人), 곧 중국 부근의 지역 사람과 비슷하다는 데서 나온 말.

호승(胡僧) 서역(西域)의 승려.

호암(虎巖) 체정(體淨)의 법호.

호용죄(互用罪) 어떤 목적을 위해 보시 받은 돈을 다른 데 사용한 죄.

호의(縞衣) 시오(始悟)의 법호.

호자(胡子) 자(子)는 접미사. 서역인(西域人), 특히 석가나 달마를 가리킴.

호종족(胡種族) 호(胡)는 서역인(西域人), 특히 석가나 달마를 가리킴. 불법(佛法)을 이어받고 전한 사람들을 이르는 말.

호할란할(胡喝亂喝) 할(喝)은 말로 표현할 수 없는 직접 체험의 경지를 나타낼 때, 또는 수행자를 꾸짖거나 호통칠 때 토하는 큰 소리를 말함. 엉터리 수행승이 아무런 뜻도 없이 함부로 내뱉는 할(喝).

호호파지옥(虎虎婆地獄) 팔한지옥(八寒地獄)의 하나. 호호파(虎虎婆)는 ⓢhuhuva의 음사. 심한 추위로 입을 열지 못하여 괴로워하는 소리에 의한 이름.

혹(惑) 중생의 마음을 괴롭히고 산란하게 하는 번뇌. 중생의 마음을 어지럽히고 미혹하게 하는 번뇌.

혹도(惑道) 번뇌도(煩惱道)와 같음.

혹장(惑障) 수행에 장애가 되는 탐(貪)·진(瞋)·치(癡) 등의 번뇌.

혼구(混丘) 1251-1322. 고려의 승려. 제천 출신. 10세에 무위사(無爲寺)의 천경(天鏡)에게 출가하고, 일연(一然, 1206-1289)에게 사사(師事)하여 그의 법을 이어받음. 충렬왕 때 대선사(大禪師)가 되고, 충선왕 때 양가도승통(兩街都僧統), 충숙왕 때 왕사(王師)가 됨. 밀양 영원사(瑩源寺)에 머물다가 칠곡 송림사(松林寺)에서 입적함. 시호는 보감국사(寶鑑國師).

혼면(惛眠) 혼미한 마음 상태.

혼수(混修) 1320-1392. 고려 말의 승려. 경기 남양주 출신. 자(字)는 무작(無作), 호는 환암(幻庵). 12세에 계송(繼松)에게 출가하고, 1341년에 선선(禪選)에 급제한 후 금강산에서 수행함. 선원사(禪源寺)에서 능엄경(楞嚴經)을 배워 터득하고, 충주 소태 청룡사(青龍寺) 서쪽에 연회암(宴晦庵)을 짓고 머무름. 오대산 신성암(神聖庵)에 머물 때 고운암(孤雲庵)에 있던 나옹 혜근(懶翁惠勤, 1320-1376)을 자주 찾아가 법요(法要)를 물음. 1370년에 승려들의 학식을 시험하는 공부선(工夫選)에서 수석함. 우왕이 국사(國師)에 봉하고, 공양왕이 다시 국사에 봉함. 청룡사(青龍寺)에서 입적함. 시호는 보각(普覺).

혼원(混元) 1191-1271. 고려의 승려. 황해도 수안 출신. 13세에 출가하여 수행하다가 승과(僧科)에 합격하고, 혜심(慧諶)의 제자인 조계산 수선사(修禪社) 제3세 몽여(夢如, ?-1252)에게 사사(師事)하여 그의 법을 이어받음. 강화 선원사(禪源寺)에 머물다가 몽여가 입적하자 수선사 제4세 사주(社主)가 되어 선풍(禪風)을 일으킴. 1259년(고종 46)에 왕사(王師)가 됨. 시호는 진명국사(眞明國師).

혼종(昏鐘) 초저녁에 울리는 종.

혼침(惛沈) ⓢstyāna 혼미하고 침울한 마음 상태.

홀연념기(忽然念起) 있는 그대로의 참모습을 깨닫지 못하여 홀연히 차별을 일으킴. 곧, 근원적 무명(無明)을 말함.

홍기(洪基) 1822-1881. 조선 후기의 승려. 안동 출신. 호는 우담(優曇). 소백산 희방사(喜方寺)에 출가하고, 조계산 송광사(松廣寺)·선암사(仙巖寺)에서 경전을 배우고, 송광사에서 연월(蓮月)의 법을 이어받고 개강함. 저서 : 선문증정록(禪門證正錄).

홍련지옥(紅蓮地獄) ⇒ 발특마지옥(鉢特摩地獄)

홍명집(弘明集) 14권. 양(梁)의 승우(僧祐) 엮음. 동진(東晋)에서 양(梁)에 이르는 동안 유교와 도교의 불교 비난에 대해 불교를 해명하고 옹호한 57편의 글들을 모은 책.

홍법(弘法) 생몰년 미상. 고려의 승려. 12세에 출가하여 930년에 구족계(具足戒)를 받고, 당(唐)에 가서 수학하고 귀국함. 고려 성종은 대선사(大禪師)의 칭호를 내리고, 목종은 국사(國師)에 봉함. 충주 동량면 정토사에 머물다가 입적함. 홍법은 시호, 탑호는 실상(實相).

홍서(弘誓) 부처나 보살이 과거에 수행하고 있을 때, 모든 중생을 널리 구제하려고 세운 서원. 아미타불의 48원, 약사여래의 12원, 사홍서원 따위.

홍서강연(弘誓强緣) 모든 중생을 널리 구제하려고 세운 아미타불의 서원은, 중생이 정토에 태어나는데 강력한 도움이 된다는 뜻.

홍서개(弘誓鎧) 부처와 보살이 모든 중생을 널리 구제하려고 세운 서원의 견고함을 투구에 비유한 말.

홍서원(弘誓願) 홍서(弘誓)와 같음.

홍원(弘願) 부처나 보살이 모든 중생을 널리 구제하려고 세운 서원. 특히 아미타불의 48원을 말함.

홍인(弘忍) 601-674. 선종(禪宗) 제5조. 당(唐)의 승려. 호북성(湖北省) 출신. 출가 후 도신(道信, 580-651)에게 오랫동안 사사(師事)

하여 그의 법을 이어받음. 도신이 입적한 후 그가 머물렀던 쌍봉산(雙峰山)에서 그 산의 동쪽에 있는 풍무산(馮茂山)으로 옮겨 선풍(禪風)을 크게 일으키니, 홍인의 문하에 수많은 대중이 운집함. 그의 선법(禪法)은 자신이 본래 갖추고 있는 청정한 불성(佛性)을 확인하여 잘 지키는 수심(守心)으로 요약될 수 있음. 제자에 혜능(慧能, 638-713)과 신수(神秀, ?-706)가 있음. 저술 : 최상승론(最上乘論).

홍주종(洪州宗) 강서성(江西省) 홍주(洪州)에서 선풍(禪風)을 선양한 마조 도일(馬祖道一, 709-788)의 문하를 일컬음.

홍직(洪直) ⇒ 홍척(洪陟)

홍진(紅塵) 붉게 일어나는 먼지라는 뜻으로, 번거로운 세속을 비유하는 말.

홍척(洪陟) 생몰년 미상. 신라의 승려. 홍직(洪直)이라고도 함. 실상산문(實相山門)의 개산조(開山祖). 당(唐)에 가서 마조(馬祖)의 제자인 서당 지장(西堂智藏, 735-814)의 선법(禪法)을 전해 받고 826년(흥덕왕 1)에 귀국하여 지리산에 실상사(實相寺)를 창건하고 선풍(禪風)을 일으킴. 시호는 증각(證覺).

화(化) ① 가르쳐 인도함. 가르쳐 마음을 변화시킴. ②여러 가지 모습으로 변화함.

화(話) 화두(話頭)와 같음.

화가라(和伽羅) ⓢⓟvyākaraṇa의 음사. 수기(授記)라고 번역. 십이부경(十二部經)의 하나. 경전의 서술 내용에서, 부처가 제자에게 미래에 성불할 것이라고 예언한 부분.

화가라나(和伽羅那) 화가라(和伽羅)와 같음.

화개(華蓋) 꽃으로 만든 우산 모양의 장식물.

화계(火界) 화대(火大)와 같음.

화계사(華溪寺) 서울 강북구 수유동 북한산 남동쪽 기슭에 있는 절. 조계사(曹溪寺)의 말사. 고려의 탄문(坦文, 900-975)이 북한산 기슭의 부허동에 보덕암(普德庵)을 창건하고, 1522년에 신월(信月)이 보덕암을 부허동 남쪽 수유동으로 옮겨 짓고 화계사라 함. 1618년에 모두 불타고 덕흥대원군(德興大院君) 후손들의 시주로 이듬해 다시 짓고, 1866년에 용선(龍船)과 범운(梵雲)이 흥선대원군(興宣大院君, 1820-1898)의 시주로 크게 보수·중축함. 이후 여러 차례 보수하고 증축함.

화계삼매(火界三昧) ①몸에서 불꽃을 뿜는 삼매. ②시체를 불에 태우는 것.

화광삼매(火光三昧) 몸에서 불꽃을 뿜는 삼매.

화광존(火光尊) 불을 다스리는 신(神), 곧 화천(火天)을 높여 일컫는 말.

화교(化敎) 중생의 능력이나 소질에 따라 설한 가르침.

화남(和南) ⓢvandana의 음사. 경례(敬禮)·공경(恭敬)이라 번역. 경건한 마음으로 인사함. 합장하고 머리 숙여 안부를 물음.

화대(火大) 사대(四大)의 하나. 따뜻한 성질.

화도(火塗) 삼도(三塗)의 하나. 악한 일을 저지른 중생이 그 과보로 받는다고 하는 지옥의 생존.

화도(化度) 가르쳐 구제함.

화도(化導) 교화하여 부처의 가르침으로 인도함.

화두(話頭) 두(頭)는 어조사. 깨달음을 구하기 위해 참선하는 수행자에게 해결해야 할 과제로 제기되는 부처나 조사의 파격적인 문답 또는 언행(言行). 큰 의심을 일으키게 하는 부처나 조사의 역설적인 말이나 문답. 공안(公案)과 같음.

화두(火頭) 사찰에서 때맞추어 등불을 켜고 끄던 직책, 또는 그 일을 맡은 승려.

화락천(化樂天) 낙변화천(樂變化天)과 같음.

화로(話路) 선(禪)에 관한 여러 가지 이야깃거리. 수행의 본보기가 되는 부처나 조사의 행적.

화륜(火輪) ①횃불을 빙빙 돌려 형성된 바퀴 모양의 불. 실체가 없는 것, 환상적인 것, 일시적인 것을 비유함. ②가운뎃손가락을 일컬음.

화만(華鬘) 몸을 꾸미거나 불전(佛前)을 장엄하게 꾸미기 위해 꽃을 실에 꿰거나 결합하여 만든 장식.

화법(化法) 부처가 중생을 교화하기 위해 설한 가르침의 내용.

화법사교(化法四教) 천태종의 교판(教判)에서, 세존의 가르침을 내용에 따라 네 가지로 분류한 것. (1)장교(藏教). 아함경을 비롯한 초기의 가르침. (2)통교(通教). 성문·연각·보살에게 공통되는 가르침. (3)별교(別教). 보살만을 위한 가르침. (4)원교(圓教). 세존이 체득한 깨달음을 그대로 설한, 가장 완전한 가르침. 법화경이 여기에 해당함. ⇒ 오시팔교(五時八教)

화변(火辨) ⓢcitradhāna 5세기경. 십대논사(十大論師)의 하나. 세친(世親)의 유식삼십송(唯識三十頌)에 대한 주석서를 지음.

화병(華瓶) 불전(佛前)에 꽃을 공양할 때, 꽃을 꽂는 병.

화보(華報) 열매를 맺기 전에 꽃이 피듯, 내세의 과보(果報)를 받기 전에 현세에서 받는 고락의 과보.

화불(化佛) 중생을 구제하기 위해 변화하여 나타나는 부처.

화사(和社) 화상(和尙) ①과 같음.

화삼매(火三昧) 몸에서 불꽃을 뿜는 삼매.

화상(和尙·和上) ①ⓢupādhyāya의 음사. 친교사(親教師)·역생(力生)이라 번역. 계(戒)를 주는 스승. ②수행 기간이 길고 지위나 덕이 높은 승려에 대한 존칭.

화생(化生) ①사생(四生)의 하나. 어느 것에 의존하지 않고 스스로의 업력(業力)으로 태어나는 것. 어떤 것에 의존하지 않고 저절로 태어나는 것. ②지혜가 뛰어나 극락의 연꽃 위에 왕생하여 보살의 지혜와 공덕을 모두 갖추게 되는 것. 이에 반해, 지혜가 뛰어나지 못해 극락의 궁전에 왕생하여 그곳에 오랫동안 갇혀, 부처와 가르침과 보살을 가까이 할 수 없는 것은 태생(胎生)이라 함.

화생삼매(火生三昧) 몸에서 불을 뿜는 부동명왕(不動明王)의 삼매.

화성유(化城喩) 법화칠유(法華七喩)의 하나.

법화경 화성유품(化城喩品)의 비유. 보물을 찾기 위해 멀고도 험난한 길을 가던 무리들이 도중에 힘들고 지쳐 돌아가려 하므로 길잡이가 신통력으로 성 한 채를 만들어 무리들을 쉬게 한 다음 다시 길을 떠난다는 내용. 여기서 보물은 일승(一乘)에 의한 성불을 상징하고, 길잡이는 부처를, 신통력으로 만든 성 한 채는 방편을 상징함.

화수(火燧) 수행자들이 불을 피우기 위해 지니고 다니는 부싯돌.

화수길용왕(和脩吉龍王) 화수길(和脩吉)은 ⓢvāsuki의 음사, 구두(九頭)·다두(多頭)라고 번역. 팔대용왕(八大龍王)의 하나. 머리가 아홉 개이며 수미산 주위를 돌면서 작은 용을 잡아먹는다는 용왕.

화신(化身) ⓢnirmāṇa-kāya ①중생을 구제하기 위해 변화하여 나타나는 부처. ②부처가 중생을 구제하기 위해 범천(梵天)·제석(帝釋)·범부(凡夫)·마왕(魔王)·축생(畜生) 등 여러 가지 모습으로 변화하여 나타나는 것.

화신(火神) 불을 다스리는 신(神).

화신불(化身佛) 화신(化身) ①과 같음.

화씨성(華氏城) ⓢpāṭaliputra ⓟpāṭaliputta 지금의 파트나(Patna) 지역으로, 고대 인도에 있던 마가다국(magadha國)의 아자타샤트루(ajātaśatru) 왕이 축조함.

화암사(花巖寺) 전북 완주군 경천면 시루봉 남쪽 기슭에 있는 절. 금산사(金山寺)의 말사. 창건 연대는 알 수 없고, 1425년(세종 7)에 관찰사 성달생(成達生)의 시주로 다시 짓기 시작하여 1429년에 완성함. 광해군(1608-1623) 때 호영(虎英)이 중축한 이후 여러 차례 보수함. 문화재 : 우화루(雨花樓)·극락전·동종(銅鐘).

화약란(花藥欄) 꽃밭의 울타리.

화엄경(華嚴經) 본이름은 대방광불화엄경(大方廣佛華嚴經)이며 세 가지 번역이 있는데, 60권은 동진(東晋)의 불타발타라(佛駄跋陀羅) 번역이고, 80권은 당(唐)의 실차난타(實叉難陀) 번역, 40권은 당(唐)의 반야(般若) 번역임. 이 가운데 40권은 60권과 80권의 마지막에 있는 입법계품(入法界品)에 해당하며, 십지품(十地品)과 입법계품(入法界品)만 산스크리트 원전이 남아 있음. 60권의 경우는 7처(處) 8회(會) 34품, 80권은 7처 9회 39품으로 구성되어 있는데, 처(處)와 회(會)는 이 경을 설한 장소와 모임을 뜻함. 60권의 경우, 제1 적멸도량회(寂滅道場會)와 제2 보광법당회(普光法堂會)는 지상(地上)이고, 제3 도리천회(忉利天會)와 제4 야마천궁회(夜摩天宮會)와 제5 도솔천궁회(兜率天宮會) 그리고 제6 타화자재천궁회(他化自在天宮會)는 천상(天上)이며, 제7은 다시 지상의 보광법당회(普光法堂會), 제8 역시 지상의 급고독원회(給孤獨園會)인데, 이 여덟 모임 가운데 보광법당회가 두 번 있으므로 7처가 되고, 80권의 경우는 보광법당회가 세 번 있으므로 7처 9회가 됨. 제1회에서는 보리수 아래에서 깨달음을 성취한 세존이 이 경의 교주(敎主)인 비로자나불(毘盧遮那佛)과 한 몸이 되어 광채를 발하고 있고, 많은 보살들이 한 사람씩 일어나 세존의 덕을 찬양함. 제2회에서는 세존이 자리를 옮겨 보광법당(普光法堂)의 사자좌(獅子座)에 앉아 있고, 문수보살이 사제(四諦)를 설한 뒤 10명의 보살들이 각각 열 가지 심오한 진리를 설함. 제3회에서는 십주(十住)를 설하고, 제4회에서는 십행(十行), 제5회에서는 십회향(十廻向), 제6회에서는 십지(十地)를 설하고, 제7회에서는 지금까지의 설법을 요약해서 설함. 제8회는 입법계품으로 선재동자(善財童子)가 53명의 선지식(善知識)을 찾아가 도(道)를 구하는 과정을 서술하고 있음.

화엄경내장문등잡공목장(華嚴經內章門等雜孔目章) 화엄공목장(華嚴孔目章)의 본이름.

화엄경문의요결문답(華嚴經文義要決問答) 4권. 신라의 표원(表員) 지음. 화엄경의 요점을 문답 형식으로 간추린 저술.

화엄경사기(華嚴經私記) 1권. 조선의 의첨(義沾) 지음. 강원(講院)에서 공부하는 학승(學僧)을 위해 화엄경의 요점을 간추려서 해설한 저술.

화엄경소(華嚴經疏) 본이름은 대방광불화엄경소(大方廣佛華嚴經疏). 60권. 당(唐)의 징관(澄觀) 지음. 80권 화엄경을 십문(十門)으로 나누어 상세히 풀이한 저술.

화엄경소초(華嚴經疏鈔) 화엄경수소연의초(華嚴經隨疏演義鈔)의 준말.

화엄경수소연의초(華嚴經隨疏演義鈔) 본이름은 대방광불화엄경수소연의초(大方廣佛華嚴經隨疏演義鈔). 90권. 당(唐)의 징관(澄觀) 지음. 80권 화엄경을 풀이한 화엄경소(華嚴經疏)를 다시 상세히 풀이한 저술.

화엄경수현기(華嚴經搜玄記) 본이름은 대방광불화엄경수현분제통지방궤(大方廣佛華嚴經搜玄分齊通智方軌). 5권. 당(唐)의 지엄(智儼) 지음. 60권 화엄경을 풀이하여 화엄종의 교리를 체계화한 저술.

화엄경전기(華嚴經傳記) 5권. 당(唐)의 법장(法藏) 지음. 화엄경의 종류와 번역과 주석서, 그리고 그 경을 강의하거나 독송·서사(書寫)한 승려들의 행적을 기록한 저술.

화엄경지귀(華嚴經旨歸) 1권. 당(唐)의 법장(法藏) 지음. 화엄경의 요지를 간략하게 서술한 책.

화엄경탐현기(華嚴經探玄記) 20권. 당(唐)의 법장(法藏) 지음. 60권 화엄경을 십문(十門)으로 나누어 상세히 풀이한 저술.

화엄경현담(華嚴經玄談) 8권. 청량 징관(淸涼澄觀)의 화엄경수소연의초(華嚴經隨疏演義鈔)에서 해제(解題)에 해당하는 부분을 따로 엮은 책.

화엄공목장(華嚴孔目章) 본이름은 화엄경내장문등잡공목장(華嚴經內章門等雜孔目章). 4권. 당(唐)의 지엄(智儼) 지음. 60권 화엄경의 요지를 밝힌 저술.

화엄교분기(華嚴敎分記) 화엄오교장(華嚴五敎章)과 같음.

화엄론(華嚴論) 신화엄경론(新華嚴經論)의 준말.

화엄론절요(華嚴論節要) 3권. 고려의 지눌(知訥) 지음. 당(唐)의 이통현(李通玄)이 지은 신화엄경론(新華嚴經論)의 요점을 간추린 저술.

화엄사(華嚴寺) 전남 구례군 지리산 노고단 남서쪽 기슭에 있는 절. 대한불교조계종 제19교구 본사. 신라 경덕왕(742-765) 때 연기(緣起)가 창건하고, 신라 말에 도선(道詵)이 중축하고, 고려 광종·숙종·인종 때 보수함. 1424년(세종 6)에 선종대본산(禪宗大本山)으로 승격되고, 1592년 임진왜란 때 모두 불탐.

1630년부터 각성(覺性)이 다시 짓고, 1702년에 성능(性能)이 장륙전(丈六殿)을 완성하니, 숙종은 각황전(覺皇殿)이라는 이름을 하사함. 이후 여러 차례 보수함. 문화재 : 각황전(覺皇殿) 앞 석등(石燈)·사사자삼층석탑(四獅子三層石塔)·각황전(覺皇殿)·동오층석탑(東五層石塔)·서오층석탑(西五層石塔)·대웅전·원통전전사자탑(圓通殿前獅子塔)·화엄석경(華嚴石經)·보제루(普濟樓).

화엄시(華嚴時) 천태종의 교판(敎判)에서, 세존이 깨달음을 성취한 직후 21일간 화엄경을 설한 시기. ⇒ 오시팔교(五時八敎)

화엄신중도량(華嚴神衆道場) 고려 때, 국난을 극복하기 위해 화엄경에 등장하는 수호신들에게 예배하던 의식.

화엄오교장(華嚴五敎章) 본이름은 화엄일승교의분제장(華嚴一乘敎義分齊章). 4권. 당(唐)의 법장(法藏) 지음. 삼승(三乘)과 일승(一乘)의 요점·차이점, 삼승과 전혀 다른 화엄의 일승, 오교십종(五敎十宗), 화엄과 불교의 관계, 십현문(十玄門)과 육상(六相)에 대해 상세히 밝힌 저술.

화엄일승교의분제장(華嚴一乘敎義分齊章) 화엄오교장(華嚴五敎章)의 본이름.

화엄일승법계도(華嚴一乘法界圖) 신라의 의상(義湘, 625-702)이 당(唐)의 지엄(智儼, 608-668) 문하에 있을 때인 668년에 지은 것으로, 화엄학의 핵심을 7언(言) 30구(句)〔210字〕의 게송으로 요약하여 사각인(四角印) 속에 새겨 넣은 것. ⇒ 다음 쪽 그림

화엄전(華嚴殿) 화엄경의 교주(敎主)인 비로자나불(毘盧遮那佛)을 모신 사찰의 건물. 보통 비로자나불을 중심으로 노사나불(盧舍那佛)과 석가모니불을 모심.

화엄종(華嚴宗) ①화엄경을 근본으로 하고 지론종(地論宗)을 흡수하여, 법상종(法相宗)에 맞서 유심설(唯心說)을 체계화하면서 당대(唐代) 초에 형성된 종파. 초조(初祖) 두순(杜順), 제2조 지엄(智儼), 제3조 법장(法藏), 제4조 징관(澄觀), 제5조 종밀(宗密)을 화엄오조(華嚴五祖)라고 함. ②고려 초에 화엄학을 중심으로 하여 형성된 종파. 신라의 의상(義湘)이 661년(문무왕 1)에 당(唐)에 가서 종남산(終南山) 지상사(至相寺)의 지엄(智儼) 문하에서 화엄학을 배우고 귀국한 671년 이후부터 체계화된 한반도의 화엄학은, 의상의 제자와 법손(法孫)들에 의해 소백산 부석사(浮石寺)를 중심으로 널리 전파·계승됨. 신라 말에 이르러 지리산 화엄사(華嚴寺) 관혜(觀惠) 문하의 남악파(南岳派)와 소백산 부석사(浮石寺) 희랑(希朗) 문하의 북악파(北岳派)로 분열되어 대립하였으나 고려 초에 탄문(坦文)과 균여(均如)에 의해 북악파를 중심으로 통합됨. 이후 화엄종은 조선 초까지 계속 유지되었으나 1424년(세종 6)에 7종의 종파를 선교양종(禪敎兩宗)으로 통폐합하는 과정에서 화엄종은 교종에 흡수되어 그 이름을 상실함.

화엄현담(華嚴玄談) 화엄경현담(華嚴經玄談)의 준말.

화엄회(華嚴會) ①화엄경을 강설하는 모임. ②고려 때, 화엄경을 강설하고 칭송하면서 나라의 번영을 기원하거나 비 오기를 빌던 의식.

화월(華月) 성눌(聖訥)의 호.

화의(化儀) 부처가 중생을 교화하기 위해 설한 가르침의 형식이나 방법.

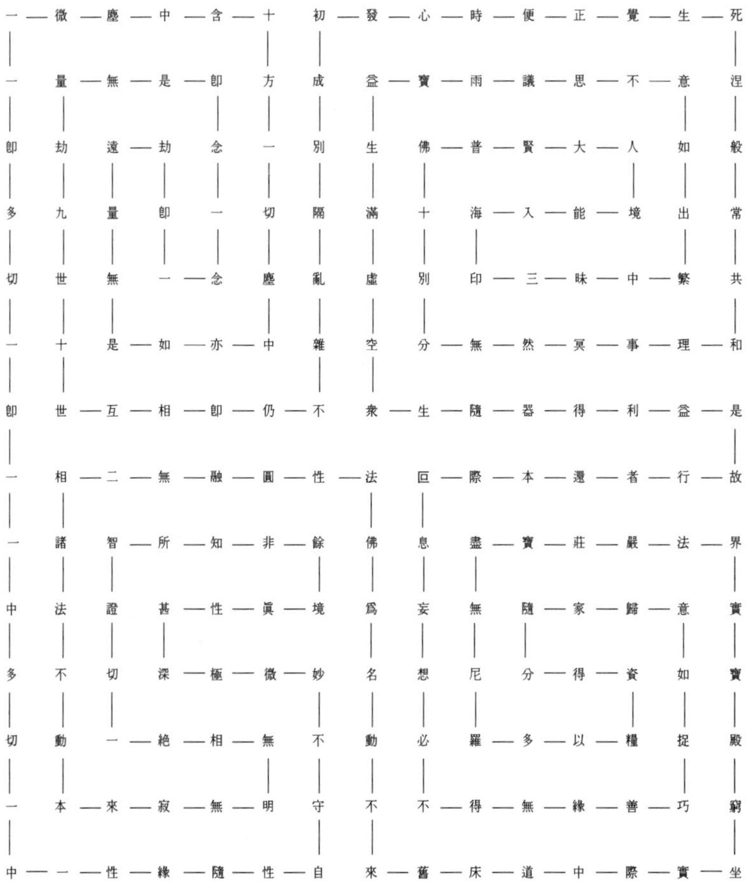

화엄일승법계도

화의사교(化儀四敎) 천태종의 교판(敎判)에서, 세존의 가르침을 형식에 따라 네 가지로 분류한 것. (1)돈교(頓敎). 처음부터 바로 세존이 체득한 깨달음을 그대로 설한 가르침으로, 화엄경이 여기에 해당함. (2)점교(漸敎). 얕은 내용에서 점차적으로 깊은 내용으로 나아간 가르침으로, 녹원시·방등시·반야시에서 차례로 설한 경전이 여기에 해당함. (3)비밀교(祕密敎). 듣는 이들 서로 간에 알지 못하게 근기에 따라 다르게 설하여 각자 다른 이익을 얻게 하는 가르침. (4)부정교(不定敎). 같은 내용을 설하지만 듣는 이들이 근기에 따라 이해하여 각자 다른 이익을 얻게 하는 가르침. ⇒ 오시팔교(五時八敎)

화인(化人) 신통력으로 만들어 낸 사람.

화자재천(化自在天) 낙변화천(樂變化天)과 같음.

화장사(華藏寺) ①경기 장단군 진서면 대원리 화장산 서쪽 기슭에 있는 절. 창건 연대는 알 수 없고, 고려의 지겸(志謙, 1145-1229)이 10여 년 동안 머무름. 1652년에 불타고 숭해(崇海)가 다시 짓고, 이후 여러 차례 보수·증축함. 1927년에 대부분 불타고, 1935년경에 초암(楚巖)과 경화(鏡華)가 복구함. ②서울 동작구 국립묘지 안에 있는 절. 조계사(曹溪寺)의 말사. 고려 공민왕(1351-1374) 때 보인(寶印)이 창건하고, 1577년(선조 10)에 왕의 할머니 창빈(昌嬪) 안씨(安氏)의 원찰(願刹)로 지정됨. 1862년에 운담(雲潭)과 경해(鏡海)가 다시 짓고, 이후 여러 차례 보수·증축함.

화장세계(華藏世界) 연화장세계(蓮華藏世界)와 같음.

화쟁(和諍) 모든 현상의 양면성을 인정하여 긍정과 부정, 모순이나 대립, 상반되는 두 측면을 역동적으로 파악함으로써 한 체계 속에서 원만하게 융합함.

화정(火定) 몸에서 불꽃을 뿜는 선정.

화종거사(火種居士) 불을 섬기는 외도.

화좌상관(華座想觀) 십육관(十六觀)의 하나. 아미타불이 앉아 있는 연화(蓮華)의 자리를 생각하는 수행법.

화주(化主) ①중생을 교화하는 부처를 일컬음. ②신도들의 집을 돌며 절에 필요한 양식·물건·비용 등의 시물(施物)을 얻는 소임, 또는 그 일을 맡은 승려.

화지부(化地部) ⓢmahīśāsaka 붓다가 입멸한 후 300년경에 설일체유부(說一切有部)에서 갈라져 나온 파(派). 이 부(部)에서 다시 법장부(法藏部)가 갈라져 나옴.

화차(和叉) 바차(婆叉)와 같음.

화채(華菜) ⓢarjakamañarī 피라미드 모양으로 자라는 관목. 나무 끝의 꽃대에 여러 개의 꽃이 붙어서 피는데, 꽃봉오리가 필 때 일곱 장의 꽃잎으로 갈라짐.

화천(火天) ⓢagni 불을 다스리는 신(神).

화청(和請) 대중에게 친숙한 민속 음악에 한글로 된 불교 내용을 가사로 붙여 부르는 노래.

화취불정(火聚佛頂) 광명으로 중생을 모으는 힘이 있다는 불정(佛頂).

화타(話墮) ①문답에서 패함. ②말에 빠지거나 얽매임. 말을 하여 본뜻을 그르침.

화택유(火宅喩) 법화칠유(法華七喩)의 하나. 법화경 비유품(譬喩品)의 비유. 한 부호가 집에 불이 났는데도 노는 데 정신이 팔려 그 집에서 빠져 나오지 않는 아이들에게 양거(羊車)·녹거(鹿車)·우거(牛車)로 유인하여 그들이 나오자 보배로 된 수레를 준다는 내용. 여기서 부호는 부처를 상징하고, 불타는 집은 탐욕과 미혹이 들끓는 세계를, 아이들은 중생을, 세 수레는 삼승(三乘)을, 보배로 장식된 수레는 일승(一乘)을 상징함.

화합(和合) ①ⓢⓟsaṃgati 여러 인연·요소·원리들의 결합·융합. ②협력. 협동. 단합. 원만한 관계. ③ⓢsamavāya 바이셰시카 학파에서 설하는 육구의(六句義)의 하나. 실(實)·덕

(德)·업(業)·동(同)·이(異)를 융합시키는 원리. 실(實)은 사물의 본질을 이루고 있는 지(地)·수(水)·화(火)·풍(風)·공(空) 등의 실체, 덕(德)은 실체의 성질, 업(業)은 실체의 운동, 동(同)은 사물에 서로 공통점을 있게 하는 원리, 이(異)는 모든 사물에 차이점을 있게 하는 원리를 뜻함.

화합과(和合果) 사과(四果)의 하나. 여러 인연의 결합에 의한 결과. 감각 기관과 감각 대상의 결합에 의한 감각 등.

화합성(和合性) ⓢsāmagrī 현상의 생성에 필수적인 여러 인연이 모이는 성질.

화합승(和合僧) 한 마음 한 뜻으로 뭉쳐 있는 교단(敎團).

화합식(和合識) 진(眞)·망(妄)이 융합되어 있는 아뢰야식(阿賴耶識)을 말함.

화합중(和合衆) 화합승(和合僧)과 같음.

화합해(和合海) 한 마음 한 뜻으로 뭉쳐 있는 교단(敎團)을 바다에 비유한 말.

화향(和香) 향기 나는 여러 분말을 섞은 향.

화현(化現) 부처나 보살이 중생을 구제하기 위해 중생의 소질에 따라 여러 가지 모습으로 변화하여 나타나는 것.

화회(話會) 참선하는 수행자에게 해결해야 할 과제로 제기되는 화두(話頭)를 터득함.

확연(廓然) 모든 분별이 끊어져 텅 비어 있는 상태. 모든 분별이 소멸되어 확 트인 상태. 분별과 망상이 일어나지 않는 휑한 상태.

확연무성(廓然無聖) 모든 분별이 끊어져 텅 비어 있는 상태에서는 성스러운 것이 없다는 뜻.

확탕지옥(鑊湯地獄) 끓는 가마솥에 삶기는 고통을 받는다는 지옥.

확확파지옥(臛臛婆地獄) 팔한지옥(八寒地獄)의 하나. 확확파(臛臛婆)는 ⓢhahava의 음사. 심한 추위로 혀가 굳어져 괴로워하는 소리에 의한 이름.

환락원(歡樂園) 환희원(歡喜苑)과 같음.

환멸(還滅) 번뇌를 소멸하여 괴로운 생존에서 열반으로 나아감.

환멸문(還滅門) 번뇌를 소멸하여 열반으로 나아가는 방면. 예를 들면, 사제(四諦) 가운데 멸제(滅諦)와 도제(道諦), 십이연기(十二緣起)를 '무명(無明)이 없으므로 행(行)이 없고, 행이 없으므로 식(識)이 없고 ……'라고 관찰하는 역관(逆觀)이 이에 해당함.

환문(還門) 육묘문(六妙門)의 하나. 대상을 관조하는 마음을 돌이켜 살펴 마음은 허망하고 불변하는 실체가 없다고 분명히 아는 수행법.

환사(幻師·幻士) 요술쟁이. 마술사. 마법사.

환상회향(還相廻向) 정토에 태어난 후 다시 이 세상에 돌아와 모든 중생을 교화하기를 원함.

환성(喚醒) 지안(志安)의 법호.

환성사(環城寺) 경북 경산시 하양읍 환성산 동쪽 자락에 있는 절. 은해사(銀海寺)의 말사.

835년에 신라의 심지(心地)가 창건하고, 조선 초에 다시 지음. 이후 여러 차례 보수·중축하고, 1976년에 대웅전과 심검당(尋劍堂)을 보수함. 문화재 : 대웅전·심검당.

환속(還俗) 출가하여 승려가 되어 수행하다가 다시 속인으로 돌아감.

환암혼수(幻庵混修) ⇒ 혼수(混修)

환인(幻人) ①환상의 사람. ②요술쟁이. 마술사. 마법사.

환화(幻化) 마술사가 눈속임으로 지어낸 허깨비.

환화인(幻化人) 마술사가 눈속임으로 지어낸 환상의 사람.

환희광불(歡喜光佛) 기쁨으로 넘치게 하는 광명을 발하는 부처, 곧 아미타불.

환희단(歡喜團) 환희환(歡喜丸)과 같음.

환희원(歡喜苑) 제석(帝釋)의 도읍지인 선견성(善見城) 밖의 북쪽에 있다는 정원.

환희주(歡喜住) 환희지(歡喜地)와 같음.

환희지(歡喜地) 십지(十地)의 하나. 선근과 공덕을 원만히 쌓아 비로소 성자의 경지에 이르러 기쁨에 넘치는 단계.

환희행(歡喜行) 십행(十行)의 하나. 남에게 베풀어 기쁘게 하는 행위.

환희환(歡喜丸) 밀가루·과일·우유·꿀 등을 혼합하여 둥글게 만든 음식. 주로 의식 때 공물(供物)로 사용함.

환희환

활구(活句) 모든 분별과 생각이 끊어져 파격적이고 역설적인 글귀.

활명(活命) ⓢjīvikā 생활. 생활 양식. 생존. 생계.

활발발지(活鱍鱍地·活潑潑地) 물고기 따위가 펄펄 뛰는 모양. 생기가 철철 넘치는 모양.

활불(活佛) 현재 살아 있는 부처의 화신이라는 뜻으로, 라마교의 고승을 일컫는 말.

활인검(活人劍) ⇒ 살인도활인검(殺人刀活人劍)

황권적축(黃卷赤軸) 불교 경전을 일컫는 말. 당대(唐代)에 불교 경전을 누런 종이에 베껴 쓰고 붉은 막대기를 축으로 하여 두루마리로 제본하였으므로 이와 같이 일컬음.

황두로(黃頭老) 황두(黃頭)는 석가모니를 일컬음. 노(老)는 그에 대한 존칭.

황룡사(黃龍寺) 경북 경주시 구황동에 있던 신라 최대의 절. 553년(진흥왕 14)에 짓기 시작하여 569년에 대부분 완성하고, 574년에 금동장륙상(金銅丈六像)을 조성하고, 643년(선덕여왕 12)에 자장(慈藏)의 권유에 따라 구층목탑(九層木塔)을 건립하기 시작하여 2년 뒤에 완성함. 1238년(고려 고종 25)에 몽고의 침략으로 불탑.

황룡탕(黃龍湯) 사람이나 소의 똥오줌으로 만든 약.

황룡파(黃龍派) 오가칠종(五家七宗)의 하나. 임제종의 석상 초원(石霜楚圓, 986-1039) 문하의 황룡 혜남(黃龍慧南, 1002-1069)에 의해 형성된 종파. 송대(宋代)에는 번창했으나 그 후 쇠퇴함.

황룡혜남(黃龍慧南) ⇒ 혜남(慧南)

황면구담(黃面瞿曇) 황면(黃面)은 석가모니를 일컬음. 구담(瞿曇)은 ⓢgautama ⓟgotama의 음사로, 석가모니의 성(姓).

황면노자(黃面老子) 황면(黃面)은 석가모니를 일컬음. 노자(老子)는 그에 대한 존칭.

황문(黃門) 남자로서 남근(男根)을 갖추고 있지 않거나 남근이 불완전한 자.

황벽희운(黃檗希運) ⇒ 희운(希運)

황엽지제전(黃葉止啼錢) 우는 아기에게 노란 나뭇잎을 돈이라 하고 주어 울음을 그치게 한다는 뜻으로, 방편으로 설하는 가르침을 비유함.

황욱천(晃昱天) 변정천(遍淨天)과 같음.

회(悔) ⓢkaukṛtya 후회하는 마음 작용.

회과(悔過) 자신이 저지른 죄나 허물을 참회함, 또는 그 의식.

회득(會得) ①진리를 몸소 터득함. ②명료하고 뚜렷하게 앎. 분명하게 이해함.

회룡사(回龍寺) 경기 의정부시 호원동 도봉산 북서쪽 기슭에 있는 절. 봉선사(奉先寺)의 말사. 681년에 신라의 의상(義湘)이 창건하여 법성사(法性寺)라 하고, 1070년에 혜거(慧炬)가 다시 짓고, 1384년에 무학(無學)이 중축한 후 회룡사라고 함. 1630년에 비구니 예순(禮順)이 다시 짓고, 이후 여러 차례 보수하고, 한국 전쟁 때 불타고, 1954년부터 비구니 도준(道準)이 다시 지음.

회산주부(灰山住部) 계윤부(鷄胤部)와 같음.

회삼귀일(會三歸一) 법화경 28품 가운데 앞 14품의 요지를 드러낸 말. 세존이 법화경을 설하기 이전에는 성문·연각·보살의 삼승(三乘)에 대한 여러 가지 가르침을 설하였지만 그것은 방편에 지나지 않으며, 결국은 모두 일승(一乘)으로 돌아간다는 뜻.

회상(會上) 설법하는 모임. 설법을 듣기 위해 사람들이 모인 자리.

회석(會釋) 서로 모순처럼 보이는 몇 가지의 교리를 자세히 대조하여, 실제로는 서로 모순이 없음을 밝힘.

회신멸지(灰身滅智) 몸은 재로 되고 지혜는 소멸됨. 몸과 마음이 함께 소멸됨.

회암사(檜巖寺) 경기 양주군 회천읍 회암리 천보산 남쪽 자락에 있던 절. 1326년(충숙왕 13)에 고려에 와서 1328년에 원(元)으로 돌아간 지공(指空, ?-1363)의 부탁으로 창건하고, 나옹(懶翁, 1320-1376)이 중축하고, 1392년부터 무학(無學)이 머무름. 1472년(성종 3)에 세조의 비(妃) 정희왕후(貞熹王后)의 명으로 중축하고, 문정왕후(文定王后)의 섭정 때 크게 번창하고, 1565년(명종 20)에 문정왕후가 죽은 후 폐사됨. 문화재 : 선각왕사비(禪覺王師碑)·부도(浮屠)·쌍사자석등(雙獅子石燈) 등.

회양(懷讓) 677-744. 당(唐)의 승려. 산동성(山東省) 금주(金州) 출신. 15세에 호북성(湖北省) 옥천사(玉泉寺)에 출가하여 구족계(具

足戒)를 받은 후 율장(律藏)을 배움. 숭산(嵩山) 회선사(會善寺)의 혜안(慧安, 582-709)에게 사사(師事)하고, 조계산(曹溪山)의 혜능(慧能, 638-713)에게 사사(師事)하여 그의 법을 이어받음. 713년부터 남악(南嶽) 반야사(般若寺)에 머무름.

회적현본(會迹顯本) 법화경 28품 가운데 앞 14품의 적문(迹門)을 회통하여 뒤 14품의 본문(本門)을 드러냄.

회좌(會座) 설법하는 장소. 설법을 듣기 위해 사람들이 모인 장소.

회주(會主) ①법회(法會)를 주관하는 승려. ②한 절을 대표하는 승려.

회토(懷兎) 토끼를 품는다는 뜻으로, 달을 일컫는 말. 달에 토끼가 산다는 전설에서 유래함.

회통(會通) ①서로 모순처럼 보이는 몇 가지의 교리를 자세히 대조하여, 실제로는 서로 모순이 없음을 밝힘. ②여러 사실의 핵심을 명료하게 꿰뚫음.

회하(會下) ①스승 밑에서 가르침을 받으면서 수행하는 승려들, 또는 그들이 수행하는 곳. ②설법하는 자리에 모인 사람들.

회해(懷海) 749-814. 당(唐)의 승려. 복건성(福建省) 복주(福州) 출신. 20세에 출가하고, 마조 도일(馬祖道一, 709-788)에게 사사(師事)하여 그의 법을 이어받음. 강서성(江西省) 백장산(百丈山)에 머물면서 대소승(大小乘)의 계율을 절충하여 최초로 선원(禪院)의 규칙인 청규(淸規)를 제정함.

회향(廻向) 자신이 쌓은 공덕을 다른 이에게 돌려 이익을 주려하거나 그 공덕을 깨달음으로 향하게 함. 자신이 지은 공덕을 다른 중생에게 베풀어 그 중생과 함께 정토에 태어나기를 원함.

회향문(廻向門) 오념문(五念門)의 하나. 자신이 수행으로 얻은 공덕을 다른 중생에게 돌려, 그 중생과 함께 정토에 태어나기를 원함.

회향발원심(廻向發願心) 자신이 쌓은 공덕을 다른 중생에게 돌려 정토에 태어나기를 원하는 마음.

횡주지합장(橫柱指合掌) 십이합장(十二合掌)의 하나. 두 손을 위로 향하게 하고 두 가운뎃손가락의 끝을 서로 붙인 손 모양.

횡주지합장

후광(後光) 불상이나 보살상 뒤의 둥근 빛.

후당수좌(後堂首座) 좌선하는 승당(僧堂)에는 앞문과 뒷문이 있어 승당 내부를 전당(前堂)과 후당(後堂)으로 나누는데, 후당에서 좌선하는 승려들을 지도하고 단속하는 승려.

후득무분별지(後得無分別智) 무분별지(無分別智), 곧 근본지(根本智)에 이른 후에 얻는 지혜라는 뜻. 후득지(後得智)와 같음.

후득지(後得智) 근본지(根本智)에 이른 후에 얻는 지혜라는 뜻. 모든 분별이 끊어진 경지에 이른 후에 다시 차별 현상을 있는 그대로 확연히 아는 지혜. 모든 번뇌와 망상이 끊어진 깨달음에 이른 후에 다시 온갖 차별을 명명백백하게 아는 지혜.

후불탱화(後佛幀畵) 석가모니불이 법화경을 설하던 때의 광경이나 화엄경의 내용을 묘사하여, 불상(佛像)을 모신 상단(上壇) 뒤에 걸어 둔 탱화.

후생(後生) 죽은 뒤에 다시 태어나서의 일생. 내생(來生).

후세(後世) 죽은 뒤에 다시 태어날 세상. 다음 세상. 내세(來世).

후식(後食) ①낮에 먹는 밥. ②정오가 지나면 먹지 말라는 계율을 어기고 오후에 식사함.

후신(後身) 내생(來生)의 몸.

후안거(後安居) 음력 5월 16일 또는 음력 6월 16일부터 3개월 동안 수행승들이 외출을 금하고 수행에만 전념하는 제도.

후야(後夜) 육시(六時)의 하나. 한밤중에서 아침까지의 동안.

후오백세(後五百歲) 500년 뒤.

후원(後院) 절에서 부엌을 일컫는 말.

후유(後有) 열반에 이르지 못한 중생이 내세에 받을 미혹한 생존.

후일분(後日分) 하루를 아침·낮·저녁으로 나눈 가운데 저녁.

후제(後際) 이후의 때, 곧 미래.

후진(後陳) 인명(因明)에서, 주장 명제인 종(宗)의 술어를 말함. 예를 들면, '말은 무상하다'에서 '무상'. 이에 반해, 종(宗)의 주어, 곧 '말'은 선진(先陳)이라 함.

훈(熏) 훈습(熏習)의 준말.

훈륙향수(薰陸香樹) 훈륙(薰陸)은 ⓢkunduru의 음사. 인도 중부에서 자라는 향나무. 이 나무에서 나오는 진은 향으로 사용됨.

훈선(熏禪) 모든 선정(禪定)을 스며들게 하고 성숙시켜 걸림 없는 경지에 이르는 선정(禪定). ⇒ 관련훈수(觀練熏修)

훈습(熏習·薰習) ①어떤 성질에 물듦. 어떤 기운이 배어 듦. ②ⓢvāsanā 마치 향 냄새가 옷에 스며들 듯, 몸과 말과 뜻으로 일으킨 행위의 기운과 생각이 아뢰야식(阿賴耶識)에 잠재력으로 이식되는 현상.

훈호자(獯狐子) 바이셰시카 학파를 일컬음. 훈호(獯狐)는 ⓢulūka의 번역으로 올빼미를 뜻함. 울루카(ulūka)는 바이셰시카 학파의 창시자인 카나다(kaṇāda)의 별명.

훔(吽) ⇒ 아훔(阿吽)

훼석(毁釋) 석(釋), 곧 불교를 배척하거나 망하게 함.

휘신도량(諱辰道場) 신라·고려·조선 때, 왕이 선왕(先王)이나 선왕후(先王后)의 기일(忌日)에 사찰에서 그의 명복을 빌던 의식.

휴구(休咎) 길흉(吉凶). 선악(善惡).

휴정(休靜) 1520-1604. 조선의 승려. 평남 안주 출신. 호는 청허(淸虛). 서산(西山)인 묘향산에 오래 머물렀으므로 서산대사(西山大師)라고도 함. 9세에 어머니를, 10세에 아버지를 여의고 안주 군수를 따라 한양에 가서 12세에 성균관에 입학함. 15세에 과거에 응시하였으나 낙방하고 지리산으로 들어가 숭인(崇仁)에게 배우고, 다시 부용 영관(芙蓉靈觀, 1485-1571)에게 3년 동안 배운 후 스스로 삭발하고 계(戒)를 받음. 영관(靈觀)의 법을 이어받고 지리산에서 수행하다가 1546년부터 오대산·금강산에서 수행하고, 1552년(명종 7)에 새로 부활된 승과(僧科)에 합격하여 대선(大選)이 되고, 3년 후에는 선교양종판사(禪敎兩宗判事)가 되었으나 2년 후에 그 직책을 사양하고 금강산·지리산·묘향산에서 수행함. 1592년에 임진왜란이 일어나자 선조는 휴정을 팔도도총섭(八道都摠攝)에 임명하니, 그는 묘향산에서 나와 전국 승려들에게 총궐기하는 격문을 방방곡곡에 보내 승군(僧軍)을 평남 평원 법흥사(法興寺)에 집결시켜 평양성 탈환에 공을 세움. 2년 후 휴정은 그의 제자 유정(惟政)과 처영(處英)에게 모든 일을 맡기고 묘향산으로 들어감. 묘향산 원적암(圓寂庵)에서 입적함. 저서 : 삼가귀감(三家龜鑑)·선가귀감(禪家龜鑑)·심법요초(心法要抄)·선교석(禪敎釋)·선교결(禪敎訣)·청허당집(淸虛堂集)·설선의(說禪儀)·운수단(雲水壇)·삼로행적(三老行蹟) 등.

흑반(黑飯) 중국의 선사(禪寺)에서 사월초파일에 불전(佛前)에 공양한, 남천촉〔南天燭, 매자나무과의 상록 관목〕의 잎과 줄기에서 채취한 검푸른 즙에 쌀을 넣고 지은 밥.

흑백업(黑白業) 나쁜 과보를 받을 그릇된 행위와 말과 생각, 곧 흑업(黑業)과 좋은 과보를 받을 청정한 행위와 말과 생각, 곧 백업(白業).

흑백흑백이숙업(黑白黑白異熟業) 사업(四業)의 하나. 선악이 혼합된 행위를 하여 받는 즐거움과 괴로움의 과보.

흑법(黑法) ①청정하지 못한 일. 악한 행위. ②괴로움. ③번뇌.

흑보(黑報) 나쁜 과보.

흑분(黑分) 인도력(印度曆)에서는 음력 16일에서 다음달 15일까지를 월(月)의 단위로 하는데, 달이 이지러지기 시작하는 16일부터 30일까지의 전반부를 흑분이라 하고, 달이 차기 시작하는 1일부터 15일까지의 후반부를 백분(白分)이라 함.

흑승지옥(黑繩地獄) 팔열지옥(八熱地獄)의 하나. 살생하고 도둑질한 죄인이 죽어서 가게 된다는 지옥으로, 뜨거운 쇠사슬에 묶여 톱으로 잘리는 고통을 받는다고 함.

흑암천(黑闇天) ⓢkāla-rātri 길상천(吉祥天)의 여동생으로, 용모가 추악하고 사람에게 재앙을 준다는 여신(女神).

흑야신(黑夜神) 흑암천(黑闇天)과 같음.

흑업(黑業) 나쁜 과보를 받을 그릇된 행위와 말과 생각. 악업(惡業)과 같음.

흑월(黑月) 흑분(黑分)과 같음.

흑이(黑耳) 흑암천(黑闇天)과 같음.

흑흑이숙업(黑黑異熟業) 사업(四業)의 하나. 악한 행위를 저질러서 받는 괴로움의 과보.

흘리나야(紇哩娜野) 흘리타야(紇利陀耶)와 같음.

흘리타야(紇利陀耶) ⓢhṛdaya의 음사. 심(心)·육단심(肉團心)·견실심(堅實心)이라 번역. ①심장. 본질. 핵심. ②본디 청정한 마음.

흘벌야(紇伐耶) 흘리타야(紇利陀耶)와 같음.

흠파(欽婆) 흠파라(欽婆羅)의 준말.

흠파라(欽婆羅) ⓢkambala의 음사. 털실로 짠 베. 모직(毛織).

흥거(興渠) ⓢhiṅgu의 음사. 마늘과 비슷한 냄새가 나는 나무 뿌리에서 채취한 즙.

흥교사(興敎寺) 경기 개풍군 홍교면에 있는 절. 고려 때 창건하고, 조선 초에 정종의 비(妃) 정안왕후(定安王后)의 원찰(願刹)로 지정됨. 1799년에 민상(敏尙)이 다시 짓고, 이후 여러 차례 보수·증축함.

흥국사(興國寺) ①경기 남양주시 별내면 수락산 남동쪽 기슭에 있는 절. 봉선사(奉先寺)의 말사. 1568년(선조 1)에 선조의 아버지 덕흥대원군(德興大院君, 1530-1559)의 원찰(願刹)로 창건하여 흥덕사(興德寺)라 하고, 1626년(인조 4)에 흥국사라고 함. 1818년에 대부분 불타고, 1821년에 기허(騎虛)가 복구하고, 이후 여러 차례 보수·증축함. ②전남 여수시 중흥동 영취산 남서쪽 기슭에 있는 절. 화엄사(華嚴寺)의 말사. 1195년에 고려의 지눌(知訥)이 창건하고, 1559년에 다시 짓고, 1592년 임진왜란 때 모두 불탐. 1624년에 계특(戒特)이 다시 짓고, 이후 여러 차례 증축·보수함. 문화재 : 대웅전·홍교(虹橋)·대웅전후불탱(大雄殿後佛幀)·원통전(圓通殿).

흥녕사(興寧寺) 사자산 법흥사(法興寺)의 창건 때 이름.

흥륜사(興輪寺) 경북 경주시 사정동에 있던 신라 최초의 절. 535년(법흥왕 22)에 착공하여 544년(진흥왕 5)에 완성함. 경명왕(917-924) 때 일부분 불타고, 921년에 정화(靖和)와 홍계(弘繼)가 복구함.

흥왕사(興王寺) 경기 개풍군 봉동면 죽동에 있던 절. 고려 문종의 명으로 1055년(문종 9)에 공사를 시작하여 1067년에 완성함. 의천(義天)의 요청으로 1086년에 교장도감(敎藏都監)을 설치하고 신편제종교장총록(新編諸宗敎藏總錄)과 교장(敎藏)을 간행함. 고려 말에 몽고의 침략으로 모두 불타고, 1330년에 다시 지었으나 조선 초에 폐사됨.

흥천사(興天寺) 서울 성북구 돈암동에 있는 절. 조계사(曹溪寺)의 말사. 1397년(태조 6)에 신덕왕후(神德王后) 강씨(康氏)의 명복을 빌고 정릉(貞陵)을 보호하기 위해 그 동쪽에 창건하고, 이후 여러 차례 보수함. 1504년에 불타고, 1794년에 성민(聖敏)과 경신(敬信)이 돈암동으로 옮겨 짓고, 이후 여러 차례 증축함.

희(喜) ①외부의 자극으로 느끼는 기쁨. ②남이 괴로움을 떠나 즐거움을 얻으면 기뻐하는 마음.

희각분(喜覺分) 희각지(喜覺支)와 같음.

희각의(喜覺意) 희각지(喜覺支)와 같음.

희각지(喜覺支) 칠각지(七覺支)의 하나. 정진하는 수행자에게 평온한 기쁨이 생김.

희견성(喜見城) 제석(帝釋)의 도읍지로서, 도리천의 중앙에 있다고 함. 선견성(善見城)과 같음.

희근(喜根) 근(根)은 작용·기능을 뜻함. 기쁨을 느끼는 감수 작용.

희등각지(喜等覺支) 희각지(喜覺支)와 같음.

희랑(希朗) 생몰년 미상. 신라 말의 승려. 가야산 해인사에서 수행하고, 소백산 부석사(浮石寺)를 중심으로 화엄학(華嚴學)의 북악파(北岳派)를 형성하여 지리산 화엄사(華嚴寺)

관혜(觀惠) 문하의 남악파(南岳派)와 대립함.

희론(戱論) Ⓢprapañca ①대상을 분별하여 언어로 표현함. 대상을 차별하여 거기에 이름이나 의미를 부여함. ②허구적인 관념을 실재하는 대상으로 간주하는 마음 작용. 마음 속으로 실재하지 않는 형상을 지어냄. ③허망한 언어. 무의미한 말. 헛소리. 관념.

희린음의(希麟音義) 속일체경음의(續一切經音義)와 같음.

희림원(喜林苑) 환희원(歡喜苑)과 같음.

희망념천(戱忘念天) 노는 즐거움에 빠져 정념(正念)을 잊어버려 자멸한 상태, 또는 그러한 상태의 중생.

희망천(戱忘天) 희망념천(戱忘念天)과 같음.

희무량심(喜無量心) 사무량심(四無量心)의 하나. 한량없는 중생이 괴로움을 떠나 즐거움을 얻으면 기뻐하려는 마음.

희방사(喜方寺) 경북 영주시 풍기읍 소백산 남서쪽 기슭에 있는 절. 고운사(孤雲寺)의 말사. 883년에 신라의 두운(杜雲)이 창건하고, 1850년에 불타고 다시 지음. 한국 전쟁 때 불타고, 1954년에 다시 지음.

희법(希法) Ⓢadbhuta-dharma 경전의 서술 내용에서, 부처의 불가사의한 신통력을 설한 부분. ⇒아부타달마(阿浮陀達磨)

희소(戱笑) ①유희와 애욕. ②Ⓢitihāsa 서사시(敍事詩). itihāsa는 iti-ha-āsa(참으로 이와 같이 있었다)의 합성어인데, iti-hāsa(이와 같이 웃다)로 오인한 번역.

희수(喜受) 외부의 자극으로 느끼는 기쁨.

희식(喜食) 부처의 가르침을 배우는 기쁨은 깨달음의 근원이 되고 지혜를 유지시키므로 이와 같이 말함.

희양산문(曦陽山門) ⇒구산선문(九山禪門)

희언(熙彦) 1561-1647. 조선의 승려. 함북 명천 출신. 호는 고한(孤閑). 12세에 명천 칠보산 운주사(雲住寺)에 출가하여 18년 동안 경론(經論)을 공부하다가 교학(教學)을 버리고 덕유산에 들어가 선수(善修, 1543-1615)의 가르침을 받으면서 수행함. 팔공산·가야산에 은거하다가 속리산에서 입적함.

희운(希運) 생몰년 미상. 당(唐)의 승려. 복건성(福建省) 복주(福州) 출신. 임제 의현(臨濟義玄, ?-867)의 스승. 복주 황벽산(黃檗山)에 출가하고, 백장 회해(百丈懷海, 749-814)에게 사사(師事)하여 그의 법을 이어받음. 강서성(江西省) 홍주(洪州) 대안사(大安寺)와 홍주 고안현(高安縣) 황벽산(黃檗山)에 머무름. 842년에 배휴(裵休, 797-870)가 강서성(江西省) 종릉(鍾陵) 관찰사(觀察使)로 부임했을 때 그를 용흥사(龍興寺)에 모시고, 848년에 안휘성(安徽省) 완릉(宛陵)에 부임해서는 능양산(陵陽山) 개원사(開元寺)에 모시고 조석으로 그의 가르침을 받았는데, 그 가르침을 기록한 것이 전심법요(傳心法要)와 완릉록(宛陵錄)임. 시호(諡號)는 단제선사(斷際禪師).

희유(希有) 놀라운 일. 드문 일. 불가사의한 일.

희천(希遷) 700-790. 당(唐)의 승려. 광동성(廣東省) 단주(端州) 출신. 혜능(慧能, 638-713)에게 출가하고, 그가 입적하자 청원 행사

(青原行思, ?-740)에게 사사(師事)하여 그의 법을 이어받음. 742년경에 형산(衡山)에 가서 돌 위에 암자를 짓고 그곳에서 늘 좌선하였으므로 석두 희천(石頭希遷)이라 함. 참동계(參同契)·초암가(草庵歌)를 지음.

힐문기론(詰問記論) 사기론(四記論)의 하나. 반문하여 질문의 뜻을 명확히 한 다음 대답하는 방법.